审判体系和审判能力现代化与行政法律适用问题研究〔下〕

——全国法院第32届学术讨论会获奖论文集

主编 刘贵祥

人民法院出版社

目 录

下 册

2. 民事诉讼

第二编 行政法律适用问题研究

一、行政行为

二、行政协议

三、行政复议

四、行政诉讼

五、国家赔偿

2. 民事诉讼

知识产权惩罚性赔偿构成要件之阙如与补过

——以《民法典》实施土壤之改善为视角

秦善奎* 张万江** 陈蓉霞***

引 言

《民法典》第 1185 条规定："故意侵害知识产权，情节严重的，被侵权人有权请求相应的惩罚性赔偿。"根据该条规定，知识产权惩罚性赔偿的构成要件为故意和情节严重，系对《商标法》和《反不正当竞争法》规定的沿用。现行法律对"故意"和"情节严重"没有明确界定，导致实务认定困难重重。在此背景下，本文拟对知识产权惩罚性赔偿构成要件进行实证研究，以期对解决实务难题有所裨益。

一、知识产权惩罚性赔偿构成要件认定的现实困境

为了解知识产权惩罚性赔偿构成要件的认定现状，笔者在法信案例库和北大法宝案例库中以惩罚性赔偿为关键词，共检索出适用知识产权惩罚性赔偿的案件共计 21 件，以此为基础，考察实务中惩罚性赔偿构成要件的认定。① 总的来说，故意与情节严重的界定不清以及现行法律对赔偿基数确定的苛刻要求导致惩罚性赔偿案件的适用量较少。惩罚性赔偿的制度功能

* 作者单位：浙江省绍兴市中级人民法院。

** 作者单位：浙江省绍兴市中级人民法院。

*** 作者单位：浙江省绍兴市中级人民法院。

① 本文从这些案例入手展开讨论，但观点的提出系笔者对惩罚性赔偿的总体思考，而不仅局限于这些案例。

虽被寄予厚望，却难以真正落地实施。

(一)“故意”的“独当一面”

虽然《民法典》和相关知识产权单行法规定惩罚性赔偿的构成要件为“故意”和“情节严重”，但部分判决直接忽略情节严重要件，仅“故意”即可适用惩罚性赔偿。检索到的相关案例共有8件，占检索的案例总数的38.1%。在8件案例中，有3件案例直接认定为恶意侵权即适用惩罚性赔偿，完全忽略惩罚性赔偿的情节严重要件。[①] 4件案例裁判表述为“恶意明显”或“明显的侵权恶意”,[②] 此处明显是否指代情节严重，是否达到了情节严重的标准，并不清晰。仅1件案例法院认为被告系“再次销售侵权”,[③] 应适用惩罚性赔偿。此属于重复侵权，与情节严重有关，但裁判说理并不充分。从上述分析可以看出，情节严重要件被法官在裁判中忽略，故意要件“独当一面”，成为适用惩罚性赔偿的唯一要件。

(二)“情节严重”的“包罗万象”

“情节严重”多系公法概念，最高人民法院对“情节严重”的标准进行了界定，但民事法律中较为少见，且没有具体规定，导致各种侵权情节均被纳入了情节严重的范畴。对检索到的案例进行分析，除上述8个案例外，13个案例中情节严重的情形主要有以下三种：一是指故意的情节严重，包含故意外化的客观行为及后果，如侵权时间长、侵权范围广等；二是指客观后果的情节严重，与故意无关，如被控侵权产品存在质量问题、社会安全问题等，这些问题并非侵权人主观上想要达到的结果；三是其他情节严重的情形，如侵权人使用相同商标，被告注册资本多等。可见，情节严重就像一个大容器，包罗各种侵权情节，但以上情节是否均属于知识产权惩罚性赔偿中的情节严重值得商榷。不当扩大情节严重的情形可能致使该制度走向另外一个极端，对创作和创新者打击过宽，阻碍社会进步。

(三)“故意”与“情节严重”的“云雾迷蒙”

知识产权民事立法和司法解释均没有对“故意”[④] 和“情节严重”进行界定，何为“故意”，何为“情节严重”，“情节严重”究竟是指主观故

---

① 详见江苏省高级人民法院（2019）苏民终1402号民事判决书、上海市闵行区法院（2015）闵民三（知）初字第164号民事判决书、山西省高级人民法院（2018）晋民终555号民事判决书。

② 详见山东省青岛市中级人民法院（2015）青知民初字第9号民事判决书、重庆市第五中级人民法院（2019）渝05民初1225号民事判决书、广东省深圳市中级人民法院（2015）深中法知民初字第556号民事判决书、广东省高级人民法院（2017）粤民终2347号民事判决书。

③ 详见上海市闵行区法院（2014）闵民三（知）初字第413号民事判决书。

④《商标法》《反不正当竞争法》规定的是“恶意”，《民法典》《著作权法（修正案草案）》《专利法修正案（草案）》规定的是“故意”，为论述方便，本文不作区分，统一称为“故意”。

意的情节严重，还是指故意之外的客观情节严重，还是两者均可，即二者是并列关系还是包含关系并不清楚。故意与情节严重的关系问题是知识产权惩罚性赔偿构成要件的核心问题，对其认识、界定不明，直接导致司法实践中对二者之间关系认识混乱，或导致忽略情节严重要件，故意成为唯一要件；或导致情节严重要件保罗万象，负担过多。

（四）赔偿基数的“视而不见”

根据《民法典》第1185条之规定，知识产权惩罚性赔偿包含故意与情节严重两个要件，但仔细阅读《商标法》和《反不正当竞争法》条文，其还包含一个隐性要件，即惩罚性赔偿需以原告损失、被告获利或者权利许可费的合理倍数为基数，在此基础上才有惩罚性赔偿之适用。然司法实务中却有较多判决忽略该隐性要件，检索到的案例中未按照法律规定的赔偿基数进行计算的判决占47.62%，接近一半。总的来说，分为两种类型：一是综合考量法定赔偿的各种酌定因素，确定法定赔偿额，并在此基础上施以惩罚性赔偿。二是虽裁判说理中出现惩罚性赔偿字样，但却并非现行法确定的知识产权惩罚性赔偿，仅仅系法定赔偿中的惩罚性因素，其本质上还是法定赔偿。上述两种类型均忽略了法律规定的隐性要件，系变相以法定赔偿额为基数，或以法定赔偿中的惩罚性因素代替惩罚性赔偿，不当地扩大了惩罚性赔偿的适用范围（见表1）。

表1　知识产权惩罚性赔偿案件基数分析

案号	赔偿基数说理	类型分析
（2019）浙8601民初1611号	应按照法定赔偿标准同时考虑惩罚性因素来确定	法定赔偿中惩罚性因素
（2019）青知民初字第9号	被告恶意明显，应适用惩罚性赔偿，综合考虑商标知名度、被告主观过错严重等，对原告诉请10万元予以支持	法定赔偿中惩罚性因素
（2019）苏民终1402号	赔偿考量因素为侵权行为持续期间、商标知名度及被告恶意等。对后续的侵权行为，确定数额时可施以惩罚性赔偿	法定赔偿中惩罚性因素
（2018）苏民终1527号	考量因素包含行为性质严重等，依据《种子法》可适用惩罚性赔偿，综合酌定300万元赔偿额	法定赔偿中惩罚性因素
（2015）深中法知民初字第556号	本案酌定100万元赔偿额，考量了惩罚性赔偿，并综合考量各因素	法定赔偿中惩罚性因素

续上表

案号	赔偿基数说理	类型分析
(2015) 闵民三(知)初字第164号	综合考量以下因素酌定赔偿……，原告要求惩罚性赔偿，本院予以一定考虑	法定赔偿中惩罚性因素
(2017) 粤73号民终2097号	酌定赔偿额为20万元，20万赔偿额中惩罚性赔偿金额为5万元	法定赔偿中惩罚性因素
(2014) 东二法知民初字第356号	判赔时综合考虑商标知名度等，且侵权恶意明显，情节严重，依法适用惩罚性赔偿，综上，酌定赔偿数额为5万元	法定赔偿中惩罚性因素
(2014) 闵民三(知)初字第413号	在按前述原则酌定赔额的基础上，再行考虑是给予被告一定的惩罚，被告需加倍赔偿原告的损失	以法定赔偿额为基数
(2018) 鄂民终555号	一审法定赔偿额10万元，二审认为符合惩罚性赔偿构成要件，调整至3倍	以法定赔偿额为基数

二、知识产权惩罚性赔偿构成要件适用困境的四维解析

(一) 立法先天缺陷的掣肘

当前，《商标法》《反不正当竞争法》《著作权法（修正案草案）》和《专利法修正案（草案）》均规定了惩罚性赔偿，其构成要件均为故意（恶意）和情节严重。然而上述法律和草案对情节严重均未作出界定，故意与情节严重的关系也并不明确，导致实践中对情节严重标准把握不一，各种侵权考量因素均被纳入到情节严重要件之下，且情节严重与故意互有交叉，适用混乱。遗憾的是，《民法典》仍沿用知识产权单行法规定的构成要件，并未作出完善。可以预见的是，最终通过的《著作权法》和《专利法（修正案）》如对草案相关内容不作完善，在该两法领域，仍会向当前商标侵权领域一样，惩罚性赔偿适用中的种种问题依然存在。

(二) 理论准备不足的羁绊

法学研究对法律实践具有较强的指引作用，一项法律制度的形成和完善也离不开法律专家的研究和推动。知识产权惩罚性赔偿系近来法学研究的热点问题，然关于其构成要件缺乏专门、系统的研究，学者在论述知识产权惩罚性赔偿制度时的附带论述也是观点各异。代表性的观点有以下几种：第一，故意即可适用，情节严重并非构成要件。该观点认为惩罚性赔

偿应当适用于与“界权风险”无关的故意侵权行为，[①] 无版权交易意愿，主观恶性强的故意侵权行为；[②] 情节严重系针对恶意的严重程度而言，不应作过宽解释。第二，故意和情节严重系并列要件。该观点以王利明教授为代表，其认为《民法典》中规定情节严重要件有利于防止适用的泛化，确保罚当其责，且与《商标法》有效衔接。[③] 第三，故意决定是否适用惩罚性赔偿，情节严重决定适用何种数额的惩罚性赔偿，[④] 即前者为定性要件，后者为定量要件。[⑤] 尽管自2013年《商标法》修订首次在知识产权领域内确立惩罚性赔偿距今已有7年之久，学界对其构成要件远未达成一致意见。知识产权惩罚性赔偿理论研究的不足在一定程度上影响着惩罚性赔偿法律实践的推进。

（三）实务回应乏力的桎梏

近来，相关发达地区高级人民法院相继出台有关知识产权保护的规范性文件，对惩罚性赔偿构成要件也不乏规定，虽一定程度上回应了当前司法的混乱现状，但存在明显不足。根据上海市高级人民法院2018年《关于加强知识产权司法保护的若干意见》第9条，[⑥] “恶意侵权”与“情节严重”并列，说明“恶意”并非惩罚性赔偿的必备要件，主观故意的情节严重与主观因素以外的情节严重均可适用惩罚性赔偿。根据江苏省高级人民法院2019年《关于实行最严格知识产权司法保护为高质量发展提供司法保障的指导意见》第26条，[⑦] “主观恶意程度”与“侵权情节”并列，说明主观故意的情节严重以及主观因素以外的情节严重，亦均可适用惩罚性赔偿，但与上海市高级人民法院不同的是，其适用需以故意侵权为前提。根据北京市高级人民法院2020年《关于侵害知识产权及不正当竞争案件确定损害赔偿的指导意见及法定赔偿的裁判标准》第1.13条，[⑧] “恶意”与“情

---

① 参见徐聪颖：《知识产权惩罚性赔偿的功能认知与效用选择——从我国商标权领域的司法判赔实践说起》，载《湖北社会科学》2018年第7期。

② 参见徐聪颖：《我国著作权法引入惩罚性赔偿制度研究》，载《科技与法律》2015年第3期。

③ 参见王利明：《论我国民法典中侵害知识产权惩罚性赔偿的规则》，载《政治与法律》2019年第8期。

④ 参见冯晓青、罗娇：《知识产权侵权惩罚性赔偿研究——人文精神、制度理性与规范设计》，载《中国政法大学学报》2015年第6期。

⑤ 参见苏亚博：《论商标侵权惩罚性赔偿中恶意侵权的认定》，载《石家庄学院学报》2020年第1期。

⑥ 该条规定：对重复侵权、恶意侵权及其他严重侵权行为，积极适用惩罚性赔偿。

⑦ 该条规定：有证据证明侵权人故意侵害知识产权的，可以根据侵权人主观恶意程度或侵权情节，适用惩罚性赔偿，以确定的补偿性损害赔偿额为基数，在法定倍数范围内酌定损害赔偿数额。

⑧ 该条规定：恶意实施侵害商标权或者侵犯商业秘密等行为，且情节严重的，适用惩罚性赔偿。“恶意”一般指直接故意。“情节严重”一般是指被诉行为造成了严重损害后果。

节严重”用“且”字并列，说明情节严重单指主观因素以外的情节严重，显然多次侵权、掩盖侵权行为等主观恶意明显的侵权行为，如未造成客观的严重损害后果，也不能适用惩罚性赔偿。这些规范性文件在各自辖区内实际发挥司法解释性质的作用，然其内部矛盾，很难实际发挥指引作用。最高人民法院公布的《关于加大知识产权侵权行为制裁力度的意见（征求意见稿）》在法定赔偿部分对故意和情节严重作出规定，依据其第 14 条，故意与情节严重系不同要件，属并列关系；但根据第 15 条有关情节严重的列举涵盖多次侵权、以侵权为业、侵权时间长等，这些因素显系主观故意的范畴。也正因为当前知识产权惩罚性赔偿的混乱现状，时任最高人民法院知识产权庭庭长胡仕浩、周翔副庭长在不同场合均言到恶意和情节严重的把握，还需要司法实践的不断（进一步）探索。[①]

（四）赔偿生态现状的制约

根据现行知识产权立法，法定赔偿系在原告损失、被告获利、权利许可费的合理倍数均无法确定情形下才适用，然现实是法定赔偿在知识产权损害赔偿中占据绝对主导地位。据统计，2011 年至 2016 年 9057 件知识产权案例中，法定赔偿适用率达到了 95.68%。[②] 其长期大量适用，对权利人和法官均产生了深远影响。对权利人而言，往往只注重侵权证据的收集与举证，忽略了赔偿证据的收集，在绝大多数案件中主张适用法定赔偿；对知识产权法官而言，往往也习惯采用法定赔偿的判赔方式，在此背景下，即使采用惩罚性赔偿，也常常可见法定赔偿的影子；加之法定赔偿法定考量因素本来就包含侵权行为的性质与情节，带有一定的惩罚性赔偿因素，[③]从而加剧了二者的混乱适用。近年来，最高人民法院和各地高级人民法院多有强调建立体现知识产权市场价值的损害赔偿制度，防止法定赔偿适用的泛化，但当前对于权利人损失、侵权获利的计算仍然存在很大困难，对于满足惩罚性赔偿显性构成条件的侵权行为，当无法确定赔偿基数时，往往会偏向法定赔偿，以法定赔偿额作为惩罚性赔偿的基数。如现有的民事诉讼制度不能帮助权利人查明其损失或侵权人获利，“则即便引入惩罚性赔偿制度，也很难发挥作用”。[④] 赔偿基数难以确定，也是知识产权惩罚性赔

---

① 胡仕浩：《涉知产惩罚性赔偿制度司法解释已立项》；周翔：《对技术类知识产权侵权案件如何适用惩罚性赔偿的思考》，均载微信公众号“中国知识产权杂志”。

② 参见曹新明：《我国知识产权侵权损害赔偿计算标准新设计》，载《现代法学》2019 年第 1 期。

③ 有学者称法定赔偿为“隐性的惩罚性赔偿”，参见冯术杰、夏晔：《警惕惩罚性赔偿在知识产权法领域的泛用——以商标法及其实践为例》，载《知识产权》2018 年第 2 期。

④ 崔国斌：《著作权法：原理与案例》，北京大学出版社 2014 年版，第 910 页。

偿反对论者的重要理由之一。①

三、知识产权惩罚性赔偿构成要件的正本清源

（一）重构原则——以审判能力现代化为导向

《最高人民法院关于人民法院贯彻落实党的十九届四中全会精神推进审判体系和审判能力现代化的意见》（以下简称《意见》）指出："研究制定知识产权惩罚性赔偿司法解释，推动确立体现知识产权市场价值的侵权损害赔偿制度。"惩罚性赔偿写入《意见》，预示着在建立和完善该制度时应以推进审判能力现代化为导向。时任最高人民法院副院长江必新指出，实现审判体系和审判能力现代化的基本标志是形成公正高效权威的社会主义司法制度，而认定事实规则的不完善和法律运用规则的缺失导致类案不同判是制约审判体系和审判能力现代化水平的因素之一。② 当前惩罚性赔偿构成要件认定规则的不完善，进而导致司法实践中的适用混乱，难以做到公正、高效、权威。

1. 惩罚性赔偿构成要件认定规则的标准化。公正、权威目标需要惩罚性赔偿认定规则的标准化，对规则的解释具有唯一性，从而在司法实践中统一法律适用，在何种情形下可适用知识产权惩罚性赔偿，以及适用何种倍数的惩罚性赔偿都清楚明晰，避免当前构成要件适用的混乱状况。

2. 惩罚性赔偿构成要件认定规则的预防性。高效目标的实现需要司法的多措并举，尤离不开源头的预防。从源头上减少纠纷的发生，堪称最高效的司法，这需要突出惩罚性赔偿认定规则的预防性。通过明确的裁判规则来"告诉社会，法律提倡什么、否定什么、保护什么、制裁什么，从而发挥司法审判规范、指引、评价和引领作用"，③ 这就是司法审判对于纠纷的预防价值。对于知识产权惩罚性赔偿而言，其预防价值尤甚，④ 因损害填补原则最大的效果也只在于如同损害未曾发生一般，对侵权人的震慑作用明显不够；而惩罚性赔偿使侵权人承担超过其实际所得的赔偿数额，能够极大地震慑侵权人及潜在的侵权人，从而实现其预防功能，这也是诉源治理的重要方面。

---

① 参见张广良：《惩罚性赔偿并非破解中国知识产权保护难题的良策》，载《中国专利与商标》2012 年第 1 期。

② 《全面推进审判体系和审判能力现代化——访最高人民法院党组副书记、副院长江必新》，载《法制日报》2019 年 12 月 2 日。

③ 薛永毅：《"诉源治理"的三维解读》，载《人民法院报》2019 年 8 月 11 日。

④ 《布莱克法律辞典》将惩罚性赔偿定义为当被告的行为是轻率、恶意、欺诈时，（法庭）所判处的超过实际损害的部分；其目的在于通过处罚做坏事者——或以被估计的损伤做例子对其他潜在的侵犯者——产生威慑。

（二）具体构建——隐性要件和显性要件的并存

1. 隐性要件：赔偿基数的确定。通过前述案例分析，知识产权惩罚性赔偿中不确定基数或以法定赔偿额为基数的案例占检索到的总案例47.62%。如此之高比例暴露了司法实践中赔偿基数确定问题的普遍性。这其中既有法官对惩罚性赔偿隐性要件的忽略，也有因无法查明赔偿基数而寻求以法定赔偿为基数的无奈。为确保该制度有效实施，前提是确定赔偿基数。

（1）程序上设置相对独立的赔偿基数法庭调查环节。在知识产权权利人转变观念，从只注重侵权证据的收集转为侵权证据和赔偿证据收集并重，同时综合运用证据保全、证明妨害等证据规则，以增强赔偿证据收集能力的基础上，知识产权法官应"将赔偿数额的量化作为相对独立的程序"，[①]具体来说，应突出赔偿数额的确定在法庭调查阶段的地位，改变以往只注重权属与侵权证据的调查，而忽略或简化赔偿证据调查的现状。在争议焦点归纳阶段，避免笼统归纳类似"原告主张惩罚性赔偿是否成立"的争议焦点，明确将赔偿基数能否确定作为惩罚性赔偿能否成立的子争议焦点之一；在举证质证及事实查明阶段，明确将该阶段分为权属事实、侵权事实、赔偿事实三个部分，分别进行举证、质证以及法庭询问，以充分发挥司法的导向作用，指引权利人积极就赔偿基数进行举证，从程序上突出赔偿基数确定的重要地位。

（2）实体上采用赔偿基数确定的优势证明标准。尽管通过法庭调查环节的努力可以接近赔偿基数，但赔偿基数的计算仍相当困难。现行知识产权法对赔偿基数均要求精确的计算数据。以《专利法》为例，2000年《专利法》第60条规定"按照权利人因被侵权所受到的损失"，2008年《专利法》修改为"按照权利人因被侵权所受到的实际损失"。实际二字的增加，"表明立法者更加强调应当以实事求是的方式确定赔偿数额"。[②]但正如贵州省高级人民法院杨方程法官所言，现实情况是"无论权利人还是法院都难以真正确定'权利人损失''侵权人获利''合理许可费'的真实数额"，[③]即便是侵权者本人，如其没有健全的财务制度，恐也难以真正查明实际的获利数额。为此，应当重新审视知识产权侵权案件某些要件的证明标准。侵权案件的原则证明标准为高度盖然性，对侵权案件某些要件的证明应当

---

① 秦善奎：《知识产权民事审判证据实务研究——以智慧的方式善待智慧》，知识产权出版社2018年版，第496页。

② 尹新天：《中国专利法详解》（缩编版），知识产权出版社2012年版，第567页。

③ 杨方程：《完善知识产权惩罚性赔偿数额确定的路径思考》，载《贵阳学院学报（社会科学版）》2018年第4期。

提高或降低证明标准。[①] 对赔偿基数的举证而言，“不应当像有形财产侵权案件那样具体、肯定和明确，而是应当允许具有合理的推断性质。”[②] 该种观点已为我国相关惩罚性赔偿案例所肯定。[③] 具体来说，应当完善赔偿类证据的认定标准，对惩罚性赔偿基数计算的证据认定摒弃高度盖然性的一般证明标准，采取优势证明标准，有以下两种判定方法：[④] 一是约算法。约算法是指允许一定误差的计算方法，即允许当事人和法官使用约数来计算损失或利润额。约数虽达不到精确计算的效果，但远强于实践中常见的因无法计算赔偿基数而向法定赔偿额逃逸，只要约算合理，就应当予以支持。二是等量因素替代法。在计算赔偿方法时，如果找不到直接的计算标准，可以以最接近的标准替换该标准进行计算。如侵权产品利润无法查明的，可以权利人产品利润或该行业的平均单位利润替代。

2. 显性要件：“故意”与“情节严重”的再定位。

（1）显性要件的适用规则。①“故意”是定性要件，“情节严重”是定性+定量要件。因知识产权惩罚性赔偿注重的是对侵权人主观方面的责难，故“故意”是知识产权惩罚性赔偿的定性要件。惩罚性赔偿的惩罚或制裁性质又决定了并非在任何故意情形下均适用惩罚性赔偿，只有达到情节严重的标准方可适用；同时，情节严重的程度又决定了适用何种倍数的惩罚性赔偿，故“情节严重”既是知识产权惩罚性的定性要件，又是定量要件。②“情节严重”是“故意”的情节严重。针对情节严重要件在理论和实践中的种种适用争议和混乱，笔者建议将情节严重区分为主观故意的情节严重和主观故意以外的情节严重，前者包含主观“故意”的情节严重以及主观“故意”外化的客观行为及其后果，主观故意的情节严重系知识产权惩罚性赔偿中情节严重的应有之义，应排除主观故意以外的情节严重在知识产权惩罚性赔偿中的适用。

（2）适用规则的理由阐释。以上制度安排的理由如下：第一，现行法律和草案均规定“情节严重的，可以在按照上述方法确定数额的一倍以上五倍以下”给予赔偿。此处的“情节严重”与后文“可以”“一倍以上五倍以下”重复和冲突。“可以”的表述本意就是视情节是否严重来决定是否适用惩罚性赔偿，“一倍以上五倍以下”的表述本来就是视情节严重的程度

---

① 李玉华等：《诉讼证明标准研究》，中国政法大学出版社 2010 年版，第 177 页。

② 尹新天：《中国专利法详解》（缩编版），知识产权出版社 2012 年版，第 567 页。

③ 如在平衡身体公司诉永康一恋运动器材有限公司侵害商标权案中，法院推算出被告的获利在 101.7 万元~139.5 万元之间，并以此作为赔偿基数，详见上海浦东法院（2018）沪 0115 民初 53351 号民事判决书。

④ 参见秦善奎：《知识产权民事审判证据实务研究——以智慧的方式善待智慧》，知识产权出版社 2018 年版，第 492~493 页。

来决定具体的惩罚性赔偿数额，因此，“可以”“一倍以上五倍以下”本来就是情节严重的考量因素，再突出规定“情节严重”并无必要，删除“情节严重”的表述是最理想的解决方式。然而《民法典》已经颁布，《商标法》和《反不正当竞争法》已经实施，《专利法》和《著作权》草案也经多次征求意见，上述已经颁布的法律和征求意见稿在知识产权惩罚性条款的设置上均强调故意和情节严重是适用要件，修改现行法的规定成本较大，故本文提出的适用规则，力求从解释论的角度来解决问题。借助知识产权惩罚性赔偿司法解释已立项的契机，对“情节严重”要件作出解释，而并非直接删除该要件，同样能达到消除实务中适用混乱的效果。

第二，如将故意与情节严重并列，且将情节严重理解为主观故意以外的情节严重，则在知识产权侵权大多数主观状态为故意的情形下，会导致司法实践中法官弱化故意要件，过于注重侵权所造成的严重损害结果，甚至认为造成客观的严重损害后果才适用惩罚性赔偿。① 这样一来，实践中故意程度很深，客观危害结果并不十分严重的侵权行为便会被排除在惩罚性赔偿的适用之外。客观损害后果十分严重的侵权行为，在实践中并不多见，如只有此类侵权行为才适用惩罚性赔偿，显然无法充分发挥惩罚性赔偿的震慑功能，起不到预防潜在侵权行为发生的效果。

第三，对于主观故意外化的客观行为及后果，因仍与故意有关，可归为主观故意的情形严重之列；对于主观故意以外的情节严重，“惩罚性赔偿在本质上当属一种对侵权行为严重错误性的评价、表达机制”，② 对侵权行为可责性的评判应贯彻在惩罚性赔偿制度运行的始终，行为人意志以外的后果纳入惩罚性赔偿的范围未免过于苛刻。预防功能是惩罚性赔偿的重要功能，惩罚性赔偿的预防性要求其规则的制定尤要考虑指引何种行为不发生。其预防的是侵权人或潜在侵权人主观恶性强的故意侵权行为，而并非打击可能的创新者为创新和创作而作出的试错行为，否则势必会出现寒蝉效应，从而阻止创作与创新。③ 因此，主观故意以外的情节严重并不在惩罚性赔偿的规制之列。虽然不受惩罚性赔偿的规制，但并不代表其无法规制，适用填补原则即可，且如果侵权行为造成社会安全等其他客观损害后果，

① 检索的案例中判赔额多数在100万以上，最高判赔额为5000万。

② 徐聪颖：《知识产权惩罚性赔偿的功能认知与效用选择——从我国商标权领域的司法判赔实践说起》，载《湖北社会科学》2018年第7期。

③ 相关的详细论述可参见徐聪颖：《知识产权惩罚性赔偿的功能认知与效用选择——从我国商标权领域的司法判赔实践说起》，载《湖北社会科学》2018年第7期；徐聪颖：《我国著作权法引入惩罚性赔偿制度研究》，载《科技与法律》2015年第3期；蒋舸：《著作权法与专利法中“惩罚性赔偿”之非惩罚性》，载《法学研究》2015年第6期；周翔：《对技术类知识产权侵权案件如何适用惩罚性赔偿的思考》，载微信公众号“中国知识产权杂志”。

自然也有相应的部门法予以规制，并非一定是惩罚性赔偿所要发挥的制度功能。

第四，从司法实践来看，在检索到的21个案例中，有8个案例仅侵权人恶意即适用惩罚性赔偿，占比超过1/3。法院在裁判文书中以“恶意明显”、“明显的侵权恶意”等描述侵权人主观方面的侵权情节，可见其对主观因素在惩罚性赔偿中的重视，排除或不予考虑主观因素以外的侵权情节在惩罚性赔偿中的适用。对于另外13个案例中法院认定的情节严重情形，通过表2分析可以看出，除了两个案例载明可能出现质量或安全问题外，其余实质上均系主观故意或者主观故意外化的客观行为及结果。对于质量或安全问题，如系明知而为，显属主观故意，在惩罚性赔偿的调整之列；如系主观意志之外导致的，则如上所述，也可由相应的部门法予以调整。可见，规定故意或故意外化的客观行为或结果构成惩罚性赔偿的适用要件，排除故意之外的客观结果，经得起当前知识产权惩罚性赔偿司法实践的检验。

表2　知识产权惩罚性赔偿案件情节严重情形及分析

案号	情节严重情形	具体分析
（2019）浙8601民初1611号	品牌价值高、驰名商标、知名度高、具有一定市场影响力	实际系攀附商标知名度和影响力，系主观故意的范围
（2019）苏民终第1316号	侵权商品种类多、数量大，侵权规模大；部分侵权商品有质量问题	前者实际系主观故意的外化结果；后者已在正文中论述
（2018）沪0155民初53351号	被告经营规模较大、产品销售渠道较多，地域较广，侵权行为影响大	实际系主观故意外化的客观行为及后果
（2018）苏民终1527号	销售小麦种子可能的数量及规模	实际系主观故意的外化结果
（2017）苏民终206号	明知产品非正品，侵权时间长；质量隐患，可能引发安全事故	明知显系故意，侵权时间长系故意的严重程度；质量已于正文论述
（2018）苏民终49号	商品知名度高，被告获取加盟费高	前者是故意攀附，后者系主观故意的外化结果
（2015）京知民初字第1677号	侵权时间长	系故意的严重程度
（2017）粤73号民终2097号	获利较大，已受刑罚处罚	系故意的外化结果严重
（2017）京民终413号	商标显著性、知名度；多种渠道、多种手段、多个省市侵权	前者系恶意攀附，后者也说明故意的严重程度较高
（2015）冀民三终字第62号	《特许经营合同》到期后仍继续侵权，并扩大经营规模	本属主观故意之列

续上表

案号	情节严重情形	具体分析
(2017) 苏民终1297号	销售网络遍布全国各地，被告公司通过私人账号结算侵权销售资金	均系故意侵权的表现形式
(2018) 京民申4666号	理应知晓知名度还生产销售同类产品，侵权范围广；获利大	前者显系故意；后者系故意的外化客观结果
(2014) 东二法知民初字第356号	接到原告律师函后仍未停止侵权行为	系故意的表现形式

结　语

在知识惩罚性赔偿构成要件的司法认定中，存在隐性要件适用严苛，显性要件适用混乱两大突出问题，对于前者，提出程序上设置相对独立的赔偿基数的法庭调查环节，实体上采纳优势证明标准，通过约数法、等量因素替代法等方法以查明和确定赔偿基数，解决赔偿基数确定难导致的惩罚性赔偿适用率低的问题；对于后者，指出故意是惩罚性赔偿的定性要件，情况严重既是定性要件也是定量要件，同时情节严重应仅指主观故意的情节严重，解决实务中故意与情节严重适用的混乱问题。通过对隐性和显性两大要件的完善，从而为实务中准确适用知识产权惩罚性赔偿制度提供有益参考。

《民法典》时代多数人侵权案裁判路径重构

——以“六步法”防止共同侵权扩大化适用

刘延龄*　杨娴婷**

引　言

“几个被告如何承担责任比较合适?”这是讨论多数人侵权案件时法官常提出的疑问，这个问题反映了多数人侵权案件审理的难点，也折射出实然的结果导向式司法关注与应然的要件论证法律要求之间的差距。责任的承担应当以侵权责任构成要件的满足为前提，但当出现多个被告时，司法实践似乎倾向于选择以结果为导向权衡如何分担责任更公平、更可被接受，对于论证的过程缺乏足够的重视，也未建立起获得一致认同的多数人侵权案件的裁判规则与路径。《民法典》侵权责任编保留了《侵权责任法》关于共同侵权与分别侵权的规定，① 但法律释义却发生了从主观标准向客观标准倾斜的变化。《侵权责任法》实施以来，法院在多数人侵权案件中如何适用法律并形成了哪些裁判规则？实践中存在的困境是什么？《民法典》是否解决了这些问题？应当如何规范审理现状实现新旧法衔接？这些都是统一司法裁判尺度、保障《民法典》正确实施需要回答的现实问题。

一、多数人侵权案件“诉”“判”粗疏化的司法观察

多数人侵权案件在案件类型上区分于仅涉及单数被告的单独侵权案件

---

* 作者单位：广西壮族自治区高级人民法院。

** 作者单位：北京市通州区人民法院。

① 文章所讨论的法律规定限制于《民法典》侵权责任编第 1168 条、第 1171 条及第 1172 条，对应《侵权责任法》第 8 条、第 11 条及第 12 条。因存在新法与旧法交替的问题，文章在讨论司法实践现状时会引用《侵权责任法》条文，在界定新法多数人侵权规定的适用范围以及构建多数人侵权案件审判路径时将引用《民法典》条文。

被诉侵权主体为复数且案件性质为侵权之诉的案件即可称之为多数人侵权案件。① 被归为多数人侵权的案件不作为对涉案侵权行为法律性质的评判，多数人侵权案件中或可涉及共同侵权行为、典型分别侵权行为及叠加的分别侵权行为，② 亦存在被诉的某些被告不承担侵权责任的可能（见图1）。

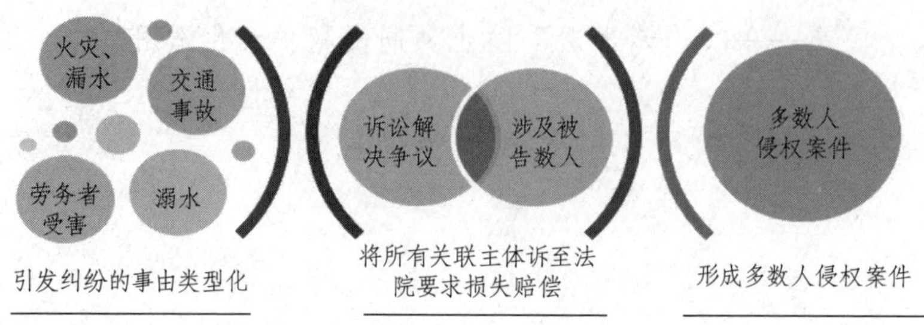

图1　多数人侵权案件的形成

（一）权利救济与法律适用出现脱钩

1. “诉”时模糊侵权形态寻求连带责任适用。从原告提起“诉”的视角观察，模糊处理侵权形态，简单以数被告存在过错为由寻求连带责任适用的现象在多数人侵权案件中非常普遍。原告在起诉状中鲜有能具体阐述数被告具体不法行为以及行为结合形态的，列明被告普遍只“求全”不“求准”，简单以对损害存在过错为基础请求适用连带责任对其进行权利保护。

2. “判”时受害人救济较要件构成更具优先性。侵权责任纠纷案件在事实查明上较其他类型案件存在一些不同之处，因侵权行为已经结束，需要多方面证据重构案件事实。法官常陷入的困境便是一方面案件事实无法达到真正的查明，另一方面受害人的损失又需要得到赔偿，如若以证据未达证明标准驳回原告的诉讼请求，不仅会影响原告的损害赔偿请求权，也与社会对损失填平的法治要求相违背。博弈中，法官常会选择根据审判经验适用一般法律规定经由法律赋予的自由裁量权作出救济受害人的裁判。当然，权利救济的范围则因案而异。

3. 受害人权利救济与可能加害人行为自由保护失衡。过于强调侵权法的填补损失功能以及受害人权利救济便会导致新的问题出现，即行为人的行为自由保护得不到应有的法律关注。即便个人在社会生活中已尽到了自己的注意义务，仍会担心卷入侵权责任的旋涡当中，无法合理期待己方行

① 本文所称“多数人侵权案件”与“多数人侵权行为”不属于同一概念，前者是对审判实践中案件类型的概括，后者则是侵权行为形态上的概念。多数人侵权案件排除因加害人死亡由其继承人参加诉讼而导致被告为复数的情形。

② 杨立新、陶盈：《论分别侵权行为》，载《晋阳学刊》2014年第1期。

为和责任的界限。目前的司法实践没有对外形成统一的多数人侵权裁判规则，出现了忽视被告过错审查的审判价值偏差，导致社会经济主体难以预测个人行为的法律后果。这不仅不利于社会经济主体聪明才智的发挥，也有损于社会财富的积累和创造。

（二）司法裁判路径偏离正确适用法律轨道

1. 迂回适用一般法自由裁量责任形态。在“迂回策略”模式下，法院裁判常回避讨论侵权行为性质，放弃适用《侵权责任法》多数人侵权规定，反之，选择适用关于法益保护范围的一般性规定，如《民法总则》第3条、《民法通则》第5条、《侵权责任法》第2条等，通过行使自由裁量权决定被告承担责任的形式。若是案件涉及劳务者受害、违反安全保障义务等情形，也常以《侵权责任法》第35条、第37条完成法律适用的格式要求（见表1）。

表1　多数人侵权案件常见法律适用示例①

案号	案由	基本案情	主要适用法条
（2020）鲁1502民初5749号	侵权责任纠纷	被告谢某山、谢某虎、谢某龙未经原告谢某锋等七人的许可，在原告租赁使用的土地上放置有关物品、种植树木。法院判决三被告限期清理物品、树木，恢复原状	《民法总则》第3条
（2015）太民初字第749号	机动车交通事故责任纠纷	被告张某驾驶的轿车与徐某驾驶的电动车相撞，造成电动车乘客原告胡某受伤。经交警部门认定，张某和徐某对事故负同等责任，胡某无责任。因原告未起诉徐某，法院判决张某承担交强险赔偿不足部分的50%责任	《侵权责任法》第2条
（2020）皖0104民初268号	提供劳务者受害责任纠纷	被告巢工公司将涉案工程分包给被告朱某，朱某再将之分包给被告张某，张某再安排原告班某从事混凝土浇筑工作。班某在工作中坐在单钢管上休息，不慎跌落造成损伤。朱某和张某没有相应的施工资质。法院判决原告自行承担50%的损失，剩余的50%损失由巢工公司、朱某和张某连带赔偿	《侵权责任法》第35条
（2020）湘0406民初384号	违反安全保障义务责任纠纷	被告春蕾童装店在走廊上挂衣服，影响行人通行。春蕾童装店及其侧旁走廊均属于被告华润公司的管理范围，华润公司明知该情况却未予制止。原告陈某途经此地，不慎摔倒受伤。法院判决原告自行承担50%的损失，被告春蕾童装店和华润公司分别承担10%、40%的赔偿责任	《侵权责任法》第37条

① 以下案例均来自中国裁判文书网。

2. 概括适用法条但缺少要件分析。在“概括适用”模式下，法院明确适用多数人侵权的法律规定，但并未阐述涉诉行为构成多数人侵权行为的理由，对于法官如何得出结论也缺乏详细、完整的论证。如在一案件中，甲公司与赵某签订《联营合作协议书》，赵某与刘某共同经营的废品回收服务站将以甲公司的相应资质对外经营。后该废品回收站因生活用火发生火灾，导致站点北侧乙公司的库房发生财产损失，乙公司遂以财产损害赔偿纠纷为由起诉甲公司、赵某、刘某要求赔偿损失。① 一审判决明确适用《侵权责任法》第 8 条，但也仅是列明各方的行为不当，未对共同侵权构成要件进行分析，被告承担的责任形式与法律规定也不一致，而是判决经营者承担全部责任，联营公司在 20%的范围内承担连带责任。

3. 重视行为不当查找忽略构成要件论证。在侵权责任构成要件的论证上，司法实践的习惯做法是通过列举被告行为不当进行简单概括式说理，缺乏对侵权责任四要件的探讨。“被告存在某种不当行为+对损害后果发生存在一定过错+法院根据过错程度确定被告承担责任比例”成为我国多数人侵权案件裁判说理惯用的说理行文。在一案件中，王某与邓某在承租房内洗澡时死亡，死因为一氧化碳中毒。机电公司是房屋的所有权人，其将房屋装修成 151A 和 151B 作为职工宿舍，分别出租给成某、井某与刘某夫妇二人。成某再将 151A 转租给王某、邓某，井某夫妇将 151B 转租给邹某。王某继承人以违反安全保障义务责任纠纷为由将邻居邹某、同住人邓某的继承人、机电公司、成某、井某、刘某、热水器销售商、生产商、燃气公司等 10 名被告诉至法院，要求赔偿损失。② 法院最终根据数被告行为存在某种不当分别确定其责任比例。（见表 2）

表 2　裁判理由及责任比例

主体	不当行为	责任比例
邹某	更换窗户导致王某承租房屋的热水器排烟管不能伸出室外	40%
王某	对其所承租房屋的燃气热水器排烟管状态是否发生改变未能及时发现，继续使用有安全隐患的燃气热水器	10%
邓某		10%
成某	未能提供安全的居住环境	15%
井某、刘某		15%
机电公司	未能尽到房屋所有权人的管理责任	10%

① 新疆维吾尔自治区乌鲁木齐市中级人民法院（2018）新 01 民初 282 号民事判决书。

② 北京市通州区人民法院（2015）通民初字第 03553 号民事判决书。

二、多数人侵权案件裁判粗疏的原因探析

人民法院在审理多数人侵权案件时不直接适用《侵权责任法》第 8 条、第 11 条、第 12 条，抑或直接适用却又以“一言以蔽之”的方式进行裁判说理，主要原因在于此类案件的事实认定与法律适用均存在审理难点。

（一）事实查明困难导致行为形态认定缺失

侵权案件天然具有事实难以查明的特点，而多数人侵权案件行为形态的认定以及权利请求基础规范的确定均需依赖于事实的查明。人民法院在审理案件的过程中，因时间的不可逆转性，在当事人提供的证据有限的情况下，常出现案件事实真伪不明的情况。[①] 基于事实难以查明的事实推定也是司法实践中不可否认的客观存在。[②] 多数人侵权案件事实难以查明的情况尤为突出，一方面在于很多事件在发生过程中几乎没有留下证据，另一方面在于审限与司法资源的不足导致查明事实可能性较低或成本过高。面对待证事实不明的情况，司法实践一般有不予受理、调解解决、推迟作出判决、利用经验法则进行裁判、法官自由裁量及利用证据规则分配举证责任进行裁判等 6 种处理方式。[③] 但从侵权法填补损失的功能及救济受害人的价值导向出发，法官面对难以查明行为结合形态但又必须处理案件的处境，便常会选择对案件事实进行推定，适用一般性法律规定裁判，回避难以正确适用法律的窘境。

（二）要件论证缺位导致法律适用粗疏

在侵权责任构成的判断中，究竟怎样确定行为的违法性，是划清侵权责任是否构成的重要问题。[④] 多数人侵权案件的裁判文书中，常见的说理模式将某种行为不当直接作为责任承担的理由，缺乏对于行为违法性的论证。这其中最直接的原因来源于司法实践对行为违法性缺乏统一的裁判认知，注重事实层面行为不当的关注，缺少法律层面行为违法性的分析。对于这一基础性问题进行模糊处理，势必影响完整的构成要件论证的可能性及准确性，最终导致法律适用粗疏化局面的产生。

（三）基础规范争议导致精准适用困难

司法实践中对于多数人侵权法律规定的适用范围、区分标准存在认识不一致，其中关于共同侵权“共同性”的认定、共同过失与分别侵权的区

---

① ［德］汉斯·普维庭：《现代证明责任问题》，吴越译，法律出版社 2006 年版，第 21~22 页。

② 江伟：《证据法学》，法律出版社 1999 年版，第 124 页。

③ 崔拓寰：《案件事实真伪不明时法官如何裁判》，载《司法改革论评》2014 年第 1 期。

④ 杨立新：《共同饮酒引发醉酒死亡侵权案件的法律适用界限》，载《法律适用》2019 年第 15 期。

分标准成为导致法律适用困境的重要原因。在我国侵权法发展过程中，《最高人民法院关于审理人身损害赔偿案件适用法律若干问题的解释》（以下简称《人身损害赔偿解释》）就共同侵权采意思关联共同与行为关联共同兼指说，此后出台的《侵权责任法》则采取更为谨慎的态度限制连带责任适用范围。[①] 最高人民法院侵权责任法研究小组认为《侵权责任法》第8条规定的共同侵权限于主观共同侵权，具体包括共同故意与共同过失。[②] 学术界对这一问题存在不同看法，杨立新认为共同侵权条款规范主观共同侵权与客观共同侵权，[③] 程啸认为该条款仅指共同故意实施侵权行为，[④] 曹险峰则强调共同侵权包括共同过错，含共同过失以及过失与故意的结合，但须为“一因一果”。[⑤] 从法官到学者，对于共同侵权与分别侵权区分标准的差异态度，也导致审判实践对于“共同性”的认定难以趋同。当事人主观形态上的证明、损害结果的可分割性判断以及一因、一果的界定等，也都让上述任何一种关于共同侵权的解释存在具体案件界定适用范围的困难。

三、《民法典》时代多数人侵权规定适用范围的探析

《民法典》第1168条、第1171条、第1172条对应《侵权责任法》第8条、第11条、第12条分别规范共同侵权、叠加的分别侵权及典型的分别侵权，从文字上看，除了删除《侵权责任法》第12条中的“赔偿”二字外全部保留了其他原有规定，但在法律释义上则出现了回归《人身损害赔偿解释》客观标准的现象。

（一）共同侵权回归主客观关联兼指说

《人身损害赔偿解释》作出数行为直接结合导致损害构成共同侵权的规定，对共同侵权采取“意思关联共同与行为关联共同兼指说”。[⑥]《侵权责任法》出台后，最高人民法院侵权责任法研究小组在《侵权责任法的理解与释义》中将“共同侵权”限制在了主观共同侵权上，包含共同故意与共同过失。《民法典》通过后，对相同条文的释义又发生了变化，共同侵权扩大

---

① 最高人民法院侵权责任法研究小组编著：《〈中华人民共和国侵权责任法〉条文理解与适用》，人民法院出版社2016年版，第59~65页。

② 李中原：《多数人侵权责任分担机制研究》，北京大学出版社2014年版，第117页。

③ 杨立新：《侵权责任法立法最新讨论的50个问题》，载《河北法学》2009年第12期。

④ 程啸：《论〈侵权责任法〉第八条中“共同实施”的涵义》，载《清华大学》2010年第2期。

⑤ 曹险峰：《数人侵权的体系构成——对侵权责任法第8条至第12条的解释》，载《法学研究》2011年第5期。

⑥ 最高人民法院侵权责任法研究小组编著：《〈中华人民共和国侵权责任法〉条文理解与适用》，人民法院出版社2016年版，第65页。

为三个层次，即共同故意、共同过失与行为结合，[①] 倡导受害人权利救济从主观标准向客观标准适当倾斜。

学术界关于共同侵权是否应当突破主观共同关联的探究也许不会因为《民法典》的释义而终止，但司法裁判尺度的统一亟需明确基础规范的适用范围。纵然裁判者对于共同侵权内涵仍会存在理解分歧，但从统一法律适用的角度出发，多数人侵权案件审理应以共同侵权包括三个层次为明确前提，对于受害人权利保护与行为人行动自由的权衡可以在具体适用规则的制定与调整上实现。

（二）“可预见性检测”防止共同侵权泛化

侵权形态区别的理由不在于追究行为性质，其既非受害人所关注，亦非多数人侵权体系构建之原因，真正的理由在于连带责任正当化基础。[②] 为避免共同侵权内认定标准客观化后司法实践将共同侵权泛化的可能，需要在客观共同关联上设定检测标准，“可预见程度检测”可以起到为共同侵权与分别侵权界定边界的作用。

1. 行为结合可能性的预见。在共同侵权的三个层次中，共同过失与行为客观关联属于较难识别的两种形态。所谓共同过失就是数人对其行为所造成的共同损害后果应当预见或认识，但因为疏忽大意或不注意而致使损害结果发生。[③] 行为客观关联是指数人所为不法侵害他人权利的行为在客观上为被害人因此所生损害的共同原因。[④]

共同过失是否要求对损害认识进行交流？又是否存在有意思联络的共同过失？曹险峰认为无需有损害认识之交流，共同过失强调的重点是共同的预见性，具有共同的认识已经足以达到此点要求，对损害认识之交流本质上并未改变共同的预见性要求，只不过强化了这一点。[⑤] 程啸则认为《侵权责任法》第 8 条强调意思联络，只有可能构成共同故意，无法想象有意思联络的共同过失。[⑥] 理论界观点不同，司法界也未能明确共同过失的范围。但实践中可通过是否预见行为可能结合致害来判断行为人的主观过失状态，作出是否存在共同过失的认定。即共同过失应要求加害人预见自己

---

① 最高人民法院民法典贯彻实施工作领导小组主编：《中华人民共和国民法典侵权责任编理解与适用》，人民法院出版社 2020 年版，第 54 页。

② 叶金强：《共同侵权的类型要素及法律效果》，载《中国法学》2010 年第 1 期。

③ 王利明：《共同侵权行为的概念与本质》，载王利明主编：《判解研究》2004 年第 3 辑，人民法院出版社 2004 年版。

④ 孙森焱：《新版民法债编总论》（上册），我国台湾地区三民书局 2004 年版，第 276~278 页。

⑤ 曹险峰：《数人侵权的体系构成——对侵权责任法第 8 条至第 12 条的解释》，载《法学研究》2011 年第 5 期。

⑥ 程啸：《论〈侵权责任法〉第八条中“共同实施”的涵义》，载《清华大学》2010 年第 2 期。

的行为可能与他人行为“结合”而导致损害，加害人不需要预见与他人何种行为以何种具体的方式结合造成损害，只需预见存在与他人行为结合造成损害的可能即可，强调的是预见“行为的结合”。如在医生开药，护士拿错药，医生未认真审核导致病人吃错药的案例中，由于职业以及工作流程的原因，医生、护士均可预见自己的行为可能与对方的行为结合导致损害发生。此种共同的预见性足以使二人形成主观过错上的共同，将行为作为一个整体进行评价，构成共同过失导致的共同侵权。

对于无法判断可预见性的情况，可通过数行为发生时间“同时性”与“连续性”的区分、损害发生与致害原因属于“一因一果”还是“多因一果”的判断等标准进行客观共同关联检测。

2. 行为致害程度的预见。在数行为人的行为因客观关联致害而承担连带责任的情况下，各行为人承担连带责任的范围应当以其可预见的致害范围为限，否则行为人的行动自由将因共同侵权客观关联说的采纳而受到严重限制，也可能引发行为人民事责任承担的随意扩大化。共同侵权采客观标准扩大受害人权利保护的同时，也不能忽略对行为人行为自由的保护，这就需要在二者之间寻求一个平衡点，这个平衡点便是当事人对己方行为可能给受害人造成的损害程度。例如，甲骑自行车，乙、丙驾驶小客车，三人在交叉路口瞬间同时相撞形成合力并撞向行人丁，此时丙承担连带责任的范围应当以其作为自行车骑行人可预见的致害范围为限。

（三）双重鉴别准确认定分别侵权

1. 损害结果不可分割性作为外部鉴别标准。分别侵权作为多数人侵权体系一部分，与单纯的数个独立侵权行为存在区别。从文义上看，区别在于数行为造成了“同一损害”，该同一损害应当指的是损害具有不可分割性，否则应当作为可割裂开来的数个独立的侵权行为，由受害人分别向各加害人行使赔偿请求权。不可分割性与按份责任并不矛盾，二者容易混淆，但不属于同一个概念。前者指损害构成上无法割裂，后者则指可能造成的损害程度上的区分。

2. “足以导致全部损害”作为内部鉴别标准。在完成外部鉴别之后，需要在内部对分别侵权进行叠加型与经典型区别。《民法典》第 1171 条“足以”一词意味着连带责任的成立并不需要“实际”造成全部损害，只要该行为在理论上“足以”造成全部损害即可。实践中的困难不在于理论上的区分标准，而在于在具体案件中如何评判“足以”导致全部损害的技术问题。行为人因果关系贡献度是否可以合理确定，更多地依赖于案件查明的技术提升，目前主要交给法官在具体案件中具体处理。

四、"六步法"构建新法时代多数人侵权裁判路径

《民法典》时代多数人侵权案件裁判路径的统一离不开侵权责任构成要件的认定，即损害事实、致害行为、因果关系及主观过错;[①] 也必须同时考量多数人侵权的特殊因素，如加害行为的协作性、主观意思的共同性、客观行为关联性及损害结果的统一性等，最后还要兼顾新旧法多数人侵权内涵的变化及与相关法律规定竞合的问题。在体系化考量上述因素后，笔者将通过案例演示，以"六步法"构建新法时代多数人侵权案件的裁判路径。

【案例】生产者生产的淋浴热水器存在设计缺陷，甲购买该热水器并安装，同时安装了有缺陷的漏电保护装置。装修后，甲将房屋出租给乙公司用作职工宿舍，乙公司规定职工宿舍不能允许外人居住使用，雇员丙违反规定让朋友丁在职工宿舍居住，丁使用热水器的过程中触电身亡。丁的继承人将热水器生产者、漏电保护器销售者、甲、乙公司、丙均起诉至法院，要求五被告共同赔偿损失。

（一）审查诉讼标的

1. 审查损害结果甄别诉讼标的属性。通过对损害结果的可分割性进行初步审查，甄别案件属性，只有损害结果不可分割的案件方能置于多数人侵权体系下审理。案例中，造成洗浴人死亡的后果，便是一种典型的不可分割的损害事实，可将案件放置在多数人侵权体系中审理。

2. 提取案件审理的具体加害行为。受害人起诉时，常对具体加害行为无清晰认识，将能想到的所有可能加害人列为被告要求承担责任，法官有必要根据初步查明案件事实提取案件审理的具体可能加害行为，明确案件审理的核心对象。案例中，当事人提出的加害行为如表3。

表3　当事人主张的加害行为列表

主体	加害行为
热水器生产者	生产瑕疵产品
漏电保护器销售者	销售瑕疵产品
出租人甲	作为出租人未能提供安全的居住环境
雇主乙	作为雇主未能提供安全的职工宿舍环境
职员丙	违反公司规定，让丁居住在职工宿舍

法官初步审查后提取、修正审理的加害行为（见表4）:

① 王卫国主编:《民法》，中国政法大学出版社2008年版，第607页。

表4 修正的加害行为列表

主体	加害行为
热水器生产者	生产瑕疵热水器
漏电保护器销售者	销售瑕疵漏电保护器
出租人甲	购买、安装瑕疵热水器、漏电保护器
雇主乙	未能检查发现职工宿舍电器存在安全隐患
职员丙	违反公司规定，让丁居住在职工宿舍

（二）审核行为违法性

通过行为违法性审核可将不具有违法性的行为排除在案件责难范围之外，形成案件审理的一层过滤网。行为的违法性，就是行为与法律的要求相悖，具体判断标准，是行为人的行为是否违反法定义务、保护他人的法律以及公序良俗致他人以损害。① 而对于不作为，则要确定加害人作为义务的来源，通常为三个方面，即来自法律规定、特定的职务、行为人的前一个行为。② 案例中，热水器生产者与漏电保护器销售者的行为违法性毋庸置疑，较有争议的便是出租人甲、雇主乙公司及职员丙的行为违法性问题。（见图2）

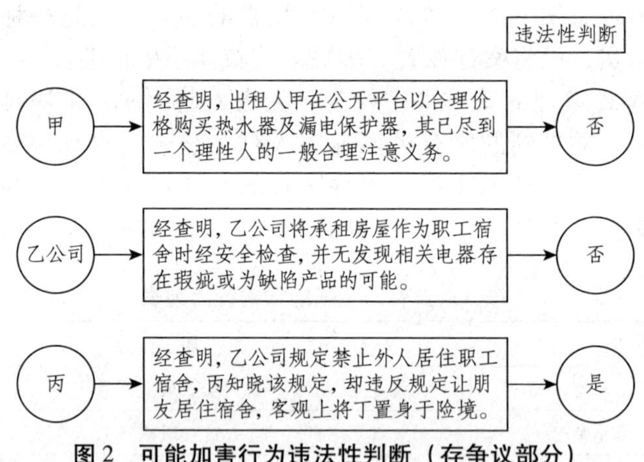

图2 可能加害行为违法性判断（存争议部分）

根据违法性审核结果，可以将不具有行为违法性的甲、乙公司排除在案件继续审查的范围之外，在后续审查中集中对过滤后的违法行为进行其

① 杨立新：《共同饮酒引发醉酒死亡侵权案件的法律适用界限》，载《法律适用》2019年第15期。

② 杨立新：《侵权责任法》，法律出版社2018年版，第67页。

他要件审查。

（三）筛查侵权形态

案件的侵权形态往往较为模糊，需要按照共同故意、共同过失、客观关联共同侵权、分别侵权的顺序进行依次筛查，核心则在于共同过失与客观关联的筛查。

1. “可预见性检测”筛查共同过失。如数行为人可预见彼此行为可能结合致害的，该数行为人之间存在共同过失，其不法行为构成“一因”，在随后的审理步骤中作为一个整体来认定是否与损害结果具有因果关系，适用规范为共同侵权法律规定。案例中，热水器生产者与漏电保护器销售者二人因均可预见到双方行为结合导致人身损害的发生，具有主观上的共同过错，按共同侵权论。职工丙在主观上无预见行为结合可能性，暂时作为单独一因进入客观关联审查。

2. 结合程度筛查客观共同关联。尽管我国侵权法上曾出现过与客观关联本质相同的“直接结合”型共同侵权，但理论与实践却仍未能提出具有可操作性的认定标准。通说认为，在客观关联共同侵权中，共同原因数人的行为结合而发生同一损害，[①] 即数行为需结合为“一因”导致损害，否则应当属于“多因”致害，按分别侵权论。经客观关联审查，将发现从丙与甲、乙公司行为的紧密程度、是否构成致害事件发生的实质原因、条件等因素考量，其行为并未与其他违法行为形成紧密的不可分割的“一因”，应按分别侵权进行继续审查。据此，案例中需要审查的行为数量从“因”的角度有两个，即热水器生产者与漏电保护器销售者之间的共同过失与丙的分别侵权。

（四）论证因果关系

在共同侵权的情形下，各加害人的行为结合为“一因”，作为一个整体与损害结果的发生进行因果关系的讨论。分别侵权需要按照案件涉及的“因”的数量逐一分析其与损害结果的因果关系。

通常认为按照相当因果关系说，因果关系的判断分为两个步骤：第一是事实上的因果关系，第二是法律上的因果关系。[②] 案例中，热水器生产者与漏电保护器销售者行为结合在一起，与洗浴人死亡的结果在事实与法律上存在因果关系并无争议。需单独对丙的行为进行因果关系分析。无论是

---

① 王竹：《论客观关联共同侵权行为理论在中国侵权法上的确立》，载《南京大学法律评论》2010 年第 1 期。

② 王利明：《侵权责任法研究》（第二版）（上卷），中国人民大学出版社 2016 年版，第 1114 页。

以“要是没有”检验法（“but for” test）、剔除法或代换法来检验,[①] 丙的行为均在客观上为损害结果的发生提供了可能性,[②] 构成事实上的因果关系。在法律上的因果关系层面，允许他人在宿舍居住导致其因缺陷洗浴设施死亡的事件，不属于常发事件，应认为不存在法律上的相当因果关系。[③] 纵使在法律上的因果关系存在争议，认为丙的行为与损害结果之间构成相当因果关系，仍可通过主观过错审查最终确定侵权责任。

（五）主观过错再审查

在侵权形态筛查阶段，已经对行为人的主观可预见性进行过审查，但审查的重点在于行为人对己方行为与他人行为结合致害的可能性，侧重点在于行为结合。在完成行为违法性、发生损害事实以及因果关系三要件的论证后，主观过错评判作为最后一个构成要件，起到责任“阀门”作用。[④]

在共同过失中，侵权形态筛查中可预见性检测的审查范围与主观过错审查的范围重合率较大，因果关系论证后，便完成所有侵权责任构成要件论证。客观共同关联及分别侵权情形则应当进一步进行主观过错的认定。案例中，丙对于缺陷热水器与缺陷漏电保护器的存在并无可能知晓，主观无过错可能，则其行为最终因构成要件不满足而不构成侵权行为。至此，案例中各行为人的侵权责任已非常清楚，甲、乙公司构成共同过失型共同侵权，丙因不满足侵权责任构成要件不承担侵权责任。

（六）调整责任范围

在案件存在两个以上分别侵权的情况下，需要进一步分析各行为的原因力，目的在于区分《民法典》第 1171 条、第 1172 条的适用，确定责任形态以及按份责任比例。

经过前五个步骤以及原因力的区分，完成了加害人责任承担以及内部责任比例论证，但案件的处理并未完成。受害人本身存在过失的情况下，还需在最后根据过失相抵原则调整受害人承担侵权责任的范围。

对于同时存在生产者与销售者、雇主与雇员之间的交叉关系的，应在完成侵权责任论证后，根据相关法律规定明确最终承担责任的主体以及责任方式。

综上，多数人侵权案件的裁判路径可用图展示如图 3：

---

① 王卫国主编：《民法》，中国政法大学出版社 2008 年版，第 612 页。

② 王利明：《侵权责任法研究》（第二版）（上卷），中国人民大学出版社 2016 年版，第 1112 页。

③ 王利明：《侵权责任法研究》（第二版）（上卷），中国人民大学出版社 2016 年版，第 1114 页。

④ 王卫国主编：《民法》，中国政法大学出版社 2008 年版，第 613 页。

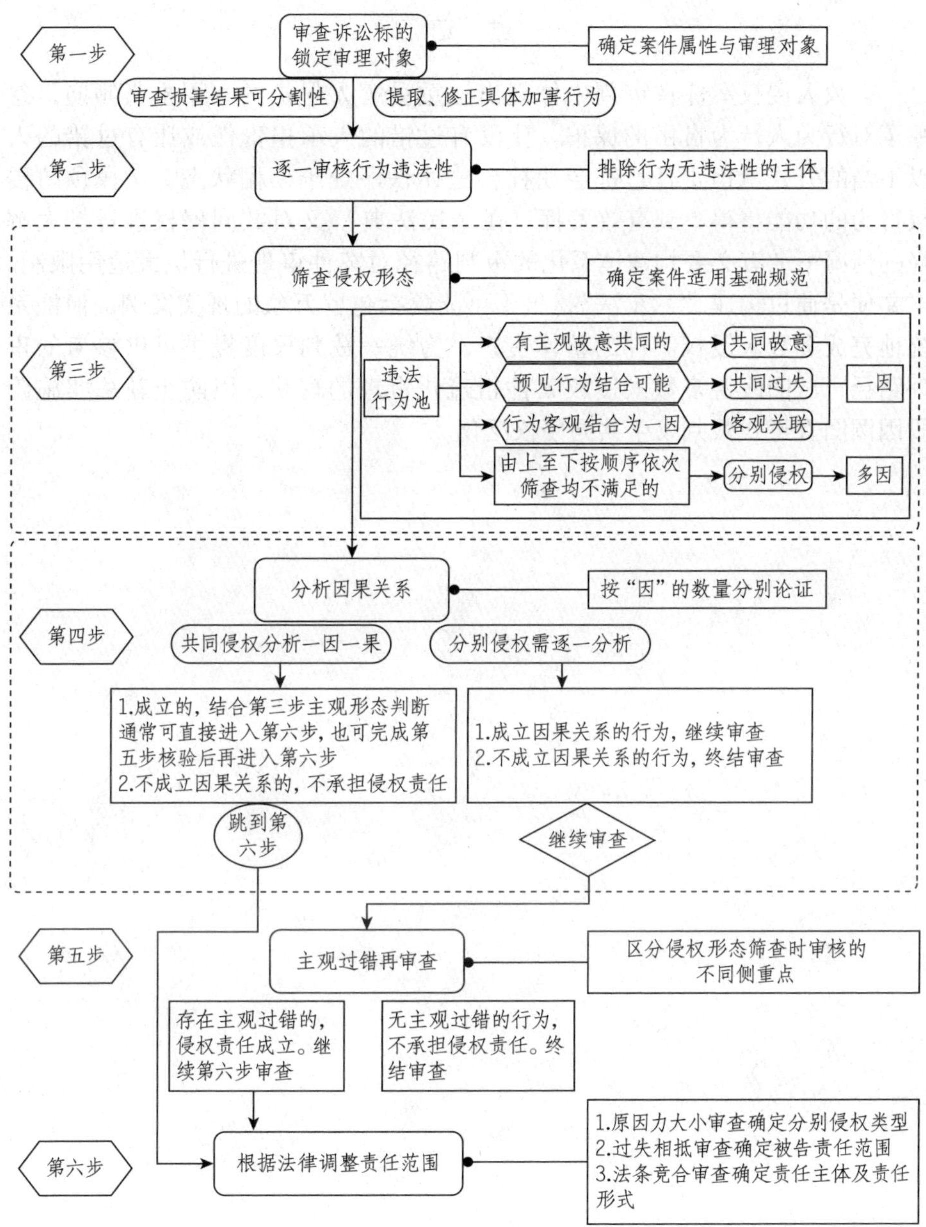

图3　多数人侵权案件审理六步法示意图

结 语

多数人侵权案件在审判中体现出注重受害人保护的实用主义倾向，忽视了对行为人行为自由的保护。让没有过错的人承担责任或让有过错的人以不当的方式承担责任，都会使社会法律秩序处于模糊状态，法律预防侵权行为的功能将得不到有效发挥。在《民法典》又对共同侵权进行扩大解释的情况下，有必要构建体系化的审判路径对案件审理进行扩大适用限制。本文便是通过构建“六步法”，虽不可能囊括包罗万象的现实案例，但能系统地完成多数人侵权案件的整体审查，为统一裁判尺度提供可供参考的审理路径，试图改善多数人侵权案件粗疏化审理的现状，以防止新法实施阶段因囫囵吞枣式裁判发生共同侵权泛化。

社会信任的撕裂与修复：《民法典》视野下混合共同担保人内部追偿权的讨论

关 佩[*] 万雪梅[**]

引 言

消解债权天然的风险性，是民法特别是担保法的内生使命之一。随着商业交往的日益频繁，多元化担保模式应运而生。人保物保兼具的混合担保应运而生，成为借贷市场的常用模式。[①] 在没有约定的情况下，承担担保责任的担保人可否向其他担保人追偿，从立法到实践，争议颇大。

一、断裂与耦合：基于立法冲突与裁判立场的现实考察

混合共同担保关系中，牵涉多方市场主体，横跨了物权和债权理论，是更为复杂的民事法律关系。对混合共同担保人内部追偿权的讨论呈现出不同的理念和立场，导致了司法实践中法律适用的差异，并影响了市场信任关系的稳定与平衡。

（一）立法冲突：从承认到模糊再到否定

对于混合担保中担保人的内部追偿权，1995 年实施的《担保法》并未作出原则性规定，仅在第 12 条中规定连带共同保证人之间可以进行内部追偿。2000 年实施《最高人民法院关于适用〈中华人民共和国担保法〉若干问题的解释》（以下简称《担保法解释》）作出了迄今为止最为开放的规定，其在第 38 条第 1 款中明确，在混合担保约定不明的情况下，承担了担保责任的担保人，可以要求其他担保人清偿其应当分担的份额。

真正将混合担保内部追偿权推向文本争议的，是 2007 年实施的《物权法》。其在第 176 条第 2 句中，仅是保守地规定了担保人对债务人的追偿权，

* 作者单位：四川天府新区成都片区人民法院。
** 作者单位：四川大学。

① 李光琴：《混合共同担保论》，人民法院出版社 2019 年版，第 5~7 页。

对混合担保人之间的内部追偿毫无提及。这一含糊态度引起巨大争议，对混合担保内部追偿权持否定态度的认为《担保法解释》第38条中在混合担保人内部设定追偿权因与《物权法》第176条冲突而失效。

在2019年11月公布的《全国法院民商事审判工作会议纪要》（以下简称《九民纪要》）中，第56条提出除明确约定可以追偿的，承担了担保责任的担保人向其他担保人追偿的，人民法院不予支持。虽然旗帜鲜明提出了否定追偿，但该纪要并非司法解释，亦不能作为裁判依据进行援引。

《民法典》编纂过程中，关于混合共同担保内部追偿的规则几经变化。《民法典》（分编草案室内稿）意欲回归至《担保法解释》的立场，即肯定担保人的内部追偿权。[①] 但几经修改后，最终出台的《民法典》第392条，既没有坚持明确肯定担保人之间的追偿权，也没有延续《九民纪要》的否定态度，而是回归到了与《物权法》相同的模糊态度。如此看来，立法机关似乎没有正面回应这一问题。

（二）现实乱象：信任缺失引致恶意选择和道德风险

债权人在与债务人、担保人的关系中，处于优势主导地位，这本无可厚非。但若担保人参与的信任关系出现失衡，不仅会挫伤提供担保的积极性和安全性，最终也会影响债权人的根本利益以及金融市场的健康发展。[②] 特别是在近年，受全球宏观经济增长放缓及中小企业经营状况欠佳的影响，我国担保行业的发展也处于瓶颈阶段。

一是从2016年开始担保行业增速放缓。数据显示，2018年中国担保行业在保余额约为3.6万亿元，从2016年开始，增速下降至9.8%。

二是担保行业代偿率显著提升。我国担保行业代偿率从2011年的0.5%，上升到2015年的2.17%，到2017年，我国担保行业代偿率约为2.78%，违约风险不断提升。[③]（详见图1）

① 张双根：《也谈谈对混合共同担保若干问题的思考》，载王洪亮等主编：《中德司法研究（6）：混合担保》，北京大学出版社2017年版，第46页。

② 黄忠：《混合共同担保之内部追偿权的证立及其展开》，载《中外法学》2015年第4期。

③ 《2019年中国担保市场分析报告——市场供需现状与发展战略规划》，载http://free.chinabaogao.com/gonggongfuwu/201910/1016455TH019.html。

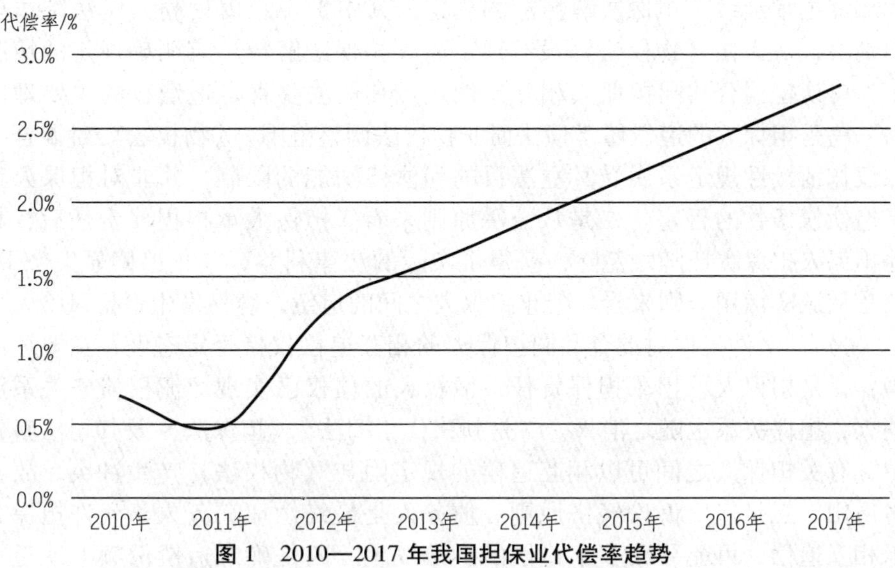

图 1　2010—2017 年我国担保业代偿率趋势

在并不乐观的宏观经济背景下，很大部分混合担保纠纷案件的信任结构呈现出极大的不均衡性：主要表现为：

1. 担保人与债权人恶意选择。混合共同担保中，若其中一个担保人进行了相应偿还，其他担保人就能完全脱离担保风险，则担保人有极大的可能与债权人恶意串通，通过支付少于担保责任的金额，以换取债权人对自己担保责任的放弃。

2. 担保人之间的恶意压榨。在不允许追偿的情况下，某一担保人可购买债权人的债权，从而以债权人的名义向其他人担保人提出主张，以免除或减轻自己的担保责任。

3. 担保人整体责任提高。信任缺失带来的恶意投机行为，同样需要支付金钱成本，从而提高整体交易成本。例如，担保人 A、B 共同为一笔 10 万元的债务提供担保，若 A 用 5 万元“贿赂”债权人，使其担保责任得到免除，而 B 最终承担 10 万元的担保责任，则 A、B 实质上付出了 15 万元的代价，高于其应当承担的担保责任。

（三）裁判选择：无声的沿袭和构造

笔者在无讼案例网上以“混合担保”为关键词搜索，查阅到全国共有 712 件民事判决书，时间跨度从 2013 年至 2020 年。其中 77 件涉及混合共同担保人之间的内部相互追偿。仔细阅读 77 份民事判决书，发现倾向性裁判选择如下：

1. 在《九民纪要》公布以前。结案时间在《九民纪要》公布之前的共有 70 件案件，其中 43 件案件对混合共同担保人的相互追偿权持肯定态度，大部分主张延续《担保法解释》的规定。其中1件系由最高人民法院作出的判决，认为在《物权法》没有规定而《担保法解释》有明确规定的情况下，可认定混合共同担保人相互追偿权。其他法院肯定追偿权的主要理由为：一是担保人的追偿属于债法而非物权法调整范围。《物权法》对混合担保仅作衔接性规定系属受其立法目的和法律功能的限制，并非对担保人互有追偿权条款的否定。二是从公平原则来看。担保人承担担保责任后，其他担保人担保责任随之免除，获得了实际的法律利益，禁止追偿显失公平。三是从诚实信用原则来看。禁止担保人之间的追偿，容易发生道德风险。

另有27件案件对混合共同担保人的相互追偿权持否定态度，主要理由为：一是担保人承担了担保责任，债权人的债权已实现，债权债务关系已消灭，担保关系也随之消灭。二是新法优于旧法。《担保法》及其司法解释中，有关担保人之间可以相互追偿的规定因与《物权法》产生冲突，故不再适用。三是违反诉讼经济原则。债务人是最终偿债义务人。允许担保方承相互追偿，可能导致多个追偿的诉讼发生。四是确定追偿份额上缺乏可操作性。五是基于公平原则考虑。若允许相互追偿，则超出了担保人可预见之风险。（详见图2）

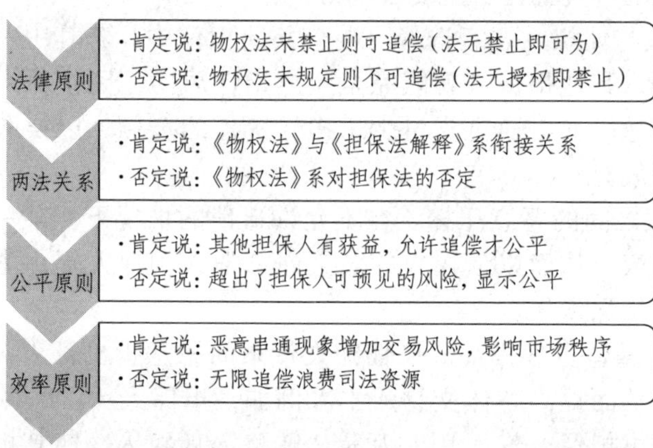

图2　70件判决中关于追偿权的肯定意见与否定意见对抗

2. 在《九民纪要》公布之后。结案时间在《九民纪要》公布之后的共有7件案件，其中5件为上诉至中级人民法院和高级人民法院的二审案件。5件案件的一审系《九民纪要》公布前作出，均支持了混合共同担保人相互追偿。上诉后，二审裁判结果一致否定混合担保人之间的内部追偿。另2件案件经审理未认定为混合共同担保。这样的裁判态势，说明《九民纪要》中对混合共同担保人相互追偿权明确的否定态度确实起到了统一裁判规则，规范自由裁量权的作用。

是否可以认为《九民纪要》公布前的司法惯例是承认内部追偿权？从

判决文本上看似乎如此。在《物权法》实施后，司法实践仍有相当部分的裁判沿袭了《担保法解释》中肯定担保人追偿权的立场。而在《九民纪要》公布后，部分法官作出否定追偿权的裁判是否基于法律解释上的保守？要证成内部追偿权存废，不只需要着眼于法律文本的规定，还要深入担保关系中各方当事人的利益需求进行细致考察。

二、证成与研析：基于信任风险与各方需求的必要性考察

信任关系存在于社会生活众多领域。当借贷/担保发生时，信任关系随之产生，信任的额度即借贷/担保的额度。[①] 当担保行为从单一的人保物保延伸至混合担保，就产生了更加复杂的担保市场，但这个市场的本质仍然是信任关系。借贷担保关系中，信任关系展现出了四层内涵。债权人基于一定的信任（人情信任或是获利信任）将财富向债务人转移，担保人同样基于一定的信任（债务人具备还款能力）为债务人提供相应人保或物保。在混合共同担保中，还有一层信任构成，即共同担保人之间的信任（有其他担保人与自己一同承担保证责任）。而基于对保证人（经济实力、社会地位、人格品质）或物保人（物的价值）的信任，债权人降低对债务人无法履行偿还义务的风险预期，而更加自信作出借贷行为。

（一）通过固化行为模式稳定信任预期

信任决策的作出必然对信任对象进行相应的判断和预测。这种判断与预测是充满不确定性的，为了克服这种不确定性，就需要探索一种稳定的规范性期待，使得不同主体间的信任关系处于尽可能一致与协调的状态。基于不同的信任基础，信任预期呈现不同层次的强弱，而强烈的信任来自了解、情感和共同利益[②]。（详见图3）商业社会中，市场主体的行为不可能完全出于相互的了解以及共同的情感，要构造更为稳定的信任关系，最重要的是通过制度使其利益产生交织交融，从而使关系主体产生强烈的积极信心，从而对关系产生稳定的信任预期。

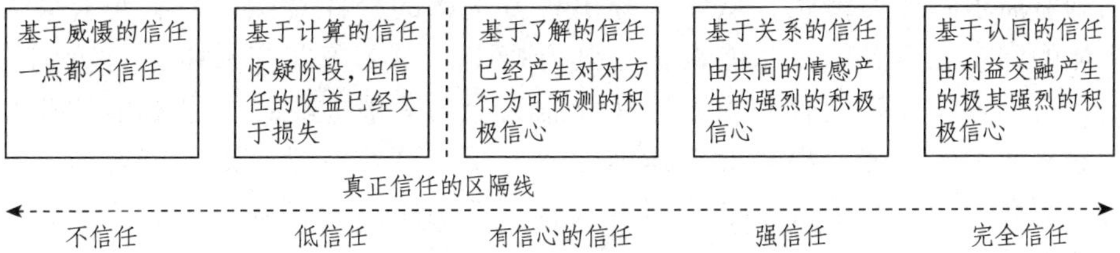

基于威慑的信任 一点都不信任	基于计算的信任 怀疑阶段，但信任的收益已经大于损失	基于了解的信任 已经产生对对方行为可预测的积极信心	基于关系的信任 由共同的情感产生的强烈的积极信心	基于认同的信任 由利益交融产生的极其强烈的积极信心
不信任	低信任	有信心的信任	强信任	完全信任

真正信任的区隔线

图3 信任关系的强弱层次

① 罗玮：《社会信用：从理性信任到良性经济》，武汉大学2015年博士学位论文。

② 张维迎：《信息、信任与法律》，生活·读书·新知三联书店2003年版，第22页。

若否定混合共同担保人相互的内部追偿权，各混合担保人是否承担最后的担保责任完全取决于债权人的主观选择，而这样的选择权很大程度上脱离了担保人的掌控。因而实践中常见这样的极端结果：责任为 0 或者 100%。谁承担 0 或谁承担 100%导致了极大的不确定性，这种随机选择甚至导致的恶意选择是一种不健康的行为模式，必然会损害社会信任的秩序。在“债权人—债务人—担保人”的三方关系中，担保人通常处于信息弱势地位，且在一般情况下无法直接从担保活动中受益。因此，混合共同担保人应当对自己最终承担的责任有相对稳定的预期，而不是被动游离在终局地承担 100%的担保责任与完全地逃离担保责任两个极端值上。

混合共同担保人的信任预期究竟是什么？对追偿权持否定态度的观点认为，担保人提供担保就应当预料到自己将会承担担保责任，所以不应当赋予追偿权利。如前所述，在否定追偿权的情况下，有一部分担保人将有可能作为 0 的“幸运儿”不承担担保责任，而这部分 0 的群体的最终责任承担显然是与其当初提供担保时的预期相反。而那部分承担了 100%责任的“倒霉蛋”，也不一定是吻合了其当初的信任预期，因为在混合共同担保中，有多人同时提供不同形式的担保，共同承担风险。若知道自己会被选为承担 100%责任，从一个理性市场主体趋利避害的常态来看，应当会选择拒绝担保。因此，混合共同担保人的信任预期应当是在债务人丧失偿债能力的情况下由全体担保人共同承担担保责任。① 只有在肯定追偿权的情况下，才符合这种全体担保人共担风险的预期，且每个担保人最终实际所承担的担保责任都要小于最初设立担保时预期承担的担保责任。

（二）通过信任约束减少交易成本

《九民纪要》以不承认混合共同担保人的内部追偿权为一般原则，并规定担保人可在担保合同中通过约定否定这一原则，即可以约定相互追偿。这样的设计并非完全没有问题。一般原则是基于立法者对常态性商业往来规则的判断，是站在一段信任关系中各方主体的立场上，去考虑各方主体的利益需求和行为模式，从而推导出各方主体的交往意图。只有契合各方主体的内在意思表示，才能真正为其所接受，而无需在交易中另行特别约定，自动成为交易内容和条款。在此意义上的一般原则，才具有节约谈判和交易成本的功能，提高商业运转效率。反之，若一般原则不符合前述期待，则在商业实践中将会迫使当事人高频率采用另行特别约定的方式，以避免不适宜的一般性原则的适用。

从混合共同担保的制度设置来看，其主要目的不仅在于积累多种资信

---

① 朱广新：《信赖保护原则及其在民法中的构造》，中国人民大学出版社 2013 年版，第 52~59 页。

以确保债务最终得到清偿，也在于减轻单个担保人所需要承担的全部担保责任。[①] 因为缺乏对其他担保人会共同偿债的信任以及对债权人会公平公正要求所有担保人承担责任的预期，在不允许追偿的情况下，为了避免成为投机行为的受害者，担保人只能通过另行约定来保障自己，而另行约定在商业社会中往往意味着时间成本和交易成本。从整体利益来看，允许追偿更符合混合共同担保人的利益和需要，是使其信任关系最大化的担保机制。

（三）通过信任风险分配理顺内外部信任关系

从混合共同担保人的立场出发，所谓的内外部信任关系，对外，主要是向债权人承担责任；对内，主要是各担保人之间的责任分摊。从外部信任关系来看，混合共同担保人之间既有整体利益，又有个别利益。整体利益在于一旦债权人的债权顺利获得清偿，则全体担保人所负担之担保责任即归于消灭。混合共同担保的制度设置目的在于为同一债权设置多个担保，以保障债权人能得到最安全、最高效且实现成本最低的债权保障，所以混合担保中，债权人有相对任意的选择权，因此产生了担保人的个别利益，主要体现在个别担保人与债权人的关系，比如个体的抗辩，承担担保责任的顺序，或是单独另行达成的约定以免除相应责任。

从内部信任关系来看，主要在于混合共同担保人内部相关机制，以使其能够共担风险，或是共同化解风险。担保人提供担保，看似无偿，实则自有利益动机和商业考量。无论基于何种立场的担保人，都是希望债务人能够按约清偿债务。一旦债务人无法清偿时，从个别利益出发，担保人首先是希望债权人能够要求其他担保人承担担保责任。而一旦债权人将担保责任的矛头指向自己，则在承担相应担保责任后，希望能够将责任转嫁或分担至其他担保人处，以减轻自己的损失，这就是内部信任关系的核心——追偿。

外部信任关系中，个别利益的存在，是造成内部信任关系不稳定的重要因素。[②] 无论是因何缘由搭建而起的混合共同担保关系，各担保人与债权人之间必然达成了相关的约定，且无法保证这些约定能够相互关联，并最终将所有进入这一关系的担保人统一约束，从而形成一个牢固坚定的整体性利益，以排除个别利益对整体性利益的破坏。换言之，理想的外部信任关系的构建路径，是将所有提供担保的人结成一个联盟性质的集体作为缔约方，与债权人达成相关约定。在这样联盟性质的信任关系中，内部风险的防范与责任分担，大多能得到妥善的安排。外部信任关系中的个别利益，也会因为内部信任关系的明晰而得到相应抑制。但在商业习惯和司法实践

---

① 程啸：《混合共同担保中担保人的追偿权与代位权——对〈物权法〉第176条的理解》，载《政治与法律》2014年第6期。

② 郑也夫：《信任论》，中信出版社2015年版，第99~103页。

中，这一理想路径往往少见，多数情况都以背对背的形式与债权人达成单独的担保约定。在无法追偿的情形下，此时，信任风险处于极大值，因为担保人有极大可能基于个别利益而与债权人恶意磋商达成损害其他担保人利益的约定。

可见，内外关系并不是单独运作，而是彼此交织联系。外部信任关系会影响内部信任关系的稳定，而内部信任关系的变动也会反作用于外部信任关系的搭建。一旦内部追偿称为常态，则无论是背靠背还是面对面的缔约方式，个别利益都被压缩到了最低值。

三、走出信任困局：混合共同担保人信任修复路径与追偿规则构建

现代商业社会中的信任关系不是建立在当事人彼此间的相熟相知上，而是建立在信任系统能够得到有效运转的基础上。[①] 现代法律制度应当通过对相关市场主体信任利益的确认，并对信任风险的责任方束以义务的方式实现公益和私权之间的取舍，最终实现新的信任秩序的构造。在上文证成并肯定了内部追偿权对混合共同担保内部信任关系的积极意义后，更重要的是追偿规则的构建。

（一）当事人的约定效力认定——信任风险分配的当事人意思自治原则

《九民纪要》中，担保人之间明确约定可以内部追偿时才对混合担保人之间的相互追偿权予以肯定，但如果混合担保人作出了肯定性约定，但对如何追偿没有约定的，司法实践仍属于“规范空白”。因此，《九民纪要》虽然作出了价值性引导，仍然存在具体追偿份额的操作困难。

市场经济下，交易主体对风险分配拥有自主选择权。本文主张在无约定情形下对混合担保人的内部追偿权采取肯定态度，与意思自治原则并不矛盾。按照民法约定优先的原则，对混合担保人内部追偿权的肯定属于任意性规定，不以当事人达成一致意见为前提。在不损害他人合法权利的前提下，不论当事人时放弃追偿还是另行达成了与法律规定不同的追偿规则，都应当以当事人的约定优先。在此基础上，若承担了相应担保责任的混合共同担保人放弃了对某一担保人的追偿，在相同范围内丧失了向其他担保人主张追偿的权利。[②]

（二）内部追偿份额确定——信任风险分配的公平原则

由于信息资源、权力资源、知识资源等的不均衡，信任关系中不可避

---

① ［美］伯纳德·巴伯：《信任：信任的逻辑和局限》，牟斌、李红、范瑞平译，福建人民出版社1989年版，第28页。

② 王利明：《论担保物权的立法构造　民法典物权编应规定混合共同担保追偿权》，载《东方法学》2019年第5期。

免存在强势方与弱势方，且强势方往往有极大的动力利用其优势地位损害弱势方的合法权益。法律制度要想实现信任风险在不同主体间的合理平衡，最重要的是在实体权利和程序权利上给予弱势方更大权重的倾斜，以实现风险分配的公平。①

关于混合共同担保人之间的追偿份额，基本形成了两种方案的讨论：一是按担保人人数平分，二是按担保份额所占比例分配。第一种方案虽然操作简单方便，易于统一裁判标准，但也因为其绝对性而可能导致不公平，特别是在人保与物保同时存在的时候。例如，甲向乙借款 60 万元，A、B 提供连带保证责任，C 提供价值 30 万元的不动产作为抵押，D 提供 10 万元的动产质押。在甲不履行还款义务时，A 向甲承担了 50 万元的保证责任，并要求四个担保人共同承担责任。若按第一种方案即按人数平分，则 A、B、C、D 每人需要承担 15 万元的担保责任。对于 A、B、C 三人而言，15 万元的担保责任都比其在不能追偿时必须单独承担担保责任需要履行的数额要小（A、B 均为 60 万元，C 为 30 万元），然而，对 D 而言，其原本仅需以担保财产的价值即 10 万元为限对外向债务人履行担保责任，但在内部追偿的时候却需要承担超额 5 万元的责任，明显不公。因此，若按担保人人数平分成为任意选规范，则在混合共同担保关系成立时某些担保人可能会需要另行单独约定，从而增加交易成本和时间成本，增加法律风险。

第二个方案系按担保份额比例计算追偿份额。担保份额的确定方式也有两种，第一种是签订担保合同时各方所占责任比例，因在这个阶段是否会出现债务人违约还未确定，因此这个比例系风险比例。此时，风险比例是各担保人所能预见的最大风险，也是其自愿承担的最大比例。例如，甲向乙借款 60 万元，A、B 分别提供 40 万元和 20 万元的最高额抵押。可见，A、B 的责任比例为 2 : 1，也是 A、B 在进入担保关系时能够预见且承诺承担的最大风险。但在这种方式里，担保份额比例在签约时即确定，不受具体履行情况影响。因此，若甲系在清偿了 30 万元后再违约，A、B 仍需按照 2 : 1 的比例承担责任，即对于剩余的 30 万元债务，A、B 最终分别需要承担 20 万元、10 万元的担保责任。第二种是违约时的期待责任比例。即实际发生违约情况时，债权人对各担保人的期待利益。假定各担保人承担担保责任的概率均为 50%，则在前述例子中，由于甲已经清偿了 30 万元，剩余 30 万元债务，故而乙向 A、B 主张担保权利时，A、B 的期待责任分别为 30 万元×50%（乙仅向 A 主张时）= 15 万元及 20×10%（乙仅向 B 主张时）= 10 万元。则 A、B 的期待责任比例变为 3 : 2，因此，对于剩余的 30 万元债

① ［美］伯尔曼：《信任与秩序：法律与宗教的复合》，姚建波译，中央编译出版社 2011 年版，第 86 页。

务，A、B 最终分别需要承担 18 万元、12 万元。因此可见，在第二种确认方式中，债务人的部分清偿将改变担保份额比例，并且造成原本承担较高比例的担保责任担保人因为比例变化而在具体责任数额上有更大幅度的减少，而承担较低比例担保责任的担保人反而出现具体责任数额的上升，出现失衡和不公。

综上，混合共同担保人之间的担保责任份额应当按比例分担，既避免按人头分配导致物上保证人承担超额担保责任的弊端，也确保担保责任大小不受债务履行情况的逆向影响。针对实际中几种常见情形，混合共同担保的追偿计算可归纳为如下内容。

1. 物保系由债务人提供时：

若物保价值大于或等于未予清偿债权数额，则债权人应当直接选择物保优先受偿，此情形下担保人无需承担担保责任。

若物保价值低于未予清偿债权数额，则保证人分担额=（债权额-物保数额）×［保证债权额/（保证债权额+除债务人物保以外的物保总额）］；物保人分担额=（债权额-物保数额）×［物保价值/（保证债权额+除债务人物保以外的物保总额）］。

2. 物保系由债务人以外的人提供时：

若物保价值小于或等于未予清偿债权数额，则保证人分担额=债权额×［保证债权额/（人保总数额）+（物保总数额）］；物保人分担额=债权额×［物保价值/（人保总数额）+（物保总数额）］。

若物保价值大于未予清偿债权数额，则保证人分担额=债权额×［保证债权额/（人保总数额）+（物保总数额）］；物保人分担额=债权额×［担保的债权额/（人保总数额）+（物保总数额）］。[①]

（三）追偿权的行使——信任风险分配的节制原则

法律节制和降低社会信任风险，从而为社会诚信与合作以及良好的商业氛围创造更为有力的制度保障。信任风险无法彻底消除，而以法律节制信任风险本身也要付出相应的制度成本、监督成本和效率成本。对于信任风险的控制，应该有一个合理限度。

其一，在混合共同担保人的内部追偿权问题上，应当设置先向债务人追偿的前置程序。在借贷和担保关系中，债务人是整个信任关系的中心链接位置，是开启和结束这一关系的关键，也是债务理所应当的最终承担者。若是仅将信任风险在混合共同担保人之间分配，而忽略了风险的“始作俑者”，无疑是失衡的。同时，设置向债务人追偿的前置程序，也有助于纠纷

① 关倩：《论审理混合担保内部求偿权案件的裁判规则》，载《人大法律评论》2013 年第 1 辑。

的前端解决，减少诉累。

其二，在混合共同担保人的内部追偿权问题上，应当规定追偿权一次用尽。当某一担保人承担担保责任后要求其他共同担保人分担相应份额时，只能发起一次诉讼，而不能反复追偿。混合共同担保人的内部追偿可能导致的循环追偿一直被广泛担忧，但通过否定内部追偿权而希望达到简化法律关系的目的是以牺牲市场主体间的信任关系为代价的。诉讼资源的有限性以及法院案件量的高位增长确实无法承担反复诉讼带来压力。因而，追偿权应当被肯定，但必须有相应限制。

其三，在混合共同担保人的内部追偿权问题上，应当限制债权人不完全受偿时的追偿。混合共同担保中有可能出现某一担保人承担相应责任后，债权仍未得到完全清偿的情形。此时，债权人的权利主张可能会与担保人之间的内部追偿产生矛盾。但若强行规定债权未完全清偿前不得进行担保人之间的内部追偿又显得过于教条。这种情形下，应当规定担保人行使内部追偿不能损害债权人的合法权益。事实上，只要债务人未届破产，剩余债权与担保人之间的责任分担客观上并不矛盾，但债权人作为信任关系中最需予以保护的主体，应当赋予其优先地位。当然，债权人的权利保护，也可通过诉讼策略予以解决，例如对债务人及全体担保人的同时起诉以及在先保全。

结 语

“所有成功的经济社会中的群体都是靠信任团结在一起的。”[①]《九民纪要》虽然统一了裁判尺度，但未必呈现了最合理的逻辑。《民法典》的公布给这个问题带来了新的契机。混合共同担保是市场经济中的复杂民事关系，而信任制度恰好是社会生活中简化复杂性的机制之一。借贷行为与担保行为，本质都是一种信任，而这种行为又被充分证明能够促进经济发展，因此出现了借贷的扩大化与担保形式的多样化。从信任关系的平衡出发论述追偿权的合理性，从而正视现代经济的风险与脆弱之所在。而提炼责任分担中的计算规则与程序路径，才是修复市场信任关系之关键，最终实现“经济参与者互相支持，是因为他们相信，彼此之间已经建构出一个基于互相信任的共同体”。[②]

---

① 高国梁：《信任风险的制度分配研究》，中国政法大学出版社 2018 年版，第 181 页。

② ［美］弗朗西斯·福山：《信任：社会美德与创造经济繁荣》，广西师范大学出版社 2016 年版，第 13 页。

自动驾驶致损的责任认定、举证责任及保险理赔模式构建

——以《民法典》侵权责任编为视角

谢亚楠[*] 马文红[**]

引 言

2017 年 7 月 20 日，国务院发布《关于新一代人工智能发展规划的通知》，将大力发展人工智能作为国家战略，以加快创新型国家和世界科技强国建设速率。自动驾驶技术是人工智能在智慧交通领域的实际运用，其发展势头迅猛、前景可期。

根据国家统计局公布的数据，2018 年我国共发生各类交通事故 244937 起，交通事故死亡人数超过 6 万人，受伤人数超过 25 万人，直接财产损失达 1.3 亿元。从事故原因角度分析，“驾驶人的失误超过 90%，自动驾驶汽车有望将车祸发生数量降低至目前的 1%水平。”① 谷歌、特斯拉、百度等自动驾驶技术研究企业均宣称，自动驾驶技术的最大益处就在于其远远高于人类驾驶的安全性。自动驾驶汽车搭载的预报警、防撞技术、VR 驾驶、自我学习等人工智能技术为交通运输安全发展提供了生产力上的革新，然而，由于算法黑箱（所谓黑箱，就是 AI 在输入和输出之间的那个未知的过程）② 和技术黑箱的客观存在，自动驾驶的安全性并非绝对。

目前，国内自动驾驶汽车立法尚未启动。“法律法规不明确将会制约自动驾驶商业化落地。中国目前人工智能研究主要聚集在专利技术维度，关于人工智能道德和法律方面的研究非常有限。”③ 诚然，法律习惯性地对社会新技术的发展作出相对滞后的回应，但在自动驾驶领域，立法的滞后有

---

* 作者单位：宁夏回族自治区高级人民法院。

** 作者单位：北京市平谷区人民法院。

① 李彦宏等：《智能革命》，中信出版社 2017 年版，第 158 页。

② 李腾：《人工智能的“黑箱”真的“黑”吗》，载华宇元典法律人工智能研究院编著：《让法律人读懂人工智能》，法律出版社 2019 年版。

③ 得勤：《中国人工智能产业白皮书/人工智能行业综述篇》，第 32 页。

可能会阻碍科技的推广和应用，我们需要一些前瞻性立法，规范并从伦理上指引自动驾驶汽车发展，明确其致损后法律责任的划分和承担。

一、科技对法律的挑战：以驾驶人过错为中心的责任认定原则的不适用性

根据《民法典》侵权责任编中关于机动车交通事故责任和《道路交通安全法》中的规定，以过错或过错推定责任为原则，驾驶人是承担交通事故违法行为的责任人，由责任方的保险公司在交强险和商业险的承保范围内先予赔偿。而用户购买搭载自动驾驶功能的汽车或者使用自定驾驶服务时，已经为此项技术的信赖安全付费，且自动驾驶操控由系统掌握运行，故自动驾驶致损的侵权问题直接与现行法律法规产生了冲突与矛盾。

（一）自动驾驶技术的发展概况

对于汽车驾驶技术，目前全球汽车行业公认的两个分级方法为美国高速公路安全管理局（NHTSA）和国际自动工程师协会（SAE）提出的，[①] SAE 提出的从 level0～level5 六个级别的分级方法更为普遍接受和使用（见表 1）。

表 1　汽车自动驾驶技术分级方法

<table>
<tr><th colspan="2">自动驾驶分级</th><th rowspan="2">名称</th><th rowspan="2">定义</th><th rowspan="2">驾驶操作</th><th rowspan="2">周边监控</th><th rowspan="2">接管</th><th rowspan="2">应用场景</th></tr>
<tr><th>NHTSA</th><th>SAE</th></tr>
<tr><td>L0</td><td>L0</td><td>人工驾驶</td><td>由人类驾驶者全权驾驶汽车</td><td>人类驾驶员</td><td>人类驾驶员</td><td>人类驾驶员</td><td>无</td></tr>
<tr><td>L1</td><td>L1</td><td>辅助驾驶</td><td>车辆对方向盘和加减速中的一项操作提供驾驶，人类驾驶员负责其余的驾驶动作</td><td>人类驾驶员和车辆</td><td>人类驾驶员</td><td>人类驾驶员</td><td rowspan="4">限定场景</td></tr>
<tr><td>L2</td><td>L2</td><td>部分自动驾驶</td><td>车辆对方向盘和加减速中的多项操作提供驾驶，人类驾驶员负责其余的驾驶动作</td><td>车辆</td><td>人类驾驶员</td><td>人类驾驶员</td></tr>
<tr><td>L3</td><td>L3</td><td>条件自动驾驶</td><td>由车辆完成绝大部分驾驶操作，人类驾驶员需保持注意力集中以备不时之需</td><td>车辆</td><td>车辆</td><td>人类驾驶员</td></tr>
<tr><td>L4</td><td>L4</td><td>高度自动驾驶</td><td>由车辆完成所有驾驶操作，人类驾驶员无须保持注意力，但限定道路和环境条件</td><td>车辆</td><td>车辆</td><td>车辆</td></tr>
</table>

① 国际自动机工程师协会：《标准道路机动车驾驶自动化系统分类与定义》（J3016），该标准于 2014 年提出后，已经过 2016 年与 2018 年两次修订，载国际自动机工程师学会官网，https：//www. sae. org/standards/content/j3016-201806/。

续上表

自动驾驶分级		名称	定义	驾驶操作	周边监控	接管	应用场景
NHTSA	SAE						
L4	L5	完全自动驾驶	由车辆完成所有驾驶操作，人类驾驶员无需保持注意力	车辆	车辆	车辆	所有场景

从上图可知，L0~L3 级别的驾驶，车辆控制权在人类驾驶员一方；L4~L5 级别的驾驶，车辆控制权在自动驾驶系统。以特斯拉为例，目前可在中国使用的 L1~L3 自动辅助驾驶功能，在使用前使用人需与特斯拉公司签订免责协议，即开启辅助驾驶功能后驾驶员必须随时做好接管车辆的准备，尤其是在车辆遇到紧急情况发出警示时驾驶员需及时接管车辆进行处理。所以，L3 级别及以下的自动辅助驾驶时因驾驶人有接管义务的存在对车辆行驶控制权，若发生交通事故依然以驾驶人的过错为中心来判定责任，适用现有交通事故法律法规，无可厚非。本文讨论的自动驾驶汽车事故是指由车辆自动驾驶系统对车辆行驶控制权、无须人类驾驶人进行驾驶操作情形下发生的交通事故，即 L4 级别以上的自动驾驶。

（二）自动驾驶与人类驾驶的区别

与人类驾驶的“感知—思考—行动”模式不同，自动驾驶技术通过对驾驶环境和车内信息的采集与处理，依据感知到的信息进行驾驶决策判断，对车辆进行控制来实现动作执行目的的综合技术系统。

1. 感知系统：目前有三种主要感知方式：视觉（摄像头和视觉传感器）、激光（激光雷达）和微波（如毫米雷达波）。用车辆搭载的以上技术设备，采集、识别和监测道路交通状况、一定距离和范围内的其他车辆和行人、天气状况等驾驶环境。技术设备感知系统相比较于驾驶人的感知具有以下优势：（1）感知距离更远；（2）具有稳定性，避免了人类驾驶员长途驾驶的疲惫感和感知上的不稳定性；（3）对车辆周围环境的感知更为全面、敏感，如特斯拉车辆外部搭载 8 个摄像头，每秒 2100 帧的输入图像，运算速度达到每秒 36 万亿次。但是从目前来看，以上三大感知技术发展并未达到完美的程度，在复杂的驾驶环境下容易出现技术缺陷，如视觉传感易受光照和运动速度的影响、在极端恶劣天气下外部摄像头易被雨雾遮挡变得模糊；激光传感器和毫米波雷达对静止物体、低速或偏航的车辆、路坑等复杂驾驶环境无法有效识别并应对。对驾驶环境和障碍高速有效识别是车辆作出正确驾驶决策的前提。

2. 决策系统：算法是自动驾驶技术作出决策的关键。目前的自动驾驶系统是在海量数据基础上让具有一定的学习能力的智能芯片通过自主性和对神经网络的不断学习作出驾驶决策，比人类驾驶员数据处理能力更强大、决策反应更迅速、有效避免人类出现犹豫惊慌胆怯等心理因素下的错误决策。但是，在行驶中遇到一边行人一边其他车辆（或者一边坐轮椅的老人一边行走的正常人）无法同时避开且无法紧急刹车时，自动驾驶系统如何作出决策？基于何种原因牺牲哪方利益？这涉及人工智能的道德伦理问题甚至生命价值排序的哲学问题。要求人工智能作出符合人类伦理秩序和法律规则的最佳决策，受到开发者价值选择、知识积累、伦理道德观因素影响，并且算法的自主性必须在其开发创造者的预判和控制之下。

3. 动作执行：车辆的各个操控系统通过总线与决策系统相连接，按照决策系统发出的总线指令精确地控制加速程度、制动程度、转向幅度、灯光控制等驾驶动作，以实现车辆的自主驾驶（见图 1）。

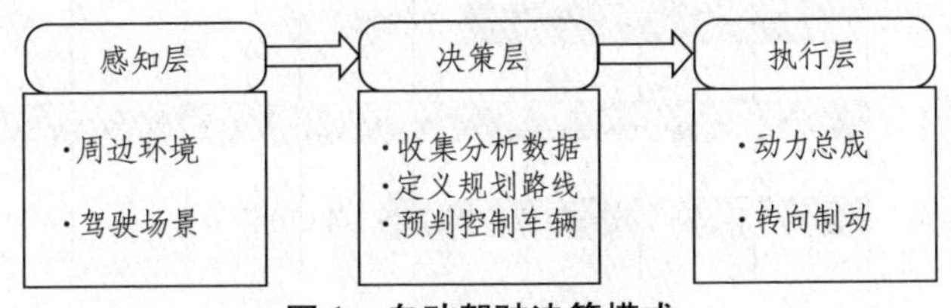

图 1　自动驾驶决策模式

（三）自动驾驶事故致损责任承担之特殊性

1. 法律事实：自动驾驶的参与改变了原有机动车交通事故的法律事实，法律关系下的权利义务模型也需要重构。自动驾驶系统如何“感知—决策—执行”驾驶行为将是事故责任认定中最关键的环节。

2. 法律主体：人工智能能否成为法律主体，是人工智能时代面临的首要法律问题。对于是否赋予自动驾驶系统以法律人格这一论题，法律界观点不一，基于民法基本理论中关于法律人格与财产、责任之间的关系，目前主流观点是对自动驾驶的法律人格持否定说，① 笔者也同意这种观点。不管是谁购买了自动驾驶汽车，由于自动驾驶系统的最终控制权掌握在车企（制造商）一方，车企（制造商）作为产品责任方应成为自动驾驶汽车致损事故中的法律主体。

3. 责任承担：在人与人直接发生法律关系的场景下，责任的判定围绕人的过错来展开，而当人工智能加入其中，法律责任的承担变得复杂起来。例如：2016 年 5 月 7 日，美国佛罗里达州一位叫乔舒亚 · 布朗（Joshua Brown）的 40 岁男子开着一辆以自动驾驶模式（Autopilot）行驶的特斯拉 Model S 在高速公路上行驶，全速撞到一辆正在垂直横穿道路的白色大卡车，最终乔舒亚 · 布朗车毁人亡。事故发生时，坐在特斯拉车辆驾驶位的人正

① 冯钰：《自动驾驶汽车致损的民事侵权责任》，载《中国法学》2018 年第 6 期。

在看电影《哈利波特》。事后特斯拉公司发布报告解释事故原因为：因自动驾驶系统未能将白色大卡车与明亮的天空区分开来，车辆没有启动自动紧急刹车和前侧碰撞预警。① 自动驾驶致人的生命财产安全损害时，法律责任将由谁来承担？基于上述自动驾驶系统的特殊性，驾驶人过错责任原则并不能完全适用，受害者的权利如何得到有效救济？笔者做了一项调查，受访者为100位30~40岁之间的人，结果如图2所示：

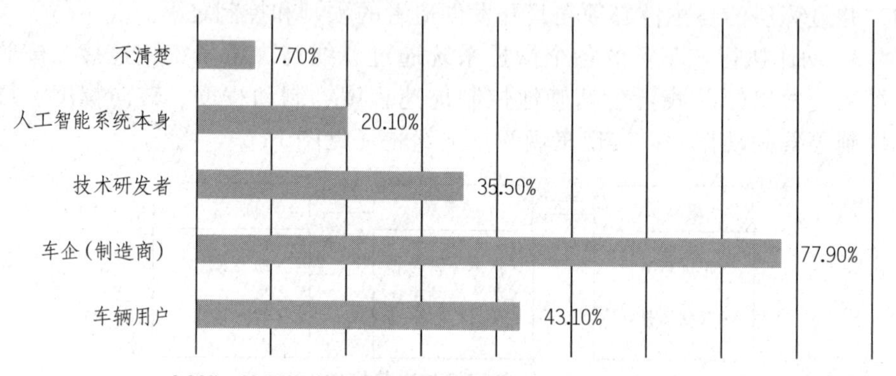

图2　自动驾驶汽车致损的法律责任归属调查统计

所以，自动驾驶技术带给侵权责任法最大的冲击在于事故责任认定原则的迭代。而若将自动驾驶汽车视为产品，可以看到现行产品责任框架既不利于车企（制造商），也不利于受害者进行有效索赔，阻碍了自动驾驶技术的使用和推广。自动驾驶技术的迅猛发展过程中产业、技术、政策和法律等多维度经常发生互动和碰撞，立法需求越来越迫切。

二、域外自动驾驶立法探索

（一）德国：道路交通修正案和自动驾驶道德准则

2017年6月，德国修订并颁布了《德国道路交通法第八修正案》，② 其中规定了自动驾驶汽车的软件和硬件要求和具体实体法律问题，如自动驾驶模式下发生交通事故责任的划分、使用自动驾驶时驾驶员的权利和义务、提高责任人的最高赔偿金额等。但该立法仅是对L3级别及以下的自动辅助驾驶系统进行的规制。

德国还创造性地发布了全球首部自动驾驶道德准则，以安全、人性尊

① 《全球首例“自动驾驶”致命事故警示了什么?》载和讯网，http：//auto. hexun. co.

② 参见［德］埃里克·希尔根多夫：《自动驾驶的规制之路——对于〈德国道路交通法〉最新修订的说明》，载微信公众号“人大未来法治研究院”https：//mp. weixin. qq. com/s/Yj0j19BDav-Hw3hNQ1eb3wQ.

严、人身选择自由及数据自主性为重点，对高度和完全自动驾驶车辆（即 L4 和 L5 级别）的技术决策风险进行了考量，以安全、人性尊严、人身选择自由及数据自主性为重点，规定“人类”利益和价值的优先性。主要有：自动驾驶系统要永远保证比人类驾驶员造成的事故少；人类安全必须始终优先于动物或其他财产权利；在人与人的抉择时，不允许任何基于年龄、性别、种族、是否残疾等作为“牺牲”或“获救”的判断选择标准；不得对两个人生命之间必须作出选择的极端情况作标准化设定等。调整了自动驾驶致损的审判制度和责任划分，责任主体扩展到自动驾驶技术系统的设计者和制造商。必须配置始终记录和存储行车数据的“黑匣子”以查看系统操作过程和事故过程。这部道德准则对自动驾驶立法具有导向性和前瞻性，对技术落地和产业化具有里程碑式的意义，值得各国借鉴和学习。

（二）美国：确立了自动驾驶的监管模式和安全标准

美国于 2016 年 9 月出台《美国联邦自动驾驶汽车政策指南》，首次列明了自动驾驶分级，并以安全性为第一准则提出了设计和研发方面的规范。2017 年发布《美国联邦自动驾驶系统指南：安全愿景 2.0》、新的《美国联邦机动车辆安全标准》。总的来看，美国以安全发展为理念，明确了自动驾驶立法的“路线图”和“时间表”，确定了监管部门。截至目前，美国将立法重点放在了确立监管模式和安全标准，没有触及责任划分等具体法律问题。

（三）其他国家：路测和标准层面立法的探索

2016 年 3 月，联合国欧洲经济委员会（UNECE）通过了《维也纳道路交通公约》（Vienna Convention for Road Traffic）的修订案，允许自动驾驶技术应用于交通运输中，为欧洲各国参与自动驾驶路测扫清了立法方面的障碍。但仍未有责任认定方面的规定。世界其他国家在路测和安全标准层面进行了立法探索，但责任分配尚处于讨论和研究阶段。

鉴于中国自动驾驶“智能化”加“网联化”的发展路径与美国和德国不同，① 在事故责任认定方面亦无成熟经验可借鉴，我们必须立足我国是人口大国这一最大实际，直面自动驾驶汽车安全性方面的问题和挑战，从事故责任认定出发，对自动驾驶致损的民事侵权赔偿做出规制，为中国自动驾驶的未来制定标准和规则。

① 参见工业和信息化部、国家标准化管理委员会共同组织制定的《国家车联网产业标准体系建设指南（总体要求）》《国家车联网产业标准体系建设指南（信息通信）》和《国家车联网产业标准体系建设指南（电子产品与服务）》系列文件（2018 年）。

三、归责原则的转型：严格产品责任与过错责任在自动驾驶情境中的具体适用

根据《产品质量法》第2条的规定，“产品，是指经过加工、制作、用于销售的物品”，计算机软件属于产品的范畴。但自动驾驶车辆是配置了计算机软件的机动车，不能当作一般的产品来看待。《民法典》侵权责任编专章规定了产品责任以及机动车交通事故责任。笔者认为，现行交通事故责任体系与严格产品责任制度相结合共同规制自动驾驶侵权责任具备一定的合理性和可行性。

（一）使用者的恰当注意义务——有限的过错责任

基于对自动驾驶技术信赖安全的付费，用户（使用者）在自动驾驶状态下的事故致损只承担有限的过错责任。在L3及以下级别的自动驾驶过程中，驾驶人负有检查机动车和保持警觉接管车辆的义务。但在高级别的自动驾驶情形下，车辆的一切判断及驾驶操作均有自动驾驶系统作出，车辆使用者（或者向车辆发出出行指令的人）不应作为驾驶人看待。作为自动驾驶的参与方，使用者仅需承担特定情形下的恰当注意义务及过错责任，例如：给车辆发出合理的驾驶指令，若发出错误指令致使车辆发生交通事故；在L3及以下级别的自动辅助驾驶过程中未保持警觉义务而在车辆发出接管警示时未及时接管而发生交通事故；在自动驾驶发生交通事故致人受伤，使用人不顾后果继续驶离，放任受害者死亡等恶劣情形下，具有一定程度的过错责任等。

（二）制造商（软件保有人）的产品质量责任——严格责任

在普通法中，产品责任的承担一般基于四种原因：疏忽、严格责任、违反保证、误述。[①] 产品责任在我国法律中属于无过错的严格责任。由于自动驾驶系统的最终控制权始终掌握在车辆制造商（或者说自动驾驶系统软件保有人）一方，制造商作为责任主体必须要为其技术产品在道路规划、感知识别、决策操控等各个环节在算法上存在的缺陷负责。自动驾驶系统由软件操控，在道路行驶中，在无其他人为因素或外力介入的情形下发生侵权，制造商（软件保有人）需承担严格的产品责任。这种责任也会敦促和激励制造商不断进行技术创新、推出更优性能的软件升级、提高自动驾驶的安全性能。

---

① K. C. Webb, Products Liability and Autonomous Vehicles: Who's Driving Whom. 23 Rich. J. L. & Tech, Vol. 1, 2017, p. 18.

（三）制造商（软件保有人）的免责事由

对于承担严格产品责任制造商（软件保有人）而言，其免责事由仅存在以下几种情形：一是开启了L2、L3级别的自动驾驶功能后，在车辆发生紧急情况发出接管警示时，车辆使用人未保持警觉未尽到及时接管的义务；二是车辆使用人给车辆发出了错误的驾驶指令致使事故发生；三是其他外部因素的介入等。

（四）制造商（软件保有人）的追偿权

现行产品责任体系下，根据《消费者权益保护法》第40条，被侵权人可以选择向销售者或者生产者索赔，如果销售者进行了赔偿，销售者可以向生产者追偿。由于技术软件开发未必是由制造商自己设计研发的，当自动驾驶技术软件是第三方设计研发的情况下，制造商（软件开发者）在承担了产品质量责任后，有权利基于软件的缺陷向技术软件开发者追偿。但追偿权并非免责事由，而是在承担了对被侵权人的赔偿责任后对己方损失的填补。

1. 技术软件研发者应遵循基本人类伦理规则。自动驾驶汽车需要遵循人类的交通规则，这就要求软件开发和设计者将道路交通规则内化于驾驶操控系统的决策逻辑中。法律规范人类活动的原理表现为：人通过理性分析并理解了法律的规范要求和不利后果，基于厌恶承担违反规则之责任而依据规则要求来行事。所以，人类在开发和设计自动驾驶软件决策系统的时候就要将交通规则内化其中，特别是在不同国家和地区使用的时候进行切换，遵守当地的交通规则。

另一个重要问题是，自动驾驶汽车需要遵循人类的道德伦理秩序。在需要紧急避险的时候，自动驾驶系统应作出怎样的决策？对于无法避免的碰撞，自动驾驶系统如何进行生命价值排序？人工智能能否作出符合人类伦理秩序和法律规则的最佳决策？开发者在设计之初就必须考虑到这些问题。《德国自动驾驶道德准则》中确立的“人类安全必须始终优先于动物或其他财产权利；在人与人的抉择时，不允许任何基于年龄、性别、种族、是否残疾等作为‘牺牲’或‘获救’的判断选择标准等”这些原则或许值得我国参考借鉴。

2. 黑客入侵。黑客入侵或者恐怖分子的恶意干扰与侵袭是技术软件容易面临的窘境，车辆使用人的私密信息有可能被泄露，此处我们暂且不讨论何此种情形下的刑事责任问题，就民事侵权责任，如果黑客入侵自动驾驶系统致使发生恐怖袭击或交通事故生命财产损失，谁应该成为责任主体？袭击者、技术软件开发者还是使用人呢？由于此种情形下巨大的技术难度，哪方需要启动何种法律程序去调查取证？最终的责任承担又将如何规制？

笔者认为，因第三方黑客入侵、恐怖分子干扰等因素介入自动驾驶软件系统的致损事故中，制造商（软件保有人）是第一责任人，其在对被侵权人进行赔偿后，有权基于黑客入侵或外部因素干扰这一事实对故意入侵的第三方责任人进行追偿。此时，基于入侵的第三方责任人主观故意的存在，法律可以对其设定惩罚性赔偿，这也符合产品责任中的惩罚性赔偿的制度意义。

四、举证责任分配

由于算法黑箱及技术黑箱的客观存在，自动驾驶系统的高度技术性、资本集中、技术壁垒等客观原因，自动驾驶致损的权利追偿案件中，举证责任也不同于一般的机动车交通事故或者产品责任案件中的“谁主张，谁举证”原则。

（一）技术黑箱导致产品缺陷和因果关系认定的特殊困难

在现行侵权责任体系中，产品存在缺陷造成他人损害的，被侵权方只需证明产品存在缺陷和损害事实且两者之间有因果关系，既可以请求生产者赔偿也可以请求销售者赔偿，无需追究过错问题。自动驾驶交通事故致损的被侵权人的举证责任，在于证明权利被侵害的事实。至于事故发生时责任方车辆是不是处在自动驾驶状态、事故是否系自动驾驶系统缺陷所致以及缺陷与损害事实之间的因果关系，如果举证责任在于被侵权人一方实属强人所难。由于算法黑箱和技术黑箱的客观存在，消费者或者被侵权人很难或者说根本没有能力去证明自动驾驶系统存在缺陷，让他们承担产品缺陷证明义务以及因果关系存在显著的不公平。

（二）车辆使用人的有限举证责任

在事故责任认定书上，交通部门认定事故责任为自动驾驶车辆一方，可能依然会将处于驾驶位的人登记为责任人。此时，对于处于驾驶位的车辆使用人而言，需要证明的事实在于事故发生时车辆处于自动驾驶状态、系统未发出接管警示，仅此而已。

（三）制造商（软件保有人）的技术举证义务

由于制造商（软件保有人）是自动驾驶软件系统的责任主体，对软件系统有最终控制权，在承担严格产品责任的情形下，其无权要求被侵权人或者车辆使用人举证证明产品存在缺陷以及该缺陷与事故损害之间存在因果关系的责任。若存在免责事由，制造商应予以举证。各方在事故车辆是否存在产品缺陷这一问题上产生纠纷时，可启动司法鉴定程序，由第三方机构对车辆软件系统进行鉴定。“算法又被称为黑洞一样的存在，即便有技术专家的说明，要梳理清楚，需要花费巨大的司法资源和成本。”① 所以，自动驾驶汽车强制保险制度的引入更能节省成本、转移风险。

五、自动驾驶系统保险理赔模式的创建

保险制度是缓解责任成本和简化被侵权人索赔的程序。现行的由车辆所有人投保交强险和商业险的模式不能完全适用于自动驾驶，为更好地救济被侵权人的权利，缓解自动驾驶制造商和使用人的赔偿负担，建立适用于自动驾驶汽车的保险理赔制度很有必要。

随着自动驾驶系统取代了人类驾驶员的地位，强制责任保险的投保主体应作出调整。我们可以借鉴英国于 2017 年 2 月出台的《英国汽车技术和航空法案》，将自动驾驶汽车强制保险纳入机动车保险范围，自动驾驶致损的后果由保险公司先行理赔。强制保险实践中，为及时救济被侵权人，无需追究过错，受害人具有直接的保险金请求权。为全面覆盖风险，自动驾驶车辆强制责任保险的投保主体可以是自动驾驶系统制造商或软件系统保有人，也可扩展至技术研发者、生产者、制造商等不同阶段的主体。被侵权人依然可以直接向投保了强制险的保险公司索赔，而保险公司有权基于前述追偿权向其他法律责任主体进行追偿。比如，若系统缺陷是技术软件设计者的过错所致或由黑客入侵等第三方故意造成事故，则保险公司在赔偿后可向技术软件开发者或者入侵系统的第三方责任人追偿。同时，为保障在使用过程中的自身及他人生命财产损失，车辆使用者在使用时，可以根据实际需要投保相应的使用保险。保险公司可借助人工智能先进的实时数字信息系统查明事故原因，建立自动驾驶定损理赔技术系统，协助交通部门快速定责和定损理赔，即实现保险服务的同步人工智能化。

另外，若在一台车上发现产品缺陷，同批次车辆往往均存在此种缺陷。若为技术软件系统缺陷，制造商必须为同批次车辆免费更新或更换软件系统。在硬件缺陷的情况下，为减少保险公司或制造商的巨额赔付风险，除了制造商的召回义务，有必要限制企业的赔偿责任设立保险赔付限额机制，在充分救济受害人和保障使用人权益的同时不过分加重企业负担，以促进自动驾驶行业健康发展。

结语——自动驾驶时代的法律愿景

技术的成熟需要时间和经验的历练，高科技产业的激情永远要让位于安全价值的考量，监管法规应该走在科技之前，法律秩序的及早建立有利于敦促技术更好更快发展。自动驾驶技术对改善道路通行状况、减少人身

① 杨延超：《机器人法：构建人类未来新秩序》，法律出版社 2019 年版。

生命财产危险具有现实意义。从保障和改善民生、科技创造美好生活的现实出发，追求更加智能的工作和生活方式，制定符合中国国情的自动驾驶汽车标准和使用规范，研究法律如何推动人工智能产品在现实生活中的推广和深度运用，并规制开发者、制造商和使用者承担各自公正合理的社会责任，为自动驾驶领域未来发展系上法律安全带，是我们法律人对人工智能时代的美好愿景。

基于“弱者图像”的被监护人侵权责任重塑

——“同案因子”识别与“人之图像”理论在《民法典》第 1188 条中的适用

陈　江[*]　李春波[**]

引　言

在司法实践中，人们对家事案件、侵权案件的感受最深，具有家事和侵权双重属性的被监护人侵权案件的“同案异判”会极大伤害民众对司法公正的感受。在规定被监护人侵权责任规则的《侵权责任法》第 32 条饱受争议的情况下，《民法典》第 1188 条并未对其作出实质性改动。《民法典》施行后，如何避免《侵权责任法》第 32 条的适用中的问题在《民法典》第 1188 条上重演，是嗣后司法解释应当关注的重点。本文即从《民法典》第 1188 条的此种适用“近忧”出发，探究纾忧之肯綮、重塑规则之进路，以期为问题的解决提供一种新的思考角度，为“同案同判”的制度构建展示一种新的方法论探索。

一、生成之路:《民法典》第 1188 条的演进特征及原因述评

探究《民法典》第 1188 条的生成之路，为其适用研究的基础。

(一)“变”: 技术枝节的逐步完善

由《民法通则》第 133 条至《侵权责任法》第 32 条，再到《民法典》第 1188 条，被监护人侵权责任规则的法条表述有所调整（见图 1）。

---

* 作者单位：四川省绵阳市中级人民法院。

** 作者单位：四川省梓潼县人民法院。

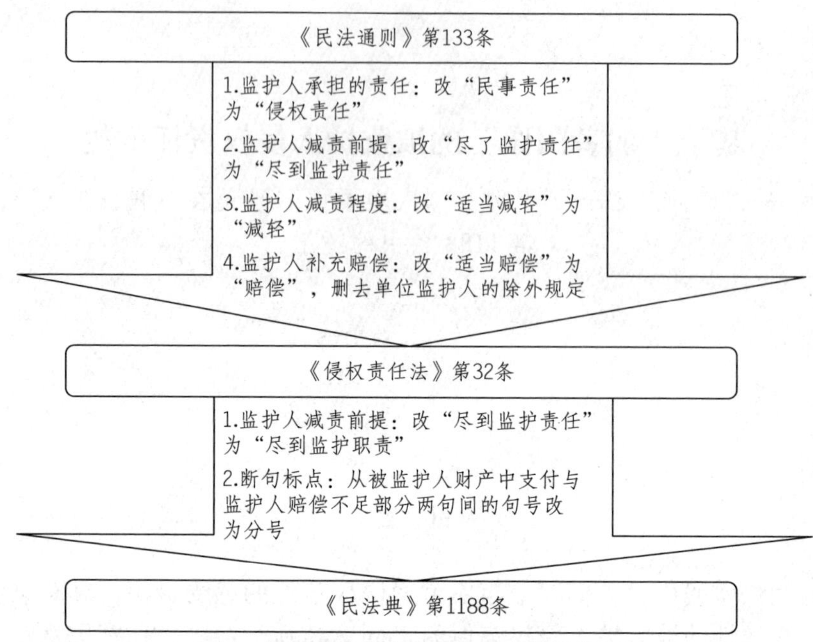

图1 被监护人侵权责任规则的历史嬗变

“有则改之”，正是由于觉察到前在法条的问题，立法者才在制定新法时对原有法条加以修改。被监护人侵权规则历史演进中的调整主要有四类：(1) 语词调整，如改“民事责任”为“侵权责任”；(2) 语重调整，如删除监护人减责和补充赔偿的“适当”限定、改“尽了责任”为“尽到责任”以及《民法典》将监护人“尽到监护责任”① 改为“尽到监护职责”；(3) 细节完善，如标点符号调整；(4) 责任主体调整，取消被监护人有财产时单位监护人的责任豁免。此外，因《民法总则》增加了成年人监护制度，《民法典》第 1188 条中被监护人概念的外延有所扩展。②

（二）“不变”：核心问题的一以贯之

通俗地讲，责任承担问题就是要解决以何理由让谁担责、如何担责以及减免责事由的问题，具体到被监护人侵权，其核心问题就是责任主体、归责原则、责任形态以及监护人尽职评价的问题。由此观之，在被监护人侵权责任规则的立法演进中，除《侵权责任法》取消了单位监护人在被监护人有财产时的责任豁免外，立法者并未对四大核心问题进行实质性改动。

《民法典》第 1188 条对四大核心问题未作改动的原因为何？责任主体、

① 刘保玉：《监护人若干争议问题探讨》，载《法学论坛》2012 年第 3 期。

② 最高人民法院民法典贯彻实施工作领导小组主编：《中华人民共和国民法典侵权责任编理解与适用》，人民法院出版社 2020 年版，第 218 页。

归责原则、责任形态分涉应否担责、为何担责、如何担责的问题，具体到法条，此三大问题的主要争议均由第2款的被监护人“因财担责”规定引起，然虽质疑不断，立法者对此规定依然沿袭之，其主要理由有二：其一，随着经济社会的发展，被监护人取得独立财产的情况会越来越多，让其以自己财产承担赔偿责任，也是公平的；其二，也是最重要的原因，此款设计是为了在被监护人需要父母等亲属之外的人员或单位担任监护人时，打消这些人员或单位的顾虑，提高其担任监护人的积极性，以利于被监护人的成长和生活。[①]

关于监护人尽职评价规定的沿袭理由，可从最高人民法院的观点中一窥其斑：父母抚养孩子的这一“人的再生产”过程，既是家庭的也是社会的，对未成年人的致害后果，家庭需要承担，社会也应分担。[②]

（三）评析：价值取舍的“主作用”有限、“副作用”明显

分析发现，前述核心问题“不改初衷”的理由均值得商榷。

1. 公平考虑的现实“走样”。关于“因财担责”不失公平的理由，且不论“因财担责”与责任构成理论相悖，被监护人有财产即应担责而无财产则可免之的“区别”在被监护人间也难言公平；并且财产的有无还涉及证明的问题，该款设计落脚于实践中时，其公平性则更难保证，这从由其推演出的未成年人在诉讼时满18周岁并有经济能力即应担责[③]的规则缺憾中也可见端倪：令人因其经济能力的嗣后获得而承担之前侵权的责任，既违责任构成理论，又在实践中难以适用，因为这会打击未成年人嗣后获得经济收入的积极性，会促使本来可能获得经济收入的未成年人不去获得或延后获得经济收入，本来有财产的未成年人在诉讼前转移其财产，而证明这种“钻空子”行为的难题又会落到受害人肩上。

2. 鼓励保护功能的难彰与“失衡”。关于鼓励监护的理由，允许从被监护人财产中支付赔偿费用确实可以鼓励父母等亲属之外的人员和单位的监护意愿，但这种鼓励作用有限，因为这些潜在监护人愿意监护的理由可能多样，监护人责任只是其中的可能因素之一。并且，由于有被监护人的独立财产“担保”，这些潜在监护人“转正”后可能因为责任风险较小而忽视对被监护人的监管和教育，反而不利于被监护人的成长，有违立法初衷。更为重要的是，此规定引起了后文所见的理论和实践的无尽纷争。如果法

① 黄薇主编：《中华人民共和国民法典释义》，法律出版社2020年版，第2298页。

② 最高人民法院民法典贯彻实施工作领导小组主编：《中华人民共和国民法典侵权责任编理解与适用》，人民法院出版社2020年版，第221页。

③ 最高人民法院民法典贯彻实施工作领导小组主编：《中华人民共和国民法典侵权责任编理解与适用》，人民法院出版社2020年版，第223页。

律在实践中的适用存在极为突出的“同案异判”现象，不但其立法目的难以彰显，并且立法时被看重的价值与“同案同判”的公正价值间的冲突取舍则值得重新审视。

3. 利害分置偏颇与法律体系冲突。社会确应分担未成年人的成长成本，但让受害人承担监护人因尽到监护职责而所减轻之责任，将这种成本完全落到受害人个人身上的选择却显正当性不足，此亦学者们所批评的该“公平责任”之“不公平”。[①] 同时，“尽职减责”与“尽职免责”的一般侵权责任规则亦相冲突，后者在《民法典》的诸多条文中均有体现，如第1199条规定教育机构尽到教育、管理职责则无需承担无民事行为能力人在其处受到人身损害之责任，第1224条、1243条、1248条等均有类似规定。

二、适用之忧：被监护人侵权案件的四维考察

《民法典》第1188条与《侵权责任法》第32条内容基本相同，[②] 前者的嗣后实践会是何种样貌，可从后者的实践考察推演，以为镜鉴。责任主体、归责原则、责任形态、监护人尽职评价系被监护人侵权的核心问题，故考察由此四维展开。

（一）适用分歧表征：责任主体的不同判法

笔者以“被监护人”“侵权”“第三十二条”为关键词在中国裁判文书网检索，[③] 得到1032份判决书，按比例随机选取近四年的380份民事判决书，并剔除受害人为被监护人、误引法条、一案两审、同一事件多个受害人分案起诉（如罗某1引发商场大火的财产损害赔偿纠纷系列案[④]总数即达41个）的情形，共整理出305个民事案例，与全部11个刑事案例共同构成本文样本。初步分析发现，对于被监护人侵权，同样在引用了《侵权责任法》第32条后，法官们在责任主体的判法上却不同（见表1）：

---

① 参见薛军：《走出监护人“补充责任”的误区——论〈侵权责任法〉第32条第2款的理解与适用》，载《华东政法大学学报》2010年第3期；朱广新：《被监护人致人损害的侵权责任配置——〈侵权责任法〉第32条的体系解释》，载《苏州大学学报》2011年第6期；王竹：《论〈民法典〉侵权责任编的监护人责任设计——以“体系位移效应说”为切入点》，载《四川大学学报（哲学社会科学版）》2018年第5期；李永军：《论监护人对被监护人侵权行为的“替代责任”》，载《当代法学》2013年第3期。

② 最高人民法院民法典贯彻实施工作领导小组主编：《中华人民共和国民法典侵权责任编理解与适用》，人民法院出版社2020年版，第218页。

③ 载中国裁判文书网，http：//wenshu. court. gov. cn/，最后访问时间：2020年4月30日。

④ 其中一案见广东省惠东县人民法院（2018）粤1323民初137号民事判决书。

表 1 被监护人侵权案件责任主体判法统计①

序号	责任主体	是否先从被监护人财产中支付	案件数/件	案件数占比
类型一	仅判决监护人赔偿受害人方	否	183	57.91%
类型二	仅判决监护人赔偿受害人方	是	6	1.90%
类型三	被监护人、监护人连带赔偿受害人方	否	22	6.96%
类型四	监护人、被监护人共同赔偿受害人方	否	60	18.99%
类型五	监护人、被监护人共同赔偿受害人方	是	3	0.95%
类型六	被监护人赔偿受害人方、不足部分由监护人赔偿	—	41	12.97%
类型七	仅判决被监护人赔偿受害人方	—	1	0.32%

被监护人侵权时，究竟应由谁、如何承担责任？显然，仅从《侵权责任法》第32条的文义解释来看，远远得不出实践中如此丰富的答案。相对统一的法律规定和不同的审判实践，是否可以解释为不同案情下法官对同一条法律规定不同款项（或意旨）的不同选择，值得进一步探究。

（二）分歧深层原因：归责原则的不同解读

归责原则是同类侵权行为共同的责任基础，也是判与某人以责任的基础，可以由其一观责任主体选择分歧的原因。

1. 监护人责任归责原则广泛存在。分析样本判决书的判决理由发现，对监护人责任而言，无过错责任、过错推定责任、过错责任三大归责原则在实践中均有体现（见表2）：

表 2 监护人责任的归责原则

归责原则	典型表述	案例案号
无过错责任	（引用法条后）直接下结论：被监护人患有精神分裂症，作案时处于发病期，依法由其监护人承担民事责任	（2017）桂0922民初1164号
过错推定责任	监护人不能/未证明没有过错：监护人“未提供证据证明其已尽监护义务”……故应承担“相应的赔偿责任”	（2016）闽0128民初289号

① “——”表示不涉及相关问题。

续上表

归责原则	典型表述	案例案号
过错责任	判定未尽责：监护人任由被监护人到网吧上网……“未能尽到监护的责任”	（2016）桂1081民初201号
	指明有过错/过失：监护人疏于履行监护职责……“存在过错”	（2018）豫1623民初4563号

除以上典型表述，还有裁判明确指明应对监护人适用过错责任原则。[①]总之，虽然法律规定了监护人的无过错责任，但司法实践中就其归责原则分歧明显。

2. 被监护人责任归责原则“语焉不详”。被监护人认识能力有限甚至缺乏，难以“一刀切”地评价其主观状态，故分析其归责原则实践状况需从法官们判令其是否担责的标准入手（见表3）：

表3 被监护人是否担责的标准

担责标准	具体类型	案例案号
财产标准	被监护人有财产或推定为有财产，故应担责	（2016）鄂0381民初1613号
	被监护人无财产或推定为无财产，故不担责	（2018）苏1102民初943号
过错标准	限制民事行为能力人存在过错	（2019）湘3122民初480号
	无民事行为能力人存在过错	（2018）京0107民初55号
行为标准	被监护人的行为与损害后果之间存在因果关系	（2017）湘01民终6928号
	被监护人有损害行为，系直接侵权人	（2018）赣0921民初1340号
无标准：直接结论	被监护人应担责	（2018）粤1882民初1669号
未涉及：他人责任	监护人独自担责，不讨论被监护人的归责原则	（2017）赣0827民初678号

除判定无民事行为能力人也存在过错而应担责外，其他类型案例均普遍存在。从以上担责标准中，很难清晰读出法官们对被监护人采用的归责原则。首先，归责原则重点关注主观状态，拥有财产与否不应成为其主要考察要素；其次，虽然部分法官明确限制行为能力人负过错责任，但有的让无民事行为能力人也负过错责任的做法却值得商榷，因为缺乏认识能力者不存在“过错”的可能；再次，行为标准只是对侵权行为、侵害结果、因果关系三大构成要素的强调或重复；最后，还有的直接要求被监护人担责而不讨论其归责原则问题。可见，多数法官在判断被监护人应否承担责任时忽略了归责原则问题，被监护人是否担责的不同更多地源于法官们对

① 参见黑龙江省哈尔滨市双城区人民法院（2018）黑0113民初2283号民事判决书。

法律解读的不同，而非适用归责原则的不同。

（三）分歧深度结果：责任形态的不同认定

1. 类似案情，不同责任形态。分析发现，即使在类似案情下，对责任形态的选择也不相同（见表4）。

表4　类似案情下的不同责任形态

侵权情形	责任形态	案例案号
情形一：限制刑事责任能力的成年人杀（伤）害他人，被定罪处刑	共同责任	（2018）湘11刑初48号
	连带责任	（2018）湘1127刑初87号
	补充责任	（2019）桂0223民初206
情形二：无刑事责任能力成年人杀人或致人轻伤以上	共同责任	（2018）赣0981民初4395号
	补充责任	（2015）新抚民一初字第00862号
情形三：非完全民事行为能力成年人为其他一般民事侵权行为	共同责任	（2016）甘0922民初1199号
	补充责任	（2019）湘0802民初259号
情形四：未成年人侵害他人，被定罪处刑	共同责任	（2016）黑1121刑初228号
	连带责任	（2016）桂1081民初201号
	补充责任	（2014）盐刑初字第00148号
情形五：限制民事行为能力未成年人无证驾车发生交通事故，负同等以上责任	共同责任	（2019）鲁1324民初1937号
	连带责任	（2016）黔2326民初71号
	补充责任	（2019）粤1702民初2972号
情形六：限制民事行为能力未成年人玩闹致伤同龄人	共同责任	（2016）吉2403民初2705号
	补充责任	（2015）南法民一初字第287号
情形七：无民事行为能力成年人玩耍致害他人	共同责任	（2018）京0107民初55号
	补充责任	（2018）粤1323民初137号

2. 同种责任形态，不同裁判理由。关于责任形态的选择，除引用法条后直接下结论外，还存在四种典型理由，即（1）监护人未尽责型：监护人未尽到或无证据证明已尽到监护职责；（2）被监护人无财产型：查明被监护人无财产、无证据证明被监护人有财产、被监护人无偿付能力、被监护人财产无法核实；（3）支持请求型：受害人的诉请明确了责任形态，法院予以支持；（4）混合型：监护人未尽责且被监护人无财产。在一些相同责任形态下，采用了不同理由（见表5）。

表 5　相同责任形态的不同裁判理由

责任形式	裁判理由类型	案例案号
监护人单独责任	监护人未尽责型	（2018）豫 1623 民初 4653 号
	支持请求型	（2018）黔 0602 民初 837 号
	混合型	（2018）苏 1102 民初 943 号
	被监护人无财产型	（2019）川 1622 民初 1605 号
共同责任	监护人未尽责型	（2018）赣 07 民终 1019 号
	被监护人无财产型	（2017）赣 0923 民初 414 号
连带责任	监护人未尽责型	（2016）桂 1081 民初 201 号
	支持请求型	（2017）桂 0922 民初 1164 号
补充责任	监护人未尽责型	（2016）湘 1021 民初 2076 号
	被监护人无财产型	（2019）粤 1702 民初 2972 号

部分裁判对于责任形态的观点也不明朗，三起生命权、健康权、身体权纠纷[①]中，在判决理由部分明确提出被监护人、监护人应承担连带责任，但在主文部分仅判决二者承担一般共同责任。

（四）文本与实践“脱节”：监护人减责理由的“意外”分布

遍历样本案例，在不考虑因被监护人承担责任而使得监护人的责任实质上得以减轻的情况下，仅有 55 个案例中的监护人得以减责。未予减责的理由有：一是判决直接要求监护人承担无过错责任，不涉及是否尽到监护职责的问题；二是判决明确或推定监护人未尽到监护职责；三是判决直接表明监护人“已尽监护责任，可以减责”的辩解意见证据不足、不予采纳。[②]

监护人得以减责的理由共三类四种：一是受害人有过错，减轻侵权方的责任；二是第三人有过错，承担了相应责任；三是受害人过错和第三人过错并存；四是监护人尽到监护职责而得以减责（见表 6）。

表 6　监护人减责理由分布

监护人减责理由	案件数/件	案例案号	案件数占比
受害人过错	31	（2016）湘 1321 民初 420 号	56.36%
第三人过错	14	（2018）粤 01 民终 2287 号	25.45%

① 参见广东省连州市人民法院（2018）粤 1882 民初 1039 号民事判决书、广东省连州市人民法院（2018）粤 1882 民初 1669 号民事判决书、广东省英德市人民法院（2018）粤 1881 民初 4599 号民事判决书。

② 如广西壮族自治区陆川县人民法院（2017）桂 0922 民初 1164 号民事判决书。

续上表

监护人减责理由	案件数/件	案例案号	案件数占比
受害人过错兼第三人过错	8	（2016）黔西0522民初992号	14.55%
监护人尽到监护职责	2	（2019）苏04民再10号 （2019）湘1125民初675号	3.64%

在所有监护人被减轻责任的案例中，监护人因尽职而减责的仅占3.64%。可见“监护人尽职减责”规则在司法实践中适用较少。实践中监护人被减责的主因，要么是对被监护人课以了责任，要么是受害人或第三人存在过错。

三、纾忧之钥：从行为能力到注意能力的“弱者图像”绘制

在技术分歧难以统一之际，探寻其背后的理念差异并弥合之，方为正途。被监护人之所以要被特别对待，其侵权责任之所以要特别规定，乃是由其法律上身份的特殊性所决定，这种特殊性所在便其是作为特定“人之图像”的“弱者图像”。“人之图像”，是如何理解和定位“人之为人”的问题，[①] 既影响法律制定，也影响法律实践的走向。[②] 对被监护人“弱者图像”的理解与其侵权责任规则的设定与实现有着莫大的关系，如何准确描摹之，乃解决问题的关键。

（一）“失真”绘像：不同定责模式背后“弱者”形象的差异

学者们对《侵权责任法》第32条的解读，特别是对其两款关系的解读分歧较大，形成了四种迥异观点，并衍生出四种定责模式（以责任主体、归责原则、责任形态、监护人尽职评价为构成要素），不同定责模式背后又暗含了对“弱者图像”的不同理解。

1. 经济能力弱。以平行并列关系说为代表的分类式定责模式（如图2所示），认为两款系平行并列关系，依照被监护人财产的有无而分别适用，互不干涉。[③] 有财产的被监护人担责而无财产的则可免之，此乃照顾经济上的弱者；是否系弱者、是否需要倾斜保护，一断于“经济能力”，而不问被监护人侵权时之认识、控制能力。

---

① 林子杰：《人之图像与宪法解释》，我国台湾地区翰芦图书出版有限公司2007年版，第38页。

② 刘炯：《通过刑法的弱者保护——基于“人之图像”的学理反思》，载《法律科学（西北政法大学学报）》2017年第2期。

③ 王利明等：《中国侵权责任法教程》，人民法院出版社2010年版，第466页。

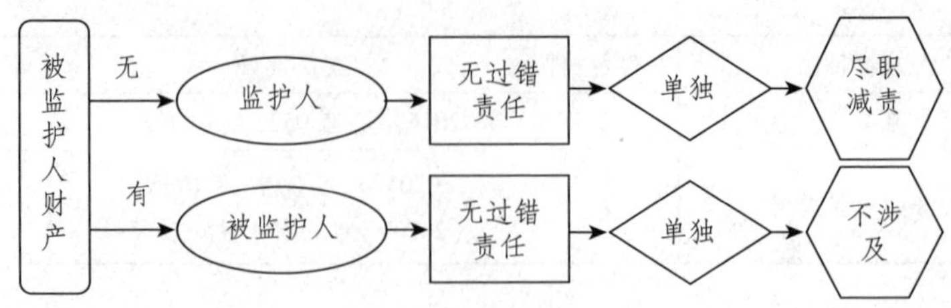

图例说明：◯代表责任主体、▭代表归责原则、◇代表责任形态、⬡代表监护人尽职评价，图2、3、4、5中的相关图形均表示该等含义。

图 2　分类式定责模式

2. 权利能力弱。以一般与例外说为代表的顺序式定责模式（如图 3 所示），认为第 2 款为第 1 款的例外规定，承担责任的依然是监护人，仅在被监护人有财产时从其财产中支付赔偿费用。[①] 此解释实际上弱化了被监护人的权利能力，无视有财产之被监护人实际上对外承担了责任的事实，某种意义上系对被监护人承担法律义务资格之否认。

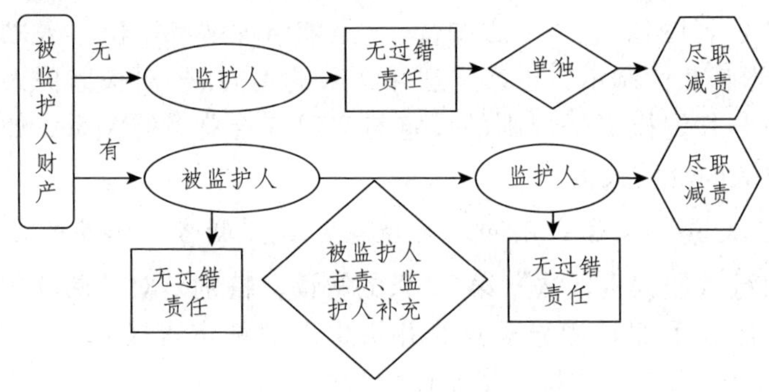

图 3　顺序式定责模式

3. 责任能力弱。以主从关系说为代表的分层式定责模式（如图 4 所示），以内外关系为区分，认为第 1 款系对监护人与被害人间损害求偿关系的规定，第 2 款系对监护人和被监护人内部利益的调整，前者为主，后者为从。[②] 此做法否认被监护人之责任能力，以责任能力的有无为判断是否承担责任之基准。

① 参见薛军：《走出监护人“补充责任”的误区——论〈侵权责任法〉第 32 条第 2 款的理解与适用》，载《华东政法大学学报》2010 年第 3 期。

② 陈帮锋：《论监护人责任——〈侵权责任法〉第 32 条的破解》，载《中外法学》2011 年第 1 期。

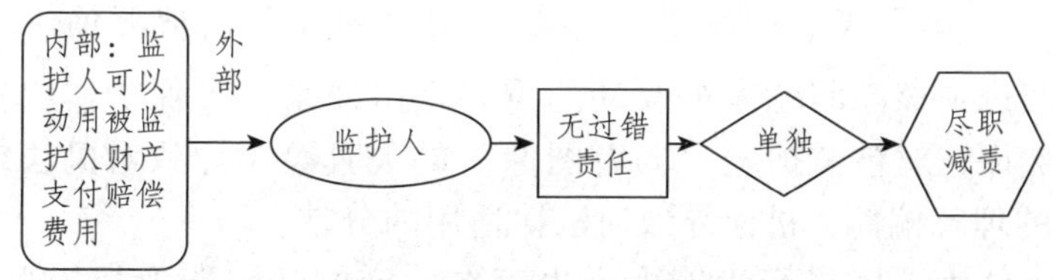

图 4　分层式定责模式

4. 行为能力弱。以一般与补充关系说为代表的复合式（如图 5 所示）定责模式，兼具分类式和顺序式的部分特征但又自成一格，认为第 1 款系一般规定，但因第 1 款为监护人设立了减责条款，在监护人适用该条款而减责时，受害人可能得不到完全救济，故设立第 2 款以资此时适用。[①] 该模式虽也承认经济能力为弱者的判断标准之一，但其关键断定点乃是行为能力。如何定责几乎完全取决于监护人是否尽到监护职责这一行为，而不考虑被监护人侵权时的认识、控制能力。

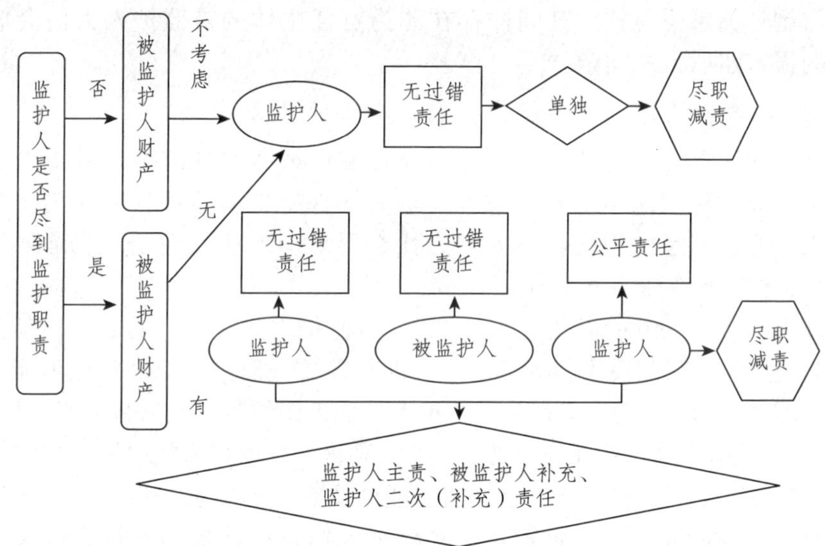

图 5　复合式定责模式

关于被监护人的“弱者图像”，以上拘于一隅的绘制均失之偏颇。经济能力与侵权责任构成格格不入，公民自出生即拥有完全的权利能力，不应减损，而责任能力与单一的行为能力同样处于概念上位，无法准确体现被监护人侵权责任法上身份之“特殊性”，距离核心问题的解决较远。

① 朱广新：《被监护人致人损害的侵权责任配置——〈侵权责任法〉第 32 条的体系解释》，载《苏州大学学报》2011 年第 6 期。

（二）“失真”后果：对民法维护“弱者图像”的理解偏倚

立法演进中核心问题未被改动的重要理由便是为了保护作为弱者的被监护人。然而，对被监护人“弱者图像”的失真绘制导致对民法维护“弱者图像”的理解偏倚，进而导致对法律适用的分歧。

实践中认为无民事行为能力人也存在一定的认识能力[①]的观点不仅与“无民事行为能力人无认识能力”的法律拟制相矛盾，也违背了民法的“弱者保护”理念；有的仅判决被监护人承担侵权责任，[②] 这也是缺乏对民法维护“弱者图像”努力的忽视；平行关系说将财产的拥有作为被监护人的“原罪”，[③] 同样存在忽视被监护人“弱者图像”的嫌疑。

一般与例外关系说试图将从被监护人财产中“支付”赔偿费用解释为非责任承担，以彰显民法保护弱者的情怀，但监护人以被监护人财产来为自己承担责任的做法系对被监护人利益的侵害，[④] 此种解释或显牵强。主从关系说则试图将被监护人所担之责内部化，以排除其对外担责之忧，但与一般与例外关系说一样，其同样存在非为责任主体的被监护人为何会成为实际的损害赔偿人的问题。[⑤]

（三）真实绘像：行为能力“弱”与注意义务“低”

在侵权法上，被监护人的哪方面或者说什么样的被监护人需要给予特别保护？亦即侵权法上的被监护人“弱者图像”的真实面目究竟为何？拆解开来，其实就是何为被监护人与为什么要承担责任的问题，于是其真实“弱者图像”即渐渐浮出水面。

1. 主体定义分析：行为能力“弱”。被监护人另一面向的表达便是无民事行为能力人与限制民事行为能力人，即其需要被监护之原因乃行为能力之欠缺。因此，行为能力弱必然为被监护人“弱者图像”描绘的基础“颜料”。

2. 责任构成分析：注意义务“低”。显然，仅以行为能力描绘被监护人“弱者图像”尚不足够，这也是立法、理论及实践均要求一定条件下的被监护人承担责任的原因。毋庸置疑，判令某人担责的前提是其符合侵权责任构成；而从责任构成上讲，被监护人担责的根本原因在于其主观方面，其主观方面的核心又在于注意义务，因为侵权责任法上的义务几乎就是注意

---

① 参见北京市石景山区人民法院（2018）京 0107 民初 55 号民事判决书。

② 参见河南省上蔡县法院（2016）上民一初字第 1544 号民事判决书。

③ 薛军：《走出监护人“补充责任”的误区——论〈侵权责任法〉第 32 条第 2 款的理解与适用》，载《华东政法大学学报》2010 年第 3 期。

④ 陈帮锋：《论监护人责任——〈侵权责任法〉第 32 条的破解》，载《中外法学》2011 年第 1 期。

⑤ 朱广新：《被监护人致人损害的侵权责任配置——〈侵权责任法〉第 32 条的体系解释》，载《苏州大学学报》2011 年第 6 期。

义务，其理由在于：首先，民事责任乃“不履行法律义务因而应受某种制裁”,[①] 故侵权责任由对侵权法上的义务的违反而产生；其次，违反侵权法上的义务的另一面向是对他人民事权益的侵害，故侵权法上的义务即是“不侵害他人权益”；最后，不侵害他人权益要求对他人权益保持谨慎的注意义务，此亦为一些学者将注意义务定义为“行为人对受害人负有的不为加害行为或不使加害行为发生的法律义务”[②] 之原因。并且，即使在严格责任中注意义务依然重要，为了免去受害人证明致害人过错的举证负担，取消致害人通过证明自己无过错而免负责任的机会，从而对高度危险活动实行严格责任，但不能因此否认过错的存在，行为人是否已经尽到注意义务仍然具有实质意义。[③]

可见，侵权法上被监护人行为能力弱的核心涵义就是注意能力弱，被监护人“弱者图像”的主色调则是由“注意能力弱”而生之“注意义务低”，其他能力均难以准确涵盖之。

四、解忧之道：从“弱者图像”理念到“同案因子”要素的规则进路

（一）理念锚定：以“注意义务”为限度的弱者保护

弱者需要保护乃至“倾斜”保护，但法律作为利益平衡的科学，此种“倾斜”需要有边界。被监护人受到特别保护的根本理由在于其弱者图像，而侵权责任法上其弱者图像的主色调为“注意义务低”，故对侵权之被监护人特殊对待之限度在于注意义务。

法律加诸被监护人的注意义务相对较低，同时要求监护人履行监护职责。因而可以这样理解，在侵权责任法领域，监护人的监护义务也即对被监护人行为的注意义务，其根本作用就在于对被监护人注意能力的补足，保证被监护人不作为（不侵害他人）之注意义务得到遵守。故此，笔者提出“注意义务补足说”，将监护人对被监护人行为的注意义务与被监护人自己的注意义务相加，视同完全民事行为能力人的注意义务。被监护人侵害他人时，以并合后之注意义务考量责任构成的主观方面，四大核心争议即可“迎刃而解”：

1. 责任主体与责任形态。不同行为能力的被监护人注意能力不同，则注意义务有别，故区分定责理所应当。同理，被监护人侵权的责任形态会因注意义务之区别而不同。

2. 归责原则。法律对不同类型侵权行为的注意义务要求不同，其归责原则也当然不同。被监护人致害行为类型未必单一，故其所对应之归责原则自然多样。因此，在注意义务的视角下，局限于单一条文对归责原则的

① 梁慧星：《民法总论》，法律出版社 1996 年版，第 92 页。

② ［英］戴维·M. 沃克：《牛津法律大辞典》，李双元等译，法律出版社 2003 年版，第 171 页。

③ 王利明：《侵权行为法研究》（上卷），中国人民大学出版社 2004 年版，第 538~543 页。

讨论既难周延，也易引发争议，故不必在此过于拘泥，被监护人侵权时宜依其他条文确定归责原则。

3. 监护人尽职评价。实践中监护人多因受害人或第三人原因而极少因为证明自己“尽到监护职责”而减责，在“注意义务补足说”语境下，被监护人致人损害时“监护人是否尽到监护职责”，只需纳入被监护人一方的主观方面考量，监护人“尽到监护职责”自有其减责通道，无需单独规定减责事由以致前文所述之困。

（二）要素识别：以“同案因子”为基准的责任区分

如何识别“同案”，是对其“同判”的基础，而提取“同案因子”是识别的关键。“同案因子”也即一些学者所提的“类似案件的比较点”，乃案件的争议问题（主要问题），兼具事实性与法律性。① 被监护人侵权案件的争议核心在于主观方面，分歧也围绕“注意义务”展开。由此，可推知被监护人侵权的同案因子包括（1）被监护人的注意能力，即限制或无民事行为能力；（2）侵权行为类型；（3）具体侵权类型下法律对注意义务的要求；（4）被监护人注意义务；（5）监护人注意义务。进而被监护人侵权的同案识别逻辑则可见端倪（见图6）：

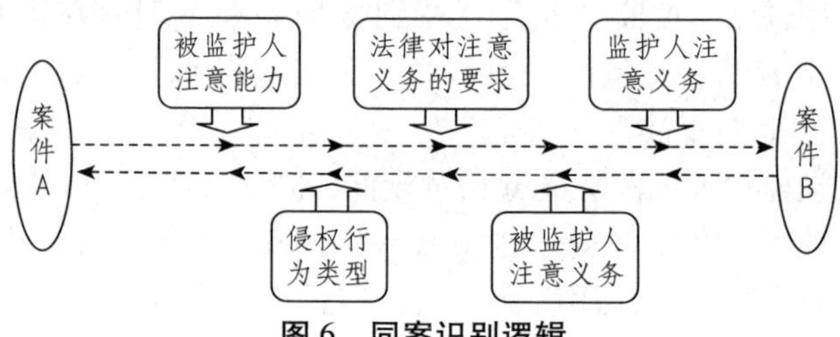

图6 同案识别逻辑

因此，被监护人侵害他人权益时，根据同案因子的不同组合设定不同的责任规则即可，其基础模型为（见图7）：

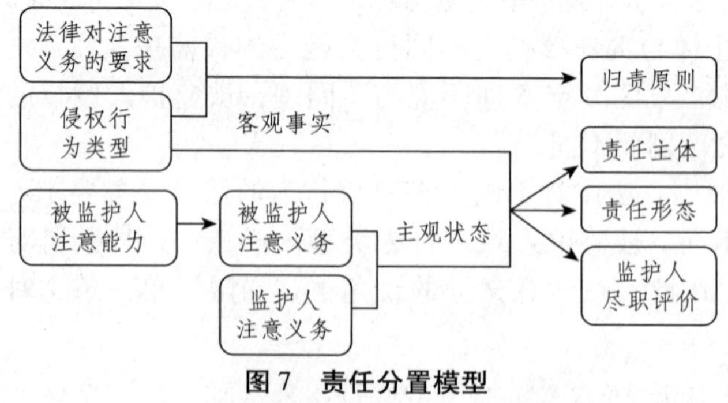

图7 责任分置模型

① 张骐：《论类似案件的判断》，载《中外法学》2014年第2期。

（三）规则设定：以类型化为手段的责任体系

1. 一般注意义务下的责任规则。无民事行为能力人为应负过错（推定）责任的行为时，由于其无识别能力则无注意义务，故监护人的监护义务即为致害方的全部注意义务，监护人应依法（“法”指其他侵权责任规则，下同）承担责任。至于最终是否担责和如何担责，需进一步进行责任构成评价。

限制民事行为能力人为应负过错（推定）责任的行为时，此时被监护人因为具有一定的识别能力而需其承担注意义务。被监护人存在过错且监护人未尽到监护义务的，则损害后果系由被监护人的致害行为和监护人的失职造成，二者负连带责任；被监护人存在过错而监护人尽到监护义务的，被监护人承担主责任，监护人承担补充责任；被监护人不存在过错时，由于被监护人已经很好地约束了自己，故无需考察监护人的监护义务或视同监护人已经尽到监护义务；此时若需致害方承担公平责任，由被监护人、监护人共同承担即可，但此系依其他条文推出，不必在此明确。

2. 高度注意义务下的责任规则。无民事行为能力人为应负无过错（严格）责任的行为时，由于此类行为往往比较严重和特殊，可以当然认为监护人没有尽到监护义务，由其承担被监护人为该致害行为之责任。

限制民事行为能力人为应负无过错（严格）责任的行为时，在不考察被监护人方过错的前提下，照前所论，视同监护人未尽到监护义务，由被监护人、监护人承担连带责任。

3. 责任规则类型化。综上，不同情形下被监护人侵权责任规则如表 7 所示：

表 7　被监护人侵权责任规则

<table>
<tr><th>行为主体</th><th>行为性质</th><th colspan="2">监护人尽职情况</th><th>责任承担</th></tr>
<tr><td rowspan="2">无民事行为能力人</td><td>应负过错（推定）责任</td><td colspan="2">具体考察，监护义务即为被监护人方注意义务</td><td>监护人依法承担</td></tr>
<tr><td>应负无过错（严格）责任</td><td colspan="2">监护义务即为被监护人方注意义务，视同监护人未尽到监护义务</td><td>监护人依法承担</td></tr>
<tr><td rowspan="4">限制民事行为能力人</td><td rowspan="3">应负过错（推定）责任</td><td>被监护人不存在过错</td><td>不考察监护人监护义务或视为其已尽到</td><td>若需依法承担公平责任，则共同承担</td></tr>
<tr><td>被监护人存在过错</td><td>监护人尽到监护义务</td><td>被监护人依法承担责任，监护人补充</td></tr>
<tr><td>被监护人存在过错</td><td>监护人未尽到监护义务</td><td rowspan="2">被监护人，监护人依法承担连带责任</td></tr>
<tr><td>应负无过错（严格）责任</td><td colspan="2">视同监护人未尽到监护义务</td></tr>
</table>

（四）《民法典》第1188条的司法解释建议

综前所述，对《民法典》第1188条的司法解释建议草拟如下：

无民事行为能力人造成他人损害的，由监护人依法承担责任。限制民事行为能力人造成他人损害的，由限制民事行为能力人依法承担责任；监护人未尽到监护职责的，对限制民事行为能力人的前述责任承担连带责任；监护人尽到监护职责的，对限制民事行为能力人的前述责任承担补充责任。

结　语

偏离立法理念的法律解释，无论其能如何“自圆其说”，也难以在纷纭众说中成为主流；脱离法律实效的法律解释，无论其能如何“自证其是”，也无法对司法实践中的“同案异判”给予有效回应。《民法典》施行后，如何对其进行解释，以既能给司法实践以明确指引，防止“同案异判”的发生，又能保证理论论证上的自洽，值得深究。立足立法理念、基于实证的检视，或许才是反思法律解释的价值取舍正当性、逻辑论证正确性以及立法目的的实现可能性的应有方式。

从任意到强制：案外人执行异议之诉与确权之诉的合并路径与程序构建

林道勇* 齐 茜** 王 俊***

引 言

《最高人民法院关于适用〈中华人民共和国民事诉讼法〉的解释》（以下简称《民事诉讼法司法解释》）第312条第2款规定："案外人同时提出确认其权利的诉讼请求的，人民法院可以在判决中一并作出裁判。"该规定既肯定了案外人执行异议之诉与确权之诉（下文简称为"两诉"）的合并路径，又为两诉并立与独立留下弹性空间。这一弹性空间为保护案外人的诉权提供了充分保障，但在采取执行措施后的情况下易引发同案异判、矛盾判决、恶意诉讼等风险。本文通过剖析两诉关系之现状与成因，提出采取执行措施后两诉强制合并之解决路径，并对两诉强制合并进行法理、价值、功能、域外镜鉴之多维度证成，在构建两诉强制合并的特殊程序规则方面亦进行了全面阐述，力图廓清笼罩在两诉关系上的理论与实践迷雾。

一、两诉合并之实然图景与成因剖析

（一）两诉合并之实然图景

1. 法律规范冲突。关于执行标的已经被人民法院查封、扣押、冻结后，案外人确权之诉与执行异议之诉合并路径的问题，不同等级、不同地域的处理不尽相同。笔者在法规数据库中检索涉及两诉合并的规定和文件，按照效力等级与时间顺序归纳如表1。

---

* 作者单位：海南省海口市美兰区人民法院。

** 作者单位：北京市通州区人民法院。

*** 作者单位：北京市通州区人民法院。

表1　各级法院两诉合并规范汇总表

时间/年	名称	内容	合并类型	效力层次
2015	《民事诉讼法司法解释》第312条第2款	案外人同时提出确认其权利的诉讼请求的，人民法院可以在判决中一并作出裁判	任意合并	司法解释
2011	《最高人民法院关于执行权合理配置和科学运行的若干意见》第26条	当事人诉请确权的财产被执行局处置的，应当撤销确权案件	强制合并	司法文件
2018	《最高人民法院关于人民法院立案、审判与执行工作协调运行的意见》第8条	审判部门在审理确权诉讼时，应当查询所要确权的财产权属状况。需要确权的财产已经被人民法院查封、扣押、冻结的，应当裁定驳回起诉，并告知当事人可以依照《民事诉讼法》第227条的规定主张权利	强制合并	司法文件
2010	《浙江省高级人民法院关于审理案外人异议之诉和许可执行之诉案件的指导意见》第3条	执行过程中，案外人就执行标的物另行提起确权之诉的，人民法院不予受理；案件已经受理的，应当驳回起诉	强制合并	地方司法文件
2011	《北京市高级人民法院关于审理执行异议之诉案件适用法律若干问题的指导意见（试行）》第3条	法院针对执行标的物的强制执行过程中，案外人以被执行人为被告就执行标的物另行提起确权之诉的，不予受理，已经受理的，应当裁定驳回起诉，并告知其可以依据《民事诉讼法》第204条的规定主张权利	强制合并	地方司法文件
2011	《广东省高级人民法院关于执行异议诉讼案件受理与审理的指导意见》第14条第1款	争议财产已经在执行过程中被人民法院查封、扣押、冻结的，案外人应当依照《民事诉讼法》第204条规定主张权利，不得另行提起普通的民事诉讼。已经受理的，应当驳回起诉	强制合并	地方司法文件
2017	《吉林省高级人民法院关于审理执行异议之诉案件若干疑难问题的解答（一）》第8条	案外人执行异议之诉中，案外人应当直接提出对执行标的排除执行的诉讼请求，也可以一并提出确认其民事权益以及确认与该权益相关的合同效力等具有确认性质的请求	任意合并	地方司法文件
2019	《江西省高级人民法院关于执行异议之诉案件的审理指南》第3条	案外人主张对执行标的排除执行的，可以同时提出确认其民事权益的请求	任意合并	地方司法文件

续上表

时间/年	名称	内容	合并类型	效力层次
2019	《黑龙江省高级人民法院关于审理执行异议之诉案件若干问题的解答》第13条第2款	案外人既向执行法院提起执行异议之诉，又向另一法院提起确权诉讼的，执行法院应当通知受理确权诉讼案件的法院移送案件合并审理。受理确权诉讼案件的法院明知执行法院已受理案外人执行异议诉讼，仍作出确认原告诉讼请求的判决的，应当按照审判监督程序予以纠正	强制合并	地方司法文件

根据表1可知：（1）不同规范对合并路径的规定不同。《民事诉讼法司法解释》未区分采取执行措施前、后两种情况，采用任意合并路径；最高人民法院、部分地方高级人民法院的司法文件在明确适用前提的情况下采用两诉强制合并路径。不同等级、不同地域关于两诉合并路径的不同规定造成当事人与法官无所适从，有损司法统一。

（2）强制合并路径下，法院对单独确权之诉的处理方式不同。主要包含两种处理方式：裁定驳回起诉与移送合并审理。从保护当事人诉权角度而言，第二种方式无疑是最优选，但缺乏操作性，一则在案外人与被执行人恶意隐瞒的情况下，以当前法院系统检索技术条件，很难获取其他地区法院在审案件的情况；二则采用移送管辖的方式处理，增添了法院与当事人的诉讼成本。

（3）最高人民法院出台的法律规范呈现从任意合并到强制合并的趋势。2015年《民事诉讼法司法解释》虽确立了两诉任意合并模式，但2018年《最高人民法院关于人民法院立案、审判与执行工作协调运行的意见》（以下简称《立审执意见》）明确限制了案外人单独提起确权之诉的诉讼权利，2019年11月最高人民法院发布的《关于审理执行异议之诉案件适用法律问题的解释（一）》（征求意见稿）[①] 更是一改《民事诉讼法司法解释》中的任意合并模式，转向两诉强制合并。

2. 司法样态混乱。

（1）两诉样态分合不一。由于当前不同等级与地域关于两诉合并的路径规定不同，导致两诉的司法表现不一，具体包括以下四种：第一，两诉并立。两诉并立是指案外人向执行法院提起执行异议之诉，要求停止对执行标的的强制执行；同时向有管辖权的法院提起确权之诉，请求确认其对

---

① 《最高人民法院关于审理执行异议之诉案件适用法律问题的解释（一）》（征求意见稿）第5条规定：执行标的已经被人民法院查封、扣押、冻结后，案外人以被执行人为被告单独提起确权之诉的，人民法院不予受理，案外人应当依照《民事诉讼法》第227条的规定主张权利。

执行标的的权利。第二，两诉合并。两诉合并是指案外人向执行法院提出执行异议之诉，要求停止对执行标的的强制执行，并同时提出确认其权利的诉讼请求，法院对两个独立的诉合并审理、合并裁判。第三，单独的案外人执行异议之诉。单独的案外人执行异议之诉是指案外人仅向执行法院提起执行异议之诉，要求停止对执行标的的强制执行。第四，单独的确权之诉。单独的确权之诉是指案外人以被执行人为被告，向有管辖权的法院提起确权之诉，要求确认其对执行标的权属。自《立审执意见》出台以来，不少法院援引第8条，在单独的确权之诉中裁定驳回起诉（见表2）。

表2　两诉司法样态案例列表

执行措施时间/年	案号	裁判结果	司法表现
2011	山西省灵石县人民法院（2015）灵民商初字第198号 江苏省高级人民法院（2017）苏民终972号	关于案外人与被执行人的确权之诉，法院经审理后确认案外人的质权成立有效，并享有受偿权。 同年，案外人以申请人为被告、被执行人为第三人，提起案外人执行异议之诉，请求法院停止强制执行。一审认为，案外人主张的质权成立依据不足，故其终止强制执行的主张不能成立。二审认为，案外人主张的质权成立，故支持了其诉讼请求。	两诉并立
2016	山西省晋中市中级人民法院（2019）晋07民终1679号	案外人以被执行人为被告就案涉房屋提起确认物权之诉，一审法院认为，案外人所述借名买房理由合理，提供的证据形成了较为完整的证据链，能够证明涉案房屋系其实际出资购买，故判决涉案房屋归案外人所有。二审法院认为，本案属于《立审执意见》第8条规定的情形，一审法院立案受理并作出实体判决不妥，故裁定驳回起诉。	独立的确权之诉
2018	广东省东莞市第三人民法院（2019）粤1973民初5951号	案外人以申请人与被执行人为被告提起案外人执行异议之诉，要求法院确认被执行人的B3号房产归其所有，解除该房产的查封措施。法院认为，案外人作为买方和被执行人作为卖方签订的协议系债权债务关系，在案外人取得不动产登记证书之前，不能确认其已取得房屋所有权，故驳回案外人要求确认B3号房产归其所有与中止执行的诉请。	两诉合并

续上表

执行措施时间/年	案号	裁判结果	司法表现
2018	海南省高级人民法院（2019）琼民初 33 号	案外人以申请人为被告、被执行人为第三人提起案外人执行异议之诉，要求停止强制执行。法院认为，案外人未举证证明其在法院查封前占有涉案房屋，在其未取得不动产登记证书之前，不能确认其已取得房屋所有权，不享有足以排除强制执行的民事权益，故驳回其诉讼请求。	独立的案外人执行异议之诉

任意合并模式下两诉混乱的司法样态引发以下问题：第一，同案异判，损害司法权威。由于案外人诉讼能力差异、各地方指导意见不一以及法官对程序裁量权的行使不同，导致相同案情因案外人救济程序选择不同从而产生不同的裁判结果。① 在两诉并立形态下，分别由不同审判团队或法院对案外人权属进行认定，难免存在矛盾裁判的情况。② 既有损司法公正，不利于法院统一司法程序与裁判结果；又消减法的规范作用，难以为案外人行使救济权提供正确的指引。第二，重叠诉讼，损耗司法资源。对案外人而言，若两诉合并，仅需提出一个诉讼，审限为 180 天；若两诉并立，则需提起两个诉讼，审限至少为 270 天，明显延长了审理时间，增加了案外人的诉累。对法院而言，在执行异议之诉中避免不了对执行标的权属认定，两诉并立形态下需对同一确权问题进行两次确认，无疑加重了法院的工作量，让原本紧张的司法资源更加捉襟见肘。

（2）确权之诉既判力存疑。《最高人民法院关于人民法院办理执行异议和复议案件若干问题的规定》（以下简称《执行异议和复议规定》）第 26 条第 2 款规定："金钱债权执行中，案外人依据执行标的被查封、扣押、冻结后作出的另案生效法律文书提出排除执行异议的，人民法院不予支持。"该条明确在金钱债权执行中，另案确权之诉裁判结果无法排除执行异议。然而，关于另案确权之诉裁判结果对案外人执行异议之诉的影响法律法规并无明确规定。执行异议作为执行异议之诉的前置程序，两者均对案外人之异议是否能够排除执行进行裁判，存在较强的关联性。因此，关于《执行异议和复议规定》第 26 条第 2 款是否适用于案外人异议之诉存在较大争

① 天津市高级人民法院（2017）津民申 1917 号民事裁定书、天津市第一中级人民法院（2017）津 01 民终 5122 号民事判决书、山西省晋中市中级人民法院（2019）晋 07 民终 1679 号民事裁定书。

② 山西省灵石县人民法院（2015）灵民商初字第 198 号民事判决书、江苏省苏州市中级人民法院（2015）苏中商初字第 00128 号民事判决书、江苏省高级人民法院（2017）苏民终 972 号民事判决书，198 号确权之诉裁判结果与案外人执行异议之诉一审裁判结果存在矛盾。

议，导致不同案外人执行异议之诉案件对另案确权之诉的既判力认定不同（见表3）。

表3　不同异议之诉案件对《执行异议与复议规定》第26条第2款的态度

案例	观点	判决结果
广东省湛江市中级人民法院（2017）粤08民终1209号	适用	法院直接依据《执行异议和复议规定》第26条第2款驳回了案外人要求排除执行的诉讼请求
江苏省高级人民法院（2019）苏民终1289号	不能适用	法院认为，执行异议属于执行程序，其价值取向更加注重程序效率性，进入异议之诉程序后，必须以实体审理为主，同时兼顾实体公平性。因此，绝不能在异议之诉审理过程里，以《执行异议与复议规定》第26条第2款为由，不对案外人是否享有足以排除强制执行的民事权益进行实质性审理。故法院经实质审理后支持了案外人请求排除执行的诉讼请求

（二）两诉合并混乱之成因剖析

1. 客观原因：两诉合并面临法理困境。

（1）诉的要素差异与诉的合并法理相矛盾。从我国诉的合并理论来看，诉的合并分为主体合并与客体合并。从诉的要素来看，案外人执行异议之诉中，案外人是原告，申请执行人是被告，被执行人依据是否反对案外人的诉求被列为被告或第三人，诉的客体是排除强制执行；案外人确权之诉中，案外人是原告，被执行人是被告，诉的客体是确认执行标的的权属。两诉主体有重合但不完全相同，两诉客体存在差异。可见，目前我国的诉的合并理论无法为案外人执行异议之诉与确权之诉的合并提供法理基础，若要合并，则需要在两诉合并的正当性、管辖法院、审理规则、裁判方式、程序构建等方面进一步完善。

（2）执行异议之诉性质不明。目前，理论界对执行异议之诉的性质存在很大争议，包括形成诉讼说、确认诉讼说、给付诉讼说及诉讼救济说、命令诉讼说等，形成诉讼说为德国、日本及我国台湾地区的通说，[①] 2015年制定《民事诉讼法司法解释》时即采纳了该学说。该学说导致执行异议之诉与确权之诉的性质泾渭分明，一个为形成之诉，一个为确认之诉，在民事诉讼相对性框架下各自形成相对封闭的法的空间，虽有交叉，却已并行不悖。但执行异议性质之说并未处于定于一尊之地位，理论界与实务界对执行异议之诉的性质认识不一，并不乏反对者，因而对待两诉合并的态度也就不同。

---

① 张卫平：《案外人异议之诉》，载《法学研究》2009年第1期。

2. 主观原因：诉讼与审判主体认知偏差。

（1）当事人程序选择权与处分权的“随意处置”。第一，案外人执行异议之诉与执行异议、案外人确权之诉、第三人撤销之诉、案外人申请再审等案外人权益救济途径存在竞合，当事人法律知识有限，无法选择适当的救济程序，难以确定准确的诉讼请求，或随意选择救济程序，或所有救济程序均尝试，或提出一揽子诉讼请求。第二，在恶意诉讼的情况中，案外人与被执行人出于诉讼策略的考量，会故意分别提出案外人执行异议之诉与确权之诉，增加矛盾裁判的风险。

（2）法官对两诉合并案件的“望而却步”。在结案压力影响下，有的审判法官对两诉合并这类法律规定不完善、涉及主体多、耗时长的案件敬而远之，宁可案外人仅提起其中一诉或是一项诉讼请求，从而快速结案。在立案登记制下，有的立案法官对案外人程序选择指导有限，既不会主动询问执行标的确权情况，亦不会释明当事人可以在案外人执行异议之诉中一并提出确权的诉讼请求。

二、两诉强制合并路径之证成

从任意合并到强制合并是解决当前实务困境必由之路。两诉强制合并是指执行标的被采取强制措施后，案外人只能在执行异议之诉中提出确权之诉，单独提起确认之诉的，裁定不予受理或驳回起诉，[①] 在执行异议之诉中既提出确权的诉讼请求，又提出停止强制执行诉讼请求，法院必须对两诉合并审理、合并裁判。两诉强制合并具有充分的法理支撑，兼具衡平性价值，对案外人权利救济和社会公共利益均有助益。

（一）法理证成：两诉强制合并的理论基础

1. 强制合并理论之延展。我国民事诉讼法中的强制合并仅包括必要共同诉讼，目前采用以实体法为基础的“诉讼标的合一确定论”概念构建必要共同诉讼，如连带责任、共有等。然而，在诉讼法与实体法分道扬镳之后，必要共同诉讼的识别标志随即从实体法转向了诉讼法，即以判决是否需要合一确定为标准。必要共同诉讼的标准从诉讼过程转向了判决结果，合一判决的必要也从共同诉讼必要的消极结果转为避免矛盾判决的积极追求。[②]

---

① 黑龙江法院采取受理确权之诉法院向执行法院移送模式，但欠缺移送的法律与理论根据，并且具有实践难度，故本文建议采取不予受理或者驳回方式，实践中北京、浙江等地法院已采取以上方式。

② 段文波：《德日必要共同诉讼“合一确定”概念的嬗变与启示》，载《现代法学》2016年第3期。

理论界不少学者提出应基于司法政策考量等引入新的强制合并类型。[①] 案外人执行异议之诉与确权之诉的诉讼主体上存在交叉，诉讼标的具有牵连性，异议之诉的裁判结果离不开对案外人实体权利的认定，故应将两诉合并审理，从而避免矛盾判决，维护程序安定性。

2. 执行异议诉讼性质之辨析。从工具理性看，执行异议之诉的性质认识不仅要参考理论界之认识，更要从立法和司法实务角度出发，达致矛盾判决规避之目的，要让理论服务于实践，而不是实践受制于理论。关于执行异议之诉的性质，我国在2015年制定《民事诉讼法司法解释》时采纳了形成之诉学说。命令诉讼说[②]认为执行异议之诉兼具确认之诉和形成之诉性质，同时解决执行标的物的实体权利关系和执行标的物的执行关系的争议，克服了形成之诉既判力难题和确认之诉判决无执行力的问题，为两诉强制合并的司法适用和立法提供了理论与正当性上自洽的解释。

3. 禁止重复诉讼之要求。执行异议之诉的诉讼标的仍存在争议，一种观点认为，其诉讼标的为案外人主张的实体权利是否存在和案外人排除执行的请求能否成立；另一种观点认为，其诉讼标的仅为案外人排除执行的请求能否成立。[③] 无论案外人的实体权利是异议之诉的执行标的抑或诉的声明之支撑，法院均需对案外人主张的实体权利进行审理并认定，且案外人在异议之诉中要求排除执行与其在确权之诉中要求确权系基于同一法律事实，当事人亦存在重合。因此，两诉并立情况下难以避免后诉的诉讼请求否定前诉的裁判结果，而两诉强制合并则可以有效防止重复诉讼，具有理论支撑和现实意义。

4. 成本相当性原则之指引。成本相当性原则是指“当事人利用诉讼程序或由法官运作审判制度过程中，不应使法院（国家）或当事人（人民个人）遭受期待不可能之浪费或利益牺牲”。[④] 诉讼制度的设计应当贯彻这一原则，要在实现实体公平的前提下努力追求诉讼经济，要本着尽量节省时间、精力、资源的原则，避免不必要的诉讼浪费。强制合并较之任意合并，不仅能够满足案外人权利救济需求，而且能起到节省时间、精力与资源的效果，是成本相当性原则的具体体现。

（二）功能证成：案外人执行异议之诉功能之实现

一者，我国民事诉讼法中设置了执行异议作为执行异议之诉的前置程

---

① 严仁群：《论诉之主体的强制合并》，载《法学评论（双月刊）》2006年第3期；吴英姿：《论案外人异议之诉的强制合并》，载《法治现代化研究》2019年第6期。

② ［日］竹下守夫：《第三人异议的构造》，载日本《法曹时报》第29卷第5号，第794页。

③ 章武生、金殿军：《案外人异议之诉研究》，载《法学家》2010年第5期。

④ 邱联恭：《司法之现代化与程序法》，我国台湾地区三民书局1992年版，第272页。

序，执行异议属于程序性救济，效率为其价值目标，坚持形式审查原则，审查标准为“物权公示主义”和“权利外观主义”；执行异议之诉属于实体性救济，坚持实质审查原则。若允许案外人在强制执行行为作出后单独提起确权之诉，在之后的执行异议审查中，执行法官则会对生效裁判文书进行形式审查后作出裁定，或引起执行异议之诉，导致法官重新认定实体权利，进而审查“是否享有足以排除强制执行”，增加了当事人诉累与法院的审判成本，易产生矛盾裁判的风险；或放弃提起执行异议之诉，引发形式审查未尽公正的隐患。因此，两诉强制合并应为最优选择，既能够保护案外人的合法权益，亦有助于强制执行目的的高效实现，提升了案外人执行之诉的救济功能。

二者，我国《物权法》第28条认可了法律文书能够作为物权变动的依据，《民事诉讼法》中未确定既判力主体范围的相对性，该两项制度造成案外人与被执行人通过恶意诉讼损害申请执行人合法权益的风险。两诉强制合并制度能够防止该风险发生，进而避免产生矛盾判决，对诉讼主体诚信行使诉讼权利及正确预期裁判效果起到正面引导作用，促进案外人执行异议之诉的功能实现。

（三）比较证成：域外强制合并实践之印证

从域外视角来看，与我国同属大陆法系的德国即采取案外人执行异议之诉与确权之诉强制合并的路径。在德国，执行程序期间不允许第三人就执行标的物单独对债权人提起任何的普通民事诉讼，但在启动执行救济程序时，第三人有权针对债务人提起确权之诉或者物之交付之诉，只不过《德国民事诉讼法》第771条第2款规定了强制合并，要求此时将普通民事诉讼与异议之诉合并审理，只有此时才允许对第三人主张的民事实体权利作出判决。①

在英美法系国家，其奉行“一次性解决纠纷”原则，因强调司法的解决纠纷目的，不能容忍当事人对一个争议事件发动多个诉讼，因此诉的强制合并具有高度正当性，包括要求原告在一个诉讼中穷尽所有请求，禁止当事人以不同诉因拆分诉讼，还有强制反诉等制度安排。如《美国联邦民事诉讼规则》规定的当事人的强制合并，是指基于法律的规定，当事人必须一并起诉或被诉，如果其中某个当事人不参加，法院就无法对现有的当事人的实体问题作出完全公正的判决，或者会损害他人的利益，诉讼可能无法顺利进行。对此，法官应当依职权追加当事人，或者考虑终止审理。②

---

① 赵秀举：《论民事执行救济——兼论第三人执行异议之诉的悖论与困境》，载《中外法学》2012年第4期。

② 白绿铉：《美国民事诉讼法》，经济日报出版社1998年版，第67页。

（四）价值证成：公与私、实体与程序利益之平衡

一是，民事诉讼法本身属于公法，过度强调私法上的意思自治是不适宜的，在处分原则与公共利益、与程序利益相违背时，司法权应当对其进行必要的限制。诉讼制度的评判不仅应考量其私权保护属性，还应重视其公共利益，即司法成本、司法制度效能、解决纠纷能力等。两诉强制合并即在平衡各方诉讼主体私权保护的同时，兼顾公共利益，让有限的司法资源发挥最大的社会效益。此外，法律是对多主体之间纠纷进行裁判，并作出最佳的权益分配。私权的保护不应仅是对案外人的权益保护，亦应包含对申请执行人与被申请人的权益保护。两诉强制合并给予诉讼主体利用司法资源的平等机会，实现纠纷的一次性解决，有效保护多方诉讼主体的实体权利与程序权利。

二是，价值论中，公正是法院在民事诉讼中所要达到的重要目标，应包含实体正义与程序正义。若一味追求对案外人程序选择权与处分权的保护，为其另行提起确权之诉提供弹性空间，一则难免滋生案外人与被执行人恶意诉讼的情形，影响案件的公正处理；二则两诉任意合并路径对程序安定性与既判力产生影响，有损实体公正与程序公正。相反，两诉的强制合并则有效避免恶意诉讼与矛盾裁判问题，有效平衡实体正义与程序正义。

三、两诉强制合并之程序构建

（一）先决基点：两诉强制合并的适用条件

1. 时效条件：执行标的被采取执行措施后，执行程序终结之前。案外人执行异议之诉与确权之诉的强制合并，动因源于规范两诉并立引发的矛盾裁判与恶意诉讼，这种情况出现在执行标的被采取查封、扣押、冻结等执行措施之后。

2. 行为条件：案外人以被执行人为被告，就执行标的单独提起确权之诉，或者既以申请人为被告提起执行异议之诉，又以被执行人为被告提起确权之诉。如前所述，以上两种情形下存在案外人与被执行人恶意串通以及引发矛盾判决的隐患，因而具备强制合并的必要。

（二）特殊规则：立、审、判不同环节之规则构建（见图1）

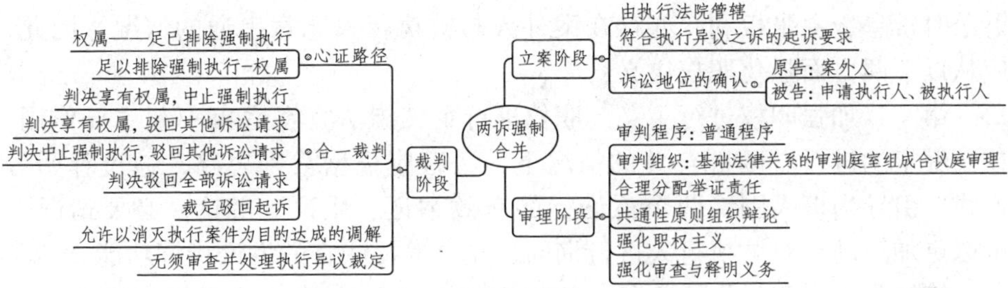

图1 两诉强制合并规则指引图

1. 立案阶段。

（1）管辖法院的确定。《民事诉讼法》规定，案外人执行异议之诉由执行法院管辖，在两诉合并的情况下，亦应由执行法院管辖。原因如下：第一，因确权之诉与案外人执行异议之诉的牵连关系引发两诉合并处理，并以在执行异议之诉中增加确权诉讼请求的方式呈现，因此，执行法院基于牵连管辖的原理取得管辖权。第二，执行法院对执行标的、执行异议等情况较为熟悉，由执行法院管辖既方便当事人，又能够提高案件质效。

（2）起诉要件的审查与诉讼权利的释明。案外人对执行标的单独提起确权之诉的，立案法官应当在立案时对其释明依据《民事诉讼法》第227条主张权利，仍坚持提起确认之诉的，依法作出不予受理裁定。案外人享有程序异议权，可就该裁定提起上诉。

案外人提起执行异议之诉的，应符合《民事诉讼法司法解释》第305条之特殊规定，与普通民事案件不同，立案法官应根据司法解释的规定，对执行异议之诉进行审查。若案外人未在执行异议之诉中提出确权的诉讼请求，立案法官应释明其有权一并提出确权的诉讼请求，案外人不愿追加诉讼请求的，立案法官应告知案外人的相关诉讼风险，并向其出具立案释明告知书。

（3）诉讼地位的确认。案外人执行异议之诉中，案外人为原告，申请执行人为被告，被执行人反对案外人异议的应列为被告，被执行人不反对案外人异议的，应列为第三人；确权之诉中，案外人为原告，被执行人为被告。可见，两诉合并模式中，存在两组对抗关系：案外人与申请执行人关于是否继续强制执行的对抗，以及案外人与被执行人关于谁享有权属的对抗。因此，应将案外人列为原告，申请执行人与被执行人列为被告。

2. 庭审阶段。

（1）强化职权主义。职权主义是指法院在民事诉讼中拥有主导权，包含职权进行主义和职权探知主义。① 由于两诉合并审理在法庭调查、举证质证、法庭辩论等方面的复杂性和特殊性，此外，被执行人作为第三人参加诉讼时常怠于主张权利，亦存在案外人与被执行人恶意串通的情况。因此，应从以下两方面强化职权主义：

第一，加强职权进行主义。职权进行主义指法官在庭审中起主导作用，控制庭审的进行。两诉合并的情况下，法官应根据裁判思路，通过释明等方式，引导当事人围绕两个诉讼标的有效举证、质证、辩论，必要情况下可以更加主动地对被执行人进行询问，充分发挥法官的诉讼指挥功能。

第二，加强职权探知主义。职权探知主义是指法院不限于当事人主张的事实和提供的证据的范围，依职权主动收集事实和调查证据。我国《民事诉讼法》及司法解释为法院在两诉合并中主动调查取证提供了可能，《民事诉讼法司法解释》第 96 条第 4 项规定："民事诉讼法第六十四条第二款规定的人民法院认为审理案件需要的证据包括：……（四）当事人有恶意串通损害他人合法权益可能的；……"因此，法院应加强职权探知主义，依职权主动调取证据，避免案外人与被执行人恶意串通的情况发生，同时，针对法院依职权调取的证据，应保障当事人质证的权利。

（2）审判程序与审判组织。因两诉合并审理难度增大，故应组成合议庭按照普通程序进行审理。关于审理庭室，按照现有规定，确权之诉应由民事审判庭审理，案外人执行异议之诉存在由原生效案件承办庭室审理、审监庭审理、根据基础法律关系性质确定承办庭室三种模式，考虑到案外人执行异议之诉的特殊性及基础法律关系在案件处理中的重要性，两诉合并应由基础法律关系的审判庭室审理，且原生效案件的法官不得继续审理该合并之诉。

（3）审查与释明义务。法庭调查阶段，法官应对案外人的诉讼请求再次进行审查，若为独立的确权之诉，应告知其裁定驳回起诉的诉讼风险；若在执行异议之诉中未主张确权的诉讼请求，应释明其可以追加诉讼请求，并告知放弃追加的诉讼风险。

（4）区分举证质证的重点。由于两诉裁判的法律依据不同，因此，两个诉讼请求举证质证的重点存在差异：在确权的诉讼请求中，当事人举证质证的重点在于案外人是否享有权属；在排除强制执行的诉讼请求中，当事人举证质证的重点在于案外人享有的权益是否足以排除强制执行，不仅限于就是否对执行标的物享有所有权进行举证质证。同时，要慎用自认原则，出于对恶意诉讼的考虑，被执行人对案外人的权利主张表示承认的，亦不能免除案外人的举证责任。

---

① 张卫平：《诉讼构架与程式》，清华大学出版社 2000 年版，第 15 页。

（5）以共通性原则组织法庭辩论。共通性原则的核心是当事人在民事诉讼中所提出的证据，能够作为法官对所有已系属到诉讼中事实主张的认定；其适用是为了尽可能将相关联纠纷在一次诉讼中解决。① 依据共通性原则，在庭审阶段，对案外人执行异议之诉与确权之诉合并辩论，同时对两诉合法性与合理性要求进行审理，查清共同的案件事实，防止相互矛盾的事实认定和裁判结果。

3. 裁判阶段。

（1）心证路径。一是先认定执行标的的权属问题，在案外人享有权属的情况下再认定是否足以排除强制执行，进而作出裁判；二是在假设案外人享有该权属的情况下，判断是否足以排除强制执行，若足以排除，再认定是否享有权属。

（2）裁判结果。因两诉为同一案号，且合并为一案中的诉讼内之诉，故两诉应采用合并裁判方式，具体裁判结果包括以下五种：第一，案外人对执行标的享有实体权利，并足以排除强制执行，判决确认其实体成立，不得对执行标的强制执行。第二，案外人对执行标的享有实体权利，但该实体权利不足以排除强制执行，判决确认其实体权利成立，并驳回其他诉讼请求。第三，案外人请求确认的实体权利虽不成立，但其请求排除执行的主张能够成立的，判决不得对执行标的进行强制执行，并驳回其他诉讼请求。第四，案外人对执行标的不享有实体权利，其请求排除执行的主张亦不成立的，判决驳回诉讼请求。第五，案外人之起诉不符合《民事诉讼法司法解释》第 305 条，裁定驳回起诉。

关于两诉强制合并模式下是否可对确权之诉作出中间判决的问题。大陆法系国家对民事诉讼中的先决性实体事项和程序事项，确立了中间判决这一司法方式。按照现例，在给付之诉和变更之诉中，当事人与法官就案件实体性先决事项认知不一时，法官可以判决方式就原因法律关系先行确认。② 确权之诉在两诉强制合并中虽具有先决意味，但执行异议之诉并非给付之诉或变更之诉，在该种情况下，确权之诉不具有先决性，且两诉合并裁判有效减少了当事人诉累，故无须采用中间判决的方式对确权之诉先予裁判。

（3）调解问题。对于案外人执行异议之诉，存在可否调解结案的争议，比如江苏省高级人民法院的禁止调解原则，黑龙江省高级人民法院的调解

① 邵明：《现代民事之诉与争讼程序法理》，中国人民大学出版社 2018 年版，第 214 页。

② 龚浩鸣等：《民事案由制度适用与纠纷一次性解决目标之冲突与衡平》，载胡云腾主编：《司法体制综合配套改革与刑事审判问题研究：全国法院第 30 届学术讨论会获奖论文集》，人民法院出版社 2019 年版，第 1588 页。

优先原则。事实上，两诉合并能否调解的前提是不能损害公共利益与他人利益。笔者认为两诉在满足以下两个条件的前提下能够调解结案。第一，在两诉合并中，涉及的利益主体包括案外人、申请执行人与被执行人，在三方当事人均参与庭审的前提下存在当事人意思自治的可能，即具备调解的基础条件；第二，执行异议之诉案件除涉及私权之外，还涉及执行法院对被执行主体与执行标的等执行行为合法性与正当性的评价，因此，若当事人以消灭执行案件为目的达成调解意见，则两诉可调解处理。

（4）与执行异议裁定的关系处理。提起执行异议是两诉合并的前置程序，在两诉合并的判决书中，不能避免对执行异议裁定的表述。司法实践中，有地方规范认为案外人诉讼请求成立的，应在执行异议之诉的裁判主文中撤销原执行异议裁定，① 笔者认为该做法不妥。首先，执行异议作为执行异议之诉前置程序的作用在于通过简单高效的形式审查分流执行纠纷，进而加快执行案件效率，化解执行难问题，让审判法官用6个月实质审理的结果对执行法官15天的初步审查结果进行评判，对执行法官太过严苛；其次，执行异议裁定的结果是中止对执行标的的执行或裁定驳回申请，裁定效力是暂时性的，待执行异议之诉裁判结果确定后，执行异议裁定这一“权宜之计”的结果必然会自动失效。综上，两诉合并的裁判文书无须对执行异议裁定进行审查并作出定论。

（三）制度配套：完善两诉合并的外围制度

1. 优化案件识别功能。第一，强化立案法官的识别能力。立案庭应指定专人负责执行异议之诉案件的立案，严格按照法律规定审查其立案条件；对于确权案件，应当首先查明该财产是否已被采取财产保全措施，或者已作为执行标的，如确认确为另案执行标的，且确权诉讼的处理结果可能影响另案执行的，应当告知其向执行法院提出执行异议之诉，并告知当事人申请合并的权利与风险。第二，完善立案系统对关联案件的识别功能。通过大数据分析将存在相同标的、相同当事人的异议之诉与确权之诉识别出来，及时向当事人释明申请合并的权利。

2. 配置专业审判团队。第一，从提升专业化审判能力与加快解决执行难的视角来看，应在民商事审判庭室分别设立一个执行异议之诉专业化审判团队，负责审理执行异议之诉及相关合并案件，保证审判团队兼具处理基础法律关系与执行异议之诉的审判能力与经验。其次，从化解法院案多人少与提升审判效率的视角来看，应针对执行异议之诉及相关合并案件设立专业陪审员名单，选任具有一定法律知识与陪审经验的的陪审员参与该

---

① 《广东省高级人民法院关于执行异议诉讼案件受理与审理的指导意见》第12条第3款规定：“诉讼请求成立的，还应一并判决撤销原执行异议裁定。”

类复杂案件的陪审工作，通过专案专陪的方式提升陪审员的业务水平，保证该类案件的陪审质量。

3. 完善对恶意诉讼的规制。一是对恶意诉讼参与人，可依照《民事诉讼法》第 113 条规定适度加大罚款、拘留等妨碍民事诉讼强制措施的法律适用力度。二是案外人、被执行人涉嫌拒执犯罪的，主动移交公安机关处理。三是申请执行人要求被执行人、案外人赔偿因此所造成的损失，应予支持。

结　语

案外人执行异议之诉与确权之诉的强制合并路径化解了同案异判、矛盾裁判与恶意诉讼的难题，填补了诉讼专业化与社会公众法律认知之间的鸿沟。以两诉强制合并路径为指引，从适用条件、特殊规则、配套制度等方面完善强制合并的程序构建，才能真正实现当事人诉权保障与法院职能行使的平衡。

（本文获一等奖）

统一民事公告送达适用方式的路径探索

——以保障受送达人“参加”为核心

廖海峰* 熊 静** 王苗苗***

引 言

公告送达始于受送达人下落不明或采取其他方式无法送达，但启动公告送达并非程序的终点。民事诉讼文书类型多样，关涉不同的诉讼权利，如果全部公告送达，不仅增加当事人的诉讼成本，也将导致案件久拖不决。公告送达适用上存在一定程度的偏差与争议，影响当事人诉讼权利保护与公告送达功能发挥，对此，有必要予以关注和回应。

一、审视：民事公告送达适用方式的实践分歧

我国民事诉讼法对公告送达的规定较为粗疏，2017 年最高人民法院印发的《关于进一步加强民事送达工作的若干意见》再次明确了公告送达程序的启动标准，但具体适用方式仍付之阙如。在符合公告送达条件的情况下，对特定诉讼文书而言，应否公告送达、如何公告送达、应否再次公告送达等问题，实践中存在较大分歧。

（一）公告送达文书类型的分歧

特定诉讼文书应否公告送达，在二审不开庭审理的通知问题上较突出。不开庭审理不等于书面审理，仍需要法院开展调查或询问当事人。二审采取询问审的，对于一审中公告送达且二审亦联系不到的被上诉人，应否公告送达庭审传票存在分歧。

观点一：应当公告送达。理由在于：二审询问必然涉及对事实的查证、对上诉理由的核实等，被上诉人享有在询问审中进行答辩和辩论的权利。

---

* 作者单位：青海省高级人民法院。

** 作者单位：北京市第三中级人民法院。

*** 作者单位：北京市第三中级人民法院。

而公告送达上诉状仅保护了被上诉人的书面答辩权，在公告送达普遍无法实质为受送达人知晓的情况下，不公告送达庭审传票，剥夺了受送达人当庭答辩和辩论的权利，属于程序违法。

观点二：无需公告送达。理由在于：没有新的事实、证据和理由是二审采取询问审的前提条件，询问审中当庭辩论、形成对抗的形式意义大于实质意义，此时公告送达上诉状已足以保护受送达人的辩论权。再次公告送达不仅增加诉累，也不利于推动程序进展。

总结：除了二审询问审传票以外，诸如保全裁定、中止或终结裁定、准予或不准予撤诉等裁定，公告送达的情况亦并不理想（如下图 1、2 所示）。特定文书应否公告送达，关键在于不送达是否剥夺当事人的诉讼权利，进而违反正当程序要求。

（二）公告送达操作方式的分歧

受限于报刊载体的特性，公告难以记载文书的全部内容，我国司法实践中发展出了概括送达模式，即一次公告送达涵盖数种诉讼文书类型。以 2019 年 7 月 11 日的《人民法院报》为样本、随机选取了 96 个公告版面中的 12 个对公告内容进行分析，具体情况如图 1、图 2：

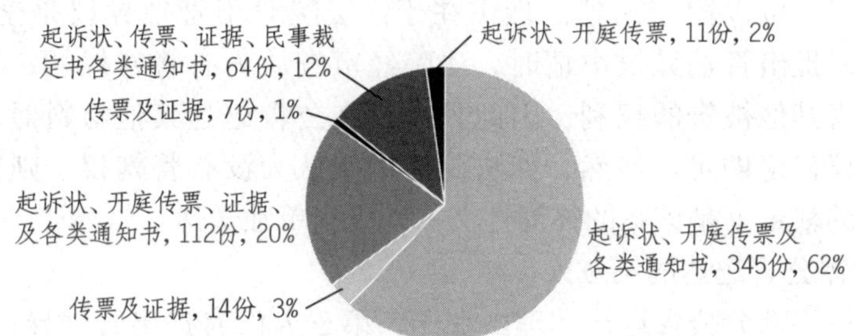

图 1　起诉状及开庭传票公告送达情况

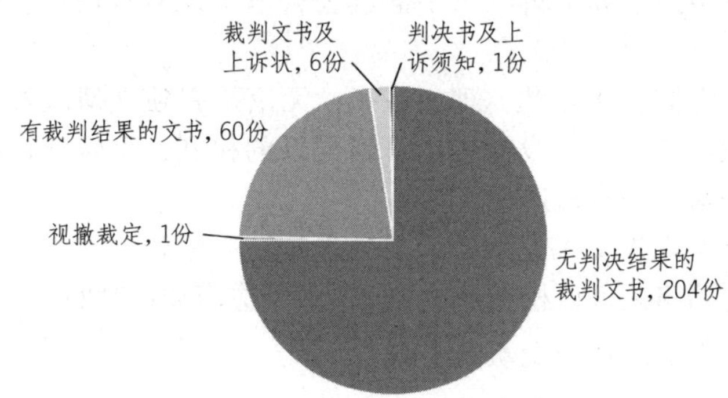

图 2　裁判文书公告送达情况

图 1 显示，证据材料、中间性裁定及各类通知书仅将标题予以公示，载

明中间性裁定书类别的共13件，但均未明确公示裁定内容，而证据材料及各类通知书的内容均未明确显示。公告送达的起诉状中，仅有71件载明起诉要点，占比12.86%。图2显示，公告送达的272件裁判文书中，仅有60件载明裁判要点，有6件同时公告送达了上诉状，也并未载明裁判及上诉要点。总体来看，概括送达模式可以最大限度覆盖需要公告送达的文书类型，对于保障当事人诉讼权利有着积极的作用，在实践中运用较为广泛。但是，特定诉讼文书是明确送达还是附带送达，缺乏明确标准，实践中存在分歧。这一分歧在管辖异议申请及裁定上更为突出，而根据受送达人不同，又分为两种情况：

1. 对需公告送达的其他被告。

观点一：应当单独、明确送达。理由在于：管辖关系到法院受理及裁决的正当性，是当事人诉讼权利行使的基础。在被告之一对管辖权提出异议时，法院应及时告知其他当事人，这是保障当事人知情权的重要方式。这一观点后续也面临应当公告送达的次数如何确定，管辖异议的申请书、裁定书、上诉状是合并送达还是分别送达等问题。若多次、分别送达，则总耗时超过6个月，影响诉讼经济和效率。

观点二：可以附带送达。理由在于：法院对于管辖异议是全面审查。在被告之一提出管辖异议申请时，法院经审查认为有管辖权的，不公告送达不会侵害其他被告的权利，因此只需要在公告送达其他材料时，附带送达管辖异议裁定即可。当然，如法院经审查认为没有管辖权，则移送有管辖权法院的裁定书是该案的终局性文书，应当单独送达。

2. 对需公告送达的第三人。

观点一：部分公告送达。理由在于：第三人没有提出管辖异议的权利，但其作为诉讼参与人，从程序参与角度而言，有知晓管辖情况的权利。因此，管辖异议申请书和上诉状可不向其公告送达，但管辖异议的裁定书应当公告送达。

观点二：无需公告送达。理由在于：无论是有独立请求权第三人还是无独立请求权第三人，均没有提出管辖异议的权利，管辖异议的处理与其无关，故无需对其公告送达。

总结：特定诉讼文书是明确、单独送达还是附带、部分送达，关键在于送达方式与当事人诉讼权利保护之间的关系应当如何判断。

（三）公告送达适用次数的分歧

在概括送达模式下，附带送达的文书内容并未予以公示，当文书内容发生变更时，应否再次送达存在分歧。

观点一：应当再次送达。理由在于：附带送达的诉讼文书与当事人的诉讼权利密切相关，如证据副本送达关系举证质证权、合议庭成员告知书关系回避权等，上述文书在直接送达的情况下均应送达当事人，不能因公告费用较高和送达期限过长就人为限制当事人的知情权。

观点二：无需再次送达。理由在于：《人民法院报法院公告常用统一格式》未将证据副本、合议庭组成人员告知书等通常进行附带送达的文书予以收录，表明该类文书的附带公告送达是“锦上添花”而非“雪中送炭”，不进行公告送达并不会侵犯当事人的实体和程序权利。有观点认为，对于其他当事人补充提交的证据，既无法律规定必须要送达，公告送达的效果亦并不理想，同时也不符合诉讼经济考量。①

总结：同一诉讼程序中多次公告送达，既增加当事人的诉讼成本，又延长案件的审理周期，不利于诉讼经济。若不公告送达，又难以回应侵害受送达人诉讼权利的质疑。该问题的关键在于，法律没有明确规定的情况下，公告送达次数、送达内容应当如何统一。

二、溯源：民事公告送达适用分歧的成因分析

上述分歧表面上是缺乏明确标准的问题，但究其根本，是保护受送达人诉讼权利与追求司法效率的不同价值取向对法官决策产生影响的问题。权利保护扁平化、利益博弈失衡化、送达效果形式化等因素共同作用，造成了具体适用中的不同决策。

（一）权利保护扁平化

对受送达人诉讼权利保护的方式和力度，决定了送达在司法实务中的具体形态。诉讼权利保护趋于扁平化，是导致公告送达适用分歧的原因之一。

1. 诉讼权利之间缺乏层次性。当前，对诉讼权利的研究尚未脱离诉权研究的范畴，且多集中于诉讼权利的类型化②而未明确诉讼权利保护的体系，并未揭示不同诉讼权利之间的关系、在保护方式上的差异等。而司法资源有限，难以实现对所有诉讼权利的无差别保护，一旦缺乏明确规定，则在是否公告送达的问题上必然产生不同意见。

---

① 吴刚、张逸：《同一民事诉讼程序中有无必要多次公告送达》，载《人民法院报》2018 年 1 月 10 日第 7 版。

② 如江伟在 2002 年所著的《民事诉讼法》一书中将诉讼权利按照主体分为三类，而在 2015 年所著的《民事诉讼法》一书中则将诉讼权利的实质内容分为四类。如根据诉讼权利处分的是实体利益还是程序事项，分为处分实体权利的诉讼权利和处分诉讼权利的诉讼权利，参见刘家兴：《民事诉讼法教程》，北京大学出版社 1994 年版，第 127～129 页；如根据诉讼权利与审判权力的不同，分为程序请求权和程序形成权，参见陈桂明、李仕春：《论程序形成权——以民事诉讼权利的类型化为基点》，载《法律科学（西北政法学院学报）》2006 年第 6 期。

2. 文书与权利之间缺乏对应性。诉讼权利是当事人参与诉讼的重要保障，不仅体现于当事人直接行使，亦体现于诉讼文书之中，但诉讼文书与诉讼权利在现行法下尚未形成一一对应关系。根据《人民法院报法院公告常用统一格式》，应予公告送达的诉讼文书包括起诉状、传票、中间性裁定及终局性裁判文书，而承载了当事人实体权利诸多材料，如合议庭成员告知书、证据、应诉通知书等却未纳入公告送达范畴。同时，部分重要诉讼权利，如回避申请权、辩论权、知情权等，未有对应文书进行公告送达。

诉讼文书与诉讼权利对应不足，在特定文书应否公告送达亦无明确法律规定的背景下，如果能够直接送达，法官出于谨慎有动力随时将上述文书或材料送达当事人；但若需要公告送达，则审限、费用、必要性等因素将会影响法官的决策，综合考量下法官可能不愿进行公告送达。

（二）利益博弈失衡化

诉讼参与各方有着不同的利益诉求，法院虽然是居中裁判，但就程序推进而言，法官也有自身的利益考量，这就形成了诉讼中的利益博弈。这个过程中，原告与法官的利益诉求趋于一致，受送达的被告或者第三人缺乏相应的制约手段，从而导致博弈失衡，引发分歧。

1. 成本收益失衡。根据《民事诉讼法》规定，送达须得在法院的主导下进行，原告仅负有向法院提供被告住所地的义务，无需参与送达的各个环节，这种模式也称为职权主义送达模式。诉讼过程中，包括司法机关在内的各方主体都有一定的成本支出，① 如时间成本、经济成本、机会成本等，可以统称为司法成本。同时，纠纷化解、司法公信力提升都属于司法收益。只有在司法收益大于司法成本时，诉讼才会成为当事人的现实选择。对法律规定的7种送达方式成本—收益进行横向对比，情况如表1。

表1　7种送达方式投入—收益对比②

送达方式	适用对象	送达要求	所需时间	花费	成功率
直接送达	所有当事人	明确的地址	本地： 半天或1天 外地： 出差2-3天	本地：车费 预算200元以内 外地：不定	不定

① 顾培东：《效率：当代法律的一个基本价值目标——兼评西方经济学》，载《中国法学》1992年第3期。

② 表格中费用的计算仅计算送达两次的费用，即起诉状、开庭传票及裁判文书的送达。

续上表

送达方式	适用对象	送达要求	所需时间	花费	成功率
邮寄送达	所有当事人	明确的地址	本地：2天 外地：正常情况下1周左右	20元	不定
留置送达	所有当事人	1. 邀请有关基层组织或者所在单位的代表到场； 2. 明确的地址	同直接送达	同直接送达	不定
委托送达	所有当事人	直接送达诉讼文书有困难的	1个月左右	机要费用	不定
电子送达	所有当事人	1. 受送达人同意； 2. 受送达人的邮箱； 3. 裁判文书不得适用	即时送达	0元	100%
转交送达	军人、被监禁或被强制教育	明确的地址	同直接送达	同直接送达	不定
公告送达	所有当事人	1. 下落不明 2. 通过其他送达方式无法送达	60日	普通：560元 加急：690元 特急：1680元	100%

在人口流动频繁的现实背景下，除公告送达以外的成功率难以通过客观的数字进行衡量，特别是反复、多次送达，将耗费法院与原告大量的精力。虽然公告送达存在时间长、费用高的缺陷，但送达成功率反而是最确定的。而职权主义送达模式对应当事人话语权缺乏，在首次送达失败后，法院往往怠于投入时间、精力、人员通过其他方式送达，原告亦缺乏提供相应送达线索的能力与动力，故公告送达反而成为原告与法院在推进诉讼程序角度达成“共谋”的最优解。

2. 公平效率失衡。我国公告送达的期限为60日，即便不考虑给予受送达人举证期、答辩期、上诉期等，仅视为送达的情况至少需要4个月。一方面是时限长且被告大概率缺席的结果，另一方面是法院各项具体考核指标下的对审判效率的要求，现实需求与规定滞后，使得个别法官选择性忽略公告送达部分法律未明确规定应送达而实际涉及当事人重要诉讼权利的材料，以牺牲部分程序正义的代价换取效率的提升。

（三）送达效果形式化

谷口安平认为，不知道受送达人的住所而只能用公告送达进行拟制通知时，这是法律为保障受送达人的参加机会所作的一种妥协。[①] 司法中充满了矛盾与妥协，公告送达就是司法程序中矛盾和妥协相互作用的产物。[②] 作为兜底送达方式，公告送达通过法律拟制达成这样的效果：经过一定期限，无论受送达人是否实际获悉公告送达的内容，都视为已经送达并产生预期的法律后果。这种在送达效果上的拟制和推定，是公告送达与生俱来的缺陷，它无法保证受送达人能够真正获悉送达内容，受送达人只是获得了程序参与的机会，能否真正实现程序参与权并不重要。

在我国，由于公告送达载体和内容的限制，进一步影响了公告送达实效的发挥。虽然法律规定了在法院布告栏进行张贴的公告方式，但实践中运用较少，主要是通过《人民法院报》刊载，而受限于报纸刊载篇幅，公告内容难以反映案件具体信息。甚至，由于公告内容并不包括受送达人的身份证号或者统一信用证代码，公告信息也无法与受送达人形成唯一对应关系。事实上，采用公告送达的案件，缺席审判的概率非常高。

在明知受送达人下落不明、无法实际获悉公告内容的情况下，公告送达仅具有形式意义而无实质效果，受送达人将不会到法院实际参与诉讼是法官启动公告送达时的基本预判。在这种情况下，对起诉状副本、开庭传票等与诉讼参与机会直接相关的材料应公告送达或能达成共识，但其他材料，尤其是在公告内容中难以得到明确体现的诸如合议庭组成人员告知书、证据材料等，是否纳入公告送达范围则难以形成一致意见——毕竟送与不送对于受送达人的效果相同，但案件的实际审理周期可能是天壤之别。

三、探索：民事公告送达适用方式的统一路径

公告送达是妥协的产物，这意味着公告送达具体适用中的“送与不送”“怎么送”在本质上是价值取舍的问题。因此，统一公告送达适用方式，关键是回归公告送达制度的理论基础，即“正当程序”的原则要求，以满足程序正义的最重要条件为核心，向外扩充并勾勒出公告送达的必要性范围。

（一）主次之别：梳理诉讼权利保护体系

只有从制度上给予当事人享有和行使诉讼参与权的充分保障，诉讼程

① ［日］谷口安平：《程序的争议与诉讼》（增补本），王亚新、刘荣军译，中国政法大学出版社2002年版，第15页。

② ［日］谷口安平：《程序正义——程序、正义与现代化》，宋冰译，中国政法大学出版社1998年版，第381页。

序的展开才能带来审判结果的正当性。[①] 保护受送达人的诉讼权利是公告送达的应然目标，但各项诉讼权利的性质与重要性不同，应以此作为差别保护的前提。

1. 诉讼权利的类型化。划定诉讼权利保护的层次，首先是厘清诉讼权利的类别和内容。当事人为解决实体法律纠纷而进行诉讼，进而在诉讼程序中享有诉讼权利并承担诉讼义务，因此，可以从当事人诉讼行为作用的两个场域——实体形成面与程序形成面，对诉讼权利进行分类。[②]

实体形成面的诉讼权利，包括处分权主义和辩论主义作用的范围。处分权主义主要作用于诉讼请求的形成与确定，辩论主义主要作用于影响法官心证形成；程序形成面的诉讼权利，相对琐细繁杂，以诉讼协同主义[③]为视角，可以分为程序结构权、程序选择权和异议权。程序结构权是最低限度的诉讼程序公正的保障，包括申请回避权、听讯权[④]；程序选择权是当事人自主性在程序推进层面的体现；异议权类似于日本、德国民事诉讼法及我国台湾地区规定的责问权，是当事人对法院违法行为提出异议的权利，结合我国《民事诉讼法》的规定，异议权包括两种情形：针对实体裁决的异议和针对程序事项的异议。具体权利分类如图 3 所示：

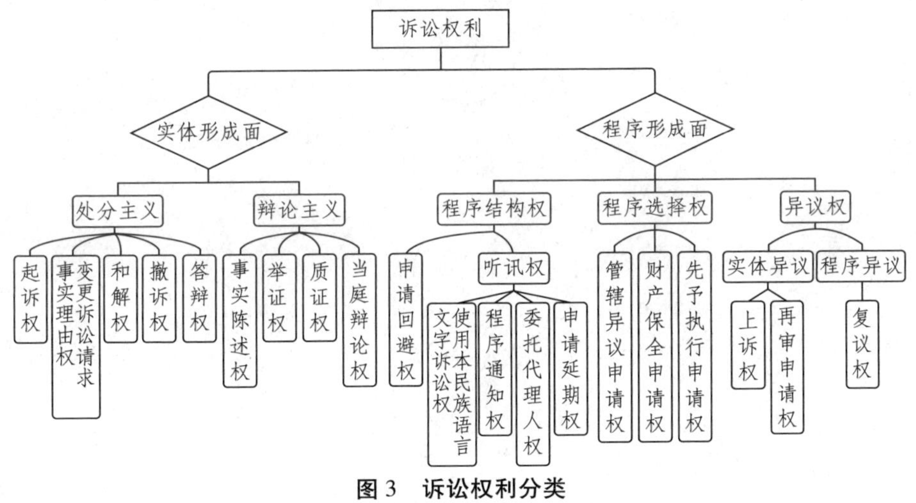

图 3　诉讼权利分类

---

① 樊崇义：《诉讼原理》，法律出版社 2003 年版，第 174 页。

② 参见李志强：《民事诉讼当事人诉讼权利研究》，河北大学法学硕士学位论文，第 20 页。

③ 主流观点将协同主义作为补充、修正辩论主义的诉讼原则来对待，认为法院与当事人必须共同合作以便实现公正、公平和节约的诉讼目标。参见王福华：《民事诉讼协同主义：在理想和现实之间》，载《现代法学》2006 年第 6 期。

④ 听讯权来源于“自然正义”的两项基本法则之一的“任何一方的诉词都要被听取”。参见［意］莫诺·卡佩莱蒂：《比较法视野中的司法程序》，徐昕、王奕译，清华大学出版社 2005 年版，第 295 页。

2. 建立文书与权利的对应关系。建立起受送达人的诉讼权利与诉讼文书的对应关系是对公告送达具体适用进行必要性判断的前提之一。诉讼中的文书包括两类，一类是当事人提交文书，一类是法院制作的文书。[①] 对于受送达人而言，其他当事人提交的文书所对应的诉讼权利主要是其根据辩论主义享有的对抗性诉讼权利，法院制作的文书所对应的诉讼权利主要是异议权和知情权。需要指出的是，因询问审并不要求必须形成庭审对抗，故询问审传票对应的是程序通知权而非辩论权。将文书与权利对应，如图4所示。

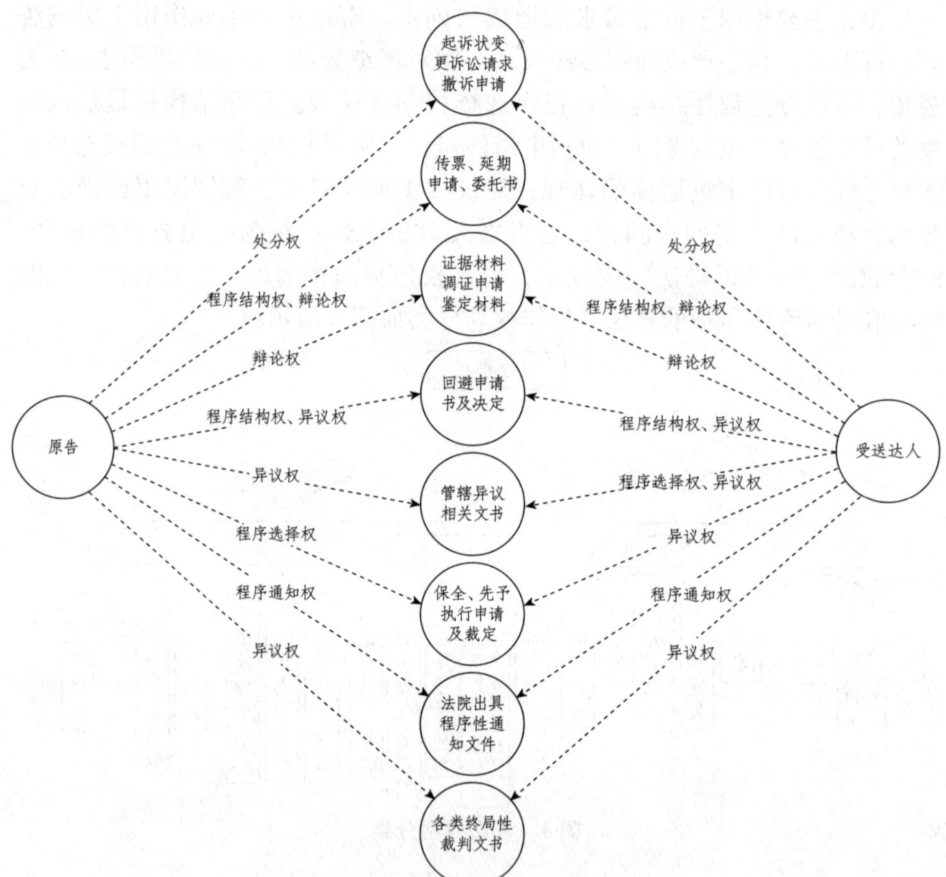

图4 诉讼权利与诉讼文书对应关系

① 本文仅探讨一般民事诉讼程序中可能涉及公告送达的材料，执行程序、特别程序中的送达不在本文讨论之列。

3. 厘清诉讼权利保护层次。与程序的结果有利害关系或者可能因该结果而蒙受不利影响的人，都有权参加该程序并得到提出有利于自己的主张和证据以及反驳对方提出之主张和证据的机会。这就是“正当程序”原则最基本的内容或要求，也是满足程序正义最重要的条件。① 利害关系人的参加是程序正义在诉讼制度上最本质的表现，而送达是利害关系人参加程序的前提。就公告送达而言，主要是保障利害关系人的参加机会。

厘清诉讼权利保护层次，可从诉讼权利与受送达人参加程序之间的关系着手：（1）诉讼权利直接体现当事人对程序的参与，则保护该项诉讼权利也是保障受送达人的“参加”，那么该项诉讼权利在保护体系中的层次及必要性程度较高。（2）诉讼权利不直接体现当事人对程序的参与，则该项诉讼权利在保护体系中的层次及必要性相对较低。

考虑受送达人的诉讼权利或多或少均体现了一部分程序参与的内容，在权利主次划分上，应注重区别基础性权利和衍生性权利。以程序形成面的听讯权为例，程序通知权是基础性权利，决定当事人是否能参与听讯，而使用本民族语言文字进行诉讼的权利、委托诉讼代理人的权利、申请顺延诉讼期间的权利则是衍生性权利，着力于保障听讯效果。

根据上述划分标准，在受送达人诉讼权利保护体系中居于基础性地位的诉讼权利包括程序通知权、申请回避权、答辩权、举证权、辩论权、异议权。其中，程序通知权是受送达人参加程序的起点，申请回避权可能影响受送达人待参加诉讼程序的合法性，异议权是受送达人参加程序的结果，这些权利与受送达人能否参加程序直接相关；答辩权、举证权、辩论权是受送达人参加程序的目的，即展示和证明自己的主张以影响法官心证形成，特别是在“谁主张谁举证”的原则下，举证权的重要性大于质证权，这些权利与受送达人参加程序的效果直接相关。因上述诉讼权利对于保障受送达人的“参加”更为重要，故应居于权利保护体系的主干位置，其余诉讼权利属于衍生性权利，应居于枝干的位置，由此建立诉讼权利保护的层次和体系。如图 5 所示：

① ［日］谷口安平：《程序的正义与诉讼》（增补本），王亚新、刘荣军译，中国政法大学出版社 2002 年版，第 11 页。

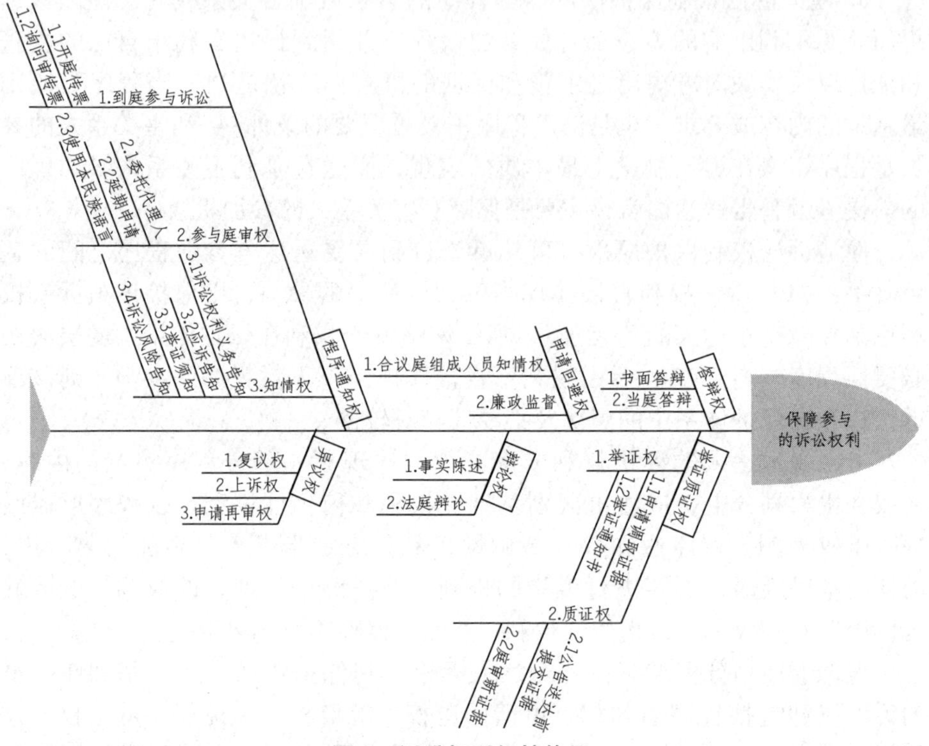

图5 诉讼权利保护体系

（二）平衡之道：构建应否送达“三步走”判断流程

特定诉讼文书应否公告送达，不仅涉及文书所对应的诉讼权利是否重要、应否予以保护的判断，也涉及公告送达这一保护方式效率和效果的判断。因此，应否公告送达的判断是一个价值衡量的过程，这一过程并非是二维线性的，而是三维立体的。

1. 判断要素：“三维立体”价值衡量。特定诉讼文书应否公告送达，应当考量以下三方面的要素：

（1）对应诉讼权利的重要性。诉讼权利与当事人“参加”的关系是构建诉讼权利保护体系的基础，因此，特定文书所对应的诉讼权利重要性级别较高的，则送达该文书对于保障当事人“参加”的必要性也较大。虽然公告送达存在难以为受送达人实际知悉的固有缺陷，但仍然有必要通过公告送达完成对当事人参与诉讼机会的保障，从而满足程序正义的要求。

（2）送达对程序推进的影响力。虽然特定诉讼文书对应着重要程度不那么高的诉讼权利，但就诉讼流程来看，该特定诉讼文书的送达情况可能会影响诉讼程序继续推进，如不启动送达的拟制则可能导致诉讼程序的拖延或者停摆，那么就有必要进行公告送达，考虑程序推进的效率价值，在公告送达的形式上可进行简化。

（3）对应诉讼权利的补救可能性。这种补救可能性包括两个层面，一是通过完成实际送达进行程序性补救，二是通过其他诉讼权利的倾斜进行实体性补救。例如，在受送达人恶意逃避送达导致启动公告送达的情形下，法院往往能够通过电话方式与受送达人取得联系，此时公告送达内容能够为受送达人实际知悉，特定诉讼文书不进行公告送达并不会对当事人诉讼权利产生实质侵害，如存在程序性补救可能性，则没有必要进行公告送达。

2. 判断方法：构建“三步走”流程（见图6）。上述三方面判断要素，内部具有层次递进关系，据此可以构建应否公告的“三步走”判断流程，具体为：

第一步，以特定文书所对应诉讼权利的层次为判断标准，确定公告送达的最小必要范围，该范围内的文书应当公告送达。在诉讼权利保护体系中居于主干地位、属于基础性诉讼权利所对应的文书，如起诉状副本、举证通知书、合议庭成员告知书、开庭传票、终局性裁决等，应当公告送达。这类文书送达的主要目的是保障当事人的核心诉讼权利，因此，送达效果上应以受送达人实质知晓为追求，公告的内容应当明确、清晰。

第二步，以是否影响诉讼程序的进展为判断标准，确定公告送达的基本必要范围，该范围内的文书亦应当公告送达。例如，其他当事人提交的证据材料，如不进行送达则质证环节无法开展，影响开庭的进行，虽然该文书并不对应核心诉讼权利，但也应当公告送达。这类文书送达的主要目的是推进程序，因此，送达效果上不必须保障受送达人实质知晓，可以对送达的具体操作方式予以简化。

第三步，以诉讼权利的救济可能性为判断标准，确定公告送达的最大必要范围，该范围的文书可以附带公告送达。既不属于基础性权利，亦不影响程序进展的文书，主要对应受送达人的知情权，例如中止审理裁定书、应诉通知书、诉讼权利义务告知书、廉政监督卡等。严格来说上述文书应当公告送达，但是，综合考虑诉讼效率和诉讼经济，如果存在权利救济可能性，则无需公告送达；如果不存在权利救济可能性，则可以考虑附带送达等简化方式进行。

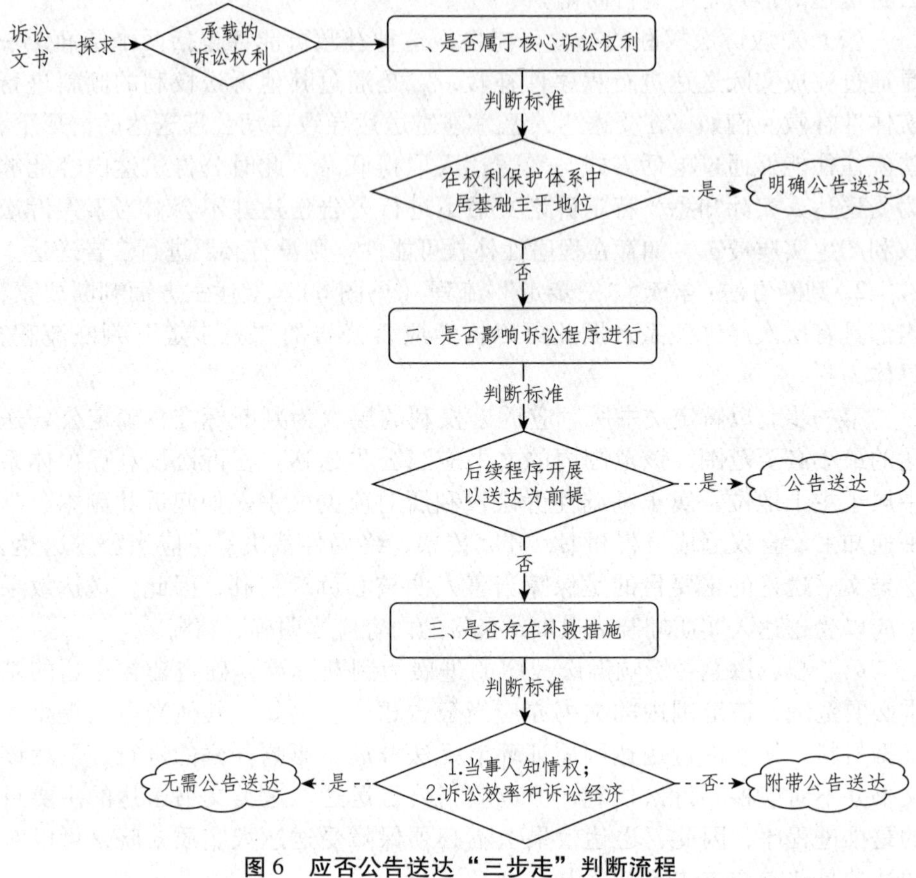

图 6　应否公告送达“三步走”判断流程

（三）进阶之途：优化如何送达“二分法”决策条件

送不送特定诉讼文书仅是第一步判断，在公告送达的具体适用上还需就怎么送进一步决策。对此，应当通过“二分法”优化公告送达制度，以创造更好的决策条件。

1. 区分首次送达与二次送达。从域外经验来看，公告送达的生效期间普遍比我国规定要短，同时，日本和我国台湾地区还规定了对于同一受送达人的二次公告送达，自公告的次日起即生效。① 因公告送达的拟制特性，从法律角度而言，生效期间为 30 日或者 60 日并没有本质区别，考虑到互联网时代纸媒的局限性，较长的公告生效时间并不能增加受送达人实际获悉

① 例如，德国公示送达的生效时间视送达文书不同分别为一个月或者两周，日本公示送达的生效时间为两周，我国台湾地区公示送达的生效时间为 20 日。参见：《德意志联邦共和国民事诉讼法》，谢怀栻译，中国法制出版社 2001 年版，第 49~51 页；［日］新堂幸司：《新民事诉讼法》，林剑锋译，法律出版社 2008 年版，第 280 页。

公告内容的可能性，特别是对同一受送达人的二次公告，与首次公告采用同样的方式和生效时间并不会产生更好的送达效果，反而会大大影响效率，这也是实践中特定文书变动后法官不愿意再次公告送达的重要原因。参考域外经验，建议从载体和生效时间两方面区分首次送达和二次送达，对于同一受送达人的二次公告送达，原则上采取法院公告栏的方式进行公告，同时，公告次日即可生效。对于可能需要二次送达的诉讼文书，如变更诉讼请求申请书、合议庭成员告知书、开庭传票等，二次送达的简便快捷有利于增加效率方面的筹码，将会促使法官在决策时更重视程序正义，从而矫正此前基于诉讼经济考量而产生的偏差。

2. 区分明确送达与附带送达。虽然前文提出了明确送达与附带送达的概念，但实践中尚未形成明确送达与附带送达的统一标准，对此，建议从增强公告内容的可识别度以及公告内容的规范度着手，进一步区分明确送达与附带送达。明确送达的要求包括：（1）受送达人的特定化，在公告文书中应注明受送达人的身份识别信息，如自然人身份证号、法人的社会信用代码等；（2）公告信息的准确化，即公告内容应当载明文书要点，如对于起诉状或者上诉状副本的公告，应当明确起诉或者上诉要点，对于裁决的公告，应当明确判决书或裁定书主文；（3）对应权利的明晰化，对于举证通知书、合议庭成员告知书等直接影响权利行使方式的，应当在公告信息中明确举证期限、合议庭成员姓名等。与之相比，附带送达的要求则相对较低，仅需注明文书的标题，可通过要求受送达人在规定时限内来法院领取文书来拟制送达效果。对于有送达需求但对应诉讼权利层次相对较低或者明确送达存在困难的文书，如保全裁定书、证据材料、应诉通知书、权利义务告知书、廉政监督卡等，采取附带送达方式是两全其美的选择。

综上，在如何公告送达的问题上，结合应否公告送达的判断标准与流程，可以形成特定文书公告送达必要性圈层与送达方式的基本对应性（如图 7），即位于最小必要范围圈层的，应当明确公告送达；位于基本必要圈层的，应当公告送达，具体方式不限；位于最大必要范围圈层的，一般附带公告送达。

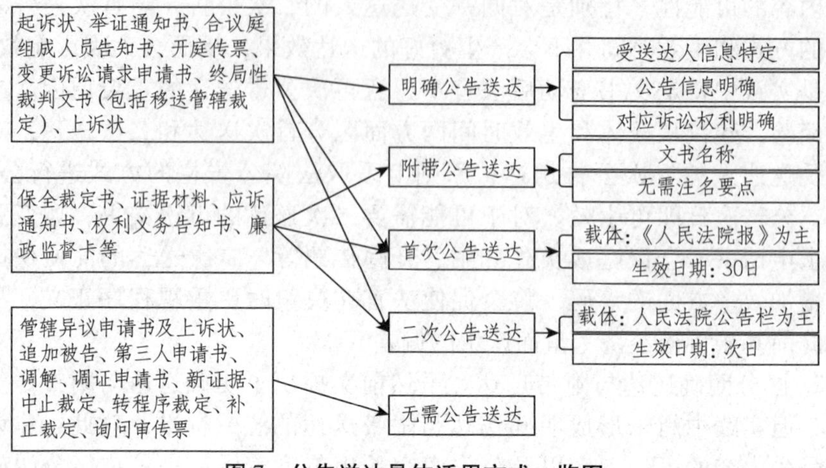

图7 公告送达具体适用方式一览图

结 语

送达程序的终极目标不是一个程序问题，其最终是为保护权利、保证法律机制的公平服务的。[①] 公告送达的适用分歧，源于标准缺乏，但本质是如何对待当事人的诉讼权利并确保"正当程序"原则落实的问题。有限司法资源的约束，使得无差别保护等同于无保护。对此，类型化当事人的诉讼权利，并以满足程序正义最重要的条件——"参加"进行梳理，区分诉讼权利保护的层次体系，匹配相应诉讼文书，考量必要性与救济可能性，在公正与效率之间往复探寻，方能得出经得起理论与实践检验的答案。

（本文获一等奖）

① 何其生：《域外送达制度研究》，北京大学出版社2006年版，第317页。

从文本到实践：互联网民事公益诉讼的理论思辨与程序设计

张　雯[*]　李文超[**]　武一帆[***]

引　言

“互联网公益诉讼”一词首次出现在《最高人民法院关于互联网法院审理案件若干问题的规定》（以下简称《最高人民法院审理规定》）中，该规定明确互联网法院集中管辖“检察机关提起的互联网公益诉讼案件”。[①] 该规定的出台旨在治理网络空间乱象，维护互联网公共利益。但囿于法律规范缺位、互联网公共利益定性不清等因素，司法实践中存在案件数量少、受案范围不明晰、规范理解有差异、审理程序不明确等四个方面的问题，以致互联网公益诉讼制度设计的司法功能未能充分发挥。

本文聚焦互联网公益诉讼实践问题，以互联网民事公益诉讼为研究对象，采取实证研究和理论研究方法，从主客观两个层面、四个角度探寻当前司法实践困境原因。在前述实证分析基础上，明确互联网民事“公益”的认定标准，论证互联网民事公益诉讼的必要性所在，构建互联网民事公益诉讼范围体系，进而完善互联网民事公益诉讼的程序设计流程，为司法实践提供参考借鉴。

一、实证考察：互联网民事公益诉讼问题分析

自《最高人民法院审理规定》出台后，北京、杭州、广州三家互联网法院在互联网民事公益诉讼领域虽有探索突破，但司法实践仍有不足，效用发挥受限。追本溯源，互联网民事公益诉讼在从“文本”走向“实践”

* 作者单位：北京互联网法院。

** 作者单位：北京互联网法院。

*** 作者单位：北京互联网法院。

① 《最高人民法院关于互联网法院审理案件若干问题的规定》第 2 条：“北京、广州、杭州互联网法院集中管辖所在市的辖区内应当由基层人民法院受理的下列第一审案件……（九）检察机关提起的互联网公益诉讼案件……”

的过程中，遭遇了客观层面立法缺位、概念模糊、纠纷特性突出及主观层面理念分歧等多重因素制约。

（一）互联网民事公益诉讼的实践困境

本文在中国裁判文书网选取“互联网法院”，并以“互联网公益”“民事公益”“公益诉讼”分别为关键词，不设定裁判时间和地域限制，共检索可得8篇裁判文书，筛查得出4件互联网民事公益诉讼案件（见表1）。① 经梳理分析，目前互联网民事公益诉讼存在以下问题：

1. 案件数量少，司法作用发挥受限。从样本数量看，自2018年9月《最高人民法院审理规定》出台已两年时间，相对于互联网法院受理的其他涉网案件数量而言，互联网民事公益诉讼司法适用低、案件数量少。目前，网络空间内霸王条款、虚假广告、网络信息保护等侵害互联网公益现象严重，亟需公益诉讼介入，但互联网民事公益诉讼制度功能仍未能充分发挥。②

表1 当前互联网民事公益诉讼案件分析

时间	案件	侵害行为	侵害权益
2019年7月	杭州市拱墅区人民检察院诉李某、刘某侵害消费者合法权益互联网民事公益诉讼案	被告网售不符合食品安全标准“减肥产品”	消费者权益
2019年10月	杭州市西湖区人民检察院诉瞿某某侵害烈士董存瑞名誉权互联网民事公益诉讼案	被告运营某网店销售侮辱、诋毁英雄董存瑞贴画	英烈名誉权
2019年10月	杭州市西湖区人民检察院诉瞿某某侵害烈士黄继光名誉权互联网民事公益诉讼案	被告运营某网店销售侮辱、诋毁英雄黄继光贴画	英烈名誉权
2020年3月	杭州市余杭区人民检察院诉蔡某、姚某销售伪劣口罩互联网民事公益诉讼案	被告网上销售伪劣口罩	消费者权益

2. 受案范围不清晰，与传统领域存在交叉。经对样本分析，4件互联网民事公益诉讼中，2件为涉网消费者权益保护案件，2件为涉网英烈权益保护案件。由此可见，当前互联网法院受理的互联网民事公益诉讼案件均系传统领域民事公益诉讼案件的线上表现，主要针对的是通过互联网侵害相关权益的行为，并未涉及侵犯网络空间秩序、网络空间净化等互联网空间公共利益的公益界定和相关侵害行为。

3. 规范理解有差异，各地司法实践不统一。针对《最高人民法院审理

---

① 样本检索自中国裁判文书网，最后访问时间：2020年9月10日。

② 全国政协常委、最高人民法院副院长陶凯元提案建议，明确人民检察院可以在网络信息权益保护、虚假广告等方面提起公益诉讼。参见张春波：《陶凯元委员提案建议 立法完善检察公益诉讼制度》，载《中国审判》2020年第10期。

规定》中关于互联网法院"互联网公益诉讼"的受案范围规定，司法实务界存在理解分歧。有观点认为，依照相关规定，第一审民事公益诉讼案件由中级人民法院受理，而互联网法院作为基层法院仅能受理第一审互联网行政公益诉讼案件；也有观点认为，《最高人民法院审理规定》中确立了互联网公益诉讼案件由互联网法院集中受理管辖的原则，故第一审互联网民事公益案件与行政公益诉讼案件应同属互联网法院受案范围。（见图1）目前4件样本案件均系杭州互联网法院审理，北京和广州互联网法院目前尚处在调研、探索阶段。

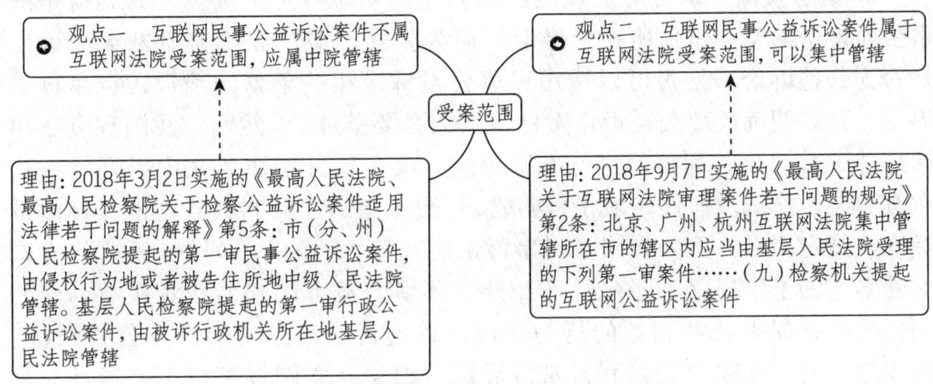

图1　互联网公益诉讼规范理解差异图

4. 审理程序不明确，在线审理规则阙如。按照《最高人民法院审理规定》，互联网公益诉讼案件由互联网法院进行审理，但对审理程序并未作区分规定。当前，虽然各互联网法院已实现案件全流程在线审理，但互联网民事公益诉讼案件兼具"互联网案件"与"民事公益诉讼案件"特点，其案件审理需同时满足在线审理和公益诉讼案件程序要求。截至目前，三个互联网法院均未针对互联网公益诉讼案件出台细化的在线审理流程规范，且各院在案件流程节点设置和具体操作上也存在差异。

（二）互联网民事公益诉讼的问题成因

1. 立法缺位：法律层级低、缺乏细化规定。自2012年我国正式确立民事公益诉讼制度之后，形成了程序法"先行先试"、实体法"紧随其后"再到单行法"独辟蹊径"的局面。（见图2）诉讼法除了规定"污染环境""侵害众多消费者合法权益"两类公益性质的案件外，其他皆以"等"字进行概括，具体规定则散见于实体法和单行法之中。而互联网公益诉讼的相关规定，目前仅见于《最高人民法院审理规定》这一规定性文件之中，该法律文件效力层级较低，且并未在其他实体法中进行细化规定，故上述问题亟待进一步研究规范和细化完善。

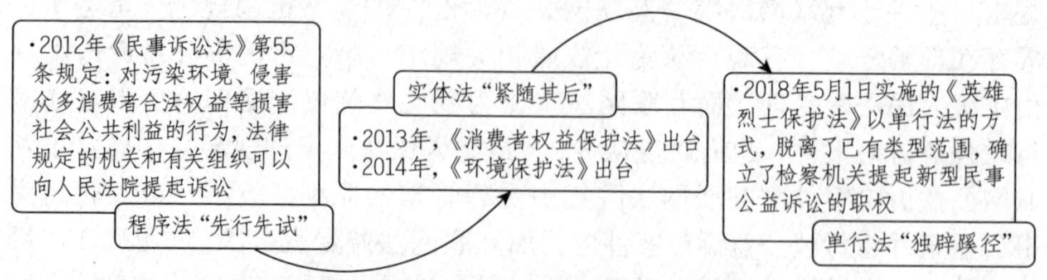

图 2　民事公益诉讼制度发展阶段图

2. 概念模糊：缺乏对互联网公共利益的明确界定。维护公共利益是民事公益诉讼的基本价值所在。界定“何为公共利益”是准确判断某项诉讼是否为公益诉讼、是否可以适用民事公益诉讼相关条款的前提，也是科学界定、合理明确民事公益诉讼案件范围的必要条件。① 然而，我国现有法律法规并未对“公共利益”进行准确界定，仅在部分法律条文中以列举方式对其功能、作用及所涉领域予以明确，② 更未指出“公共利益”的具体衡量标准或判定因素。例如我国《民事诉讼法》第 55 条以“列举+概括”方式对受案范围予以规定，即在“等”外与环境公益诉讼和消费者权益诉讼相同性质的有损害公共利益的行为都可以提起诉讼。但局限于“公共利益”之概念不明，互联网公共利益难以界定，相关互联网侵害行为是否具有公益属性更是难以判断。

3. 理念分歧：对制度本身的价值定位认识不足。囿于诉讼法中的概括性规定不明，以及互联网公益诉讼规定立法缺位问题，对涉网纠纷案件公益属性的判定和互联网公益诉讼案件标准的划定直接与法院司法理念和实践观念相关联。一方面，各地人大日益认识到互联网民事公益诉讼对推进网络空间治理的重要性所在，倡导积极探索开展互联网公益诉讼（见图 3）；③ 另一方面，部分法院在“探索”和“保守”两种司法理念之间存在摇摆，观念存在分歧。我们通过对部分地方高级法院实施意见或暂行规定④进行梳理，发现部分地方高级法院要求从严掌握公益诉讼受案范围，地方中院和基层法院的观念也更为保守。

① 潘申明：《比较法视野下的民事公益诉讼》，法律出版社 2011 年版，第 27 页。

② “公共利益”一词的相关规定可参见：《民法典》第 117 条、132 条和 185 条、《网络安全法》第 1 条和第 31 条、《环境保护法》第 58 条、《民事诉讼法》第 55 条等诸多条款。

③ 2019 年至 2020 年，河北、内蒙古、吉林、山东、河南等各地人大常委会纷纷出台《关于加强检察公益诉讼工作的决定》，要求加强积极探索互联网领域公益诉讼。

④ 《北京市高级人民法院关于在民事审判工作中贯彻执行〈民事诉讼法〉的参考意见》《海南省高级人民法院关于环境资源民事公益诉讼试点的实施意见》《江苏省高级人民法院、江苏省人民检察院关于印发〈关于规范人民检察院提起公益诉讼案件起诉和受理工作的若干意见〉的通知》。

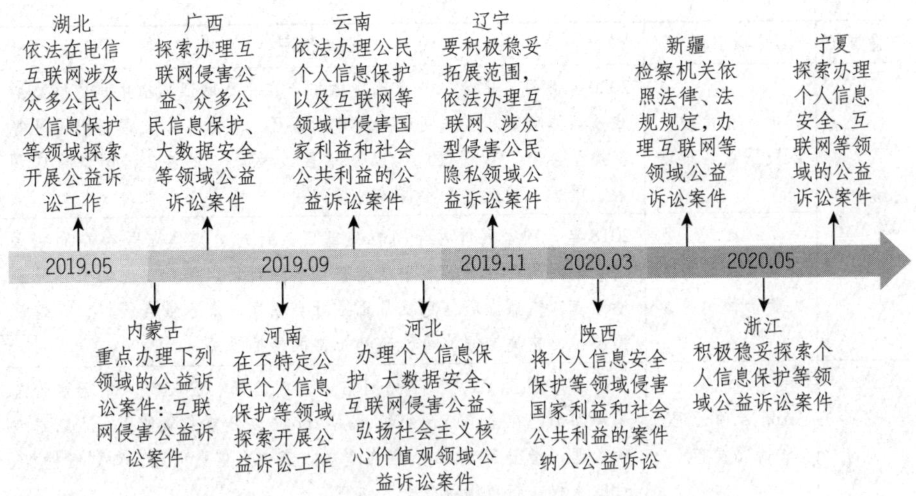

图 3　各地出台《规定》探索互联网公益诉讼阶段图

4. 痛点突出：互联网公益侵害纠纷存在特殊性。为充分认识互联网公益侵害的特殊性，本文通过对近五年涉及网络“公益”的相关热点事件进行检索，选取其中 10 个代表性热点事件（见表 2），经分析发现当前互联网公益侵害纠纷主要存在于网络公共秩序、网络空间净化、个人信息保护、网络系统安全等方面，且大多呈现出侵害行为多元化、侵害后果扩散快、侵害主体不特定等特征。例如，在青少年涉网侵害公众人物名誉权纠纷案件中，涉诉被告或利用特有语言，或复制、转发、加工、集合侵权言论，或采用截图、录制短视频等手段跨平台对他人进行侮辱和诽谤。因此，如何认定对公共利益的侵害，如何取证存证，如何确定侵权行为人，以及如何进行线上审理成为互联网民事公益诉讼案件中的主要难题。

表 2　十大热点事件公益要素分析表

公益要素	热点事件	基本情况
网络公共秩序	百度搜索竞价排名	2016 年 5 月，国家网信办牵头成立联合调查组进驻百度调查“魏则西”事件，调查组认为，百度竞价排名机制存在付费竞价权重过高、商业推广标识不清等问题，影响了搜索结果的公正性和客观性，容易误导网民，侵害互联网公共秩序
	新浪微博因蒋某舆论事件被约谈	2020 年 6 月，北京市互联网信息办公室约谈新浪微博，指出微博在蒋某舆论事件中人为压制舆论发声，随意干预信息正常呈现和干扰网上传播秩序

续上表

公益要素	热点事件	基本情况
网络空间净化	虎牙斗鱼被人民网点名批评	2020年6月，虎牙、斗鱼等直播平台在免费网课渠道中推广网络游戏被媒体曝光。人民网评：虎牙的毒牙，该拔了！文章指出虎牙等直播平台为了营销推广，以做“在线教育”之名，借网谋推广网游，侵害不特定青少年群体身心健康
	国家网信办案中整治营销号	2018年，国家网信办会同有关部门，针对自媒体账号存在的一系列乱象问题，开展了集中清理整治专项行动，并指出有的营销号制造谣言，传播虚假信息扰乱正常社会秩序，肆意抄袭侵权，大肆洗稿圈粉，构建虚假流量，破坏正常的传播秩序
个人信息保护	App专项治理情况发布	2019年1月至12月，中央网信办、工信部、公安部、市场监管总局等四部门在全国范围组织开展App违法违规收集使用个人信息专项治理，指出30款App存在违规收集个人信息问题，如强制授权、过度索权、超范围收集个人信息
	“ZAO”AI换脸App爆隐私风险	2020年8月，一个名为“ZAO”的AI换脸App火爆全网，只需用户打开验证脸部信息，就可以通过AI算法将影视作品角色换成自己的脸，但该App涉嫌侵犯公民个人信息安全而被下架
网络系统安全	万豪酒店两次数据泄露	2018年11月，万豪酒店数据中心的某一个顾客预定数据库被黑客攻破，多达3.8亿人次的客户详细个人信息被窃取。2020年3月31日，万豪酒店再一次遭遇数据泄露，全球约有520万名客人的姓名、地址、电话号码、偏好等个人信息泄露
	“艺术升”App崩溃	2019年1月，“艺术升”App崩溃，因“艺术升”是多所美术院校指定的唯一报名渠道，百万艺术考生报名受阻，有人大代表认为该事件严重侵害了不特定用户群体权益和网络空间秩序
消费者安全	电商平台“二选一”	2019年11月，格兰仁起诉天猫平台，主张其强制要求品牌商家进行“二选一”排他性合作，侵害了平台内经营者的利益，滥用市场主体地位，侵害互联网空间交易秩序
	视频平台“超前点播”	2019年12月，腾讯视频和爱奇艺在热播剧《庆余年》中推出超前点播模式迅速引发热议。律师吴声威认为，“付费超前点播”服务违反了原有会员服务协议，并将爱奇艺诉至互联网法院

二、价值透视：互联网民事公益诉讼的理论思辨

目前互联网民事公益诉讼相关理论研究仍很薄弱，对此，本文围绕“何为互联网公益”和“为何公益诉讼”重点问题，首先对“互联网公益”的界定标准进行梳理，其次以法经济学视角为切入对互联网民事公益诉讼的必要性进行论证，最后在前述基础上提出互联网民事公益诉讼的二维体系建构，进而为下文的应然程序设计奠定理论根基。

（一）逻辑起点："互联网公益"的界定标准

公共利益之萌芽思想最早可追溯至古希腊时期，尽管许多学者试图准确界定概念、厘清边界，然而，鉴于"界定公共利益本身就是极其艰难的任务"，[①] 故各种观点见仁见智、不相统一。有学者指出，公共利益是一个开放的且不断发展的概念，内涵不断扩充，外延不断延伸。[②] 在以公共利益理论为研究基础，并结合互联网公益热点事件进行分析之后，可以发现"互联网公益"的解释界定与公共利益具有共性，然而更具有其独特性，"互联网公益"的界定标准主要为以下三点（见图4）：

图4　互联网公益界定标准分析图

一是虚拟空间性。对比于现实物理空间，互联网本身具有虚拟属性。互联网虽然信息海量，但智能手机等移动终端正在成为个人和世界连接的节点，互联网平台成为公众频繁活动的场所。无论是个人信息保护、网络系统安全、网络空间秩序等公共利益都直接与互联网空间发展相联通，与个人切身利益相关联。

二是受益公共性。公共利益体现了社会发展的整体性要求，而其受益公共性进一步表现为受益主体的共享性和不特定性。[③] 公共利益共享性的本质在于开放性，即利益本身对任何主体平等而无差别开放，任何人都可以接近，既不封闭也不为某些人专留。对此，德国学者纽曼提出了"不确定多数人理论"。[④] 德国学者莱斯纳也认为，部分私益可以在一定条件下转化为公益，例如某些不特定多数人的私益、具有特殊性质的代表性私益或通过特定程序升级为公益的少数人私益。[⑤] 基于此，本文认为公共性是在对公

---

① Shami Chakrabarti, Julia Stephens and Caoilfhionn Gallagher, Whose Cost the Public Interest? Public Law, 2003, p. 697.

② 王利明：《界定公共利益，物权法不能承受之重》，载北大法宝 www. pkulaw. com/news/0687457355cqaf336dfb. html，最后访问时间：2021 年 4 月 19 日。

③ 胡鸿高：《论公共利益的法律界定——从要素解释的路径》，载《中国法学》2008 年第 4 期。

④ 倪斐：《公共利益法律化研究》，人民出版社 2017 年版，第 21 页。

⑤ 陈新民：《德国公法学基础理论》，山东人民出版社 2001 年版，第 200 页。

众的平等开放之间达成某种共识，且广泛存在于不特定公众群体间而得到展示的，故用户群体人数多少并非公共性的判断标准。例如，某个 App 用户群体在某个时间点是固定的，但因为它是面对所有人平等开放的，所以该用户群体的个人信息保护等利益仍应为公共利益。

三是内容扩张性。传统理念的公共利益，具体包括公共财产、国民收入、社会分配、环境保护、良好秩序、公共信息等。但随着时代发展、社会进化以及生活方式的改变，社会公众的公众利益领域不断扩张，为公众群体所享有的权益类型日益丰富。当前，互联网空间已经成为人类共同的活动空间，互联网空间秩序、网络空间净化、网络系统安全及信息保护等问题事关不特定公众群体的切身利益，已然形成新的“公益”类型。

综上，本文认为，互联网公共利益可以界定为：在互联网虚拟空间内由不特定互联网用户群体共同享有的利益。

（二）功效论证：互联网民事公益诉讼的必要性分析——以法经济学理论为视角

在对“何为互联网公益”进行分析后，本文对“为何公益诉讼”问题进行了探究，即重点选取法经济学领域的“成本效益理论”和“公共选择理论”对互联网民事公益诉讼之必要性进行论证。

1. 成本效益理论下的个体选择。“理性行为假设”和“效益最大化假设”堪称法经济学研究中的两大基柱。① 在美国法学家波斯纳提出的法律的经济分析进路中，他强调主体行为是在特定法律环境下对成本—收益预期分析后的结果，而预期诉讼收益直接影响主体行为动力。② 因此，一旦公众认为诉讼成本大于预期诉讼利益，其诉讼维权意愿往往也随之降低。③ 而在互联网纠纷中，侵权人和被侵权人常存在“实力不均”的现象，且鉴于互联网本身虚拟化、匿名化的特征，无论是定位查人或是取证举证，被侵权人在虚拟环境中的网络维权难度增大，而其时间精力和金钱成本势必会随之增加，维权意愿也将反向降低。但同时有学者指出，民事私益诉讼仅在直接保护受害人私益的同时，附带发挥保护公益作用。④ 因此，一旦私益受害人放弃诉讼救济途径，受损之公益也会沦为无人护佑的局面。

2. 公共选择理论中的理性冷漠。在公共选择理论的语境下，以布坎南为代表的法经济学家认为，个体在参加公共选择时都是以利益最大化为目

---

① 冯玉军：《法经济学范式研究及其理论阐释》，载《法制与社会发展》2004 年第 1 期。

② ［美］理查德·A. 波斯纳：《法律的经济分析》（上），蒋兆康译，中国大百科全书出版社 1997 年版，中文版译者序言第 20 页。

③ 蒋亚玲：《论公益诉讼制度——基于法经济学的视角》，载《哈尔滨师范大学社会科学学报》2017 年第 5 期。

④ 颜运秋：《公益诉讼理念与实践研究》，法律出版社 2019 年版，第 4 页。

的的理性“经济人”，即个人往往依据其目的，采取对自身的最优途径和最有利方式。因此在公共物品、公共秩序等公共利益遭遇侵害时，个体可能存在“理性冷漠”现象，即不采取或较少采取积极行动。即便是以救济私益、提高救济效率为核心价值的代表人诉讼，也由于权利实现存在程序障碍、难以直接参加诉讼、诉讼环节增加难度等问题，难以满足保护互联网空间扩散性、不特定性公共利益的要求。然而，在互联网程度日益深化的今天，以网络公共秩序、空间净化、个人信息保护及系统安全为代表的互联网公共利益不仅涉及个体幸福，更影响社会的正常运转和发展。而从法经济学角度分析，基于“用国家的公力救济取代私力救济更能带来规模经济效益”，因而公益性诉讼实施权模式更加符合解纷效率原则。[①]

公益诉讼制度正是为了弥补现行诉讼法的公益保护不足而开辟的新诉讼制度，其意义正在于保护社会公益，体现对公众福祉的关切和对公共利益的关怀。[②] 并在此基础上，希望通过法院对互联网民事公益诉讼案件的处理，实现对公众行为和社会发展的良好指引，以促进网络空间的法治化。[③] 综上，在互联网民事领域的私益性诉讼实施权之外，引入公益性诉讼实施权作为必要补充的重要性毋庸置疑。

（三）双重维度：互联网民事公益诉讼的二维体系建构

在对“互联网公益”概念和互联网民事公益诉讼必要性论证基础上，下文从侵害行为工具和侵害利益场域两个维度对互联网民事公益诉讼的范围体系进行了构建。

1. 维度一：侵害行为工具论。在此语境下，“互联网民事公益诉讼”概念等于“涉互联网民事公益诉讼”，即其判定标准在于侵害公共利益行为是否以互联网技术或平台作为侵权行为工具或载体。例如，在相关案件审理过程中，法院认为“本案系在互联网上实施侵害行为而引发的食品安全民事公益诉讼，故为互联网公益诉讼”，[④] 并强调该案被告借助互联网技术，交易平台自身的虚拟性、超地域性、延伸性特点，在网上违法经营并企图逃避监管，并进一步扩大违法经营活动影响范围。本文认为，杭州互联网法院提起的三例公益诉讼案件均应是“涉互联网公益诉讼”范畴，属于第一维度。

2. 维度二：侵害利益场域论。在此语境下，“互联网民事公益诉讼”概

---

① 黄忠顺：《公益性诉讼实施权配置论》，社会科学文献出版社 2018 年版，第 41 页。

② 张艳蕊：《公益诉讼的本质及其理论基础》，载《行政法学研究》2006 年第 3 期。

③ Holmes：The Path of the Law，Harvard Law Review，Vol. 10：457，1897，pp. 457-458.

④ 杭州互联网法院（2019）浙 0192 民初 5464 号杭州市拱墅区人民检察院与被告李某某、刘某某侵害消费者合法权益互联网民事公益诉讼案，为全国首例互联网公益诉讼案件。

念等于“互联网领域民事公益诉讼”，即将互联网视为区分于传统领域之外的特定公益保护领域，判定标准在于侵害利益是否为互联网场域之中不特定主体公共利益，即是否为前文论述的“互联网公益”，如以网络公共秩序、网络系统安全、网络空间净化、个人信息保护等为代表的互联网公共利益。司法实践中，侵害行为是否利用互联网信息技术或平台，侵害行为是否发生在网上往往容易判断，但“互联网公共利益”概念本身较为抽象且未有具体相关法律予以明确。调研发现，在司法实践中，北京、杭州、广州等三个互联网法院对“侵害利益场域论”存在认识不统一，这也在一定程度上限制了互联网法院关于公益诉讼案件的受理范围。

3. 综合考量：两种维度的并列交叉。互联网民事公益诉讼是民事公益诉讼制度中不可或缺的部分。除资源环境公益领域具有物理空间属性，而难以实现侵害行为线上化外，互联网民事公益诉讼既涵盖侵害行为工具论中的消费者公益和英烈公益两大传统领域，又包含侵害利益场域论下的新类型互联网公益领域。(见图5)

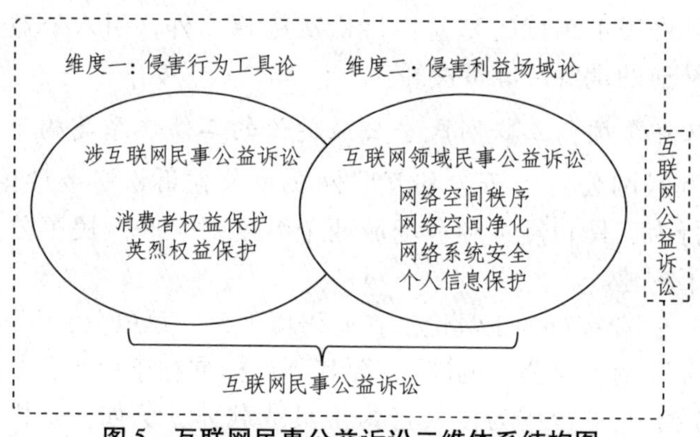

图5 互联网民事公益诉讼二维体系结构图

三、进路探索：互联网民事公益诉讼的应然程序设计

当前立法者遵循“立法宜粗不宜细”的思路，倾向于仅对公益诉讼进行原则性规定。① 但要真正实现互联网民事公益诉讼制度的有效运作，就必须解决司法实践中的程序问题。对此，本文在借鉴现有民事公益诉讼程序规定的基础上，结合互联网民事公益诉讼特性，从受案范围、启动程序审查、在线诉讼流程以及相应配套机制四个层面进行了程序设计。(见图6)

① 张卫平：《民事公益诉讼原则的制度化及实施研究》，载《清华法学》2013年第4期。

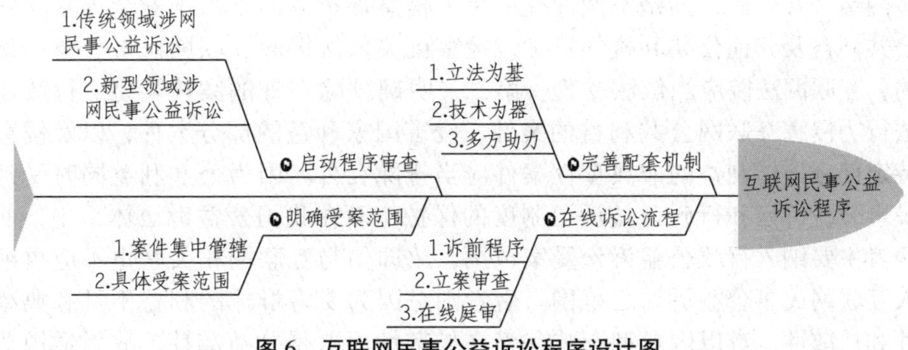

图 6　互联网民事公益诉讼程序设计图

（一）明确互联网民事公益诉讼受案范围

依据法律规定，案件受理的前提为“属法院受理案件范围和受诉法院管辖”。因此在程序设计上，需首要解决案件“由谁受理”和“受理哪些”，即案件管辖原则和具体受案范围问题。

1. 案件集中管辖原则之合理性。根据法经济学的成本效益理论，在司法活动中如何最大程度减少诉讼成本并增大诉讼效益，不仅涉及案件当事人的切身利益，也关乎国家司法资源的优化配置。从司法活动层面来看，诉讼成本的计算包括当事人的个人支出和整体司法资源的耗费。而诉讼效益也不单单限于经济利益，还包含公正、秩序、权利等基本社会公共价值。①

互联网民事公益诉讼案件与互联网法院集中受理的其他类型涉网案件相类似，其侵害行为或发生在网上、或侵害互联网公益，都具有显著的互联网特性。而三家互联网法院自成立以来，通过对上万件涉网案件的集中审理，不断探索完善更为契合互联网纠纷解决特性的新型诉讼模式和司法机制。故本文认为，在当前阶段明确互联网民事公益诉讼案件由互联网法院集中管辖，有利于更为清晰把握其涉网纠纷特点，兼顾司法成本节约和司法质效提升。而在经验成熟的基础上，可以再考虑逐步探索其他普通法院的管辖路径。

2. 以“例举式+概括式+排除式”明确具体受案范围。第一，明确具体类型和兜底条款。鉴于互联网公共利益自身的抽象性和不断扩张性，用例举式难以穷尽具体受案范围。故本文对当前涉及公共利益的热点事件进行分析并抽取其中共同公益因素，并结合前述各地出台的相关条文进行梳理，总结提炼关键词并统计其出现频率（见图 7），最终以“例举式+概括式”对具体受案范围予以明确。对此本文认为，对于利用互联网信息技术，侵

① 冯玉军：《法经济学范式研究及其理论阐释》，载《法制与社会发展》2004 年第 1 期。

害网络公共秩序、网络空间净化、个人信息保护、网络系统安全等互联网公共利益及其他公共利益的行为，检察机关依法提起互联网民事公益诉讼的，互联网法院应当依法受理。第二，明确排除在外的案件类型。行政违法行为侵害互联网公共利益的案件、侵害国家利益的部分案件，以及侵害特定部分群体利益的非典型性案件应当排除在外。因为公共利益同时受到民事公益诉讼和行政公益诉讼制度的保护，而在我国公益诉讼体系中，前两者主要纳入行政公益诉讼受案范围，故即使与互联网相关联也不应再纳入互联网民事公益诉讼之范围。后者则是因为受害群体的利益不具有典型性和扩散性，难以因典型影响和潜在扩散性而取得公益属性，故更适用普通私益模式或代表人诉讼模式，避免互联网公益诉讼过分侵蚀私益诉讼的适用空间。

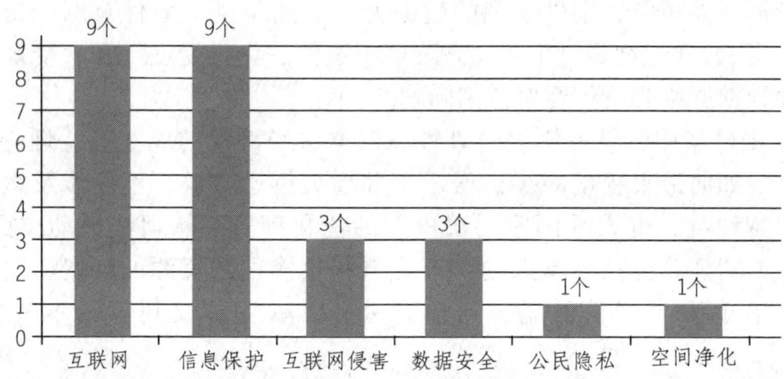

注：对前述河北、内蒙古等各地人大常委会出台的《关于加强检察公益诉讼工作的决定》及2020年4月重庆市发布的全国首个拓展公益诉讼案件指导意见等进行关键词检索查询。

图 7　相关条文关键词统计情况图

（二）分类审查互联网民事公益诉讼启动程序

根据法律规定，法院受理民事公益诉讼案件，应当对公益起诉人主体资格、诉讼顺位、是否需要履行并已经履行诉前程序①等公益诉讼启动程序进行审查。基于法经济学理论和当前立法状况，本文认为，司法实践中法院应当根据互联网民事公益诉讼案件类型分类审查互联网民事公益启动程序。

1. 传统领域涉网民事公益诉讼——严格履行诉前公告。传统领域涉网民事公益诉讼所针对的侵权行为主要是：以互联网为侵害行为工具在线侵犯资源环保、消费群体权益、英烈权益，以致公共利益受损的行为。考虑到资源环境的物理空间属性，该领域与互联网公益诉讼领域交叉较少。故

① 诉前程序是指“检察院对特定领域公益侵害行为拟提起公益诉讼前，依法督促、支持享有民事公益诉讼优先诉权的法定机关和组织提起诉讼的前置制度”。参见刘加良：《检察院提起民事公益诉讼诉前程序研究》，载《政治与法律》2017 年第 5 期。

本文仅对后两者领域涉网民事公益诉讼案件的启动程序进行分析。《消费者权益保护法》和《英雄烈士保护法》确定了符合条件的消费者协会、英烈近亲属享有民事公益诉讼优先诉权。也就是说，只有在三十日的公告期内，不存在上述合法主体或其决定放弃行使公益诉权的情况下，检察机关才可提起互联网民事公益诉讼。如在杭州互联网法院审理的保护英烈名誉权民事公益诉讼案件中，西湖区检察院作为公益诉讼人诉前进行依法公告，确定期间无任何英烈近亲属起诉后才诉至杭州互联网法院。

2. 新型领域互联网民事公益诉讼——检察机关直接起诉。新型领域互联网民事公益诉讼主要针对的是，侵害个人信息保护、网络系统安全、网络空间秩序、网络空间净化等互联网公共利益行为。由于我国当前《网络安全法》中未对公益诉讼作出规定，《个人信息保护法》尚未出台，故除检察机关为互联网民事公益诉讼案件的法定主体，何种诉讼主体另具有互联网民事公益诉讼案件主体资格仍不明确。故笔者建议人民法院在受理此类型互联网民事公益诉讼案件时，可明确检察机关无需进行诉前公告程序，即检察机关在满足其他法定起诉条件情况下，可直接进行在线立案。（见图 8）

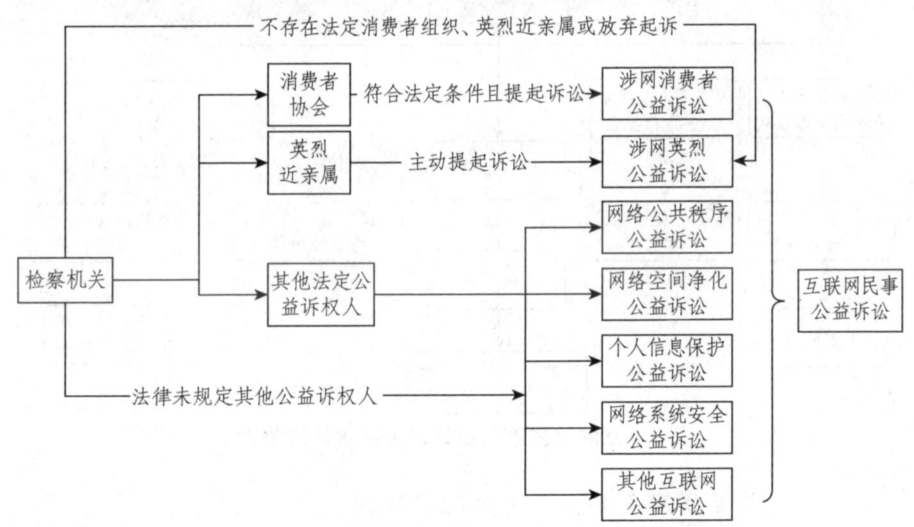

图 8　互联网民事公益诉讼启动程序分类审查图

（三）构建案件全流程在线审理模式

结合互联网民事公益诉讼案件审理特点、在线审理优势以及在线诉讼程序运行情况，本文构建了检察机关提起互联网民事公益诉讼的法院审理流程图（见图 9）。

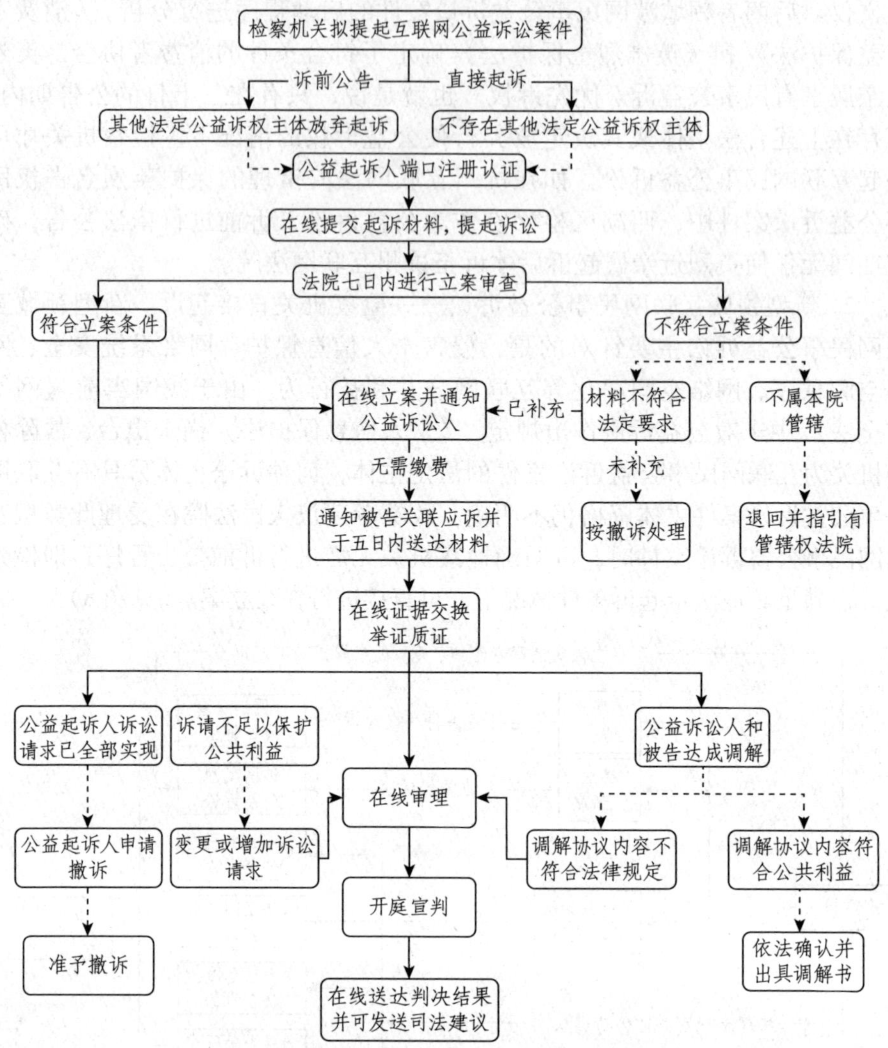

图9　互联网民事公益诉讼案件审理流程图

（四）完善互联网民事公益诉讼配套机制

1. 立法为基——提高法律效力层级，完善上位法依据。基于国家机关职权法定原则以及规定检察机关提起公益诉讼范围属于中央事权，应通过全国人大及其常委会以立法方式对人民检察院提起新类型公益诉讼案件的范围作出明确规定。由于我国在《民事诉讼法》中对民事公益范围采取“列举+概括”立法模式，不宜通过诉讼法的频繁修订逐一列举，但可借鉴我国单行法立法模式，在《个人信息保护法》《网络安全法》等事关互联网公益的法律中，建议补充增加互联网民事公益诉讼的相关条款。

2. 技术为器——依托智慧法院建设，提升司法效能。第一，借助区块链技术，破解证据难题。当前三家互联网法院都已建成“区块链”技术平台，可在其基础上将检察机关接入区块链节点体系，既便于起诉人实现在线取证和存证，又可提高法院对证据的认定效率。第二，依托大数据平台，强化审查监测。因事关互联网公共利益，互联网纠纷往往也是社会关注度高的热点事件，其侵害后果具有潜在性和扩散性。故法院应当推动建立跨部门大数据办案平台，审查侵害行为后果扩散范围，关注社会公众舆情反应。

3. 多方助力——强化空间协同治理，提升司法效能。一方面，立足互联网公益特性，需要建立在党委领导协调下的多方主体沟通联动机制。互联网空间治理本身就是多目标、多手段、多视角、多主体，涉及诸多因素的复杂体系。尤其是在取证认证、主体确定、事实调查等问题上更是需要多方协作，必须建立良好的沟通联动、协作配合机制，强化互联网空间协同治理。另一方面，积极履行司法建议职责，延伸司法职能。通过司法建议延伸审判职能，扩展审判效果，提升司法效能，强化司法公信力，回应社会关切。

结　语

互联网不是法外之地。互联网公益何以维护，事关网络空间的依法治理和社会公共利益。因此，界定“互联网公益”、明确互联网公益诉讼的必要性、厘定互联网民事公益诉讼案件受案范围，并进行相应的诉讼程序设计，具有重要的理论价值和实践意义。受样本和篇幅限制，本文的实证考察和程序设计主要以互联网法院为视角展开，但相关创新思路必定会在未来互联网公益诉讼发展中实现更加鲜活的司法创新，更加凸显其在推动互联网空间治理方面的特有价值。

民事程序一并审理“商标不当注册”争议之规范化模式构建

——以中国裁判文书网128份文书为分析样本

高 翡[*] 张丽颖[**]

在我国商标权民事救济与行政无效程序二元分立体制下，对于商标不当注册争议，民事程序曾一贯坚持其属于行政程序审查范畴对其不予处理。但基于诉讼效益意识的觉醒及对商标争议私益属性的审视，在“合理强化民事程序优先地位，转变行政程序当然优先或者必须前置的传统思维”① 司法政策的引导下，民事司法实践中逐渐出现了刺破权利“合法”面纱，还原商标不当注册违法面目的萌芽。然而，这一突破带来了新的问题——处理方式随意无序、裁判理由莫衷一是、审理结果现实悖反。基于此，本文拟从问题本源出发，论证民事程序有限一并审理该争议之必要性、可行性及正当性，进而从启动要件、审理规则及裁判衔接层面构建一并审理之规范化模式，实现与商标行政程序的适度功能划分及有机统一。

一、检视：民事程序一并审理“商标不当注册”争议之实践混沌

在我国民事程序一并审理②商标不当注册争议的司法实践中，对于以攫取他人市场声誉、损害在先民事权益或以侵占公共资源为目的，不正当注册并行使商标权利，扰乱市场正当竞争秩序的行为，通常以构成“商标权滥用”为由予以规制。故本文基于“大数据”样本分析方法，在中国裁判文书网以“知识产权与竞争纠纷”为案由，以“商标”“滥用”为关键词，检索到自2010年1月1日起至2020年4月24日止的1386份裁判文书，并

* 作者单位：北京市东城区人民法院。

** 作者单位：北京市东城区人民法院。

① 最高人民法院副院长陶凯元在《第四次全国法院知识产权审判工作会议》上的讲话。

② 本文所称“一并审理”是指将表象性质不同但却相互关联的争议纳入同一诉讼程序中进行审理的方式。

以最终甄别的 128 份民事裁判文书①为样本，对近十年来民事程序一并审理“商标不当注册”争议之司法现状及困境予以检视。

（一）当事人画像——申请一并审理“商标不当注册”的救济逐渐兴起

1. 申请救济：萌芽崛起。2010 年之前，全国法院审理的知识产权民事案件中尚未涉及商标不当注册争议问题。此后，除 2011 年无相关案件及 2016 年、2017 年案件量有所回落外，各年涉商标不当注册争议案件数基本呈逐年走高趋势。这说明，越来越多的商标民事案件当事人采用了对商标权取得正当性提出质疑的釜底抽薪之策，以期达到从根基上动摇注册商标权利的诉讼目的。但是相比同年度商标侵权纠纷案件量，通过民事程序解决商标不当注册争议的态势尚处于萌芽阶段。（详见图 1）

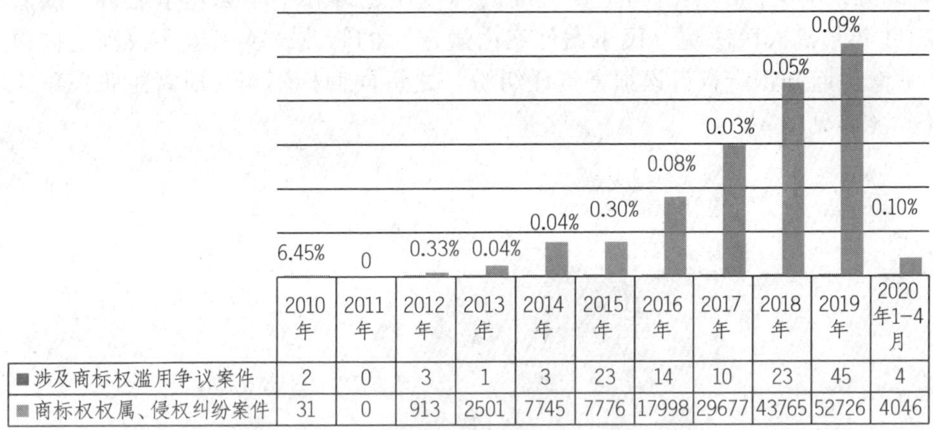

	2010年	2011年	2012年	2013年	2014年	2015年	2016年	2017年	2018年	2019年	2020年1–4月
■涉及商标权滥用争议案件	2	0	3	1	3	23	14	10	23	45	4
■商标权权属、侵权纠纷案件	31	0	913	2501	7745	7776	17998	29677	43765	52726	4046

图 1　涉商标不当注册争议案件数（件）及占比

2. 救济手段：防御为主。从诉因类型上看，样本案件中涉及的商标不当注册争议主要分为将权利商标的取得不具有正当性作为被诉行为不构成侵权的抗辩事由（被动防御），② 以及将不当注册并行使商标权作为侵权行为或者不正当竞争行为提起诉讼（主动维权）③ 两大类型，前者类型案件量占绝对多数。（详见图 2）

① 该 128 份民事裁判文书系整理排除因录入错误、上传重复等导致的无效文书、与商标权滥用争议无关的裁判文书以及一、二审重复裁判文书所得。

② 如最高人民法院（2018）最高法民再第 396 号民事判决书。

③ 如北京知识产权法院（2017）京 73 民终 2052 号民事判决书。

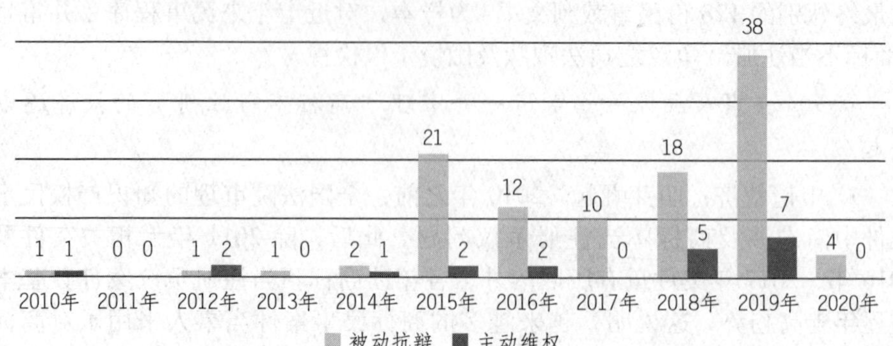

图 2　涉商标不当注册争议案件诉因类型及数量（单位：件）

从案由分布上看，被动抗辩类案件的案由基本均为侵害商标权纠纷；主动维权类案件的案由则主要有确认不侵权之诉和不正当竞争之诉。随着 2011 年最高人民法院《民事案件案由规定》的修改，越来越多权利主体以“恶意提起知识产权诉讼损害责任纠纷”之诉向商标不当注册者主张民事责任。（详见图 3）

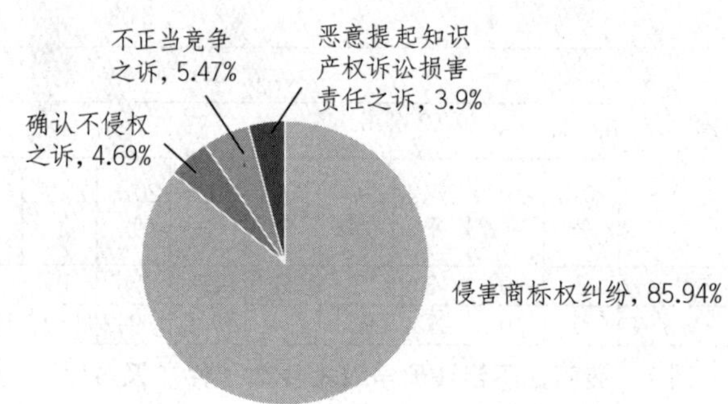

图 3　涉商标不当注册争议案件案由分布占比

3. 救济类型：偏重实体。样本案件中涉及的争议类型以商标注册实体内容不当为主，仅有 1.56%案件当事人主张商标授权行政程序不当。① 其中针对实体内容的主张主要有以下四种类型。（详见图 4）

① 如杭州市余杭区人民法院（2016）浙 0110 民初 939 号民事判决书。

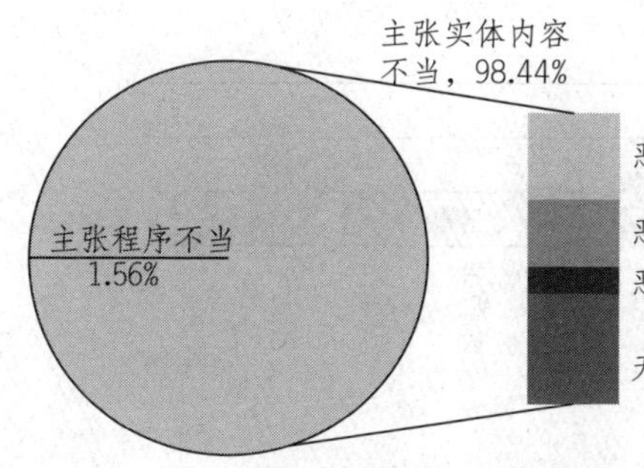

图 4　当事人主张的商标不当注册类型（占比及案件数）

一是，42 件样本案件以商标权人违反《商标法》第 32 条前半段规定，恶意注册商标侵犯他人在先权利为由主张构成商标权利滥用。该类案件中包含主张侵害当事人或第三人①在先权利的情形；主张侵害的在先权利既有著作权、专利权、姓名权等民事权利，也包括商号、域名、电影名称、包装装潢等合法权益。②

二是，32 件样本案件以商标权人违反《商标法》第 13 条第 2、3 款，第 15 条以及第 32 条后半段规定，恶意抢注他人在先使用并有一定影响的商标、驰名商标等标识为由主张构成权利滥用。③

三是，52 件样本案件以商标权人无使用意图大量囤积注册商标、牟取不当利益为由主张构成权利滥用。其中，将囤积行为作为恶意注册的辅助性支撑因素共同主张权利滥用的案件有 17 件，④ 占该类型样本总数的 32.69%。

四是，12 件样本案件以商标权人在明知是通用名称或缺乏显著性标志的情况下将其注册为商标为由主张构成权利滥用。⑤

（二）裁判者画像——对一并审理"商标不当注册"申请的裁判相互冲突

1. 对一并审理申请的处理方式：随意无序。从法院对待当事人一并审理争议申请的态度看，不予审理和予以审理的案件分别占样本案件的 57.8%、42.2%（详见图 5），前者占据主要地位，但自 2010 年始，民事程序一并审理该类争议的案件数曲折中缓慢增多。然因法律规则的缺位及价值选择的差异，对这一争议是否一并进行民事审理的冲突长期存在，司法

① 如重庆市第一中级人民法院（2018）渝 01 民终 2179 号民事判决书。

② 如上海市闵行区人民法院（2012）闵民三（知）初字第 98 号民事判决书。

③ 如（2012）民申字第 1475 号民事判决书。

④ 如湖南省怀化市中级人民法院（2019）湘 12 民初 114 号民事判决书。

⑤ 浙江省高级人民法院（2018）浙民终 37 号民事判决书。

处理方式带有明显的随意性。

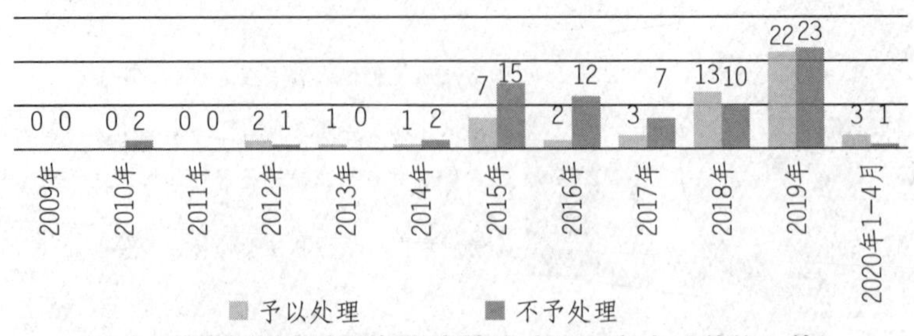

图 5　涉商标不当注册争议案件法院处理方式（单位：件）

2. 对一并审理申请的裁判理由：莫衷一是。从裁判理由看，不予审理的案件主要表现为裁判文书中对商标不当注册主张没有回应，或以该主张实质是对行政授权行为合法性的质疑，并非商标民事诉讼的审理范围为由，对当事人的该项主张不予审理。

予以审理的裁判形式主要表现为三类：其一，以商标注册难谓恶意为由不予支持商标权滥用主张；其二，遵循商标侵权的常规思路，以注册行为不当+不会引起混淆为由不予支持商标权人的诉讼请求；其三，以商标注册行为不当，权利基础不合法为由径行驳回商标权人的诉讼请求，其中部分判决直接援引的是诚实信用原则，部分判决援引的是商标注册行政管理规定。（详见图 6）

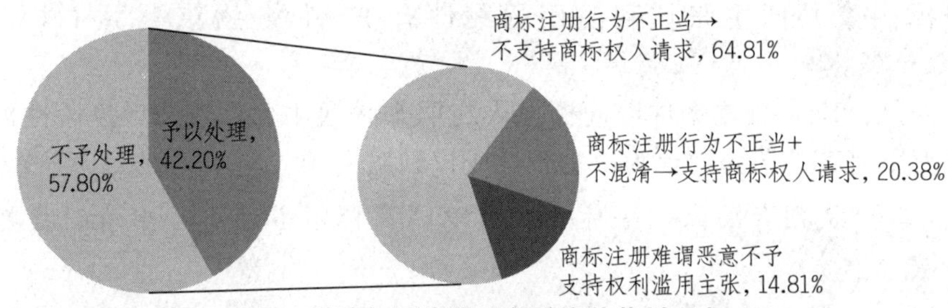

图 6　涉商标不当注册争议案件裁判理由

3. 对一并审理申请的适用结果：现实悖反。在我国民事程序一并审理商标不当注册争议的司法实践从无到有、从弱到强的同时，司法实践中出现了审查结果冲突的现实困境。

一是，民事裁判结果之间的冲突。即使不同法院就同一商标注册不当争议事由均进行了审理，也可能出现不同的判断与认定，进而造成民事裁判结果的相互冲突。

二是，民事审理与行政程序审查结果的冲突。尽管审理商标不当注册争议的民事程序不会替代行政程序直接作出商标权效力的认定，但若法院依据当事人主张作出注册不当的认定，实质是对注册商标权源的否定，在该商标经由行政无效程序审查被维持有效，或在尚未被行政程序宣告无效仍处于形式上有效状态的情况下，不可避免地会引起民行二元认定结果的冲突与矛盾，从而造成权利人无所适从。

二、溯源：民事程序一并审理“商标不当注册”争议之冲突辨析

通过前述实践检视，反映出当事人对适用民事程序一并根本解决“商标不当注册”争议不断高涨的需求与民事司法实践对争议处理供给不足的矛盾，以及司法裁判存在的审与不审、标准不一、结果相悖的冲突。究竟为何导致矛盾与冲突凸显，下文拟从法的适用、原则衡平、价值博弈层面探究其成因。

（一）刚性规则与弹性原则共治下的适用分歧

1. 法律规则的机械适用。我国实行商标注册制度，行政机关负责核准注册商标。现行《商标法》对诚实信用原则予以宣示性规定，关于商标不当注册的相关条款置于“总则”“商标注册的审查和核准”及“注册商标的无效宣告”章节中，该行为的救济对应以驳回申请、不予注册、商标异议和无效宣告程序。[①] 据此，有裁判者秉持“穷尽法律规则，方得适用法律原则”理念，对法律依据的援引坚持“直接明确”，避免“模糊规则的深度析理”，[②] 认为商标注册属于行政机关的管理范畴，只能通过行政程序提供救济，而民事程序主要判定侵权行为成立与否及应否承担法律责任，因此注册行为是否符合法律规定，不属于民事程序的审理范围，对处于有效期内且未被申请无效宣告的商标，应当默认其效力稳定。

2. 法律原则的裁量适用。固然，法律规则对社会关系的调整更具针对性，将其作为裁判依据更易被大众接受，法律原则在司法裁判中往往展现的是其“隐身功能”。但法律规则的适用不能排斥法律原则在个案中得到不同程度的实现，况且作为贯穿民事活动的基本行为准则，诚实信用原则在商标法中的确立和固化，使其在制止商标申请注册、使用环节背离诚信现象中获得了法律强制地位，就民事司法而言，其同时具有规则意义，越来越多裁判者在商标民事诉讼中适用该原则对商标不当注册行为予以规制。

然而，这一具有弹性的法律条款，在赋予裁判者与时俱进的灵活性，弥补法律稳定性与社会发展性之间冲突与矛盾的同时，容易造成模糊道德准则及经验法则介入导致的肆意裁量，难以明晰其潜在调整或规制边界，实践中不乏对诚实信用原则扭曲理解和适用的情形。司法裁判对该原则的标准把握不一及适用差异，导致有时同类案件结果存在不同，影响了司法权威。

---

① 如《商标法》第4条、第32条、第33条、第44条。

② 陈奎：《商标法中诚实信用原则的理论与实践》，载《知识产权》2016年第8期。

（二）职权分离原则与诉讼效益原则并存下的兼顾失衡

1. 职权分离原则下的民行分立。职权分离原则，系依公私法属性在司法与行政机关之间运用分权原则，对相关职能加以分离使之属于不同机构的职责分工。长期以来，我国秉持该原则，沿用大陆法系商标民事侵权与行政无效程序二元分立的体制，即商标侵权纠纷由法院通过民事程序予以审理，商标权效力纠纷则通过行政程序及后续可能的行政诉讼进行处理。在这一体制下，当商标注册争议成为商标侵权判断的先决问题时，通常认为该行为的正当性审查权限属于行政机关，侵权诉讼法院应受其审查结果的拘束。未经判断的，法院不得自行对商标权的效力作出认定。

2. 诉讼效益原则下的民事优先。"以最经济的司法成本获取最大的司法效益"并"追求纠纷的司法最终解决"之"诉讼效益原则"① 是现代民事诉讼活动的重要原则之一。然而，这一原则与职权分离原则在商标诉讼的诸多方面并不契合。一方面，绝对的民行分立可能导致个案不公，损害司法权威。对于不符合法定授权内容仅形式合法的商标权，若审理民事争议的法院固守职权分离原则，视而不见径行对其保护，不仅违背了"任何人均不得因不法行为获利"的基本法律原则，亦可能损害被诉侵权人的合法权益。另一方面，商标无效行政救济严重影响了民事诉讼效率。民行分立体制下，当事人如对商标取得的正当性存疑，需单独启动行政无效程序，实践中诸多法院为确保裁判结果不被推翻，倾向于中止民事诉讼等待行政处理结果。囿于我国商标行政程序"两个行政机关+两级法院"的设置复杂冗长，加之法院在行政诉讼中无权直接变更行政裁决可能产生的循环诉讼问题，使得民事程序不得不在漫长的中止等待中被迫拖延。基于此，司法领域开始寻求民事程序一并审理模式的探索与突破。

（三）确权行为公定力与商标争议私益性统合下的博弈选择

1. 确权行为公定力的一味固守。"行政行为一经作出，即使具有某种瑕疵，未经法定国家机关按法定程序认定及宣告，都将作为合法行政行为来对待。"② 此乃行政行为的公定力属性使然。商标行政确权作为行政行为的一种，似乎天然具有未经法定程序由法定机关推翻前，任何人不得以自己之判断而否认其效力之公定力。加之具体行政行为的合法性审查通过行政诉讼进行，有观点认为商标侵权民事诉讼只审查注册商标形式上的真实和规范性，只要满足该要求，即应直接将其作为定案依据。③ 当事人如有异

① 徐吉平、黄鹂：《诉讼效益实现新论——对现代型民事诉讼的法经济学观察》，载《内蒙古社会科学》2014 年第 6 期。

② 叶必丰：《行政行为的效力研究》，中国人民大学出版社 2002 年版，第 189~211 页。

③ 张晓云：《民事附带行政诉讼问题研究》，山东大学 2006 年硕士学位论文。

议，只能申请行政救济，民事诉讼应对商标授权行为保有一定的尊重与认可。

2. 确权标的私益性的重新审视。“行政行为被承认具有公定力，乃是因为欲求其充分发挥功能，并也能经由行政处分适时而不迟延公益之实现，避免行政法关系陷入纷乱”。[①] 然而，行政确权程序所授予的商标权具有私权属性，除驳回复审具有较强的行政色彩外，其他诸如商标异议、无效等纠纷，更多是平等民事主体间就商标能否获得授权或应否无效而产生的争议，并不涉及与行政机关的“博弈”。根据“公共权力说”，[②] 尽管商标行政机关介入其中，但其并非作为公共利益的代表者并成为独立的争议一方利益主体，只是作为居中裁决者，履行将自然权利向法律权利转换这一事务性管理职能，而非行使公共权力，因此并未改变争议纠纷法律关系的民事本质属性。鉴于争议纠纷并不牵涉社会公益与个体私益的冲突与协调问题，即使民事案件的审理法院在个案中认定商标注册的不正当性，并不会造成对“公益之实现”的延迟，因此也就不存在只能通过行政程序解决商标不当注册争议的必要性。

三、探寻：民事程序一并审理“商标不当注册”争议之规范化模式构建

（一）模式选择之证成

1. “一并审理”模式之证成。基于对前述冲突原因的辨析、梳理，笔者认为，欲解决一并审理“商标不当注册”争议之实践混沌，需对可能彼此竞争的价值和事实因素予以衡平、厘清：

其一，固然《商标法》针对不当注册行为设置有行政审查及救济规则，亦不应忽视该行为本质系属违反诚实信用原则，该原则是贯穿民事活动的基本行为准则，且现行《商标法》第 7 条已对此进行了明确规定，民事程序一并审理该类争议具有法律适用的可行性。

其二，固守商标双轨制所带来的个案不公和效率低下等弊端已经严重与社会现实不相适应，并呈现出“为程序而程序”的形式主义倾向，无益于二元秩序初衷的实现；加之商标使用环节仍有赖于司法机关对其中存在的不当行为予以规制，凸显了通过民事程序制止不具有实质合法性商标的

---

① ［日］杉村敏正：《行政法之基础理论》，城仲模译，我国台湾地区三民书局 1998 年版，第 176 页。

② “理论界认为行政机关的活动可以分为两类：一类是行使公共权力的行为，带有行政色彩，应服从行政审判权；另一类是事务管理行为，适用于私产管理行为，服从司法审判权。”马怀德主编：《行政法》，厦门大学出版社 2009 年版，第 4 页。

现实必要性。

其三，基于对商标争议私益性的本质认识，公定力理论在商标保护领域的适用并非绝对，商标注册并不代表商标权必然合法，该权利具有法律上的不确定性及可反驳性。民事程序一并解决该类争议具有理论上的正当性。

纵观两大法系，多数国家赋予法院审查知识产权效力的职权，如美国实行侵权与无效诉讼一体化制度设置，受理侵权诉讼的法院可直接对知识产权效力作出判断；[①] 即便曾经严格恪守职权分离原则的我国台湾地区也开始主张“依无效之行政处分而赋予权利时，任何人均无尊重其权利之必要，若发生侵害权利诉讼，民事法院亦得依独立之见解，宣告其权利无效”。[②]

随着《中国知识产权司法保护纲要（2016—2020）》等司法政策的出台，“合理强化民事程序优先地位，转变行政程序当然优先或者必须前置的传统思维”“明确在商标民事诉讼中人民法院对注册商标效力进行审查的职能”的司法理念深入人心，甚至有观点提出涉商业标识的权利冲突纠纷，除注册商标间冲突外，均应纳入民事程序审理范围，无须以行政处理为前置条件。[③] 民事程序一并审理“商标不当注册”争议已是大势所趋。

2.“有限”审理模式之证成。基于对理论及现实的回应，我国法律应对基于同一法律事实产生（即“同质性”）且与商标侵权判断存在实质性关联（即“强关联性”）[④] 的商标不当注册争议，明确赋予民事程序一并审理的权限，构建规范化的争议审理模式，从反方向规制商标注册制度引发的标识“圈地”现象。

但改革的步伐不宜走得过快过急，一概强调民事先行，将会不当扩大民事程序的审理范畴，可能变相剥夺行政机关审查商标权效力的法定职能；缺乏统一标准且与行政程序脱节，亦无益于纠纷的实质性解决。现实的选择应是在充分发挥司法风向标的引领作用下，兼顾与既有商标确权制度的协调衔接，在积极与克制之间把握恰当的平衡。在当前具体操作和适用规范阙如的框架内，应当构建民事程序对该类争议的“有限性”审理模式，将符合条件的注册争议事由一并纳入民事审理范畴，明确符合特定标准的商标不当注册裁判处理方式，统一法院在审理此类案件时的适法行为，实现纠纷解决及行政、司法资源配置的“帕累托最优”。

---

① 易玲：《日本〈专利法〉第104条之3对我国的启示》，载《科技与法律》2013年第3期。

② 林纪东：《行政法》，我国台湾地区三民书局1994年版，第327页。

③ 林纪东：《行政法》，我国台湾地区三民书局1994年版，第327页。

④ 此处“同质性”“强关联性”的内容参见施建红：《民行关联案件类型及审理方式》，载《人民司法》2012年第12期。

（二）规范模式之构建

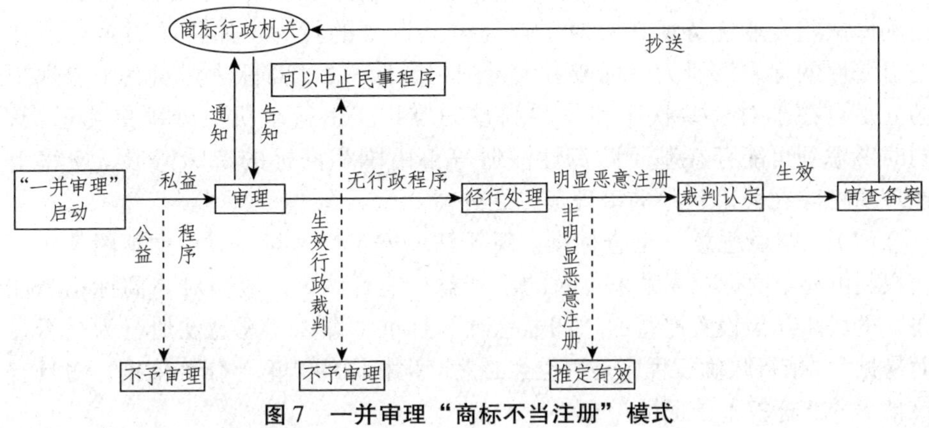

图7　一并审理"商标不当注册"模式

1. 启动要件（见图7）。

（1）启动主体。商标侵权民事纠纷的被告，对权利商标正当性提出抗辩的，法院应当结合审查范围决定是否对此一并审理。对商标不当注册提起民事诉讼的主体而言，如对主体范围不加限制，将有违《民事诉讼法》第119条关于原告应系与案件有直接利害关系的主体的规定。故申请主体应限于因商标不当注册合法权益受损的被抢注人或利害关系人，包括在先权利或被抢注标识的被许可人、合法继承人等。

（2）启动时间。鉴于商标私权属性的本质以及民事纠纷"不告不理"的诉讼原则，一并审理"商标不当注册"争议的民事程序应依当事人申请启动。对商标不当注册提起民事诉讼的行为而言，该主动申请的性质自不待言；在商标侵权民事纠纷中，被诉侵权人未在一审法庭调查终结前提出的，法院不应主动释明或依职权对权利商标注册的正当性予以审查。

2. 审理规则。

（1）"有限性"审查范围。现行体制下应坚持民事程序对商标注册正当性的有限性审查，对当事人提出的不当注册争议事由进行限制，与既有的行政无效程序进行适度功能划分，避免民事程序成为行政程序的预演或重演。

①商标注册实体内容VS行政程序。对商标行政行为的作出程序、法律依据等程序合法性存疑并据此主张商标注册不当的，该类事由显然是审查被诉行政行为合法性的行政诉讼所要解决的问题，而非民事程序的审理范畴。

②民事权益VS公共利益。在涉及商标注册实体内容不当的主张中，笔者认为，以违反《商标法》第13条第2款、第15条、第32条等涉及民事

权益冲突问题为由提出的，应当赋予法院一并审理的权限。注册商标与他人民事权益的冲突问题，本质系民事争议判断，此并非行政机关之专长，但确属法院专业优势所在。对于抢注公共资源的行为，如将通用名称或缺乏显著性的标志注册为商标或者大量囤积商标等，《商标法》对其予以规制的立足点在于对公共秩序和公共利益的维护，由行政机关处理更为适当；同时考虑到可能存在基于防御性注册等事由囤积商标的特殊情形，应将上述理由排除在民事程序的审理范围之外。

（2）“明显恶意”审查标准。基于法的安定性考量，避免动辄因禁止行使权利可能给商标权人带来过大的不利益，笔者认为，应当对“商标不当注册”的民事认定设置严苛的“明显恶意”标准，即以“恶意注册行为是否显而易见”“依行政确权程序是否也会必然产生相同的结论”作为依据，对具有该情形的商标权不予保护。

因主观心态的推定通常需依靠外化的、可被观察到的具体行为、特定关系等客观现象来推定，可从定性和定量两方面综合判断注册行为是否具有“明显恶意”（见表1）：

表1　“明显恶意”之考量因素

定性分析			定量分析
商标注册情况	商标注册人与仅得人的特定关系情况	注册后行为情况	商标囤积情况
在先权利/商业标识的知名度或显著性	代理或代表关系	注册后无实际使用或意图使用行为	是否短期内大量申请注册商标，明显超出使用需求
注册商标与在先权利/商业标识的相似性程度	其他合同、业务往来关系	注册后高价兜售、转让	围绕涉案在先权利/商业标识申请注册的商标囤积行为
	地理位置关系	索要高额商标许可使用费	
商标注册类别的关联性	行业关系	提起侵权诉讼索要赔偿金	围绕其他知名商业标识申请注册的商标囤积行为
	诉讼纠纷关系		排除情形：基于防御目的而无使用意图囤积商标

定性分析是识别“明显恶意”的必要考量因素，定量分析可作为辅助性因素。认定“明显恶意”无需同时符合上述各类因素，多个因素的叠加组合会更有助于裁判者自由心证的确定。例如在先商业标识独创性越高，其固有显著性亦越强，此时如注册商标与该标识的相似程度越高，且注册人大量囤积明显超出使用需求的商标，则该注册行为“明显恶意”的程度

亦相应提高。

(3)“信息通报”审查程序。在符合启动要件情形下，若当事人提出的商标不当注册争议事由不属于民事程序审理范围，法院应当对其不予审理直接推定商标有效。反之，为避免重复裁判以及裁判不一致问题，可借鉴日本专利制度中的法院与行政机关的信息联络沟通机制，法院应当将商标不当注册争议事由通知商标行政机关，由其就该争议事由是否存在行政无效程序告知法院：

①若该争议事由不存在行政无效程序，则法院应当对当事人的主张自行判断。若商标存在明显恶意注册情形，应当径行对其不予保护，不必等待行政机关无效决定；若不足以构成明显恶意注册情形，应当推定商标有效继续审理，最大限度避免民事认定与行政审查的冲突，同时亦可防止当事人滥用商标不当注册抗辩，拖延诉讼程序。

②若该争议事由已经生效行政裁判认定，则民事程序中不得就该事由再行主张；

③若该争议事由存在正在进行中的行政无效程序，法院可基于避免裁判歧义及重复审理的考量决定是否中止民事程序。

3. 裁判衔接。

(1) 裁判认定。现行体制下，即便法院认定存在明显恶意注册行为，也不宜在民事程序中直接宣告商标无效，具体来说：

①在商标侵权民事案件中，根据被诉侵权人的抗辩，可径行以权利取得不正当为由驳回商标权人指控他人侵权的诉讼请求，无需再从其他方面为“不予支持”附加“保险”条款；

②在对商标不当注册提起民事诉讼的案件中，根据被抢注人或利害关系人的诉讼请求，确认恶意注册行为构成侵权，并可要求恶意注册人承担停止使用注册商标、赔偿商标被抢注造成的经济损失（包括为追回被抢注商标所支出的诉讼费用及丧失商业机会的损失）等民事责任。

(2) 备案抄送。我国商标民事案件与行政案件的一审管辖分属不同法院，鉴于民行纠纷的处理结果在终审阶段不宜统一，现行司法体制下，有必要借鉴最高人民法院对于驰名商标曾经实行的司法认定备案制度，对民事程序中认定商标注册不具有正当性的，实行审查备案制度，即由作出否定商标权合法性基础生效判决的法院将法律文书逐级报送所在地的高级人民法院，决定提请最高人民法院备案。经审查无误同意备案的，作出《备案通知书》同时抄送商标行政机关；经审查发现确有错误的，告知不予备案，并有权提审或者指令下级人民法院再审。

基于判决的"构成要件效力",[①] 经审查备案的生效判决之拘束力可扩张至当事人之外的第三人。在商标注册争议亦为行政无效程序的审查要件,且该争议中的权利义务关系已经生效民事判决确定的情况下,商标行政机关应予以尊重而不得作出相反认定,其在收到《备案通知书》及生效裁判文书后,应据此启动无效宣告程序主动净化商标,当事人亦可凭借经备案的生效裁判文书,向商标行政机关申请宣告无效。

此举不仅将促使民事程序对商标权的否定更加谨慎合理,有利于司法认定标准及与行政认定标准的统一,也可节省资源消耗,避免商标权形式上有效而实质上无效的尴尬状况。

(3)后诉处理。为避免不同法院就同一商标不当注册争议作出不同判断,可借鉴"争点效"原则,[②] 在关联案件的后诉民事程序中,若当事人向法院提交的经审查备案的裁判文书已就涉案商标不当注册争议作出实质性判断,且当事人在该案中已有充分机会对上述问题进行辩论,则后诉法院原则上不应就该争议事由作出违反在先裁判的认定,但依据当事人主张出现足以影响判断结论的新证据等情形除外。

结　语

"作为'善和公正的艺术',法律穿行在各种冲突的法律价值之间。一个具体案件解决方案的选择,往往是各种价值目标综合平衡的结果。这一点也决定了我们将没有绝对正确的选择,只有比较适宜的选择。"[③] 民事程序一并审理"商标不当注册"争议模式的构建,即是在考量和权衡众多可能彼此竞争的价值和事实因素基础上,对司法实践作出的积极回应。

---

① 民事判决的构成要件效力是指由于法律的规定,民事判决的存在这一事实成为法律规范的构成要件要素,并与特定的法律后果相连接。王世杰:《论行政行为的构成要件效力》,载《政治与法律》2019 年第 9 期。

② 该原则的介绍参见纪格非:《"争点"法律效力的西方样本与中国路径》,载《中国法学》2013 年第 3 期。

③ 何海波:《行政行为对民事审判的拘束力》,载《中国法学》2008 年第 2 期。

环境侵权民事三诉分离模式的困境与突破

梅　宇[*]　张　哲[**]

引　言

环境司法作为国家环境治理体系中的重要环节，是深化生态文明体制改革部署的基本内容，在统筹协调经济社会可持续发展与生态环境保护关系中具有不可替代的作用。[①] 我国现行环境侵权民事司法为实现环境公益、私益系统化保护，逐渐形成环境私益诉讼、环境公益诉讼与生态环境损害赔偿诉讼[②]三分模式。面对同一损害生态环境行为，三诉分离但交融不足致使司法实践中存在诉讼请求重复、诉讼顺位模糊、案件协同困难等问题，背离制度设计初衷。故笔者从四类典型案件入手，明确现行环境侵权民事三诉分离模式的不足与成因，立足实现生态环境完整性保护目标，提出进一步强化三类诉讼之间关系的程序衔接规则。

一、环境侵权民事三诉分离模式的现状考察

（一）公益私益分野保护，环境纠纷整体性解构

[案例 1] 北京市朝阳区自然之友研究所、福建省绿地家园环境友好中心诉谢知锦等破坏林地民事公益诉讼案：法院认为原告主张的生态环境受到损害至恢复原状期间服务功能损失 134 万元中，损毁林木价值 5 万元和推迟林木正常成熟的损失价值 2 万元属于林木所有者的权利，不属于植被生态公共服务功能的损失，原告无权主张。

---

* 作者单位：北京市第四中级人民法院。

** 作者单位：北京市门头沟区人民法院。

① 江必新：《充分发挥审判职能作用　依法维护环境公共利益　努力开创环境资源审判工作新局面》，载《人民法院报》2019 年 10 月 19 日。

② 本文讨论环境侵权民事司法救济的前提是环境侵权事件对公益、私益均产生损害。三类诉讼的范围界定：生态环境损害赔偿诉讼、环境民事公益诉讼（不含环境领域刑事附带民事诉讼、行政附带民事诉讼）、环境私益诉讼仅指以环境侵权纠纷为案由。

案例1①中法院注意到应区分同一环境侵权事件中的公益、私益损害，但却忽视了林木资源公私益交织的复合性本质，未看到属于私益主体林木资源的生态价值。环境民事公私益分离救济模式人为地割裂具有复杂性、交织性、整体性的环境侵权事件，背离本应实现双重评价功能的环境民事司法，甚至把诉讼的公益性（或私益性）等同于私益主体（或公益主体）与案件利益的无涉性，刻意排除另一主体与案件的利害关系。尤其是在同时涉及公私益侵害的环境侵权事件中，适格主体仅提起公益诉讼或私益诉讼之中的一种，另一主体未提起诉讼，还会造成利益保护不周全。

（二）责任承担方式雷同，诉讼请求重复性凸显

［案例2］中山市围垦有限公司与苏洪新等5人、中山市慈航农业投资有限公司土壤污染责任纠纷案（见表1）：

表1 中山市环境科学学会、中山市围垦有限公司提起的环境侵权民事诉讼对比

起诉主体	诉讼类型	主要诉讼请求	裁判结果
中山市环境科学学会	环境公益诉讼	1. 赔偿生态环境受到损害至恢复原状期间服务功能损失费用	支持
		2. 修复地铁（原为水塘）水质	支持
中山市围垦有限公司	环境私益诉讼	恢复土地原状、实施土地土壤修复、周边生态环境修复、周边水体净化处理	未支持（1、2已涵盖）

案例2②中，不同主体针对同一环境侵权事件分别提起公私益诉讼，由于私益主体提出的诉讼请求已被包含在公益诉讼范围内，且公益诉讼另案生效判决在先，法院未支持私益主体已在公益诉讼生效判决范围之内的诉讼请求。公益诉讼提出的停止侵害、排除妨碍、消除危险、恢复原状、赔礼道歉等诉讼请求可能与私益诉讼的诉请完全重复。

同时，公益诉讼主体、赔偿权利人提出的“生态环境修复期间服务功能丧失导致的损失”“消除污染、修复生态环境费用”在鉴定评估上可能与私益主体主张的损失存在包含或交叉关系，进而出现裁判标的重复（见图1）。

① 参见福建省高级人民法院（2015）闽民终字第2060号民事判决书。

② 参见广东省中山市中级人民法院（2019）粤20民终6329号民事判决书、广东省广州市中级人民法院（2017）粤01民初201号民事判决书。

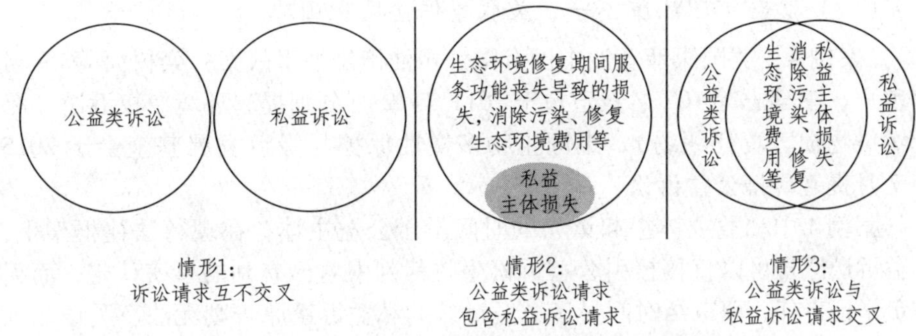

图 1　环境公益类诉讼与环境私益诉讼诉讼请求关系

（三）诉讼顺位明晰不足，制度衔接统合性欠缺①

［案例 3］山东省生态环境厅诉山东金诚重油化工有限公司、山东弘聚新能源有限公司生态环境损害赔偿诉讼案（见表 2）：

表 2　山东省生态环境厅、中国生物多样性保护与绿色发展基金会提起的环境诉讼对比

起诉主体	诉讼类型	主要诉讼请求	裁判结果
山东省生态环境厅	生态环境损害赔偿诉讼	承担应急处置造成的经济损失	支持
		赔偿生态环境修复期间服务功能的损失、生态环境损害赔偿费	支持
		在省级以上媒体公开赔礼道歉	支持
中国生物多样性保护与绿色发展基金会	环境公益诉讼	支付生态环境修复费修复受到污染的环境	未支持
		支付生态环境受到损害至恢复原状期间服务功能损失	未支持
		在省级以上媒体公开赔礼道歉	未支持

案例 3② 中，社会组织提出的诉讼请求基本被赔偿权利人提出的请求所包含，其诉讼请求均未得到支持。在损害结果发生后，磋商程序的进行并不影响社会组织提起公益诉讼，二诉并存时诉讼请求重叠部分不免有浪费诉讼及司法资源之嫌。若赔偿权利人因磋商失败在公益诉讼即将审理完毕时起诉，法院此时应中止民事公益诉讼案件审理，但社会组织参与诉讼的成本就会随之增加。若因诉讼请求重复而导致其败诉，更会降低社会组织提起公益诉讼的主动性。同样，磋商程序不能阻却检察机关在法定公告期满且社会组织未起诉时提起公益诉讼，前述诉讼请求重叠问题亦会出现。

---

① 诉讼顺位问题主要指生态环境损害赔偿诉讼、环境民事公益诉讼之间，不涉及环境私益诉讼。

② 参见山东省济南市中级人民法院（2016）鲁 01 民初 780 号民事判决书；山东省济南市中级人民法院（2017）鲁 01 民初 1467 号民事判决书。

（四）管辖审理法院不一，关联案件协同化困难

［案例4］美国康菲石油中国有限公司油田溢油事故案：栾树海等29名养殖户、李学志等107名养殖户于2011年12月分别提起环境侵权诉讼（海上污染物损害责任纠纷），中国生物多样性保护与绿色发展基金会于2015年7月提起环境公益诉讼。

案例4中私益主体提起诉讼的时间早于公益主体。在现行法律框架下，私益诉讼原告可以直接援引公益诉讼生效裁判中对己有利的事实认定，而无需负举证责任，但审结时间早于公益诉讼的私益诉讼原告则无法享受该制度利益。若私益诉讼原告为享受举证利益延后起诉，可能会造成公益诉讼裁判先于私益诉讼执行，使其面临生效裁判无法执行的风险。此外，原则上中级人民法院管辖生态环境损害赔偿诉讼、环境民事公益诉讼，而环境侵权诉讼由基层法院管辖。公私益案件分属不同法院管辖、不同程序处理，互相掌握审理进度较难，进而造成关联案件处理程序、结果难以协调等问题。

二、环境侵权民事三诉分离模式运行困境的归因分析

（一）环境保护逻辑局限于主客体二元对立观

环境侵权民事救济三诉分离模式具有浓厚的“主客二分”认识论烙印。[①] 在主客体二元观逻辑背景下，人与自然关系局限于分离式状态，人的利益与非人自然物的利益处于截然对立状态。用这一预设框架理解环境问题，形成非人类中心主义即环境中心主义的认识，反映在环境民事司法领域即形成以实现个体救济为目标的环境私益诉讼与维护公益为任务的环境公益诉讼、生态环境损害赔偿诉讼分离模式。三诉分离而相互交融不足的环境侵权民事救济方式，呈现出已有法律制度的人为性构造与自然法则之间的背离趋向，势必会解构环境纠纷的整体性，进而割裂人与环境的依存关系（见图2）。

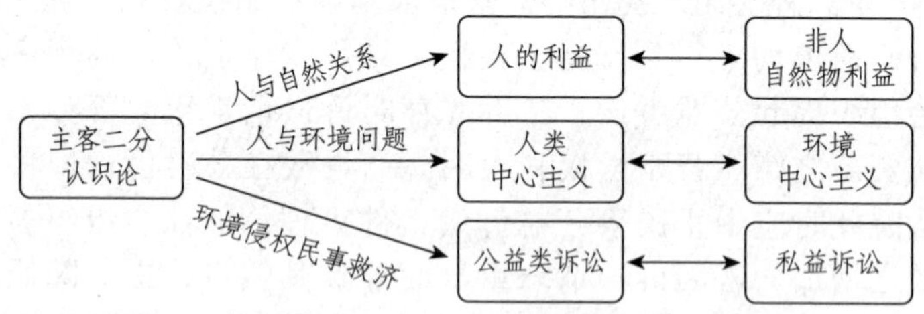

图2 主客体二元对立观对环境保护逻辑的影响

---

① 张旭东：《环境民事公私益诉讼并行审理的困境与出路》，载《中国法学》2018年第5期。

（二）侵权救济方式脱胎于传统民事侵权规则

环境侵权行为往往同时损害公益与私益，但受传统侵权法价值预设与功能定位限制，即以民法保护的民事主体人身、财产权益为核心，对损害公私益行为的双重评价功能难以通过传统民事侵权规则得到完整体现。① 虽然《民法典》规定生态修复责任已填补生态环境破坏无具体法律责任承担方式的漏洞，但“修复生态环境”由于责任性质的特殊性，在经历增删之后仍未被纳入总则编中民事责任的承担方式。三类诉讼的救济方式本质上仍为民事责任，除生态修复责任外毫无差异（见表3）。在缺乏统筹考量的情况下容易造成诉讼请求重复、裁判标的交叉等现象，背离实现公私益周延保护的制度设计初衷。

表3 环境侵权民事司法救济三类诉讼之间的对比

<table>
<tr><th>诉讼类型</th><th>前置程序</th><th>起诉案件</th><th>原告资格</th><th>被告主体</th><th>诉讼请求</th><th>管辖法院</th></tr>
<tr><td rowspan="3">生态环境损害赔偿诉讼</td><td rowspan="3">前置性磋商程序</td><td>发生较大、重大、特别重大突发环境事件</td><td rowspan="3">省政府、设区的市政府等赔偿权利人</td><td rowspan="6">污染环境、破坏生态的民事主体</td><td rowspan="6">修复生态环境、赔偿损失、停止侵害、排除妨碍、消除危险、赔礼道歉等民事责任</td><td rowspan="6">中级以上人民法院为原则</td></tr>
<tr><td>国家和省级主体功能区规划中划定的重点生态功能区、禁止开发区发生环境污染、生态破坏事件</td></tr>
<tr><td>发生其他严重影响生态环境后果</td></tr>
<tr><td rowspan="3">环境民事公益诉讼</td><td>社会组织提起无前置程序</td><td>污染环境、破坏生态行为</td><td>社会组织</td></tr>
<tr><td>检察院在法律规定的机关和组织没有起诉时提起</td><td rowspan="2">1. 已损害社会公共利益；
2. 具有损害社会公共利益的重大风险</td><td>法律规定的机关</td></tr>
<tr><td>法院受理后在立案之日起五日内公告案件受理情况</td><td>检察院</td></tr>
</table>

① 吕忠梅、窦海阳：《以“生态恢复论”重构环境侵权救济体系》，载《中国社会科学》2020年第2期。

续上表

诉讼类型	前置程序	起诉案件	原告资格	被告主体	诉讼请求	管辖法院
环境私益诉讼	无	污染环境、破坏生态造成人身、财产损害	被侵权人、环境侵权的受害人	污染环境、破坏生态的民事主体	停止侵害、排除妨碍、消防危险、恢复原状、赔偿损失、赔礼道歉等民事责任	基层人民法院

（三）关联案件协调受制于诉讼程序分离模式

考虑到环境问题涉及高度的科技背景、容易引发广泛的利益冲突、决策的风险意味浓厚，[①] 同时为了避免受到不当干预，环境公益诉讼与生态环境损害赔偿诉讼原则上由中级人民法院管辖，但环境私益诉讼的管辖法院仍然依据传统侵权案件的原则确定。各地法院探索实施的归口审理、一审集中管辖、司法协作等机制，亦是源于环境案件复合性、公私益交融性、专业性等特征。虽然已经通过规定公益诉讼生效裁判既判力作有利于私益诉讼原告的单向扩张、私益诉讼赔偿顺位优先来解决公私益诉讼的协调问题，但受制于诉讼程序的分离仍使二者之间协调困难，无法对诉讼力量、社会地位等处于劣势的私益主体进行全面保护。

（四）环境司法体系建构于“边试点边立法”路径

我国采取“边试点边立法”的路径建构环境侵权民事司法体系，未能从整体上系统谋划与考量，导致新设制度与已有制度之间衔接不畅。[②] 设置环境公益诉讼是为解决环境危机背景下，私益诉讼在公益保护方面应对不足的问题。生态环境损害赔偿诉讼是为了进一步解决在环境公益诉讼中追究侵害行为人生态环境损害赔偿责任具有偶然性，有时甚至会出现选择性诉讼之尴尬的问题。通过试点获取经验而后逐步上升到立法层面的做法，尽管符合我国环境公益保护起步较晚的现实情况，能够在解决实践中新型问题的同时实现步步突破，但程序之间缺乏整合的环境侵权民事司法体系呈现碎片化，不可避免会产生衔接问题。

---

① 叶俊荣：《环境政策与法律》，我国台湾地区元照出版有限公司 2010 年版，第 23~24 页。

② 罗丽：《我国环境公益诉讼制度的建构问题与解决对策》，载《中国法学》2017 年第 3 期。

三、环境侵权民事三诉分离模式优化的价值内涵与借鉴思辨

为规范环境侵权民事三类诉讼程序衔接，应以系统论原则①和方法为基础，明确环境侵权民事司法程序优化的价值内涵，借鉴其他国家及我国台湾地区群体诉讼的可取之处，探索创设特别代表人诉讼制度。

（一）优化环境侵权民事司法程序的价值内涵

以系统论分析环境侵权民事诉讼模式，三类诉讼是此系统的基本要素，通过统筹考量其共通特点、优化三要素之间的内在连接方式、建立公私益相区别的责任承担体系，以达到生态系统完整性保护的系统目标（见图 3）。

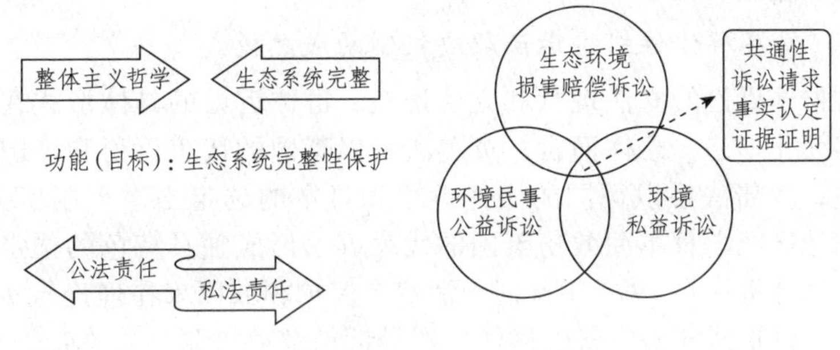

图 3　环境侵权民事司法体系三要件

1. 系统功能——生态系统完整性保护。与民法所秉持的个人主义理念相异，环境法是以整体主义哲学为基础而建构的法律新学科，其方法论也是对还原主义的超越。整体主义环境哲学强调生态系统整体对个体的决定性作用，价值观的重点在于从保护生态系统完整性的角度建立救济制度。②公益私益分野保护而交融不足的现状，实则背离了生态系统整体性保护的目标。故需要重新认识人与自然的关系，形成以整体主义为基石的环境民事司法理念，进而通过完善环境侵权民事司法救济体系实现生态系统完整性保护。

2. 系统连接——公益私益差异化责任。以三诉之间共通性为基点，优化环境侵权民事三诉之间的程序衔接能够初步解决诉讼请求重复、裁判标的交叉等问题。更深层次需解决传统侵权损害救济制度无法适应环境损害复杂特质的问题。在《民法典》“绿色化”并为生态环境责任规定于专门环

---

① ［美］德内拉·梅多斯：《系统之美：决策者的系统思考》，邱昭良译，浙江人民出版社 2012 年版，第 18~26 页。

② 张炳淳：《论生态整体主义对“人类中心主义”和“生物中心主义”的证伪效应》，载《科技进步与对策》2005 年第 11 期。

境立法留下“端口”的背景下，环境侵权责任承担体系作为连接公益类诉讼和私益诉讼的重要桥梁，既需要体现侵害行为与民事侵权的不同，又需要体现公益与私益及其救济方式的差别。

3. 系统要素——诉讼效益最大化组合。三类诉讼作为环境侵权民事司法救济体系的要素，在诉讼请求、事实认定、证据证明等方面具有高度共通性，加上前期“边试点边立法”过程中积累的丰富实践素材，为完善环境侵权民事司法顶层设计提供了良好基础。故通过程序优化使彼此更加有效衔接，进而在实现公共利益、私人利益整体性保护的同时，避免由同一环境侵害事件引发的不同民事诉讼重复利用司法资源而造成不必要的耗费，实现诉讼效益最大化。

（二）借鉴群体性纠纷诉讼解决机制的成熟模式

纵观群体诉讼的立法现状和立法历史，群体诉讼的具体形式在全球范围内呈多元化形态。总体而言，英美法系以英国的代表诉讼和美国的集团诉讼为主，大陆法系以德国的团体诉讼和日本的选定当事人制度为核心。我国台湾地区经学日本而效仿英国的代表诉讼形成独具特色的选定当事人制度，其团体诉讼自 1994 年首创于消费者保护领域以来在理论与实践上探讨颇多，逐渐形成相对完备的群体性纠纷诉讼解决机制。故笔者选取美国、德国和我国台湾地区群体性纠纷诉讼解决机制进行参照研究（见表 4）。

表 4　美国、德国及我国台湾地区群体性纠纷诉讼解决机制的模式①

国家和地区	提起要件	适用范围	诉讼请求	判决效力
美国	1. 人数过多无法进行共同诉讼 2. 成员有法律或事实上共同问题 3. 代表当事人之请求或抗辩为集团全体成员请求或抗辩的典型 4. 代表当事人能公平适当地维护集团全体利益	1. 消费者保护 2. 环境保护	损害赔偿诉讼为主	1. 可及于未参加诉讼的利害关系人 2. 集团成员确认申请退出（optout）制度

① 汤维建等：《群体性纠纷诉讼解决机制论》，北京大学出版社 2008 年版，第 183~186 页、第 196~199 页。

续上表

国家和地区	提起要件	适用范围	诉讼请求	判决效力
德国	1. 法律明确规定的法人或经认可的机构 2. 以消费者保护为任务之团体或有75位以上自然人	1. 反不正当竞争、反垄断、格式条款 2. “小额多数”受害人案件	1. 法定诉讼担当：传统的团体诉讼权限于不作为诉讼 2. 任意诉讼担当：保护消费者利益必要时提起示范性诉讼，或经消费者授权提起损害赔偿诉讼	1. 原则上仅及于参加诉讼的团体自身 2. 团体诉讼的判决片面扩张至有利于消费者方面
我国台湾地区（第44条）	之一：任意诉讼担当 1. 多数有共同利益之人为同一公益社团法人之社员 2. 章程所定目的范围内	1. 消费者保护 2. 证券投资者保护	1. 损害赔偿诉讼（消费者团体诉讼、证券团体诉讼中必须受让20人以上损害赔偿请求权，而此条未规定人数限制） 2. 不作为诉讼	1. 判决效力不扩张 2. 选定人全体以书状表明法院仅就总额作出裁判，选定人之间依据达成的协议进行分配
	之二：选定当事人 1. 本于同一原因事实而有共同利益之多数人 2. 选定一人或数人为同种类之法律关系起诉 3. 公告晓示：由法院征求原被选定人同意，或由被选定人申请法院同意	1. 环境保护 2. 交通事故 3. 商品瑕疵	损害赔偿诉讼为主	1. 判决效力不扩张 2. 选定人全体以书状表明法院仅就总额作出裁判，选定人之间依据达成的协议进行分配

续上表

国家和地区	提起要件	适用范围	诉讼请求	判决效力
我国台湾地区（第44条）	之三：法定诉讼担当 1. 以公益为宗旨的社团法人或财团法人 2. 于章程所定目的范围内 3. 经目的事业主管机关许可	1. 环境保护、交通事故、商品瑕疵等 2. 危害具有隐蔽性、扩散性 3. 受害人常不知或无力独自诉请排除侵害 4. 社会大众权益持续受损而无从制止	不作为诉讼	判决效力不扩张

1. 赋权性质：群体诉讼中代表机制正当性的来源包括诉讼代理和诉讼担当两种制度，二者核心区别在于被代表人是否退出诉讼及代表人实体处分权限范围的大小。域外主要采诉讼担当理论，其优势在于能够提升诉讼效率，减少多数人内部的程序性损耗。

（1）法定诉讼担当：无需征求实体权利人意愿，由团体依据法律规定的权利范围以自己名义直接提起诉讼，诉讼请求一般仅限于不作为方面。美国的集团诉讼是将人数众多的当事人拟制为一个“集团”，无需集团成员授权即可进行诉讼，似乎可视为法定诉讼担当。①

（2）任意诉讼担当：团体提起的损害赔偿诉讼、选定当事人制度之理论基础，即以当事人的合意约定为基础转移全部诉讼实施权而退出诉讼，代表人可以不经被代表人同意处分其实体权利，除非被代表人明确反对代表人的处分行为。

2. 类型界分：群体诉讼根据赋权性质不同而适用于不同类型的纠纷。团体基于成员授权提起的损害赔偿诉讼兼具下述两类纠纷解决方式的特征，其授权行为运行机理与选定当事人、代表人诉讼相似，制度设置动因与团体不作为诉讼、集团诉讼一致。

（1）涉及重大利益的群体性纠纷。选定当事人、代表人诉讼制度中，法院既要审查带有共性的事实和法律适用问题，也需对每个当事人的权利义务进行认定，能够充分尊重权利人对自身实体权利的处分权，原则上不涉及判决效力扩张，以多数权利人能够主动提起诉讼为必要前提。

（2）涉及较小利益的群体性纠纷。团体不作为诉讼、集团诉讼侧重于

① 汤维建等：《群体性纠纷诉讼解决机制论》，北京大学出版社2008年版，第92页。

对侵权人的惩戒和制约，是为克服小额多数权利保护中的“搭便车困境”而设立，法院一般无需审查每一位权利人状况，判决可直接对多数人产生影响，但在一定程度上牺牲当事人的利益。

3. 适用范围。群体性纠纷诉讼解决机制的设立目的是保护处于弱势地位群体，其适用范围主要在环境侵权、消费者保护、反不正当竞争、反垄断、投资者权益保护等领域。这些领域双方当事人力量差距悬殊、危害有时具有隐蔽性和扩散性、被侵权人常不知或无力通过诉讼方式寻求救济。

4. 滥用规制。为防止群体诉讼被滥用，立法均从设立目的、成员人数、组织规模、权利能力等方面对团体的资格进行严格限制，同时规定提起诉讼的团体在胜诉后只能获得为诉讼所支出的必要费用，不能从中分得诉讼酬金。美国主要通过判例等方式防止律师等纯粹为谋取不当的高额律师费而滥用集团诉讼。

（三）完善环境侵权民事司法程序的现实思辨

鉴于我国实定法尚未采纳诉讼担当理论，笔者认为宜在不改变现有代表人诉讼法律框架的前提下，结合已有实践探索创设环境侵权民事司法救济中的特别代表人诉讼制度。

1. 诉的合并之否定。现行法律规定排除环境公益诉讼与私益诉讼合并审理的可能性，[①] 生态环境损害赔偿诉讼异于公益诉讼之处是赋予地方政府向损害者索赔的权利。因而，在肯定三种诉讼类型独立存在的价值基础上，借鉴域外群体性纠纷诉讼解决机制的有效经验，结合我国司法实践进一步明晰三者之间的分工与衔接才是程序优化的应有之义。

2. 代表人诉讼之发展。现行代表人诉讼制度设计初衷在于防止代表人侵害被代表人权利，为降低受害人的维权成本、缩短法院案件审理周期，实践中也出现了一些探索性做法，形成了独具特色的代表人诉讼制度。（1）借鉴诉讼担当理论：《著作权法》第8条第1款规定，著作权人和著作权有关的权利人可以授权著作权集体管理组织以该组织的名义为其主张权利。（2）借鉴集团诉讼制度：《最高人民法院关于证券纠纷代表人诉讼若干问题的规定》在《证券法》第95条第3款基础上，进一步规定投资者保护机构受委托作为代表人参加诉讼时，在涉及权利人实体权利处分方面适用“默示加入+明示退出”制度。

四、环境侵权民事三诉分离模式优化的路径选择

基于对环境侵权民事三诉分离模式实践困境的反思，笔者认为，在健

---

① 《最高人民法院关于审理环境民事公益诉讼案件适用法律若干问题的解释》第10条。

全衔接机制时应坚持诉讼经济原则，[①] 细化生态环境损害赔偿诉讼优先环境民事公益诉讼的诉讼顺位、赋权社会组织一并提起私益诉讼。（详见附件1、附件2）

（一）顺位确定：规定生态环境损害赔偿诉讼先于公益诉讼

《最高人民法院关于审理生态环境损害赔偿案件的若干规定（试行）》对生态环境损害赔偿诉讼、民事公益诉讼关系初步进行规定。为使二者衔接更为顺畅，应遵循“行政权优先、相互尊重专长”[②] 原则，明确生态环境损害赔偿诉讼先于民事公益诉讼的顺位。

1. 明确磋商程序的前置地位。行政机关凭借专业技术、专门人员、科技手段等，对法律事实的判断具有准确性、高效性，相较之下法院在法律适用上优势明显，应通过完善磋商与公益诉讼的衔接规则，以充分发挥二者优势。

（1）磋商阻却公益诉讼的提起。社会组织在准备提起环境民事公益诉讼时，应提前60日告知尚未进行磋商的赔偿权利人，起到督促和建议其尽快处理环境侵权事件的作用，并根据赔偿权利人的处理结果决定是否提起公益诉讼。赔偿权利人在60日内：自行或者委托他人完成生态环境修复的；②与造成生态环境损害的自然人、法人或者其他组织进行磋商并达成一致的；③磋商未达成一致或者无法进行磋商已经起诉的，均阻却公益诉讼提起。

（2）建立参与磋商的协调机制。①公告告知：赔偿权利人即将与造成生态环境损害的自然人、法人或者其他组织进行磋商的，应当向社会公告磋商对象、磋商时间、磋商地点等，并告知社会组织或检察机关参与磋商的基本途径及方式。[③] ②共同参与：赔偿权利人应当统一整理、归纳、提出社会组织及检察机关收集的与环境侵权事实相关的证据。其他主体在磋商过程中针对环境侵权事实提出的意见由赔偿权利人决定是否采纳。③起诉告知：对于经磋商未达成一致或者无法进行磋商的，赔偿权利人应将提起生态环境损害赔偿诉讼的情况及时告知参与磋商的社会组织、检察机关。

2. 规定诉讼重叠的起诉顺位。在发生严重生态环境损害后果，政府未开展生态环境修复活动情形下，政府、社会组织均有权起诉追究侵害主体

---

① 作为程序法上的共通原则，诉讼经济原则要求诉讼程序设计符合六方面要求：（1）迅速裁判；（2）简化程序；（3）合并处理；（4）维持有效；（5）避免浪费；（6）避免重复。参见林俊益：《程序正义与诉讼经济》，我国台湾地区元照出版公司1997年版，第92页。

② 王明远：《论我国环境公益诉讼的发展方向：基于行政权与司法权关系理论的分析》，载《中国法学》2016年第1期。

③ 向往、秦鹏：《生态环境损害赔偿诉讼与民事公益诉讼衔接规则的检讨与完善》，载《重庆大学学报（社会科学版）》2021年第1期。

责任，先行中止民事公益诉讼的做法会削弱社会组织积极性、延长社会组织诉讼时间、浪费有限司法资源等。在社会组织已提起诉讼后，赔偿权利人才进行磋商，因未达成一致或者无法进行磋商起诉时：①不予受理为原则：赔偿权利人可通过支持起诉等参与民事公益诉讼，不得再针对同一损害生态环境行为另行提起生态环境损害赔偿诉讼；②必要性审查为例外：赔偿权利人仍选择诉讼方式追责时，法院重点审查诉讼的必要性，就民事公益诉讼案件未被涵盖的诉讼请求[①]依法作出裁判（见图4）。

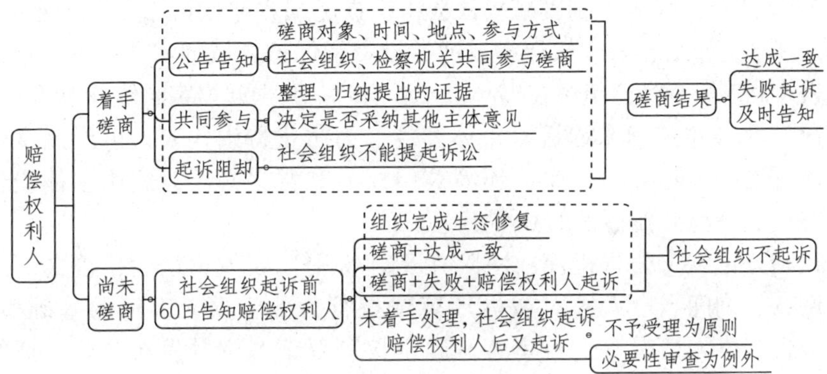

图4 生态环境损害赔偿诉讼优先于环境民事公益诉讼的程序设计

3. 侧重检察机关的监督职能。检察机关在提起公益诉讼前，应通过直接函告、发送检察建议的方式督促赔偿权利人积极履行职责。若赔偿权利人准备进行磋商或社会组织准备提起民事公益诉讼，应在公告期内及时告知检察机关。考虑到“不提起诉讼”时检察机关才能起诉未将磋商程序纳入考量，应将其修改为“公告期满，法律规定的机关和有关组织不予处理[②]且社会公共利益受侵害状态尚未得到实质性遏制的，人民检察院可以向人民法院提起诉讼”。

（二）公私协同：规定私益主体能够赋权公益主体

考虑到环境侵权案件法律关系较为复杂、专业人士参与确有必要、个人社会地位处于劣势等因素，应赋权能够提起公益诉讼的社会组织一并提起私益诉讼的权利。

1. 前提：赋予中级人民法院统一管辖三类诉讼之权力。之所以在实践

① “未被涵盖的诉讼请求”包括五类：诉讼请求属不同种类、诉讼请求数额不同、发现新的证据并据此提出的诉讼请求、诉讼请求系基于超出前案审理范围的事实、发生新的损害事实并据此提出的诉讼请求。王旭光、魏文超、刘小飞、刘慧慧：《〈关于审理生态环境损害赔偿案件的若干规定（试行）〉的理解与适用》，载《人民司法》2019年第34期。

② “不予处理”指赔偿权利人未采取上述三类任一阻却民事公益诉讼提起的行为、其他组织未提起诉讼。

中将公益诉讼与私益诉讼的级别管辖法院进行区别，除了考虑到环境问题自身专业化的特征，主要由于高审级法院在统一案件审理标准、破除地方保护主义、实现司法公平正义等方面较下级法院更具优势。若要实现公私协同，其必要前提即立法赋予中级人民法院统一管辖公益诉讼与私益诉讼的权力。在此基础上，将因同一环境侵害事实发生的民事诉讼统摄于同一法院的同一审判组织审理。此种做法是建构私益主体赋权公益主体机制的前提，同时亦有利于实现诉讼效益最大化。

2. 设计：以代表人制度赋权社会组织提起损害赔偿诉讼。① 在现有代表人诉讼基础上，结合著作权保护、证券投资者保护领域的实践探索，通过特别代表人制度赋予社会组织在提起公益诉讼时一并提起损害赔偿诉讼的权利。

（1）私益主体尚未起诉。主体要件：为防止特别代表人诉讼制度被滥用，该诉讼的提起必须有保护环境被侵权人利益之必要，适用主体应仅限于能够提起环境公益诉讼的社会组织。

权利登记：①公告程序：法院在受理特别代表人诉讼后，首先通过阅卷、调查、询问当事人等对被诉环境侵权行为的性质、诉请的基础事实、已诉被告当事人情况等进行审查，确定权利登记范围并发布公告，通知被侵权人进行登记。②通过信息技术提高诉讼效率：适用特别代表人诉讼审理的案件，应当设立代表人诉讼在线平台，实现权利登记、公告通知、电子送达等程序的便利化。

赋权性质：①特别代表人制度：社会组织参加特别代表人诉讼，应当事先取得被侵权人的特别授权，并提交相应授权证明。社会组织有权为私益主体利益参加庭审，变更、放弃或者承认对方诉讼请求，达成调解协议，提起或者放弃上诉，申请执行等。②“默示加入+明示退出”制度：社会组织依据公告确定的权利登记范围与环境保护行政主管部门确定被侵权人名单，并据此向法院申请登记，符合登记范围的被侵权人不愿意参加诉讼的，应在公告期内向社会组织提出。社会组织代表私益主体与被告达成和解或调解协议时，应以公告方式通知全体原告，原告可在公告期间内向社会组织声明退出，和解或调解协议的效力不及于声明退出的原告。一审判决应当送达社会组织并向全体原告进行公告，原告可在上诉期内向社会组织明确表示是否上诉。社会组织上诉的，一审判决在明确表示不上诉的原告与被告之间生效；社会组织不上诉的，除明确表示上诉的原告外，一审判决在其他原告与被告之间生效。社会组织继续作为代表人参加二审程序。

① 从环境侵权民事司法制度设计看，生态环境损害赔偿诉讼、环境民事公益诉讼的部分请求与域外团体提起的不作为诉讼功能类似。目前主要的问题是对被侵权人所受损害的救济问题，故本文仅讨论赋权社会组织提起损害赔偿诉讼

诉讼费用：特别代表人诉讼案件不预交案件受理费。败诉或者败诉部分的原告申请减交或者免交诉讼费的，法院可依规定视原告的经济状况和案件的审理情况决定是否准许。

协调联动：法院、社会组织与环境保护行政主管部门建立数据对接、审判咨询、联席会商等协调联动机制，为被侵权人名单确定、适格被侵权人范围核验、损失赔偿数额计算等提供专业支持。

判决内容：①具体损害金额能够认定：法院以查明的共通事实为依据作概括性给付判决，载明各私益主体应获得的赔偿数额，或列出确定赔偿数额的公式以便私益主体在判决公告之后通过简单计算获赔。②具体损害金额能够认定，但私益主体已就分配方式达成书面协议：若私益主体之间已就总赔偿金额的分配方法达成协议，并以书面形式表明愿由法院仅判定被告应给付赔偿金之总额时，法院可不在判决中认定各个私益主体应获得的赔偿数额。③具体损害金额无法认定：若法院仅能确定环境侵权行为、赔偿责任，私益主体则需通过小额诉讼制度举证个人实际受损数额。

效力扩张：①以相对性为原则：原则上特别代表人诉讼的判决仅在当事人之间发生效力，但出于保护弱势群体的考虑，该判决既判力可片面扩张至有利于私益主体方面。②有利于私益主体时的有限扩张：若特别代表人诉讼已生效判决、裁定有利于私益主体，符合权利登记范围但未能被环境保护行政主管部门确定在名单范围内的私益主体提起诉讼，且主张的事实和理由与前述生效判决、裁定所认定的共通事实和法律适用意见相同的，法院可直接裁定适用已生效的判决、裁定。代表人诉讼调解结案的，法院对后续涉及同一环境侵权事实的案件可以引导当事人先行调解。

（2）私益主体已经起诉。若被侵权人提起私益诉讼时，社会组织尚未提起特别代表人诉讼，法院经审查后认为该案件涉及其他被侵权人的，即可发出权利登记公告，通知相关被侵权人在公告期间内进行登记。公告期间结束后，由被侵权人授权社会组织提起损害赔偿诉讼，转入上述制度设计。

结 语

从地方实验到全国推行、从审判独行到多元参与、从私益诉讼到公益诉讼与生态环境损害赔偿诉讼，我国构建了一套独具特色的环境侵权民事司法救济体系。当下发生的环境侵权事件日益反映出环境问题本身的复杂性、交织性、整体性，因而，这一体系建构的理想基准不能仅基于分离式的纠纷解决，而应着眼于实现环境公益与环境私益的系统保护。在坚持诉讼经济原则基础上，通过细化生态环境损害赔偿诉讼先于环境民事公益诉讼的诉讼顺位、赋权能够提起公益诉讼的社会组织一并提起私益诉讼，进一步强化三类诉讼之间的程序衔接，是建构严密的环境侵权民事司法保护体系的必由之路。

前后有别：既判力基准时下形成诉权式撤销权行使路径的反思

——兼评《全国法院民商事审判工作会议纪要》第42条

高 娟* 罗富云** 邓山山***

一、问题提出：当事人的形成诉权式撤销权究竟如何行使

《全国法院民商事审判工作会议纪要》第42条规定形成诉权式撤销权（本文仅讨论只能通过诉讼或者申请仲裁方式行使的撤销权，即形成诉权式的撤销权，本文无特别指代，在本文中撤销权即为形成诉权式撤销权）的行使可以通过提出抗辩的方式进行，这改变了要求当事人通过诉讼或者仲裁来行使的传统方式。但形成诉权式撤销权通过抗辩方式来行使又带来一些的新的问题，使得形成诉权式撤销权的行使路径变得复杂。

（一）表层分析：当事人自由行使撤销权不受限制

1. 实体上当事人根据意思自治行使撤销权。根据《民法典》第147条至第151条，对欺诈、重大误解、显失公平的情形赋予了相关权利人有权请求人民法院或者仲裁机构予以撤销民事法律行为。同时，《全国法院民商事审判工作会议纪要》第42条也规定了撤销权应当由当事人行使，当事人未请求撤销的，人民法院不应当依职权撤销合同。根据民法的意思自治原则，当事人可以根据自己的意思表示自由行使撤销权，不受限制。

2. 诉讼上当事人根据处分原则行使撤销权抗辩。民事诉讼程序是一场攻击和防御相结合的战争，原告向法院提起诉讼，向被告提出诉讼请求发动攻击，此时需要向被告赋予抗辩的防御权利，以此来达到诉讼策略上的攻防平衡。抗辩，是当事人对相对方的主张进行争执的行为，是指一方当事人为了使对方当事人提出的事实主张在法律上的效果能不发生或使其消灭而提出的与对方当事人主张的事实能够成立的并且能够独立引起法律效

* 作者单位：河北省涿州市人民法院。

** 作者单位：四川省盐亭县人民法院。

*** 作者单位：四川省盐亭县人民法院。

果的要件事实。[①] 当事人诉讼中的抗辩既有实体上的抗辩，也有程序上的抗辩。其中实体上的抗辩包括了权利障碍抗辩、权利消灭抗辩、权利阻止抗辩三种类型，程序上的抗辩，包括了妨诉抗辩、证据抗辩两种类型。当事人在诉讼中行使撤销权的抗辩应该属于实体上的抗辩中的权利障碍性抗辩，即该种抗辩是指当事人提出的妨碍对方主张的事实效果予以成立的事实。通常情形下权利障碍抗辩由被告提出，妨碍原告主张的权利成立。撤销权的抗辩一般由被告行使，否定原告主张的民事法律行为的效力，使之归于无效。因此，根据《民事诉讼法》上的处分原则，原告可以在诉讼中根据其自由意思处分自己的诉讼中抗辩，并不受限制。

（二）深度分析：撤销权的不当行使对民事争议的逻辑起点产生重大影响

撤销权的行使路径不受限制，将导致诉讼中当事人滥用撤销权，妨碍民事诉讼的进程，增加当事人的诉讼成本，浪费司法资源。因此，需要进一步反思撤销权行使路径，其具有重要理论和实践价值。能否行使撤销权以及何时行使撤销权，具有极为重要的法律意义。民事诉讼的主要目的就是为了解决民事争议，而民事争议的逻辑起点就是民事法律行为，撤销权的行使将对案件争议的民事法律行为效力产生重大影响，从而影响到当事人诉讼目的的实现。通过以下案例进行具体探讨：

甲与乙签订买卖合同，由甲向乙购买货物，甲向乙给付货款，乙收到货款时向甲交付货物。甲已按照约定向乙付款，乙未向甲发货。甲向人民法院提起诉讼，要求乙履行合同，即由乙向甲交付货物。

【问题一】如果乙在给付之诉一审法庭辩论终结前主张甲方存有欺诈等情形，乙如何行使撤销权？

【问题二】如果乙在给付之诉一审法庭辩论终结前提出了可撤销的抗辩，一审人民法院认为抗辩不能成立，一审给付之诉判决生效后，乙能否单独提起撤销权诉讼？

【问题三】如果乙在给付之诉一审法庭辩论终结前已经发现甲存有欺诈等情形但未提出抗辩或提起反诉行使撤销权，乙是否有权再行使撤销权？

【问题四】如果乙在给付之诉一审法庭辩论终结后才发现甲存在欺诈等情形，乙如何行使撤销权？

【问题五】如果乙在给付之诉判决生效之后才发现甲存在欺诈等情形，乙如何行使撤销权？

---

① 刘显鹏：《论民事诉讼中的抗辩》，载《理论月刊》2009 年第 7 期。

二、既判力基准时引入裁判的必要性

考虑到我国制度目前存在的不足以及民事实体法与民事诉讼法规则的冲突，法律和司法解释没有明确规定在一审、二审、再审中撤销权的行使路径，结合既判力的遮断力的视角，为确保个案公平，保证诉讼效率，追求程序保障和法的安定性，防止当事人重复起诉，浪费司法资源，有必要在既判力基准时前后对撤销权的行使路径进行完善，对司法实务活动具有重要意义。当事人应当在何时提出撤销权的抗辩或反诉，当事人之间的权利义务何时确定，法院据此予以裁判，裁判文书生效时对再次提起抗诉或反诉具有的遮断力，要引入既判力基准时，问题才能迎刃而解，反之则无法确定当事人提出抗辩或反诉的合理时间，会造成司法实践中的不统一，出现不公正的判决。

（一）既判力基准时的概念界定及时点确定

1. 既判力基准时的概念界定。在现实生活中，当事人之间的民事纠纷在法院生效的判决解决之后，可能会出现新的情况或变化，而使得判决作出的事实基础有所出入，因此为了保障判决的确定性，防止当事人重复起诉，因此，有必要在诉讼程序的技术层面规定既判力的基准时。关于既判力基准时的概念，不同的学者都有不同的定义。例如有学者认为，既判力基准时是指既判力以此基准时点所确立的当事人之间的权利义务关系对后诉发生作用，但不意味着既判力从基准时起即发生效力。有学者认为，既判力的基准时是指确定终局判决对当事人之间争议的事实状态和权利状态产生既判效果的特定时间点。① 而既判力是指判决一经确定就不允许当事人再行争执的确定力。② 因此既判力基准时是指已确定判决的既判力作用的时间界限，也称为既判力的时间界限或既判力的标准时。③ 当事人之间的民事权利义务处于动态变化的过程中，这需要司法裁判者进行裁判时，将当事人之间的权利义务在某个时间点上进行固定，将动态的权利义务变为相对静止。在这个时间点前，充分保障当事人的诉讼权利，在对抗模式下赋予当事人诉讼上攻击和防御手段。

2. 一审法庭辩论终结时作为既判力的基准时。《最高人民法院关于适用〈中华人民共和国民事诉讼法〉的解释》第248条规定："裁判发生法律效力后，发生新的事实，当事人再次提起诉讼的，人民法院应当依法受理。"该法条将裁判发生法律效力作为既判力的时间基准。从该法条的文义上进

---

① 张艺伟：《论既判力的基准时》，载《赤峰学院学报》2016年第8期。

② 林剑峰：《既判力相对性原则在我国制度化的现状与障碍》，载《现代法学》2016年第1期。

③ 张卫平：《民事诉讼法》，法律出版社2016年版，第432页。

行分析，发生新的事实应当是裁判文书生效后，对于判决生效后发生的新事实不受前诉既判力的遮断，可以在判决后提起诉讼。对该法条的理解适用上，笔者有两个反问：其一，确定既判力基准时需不需考虑一审、二审的程序功能差异？如果是一审判决已生效，那么将裁判发生法律效力作为既判力的基准时是合理的；但如果是一审判决后当事人上诉，一审判决就不发生效力，若仍将二审判决生效作为既判力的基准时，将忽略一审的程序功能。因为一审的程序功能主要是对当事人间民事争议进行事实审和法律审，以此解决当事人的民事争议；而二审的程序功能主要对案件进行法律审，除非当事人在二审中提出新证据，二审程序才进行事实审，因此二审程序的审理也是建立在一审裁判认定事实的基础上，结合既判力的基准时特点，应该将既判力的基准时固定在一审程序中。

其二，既判力基准时的时间点定在一审法庭辩论终结时是否更为合理？在形成权的行使与既判力遮断效力的问题上，法庭辩论终结时到裁判发生效力存在一定的时间间隔，而在这一期间内可能发生因一方当事人主张形成权行使而导致诉争的民事法律关系发生变动，而此时段内发生的形成权的主张，一方面法官可能并不知晓，另一方面双方当事人也未在诉讼中展开讨论，如果将既判力的时间范围确立为裁判生效时，既未赋予当事人在前诉中充分争论的权利，又不能作为新事实而在后诉中另行主张，显然不仅未能解决既判力基准时后形成权的行使问题，同时，还因为基准时的错位构成对权利人的不当侵害。① 大陆法系基于辩论主义的要求将事实审的口头辩论终结时作为既判力的标准时，我国因为辩论主义的空洞化，将裁判发生法律效力作为基准，我国的立法者在制定实体法时仅仅从实体层面考虑，未从诉讼法的层面去考虑通过何种方式实现实体权利。为解决撤销权在实践中的操作途径，应先对我国既判力的时间基准进行反思，充分保障当事人的权益，在司法实务中形成统一的处理方式。既判力基准时应当如何确定才合理？法院的判决产生既判力，既判力约束法院和当事人。民事法律关系可能会在诉讼过程中和判决结束后变动，为了将当事人的纠纷争议限定在某一点上，使判决相对具有稳定性，从程序上保障当事人的权利，有必要对将当事人争议的诉讼标的权利义务关系确定在某一刻。庭审中，要经过举证质证、辩论和进行最后陈述，庭审进行到言辞辩论终结时，当事人充分进行了主张和辩论，法官能够在此时点对诉讼标的的民事权利义务关系予以判断，将此时刻作为既判力的基准时，既判力的基准时后既判力具有遮断力，即不得再次主张既判力基准时前的事由。将我国既判力基准时确定为一审法庭辩论终结时比较合理（见图 1）。

---

① 张卫平：《民事诉讼：关键词展开》，中国人民大学出版社 2005 年版，第 325 页。

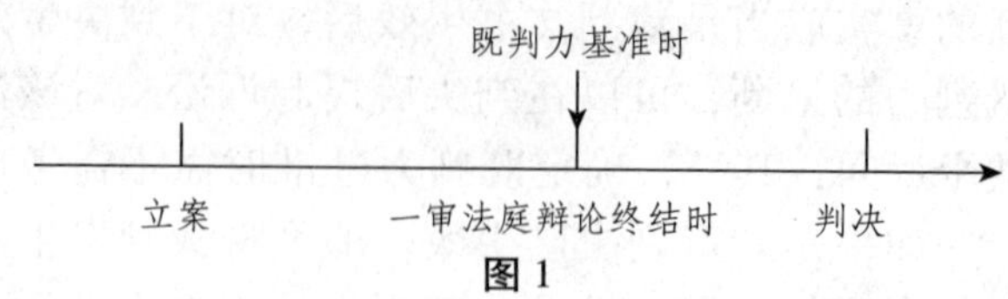

图1

（二）既判力基准时作为分流撤销权行使路径的工具

1. 现实描摹：从实践中观察撤销权现有行使途径不可取。在司法实践中，法院对当事人的撤销权行使路径有两种不同看法：（1）只要当事人没有提起撤销权的诉讼（包括反诉），当事人就可以另案提起诉讼，根据《最高人民法院关于适用〈中华人民共和国民事诉讼法〉的解释》第247条重复起诉的判断条件规定，不构成重复起诉；（2）如果在前诉中相关法律行为经人民法院确认有效后，当事人就不能再次行使撤销权，以此来否定生效判决对法律行为的效力。司法实务中，当事人如果通过抗辩撤销合同，一般法院都向当事人释明通过反诉或提起诉讼来解决。如果当事人未提起诉讼或反诉，人民法院将对撤销事由不予审查。由于当事人行使撤销权的时间点不一样，但到目前为止，当事人在一审法庭辩论终结前通过反诉或者抗辩来行使撤销权已经没有争议了，但是在既判力基准时后的撤销权行使在实务中出现不同的情况，如表1所示。

表1　实务中撤销权的行使情况

序号	案号	行使撤销权的方式	时间	法院裁判结果
1	（2019）粤06民终3899号	原审原告补充上诉请求撤销合同	二审法庭辩论终结前	一审中并未请求撤销合同，在二审期间新增加的诉讼请求，法院对此不予审查
2	（2018）最高法民终778号	一审中主张合同可撤销的抗辩；上诉提出诉讼请求合同具有撤销事由属于可撤销合同	一审辩论终结前	一审：撤销合同应以提起诉讼、申请仲裁的方式提出，本案中以抗辩方式主张合同可撤销，不予支持 二审：当事人未行使撤销权撤销合同的情况下，合同依然有效，双方应受合同约束，并承担违约责任。在此情况下，以可撤销合同并予以撤销为由抗辩，主张不承担合同责任，不予支持
3	（2020）豫03民终2407号	另提起行使撤销权诉讼	前诉合同纠纷受理后	后诉撤销担保合同之诉的诉请实际上已经涵括在前诉给付之诉的诉请中，构成重复起诉

续上表

序号	案号	行使撤销权的方式	时间	法院裁判结果
4	(2020)湘06民再72号	另行提起行使撤销权诉讼	前诉判决生效后	前诉确认合同有效。后诉一审认为重复起诉、后诉二审认为重复起诉、再审认为诉讼请求不同，是两个完全独立的诉讼，因撤销权之诉的前提是合同有效，故本案撤销之诉的诉讼请求并非对前诉裁判结果进行否认，两个诉讼之间并不存在矛盾，同时确认合同效力审查的事由与可撤销合同审查的事由并不相同，不构成重复起诉
5	(2017)最高法民终651号	二审程序外另行提起行使撤销权诉讼	一审判决后，二审过程中称另诉撤销合同，请求中止审理	二审：本案必须对合同的效力以及是否履行做出实质判断，并对一审被告主张的撤销事由进行审查，而不以其他案件结果为依据
6	(2019)最高法民申2536号	另行提起撤销权诉讼	前诉判决生效后	前诉判决对合同效力认定，已经生效。应通过审判监督程序救济，不应当再次提起诉讼行使撤销权，属于重复起诉
7	(2020)苏01民终2744号	另行提起撤销权诉讼	前诉判决生效后	前诉判决解除合同，后诉提起诉讼撤销合同，实质系否定前诉裁判结果，构成重复起诉
8	(2020)新民申1050号	申请再审称，该合同在重大误解的情况下签订，应撤销	判决生效后	一审反诉请求中未提出撤销合同，原审判决也未涉及撤销合同。该项理由不属于本院审查范围，本院不予审查
9	(2020)最高法民申1137号	再审申请	判决生效后	应当知道撤销事由而不行使，自身权益的自我怠慢或过度疏忽，也应当自担风险和损失
10	(2018)最高法民申866号	再审请求称原判决认同存在重大误解，请求改判	二审判决生效后，撤销权超过除斥期间	订立合同时存在重大误解，后知道可撤销事由，未及时向法院申请撤销，选择继续履行合同。后向法院起诉请求撤销，有违诚实信用原则

2. 理论争鸣：从理论上探寻撤销权行使途径的可能。撤销权的行使方式在理论上主要存在两种意见：第一种意见认为当事人可以根据意思表示自由行使撤销权；第二种意见认为当事人必须通过诉讼或者仲裁来行使撤销权。根据《全国法院民商事审判工作会议纪要》第42条规定撤销权采用抗辩的方式提出使得撤销权的行使路径相比之前得到了进一步的扩张。

现在当事人在既判力基准时之前可以通过抗辩或者提起反诉的方式行使撤销权没有争议，立足现有制度规定，目前存在疑问的是在给付之诉的既判力基准时之后，当事人的撤销权如何行使。首先，当事人是否可以在给付之诉裁判生效后单独提起形成之诉行使撤销权？此时需要考虑当事人在给付之诉的裁判发生效力后，当事人在事后另外以行使撤销权起诉时，那么前诉的既判力是否对后诉产生遮断力？学说上存在两种观点：（1）前诉既判力基准时后不能实行撤销权，因为判决的既判力治愈了可撤销的瑕疵；（2）前诉既判力基准时后能行使撤销权，因为一是既判力确定基准时的权利存在不排除将来权利效力且可能不必要强化了原告的实体法地位，二是特定法律行为的无效或可撤销并不取决于瑕疵的轻重，三是被既判力遮断的效果不当侵害了实体法上的形成权。其次，当事人是否可以在给付之诉一审法庭辩论终结后通过抗辩或反诉行使撤销权，理论界对该种情形下的撤销权行使讨论比较少，该问题将在下文进行探讨。

3. 路径窥探：引入既判力基准时的合理性。既判力基准时概念的引入是否可以使当事人的撤销权行使回到有序的状态，在实体法的角度上尊重当事人自由行使撤销权的实体权利，在程序法的角度上为当事人行使撤销权提供程序上的技术支撑保障其程序权利。此时需要论证引入既判力基准时的合理性。“显性功能是有助于体系之适应或顺应的客观后果，这种后果为此体系之参与者所预期并认可。隐性功能与显性功能相对应，这种后果既非预期的，亦未被认可。”① 接下来将从两个方面来进行论证，其一为既判力基准时的显性功能，其二为既判力基准时的隐性功能。

（1）固定裁判时点：既判力基准时的显性功能。事物的发展是一个持续变化状态，如果要对事物进行观察评价时，应该固定观察评价的时间点，确保观察评价的结论具有时效性。而在具体的裁判中，当事人在同一纠纷在判决后可能出现新情况或新变化，应当把当事人之间的权利义务关系确立在一点上，以对后诉发生作用，遏制重复诉讼，防止判决因民事法律关系的变动而无法确定。为了实践方便操作、统一适用、从程序上保障当事人的权益，有必要在讨论撤销权的行使路径中引入事实审的口头辩论终结时作为既判力的基准时点，再讨论对判决的遮断效力才有意义。从裁判者视角出发，事实审的口头辩论终结前充分保障当事人辩论的诉讼权利，让当事人通过诉讼权利的行使将民事纠纷的客观事实逐步还原，给裁判者一个全面的观察视角来审视案情，为确保裁判者裁判结论具有正当性，就需要为裁判者固定裁判时点；从当事人视角出发：裁判时点前当事人需要尽可能向裁判者提供还原案情客观情况的证据，并及时向裁判者表达诉求，

① ［美］默顿：《论理论社会学》，何凡兴等译，华夏出版社 1990 年版，第 139 页。

那么裁判者将对以该裁判时点前了解到的有效信息，结合当事人的诉求进行回应，此时需要为当事人固定裁判时点。当事人在前诉中对于其可主张之事项不具有可预料性时，当事人另行提出的请求不受既判力效力的遮断。若当事人在前诉中不具有提出撤销权的责任，应当允许其在基准时后再为主张，否则既判力基准时后撤销权的行使应当受到前诉既判力的遮断。

（2）融合既判力与争点效力：既判力基准时的隐性功能。既判力基准时除了固定裁判时点这一显性功能外，既判力基准时还具有隐性功能。既判力基准时作为一个法学概念是既判力理论的重要组成部分，不了解这个概念就无法全面掌握既判力理论和制度。[①] “既判力的基本含义指的是判决确定以后，判决针对当事人请求而作出的实体判断就成为规定当事人之间法律关系的基准，此后当事人即不能再提出与此基准相冲突的主张来进行争议，法院也不得作出与此基准矛盾的判断。”[②] 因此，既判力基准时作为了解既判力理论的关键切入点具有不可忽视的作用。但既判力的客观范围是既判力制度理论最为重要的问题，既判力是对后诉的诉讼标的产生拘束，依照大陆法系民事诉讼理论和民事程序法，确定既判力客观范围的原则是：对终局判决中的已经确定的诉讼标的有既判力。[③] 既判力的作用范围原则上限定为判决主文，判决理由原则上不具有既判力，因此，“学说上就形成了一个公式并长期地维持下来，即请求——→诉讼标的——→判决主文——→既判力的客观范围。”[④] 对给付之诉一审法庭辩论终结前，当事人如果提起反诉要求撤销民事法律行为，法院会对本诉和反诉进行合并审理，对当事人的本诉、反诉的诉讼请求进行裁判，此时生效的判决的既判力客观范围覆盖了整个判决主文，裁判者对当事人撤销权的行使将通过判决主文中的具体判项进行回应，此时既判力的客观范围没有争议。但对当事人在给付之诉中通过抗辩的方式行使撤销权，撤销权的行使只会在裁判理由中进行认定，无法在判决主文中对当事人的抗辩进行回应。如果当事人通过抗辩行使撤销权符合法律规定的条件，则法院将在给付之诉中驳回原告的诉讼请求；如果当事人通过抗辩行使撤销权不符合法律规定的条件，则法院将在给付之诉的判决理由中对当事人的抗辩理由不予认可。为了防止当事人通过抗辩行使撤销权之后又单独通过诉讼再次行使，构成重复起诉，有必要扩大既判力的客观范围。“既判力客观范围的扩张，其实质就是突破既判力客观

---

① 张卫平：《民事诉讼法》，法律出版社 2016 年版，第 432 页。

② 王亚新：《对抗与判定——日本民事诉讼的基本结构》，清华大学出版社 2010 年版，第 255 页。

③ 张卫平：《民事诉讼法》，法律出版社 2016 年版，第 423 页。

④ 王亚新：《对抗与判定——日本民事诉讼的基本结构》，清华大学出版社 2010 年版，第 277 页。

范围仅限于诉讼标的的原则……但既判力扩张最大的问题是，实际上将原告与被告之间的诉讼标的也强制性地加以扩张，超出了当事人双方意思范围。"① 日本学者新堂幸司在既判力之外提出争点效力，这种争点效力及于判决的理由，在判决理由中对当事人各个争点的判断在后诉中不得加以争论，因此前诉对后诉的拘束力就包括了既判力和争点效力。而既判力基准时固定到一审法庭辩论终结时，按照庭审程序，在法庭辩论阶段，裁判者会根据庭审的情况及当事人的请求与抗辩情况总结当事人的争议焦点，让当事人围绕案件的争议焦点进行多轮辩论，充分保障当事人的诉讼权利。此时既判力基准时也成为裁判者梳理当事人争议焦点的最终时点，并对后诉产生拘束力，因此既判力基准时从对后诉拘束角度具有融合既判力和争点效力的隐性功能。

三、撤销权行使路径的新范式：既判力基准时前后有别

（一）既判力基准时前撤销权的行使路径

1. 通过抗辩的方式行使。抗辩，是针对请求权提出的一种防御方法，是当事人通过主张与对方的主张事实所不同的事实或法律关系，否认对方的主张或事实，排斥对方所主张的事实的行为。抗辩本不是一项独立的实体权利，而是诉讼程序中的一种对抗手段。抗辩具有被动性。在诉讼过程中，一审法庭辩论终结前，对于撤销权能否以抗辩的方式提出，在司法实务中存有争议，《全国法院民商事审判工作会议纪要》第 42 条认为可以在诉讼过程中通过抗辩的方式行使。若撤销权人在一审法庭辩论终结前以具有撤销事由提出抗辩，主张撤销民事法律行为，经人民法院审查满足撤销权的行使条件，应如何作出判决？此时由于被告未通过反诉来行使撤销权，人民法院无法在判决主文中明确撤销民事法律行为，只能驳回原告的给付之诉的诉讼请求，同时需要人民法院在判决理由部分，将"被告是否有权撤销民事法律行为"作为争议焦点进行说理评析，使之产生争点效力。

2. 通过反诉的方式行使。反诉的诉讼请求能够对本诉的诉讼请求产生吞并、抵销的效果，使得反诉的目的具有对抗性。同时，反诉制度是通过反诉与本诉合并审理，减少当事人的诉累，降低诉讼成本，便于生效判决的执行。因此被告完全可以在满足反诉的要件下行使撤销权，便于将原、被告间的民事纠纷全部进行解决。如果被告形成撤销权的反诉成立，则本诉原告的给付请求将被驳回，反诉原告的撤销请求将被支持。一般情况下，反诉原告除了撤销民事法律行为的诉讼请求外，还有要求反诉的原告返还

① 张卫平：《民事诉讼法》，法律出版社 2016 年版，第 425 页。

财产或折价补偿、赔偿损失等该项诉讼请求，此时法院将一并作出裁判。

（二）既判力基准时后撤销权的行使路径

1. 既判力基准时后至裁判生效时的撤销权行使。

（1）既判力基准时前当事人已发现具有撤销事由。既判力基准时前已经充分保障了当事人的诉讼权利，特别是诉讼中辩论权利，当事人在一审法庭辩论终结前都可以通过口头或书面的方式行使抗辩撤销民事法律行为。如果当事人已经在既判力基准时前发现具有撤销事由而又不行使，当事人还可以行使撤销权？为双方当事人在程序过程中的对抗提供程序保障和当事人自我责任成为裁判结果的判决具有正当化的根据。[①] 笔者认为，此时如果毫无限制地允许当事人行使撤销权，将使得既判力基准时固定的民事权利义务关系又一次处于变动状态，加大了当事人间对抗负担，同时，会出现滥用撤销权的嫌疑，应当予以限制。此时，结合民事诉讼失权理论中的当事人诉讼权利失权，当事人诉讼权利失权具体包括了答辩权失权，申请回避权失权，管辖异议权失权，反诉权失权，撤诉权失权，变更、追加诉讼请求权失权，提出证据权失权等。[②] "民事诉讼中的失权，是对当事人在诉讼中实施一定诉讼行为加以规制的制度。"[③] 民事诉讼中失权的正义性原理源于人们对诉讼效率性和时间经济性的认同。[④] 所以，当事人在既判力基准时之前已经发现撤销事由且在既判力基准时之前消极不予行使，当事人自身具有过错，那么在既判力基准时之后当事人不能再次抗辩或者以诉讼方式行使撤销权，当事人诉讼权利失权。同时，为了协调当事人的诉讼权利与实体权利行使，在既判力基准时前当事人已发现撤销事由，其行使期限需要受到既判力基准时与除斥期间的双重约束，既判力基准时前当事人行使撤销权具有过错时，作为加速当事人的撤销权除斥期间的助推器。

（2）既判力基准时后当事人才发现具有撤销事由。当事人在既判力基准时后才发现具有撤销的事由，此时当事人由于自身不具有过错，不需要承受诉讼权利失权的后果。既判力基准时后到裁判生效时存在一定的时间间歇，如当事人在一审法庭辩论终结后才发现具有撤销事由，此时当事人应该通过上诉阻止一审判决的生效。当事人应该在二审程序中提出抗辩或者提起反诉，由于当事人在既判力基准时后才发现具有撤销事由，当事人可以在二审程序中举证证明自己发现撤销事由的时间点以及满足撤销权的

---

① 王亚新：《对抗与判定——日本民事诉讼的基本结构》，清华大学出版社 2010 年版，第 255 页。

② 田海鑫：《民事诉讼失权理论研究》，中国政法大学出版社 2017 年版，第 178~198 页。

③ 唐力：《论民事诉讼失权制度的正当性——兼评〈民事诉讼法〉修正案第 10 条》，载《中国海洋大学学报（社会科学版）》2012 年第 4 期。

④ 张卫平：《论民事诉讼中失权的正义性》，载《法学研究》1999 年第 6 期。

行使条件。由于当事人行使撤销权将直接对原、被告民事诉讼争议的逻辑起点产生影响，给付之诉需要对民事诉讼的诉讼标的（“诉讼标的概念一般情况下多指法律关系，但鉴于多种多样的案件情形，也可能涵盖从生活事实到包括请求权或法定事由在内、所有能够识别特定请求的要素。”① 在本文指原、被告争议的民事法律关系）进行前提性判断，二审审理过程中当事人因新事实与理由对诉讼标的效力存在异议，当事人需要提出证据证明自己的主张，如果当事人行使撤销权满足法律规定的条件，此时为了保障给付之诉原告的上诉利益，二审法院应该组织原、被告双方调解，调解不成将该案发回一审法院重审，当事人可以按照既判力基准时前撤销权行使路径通过抗辩或者反诉的方式来行使。但二审法院为了减少当事人的诉累、提高诉讼效率，可以双方当事人同意由二审法院一并审理的，二审法院可以一并对当事人的反诉进行裁判，对当事人的抗辩在判决理由中进行回应。本文基于从被告视角来讨论撤销权的行使路径，原告在诉讼中可以较为自由、主动地行使撤销权，但需要特别说明的是，在二审中，原审原告根据禁反言规则，不能再主张与一审诉讼请求相反的撤销合同或合同无效的请求。

2. 裁判生效后的撤销权行使。

（1）裁判生效前当事人已发现具有撤销事由。由于当事人在裁判生效前已经发现了撤销事由，同时裁判已经发生法律效力，产生判决的既判力，对当事人的权利义务产生了确定力。当事人在裁判生效前消极不行使撤销权，且允许当事人在前诉生效判决后单独起诉来行使撤销权，如果当事人的撤销权行使满足实体法的规定条件，将造成前诉与后诉的裁判出现矛盾判决。此时应该根据判决力理论，“一事不再理”，对当事人在后诉单独提出诉讼不予受理，已经受理的裁定驳回起诉。

（2）裁判生效后当事人才发现具有撤销事由。由于裁判已经生效，产生了既判力，如果当事人在裁判生效后发现了撤销事由，在程序上满足申请再审的条件，根据《民事诉讼法》第200条第1项、《最高人民法院关于适用〈中华人民共和国民事诉讼法〉的解释》第387条的规定，由当事人提供新证据证明撤销事由成立满足撤销权的行使条件，经过审查满足再审条件的，考虑到撤销权的行使将影响民事法律关系的效力，人民法院应裁定按照一审程序再审，当事人按照既判力基准时前的撤销权行使路径行使撤销权；经审查不满足再审条件的，人民法院应裁定驳回当事人的再审申请。

① 王亚性、陈杭平、刘君博：《中国民事诉讼法重点讲义》，高等教育出版社2017年版，第11页。

四、回答前述五个案例问题

【问题一】如果乙在给付之诉一审法庭辩论终结前主张甲方存有欺诈等情形，乙应该在既判力基准时前通过起诉或者反诉的方式行使撤销权。

【问题二】如果乙在给付之诉一审法庭辩论终结前提出了可撤销的抗辩，一审人民法院认为抗辩不能成立，一审给付之诉判决生效后，乙不能单独提起撤销权诉讼，虽然在生效的判决主文中没有对当事人的抗辩进行裁判，但法院将基于当事人的抗辩在判决理由中归纳原、被告的争议焦点，即被告乙是否有权撤销民事法律行为？法院将对该争议焦点进行评析，产生争点效力，对后诉产生拘束力。

【问题三】如果乙在给付之诉一审法庭辩论终结前已经发现甲存有欺诈等情形但未提出抗辩或提起反诉行使撤销权，乙不能行使撤销权，因为乙在既判力基准时前已发现撤销事由，在对其诉讼权利进行充分保障的前提下，仍消极不行使，自身存在过错，应当承担当事人诉讼权利失权的后果，不得再次通过抗辩或反诉方式行使撤销权。

【问题四】如果乙在给付之诉一审法庭辩论终结后才发现甲存在欺诈等情形，乙可以通过上诉阻止一审判决生效，一审判决未产生既判力，在二审程序中通过提出抗辩或者反诉行使撤销权，同时需要考虑当事人的上诉利益，二审法院应该阻止当事人进行调解，调解不成的，裁定发回重审；或经当事人同意由二审法院一并审理并作出裁判。

【问题五】如果乙在给付之诉判决生效之后才发现甲存在欺诈等情形，由于给付之诉判决已经发生了既判力，现在需要通过再审程序改变给付之诉的既判力，由当事人在满足申请再审的条件下通过申请再审来行使撤销权。

困境与机遇：诉源治理体系下网贷纠纷化解机制的探索与构建

刘　璇[*]　陈旭云[**]

前　言

随着互联网技术、信息通信技术不断取得突破，互联网与金融快速融合，网贷业务得到迅速发展，然而看似繁荣的网贷市场中也潜藏着巨大风险。目前，我国规制网络借贷行为的法律体系虽然已经初步建立但尚不完善。司法实践中，网贷机构合规性不足，接受债权转让、对外提供担保等行为时有发生，非法集资与合法融资的判定界限模糊，造成刑民交叉法律问题突出。各大网贷机构坏账和“跑路”的现象更是屡见不鲜。在当前网贷机构“大清退”背景下，网贷纠纷急剧爆发，如何有效化解网贷纠纷、平稳处置网贷风险，不仅是法院司法审判，更是当前社会治理工作中的难点、痛点问题。困境中寻找机遇，当前诉源治理规范化建设为系统化解网贷纠纷提供了契机，人民法院应当找准工作结合点、切入点，充分发挥审判职能作用，为创新国家制度和国家治理体系建设提供有力司法保障。

一、网贷机构“大清退”背景下网贷纠纷集中爆发

网贷机构，顾名思义，从事网络借贷活动的机构。本文探讨的“网络借贷”，泛指自然人、法人和非法人组织之间通过网络借贷机构进行资金融通的行为，包括个体网络借贷（即 P2P 网络借贷）和网络小额贷款。P2P 网络借贷指个体和个体之间通过互联网平台实现的直接借贷，属于民间借贷范畴。网络小额贷款指互联网企业通过其控制的小额贷款公司，利用互联网向客户提供的小额贷款。按照定位不同，网贷机构主要分为两类：一是纯粹的信息中介机构。网贷机构只负责信息发布、交易撮合以及资信评估等中介服务。二是债权转让型网络借贷机构。这种网贷机构通过互联网

* 作者单位：河北省高级人民法院。

** 作者单位：北京市高级人民法院。

平台以发售“定期理财产品”等名义募集资金并设立资金池，向投资人承诺以远期债权转让的方式足额偿付投资本息，吸收资金后分别向借款人出借款项，从而完成借贷链条。该种设立资金池的行为，既违反监管政策，也符合集资诈骗、非法吸收公众存款等犯罪行为的特征。

2018 年 12 月，互联网金融风险专项整治工作领导小组办公室、P2P 网贷风险专项整治工作领导小组办公室联合发布了《关于做好网贷机构分类处置和风险防范工作的意见》（以下简称“175 号文”），① 其中明确“将坚持以机构退出为主要工作方向，除部分严格合规的在营机构外，其余机构能退尽退，应关尽关，加大整治工作的力度和速度”。2019 年 12 月，银保监会发布《关于推动银行业和保险业高质量发展的指导意见》（以下简称“52 号文”），再次明确“坚决清理和取缔未经批准从事金融业务的机构和活动”“深入开展互联网金融风险专项整治，推动不合规网络借贷机构良性退出”。

随着监管部门多次发声表示网贷机构整治仍将以出清为主要目标，公众对网贷机构的信任度逐渐下降，正常运营的数量也不断下降。《2019 年中国网络借贷行业年报》显示，截至 2019 年 12 月底，网贷行业正常运营平台数量下降至 343 家。据不完全统计，2019 年全年退出行业的平台数量为 732 家，其中停业及转型平台数量有 510 家，问题平台 222 家。2019 年退出的平台对行业的影响较大，数家待收规模上百亿的平台开始转型退出。② 为了引导网贷机构良性退出，各地陆续出台相关指导意见。据不完全统计，目前已有北京、上海、深圳、江西、济南、大连、浙江、广东、广州等地出台 P2P 平台良性退出指引或者征求意见稿。③

笔者总结各地网贷机构退出的规定，归纳出以下特点：（1）遵循属地管辖原则。一般只管辖本辖区内网贷机构的退出工作。（2）成立清退组。清退组接管网贷机构，执行退出期间的日常管理工作。（3）金融监管部门作为专门领导机构。一般为网贷机构所在地的金融办、互联网金融行业协会等，指导、监督清退组开展清退工作。（4）引入第三方专业机构。一方面，引入第三方机构提高了公信力，保证退出过程的稳定，避免因信任的缺失产生恶性群体性事件；另一方面，引入第三方机构增强了专业性，由于网贷机构自身缺乏资产评估出售、资金清退的专业能力，需要第三方资

① “175 号文”发布后，多份重磅文件及多次高规格会议所传达的网贷市场整治总方针与“175 号文”确立的总基调基本保持一致性，即推动大多数机构良性退出，引导部分机构转型。

② 《2019 年中国网络借贷行业年报（完整版）》，载网贷之家，https：//www. wdzj. com/news/yc/5568513. html，最后访问时间：2020 年 5 月 18 日。

③ 《一文读懂全国各地 P2P 退出政策，哪些平台需退出?》，载 https：//news. p2peye. com/article-548847-1. html，最后访问时间：2020 年 6 月 2 日。

产管理处置公司、会计师事务所以及律师事务所业务上的协助，以提高退出的效率、最大限度保证各方权益。[①]（5）设立出借人权利保护机制。设立出借人大会、出借人监督委员会、知情人举报、信息公示、反馈表决机制等权利保护机制。（6）设置资产清收环节。如，深圳市规定清退组应尽职尽责采取各种合法合理措施向已到期借款人催收，包括短信、电话提醒、律师函、上门沟通协商、提起诉讼、资产保全以及仲裁、法院调解等，以加快资产清收进度，提高回款比率。

随着网贷机构"大清退"的不断推进，大量网贷纠纷将进入法院。就B市法院现已受理的案件情况进行统计，一些违规经营的网络交易平台，经营金额已达百亿，但前期进入法院的案件仅为个案，管辖分散，难以判断涉该网贷机构所有案件的系统性风险。如果法官缺乏敏感意识，仅就个案进行审理，个案判决会起到示范效应，待后期诉讼批量进入法院后将导致工作被动。

因此，结合当前诉源治理规范化建设工作，笔者认为，应当坚持党委领导，发挥党委统一协调各方力量的优势，将网贷纠纷化解工作嵌入诉源治理体系，将诉讼手段作为追偿逃废债、网贷平台良性退出环节中的有益补充，系统防范金融风险，更好化解网贷纠纷。

二、单一运用诉讼手段化解网贷纠纷中存在的障碍

（一）需求与供给之间的冲突

司法实践中，到法院提起诉讼的网贷纠纷主要分为两类：一是出借人作为原告起诉网贷机构或借款人索要款项的纠纷，二是网贷机构作为原告起诉借款人索要款项的纠纷。无论哪种纠纷，其需求无疑都是希望通过诉讼程序，快速确认债权并追回借款。但以当前法院诉讼供给而言，能否满足这种需求非常关键。以B市某基层法院于2016年受理的"R平台"系列案为例。该平台为注册用户之间的借贷交易提供居间服务，注册用户达1.2亿人，其中交易用户约6000万人，平台日活跃人数稳定在100万人次。截至相关纠纷进入法院时，借款逾期约2000万人次，欠款金额高达36亿余元，案件以民间借贷纠纷和居间合同纠纷为主，若网贷纠纷全部进入诉讼程序，法院将在短期内激增案件10万件以上。在常规案件审判压力已经巨大的情况下，法院很难提供足够的司法供给满足爆发式增长的网贷诉讼需求，而这只涉及一个网贷机构，若涉及多个网贷机构，诉讼需求将成倍增长。

---

① 肖岳、冯志雄：《P2P退出机制正当其时》，载《法人》2017年第11期。

（二）目标与路径之间的冲突

“175 号文”首次提出“坚持以机构退出为主要工作方向”，奠定了网贷行业清退转型的主基调。“52 号文”再次明确“坚决遏制增量风险，稳妥化解存量风险”“深入开展互联网金融风险专项整治，推动不合规网络借贷机构良性退出”，这些规定均反映出金融监管部门关于网贷行业监管的目标和方向，也反映了网贷机构设立时的天然缺陷，即互联网金融监管机制的漏洞和缺失。因此，要妥善化解网贷纠纷，就要把维护金融秩序稳定、加强网贷机构监管、开展网贷机构清退、打击刑事犯罪、解决民事诉讼、化解涉众维稳风险等工作协调起来，进行“一揽子”统筹解决。仅依靠诉讼手段解决个案纠纷是“治标不治本”，甚至会引发全局性、系统性金融风险。实践中，运用诉讼手段解决网贷纠纷需要首先解决以下问题：

1. 排查涉刑事犯罪因素。诉讼法规定了“先刑后民”的程序规则，《全国法院民商事审判工作会议纪要》再次对涉众型经济犯罪与民商事案件的程序处理问题进行了规定。① 实践中，多数网贷机构涉嫌隐蔽犯罪行为，只有经过全面、专业的审计才能判断，如果不经过排除涉刑程序直接进入民事诉讼，可能存在民事诉讼中查明的事实与刑事侦查事实不一致的问题。

2. 确定原告诉讼主体资格。（1）以出借人作为原告起诉。出借人作为原告起诉具有法律依据但存在较大风险。网贷机构提供的借款合同多为出借人和借款人之间签订，出借人作为原告具有法律依据。但网贷交易往往存在“多对多”交易模式。网贷机构将借款人的标的在金额和期限上拆分后重新组合，直接匹配给不同的出借人。以 B 市“S”平台为例，出现了一位借款人对应 61 位出借人的情况，而这 61 位出借人又分别对应不同的借款人，债权债务关系极为复杂。因此，以出借人作为原告，存在难以确定出借人、借款人和具体款项一一对应关系的问题，且会导致案件量大量增加。另外，出借人直接起诉后有可能同时申请诉讼保全，借款人的同一银行账户或房产有可能存在被查封 61 次的可能，浪费司法资源。（2）以网贷机构作为原告起诉。相较而言，以网贷机构作为原告进行起诉，相较于以出借人作为原告进行诉讼，在案件数量上会有所减少，且有利于平台整体情况

① 2019 年 11 月，最高人民法院发布《全国法院民商事审判工作会议纪要》，其中第 129 条规定，涉嫌集资诈骗、非法吸收公众存款等涉众型经济犯罪，所涉人数众多、当事人分布地域广、标的额特别巨大、影响范围广，严重影响社会稳定，对于受害人就同一事实提起裁定不予受理，并将有关材料移送侦查机关、检察机关或者正在审理该刑事案件的人民法院。受害人的民事权利保护应当通过刑事追赃、退赔的方式解决。正在审理民商事案件的人民法院发现有上述涉众型经济犯罪线索的，应当及时将犯罪线索和有关材料移送侦查机关。侦查机关作出立案决定前，人民法院应当中止审理。作出立案决定后，应当裁定驳回起诉；侦查机关未及时立案的，人民法院必要时可以将案件报请党委政法委协调处理。

的查明。在近几年B市法院受理的此类案件中，已有网贷机构作为原告提起诉讼，其获得原告主体资格的途径主要有两个：一是在合同中直接与出借人约定“零对价债权转让”条款，在借款人逾期不还款时，网贷机构可以直接作为原告进行起诉；二是在借款人逾期不还款时，由网贷机构向出借人实际垫付款项，从而获得追偿权，网贷机构基于追偿权向借款人提起诉讼。但上述案件主要发生在2016年8月实施《网络借贷信息中介机构业务活动管理暂行办法》之前。该办法实施后，为了规避其中关于网贷机构不得直接或间接接受、归集出借人资金等禁止性规定，在开展网贷业务时，网贷机构在形式上仅仅是提供服务的中介机构，并非《借款合同》的当事人，在合同中也往往不再约定“零对价债权转让”条款，在网贷机构没有提前垫付款项从而获得追偿权的情况下，直接以网贷机构作为原告进行起诉没有法律和合同依据。

3. 事实查明存在困难。实践中，网贷机构业务模式复杂，存在投资项目、金额、期限等核心要素错配、交易流水交叉等情况。部分网贷机构还存在电子账目数据丢失，依据银行账户明细不足以涵盖资金流转全流程，从而难以查清事实等情况。上述问题均会对进入民事诉讼程序后的实体审理带来巨大障碍。

（三）理想与现实之间的冲突

在网贷纠纷中，原告选择诉讼方式解决纠纷，无非是希望通过快捷、经济的民事诉讼，快速拿到判决，进而通过执行程序实现债权。然而，由于网贷纠纷的特殊性，司法实践中往往会出现程序空转、执行不能的情况。以B市“R平台”系列案为例，由于网贷交易突破地域性限制，该案借款人分布在二十多个省份，人户分离情况非常普遍，98%以上的借款人所留电话号码大多已停机或长期无人接听，致使司法送达困难，案件无法及时审结。从实际执行效果看，因网贷纠纷的逾期借款人大多数为自然人或资信能力较差的小微企业，采取失信惩戒措施对其影响不大，导致执行效果不佳。

三、将网贷纠纷嵌入诉源治理体系的意义与可行性

（一）网贷纠纷嵌入诉源治理体系的重要意义

1. 目的兼容性。2019年2月，诉源治理被最高人民法院“五五改革纲要”[①] 所吸纳，明确提出“创新发展新时代‘枫桥经验’，完善‘诉源治

① 参考《最高人民法院关于深化人民法院司法体制综合配套改革的意见——人民法院第五个五年改革纲要（2019—2023）》。

理’机制，坚持把非诉讼纠纷解决机制挺在前面，推动从源头上减少诉讼增量”。同年8月，最高人民法院出台《关于建设一站式多元解纷机制一站式诉讼服务中心的意见》进一步指出“主动融入党委和政府领导的诉源治理机制建设”。11月，最高人民法院、中国人民银行、中国银行保险监督委员会联合印发《关于全面推进金融纠纷多元化解机制建设的意见》，其中再次强调“要坚持把非诉讼纠纷解决机制挺在前面，建立、健全金融纠纷多元化解机制”。可见，最高人民法院提出强化诉源治理，也是结合当前社会纠纷化解形势，希望通过诉源治理从源头上减少诉讼增量，更好化解各类纠纷。笔者认为，可以把“诉源治理”理解为，在党委的领导下，统筹政府部门、相关机构及个人对预防和化解纠纷采取的一系列措施、方式和方法，调和并化解潜在纠纷和已出现纠纷中各方主体的矛盾，从而达到源头预防、矛盾化解、社会稳定、维护秩序的目的。将网贷纠纷化解工作纳入诉源治理建设更有利于实现“三个目的”的有机统一：将网贷纠纷源头预防与减少诉讼增量有机统一，将化解网贷纠纷与维护社会稳定有机统一，将打击金融犯罪与防范化解金融风险有机统一。

2. 手段多样性。宪法和法律赋予法院行使审判权的职能，法院作为专门化解纠纷的司法机关，无论是庭室设置还是法官适用法律的能力都是专业的。但网贷纠纷的特殊之处在于涉及人数众多、金额巨大、合规风险高、来往账目复杂。要想有效化解网贷纠纷，必须妥善处理“一前一后”两大问题，即妥善处理前端的网贷机构账目审计进而甄别是否涉刑的问题，以及妥善处理后端的网贷机构是否清退、涉众信访维稳等问题。只有充分发挥党委总揽全局，统筹协调金融监管部门、公安、法院、信访等部门联合执法的核心优势，构建一套多元化、立体式的纠纷化解机制，才能尽可能实现“将矛盾消解于未然，将风险化解于无形”。

3. 功能互补性。对于业已形成的纠纷，解决的一般规律是越往后端风险越多、难度越大、程序越繁、成本越高。以党委领导为核心的诉源治理体系可以实现不同功能的“两大结合”：一是把非诉讼和诉讼纠纷解决机制有机结合。“让非诉机制挺在前面”，广泛调动人民调解、行政调解、行业调解、商会调解、律师调解等各类调解主体，发挥公证、仲裁机构的专业优势和行业资源，让其优先参与到纠纷化解中，促进矛盾纠纷的有效分流、多元化解，实现从源头上减少诉讼增量。“让法院裁判终局”，对于经过非诉讼纠纷化解机制仍未解决的，在符合条件的情况下，通过诉讼方式解决。二是把金融监管部门了解网贷机构经营状况的专业优势以及法院在处置复杂纠纷的权威优势有机结合。在前端，以金融监管部门为主导，开展网贷机构合规性摸排、资产状况调查、债权债务管理等工作。在后端，把诉讼手段作为有益补充，在运用前端手段无效的情况下，诉讼作为兜底手段处置网贷纠纷、追缴逃废债等问题。

（二）网贷纠纷嵌入诉源治理体系的可行性

抓住当前各地开展诉源治理规范化建设的契机，将网贷纠纷嵌入诉源治理体系，确立网贷纠纷诉源治理体系的总体原则和参与主体“1+5+N”的工作模式，从而让网贷纠纷嵌入诉源治理体系具有操作性和可行性。

1. 总体原则。

（1）属地管辖原则。各省、自治区、直辖市统筹管辖本辖区内的网贷纠纷化解工作。

（2）统筹协调原则。建立由省级党委领导，由金融监管部门、银保监局、央行（营业管理部）、公安、信访、网信、司法、法院、检察院等部门共同参与的“统筹协调、分工配合”格局。

（3）合法性原则。一方面，有效甄别并排除刑事犯罪，在合法性摸排中，一经发现出借人、借款人、平台从业人员等存在违法犯罪行为（包括但不限于自融、虚构假标融资、挪用资金、侵吞资产、恶意逃债等），应当移送公安机关等部门依法处置。另一方面，在民事纠纷化解中，参与主体应当严格遵守法律法规等规定，不得侵犯第三方权益。

（4）可行性原则。在网贷纠纷化解中，充分考虑各种风险变化及成本因素，避免方案无法执行或执行反复波折的情况。

2. “1+5+N”工作模式（见图1）。

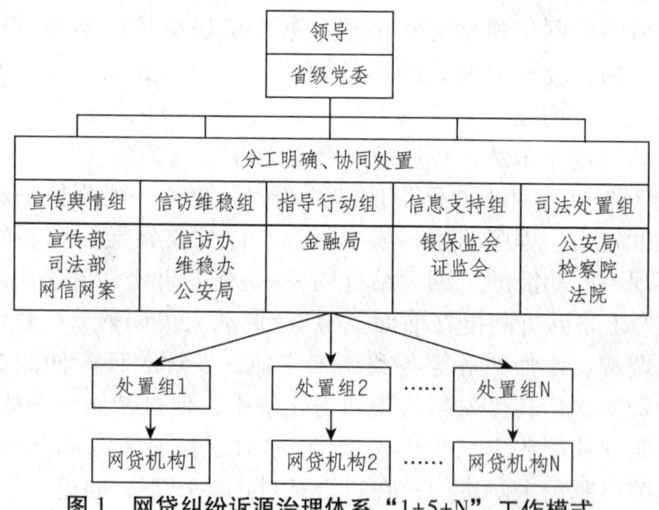

图1　网贷纠纷诉源治理体系“1+5+N”工作模式

（1）“1”：坚持省级党委领导。按照“党委领导、政府负责、社会协同、公众参与”的方针，由省级党委统一领导，协调各部门共同开展以下工作：建立健全地方网贷市场监督管理体制、有效甄别并打击网贷机构刑事犯罪、平稳处置涉网贷纠纷维稳信访及舆情风险、有效化解民事纠纷并追偿逃废债、指导网贷机构良性退出等。

（2）“5”：五个工作组分工明确、协调处置。在省级党委领导下，五个工作组分工明确、协调处置，将宣传舆情、信访维稳、指导行动、信息支持、司法处置统筹一体，共同开展涉网贷纠纷风险化解工作。

宣传舆情组：包括宣传、司法、网信、网安等部门，协调开展新闻宣传、信息发布、舆情处置等工作。

信访维稳组：包括信访、维稳、公安等部门，协调开展信访维稳等工作。

指导行动组：包括金融局等金融监管部门，作为指挥中枢，监督、指导处置组开展相关工作。

信息支持组：包括银保监会、证监会等部门，提供平台数据、信息支持等。

司法处置组：包括公安、检察院、法院等部门，负责案件办理等司法工作。

（3）“N”：每个网贷机构成立1个处置组。拟清退的网贷机构几乎完全丧失了社会公信力，只有成立处置组，全面接管日常工作，才更能取得出借人的信任，也能尽量避免因网贷机构主要工作人员涉刑，相关事务无人管理的情况。在人员配备上，应包括专业的律师、会计师、资产管理人员、互联网技术人员等。在职能定位上，处置组在金融监管部门的领导下，牵头处置网贷纠纷风险化解工作。在资金支持上，必要的运营费用由网贷机构承担，当网贷机构自有资产和合法合规的收入不足以维持正常运营和资产维护的，可从追回款项中扣除，保证工作的可持续性。

四、网贷纠纷诉源治理体系的机制构建及功能衔接

网贷纠纷诉源治理体系，应当更好地统筹协调网贷机构清退过程中前端诉前筹备工作和后端法院诉讼终局之间的关系，确保在前端程序中，通过合法性摸排，排查涉刑事犯罪的网贷机构。对于不涉刑的网贷机构，开展资产状况调查、债权债务管理，债务催收及发放款项等工作。在通过前端程序仍然不能解决的情况下，由法院诉讼终局，经审理判决并开展执行。最后，视网贷机构状况，由金融监管部门引导其良性退出或业务转型（见图2）。

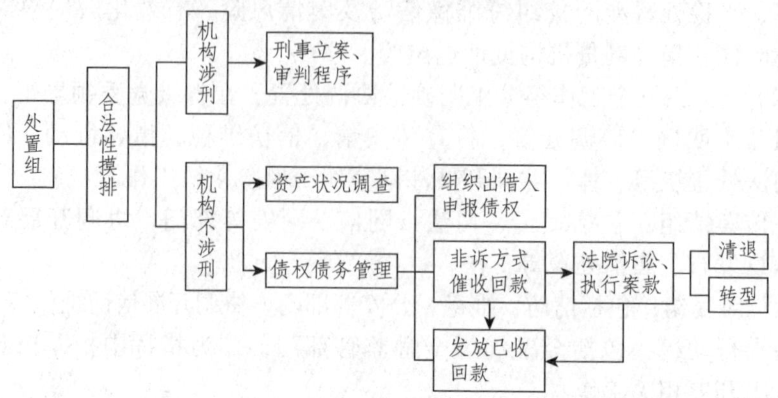

图 2 网贷纠纷诉源治理体系机制示意图

（一）前端诉前筹备工作

1. 合法性摸排。以处置组为主导，由金融监管部门、银行监管部门、公安经侦部门、审计部门等共同介入，全面排查网贷机构是否涉嫌从事非法吸收公众存款、集资诈骗等违法犯罪行为。经过摸排确实存在涉嫌刑事犯罪的，进入刑事立案、侦查、审判程序。经过摸排不存在违法行为，或者虽然存在违法行为但不构成刑事犯罪的，开展后续工作。

2. 资产状况调查。前端资产状况调查对于法院审判查明事实以及金融监管部门引导平台良性退出都至关重要。处置组应当对以下情况进行调查：（1）梳理存量业务和清收情况。编制存量业务清单，包括但不限于：借款人、借款金额、偿还金额、到期时间、是否正常还款、是否存在抵押物（担保情况）、清收情况等，根据上述信息编制分类汇总表，并对不良资产明确标注。（2）财务审计。根据网贷机构经营情况，由会计师事务所出具财务审计报告。（3）资产评估。对网贷机构资产进行评估并编制资产评估报告，梳理统计网贷机构享有的逾期债权、担保物权等。处置组向金融监管部门如实汇报上述情况，进而研判网贷机构的经营状况、偿债能力等。

3. 债权债务管理。

（1）组织出借人申报债权。①公开发布债权申报通知。通知内容应全面、准确、详尽，包括退出工作时间表、出借人维护权益的具体渠道、方法和途径，尤其应对出借人后续参与重大事项表决的系统链接、账号、密码以及表决规则等详细说明。②建立公开债权申报渠道。由出借人在规定时间内，提交投资本金、已获得收益的凭证等，这也将作为法院审判的重要证据。③梳理出借人信息清单。统计出借人具体情况，包括活跃出借人数量、平均在投金额、兑付时间等详细信息。④建立出借人获取信息渠道。应采取合适的通知方式保障出借人的知情权，如通过手机短信、微信群、

QQ 群、App、客服电话或电子邮件等，及时披露进展中的重要信息。

（2）非诉方式催收回款。①有效利用自行催收系统。利用网贷机构等内部资源，运用电话催收、上门催收、信函催收、委托第三方机构催收等多种方式催收回款。②依法处置抵押物、质押物等。对于逾期债权中，有抵押物、质押物等提供担保的，可依法处置变现。③借助行政手段催收。借助公安、银行监管部门的力量，对欠付网贷机构巨额债务的公司机关的高管，采取约谈、限制出境、冻结账户等措施，施加压力，释放惩戒逃废债的信号，加大催收力度。④追缴非法所得。对违规开展业务的网贷机构的高管或者工作人员，追缴其违法所得。追缴范围至少包括管理人员及工作人员的业务提成、奖金等非法所得。⑤进行资产变现。采取必要措施确保网贷机构的资产变现价格不低于市场价值，鼓励通过公开拍卖方式处置市场价值较高的资产。

（3）发还投资回款。开立银行账户，保证"一平台一账户"，专门用于接收法院执行回款。执行回款后，在金融监管部门的监管下，统一向出借人发放回款，确保资金安全。

（二）法院诉讼终局

网络借贷是互联网金融创新的产物，涉及的很多问题已突破现有的法律概念、结构和框架。因此，在解决金融创新所带来的新挑战、新问题时，不能墨守成规，应当在法律规制与金融创新中寻找平衡点，充分考虑司法裁判的社会效果，转换思维，坚持平衡多方利益的同时，注重保护出借人合法权益。

1. 创新思路：具体问题解决方案。

（1）集中审理网贷纠纷。实践中，一个网贷机构往往涉及各类错综复杂的纠纷，且个案事实查明有赖于全局性的审查、审计结果，进行个案处理效率低，不利于统一裁判尺度，应当对涉及某一网贷机构的案件进行集中审理。

（2）创新审理模式。针对网贷纠纷的特殊性，只有在现有法律框架下，创新审理思路，全面考虑原告主体资格、出借人债权保护、执行回款安全等问题的前提下，才能更好化解风险。以图 3 进行说明：①处置组做好出借人工作，由出借人将债权转让给网贷机构，网贷机构作为原告进行起诉。处置组做好出借人债权登记，作为后续款项发放的依据。②网贷机构因债权转让获得原告诉讼主体资格，起诉借款人要求还款。③开立银行账户，保证"一平台一账户"，专门用于接收法院执行回款，确保资金安全。④执行回款后，在金融监管部门的监管下向出借人发放回款。对于这种创新审理模式，可在个别法院开展试点，积累可复制经验。

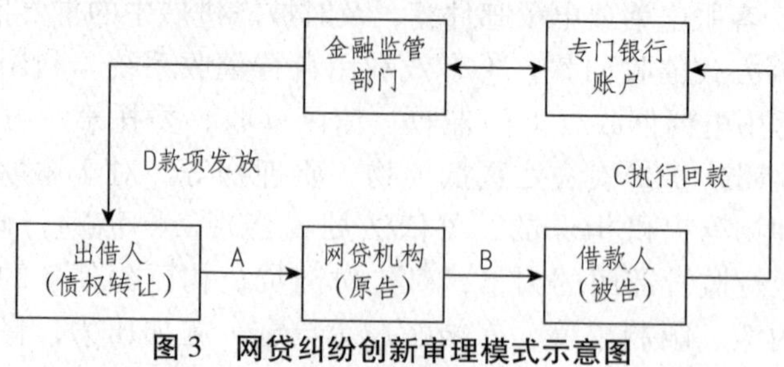

图3 网贷纠纷创新审理模式示意图

2. 提高效率：灵活运用工作机制。

（1）推进"互联网+诉讼"技术。网贷纠纷产生于互联网，而消解之道也蕴含在互联网之内。北京、广州、杭州均已成立互联网法院，以网络科学技术为载体，打破时空限制，实现全流程在线办案，为"互联网+诉讼"技术积累了丰富经验。网贷交易多在网上进行，交易记录主要是网贷机构的数据库，因此，将"互联网+诉讼"技术引入网贷纠纷化解工作，不仅能为跨地域当事人提供便利，还能运用大数据更好地处理批量证据，推进互联网、人工智能与司法审判的深度融合，提高审判效率。

（2）合理利用支付令督促程序。网贷纠纷以借款人逾期还款为主要类型，借款合同接近标准化，一般事实争议不大。支付令是《民事诉讼法》规定的督促程序，对于处理网贷纠纷具有经济快捷的明显优势。在符合条件的情况下，法院可根据债权人的申请，向债务人发出限期履行给付金钱或有价证券的法律文书，既能降低当事人诉讼成本，又能提高审判效率。

（3）不断完善"多元调解+速裁"机制。近几年，多地法院都建立了"多元调解+速裁"工作机制，成立商事审判速裁或快审团队，并构建了以人民调解、行业调解、律师调解等为主要内容的多元调解格局。对于网贷纠纷，可运用多元调解或法院速裁模式进行办理，不适宜调解或速裁的疑难复杂案件，及时进行精审细判。同时，不断完善多元调解与司法确认程序的有效衔接，对调解文书及时进行司法确认。

结 语

十余年间，网贷市场经历了萌芽、生长、监管、整顿、清退转型的全过程。在当前网贷机构大清退背景下，只有将网贷纠纷化解嵌入诉源治理体系，将诉讼手段作为追偿逃废债、行政清算程序的有益补充，才能最大程度实现平稳处置金融风险、有效化解网贷纠纷。

互联网纠纷地域管辖规则的二律背反与功能矫正

——基于流动空间理论之视角

逯彩平[*]　沈婉婷[**]

管辖规则承载着当事人诉讼权利实现、法院司法正义的目标价值，是实体权利保障的重要因素。在互联网与现实社会高速融合趋势下，网络空间无边界、虚拟化的特性对传统地域管辖规则提出挑战。在互联网语境下，虚拟空间侵权行为地、合同签订地及履行地等实际连接点的认定如何突破技术困局、通过增设被告、虚设收货地等方式提前选定诉讼法院是否应进行必要限制、协议管辖边界何在，能否突破传统连接点、其效力如何等问题值得商讨。通过样本统计，分析现有地域管辖规则在互联网纠纷的适用难题，以"流动空间"理论为视角厘清在线审理模式对传统"两便原则"的弱化，结合纠纷网络属性探讨适应互联网纠纷的管辖规范体系，实现有效管辖、公平保障。

一、传统地域管辖规则在互联网空间的困局

传统地域管辖规则，以地域的物理联系为依据。而网络行为载体的互联网空间，以其虚拟、无边界特性突破了地理时空限制，使得网络行为与行为主体的地理位置无法实现行政区划的一一对应，且允许互不相识、互不明确对方地理位置的主体自由开展民事活动。为此，笔者通过全面梳理5232件涉网纠纷①，以考察地域管辖规则在涉网纠纷中的适用困境，并尝试探寻更为贴切的管辖路径。

（一）管辖重叠：受理依据竞合归一

现行法对传统地域管辖规则形成了较为完备的体系，在一般原则之外，

---

* 作者单位：广州互联网法院。

** 作者单位：广州互联网法院。

① 利用G法院诉讼服务平台，以案件提交时间、案由、审查状态等为搜索条件，并逐一对起诉状进行阅读筛选，从该院案件提交时间为2018年9月至2020年4月的涉网纠纷中选取了5232份较具代表性的样本。

特殊地域管辖的设置为当事人提供了多种诉讼途径。互联网纠纷主要集中在侵权与合同关系两类，而在现有规则框架下对涉网纠纷管辖连结点的认定，均呈现出与原、被告住所地高度重合的特点，致使传统特殊管辖的规定在互联网纠纷适用的闲置，更甚产生管辖确定困境（见图1）。

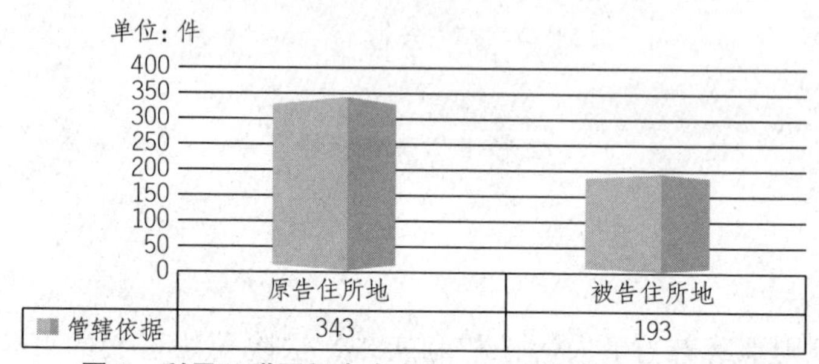

图1 利用互联网侵害人身权、财产权案件管辖依据

网络侵权纠纷，由侵权行为地和被告住所地法院管辖，信息网络侵权行为实施地包括实施被诉侵权行为的计算机等信息设备所在地，侵权结果发生地包括被侵权人住所地。图1显示，该院536件通过立案审核的利用互联网侵害人身权、财产权案件中，原告住所地为管辖依据的占比达到六成，正是因为其与侵权结果发生地重合，从而给予了信息网络侵权行为原告诉讼便利。

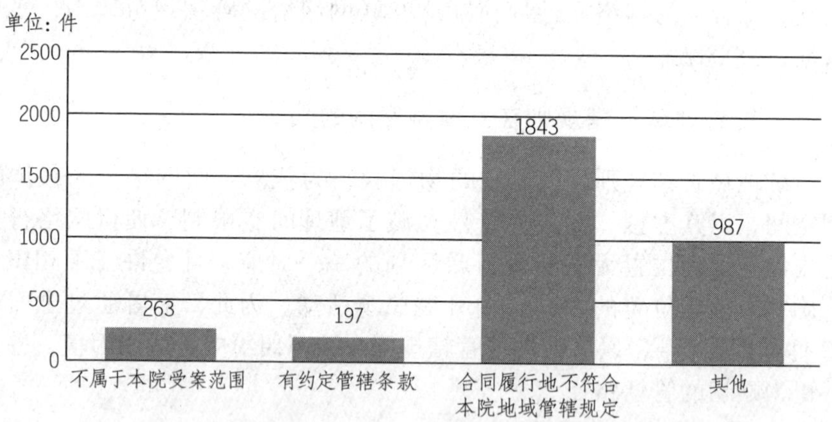

图2 网络服务合同纠纷立案审核不通过原因

在无约定或约定不明情况下，争议标的为给付货币的，接收货币一方所在地为合同履行地；其他标的，履行义务一方所在地为合同履行地。而在司法实践中，超半数的网络服务纠纷因服务商所在地不符合而导致案件无法在原告住所地法院管辖，使网络用户陷入起诉不便的困境。因网络服务产生的纠纷，原告多为对服务不满的网络用户，在履行网络服务合同过程中，一旦发生服务商违约又没有约定管辖条款，则只能算作其他标的而将履行义务一方所在地认定为合同履行地，合同履行地与被告住所地重合，仅服务商所在地法院有管辖权，致使消费者因诉累放弃诉讼维权；而在互联网金融借款合同纠纷中，无论是基于还款人起诉抑或金融机构起诉，纠纷发生在借款人还款过程中，接收货币一方所在地为出借人所在地，此时合同履行地与被告住所地重合，起诉只能原告就被告（见图2）。

（二）管辖预设：协议管辖滥用失衡

协议管辖为当事人提供了更多诉讼自主性，但在互联网语境下多呈现特定主体掌握协议内容主动性，用户几无可能原地诉讼，在网络服务合同纠纷以及互联网金融纠纷中尤为突出，使得用户弱势地位难以寻求就近管辖。

G法院网络服务合同纠纷立案审核通过率较低，仅占起诉总数的39%，其中197件系因原告未注意到合同内附管辖条款，根据协议管辖内容审核不通过。无独有偶，立案审核不通过的互联网借款合同纠纷案件，原告为借款人的有366件，其中78%由于合同有管辖条款被退回，22%由于接受货币的出借人住所地不在法院辖区被退回。

在涉网合同关系中，为应对潜在不特定关系主体，互联网平台及金融机构几乎都有对自身有利的含约定管辖条款的格式合同。一旦用户或借款人欲起诉时，面临协议中已约定由平台或出借人所在地的仲裁机关或法院管辖。

与此同时，也面临约定实际联系地谋求延展的问题。G法院的消费合同案件中，以租代购案件呈上升趋势，其在该院已立案的网购案件中占比近20%。对于未有平台参与签订或履行的商家消费者双方协议，如将非商家和消费者所在地的电子商务平台所在地约定为合同签订地或履行地，其是否有效目前尚未明确。《民事诉讼法》对于协议管辖，内容限定了5个与争议有实际联系的地点，当事人对管辖法院的选择仅限其中的任一家法院。然互联网世界中，电子商务平台一直在涉网消费合同纠纷中扮演着举足轻重的作用，甚至直接以合同相对方身份参与三方合同的签订。对平台系合同相对方的情况，协议确定平台所在地为合同签订或履行地，并约定由其所在地法院管辖，平台所在地符合互联网法院地域管辖规定的协议是否有效也向传统协议管辖规定提供更多遐想空间。

（三）管辖虚设：人为择地诉讼失范

择地诉讼又称挑选法院，是指为了获得特殊利益，故意挑选对其有利的法院进行诉讼的现象。[①]《最高人民法院关于适用〈中华人民共和国民事诉讼法〉的解释》（以下简称《民诉法解释》）第20条是针对互联网合同

① 朱子勤：《网络侵权中的国际私法问题研究》，人民法院出版社2006年版，第40页。

纠纷特殊管辖的规定，以缓解互联网交易行为中地域差异及主体不确定特性，但在此背景下为择地诉讼提供了空间。

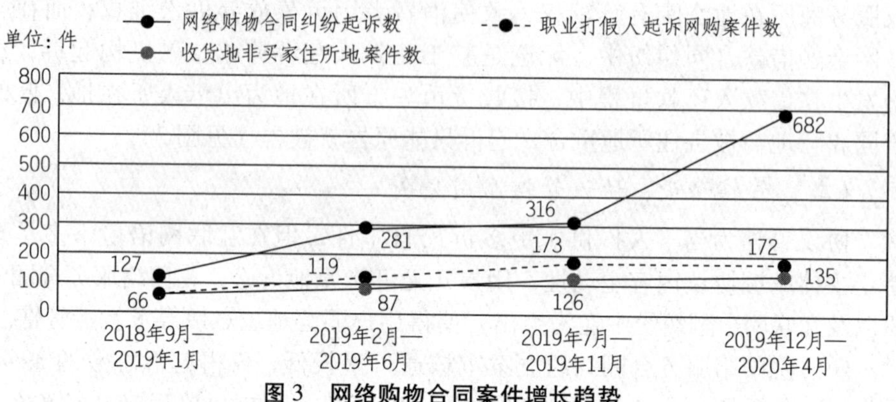

图 3　网络购物合同案件增长趋势

以网络购物合同纠纷为例，近年来纠纷呈持续增长态势，“职业索赔”现象突出（见图 3）。整体上纠纷数据呈现以下特点：一是买家作为原告的案件占比达八成，消费者维权需求高；二是随着法院相关裁判的作出，“职业索赔”案件总体上仍保持升势，但在占比上有所下降，该院对职业打假人牟利性打假行为秉持审慎使用惩罚性赔偿规则的态度；三是收货地与合同实际联系薄弱情况普遍，超 20%案件收货地非买家住所地，而管辖的唯一依据是收货地为法院所在地。现行法律规定网购纠纷由买受人住所地或收货地管辖条款，旨在强化对消费者的保护，然而随着互联网法院的成立，当事人足不出户、事不出网，在家便可全流程参与案件，其诉讼便捷性不言而喻。由于目前全国仅有三家互联网法院，且仅可管辖其所在市辖区的案件，以收货地强拉管辖的情况开始大量出现，买家特别是“职业打假”群体将收货地址约定为与买家、商家以及电子商务平台均无任何实际联系的互联网法院所在地，人为制造管辖连结点用意明显，关联效应便是导致管辖权异议案件增多，影响司法审判效率。

二、空间理论视角下传统地域管辖规则的背反

20 世纪进入网络空间研究时代，先后经历了空间生产论、时空压缩论、异质空间论等理论发展，而卡斯特“流动空间”理论生动诠释了网络空间特性，将空间意义超越了传统地域范畴，使得一切社会活动在地理上得到延伸。

传统地域管辖规则应纠纷化解实际需求而生，且长期被证实是适应司法场景的选择，然在解决涉网纠纷之际受到诸多限制。基于此，笔者将以流动空间理论为视角，探究传统地域管辖规则在网络空间的适用掣肘（见图 4）。

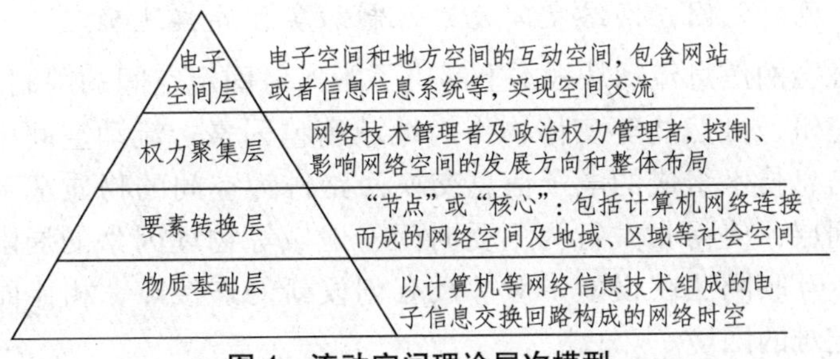

图4　流动空间理论层次模型

（一）现实之变：网络空间二元性对传统管辖依据弱化

流动空间理论认为，在网络社会中物理空间与流动空间处于二元共存状态。相较于传统有限的纯物理环境，互联网空间虚拟性与社会性兼具，其互通互联、无边界的特性正潜移默化地对传统管辖规则的确定进行重新洗牌（见表1）。

表1　网络空间与物理空间属性对比表

对象	物理空间	网络空间
空间表征	现实空间	虚拟空间
研究对象	人地关系	人地网关系
行为属性	物质流、能量流等实体流行为	信息流、网络流等虚拟流行为
社会属性	实体社会	网络社会
关系属性	实体法律关系	网络拓扑关系
存在本体	物理、社会本体	虚拟物

流动空间视角下，无论行为主体抑或行为客体都实现了地域扩展与空间虚化。一方面，诉讼各方通过互联网空间便可实现有效诉讼，这一变化随着互联网法院逐渐步入正轨显得更为明显。通过全流程指尖办理诉讼业务，实现跨行政区域的纠纷化解，[①] 能有效缓解传统诉讼中当事人由于空间局限造成的时间、精力及费用成本分担问题；另一方面，利用大数据、区块链技术快速调取案件证据材料，通过视频连线随时完成质证、庭审等活动，甚至是在线执行，从便利法院角度而言，"原告就被告"的基本管辖原则正被技术适用调整。[②] 可见，传统地域管辖规则的重要考量因素正逐渐被弱化，并面临优化契机。

① 参见邓恒：《从智慧法院的视角理解互联网法院》，载《人民法院报》2017年8月7日第2版。

② 肖建国等：《论互联网法院涉网案件地域管辖规则的构建》，载《法律适用》2018年第3期。

（二）规则之困：网络空间无边性制约实际连接地确定

网络社会的信息流动从根本上解决了距离对固定空间的限制。[①] 传统物理空间以建筑、自然物等实体物作为地域衡量因素；流动空间中，以计算机等网络信息技术组成的电子信息交换回路作为空间的物质基础层形成虚拟电子空间层，使得相关行为不受时间、地域等物理因素的局限。互联网纠纷频发、互联网法院设立，但并没有创设新的连接点，相伴而生是实际连接地确定难的困境。

于互联网合同纠纷而言，当事人通过电子邮件等在线方式签订合同，由于时空差异难以认定合同的现实签订地，甚至在虚拟财产交易、网络服务关系中涉案标的物所在地、合同义务履行地等都难以判断；[②] 于互联网侵权纠纷而言，除双方主体物理所在地具体明确外，网络空间的侵权行为地、结果所在地同样难以认定，甚至同一侵权行为可以通过不同终端、不同 IP 地址实施，更加大了特殊管辖规则适用难度。

与此相适应，最高人民法院通过《民事诉讼法解释》第 20 条、第 25 条对“实际连接点”在互联网纠纷中的确定进行解释适用，但无论“买受人住所地”“收货地”抑或“侵权结果地”均高概率指向原被告住所地，同时为虚设收货地以选择诉讼法院的行为提供了可乘之机，在某种程度上也冲击着传统地域管辖规则。

（三）利益之争：网络空间虚拟性致协议管辖适用泛化

流动空间权力聚集层操控着空间的发展方向及布局。与传统纠纷中诉讼相对人的对冲关系不同，由于网络行为的进行离不开网络运营主体，互联网法律关系突破了传统单一关系形式。由网络服务提供者处于平台中间地位，形成多方主体参与的多闭环网络生态，平台经营者在复合性、多元化的关系中获利，甚至成为纠纷主体一方。[③] 参与主体的多样化、广泛化直接决定了法律关系及权益纠葛的复杂性，致使各方主体责任的厘清难度增大。

现有实际联系地的限定以及网络环境下真实意思的判断，则是难以解决却必须解决的问题。协议管辖具有相对明确和简单的优势，一定程度上对属地管辖规则在互联网空间的困境是较好的补强。但协议管辖的适用有

---

① ［英］佛兰克·韦伯斯特：《信息社会理论》，曹晋等译，北京大学出版社 2011 年版，第 23 页。

② 于海防：《涉网络合同案件地域管辖法院的确定——从传统理论与现实规范出发》，载《北京理工大学学报（社会科学版）》2011 年第 1 期。

③ 姚黎黎：《互联网平台免费服务提供者义务之设定》，载《重庆邮电大学学报（社会科学版）》2017 年第 29 期。

其自身局限性，一方面，侵权纠纷难以提前约定管辖，另一方面，由于网络空间的非物理特性因素，网络行为主体以各不相同的方式存在，网络主体身份难以识别，而纠纷发生后又踪迹难寻等特点，协议管辖多倾向于在网络服务平台或金融机构所在地进行约定。由于涉网合同的特殊性致格式合同由优势一方预先拟好，用户往往会因协议中内容繁多且充满晦涩难懂的法律术语，而形式性地点击"已阅读""同意"，难以意识到其中对于双方权利义务的规定以及潜在的法律后果。① 互联网空间加重格式条款相对方责任的不利影响比传统格式合同更严重，② 或面临协议范围突破《民事诉讼法》第34条范畴，或面临前文所述网络服务提供者、资金出借一方通过增设格式条款的方式为豁免己方责任预留空间的情形，为此，笔者对各平台协议进行统计（见表2）。

表2　网络平台用户协议对照表

平台	默认/点击勾选	特别提示	管辖条款	重要提示
携程	默认，无勾选框，可直接登录，登录代表同意条款内容	无条款名称，预定或使用即视为接受协议内容	第19条，法律部分，明确上海长宁区法院受理管辖	仅加粗
腾讯	非默认，点击"同意"或"不同意"	隐藏链接，已阅读并同意条款	第15条，其他部分，书面约定签订地，并写明该地法院管辖	【】显示加粗变色
淘宝	非默认，需点击"同意协议并注册"	开头设置"特别提示"及"审慎阅读"条款。不同意本协议，则停止注册	第10条，被告所在地法院	【】显示字体加粗下划线
网易	默认，可直接"注册"	无条款名称，勾选"我同意即表示接受服务条款"	第14条，法律部分，约定交由仲裁处理	字体加粗下划线
拼多多	弹窗提醒，默认，无需点击"同意"	特别提示条款，点击"已阅读并同意"视为认可内容，但有权选择不同意	第12条，法律适用部分，由拼多多所在地法院管辖	字体加粗下划线
去哪儿	默认，无同意等按钮。注册即同意协议内容	无条款，使用产品或服务即为接受服务协议	第6条，其他部分，由去哪儿公司所在地法院管辖	无任何提示

① 参见林在志、钟奇：《网络时代的格式合同——论拆封合同与点击合同》，载《国际贸易问题》2001年第2期。

② 参见孙国荣：《论电子商务中消费者权利的保护——以合同控制为视角》，载《法律适用》2015年第5期。

续上表

平台	默认/点击勾选	特别提示	管辖条款	重要提示
爱奇艺	非默认，需点击“同意”按钮，登录即表示认可协议内容	无条款，不接受协议全部条款，立即停止使用	第 14 条，其他部分，明确由海淀区人民法院管辖	设置目录字体加粗
京东	非默认，且无勾选框。	条款位于正文之前，继续使用即视为同意协议	未约定管辖	字体加粗
虎牙	默认，无须勾选	正文条设置“重要须知”，加黑、下划线	第 8 条，其他条款，书面约定签署地，由该地法院受理	加黑、下划线，变色

可见，因互联网关系特殊性而设立互联网法院，正在以科技创新形式弱化着传统地域管辖的成本、便利等因素，却也因互联网空间的特性对地域管辖规则的适用提出拷问，由此而生的是传统地域管辖规则的闲置、不适，甚至是规则的滥用。

三、互联网纠纷地域管辖规则的进路选择

“流动空间”理论从空间视角解释了传统地域管辖规则在网络空间的适用困局，但管辖规则的确定还在于互联网纠纷这一基础概念的厘清。这也直接影响在线诉讼主流趋势下，互联网法院专属管辖互联网纠纷之必要性（见图 5）。

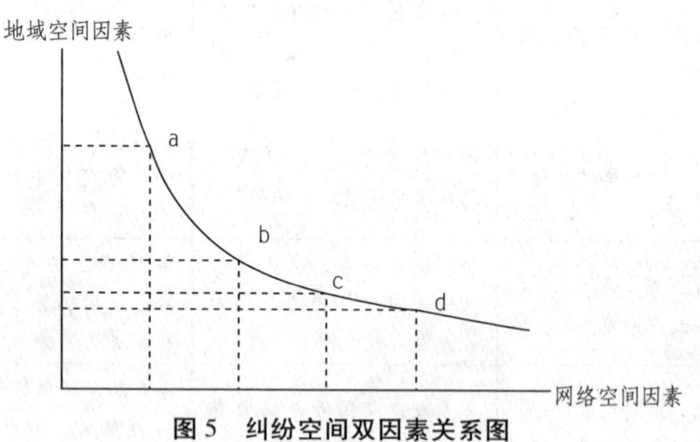

图 5　纠纷空间双因素关系图

相较于传统纠纷的在线审理，互联网纠纷的特殊性表现在纠纷本身与网络空间的密切联系。地域空间与网络空间并无明显泾渭，甚至在网购等涉网纠纷关系中同时具备地域与网络的双重属性。目前互联网法院受理特定案由的涉网纠纷并未完全凸显其设立优势，有必要将网络空间属性的强弱作为互联网纠纷的划分依据并充分发挥互联网法院之技术优势、专业优

势。为此，需结合网络空间特性探寻传统地域管辖规则之一般进路。

（一）价值因素：由“两便诉讼”到“利益衡平”

权利保障的实现要求在民事诉讼实体层面与程序层面均衡发力，而管辖规则的确定就在于溯源保障当事人的诉讼权利及管辖利益。出于时空差异、财物成本等考量，将诉讼成本合理分担给各方当事人，同时确保案件审理不因法院不同而产生实质影响，从诉讼源头推动诉讼公平的“两便原则”理念是传统地域管辖制度设计的一项重要考量因素。① 通过法律设计，选择由原告享有诉讼主动性，被告应然享有管辖便利性，同时实现法院审理便利、有效执行的立法精神自有其合理性。

流动空间理论实现了从“地域”到“空间”的转变甚至是融合，而在线诉讼均衡了诉讼双方成本分担，互联网法院的设置又最大可能排除了地域司法保护。在互联网空间下，一味追求两便理念陷入的是特定类型互联网纠纷的管辖单一向原告或被告住所地倾斜的局面。但网络空间中主体信息确定困难，甚至处于不断变动状态，需通过管辖规则的完善给予网络关系弱势相对方更多诉权保障，在利益分配间寻求价值平衡。②

（二）实际连接：由“技术认定”到“关系认定”

民事诉讼的重大使命即合法裁判下缓和民事主体间矛盾，特殊地域管辖的设置便在于调和“原告就被告”规则的僵硬与不平衡。根据合同或侵权纠纷的具体类别确定“合同履行地”或“侵权行为地”法院管辖，且一般指向权利义务实现之地。然而在流动空间视角下，信息流构成的网络时空中实际连接地认定困局难以突破。地域管辖连接点理应是静态的，而无论是现行法律规定的合同履行地或侵权行为地的确定难度在互联网空间中均被放大，甚至通过预设收货地虚设管辖。尽管理论上每个 IP 地址都是确定且唯一的，能够成为管辖权确定之连接点，但在现有技术手段下，网址的非物理地域性、服务器的广适性、网络空间的虚拟广阔性，使得依据网络地域确定管辖地成为理想。③

依据传统规则对技术连接点的确定固然重要，但法律关系终究指向具体的，在技术所不达之境，通过简化规则实现公平保障是有效之举也是必然选择。虽然当事人在网络空间的身份是虚拟的，但在物理空间的行为是现实的，即使传统管辖规则正被网络空间淡化，但法院最终服务的还是特定主体、特定行为，以法律关系主体扩展传统实际连接点是互联网纠纷管辖规则确定的考量因素。

---

① 王亚新：《民事诉讼管辖：原理、结构及程序的动态》，载《当代法学》2016 年第 2 期。

② 王福华：《论民事司法成本分担》，载《中国社会科学》2016 年第 2 期。

③ 黄任众：《论与网络相关的争议之管辖权》，载《法学评论》2006 年第 6 期。

（三）协议争点：由“物理联系”到“虚拟联系”

“联系”与“合意”是约定管辖生效的前提。协议管辖规则通过赋予处分权充分保障当事人契约诉讼的自由，需要考虑的是选择与案涉纠纷有密切联系的法院管辖，避免因诚信缺失导致法院诉讼资源不均衡配比。故在赋予双方主体之间诉讼成本负担或让渡便利的同时，以“实际联系”进行必要限制，且强调物理性联系。但随着互联网的普及和电子签章等信息技术的发展，涉网合同签订、履行行为越来越多实现全程电子化在线操作，在此过程中，用户只有同意或不同意两个选择，不同意就无法进入下一步，亦无法对约定管辖条款的具体内容进行协商或者更改。

最高人民法院在明确新设互联网法院受案范围时，规定当事人协议约定由互联网法院管辖，应当符合“实际联系地点原则”，但在无明确地理边界的网络空间，对“联系”的认定有必要弱化地域因素。流动空间中电子空间层联通网络空间与地方空间，才得以实现空间交流，无论是地理空间的主体关系抑或是网络空间的行为关系均离不开中间平台的支撑，而此种“联系”有别于传统实际联系。因此，为通过虚拟空间的联系认定管辖规则提供了理论可行性，而衡量“虚拟联系”在于对“地域”因素的限缩及对“不可或缺”因素的放大。与此相适应，虚拟联系纳入协议范畴则需对协议双方主体的意思表示提出更严格要求。

四、互联网纠纷地域管辖规则之矫正适用

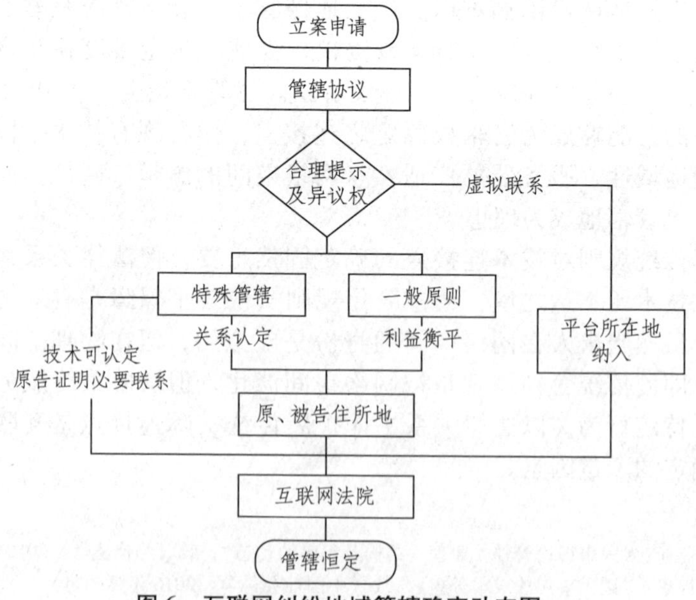

图 6　互联网纠纷地域管辖确定动态图

网络空间非法外之地，互联网法院设立目标并非仅是线上法院。在线纠纷有其专业性、特殊性，为此三家互联网法院均对相关送达方式、审判规则进行探索。但作为诉讼起点的管辖方面，目前三家互联网法院只是集中受理市辖区内特定类型案件，为了更好化解纠纷，使当事人感受诉讼公平，有必要结合现实困境对现有地域管辖规则进行矫正适用（见图6）。

（一）原则厘定：原被告住所地同等管辖

互联网法院全流程在线诉讼模式很好地打破时空对诉讼参与人的限制，过多强调被告住所地管辖的实际必要正在弱化；且目前互联网法院设立尚未饱和，管辖连接点位于杭州、北京、广州以外其他地区的案件，仍不能纳入集中管辖，在此背景下宜适当扩大互联网法院的连接点，以真正实现有效解纷、专业解纷，探索原告住所地管辖具有现实可行性。赋予诉讼双方所在地法院同等管辖，原告可就两地进行任意选择，一经选择不得随意变更以避免重复诉讼或管辖推诿。

详言之，在技术可实现范畴，能够明确认定实际连接点之地法院当然具有管辖权，原告可从中择一起诉；然如前文所述，在技术不达之境，实际连接地如同虚设，更多呈现与原告所在地重合甚至是管辖难以明确的局面。对于原告而言，无论是在侵权抑或合同纠纷中，普遍处于较为弱势地位。前者面临被告身份查找难题，后者面临管辖协议约束。同时赋予原告所在地法院管辖权便可在技术之外给予一般管辖普适性，对特殊地域连接点的认定并不绝对排斥原被告并行管辖原则，[①] 从而减少管辖适用冲突，有效实现诉权保障。

（二）有效补强：必要联系强化收货地原则

传统管辖规则要求“实际联系”，强调法院对其所管辖的案件应具有实际的支配力以便于就特定案件的判决进行有效执行。[②] 在原告住所地管辖原则下，更需强调诉讼主体与其选择管辖法院具有必要联系。《民事诉讼法解释》第20条设置出发点在于均衡当事人的程序利益，但以网购合同纠纷为例，前文收货地非原告住所地比例显示，收货地为合同履行地这一规定并非无懈可击。随着北京、杭州、广州三家互联网法院的成立，职业打假人为方便诉讼人为制造管辖连结点，将收货地设置为这三地，是明显的意思自治被滥用。

实际联系要求互联网法院案件立案审查阶段对管辖依据为收货地的网购案件，严格审查收货地与买家是否有真实联系。对收货地用实际联系原

① 参见江伟、肖建国：《民事诉讼法》（第七版），中国人民大学出版社2015年版，第199页。

② 孙邦清：《民事诉讼管辖制度研究》，中国政法大学出版社2008年版，第61页。

则进行规制，一方面具有合理性，正常网络购物，即便是本人收货不便选择代收也不应该出现跨市代收；另一方面具有可操作性，由买家举证与收货地地理联系证据，举证难度不大。就规则适用而言，自然人要求系买家户籍地、经常居住地、实际居住地择一，法人要求系买家住所地。上述地点是根据就近诉讼的原则，设定为与买家生活密切相关的地址。户籍地、经常居住地、实际居住地等依照现行法律规定确定并无不妥，法人的住所地指法人的主要营业地或主要办事机构所在地。如收货地并非上述地址任何一处，则不能将收货地认定为合同履行地，不能以收货地为确定管辖依据。

（三）契约诉讼：管辖合意的突破与限制

契者、刻也，约者、束也。在民商法领域，平等主体通过意思一致达成协议同样可形成一种法源。[①] 网络空间虚拟、互通特性增加了相应关系的不特定属性，对当事人而言，通过契约形式设置较为固定的风险防范处置模式尤为重要。协议管辖基于契约关系本质可更为便捷明确管辖法院，避免管辖混乱或推诿，但由于在级别管辖及专属管辖允许范围内，协议管辖具有优先适用性，互联网语境下应提出更高要求。

首先，《民事诉讼法》第 34 条通过“等”字延伸了约定法院内容范畴并不限于条文列举的五项，且允许通过合意约定签订地、履行地等，并可将其作为管辖的第一顺位，为双方主体合意一致约定管辖的做法提供了法律依据。因此，在满足实际联系情况下，不得以协议突破五个实际联系地而支持管辖异议。网络空间下，尽管法律关系发生于特定主体之间，主体行为离不开网络平台支持，且交易全程在线并在平台完整留痕，平台也会据此对用户有诸如信用评级、封号等管理措施。网络空间行为主体是基于对平台的信赖在平台入驻并选择在平台上与素不相识的对方进行交易。由此可见，平台在互联网合同关系中扮演着举足轻重的地位，将平台所在地纳入协议管辖的实际联系地有其必要性与正当性。

其次，协议条款的有效与否在于信息方式与信息内容提示的显著性。在表示方式上，电子化阅读中仅仅通过字体加黑加粗方式予以提示远达不到纸质介质中的效果，对用户权益有直接、重大关系的内容提示方式应更加突出；在内容排版上符合用户阅读习惯，按照重要性降序排列，需详细解释的专业表达，通过设置内嵌式说明或折叠浏览按钮，简化阅读界面以突出重要信息等。若协议提供者不能够提供更有力的证据证明就协议中存在管辖协议以及相应的法律后果尽到提示义务，则该协议管辖条款不对相

① 黄茂荣：《法学方法与现代民法》，中国政法大学出版社 2007 年版，第 81 页。

对方产生拘束力。

最后，“法律除偏”是法律经济学针对个体行为偏差的构想，意在保有个体充分选择自主基础上保持理性决策，实现真实意思表示。[①] 在协议效力认定层面，合意是契约有效的前提，格式协议认定为要约须满足合意规则，且在其效力认定上必经提示使得个体用户意识到条款存在，并通过点击同意或确认形成对要约之承诺，强调协议相对方同意是实现协议管辖的成立前提。考虑到互联网空间下部分协议的预先设置性，内容存在信息不对称情况突出，在签署阶段给予协议相对方必要的异议权也是实现弱势主体保障的有效途径。

结　语

互联网纠纷管辖确定中，实际连接点认定难、收货地管辖规则滥用、协议管辖泛化、弱势消费者诉之无门等窘境向传统地域管辖规则的直接牵引提出质疑。本文结合“流动空间”理论分析网络空间特性，并探索相适应的管辖规则进路，提出原、被住所地管辖并行原则；从有效联系角度出发，对收货地原则必要补强；从契约关系本质出发，对协议管辖适当限制是应有之义，并将网络平台纳入协议范围。文章基于现阶段互联网法院受案范围展开，分析“地域”与“网络”空间双因素关系，探寻将网络属性强弱作为互联网纠纷的划分尺度，集中互联网法院审判优势的理念，仍赖于后续研究。

① 肖建国：《管辖规范中的合同履行地规则研究》，载《现代法学》2015 年第 5 期。

存废之间：调解协议司法确认程序的功能续造

——基于X市法院司法确认程序实证调查分析

王　帆*

引　言

调解协议司法确认程序是人民法院根据当事人申请，在审查调解协议自愿性、合法性基础上，赋予调解协议以强制执行力的非讼程序。① 作为多元化纠纷解决机制建设以来立法创设性成果，制度经历了从定西到甘肃，再从甘肃到全国的发展过程，立法创设程序表现出一种“自下而上”的路径，但在实践中司法确认程序并未发挥制度期待价值，有必要作进一步考量和观察。

一、现状探究：司法确认程序构造运行面临的现实“梗阻”

调解协议司法确认程序本质上是国家为防止当事人产生司法上之权利争端，以公权力介入为私权提供低成本保障运行前提，② 赋予当事人达成合意的调解协议以强制执行力，之后利用法院司法权为调解协议履行提供“背书”。司法确认程序具有司法权形成“赋强”的效果，实践中有确认之名，但缺少确认之“实”。

（一）立法规范性不足造成程序适用困难

最高人民法院2009年公布了《关于建立健全诉讼与非诉讼相衔接的矛盾纠纷解决机制的若干意见》（以下简称《诉讼与非诉若干意见》）之后又相继公布了多个法律文件，就司法确认程序如何适用完善予以规范，在

---

* 作者单位：福建省厦门市中级人民法院。

① 参见马骁：《优化司法确认程序的制度定位、推进原则和工作机制》，载《人民法院报》2020年3月26日第8版。

② 参见占善刚：《人民调解协议司法确认之定性分析》，载《法律科学（西北政法大学学报）》2012年第3期。

《民事诉讼法》及其司法解释中将制度纳入特别程序予以立法规范，但规范存在诸多重复或矛盾。

一是国家立法造成适用障碍。最高人民法院于 2011 年、2016 年先后出台了《关于人民调解协议司法确认程序的若干规定》（以下简称《司法确认若干规定》）和《关于人民法院进一步深化多元化纠纷解决机制改革的意见》（以下简称《改革意见》）两个司法文件，对何种调解协议可以申请司法确认作出了规定，但范围不尽相同，并且两份文件目前都是有效的，不免让适用者产生疑惑。①

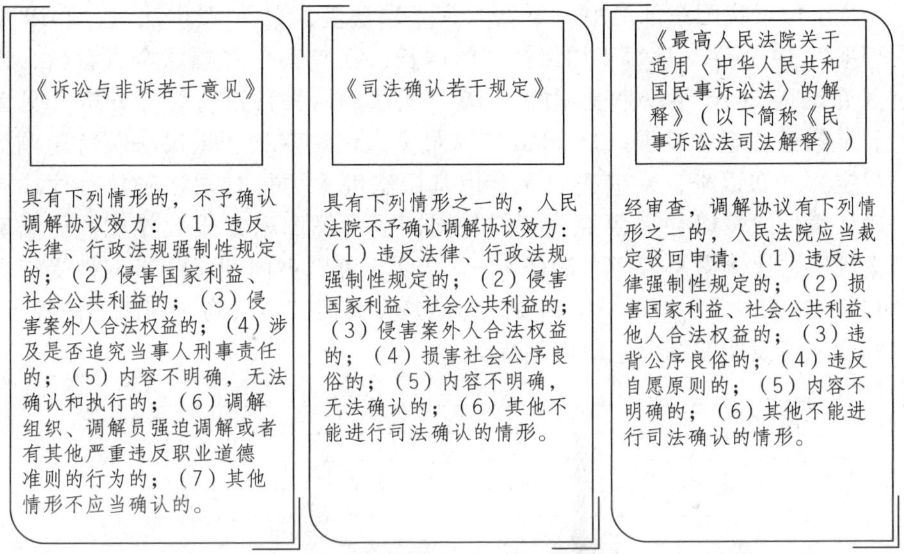

《诉讼与非诉若干意见》	《司法确认若干规定》	《最高人民法院关于适用〈中华人民共和国民事诉讼法〉的解释》（以下简称《民事诉讼法司法解释》）
具有下列情形的，不予确认调解协议效力：（1）违反法律、行政法规强制性规定的；（2）侵害国家利益、社会公共利益的；（3）侵害案外人合法权益的；（4）涉及是否追究当事人刑事责任的；（5）内容不明确，无法确认和执行的；（6）调解组织、调解员强迫调解或者有其他严重违反职业道德准则的行为的；（7）其他情形不应当确认的。	具有下列情形之一的，人民法院不予确认调解协议效力：（1）违反法律、行政法规强制性规定的；（2）侵害国家利益、社会公共利益的；（3）侵害案外人合法权益的；（4）损害社会公序良俗的；（5）内容不明确，无法确认的；（6）其他不能进行司法确认的情形。	经审查，调解协议有下列情形之一的，人民法院应当裁定驳回申请：（1）违反法律强制性规定的；（2）损害国家利益、社会公共利益、他人合法权益的；（3）违背公序良俗的；（4）违反自愿原则的；（5）内容不明确的；（6）其他不能进行司法确认的情形。

图 1　不予确认调解协议规范文件对比

再比如最高人民法院《诉讼与非诉若干意见》《司法确认若干规定》和《民事诉讼法司法解释》三个法律文件（见图 1）对于司法确认程序中不予确认的条件的规定相互重复，但又有所差别，不免会产生司法实务适用中的障碍。

二是地方规范易发适用冲突。2015 年《上海市高级人民法院关于深入推进多元化纠纷解决机制改革的意见》第 14 条规定："对经其他调解组织调解达成协议，当事人申请人民法院司法确认调解协议效力的，按照《中华人民共和国民事诉讼法》及相关司法解释办理。司法确认案件范围包括人民调解、行政调解、行业调解、商事调解以及其他具有调解职能的组织

① 《司法确认若干规定》规定，当事人就人民调解委员会主持下达成的调解协议可以申请确认；《改革意见》则规定，经行政机关、人民调解组织、商事调解组织、行业调解组织或者其他具有调解职能的组织调解达成的具有民事合同性质的协议均可以申请确认。

达成的调解协议。”明显与《人民调解法》规定的适用范围不一致。再如，2015 年《天津法院关于推进多元化纠纷解决机制建设的实施意见》第 12 条规定：“经委派调解达成调解协议的，调解组织应当告知双方当事人对调解协议可以依法向人民法院申请司法确认。一方当事人不履行或不适当履行经司法确认的调解协议的，另一方当事人可以依法向有管辖权的人民法院申请强制执行。”以上规定同样也没有区分司法确认的适用对象，直接规定为委派调解的均可以适用，与法律规定不一致。

（二）PESTEL 模型语境下样本法院司法确认程序运行分析

X 市位于我国东部沿海，下辖 6 家基层法院，11 个派出法庭，2019 年受理案件 14 万件，且每年均保持高位增长，新收案件涨幅居全省首位，通过 X 市法院 2016 年以来受理的 1716 件司法确认案件进行统计分析（见图 2），从数据整理中发现，自 2016 年《最高人民法院关于人民法院特邀调解的规定》颁布以来，X 市法院在全市基层法院大力推行司法确认程序，司法确认案件数较以往大幅提升，但与同期受理民商事案件数相比，司法确认案件所占比例微乎其微。2016 年至 2019 年分别占同期民商事案件受理数 0.43%、0.15%、0.16%、0.74%。即便是大力推广司法确认程序的前提下，该制度依然没能发挥出想象中的优势。

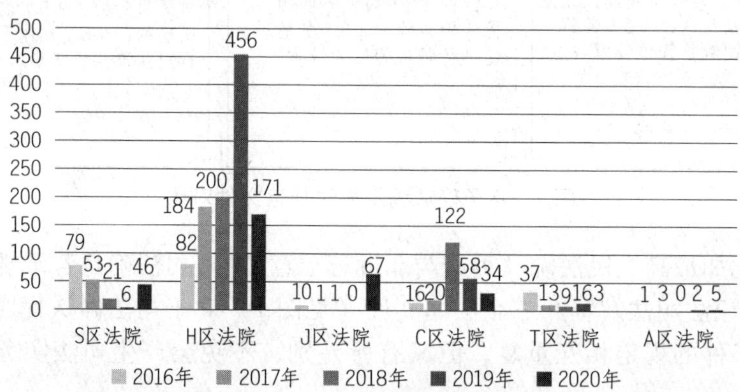

图 2　X 市法院 2016 年至 2020 年受理司法确认案件情况（单位：件）

为客观反映当前 X 市法院司法确认程序运行现状，有效分析司法确认程序运行过程中存在的问题，提出可行性对策，针对 X 市 6 家基层法院发放了 50 份调查问卷（问卷情况见图 3），并进行了个案访谈，调查访谈对象为 X 市 6 家基层法院审判及审判辅助人员，主要调查了以下几个方面的问题：

（1）您认为司法确认程序对于化解非诉纠纷是否有效？（2）您所在的法院是否将调解协议司法确认案件纳入法官绩效考核？（3）您认为司法确认中虚假调解协议的可能性是？（4）当事人是否会选择其他程序替代司法

确认？

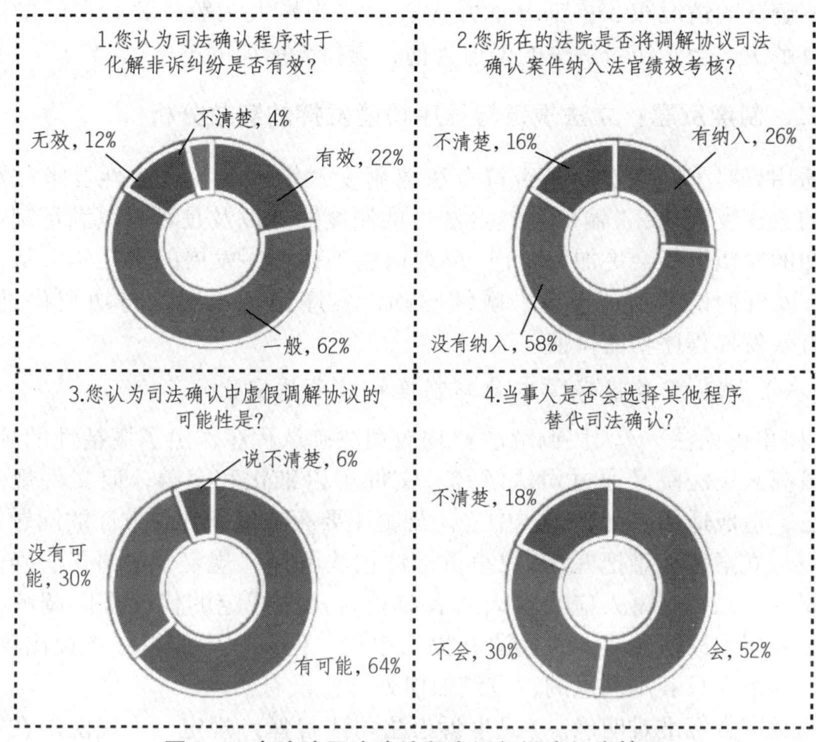

图 3　X 市法院司法确认程序运行调查问卷情况

根据问卷及调查情况，结合 PESTEL 分析模型[①]从政治（P）、经济（E）、社会（S）、技术（T）、环境（E）、法律（L）六个因素对 X 市基层法院司法确认程序进行分析。P/E：制度本身所面临的政治和环境因素影响了实施。大部分人员认为当前立法对司法确认程序规定不够充分，实践中作出不予确认的标准难以把握，实操性较弱；E：经济因素制约了制度推进过程。司法确认案件在法官年度考核中的标准不统一，不同基层法院对司法确认案件纳入考核的办法不一，有的将司法确认案件数纳入法官绩效考核，有的则没有；S：个人因素牵制了制度发挥长效作用。部分审核法官对人民调解员或调解组织的专业化比较担忧。与法院裁判相比，调解组织对抗性不足，立足点值得商榷，裁判者对其主持达成的调解协议真实性、专业性存在不信任；L：法律规范性欠缺或不明确一定程度上造成了程序适用困难。有些法官认为司法确认程序在审查标准上难以把握，特别是如何有

① PESTEL 分析模型又称大环境分析，是分析宏观环境的有效工具，不仅能够分析外部环境，而且能够识别一切对研究对象（制度）有冲击作用的力量。其每一个字母代表一个因素，即政治、经济、社会、技术、环境和法律因素。

效识别虚假调解协议，目前可以借鉴的方法不多，同时认为当事人主动申请司法确认的情况很少，部分承办人表示“当事人一般只关心自己的案件有没有解决，至于纠纷解决的渠道为何，秉持无所谓的态度”。

二、制度反思：立法规范与程序功能发挥的实效分析

适用者对于制度实验是否符合法律制度“输入端”合法性要求往往所给予的关注度欠缺，“输出端”合法性的制度时效以及是否可以满足制度设计之初的愿望可能会更加重要，[①] 反观司法确认程序发展的十几年，从多方合力、及锋而试到精英操盘、政绩驱动，程序运行短期化与功利化过重，并未有效发挥程序功能价值。

（一）立法服务性保障本身与制度构建矛盾突出

《民事诉讼法》《人民调解法》均对司法确认程序作出了概括性的规定，之后最高人民法院又通过司法解释、文件予以细化和完善，但文件规范之间重复，造成适用混乱。实践中立法规范主要存在以下几个方面的问题：

一是立案标准难把握。《民事诉讼法司法解释》规定，申请司法确认调解协议的，双方当事人应当本人或者有符合法律规定的代理人向调解组织所在地基层人民法院或者人民法庭提出申请。但实践中如果一人提出申请，另一方当事人只表示同意的，应该如何处理？没有明确。

二是审查标准难明确。《民事诉讼法司法解释》规定，人民法院在审查调解协议时，应当通知双方当事人共同到场对调解案件进行核实，但对于采用书面还是口头方式核实并未明确。实践中有的法官采用书面方式审查并作出裁定，有的法官则比较谨慎，为了防止虚假调解的发生，对调解协议甚至案件事实予以进一步查明，书面和口头核实同步进行，当事人在这样的操作模式下等于重新演绎了诉讼程序，使得调解协议司法确认程序在快速化解纠纷方面的优势荡然无存，同时也导致当事人对调解机制的误判，认为司法确认就是审理程序，从而选择绕开司法确认程序。

三是救济程序难发挥。法院根据《民事诉讼法》规定依法驳回调解协议申请司法确认后，当事人还可以提起诉讼，但是如果作出司法确认裁定后发现存在错误，导致调解协议完全无法履行或者履行侵犯社会利益、公共利益情形的如何处理？法律没有规定，给当事人寻求救济造成困难和障碍。

（二）人员错位认识使确认程序运转“漂浮”不定

诚信原则很早就被引入民事法律制度，但诚信原则一直以来都很难发

---

① 参见徐钝：《司法确认制度及其价值的法哲学拷问》，载《法律科学（西北政法大学学报）》2014 年第 4 期。

挥指引作用。近年来，随着经济纠纷案件，特别是民间借贷等虚假诉讼案件高发，社会对于司法指引功能的需求上升。这种需求表现在调解协议履行过程中特别明显，司法确认程序作为赋予调解协议强制执行力的有力制度设计往往被寄予化解纠纷厚望，如果想要照顾到防范虚假调解，就要进行强有力的事实认定，但这又与司法确认程序的价值理念相悖，譬如在访谈中问及“司法确认过程中如何识别虚假调解?”时，回答者往往表现出畏难情绪。裁判者本应为法律判断的居中人，在司法确认程序中却成了游离于实体和程序、效率与公平之间的“漂浮物”，认识上的误区往往带来了制度适用上的严重不足和“逆反”情绪。

（三）审视视角下制度谦抑性和成本优势未必明显

在地方经验基础上，司法确认程序进入《人民调解法》之后，2011 年最高人民法院出台的《司法确认若干规定》为司法确认程序提供了可操作性依据，2012 年《民事诉讼法》出台了两个条文，到 2015 年通过的《民事诉讼法司法解释》让司法确认程序走上了法律轨道。但总体来看，立法规则依然存在较多问题，从域外经验和本国实际来考量司法确认程序其实并不具备很明显的优势，国际上有很多类似于司法确认程序的制度设计，而且制度运行时间长，运行基础并不比我国司法确认程序薄弱。《德国民事诉讼法》规定，诉前调解案件达成合意的可以直接赋予其法律强制力，《日本民事调停法》规定，双方当事人达成和解，一方当事人不履行之前已达成的调解协议的，另外一方当事人可以据此申请法院强制执行该调解协议，我国台湾地区“乡镇市调解条例”也规定，当事人在调解组织调解下达成的调解协议必须提交法院予以确认效力。其实，早在人民调解制度发展的初期，就有调解协议同法院判决效力一致的规定，但经过数十年发展，人民调解协议的履行并未受到审判程序的多大影响，人民调解的实效性必须更多地依赖于人民调解协议的自主履行，而不能寄希望于司法确认程序能够为其提供多大的帮助。原因就在于司法确认程序同诉讼程序价值理念一致，适用越多说明社会良善治理越弱，反之适用越少，调解协议自动履行越多，说明基层治理能力在提升。依靠强制力的调解协议，经常隐含着非自愿、不诚信、恶意滥用、错误、有失公平等风险，很难达到调解所要追求的自主、和谐和双赢的目标，[①] 由此司法确认即具备了支持人民调解制度的一面，又同时监督人民调解协议的履行，表现为一种谦抑性，正是因为这种谦抑性，司法确认程序在适用上要保持足够的警觉。

---

① 参见范愉：《〈中华人民共和国人民调解法〉评析》，载《法学家》2011 年第 2 期。

三、路径选择：调解协议司法确认程序功能续造之探寻

法律制度的设计与运行必须是能够融会贯通的。司法确认程序科学运行应当建立在制度相应的裂隙与缺失的弥合与周延，[①] 但当前法律规范粗疏，制度运行不畅，受程序裂隙影响，无法发挥设计初衷理念，多因素交织应当重新考量进行程序功能续造。

（一）准司法制度语境下程序功能发挥的可能性

司法，一是实施法律，二是解决狱讼。[②] 由司法延伸而出的准司法制度通常是指行政机关在执法规范过程中其行政行为形式和实质内容表现为部分司法化结果。[③] 准司法制度一般属于行政制度，但从行政化到社会化再到法制化，最后到法治化，亦可以称为“准司法化”，类似囊括了包括行政司法、公证、仲裁在内的司法活动外一切“准司法行为”。

调解协议司法确认程序更趋向于准司法制度。司法确认程序源于人民调解制度，制度设计的合理性基础在于保障人民调解协议是否可以充分履行，基本功能并不需要对当事人权利义务关系作出权威性的判断，而是确认当事人非诉达成的调解协议是否具备可以被法律判定为有效的事实，非解决狱讼，更非实施法律，与司法制度功能具有天然差别，将其纳入诉讼法程序规制有所不妥。一是制度运行欠缺法理基础。虽然《民事诉讼法》已经规定司法确认程序属于特别程序，但制度基础是裁判权行使，裁判权基础是判断是非曲直，并非对外观形式（形式审查）进行把控，由此难以保障制度更好运行。二是功能设计缺乏救济途径。按照目前《民事诉讼法》司法解释规定，调解协议司法确认程序可以说是“一审终审”制，当事人没有申请再审的权利，起草者解读为：“特别程序并非解决民事权益争议，与再审系民事争讼程序的性质存在根本差异，其作为再审对象与自身价值功能相悖。”[④] 但现实中经过司法确认后的调解协议系虚假调解案件的时有发生，裁判权过于擅断势必又引起当事人诉争。

（二）赋予调解协议强制执行力的本位衔接

程序的基本功能设定是程序要素设计与规则供给的前提和基础。[⑤] 基本

---

① 参见李庆：《司法确认的时间困惑与程序续造——基于B市辖区基层法院的实证分析》，载《合肥工业大学学报（社会科学版）》2016年第4期。

② 陈光中：《司法、司法机关的中国式解读》，载《中国法学》2008年第2期。

③ 参见刘海廷、侯勇杰：《准司法制度初探》，载《法制博览》2017年第3期。

④ 最高人民法院修改后民事诉讼法贯彻实施工作领导小组编著：《最高人民法院民事诉讼法司法解释理解与适用》，人民法院出版社2015年版，第989页。

⑤ 刘加良：《司法确认程序的功能诠释》，载《政法论丛》2018年第4期。

功能设定的正确性可以有效保证制度的合理运行和矫正纠偏，司法确认程序实质是赋予调解协议强制执行力，但赋予调解协议强制执行力不一定通过司法权直接干预而实现。

一是赋强公证的可执行性条件。司法确认程序最大的优势就在于成本，申请司法确认是免费的，而公证程序则要收取一定的费用，但站在社会治理角度而言，还需要考虑司法成本对司法确认程序的影响。国家设立法院以保障社会纠纷的解决，但不仅仅是设立法来院履行纠纷解决的义务，同时也要以客观化、标准化的公共资金维系法院人员的工资、福利，法院设施的运作和维护，这意味着养得起法院不仅仅是来自诉讼费的收取，更需要国家财政的支出，[①] 因此，与公证机关相比，法院的经费负担，以及同近几年多元化纠纷解决机制建设需要投入的费用相比，大力推行司法确认程序在成本上未必具有公证机关作出强制执行效力文书优势来得明显。而且，公证机关的专业化以及其发展的偏商业化模式应对当前愈发专业化的调解协议具有天然的优势。

二是确认仲裁适用的可能性。按照深圳证券期货纠纷调解中心《调解规则》第 17 条规定，任何一方当事人均可依据双方当事人合意达成的调解协议中约定的仲裁条款向仲裁院申请作出仲裁裁决。[②] 深圳证券期货纠纷调解中心的做法，实际是通过仲裁程序直接赋予调解协议以执行依据，对我国其他地区诉讼外调解程序与仲裁和司法制度衔接提供了可选择路径。随着 2019 年《新加坡调解公约》（全称《联合国关于调解所产生的国际和解协议公约》）签署生效，未来商事和国际调解需要通过仲裁程序直接过渡至司法程序将成为必然趋势，发挥仲裁制度优势为调解提供优良土壤不失为一剂良药。

三是行政裁决确认调解协议的优势。行政裁决是矛盾纠纷解决的“分流阀”，[③] 具有准司法性，[④] 引入行政裁决保障调解协议的履行可以切实提升民事纠纷解决效率。随着社会不断发展，矛盾凸显多样化，纠纷类型繁多，单纯依靠审判方式化解纠纷已不可取，行政机关在处理民事纠纷，特别是一些专业性较强的纠纷中具有天然优势，与民事诉讼、仲裁相比，行政机

---

① 参见王福华：《论民事司法成本的负担》，载《中国社会科学》2016 年第 2 期。

② 深圳证券期货业纠纷调解中心《调解规则》第 17 条规定，当事人达成调解协议的，为使调解协议的内容具有可强制执行的法律效力，任何一方当事人可依据调解协议中的仲裁条款，申请深圳国际仲裁院根据其仲裁规则的规定，按照调解协议的内容依法快速作出仲裁裁决。各方当事人不能达成调解协议的，任何一方当事人均有权依据仲裁协议将争议提交深圳国际仲裁院仲裁。载 http：//www. sfdrc. cn/Rule/index. html，最后访问时间：2020 年 7 月 13 日。

③ 中共中央办公厅、国务院办公厅：《关于健全行政裁决制度加强行政裁决工作的意见》，载 http：//www. xinhuanet. com/2019-06/02/c_ 1124574296. htm，最后访问时间：2020 年 7 月 14 日。

④ 王小红：《行政裁决制度研究》，知识产权出版社 2011 年版，第 54 页。

关在解决特定民事争议方面具有效率高、成本低、专业性强、程序简便等特点。[①] 最高人民法院2019年出台的《关于建设一站式多元解纷机制 一站式诉讼服务中心的意见》(以下简称《"两个一站式"建设意见》)也明确提出，完善诉前多元解纷联动衔接机制，以及加强审判与调解、仲裁、公证、行政复议的程序衔接。《"两个一站式"建设意见》还特别指出健全完善行政裁决救济程序衔接机制，切实减轻当事人在依法维权中的负担。

确立行政裁决与调解制度的衔接，一方面要完善立法保障。当前行政裁决法律适用不断废止，新的立法并未对行政裁决作出规定，对如何适用和扩展行政裁决，发挥作用欠缺制度设计保障，有必要从立法层面针对调解制度制定专门的行政裁决衔接法律制度，理清司法审判与行政准司法权之间的界限，为拓展民事纠纷解决提供更为广阔的选择。另一方面，要明确行政裁决程序的范围。程序设计必须遵守固定的步骤和环节，现有的行政裁决规则较为模糊，无法指引行政机关依法作出履职行为，对于调解协议如何确认需要提供专门的行政裁决程序规定或指引，可以从提出申请、审查范围、诉讼衔接、救济程序等方面予以细化，在简单、高效、便捷的原则上为行政裁决确认调解协议提供依法行使权力的有效途径。

(三) 准司法程序确认调解协议后救济程序的设想

最高人民法院《"两个一站式"建设意见》为调解协议司法确认制度指明了发展脉络，所提倡的一体化矛盾纠纷解决中心、行政争议调解中心工作对接等为当前诉源治理和化解重大矛盾纠纷提供了可能，但美中不足的是只停留在宏观制度层面，能否指引制度具体操作尚需实践检验。通过公证、仲裁、行政裁决赋予调解协议以强制执行力，与通过司法审判权赋予调解协议以强制执行力相比，合理划清了司法审判权与非诉程序的界限。准司法程序对调解协议作出确认后即具有强制执行力，人民法院在此基础上只需通过形式审查予以合理把关，背书程序的前置为司法权行使提供了空间，于此之后的救济程序在法律规范上也就变得理所当然，根据《民事诉讼法》规定，当事人、利害关系人如果认为法院执行行为违反法律规定的，可以书面方式向作出执行的人民法院提出异议。在此基础上，不管是案外人或第三人针对法院已经审查的准司法确认调解协议因当事人一方不履行的，导致调解协议进入执行阶段的当事人均有权利提出执行异议。不仅如此，申请执行人异议之诉或案外人执行异议之诉是执行程序派生出来的一种特殊类型的诉讼，该诉讼主要是解决申请执行人与案外人之间就执行标的能否执行的争议，《民事诉讼法》所规定的案外人、申请执行人提起

① 刘明远：《新时代背景下健全行政裁决制度的司考》，载《中国司法》2019年第12期。

执行异议之诉[①]的前提是执行标的“与原判决、裁定无关”，调解协议本身就是在双方当事人自愿基础上达成的，且并未经过司法程序裁判，针对调解协议准司法制度“赋强”后具有适用上的法理基础，且形成了闭环性救济渠道，为调解协议的最后履行提供了程序救济的完美路径选择（见图4）。

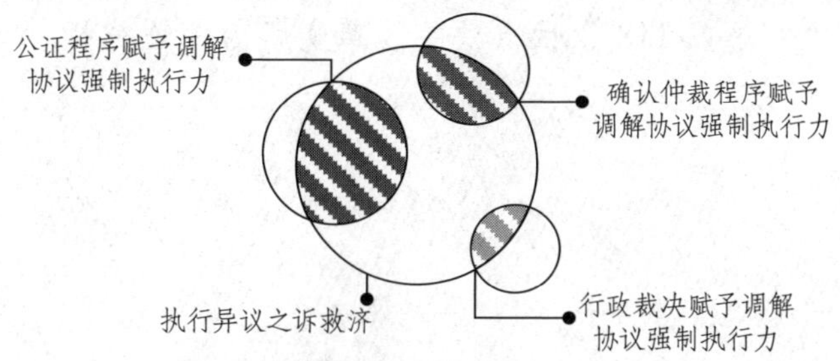

图4　调解协议确认程序的试想模型

结　语

近距离不如远距离更能准确地判断历史事件，[②] 考察一项制度的设计和安排应该秉持历史的眼光，才能对未来有所期许。在治理体系与治理能力现代化背景下，强调制度构建具有中国特色与实践语境，多元纠纷解决机制的健全与制度绩效的提高是实现国家治理的重要方式，调解协议司法确认程序作为“成果”，需要经得起时间的拷问，需要不断的转型完善，制度设计也要在进一步从实效和实践出发落地表达实用价值的同时，展现更为强大的生命力。

① 《民事诉讼法》第227条规定，执行过程中，案外人对执行标的提出书面异议的，人民法院应当自收到书面异议之日起15日内审查，理由成立的，裁定中止对该标的的执行；理由不成立的，裁定驳回。案外人、当事人对裁定不服，认为原判决、裁定错误的，依照审判监督程序办理；与原判决、裁定无关的，可以自裁定送达之日起15日内向人民法院提起诉讼。

② ［法］托克维尔：《旧制度与大革命》，冯棠译，商务印书馆2019年版，第43页。

家事审判改革视角下家事审理模式的规范化构建

——以118家试点法院改革实践为实证分析

金燕玲*

引　言

任何一个学科或者学科领域，都有自己独特的问题意识、独特的概念工具和范畴体系。同理，法学领域中不同类型的案件也各有其自身的特殊性。[①] 家事审判是司法审判机关根据婚姻家庭关系的自身特点，运用区别于传统民事的审判模式，遵循家庭本位的审判理念，采用符合家事案件特殊性的审判制度和创新机制，妥善化解家事案件的司法活动。家事审判对于维护婚姻家庭关系稳定、促进社会稳定和谐发展发挥着极其重要的司法保障作用，而普通的民事审判模式已经不能适应家事案件快速增长和愈加复杂化的现实需求。2016年最高人民法院在全国范围选取118家中基层法院开展为期两年的家事审判方式和工作机制改革试点工作，各地试点法院积极争取社会各界力量支持、加强以人为本的审判理念、强化审判机构组织配备、探索符合家事案件特点的创新制度，在家事审判方式和审理效果上取得较好的成果，但家事审判的现有的制度设计和实践运行与我国快速转型发展的新形势存在一定差距，司法实践中立法支撑有待完善、审判理念有待提升、创新机制尚不明确、专业队伍建设不足等问题成为家事审判在探索审判模式过程中面临的现实困境和瓶颈。本文以118家试点法院的改革实践为研究对象，分析当前实践举措中的困境，探究造成该现状的原因，并提出进一步完善建议，探索家事审判模式的规范化建设。

---

* 作者单位：湖北省鄂州市中级人民法院。

① 曹思婕：《我国家事审判改革路径之探析》，载《法学论坛》2019年第9期。

一、家事审判的独特性

(一) 家事审判对象的特性复杂

作为家事审判的对象的家事案件，是指基于婚姻、血缘关系产生的身份关系和基于身份关系而衍生的财产关系的各类矛盾纠纷，其具备不同于普通民事案件的属性，具备财产关系的合理性和身份关系的非合理性。[①] 以两性关系和民事案件的特点。

首先，家事案件兼具人身和财产双重血缘关系为基础所形成的身份属性是家事案件最明显的自然属性，基于当事人相互之间复杂又特殊的身份关系持续存在，并且这种人身属性往往能保持终生；另一方面，随着经济的发展、收入的增加，家庭成员之间因财产利益发生冲突的情况屡见不鲜，而财产性利益的争夺除涉及传统实物型财产，还需考虑无形财产如股票收益、债券利益及虚拟财产等。

其次，家事案件中个人私密性与社会公益性共存。基于家事案件身份关系的因素，审判实践中不可避免地会涉及当事人之间的感情生活情况、私有财产状况，这些事项的查明和审理必然会触及当事人的隐私，这些都是个人的权利，是私人化的需要，家事案件的私密性和隐秘性应当重视；同时，家庭作为社会的细胞，家庭成员之间的相对地位导致彼此之间产生相应的权利义务关系，具有公益性，在婚姻家庭关系出现问题时能否得到及时有效的处理，正确地行使相对应的权利义务，不仅关系着家庭成员等个人的权益实现，还影响着社会的和谐稳定，近年来，家事案件的审理结果对社会大众的影响愈加明显，其社会公益性的属性愈加显著。

而近年来由于社会急剧变革引发的多样化的社会关系和经济活动，给婚姻家庭的稳定带来很大的影响，导致家事案件的数量激增、诉讼标的额上涨、新类型诉争财产等新的特点，从内部构成上看，家事案件既可能是利益冲突与非利益冲突交错，也可能是公益和私益的重叠，[②] 呈现疑难复杂化的趋势，家事案件的审理也越来越困难，家事审判需紧扣家事案件自身的独特性质，充分发挥家事审判的诊断、修复和治疗作用，实现对尚未破裂婚姻和问题家庭的救治，[③] 司法实践中亟待探索符合时代要求和家事案件特性的审判模式，妥善化解家庭危机，实现社会稳定。

---

① 李青：《中日“家事调停”的比较研究》，载《比较法研究》2003 年第 1 期。

② 陈爱武：《论家事审判机构之专门化——以家事法院（庭）为中心比较分析》，载《法律科学（西北政法大学学报）》2012 年第 10 期。

③ 李拥军：《作为治理技术的司法：家事审判的中国模式》，载《法学评论》2019 年第 6 期。

（二）家事审判程序的内容独特

家事案件的特殊性质决定审理家事案件的诉讼程序也应当区别于普通的民事诉讼程序。首先在审判机构和审判人员上，特别的家事审判机构可以顺应司法改革的新形势，集中高效地审理家事案件，选派婚姻家庭类案件业务精湛、社会阅历丰富、调解能力突出的人员担任家事法官，可以有效维护婚姻家庭的和谐与稳定，但是审判实践中缺乏优秀的家事法官，个别从事家事审判工作的法官在对待家事问题的态度上没有实现理念的转变，将家事案件视为当事人之间家长里短、鸡毛蒜皮的琐碎争议，不愿意投入时间和精力深入研究，专业人员的缺失和思想的误区在一定程度上影响了家事案件的审理质量和效果。其次在庭审方式上，传统的三角形模式的审判庭不利于当事人之间矛盾的化解，不能满足家事审判人性化的审理需求。严格的审限制度与家事案件需要较长时间来缓和当事人感情关系之间存在紧张，在一审判决前或者上诉的期间内，如果能给予充分的时间进行自我调节或者通过专业法官、家人朋友的助推，双方当事人达成和解的几率更大，本该破裂或者恶化的关系极有可能被和解，然而在司法实践中因审限的限制，一审简单地根据普通程序或简易程序的审限处理案件，二审的审限也十分明确，家事案件的处理没有更大的弹性空间，导致法官对于很多细节工作无法触及，只能短期化、简单化、效率化审理案件，极易造成矛盾升级。最后在配套制度上，基于家事案件人身性、私密性、当事人特殊的身份关系和案件事实复杂疑难化的现实，家事审判中需要不断探索和创新与之匹配的审理机制，如家事调查、家庭财产申报、冷静期、心理干预疏导、案后回访等制度。

（三）家事审判结果的功能多样

家事审判的目标，具有至少三个层次的功能定位，最基础的是“案结”，通过判决形式作出明确的裁判结果，并制作一纸裁判文书，这个时候案件在承办法官手上已经结了，但是当事人可能并未服判息诉，后续可能还有上诉、申请再审甚至信访等程序，导致矛盾进一步激化，纠纷并未终结，审判程序处于空转状态，导致司法资源浪费。第二层次为“事了”，以查清案件事实为基础，明晰了当事人的诉求，给出了家庭关系的解除或者维持、家庭财产的分割方案等裁判结果，眼前的纠纷和矛盾解决了，但当事人的对立情绪可能没有消退，容易引发社会关系的破裂。第三层次为“人和”，将司法服务延伸至审判后，充分发挥家事审判权益保障和情感修复的双重作用，有针对性地解决当事人实际问题，实现矛盾的实质性化解，维护家庭和谐，推动社会治理。

因此，家事审判模式的构建与运作必须立足于家事审判的特殊性要素，探索和创新符合家事案件特性的审判方式和工作机制，推进家事审判改革的科学化、规范化、制度化。

二、试点法院家事审判模式实践反馈

（一）审判机构虚置化

118 家试点法院对家事审判方式进行了大胆的改革创新，[①] 实现了家事案件的类型化审理，目前有 110 家法院设置了专门的审判机构，占比高达 93%，其中设置了家事法庭的法院有 77 家，超过半数，占比 65%。现阶段试点法院的审判机构主要有以下三种模式（见图 1）：（1）家事法庭。其主要职责是专门审理全院范围内的家事案件。（2）家事少年综合审判庭。该组织模式以少年庭为基础发展而来，主要审理少年类案件和家事案件。（3）家事审判合议庭，该形式并不是独立的审判机构，没有对家事案件进行特殊化审理。以上几种模式可以反映各地法院对家事案件的审理质量、对家事审判机构的认识理念及家事纠纷处理的社会效果有所差异。

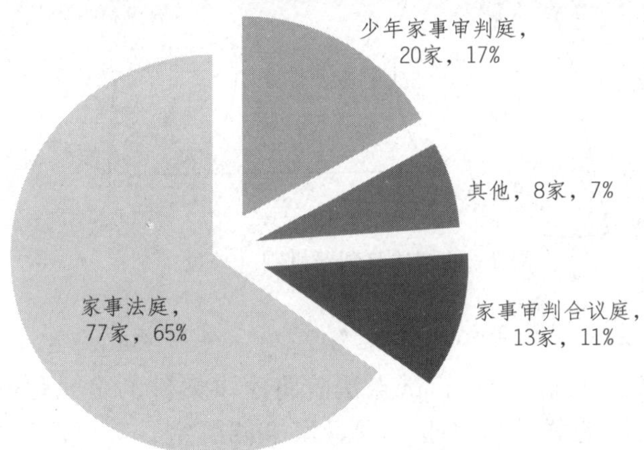

图 1　试点法院审判组织类型

总体而言，试点法院尝试创建的家事审判机构，有针对性地审理家事案件，在一定程度上缓解了传统家事审判所遭遇的瓶颈，取得了较好的社会效果，但也存在不足：一方面，法院内部的合议庭或在原有审判庭的基础上整合改造的家事法庭在设置上存在随意性，部分法院没有结合自身实际情况，只是挂了家事法庭的牌子，并没有从普通的民事审判庭中分离出来，无法有效应对数量巨大且复杂多变的家事案件。另一方面，部分法院的审判场所还是适用传统对抗式的审判庭，当事人处于敌对的状态，无法

① 数据来源：118 家试点法院官网信息和网络新闻报道信息整理所得。

满足人性化、温馨化的家事审判需要，家事审判机构设置及基础设施呈现虚置化的特点，有急功近利之嫌。

（二）创新机制粗糙化

各地法院对家事审判专门审判机制的探索实践主要集中在家事调查制度、家庭财产申报制度、离婚冷静期制度、心理干预疏导机制、回访帮扶制度，这些创新制度的应用，能够不断提高司法服务水平和家事审判的保障，切实保护当事人的合法权益。但各地法院在实践探索的各项创新机制中程序设计简单、程序标准不统一、适用不明确等问题突出，导致制度的实施过程中受到当事人的质疑而拒绝接受或配合审理工作，无法形成成熟的可推广的经验体系，也未能形成完整制度加以固定化、规范化，为法官高效审理家事案件带来一定的阻碍（见图2）。

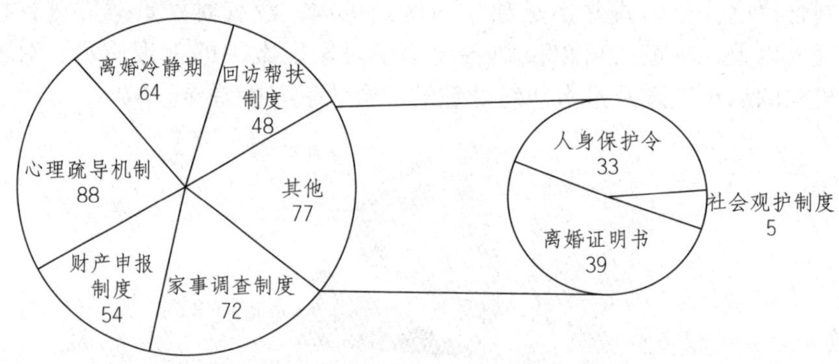

图2 试点法院创新机制（单位：个）

（三）纠纷化解社会化

在本轮家事审判改革中，试点法院将家事案件的多元化解重点放在调解和与其他部门的联动机制上。设置家事调解室、家事调解中心等场所，打造温馨家庭氛围，让当事人放松心情、放下戒备；聘请专门的调解人员，邀请单位、社区、亲友参与调解。同时，努力借助社会力量，与司法局、民政局、公安、妇联、学校等机构建立多元化解的协作机制或者联席会议制度，形成社会合力，有利于妥善化解纠纷。

尽管各地都在努力创建一个家事纠纷多元化解的社会共同体，但是我国目前没有建立关于调解的法律法规，除了离婚案件的先行调解外，其他家事案件并没有明确的法律规定，也没有建立专门的调解制度，各地法院的探索实践不统一，调解的程序和时限不明确，与其他部门的建立协作机制中各部门的职责并不清晰，缺乏统一的操作规范。尽管在实践中法院与某些单位来联合发文、制定实施意见，但这些只能解决双方之间的协作问题，现实中案件直接进入法院，协作单位往往处于被动参与的地位，其主动参与家事纠纷化解的主动性、动力不足，也因其自身身份障碍不能全面地参与纠纷解决，人员能力参差不齐无法保证矛盾的化解效果等，现阶段的多元化解机制还处于初步合成调试阶段，无法实现完全统一高效化解纠纷的社会效果（见图3）。

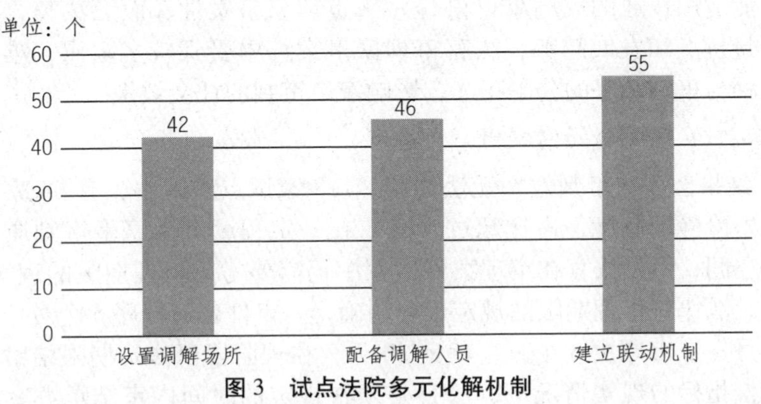

图3　试点法院多元化解机制

三、造成试点法院家事审判现状的原因

（一）立法规范有待优化

根据程序相对性原理，不同性质、不同类别的案件，应当适用不同的程序[①]。家事案件的特殊性和类型的复杂性决定了应当在程序上设置与其相适应的家事诉讼程序，从试点法院的当前的实践来看，试点法院主要是以最高人民法院发布的改革意见为方向，结合地方特色，在原有民事审判程序的基础上加以改良，进而应用于家事审判工作，尚未全面建立体系化的家事审判程序。

首先，家事实体法领域立法较为零散，缺乏体系性。我国家事实体法散见于《民法典》《反家庭暴力法》《妇女权利保护法》《未成年保护法》等法律规范中，不具备系统性和完善性。其次，我国目前的诉讼法体系中没有独立的家事诉讼程序法，《民事诉讼法》虽然对婚姻家庭纠纷等审理程序做出了一些特殊规范，也没有关于家事诉讼的独立篇章，现行法律对我国家事案件的审理原则、审判组织、审判辅助程序、家事调解程序等，均未作出明确的规定，难以满足家事案件的审判需要。最后，当前适用的为数不多的家事诉讼程序规定，零星的规定在《民法典》及司法解释等实体法中，但由于家事法律关系中涉及的因素多样化且复杂化，我国《民法典》针对多元化的婚姻现象或问题并没有做出具体的规定，整体立法仍流于简

① 廖中洪：《民事诉讼法·诉讼程序编》，厦门大学出版社2005年版，第263页。

单，有关规定已经难以适应新时期家事案件复杂多变的现状。

基于家事立法尚待完善的现实，实践中缺乏系统化、体系化的立法支撑，试点法院在探索家事审判改革举措时缺乏法律或司法解释层面明确的法律依据，成为各地法院探索家事审判改革的“身份障碍”，在司法实践中法官可能适用普通的民商事诉讼程序来审理家事案件，而无法契合家事案件的自身特点和发展趋势，法官审理家事案件中受到较多阻碍，难以保障审理过程与审判结果的公平正义，影响家事审判的社会效果。

（二）审判理念还需提升

1. 结果公平与审判效率无法均衡。118 家试点法院中，有 64 家法院探索了离婚冷静期制度，占比超过 50%，在一定程度上为家事审判质量提供了缓冲空间，但是法官在审理案件过程中仍需要考虑审理期限的现实因素。一方面，法律对审理期限的规定十分明确，一审件普通程序 6 个月，简易程序 3 个月；二审判决 3 个月，裁定 30 天，在现阶段以法定期限结案率作为主要考核指标的现实情况下，法官必须在规定的时间内审结承办案件。另一方面，员额制改革背景下法官人员数量精简化，而家事案件逐年增多，在案多人少、时间有限的双重审判压力下，法官可能选择审判效率，无法充分审视家事案件中当事人之间的关系是否有挽回余地、是否充分考虑到未成年子女的意愿等，便快速地作出裁判，以保证自己本职工作的完成，但这种结果往往让当事人对裁判结果难以信服，进而占用诉讼资源继续申诉甚至引发更大的悲剧，在一定程度上牺牲了公平正义。

2. 弱势群体权益保护边缘化。2018 年 7 月出台的《最高人民法院关于进一步深化家事审判方式和工作机制改革的意见（试行）》中提出了依法保护未成年人、妇女、老年人合法权益，弘扬社会主义核心价值观，促进社会建设和谐发展的目标。[①] 尽管各地先后制定的改革方案和实施方案，试点法院探索的社会观护、案后回访等制度即是为了充分保障弱势群体的合法权益，但审判人员在办理案件过程中，思维模式仍然被财产型案件的就案办案、快审快结的审判理念所禁锢，主要以父母权利本位或以利益冲突双方为中心审理案件，不重视家事案件中弱势群体的合法权益保护，忽视了家事审判中人际关系的调整。由于家事审判理念未能适时调适，导致司法在维系家庭和社会稳定方面的功能难以充分发挥。[②]

（三）探索制度不够明确

1. 制度标准不统一。各地探索的处理方式并没有相对统一的标准，不

---

① 《最高人民法院关于进一步深化家事审判方式和工作机制改革的意见（试行）》第 1 条第 1 项。

② 王德新：《家事审判改革的理念革新与路径调适》，载《当代法学》2018 年第 1 期。

同法院对同一制度的规定均不明确，以离婚冷静期制度为例，《最高人民法院关于进一步深化家事审判方式和工作机制改革的意见（试行）》中提出“人民法院……可以设置不超过 3 个月的冷静期”，导致法院冷静期的时间大不相同，有的法院设置立案后 1 个月的冷静期，有的法院设置 3 个月的冷静期；设置的阶段也不一致，有的法院在立案前设立冷静期，有的则在审理阶段设置冷静期，时间过长的申请扣除审限；对离婚冷静期的称呼也大不一致，除“离婚冷静期”外，还有“庭后冷静期”“离婚考验期制度”“家庭冷静期”“诉讼冷静期”等多种称谓，缺乏统一的规范。

2. 程序设计不科学。在创新制度的探索过程中，不可避免地会涉及当事人的隐私问题，比如家事调查制度、心理疏导机制，在获取或了解到与案情无关的隐私问题时，各地法院并没有作出明确的规定施以有效手段来防止隐私泄露来保护相关当事人的权益。创新制度的适用范围、适用时限、程序启动以及经费问题规定不明确，调查、咨询机构等第三方的资质问题和中立性、可靠性问题，亦没有做出详细的规定，正是制度设计的不合理、不完备、不规范等，导致法官在制度的适用过程中具有较大的随意性。

3. 工作内容较为模糊。试点探索的家事调查制度、心理疏导机制、家事调解制度等具体实施人员大都是社会力量组成，他们被选任为调查员、调解员、心理疏导员基本上是兼职，精力有限，本身无法花大量的时间去深入了解家事案件中各方当事人的具体情况和纠纷细节，以家事调查制度为例，不仅要调查“法律上的事实”或者说是“法律事实”，还应关注“生活上的事实”或者“社会事实”，并在此基础上透视案件全貌。[①] 现有探索制度中没有对相应的工作内容作出明确，不同的辅助人员之间存在职能混淆，因而大多以被动参与为主，也容易因非本职工作而有所松懈。

（四）专业队伍建设有待解决

1. 家事法官选拔标准不一。本次改革中并未对家事法官的任职资格和条件进行明确，缺乏统一的标准，各地试点法院对家事法官的选拔做出新的尝试，从业务能力到专业知识均有要求，在实践中过程中选任有婚姻经历、审判经验丰富的女性法官作为家事法官。但不同地区的人员选任标准不一，家事法官的专业能力、个人素养和法律基础都存在参差不齐的现状。由于缺少专门的制度对家事审判队伍进行明确、细致的规范，导致家事审判队伍专业化水平建设还需要进一步提升。

2. 审判辅助人员具有临时性。试点法院聘任的家事调查员、家事调解员、心理辅导员等人员往往都是法院在受理某个家事案件时，需要用到上

① 陈爱武：《家事调解：比较借鉴与制度重构》，载《法学》2007 年第 6 期。

述人员时，从心理协会、妇联、居委会等单位随机借人参与到案件的审判过程，暂时组成了一个审判团队，但并非长久机制。并且辅助人员都并非专职人员，因精力不足和时间有限难以全身心地投入工作，无法成为审判团队的固定人员，具有临时性，协调难度大。

四、家事审判模式的规范化构建

（一）完善立法规范，构建独立家事诉讼法

家事审判能否实现程序正义与司法近民、程序集中与灵活实用、审判专业与案例统一，取决于我国家事诉讼规范的详实与精细程度。[①] 要稳定顺畅地推动家事审判改革，必须坚持立法先行，在立法上健全家事案件审判程序，规范家事审理模式。基于家事案件人身附属性、个人私密性和社会公益性等特点，在整合我国现行《民事诉讼法》《民法典》及司法解释等法律规范等基础上，独立于《民事诉讼法》之外单独制定一部符合我国国情的《家事诉讼法》。结合我国独特的历史文化、人文思想和国际政策，明确家事诉讼法的不公开审理、调解优先、保护弱者权益等特殊原则，划分家事审判的受案范围，细化家事案件的分类和类型，完善保护未成年人、受害者权益等特定法律程序，抛弃粗放式的司法模式，满足个性化的司法需求，构建专业化的家事诉讼审判程序，推动家事诉讼立法的进程，将改革成果法定化、固定化、规范化，形成统一的程序法框架，为家事审判改革提供法理支撑和制度保障。

（二）升级审判理念，打造柔情审理模式

1. 树立家庭本位的审判理念。家庭的和睦与稳定是国家发展、社会进步、民族繁荣的基石，家事审判不能局限于案件审判，其更为重要的职能是对当事人婚姻家庭关系的诊断、修复和救治，“调整、修复、治疗”是要求家事法庭通过适当的程序和方法对紊乱的家事关系进行整合，抚平当事人的心理创伤。[②] 家事审判活动要以维护婚姻家庭关系的稳定为目标，把对当事人的保护从财产利益延伸到身份利益、人格利益、安全利益和情感利益。在家庭本位的审判理念的指导下，审判人员要主动转变审判思路，坚持以人为本，以缓和对立关系、修复亲情关系和实现家庭和睦为导向，并通过运用符合家事审判特点的特殊审理程序及纠纷多元化解机制，实现重建和谐家庭关系、传递司法人文关怀的目标，[③] 推进家事审判司法功能与社

---

① 赵秀举：《家事审判方式改革的方向与路径》，载《当代法学》2017 年第 4 期。

② 杨临萍、龙飞：《德国家事审判改革及其对我国的启示》，载《法律适用》2016 年第 4 期。

③ 柯阳友、李琼：《我国家事审判改革的重点》，载《辽宁师范大学学报（社会科学版）》2019 年第 5 期。

会功能的有机结合。

2. 贯彻保护弱者的审判理念。家事案件的现实审理过程中未成年人、妇女、老年人等弱势群体的合法权益往往处于被边缘化甚至被忽视的状态，容易对弱势群体造成二次伤害。对弱者合法权益的保护，不仅关系个人利益，同时也关系到整个社会的公共利益，在家事审判规范化建设中，需要贯彻保护弱者权益的审判理念，如涉及未成年人合法利益的部分，要始终坚持未成年人利益最大化原则，保障未成年人的发展权益；加大对家庭暴力受害人的保护；保障老年人的合法权益和祖辈对孙辈的探望等情感需求。

3. 倡导文明进步的家庭伦理道德理念。在家事审判中挖掘我国优良的家庭传统文化，总结、宣传社会主义家庭美德，捍卫、弘扬社会主义核心价值观，在全社会形成呵护儿童、尊重妇女、敬老爱老、重视家庭的理念，① 结合现代家庭理念，梳理父慈子孝、夫敬妇爱、兄友弟恭②等处理家庭关系的基本道德规范，用以指导家事纠纷的处理，维护健康向上的婚姻家庭关系，弘扬中华民族传统家庭美德，维护公序良俗。

（三）细化制度设计，完善综合审理机制

各地法院探索设置的审理制度，不仅需要立法上的支撑，更需要在详细规则如适用原则、制度标准、配套措施等方面进行合理构建，优化家事审判的制度规则，这样才能使创新制度在司法实践中得到合理运用，建立符合家事案件特点的特殊审理模式。

1. 贯彻适用原则，确立“自愿+强制”的启动机制。现阶段探索各类创新制度的司法适用，需结合个案的情况逐案进行判断。一般而言，家事调查、家庭财产申报、离婚冷静期、家事回访、社会观护等制度由法官根据案情需要依职权启动，依法维护当事人特别是弱势群体的合法权益；在此基础上，可以探索当事人自主申请启动程序机制，尊重当事人的意思自由，合理利用司法资源。

2. 明确制度标准。（1）划分适用对象，家事审判本身因当事人个体差异而有所区别，不是对所有的家事案件机械地适用相关制度，比如判后回访制度，应当有选择地确定回访帮扶对象，根据个案的具体情况以及当事人情况的个体差异，作个别的、具体的、科学的诊断与选择，重点关注残疾人、信访户、家境困难、家暴对象、未成年人等特殊群体，以及情绪激动、性格偏执的当事人，按审理人员的建议确定对象。（2）明确适用期限，创新机制的设置初衷应是促进家事案件的妥善处理，因此在制度的适用期

---

① 《加强人民法庭建设　推进家事审判改革》，载《人民法院报》2016 年 8 月 30 日第 1 版。

② 《牢记使命　勇于担当　大力推进家事审判改革和破产审判工作》，载《人民法院报》2016 年 7 月 22 日第 1 版。

限上加以规范化，既有利于发挥法官的能动性，也有利于维护当事人的权益，不会造成过分诉累。（3）细化工作内容，制定相应的操作规程，规范角色定位、职能范畴。如家事调查中，家事调查员协助法官查明案件事实，需对调查事项、调查方式、调查内容、调查报告等进行明确化、细致化、具体化。

3. 完善配套措施。（1）强化外部辅助机构支持，在法院技术及法官精力有限的情况下，把专业的事情交给专业的人员做，与专业的心理辅导机构、调查中心等建立长期合作，聘请专业的调查员、调解员和心理辅导专家，通过法院授权委托，第三方专业机构给当事人提供咨询、开展调查、委托调解。（2）完善辅助人员的保障机制，明确报酬标准。辅助人员实质上是协助法院行使相关权力并由法院依职权启动相应制度，其费用具有较大的公共成本属性，应当由国家来支付。同时根据案件的繁简程度、当地经济水平等因素确定合理的报酬标准，既要避免过高的财政压力，又要保证司法辅助人员的积极性。

（四）设置专业团队，提高家事审判质效

在各地法院普遍设置专门的家事法庭或家事审判合议庭的前提下，需要组建专业化的审理团队，力求满足家事案件特殊化的审判需求，妥善化解家事矛盾。

1. 严格把握家事法官的选任标准。家事法官是家事诉讼的核心关键人员，家事法官自身的专业水平和审判经验直接关系着家事案件的审理质效，家事审判的特殊性决定了对家事法官的任职要求更高，选任家事法官具体明确以下几方面硬性衡量标准：（1）吸收至少一名已婚女性法官，女性亲和、细腻、善于沟通等特点，能充分发挥审判人员刚柔并济的优势，从思维、视角、性别等方面进行互补。（2）具有丰富的生活阅历及人生经验，避免激进思想和偏激情绪，能较好地调整人与人之间的关系。（3）具有丰富的审判经验和扎实的法律知识，了解和运用心理学、社会学、政治学、伦理学等相关知识。（4）热爱审判工作，责任感强，拥有能够说服人的心灵，实现情、理、法相融合，使法律效果和社会效果相调和的能力，① 保证案件审理的中立性和客观性。

2. 探索专业审判辅助人的配备。家事审判辅助人员一方面是调查员、调解员、心理疏导员等社会力量，在选任时结合学历、年龄、专业知识、社会经历等方面予以规范，区分专职人员和兼职人员，不仅要争取社区组织、单位亲友、妇联机构、公益组织等力量推动案件的审理，还要重视吸

① 李拥军：《作为治理技术的司法：家事审判的中国模式》，载《法学评论》2019 年第 6 期。

纳心理学、社会学、精神病学等不同领域的专业人士参与家事纠纷处理过程；另一方面还包括法官助理、书记员等司法辅助人员，在日常审理工作中，法官助理和书记员与当事人沟通交流的机会相较于法官更多，这要求法官助理和书记员不仅要具备较高的家事审判理论知识，也要提高自己与当事人沟通协调能力，保证家事审判团队的每一名成员都能用自己的言语行为为当事人指引正确的道路。

3. 加强审判团队的学习培养。制定规范、全面的体系化培养计划，培养专家型法官，为其创造学习心理学、社会学知识的条件，鼓励其参加家事领域的培训、调研、学术交流和研讨,[①] 拓宽家事法官的视野，提高处理家事案件的综合能力，推进法官队伍正规化和专业化。针对审判辅助人员，除了为其提供工作条件和必要设备外，还应当由法院或其所属部门定期进行培训、评估和考核，提高其综合素质和专业能力，为专业化审判机构的持续发展提供保障。

结 语

坚冰正在突破，经验正在形成，家事审判的改革应不落窠臼，不固步自封于传统民事审判机制，需要考察其存在的制度基础和现实需要，总结试点法院家事审判模式的可行方法，立足于各地实际，通过司法实践的不断探索、检视和完善，促使家事诉讼日益精细化、专业化，形成适合符合自己特色的家事审判模式，使得我国家事案件的审理工作既能有效化解纠纷，又留有温情的力量，实现促进社会稳定，推动法制进步的目标。

① 毕凝：《家事纠纷专业化审判团队研究》，载《法制博览》2020年第2期。

证券群体性纠纷示范判决既判力的效力扩张与程序再造

李家林[*] 秦 拓[**] 罗 娜[***]

引 言

证券侵权民事赔偿制度，是增加证券市场违法违规成本、保护投资者权益的重要手段。中小投资者通过个别诉讼的方式解决证券纠纷虽符合诉讼原理，但显然无法克服“诉讼爆炸”所引发的诉讼空间、诉讼效率等现实困难。我国法学理论界与司法实务届对群体性证券纠纷解决进路未形成共识。本文通过对我国群体性证券纠纷解决的现状剖析，提出适合于我国证券发展的纠纷解决应是以示范诉讼机制为主导、“默示加入型”代表人诉讼为补充的进路，并尝试运用既判力扩张理论作为示范诉讼再造的理论基础，构建适合我国证券市场发展的示范诉讼制度模型，进而对我国本土化证券示范性诉讼制度进行程序设计。

一、群体性证券侵权纠纷解决的司法实践图景

通过对我国群体性证券侵权纠纷解决历史与现状进行检视，发现适合于我国证券市场发展的纠纷解决应是以示范诉讼机制为主导、“默示加入型”代表人诉讼为补充的进路。而示范诉讼制度囿于现有法律框架，存在“示范性”不突出的问题，未能充分发挥制度优势。

（一）示范诉讼制度回应平稳妥善处理群体性证券纠纷的现实需求

1. 处于休眠状态的“明示加入型”代表人诉讼。在司法实务中，“明示加入型”代表人诉讼通常处于休眠状态，适用效果不佳。法院并不愿主动启动代表人诉讼，主要有以下三方面原因。

（1）代表人诉讼的司法困境。我国证券市场成长时间不过二十余载，

* 作者单位：海南省海口市中级人民法院。

** 作者单位：广东省深圳市中级人民法院。

*** 作者单位：广东省深圳市福田区人民法院。

违法违规行为多发。符合起诉条件的投资者人数可能多达数以万计，但如果受理法院依法发出公告，让符合条件的投资者都来登记诉讼，容易让投资者产生法院将要支持赔偿请求的误解，进而产生诉讼案件激增的困境，既与法院案多人少的现状不符，也难以达到当事人的诉讼预期。

（2）证券投资风险的理性认知。证券市场为了保持流动性，往往在制度设计上允许一定的投机性，因此很多投资者参与证券市场有投资兼投机的目的。保护投资者合法利益的同时，也要通过制度鼓励投资者的理性成长而非培养“巨婴”，防止将侵权赔偿制度异化为投资保险制度，改变了制度设计的本意。

（3）当事人之间利益平衡的考虑。实践中，真正实施欺诈行为的其实是上市公司背后的高管人员或机构，而赔偿制度设计上又必须让上市公司成为首先买单者，这无异于对上市公司构成二次利空。此外，还存在投资者与受害者成员之间存在相互支付及“投资者财富的缩水现象”，① 对后面无辜的投资者并不公平。因此，在强调投资者保护的同时，也必须有一个利益平衡，既要惩罚市场造假者，又要避免上市公司因为诉讼而破产倒闭。

2. 符合现实需求的示范诉讼制度。群体性证券侵权纠纷化解制度演变过程与我国证券市场发展历程协同一致，大致分为三个阶段：第一阶段为初始阶段，证券市场处于初生阶段，司法实践出于呵护市场发展，以及法律规范粗糙、司法能力不足等考量，对该类案件采取谦抑态度。第二阶段为探索阶段，面对“诉讼爆炸”式群体性纠纷及代表人诉讼制度备而不用的态势，司法实务中产生了运用示范诉讼程序的现实需求，并自然而然地摸索出了相应做法。第三阶段为快速发展阶段，我国证券市场欺诈行为多发，对司法能力提出更高的需求，为了维护切实保护投资者合法权益，市场监管机构、司法机关发布规范性文件明确“建立示范判决机制”。（见表1）

示范诉讼制度是司法实务中最常用的证券纠纷化解利器。示范诉讼因仍保持普通的两造结构、操作性强，可节约司法资源、促进多元纠纷化解，有着实践与理论的基础，具有较强的适应性和生命力，是现阶段证券违法违规行为多发、司法资源匮乏现状下，实现该类纠纷公正、高效化解的最佳平衡。

---

① 耿利航：《群体诉讼于司法局限性——以证券欺诈民事集团诉讼为例》，载《法学研究》2016 年第 3 期。

表 1 近年来群体性证券侵权纠纷化解制度相关规范

发文时间	发文单位	规范名称	内容
2016 年 9 月 12 日	最高人民法院	《关于进一步推进案件繁简分流优化司法资源配置的若干意见》（法发〔2016〕21 号）	明确“探索实行示范诉讼方式”
2018 年 11 月 13 日	最高人民法院、证监会	《关于全面推进证券期货纠纷多元化解机制建设的意见》（法〔2018〕305 号）	明确“建立示范判决机制”
2019 年 11 月 8 日	最高人民法院	《全国法院民商事审判工作会议纪要》（法〔2019〕254 号）	鼓励在代表人诉讼基础上探索构建符合中国国情的证券民事诉讼制度；有条件的地方人民法院可以选择个案以《民事诉讼法》第 54 条规定的代表人诉讼方式进行审理，逐步展开试点工作
2019 年 12 月 28 日修订	全国人大常委会	《证券法》	新设了“默示加入、明示退出”的诉讼制度

3.“默示加入型”代表人诉讼适用效果有待检验。

（1）“默示加入型”代表人诉讼条款应采限缩性解释。新《证券法》第 95 条第 3 款将之前《民事诉讼法》第 54 条规定的代表人诉讼主体从“明示加入、明示退出”变为“默示加入、明示退出”，扩展了代表人诉讼主体范围。根据《〈全国法院民商事审判工作会议纪要〉理解与适用》第 85 条关于证券虚假陈述的“重大性要件”的审查原则，提起该类诉讼条件较低。只要存在违规行为，哪怕过失或者轻微的违规，都可能面临海量诉讼，易对我国证券市场造成冲击，存在矫枉过正的风险。

（2）“默示加入型”代表人是多方主体的一致选择。“默示加入型”是监管机构、司法机构、投资者保护机构等各方主体的合力的结果。根据《最高人民法院关于证券纠纷代表人诉讼若干问题的规定》，法院并非启动该类型代表人诉讼的主体。而国家的经济环境与监管力度息息相关，如何平衡保护投资者、规范上市公司治理与惩戒欺诈造假行为是一个很大的课题，监管机构对是否启动该类型代表人诉讼有着更全面、更宏观的考量。随着新《证券法》颁布的热点过去，群体性证券侵权纠纷领域并不会大规模适用“默示加入型”代表人诉讼制度。

（二）群体性证券纠纷解决示范诉讼制度的阙如

我国各地方法院现行探索的示范诉讼机制多囿于现有法律框架，均通过“示范判决+平行案件简易审理”模式来处理，示范诉讼“示范性”并不突出，未能发挥制度优势。

1. 示范判决“参照”效力不明。《最高人民法院关于进一步推进案件繁简分流优化司法资源配置的若干意见》第7条规定：“探索实行示范诉讼方式。对于系列性或者群体性民事案件和行政案件，选取个别或少数案件先行示范诉讼，参照其裁判结果来处理其他同类案件，通过个案示范处理带动批量案件的高效解决。”从上述规定看，示范判决产生“参照”效力。那什么是“参照”？具体应如何参照，司法实践中有不同的做法。（见表2）

2. 平行案件参照适用意愿不强。实践中，并非所有平行案件均可参照示范判决结果调解结案。日本学者小岛武司称，示范判决所具有的包含全体被害者的和解和救济计划的“间接波及效益”。[①] 示范判决作为当事人处理纷争的直接准据，理论上具有促进群体性证券纠纷多元化解的作用。但是事实上，示范判决作出后，将面临原告和被告双方调解意愿下降的问题。因此，引导纠纷通过非诉等多元途径化解是示范诉讼机制的目标之一，能否达到还有赖于当事人的选择。

3. 平行案件“简化审理”效果不佳。从部分法院制定的群体性证券纠纷示范判决机制的相关意见或指引看，所谓的“简化审理”主要是指平行案件简化庭审程序及以表格式、要素式等方式简化裁判文书的制作，但法院仍需正常开庭审理和裁判。司法实践中，对庭审程序简化程度没有细化规定，对共通事实认定和法律适用标准没有异议的当事人庭审参与感不强。而对共通部分有异议的当事人提出的异议理由，由同一法院同一合议庭的法官对基于同一侵权行为的认定过程是一致的，此时的庭审效果不佳。

表2　各地法院示范判决机制指引

序号	法院	相关文件	发布时间	示范判决效力规定	平行案件简化处理规定
1	上海金融法院	《关于证券纠纷示范判决机制的规定》	2019年1月16日	第37条　示范判决生效后，已为示范判决所认定的共通的事实，平行案件的当事人无需另行举证。示范判决生效后，已为示范判决所认定的共同的法律适用标准，平行案件的原告主张直接适用的，法院可予支持；平行案件的被告主张直接适用，但原告对此有异议的，法院应予审查	第42条　经当事人同意，可以将若干平行案件合并开庭审理，同时简化庭审程序。平行案件的裁判文书可以采取表格式、要素式方式，明确当事人的具体赔偿金额，示范判决所认定的共通事实和法律适用标准可不再表述

① 陈刚主编：《自律型社会与正义的综合体系》，中国法制出版社2006年版，第57页。

续上表

序号	法院	相关文件	发布时间	示范判决效力规定	平行案件简化处理规定
2	深圳市中级人民法院	《关于依法化解群体性证券侵权民事纠纷的程序指引（试行）》	2020年4月20日	第29条　示范判决生效后，已为示范判决所认定的共通的事实、法律适用标准、损失计算方法对平行案件具有既判力。非经法定程序更改，情形相同的平行案件应当适用	第37条　示范判决生效后，平行案件当事人不同意调解或者不能达成调解协议，需要开庭审理的，可以采取在线集中开庭等方式，并简化庭审程序。已经示范判决所确定的事实和证据，可以不再举证、质证
3	北京市高级人民法院	《关于依法公正高效处理群体性证券纠纷的意见（试行）》	2019年4月29日	第13条　示范判决生效后，已为示范判决所认定的共通的事实，无需平行案件的当事人另行举证 第14条　示范判决生效后，已为示范判决所认定的共通的法律适用标准，平行案件中的投资人主张直接适用的，人民法院可予支持	第16条　平行案件的裁判文书可就示范判决所认定的共通的事实和法律适用标准不再表述，可以采取表格式、要素式等简化方式明确投资人可以获得的赔偿项目及赔偿金额
4	杭州市中级人民法院	《关于证券期货纠纷示范判决机制的指导意见（试行）》	2019年10月25日	第15条　示范判决生效后，已为示范判决所认定的共通的事实，平行案件的当事人无需另行举证 第17条　平行案件的当事人，对示范判决的示范效力、示范判决所认定的共通的事实在平行案件中适用提出异议的，应当就该案与示范案件缺乏共通的事实争点和法律争点提供证据予以证明	第18条　经当事人同意，可以将若干平行案件合并开庭审理，同时简化庭审程序。平行案件的裁判文书可以采取表格式、要素式等方式，明确当事人的具体赔偿金额，示范判决所认定的共通事实和法律适用标准可不再表述

二、既判力理论扩张视野下群体性诉讼示范判决的理论基础

基于前述，以示范诉讼为主导的纠纷化解制度是适合我国证券市场发展的进路，但现有示范诉讼制度并无法充分发挥示范判决“示范性”，可以尝试运用既判力效力扩张理论作为示范诉讼再造的理论基础。

（一）群体性纠纷示范诉讼效力扩张的理论模型

理论中，判决预决力、争点效、既判力等三种视角可对证券示范诉讼再造提供理论支撑。

1. 预决力理论。预决力是事实上证明效力，该效力并不能阻止后诉当事人提出相反证据推翻前诉裁判，因而区别于既判力，对后诉法院的审理

并无约束力。《最高人民法院关于适用〈中华人民共和国民事诉讼法〉的解释》（以下简称《民事诉讼法司法解释》）第93条规定，已为人民法院发生法律效力的裁判所确认的事实，当事人无须举证证明，有相反证据足以推翻的除外，即为判决事实的"预决效力"。该理论对预决事实进行推定，属于拟制效力，可以反证予以推翻，此时平行案件当事人对共通事实仍可举证、质证，法院仍需正常开庭，故仍存在示范性不足的问题。

2. 争点效理论。争点效理论是日本学者新堂幸司在兼子一关于判决"参加性效力扩张理论"后所提出的旨在扩张既判力客观范围的理论主张。该理论试图通过赋予判决理由中对诉讼中重要争点所作判断以一种通用的确定力，而实现既判力客观范围向判决理由中的判断事项扩张的理论目的。争点效将既判力客观范围扩张至争议事项重要争点所作判断后，通过既判力主观范围扩张的制度来向第三方主体扩张。不同于既判力属于法院职权调查事项，该理论提出争点效必须具备相应程序要件，包括当事人必须在后诉程序中提出援引该项判断结论之争点效的程序主张或抗辩。[①] 该理论以当事人的提出为程序要件，并不符合实践需求，无法将其作为证券示范诉讼再造的理论依据。

3. 既判力理论。既判力制度是判决效力体系中的制度。[②] 我国现行《民事诉讼法》中并没有关于既判力的明确、直接规定。民事诉讼法学界代表性定义为"生效的民事判决所裁判的诉讼标的对对方当事人和法院具有的强制性的通用力"。一般认为，既判力从客观范围、主观范围和时间范围三个维度发生拘束力。客观范围是指既判力对哪些已判决事项发生拘束力，原则上以载于判决主文（即判决书中判决结论部分）中判断事项为限（抵销抗辩除外），而当事人争议的事实和理由是作为判决理由的事实认定及法律判断的基础，不具有既判力。[③] 主观范围是指既判力对哪些主体发生拘束力，原则上判决的既判力发生在当事人之间，对当事人以外的第三人并无约束力，即既判力相对性原则。时间范围是指确定判决发生既判力的时间界限，其意义在于基准时点后对当事人产生实权效果。我们倾向于以既判力扩张作为理论基础。

（二）既判力理论主客观范围扩张的理论模式

现有既判力理论不足以为构建群体性证券示范诉讼制度提供足够的理论支撑，我们可以采取既判力客观范围扩张与主观范围扩张相结合的方式，为构建证券示范诉讼制度提供理论支撑。

---

① 丁宝同：《论争点效之比较法源流与本土归化》，载《比较法研究》2016年第3期。

② 江伟主编：《民事诉讼法》，高等教育出版社、北京大学出版社2000年版，第276页。

③ 参见叶自强：《论判决的既判力》，载《法学研究》1997年第2期。

1. 既判力客观范围扩张。既判力客观范围扩张是指判决的约束力从主文扩张至判决理由。具体到证券示范诉讼中，即赋予示范判决中共通的事实认定和法律适用标准以约束力。群体性证券侵权民事纠纷本就是基于同一侵权事实发生的普通共同诉讼，示范案件无论是其中一个单案或多案集合，作出的示范判决必然会对侵权行为的要件事实、法律适用等共通的事实、法律适用乃至实体处理作出认定和权威判断。而针对同一证券侵权行为引发的纷争，对所有符合索赔条件的投资者适用同一标准为应然之意。

2. 既判力主观范围扩张。约束力及于当事人以外的第三人即为既判力主体扩张。具体到证券示范诉讼中，即将示范判决中的共通事实认定和法律适用标准及于平行案件原、被告双方。诉讼担当、身份诉讼和公司诉讼中均发生既判力扩张。

（1）诉讼担当。诉讼担当是指本来不是民事权利或法律关系主体的第三人，对他人的权利或法律关系有管理权，以当事人的地位，就该法律关系所产生的纠纷而行使诉讼实施权，所受判决的效力及于原民事法律关系的主体。[①] 分为法定诉讼担当和任意诉讼担当。我国司法实务界认为，《民事诉讼法》第53条、第54条规定的代表人诉讼中的诉讼代表人属于任意诉讼担当人，诉讼担当人的诉讼结果对被担当人具有约束力。[②]

（2）身份诉讼和公司诉讼判决既判力扩张，又称为判决的对世效力。即判决对当事人以外第三人的拘束力，既拘束有权提起诉讼的其他适格的人，禁止其再次起诉；又对无起诉适格的第三人，发生必须承认判决结果的一般性义务的效力。[③]

（三）证券示范判决既判力扩张理论解释的新进路

基于高效化解群体性证券侵权纠纷的实用主义考量，通过引入示范诉讼“公益属性”，并借鉴既判力对世效力的正当化来源，来获得既判力主体扩张的正当化。

1. 高效化解纠纷实用主义的考量。各国在对待群体性纠纷，两端的做法是只允许采取单独诉讼方式和允许美国式集团诉讼方式，在这两种方案之间，存在着不同的排列组合方式。而区别的存在并非理论逻辑的产物，应是积累经验后的判断。[④] 具体到群体性证券纠纷的解决上，代表人诉讼不

---

① 江伟主编：《民事诉讼法》，中国人民大学出版社2008年版，第136页。

② 参见沈德咏主编：《最高人民法院民事诉讼法司法解释理解与适用》，人民法院出版社2015年版，第633~634页。

③ 参见常廷彬：《民事判决既判力主观范围研究》，中国人民公安大学出版社2010年版，第31页。

④ 耿利航：《群体诉讼于司法局限性——以证券欺诈民事集团诉讼为例》，载《法学研究》2016年第3期。

能亦不会成为常态化解决路径，而示范判决机制有着更强的生命力。通过法院对群体性证券诉讼中示范案件进行高度职权下的精细化审理并给予平行案件当事人在示范案件中基本程序保障，同时通过上下级法院监督、法院内部管理、司法公开等措施对法院工作进行制约，则既能高效解决纠纷，又能保障当事人的合法权利，有着实用主义的现实土壤。

2. 引入示范诉讼“公益属性”的价值因子。我国《民事诉讼法》第 54 条第 4 款规定：“人民法院作出的判决、裁定，对参加登记的全体权利人发生效力。未参加登记的权利人在诉讼时效期间提起诉讼的，适用该判决、裁定。”从法律规定上赋予代表人诉讼裁判文书的既判力扩张。对于对未参加登记权利人既判力扩张的正当性来源，主流观点主要从对社会公益的维护、对法的秩序的稳定有重大影响的等公共利益角度进行分析。我国示范诉讼功能与价值中亦包含“公益属性”，示范判决并不囿于纠纷本身，而是具有解决纠纷和法律秩序之社会实现的整合性功能，这种具有公共政策制定和实施功能的角色是传统诉讼所不具备的，这类诉讼的审理使得法院踏上了政策制度的舞台。①

3. 借鉴既判力对世效的正当化来源。群体性证券侵权纠纷虽属于财产类诉讼，一般情况下适用当事人辩论主义，但人民法院在审理示范案件时可参照身份诉讼和公司诉讼既判力对世效中的职权探知主义，以法院职权为主、辅之基础权利，以保障当事人的权益。在证券纠纷中，一方面，由于证券交易的特殊性，实际上无法还原每个投资者的真实购买情况，审理中并不适用“镜像原则”，大量的酌定因素也意味着法院事实上行使了自由裁量权，因此适用“职权主义”具有一定相容性。另一方面，基于证券侵权纠纷小额分散多数的特征，对投资者、上市公司、法院三方主体来说，效率价值优先都是更高层次的客观需求。而证券侵权民事赔偿制度兼有对违法行为人制裁与对受害人补偿的双重目的，针对个别投资者的民事赔偿制度仅是反证券欺诈法律制度的间接目标，司法不仅要考虑投资者“买者自负”、促进投资者理性成长，还需要在惩罚市场造假者和避免因为诉讼而致使上市公司破产倒闭之间寻求平衡。因此，在某种程度上可以说，我们在允许并鼓励受害投资者搭便车的同时，也需投资者放弃一定的诉讼权利，以达到效率价值优先的客观需求。

三、既判力效力扩张理论下群体性证券纠纷示范诉讼的制度架构

（一）示范诉讼的模型选择

我国证券示范性诉讼应采法院职权模式为主导、当事人诉讼契约为辅

① 俞惠斌：《示范诉讼的价值再塑与实践考察》，载《北方法学》2009 年第 6 期。

助的方式。

1. 契约型示范诉讼模式。正当性来源为：根据民法契约自由及权利处分理论，示范判决效力自然扩张，无需法律专门作出规定。具体到司法实务中有两种简便做法：（1）平行案件立案阶段，法院向当事人出具《示范案件情况通知书》，如各方当事人均同意按照生效示范判决认定的共通的事实、法律适用标准和处理，并同意不开庭审理的，视为达成契约，法院可参照示范判决径行裁判；（2）诉讼系属中，当事人书面同意按照生效示范判决认定的共通的事实、法律适用标准和处理，亦然。

2. 职权型示范诉讼模式。正当性来源为：能动司法+基本程序保障。该模式示范诉讼一定程度上赋予了法官较大的诉讼指挥权，有利于促进群体性案件的审理进度，弥补了契约型示范诉讼模式的不足，但却因缺乏当事人的合意而使示范判决的效力缺乏正当性基础，易发生损害平行案件当事人合法权益的情形。确保该模式的正当性来源的关键在于诉讼程序的设计，包含“司法能动”中法院的职权与监督、平行案件当事人在示范案件中基本程序保障等方面。

（二）示范诉讼的程序构造

1. 适用条件：普通共同诉讼的合并审理。证券示范性诉讼指向的是诉讼标的为同一种类、人数众多的普通共同诉讼，即排除法院实务操作中所谓的“类似案件”“关联案件”。（1）“人数众多”的标准，可以参照《民事诉讼法司法解释》第75条一般指10人以上的规定。（2）诉讼标的为同一种类，即当事人争议的法律关系性质相同，当事人享有权利或者承担义务归属同一类型。（3）具有共通事实争点或法律适用争点，一般表现为针对同一证券侵权事实所提起的诉讼。这里还应注意，在确定示范案件后，因追加行政处罚等原因导致被告的范围小于其后的平行案件，因涉及新增被告的权利义务，也影响原告的实体和诉讼权利，此时应另行确定新的示范案件。

2. 启动程序：当事人意思自治、法院对案件管理职权及法院内部管理的平衡。可由当事人申请或由法院依职权在一审开庭审理前确定示范案件。当事人提出申请，合议庭应围绕案件是否涵盖群体性证券侵权民事纠纷共通的事实、法律争点及示范意义先行提出意见，或者合议庭认为需要本院依职权确定示范案件的，应提交专业法官会议进行讨论，并呈报庭长、主管院长决定。必要时，主管院长可以提请审判委员会讨论决定。

3. 示范案件选取标准：示范性。示范性主要表现在案件典型性、证据充分性、示范案件审理时机三方面。具体到司法实务中，参考因素包括：（1）原告诉讼请求及依据的事实、理由是否涵盖群体性证券侵权民事纠纷共通的事实和法律争点，这由此类案件专业性决定。（2）当事人及其诉讼代理人的诉讼能力、专业经验、敬业精神，可参考美国集团诉讼中诉讼代表人的充分性要求，为案件公正、高效审理奠定基础。（3）受理时间的先后，发生证券违法违规侵权时，因查处对象不同，可能有先后多次行政处罚，而且各代理律师征集能力不同，原告不可能一次性或者相对集中起诉到法院，故此该类案件时间跨度较长，往往直至最后才出现涵盖所有共通事实和法律争点的案件。但基于法律对审理期限的规定，案件无法无限期等待，故需要边处理、边等待，分批次加以解决。（4）应考虑特殊主体作为诉讼代理人的案件，如由国家机关或证券投资者保护机构等公益性组织提起的支持诉讼，可优先确定作为示范案件；无专业诉讼代理人的案件原则上不确定为示范案件。

4. 法院充分审理原则：高度职权。高效、精细、全面审理原则。具体操作上为：（1）法院积极合理行使释明权，引导当事人围绕争议焦点充分开展诉辩；引进专家辅助人、引进专家陪审员等。（2）示范案件裁判意见须提交专业法官会议讨论，必要时提请本院审判委员会讨论决定。（3）示范判决对共通的事实认定、法律适用问题和实体处理必须确定的计算方法进行充分论述等。

5. 平行案件当事人程序保障：基础性保障。探索超越“两造诉讼”模式。基础程序保障主要为：（1）知情权，如示范案件确定后，法院送达《示范案件情况通知书》将示范案件的确定结果、共通争点、平行案件的范围及当事人的权利义务告知示范案件和平行案件的当事人。（2）异议权，如平行案件当事人如对法院认定的示范案件共同争点等案件共同性问题存有异议，可以向法院提交书面意见，合议庭必须进行评议。（3）在赋予示范判决既判力后，当事人无上诉权是应然之义。我们进一步建议在将来立法中，当事人对群体性证券示范判决无再审的权利，否则高效、平稳解决群体性纠纷之目的仍将落空。

6. 广泛监督：司法公开。广泛监督原则，包括上下级法院的监督、受理法院内部监督、社会各界监督。比如：（1）示范判决经二审改判，因缺乏示范性，不得再作为示范案件；（2）示范案件的庭审活动原则上采庭审直播的方式；（3）示范判决生效后在3日内必须在指定的网站公开发布等。

结 语

传统“一案一立一审”模式因诉讼空间的有限及诉讼资源的匮乏，无法应对群体性纠纷；代表人诉讼制度因诉讼困境及民事赔偿制度设计之虑，负外部性明显，并不会成为解决群体性纠纷的常态化制度。示范诉讼机制有着实践与规范的基础，具有较强的适应性和生命力，但却囿于传统民事诉讼法理论，我国的示范判决并不具有既判力。在解释论语境下，示范判决的既判力可通过对示范判决中认定的共通事实争点和法律适用争点对后诉拘束力进行法定赋权，实现示范判决既判力客观范围的扩张。可采法院职权模式为主导、当事人诉讼契约为辅助的方式，由法院对群体性证券示范案件进行精细化审理，并给予平行案件当事人基本程序保障，来获得既判力主体扩张的正当性。

从无序到有序：见义勇为利益补偿案件审理困境及破局路径

——以利益衡量三阶层理论为分析视角

胡浪波*

引　言

我国《民法典》第 183 条对见义勇为人的利益保护设计了侵权人赔偿与收益人补偿两种救济途径。然而在司法实践中，难以从法律层面对受益人补偿责任加以确定，补偿范围与额度也较模糊，这成为法官审理此类案件最大的难点，一直没有得到合理解决。鉴于此，本文采用案例抽样分析法（鉴于《民法典》第 183 条沿袭了《民法总则》第 183 条的规定，因此本文的研究样本取材于《民法总则》实施后相关案例）对《民法典》第 183 条见义勇为人利益补偿案件司法适用中存在的三重困境进行梳理并通过实证研究认为，合理保障见义勇为人的实体权益有必要借鉴利益衡量三阶层理论构建起制度利益、群体利益、个体利益三阶层的利益衡量衡量模型，从确定收益人补偿范围、明确受益人补偿条件、补偿额度三方面对该条文进行完善，以期能为司法实践中审理此类案件提供可操作性的救济体系。

一、审视：见义勇为利益补偿案件司法适用的三重逻辑困境

法律程序的目标系最小化社会成本。① 虽然《民法典》第 183 条规定，见义勇为人因保护他人民事权益受损的，侵权人承担民事责任，受益人可根据具体情况予以适当补偿，然而该规定并不周延，用“可以”来表述，表明法官在作出某种裁判行为时可以选择的机会比较多，② 而且文义上并未

---

* 作者单位：四川省泸州市中级人民法院。

① 参见［美］罗伯特·考特等：《法和经济学》，史晋川等译，上海人民出版社 2010 年版，第 390~391 页。

② 参见谢晖：《“可以适用习惯”的法教义学解释》，载《现代法学》2018 年第 2 期。

严格区分无因管理与见义勇为的相互关系，对受益人补偿的对象以及补偿的比例界定不明，加之由于“人们无法将未经加工的案件涵摄于未经加工的规范之下”,[①] 导致审理受益人补偿案件适用程序时存在问题，增加了该条司法适用的社会成本。

（一）认识偏差：无因管理与见义勇为法律效果间的矛盾冲突

我国民法理论界认为，无因管理与见义勇为之间存在明显差异，但从构成要件角度进行分析，这种行为仍被评价为紧急无因管理，在对相关案件进行裁判时，有些也将其当成一种无因管理行为，如以下案例：[②]

【案例1】袁某和林某某在广场靠湖围栏聊天。袁某由于酒后头晕，站立不稳，不慎落入湖里。林某某顺手拉住袁某的上衣时被带进湖中。王某某发现有人在湖里挣扎，便跳进湖里把袁某从湖里拉倒岸边，但林某某未能成功救出死亡。事后林某某的父母向法院起诉要求袁某、王某某赔偿40万元。法院经审查认为，袁某的行为符合无因管理的构成要件，并依据《民法总则》第183条规定判决受益人袁某向林某某的父母适当补偿4万元。

该案表明司法实践中将《民法典》第183条见义勇为人获得受益人补偿的责任归因于实施了无因管理行为。不可否认我国法律将见义勇为认定为一种特殊的无因管理，在制定法律条款时，采用了与奥地利、瑞士等较为相似的弹性条款。如果对这两个国家制定的弹性条款的适用性进行分析，在论证路径上可能会存在一定的差异，制定的保护措施并不会出现过于明显的差异。在对这种行为进行表述时，我国规定的“适当补偿”这种说法不够恰当。《侵权责任法》第24条、第31条、第33条中作出的规定与《民法典》第183条存在着一定的关联，都认为这种补偿责任是建立在公平分担的基础上。在对见义勇为人遭受到的损害予以补偿时出发点是“人本身没有考虑获得救济，但遵循公平原则，受救助人应该承担公平责任”，然而司法实践中，“对半判决”、不加说理这两种现象较为突出,[③] 使得见义勇为利益补偿案件的法律效果与无因管理之间形成矛盾。

（二）规则漏洞：见义勇为人补偿范围狭窄且规定模糊

司法实践中对见义勇为人遭受的人身损害损失由受益人进行补偿已经

---

① ［德］考夫曼：《法律获取的程序》，雷磊译，中国政法大学出版社2015年版，第158页。

② 详见河南省睢县人民法院（2018）豫1422民初20号民事判决书。

③ 详见安徽省宣城市中级人民法院（2019）皖18民终1885号民事判决书、广西壮族自治区百色市中级人民法院（2019）桂10民终720号民事判决书、山东省济南市中级人民法院（2020）鲁01民终2000号民事判决书等。

达成共识。从本文搜集到的 290 份见义勇为人补偿案件的裁判文书①中看，有 278 份裁判文书认定侵权人应当对见义勇为人遭受的人身损害承担赔偿责任，受益人在侵权人不存在或赔偿能力不足时对见义勇为人承担适当的人身损害补偿责任，但《民法典》第 183 条第 2 款仅对受益人对见义勇为人进行适当补偿作了原则规定，在司法实践中缺乏具体的操作指引。虽然修正前的《最高人民法院关于审理人身损害赔偿案件适用法律若干问题的解释》第 15 条对补偿标准和范围作出了规定，但该规定的补偿以受益范围为限，其适用范围较狭窄，无法确定个案中见义勇为人的具体补偿金额的问题。此外，我国现行的民事法律并没有对见义勇为人是否应该获得精神抚慰金作出明确规定，使得司法实践中出现不同的裁判。② 本文将 290 个案例确定为研究样本，其中 52 个案例在裁判时涉及精神损失。对这 52 个案例进行细致分析，其中有 63.5%的案例肯定适用，但却没有对具体理由作出解释，只是认为理应考虑精神损失；其他 36.5%的案例则对其适用予以否定，认为精神损害是建立在非法侵害的基础上，见义勇为不属于这一范畴，如果受益人对其提供补偿，有违于精神损害抚慰金的性质与功能。

（三）裁判分歧：见义勇为补偿数额确定缺乏统一标准

通过下文选取的两个个案，我们不难发现，当前对见义勇为人补偿数额的认定存在明显差异。

【案例 2】周某（甲方）、月嫂会所（乙方）与侯某某（丙方）签订家政服务合同，约定乙方向甲方推荐丙方，为甲方提供照料小孩的服务，甲方同意雇佣丙方为其提供此项服务，甲方按月支付丙方服务报酬。侯某某出门未带手机、钥匙，被关在门外，留有周某的小孩在房屋内，于是侯某某从楼顶利用消防水龙带向下欲爬回房屋内时跌落至 19 层阳台导致骨折，后送至医院住院治疗。侯某某向法院起诉要求周某承担补偿责任，法院综合考虑双方的经济状况及受益人的受益范围，确定周某共同承担其中 5%的补偿责任。

【案例 3】某运输公司的车库房顶发生火灾，在公司玩麻将的杨某某等人上车库房顶查看，处理火灾隐患，此时房顶坍塌，导致杨某某摔伤，后被送至医院救治。杨某某向法院起诉要求某运输公司承担补偿责任。法院结合事故发生原因、损害事实、受益人的受益程度等因素，判定某运输公

---

① 数据来源于中国裁判文书网，检索关键词为：“《民法总则》第一百八十三条”“民事案件”“判决书”，样本统计截至 2020 年 7 月 22 日。

② 支持精神损害赔偿的判决参见河北省宽城满族自治县人民法院（2017）民初第 2372 号民事判决书。反对精神损害赔偿的判决参见江苏省苏州市中级人民法院（2017）民一终字第 1385 号民事判决书。

司作为受益人承担补偿杨某某人身损害损失的80%的责任。

从上述两个样本案例的分析看，司法实践中对见义勇为人利益补偿的比例认定存在较大偏差。例如在案例 2 中，保姆看护未成年人时遇险而采取了施救行为，在对此类案件进行审理时，一般会判定保姆由于这种行为受到了损害，未成年人的监护人要承担相应补偿责任，并会把责任份额确定为 5%~10%，而其他案件的补偿责任比例一般会集中为这三个区间，即 10%~15%和 15%~20%，[①] 也有如案例 3 判决承担高达 80%的补偿责任的，这无疑会给受益人带来再次不公平的负担。[②]

二、反思：见义勇为利益补偿案件司法适用困境的成因探析

利益衡量论由 20 世纪初德国利益法学派提出，它是一种妥当解决问题的法学思考方法，20 世纪 60 年代后期在日本兴起后，逐渐成为主导法院裁判的方法。它揭示了法官运用法律进行判案的过程就是利益衡量的过程，强调法官在司法审判中的主观能动性，直面法律适用中的法官处理个案思考问题和分析问题的真实图景，为个案裁判提出解决问题的妥当方案。由于利益衡量的本质是一种主观行为，有必要建立客观科学规则来增强其科学性。鉴于此，本文在借鉴利益衡量论的基础上创新性地提出了利益衡量三阶层理论，即把利益分为对制度利益、群体利益和个体利益的三阶层衡量（见图 1），这种层次分析法需要法官在裁判案件过程中遵循以下这种思维过程：即以个体利益为逻辑起点，在充分考虑群体利益的前提下，结合制度利益作出分析与判断，从而得出妥当的裁判结果，对个体利益（当事人的利益）加以合适的法律保护（上述三个案例运用利益衡量理论分析如图 1 所示）。

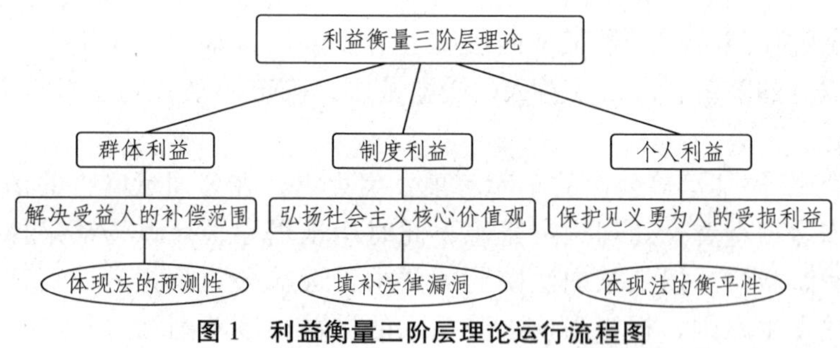

图 1　利益衡量三阶层理论运行流程图

运用利益衡量三阶层理论剖析上述三个案例裁判中的问题如表 1：

① 参见福建省漳州市中级人民法院（2019）闽 06 民终 3013 号民事判决书；四川省隆昌市人民法院（2019）川 1028 民初 1972 号民事判决书。

② 参见缪宇：《论被救助者对见义勇为者所受损害的赔偿义务》，载《法学家》2016 年第 2 期。

表 1　利益衡量三阶层理论下案例问题分析

案例	问题扫描	衡量层次	主要价值
案例 1	将见义勇为混同于无因管理行为	缺乏制度利益衡量，未认识到见义勇为独立于无因管理的特有条款	制度利益衡量的功能在于填补法律漏洞，体现法的安定性
案例 2	确定周某共同承担其中 5%的补偿责任	缺乏个体利益衡量，补偿比例过低无法填补见义勇为人的损失	个体利益衡量的功能在于保证见义勇为人的受损利益得到弥补，体现法的妥当性
案例 3	判定某运输公司作为受益人承担补偿杨某某人身损害损失的 80%的责任	缺乏群体利益衡量，使受益人承担过多损失，无法激励更多社会群体积极实施见义勇为行为	群体利益衡量的功能在于合理认定受益人补偿数额，让群体对实施见义勇为受损的补偿范围具有预测性

“在对利益进行衡量时所采用的思考方法与社会学思考方法保持一致，对社会效果表示重视，这种做法能使我国社会发展与经济建设中的法律难题得到有效解决。”① 利益衡量的主观性，使法官在见义勇为人利益补偿案件司法适用中缺乏明确的规则界限，因而其裁决的案件仍存“同案不同判”的情形，其主要原因如下：

（一）双轨立法模式致法官在确定见义勇为利益补偿对象时缺乏制度利益衡量

如果依照无因管理路径来解决见义勇为中救助人的损害赔偿问题，将会受到两方面的责难。一是不能彰显法价值。从立法论层面来看，我国自古一直把见义勇为、救他人于危难之中当成一种高尚的品质，尤其是要向处于紧迫情境中的人施以援手，但在规范层面上却只是把这种行为当成无因管理，难以达到弘扬社会正能量的目的。二是条文逻辑存在着矛盾。在《民法典》中的第 183 条作出了这样的规定：救助人由于实施见义勇为行为而遭受损害时，在不能获得侵权人赔偿的前提下，才能由受害人为其提供适当补偿。如果只是机械地把见义勇为行为纳入无因管理范畴之中，与见义勇为有关的条款就会成为具文，但如果只是执行见义勇为条款，就会与法价值产生冲突。司法实践中，因见义勇为受到损害而获得的救济低于无因管理中对管理人的损害予以救济。为使这两方面的冲突得到化解，较为合理的方法是用与见义勇为有关的条款来补充无因管理制度存在的不足，使不能通过无因管理制度实施救济的损失得到一定的补偿，以此来体现司

① 梁上上：《利益衡量论》，法律出版社 2016 年版，第 114 页。

法公正与补偿公平，这种方法也与我国的法律价值理念一致，确保在国家救助缺位的情况下，能对见义勇为人的受损利益予以妥当保护，也能对公平责任作出合理解释。

（二）利益衡量的层次结构不明致法官对见义勇为的利益补偿范围的认识因素不一

我国《民法典》出台后，对其研究的重心应从立法论转向解释论。[①] 法官在对见义勇为人受损的补偿额度进行考量时，应对补偿数额考虑的因素进行拓展。本文把290个案件的裁判文书当成研究样本，通过研究发现，法官对见义勇为人的利益补偿范围主要考虑了以下因素：一是救助人遭受的损失程度。在所有样本之中，考虑到这一因素的案件占比为57.9%，共计168件。二是救助人是否有义务实施救助。在9个案例中考虑到了这一因素，在所有样本中的占比为3.1%。三是救助人是否已获得第三方提供的奖励或补偿，包括政府部门、保险公司、社会机构等。在所有样本之中，考虑这一因素的案例为22件，占比为7.6%。四是当事人是否诉前达成补偿协议，有8个案例考虑到了这一因素，占比为2.8%。五是受益人亲属是否遭受巨大的精神痛苦，共有7个案例考虑到这一点，占比为2.4%。六是发生的险情是否由受益人过错所导致。在所有样本之中，共有35个案例中考虑到了这一因素，占比为12.1%。七是见义勇为人与受益人双方的经济条件（41件，占14.1%）。通过以上分析，我们不难发现法官对受益人提供的补偿额度进行自由裁量时，对综合需要考虑哪些因素仍缺乏共识。

（三）利益衡量的滥用导致法官对见义勇为利益补偿数额进行裁判时缺少具体界阈

法院一旦认定受益人应当予以补偿，如何才能确定对见义勇为人补偿数额的合理性，这便成为审理此类案件最关键的问题。从本研究中统计的案例样本看，超额补偿占比为1.34%，共4个；有9.46%的案例采用了足额补偿，共27个；其他89.2%的案例均为不足额补偿。我们从中不难发现，在司法实践中最主要的做法是不足额补偿。当前我国法学领域中的不少学者认为，赔偿与补偿毕竟是两个不同的概念，后者遵循填平原则，而补偿则只是其中的一种特例。我国法律条款由于未对受益人补偿数额作出明确规定，因而在司法实践中出现了逻辑不清、论证不足等情况，在认定数额方面也存在争议。

本文认为，见义勇为人受益补偿案件中缺乏对利益衡量的比例限制是

---

① 参见肖新喜：《我国〈民法总则〉中见义勇为条款与无因管理条款适用关系的教义学分析》，载《政治与法律》2020年第6期。

出现上述责任份额认定幅度出现分歧的根本原因。比例原则作为利益衡量论的内在要求，本质是从“制度利益与个体利益”的互动中对法律制度进行利益衡量。因此，在处理此类纠纷中，应从设立见义勇为制度的价值入手，对见义勇为人的利益进行全面综合的考量，既要保证见义勇为人的合法权益，也要避免加重受益人的负担，要以受救助人获益的范围为限。①

三、共识：见义勇为人利益补偿案件审理困境破解的现实路径

“一般认为，法律漏洞是指法律违反计划的不圆满性。法律漏洞又分为开放漏洞与隐藏漏洞。其中，隐藏漏洞是指法律虽然包含适用性较强的法条，但由于考虑不够周全，没有考虑到特定案例，如果只是机械地运用法条，难以取得圆满的判决结果。”也就是说，隐藏的法律漏洞需要裁判者借助于目的性扩张方式予以填补，从而契合立法目的并达成普遍共识。

然而，共识的基础则是利益衡量精准和对法律条文解释的精准。“法官要做到裁判只能是法律条文的准确解释。”因此，对于本文所探讨的《民法典》第 183 条不圆满状态，本文认为，见义勇为人利益补偿案件的裁判者不仅要能够精准地发现和认清法律漏洞，还要从这一点出发作出利益衡量精准的正当裁判，在发现制度利益、群体利益、个人利益存在利益冲突时，要建立起层次分析的利益衡量模型，以便在适用法律规范或解释法律条文时，体现出法的安定性、预测性和妥当性（见义勇为人利益补偿案件利益衡量三阶层理论运行示意图如图 2 所示）。

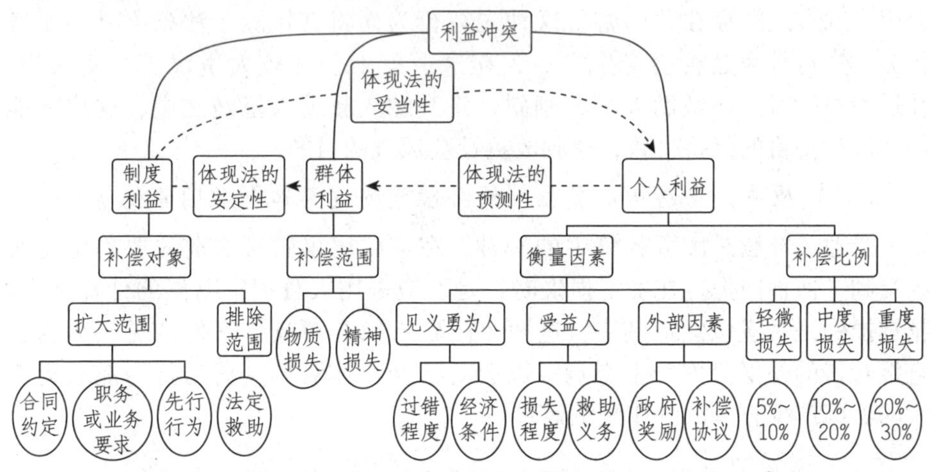

图 2　见义勇为人利益补偿案件利益衡量三阶层理论运行示意图

① 参见王道发：《论侵权责任法与无因管理之债的界分与协调——兼评〈侵权责任法〉第 23 条》，载《法制与社会发展》2017 年第 2 期。

（一）扩张：合理确定利益补偿对象（制度利益因素衡量）

由于价值判断极易落入法官个人的“性情倾向系统”，解释论证又容易陷入“明希豪森的三重困境”[①]，因此，将见义勇为条款解释为对无因管理制度的补充需要重新对见义勇为补偿的对象进行厘清。目前，理论界与实务界对见义勇为人提出的限定条件，只是局限于“不承担法定或约定救助义务者”，而救助义务来源于多个方面，例如职务关系、协议规定、业务行为等。本文认为，见义勇为利益补偿案件的制度利益衡量只应将法律规定的救助义务排除在外。如果救助人承担着法定救助义务，但在履行这种义务过程中却受到损害，应该由国家提供救济，受益人则不需要对其予以补偿，具体原因如下：

从我国现行法律看，军人、消防员、警察等应承担法定救助义务。如果军人在履职过程中遭受到损害，由国家财政为其提供补偿，这一点在《军人抚恤条例》中有相关规定。与此同时，消防员、人民警察两类人群的抚恤待遇与现役军人保持一致，这一点也被写入了《地方消防经费管理办法》《人民警察法》。我们从中可看出，承担法定救助义务的人员，不应实施私法救济，应由各级财政为其提供补偿。[②] 除了上述情况以外，先行行为、职务行为、业务行为等也会产生救助义务，对于这种类型的救助行为，要运用受益人补偿规则。在所有的救助义务之中，学界对这种类型产生了较大的分歧，然而在司法实践中却将其统一纳入救助人范畴之中。例如，救助人与同学共同到野外游玩，如救助人为救落水的同伴而溺水身亡，不会因为双方之间存在共同游玩这种先行行为而将其排除于法条之外。职务行为、先行行为是否会产生义务，在这一点上仍存较大争议，本文认为，在适用法律时要向救助人一方倾斜，将其纳入救助人范畴之中，这也才能与私法救济目的保持一致，达到改善社会风气的目的。

（二）厘清：重新界定受益人的补偿范围（群体利益因素衡量）

受益人补偿是民事救济中的一种，在实施民事救济之前先要确定受害人受到了何种损失，在确定损失时，是否应采用人身损害赔偿的计算标准？精神损失是否应该囊括其中？这两个问题不仅会对具体案件的见义勇为人直接获得的补偿范围产生影响，也会对社会群体对见义勇为行为能获得多大的保障产生直接的法律预测效果。

---

① “明希豪森三重困境”是指任何科学命题都可能遇到“为什么”之无穷追问的挑战，直到出现三种结果：第一是无穷的递归，第二是循环论证，第三是在某个主观选择的点上终止论证。Hans Albert，labetkntiehe Vemunf，Aufl. 3. Tubingen 1975，s. 13.

② 参见宋宗宇：《救助他人受到损害私法救济的法制构造——兼评〈民法典（草案）〉第183条》，载《法学评论》2020年第3期。

由于救助他人而遭受到损失，是否应该把精神损失囊括其中？本文认为，仅从精神损害抚慰金的功能出发，或是考虑到立法目的，在对救助人损失予以补偿时，应考虑精神损失。精神损害抚慰金能起到多样化的功能，例如抚慰、惩戒、补偿等，虽然受害人能得到一定额度的经济补偿，但这种精神层面的损害不能像财产一样得到填补，只能以金钱的形式来支付，才能使受害人的不满、痛苦等有所缓解。精神损害属于间接损失，受害人得到的赔偿额要远远高于直接损失，精神损害抚慰金能起到一定的惩戒作用，但惩罚只能对抚慰起到补充作用，具有一定的局限性。拓宽受害人损失补偿范围，在对救助人予以补偿时考虑到这一点，与“倡导见义勇为、宣扬社会正气”的立法初衷保持一致，能达到抚慰救助人心灵的目的。

（三）拟制：规范受益人补偿数额裁判说理的逻辑（个体利益因素衡量）

在本文研究所统计的290个案例中，在裁判说理部分没有对受益人补偿作出详细说理，只是在介绍具体因素的基础上酌定具体数额，该种裁判思路未对个人利益进行整体衡量，无法让当事人对案件裁判形成过程的公正性达到满意的效果。功能是建立在结构的基础之上。① 本文认为，见义勇为人利益补偿功能的发挥，需要从如下四个步骤重塑补偿数额的认定流程，具体如下：

1. 有约定的按约定执行。如果受益人、见义勇为人双方已围绕补偿额度进行了协商并达成协议，只要这种协议不违背法律规定，在裁判时直接按协议数额进行，这种做法能体现出对当事人的尊重。

2. 明确救助人损失中哪些没有得到填补。一是从整体上确定救助人损失；二是判断救助人是否通过其他途径弥补了损失，包括政府部门、加害人、保险公司等的赔偿。如有这部分赔偿，要将其从总赔偿额度中剔除，受益人只需要对未填补的损失范围进行补偿。

3. 根据案情的实际情况，受益人对未填补部分予以补偿，确定合理的补偿数额。在这环节中，要重点关注两点：一是明确受益人的受益范围，受益人利益包括人身、财产两方面内容，在确定人身受益范围时，要围绕“受益人未得到救助将会遭受到什么样的损害”这个命题进行权衡，如果救助行为不成功，则应缩小受益范围。二是在险情发生过程中，受益人的行为是否存在过错。三是见义勇为人采取的施救方法是否合理。

4. 回归受益人与救助人之间的实际情况。损害弥补范围的扩张意味着

① 参见［法］高宣扬：《结构主义》，上海交通大学出版社2017年版，第71~74页。

对他人行为自由限制的扩张,[①] 因此对见义勇为人的补偿需要进行必要的限制，应综合考虑救助人是否负有救助义务，受益人经济条件，已获得的国家、社会救济程度，当地经济发展水平，造成的总体损失等因素,[②] 受益人补偿的数额随着前者的增强而减少，随着后者的好转而增加。

结　语

由于我国立法未对受益人补偿的补充性作出明确规定，使得司法实践中法官在审理此类案件时的自由裁量权较大，同一个案件，不同的法官也会作出不同的裁判。本文以见义勇为人补偿案例为切入点，将问题聚焦于受益人补偿对象、范围、额度三方面，由于当前我国相关法条较为笼统，因此要体现出受益人补偿的成立要件、补充性、数额确定三点，建议在出台司法解释时在《民法典》第 183 条的基础上增加三款，分别作为该条的第 2 款、第 3 款、第 4 款，可按如下方式进行细化：

第二款【补偿的前提】凡为维护他人民事权益而受到损害，应由侵权人承担责任。在侵权人逃逸、无赔偿能力、没有侵权人的条件下，受益人应适当予以补偿。

见义勇为人提供的证据能证明侵权人不具备赔偿能力，则应由受益人提供适当补偿。

第三款【成立要件】见义勇为人提供的证据，能证明实施的救助行为无法定义务且该救助行为发生使自己遭受了损失，这种损失与受益人之间形成了因果关系，受益人应适当提供补偿。

第四款【补偿范围】采用侵权损害赔偿计算方法，根据当事人在事件发生中是否存在过错行为为确定损失范围。

在确定损失范围时，应考虑到受害人经济情况、救助义务、已获救济程度、当地经济水平、总体损失等因素，据此确定补偿额度。

如果受益人与受害人私下已就补偿范围协商一致并达成协议，应按协议约定执行。

---

① 参见［奥］H. 考茨欧主编：《侵权法的统一——违法性》，张家勇译，法律出版社 2009 年版，第 19 页。

② 参见王竹：《见义勇为受损受益人补偿责任论》，载《法学论坛》2018 年第 1 期。

自由、限制与平衡：抵押不动产上设定居住权之法律规则构建

李　勤[*]　杨　轩[**]　黄丹丹[***]

以往对于居住权的研究，通常集中于居住权是否应当入法以及居住权的传统理论，但居住权“入法”之事实既已尘埃落定，对于居住权的关注目光就应当流转到居住权在实践中与原有制度的衔接与适用中。在以往的司法实践中，债务人为了规避债务，选择与配偶离婚并将房产登记于对方名下的案例层出不穷，在《民法典》施行后，如果缺乏相关规定对抵押权和居住权进行调和，必将对抵押权的实现产生影响。本文拟对于可能出现的利益冲突与法律适用问题进行提前预判，从而推动该类案件裁判标准与裁判理由的统一。

一、自由：抵押不动产上居住权的设立

《民法典》未明确抵押不动产上能否设立居住权，从现有规定看，《民法典》第406条规定了抵押财产的转让，与之最为接近。转让是指所有权发生变动，而设定居住权是将所有权中的占有、使用权能转移出去，设定居住权似乎在“转让”一词的词义射程范围内；而且根据举重以明轻的法律当然解释方法，[①] 所有权都允许转让，设立居住权更是应有之义，似乎可以参照适用该条规定。然而，笔者通过目的解释与历史解释的方法发现，“设立居住权”适用《民法典》第406条存在如下阻碍。

（一）《民法典》第406条与设立居住权情形之龃龉

1. 第406条预设价值与居住权的无偿设立相矛盾。在第406条中，立法者预设了一个前提：抵押权具有追及力，抵押物的转让并不会导致抵押权人利益受损。虽然都是占有转移，但是抵押物转让与设定居住权不同，居住权属无偿设立，不存在“请求抵押人将转让所得的价款向抵押权人提

* 作者单位：四川省德阳市中级人民法院。
** 作者单位：四川省德阳市中级人民法院。
*** 作者单位：四川省德阳市中级人民法院。

① 参见张民安、丘志乔：《民法总论》，中山大学出版社2017年版，第556页。

前清偿债务或者提存”可能，因此抵押不动产设定居住权当然会增加抵押权实现的风险。由此可见，立法者在设定第406条时并未将该条规定周延到设立居住权情形。

2. 第406条转让规则未涵盖居住权设立情形。《民法典》第406条仅规定了抵押物的转让规则，属于抵押物处分规则的一部分。抵押物的处分包含法律上的处分和事实上的处分，[①] 法律上的处分包括出让、出抵以及设定用益物权等行为。事实上的处分是指对标的物进行实质上的变形、改造或毁损等物理上的事实行为。[②] 抵押财产租赁和再抵押规则在《民法典》中均另有条文予以规定，抵押财产上设定用益物权却无条文涉及。居住权分化所有权权能的特点导致它必然对抵押物的交换价值产生影响，而居住权人对于抵押不动产的占有使用，客观上也可能造成抵押物价值的贬损，故居住权的设立包含对抵押物的法律处分和事实处分，是对抵押不动产重要的处分行为，《民法典》第406条不足以涵盖设立居住权情形，有必要予以明确从而完善我国的抵押物处分规则。

3. 第406条带来的利益失衡缺乏平衡原则。《民法典》第406条通过确定抵押权的追及力，取得了抵押权人、抵押人和买受人三方平衡，物的最大限度使用与交易秩序的平衡。然而，若参照适用第406条，一方面，抵押人可以随时设定居住权，不必经过抵押权人同意，势必会减损抵押物价值；另一方面，对于居住权人而言，剥夺其居住权比自始都不存在居住权对其心理影响更大，将导致居住权人不愿意搬离房屋的执行困境。由此可见，设定居住权需要新的规则平衡三方利益。

综上，第406条在设定居住权的场景下存在适用阻碍。究其根本，在于我国《民法典》缺乏类似我国台湾地区“民法”第866条第1款[③]的规定，对抵押人的处分权进行明确。

（二）抵押不动产转让模式参考

如前所述，对于抵押不动产的转让规则，我国学者就曾有过长期争论，法律也几经流变，大体分为限制转让说和自由转让说两派。[④] 抵押不动产上能否自由设立居住权，虽与转让有区别，但同属于抵押物的处分，亦可对其进行参考。

1. 限制转让说。有学者认为：“在法律上严格限制抵押人的处分权，既

---

① 张俊文、邬砚：《抵押人处分不动产抵押物的自由与限制——评〈物权法〉第191条与第193条》，载《法律适用》2010年第7期。

② 陈华彬：《物权法原理》，国家行政学院出版社1998年版，第217页。

③ 不动产所有人设定抵押权后，于同一不动产上，得设定地上权或其他以使用收益为目的之物权，或成立租赁关系，但其抵押权不因此而受影响。

④ 崔文星：《民法物权论》，中国法制出版社2017年版，第473页。

符合所有权的一般原理，又有利于充分保障抵押权人的利益。"[①] 如果允许抵押人擅自转让抵押物，可能会影响抵押权人实现其抵押权，从而影响抵押权制度功能的发挥，并从根本上影响交易效率和交易秩序。[②]

2. 自由转让说。有学者表示："抵押财产的转让不需要取得抵押权人的同意，因为抵押权为支配抵押财产交换价值的权利，对于抵押人实施的不影响抵押财产交换价值的处分或用益行为，没有干涉的必要。"[③] 我国《民法典》已经确立了不动产的自由转让原则，虽然抵押人要通知抵押权人，但未通知亦不影响转让行为的效力。

（三）抵押不动产设立居住权模式选择

抵押不动产上设立居住权亦存在两种观点，一是居住权应当设定在无任何权利负担的不动产之上，否则可认定所有权人有滥用权利之嫌疑；二是参考《民法典》第 406 条确立的抵押财产转让自由模式，其他处分行为亦应如是，只是抵押权在先成立，应当优先于居住权。[④] 笔者虽然认为限制转让说在设定居住权情形下并非毫无意义，但仍然倾向于赞同第二种观点，即所有权人可以自由设立居住权，无需经过通知抵押权人或者得到抵押权人同意。该模式的优势在于与转让规则相统一，有利于充分发挥物的效能。

由此可见，抵押人可以不经抵押权人同意自由设定居住权，但其抵押权不因此而受影响。也就是说，在抵押人处分抵押物时，应强调价值维持义务对抵押人用益的约束，平衡抵押权的优序效力与居住权的生存权益保障之间的冲突。

二、限制：抵押不动产价值的维持与保全

（一）居住权人对房屋不当使用的类型

抵押权系非占有担保物权，在本文所称情形下，由居住权人现实地占有该房产。因此，居住权人对抵押物的控制力远大于抵押权人对于抵押物的控制力，参照对承租人不当租用的概念，只要居住权人对抵押物的占有使用减损抵押物的价值从而使抵押权无法顺利实现，就属于不当使用。[⑤]

根据产生后果不同，可以将居住权人对不动产抵押物不当使用分为以

---

① 王利明：《物权法研究》（下），中国人民大学出版社 2007 年版，第 467 页。

② 王利明：《抵押财产转让的法律规制》，载《法学》2014 年第 1 期。

③ 邹海林、常敏：《债权担保的方式和应用》，法律出版社 1998 年版，第 151 页。

④ 刘李、易思含、李姝：《居住权是什么？什么人对房屋有居住权？登记居住权的房子能不能照常抵押》，载 http：//www. mnw. cn/news/consumer/2285238. html，最后访问时间：2020 年 5 月 29 日。

⑤ 常鹏翱：《先抵押后租赁的法律规制》，载《清华法学》2015 年第 2 期。

下三种类型：

1. 可能减损抵押物价值。由于居住权人的行为造成抵押物价值的可能减少，不考虑居住权人主观心理是故意还是过失，也不管其行为方式系作为还是不作为。例如，居住权人打算在房屋里放火自焚，可能影响房屋价值；[①] 或是计划改变房屋结构，损坏房屋的承重墙等，即属于此类行为。

2. 实际减少抵押物价值。此种类型的不当使用是前一种类型的后续状态，指的是侵权行为已经发生损害，亦即抵押物价值减少已达不能清偿担保债权的情形，既包括抵押不动产被不当分离，也包括抵押不动产的毁损灭失。

3. 占有本身减损抵押物价值。二战后的日本没有设定居住权，而是利用房屋租赁来解决住房问题，也谓之居住权，[②] 但在实践中遭遇了黑社会组织承租抵押房屋，通过妨碍抵押物的正常拍卖从而获取暴利。[③] 因此，可以说此种类型的不当使用属于居住权所独有特性生发出来的。如果抵押人对居住权人设定终生居住权，居住权人恶意阻碍抵押物的正常拍卖，势必会使抵押不动产进行拍卖时的竞买人减少，从而影响抵押权的顺利实现。

（二）对不当使用可能的限制手段

《民法典》对于如何调和抵押权与居住权的关系无明确规定，因此，有必要对法律进行系统性解读，就上文所总结的三类不当使用情形寻找针对性救济措施。

1. 抵押权的保全权。[④] 《民法典》第 408 条原文继承自《物权法》第 193 条，规定了维持抵押物价值、增加担保和提前清偿的请求权。适用该法条首先需要判断是否符合其构成要件。根据法律规定，该请求权的对象只能是抵押人，即要求抵押人实施了损害或可能损害抵押物价值的行为，[⑤] 此外，根据相关《民法典》解释，还要求抵押人对抵押财产的减少有过错。[⑥]

抵押人设定居住权行为，主观上很难认为其有过错。除非抵押权人发现居住权人有不当使用情况并告知抵押人请求其排除妨碍、消除危险时，抵押权人无动于衷，方可定性为抵押人的不作为行为存在过错。[⑦] 然而，损

---

① 谢在全：《民法物权论》（中册），中国政法大学出版社 2013 年版，第 722 页。

② 参见［日］加藤雅信：《民法学说百年史（日本民法施行 100 年纪念）》，商务印书馆 2017 年版，第 678 页。

③ 渠涛：《日本新民法》，法律出版社 2006 年版，第 442~443 页。

④ 参见张民安：《债权法》，中山大学出版社 2017 年版，第 322 页。

⑤ 陈华彬：《民法物权论》，中国法制出版社 2010 年版，第 432 页。

⑥ 黄薇：《中华人民共和国民法典释义及适用指南》，中国民主法制出版社 2020 年版，第 618 页。

⑦ 根据一般法理，是否为不作为，关键要判断不作为者是否有作为之义务。相对于抵押权人，抵押人是维持抵押物价值的义务人。

害已经现实发生，抵押权人实现权利的路径也只剩下要求增加担保和提前清偿，但此时抵押人往往欠缺足够的资金，最终使抵押权人的利益得不到妥善维护。综上所述，《民法典》第408条不能为任何一种居住权人不当使用行为提供针对性救济。

2. 物权请求权[①]。抵押权人能否适用物权请求权、如何适用存在争议，对此学界有两种不同的观点：一种认为抵押人除享有抵押权保全权之外，还享有物权请求权；[②] 另一种观点是抵押权人不享有物权请求权。[③] 迁及抵押不动产上设定居住权的情形，抵押权人可能享有的也只是停止侵害请求权和消除危险请求权，而不具有返还原物请求权。

之所以不享有返还原物请求权，有两个理由：一是由于抵押权人仅支配抵押物的交换价值，不具有占有权能，因此，抵押权人不因抵押物受占有妨害而得返还请求权。[④] 二是返还请求权一般要求请求权的相对人对物的占有具有非正当性，居住权人显然为合法占有。即便面对居住权人的不当使用，抵押权人可以行使排除妨碍请求权或者妨害预防请求权，也只能请求居住权人作为或不作为，必须要居住权人配合，如其不予配合，损害成为现实或扩大将无法避免。

综上，抵押人拟通过物权请求权来防止、排除居住权人的不当使用存在一定障碍。

3. 物上代位权。准确来说，物上代位权应称抵押权的代位性，即“抵押物之标的物灭失时，抵押权仍移存于抵押物的代位物”。[⑤] 抵押权人的物上代位权是抵押权作为价值权的逻辑结果，也是承接上文居住权人不予配合造成不动产损失扩大或不可避免情形下，对抵押人所获得的赔偿金、保险金或补偿金等请求权的代位，[⑥] 由此可见，物上代位权也仅能针对第二种类型的不当使用行为获得一定程度的救济。

（三）不当使用限制规则完善

如前所述，《民法典》规定的抵押物保全制度不足以为设定居住权情形

---

① 物权请求权，即物权人所具有的请求权，是指物权人于其物权圆满状态受到妨害或者有妨害之虞时，基于物权而请求侵害人为一定行为或不为一定行为，使物权恢复到原有状态或侵害危险产生之前的状态的权利。参见崔建远：《物权法》，中国人民大学出版社2010年版，第108页。

② 参见梁慧星、陈华彬：《物权法》（第五版），法律出版社2010年版，第320页。

③ 参见程啸：《论未来我国民法典中物权请求权制度的定位》，载《清华大学学报》2004年第5期。

参见谢在全：《民法物权论》（中册），中国政法大学出版社2013版，第722页。

④ 参见谢在全：《民法物权论》（中册），中国政法大学出版社2013版，第722页。

⑤ 王泽鉴：《民法物权》，北京大学出版社2014年版，第372页。

⑥ 参见翟云岭、刘耀东：《抵押权物上代位性的再证成》，载《广西大学学报（哲学社会科学版）》2012年第1期；程啸：《担保物权人物上代位权实现程序的建构》，载《比较法研究》2015年第2期。

提供充分救济，究其根本，是因为法条琐碎分散，唯一规定于抵押权部分的第408条价值恢复请求权还存在先天缺陷。建议从下述三方面对不当使用限制规则予以完善。

1. 扩大第408条的价值恢复请求权适用范围。明确价值恢复请求权并不必然要求抵押人有过错，即“当抵押物的价值因不可归责于抵押人的事由减少时，抵押权人有权请求抵押人在因此所受的利益范围内提供担保”，①抵押人不提供担保的，抵押权人有权请求债务人提前清偿债务。

2. 在担保物权分编中增设抵押权人物权请求权。尽管《民法典》物权编的通则部分规定了物权请求权，但是抵押权的物权请求权具有特殊性，依然有必要在担保物权分编中加以明确。明确抵押人或第三人的行为有可能使抵押物价值减少的，抵押权人有权请求停止侵害、排除妨害、消除危险和恢复原状。该权利可由抵押权人在情况紧急时获得法院许可后，自行采取措施保全抵押物。其因此支付的合理费用，先于该抵押物担保的其他债权受偿。在实务中不宜严格区分抵押权人与所有权人行使物权请求权的要件。

3. 增设抵押人对抵押物的处分规则。我国台湾地区“民法”第866条第3款规定了抵押物的处分规则，旨在调和抵押权和用益物权关系：“不动产所有人，设定抵押权后，于同一不动产上，得设定地上权等其他权利……抵押权人实行抵押权受有影响者，法院得除去该权利或终止该租赁关系后拍卖之。”②

因此，建议增设抵押人对抵押物的用益和处分规则，明确在抵押不动产上设定权利负担因此影响抵押权实现的，抵押权人有权请求人民法院终止抵押物上设定的权利。处分规则在司法实践中的具体适用路径将在下一节予以详细论述，兹不赘述。

三、平衡：抵押权人与居住权人的冲突消弭

权利位阶反映了权利效力间的高低、强弱或者价值上的轻重关系，③ 物

---

① 谢鸿飞：《抵押物价值恢复请求权的体系化展开》，载《比较法研究》2018年第8期。

② 我国台湾地区“民法”第866条第3款规定：“不动产所有人，设定抵押权后，于同一不动产上，得设定地上权等其他权利。但其抵押权不因此而受影响。”因为对“抵押权不受影响”的解释不一，有学者“谓之扔得追及供抵押之不动产而行使抵押权”，也有学者“谓之如因设定他种权利之结果而影响抵押物之卖价者，他种权利归于消灭”。莫衷一是。在我国台湾地区的司法实务中，法院以往不许可抵押权人请求注销地上权登记或请求恢复登记，但晚近则更多斟酌了社会经验，法院亦认同用益物权设定行为构成对抵押权的侵害，从而除去这些权利。由此我国台湾地区修订了第866条，明确规定了“前项情形，抵押权人实行抵押权受有影响者，法院得除去该权利或终止该租赁关系后拍卖之”。

③ 张平华：《权利位阶论——关于权利冲突化解机制的初步探讨》，载《法律科学（西北政法学院学报）》2007年第6期。

权位阶反映了物权间的高低和优先效力等级。对于居住权因其保障生存权益而与抵押权相冲突的极端情形，试作以下分析。

（一）抵押权与居住权冲突根源

1. “担保物权优先于用益物权规则”之反思。物权法传统理论认为，同一标的物上同时存在用益物权和担保物权时，担保物权优先于用益物权。似乎担保物权优先于用益物权是民法不证自明的真理。事实上对于用益物权和担保物权的顺位问题，《民法典》并无明文规定。因为在此之前，原有的三类用益物权与抵押权的冲突并不明显——国家和集体不会绕开建设用地使用权和宅基地使用权将所有权抵押出去；地役权对供役地权利人行使物权的影响很小，不会影响土地的交换价值。但居住权的存在显然会极大地影响抵押物交换价值，且其保障的是人民基本的居住需求，在人格权益与财产权益对比之间，抵押权并不必然具有优先性。① 由此可见，传统的担保物权优先于用益物权的理论，事实上只是因为我国根本不存在真正能够对抵押权产生干扰的用益物权，而在《民法典》引入居住权制度后，二者效力优先级的问题才真正浮现。

2. 居住权与抵押权反映人格利益与财产利益的冲突。对任何法系而言，首要的考虑就是应当保护那些对人类有价值的东西。凡是对人更为重要的，都受到了较为全面的保护，而重要性稍次的，受到的保护也相对较弱。② 以往的相关立法均体现出这一精神，如不动产物权期待权（商品房消费者）在某些情况下优先于抵押权；《最高人民法院关于人民法院办理执行异议和复议案件若干问题的规定》（以下简称《执行异议和复议案件规定》）对于被执行人及其扶养家属生活所必需房屋的关注也体现了尊重和保障人权的精神。我国一贯重视对公民生存权的保护，它既是公民的基本权利，又是一项绝对权，任何人都不得侵犯，居住权即体现了法律对公民基本生存权利的终极关怀。而抵押权体现的经济利益，只有在不损害国家和社会公共利益、社会基本秩序的前提下才能得到保护。故当居住权与抵押权产生冲突时，我们需要进行个案利益衡量。

（二）个案利益衡量原则

1. 一般原则：成立在先的抵押权优先于居住权。二者产生冲突时，应当考察居住权的设立是否构成所有权人的权利滥用、二者成立的先后顺序、抵押权的行使是否侵害他人生存权益等因素。在通常情况下，抵押权设立后并经依法登记，基于登记的公示效力，成立在先的抵押权应当优先于居

---

① 参见王利明：《民法上的利益位阶及其考量》，载《法学家》2014 年第 1 期。

② 转引自王利明：《民法上的利益位阶及其考量》，载《法学家》2014 年第 1 期。

住权。当抵押人和债务人重合时，所有权人为规避债务，在房屋上为他人设定居住权的，可能导致居住权协议被撤销或者被确认无效，从而导致居住权不成立或者消灭。

2. 例外情形：居住权利益的保护。抵押权在实现时，如抵押人能够证明其设立居住权是为了满足特定人的基本生活需要，则应当兼顾居住权人的利益。该评判标准应当包含以下要件：

一是主体要素，主体限定于所有权人负有抚养或者赡养义务的家庭成员。《民法典》没有限制居住权人的身份，故在不影响其他人权利的情形下，所有权人可以基于其意愿为任何人设定居住权，但一旦与第三人权利产生冲突，法律只能保障特定人的利益，否则，所有权人可以随意为任何一个有住房需求的人设定居住权，将过度损害抵押权人的利益。《最高人民法院关于人民法院民事执行中查封、扣押、冻结财产的规定》《执行异议和复议案件规定》均沿用了“被执行人及（其）所扶养家属”（有扶养义务的人）这一表述，笔者认为可以参考表述为：所有权人对于居住权人具有法定的赡养义务的，如未成年子女对父母房屋的居住权，父母对其成年子女房屋的居住权，离婚配偶在一定期限内对房屋的居住权。①

二是原因要素，抵押不动产应是居住权人生活所必需的房屋，“生活所必需的房屋”，既应理解为只有这一套房屋的客观状态，也可理解为缺乏购买、租赁其他住房的能力。如果有其他房屋，或者有收入能够购买或租赁住房的情况下，不应另受保护。

三是客体要素，抵押的不动产必须是“居住”房屋，商业用房不受此限制。因为保障的是生活所必需的房屋，而非商业利益。

四是结果要素，在此例外情形下，居住权人权利并非完全优先于抵押权，应当考虑比例原则，在抵押权人提供了替代住房或价款的前提下，抵押权人得以就抵押物价值优先受偿。

（三）抵押权人救济路径选择

过去，抵押权人的经济利益与被执行人及其扶养家属的生活居住利益产生的冲突是在执行异议程序中予以解决，但现在《民法典》设定了居住权这样一个实体权利，抵押权人的救济路径应随之发生变化。下面笔者对实务中可能的路径作具体分析：

1. 在案件审理过程中明确。抵押不动产上设立居住权后，抵押权人可以起诉请求法院确认其对抵押物的优先受偿权。法院在审理过程中，应由所有权人对居住权的设立情况说明并举证，该居住权是否具有对抗抵押权

---

① 参见王利明：《论民法典物权编中居住权的若干问题》，载《学术月刊》2019年第7期。

的情形。如果该房屋属于被执行人及其扶养家属生活所必需，法院应当判令抵押权人在不影响居住权的情形下，实现其抵押权；如果该房屋不具有对抗抵押权的情形，法院可以直接支持抵押权人优先受偿的权利，判决除去抵押不动产上的权利负担。

2. 在执行异议程序中明确。抵押不动产上设立居住权后，抵押人可以起诉请求法院确认其对抵押物的优先受偿权。法院并不对居住权是否具有对抗抵押权的情形进行审查，只要抵押权成立在先并且已经办理登记，法院就可以全部支持抵押权人的优先受偿权。居住权人的生存权利是否需要得到保障，由被执行人提出执行异议，在执行异议程序中予以明确。

3. 抵押权人请求撤销居住权。如果债务人是抵押人，债权人可以撤销其以不合理的低价转让财产的行为。滥设居住权损害了所有权人的财产权益，故应属于“不合理转移财产”，应当赋予债权人行使撤销权的权利。由于我国不动产物权变动模式是债权形式主义，即合意加登记的模式，[①] 故设立居住权的合意被撤销或确认无效，则居住权未成立，权利人、利害关系人可以申请更正登记或异议登记。

债权人具有自由选择以上三种路径的权利，但是由于抵押权与居住权冲突产生的前提条件是居住权减少抵押物价值并危及债权，由于在实务中抵押物价值的波动、债务人偿债能力和意愿的变化等复杂原因，审理过程中难以确定二者是否冲突、冲突到何种程度，直接在诉讼过程中解决该问题反而造成司法资源的浪费，不如将该问题留至执行程序中解决。故笔者以执行解决路径为最优，下文重点对执行中的居住权除去程序进行说明。

（四）执行中居住权的除去程序构想

在执行中，如果抵押物上的居住权对抵押权人的优先受偿权实现产生影响，人民法院应当依法将其除去，具体实现路径如下：

1. 居住权除去主体。原则上认定居住权除去的主体应为法院。除去抵押物上的居住权，对于各方主体关系重大，案件事实及所涉法律关系也较为复杂，参照我国台湾地区的做法，应当由法院通过履行调查权，而后作出权威认定。当然，如果利益各方达成除权协议，则尊重其意思自治，法院无需强行介入。

2. 居住权除去程序的提起。居住权除去程序的提起可以依申请也可以依职权。根据《最高人民法院关于人民法院民事执行中拍卖、变卖财产的规定》第 28 条第 2 款的规定，法院得依职权将居住权除去。但是，当抵押权人认为居住权存在会影响抵押权的实现时，能否主动申请法院先除去居

① 王利明：《物权法研究》（上卷），中国人民大学出版社 2018 年版，第 356 页。

住权再进行变价呢？虽然现行法律并无明确规定，但参照我国台湾地区规定，抵押权人可以主动申请除去抵押物上的权利负担，加之居住权的存在是否影响抵押权实现的认定与抵押权人的利益关系最为密切，抵押权人也最为关心，所以，应当赋予抵押权人申请的权利。

3. 居住权除去路径。根据我国《民法典》第410条，抵押权的实现有折价、拍卖、变卖三种方式。首先，在抵押权人与抵押人协议折价、拍卖或变卖情形下，如果抵押权人与抵押人达成包括除去居住权内容的折价协议，或第一次拍卖时出现了流拍或所拍价格不足以清偿债权情形，抵押权人先行协商，若就此征得抵押人、居住权人同意，其意思自治当然有效。如果抵押人、居住权人不同意终止居住权合同，说明当事人无法就折价内容达成一致，需要进入拍卖或变卖程序中。此时，如因居住权存在导致评估价无法清偿抵押债权或者无人应买时，执行机关可以除去居住权负担，依照无居住权状态，重新估价拍卖。

4. 居住权除去制度的救济。居住权人可以对居住权的除去提出执行异议。如抵押房屋是抵押人及其扶养家属维持生活必需的居住房屋，居住权人可以向法院提出执行异议，人民法院查明属实的，可以要求抵押权人为居住权人提供替代住房或租金，根据抵押权人的配合与否，作出驳回或中止执行的裁定。替代住房面积以当地廉租住房保障面积为标准；租金以等同于当地廉租住房保障面积大小的房屋租金市场价格的5年至8年为标准。

综上，对于居住权人不当使用影响抵押物价值的，可以物权请求权为基础要求其排除妨碍、消除危险，在损害发生后可对保险赔偿金进行代位；对于居住权设立这一法律行为本身导致抵押物价值贬损的，法院得依职权或依申请除去居住权后获得抵押物的交换价值。

鲶鱼效应：以先行判决“加速”繁案处理

——以制度供给满足人民群众高效的司法需求

辛　野[*]　陈祠平[**]　倪仲伟[***]

前　言

最高人民法院《人民法院第五个五年改革纲要（2019—2023）》提出要“推行‘分流、调解、速裁、快审’机制改革，健全相应信息系统，促进纠纷及时快速解决”。满足人民群众高效的司法需求理应是繁简分流改革的应有之义，但实践中繁案精审似乎成了长期未结案件的理由。先行判决本非为繁简分流而设，但因司法实践的主客观限制而被虚化，但先行判决对于高效解决繁案与及时满足当事人诉求有着天然优势。二者相辅相成，先行判决在繁简分流新形势下有望被重新激活。本文通过对于先行判决的制度运行状态的实证分析找出问题症结所在，为完善机制提供建议，以期通过制度供给赋予审判人员有力工具，加速繁案审理。利用先行判决这条“鲶鱼”搅动并激活繁案审判这“一池春水”。

一、先行判决有望解决繁案精审的负面症结

繁案是人民法院长期未结案件的来源，繁案精审不可避免地导致了审理时限长。就繁案如何提速、如何化解长期未结案件等问题，各地人民法院已进行了各种探索。从制度供给的角度来看，通过完善先行判决制度为繁案提速大有可为。

先行判决具有重要的独立价值。因整个案件短时间内无法全部审结，但相对独立的部分事实已经清楚，为及时保护当事人的合法权益，避免因法律关系存在争议而造成进一步损失，人民法院可以先行判决。

* 作者单位：广东省广州市荔湾区人民法院。

** 作者单位：广东省广州市荔湾区人民法院。

*** 作者单位：西藏自治区高级人民法院。

（一）繁案难以下判的现实困境

案件久拖不决是影响审判效率和司法公信力的重要因素。

1. 繁案成为长期未结案件的根源在于客观障碍。长期以来，繁案因其法律关系复杂、权利义务不清、当事人争议较大或是案件类型新颖等因素难以下判，致使繁案转化为长期未结案件，既给审判人员增加了压力，又无法满足当事人对于高效司法的期待。归纳起来，可以分为以下几类：第一类，因案件本身原因，比如案件性质确实较为复杂、涉及多重法律关系等；第二类，案件出现合理事由，比如鉴定、评估等；第三类，当事人存在拖延诉讼的情况，比如利用管辖权异议、公告等程序拖延；第四类，审判人员主观原因，比如责任心不强、专业化能力不足等。

在长期未结案件的原因中，客观原因占据了大部分。当事人恶意拖延诉讼可以通过《民事诉讼法》的相关规定予以惩戒，以促使当事人诚信诉讼。随着员额制改革，审判人员的责任心以及专业能力均有显著提高。因此，造成繁案迟迟无法审结的重要原因来自客观方面。

2. 克服客观障碍关键在于审判人员主观动力。大多情况下，审判人员并非不想下判，而是因部分事实迟迟无法查清，即使在已经查明部分事实的情况下，也想等待存在障碍部分事实查明后直接作出终局判决。

依照《民事诉讼法》关于先行判决的规定，此时审判人员完全可以先行判决。但先行判决在实践中适用极少，可以归纳为以下三种原因：第一，不敢用，先行判决的规定过于原则，担心适用错误。第二，不愿用，先行判决毕竟不是终局判决，案件仍有部分未被处理，担心当事人提出异议。第三，不想用，出于指标考核的考虑，适用先行判决后，对于余下部分仍要处理，不会使得办案数量提升，反而加重负担，同时也并无强制要求一定要适用先行判决。因此，审判人员对于先行解决案件中的部分争议缺乏主观动力。

3. 繁案精审负面症结的突破在于分步化简处理。繁案之所以难以处理，甚至成为长期未结案的原因，主要有三：一是无可依据之前置确认，繁案中往往多个问题错综杂糅在一起，在同一案件中处理时彼此之间处于同等顺位；二是举证期间弱化，因《民事诉讼法》及相关司法解释的规定，当事人在诉讼的任何阶段提出证据，只要与案件基本事实相关，人民法院就应当采信，导致当事人主观上不断提交证据欲证实其主张，更有甚者前期保留证据用于后期证据突袭，在客观上造成了案件长期难以处理；三是来自当事人的压力，当事人为了赢得官司会通过各种方式向审判人员施压，案件越难以处理，审判人员越难以下定决心判决，在客观上不及时下判又可能导致双方矛盾进一步激化，形成恶性循环。因此，亟需提供制度工具为审判人员解决这一问题。

（二）人民群众高效司法需求的应有之义

深化案件繁简分流改革已成为人民法院下一阶段的重要任务。

1. 繁案精审的内涵不应包含审理时限长。繁简分流的意义不仅在于简案快审，亦在于繁案精审。从本质上来看，繁案精审的关键在于“精”，即对于复杂法律关系的准确处理以及当事人权利关系的合理平衡，但精审带来了审理时限长等负面影响。繁案精审这一负面症结，使得存有争议的法律关系长时间难以固定，影响当事人日后的生活，甚至为此再起纷争。因此对于繁案，人民群众仍然有迫切的高效需求，以尽快明确存在争议的法律关系。

2. 人民群众对于诉讼已有更高的心理需求。当事人之间产生纠纷后，到人民法院解决纠纷的基本需求在于寻求利益的保护，希望审判人员能够相信己方的主张进而胜诉。随着人民法院立案登记制的推行和廉政教育的开展，为人民群众提供的司法服务愈加完善，人民群众对于司法的基本需求已基本实现。人民群众的司法需求已转向更高层次的阶段，在胜诉之余，对于效率有了更高的追求。希望人民法院尽快固定存在争议的法律关系，使得当事人的生活尽快回归正常，以减轻精神压力。

3. 人民群众的高效司法需求可分为三个层次。通过对当事人在民事诉讼中的行为观察，可以将人民群众高效的司法需求分解为三个层次：第一层次，低廉的诉讼成本，便捷的诉讼服务。比如，当事人都希望通过最小的成本取得最大的利益，对于诉讼成本的应激性十分明显。第二层次，时间上的尽快判决，使其免受相关困扰，比如，当事人都希望审判人员尽快处理其案件，当然不否认存在部分故意拖延诉讼的现象。第三层次，存有争议的法律关系得以确定，使生活恢复至平稳状态。比如，当事人都希望案件了结后彼此之间纠纷就此终结，不确定的权利义务得以固定，不再受诉累之困。

（三）先行判决加速繁案处理的“鲶鱼效应”①

通过提供制度工具去触动并激发审判人员的积极性是一种有益的尝试。

1. 民事审判中的“鲶鱼效应”。当前，审判人员掣肘于繁案中纷繁复杂的法律关系，面对处于同等顺位的处理事项，担心因某一环的认定错误导致全案处理偏差，导致全部改判或再审，故迟迟不愿下判，由此致使当事人不断补充提交证据，导致全案证据长时间无法固定。审判人员囿于审查

① 鲶鱼效应，是指鲶鱼在搅动小鱼生存环境的同时，也激活了小鱼的求生能力，泛指采取一种手段或措施，刺激一些企业活跃起来投入到市场中积极参与竞争，从而激活市场中的同行业企业。

证据与案件基本事实是否相关，反而拖延了诉讼。当事人见案件长时间无法处理进而催判，给审判人员造成了巨大压力。

因此，在《民事诉讼法》规定的框架下，亟需为审判人员提供工具，使之得以分解案件难点。通过制度供给，促使审判人员主动适用，使得繁案中的部分法律关系得到快速处理，进而推动繁案的高效审结，形成鲶鱼效应。

2. 先行判决制度的用武之地。先行判决的价值能够解决繁案中亟需突破的难题。针对无可依据之前置确认的问题，先行判决可以为审判人员提供一种制度工具，先行处理多个复杂问题中的部分问题或是一个复杂问题中部分子问题或中间问题，通过前置问题的解决为后续问题的处理作铺垫。针对举证期限弱化的问题，先行判决可以通过先处理事实已经查明的部分，促进当事人及时举证。针对释放来自当事人的压力问题，先行判决不但可以为终局判决做好准备，而且也可以使当事人对诉讼的未来走向作出理性的判断。[①] 因此，先行判决制度可以契合当前司法实践中繁案的困难，契合人民群众的高效司法需求，厚植人民群众的获得感。

3. 激发审判人员快速处理的动力。完善先行判决制度，实质上就是通过繁案分步化简的方式，鼓励审判人员有条件地将繁案拆分，各个击破。作出先行判决的案件大多数在于确认之诉与给付之诉相分离，即认定法律关系较为快速，但确定给付数额需要时间，先行判决可以使得审判人员达到尽早固定法律关系的目的。通过先行判决这条“鲶鱼”，在整体上促进繁案及时解决，以尽早固定可以明确的法律关系，一是让人民群众在部分争议已经解决的情况下，改变诉讼预期实现和解、调解；二是让审判人员在前置问题确认的情况下，针对后续问题处理有所可依；三是部分问题处理有误可被及时纠正，免去审判人员全案错判的隐忧。

二、先行判决制度实务运行问题及特点分析

《民事诉讼法》第153条规定：“人民法院审理案件，其中一部分事实已经清楚，可以就该部分先行判决。”通过该条文的文义理解，可以将其总结为四个“不明确”，即适用类型不明确、适用原因不明确、适用对象不明确以及剩余部分处理不明确。

尽管先行判决制度存在先天不足，但是通过对实践中适用先行判决的

① 杜开林：《法院判决结案的现状与改革方向》，载《法学》2006年第5期。

案件①进行剖析，我国的先行判决制度在实践中已经形成了一些做法，有些理解适用存在偏差，有些对案件处理有益，也有些做法尚待改进，但总体而言先行判决制度已具有鲜明的本土化特色。

（一）适用类型不明确但以给付之诉为主要类型

《民事诉讼法》第153条规定，只要案件的一部分事实已经清楚，就可以为先行判决，但对于何种类型的案件可以适用并不明确。以确认之诉、给付之诉和形成之诉为分类依据，本文将样本案件分类为三种情形：第一种是确认之诉与给付之诉的结合；第二种是单纯给付之诉；第三种是形成之诉与给付之诉的结合（见表1）。

表1　适用先行判决的裁判类型

裁判类型	部分判决适用情形	案例
确认之诉+给付之诉	确认侵权关系成立，并要求给付侵权损害赔偿	（2015）古民初字第00793号判决：确认被告存在过错，而原告主张的要求被告赔偿误工费10万元、护理费8550元、治疗费3万元以及关于原告要求再次申请鉴定，因原告的损害后果的事实尚未清楚，故上述请求原告可另行起诉。
给付之诉	一个给付之诉的一部分或者几个给付之诉的一部分	（2018）冀09民终5669号判决：双方当事人均认可工程已完工，可以就该主体结构部分的工程费先行判决。第一部分双方均认可上诉人直接给付被上诉人工程款10914000元，该院对此予以认可；第二部分即上诉人给被上诉人垫付款项，因案涉工程的分包商或者实际施工人均未在一、二审庭审中到庭从而无法核实证据的真伪，因此该院仅暂支持被上诉人认可的877020元，其他可另行主张，故上诉人已给付被上诉人工程款10914000元+877020元=11791020元。其他工程款待案涉工程符合合同约定的付款条件后另行解决，本案暂不予处理。 （2017）桂04民终846号判决：认定原告的各项经济损失分别为医疗费4324.5元、住院伙食补助费200元、误工费651.73元、交通费200元、财产损失费100元，对原告主张的护理费、部分住宿费及精神损害抚慰金不予支持。

① 本文通过在中国裁判文书网上搜索案例，检索“人民法院审理案件，其中一部分事实已经清楚，可以就该部分先行判决”这一关键语句，结案时间设为2017年1月1日起至2020年4月7日止，共检索出有效民事判决书1285篇作为样本案件。

续上表

裁判类型	部分判决适用情形	案例
形成之诉+给付之诉	1. 离婚纠纷中，准许双方当事人离婚，并要求对方给付原夫妻共同财产等金钱之债 2. 合同纠纷中，解除合同并要求给付违约或侵权之债	（2018）苏0621民初1493号判决：准许原告要求与被告离婚，因被告下落不明，关于婚前财产、夫妻共同财产及债权、债务等事宜，可待被告出现后另行处理。 （2018）甘0725民初1458号判决：支持原告要求解除商铺租赁合同及要求被告返还租金5万元、保证金2万元。对于原告诉讼要求被告赔偿的因装修房屋造成的经济损失10万元，原告仅以自己装修时与案外人签订的装修合同及自行制作的清单证实，缺乏相关装修材料购买、装修人工价格等方面的充分证据予以证实，在本案中暂无法认定，由双方补强证据后再行处理。

从先行判决适用类型来看，主要用于包含给付之诉的案件之中，主要原因在于给付之诉的事实不能快速、及时查清。为保障当事人的诉讼利益并满足高效便捷的司法需求，先行判决将已查明的案件事实从复杂案件中剥离出来，化繁为简，先行对存在争议的法律关系作出认定。从另一方面来讲，先行判决对于存在争议的法律关系且需要认定给付数额类的案件具有重要意义，有助于存在争议的法律关系快速得到法律确认。

本文以样本案件中适用先行判决最多的五大案由为例，予以佐证（见表2)。

表2　包含给付之诉的五大案由分类适用表

案由	适用情形	案例
建设工程合同纠纷	已查明的工程款先行判决，对有争议的工程款项待鉴定或者事实查清后再予以给付	（2019）豫13民终6476号判决：双方发生纠纷撤离施工后，水电消防部分仍有被上诉人进行过施工，对该事实双方无争议。但争议的主要内容为被上诉人是否全部按照合同内容施工完毕，现状施工是否全部为被上诉人所实施，上诉人主张应按照合同约定价款予以全部支付，但其未提交证据证明被上诉人已施工完毕，且水电消防部分未经过行政主管部门或相关单位的验收，一审法院通知其对包含该部分内容的事项进行鉴定，上诉人未按照一审法院的要求申请鉴定，致使该部分实际施工价款不能确定，一审法院对该部分内容全部予以摘除处理符合法律规定，应予以支持。
合伙协议纠纷	已查清的合伙账目或者合伙一方自认的账目先行判决，剩余部分的给付请求待审计或清算后另行主张	（2019）鄂13民终274号判决：被上诉人承认合伙期间利润有15万元，被上诉人应给付上诉人盈利75000元，上诉人在一、二审审理期间，没有提交充分的证据证明，双方合伙期间有超过15万元利润，故其应当承担举证不利的法律后果。

续上表

案由	适用情形	案例
借款合同纠纷	已查明借款先行判决，对事实不清部分借款的给付请求告知另案处理	（2019）豫17民终4658号判决：关于上诉人请求被上诉人偿还2018年12月17日借款10万元本金及利息，因上诉人举证的证据不能充分证明确已交给被上诉人10万元现金，并且公安机关已对被上诉人财务人员按职务侵占立案侦查，该部分事实尚不能查清。同时，上诉人在庭审后也请求对该笔款本案暂不作处理。根据《民事诉讼法》第153条的规定，本案对该10万元不作出处理，可待事实查清后另案处理。
机动车交通事故责任纠纷	已发生的费用先行判决，对尚不能确定的后续治疗费及其他费用的给付请求另行主张	（2019）浙01民终8361号判决：根据上诉人的诉讼请求以及提交的证据，其在本案中主张因治疗左股骨骨折所发生的相关费用，事实已经清楚，原审法院就该部分争议先行判决正确。根据司法鉴定机构在二审中出具的补充说明函，案涉道路交通事故和股骨头坏死之间是否存在因果关系，需要另行查明方可确定，并进一步确定各方主体的责任承担。上诉人可就股骨头坏死所产生的损失另行主张。
离婚纠纷	准许双方当事人离婚，对涉及财产分割、债务分担等给付请求另案主张	（2017）豫05民终598号判决：准许双方离婚，被上诉人同意冰箱1台、电动自行车2辆、沙发1套归上诉人所有，酌定由上诉人分割笔记本电脑1台、被子6条，其余双方认可的财产归被上诉人所有。上诉人以离婚后无房居住为由主张经济帮助款，但双方共有房屋未分割，共有房屋未确定归属，被上诉人也未阻挡上诉人在家居住，故上诉人要求被上诉人给付经济帮助款，无法律依据。

由此可见，当事人的诉请中包含给付之诉往往导致案件部分事实暂时难以查清，需要进行鉴定或是待相关事实确定后才能查明，此时审判人员可以通过先行判决将案件中涉及确认之诉以及部分给付之诉的问题及时处理，固定存在争议的法律关系，以缓解当事人之间的纠纷。

（二）适用原因不明确但以当事人权益为重要考量

《民事诉讼法》第153条对于先行判决的适用原因规定得既明确又模糊，只要一部分事实已经清楚即可以适用，但是对于其他条件却未提及。

对样本案件适用原因进行分析，主要原因有基于公共政策考量、避免当事人损失扩大、评估鉴定耗时过长、基于诉讼经济原则、基于当事人无争议的事实和另案已确认的事实（见图1）。总结起来，审判人员在实践中作出先行判决的原因大多是基于对人民群众权益的保护，为了避免当事人在诉讼中产生更多损失或是损耗更多成本。

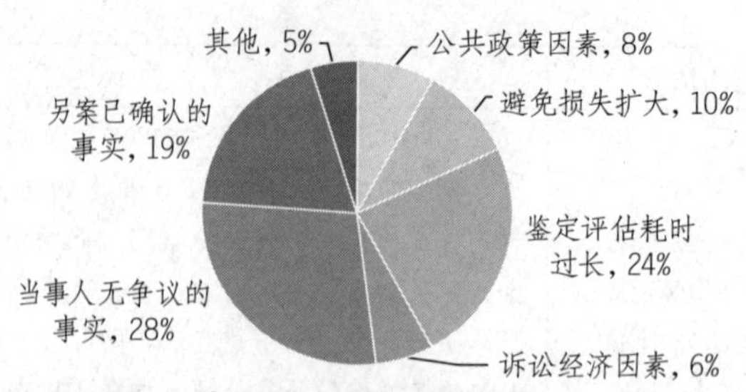

图1　先行判决适用因素数值与占比

本文选取明显存在上述因素的案件为例，予以佐证（见表3）。

表3　先行判决适用原因案例表

先行判决的原因	案例
公共政策因素	（2018）京0105民初23533号判决：涉军停偿政策具有公共政策的性质，根据该政策的要求和精神，涉案合同属于停偿范围，因不可归责于双方当事人的原因事实上已无法继续履行，原告有权解除合同。因此，原告主张合同已解除，该院予以采纳
避免损失扩大	（2018）鲁14民终2384号判决：上诉人私自扣押被上诉人挖掘机，侵犯被上诉人物权，应予返还，事实清楚。因挖掘机属工程机械，营运、作业可产生收益，为避免当事人损失扩大，一审法院决定对返还原物的诉求先行判决
鉴定评估耗时过长	（2019）鲁1722民初2413号判决：因被告申请工程造价的鉴定，鉴定时间较长，为避免给当事人造成诉累及扩大损失，鉴于被告自认欠原告部分工程款，及是否超出诉讼时效部分已经查明认定，故可以就此部分内容先行判决
诉讼经济因素	（2019）内03民终581号判决：鉴于被上诉人确有承包土地被征收的客观事实，依据诉讼经济原则，一审法院依据民事诉讼有关规定，在现阶段就已经查清的部分事实作出先行判决的处理方式予法有据
当事人无争议的事实	（2019）辽02民终9468号判决：上诉人与被上诉人对案涉房屋的总面积984平方米及对一审判决酌定的计算标准无异议，该院予以确认
另案已确认的事实	（2019）粤01民终24574号判决：因双方于2019年4月4日解除合伙关系，而另案确认的工程款及相应利息是双方合伙期间产生的财产收益，款项亦已经实际进入到法院账户内，现上诉人主张分配合伙收益并请求被上诉人按一定比例支付合伙收益，合法合理

（三）适用对象不明确但以可分的诉讼请求为主要对象

《民事诉讼法》第153条对于先行判决的适用对象并未规定，通过对样本案件文书类型化的分析，先行判决主要适用于单一请求的可分部分、本诉与反诉之一以及一诉中数个请求之一。该三种请求内容均是基于一个诉讼标的或多个诉讼标的事实清楚的可分部分予以先行判决。这样一来，先行判决实际上是在为后续判决作铺垫，通过将整个“诉”拆分而形成多个问题，将部分问题先确认或形成，以引导诉讼走向（见表4）。

表4 先行判决适用的请求内容

案号	诉讼请求	法院判决	请求内容
(2019)粤0881民初1339号	被告给原告清偿贷款人民币87722元及该款自2010年7月8日起至清偿之日止按中国人民银行同期同类人民币贷款基准利率上浮50%计算的违约金	原、被告双方曾于2010年2月4日结算确认被告尚欠原告的货款为人民币60447元，此后原、被告双方继续发生的货款尚未结算，截至本案判决之日已部分清楚被告尚欠原告货款为人民币60447元，且被告在本案庭审中对此亦予以认可，故该院对此予以确认。原告请求超出60447元的部分货款由原告另行处理	单一请求的可分部分
(2018)苏04民终1266号	本诉：（1）被告一支付剩余工程款8949896.2元；（2）被告一承担逾期支付工程款利息1003507.11元从2013年8月6日起至付清之日止，按中国人民银行同期同类逾期贷款利率计算，暂算至2015年6月25日；以上两项合计9953403.31元。（3）被告二在欠付工程价款范围内承担责任 反诉：（1）原告继续对房屋进行修复，或原告承担房屋的预计修复费用646467.84元；（2）原告连带赔偿房屋的修复费用3418215.17元、木门维修费164756.7元、地板维修费412410.48元、丢失物品损失68466.2元、超领甲供村价款1185551.04元、反索赔费用235087.91元、合计5484487.5元；（3）原告按照实际应付工程款金额开具并交付建筑业增值税专用发票	有关原告本诉请求部分的事实、有关被告反诉要求开具并交付建筑业增值税专用发票部分的事实，已经清楚；但本案反诉部分，双方争议事项多、争议也较大，有关反诉部分的事实还不清楚。为避免诉讼的延缓损害当事人的利益，本案应当依照此规定作出先行判决；反诉部分的权利人也可依法自行决定行使相应权利以保全自身正当利益。对本案先行判决未处理的反诉部分，本院继续审理	本诉和反诉之一

续上表

案号	诉讼请求	法院判决	请求内容
(2018)辽0112民初312号	被告赔偿医疗费11000元、住院伙食补助费700元、误工费2100元、护理费2100元、交通费300元、物品损失7980元	被告的行为已对原告构成民事侵权，应就原告产生的经济损失承担赔偿责任（住院伙食补助费700元、误工费1891.5元、护理费1505.9元、交通费150元）。原告支出其他医疗费部分，因现有证据无法查明，暂未判决，原告可在具备查明条件情况下另行起诉	一诉中数个请求之一

（四）剩余部分处理不明确但以另行处理为主要方式

先行判决作出之后，法院对剩余部分的处理方式有三种：（1）告知当事人另行主张权利，常见的包括另案起诉、另案诉讼、另行处理、另案处理；（2）继续由该院审理并作出剩余判决，此类案件中如果当事人就先行判决提出上诉，则有的案件会中止审理；（3）暂不处理，包括驳回其他诉讼请求。

先行判决制度设置的目的是及时解决部分纠纷，加快诉讼进程，减轻审判负担，但是继续由该院审理并作出剩余判决仅占10%，而暂不处理与告知当事人另行主张合占90%（见图2）。为深入探析另行主张式裁判，笔者根据诉请关涉的事由不同分为举证不能型、事实未成就型、牵涉他人利益型与不同法律关系型四种，并通过典型案例予以详释（见表5）。

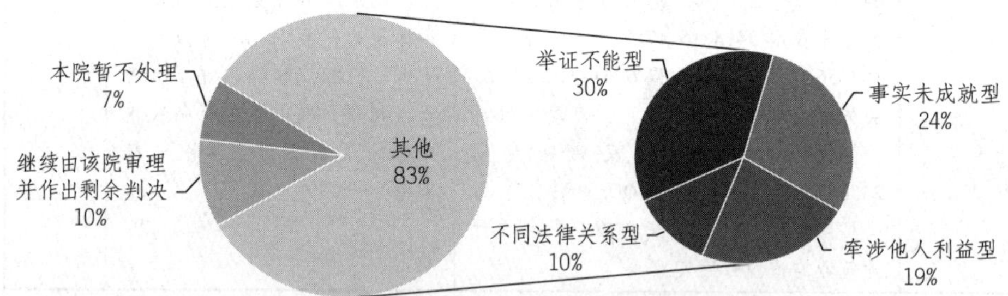

图2　剩余部分的处理方式占比

表5　另行主张式裁判类型典型案例

裁判类型	典型案例
举证不能型	(2019)皖12民终4487号判决：上诉人要求被上诉人承担赔偿责任，但是根据现有的证据不能确切证明被上诉人将上诉人殴打致伤，故对上诉人的该项诉求不予支持

续上表

裁判类型	典型案例
事实未成就型	(2015) 古民初字第793号判决：因原告的损害后果事实尚未清楚，故上述请求原告可另行提起告诉，本案中不再调整
牵涉他人利益型	(2018) 鲁14民终503号判决：上诉人主张夫妻共同所有楼房，仅仅提交了商品房买卖合同，没有提交房屋权属证明，无法确认房屋权属的归属问题，不宜在本案中进行认定。即便双方拥有房屋所有权，但被上诉人主张房屋购房款为借款，至今尚未偿还，因该房产的分割会影响第三人利益，也不宜直接在离婚诉讼中分割。双方对涉案房产可以另案起诉主张权利
不同法律关系型	(2018) 豫1723民初4317号判决：被告要求原告归还欠款445000元，因欠款属于债权债务关系，与本案离婚诉讼非同一法律关系，故对被告该请求不予支持，被告可另行主张权利

(五) 先行判决虽缺乏适用细则但仍有完善空间

总结起来，尽管先行判决目前缺乏适用细则，但是在包含多个可分诉求的案件中，可以起到分步化简案件的作用。尤其是在部分复杂的涉给付之诉中，在认定给付金额需要时间去鉴定、评估时，先行判决可以对存在争议的法律关系进行先行确认或形成新的法律关系。对当事人而言主观上使其争议得以快速确定免遭诉累，客观上引导了诉讼走向改变其心理预期。对审判人员而言，帮助其顺利解决一时难以终局判决的复杂案件，减少长期未结案件的数量。

三、先行判决契合繁案及时处理的完善空间

先行判决的特点与处理繁案的需求高度契合，尽管实践中已经形成一套做法，但由于《民事诉讼法》目前对先行判决的规定较为原则，仍无法完全满足审判实践的需要。为了契合繁案的及时处理，还有可完善的空间。

(一) 基本定义不明致理论与实践存在分歧

条文对先行判决的定义在理解上存在歧义。有人认为，先行判决的外延似乎要比部分判决大得多，广义的先行判决指对民事诉讼中的一些事项（实体性事项或程序性事项）予以裁判。① 也有人认为，先行判决是一种独立的判决种类，部分先行判决不同于中间判决、一般意义上的确认判决和一部终局判决。② 还有人认为，先行判决是中间判决。③ 但主流的观点还是

① 参见李世宇：《论民事诉讼中的先行判决》，载《湖北广播电视大学学报》2009年第2期。

② 参见孙彪：《完善部分先行判决制度构想》，载《江苏经济报》2010年4月14日。

③ 参见王亚新：《民事诉讼的裁判：形式与效力》，载《贵州民族大学学报》2016年第4期。

认为，先行判决就是部分判决。[①]

从前文的司法实践来看，似乎审判人员对此理解亦不统一，尽管在裁判依据处都适用了《民事诉讼法》第153条的规定，但有的案件作出的实质是终局判决，[②] 有的案件作出的是部分判决，[③] 还有的案件作出的实质是中间判决。[④] 中间判决本不应发生终局效力，但是却仍如部分判决或终局判决一般生效，在实践中造成了混乱。因此，有必要明确我国先行判决制度的实质，以避免理论和实践中的疑惑。

（二）适用条件模糊致审判人员进退失据

从法条文义来看，先行判决的适用条件既明确又模糊。明确的是只要“其中一部分事实已经清楚”，就可以适用。模糊的是在何种情况下适用、有无强制适用条件、可以适用的范围、可否独立于诉讼请求适用、审判人员是否需要释明等问题，由于无可依照之标准，造成了实务中先行判决使用甚少且存在部分适用偏差。审判人员在已经查明部分事实的情况下，“进”先行处理则担心适用法律错误，“退”等待全案事实清楚则无法满足当事人的期待。

在《民事诉讼法》修改时，有学者建议将第153条修改为：“案件审理完毕后，人民法院应当对当事人的诉讼请求作出终局判决，其中一部分事实已经清楚，可以就以该部分事实为基础的权利义务或实体请求先行判决。”[⑤] 由此可见，先行判决针对的是诉讼请求，还是诉讼标的，还是诉讼理由，抑或是兼而有之，这不仅在实践中有争议，在理论上亦存有争议。

（三）适用规则不细致剩余部分处理混乱

当前，对于先行判决后剩余部分如何处理的问题，实践中难以统一，前文统计的几种处理方式似乎都有道理。但严格来讲，在案件均适用先行判决处理的情况下，剩余部分的处理应当统一以避免混乱，但是目前无论哪一种处理方式都存在争议。如果当事人就先行判决上诉，那么继续审理可能会造成先行判决与后部判决的矛盾。而中止审理案件可能会造成审限的拖延，不利于当事人权利的及时实现。另行起诉看似解决了上述问题，使得案件得以及时审结，但是不免给人留下“拒绝裁判”的印象。[⑥] 但实际

---

① 参见江伟主编：《民事诉讼法》，高等教育出版社、北京大学出版社2016年版，第306页。

② 最高人民法院（2016）最高法民申1237号民事裁定书。

③ 最高人民法院（2019）最高法民终275号民事判决书。

④ 天津市高级人民法院（2003）津高民四终字第87号民事判决书。

⑤ 参见张卫平主编：《民事程序法研究》（第7辑），厦门大学出版社2011年版，第323页。

⑥ 参见甄雪皓：《激活休眠与矫正偏差：破解“部分判决”制度的适用困境》，载《广州审判》2019年第3期。

上，审判人员作出另行起诉的处理并非完全不当，比如相关事实尚未发生，无可裁判的事实依据；相关事实与本案并非同一法律关系，不宜一并处理。当然，因证据不足而要求当事人另行主张权利确有待商榷，负有举证责任的当事人应承担相应不利后果。

四、围绕本土实践对完善先行判决制度的建议

为解决繁案因存在客观事由而长期难以审结的问题，从满足人民群众的高效司法需求出发，站在本土司法实践角度，规范和完善先行判决制度，为审判人员提供制度工具，势在必行。

（一）明确本土化的先行判决定义

尽管主流观点认为先行判决就是部分判决，但是从本土司法实践来看，先行判决的外延似乎应当大于部分判决。

1. 某些“另行处理”不是先行判决。部分审判人员在先行判决后要求当事人就剩余部分“另行处理”确有不当，但大部分的“另行处理”其实源于理解偏差。对于当事人未能提供证据的，应当根据证据规则作出裁判。对于不属于同一法律关系的，无法在同一案件中处理实属正常。对于未发生的事实，因审理的客观对象不存在，理应待有可诉利益后再行处理。该三种情况均不是先行判决。

2. 应允许对中间问题作出裁判。为保障当事人关于尽早固定争议问题的司法需求，理应坐实实践中出现的对中间问题作出裁判的问题。在配套制度中增设中间确认之诉，允许审判人员根据当事人的诉请就审理过程中的一些中间性问题先行处理，为后续审理作铺垫，以尽快固定存在争议的部分法律关系。以某人身损害赔偿案件，原告崔某某诉某海运公司赔偿人身损害赔偿金为例。因鉴定需要待崔某某伤愈后进行，因此该案先行判决双方存在侵权法律关系并认定责任比例，待赔偿数额确定后再行判决。① 该种做法与先行判决的规定并不冲突，只要一部分事实清楚，同时该部分是当事人诉请的实质组成部分，就应当允许审判人员就此先行判决。

综上，站在本土化的视角，先行判决应当是在部分判决的基础上，吸取部分中间判决的概念，既允许审判人员针对部分诉请先行裁判，也允许就部分中间争点进行先行确认。

（二）明确剩余部分应当中止审理

尽管样本案件中对剩余部分的处理各有道理，但是需要明确一种唯一的解决方式，以保证裁判尺度的统一。

---

① 田银辉：《部分判决在司法实务中的应用》，载《人民法院报》2009 年 11 月 1 日第 7 版。

1. 剩余部分“另行处理”违反立法原意。部分审判人员由于对先行判决理解存在偏差，在先行判决后要求当事人就剩余部分另行处理，使先行判决在客观上成为一部终局判决，给当事人增加了诉累。根据立法解释，先行判决作出后，没有判决部分仍然在审理中。① 显然，作出部分判决后要求当事人另行处理剩余部分不符合立法原意。

2. 剩余部分以中止审理为宜。由于先行判决的实质是对剩余部分暂不处理，为避免主审法官出于人情压力或权力寻租等主观因素人为拉长诉讼战线，利用法律漏洞制造诉讼拖延，必须借助正当程序，才能使诉讼中的实体问题得到持久的、规范的、有效的解决。②

除了要求当事人另行主张之外，由于暂不处理有拒绝裁判之嫌，因此，剩余部分应于同案中继续审理。但由于剩余部分的处理存在暂时性障碍，因此剩余部分应当中止审理。另一方面，在中止审理的过程中也可以待先行判决生效。如果当事人一方针对该判决提起上诉，则此部分诉已属于二审法院审查，而未处理的诉仍属于一审法院，为了避免一审法院就未处理的诉的处理与先行判决出现矛盾，有必要有限制的中止审理，既避免判决之矛盾，又不影响当事人诉请之实现。对于先行判决的二审，将审限限制为普通二审案件的一半。待剩余部分障碍消失后恢复审限，剩余部分受已生效部分的约束。

3. 中止审理不会损害当事人利益。采用剩余部分中止审理的方法，在时限上可能较终局判决要长。但是考虑到先行判决生效之后，当事人因存在争议的法律关系已部分固定，对于剩余部分的预期可能发生改变，有利于促进双方调解，对当事人的判决期限利益减损可以接受。

（三）明确先行判决的适用条件

“应当为而不为”和“不应为而为”，都难以实现先行判决的制度价值，因此有必要设置先行判决的适用条件。

1. 受诉讼请求的限制但不受请求数量的限制。《德国民事诉讼法》第301条规定：“为针对数个请求中的一个请求、一个请求的一部分及本、反诉合并审理的一诉都可作出部分判决。”③ 《日本民事诉讼法》第243条规定：“为对诉讼的一部分、口头辩论的数个诉讼中的一个诉讼及本诉或反诉

① 全国人大常委会法制工作委员会民法室编：《中华人民共和国民事诉讼法：条文说明、立法理由及相关规定》，北京大学出版社2007年版，第279页。

② 参见江必新：《民事诉讼的制度逻辑与理性建构——〈民事诉讼法〉再修改之思辨》，中国法制出版社2012年版，第90页。

③ 参见谢怀栻译：《德意志联邦共和国民事诉讼法》，法律出版社2001年版，第73页。

中的一个可作出部分判决。”① 由此可知，在大陆法系普遍认为部分判决的对象是诉讼请求的一部分，因此，我国先行判决的对象也应当可以是诉讼请求中的一部分。既可以是数个诉讼请求中的部分标的，也可以是一个诉讼请求中的部分理由。同时，应当明确针对诉讼请求作出裁决中所涉及的一些必要的中间问题也可作为先行判决的对象。

2. 先行判决内容与剩余部分相互独立。由于先行判决是针对已经可以处理的部分请求，而诉讼请求正是建立在诉讼标的基础之上，因此该部分标的必须与案件的其他部分标的在客观上相互独立，而不是混杂在一起。这种相互独立代表着先行判决的部分与剩余部分在事实或法律上没有牵连关系或者虽然有牵连关系，但是可以分别解决。

3. 部分情形下的强制适用。在案件可以为先行判决的情况下，如果出现某些特殊情况，应当强制审判人员适用先行判决。通过对于样本案例的总结，本文认为，应当包括如下几种情况：一是涉及公共利益情形，比如某些可能存在影响社会稳定因素的系列案件；二是可以避免当事人损失扩大或是可能徒增当事人诉累的情形；三是经当事人申请，为保护弱势一方利益或明显占据优势一方的时间利益的情形。

（四）完善先行判决配套机制

先行判决制度的顺利推行需要其他制度的配合。

1. 确立中间确认之诉。判决在作出后即具有既判力，对于以后的诉讼有拘束作用。但在判决过程中对于一些中间问题的认定，由于并未在判项中予以确定，故无既判力。② 但出于实践需要，审判人员在通过先行判决确定一些中间问题时，在当事人未明确诉请的情况下，基于民事诉讼不告不理的原则不能超裁。故需要确立中间确认之诉制度，使得先行判决在处理中间问题时有合法依据且产生既判力。同时，中间确认之诉产生的既判力又可以避免当事人就中间问题另起争议，无形中亦有利于法律关系的稳定。

2. 激励审判人员主动适用。在繁案中，为了避免审判人员的主观惯性，在部分事实已经查清的情况下先解决部分争议，可以考虑通过计算工作量的方式予以激励。比如，适用先行判决的，在单案最终换算工作量时多附加权重，或是将适用先行判决的案件，在全案审结后结算为 1.5 件单案。

3. 落实拖延诉讼惩戒措施。为防止拖延诉讼的情况出现，倒逼当事人积极参与诉讼，为先行判决的条件尽早形成创造机会。对于故意阻碍诉讼进程的情况，应当及时予以惩戒，对有拖延诉讼心理的当事人形成威慑。

---

① 参见段文波译：《比较民事诉讼法（2006 年卷）（总第六卷）》，中国法制出版社 2007 年版，第 339 页。

② 参见许士宦：《民事诉讼法》，我国台湾地区新学林出版股份有限公司 2016 年版，第 501 页。

4. 重视诉讼费用的调节功能。为了促进当事人在先行判决后，在已确定的法律关系基础上和解，可以通过调整诉讼费用收费政策的方式，先行判决时按照相应的收费标准收费后，如后续当事人达成和解的，可不再收取诉讼费用，促使繁案在先行判决后实现和解。

结　语

当下正值民事诉讼程序繁简分流改革过程中，改革的重心不应仅在于简案的快速处理，还应在于繁案的及时处理。绝大多数繁案并非全部事实一时难以查清，审判人员在已查清部分事实后，不愿、不敢或不会先行下判。先行判决制度本非为繁简分流而设，但出于种种原因在实践中运行不畅，长期被束之高阁。但在新形势下，先行判决的制度特点决定了其有可能成为审判人员解剖并解决繁案的“利器”。因此，有必要用好先行判决这条“鲶鱼”，通过完善制度供给，激励审判人员通过先判尽快固定存在争议的法律关系，为当事人指引诉讼走向，改变举证期限弱化的现状，以满足人民群众高效的司法需求。

公私场域竞合下法官名誉权救济程序的检视与规制

尹海萍*　周　洁**　吉靳力***

完善法官职业保障制度，健全法官履行法定职责保护机制，是审判权依法独立公正行使的重要条件，是司法体制改革的重要内容。而法官因依法履行职责遭受侮辱诽谤以致名誉受到损害的现象时有发生，既侵害了法官个人人格权，影响了其职业尊荣感，又损害了司法公信力。2019 年修订的《法官法》、中共中央办公厅、国务院办公厅印发的《保护司法人员依法履行法定职责规定》（以下简称《规定》）和《人民法院落实〈保护司法人员依法履行法定职责规定〉的实施办法》（以下简称《实施办法》），分别对法官因依法履职被侮辱诽谤致使名誉受到损害的情形规定了相关救济、追责机制。此外，《民事诉讼法》第 111 条及相关司法解释、《行政诉讼法》第 59 条及相关司法解释、《刑事诉讼法》第 199 条及相关司法解释，均对诉讼过程中侮辱诽谤法官行为的司法强制措施作出了规定，即按照妨害诉讼行为进行处罚。然而，相关立法仍有不尽完善之处，实务操作做法不一，亟需建立一套完善的法官名誉权救济程序。

一、问题源起：法官名誉权救济程序的实证检讨

对侮辱诽谤法官的行为如何调查处理，《法官法》《规定》和《实施办法》均规定法院可以会同有关部门澄清事实、追究责任。但是未明确调查处理主体的权责边界，亦未构建规范化程序，导致实务中操作较为混乱。

本文通过互联网向 A 市的法官发放调查问卷，并结合典型案例对相关问题进行实证考察。在收回的 272 份有效问卷中，法官履职过程中受到侮辱诽谤的共 222 人，未受到侮辱诽谤的共 50 人；其中仅 22 件对行为人作出处罚。

* 作者单位：北京市昌平区人民法院。

** 作者单位：北京市昌平区人民法院。

*** 作者单位：西藏自治区高级人民法院。

（一）调查主体各异

当前，对于行为人在网络上或者其他场合公开发表的言论或者作出的行为是否定性为侮辱或诽谤，需要对相关事实进行核实。实务中，调查主体各异，权责边界不清，导致违法行为不能得到有效规制。

1. 调查主体的范围和层级不定。法官名誉权受损事件发生后，有的由公安机关按照治安案件立案调查，有的由司法机关自行调查，有的由法院、检察院、公安机关等相关部门成立联合调查组进行调查。即使在法院自行调查时，内部调查主体有的为纪检监察或申诉信访部门，有的为法官权益保障委员会（实务中为人事部门），有的由案件承办法官自行固定证据后向主管院长汇报。究竟由哪一主体调查，并无统一规则。（见图 1）

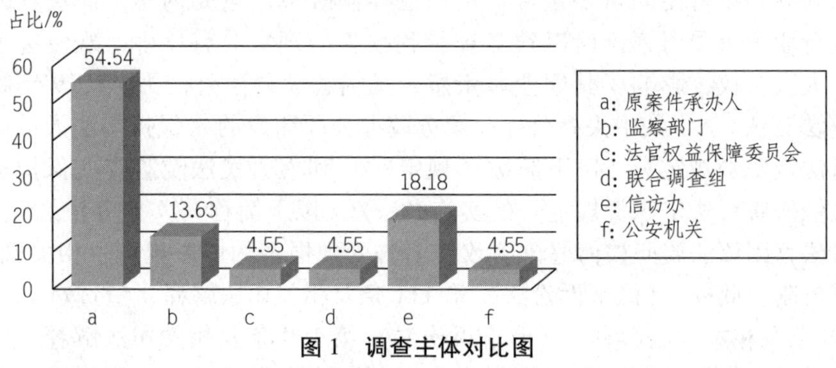

图 1　调查主体对比图

对于侮辱诽谤涉及多个对象或发生在不同程序中的，调查主体亦有争议。例如，在谭某造谣诽谤案①中，判决生效且再审申请被驳回后，行为人以“山西高院官官相护”为网名对承办法官进行侮辱诽谤，最终由一审法院进行处罚。有网友质疑，侮辱对象涉及上级法院的法官时，由基层法院进行调查处理是否妥当。张某网上诽谤法官被司法拘留案②中，案件在二审

① 谭某造谣诽谤被司法拘留案：原告刘某与被告某汽车销售有限公司、赵某、冀某确认合同无效案，A 法院作出判决后，B 中院和 C 高院先后驳回原告刘某的上诉和再审申请。原告委托诉讼代理人谭某为泄私愤，公然以“C 高院官官相护”的网名在新浪微博上用实名方式发表对承办法官的诽谤性、不实性言论，并发至朋友圈，造成恶劣影响。后 A 法院依法对谭某实施司法拘留 15 日。详见《不满判决泄私愤　造谣诽谤被拘留》，载山西省高级人民法院官网，http：//shanxify. chinacourt. gov. cn/article/detail/2018/12/id/3605256. shtml，最后访问时间：2020 年 6 月 2 日。

② 张某网上诽谤法官被司法拘留案：原告张某诉被告马某名誉权纠纷案，B 法院依法驳回其诉讼请求，张某不服提起上诉。二审期间，张某在某知名论坛上连续发帖，声称承办法官在案件审理中隐瞒证据并模仿其签名伪造证据，点击量总数达到数千次之多。B 法院经调查，不存在张某在网帖中所说情况，故依法对张某作出拘留 15 日、罚款 2 万元的处罚。详见《网上诬陷、诽谤法官，一当事人被镇海法院司法拘留》，载搜狐网，http：//m. sohu. com/？spm = smwp. 404. 0. 0. 15619646693724I8efII，最后访问时间：2020 年 5 月 22 日。

审理期间，行为人在网上发帖诽谤一审法官，由一审法院进行调查并作出拘留和罚款决定。有网友质疑，行为人在二审期间的行为，妨害的是二审还是一审诉讼，由一审法院依照《民事诉讼法》进行调查处理，在现行法律制度下是否妥当。

2. 法院和公安机关的调查边界不清。依据《治安管理处罚法》第 42 条规定，公然侮辱他人或者捏造事实诽谤他人的，公安机关可以按照行政治安案件进行调查和处理，但是在诉讼程序中侮辱诽谤法官的，法院也可以按照妨害民事诉讼行为进行调查处理。由于侮辱诽谤行为发生时间、地点各异（见图 2 和图 3），由法院和公安机关哪一主体调查操作不一。在审判和执行程序终结后，当事人对判决或执行结果不满，进而对承办法官进行侮辱诽谤，对此有的法院按照《民事诉讼法》第 111 条对其进行处罚，有的则移送公安机关处理。此外，即使行为发生在诉讼程序终结前，但发生在审判法庭之外或者法院周边的，再或者公安机关已就言论所反映的事实或侮辱诽谤事件本身立案的，调查处理主体亦有不同。以“崔某事件”[①] 为例，执行过程中行为人在网上发布诽谤言论，并就言论所指向的事实向公安机关报案，称在法院内被法官和法警殴打，该事件由上级法院联合区级公安部门等成立联合调查组展开调查，并以调查组名义公开调查结果。由此引发的思考是，通常情况下，当公安机关对治安案件立案后，如果经调查确实不存在侵权事实的，应由公安机关作出终止调查决定，受害人不服的，可申请行政复议，对复议结果不服的，还可提起行政诉讼。那么，由上级法院联合公安机关直接调查并作出结论，在现行制度下，无论结果是否公正，在程序上是否有损当事人的行政复议权和相关诉权，存在不同认识。

---

① “崔某事件”：2015 年 4 月 12 日，崔某发表《北京女律师给全国媒体及律协的求援书》，称在 C 法院办理执行案件过程中遭到法官和法警殴打。后 B 高院联合市律师协会、区委政法委、区公安分局，组成联合调查组进行调查，4 月 30 日，联合调查组召开新闻通报会，公布调查结果：不存在法官和法警殴打崔某的情况，但是女律师最后未因此事受到处罚。详见《崔慧事件调查结果公布：法官、法警没有打人》，载中国法院网，https：//www. chinacourt. org/article/detail/2015/04/id/1606533. shtml，最后访问时间：2020 年 6 月 4 日。

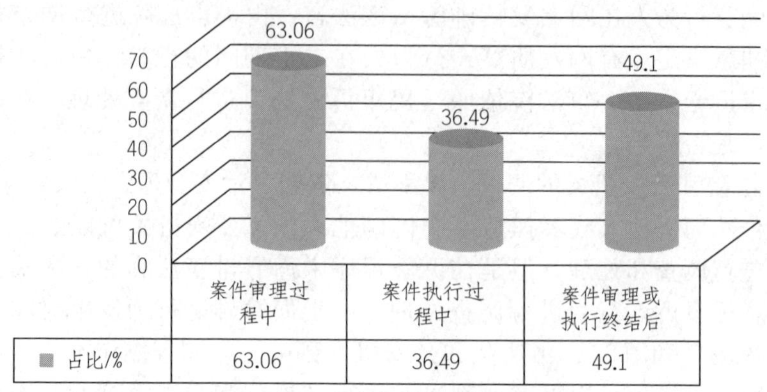

	案件审理过程中	案件执行过程中	案件审理或执行终结后
■ 占比/%	63.06	36.49	49.1

图 2　侮辱诽谤法官行为发生期间

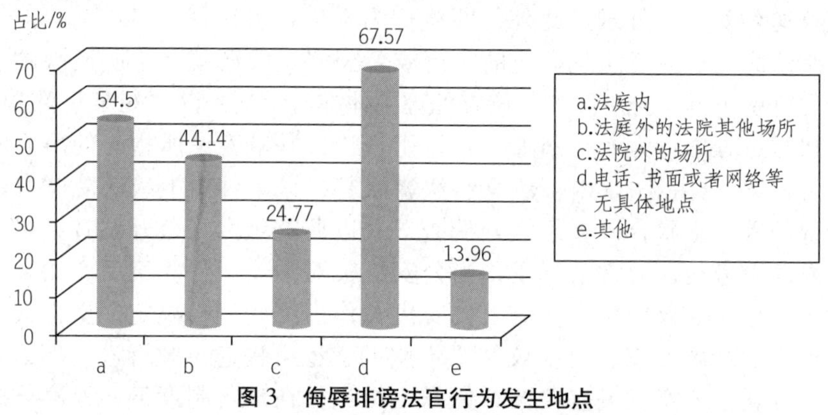

图 3　侮辱诽谤法官行为发生地点

3. 公安机关刑事侦查标准不明确。根据《刑法》第 246 条规定，侮辱罪、诽谤罪属于告诉才处理的案件，只有“严重危害社会秩序和国家利益”时才作为公诉案件立案侦查。《公安部关于严格依法办理侮辱诽谤案件的通知》和《最高人民法院、最高人民检察院关于办理利用信息网络实施诽谤等刑事案件适用法律若干问题的解释》第 3 条均列举了“严重危害社会秩序和国家利益”的情形，主要包括导致群体性事件、公共秩序混乱、民族宗教冲突、侮辱诽谤多人、损害国家形象、造成恶劣国际影响、侮辱诽谤对象为外交使节、来访的外国国家元首、政府首脑等人员的。上述规定均没有将侮辱诽谤“法官”这一对象的行为直接纳入“严重危害社会秩序”的范畴，也未明确侮辱诽谤情节严重到何种程度才能视为“其他危害社会秩序”进行刑事侦查。而司法实践中，很少甚至没有法官会提起自诉，公安机关对侮辱诽谤法官行为进行刑事侦查的标准不明确，也导致实务中追究其刑事责任的情况并不多见。

（二）调查处理过程不规范

调查问卷显示，侮辱诽谤法官的行为发生后，有一半以上的法官自行固定证据并提出处理建议，调查过程尚无明确规范的程序，导致处理决定的社会接受程度不一。

1. 调查启动条件不明确。部分诉讼参与人或者案外人并没有经过正常的信访投诉或者纪检举报等途径表达诉求，而是径行在网络上发帖、在法院周边拉条幅、在公开场合辱骂等（见图 4），有的通过不同方式多次侮辱诽谤法官，调查问卷显示，遭受侮辱诽谤 10 次以上的占 33. 33%，3 次~10 次的占 30. 63%，3 次以内的占 36. 04%。对此，除非纪检监察部门主动介入，多数法官即使明确知晓是侮辱诽谤，但是碍于处理程序耗时耗力、担心矛盾激化等原因（见图 5），通常不会自行报案、起诉或者要求法院相关部门启动调查。对于名誉权受到损害的法官而言，通常仅能被动接受组织调查，没有法定的调查启动的申请权。

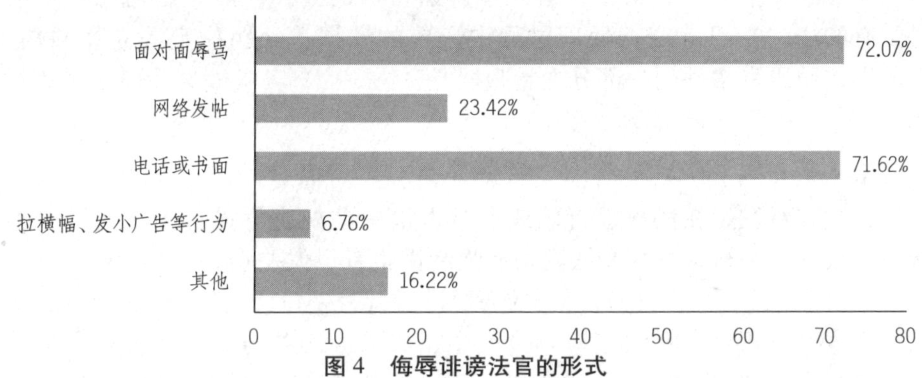

图 4　侮辱诽谤法官的形式

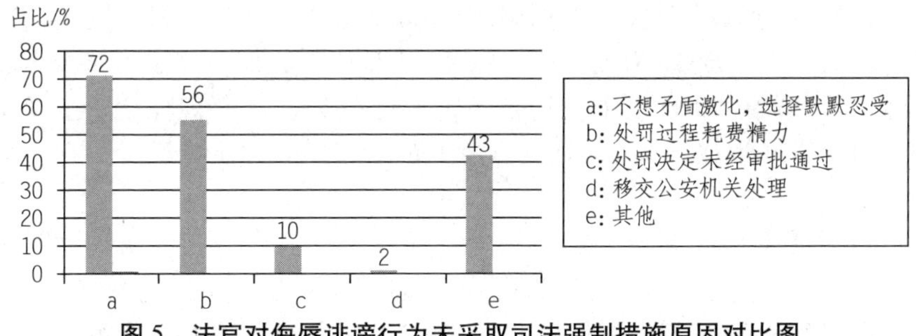

图 5　法官对侮辱诽谤行为未采取司法强制措施原因对比图

2. 调查流程存在多样性。对于按照妨害诉讼行为由法院自行处理的案件，有的承办法官自行固定证据、向院长汇报并经院长批准后出具处罚决定书，尽管最终以法院的名义作出决定，但是处理过程难免有法官“自证清白”的嫌疑。有的法官为回避，并不参与调查，而是由法院纪检监察部门或者法官权益保障委员会（人事部门）作为第三方介入调查，但是根据司法改革的部门职责定位，纪检监察部门和法官权益保障委员会均不设员额法官，由这些部门安排工作人员进行调查，其对于法官的纪律处罚虽有建议权，但是对于行为人是否构成侮辱诽谤的法律定性、是否采取司法强制措施等，没有裁判权、执法权，所以其职能行使有所局限。关于调查过程，由于没有统一的关于取证、质证或听证程序规范，实务中，有的法官对相关监控视频、执法记录仪等证据进行封存，有的则径行提取。此外，对于情节严重构成犯罪的，涉案法官所在法院是否在审判环节回避也存在不同做法。由于处理流程各异，调查结论的社会认可度也不尽相同。

3. 调查结果公开方式和立卷归档方式不统一。对于经调查核实构成侮辱诽谤的，有的法院直接向社会公开调查结果，有的则在处罚决定书中简要陈述处理依据，有的既未公开调查结果，也未采取司法强制措施，法官对处理结果有异议的，无法进行申诉。此外，按照最高人民法院公开的司法强制措施文书样式，对于妨害民事诉讼行为的处罚，需立“司惩字”案号，有的法院专门就调查处理过程中形成的证据、处罚决定等立卷归档，有的则按照原审案件的一部分立卷归档。

（三）处罚尺度不统一

由于三大诉讼法以及《治安管理处罚法》对侮辱诽谤行为的规定均不相同，法院对发生在民事、行政或刑事诉讼中的妨害诉讼行为处罚尺度不统一，公安机关行政处罚和法院司法强制措施有很大差别。

1. 不同诉讼程序对妨害诉讼的侮辱诽谤行为处罚尺度不一。《刑事诉讼法》第 199 条规定，在法庭审判过程中，如果诉讼参与人或者旁听人员违反法庭秩序，情节严重的，处 1000 元以下罚款或者 15 日以下拘留。《民事诉讼法》和《行政诉讼法》未局限于庭审过程中，但是处罚幅度不同，前者规定可对个人罚款 10 万元以下、拘留 15 日以下，后者规定可对个人罚款 1 万元以下、拘留 15 日以下。均是妨害诉讼行为，且危害程度、主观恶意相同，但由于发生在不同的诉讼程序中而适用不同的处罚尺度，有违公平原则。①

2. 司法强制措施和行政处罚尺度差异较大。依据《民事诉讼法》《行政诉讼法》，对个人侮辱诽谤行为可分别顶格处罚 10 万元、1 万元，并处 15 日拘留。《治安管理处罚法》第 42 条规定，公然侮辱他人或者捏造事实诽谤他人的，处 5 日以下拘留或者 500 元以下罚款；情节较重的，处 5 日以上 10 日以下拘留，可并处 500 元以下罚款。司法强制措施和行政处罚在“并

---

① 占善刚、张博：《我国妨害诉讼的强制措施之检讨》，载《信阳师范学院学报》2016 年第 6 期。

处”与“单处”以及罚款、拘留的上限等方面均有大幅差异。

3. 司法强制措施和刑事处罚存在交叉。对涉嫌犯罪的案件经司法或行政处罚后原则上不应再移送公安机关处理，[①] 但实务中存在对妨害诉讼行为人采取司法强制措施后又追究其刑事责任的情形，对此是否违反“一事不再罚”原则存在争议。例如，王某侮辱案[②]中，王某因不满执行工作向法官泼墨并辱骂，法院对其作出司法拘留后，公安机关以涉嫌寻衅滋事罪对其采取刑事拘留，该案最终判其犯侮辱罪，司法拘留的期间予以折抵刑期。该案通过折抵刑期的方式化解了与“一事不再罚”原则的冲突，但司法拘留折抵刑期并未在司法解释中予以明确。

二、理论探析：法官名誉权救济程序的逻辑起点

法官名誉受损，致使个人利益与公共利益的保护发生竞合时，“公共利益优先”立场与视角的选择是法官名誉权救济程序设计的基础，在处理过程中界定司法权和行政权的管辖界限是前提条件。

（一）从“公共利益本位论”出发解决公私场域竞合的问题

法官职业的特殊性主要在于其角色的双重性，在私人领域，其公民角色追求自身利益的最大化，在公共领域，其公务员角色行使国家公权力，代表国家公共利益。[③] 当前，法官因依法履行职责遭受侮辱诽谤，不仅使法官名誉受到损害，同时扰乱了司法秩序，损害了司法公信力和法律权威。因此，该行为不仅侵害个人利益，更严重的是侵害公共利益，进而引发公共利益与私人利益、公力救济与私力救济双竞合问题。

“公共利益本位论”认为，在个人利益与公共利益的矛盾冲突中，公共利益居于主要地位。[④] 它强调的是个人利益服从公共利益，当两者发生冲突时“以公共利益为本位而告终”。但是，这种冲突的消除，并不是通过消灭个人利益来实现的，而是将公共利益与个人利益保持一致。[⑤]

依据“公共利益优先”原则，在公益和私益发生竞合时，应以公共利

---

① 练育强：《行刑衔接视野下的一事不再罚原则反思》，载《政治与法律》2017 年第 3 期。

② 王某侮辱案：执行案件结案后，王某因不满 D 法院刘法官的执行工作，于 2015 年 9 月 7 日来到法院对正在与其他当事人谈话的刘法官进行泼墨并辱骂，致使刘法官面部、嘴上、上身部位大面积被墨汁污染，房间内办公设备、案卷及地面被墨汁污染，正在谈话的当事人受到惊吓，造成其他当事人围观，法官正常工作被迫中止。当日，D 法院对王某司法拘留 15 日。9 月 21 日，被害人刘法官报案，公安分局当日对王某采取刑事拘留的强制措施，后 E 法院经审理，判决王某犯侮辱罪。详见北京市第四中级人民法院（2016）京 04 刑终 5 号刑事裁定书。

③ 拜燕·多斯江：《论公共利益与个人利益的冲突》，载《法制博览》2016 年第 15 期。

④ 余少祥：《论公共利益与个人权利的冲突与协调》，载《清华法学》2008 年第 2 期。

⑤ 孙明杰：《浅析行政法视野下的公私利益和谐——从利益的公共悖论谈公务员个人利益与公共利益的平衡》，载《法制博览》2012 年第 6 期。

益为导向健全法官名誉权救济规则，即由法院作为调查处理的主体，对同时损害公益和私益的行为进行矫正，实现公共利益和个人利益保护的协调发展（见图6）。笔者认为，由法院实施公力救济，介入处理法官名誉权受侵害事件，不受其他机关的影响和干涉，来实现公私利益的平衡，对于保护法官个人权益、加强司法职业保障、维护司法权威和司法秩序意义重大。

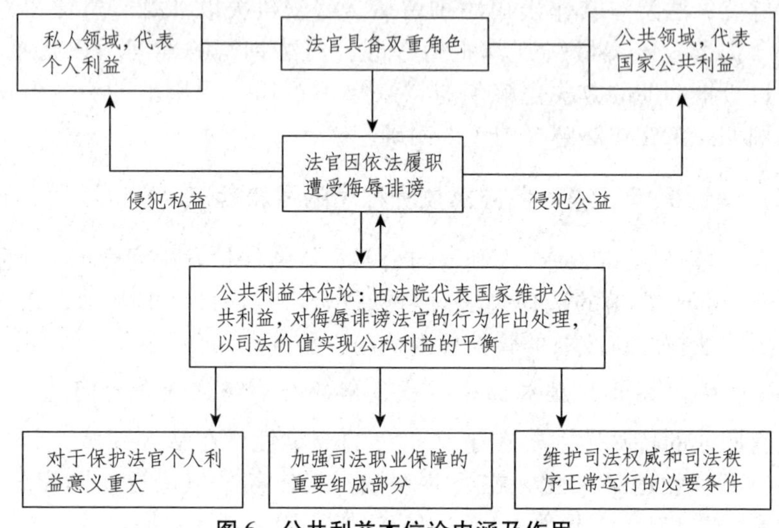

图6　公共利益本位论内涵及作用

（二）以“国家干预原则”为基点维护司法秩序

在审判过程中，由人民法院代表国家维护社会公共利益。如果行为人严重违反法律规则，侵犯了社会公共利益或公民、法人的合法权益，就要依法受到司法制裁。[①] 这是“国家干预原则”在审判活动中的体现。人民法院代表国家对妨害司法秩序的行为实行“国家干预”，遵循法定、公正、公开以及惩戒与教育相结合的原则对违法行为采取司法强制措施，可以将国家或者社会保护法庭秩序的价值观念和价值标准凝结为固定的行为模式，内化或者渗透在公民心中，通过法的实施而对一般公民的行为进行引导。[②]

在诉讼过程中，法院对妨害诉讼行为采取强制措施，既能够保障当事人和其他诉讼参与人以及法官等合法利益在审判活动中免受侵害，或使所受到的侵害得到及时的制止和排除。[③] 同时，通过惩罚违法者来发挥法律的威慑效应，起到教育警示、价值宣示、指引评价等作用，对于提高司法权威、

① 邱本：《论国家干预及其法治化》，载《财经法学》2016年第4期。

② 曹春燕、贾御博：《藐视法庭行为的处罚原则的思考》，载《法制与社会》2014年第9期。

③ 江伟：《民事诉讼法》，高等教育出版社2007年版，第220页。

维护法律尊严、优化诉讼环境以及培育民众对法治的信仰具有重要的意义。[①]

诉讼程序终结后，行为人作出侮辱诽谤行为仍基于法官依法履职而发生，针对的是法官在诉讼活动中的行为，应视为对妨害诉讼秩序的延续。因为在审判或执行程序终结后，还有可能启动再审、执行回转等程序，并不意味着所有司法秩序的终结。因此，从国家干预的角度，对于上述妨害司法秩序的行为，也应赋予法院采取司法强制措施的权利。

三、路径选择：法官名誉权救济程序的规制完善

现行的法官名誉权救济程序，应当在厘定相关主体权力和职责边界的基础上，明确调查启动方式、规范调查流程、公开调查结果，统一处罚标准，并完善救济路径。

（一）厘定调查主体权责边界

1. 扩大法院自行调查的范围。对于发生在诉讼过程中侮辱诽谤法官的行为，法院可按照妨害诉讼行为作出处理，对于诉讼程序终结后的侮辱诽谤行为，鉴于上述分析，只要是因法官依法履职而发生、针对的是法官诉讼中的行为，应赋予涉案法官所在法院自行调查处理的权力。故建议将《法官法》第 56 条修订为：“法官因依法履行职责遭受不实举报、诬告陷害、侮辱诽谤，致使名誉受到严重损害，并妨害司法秩序的，人民法院应及时澄清事实，消除不良影响，并依法追究相关单位或者个人的责任，必要时会同有关部门共同作出处理。”另外建议，侮辱诽谤多个法院的法官时，由层级较高的法院调查处理，社会影响较大的，可由共同的上级法院调查处理。

2. 明确法院会同有关部门处理的情形。建议在《法官法》的相关司法解释或配套规范中明确第 56 条中法院会同有关部门进行处理包括的情形：一是公安机关或纪律监察机关已经就言论反映的事件本身立案调查的。例如，行为人反映法官打人、收受贿赂等，公安机关或纪律监察机关已立案，并需要法院协同调查的。二是行为发生在法院外围，同时扰乱社会秩序的。例如，在法院门口散发带有侮辱诽谤性质的材料、打立横幅或者大声辱骂，上下班路上尾随法官对其进行辱骂，同时扰乱司法秩序和社会公共秩序，因此，建议由法院会同公安机关处理。三是社会影响特别巨大的。此时由法院会同有关部门成立联合调查组，更有利于相互监督制约，提高调查结论的公信力。

3. 将涉嫌侵害法官名誉权犯罪列入公诉案件范畴。建议在《刑法》“严重危害社会秩序和国家利益”可能构成侮辱罪、诽谤罪的情形中，增加“侮辱诽谤法官和其他司法人员，严重扰乱司法秩序的”情形，由公安机关

---

① 张学良、李亚津、樊帅杰：《妨害民事诉讼秩序行为现象及对策研究》，载《法学研究》2015 年第 6 期。

进行刑事侦查，并移送检察机关依法审查、提起公诉。建议建立公诉机关和审判机关的回避机制，对于此类案件，在审查起诉阶段，由同级检察机关报请上一级检察机关指定管辖，最终由名誉权受损害的法官所在法院之外的其他法院进行审理，确保裁判结果公平公正。

（二）明确调查启动方式

1. 建立“法官权益保障委员会主动介入+法官申请”相结合的启动模式。为避免法官自行固定证据并提出处罚建议所导致的程序弊端，建议名誉权受损的法官本人不作为调查主体参与调查，而是由法官权益保障委员会牵头作出该类案件的调查。原则上相关程序由法官权益保障委员会主动启动，法官权益保障委员会因故未启动的，可赋予名誉权受损的法官申请启动的权利，法官权益保障委员会收到申请后，经形式审查符合条件的，应启动法官名誉权救济程序，经审查不符合条件的，应及时答复申请法官，做好解释工作。

2. 建立“固定+随机抽取”的合议庭组合模式。由于合议庭需要参与取证、举证、听证以及作出处罚等程序，处理结果可能涉及限制行为人的人身自由，所以建议由具有裁判权、执法权的员额法官参与调查，同时吸取人民陪审员和法官权益保障委员会专职委员组成合议庭。其中，专职委员为固定人员，员额法官和人民陪审员可在专职委员的引导下，由行为人随机抽取，行为人不抽取的，由法院随机确定。

（三）规范调查流程和处理结果

1. 规范取证过程。只有通过运行证据调查程序，才具有把握过去事实的必要性和可能性，因而程序要求的正当性就成为能否正确衡量和把握过去事实的重要指标。① 法官名誉权救济机制也必须建立严格的调查程序。对于侮辱行为，由于被侮辱法官是亲历者，所以情况紧急的，由其自行固定证据，事后向合议庭提交；对于诽谤行为，应由合议庭给予行为人一定的举证期限，由其对言论指向的事实提供相应证据。法院亦应当主动调查取证，例如调取相关监控视频、执法记录仪，询问目击证人、行为人和涉案法官等，并对调查取证和询问过程等全程录音录像，必要情况下，在行为人和第三方监督下，对相关证据进行封存。

2. 举行公开听证。举证期限届满后，要举行公开的听证程序，实现该类案件的调查由封闭、单向的传统模式向开放、有序的调查程序转变，给予利益主体整合并集中表达诉求的机会。② 听证过程中，由行为人陈述其利益诉求并举证证明，同时法庭就调取的证据听取行为人意见。对于经核实作

---

① 张斌、蒋剑鸣：《论民事证据调查程序的基本理论问题》，载《法学研究》2006 年第 6 期。

② 金太军、赵学锋：《风险社会的治理之道》，北京大学出版社 2018 年版，第 325 页。

出调查处理结论的，也通过听证程序向行为人告知，听取其意见陈述，并赋予其向上一级法院申请复议的权利。听证过程可以邀请人大代表、政协委员、群众代表等人员旁听，在不损害公共利益、商业秘密和个人隐私的情况下，还可以借助网络等媒介进行直播，保证程序在约束与监督下进行。

3. 规范处理结果并单独立卷归档。经调查构成侮辱诽谤的，由法官权益保障委员会作出处罚建议，经院长批准后以法院的名义作出处罚决定书。不构成侮辱诽谤的，亦向行为人和涉案法官进行告知。经调查，法官确实存在违法违纪行为的，启动相应的问责机制。对于调查形成的书面和视频证据、笔录、报告以及处理过程的视频、处罚决定书等，在诉讼卷宗之外单独立卷归档。鉴于调查之初无法确定是否进行惩处，故建议立“司调字”案号。

（四）完善处罚和救济方式

1. 统一处罚尺度。首先，统一三大诉讼法对于妨害诉讼行为的处罚尺度。鉴于发生在不同诉讼程序中的同类妨害诉讼行为所损害的利益、破坏的秩序以及社会危害性具有同一性，故对于在刑事诉讼和行政诉讼中侮辱诽谤司法工作人员和其他诉讼参与人的，均参照《民事诉讼法》第 111 条和第 115 条的规定进行处理，一方面，对刑事诉讼中的侮辱诽谤行为的处罚范围，从法庭审判过程扩大到整个诉讼过程；另一方面，将三大诉讼法中关于司法强制措施中罚款金额和拘留期限统一为同一标准和幅度。其次，在《治安管理处罚法》第 42 条中增加“公然侮辱诽谤法官和其他司法人员的，依法从重处罚”的规定。

2. 建立责令公开赔礼道歉及正名机制。建议增加“责令公开赔礼道歉”的名誉权损害救济方式，对于经调查核实，确实存在侮辱诽谤法官行为的，在法院澄清事实之前，应首先责令行为人限期在言论影响范围内的相应载体上公开赔礼道歉，并将是否履行作为是否采取司法强制措施以及处罚尺度的参考因素之一。如果责任人未在指定期限内作出道歉声明的，则由法官权益保障委员会启动法官正名机制，通过报纸、电视、官方网站、微信公众号等载体，采取个别说明、反馈告知、公开通报等方式，对不实言论予以澄清。

3. 建立法官权益保障基金。法官名誉权受到侵害后，社会评价可能随之降低，必然遭受较大的精神损害，为维护法官的职业尊荣感，有必要对法官个人利益损害作出补偿。因此，建议建立法官权益保障基金，以从员额法官办案津贴中扣划和国家财政补贴相结合作为基金来源，其中扣划和补贴基数可视上一年度司法强制措施适用情况进行调整。

结　语

加强法官履职保障，维护法院干警人格尊严和合法权益，是司法改革的重要内容。本文着眼于“公共利益本位论”，提出适度扩大司法权管辖范围，由法院自行处理法官名誉权受侵害事件，并在此基础上构建了一套完善的法官名誉权救济程序。（见图 7）以期有效规制侮辱诽谤法官行为，有力维护法官职业尊荣感和司法公信力。

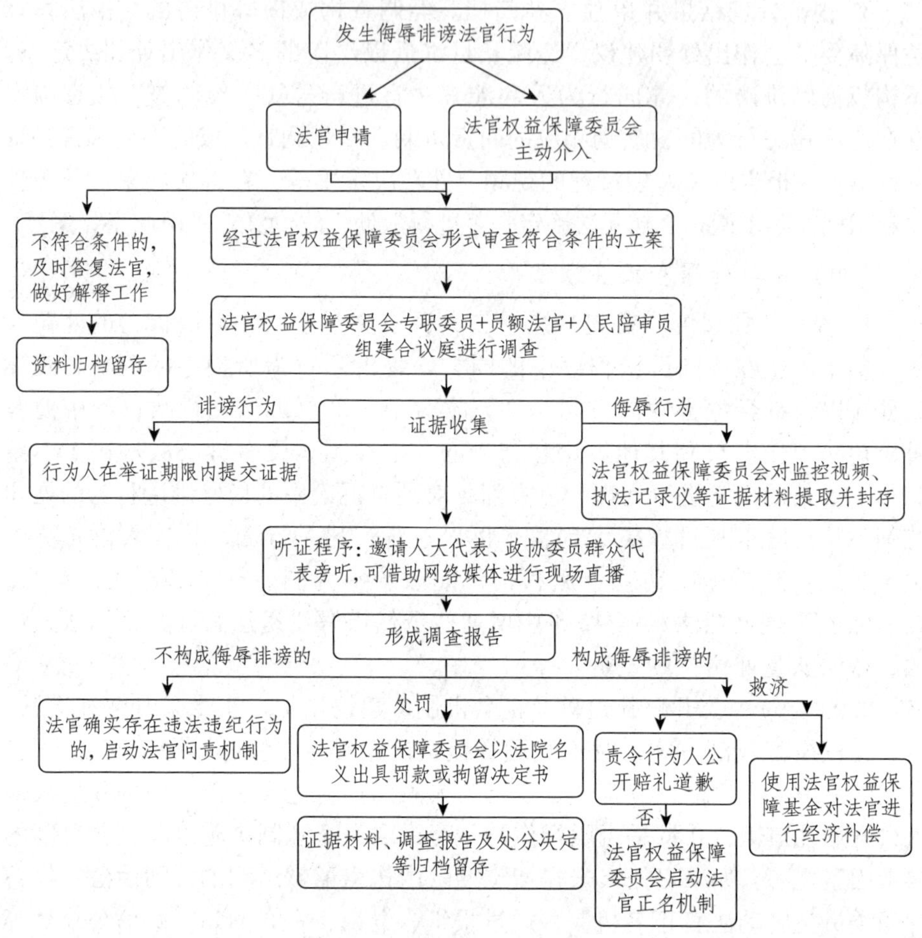

图 7　法官权益救济程序图

四步识别法：民法典视域下债务加入与保证的区分适用

——以“威科先行法律信息库”188件裁判文书为分析样本

陈碧玉*

引 言

《民法典》首次以立法方式明确规定了此前理论和实务界一直认可的债务加入。① 债务加入与保证虽在理论上泾渭分明，但在实践中，二者都表现为以第三人的加入，增加确保债权实现的责任财产数量，且通常都采取单方向债权人出具承诺函或与债权人签订协议的方式成立，二者的准确识别困扰实务界已久。尤其是在连带责任保证场合，与同为连带责任的债务加入更难辨别。因债务加入与保证在法律效果上的重大差异，个案中对第三人承诺履行债务的定性，往往直接决定着第三人责任的有无及大小。② 现《民法典》虽对债务加入明确承认，但尚无更加具体的立法规范，学术界对于二者区分识别的研究极为有限，③ 司法实务中也存在同案不同判现象。因此，有必要从二者的功能定位、体系协调的角度入手，从法律特性出发提炼区分关键，形成对实务有指导意义、可操作性较强的区分识别方法。

一、实务之惑：债务加入与保证之识别困境

为全面、准确展示司法实务中的区分适用现状，笔者在前期样本收集

---

* 作者单位：北京市第二中级人民法院。

① 《民法典》第552条规定：“第三人与债务人约定加入债务并通知债权人，或者向债权人表示愿意加入债务，债权人未在合理期限内明确拒绝的，债权人可以请求第三人在其愿意承担的债务范围内和债务人承担连带债务。”

② 参见夏昊晗：《债务加入与保证之识别——基于裁判分歧的分析和展开》，载《法学家》2019年第6期。

③ 在学术著作中对二者区分往往一笔带过：大量论文中，仅在研究债务加入时顺带提及二者的区分，内容较为原则、难谓深入，且仅作理论区分，无法为实务困惑提供良方；仅有的几篇专门研究二者区分适用的论文，本文均有引用，但也多是以一个或数个最高人民法院案例作为说明对象，无法窥见司法适用的全貌，也未提出体系化的识别标准。

时，运用可以精细化定位检索条件的“威科先行法律信息库”，以 2018 年 1 月至 2020 年 4 月为裁判文书生效时间，以“债务加入”“保证”出现于裁判理由的同句为关键词限定，以更加注重统一法律适用的中院、高院为审理法院，在案例库中共检索到 369 个裁判文书。通过逐一排查，剔除掉非以二者区分认定为争议焦点的案件，共得到 188 个有效样本。①

（一）轮廓勾勒：样本案例的总体情况

这 188 个案件的案由分布集中于借贷类（48.9%）、合同类纠纷（43.1%），二者合计占到总数的 92%（见图 1）。

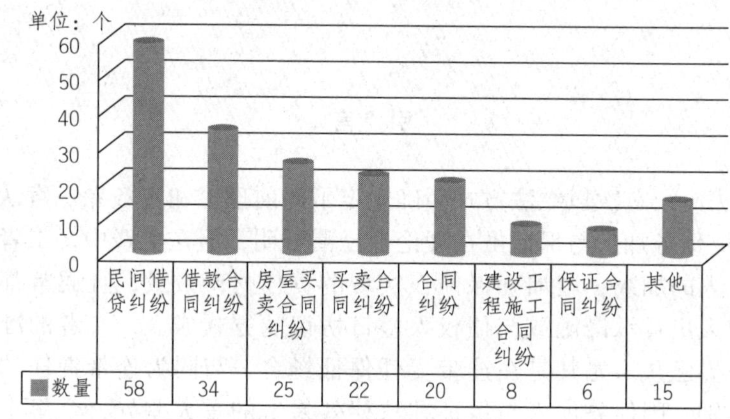

图 1 样本案例案由分布②

样本案件均以债务加入和保证的区分认定为争议焦点，经分类归纳，在区分标准上主要围绕文义解释、法律特征、行为延续性、利益关系展开，同时有部分案件适用了存疑推定规则（见表 1）。

表 1 样本案例采用的区分认定标准归纳

标准类型	含义
文义解释标准	根据文字措辞认定当事人真实意思表示
法律特征标准	根据主从关系、履行顺位等法律特征认定行为性质
行为延续性标准	根据前后法律行为的关联性判断在法律行为的性质
利益标准	判断行为人承担的行为是否具有法律、经济上的利益关系
存疑推定	根据前述标准都无法判断时对行为性质作出推定

① 样本案例分布于两广、江浙、川渝、京沪、湖北、山东、河南、黑龙江等 20 多个省、市、自治区，基本实现了统计样本的客观性与科学性。

② 15 件其他案由包括债权转让纠纷、股权转让纠纷、追偿权纠纷、不当得利纠纷、信用卡纠纷、营业信托纠纷、合资合作开发房地产纠纷、建筑设备租赁纠纷、被继承人债务清偿纠纷等各 1 到 2 件。

在区分标准的运用上，有的案件采单一标准认定（占 63.8%），有的案件则运用多个标准结合认定（占 36.2%）（见图 2）。

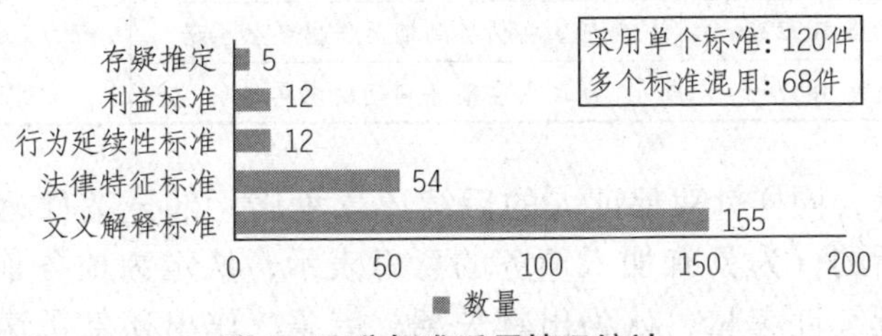

图 2　区分标准适用情况统计

在裁判结论上，认定为债务加入的案件占到绝对多数，如图 3：

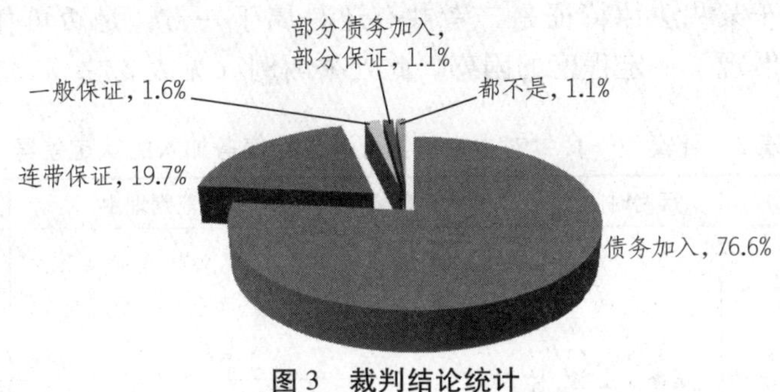

图 3　裁判结论统计

（二）细节呈现：存在裁判差异

1. 不同标准的适用场景不明。对类似案件事实，采不同标准认定，得出不同结论。例如，都是先作为保证人签字，后又出具欠条、借条或还款承诺，在不同案件中适用不同标准，定性结论不同，具体见表 2。

表 2　针对保证人后续还款承诺的认定差异

案号	相应事实	适用标准	裁判结果
（2019）吉 07 民终 1434 号	保证人在债务到期前出具欠条	文义解释	债务加入
（2019）苏 09 民终 3499 号	保证人在债务到期前出具欠条		
（2019）京 02 民终 7257 号	保证人在债务到期前出具还款计划		
（2019）苏 08 民终 3223 号	保证人在债务到期后出具欠条		
（2019）桂民终 498 号	保证人在债务到期后承诺共同还款		
（2019）苏 04 民终 3568 号	保证人在保证期内书面承诺还款		
（2019）苏 13 民终 2261 号	保证人在保证期内签订共同还款协议		

续上表

案号	相应事实	适用标准	裁判结果
(2019) 苏06民终541号	保证人在债务到期后出具欠条	行为延续	连带保证
(2018) 川01民终10522号	保证人在债务到期后作出还款承诺		
(2019) 鲁08民终4887号	保证人在债务到期后出具欠条		

上表显示，同样针对保证人的后续还款承诺，部分案件运用文义解释方法，以在后的行为具有加入债务的意思表示，认定为债务加入；部分案件则从行为延续性考量，认为出具欠条、借条、作出还款承诺的行为仅是保证行为的延续，认定为保证。

2. 差异化特征的界限不明。在54件适用法律特征标准加以区分认定的案件中，对于某些法律特征是二者共有还是属于一方，是否可作为区分特性，实务中展现了一定程度的困惑。此处举两例（见表3）：

表3 （类型一）针对未来债务可否成立债务加入的认定差异

案号	行为时间	承诺范式	裁判理由	裁判结果
(2019) 浙02民终1402号	债务发生前	债务人到期不支付货款，则第三人愿意承担	采文义解释标准及法律特征标准，排除保证	债务加入
(2017) 湘10民终2668号		第三人承诺与债务人共同还款	未提供充分证据证实还款承诺书系债务形成之后签订	既非债务加入，也非保证

上表显示，对于“事先存在有效成立的债务”是否为债务加入不可变通的构成要件，不同案件中认识不同，有的案件支持针对未来债务可以成立债务加入，有的案件则持相反意见（见表4）。

表4 （类型二）非或然性债务可否成立保证的认定差异

案号	行为时间	具体行为	裁判理由	裁判结果
(2019) 苏01民终1478号	债务到期后，且保证期间已过	承诺继续提供保证担保	意思表示真实，行为有效	连带保证
(2019) 粤01民终10143号	债务到期后	第三人提供保证担保		

续上表

案号	行为时间	具体行为	裁判理由	裁判结果
(2018)渝01号民初472号	债务到期后	第三人提供保证担保	针对已到期债务提供担保，不符合保证责任或然性要求	债务加入

上表显示，“或然性”特征是否是成立保证的必要条件，不同案件亦体现出不同的裁判倾向性。有的案例从尊重当事人意思表示出发，认为债务已到期不妨碍保证责任的构成；有的案例则认为债务到期，保证债务的或然性丧失，仅能构成债务加入。

3. 利益标准的内涵不明。在12件采用利益标准的案件中，对于何为“利益关系”，不同案件把握不同，体现了法官较大的自由裁量权，具体如表5：

表5 对利益标准的考量因素差异

案号	考果因素	裁判结果
(2018)沪民终288号	承担人是持有债务人95%股份的控股股东	利益关系成立，认定债务加入
(2019)皖16民终1652号	承担人和债务人之间存在挂靠关系	
(2019)京01民终138号		
(2018)浙05民终192号	承担人和债务之间存在商业往来	
(2017)黔23民终1843号		
(2018)苏11民终3608号	承担人因债务承担行为，可以获得债权人的对待给付利益	
(2019)苏民终3499号	承担人是借款债务的实际收款人和担保人	
(2018)鲁10民终2533号	承担人对于债务人履行债务，不具有给付上的对价关系	利益关系不成立，认定连带保证
(2019)川03民终1650号	承担人作为借款中间人，并未从中谋取利益	

上表显示，对于利益关系，有的案件关注负担债务的行为是否可获得对待给付利益；有的案件考察承担人与债务人之间是否存在控股、挂靠等关联关系；有的案件则将商务往来、业务合作等情形都宽泛纳入利益关系成立的范畴。

4. 存疑推定的适用范围不明。在区分认定的过程中，是否该引入存疑推定、何时可引入存疑推定，不同案件差异较大（见表6）：

表6 行为范式相同时是否适用存疑推定的差异

案号	行为时间	承诺范式	适用标准	裁判结果
（2018）最高法民终867号	债务到期前	若债务人不履行，则我公司履行	存疑推定	债务加入
（2018）黑06民终2748号		若债务人不按期偿还，则我公司与债务人共同偿还		
（2019）辽02民终4285号		若债务人不按期履行，则由我履行	文义解释	债务加入
（2019）湘13民终67号		若债务人不履行，则我负责		
（2018）冀11民终1158号		若债务人不按期履行		

虽从裁判结果来看，上表案例都认定为债务加入，但其预设前提是存疑一律推定为债务加入，而该存疑推定规则并非不可置疑，若经论证存疑时应推定为保证，则是否适用存疑推定，可能直接导致裁判结果不同。

（三）实证小结：亟待厘清的识别标准

实证分析显示，司法实践中对于债务加入和保证担保的区分存在模糊地带，在识别上难谓清晰。若如最高人民法院在案例和实务指导中所言，“二者在案件的实质处理上并无不同，只是在性质上有所不同”，[①] 则二者的实务区分价值颇有疑问。而实际上，且不论二者因性质相异，在债务履行上的法理基础和运行机制不同，[②] 单就样本案例来看，过半的案件中，主张构成保证担保的一方皆援引保证期间抗辩，性质认定将直接决定能否获得保证期间之保护，而在是否承担债务上得到截然相反的结果。如是观之，二者在实务认定上的识别，的确意义重大。

二、理论之源：债务加入与保证区分特性之提炼

实务中的约定或承诺用语千变万化，承担债务的情况亦纷繁复杂。要从根本上对债务加入和保证进行区分适用，还是应回归二者不同的法理基础、功能定位，从二者本质相异的特点着手，提炼出法律特性上的区分关键，建立兼具理论恰当性与实务操作性的区分认定体系。

（一）债务加入与保证的体系定位与法理区分

从民法体系上看，传统意义上的担保分为人保和物保。保证位于担保

① 参见最高人民法院（2005）民二终字第200号民事判决书；最高人民法院民事审判第二庭编著：《〈全国法院民商事审判工作会议纪要〉理解与适用》，人民法院出版社2019年版，第479页。

② 参见朱奕奕：《并存的债务承担之认定——以其与保证之区分为讨论核心》，载《东方法学》2016年第3期。

制度体系中应无疑问。而对于债务加入，对于其体系定位颇有争议。[①] 有学者认为其应当属于担保措施，[②] 甚至直言其应当作为人保的一种。[③] 另有学者指出应当警惕担保泛化倾向，区分具有担保功能的制度和担保制度本身，债务加入不应归入担保措施。[④] 但无论持何种观点的学者，皆认可债务加入具有担保功能。同时应当看到，在已有功能类似的保证制度的情况下，债务加入依然在实践中发展起来并广泛应用，足以说明债务加入一定有保证所不具备的某种优势，此次立法也正是肯定其独立制度价值。

从法理基础上看，债务加入与保证最根本的不同在于从属性的有无。保证人负担的是从属债务，在发生、变更、消灭上均从属于主债务；而债务加入人负担的是独立债务，加入债务后可平行于原债务独立发展。[⑤] 二者在债务范围、存续时间、抗辩事由、追偿规则上的不同，本质上都是从有无从属性延伸而来，详见表 7：

表 7　保证担保与债务加入运行机制之区分

	保证担保	债务加入
债务范围	在无特别约定时，保证范围须延及于利息、违约金、损害赔偿金以及实现债权的费用利息等 ⑥	通常并不及于从债务 ⑦
存续时间	在诉讼时效外，还受保证期间的规制	只与诉讼时效相关
抗辩事由	保证人可以援引债务人对抗债权人的所有抗辩事由	立法尚未明确，只能根据连带债务的规则进行具体判断
追偿规则	对债务人享有追偿权	

二者理论上的区分对于理解其不同的运行机制，实有必要。但是，从属性与否与行为定性的判断，很难说何者在先；基于意思自治原则，债务承担范围可有特殊约定；而存续期间、抗辩事由和追偿规则等属于定性后产生的法律效果。故二者理论区隔显然难以成为识别具体行为性质的实操性标准，有必要进一步挖掘二者的区分特性。

---

① 从《民法典》立法来看，其将债务加入规定于合同编通则“合同的变更与转让”章节中，体系定位尚不明确。

② 参见史尚宽：《债法总论》，中国政法大学出版社 2000 年版，第 750~751 页。相似观点见陈自强：《契约之内容与消灭》，我国台湾地区元照出版公司 2018 年版，第 236 页；肖俊：《〈合同法〉第 84 条（债务承担规则）评注》，载《法学家》2018 年第 2 期。

③ 参见史尚宽：《债法各论》，中国政法大学出版社 2000 年版，第 875 页。

④ 参见崔建远：《“担保”辨——基于担保泛化弊端严重的思考》，载《政治与法律》2015 年第 12 期。

⑤ 参见史尚宽：《债法总论》，中国政法大学出版社 2000 年版，第 752 页；黄立：《民法债编总论》，中国政法大学出版社 2002 年版，第 626 页。

⑥ 参见《民法典》第 691 条。

⑦ 参见史尚宽：《债法总论》，中国政法大学出版社 2000 年版，第 753 页。

（二）补充性应为债务加入与保证的区分关键

担保制度相较于具有担保功能的制度，在法律特性上除从属性外，还具有补充性。[①] 保证一经有效成立，就在主债关系的基础上补充了保证权利义务关系，即构成保证必须具有两种法律关系，一是被担保的主债关系，二是保障主债实现的法律关系，即担保法律关系，充当的是补充主债关系的权利义务关系。《民法典》将债务加入明确规定为连带债务，连带债务与债权之间的关系仅仅为单一的债的关系，不存在两种以上的法律关系。笔者认为，补充性的有无，恰恰可以用以识别债务加入与保证，其也决定了第三人在债务承担上是否具有或然性。

从文义解释的角度，对比《民法典》对于债务加入与保证的法条原文，在保证担保中，保证人履行债务的前提是主债务人“不履行到期债务或发生当事人约定的情形”，是对将来可能发生的债务人不履行债务时的或有债务承担清偿责任。前提满足，保证债务方被激活。而债务加入则不以此为限，履行期届至，债权人即可直接要求债务加入人履行。因此，当事人在约定或承诺中，是否将所承担债务作为原债权债务关系的补充，是否需先向原债务人主张，亦即承担债务是否具有或然性，是识别的关键所在。

有论者指出，此种是否需先向原债务人主张，仅为形式或观念上之差异，实务效果并不如理论上那样醒目，[②] 也有论者提出债务加入场合也可约定债务加入人在原债务人届期不履行方承担责任，称为“附条件的债务加入”。[③] 但笔者认为，从体系解释的角度来看，既然立法已将二者作为不同制度加以规定，且在区分二者本就存在困难的情况下，若认同二者可无限扩大各自可自由约定的内容和范围，而保留自身性质不变，将不断加大二者规范领域的重合，从而人为模糊二者的界限，加大识别难度。

因此，无论是从法条的文义解释出发，抑或从立法体系协调的角度，第三人的债务履行是否具有补充性，都应成为区分债务加入和保证的重要识别标志。

（三）利益标准与存疑推定规则的厘清

在第三人承担债务是否具有补充性约定不明时，有必要探索其他认定规则辅助定性。

---

① 参见崔建远：《“担保”辨——基于担保泛化弊端严重的思考》，载《政治与法律》2015 年第 12 期。

② 参见王吉中：《债务加入与保证之辨析——从差异比较、意思表示解释与法律适用出发》，载《研究生法学》2015 年第 6 期。

③ 参见夏昊晗：《债务加入与保证之识别——基于裁判分歧的分析和展开》，载《法学家》2019 年第 6 期。

1. 利益标准的再明晰——限定于具有对待给付利益。利益标准是我国司法实务中借鉴德国法，逐渐形成和发展起来的标准，一般表述为：第三人自身如果对债务之履行具有直接和实际的经济利益，则成立债务加入，否则仅构成保证。[①] 学者也对此多持赞成态度。[②] 该标准在适用过程中体现出最高人民法院案例引导、地方法院迅速跟进的态势。[③] 然而，究竟何为"直接和实际的经济利益"并不易界定。前文实证分析中针对不同情况究竟是否构成利益关系，存在相当程度的混乱，"具有商业往来""曾经作为担保人"等均被认为利益关系成立，未免有泛化使用的嫌疑。

从利益平衡的角度，因对第三人来说，承担债务加入责任的风险明显高于保证责任，以利益标准将第三人行为纳入债务加入规范范畴，无疑是对债权人权利的更好保护。但第三人的权利保护也应予以适当考虑。为实现二者平衡，应将利益关系的成立限于有限范围内，而将泛化的日常生活中的所谓利益排除在外。笔者同意，此范围应限定为"此种利益必须指向债权人与债务人之间合同的履行，即针对对待给付"[④] 为宜，从权利义务相统一的角度，在其对债务的履行具有明确的对待给付利益时，方可让其承担较重的债务加入责任。

2. 存疑推定的再审视——宜推定为保证担保。关于存疑推定，最高人民法院在某公司办事处与某公司等借款担保合同纠纷案（2005）民二终字第200号民事判决书指出："如承担人承担债务的意思表示中有较为明显的保证含义，可以认定为保证；如果没有，则应当从保护债权人利益的立法目的出发，认定为并存的债务承担。"该案例可以说是确立了存疑推定为债务加入的规则，[⑤] 被载入2006年《最高人民法院公报》，对实务界影响巨大，在各地案例中也不断被援引。[⑥]

---

① 参见夏昊晗：《债务加入与保证之识别——基于裁判分歧的分析和展开》，载《法学家》2019年第6期。

② 参见朱广新：《合同法总则研究》，中国人民大学出版社2018年版，第503页；王洪亮：《债法总论》，北京大学出版社2016年版，第465页。

③ 最高人民法院判决参见（2014）民二终字第138号民事判决书、（2018）最高法民终867号民事判决书；地方法院判决如黑龙江省大庆市中级人民法院（2017）黑06民终2574号民事判决书、湖北省襄阳市中级人民法院（2018）鄂06民终3454号民事判决书、江苏省镇江市中级人民法院（2018）苏11民终3608号民事判决书。

④ 朱奕奕：《并存的债务承担之认定——以其与保证之区分为讨论核心》，载《东方法学》2016年第3期。

⑤ 但实际上，该案最终并没有适用存疑推定，而是根据催收通知中对第三人"担保人"身份的注明，认定为保证关系。

⑥ 安徽省淮北市中级人民法院（2019）皖06民终724号民事判决书、浙江省宁波市中级人民法院（2019）浙02民终1402号民事判决书、山东省成武县人民法院（2019）鲁1723民初2144号民事判决书。

这种偏向于保护债权人利益的价值取向在我国立法和司法中，可以说是一以贯之。《民法典》施行前，对于连带责任保证的推定即为典型适例。[①]然而，立法保护应尽量均衡，在不存在特殊正当化事由时，不应偏向任何一方。而这种正当化事由在保证情形并不成立，因为保证人是单方承担义务，对债权人有百利而无一害。根据权责相对等原则，在价值取向上应该更倾向于保护保证人。[②] 对此，《民法典》第 686 条已经改变立场，确认存疑应当推定为一般保证。基于立法政策和价值衡量的统一性，对于保证和债务加入，笔者认同存疑时应推定为保证更为恰当。

三、破解之道："四步识别法"之展开

本文在进行样本分析时发现，在定性有争议时，部分判决在约定不明时欠缺说理，直接定性；[③] 部分判决大段罗列债务加入与保证的理论区分后定性，缺乏结合案情的事实归入；[④] 少数判决"用力过猛"，在依据文义即可定性的情况下依然针对数个标准详细展开，作了大量并非必要的论证。[⑤]样本中有 21.9%的二审、再审案件或因定性改变导致改判；或虽未改变裁判结果，但指出原审定性有误。这些情况均体现出司法实务在区分适用二者时的困惑。

究其原因，实务中虽总结若干识别标准，但不同标准之间的具体内涵、优先顺位、适用场景不够明确，具体操作时自然无法做到有的放矢，法官容易以先入为主的"感觉"判断代替具体区分标准的适用，从而将二者的实质区别和判断标准架空。因此，笔者尝试从前述分析的基础上，强调适用顺序，提出文义解释、补充特性、利益衡量、存疑归入"四步识别法"，辅之以典型案例说明，从认知框架上搭建起二者的识别体系，以期指导实务。

（一）文义解释的适用

虽在认定行为性质时以探究当事人真实意思表示为导向，但根据主客观相统一原则，意思表示仍应借助当事人约定或承诺的措辞来体现。如果文本中对责任形式明确使用"保证"或"债务加入"的措辞，原则上应当

---

① 按照原《担保法》第 19 条的规定，当事人对保证方式没有约定或者约定不明确的，推定为连带责任保证。

② 参见夏昊晗：《债务加入与保证之识别——基于裁判分歧的分析和展开》，载《法学家》2019 年第 6 期。

③ 山东省滨州市中级人民法院（2019）鲁 16 民终 2193 号民事判决书。

④ 江西省高级人民法院（2019）赣民终 183 号民事判决书。

⑤ 如广东省深圳市中级人民法院（2019）粤 03 民终 27978 号民事判决书。

依照表述进行相应的定性，除非存在足以支持偏离文义进行解释的特殊情况。[①] 第三人以借款人身份出具借条或欠条、作出还款或共同还款承诺的，明显属于加入债务而欠缺保证的意思表示，自当认定为债务加入。

但应该注意的是，基于汉语的多义特性，在个案判定中仍应联系上下文综合认定意思表示。例如，采用“保证还款”字眼，并非一定成立保证担保，[②] 也可理解为承诺还款，需结合文本中其他描述加以认定：假设另外约定有担保期间的内容，应视为更符合保证的特点；而作为共同还款人签字，则更符合债务加入特征。结合《全国法院民商审判工作会议纪要》第 91 条，增信文件的内容符合法律关于保证的规定的，应当认定成立保证合同关系，不符合的，根据承诺文件的具体内容确定相应的权利义务关系。

案例 1：某实业公司、某环保公司与某科技公司租赁合同纠纷案[③]

案情及识别过程：环保公司为承租人，实业公司为出租人，因场地租赁事宜，本案三方签订《协议书》，虽将科技公司列为保证方，但协议约定“一切生产经营由环保公司、科技公司全权负责，一切债权债务、一切责任和经营处罚均由环保公司、科技公司承担”。故从约定内容看，科技公司自愿承担环保公司相关债权债务及经济责任，构成债务加入而非保证担保。

此外，实务中有不少案例都出现了保证人后续又出具相关承诺文件的情况，该后续承诺行为究竟构成保证行为的延续还是债务加入，从文义解释的角度，如果后续承诺只是对保证担保的重申或落实，则仍成立保证担保；但若后续承诺中表明其作为借款人、共同还款人、自愿承担债务等符合债务加入的文义表达，则应构成债务加入。[④] 针对这两种情况分别以案例说明：

案例 2：某银行与某生态旅游公司、某经济技术公司金融借款合同纠纷案[⑤]

案情及识别过程：2011 年 7 月，生态旅游公司与银行签订《借款合同》，借款金额 1.3 亿元，借期 16 年，经济技术公司出具《承诺函》，承诺在生态旅游公司自身收益无法保障本案借款还本付息时，由经济技术公司

---

① 最高人民法院民事审判第二庭编著：《〈全国法院民商事审判工作会议纪要〉理解与适用》，人民法院出版社 2019 年版，第 479~480 页。

② 实务中也有不少此类被认定为“名实不符”的案例，如广东省佛山市中级人民法院（2017）粤 06 民终 10996 号民事判决书中，第三人出具名为《保证书》的承诺文件，但其内容为承诺自签字当月起自愿每月向债务人还款 5000 元，法院认定为债务加入。

③ 参见浙江省绍兴市中级人民法院（2018）浙 06 民终 2937 号民事判决书。

④ 需要注意的是，如果债权人未在保证期间内向保证人主张权利，保证期间经过后，保证人又书面作出了保证或承担债务的意思表示，则因债务承担的或然性不复存在而仅能构成债务加入。

⑤ 参见浙江省金华市中级人民法院（2019）浙 07 民初 121 号民事判决书。

保障足额偿还借款本息。在借期内，经济技术公司后又分别于 2014 年、2016 年两次出具《承诺函》，内容基本一致：承诺为本案借款建立还款机制，在债权人银行处开立偿债准备金账户，并在还本付息日 15 日前存入不低于未来两个季度的贷款本息金额，确保本案借款正常还本付息。根据最初的《承诺函》，经济技术公司系在生态旅游公司不能履行债务时，由其承担保证责任，应认定为一般保证。经济技术公司之后虽又出具了两份《承诺函》，但均无加入债务的意思表示，只是承诺建立还款机制，对其一般保证责任加以明确和细化，不构成债务加入。

案例 3：胡某与王某、龚某民间借贷纠纷案

案情及识别过程：2014 年 7 月，王某、龚某向胡某出具《借条》，载明王某向胡某借款 53 万元，借期 1 个月，龚某作为担保人签字，并约定了担保范围等内容。债务到期后，在保证期间内，龚某向胡某出具《还款承诺书》，承诺剩余欠款 35.5 万元由其在 2015 年 6 月 5 日前归还，到期不能偿还，自愿以本人名下全部资产用于偿还借款，并自愿承担一切经济责任及法律后果。该承诺书明确体现了其承担还款责任的意思表示，应构成债务加入。①

（二）补充性/或然性与否的确认

是否具有补充性/或然性的判断时点是第三人作出责任承担承诺之时，指向的是债务届期，第三人是否一定承担责任。是否具有补充性应从两方面考虑：一是文义表达上可以看出补充性与否，二是从实质法律关系分析是否有补充性。文义上看具有保证的意思，但实际约定内容不具有补充性的，应当认定为债务加入。

从是否具有补充性的角度出发，可以对实务识别上的几种典型情形梳理如下：

情形一：债务到期前约定或承诺“债务人不还则我还”。此种情形即为前述典型的第三人履行债务具有补充性，应当认定为保证担保。②

情形二：债务到期后第三人承诺提供保证担保。因保证债务的或然性，在债务到期前，保证人作出担保承诺时，其可怀有债务人按期履行则其不必承担保证债务的合理期待。但若债务人届期不还的事实已经发生，保证债务履行上已不具有或然性/补充性，此时的保证担保实际上是对已到期债

① 参见贵州省遵义市中级人民法院（2018）黔 03 民终 2074 号民事判决书。本案中区分保证和债务加入的意义在于，如果认为《承诺函》是保证行为的延续，则自胡某向龚某主张权利时，起算对保证人龚某的诉讼时效；如果认为《承诺函》构成债务加入，则自承诺函作出时开始起算对龚某的诉讼时效。当主张权利和《承诺函》作出之间有时间差时，会导致两种认定情况下，诉讼时效届满的时间不同。

② 至于构成一般保证抑或连带保证，实务中已有较为成熟的判断方法，依据相应规则确定即可。

务作出的还款承诺，因此应构成债务加入。

情形三：承诺加入未来之债。保证担保的补充性/或然性体现在，保证人对于是否需要承担保证责任是不确定的，而非对于主债务本身是否成立的或然性。针对未来之债，如果明确有债务加入的意思表示，则在该债务届履行期时，债权人无需先向主债务人主张而可直接向债务加入人主张债权，不符合保证担保的特点，应构成债务加入。

情形四：债务到期后，为主债务人重新设定履行期，并由第三人提供保证担保。此时从第三人角度观之，相当于对未到期债务提供保证担保，其保证债务履行的补充性不受剥夺，可以成立保证担保。

案例4：廖某与李某、某房地产开发公司民间借贷纠纷案①

案情及识别过程：2012年12月，廖某与李某签订《借款协议》，廖某向李某出借100万，借期3个月。借款到期后，李某未能按期偿还本息。2014年4月，廖某、李某与某房地产开发公司再次签订《借款协议》，借款金额、借期、利息等内容与首次《借款协议》无异，仅是增加了房地产开发公司作为保证人的约定，该公司在落款保证人处签章。房地产开发公司虽然在2014年4月的《借款协议》中作为保证人出现，但该《借款协议》上载明的借款到期日为2013年3月27日，借款期限届满后，仍然在保证人处签章确认，该债务已不具有或然性，而是确定要履行的债务，故属于对确定债务的加入。

（三）利益关系的衡量

应当明确的是，利益衡量标准属于补充性规则，使用范围应有限制。若通过意思表示的综合文义解释可以判断属于保证还是债务加入，则无利益标准适用之空间。意即，即使第三人对于债务的履行具有对待给付利益，但其约定或承诺文本中已可以明确得出其承担的是保证责任的结论，则应认定为保证担保而非债务加入。质言之，不同标准之间应有适用先后上的排位，否则容易造成标准适用的无序，从而导致实证部分提及的类案不同判现象。在运用文义解释、补充特性仍无法定性时，方可以“对待给付利益”为标准考察利益关系是否成立。

以第三人对债务履行是否具有“对待给付利益”为标准，可将以下情形排除于利益标准成立之范畴：

情形一：出于情谊之目的为亲友提供担保，虽也可认为是为自身利益，但此利益指向债务人和第三人之间，而非指向债务人和债权人之间合同的

① 参见贵州省贵阳市中级人民法院（2018）黔01民终9584号民事判决书。

履行。[1]

情形二：为了获得经济利益的有偿担保，此利益并非通过债务人向债权人履行义务而获得的对待给付利益。

情形三：第三人和债务人有业务往来、商业合作，若仅有此情节，尚不能证明第三人对于债务人债务的履行具有对待给付利益。

而如第三人是债务人的控股股东、实际控制人等情形，其对于交易达成可获得的经济利益，因明显指向债务债权合同本身的履行，在行为性质约定不明时，可视为符合利益关系成立债务加入。

案例5：陈某与某煤电公司、某贸易公司等合同纠纷案[2]

案情及识别过程：煤电公司与贸易公司自2008年开始进行融资性贸易合作，煤电公司向贸易公司提供资金，贸易公司利用煤电公司提供的资金与第三方企业开展滚动性贸易，双方约定了按月结算等合作方式。持贸易公司95%股份的陈某在合作协议中承诺，以个人资产就此项贸易承担无限连带责任。该协议书并未明确上述“无限的连带责任”是基于陈某为案涉债务提供保证产生的责任，还是基于债务加入产生的连带还款责任，属于约定不明。结合陈某为贸易公司持股95%股东的实际情况，其可通过贸易的履行直接获利，应当认为陈某对于履行债务具有“对待给付利益”，成立债务加入。

（四）存疑推定的归入

利益关系的判断是法官综合全案情况作出的，非单纯举证责任问题，故利益状态不明时不可仅依举证责任由主张利益关系存在的一方承担证明不力的后果。由此，存疑推定规则有其适用空间。[3]

存疑推定作为兜底规则，发挥的是约定不明、利益状态不明时的人为拟制作用。故其应当在适用前述标准无法判断时，方才启用。否则，同样将造成实务中类案在是否引入存疑推定上的错乱，造成不同判决结论。

---

① 当然，此处并非意指第三人和亲友之间不可成立债务加入，仅是澄清在意思表示为债务加入还是保证不明确的情况下，不可在此种情形适用利益标准，将其拉入债务加入范畴。

② 参见上海市高级人民法院（2018）沪民终288号民事判决书。

③ 在最高人民法院（2018）最高法民终867号民事判决书中，在适用存疑推定时指出：“本案中，鉴于中城建公司基于何种目的负担回购义务、是否具有实际利益，其是否向河南中城建公司享有求偿权及求偿范围如何，均不甚清晰”。

以上四步法的具体适用展开可参见图 4：

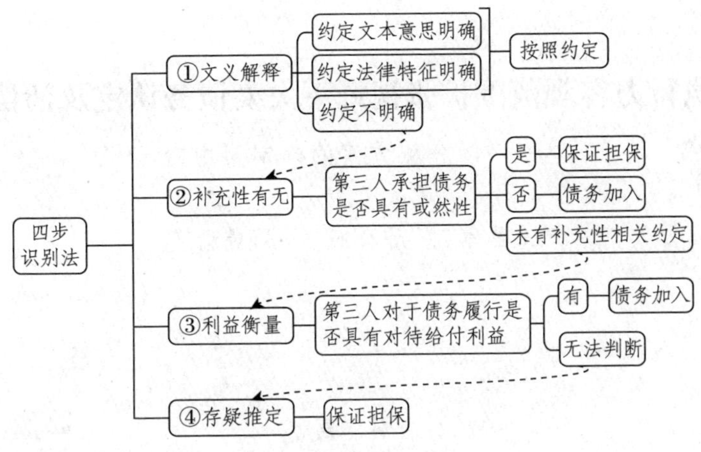

图 4 “四步识别法”流程图

需要说明的是，四步法是对于识别最为困难的案件时适用的完整步骤。对于简单案件，可能在之前任何一个步骤得出结论而无需后续步骤的展开。

结 语

债务加入和保证的性质识别是二者进一步区分适用的基础。本文以破解实务中的识别困境为导向，从理论支撑和实务操作的角度，将补充性的有无提炼为二者识别的关键；以此为核心构建“四步识别法”实现区分认定，为后续抗辩、追偿等更加详细的区分适用规则的深入研究提供根基。在《民法典》正式将债务加入纳入立法的背景下，笔者抛砖引玉，期待该领域更为全面深入的研究，为司法实践提供指引，也助力民商事主体在经济生活中更好地运用这两种功能相似但各有优势的制度，保障债权实现。

执行力客观范围扩张视野下夫妻债务认定及清偿

——以分配方案的确定为中心

王燕军[*] 陈公照[**] 刘琼渝[***]

引 言

夫妻债务问题到底是审判问题还是执行问题？说到底，夫妻债务问题是“家庭”与第三人之间产生的金钱债权纠纷，为此，可以执行分配方案的确定为中心进行规范式展开。确定执行分配方案需要直面三个问题：其一，必须首先明确夫妻债务性质；其二，分配前应明确共同（个人）财产能否用以清偿个人（共同）债务；其三，应当明确清偿的先后顺序。由于涉及夫妻共同债务认定的审理规则几经嬗变，延续至执行阶段，导致执行（分配）程序认定债务性质、财产权属及清偿在实际操作层面上的大不相同，进而演变成债务性质与财产权属认定的不当割裂以及清偿规则杂乱无章等“执行难”“执行乱”现象。此外，执行体系的结构本身错综复杂，绝不仅仅是执行措施的实施，而需要将各种影响执行利益实现的要素进行综合考量，执行力客观范围的扩张理论也因此应运而生。在该理论的支撑和运用场景下，同样要寻求实体法秩序与尊重执行程序独特构造之间的衡平与协调。

一、实务碰撞：执行分配程序夫妻债务性质认定、清偿及展开

执行分配是“更高一层、更抽象、涉及整个‘个别强制执行法’最棘手的问题”。①

* 作者单位：福建省晋江市人民法院。

** 作者单位：福建省德化县人民法院。

*** 作者单位：福建省泉州市中级人民法院。

① ［德］彼得·施罗塞尔：《关于强制执行法草案中几个问题的思考》，载《强制执行法起草与论证》（第二册），中国人民公安大学出版社 2004 年版，第 101 页。

（一）问题引出：夫妻债务性质认定及清偿机制的缺位

分配案例 1：执行法院拍卖了甲、乙名下的房产（夫妻共有），拍卖所得 160 万元。现有两个案件参与分配：A 案件甲为被执行人，标的额 100 万元；B 案件甲、乙为被执行人，标的额 200 万元。拍卖款该如何分配？目前尚未有夫妻财产分配规则，执行实务中有表 1 的三种分配方法，两案所得分配款也不一样，以分得金额从大到小排序，以 A 案为例：方法 3>方法 2（1）>方法 2（2）= 方法 1（见表 1）。

表 1　分配案例 1 的分配方法　　　　**单位：万元**

<table>
<tr><th>财产属性</th><th>拍卖款</th><th colspan="2">标的款</th><th colspan="3">分配方法</th><th>分配结果</th></tr>
<tr><td rowspan="8">甲乙共有</td><td rowspan="8">160</td><td rowspan="5">A 案件（甲为被执行人）</td><td rowspan="5">100</td><td rowspan="2">方法一</td><td colspan="2" rowspan="2">共同财产优先清偿共同债务</td><td>A：0</td></tr>
<tr><td>B：160</td></tr>
<tr><td rowspan="4">方法二</td><td rowspan="4">财产对半分割</td><td rowspan="2">先参与甲财产分配</td><td>A：80/300 * 100+0≈26.7</td></tr>
<tr><td>B：80/300 * 200+80≈133.3</td></tr>
<tr><td rowspan="2">先参与乙财产分配</td><td>B：①80
②80/（120+100）* 120≈43.6</td></tr>
<tr><td rowspan="3">B 案件（甲乙为被执行人）</td><td rowspan="3">200</td><td>A：①分得 0
②80/（120+100）* 100≈36.4</td></tr>
<tr><td rowspan="2">方法三</td><td colspan="2" rowspan="2">财产、债务均对半分割再分别参与分配</td><td>A：0+80/（100+100）* 100=40</td></tr>
<tr><td>B：80+80/（100+100）* 100=120</td></tr>
</table>

分配案例 2：执行法院处置了乙的房产，拍卖所得 160 万元。甲、乙系夫妻，现有两起案件申请参与分配：A 案件举债方甲作为被执行人，标的额 100 万元，并申请认定债务性质及财产权属；B 案件甲、乙作为共同被执行人，标的额 200 万元。拍卖款该如何分配？

执行实务中，往往有诸如 A 案申请执行人以房产系夫妻共有等理由申请认定债务属夫妻债务，并要求参与分配的情形，显然，分配方法也因分配法院认定的不同而有所不同（见表 2）。

表 2　分配案例 2 的分配方法（单位：万元）

<table>
<tr><th>财产属性</th><th>拍卖款</th><th colspan="2">标的款</th><th colspan="2">分配（原则）方法</th><th>分配结果</th></tr>
<tr><td rowspan="8">登记在乙名下</td><td rowspan="8">160</td><td rowspan="4">A 案件（甲为被执行人，申请执行人申请认定债务属共同债务，且房产为共同财产）</td><td rowspan="4">100</td><td rowspan="4">坚持登记外观主义</td><td rowspan="2">不再认定 A 案债务性质</td><td>A：0</td></tr>
<tr><td>B：160</td></tr>
<tr><td rowspan="2">认定 A 案件为共同债务，且债务均减半</td><td>A：50</td></tr>
<tr><td>B：100
（剩余 10 万元予以退还）</td></tr>
<tr><td rowspan="4">B 案件（甲乙为被执行人）</td><td rowspan="4">200</td><td rowspan="4">认定共同财产</td><td rowspan="2">不再认定 A 案债务性质</td><td rowspan="2">与表 1 的三种分配方法相同</td></tr>
<tr></tr>
<tr><td rowspan="2">认定 A 案件为共同债务</td><td>A：160/300*100≈53.3</td></tr>
<tr><td>B：160/300*200≈106.7</td></tr>
</table>

（二）问题延伸：涉夫妻债务执行案件衍生诉讼混乱

拒执案例 1：法院判决黄某夫妻二人偿还蔡某借款 46 万元。执行案件立案后，二被告私自将共有房产作价 38 万元卖给案外人，拒不还款。最终被移送公安部门立案侦查，那么本案该如何确定二被告人转移财产的金额，是以 38 万元计算还是各自减半计算？

拒执案例 2：法院判决 A 公司偿还 B 公司货款 120 万元，A 公司法定代表人洪某承担连带责任。洪某与其妻子王某多次更替担任法定代表人，且王某现担任 A 公司财务总监。执行案件立案后，洪某私自将持有 C 公司的股份转移给王某，拒不还款，最终被移送公安部门立案侦查。那么，王某是否构成拒执罪？

执行异议之诉案例：在最高人民法院（2019）最高法民终 1868 号一案①中，法院认为，只需要认定案涉财产是否足以排除执行即可，而是否属于夫妻共同债务不属审理范围。

分配方案异议之诉案例：在安徽省合肥市中级人民法院（2020）皖 01 民终 1684 号一案②中，法院认为起诉时并未将谢某列为被告，其是否承担共同还款责任应通过诉讼程序解决。

① 最高人民法院（2019）最高法民终 1868 号民事判决书，但在《最高人民法院关于审理夫妻债务纠纷案件适用法律有关问题的解释》出台前，最高人民法院认可在执行异议之诉中审查债务性质。

② 安徽省合肥市中级人民法院（2020）皖 01 民终 1684 号民事判决书，但是广东省广州市中级人民法院（2020）粤 01 民终 5782 号民事判决书判决观点则相反。

（三）问题反思：夫妻债务问题是审判问题还是执行问题

分配案例 1、2 和拒执案例 1、2，以及执行异议之诉和分配方案异议之诉案例，分别折射出夫妻债务问题属于执行问题、审判问题。执行依据与执行事实存在不对称的关系，反映了法律形式与社会内容之间的张力关系。

反思维度一：执行依据与和谐情理之间的较量。执行依据及和谐情理可以分别表达为司法形式正义和实质正义，两者并不当然统一，当指向夫妻一方或双方的财产时，两者的冲突尤为明显。事实上，据以裁判的实体法的改变也会影响和谐情理实现的张力。《最高人民法院关于审理涉及夫妻债务纠纷案件适用法律有关问题的解释》（以下简称《夫妻债务解释》，法释〔2018〕2 号）确立从“共债共签”“为家庭日常生活”“为夫妻共同生活”三个方面来区分认定夫妻债务性质，意在通过加重债权人证明负担来保障举债人配偶利益。[①] 在此之前，则适用第 24 条规定；但是此后部分执行法院为防止错把个人债务认定为夫妻债务，已不再认定债务性质。所带来的后果是：分配程序受阻，案外夫妻一方主张分割一半共有财产权益将更加肆无忌惮，市场交易更缺乏安全性。

反思维度二：规则至上与结果导向之间的冲突。有学者将两者分别看成是司法的理想主义和司法现实主义。[②] 但两者并不是当然统一的。按照结果导向的理念，执行法官有充分的裁决权，例如，对拒执罪案件而言，罪与非罪取决于是否允许在执行阶段补充认定夫妻债务性质，而罪刑轻重则取决于是否在执行阶段区分认定各自的权益份额。但是按照规则至上的理念，执行衍生诉讼应当坚持一事不再理原则，即不再审查债务性质，可见两者存在冲突，执行程序比审理程序更强调职权属性，由此契合了结果导向的理念。

反思维度三：实体法秩序与执行程序之间的磨合。有学者指出，应当从程序法的视角重新发现与构建实体法。[③] 部分高级人民法院针对夫妻债务执行问题，出台了《浙江省高级人民法院关于执行生效法律文书确定夫妻一方为债务人案件的相关法律问题解答》（浙高法〔2014〕38 号，以下简称浙江规定）、《上海市高级人民法院关于执行夫妻个人债务及共同债务案件法律适用若干问题的解答规定》（沪高法执〔2005〕9 号，以下简称上海规定），以及《北京规定》（2010 年 9 月），意图构建在执行阶段解决夫妻债务问题的实体法规范，但在时间、空间上能否认定债务性质却出现了偏差（见表 3）。再如，上海市在 2014 年前认定较多，但是此后数量开始锐减；浙江省在 2015 年至 2017 年期间认定占比高，但是之后开始递减，这说

---

① 肖晖、訾培玉：《夫妻共同债务认定问题探析》，载《学术探索》2020 年第 1 期。

② 孙笑侠：《基于规则与事实的司法哲学范畴》，载《中国社会科学》2016 年第 7 期。

③ 参见许德风：《法教义学的应用》，载《中外法学》2013 年第 5 期。

明两份规定并没有得到有效执行，亦即没有构建起统一的实体法规范。①

表 3　部分地区关于执行夫妻个人及共同债务案件的规定

<table>
<tr><th>各地规定</th><th>执行机构认定职权、形式</th><th colspan="2">认定债务性质情形</th><th>裁定可执行财产范围</th><th>救济路径</th><th>执行（清偿）顺序</th><th>执行依据冲突处理</th><th>备注</th></tr>
<tr><td rowspan="4">浙江规定</td><td rowspan="4">有、表面审查方式</td><td rowspan="2">个人债务</td><td>消极推定型（仅夫妻一方为债务人）</td><td>被执行人个人名下财产、夫妻财产份额、登记在夫妻另一方名下属于夫妻共同财产</td><td>申请执行人可另行诉讼、非举债被执行人配偶可提出执行异议、异议之诉</td><td>先：被执行人个人名下财产
后：夫妻财产份额</td><td></td><td rowspan="7">均不追加配偶作为被执行人</td></tr>
<tr><td>积极推定型</td><td></td><td>同上</td><td>同上</td><td></td></tr>
<tr><td rowspan="2">共同债务</td><td>执行时未离婚</td><td>夫妻共同财产、夫妻另一方个人财产</td><td></td><td>先：夫妻共同财产
后：夫妻另一方个人财产</td><td></td></tr>
<tr><td>执行时已离婚</td><td>原夫妻离婚分得财产或个人财产</td><td>案外人异议或诉讼</td><td>未明确</td><td></td></tr>
<tr><td rowspan="3">上海规定</td><td rowspan="3">有、听证方式</td><td colspan="2">经认定无法明确债务性质</td><td></td><td>另诉</td><td>先：按个人债务处理且暂缓分割处分共同财产</td><td></td></tr>
<tr><td rowspan="2">已作出认定</td><td>个人（含消极认定）</td><td>被执行人名下财产、夫妻财产份额、登记在夫妻另一方名下属于夫妻共同财产</td><td></td><td>未明确</td><td>离婚时的协议或法律文书可对抗申请执行人</td></tr>
<tr><td>共同</td><td>夫妻共同财产、各自个人财产</td><td>配偶确权诉讼、暂缓处分</td><td>未明确</td><td>离婚时的协议或法律文书不可对抗申请执行人</td></tr>
</table>

① 检索名称：夫妻共同债务、执行案由、执行案件、裁定书、上海市。检索结果 91 件，2020 年 4 月 25 日。

续上表

各地规定	执行机构认定职权、形式	认定债务性质情形	裁定可执行财产范围	救济路径	执行（清偿）顺序	执行依据冲突处理	备注
北京规定	未明确	执行依据确定为一方债务的	被执行人名下财产、夫妻共同名下财产、被另一方实际占有或登记在其名下的共同财产	按案外人异议处理	未明确	离婚后，未进行分割的，可执行夫妻共同名下财产及被执行人配偶名下财产；已分割的，不能执行前配偶实际占有或登记其名下财产	均不追加配偶作为被执行人

三个维度所要表达的核心内容是逻辑与经验之间的关系，在没有具体规则的前提之下，夫妻债务问题更是执行问题，因为该问题的化解最终落脚点在于分配方案的确定。正如学者所言："缺乏一锤定音的法律预设或强制规定，又没有清楚的法院判决先例，市场就容易因为缺乏预测可能性而产生无效率。"①

二、三个肯认：夫妻债务问题执行力客观范围扩张的正当性

执行力客观范围是指可以通过强制执行的方式予以实现的权利范围。②执行力客观范围的扩张对象虽然指向可供执行财产范围，但却离不开对债务性质的审查与辨别，至于能否在执行阶段补充认定夫妻债务性质，学界和实务界却莫衷一是。

（一）必要性肯认：解决执行难的有效路径

1. 弥合规则、事实之间的不对称。夫妻债务问题从司法哲学范畴来看，是规则与事实的不对称关系的集中体现。主要原因有：

（1）家事纠纷具有特殊性。其特殊性源于婚姻家庭的"社会伦理性"之"特有身份关系的前提性存在"而构建的法律关系以及由此衍生出来的家事纠

---

① 张永健：《资产分割理论下的法人与非法人组织》，载《中外法学》2018 年第 1 期。

② 刘书星：《我国执行力扩张制度研究》，载《法学杂志》2015 年第 7 期。

纷形态，其法律关系客体无论是在物、行为、人身利益等方面都具有复杂性，与现行规则以及普通民事诉讼程序格格不入，如此，必然要求从诉讼纠纷的解决过程到纠纷解决的方式选择上都须给以特别的关照与回应。①

（2）填充执行依据的缺陷。判决漏洞主要有两种：一种是仅起诉夫妻配偶一方作为被告，但在诉讼过程中有提出存在夫妻债务的事实主张，只是法官未加以释明和审理；另一种是仅起诉夫妻配偶一方，但自始至终未提出夫妻债务的主张。针对第一种情形，虽然立法未将“追加配偶作为共同被告”作为法官的法定义务，但如果法官不以此进一步审查债务的性质以及告知原告是否追加共同被告，显然无法查清全部事实，造成原告起诉时其诉讼标的无法确定。第二种情形更像是基于债权相对性、当事人处分以及“不告不理”等原则所不可避免出现的结果，但是面对夫妻财产混同以及夫妻债务性质认定因法院而异的现状，完全不顾及结果上的正义难以体现非举债配偶方及债权人权益的平衡。

2. 实现分配方案的快速确定。分配方案的快速有效固定有利于及时化解执行各方当事人之间的冲突与矛盾。

（1）客观现状上，执行阶段需要解决更多问题。一方面，部分学者认为造成执行难的一部分原因在于审理法官存在矛盾后移的心理，在审判环节遇到难以解决或不愿解决的复杂问题，推到执行程序中解决。② 而另一方面，又有学者指出，审理程序中过分强调纠纷一次性解决的倾向以及由此引发的执行复杂化，都是“执行难”的民事诉讼法教义学成因。③ 显然这两种情形在司法实践中都存在，只是不论何者，对执行法官来说皆已是退无可退，确切说应当将一次性解决纠纷原则后移至执行阶段。

（2）效果意义上，有利于实现实质正义。实行网络司法拍卖客观上推动了执行难问题的化解，但是分配程序也因此已然成为执行程序中问题最多、廉政风险最大的环节。而夫妻共同债务的认定和清偿却是分配环节问题最多、最为复杂又需要直接面对的疑难问题。效率优先是执行力的正当性基础之一。④ 就涉及夫妻共同债务、财产的问题而言，涉案主体可提起许可执行之诉等多种诉讼予以纠正认定，但所耗费的成本难以估量。更进一步讲，即便是通过这些救济途径纠正了错误，那么分配的时效性又该如何

① 陈飏：《家事事件：从家、婚姻家庭到家庭纠纷的本源追溯》，载《西南民族大学学报》2014 年第 6 期。

② 王启江：《执行工作长效机制建构下的立审执衔接问题研究》，载《法律适用》2019 年第 11 期。

③ 任重：《民事诉讼法教义学视角下的“执行难”：成因与出路》，载《当代法学》2019 年第 3 期。

④ 黄忠顺：《执行力的正当性基础及其制度展开》，载《国家检察官学院学报》2016 年第 4 期。

保证：如果出现了其他的案件参与分配，是否该一并纳入分配，原来的分配申请人的分配权益又该如何保护？相比较而言，由分配法官根据掌握的证据作出认定，能够最快固定分配方案。

（二）正当性肯认：实体与程序正当兼顾

在证成正当性之时，“必须重视与实体法秩序调和”，[①] 且应当将各种影响执行利益实现要素进行综合考量。执行力客观范围的扩张至少应体现在三个阶段，具体详见图1。

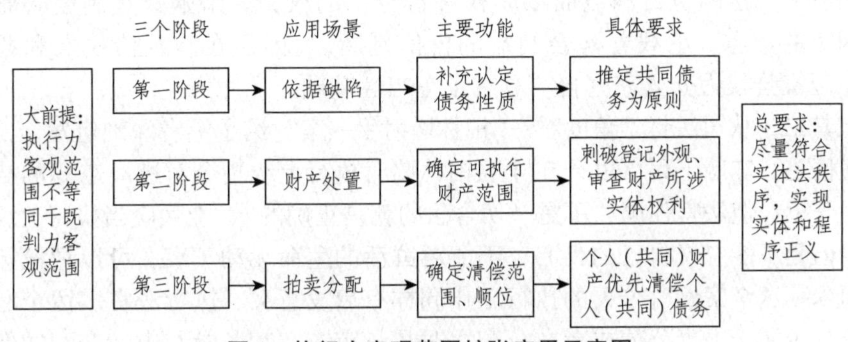

图1　执行力客观范围扩张应用示意图

1. 实体上的正当性。主要是契合《民法典》的相关规定。

（1）夫妻债务认定上的正当性。《民法典》第1064条延续了《夫妻债务解释》的规定，确立了以“共债共签”的“提醒式”规则前置，以“家事代理、用于共同生活和共同经营”的广义用途规则兜底的夫妻共同债务认定细则。如此是否意味着债权人需要共同或者分别对夫妻双方获得执行依据，才能开启对夫妻共同财产的强制执行？笔者持否定观点。

其一，从民法推定规范来看，该条规定仅仅是重新分配了举证责任，即将对用途的举证责任由原来的非举债夫妻一方证明消极事实转变为由债权人证明存在积极事实，实际上并未改变实体权利义务关系，而且该条第2款依旧认可了构成夫妻共同债务并可能以夫妻共同财产偿债的可能性。其二，从现实困难来看，尽管《民法典》扩大了作为共同债务用途的范围，某种程度上降低了债权人的举证难度，但仍然会面临着举证高难度的困境，因而债权人往往只起诉夫妻一方。《民法典》规定的举证责任重新配置，所能实现的充其量只是将原有的不公结果从非举债一方配偶转移到债权人一方，而无法从根本上消除这种不公。[②]

---

① 参见许士宦：《执行力扩张与不动产执行》，我国台湾地区学林文化出版股份有限公司2003年版，第43页。

② 李贝：《夫妻共同债务的立法困局与出路——以“新解释”为考察对象》，载《东方法学》2019年第1期。

（2）婚姻关系存续期间分割财产具有正当性。有学者指出，《民法典》第1066条仅规定了两种允许在婚姻关系存续期间分割共同财产的情形，由此推导出夫妻共同财产中债务人的个人潜在份额并非个人债务的责任财产，亦即夫妻个人债务的债权人并无提起代位析产诉讼的实体法基础，笔者同样持否定观点。

其一，从条文释义角度来看，该条明确适用分割情形的提起主体是夫妻二人，并不能当然禁止债权人提起析产诉讼，更无法排除执行法院为实现当事人合法的执行利益而依职权进行分割的权力。婚姻家庭制度必然体现国家的意志，承载着社会利益的价值判断，① 因而在涉及债权人利益之时，国家公权力介入家庭自治具有了正当性基础。

其二，从司法哲学角度看，"柏林墙射手一案"给了笔者深刻启发，大概的案情是：守墙士兵亨里奇在守卫柏林墙时执行上级指令对逃离东德的格夫洛伊开枪，但法官强调"不是一切合法的就是正确的"，士兵应当执行上级命令，但是不能忽视自己的良心，不能对鲜活的生命无动于衷，可以把枪抬高一厘米。这个案例对今天的执行工作同样有启发意义，执行法官多留个心眼审查是否属于夫妻公债或者在分配之时尽量审查清楚各参与申请分配的债权及其清偿先后顺序，或许更能够实现分配方案的公允性。法律规范系统的"真理性知识"绝不仅仅存在于黑格尔所谓的"立法者的教养"之中，它同时还存在于执法、司法与守法活动之中，作为实践智慧的法律真理，因此必定富有生命感，因其生命感而渗透着现实感和历史感，而富有深度且充满张力。②

2. 程序上的正当性。执行力的扩张来源于程序法的理性设计和执行程序的强制性要求。

（1）"审执分离"原则的修正。"审执分离"背后逻辑在于：基于审理过程中法院与被告的关系和执行过程中法院与被执行人的关系有着质的区别，因而执行程序无法像审判程序一样承担判定当事人之间实体权利义务关系的重任。③长期以来，我国执行机制改革的重心放在执行分权上，但有违执行规律，甚至造成执行效率低下。如学者所言，如果将其执行权力行使主体和行使程序截然分开，权能边界切割、上下权能交接的权责不明问题随之产生，从而影响执行效率。④

此外，在执行分配环节，分配金额的多少与实体权益的判断是无法分割的，因为只有在尽可能准确、完整的实体权益判断基础上作出的分配方

---

① 夏吟兰：《论婚姻家庭法在民法典体系中的相对独立性》，载《法学论坛》2014年第4期。

②③ 赵明：《实践哲学语境中的法律真理问题》，载《浙江社会科学》2020年第5期。

④ 马登科：《审执分离运行机制论》，载《现代法学》2019年第4期。

案所确定的分配金额才能被认为是公平正义的。

（2）有救济路径的充分保障。执行力客观范围的扩张仅仅针对执行力，并未针对既判力，因而并不会因为客观范围的扩张从而影响关涉主体的程序权利的行使。换言之，执行力扩张的结果并不具有终局效力，如果关涉主体对执行法院的审查结果认定有异议，则可以提起异议之诉或者执行分配方案异议之诉，从而获得诉讼救济。

（三）可能性肯认：审判能力现代化的可取进路

主要体现在扩张之下的执行权能的改变和实施是否具有可行性。

1. 执行法官具有调查取证权。执行裁判权是执行法官的权能之一，问题是执行法官针对补充认定夫妻债务性质的事项中是否有调查取证权？尽管目前法律没有规定执行法官具有相关的权能，但是，从基于“强制执行就确定私权之实现，较民事诉讼法更具职权主义之精神”以及从比较法的视野来看，都认为执行法官在必要的情形之下有进行询问、调查的权利。① 因而，我国执行法官也应当同样具有相应的调查取证权，要不然拒执犯罪的初始证据谁来收集？又该如何审查当事人提出的各种异议和申请？答案不言自明。

2. 契合司法体制综合配套改革。当下，审判体系和审判能力的现代化越来越受重视，审判能力的现代化不外乎是要求法官具有现代化的审判理念，并强化立审执的衔接，提高立案、审判和执行能力的提升。执行力客观范围的扩张在审判能力现代化的背景下具有生存的土壤和空间，其中暗含的逻辑是：审判能力现代化需要扩大执行力客观范围并提升法官的执行能力，同时执行力客观范围的扩大促成审判能力现代化水平的提升。当然，无论是审判能力的现代化需要，还是执行力客观范围的扩张，都不得脱离逻辑法则，亦即法律规则仍然是第一位的。

三、对策提出：夫妻债务性质认定与清偿的规制与进路

规则与事实的不对称关系催生了法律现实与执行事实之间的张力不足。执行力客观范围扩张理论在某种程度上是司法哲学的产物，有利于弥合两者之间的空隙，并最终指向正义的实现。在执行力客观范围扩张理论支撑下，虽然能够补充认定债务性质、规范清偿机制。但前提仍然是坚持逻辑与经验的相统一，即其前提仍然应当是遵从实体法的规定，并且确保同时给予充足的权利救济。

（一）统一执行力客观范围扩张理论

执行力客观范围的扩张对切实解决执行难、杜绝执行乱象具有重要现

---

① 王贵彬：《论执行力客观范围的扩张》，载《河北法学》2020 年第 6 期。

实意义，应当形成统一的执行力客观范围扩张理论体系。

1. 扩张条件。执行力客观范围的扩张应当具备“处于执行过程中、出现新给付请求权、债权人无需取得新的执行依据”等三个条件。[①] 笔者不敢苟同第二个条件。主要理由是扩张的启动方式并不一定是依申请，有可能是执行法官依职权启动。例如，涉及诸如开锁费、拖车费等费用的承担认定就需要法官依职权确定，无需当事人提出主张。此外，此种新给付请求权并不必然要求是基于同种或者同类的事实，否则显得对扩张条件的过度苛刻从而影响适用范围，为此主张将此要件更改为“出现可能会影响债权利益的实现且与执行依据正文内容具有高度关联性情形”。

2. 扩张情形。（1）执行依据未指向型。即生效法律文书未明确权利和义务，需要执行法官进行判断才能执行，例如抵押债权人无需启动担保物权特别程序，可以直接参与抵押物拍卖款的分配程序。（2）实体法规导向型。在无生效法律文书作为执行依据，或者执行依据未明确权利义务的情形下，执行法官根据实体法对实体权益作出判断并执行。例如，依据《最高人民法院关于建设工程价款优先受偿权问题的批复》（已失效）即可判断当事人能否优先受偿。（3）执行措施衍生型。此种情形最为常见，但又必须通过执行裁判、实施才能执行到位。例如，拍卖房产强制开锁费等执行费用需要执行法官认定责任主体。

3. 审查程序及救济路径。（1）在审查方式上，一种观点认为，不同类型的扩张坚持不同的审查方式，裁判性扩张坚持言辞辩论原则或是行政性扩张直接实施执行无需审查。[②] 另一种观点认为，以书面审查为主，传讯为辅的方式即可针对扩张事实作出认定和判断。[③] 坚持言辞辩论原则容易造成执行程序过于冗长，不利于提高执行效率，因而笔者赞同第二种方式，并以书面审查为主，言辞辩论为辅。（2）在审查依据上，以实体法规定为援引，即应当在事实和认定结果间具有高度盖然性，同时要确保执行程序上的正当性，及时履行告知义务，并提供充分的权利救济路径。在审查认定上，基于执行法的强制性以及结果导向的作用力之下，执行法官可以依职权调查取证财产、婚姻登记状况，询问关涉主体。（3）在救济路径上，执行法官在3日内作出判断，并在3日内告知当事人结果，当事人如不服，告知可以提起执行异议之诉或执行分配方案异议之诉，期间并不停止执行。如果经过诉讼程序否定执行认定结果，执行法院应当执行回转，当事人也

---

① 洪贝琪：《判决执行力客观范围扩张研究》，华侨大学2018年硕士学位论文。

② 刘书星：《我国执行力扩张制度研究》，载《法学杂志》2015年第7期。

③ 参见许士宦：《执行力客观范围扩张论》，我国台湾地区新学林出版股份有限公司2017年版，第36页。

可以提起不当得利诉讼、损害赔偿诉讼以及请求国家赔偿等（见图 2）。

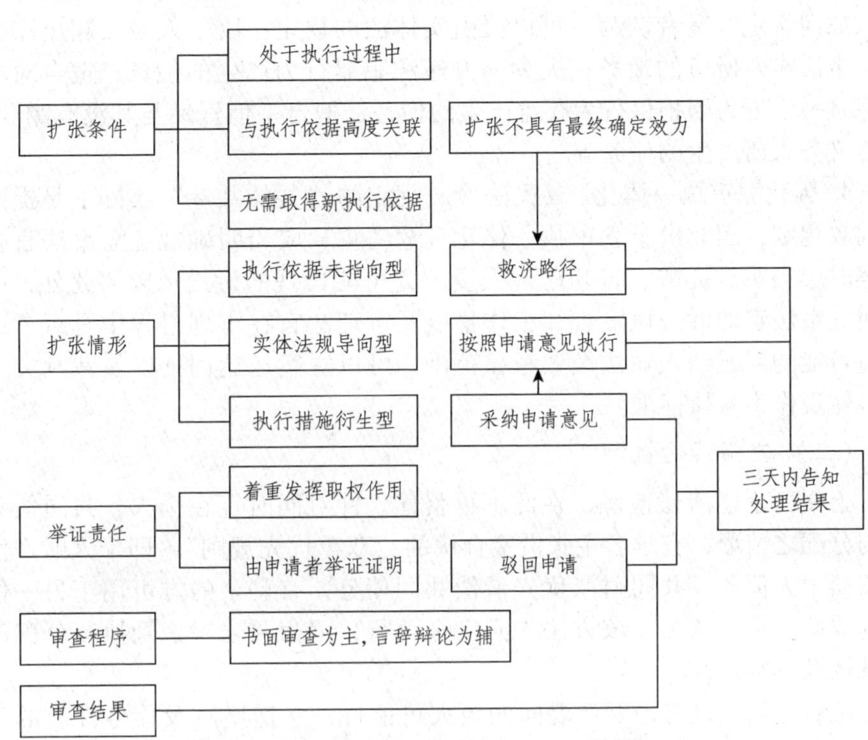

图 2　执行力客观范围扩张理论体系建构图

（二）构建认定体系

认定规则要解决的问题是该坚持何种原则方法才能够最快实现对债务性质和财产权属相对准确的判断。

1. 明确启动方式、认定主体。由于执行分配涉及实体权益以及可执行财产的判断，需要更高的法律经验积累和专业素养，因为为防止误判，导致权利归属、分配顺位错误，只能由理论功底扎实、实务经验丰富的法官担任认定的主体。在启动方式上，既可以由当事人申请启动对债务性质及财产权属进行认定，也可以基于执行程序的强制性原则，执行法官依职权启动认定，并履行告知义务。

2. 确定认定原则。《德国民事诉讼法》第 739 条立法偏向于保护债权人利益，即推定被配偶一方或配偶双方占有的动产属于债务人。笔者认为，执行法作为公法，不必然对实体法规定亦步亦趋，其具有自身程序设计的理性价值以及杜绝逃避债务的可能，是故执行阶段原则上应推定为夫妻共同债务，但推定的前提应当建立在当事人提出相关证据并进行过必要询问的基础上的，即应当遵从《民法典》第 1064 条的规定。

3. 细化认定规则。根据债权人的申请，原则上应当根据《民法典》推定为共同债务的类型予以认定共同债务性质，但是作为例外推定为个人债务该如何认定？笔者认为，可以援引实体法的规定：以个人名义超出家庭日常生活需要所负的债务；夫妻一方违法犯罪行为产生的债务；擅自对外担保且另一方为因担保行为获益产生的债务；擅自举债资助与其没有赡养、抚养义务人所产生的债务等。

4. 强化立审执一体化。《民法典》规定的“共债共签”实际上是提醒式前置规则，因此出于立审执一体化理念考虑，应当明确规定立案法官在立案时应当明确提醒、告知起诉夫妻一方可能出现的诉讼风险。此外，应当将立案法官的诉讼风险告知工作量以及审理法官在审理过程中是否考虑执行可能的问题纳入司法绩效考核范围，可以立案送达回证以及裁判文书内容体现作为考核标准。

（三）理顺清偿机制

上文已论述清偿范围，在此不再赘述。针对同时存在个人、共同债务参与分配之情形，有学者主张借鉴合伙的“双重优先规则”，即个人财产优先清偿个人债务，共同财产优先清偿共同债务，有剩余的方可用于另一债务的清偿。笔者认为，该方法未必完全可行，因为并未考虑到执行分配的特殊性及其复杂性。

笔者建议，既考虑财产混同的极大可能性，又适度顾及债务性质的不同；既照顾举债方配偶利益，又平衡保护债权人的合法债权，可实行以下规则：原则上，个人（共同）财产应当优先清偿个人（共同）债务，但是既有个人债务又有共同债务参与分配个人财产或者共同财产时，针对个人财产的分配，共同债务案件应以债务的一半与个人债务案件按比例受偿；针对共同财产的分配，财产对半分割，并先参与共同被执行人的财产分配，剩余部分按比例受偿。(见图 3)

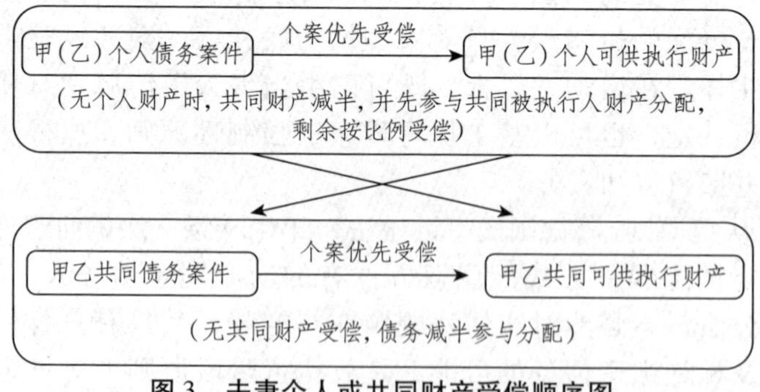

图 3　夫妻个人或共同财产受偿顺序图

（四）规范救济路径

规范救济路径应当区分是否已作出执行分配方案。

1. 在执行分配方案作出前。执行法官已针对债务性质及财产权属作出裁定的，异议人或者申请人不服的，可以提起执行异议之诉。异议期间，如果申请执行人提供足额、有效担保并要求继续执行的，可以对夫妻另一方财产采取处分性措施。如果处在执行分配程序中尚未作出分配方案之前，也可以由参与分配申请人分别提供足额有效担保，并继续分配。

2. 在执行分配方案作出后。由于执行力客观范围的扩张不具有最终确定效力，为此案外人或者当事人可以针对实体问题提起诉讼。执行法作为公法，对实体法“并不是亦步亦趋，如影相随”，因而为了维持执行的公法秩序，在必要的时候应当对当事人实体法上的权利进行干预。[①] 而由执行领域引起的诉讼与原始诉讼在处理方式上也有很大的不同，因为执行衍生诉讼必然被附加提高执行效率的原则与价值，因而此类诉讼更应注重提高审判效率，以此促进执行效率的提升。为此，笔者认为，执行衍生诉讼应当审查债务性质，尽可能一次性满足当事人的程序及实体性诉求等问题。

结　语

“执行难”问题实际难在由执行依据划定的执行程序张力范围被各种执行问题“撑大”，但又限于规则适用的限缩，导致现实规则与解决问题需求以及逻辑与经验之间的冲突与矛盾。诸如夫妻债务问题以及很多其他的执行问题的核心都在于“金钱”标的的厘清，基于结果导向、实现实质正义的理念，该问题适合、也应当放到执行分配程序予以尽可能处理，为此需要扩张执行的客观范围。但是在具体运用该理论时，应当在遵从实体法秩序的同时，重视执行程序的独特构造以及各种影响执行利益实现要素的考量，也要重视提升执行法官的执行智慧、灵活水平，可以柏林墙射手一案抬高枪口一厘米的故事为启迪，不断提升审判能力现代化水平，唯有此，才能推动或以立法论，或以解释论的途径将执行“经验”上升到执行法“逻辑”的层面，从而更好地指导执行实践。

---

① 顾培东：《论我国民事权利司法保护的疏失》，载《法学研究》2002 年第 6 期。

论存货动态质押统一裁判规则建构

——以 201 件动态质押裁判文书为实证分析样本

林 伟[*] 林 巧[**] 张一凡[***]

据国家统计局统计，2018 年年末，我国规模以上工业企业产成品存货 43119.1 亿元，比上年增长 2.9%。[①] 我国存货动产总量庞大，大量闲置的存货动产与生产经营型企业融资难之间存在矛盾，如果充分发挥存货动产的融资担保功能，将有利于提高资金信贷效率，缓解生产经营型企业融资难题。[②] 然而，存货动态质押案件的审理并未形成统一的裁判规则，通过对 201 件存货动态质押案件裁判观点的全面梳理，发现这一新类型案件的裁判尺度不一，上诉率、再审率畸高。法律规定的空白与裁判经验的不足，削弱了存货动态质押原本具有的兼顾质物流动性与质权担保力的优势。

本文在剖析存货动态质押交易模式内在权利冲突的基础上，借助合同联立、动产质权以及违约责任的理论，系统性解决质押监管协议性质认定分歧、质权设立中交付认定困难、监管人责任难以确定以及动产担保物权优先顺位尚未统一的四个典型问题；在平衡质权人、出质人与监管人三方主体之间利益冲突的基础上，结合既有审判经验以及《民法典》的最新规定，建构统一的存货动态质押裁判规则，以期为司法实践精确审理该类案件提供切实可行的裁判指引，同时，为存货动态质押在供应链金融实践中发挥应有的作用提供司法保障。

一、存货动态质押交易模式内在的权利冲突

存货动态质押灵性与柔性并存，妥当处理各方当事人之间的权利冲突，

---

* 作者单位：福建省福州市鼓楼区人民法院。

** 作者单位：福建省福州市鼓楼区人民法院。

*** 作者单位：福建省福州市鼓楼区人民法院。

① 贺登才主编：《中国物流发展报告（2018—2019）》，中国财富出版社 2019 年版，第 299 页。

② 为此，2018 年 4 月，商务部等八部门联合发布《关于开展供应链创新与应用试点的通知》（商建函〔2018〕142 号）；2019 年 2 月 14 日，中共中央办公厅和国务院办公厅联合印发了《关于加强金融服务民营企业的若干意见》要求提高民营企业融资可获得性和增强金融服务民营企业的可持续性。

拷问着裁判者的认知逻辑与方法选择。从金融模型中抽象出存货动态质押的基本交易模式，通过分析各组法律关系，能够更加清晰地发现其内在的权利冲突。

（一）存货动态质押的基本交易模式

现有研究运用类型化的方法，以不同视角对存货动态质押的交易模式进行了总结。第一，以质物仓储位置为标准分为：仓储于物流企业、仓储于出质企业以及仓储于四方企业三种类型；[①] 第二，以交付方式为标准分为：现实交付型、指示交付型以及共同占有型三种类型；[②] 第三，以供应链金融为视角，根据银行与监管人的法律关系分为：委托监管、统一授信以及物流金融服务机构三种类型。[③]

然而，还原司法实践中存货动态质押最基本的交易模式，能够更加清晰地把握其中的法律关系，从而更加精准地分析出其中所蕴含的权利冲突。存货动态质押最为基础且经典的交易模式体现为“三方主体+三个合同”。其中，质权人与出质人之间的基础性合同，通常表现为“商品融资合同”或者“综合授信合同”。之后，双方当事人为保证债权的实现，会依次签订“质押合同”以及“质押监管协议”。（见图1）《全国法院民商事审判工作会议纪要》（以下简称《九民会议纪要》）第63条关于“流动质押的设立与监管人的责任”之规定，就是以基本交易模式为对象进行分析后的结果。

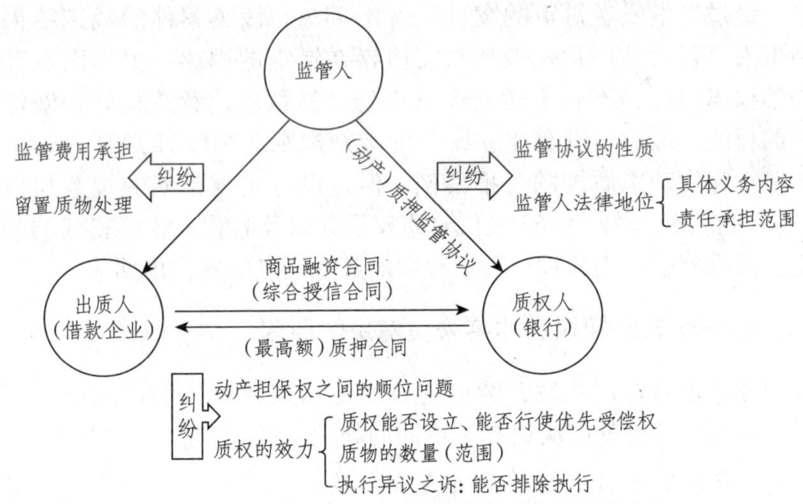

图1　存货动态质押基本交易模式及内在权利冲突

① 陆晓燕：《动产“动态质押+第三人监管”模式下权利冲突的解决路径》，载《人民司法·应用》2016年第1期。

② 陈本寒：《企业存货动态质押的裁判分歧与规范建构》，载《政治与法律》2019年第9期。

③ 孙鹏、邓达江：《动产动态质押的生成逻辑与立法表达——以民法典物权编动产担保立法为中心》，载《社会科学研究》2019年第5期。

（二）交易模式所表现出的权利冲突

存货动态质押运行机理是，被监管的质物价值不低于最低价值控制线，出质人价值总量趋近最低价值控制线时，出质人只有通过“打款赎货”或“以货换货”的方式置换质物，否则质物停止流动。以交易模式中的“三方主体”为基点，“三个合同”为主线，能够更加清晰地总结司法实践中，存货动态质押案件中权利冲突的表现。首先，存货动态质押是一种占有型的担保，对标的物管领能力限制的程度，影响着质权人担保权的实现和出质人经营活动的正常开展。其次，监管协议的性质认定，决定了监管人义务的具体内容、责任承担的方式及范围，从而影响着质权人权利的实现。再次，存货动态质押的运行模式能够成立哪种担保物权，抑或是成立一种新型的担保权利，影响着质权人与出质人之间的权利义务关系。最后，监管人与出质人之间的矛盾主要体现为，监管费用的承担以及在监管费未获得清偿的情形下，监管人留置权的行使。

（三）司法裁判未妥善化解权利冲突

首先，案件争议焦点繁多且跨度大。根据样本案例的考察，从监管协议的定性（占比 17%）到存货动态质押是否成立质权（占比 75%），再到监管人义务的具体内容、责任承担的方式及范围（占比 32%）都可能成为该类案件在审理过程中争议焦点。其次，案件上诉率、再审率较高。在样本案例中，经过二审或者再审的案件，占比 71%。该类案件的裁判结果并未解决当事人对存货动产物权表象与实质存在错觉的困惑；由于没有妥善解决质物的权属问题，不利于达到规范市场交易秩序，营造良好、诚信的营商环境的目的。最后，没有建立统一的裁判规则。2017 年最高人民法院曾发布了关于存货动态质押的公报案例，但是没有实现预期的规范与指引作用；[①]《九民会议纪要》第 63 条仅对质权设立以及监管人赔偿责任的问题加以规定，而没有就该类案件审理过程中的其他焦点问题作出回应。

二、存货动态质押权利冲突未被解决的原因

权利冲突未被合理化解，背后的原因是裁判者对各争议焦点的认识存在差异，进而对冲突的解决选择了不同的处理路径。

（一）质押监管协议性质认定存在分歧

存货动态质押纠纷的案由分散，大部分法院基于质权人与出质人之间的基础法律关系，以金融借款为案由受理该类案件。与此同时，质押监管协议的定性十分混乱，法院将该类协议定性为非典型合同（兼有委托与保

---

① 最高人民法院（2016）最高法民终 650 号民事判决书。

管性质）与定性为保管合同或者委托合同的案件数量几乎持平（见图 2）。具体而言，有的法院认为，监管人的义务在于占有、保管以及监管期满返还质物，而其权利是收取监管费用，这种义务构成符合保管合同的法律特征。[①] 有的法院认为，监管义务的内涵与外延不同于传统意义上的保管义务，质押监管协议同时囊括了监管义务与保管义务，属于概括性的委托合同。[②] 有的法院认为，之所以会出现监管人的角色，是为了保证质权的设立，即帮助质权人占有与管理质物，质押监管协议就是质押合同。[③]

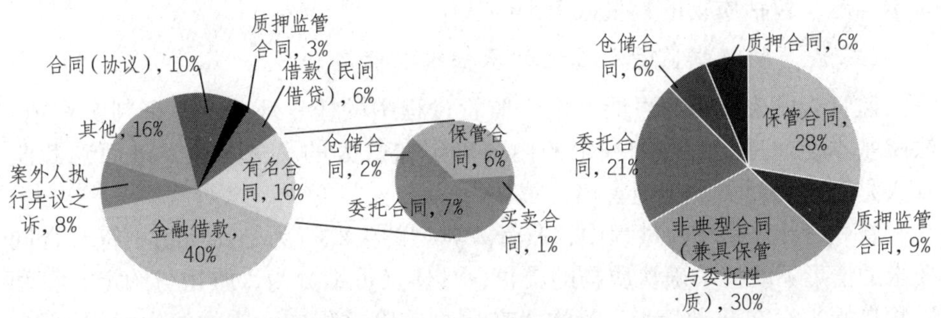

图 2　案由统计（左）及“质押监管协议”实际定性统计[④]

（二）质权设立中交付的认定存在困难

根据《民法典》第 429 条的规定，质权自出质人交付质押财产时设立，由于存货动态质押的出质人不会直接将质物交付于质权人，质权人对质物通常实现间接占有，因此，判断质权能否设立在审判实践中是一个棘手的问题。

有观点认为，在存货动态质押中，质物通常由出质人与第三方直接占有控制，质权人并未实际占有质物，并且对物权客体特定化存在疑问，因此，存货动态质押不满足质权的设立条件，质权并未有效设立。[⑤] 实践中有法院指出，三方当事人约定的交付方式，只是约定将质物与出质人的其他货物区分堆放并加以标识，所以三方约定的交付方式不能达到转移占有和控制权的法律效果，因此不是法律意义上的交付。[⑥] 另一种观点认为，通过三方监管协议等方式，质权人实际已通过间接占有的方式占有质物，并且当事人约定库存货物的最低价值或数量限额，质物的动态更换或出旧补新

---

① 安徽省滁州市中级人民法院（2019）皖 11 民终 913 号民事判决书。

② 新疆维吾尔自治区高级人民法院（2016）新民终 7 号民事判决书、最高人民法院（2017）最高法民申 1224 号民事裁定书。

③ 江西省高级人民法院（2017）赣民终 336 号民事判决书。

④ 一审与二审对“质押监管协议”性质认定不一致，分别计入一次。

⑤ 新疆维吾尔自治区乌鲁木齐市中级人民法院（2019）新 01 民终 4651 号民事判决书。

⑥ 安徽省滁州市中级人民法院（2019）皖 11 民终 913 号民事判决书。

均以警戒线为控制，符合特定化要求，质权已经有效设立。① 实践中有法院认为，当事人之间建立质押财产监管关系，通过相关合同的安排，虽然质押财产并未发生物理空间上的移动，但构成法律意义上的交付，应认定质权人对出质人提供的，在监管人监管之下的动产享有质权。②

综上，审判的难点集中在将存货置于出质人或第三人的仓库内，监管人到场监管的情形中。具体需要解决的问题包括：第一，交付过程中，出质人与监管人共同直接占有质物，质权人能否取得质权。第二，特定化的认定问题，包括质物的数量或范围的认定。

（三）质物毁损监管人责任的承担难以确定

监管人的失职行为可能发生于监管过程中的任一环节。在审判实践中，法院基本上通过监管合同约定的内容确定监管人的义务范围，进而判断监管人是否违约而需承担损害赔偿责任。

首先，在质物核验过程中，监管人典型的失职行为是在质物不符合合同要求的情形下就签单确认质物的交付，具体又可细分为，质物与约定不符和质物自始不存在两种情形。其次，在质物监管过程中，质物发生毁损灭失，具体又可以细分为，因质物保管不当而引起的质物灭失以及因意外事件或第三人行为而导致质物损毁灭失。实践中，质物被盗或者遭哄抢时，监管人没有及时通知质权人或没有积极采取合理的减损措施，常被法院认定为具有过错。最后，法院在举证责任的分配问题上存在差别。有的法院将证明责任分配给监管人，即监管人需要证明自己在监管过程中不存在过错；③ 有的法院却要求质权人对监管人在监管过程中存在过错承担证明责任。④ 与此同时，监管人的抗辩理由类型多样，无疑也会给审判工作增添难度。（见表 1）

表 1 监管人抗辩情况分析

抗辩成功	抗辩失败
出质人或第三人故意欺诈	否认质权人与出质人之间的基础法律关系（变相融资）
出质人或第三人侵权（强行出贷、哄抢货物）且监管人及时履行通知义务	合同中约定有免责条款
质权人自身违约行为导致质物灭失	质权人延误行使质权致使质物灭失
监管人举证证明监管行为符合合同的约定	监管人未足额收取监管费

① 程啸：《担保物权研究》，中国人民大学出版社 2017 年版，第 495 页。

② 广东省深圳市中级人民法院（2018）粤 03 民终 21637 号民事判决书。

③ 四川省高级人民法院（2016）川民终 966 号民事判决书。

④ 广东省湛江市霞山区人民法院（2015）湛霞法民三初字第 996 号民事判决书。

监管人责任范围的确定，事关质权人与监管人之间的利益平衡，成为法院裁判该类案件的又一大难点。首先，存在过错的监管人承担的是对质押财产的赔偿责任，还是对质权人主债权不能受偿的损失的赔偿责任存在争议。① 其次，质权人自身如果也存在过错，是否应该纳入监管人赔偿责任的考量范畴，即能否适用与有过失规则。实践中，在具体责任的分配中，法院倾向于认定一方承担主要责任（酌定承担70%），另一方承担次要责任（酌定承担30%）。② 最后，出质人存在过错，监管人是否能够因此减轻责任存在疑问。实践中，有的法院认为，出质人存在过错，其损害赔偿责任与监管人的责任属于不同层次、不同序列的责任问题。相应地，出质人过错只对出质人赔偿责任产生影响，不应再将出质人过错变相纳入监管人赔偿责任的考量范畴。③

（四）动产担保物权的优先顺位尚未统一

在存货动态质押纠纷中，存在同一存货动产上并存数个动产担保物权的情形。首先，后顺位存货动态质押能否成立质权。出质人向质权人出具《质押承诺》时，已将案涉两处仓库的质物先行质押给了第三人。此时，法院认为，享有优先受偿权的质权人系第三人，出质人事实上无法履行向质权人交付质物的义务，故质押合同未生效，不受法律保护。④ 其次，监管人因主张监管费用而留置质物。实践中有法院根据质押监管协议的约定认为，出质人未能按照监管人的通知按时补足监管费用，监管人有权对质押物行使留置权，拒绝办理质物的提货手续，并且享有优先受偿权。⑤ 最后，存货设立的浮动抵押与动态质押之间的优先顺位。实践中有法院认为，在全部动产特定为抵押物之前，其他担保物权应优先于浮动抵押权，一旦浮动抵押的财产实现了特定化，其效力应该优先于后设立的担保物权。换言之，设立动态质押时，第三人虽已设立了浮动抵押，但尚未实现抵押标的物的特定化，动态质押的效力优先于第三人设立的浮动抵押。⑥

三、存货动态质押案件统一裁判规则的建构

《九民会议纪要》第63条规定了存货动态质押的裁判规则，其一，质物交付的认定需要考察监管人的委托对象；其二，肯定了监管人的损害赔

① 广东省深圳市中级人民法院（2018）粤03民终21637号民事判决书。
② 广西壮族自治区桂林市中级人民法院（2017）桂03民终2670号民事判决书。
③ 最高人民法院（2015）民申字第2623号民事裁定书。
④ 湖南省长沙市中级人民法院（2016）湘01民终3926号民事判决书。
⑤ 河南省长垣县人民法院（2018）豫0728民初5359号民事判决书。
⑥ 浙江省杭州市萧山区人民法院（2014）杭萧商初字第2421号民事判决书。

偿责任。与此同时，《民法典》物权编的规定较先前的《物权法》及相关司法解释有所修正，并且没有将存货动态质押新增为一种担保类型，也没有将质押监管合同有名化。因此，建构存货动态质押案件的裁判规则，应该回归《民法典》相关制度的具体规定，并且参考《九民会议纪要》的具体规定。在裁判路径的选择上，应该以"三个合同"为逻辑起点，综合考量各组法律关系之间的内在联系，针对案件争点，准确裁判。(见图 3)

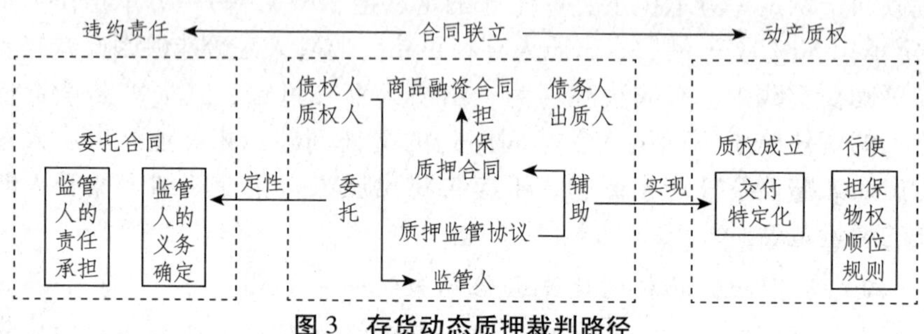

图 3 存货动态质押裁判路径

(一) 合同联立视角下质押监管协议的定性规则

规则：存货动态质押数个合同之间为合同联立关系。质押监管协议的最终目的是保证债权人最终债权的实现，监管人的主给付义务不以保管义务为限。在性质认定上，监管人对质物的监管来自债权人的委托，故质押监管协议宜认定为内容更加宽泛的委托合同。

存货动态质押的基本交易模式表现出整个交易过程中存在多个合同，并且这些合同之间产生的法律关系紧密。不妨将这些合同纳入合同联立的视野进行考察，以便从整体性的角度分析存货动态质押中的法律关系。

合同联立是指数个合同不失其个性而相结合的法律事实。[①] 存货动态质押交易模式中，由于融资合同、质押合同以及监管合同的客体和内容均不相同，符合合同联立构成要件中要求合同为"数个"且"独立"的标准。几个合同均是当事人的真实意思表示，并且可以推定当事人在主观上均已知晓并默认几个合同相互依存的关系，即质押合同和监管合同均是为了保证融资合同目的的实现。通过合同联立，原本具有不同功能的几个合同有效结合，催生了加强担保性质的新的交易功能。在合同效力方面，鉴于几个合同构成合同联立的情形，故这些合同之间不存在主从法律关系，效力不受对方的影响。另外，判断合同效力的标准是合同联立所形成的新的交易功能是否会损害当事人或者第三人的利益。故物权法定的规定在合同联

① 王泽鉴:《债法原理》(第二版)，北京大学出版社 2013 年版，第 139 页；陆青:《合同联立问题研究》，载《政治与法律》2014 年第 5 期。

立中并不适用。[①] 合同联立可以类推适用《民法典》第 156 条关于“法律行为部分无效”的规定。换言之，合同联立中的一个合同被认定为无效或者可撤销，不易直接否定另一个合同的效力。此时，应该通过考察合同联立所达成的整体交易是否有效以及各个独立的合同是否有效，作出进一步认定。[②]

在合同联立的视角下，监管协议的最终目的是保证债权人债权的实现，其主要义务不以保管义务为限，还包括了对动态质押标的物的权属审核（一般为形式审查）；对动态质押标的物的价值、数量变动等情况进行监督、报告；对动态质押标的物进行特定化标识以及在动态质押标的物受到侵害时，及时通知质权人、积极采取合理减损措施等义务。监管人对质物的监管来自债权人的委托，其对质物的占有属于间接占有。至于监管人对质物的保管，不过属于受托事项的范畴。[③]

（二）动产质权框架下物权效力的判断规则

规则：存货动态质押的物权效力应该纳入《民法典》动产质权的框架下进行解释。设立时，存货动态质押标的物的种类、规格、数量等均通过约定和在仓库的存放设置而特定化。当事人可以就质押财产的交付方式进行约定，在共同占有的情形下，监管人的委托对象以及履职情况是认定质物交付完成与否的重要节点。

《物权法》第 2 条、《民法典》第 114 条均规定了物权客体须特定。然而，实践中不乏法院以存货动态质押不符合特定化要求为理由，认为质权未成立。比如，存货动态质押的标的物始终处于变动过程中，如果出质人未按合同约定提供替换物或归还等额借款，也未进行动态更换、出旧补新使标的物的价值始终保持在合同约定的质押额水平，那么标的物未达到动态质押的数量限额，没有实现价值特定性。[④] 事实上，物权客体的特定是为了满足公示的要求，标的物只要按照合同约定的方式流动，并不影响权利的实现。存货动态质押在设立时，标的物的种类、规格、数量等均通过约定和在仓库的存放标识而实现了特定化。[⑤] 在解释路径上，随着质物的首次交付，初始质权得以设立；而随着质物的补新出旧，新的质权不断产生，

---

① 韩俊英：《以房抵债的理论争点与效力探讨》，载《安徽大学学报（哲学社会科学版）》2018 年第 4 期。

② 陆青：《合同联立问题研究》，载《政治与法律》2014 年第 5 期。

③ 王富博、李明卉：《质物监管纠纷中的法律争点及解决路径》，载《人民司法·应用》2019 年第 19 期。

④ 新疆维吾尔自治区乌鲁木齐市中级人民法院（2019）新 01 民终 4651 号民事判决书。

⑤ 常鹏翱：《论存货质押设立的法理》，载《中外法学》2019 年第 6 期。

旧的质权不断丧失，即出质人交付或更换质物得以完成质物特定化之履行。[①] 因此，质物特定化不能成为阻碍存货动态质押质权设立的理由。

《物权法》第 212 条、《民法典》第 429 条均规定了，质权自出质人交付质押财产时设立。出于质物监管方便等方面考虑，质权人将质物存放在出质人仓库中，由监管人进行驻场监管或定期查验，这类共同占有型存货动态质押，被有的法院质疑是以占有改定的方式进行交付，不符合质权设立中交付的规定，进而否认质权的成立。[②] 根据《民法典》第 427 条第 5 项的规定，质押财产的交付方式是可以约定的，该条款也是对《物权法》第 210条的一种修正。因此，单纯以出质人与监管人共同占有为由，否认存货动态质押质权的设立并不可取。此种情形，应该具体判断监管人能否独立控制质物予以解决。

综上，判断质物实际上受何者管领控制，监管人是否实际履行了监管职责是判断存货动态质押物权效力的裁判重点。《九民会议纪要》的裁判思路可以体现为，只要监管人系受债权人的委托监管质物，且已经进行了实质监管的，就应当认为完成了交付，质权有效设立。但是，如监管人系受出质人委托占有质物或监管协议虽约定监管人受质权人委托占有质物，但质物仍实际处于出质人的控制状态之下，则应认为质物的占有并未移转给质权人，质权未设立。[③]

（三）监管人损害赔偿责任的承担规则

规则：监管人承担独立的违约损害赔偿责任，由监管人对自己依照合同约定履行义务的事实承担举证责任，最终承担与其过错大小相适应的补充赔偿责任。

首先，质押监管协议是委托监管人处理与质物保管、监督相关的一切事务的委托合同，因此，监管人主要承担核验、保管以及监管的义务。[④] 具体而言，核验义务要求监管人根据质权人的指示，在接受出质人交付时，对其实际交付的质物品名、数量、质量等进行具体的查验，确保与质物清单以及监管协议上的质物相符；保管义务要求监管人尽到一般善良管理人的注意程度，如选择合适的保管场所，提供适当的保管条件等；监管义务要求监管人在监管期间要监控质物的数量和质量，防止质物随意出库或脱

① 陆晓燕：《动产“动态质押+第三人监管”模式下权利冲突的解决路径》，载《人民司法·应用》2016 年第 1 期。

② 黑龙江省高级人民法院（2018）黑民终 315 号民事判决书。

③ 最高人民法院民事审判第二庭编著：《〈全国法院民商事审判工作会议纪要〉理解与适用》，人民法院出版社 2019 年版，第 376~377 页。

④ 陈本寒：《企业存货动态质押的裁判分歧与规范建构》，载《政治与法律》2019 年第 9 期。

离其实际占有。[①] 验货及货物流动是监管的两个重要时点，而监管人具体的义务，应该以合同的约定为准。

其次，监管人承担独立的违约损害赔偿责任。根据《民法典》第585条的规定，监管合同对赔偿责任有约定的，监管人应该依照约定承担赔偿责任。在监管合同没有约定或约定不明的情形下，根据《民法典》第584条的规定，违约责任实行完全赔偿的规则，即监管人应该赔偿质权人债权未获完全清偿的损失。特别是在单纯因监管人过错导致质物减损的情形下，出质人没有过错且与监管人在主观上没有联系，不能成立连带责任。至于举证责任的分配问题，由于监管人实施监管行为能够对存货动态质押标的物进行全程监督，对标的物从入库到出库的每一环节的情况全面掌握，存在信息优势；而质权人获取标的物信息主要来自监管人的监管记录和例行汇报。因此，应该由监管人对自己依照合同约定而履行义务的事实承担举证责任，以此实现质权人与监管人之间的利益平衡。[②]

最后，监管人承担与其过错大小相适应的补充赔偿责任。一方面，监管人承担的是质物损失后的金钱替代赔偿责任。质权人能够正常行使质权的情形下，就质物的价值优先受偿，超出债务部分的价值返还出质人，因此，质押担保具有补充性，从责任范围上看，是一种补充责任。[③] 另一方面，就整个交易过程而言，监管人的行为目的在于帮助质权人实现质权，在角色定位上，类似于质权人的辅助人。监管人责任的承担很大程度上需要优先考量出质人和担保人的责任，才能最终确定。因此，监管人在监管标的物时存在过错而造成损害，其承担补充赔偿责任。[④] 在具体确定损害赔偿的数额时，要权衡质物减损价值与债权不能受偿数额之间的关系：前者大于后者时，监管人赔偿责任范围以后者为准；后者大于前者时，监管人赔偿责任范围以前者为准。此处的债权不能受偿数额是指质权变价处理后尚不能清偿的余额。[⑤]

（四）存货动态质押与其他担保物权的顺位规则

规则：未来建立统一的动产担保登记公示制度后，各动产担保物权的

---

① 最高人民法院民事审判第二庭编著：《〈全国法院民商事审判工作会议纪要〉理解与适用》，人民法院出版社2019年版，第377页。

② 邓达江：《论动产动态质押监管人的损害赔偿责任——从最高人民法院一起公报案例谈起》，载《私法研究》第23卷。

③ 王富博、李明卉：《质物监管纠纷中的法律争点及解决路径》，载《人民司法（应用）》2019年第19期。

④ 最高人民法院（2016）最高法民终650号民事判决书。

⑤ 最高人民法院民事审判第二庭编著：《〈全国法院民商事审判工作会议纪要〉理解与适用》，人民法院出版社2019年版，第378页。

优先次序规则为：留置权优先于其他意定动产担保权；登记的动产担保物权优先于未登记的动产担保物权；占有质押财产附带的公示效力优先于占有仓单附带的公示效力，并优先于后登记的动产担保物权；未以任何形式公示的动产担保物权即便成立在先，其效力仍是最次。

衡量现代动产担保制度优劣的核心标准是其能否在担保物权的流动性与担保物权的担保力之间找到最佳平衡点，并且以合适的方式完成公示。《民法典》第 414 条对《物权法》第 199 条的规定进行了修正。一方面，删除了“顺序相同的，按照债权比例清偿”的规定，说明未来在电子化登记系统中，登记顺序是确定的，不会出现顺序相同的情形；另一方面，增加了一款，“其他可以登记的担保物权，清偿顺序参照适用前款规定。”与此同时，《民法典》第 415 条的规定否定了《最高人民法院关于适用〈中华人民共和国担保法〉若干问题的解释》第 79 条的规定，针对动产抵押权与质权竞合的情形，以抵押权、质权公示的时间先后确定清偿顺序。在金融实践中，存货登记的技术问题已经得到解决，“全国担保存货公共信息平台”通过互联网大数据技术，对担保存货的信息统一登记、动态公示，减少了融资供需双方的信息不对称。因此，应该在未来建立统一的动产担保登记公示制度的情形下，结合《民法典》的具体规定，分析各担保物权的优先次序规则。

结　语

《民法典》建立了统一的动产和权利担保交易法律框架。由于存货动态质押本质上属于动产质权，故没有将其特殊规定。作为新类型案件，对存货动态质押案件裁判规则的建构与论证格外重要。裁判规则的构建，是一个“心与头脑对话”的过程，要从理性推演出来的法律文本之中，与社会效用和社会正义的必然性中去发现、寻找法律的渊源，以此塑造司法判决。本文借助合同联立的理论解释存货动态质押交易过程中的各种法律关系，从整体上把握质物监管协议的性质。将存货动态质押的物权效果纳入《民法典》动产质权制度的框架下进行探讨，并在未来建立统一的动产担保登记公示制度的情形下，分析存货动态质押与其他动产担保物权之间的优位顺序规则。统一裁判规则，不但能够平息争议，完善存货动态质押的理念续造，而且是一项强烈的司法诉求，对提升司法公信力具有重要的意义。

3. 民事证据

预防性环境公益诉讼举证规则的厘清

——以证明简化为内在逻辑

李红刚[*]　肖　慧[**]　谢还英[***]

预防性环境公益诉讼作为环境公益诉讼功能的"最优化实现"，通过提供一种新的、能够使风险规制过程合理化的解释框架及相应的权利义务配置制度，从而确定了一种从"反应—救济"向"预测—预防"转换的实现路径。① 理念的转换带来的机制进步固然值得欣喜，但司法实践中，预防性环境公益诉讼举证规则的不明晰仍掣肘其发挥前瞻性的司法保护。本文拟以举证规则适用的现实图景为逻辑起点，以化繁为简的证成为逻辑主线，期冀能对预防性环境公益诉讼举证规则的厘清进行有益探索。②

一、思辨：预防性环境公益诉讼的司法图式

当前，我国环境公益诉讼的利益保护模式从具体向抽象嬗变，预防性环境公益诉讼突破传统以实际损害为基点的桎梏，开创性探索"客体—风险—预防"的逻辑内涵。然而，理论与实践的抵牾，必然影响预防性环境公益诉讼应然价值的实现。

---

* 作者单位：江西省南昌市中级人民法院。

** 作者单位：江西省进贤县人民法院。

*** 作者单位：江西省井冈山市人民法院。

① 刘明全：《环境司法中预防性责任方式的分层建构》，载《华中科技大学学报（社会科学版）》2019 年第 3 期。

② 司法实践中，预防性环境公益诉讼主要集中于民事领域，故本文除普适性原则分析外，其余均针对预防性环境民事公益诉讼中举证规则的具体适用进行探讨。

（一）前提：制度内涵的模糊

2014 年修订的《环境保护法》第 5 条以基本原则的方式确定了环境保护的预防性原则，为预防性环境公益诉讼奠定了法律依据。（见表 1）但通过梳理相关规定可知，预防的制度表述散见于法律法规之中，且在法律机制上并未形成统一体系。因此，这些原则性的概括在司法适用时存在难以衔接、内涵模糊等诸多解释论问题。

表 1　预防性环境公益诉讼的有关规定对照表

法律法规	实施时间	相关条款	内容	预防性内容
《环境保护法》	2015 年 1 月 1 日	第 5 条	环境保护坚持保护优先、预防为主、综合治理、公众参与、损害担责的原则	保护优先、预防为主
《最高人民法院关于审理环境公益诉讼案件适用法律若干问题的解释》（以下简称《环境民事公益诉讼司法解释》）	2015 年 1 月 7 日	第 1 条	法律规定的机关和有关组织对具有损害社会公共利益重大风险的污染环境、破坏生态的行为具有提起诉讼的权利	损害社会公共利益重大风险
		第 18 条	对污染环境、破坏生态，已经损害社会公共利益或者具有损害社会公共利益重大风险的行为，原告可以请求被告承担停止侵害、排除妨碍、消除危险、恢复原状、赔偿损失、赔礼道歉等民事责任	预防性责任承担方式
		第 19 条	原告为了防止生态环境损害的发生和扩大，请求被告停止侵害、排除妨碍、消除危险的，人民法院可以依法予以支持	防止生态环境损害的发生和扩大
《最高人民法院关于全面加强环境资源审判工作为推进生态文明建设提供有力司法保障的意见》	2015 年 6 月 23 日	第 5 条	要坚持注重预防。在案件审理过程中积极采取司法措施预防、减少环境损害和资源破坏，通过事前预防措施降低环境风险发生的可能性及损害程度	注重预防、事前预防

迥异于救济性环境公益诉讼中以实际损害为诉讼基点，举证责任的分配、证明标准的衡量均可以明确的损害限度为划分基准。预防性环境公益诉讼更多面对的是“未知的不确定性”，因此更为迫切地需要明确的制度内涵、合理的限度范围为司法运用提供具体指向。然而，预防性环境公益诉

讼的立案要素——具有损害社会公共利益的重大风险，本身就是一个高度抽象的概括，既无法透视出具体的规制对象，也无法明确社会公益损害的程度。①

因此，缺乏明晰的制度内涵指引的预防性环境公益诉讼，在立案之初就饱受各方诟病。原告如何证明存在损害风险？法院如何认定损害程度达到预防标准？显然，无论是风险的程度或是预防的必要性，在意思解释上均可以作扩张或限缩理解，而解释的倾向性则直接决定了证明标准的高低。这就不难理解，预防性诉请的证明方式往往莫衷一是，采取多样化乃至矛盾的方式。

（二）指向：举证规则的混同

当前，随着我国环境司法专门化及案件类型化，环境公益诉讼逐渐划分成救济性和预防性两大诉讼类型。② 救济性环境公益诉讼是在损害结果或者是危害行为完结后才介入的，着重环境侵权行为的惩罚性。预防性环境公益诉讼则是在法律条文所体现的预防性原则上形成的诉讼类型，而预防本身就包含两层含义：（1）阻止“已然”状态下的环境危害行为造成新的损害，从而直接预防社会公益损害；（2）针对尚处于“未然”状态下的损害行为，从而预防潜在的社会公益损害。

通过对比分析可知，两者的外延存在一定交叉重合，已然型预防常被划归为事后型救济，而在预防性环境公益诉讼中，已然型预防占绝对性案件数量。因此，司法实践中，预防性环境公益诉讼常常沿用救济型环境公益诉讼的举证责任分配方式、证明标准及证明方式。然而，预防性环境公益诉讼提供的是一种前瞻性的司法保护，其本身针对的是“尚不明朗的事实状态”，与救济性环境司法以现实损害性的程度为判断标准具有显著差异。两者套用同一套举证规则，显然无法应对预防性环境公益诉讼“防患于未然”的价值需求。

此外，举证责任作为“危险负担”的绝对化分配，在司法适用上具有明确的指引功能。如表 2 所示，《环境民事公益诉讼司法解释》第 8 条规定，提起环境公益诉讼，需提交关联性的初步证明材料。在救济性环境公益诉讼中，初步证明往往采用双重判断，即既有违法行为，又造成损害后果。这就导致在预防性环境公益诉讼中，初步证明也往往异化为“违反环

① 张旭东：《预防性环境民事公益诉讼程序规则思考》，载《法律科学（西北政法大学学报）》2017 年第 4 期。

② 吕忠梅、张忠民：《环境司法专门化与环境案件类型化的现状》，载《中国应用法学》2017 年第 6 期。

评标准+损害社会公益的风险”的复合判断标准。① 显然，预防性原则作为区别于事后救济的制度设计，其在发挥预防损害发生的机制上需要独立的举证规则适用路径。

表 2 环境民事公益诉讼举证规则的概览

法律法规	相关条款	内容	规则
《民法典》	第 1230 条	因污染环境、破坏生态发生纠纷，行为人应当就法律规定的不承担责任或者减轻责任的情形及其行为与损害之间不存因果关系承担举证责任	污染者举证不存在因果关系
《环境民事公益诉讼司法解释》	第 8 条	提起环境民事公益诉讼应当提交下列材料：……（二）被告的行为已经损害社会公共利益或者具有损害社会公共利益重大风险的初步证明材料……	原告提交初步证明材料
《最高人民法院关于审理环境侵权责任纠纷案件适用法律若干问题的解释》（2020 年修正，以下简称《环境侵权解释》）	第 6 条	被侵权人根据《民法典》第七编第七章的规定请求赔偿的，应当提供证明以下事实的证据材料：（1）侵权人排放了污染物或者破坏了生态；（2）被侵权人的损害；（3）侵权人排放的污染物或者其次生污染物、破坏生态行为与损害之间具有关联性	被侵权人需证实排污行为与损害之间的关联性
	第 7 条	侵权人举证证明下列情形之一的，人民法院应当认定其污染环境、破坏生态行为与损害之间不存在因果关系：（1）排放污染物、破坏生态的行为没有造成该损害可能的；（2）排放的可造成该损害的污染物未到达该损害发生地的；（3）该损害于排放污染物、破坏生态行为实施之前已发生的；（4）其他可以认定污染环境、破坏生态行为与损害之间不存在因果关系的情形	为污染者证实不存在因果关系指明情形

（三）回应：证明方式的导向

环境公益诉讼作为保护社会公共利益的一种诉讼形式，其权利依据是以公共性为基本特征的环境权，保护的是以生态为首的整体性环境公益。② 预防性环境公益诉讼作为环境公益诉讼功能的“最优化实现”，将司法保护的时间提前至“损害发生之虞”。然而，作为预防性环境保护的重点对象——生态公益，鉴于其司法认定的特殊性，评判过程需要基于科学的生态风险评估，进而导致法律确认权利化的迫切与证明方式的复杂化之间的矛盾难以化解。

① 如自然之友诉中石化石油有限公司案中，法院不予受理的理由为：“要求全面停止案涉项目建设的环境影响评价报告已经取得国家环境保护主管部门的批复同意……”

② 杨朝霞：《论环境权的性质》，载《中国法学》2020 年第 2 期。

一方面，生态公益的预防性保护在法律机制上无法循沿传统的以侵权法为权利基础的环境污染诉讼模式。首先，其权利要素分散，涉及生态系统的各个功能；其次，其利益诉求独立，着眼于具有人格面向的非财产性权利；此外，其调整方式多样，需要兼顾各方才能达到综合性预防的效能。因此，相较于从后果责任的角度出发的环境污染诉讼，在“预防重于救济”的语境下抉择预防性环境公益诉讼的证明方式更为恰当。

另一方面，在法律的理性世界里，“趋利避害”是法官作为“有限理性人”的行动逻辑。尤其是当法官需要证实“无法明确”的确定性，证明方式的趋向会影响法官对于裁判结果的正确性的考量。加之，预防生态公益的风险，本身就是一个需要法律理性与生态理性、社会理性融合的判断，框定合理的证明路径，才能避免因法官的踌躇不前而导致预防性环境公益诉讼价值期待的落空。

二、审视：举证规则适用的现实图景

“法律不是创造利益，而是对新出现的利益的确认和维护。”① 立法上的规制模糊引发学理上的理解纷争，进而导致预防性环境公益诉讼举证规则的司法运用不一。笔者拟以154份已公开的裁判文书为样本分析，通过全景描绘举证规则适用的现实图景，冀期能为举证规则的厘清探明方向。②

（一）样本文书的总体性概览

自2015年《环境民事公益诉讼司法解释》第1条明确“有损害公益重大风险的污染环境、破坏生态行为”可诉以来，迄今5余年时间内，其案件总量不多，且整体凸显为已然型预防而非未然型预防。如表3所示，已然型预防案件量呈逐渐上涨趋势，但未然性预防受案率仍呈保守态势。

表3　2015~2019年间预防性环境公益诉讼案件总数

类型	2015年	2016年	2017年	2018年	2019年
已然型预防	8件	15件	27件	41件	59件
未然型预防	2件	0件	1件	1件	0件

此外，通过对样本文书的裁判结果进行统计分析发现，4起未然型预防性环境公益诉讼，仅有1起以“裁定不予受理”审结，其余3起仍处于审

① ［美］罗斯科·庞德：《法理学》（第三卷），廖德宇译，法律出版社2007年版，第17页。

② 笔者借助中国裁判文书网、北大法宝以及部分官方媒体报道，搜索预防性环境公益诉讼及其相关法条，查找统计出161份民事裁判文书，经过剔除重复以及无用样本，最终得到有效样本154份。

理阶段。[①] 而在150起已然型预防性环境公益诉讼中，法院判决“另行承担预防性责任”的案件仅有17起，有53起案件法院认为“原告现有证据不能证明被告需另行承担预防性责任”，占全部样本文书的35%。

如图1所示，在154份样本文书中，仅有4起针对尚处于“未然”状态下的损害行为进行预防，剩余150份样本文书均为阻止“已然”状态下的环境危害行为造成新的损害，从而预防生态损害。

截至2020年8月30日，在4起未然型预防性环境民事公益诉讼中，仅有自然之友诉中石化云南石油有限公司案以“裁定不予受理”结案，自然之友诉中国水电顾问集团新平开发有限公司和中国电建集团昆明勘测设计研究院有限公司案、绿发会诉雅砻江流域水电开发有限公司案、自然之友诉回龙山水电站建设单位案均在审理中。

如图1所示，在150份已然型预防性环境公益诉讼中，原告向法院诉请为防止生态环境损害发生和扩大，除需对现有损害承担修复、赔偿责任外，仍需另行承担预防性责任。但从样本文书的裁判结果来看，该项请求得到支持的比例仅占全部样本文书的11.3%。

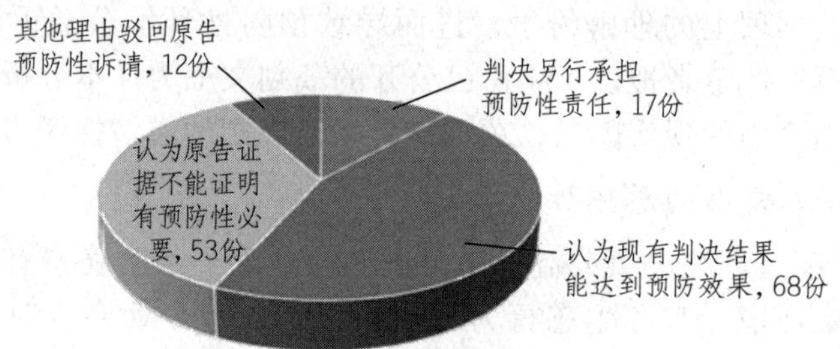

图1　已然型预防案件裁判结果

（二）司法适用的主体性反思

1. 原告——合限的初步证明标准。预防性环境公益诉讼中，原告应当对被诉行为与损害风险之间的因果关系承担具体化的主张义务，用于明确证明对象或证明范围。[②] 虽然该主张义务只要具有一般表象证据，但如样本案例所示，当损害尚处于“潜伏期”时，往往难以明确损害风险的具体可能途径。在预防性诉请的紧迫性与谨慎性之间，通过风险与初步证明标准之间潜在的知识联系，探索在无充分性依据的情况下的简化证明方式，确保逻辑和法律上均能以最大化的信息证明“风险指向”的可能性。

---

① 截至2020年8月30日，自然之友诉中国水电顾问集团新平开发有限公司和中国电建集团昆明勘测设计研究院有限公司案（绿孔雀案）仍在二审阶段，一审判决戛洒江一级水电站立即停建，自然之友胜诉。

② 胡学军：《环侵权中的因果关系及其证明问题评析》，载《中国法学》2013年第5期。

2. 法官——合理的裁判认定路径。现行的立法规制仅为法官裁判是否具有预防性必要提供了一个方向和框架，显然，风险是否存在，仅仅依据各类专家意见、鉴定报告难以形成完整答案。预防性环境公益诉讼的有效运作，需要在一个理性且合理的状态下，将损害风险的可能性程度确定合理的认定路径：一方面需要借助法官经验的发挥，纾解风险程度的抽象性导致“判断基准”的恣意性；另一方面通过转换不同的证明方式，形成对风险可能性的盖然性证明效用。

3. 被告——合度的责任承担界限。因果关系举证责任的分配，是推动事实证明的内在动力机制，也是在难以认定事实时的替代裁判方法。迥异于环境污染案件中被告占有明显的证据优势，预防性环境公益诉讼中，被告在证明被诉行为与损害风险之间不存在因果关系的活动中，同样存在无所适从的情况。因此，在简化证实预防性请求正当化基础上，也应当更为合理地分配被告的证明责任及其证明方式，才能最大程度地实现对事实认定的平等接近。

三、证成：化繁为简的内在逻辑

“法律的目的在于确保社会中利益的最大化实现。”① 环境媒介的流动性给事实认定带来了挑战，致使预防性诉请陷入证明难的困境。鉴于此，笔者拟从现实需求与证明方式两方面论证化繁为简的内在逻辑，借此探明预防性环境公益诉讼举证规则厘清的合理方向。

（一）证明简化的现实需求

自证据裁判理念被奉为圭臬，证据就一直是稀缺的司法资源。现行的环境诉讼也已逐渐摆脱因果关系的证明以“必然性”为标准的窠臼，而强调在同样条件下有发生同样结果的高概率性来判断因果关系的盖然性存在。这些循沿诉讼证明实践得来的经验，与其说是对因果关系类型的界定，不如说是对因果关系证明方式的总结归纳。由此可知，在明确具体的标准之下，借助证明方式的简化可以实现对复杂的因果关系作出有效判断的正面效应。

此外，法官作为事实裁判者，以事实发现为导向，其对于知识形态的选择总是以实用主义为基准。显然，对因果关系证明的逐步认识以及判断过程中的相同疑惑会引领法官寻求破解之道。而就司法实践来看，证明方式的简化在不断探索积累中已形成不同形式下的实践经验，其在环境司法的证明过程中起着不可或缺的作用。

---

① 吕忠梅：《环境侵权诉讼证明标准初探》，载《政法论坛》2003年第10期。

虽然预防性环境公益诉讼相较于传统环境诉讼有显著差异，难以直接沿用现行的举证规则，但其面临的是更为复杂的因果关系的证明，更为迫切地需要在明确启动标准之后，通过证明方式的简化以达到对已掌握的风险“防患于未然”的证明目的。因此，探索建立与完善在事实认定方法上寻求因果关系的盖然性证明的普适性解决方案，才能最大程度实现预防性环境公益诉讼的价值归位。

（二）证明方式的比较借鉴

1. 表见证明。最早由德国的判例及法解释学方法创设的表见证明，强调的是证明过程中经验法则的运用。表见证明的本质是信息不对称下的举证责任的减轻，即以高度盖然性的经验法则为基础，就重复出现的典型事项，借助一定客观存在的事实，初步认定某一事实为真，从而减轻其主观证明责任。[①] 由此推之，当依据一方提供的相关证据形成特殊的事实推定时，另一方当事人提出反证使法官对采用的经验事实产生怀疑即可推翻推论。[②]

循沿表见证明的适用情形，可以在证明过程中依以下几种形式延展：（1）以客观事实为据，推定被诉主体的过错或其可能产生的损害后果；（2）由于存在足以引发后果的原因，进而推论其与后果之间的因果联系；（3）因有违背阻止后果产生的目的行为存在，认为该目的行为足以推论后果的产生；（4）具体发生的行为符合后果产生的某一因素，即推定具有“可能引起”后果的因果联系。[③]

2. 摸索证明。摸索证明可以用于解决证据偏在产生的证明难问题，该种证明方式在德国、日本及我国台湾地区得到有条件的承认。所谓摸索证明，即一方当事人只能提出或多或少整体上的主张，如：（1）仅提供特定的证据方法，但对该证据方法证明的事实只能作概括性论述；（2）仅能明确应证事实，但未明确证明对象；（3）对应证事实及证据方法均不能作出明确指向；（4）对具体事实主张是基于一定证据下的推测等情形，并因此强迫更接近案情的对方当事人提出证实性的争辩。[④]

摸索证明的效用在于，负举证责任方可以通过摸索证明的方式促使另一方提出证据说服法官相信事实不真实存在或使事实认定重新回到真伪不

---

① 毕玉谦：《试论表见证明的基本属性与应用功能之界定》，载《证据科学》2007 年第 15 卷。

② 事实推定已在 2019 年修正的《最高人民法院关于民事诉讼证据的若干规定》第 10 条中被再次确认，表见证明作为事实推定的一种特殊形式，为其在我国的引入适用奠定了制度基础。

③ 肖建国、李婷婷：《论表见证明制度》，载《证据学论坛》第十四卷。

④ 沈冠伶：《摸索证明与事证搜集开示之协力》，载我国台湾地区《月旦法学杂志》2005 年第 125 期。

明的状态。[①] 摸索证明并不导致举证责任的转换，事实真伪不明的风险仍由举证责任方承担，另一方仅需承担因未形成有效证明而导致的事实不利认定的结果。

3. 间接反证。间接反证是在“无知论证”基础上合理推定存在因果关系的一种形式，意指主要事实存在真伪不明情况时，由非举证责任方负反证其事实不存在的证明责任。一般运用过程为，将因果关系的要件事实分解为：A 损害发生的原因行为、B 损害经过的路程、C 被诉主体的关联性污染行为，当原告能够证实 A+B 或 B+C 或 A+C 的任何二者，即可以推定另一要件事实 A/B/C 的真实存在。而被告需要举证排除另一要件事实的存在进而达到推翻推论的目的，否则原告的推定即成立。[②]

迥异于反证仅需使法官心证重新回到真伪不明的状态即可，间接反证则要求被告对间接反证的事实达到完全证明的效果。但仍需明确的是，间接反证的适用并不导致举证责任的转移，毋宁说是通过证明因果锁链中的部分事实，进而推定整个因果链条的完整成立，而被告若对推论存有异议，则需举证排除上述推论，否则就要承担对其不利的判决结果。

4. 底线证明。底线证明是刑事领域实现网络犯罪简易证明的一种方式，即当认定标准模糊时通过明确最底线的要求，进而达到初步证明的目的。[③] 易言之，底线证明强调的是无需获取全部证据而仅依靠部分关键证据达到初步认定事实或启动诉讼程序的目的，从而消解完全性证明的负担。显然，底线证明在预防性环境民事公益诉讼中的运用，可以通过划分不同风险类型的最底线要求，明确启动程序的标准，进而实现提高效率与实现诉讼目的的双重效用。

四、构建：证明简化的合理进路

前文述及，预防性环境公益诉讼在实践困境与现实需求中探索证明简化的可行方式，通过完善证明行为与证明评价机制尽可能趋近案件事实。诚然，只有在理论探讨的基础上契合司法实践形成配套方案，才能构建证明简化的合理进路。

（一）总体性分析：证明简化的分段适用

由于环境媒介的流动性、风险产生的因果关系的复杂性，在风险已然发生或即将发生的一段时间内，其难以量化的特质为如何证明带来困难，

---

① 胡学军：《拥抱抑或拒斥：摸索证明论的中国境遇》，载《东方法学》2014 年第 5 期。

② 侯茜、宋宗宇：《环境侵权因果关系理论中的间接反证说》，载《西南民族大学学报》2008 年第 10 期。

③ 刘品新：《网络犯罪证明简化论》，载《中国刑事法杂志》2017 年第 6 期。

进而导致法官往往莫衷一是。如图2所示，通过对预防性环境公益诉讼中具有普适性的待证关系按照判断的过程进行罗列，探寻证明简化分段适用的合理方式。即预防性诉请的判断过程主要分为：诉讼程序的启动→关联性分析→因果关系的确认。自可能产生损害风险的行为被起诉至损害风险发生的现实可能性的确认，预防性环境公益诉讼循沿未然型预防/同质性损害的已然型预防/不同质性损害的已然型预防的不同路径，完成对盖然性的不确定性的判断过程。

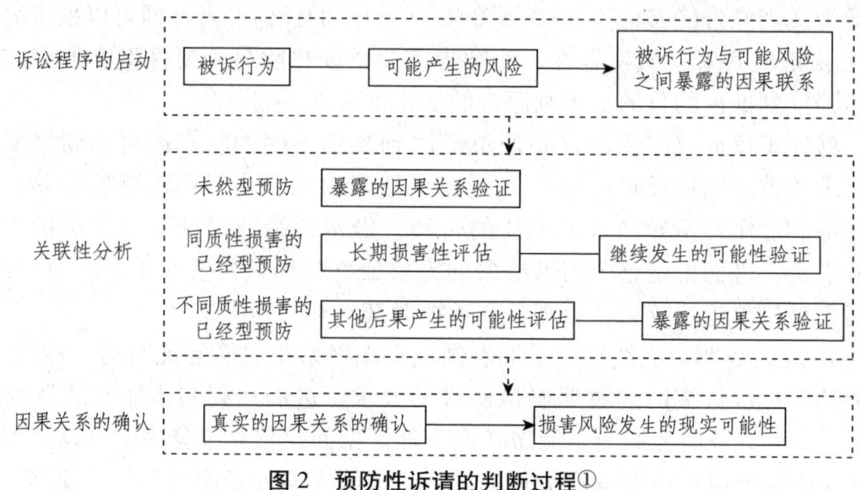

图2　预防性诉请的判断过程①

（二）阶段1：启动标准的分层简化

依据《环境侵权解释》第6条的规定，原告仅需提供一般表象证据证明因果关系存在前提的“关联性”即可。② 然而，风险预防作为一种“使现在为未来服务”的诉讼理念，其抽象性不可避免，如表4所示，借助共识要素的不同将环境风险种类区分为一般风险与特定风险，明确不同风险的证明重点，形成具象性证明简化适用方式。

一般风险是指由常识、经验或鉴定意见、环评报告等专家意见即可形成强共识的风险状态。在该类风险的证明过程中，表见证明的合理运用可以达到证明暴露的因果联系的目的。其一，原告在初步证明的过程中，无需就常识性、经验性的一般因果关系进行单独论证，法官可依据常识得出肯定性判断。其二，当原告是依据鉴定意见、环评报告等专业意见认定风

① 因为已然型预防的程序启动是以侵害结果的产生为据，因此，本文中诉讼程序的启动阶段只涉及未然型预防。

② 沈德咏主编：《最高人民法院环境侵权责任纠纷司法解释理解与适用》，人民法院出版社2016年版，第87页。

险存在的关联性时，可以就专家意见的指向性不同区分证明简化的方式：（1）当专家意见仅能认定足以产生风险的原因或表明具有违背防止损害风险发生的目的行为存在，即可适用表见证明方式，推定证明目的的达成；（2）当具体发生的行为全部或者部分符合损害风险认定的因素，也可推定暴露的因果关系确实存在。

特定风险是指特定事件在某种程度下暴露“事实上可能引发”的状态，为避免程序启动的恣意性导致对社会与经济的不利冲击，其共识担保者必须是达到盖然性标准的专业科学意见。此外，原告在证明关联性确实存在的过程中，表见证明、摸索证明、底线证明方式均可以用于减轻该类风险的举证难度。（1）通过文献报告、专家辅助人证言等证据证实被诉行为产生风险的相对值大于一般行为，即可适用表见证明方式，推定原告完成因果联系的证明；（2）通过对该领域的横断式研究成果，摸索证明致害的可能性，进而迫使被告提供其掌握的不存在因果联系的证据；（3）证据取得并未依靠共识的科学方法，但该类证据均指向同一证明结果方向，即可认定达到初步证明标准，即底线证明。

表4　诉讼程序启始的判断基准

风险类型	共识担保者	证明的方式
一般风险	常识或经验	无需就常识性、经验性的一般因果关系进行单独论证
	鉴定意见、环评报告等专家意见	①仅依客观证据，即推定被诉行为确实存在某种可能风险或被诉行为与损害风险之间的因果联系； ②专家意见认定存在足以产生风险的原因，由此推论该原因与损害风险之间的因果联系； ③专家意见中表明有违背防止损害风险发生的目的行为存在，推定该行为可能导致风险的发生； ④具体发生的行为符合损害风险认定的某一因素，即推定具有“可能引发”的风险
特定风险	专业科学意见（未形成统一定论）	①通过文献报告、专家辅助人证言等提供风险的相对值大于一般行为的相关性证据，即可认定原告完成因果联系的证明； ②通过提供对该领域的横断式研究报告或生态学研究证据，也可达到因果联系的证明； ③仅需提供某种研究方法下取得的证据指向证明方向，即达到初步证明标准

（三）阶段2：预防性诉请的关联性分析

预防性诉请的关联性分析依其预防性质的不同进行划分，在未然型预防的关联性分析中，其重点是对暴露的因果关系进行验证。显然，出于对诉讼两造力量平衡的考虑，在着力解决原告初步证明困境的情形后，被告对于暴露的因果关系的不可靠性可以从多角度简化证明。

一方面，被告可以提供直接反驳性证据推翻法官初步的内心确信；另一方面，被告既可以提供效力更高的研究结论间接反证被诉行为与风险存在因果联系的推论不具有可靠性，也可以提供大量间接证明反证行为与风险间不存在因果联系。

同质性损害的已然型预防的关联性分析涉及长期损害性的评估与继续发生的可能性验证的双重考量：（1）在长期损害性的评估中，既存在不需要单独论证的常识性、经验性的情形认定，也可以套用诉讼程序启动的简化方式，通过原告在先证据或多或少地主张损害程度、空间、时间范围的量化，进而推论长期损害性的存在。[①]（2）而在继续发生的可能性验证过程中，依循辩论主义的诉讼模式，既可以由原告重新提供被诉行为的未完全终结的论证性证据，也可以由被告运用反证或间接反证的方式反驳原告的在先推论。

不同质性损害的已然型预防是针对已产生的环境损害可能造成的其他后果的预防。其一，在其他后果产生的可能性评估中，原告既可以通过专家意见中的某种据实性倾向、相对危险性的增高表见证明可能性的存在，也可以通过同类领域中类似情形的实害性后果摸索证明其他后果产生的盖然性。其二，对暴露的因果关系的验证，一方面，被告同样可以就被诉行为在属性上不存在造成其他风险的可能性直接证明因果联系的不存在。另一方面，而当初步的结论系由推论产生时，被告既可以通过反驳推论在时间顺序、关联强度、证据间的矛盾信息反证推论的不可靠；也可以通过提供更具权威的结论/更具说服力的数据报告/更专业的专家意见等方式间接反证，形成新结论的完全性证明。[②]

（四）阶段3：真实因果关系的确认

在预防性环境公益诉讼中，因果关系的确认作为事实认定的最后一步，其目的在于通过明确损害风险发生的现实可能性，进而确认预防的必要性。显然，如何切断被诉行为与损害风险可能性之间的关联性，这是一个证明难题，无论是要求被告对行为的合理性或是对其行为规避风险的必然性进行完全性证明，都是难以企及的证明高度。

因此，对于真实的因果关系的确认，可以进行如下简化：（1）被告可以通过提供被诉行为与其他类似行为的同质性以及类似行为未产生风险，表见证明该类行为在现有条件下不存在发生损害的现实可能性；（2）通过更具权威的结论/更具说服力的数据报告/更专业的专家意见等方式间接反

---

① 胡学军：《环境侵权中的因果关系及其证明问题评析》，载《中国法学》2013年第5期。

② 陈伟：《环境侵权因果关系类型化视角下的举证责任》，载《法学研究》2017年第5期。

证形成的新的结论，也是真实因果关系的确认；（3）提供合理的量化证据证明被诉行为在一定时间内并不会导致现有状况（如污染物浓度、一定区域内的生物量、生物的多样性、生态服务的功能性）显著改变，进而形成有合理依据的推测性主张。

如表5所示，证明简化作为缓解预防性环境公益诉讼证明难问题的必然途径，其在不同阶段、不同主体中呈现不同表现形式。其因需而生，无论形式如何演化，其初衷及目的都最终指向——在合比例的范围内对充分可能性的风险进行司法的前瞻性预防。

表5 不同证明方式适用简析

证明方式	适用阶段	适用情形	适用主体
表见证明	诉讼程序的启动	①鉴定意见、环评报告等已确定的专业意见对风险的可能性进行推论； ②文献报告、专家辅助人证言等证实风险产生的相对值大于一般行为，可产生行为与风险之间关联性的推论	原告
	关联性分析	①或多或少的在先证明损害程度、空间、时间范围的量化，推论长期损害性的存在； ②专家意见中的某种据实性倾向、相对危险性的增高推论可能性的存在	原告
	因果关系的确认	①被诉行为与其他类似行为的同质性，以及类似行为未产生风险，证明该类行为在现有条件下不存在发生损害的现实可能性； ②被诉行为在一定时间内并不会导致现有状况（如污染物浓度、一定区域内的生物量、生物的多样性、生态服务的功能性）显著改变，形成有合理依据的推测性主张	被告
摸索证明	诉讼程序的启动	①该领域的横断式研究成果，推论致害的可能性，进而迫使被告提供其掌握的不存在因果联系的证据； ②可能损害的社会公益的确定	原告
间接反证	关联性分析	提供效力更高的研究结论证明被诉行为与风险存在因果联系的推论不具有可靠性	被告
	因果关系的确认	通过更具权威的结论/更具说服力的数据报告/更专业的专家意见等方式间接反证形成的新的结论	
底线证明	诉讼程序的启动	①按照不同风险类型启动的最底线要求，达到初步证明的作用； ②证据取得并未依靠共识的科学方法，但该类证据均指向同一证明结果方向，即可认定达到初步证明标准	原告

结 语

当“预防胜于治理”成为环境保护的共识，如何界定风险则是“划定现代与过去之间的界限”。[①] 现行预防性环境公益诉讼举证规则上的不明晰，不仅局限了司法实践的应用，也无法回应环境预防保护的需求。本文对于证明简化的讨论，并不是试图无限扩大预防性环境公益诉讼的范围，相反，通过制定可接受性的、符合合理性限度的举证规则，才能在司法适用中将预防性保护的价值追求发挥至最大。

（本文获一等奖）

① ［德］乌尔里希·贝克：《风险社会》，何博闻译，译林出版社2003年版，第10页。

电子化材料真实性审查规则的构建

——以审查认定的层次化分析为视角

孟丹阳[*]　颜　君[**]　周　峰[***]

诉讼程序得以全程在线进行的前提，是诉讼材料的电子化。解决诉讼材料电子化的技术问题，以及进而衍生出的一系列法律问题，是电子诉讼得以顺利推动的重要基石。在线庭审中如何核对原件，什么情况下可以认定通过扫描、翻拍、转录等方式处理的电子化材料的形式真实性并视为原件、视为原件后的后果是什么、电子化证据可否替代原件以及归入卷宗有哪些适用情形和形式要求等，都是值得深入思考和研究的问题。

一、实践考察：电子化材料真实性审查存在的问题及原因

电子化证据所引发人类证明制度的改革无疑是革命性的，对传统证据的冲击也必然是疾风骤雨式的。① 电子化材料在线流转带来便利和高效的同时，孪生了对传统证据规则的突破以及审查风险的提高等问题。本部分跟踪调查了三家互联网法院、S市某区法院、C市某区法院进行在线庭审的76名法官103个案件的在线庭审情况，通过在线发放调查问卷、法官访谈等方式，对电子化材料审查中出现的问题进行收集，归纳总结如下：

（一）抽丝剥茧：真实性审查中实践问题的类型化梳理

本次调研主要选取推行网上庭审的试点法院进行问卷发放，共回收141份问卷，② 其中法官问卷76份。经调研，90.79%的法官认为在线审查电子化材料真实性难度有所增加，有85%的当事人认为认定对方电子化证据难度增加。（整体比例见图1）

---

* 作者单位：北京互联网法院。

** 作者单位：北京互联网法院。

*** 作者单位：云南省高级人民法院。

① 何家弘：《电子证据法研究》，法律出版社2002年版，第5~6页。

② 141份调查问卷中，有45份当事人或参与过部分在线审理但不包括在线举证质证，或完全没有参与过网上庭审，该部分问卷结果未被纳入有效问卷。

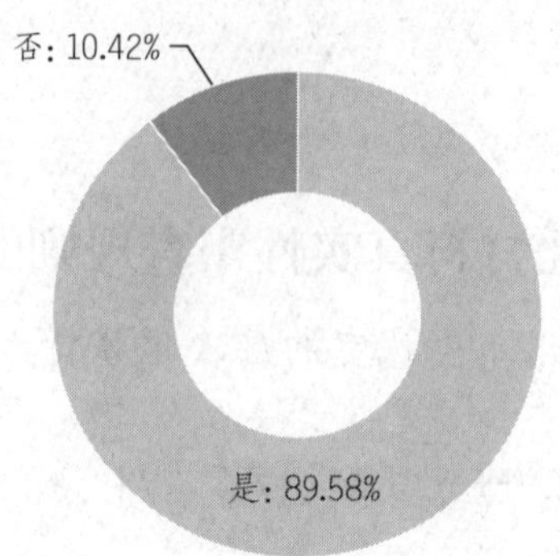

图 1　在线审查电子化材料真实性的难度是否有所增加

1. 电子化证据材料的审查问题。证据可分为实物证据和言词证据，言词证据[①]是当庭陈述的证据展示形式，基本上不会产生原件与复制件效力冲突问题，在此不过多探讨。结合实物证据种类及呈现形式，作类型化区分。一是书证。作为诉讼活动中使用最广泛的证据之一，载体主要是纸质，多以平面形式呈现。鉴定意见[②]、勘验笔录参照书证相关规定。二是物证。物证是通过自身外部特征、物质属性、存在状况证明案件事实的证据，多以立体形式呈现。三是电子数据、视听资料。此类证据是随着科技发展相继出现的新型证据类型，在电子诉讼中有着广泛的应用场景。

（1）书证。常见的书证有合同文本、信函等。根据学理上的分类，电子化后的复制件属于传来证据，不能单独作为认定案件事实的依据。真实性审查中主要存在以下问题：

第一，证据翻拍前是否原件的真实性审查问题。"视为原件"法律拟制的前提是电子化处理前的证据是原件。在屏幕上区分原件翻拍件与复印件的翻拍件有一定难度，这也是影响证据真实性判断最为棘手的问题。

第二，当事人认可对真实性审查标准的影响。根据《最高人民法院关于民事诉讼证据的若干规定》（以下简称《证据规定》）第 89 条，当事人在诉讼过程中认可的证据，人民法院应当予以确认。在线庭审中，当事人认可对方出示的电子化证据，法院如何认定其"视为原件"的效力？是否存在审查标准因当事人诉讼水平和质证能力的差别而有所区别的问题？

---

① 言词证据包括当事人陈述、证人证言和鉴定意见。不过证人出庭作证是一项基本原则，基本上不会产生原件与复制件效力冲突问题；当事人陈述是当庭陈述辩论表达观点，不存在原件规则适用问题。

② 鉴定意见是言辞证据，不过是鉴定人用一定标准的机器设备、技术手段、方法和步骤，对鉴定结果的判断、分析和取舍，其中掺杂的个人主观因素相对前两者小得多。鉴定意见的常见载体是鉴定文书，在线诉讼中存在电子化。参见宋世杰主编：《诉讼证据法学》，湖南人民出版社 2004 年版，第 99 页。

第三，原件（物）远程视频核实问题。对于书证、物证等，结合视频当庭出示原件、原物比对，是否属于“与原件核对一致”的过程？特别是随着5G的大规模运用，超高清摄像头、AR技术、全息影像技术等带来的细节展示，对在线审查书证、物证的真实性无疑是重大利好，技术加持下核实在线证据与线下证据的真实性标准有无差异，以及是否在合理接受范围的问题。

第四，“视为原件”的效力以及是否可以替代原件的问题。法院作出生效判决，认定电子化证据“视为原件”的效力，其后诉讼中，关于该份证据审查是否还需再次出示原件。若不需出示原件，经法院判决审查通过的电子化证据是否可以替代原件；若需出示原件再次审查，法院判决认定“视为原件”的效力何在，是否出现逻辑论证上的问题。

（2）物证。常见的物证如权属状况存在争议的物品、合同纠纷中存在争议的标的物、侵权纠纷中受到损坏的物品等。[①] 真实性审查主要是实物翻拍照片的真实性问题。对于不动产、动产的翻拍照片是否有来源、形式上的基本要求，真实性审查中是否有层次性限定与区分，如何从便捷高效、诉讼经济等角度来规范不动产、动产等实物的原件核验方式，是值得探讨的问题。

（3）电子证据、视听资料。根据《证据规定》第99条，存储在电子计算机等电子介质中的视听资料，适用电子数据的规定。就电子数据来看，如有原件，也是最初生成的电子数据及其首先固定所在的各种存储介质。[②] 电子数据类型很多，如电子邮件、手机短信、微信聊天记录等。实践中普遍呈现方式是网页截图、公证书或公证录像、时间戳和区块链等，其在线提交的过程相当于证据的二次电子化。[③] 一方面，对于经公证、时间戳认证及区块链保全固定的证据，注意对保全之前证据材料真实性的审查问题；另一方面，对于未经保全固定的截图等电子证据，存在篡改或删减的可能性，主要是对“原件”即原始存储介质的核对及真实性审查问题。

2. 电子化诉讼材料的审查问题。与证据材料经双方质证对抗性审查不同，诉讼材料一般仅通过法官书面单向审查的方式，由立案法官和主审法官在立案阶段和诉讼初期进行审查。实践中审查主要存在如下问题（见表1）：

---

① 王新平：《民事诉讼证据运用与实务技巧》，中国民主法制出版社2019年版，第137页。

② 王新平：《民事诉讼证据运用与实务技巧》，中国民主法制出版社2019年版，第154页。

③ 秦旺、谢欣欣、钟晨曦：《检视与构建：互联网法院审理模式下的电子证据认定规则——基于类型化研究的路径探索》，载《司法体制综合配套改革与刑事审判问题研究：浙江省法院第二十八届学术讨论会论文集》，人民法院出版社2018年版，第720页。

表1　电子化诉讼材料审查情况统计

序号	诉讼材料	问题部分	不利后果	参考案（事）例	说明
1	居住证明材料	印章	虚构连接点，导致管辖问题	涉台明星网络侵权责任纠纷中，经审查发现原告提交的某居民委员会出具的社区居住证明印章系伪造，证明系虚假证明	对于第三方组织出具的证明材料，要重点审查印章等证明材料来源的部分
2	授权委托书	签字或印章	存在无权代为行使当事人诉讼权利的问题	明星肖像权纠纷中，授权委托书存在空白签字，套用案件内容的情况，代理人违规修改授权权限和扩大授权案件范围	对于批量案件，要重点审查授权权限
3	律所所函	案由及案号	产生不合规的行为风险	存在套用空白的律师事务所所函，以律所名义承接业务参与诉讼	根据《最高人民法院关于适用〈中华人民共和国民事诉讼法〉的解释》第88条第1项，律师应当向人民法院提交律师执业证、律师事务所证明材料。根据2018年12月5日公布的《律师事务所管理办法》（司法部令第142号）第46条第1款，律师承办业务，由律师事务所统一接受委托，与委托人签订书面委托合同
4	营业执照副本	存在状态	产生判决后发现实体不存在的风险	存在营业执照副本过期情况	要重点审查实体的在营状态

第一，电子化后真实可感的审查能力减弱。签字笔迹、红章印泥痕迹等线下审查传统而朴素的感知判断方式，随着“屏对屏”电子化的展示，失去了部分效果。屏幕后的审查相比直接审查，在“真实可感”“触手可及”的感知度方面打折扣，给法官增加了审查难度。

第二，电子技术的运用使得作假行为难以辨识。现代技术的复杂性给审查带来困难，容易出现通过抠图、激光扫描等技术手段，导致屏幕上出示的材料不容易区分是否本人手签、是否存在授权材料被加工篡改以及由此产生相关代理权限风险等。

第三，电子化的复制性及制式性引发的重复套用。电子化材料特别是一些制式证照材料，容易被多次复制，且几乎难以区分差别。实践中，空白的律师事务所所函等空模板容易被滥用，通过复制套用制式所函，以律所名义承接业务参与诉讼。

第四，电子化的虚拟性容易产生行为冒用风险。起诉状可以通过账号密码登录平台，要素化填写并进行电子签名后即自动生成。身份虚拟性存在本人账号被冒用或盗用的风险，进而产生一系列缺乏授权或超越授权的诉讼行为。

（二）正本溯源：真实性审查问题的深层次原因揭示

本部分从历史发展及现实需求等维度，深度剖析电子化审查问题出现的原因。

1. 配套制度尚未构建。关于电子化材料真实性审查的配套制度需要细化。《最高人民法院关于互联网法院审理案件若干问题的规定》第10条对电子化材料“视为原件”的效力进行了原则性规定，适用范围限于三家互联网法院。《民事诉讼程序繁简分流改革试点实施办法》第22条也对电子化材料审查作出规定。不过，上述规范均未对电子化材料合理理由的审查尺度及原件提供方式等作相关解释，实践中出现了认定标准模糊和审查尺度不一等问题。

2. 理论研究匮乏。目前，我国关于电子化材料审查规则的理论成果较少，通过查询知网，对“电子化材料”“审查”等关键词进行搜索，仅有1篇硕士论文。[①] 相对于电子证据研究热的情况，电子化材料被视为一个司法实践中的技术问题，理论研究重视程度不够。

3. 思维观念桎梏。在线诉讼中，无论是当事人还是法官，对于原件或原始载体具有相当的偏好性。电子化证据材料与原件的割裂性，以及传统观念对于“原件”的偏好性，导致在线庭审中在展示电子化材料之外，被要求重复展示原件，不仅违反诉讼的经济原则，加大司法成本，也与发展性原则[②]不相配适。

4. 司法经验不足。由于我国线上审判刚刚起步，尚处于探索阶段，此类问题积累的样本不多，难以形成体系化的认识。法官缺乏在线审查的司法经验及技术手段，难以独立判断电子化材料是否与原件一致，容易造成真实性审查把握不准。

---

① 谢文静：《电子化证据问题研究》，吉林大学2018年硕士学位论文。

② 何玉璐、程结晶：《〈电子档案管理系统基本功能规定〉解读》，载《兰台论坛》2019年第11期。

二、规则构建：建立层次化分析视角的应然走向

随着科技的发展，实践中发现通过复制件或屏幕展示方式出示的材料，法官足以形成内心确认。调研数据显示（见图2），67.11%的法官认为通过屏幕核对原件与线下核对原件效果一致。电子化证据真实性的证明标准，相较于证据原件没有减损。同时，电子数据等证据的云存储、转存等形式，导致“原件”理论力不从心。对于电子化证据材料真实性的强调，逐渐替代了传统“原始性”或“原始载体”的要求，“视为原件”的拟制标准是对“原件”理论在新形势下的延续和发展。

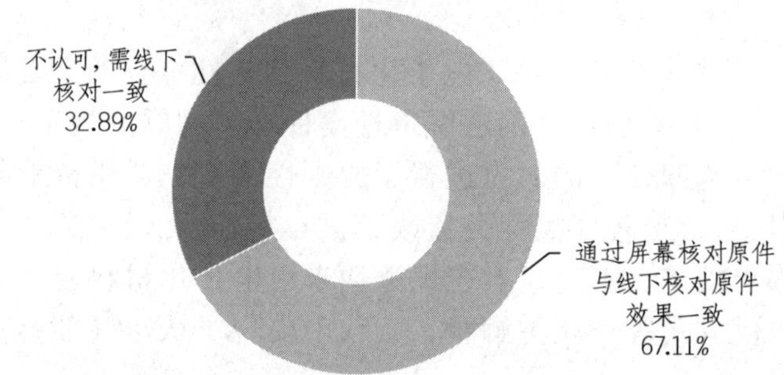

图2　对通过屏幕核对原件的效力是否认可（法官）

（一）探讨基础：层次化分析视角的必要性和可行性

电子化材料审查引入层次化分析视角有其必要性和可行性。一方面，引入审查的层次化分析视角有其逻辑发展的顺承性和诉讼经济的必要性。从逻辑看，电子化材料审查的逻辑起点，是为适应互联网技术和电子诉讼发展的需要。随着证据开示程序及相关程序适用范围的扩大，已经在很大程度上减少了适用“最佳证据规则”的需要。“要求提供原件”的原则，基本上发展为一项优先原则，即如果能对不能提出原件的理由作出满意的解释，可以允许采纳次要证据。① 从实践看，基于诉讼经济的考虑，要综合考量现实成本和可操作性。②（见图3）面对更加差异化、多元化的证据呈现方式，传统纸质材料审查的原始性与电子化材料审查的真实性开启了层次和幅度的划分。因此，系统地论述优先适用的层次等级与程序有必要性。

① 谢文静：《电子化证据问题研究》，吉林大学2018年硕士学位论文。

② 任伟元：《浅议公证电子化》，载《法制与社会》2019年第2期。

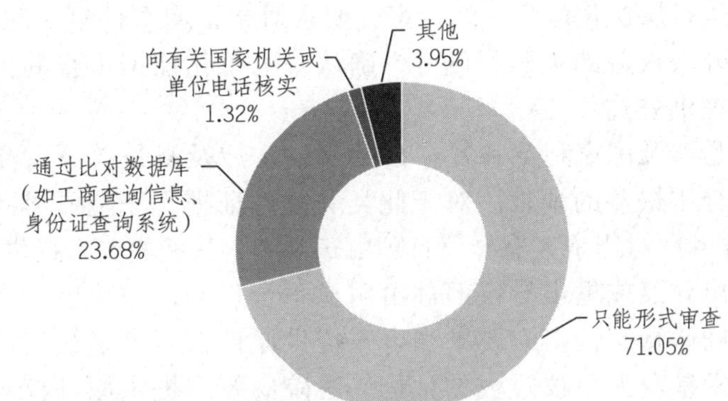

图 3　电子化诉讼材料审查状况

另一方面，引入层次化分析视角有来源依据和域外参考，具有可行性。一是有来源依据指引。《最高人民法院关于互联网法院审理案件若干问题的规定》第 10 条提出电子化材料视为原件形式要求的相关审查规范，是对原件理论的有益发展。《证据规定》第 91 条第 1 款、第 2 款分别规定公文书证和在国家机关存档的文件复制件具有与正本或原本相同的证明力，对特定类型的复制件证明力予以认可。二是有域外样本参考。英美法系规定在特定情形或具有正当理由时，书证的复制件具有与原件相同的证据力。① 根据美国联邦上诉法院第五巡回法庭 1964 年审理的相关案件，只要当事人提交的电子文书材料是通过高效的扫描仪器形成的，能够确保文件质量，对方当事人对于原件真实性不存在真正的争议，并且没有其他理由要求提供原件，则可采纳复制件。② 在大陆法系，例如韩国将当事人提交的电子文书认定为正本而赋予其与原本同等的效力。③ 其中正本文书是为了赋予与原本同等效力而特别制作的誊本。由此，域外对于电子化材料的审查也区分了优先级，并通过格式清晰度要求、制作完整性标准等方面进行限定。

（二）要素分析：层次化审查的基本原则和规则框架

电子化材料审查规则框架的构建遵循以下思路：在线审查中，根据核心程度、材料来源、形式标准等要素构建层次化审查指引，细化“视为原件”的审查规则。

一是核心程度。对于电子化证据，为避免诉讼参与人因诉讼能力不足造成核心事实无法查明或由于主观恶意形成虚假诉讼，审查中应根据材料

① 最高人民法院民事审判第一庭编著：《最高人民法院新民事诉讼证据规定理解与适用》，人民法院出版社 2020 年版，第 796 页。

② 何家弘、张卫平：《外国证据法选译》（下卷），人民法院出版社 2000 年版，第 870~871 页。

③ 谢文静：《电子化证据问题研究》，吉林大学 2018 年硕士学位论文。

的核心程度进行层次化区分。综合审查要素对于证明案件事实的关键程度，以及对于案外人权益的关联程度等，确认对电子化证据审查的主动性以及证据原件的提供方式。

第一类是涉及国家利益和社会公共利益、涉及身份关系、涉及权属认定等第三方合法权益的证据。对于此类关键性证据，法院要尽到必要审查义务。（见图4）对当事人有异议且理由正当的，法院应要求提供原件核对。当事人未提出异议或提出异议但理由明显不合理的，法院也要进行重点审核；若无法确认真实性，应要求当事人提供原件核对。第二类是其他关键性证据，通常是双方争议过大的证据。法院应要求提供原件核对，必要时可组织线下核验证据真实性。

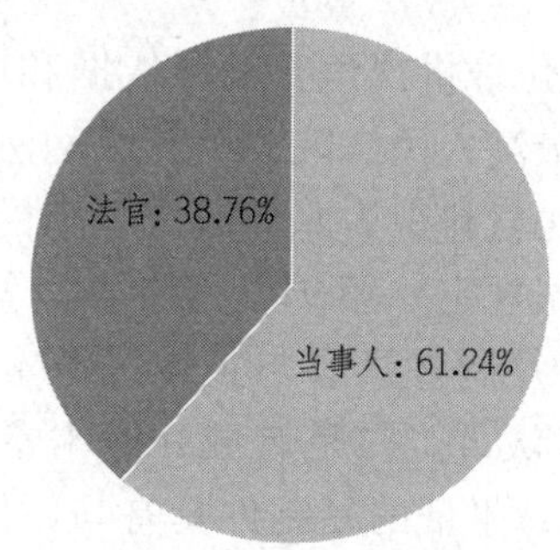

图4 对电子化证据材料的真实性异议由谁提出或发现

二是材料来源。首先区分电子证据及传统证据类型。对于电子证据，分为完成即上链和对已经存在的数据进行存证的情形。前者是目前值得推崇的方式，对电子数据来源的审查主要是第三方存证平台的相关网络环境、设备清洁性处理、取证规范操作等，保证存证结果的来源真实；后者除前述操作外，还要对存证固定前电子证据的真实性来源进行审查。

对于传统证据材料，根据材料制作或出具主体的不同进行层次化区分。一般而言，公权力机关出具的文书材料具有制式化、标准化的特点，公信力较高，审查力度相对较低；随着材料的私属性趋高，形式标准化程度越低，审查力度相应加大，需结合材料核心程度确认相应的审查层次。在原件提供方式上，结合当事人意愿及出示效果，采用屏幕共享进行在线查验或在指定时间线下审查。对于单方持有的原件，对方当事人不认可真实性的，由原件持有人提供；对于双方持有的原件，不认可真实性的一方应当提交其持有的原件予以比对。

第一类是国家机关或者其他依法具有社会管理职能的组织，在其职权范围内制作的文书。当事人对材料真实性有异议且理由正当的，法院应进行审查，根据情况进行数据比对或要求当事人提供原件核对。经法院审查是与原件制作内容相同的复制件，则具有与原件相同的证明力。

第二类是由第三方组织或单方制作、出具的经签名、加盖印章或捺印的私文书。这类材料通常不具有制式化和标准化，形式真实性审查要结合证据材料的核心程度，即是否对案件具有关键性作用进行综合判断。

三是形式标准。包括电子化格式和制作标准两方面。主要考察针对同一原件经不同方式电子化处理后，证据形式存在混同的情况。若不同证据形式的电子化材料相互一致，且与原件核对一致，则复制件均可视为原件。为防止电子化材料的篡改，从电子化格式和制作标准两方面进行审查。

在电子化格式方面，不同电子化处理方式存在不同程度的技术篡改成本和风险。对于平面材料，相较于拍照格式，扫描格式篡改成本更小，审查力度应更大。对于非平面材料，录像等方式容易遭篡改，审查力度应更大。对于电子证据，例如照片原图，RAW 格式[①]即各相机厂家根据生产相机配套的图片原始数据存储格式，是比较可靠的格式，因此较 JPG 等后期容易篡改的格式，审查力度相对较小，当事人提出异议应有合理理由。

在制作标准方面，主要包括清晰度标准、机器设备标准、过程清洁性标准等。只要复本是使用确保准确性与真正性的方法制作的，该复本就可以起到与原件同等的作用。[②] 因此，只有满足基本形式要求的电子化材料，才具有较高的形式可采性。

三、运行规程：电子化材料层次化审查的规范路径

依据基本规则建立具有合理性、可操作性的运行规程，是统一裁判尺度、保障在线诉讼当事人合法权益的应然路径。根据层次化分析视角，从程序纵深的角度，拟在思维和操作层面提出以下构想。

（一）原理支撑：对原有审查思路的历史性发展

一是技术标准。对“功能性等同”原理的运用。传统纸质材料审查强调直接接触性，“直接审理原则”即法官要直接、亲自从事法庭调查、接触和审查证据，再进行证据的采纳与排除。[③] 电子化带来了对最佳证据规则[④]的冲击。

不过，随着在线证据出示的深度应用，真实性审查不再仅强调原件，

① 图片原始数据存储格式：佳能是 CR2、CR3；尼康是 NEF；索尼是 ARW；富士是 RAF；松下是 RW2。

② 何家弘、张卫平：《外国证据法选译》（下卷），人民法院出版社 2000 年版，第 870 页。

③ 参见陈瑞华：《什么是真正的直接和言词原则》，载《证据科学》2016 年第 3 期。

④ 参见［美］亚历克斯·斯坦：《证据法的根基》，樊传明、郑飞译，中国人民大学出版社 2018 年版，第 264~269 页。转引自郑飞、杨默涵：《互联网法院审判对传统民事证据制度的挑战与影响》，载《证据科学》2020 年第 1 期。

而是综合考察信息传递过程的完整性和准确性。传统证据要保持形式要件等与原件的一致性，电子数据要保持内容、逻辑结构和背景信息等与原始状况的一致性。只要在形式上足以达到特定身份或行为标识和确认的程度，根据功能性等同原理，即认可形式真实性，证明标准没有因复制件或屏幕展示的方式而降低。如电子签名技术联合人脸识别、手机验证码等技术综合实现了身份的标识作用，具有与手写签名同等的效果。综上，对电子化材料真实性的强调逐渐替代了纸质材料时代对“原始性”或“原始载体”的要求。①

特别是随着电子商务的发展以及跨境贸易往来频繁，越来越多的网络服务、金融借贷、网络购物等合同通过网上签订。如果固守传统的原始证据或原件的概念，这种转化形式将被视为复制件对待，从而将相当数量的电子证据排除在案件事实证明之外，势必削弱电子证据的应有功能。② 在这一问题上，联合国国际贸易法委员会在《电子商务示范法》中提出，依照“功能同等法”，将具有最终完整性和可用性等功能的电子副本规定为原件，只要数据电文确实起到了在“功能上等同或基本等同于”原件的效果，便可视为一种合法有效的原件。③ 我国民事诉讼证据规则也新增涉视听资料与电子数据的规定。通过准确把握审查标准，规范材料提交程序和质量，为营造稳定公平透明、可预期的营商环境提供司法服务和保障。

二是最低保护标准。程序选择权的基础保障作用。从诉权保障的价值追求来看，在线诉讼与传统诉讼并无差异，都是为了当事人的争议解决和权利保护服务的。因此，数字化转型过程中，要兼顾到接受教育技能和接近互联网能力低的群体权益，当对方当事人因为质证能力或水平不足要求线下出示证据的，法院应在尊重当事人权利基础上，就有关合理理由的审查及原件的提供方式，综合考量正当性、便利性和可操作性等因素。一方当事人要求对方出示原件是一种诉讼上的权利。④ 对于在屏幕上区分原件的翻拍件或其复印件的翻拍件有困难的，法官应当允许采用线下勘验的方式，保证形式真实性审查的准确性。

（二）正向运用：对线上审查的层次化认定

对电子化材料审查的层次划分，要综合核心程度即对待证诉讼行为或案件事实的重要程度、材料来源，以及格式标准进行相应权重转化。其中

---

① 参见彭插三：《电子数据和电子文件法律规制比较研究》，载《档案管理》2019 年第 6 期。

② 最高人民法院民事审判第一庭编著：《最高人民法院新民事诉讼证据规定理解与适用》，人民法院出版社 2020 年版，第 195 页。

③ 最高人民法院民事审判第一庭编著：《最高人民法院新民事诉讼证据规定理解与适用》，人民法院出版社 2020 年版，第 196 页。

④ 王新平：《民事诉讼证据运用与实务技巧》，中国民主法制出版社 2019 年版，第 122 页。

材料核心程度权重最大，处于占比在50%以上的绝对优势；材料来源权重次之，格式标准在最后。根据材料权重转化后所对应坐标位置距离三维图原点的远近，真实性审查可以分为重大审查和一般审查。（见图5）

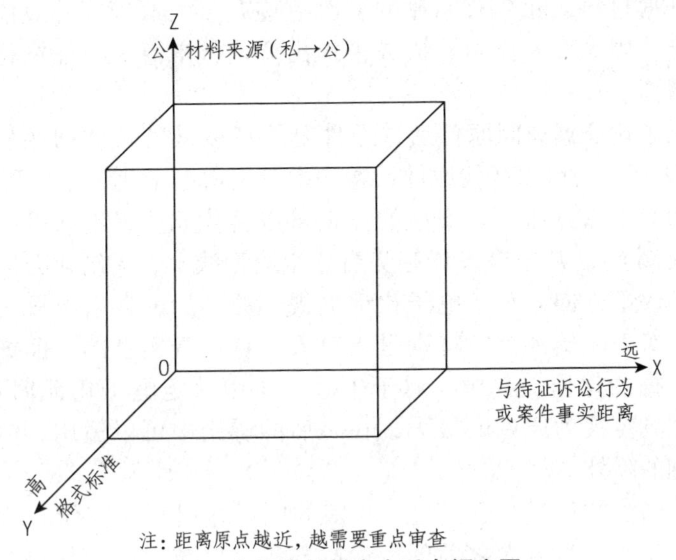

图5　电子化材料审查重点幅度图

一是在立案审核阶段。对于诉讼材料，立案法官要主动审查，综合材料关键程度和来源，重点审查影响诉讼行为真实性、身份信息及授权信息真实性的关键部分。在审查方式上，可尝试与国家工商行政部门、律协等相关数据库数据对接，通过数据比对的方式核查重点材料如相关证照、手续的真实性。对于单方出具的材料，要重点审查授权权限等。对于同原告不同被告或同原告同被告多个诉讼标的的情形，可尝试推进利用技术手段将相同诉讼材料标记处理、同步上传，法官进行“一揽子”审查，不过授权委托书中应详细注明代理案件范围及权限。对于经法官审查认定的诉讼材料，视为原件。

二是在举证质证阶段。根据不同案由类型，证据材料核心程度越高、材料来源私属性越强、格式规范标准性越低，越需要进行重点审查。在线诉讼中，屏幕共享、高清像素等技术手段加持，为法官审查认定提供了保障。通过屏幕共享进行当庭查验，例如对于电子证据，现场演示上网打开邮件，以供对方当事人和法庭核实截图内容是否与原始存储介质相符，不失为一种简便实用的方法。

调研显示，有85.53%的法官认为电子化证据需与原件核对一致后可视为原件。同时，有51.32%的法官认为转存后的电子数据证据均需与原始存储介质核对一致；46.05%的法官认为被告未提出合理抗辩意见则视为原始件。

综合考量审查三要素及权重进行层次化认定：在重点审查层次范围的证据材料，经法院审查后认定的，具有视为原件的效力；对于在非重点审查范围的证据材料，除非有明显的篡改痕迹或重大瑕疵，一般依当事人异议情况而定，当事人未提出异议或未提出合理抗辩意见，证据材料具有视为原件的效力。

对于电子化证据视同原件后，原件是否可以被替代的问题，调研显示56.58%的法官认为可以替代原件，卷宗中只用留电子化证据即可；34.21%的法官认为对于双方认可真实性的证据可以替代原件，不认可的需保留原始证据（见图6）。从未来发展趋势看，全流程线上、无纸化办案成为适应时代需求的改革方向，对于电子化证据视为原件后，卷宗中只用留电子化证据即可，对于原始证据，特别是当事人不认可真实性的，证据持有人可做好原始证据的保留。其中，对于生效判决中认定电子化证据真实性的，电子化证据具有视为原件的效力，在之后的诉讼中可以适用，但有新的证据足以推翻的除外。

从诉讼经济的角度考虑，归入卷宗的电子化材料，应作后续归档的衔接配套，方便调取当事人之前的诉讼资料等，以减少诉讼材料的数量，保证电子化材料“视为原件”的效力，打造卷宗材料后续利用的电子化司法生态。

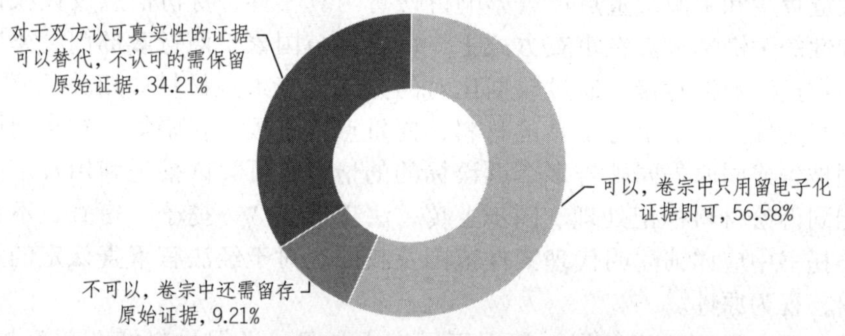

图6 电子化证据视为原件后，原件是否可以被替代的调查

（三）逆向排查：对不同程度瑕疵的层次化处理

对电子化材料真实性进行逆向排查，根据不同瑕疵程度确认采信结果及程序处理方式。（见表2）电子化材料的瑕疵大致分为三种，分别是重大瑕疵、一般瑕疵和微小瑕疵。重大瑕疵，是指当事人基于故意伪造或涂改材料内容的问题。一般瑕疵，是指当事人疏忽大意导致形式上不完备的问题。微小瑕疵，是指并非形式上欠缺，但不符合相关标准的问题。

表 2　电子化材料真实性审查的瑕疵排查

材料类型	瑕疵类型	认定标准	程序处理	处理结果
诉讼材料	重大瑕疵	印章、签字等证明授权来源的关键部分	警告并跟踪后续审查	不予采信
	一般瑕疵	非关键部分的形式要素缺失或没有符合形式标准，且对于认定材料格式内容有影响的	标记为不合格	补正后采信
	微小瑕疵	没有符合格式标准，且对于认定材料格式内容几乎无影响的	说明	采信，庭后补正
证据材料	重大瑕疵	对于案件事实认定有影响的关键证据，或除关键事实以外的其他对于认定案件事实影响不大的证据系当事人故意伪造或涂改证据的	惩罚、警告	不予采信
	一般瑕疵	疏忽大意导致的电子化转化形式上不完备	标记为不合格	补正后采信
	微小瑕疵	不符合格式标准且对于认定事实几乎无影响的	说明	采信，庭后补交

一是诉讼材料。从审查内容看，对于印章、签字等证明授权来源的瑕疵属于重大瑕疵，应对非授权行为作出警告，并新增“跟踪和记录警告事项处理过程”的后续审查操作。[①] 对于证据授权来源之外，当事人基于过失不了解形式完整性导致的、关键部分之外的形式不完备的诉讼材料，属于不合格材料，通过审查对不合格的进行标注。[②] 对于清晰度模糊，没有符合规定的标准的，且对于认定材料格式内容影响不大的，属于微小瑕疵，通知当事人庭后补交即可。

二是证据材料。对于案件事实认定有影响的关键证据，出现虚假一般属于重大瑕疵，法院可以进行罚款等惩罚措施。其他对认定案件事实影响不大的证据，当事人故意伪造或涂改证据，也属于重大瑕疵，法院可以根据当事人过错程度予以处罚或警告处理。对于当事人疏忽大意导致的电子化转化形式上不完备的证据，属于一般瑕疵，法院可以责令重新补交。对于微小瑕疵，法院可通知当事人庭后补交。（见图 7）

---

① 何玉璐、程结晶：《〈电子档案管理系统基本功能规定〉解读》，载《兰台论坛》2019 年第 11 期。

② 何玉璐、程结晶：《〈电子档案管理系统基本功能规定〉解读》，载《兰台论坛》2019 年第 11 期。

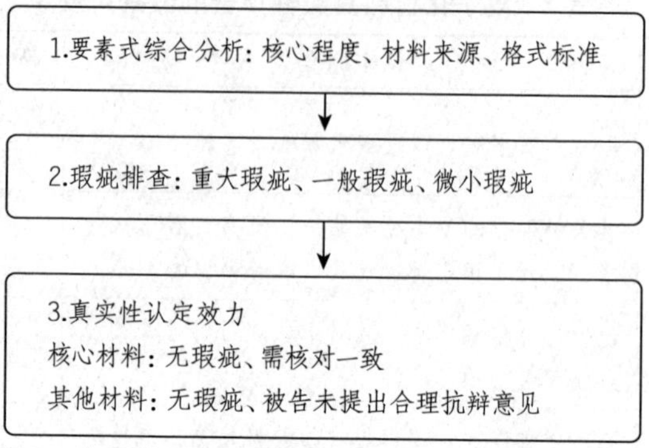

1.要素式综合分析：核心程度、材料来源、格式标准

↓

2.瑕疵排查：重大瑕疵、一般瑕疵、微小瑕疵

↓

3.真实性认定效力
核心材料：无瑕疵、需核对一致
其他材料：无瑕疵、被告未提出合理抗辩意见

图7 电子化材料真实性审查的层次化定认推导图

网络平台证据协助义务的现状检视与规则建构

——基于社会连带主义的分析

吴丹盈*

一般而言，民事诉讼采用的是“谁主张，谁举证”的基本原则。涉网络平台纠纷审判实践中，居于优势地位的平台方往往对证据也拥有更大的控制权，在其拒不向法院提交其控制的对其不利的证据的情况下，此时提出主张的一方在诉讼中将处于不利的诉讼地位，形成证据偏在的局面，而法院事实查明也很可能因此与客观事实存在较大差距，从而损害裁判的正当性，影响当事人诉讼权利的保障和实体权利的实现。为此，《民事诉讼法》《电子商务法》等相关法律法规对网络平台协助提供证据作出规定，意旨破除这一难题。然而，受限于传统私法理念，平台证据协助义务的理论基础、法律依据、具体规则在司法实务中呈现出明显不足。《人民法院第五个五年改革纲要（2019—2023）》提出要“推动审判方式、诉讼制度与互联网技术深度融合”，平台证据协助义务的纵深推演系改革应有之义。社会连带主义认为社会中的个体既相互独立又紧密相连，只有立足于各自的社会职能、彼此合作，才能互相实现需求。① 本文援引社会连带主义以论证网络平台证据协助之正当性，进而试构协助细则，使平台证据协助义务落到实处，意旨破解电子证据偏在之困局，以提升审判能力现代化，切实保障当事人的诉讼权利，推进发现真实的可能性。

一、提出问题：网络平台证据协助义务的私法局限

从法官、当事人及网络平台三类不同主体审视司法实践中网络平台证据协助义务，不难发现其功能、作用、规程设置上均有不足。

（一）法官视角——网络平台证据协助义务的功能被低估

司法实务逐步认可电子证据认证的特殊性，无法以单纯的当事人主义

---

* 作者单位：广东省东莞市第三人民法院。

① 参见［法］莱昂·狄骥：《宪法学教程》，王文利等译，春风文艺出版社、辽海出版社 1999 年版，第 56 页。

或职权主义涵盖之，试图建立起相对中立的认证模式，强化审判中心主义的理念，为当事人主义模式提供有限支持（见图1）。

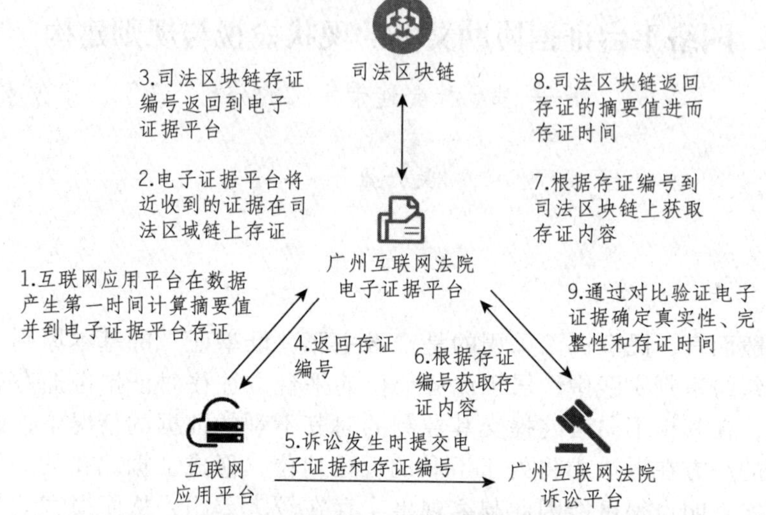

图1　网通法链事前存证、自动验证系统动作概况

首先是互联网法院主推的区块链技术，对接各大网络平台，建立起一套备受推广与期待的电子证据认证方式。目前区块链技术在电子证据的检适用范围有限，主要集中在知识产权纠纷案件中。利用区块链技术，对电子证据的监控有可能从生成即开始，是较之当事人自行保全和公证机关的事后公证的一个突破。北京市某区人民法院曾公布调查报告，称存证平台具备对已存在或正在生成的电子证据进行收集、储存之检验检测技术，这使得存证平台介入电子证据的真实性认定更有信服力。“只要电子信息被完整地记录下来，它就具有同原件相同的证据效力，而无论其载体是否为原件之载体。”① 通过区块链技术认证的电子证据，法庭同样要对证据的完整性进行审查，从电子证据是否真实上传，再到审查是否为诉争的电子证据，通过对电子数据背后的哈希值进行比对，从而确认上传的电子证据保存完整，未被修改。据此，区块链技术巧妙地与隐去了原数据生成的平台的认证问题，实现了与平台的链接。

然而，区块链目前仅在部分法院运用，调查显示多数法官对区块链的运用原理不甚理解。此外，我国幅员辽阔，法院数量多，各地经济发展、科技水平差距较大，区块链一盘棋的局面固然美好，但距离目标尚路漫漫。区块链技术承认了网络平台在证据协助上的重要作用，同时在一定程度上

① 张玉洁：《区块链技术的司法适用、体系难题与证据法革新》，载《东方法学》2019年第3期。

遮掩了平台证据协助义务的功能与价值。《最高人民法院关于审理涉电子商务平台知识产权民事案件的指导意见》可以看到司法对网络平台证据协助义务的审视与展望。

（二）当事人视角——网络平台证据协助义务的作用被忽视

"相较于传统证据，电子证据天然蕴含高科技带来的陌生感，且产生的方法、手段等经常升级换代。"① 当事人通常不具备应对高新科技的专业技能，在互联网时代对保存电子证据可能缺乏意识或能力，多采取如截图、录像等形式保全电子证据，被采信的概率较低。

基于检索裁判文书发现，② 法庭并未完全对电子证据是否可以明确采信作出判断，其中明确采信判断的只是少数，仅占比 7.2%。③ 不被采信的原因普遍集中在无公证、无原始载体等针对电子证据特性的问题。如"QQ 聊天记录属于电子证据，聊天记录的内容可进行删减"；④ "网页……因电子证据易修改，且修改具有隐蔽性……本院不予采纳"。⑤

为提高采信率，当事人常通过公证、鉴定或第三方存证等保全方式，其技术内涵是通过测算电子数据的完整性、提供数据的云托管服务，以公证服务、司法鉴定等证据保全手段辅助，从而保存电子数据证据。⑥ 基于对公证机构的技术信任，由其认定电子证据的真实性、合法性，法院仅需进行形式上的审查。公证机关的保全方式增加了当事人的诉讼成本，"公证处取证的证据，只能证明存在侵害的结果，而无法证明侵权的过程。由此可知，公证处对相关电子数据的保全有较大的局限性"，⑦ 难以回应庭审实质化的呼吁，不利于促进真实之发现（见表 1）。

表 1　电子证据三种保全方式的认证情况对比

保全方式	操作者	取证时间	取证标准	费用标准	法庭认证标准
自行保全	本人	事后	无统一标准	—	通常结合其他证据认证，如无佐证通常不予认证

① 方玉珍：《电子证据认知新思路——基于实验的直观体现方式》，中国法制出版社 2019 年版，第 37 页。

② 2020 年 3 月，以"民事""电子证据"为关键词检索法信系统的裁判文书，查阅并剔除系列案和无关案件，保留 204 份民事判决书作为分析样本。

③ 刘品新：《印证与概率：电子证据的客观化采信》，载《环球法律评论》2017 年第 4 期。

④ 浙江省宁波市鄞州区人民法院（2017）浙 0212 民初 12684 号民事判决书。

⑤ 上海知识产权法院（2015）沪知民初字第 504 号民事判决书。

⑥ 周恒：《电子证据载体关联性理论视角下的网贷平台电子证据保存服务》，载《科技与法律》2018 年第 5 期。

⑦ 林子英：《论第三方电子数据平台所存储数据的证据效力》，载《人民司法》2020 年第 1 期。

续上表

保全方式	操作者	取证时间	取证标准	费用标准	法庭认证标准
公证保全	公证机关	事后	无统一标准，侧重于形式上的见证	费用较高	多数采信，但也有不采信之案例：四川省成都市中级人民法院（2019）川01民终1050号民事判决书
第三方保全	第三方平台	事中/事后	国际标准，自收集固定之时起不被篡改、保持完整，且能够确定收集固定电子数据的时间	传统公证取证的几十分之一甚至更低	杭州互联网法院（2018）浙0192民初81号民事判决书确定认证规则

（三）网络平台视角——网络平台证据协助义务的设置被虚化

证明是发现客观事实和构建法律事实的主要手段，是裁判的主要依据。承袭德国与日本的民事诉讼理念，法官的判断是建立在当事人的诉讼行为之上，尽管原告或者被告向法院主张了对其有利的案件事实，但只要事实存在争议且案件当事人未能提出证据以证明其所主张的事实的真实性，法院通常会判决负有证明责任的一方当事人败诉。① 在民商事案件审理上证据提出主要强调当事人的自我责任，法官甚少主动介入或积极回应当事人电子证据偏在的难题，② 平台证据协助义务成为了一个弱小的存在。

《电子商务法》已明确规定电商平台协助提出证据的义务，但欠缺具体的规程指引，平台难以明确其进行协助的范围、路径和不予配合的后果，因此，平台对待证据协助义务不知情、不理解，或不一定配合的情况频频出现，网络平台长期游离于举证协助义务之外。

实际上，由平台承担证据协助义务是可期待的。平台作为生成、存储、修改、销毁电子证据的第一手，直接掌握电子证据，协助提供证据具备技术可能，成本较低、效率更高。当前的平台通常都是具备雄厚实力的大型公司，其存储的数据体量庞大，而需要调取电子证据的当事人往往是不确定的，其力量通常难以促使平台主动配合提供证据，更不可能使平台进行虚假证据之提供。值得关注的是，调查显示，法官普遍认为，平台提交的电子证据可信度高，但平台作为私主体，非案件当事人，亦不是传统意义

---

① 参见李浩：《民事诉讼当事人的自我责任》，载《法学研究》2010年第3期。

② 2020年5月，通过网络向全国不同地区的76名民商事法官进行问卷调查，并与其中25名法官进行访谈。

上的证人，其对证据协助不予回应、模糊回应，或提出无法协助，即视为其已履行了相应的责任，无法亦不应对网络平台过多要求。

二、追根溯源：网络平台证据协助义务的规范缺失

网络平台证据协助义务是破解电子证据主体偏在问题，保障当事人诉讼权利的实现，确保法庭在发现真实的基础上作出正确的法律适用，以最大可能地实现和维护公平正义的重要武器。但现有法律资源、行业规则等均不足以激发平台证据协助义务。

（一）既有法律规范无法满足法庭适用的需要

《民事诉讼法》规定了知道案件情况的单位和个人均有义务出庭作证。平台基于技术性而掌握电子数据，能否将其纳入知道案件情况的单位，现有法规未能给予明确回复。《电子商务法》第61条和第62条明确了电商平台的证据协助义务，但局限于电商领域，针对的只有电商平台，适用领域有限，法官无法随意扩展解释。由此可见，平台证据协助义务已得到肯定，并在逐步深度推演，但在此领域迈出的步伐与现实的迫切需求不成比例。随着信息技术的发展，未来法庭审理案件需要海量的电子证据，存储有电子数据的各种主体应当积极提供，并有序接入诉讼平台，这是未来的发展目标，但现有的发展趋势无法完全解决这一问题。

实际上，网络平台已经与经济社会生活高度融合，能快速收集、分析其所能获取的电子数据。虽然协同主义在我国民商事审判中得到倡导，但在证据提出上，主要还是强调“谁主张，谁举证”。法律规范的有限及其背后的理念缺位是平台证据协助义务难以到位的根本原因。

（二）权利义务设定偏离传统证据规则的范畴

提交证据系从辩论原则中衍生而来的规则之一。作为裁判基础的重要事实存在争议，法院需要通过证据调查以认定事实，案件事实的证据证明之义务原则上归属于当事人。[①] 随着互联网+时代的高速推进，涉电子证据的案件的激增，法院要频繁通过调查来获取相关证据。而依靠当事人自行收集和提供相关电子证据，则不可忽视平台与当事人之间的关系。

从数据流动本身来看，信息收集工作通过某种机制使信息从地位劣势方向地位优势方流动，[②] 平台无疑属于信息的强势一方，依赖于平台协助的当事人与平台的实力差距，极易导致数据流的淤堵，作为信息弱势方，势

① 参见［日］谷口安平：《程序的正义与诉讼》，王亚新、刘荣军译，中国政法大学出版社2002年版，第138页。

② 邢会强：《信息不对称的法律规制——民商法与经济法的视角》，载《法制与社会发展》2013年第2期。

必需要寻求必要的渠道，以弥补信息不对等的劣势。片面停留于合同相对性、主体平等、意思自治等传统民商法理念层面，严守当事人主义，封闭职权主义，弱者更弱、强者无畏的局面更为巩固。网络平台的权利义务设定与其所承担数据体量、技术特质、社会影响不相符。私人法益与公共秩序总是相关，将网络平台持有的数据作为“公共品”，强调数据的“互惠分享”，根据法庭需求通过调制适度原则进行合理配置，是科学设置网络平台权利义务的前提。

（三）合同之相对性义务制约证据协助义务的履行

在国家立法之外，绝大多数平台建立了系统内部的规则体系，即“网规”，这被认为是低信息成本下实施法律，满足治理要求的一种方式。[①] 网络平台与当事人一方可能互为合同的相对方，也可能与当事人各方均不在合同范畴内。平台非法庭当事人，对于证据的提出不具有法定义务。

平台面向海量用户，当事人申请其提供的数据可能有三种：一是基于与平台签署的合同，其本人所产生的数据；二是平台与其他当事人签署的合同，平台所管理的数据；三是不属于各方当事人所有或产生，但由平台控制、掌握的数据。尤其后两种情况下，基于传统证据规则理念的意思自治与主体平等原则，且受限于合同相对性，网络平台与各方当事人均为平等主体，网络平台要进行提供证据之协助，有违对另一方当事人的诚实信用或信息保密义务，其处于理论与法律尴尬的境地；此外，违约请求权无力救济举证申请人，申请人能在多大的法定空间获得救济保证，也是一个现实难题。

（四）拒绝或不能举证救济渠道不足之后果

数据的保密、安全，关乎公共利益、平台利益与个人利益的多元均衡。随着社会管理走向数据管理，政府部门逐步强调要求网络平台向其报送有关数据，可以说，平台所掌握的数据已经成为公领域管理的重要“武器”。

但网络平台的数据在司法领域的直接启用则相对滞后、力度不足、范围有限。将视角投射到平台的逐利目的，数据的存储、提取，与平台运营成本切身相关，责任的负担都意味着成本的增加，且可能影响平台的用户数量，直接关系平台在市场上的占有份额。平台拒绝举证或者举证不能，虽然看似不配合部分用户，但可能巩固了市场地位。平台导致申请人无法获得有利证据，甚至出现败诉、侵权等事实，平台的主观过错、损害因果关联性均无法轻易证明，对于平台亦缺乏相应的、明确的惩戒措施，平台

---

① 参见戴昕、申欣旺：《规范如何“落地”——法律实施的未来与互联网平台治理的现实》，载《中国法律评论》2016 年第 4 期。

是否存在侵权责任，或应否承担相应的举证不能责任，均无明确规定，此亦平台难以真正承担证据协助义务的内因。

三、理性思辨：网络平台证据协助义务的连带引入

平台“日渐成为大众参与公共活动的重要场所，与公共利益密切相关，成为具有管理监督性质的私主体”,[①] 承担着大量的“类行政”监管职责，承担公法上的义务，明确平台在证据协助义务上的功能定位，引入公法学上之社会连带主义重构其理论基础具有现实意义。

（一）网络平台证据协助义务的功能定位

平台与法庭上的当事人基于角色的区别，相互独立，又围绕证据提出的需求紧密相连，有必要明确平台证据协助义务的功能定位。

1. 关系连带性。美国判例法上确认“私主体承担公法义务关系的核心在于私主体是否具有实质监管”。[②] 平台事实控制数据，在“数据鸿沟”下其证据协助义务至关重要，通过激活平台与当事人的关系连带性，平台可以要求参加诉讼，必要时寻求司法保护，委托代理人或者申请回避等；维护自己的实体权利而必须享有诉讼权利，包括证据协助时参与辩论和查阅庭审材料等权利；对法院通知证据协助的抗辩权，如网络平台有无法提出证据的正当性理由，可以向法院明确提出，由法院进行公正裁判，使平台角色从技术治理层面向法治制度扩容。

2. 定位辅助性。平台基于技术特性、用户权利“让渡”等原因，获得了电子证据的管理权限，理应与当事人在合法范围内良性互动合作；但由于平台进入非其主场的法庭，其提供证据时的定位主要是辅助性作用。一般系被动进入诉讼，由当事人申请或者法庭要求，在极个别的情况下，其可以主动向法庭提供证据。平台提供的证据由法庭通过相应的举证、质证程序进行，并由法庭决定是否采信，以及采信的范围。必要时法庭可以要求平台亲自到庭或以书面的形式作进一步的解释说明。在这种辅助性的互动中，连带性得到了维护与促进，保障了诉讼生态的有序与和谐。

3. 功能有限性。平台承担举证责任展开的二维结构是“合法性”与“最佳性”，在明确了基于平台职能的社会连带性上辅助提供证据，还应坚持以“有限性”作为“最佳性”的标尺。平台承担举证责任应当有明确的边界：一是在技术允许的范畴内，平台并非万能的，技术治理也并非无界

---

① 刘权：《网络平台的公共性及其实现——以电商平台的法律规制为视角》，载《法学研究》2020 年第 2 期。

② 王军：《私主体何时承担公法义务——美国法上的“关系标准”及启示》，载《中外法学》2019 年第 5 期。

限；二是当事人依然是承担举证责任的主体，平台只有在法院认为必要时才承担相应的协助义务，协助边界需由法院审慎防守，避免过多、不当的协助义务，冲破公共与私人、市场与官方、个人与机构的合理界限。

（二）网络平台证据协助义务的理论重设

“因两造间之知识、地位等差距，可能因而造成程序之不平等，并影响实质正义之实现者，则在特殊事件类型，基于‘武器’平等、个案正义等宪法基本价值之考量下，举证责任分配法则之设立，即应于该类型事件之特性等相关宪法价值予以充分衡量及兼顾”。[①] 平台证据协助义务已超出传统私法理念的“大纲”，有必要引入社会连带主义予以构建。

1. 私主体自治与公法义务之链接。社会连带主义认为应当以社会职能代替权利概念进而推进社会合作。现代社会生活，各主体之间存在天然的连带关系，基于共同需求而相互依赖，又因劳动分工而相互分离，社会关联性要求人们共同遵守某些行为规则，即不做任何损害此种社会相互关联性的事情，可以做一切本质上可以促成相互关联或已然相互关联的事情。[②]

平台的社会职能已超越其作为私主体的范畴，具有与行政机关类似的“权力”，并已渗透发挥管控功能，如针对未成年人的网络消费、网游，平台设置了各种保障、报警机制，未成年人需无条件接受网络平台制定的规定，网络平台在这个层面上相当于扮演了行政机关，以“公权力”对未成年人进行行为管控，从而起到充分保障未成年人利益的作用。此外，继《网络安全法》第47条规定平台发现违法信息后具有处置义务，不少下位法强化平台“发现”义务，要求平台主动进行违法信息的搜寻和监控。[③] 平台已经实际上承担起了不少的公法义务，平台证据协助义务类似于将数据向行政机关提出。平台与诉讼中当事人基于社会连带关系基础上的客观社会职能制分工合作必要行为根本依据，强调同一性和合作互动。平台在固守私主体特性的基础上，应当正视其所负担的义务，并将其与公法义务进行有效链接。

2. 合同相对性与证据协力之突破。平台的证据协助义务，是基于社会连带关系的合作，体现了现代法的合作精神。平台作为大数据时代的新兴势力，甚至被认定为是一种公共设施，过于强调合同相对性，不利于发挥平台的特殊地位，也容易致举证申请人孤立无援。

---

① 姜世明：《举证责任与真实义务》，厦门大学出版社2017年版，第5页。

② 参见［法］莱昂·狄骥：《宪法学教程》，王文利等译，春风文艺出版社、辽海出版社1999年版，第23页。

③ 参见孔祥稳：《网络平台信息内容规制结构的公法反思》，载《环球法律评论》2020年第2期。

强调证据协助，赋予举证“三角结构”数据的互惠分享是互联网赖以生存的基础生态规则。[①] 各国的数据私权化逐渐转向数据公共性的保护面向，鼓励数据加强分享和流动。受主体平等理念影响，私主体间的关联单向化，呈现“线性结构”；但在电子证据的主体偏在问题上，有必要使其走向“三角结构”，强化网络平台与各方主体、法庭之间要共担责任，形成证据协力关系，通过合作共治渐成共识，推进治理的多元融合与现代共治。

3. 风险合理分配与促进真实发现之权衡。网络平台覆盖现实生活的方方面面，囊括金融、保险、消费、娱乐、教育、医疗等诸多领域，平台制定的规则实际上也蔓延到了社会生活的各个领域，强调平台与法庭上举证当事人的互相支持，促使平台充分履行证据协助义务，以实现社会公平公正，有助于降低和规制社会风险的功能，亦是合理分配风险的重要方式。

平台与用户的信息不对称普遍存在，平台储存而当事人一方知悉，另一方当事人或第三方不知悉也无法验证的信息，即便能获取也需要大量的成本。《电子签名法》第 8 条认为审查电子证据的真实性，应当考虑电子证据在生成、储存或者传递中的可靠性，确保其内容完整，有效甄别发件人等因素。由于平台与个体欠缺通谋的可能性，由平台提供的证据符合该条款的真实性之规定。明确平台提出证据的义务，有助于扭转因技术发展带来的个体与平台之间的力量悬殊，减少技术权力对诉讼权利和真实发现的重大影响。

四、实现路径：网络平台证据协助义务的规则建构

基于连带主义的剖析与重构，网络平台证据协助义务将成为未来证据规则的突破，应当按照证明活动的阶段差异，即证据收集、证据审查和法律支持三个环节，重构平台证据协助义务。

（一）证据收集——规范网络平台证据协助的操作细则

为确保平台提供的电子证据符合真实性审查标准，有必要明确平台的权力范围，以确保平台有足够的法律依据来采取行动。

1. 冻结用户数据的义务。对于网络平台存储的电子证据，当事人仍有可能远程访问、编辑和删除。经确定所需电子证据的内容与范围后，必须对该数据进行冻结，防止电子证据被篡改或删除，影响证据的真实性与合法性。平台在收到调查取证的要求或申请后，应当及时履行冻结用户数据的义务。

2. 数据法域存储位置限定的义务。《英国数据保护法案》规定，除非达

---

① 梅夏英：《在分享和控制之间——数据保护的私法局限和公共秩序构建》，载《中外法学》2019 年第 4 期。

到其所规定的数据保护条件，该法案禁止将个人数据转存至欧盟经济区以外的其他地区。如禁止平台将电子数据存储在未与中国签订司法互助协议的其他国家和地区，[①] 尽可能地通过限定数据存储位置减少司法管辖权的纠纷。

3. 为取证提供接口服务与技术支持。随着涉电子证据案件的增加，平台面临的证据提出任务也将增多，为减少取证不能、降低平台证据提出之成本，有必要提供明确的举证接口。平台应为法院调取电子证据提供技术支持，由其自行调取证据的，应保证参与取证的人员必须掌握相应的专业技术知识，防止电子数据证据调取过程中的人为损坏，确保提取过程的精确、真实。

（二）证据审查——审理规则及拒不或懈怠配合的制裁规则

由平台提供的电子证据，固然来自中立的第三方，但亦应当接受案件各方的当庭质证，受直接审理原则和言词审理原则的约束。

1. 当事人申请与法庭确认双模式启动。当事人应尽全面举证责任，确无举证之能力，应具体阐述其所需平台电子证据的具体内容，并对存储主体、证据内容、申请原因等详尽说明。在与案件事实查明有重要关系的情况下，法庭应当予以准许，避免举证倾斜导致的不平等，确保各方当事人在证据上的利益平衡。

2. 赋予相对方对平台提供证据的异议权。考虑到“武器”对等，相对方有权利知悉提出平台协助义务的当事人的全部申请事项，并有提出异议的权利。充分发挥辩论原则在电子证据网络平台协助举证义务中程序对等的支撑作用。一是证明申请人提出电子证据并非确实存在困难，如相对人能证明申请人是基于故意或者重大过失导致电子证据本身损毁或者提出困难；二是证明提出证据与案件无关，如该申请证据与案件无直接关联性等情况，法院应当予以支持。

3. 对于拒不履行协助义务的应有相应制裁。如美国电子证据开示规则中规定，当事人有义务依裁定向其他当事人提供有关资料或作出相关说明，对于拒不配合的当事人，将以藐视法庭作出相应处理。对于平台在电子证据提出上属于私法上的任意性规定，还是作为公法上的义务，对于平台拒不提供证据协助的后果具有重要识别意义。对于平台无正当理由拒不提交、违反相关法律法规或违反与用户之间的契约，导致的存储于该平台上的电子证据缺失、丢失等，应承担相应的责任。

---

① 王中：《云环境服务提供商协助取证的困境和应对》，载《科技与法律》2018 年第 6 期。

（三）法律供给——扩充网络平台证据协助的适用范围

在当前的法律规范体系中，平台证据协助义务已有相关规定，应当进行适当的扩张性解释，以最大可能激发平台证据协助义务。

1. 拓宽文书提出义务的范畴。《最高人民法院关于民事证据的若干规定》完善了“书证提出命令”的范畴，但该命令仍局限于控制书证的“当事人”，有必要将网络平台纳入其中，充分利用现有证据规则的书证提出命令。

2. 将平台证据协助义务延伸至民商事全领域。《电子商务法》第 61 条、第 62 条规定了电子商务经营者在证据协助上的义务，因其经营者的问题导致无法提供有关资料，导致事实无法查明的，应当承担相应的法律责任。应当将这一规定尽可能扩张到其他领域，使平台协助提供电子证据成为广泛共识。

3. 防范与个人信息保护原则的冲突适用。数据对外流转可能产生安全风险以及因用户信息泄露招致的行政处罚与公关危机。① 平台应当遵循合理原则与比例原则提供证据，或对不能提供证据作出合理说明。司法应当从公共政策的角度，坚持大数据的有限排他权与公共领域尤其是司法领域的数据共享，当与个人信息保护原则出现冲突时，保障平台合法提供证据的行为，有必要就电子证据生命周期中需要满足的最低数据保护标准制定规则，制订关于隐私保护和数据安全规则的非约束性准则。

结语：迈向公私连带的证据认证现代化治理体系

证据是理性裁判的基础，在涉电子证据案件审理上，证据之主体偏在突出。网络平台作为存储、控制大量电子数据的第三方，其应当承担起与之技术、地位相匹配的责任与义务，以期平衡当事人与网络平台之间的关系，切实保障当事人的诉讼权利，降低诉讼成本，促进真实发现。本文直面技术对司法的挑战，构建网络平台证据协助义务的理论与规则，试图松绑当下之困顿，未来将在实践与理论上进一步提升与完善。

---

① 杨东、徐信予：《区块链与法院工作创新——构建数据共享的司法信用体系》，载《法律适用》2020 年第 1 期。

4. 强制执行

善意文明执行理念下失信惩戒分级分类机制的审视与构建

——以S市B区人民法院三年执行数据为样本

徐毓杰[*]　贾　路[**]

引　言

2019年12月,《最高人民法院关于在执行工作中进一步强化善意文明执行理念的意见》(以下简称《意见》)中明确要求探索建立惩戒分级分类机制。[①] 近日向十三届全国人大三次会议作《最高人民法院工作报告》中也同样指出,要建立信用惩戒分级管理机制,严格失信惩戒程序条件,精准实施信用惩戒。如此看来,建立一套完善的失信惩戒分级分类机制,呼应善意文明执行理念,进一步完善法院执行工作,已显得越发重要。

经过前期调查,在所有执行案件中,自然人作为被执行人的执行案件占比较大且从已往发布失信惩戒的数据来看,涉自然人失信发布案件数量占全部发布数的90%以上。[②] 另外,法人的履行能力往往较自然人更好,其资产、信用评级制度较自然人而言也更为成熟,故本文论述的失信惩戒分类分级机制主要以自然人为研究对象,这对今后该机制的设立更具参考性。

---

* 作者单位:上海市宝山区人民法院。

** 作者单位:上海市宝山区人民法院。

① 《意见》第21条规定:"探索建立惩戒分级分类机制和守信激励机制。各地法院可以结合工作实际,积极探索根据案件具体情况对被执行人分级分类采取失信惩戒、限制消费措施,让失信惩戒、限制消费措施更具有精准性,更符合比例原则。"

② 以上数据来源于中国执行信息公开网,全国法院2017年—2019年失信名单发布数据。

一、现状检视：我国基层法院失信惩戒制度运行考察

从失信惩戒制度的构成出发，基于S市B区法院近三年实证数据，结合相关执行办案流程，展示2017年至2019年B区法院失信惩戒制度运行的具体化影像。

（一）现有失信惩戒构成：惩戒措施种类及其背后的考量

1. 失信惩戒措施种类丰富，涵盖面广。由于司法执行不断地受到社会重视，我国的失信惩戒制度从立法、司法方面经历由少到多、由简至繁的过程。随着各部委联合签署了《关于对失信被执行人实施联合惩戒的合作备忘录》并开展联合惩戒，失信惩戒措施种类越来越多，涵盖面也越来越广。笔者按照限制措施的类别进行了传统分类，如表1：

表1　失信惩戒措施传统分类表

限制类别	具体措施
出行限制	乘坐交通工具时，限制其选择飞机、列车软卧、轮船二等以上舱位；乘坐G字头动车组列车全部座位、其他动车组列车一等以上座位等其他非生活和工作必需的消费行为
融资限制	限制其向银行等金融机构在申请贷款、信贷额度
投资限制	购买不动产或者新建、扩建、高档装修房屋；租赁高档写字楼、宾馆、公寓等场所办公；购买非经营必需车辆；支付高额保费购买保险理财产品
消费限制	旅游、度假；子女就读高收费私立学校；在星级以上宾馆、酒店、夜总会、高尔夫球场等场所进行高消费
隐私限制	纳入失信被执行人名单并公之于众。同时法院可以通过报纸、广播、电视、网络、法院公告栏等方式公布失信人名单
联合惩戒限制	包括对被执行人资质认定、行业准入限制；参加政府采购、招标投标限制；享受补贴性资金和社会保障资金支持限制；行政审批限制

2. 种类多、涵盖广的背后：“求同存异”。

（1）措施“异”：第一，惩戒种类异多、参与部门各异。尤其是在联合惩戒备忘录中，惩戒措施达到55项，各部委可谓是八仙过海，各显神通。第二，力度异大，各部门通过信息共享平台，形成执行合力，对失信被执行人共同实施惩戒，最大限度上挤压其活动空间，使其无藏身落脚点。第三，影响范围异广，涉及金融、经济、生产生活、旅游、度假、出行、投资、招投标、市场准入、资质认定等多个重点领域，最大范围内限制被执行人。

（2）目的“同”：《最高人民法院关于公布失信被执行人名单信息的若干规定》（以下简称《若干规定》）序言中阐述了两个制定目的：第一，促

使被执行人自觉履行生效法律文书确定的义务。第二，促进诚信推进社会信用体系建设。惩戒只是手段而不是目的，决定了所有的惩戒措施必须服务于这两个目的。

（二）S 市 B 区法院失信惩戒制度运行现状考察

1. 样本选取。S 市为临海直辖市，经济发达，配套制度完善，执行质效走在全国法院前列。B 区属 S 市经济中等地区，以重工业为主，常住及外来流动人口较多，B 区法院执行案件数量处于 S 市中等水平。B 区法院曾荣获全国法院“基本解决执行难”工作先进单位、S 市法院破解“执行难”专项治理先进集体并提前完成“四个 90%、一个 80%”[①] 核心指标，选取 B 区法院作为样本具有代表性。选取区间为 2017 年 1 月 1 日至 2019 年 12 月 31 日，这三年为破解执行难关键时期，同时失信惩戒制度实施情况已较为成熟。故选取这段时间对考察失信惩戒制度的实施情况有很强的参考意义。

2. 双“阶梯式”趋同增长。2017 年至 2019 年，涉民事执行案件收案数量虽略波动，但总体趋于平稳。而“终本”[②] 结案数均连年攀升，呈阶梯式增长。与此同时，涉自然人发布失信人次相对应地逐年呈阶梯式增长，两者数据增长趋势类同，数据见表 2。

表 2 涉民事执行案件实施情况及涉自然人发布失信实施情况

年份	收案总数/件	“终本”结案数/件	涉自然人发布失信人次数/人次
2017	8105	1793	1921
2018	7668	2017	2250
2019	7762	2488	2848

3. 增长的背后呈现“两高”情况。

（1）最高人民法院明确规定发布失信被执行人行为具体情形。[③] 据统计，近三年内因有履行能力而拒不履行生效法律文书确定义务的被列入失信名单的占全部失信名单案件的 95%以上，占比处于高位，数据详见图 1。

① 有财产可供执行案件在法定期限内实际执结率达到 90%；无财产可供执行案件终结本次执行程序合格率达到 90%；执行信访案件化解或办结率达到 90%；全国达标的法院达到 90%。

② 人民法院已穷尽一切执行措施，未发现被执行人有可供执行的财产或者发现的财产不能处置的，待发现可供执行财产后继续恢复执行的一项结案方式。

③ 《若干规定》第 1 条规定：“被执行人未履行生效法律文书确定的义务，并具有下列情形之一的，人民法院应当将其纳入失信被执行人名单，依法对其进行信用惩戒：（一）有履行能力而拒不履行生效法律文书确定义务的；（二）以伪造证据、暴力、威胁等方法妨碍、抗拒执行的；（三）以虚假诉讼、虚假仲裁或者以隐匿、转移财产等方法规避执行的；（四）违反财产报告制度的；（五）违反限制消费令的；（六）无正当理由拒不履行执行和解协议的。”

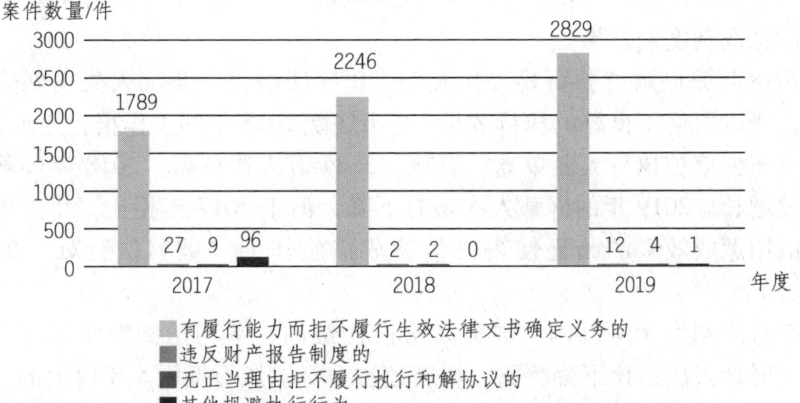

图 1 发布失信被执行人行为具体情形统计图

（2）纳入期限。发布失信被执行人纳入期限亦有明确规定。① 但对“有履行能力而拒不履行生效法律文书确定义务”没有规定纳入期限，在通常办案流程中，选择“无限期”这类顶格失信措施而不设一定期限，将图 1、图 2 结合考量，不难发现两者占比近乎趋同且长期处于高位。正因为有了“有履行能力而拒不履行生效法律文书确定义务”的高占比，才会产生“无限期”的高占比。数据详见图 2：

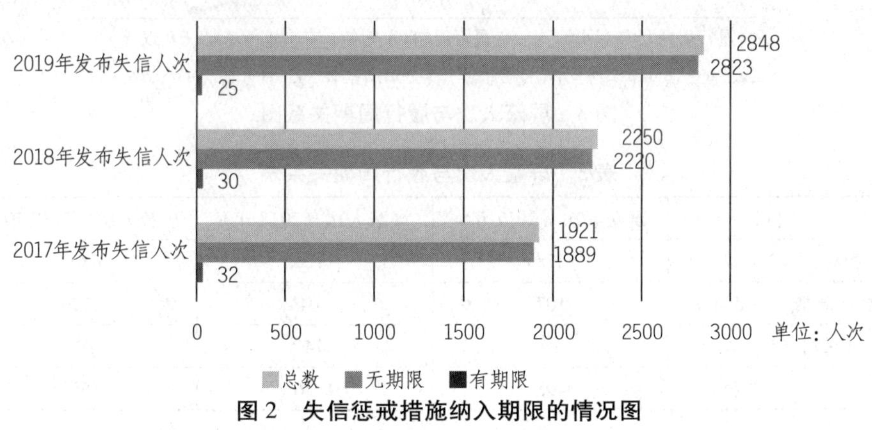

图 2 失信惩戒措施纳入期限的情况图

4. 失信屏蔽②人次与履行周期存在密切联系。由于“被执行人履行完毕”或者“申请执行人同意”两项，是屏蔽失信被执行人的主要原因，而

① 《若干规定》第 2 条第 1 款规定：“被执行人具有本规定第一条第二项至第六项规定情形的，纳入失信被执行人名单的期限为二年。被执行人以暴力、威胁方法妨碍、抗拒执行情节严重或具有多项失信行为的，可以延长一至三年。”

② 失信屏蔽是指被执行人已被纳入失信名单，经履行全部法律义务或者申请执行人同意后，人民法院将该被执行人从失信名单中去除。

这两项最能够体现执行案件的实际执结情况。所以，笔者选择屏蔽人次考察失信惩戒制度的效果。

2018 年是破解“执行难”决胜年。B 区法院进一步加大失信联合惩戒力度，所以取得了良好的执行效果。S 市法院 2018 年的工作报告显示，S 市法院发布失信被执行人名单 6.7 万例，3.34 万人次屏蔽。2018 年屏蔽人次呈爆发增长。2019 年的屏蔽人次虽有下降，但于 2017 年相比，将近增加一倍。信用惩戒效果的凸显使得失信惩戒措施作为“破解执行难”的一味“特效药”。

履行周期为 3 年以内，屏蔽人次占比最高，平均达到 70%以上。3~5 年的，屏蔽人次占比下降严重，幅度超过 50%。履行期限 5 年以上的，屏蔽人次占比长期处于低位。数据如图 3、表 3：

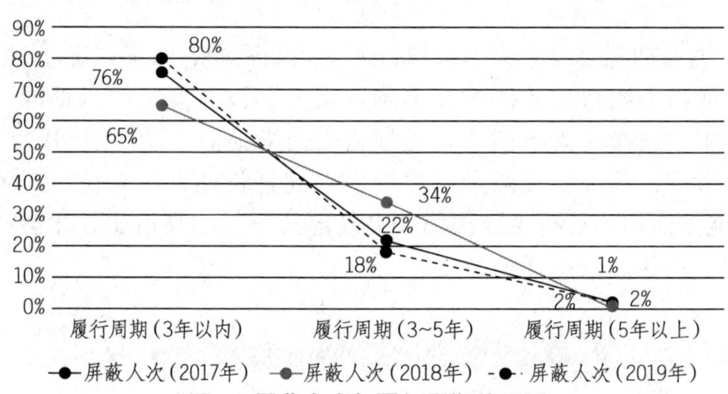

图 3 屏蔽人次与履行周期关系图

表 3 屏蔽人次与履行周期关系表

项目	屏蔽人次（2017 年）	屏蔽人次（2018 年）	屏蔽人次（2019 年）
履行周期（3 年以内）	378	1128	689
履行周期（3~5 年）	107	604	157
履行周期（5 年以上）	10	14	19
屏蔽人次总和	495	1746	865

5. 失信撤销数常年保持低位水平，以法院自查为主。失信撤销数可以反映失信惩戒纳入时错误情况，便于法院及时发现错误，并及时纠正错误。从 2013 年起算，B 区法院撤销的案件总数为 63 个。撤销的原因主要为“死亡”“身份证号码无法核实”“姓名错误”。以上案件全部通过法院自查撤销和高院统一撤销，通过当事人申请而发起的撤销，数据为零。

（三）S 市 B 区法院失信惩戒制度运行问题分析

1. 失信惩戒措施分类局限。按照前文表一所述，笔者认为传统分类存在以下不足和局限。

（1）任意使用失信惩戒措施，错成一味猛药。“猛药七分毒”，按照传统分类，“不对等”地压缩被执行人的生存及活动空间，定会侵害被执行人合法权益。如前文所述，联合惩戒举措涉及25个部门、45项具体措施，影响不可谓不大。

（2）每一项惩戒措施中没有进行细化分类。如出行限制涵盖了3种交通工具及9种以上的座位，覆盖面广，但缺乏针对性。

2. 失信惩戒措施误成“万能药”。为寻求前文所述的双“阶梯式”趋同增长的原因。笔者考察B区法院执行工作流程，发现超过95%的“终本”案件都会使用失信惩戒措施。可见，失信惩戒措施已成为了“终本”案件的“标配”和“万能药”，被执行人没有被作区分的情况下，被“无差别适用”惩戒措施的情况较为严重。

3. “一张大处方”且“终身服药”。通过对前文图1、图2分析，“因有履行能力而拒不履行生效法律文书确定义务的”已经成为发布失信被执行人的“一张大处方”，导致个别被执行人“终身服药”即无限期地被采取失信惩戒措施。实务中，法院认定被执行人存在《若干规定》第1条第2~6项情形的难度较大。为降低被执行人逃过被纳入失信被执行人名单的风险，普遍适用“大处方”，无疑会损害一定数量被执行人的合法权益。

4. 失信惩戒会产生“抗药性”。诚然，失信惩戒措施对执行工作具有良好效果。根据前文图3显示，对被执行人采取失信惩戒措施的前3年产生的督促作用最大。但随着时间的推移，效果逐渐降低。失信惩戒措施逐步产生“抗药性”。

5. 失信惩戒救济途径失灵。如前文所述，B区法院失信撤销数虽较低，但均由法院自查，因当事人申请而发起的撤销数为0，这个数字对于逐年上升的失信发布数极为失调，救济途径已无用武之地，长此以往，将影响现有的失信惩戒制度的运行。

二、理性思辨：构建失信惩戒分级分类的逻辑动因

（一）宏观驱动：经济发展的客观需要

1. 善意文明执行理念下的重要一环。2019年12月，最高人民法院发布《意见》提出了善意文明执行理念。这一理念的提出，更为侧重地要求法院在执行过程中，既要充分保障债权人合法权益，维护执行权威和司法公信力，又必须最大限度减少对被执行人权益的影响。善意文明执行理念的提出是法院服务国家经济发展大局、平等保护各类市场主体权益、完善当前

法院执行工作的重要举措，堪称是法理情有机融合的直接体现。[①] 而建立失信惩戒措施分级分类机制则是善意文明执行理念下的重要一环，机制的建立能够针对被执行人不同履行情况，精准施策、对症下药，而不是一味追求执行力度的"无差别惩戒"，以"柔性回归"兼具"强制力度"的辩证色彩呼应善意文明执行理念。

2. 营造法治化营商环境的准确回应。作为维护公平正义最后一道防线的最后环节，执行工作直接关系到营商环境的整体质量。如本文第一章所述，确有部分被执行人虽未履行生效法律文书确定的义务，但是有主动履行的意愿，只是目前无履行能力。如果不加区分地实施失信惩戒措施导致其处处受限，会在一定程度上影响其生产经营，从而加剧其履行不能的窘迫境地。故以营造法治化营商环境为前提，实行失信惩戒措施分级，以"放水养鱼"式的执行举措，助力民间经济的健康发展具有必要性。

（二）中观驱动：强制力谦抑性的充分体现

《意见》中第 21 条第 1 款明确："探索建立惩戒分级分类机制和守信激励机制。各地法院可以结合工作实际，积极探索根据案件具体情况对被执行人分级分类采取失信惩戒、限制消费措施，让失信惩戒、限制消费措施更具有精准性，更符合比例原则。"

《意见》明确将"比例原则"作为失信惩戒措施的分级分类的重要目标。所谓比例原则，是指公权力主体在行使公权力时应兼顾公共目标的实现和公民基本权利的保障，如果公权力目标的实现可能对公民基本权利造成不利影响，则应将其限制在尽可能小的范围和限度内，使二者保持适当的比例。而强制执行措施以国家强制力为后盾，就是一种公权力的体现，因此其在行使过程中必须保持谦抑性，符合比例原则。换句话说，法院在执行时应选择对被执行人造成伤害最小的方式，既能实现申请人债权又能最大程度地节约司法资源。而反观法院目前实施失信惩戒措施的全过程，部分做法可能有违比例原则。

首先是判定标准过于简单。只要被执行人存在有能力履行而拒绝履行法律文书规定的义务的情形，则直接判定其为失信被执行人，从而采取全部失信惩戒措施。但被执行人并不是完全一样的个体，他们的社会地位、负债情况、履行能力都不尽相同，如果不加以区分统一认定为失信，显然有违比例原则。

其次是惩戒措施适用过于简单。对于失信惩戒措施，若采取"无差别适用"这一规则，即对失信被执行人适用全部的失信惩戒措施，就会与比

---

① 《强化善意文明执行，严禁超标的查封、乱查封》，载《人民法院报》2020 年 1 月 24 日第 01 版。

例原则中的必要性原则背道而驰——为了达到法律规定的目的，所采取的措施应选择对权利最小侵害的方式。另外，无差别全部适用失信惩戒措施更会造成司法资源的大量浪费，反过来影响执行工作的最终效果。

最后是采取失信惩戒的效果未达到均衡。比例原则内容中有一条十分重要的原则即“衡量性原则”①（又称狭义比例原则），即所采取的措施与其所达到的目的之间必须均衡。而针对不同的被执行人，失信惩戒措施对其产生的威慑及影响也大相径庭，取得效果也同样各异。如拖欠农民工劳动报酬、拒绝支付赡养费的失信被执行人与因配偶一方大量欠债后逃逸而无奈还债的被执行人相比较，两类人的主观恶性明显存在差异，采取同样的失信惩戒措施，不但无法达到保障执行的效果，甚至难以遏制社会产生严重失信行为的倾向，狭义比例原则中的手段与目的均衡在此无法体现。

有学者提出：“狭义比例原则是一种价值衡量，依据比例原则检讨惩戒的应用力度，应当对失信惩戒措施所达成的功效进行实证研究，进一步反思、检视联合惩戒的妥当性。”②

所以，必须建立失信分级分类惩戒机制，对被执行人依据失信程度选择不同惩戒的方式，做到“过错与惩处相适应”而不是无差别一刀切。

（三）微观驱动：执行工作具体开展的客观需要

1. 救济途径缺失。救济途径被耽搁就等于程序的违法，从而导致当事人实体权益受到侵害。救济途径不仅是保障当事人合法权益的最直接的渠道，同时是保障执行工作长效健康发展的有效路径。《若干规定》中第11条、第12条③中虽明确规定，但实践中，因没有“有能力而拒不履行”的标准细则，法院仅从形式上进行审查缺乏实体评判。当事人又因没有评判标准，无法申请启动救济程序。由此，救济途径容易出现不畅甚至堵塞，长此以往，失信惩戒措施容易失控，从而影响失信惩戒的效果。失信惩戒分级分类机制的构建，可以进一步明确失信认定的标准，如同在当事人救济途径中设立了“交通指示牌”，给予当事人及法院明确的救济路径指引，达到排堵保畅的功效。

2. 承办法官职责定位模糊。法律不是自动实现，而是由具体的人来实施。个别承办人实施失信惩戒时的唯一标准就是“不履行”即“老赖”，采

---

① 赖来焜：《强制执行法总论》，我国台湾地区元照出版有限公司2007年版，第66页。

② 沈毅龙：《论失信的行政联合惩戒及其法律控制》，载《法学家》2019年第4期。

③ 《若干规定》第11条规定：“被纳入失信被执行人名单的公民、法人或其他组织认为有下列情形之一的，可以向执行法院申请纠正：（一）不应将其纳入失信被执行人名单的；（二）记载和公布的失信信息不准确的；（三）失信信息应予删除的。”第12条规定：“公民、法人或其他组织对被纳入失信被执行人名单申请纠正的，执行法院应当自收到书面纠正申请之日起十五日内审查，理由成立的，应当在三个工作日内纠正；理由不成立的，决定驳回……”

取"一惩了之"的"懒政"做法，这与当前司法精神是不相符的。失信惩戒分级分类机制的构建就是帮助法官找准"下刀"的地方，让失信惩戒措施更具有精准性。

三、路径构建：失信被执行人惩戒分类分级机制

为了进一步完善失信惩戒措施只有"0"和"1"（全部适用或全部不适用）的区别适用，以推动善意文明理念贯穿整个执行过程。笔者认为应构建一套行之有效的失信惩戒分级分类机制，去完成失信惩戒措施和被执行人情况的有效对应。

首先，必须对被执行人进行分级。被执行人作为履行义务的主体，是一个案件是否能够执行到位的关键因素。同时，执行案件所采取的惩戒措施也是由被执行人来承受的。如前文所述，每个被执行人的情况各异，必须对被执行人在客观因素及主观因素2个方面综合考量、进行分级。其次，必须对失信惩戒措施进行分类。失信惩戒措施繁多，在实际执行工作中，要做到精准适用困难不小，若不进行分类，被执行人的分级也难以套入惩戒措施的具体实施中。因此必须对失信惩戒措施进行分类，以便后续进行一一对应。最后，必须将被执行人分级情况与分类后的惩戒措施进行一一对应。

（一）路径的指示牌：被执行人分级模型及组成部分

1. 构建"数字化"的被执行人分级模型。被执行人分级模型是构建失信惩戒分级分类机制的路径起点，其功能在于对被执行人进行分类，以便笔者对区分不同类别被执行人采取不同的失信惩戒措施。同时笔者希望以数字化的方式来作为分类的标准，原因在于：

第一，数字化具备精准性、灵活性的特点。数据的精准性可以让分级模型更全面精确地反应被执行人真实情况。同时，数据的灵活性可以做到动态调整、及时反映。

第二，数字化更具操作性。数字化后的评级标准可以与其他领域（比如银行领域、互联网金融领域等）的大数据实行无缝对接，实现数据共享。

考虑到国外金融系统已经有关于个人信用评级的模型，且具备数字化强、稳定性高、适用性广的特征。在构建被执行人的核心模型时，笔者借鉴美国FICO评分系统。FICO评分是Fair Isaac公司开发的信用评分系统，也是目前美国应用得最广泛的一种。它采集客户的人口统计学信息、历史贷款还款信息、历史金融交易信息、人民银行征信信息等，从而计算客户的还款能力，预测客户在未来一年违约的概率以打分系统量化自然人的信用并得出分数。笔者借鉴了美国FICO评分系统内的评分因素和评分权重，用来构建被执行人核心模型。如图4所示：

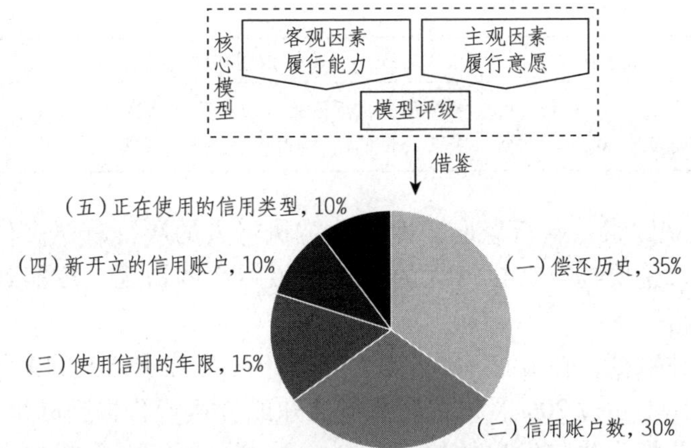

图 4　核心模型结构图与 FICO 模型结构图

2. 核心模型的组成部分。

（1）客观因素：履行能力。为评价被执行人的履行能力强弱，笔者根据上文所述失信惩戒发布情况等数据，将履行周期和清偿间隔作为主要依据并进行定量分析。相比传统数据（如被执行人的资产、收入、负债、生活开支等）而言，有以下特点：一是数据更容易采集、简洁易懂且独立性较强；二是更能反映被执行人履行能力：清偿周期、履行周期越短，履行能力就越高，反之亦然。具体评分标准及理由如表 4：

表 4　被执行人履行能力分析表

大类	指标选项	说明和理由	指标得分
履行能力	被执行人可在 3 年内履行完毕，且清偿间隔小于或者等于 30 天	1. 根据执行数据（履行周期选取 3 年以内的原因如前文所述，履行周期为 3 年以内的，屏蔽人次占比最高，也即执行效果最优）；清偿间隔不超过 30 日的，被执行人履行能力具有较强的稳定性且执结率较高 2. 相较于最新的《深圳经济特区个人破产条例（征求意见稿）》中关于破产重整计划设定为 3 年清偿期限、清偿间隔不超过 3 个月的规定，笔者认为这个周期是较为科学的	30 分
	被执行人可在 3~5 年内履行完毕，且清偿间隔小于或者等于 30 天。或者被执行人可在 3 年内履行完毕，但清偿间隔超过 30 日	根据历史执行经验（履行周期为 3~5 年内的，屏蔽人次占比次高），清偿间隔同上述说明	10 分

续上表

大类	指标选项	说明和理由	指标得分
履行能力	在5年以上履行完毕，且履行周期超过30天	根据历史执行经验（履行周期为5年以上的，屏蔽人次极低），清偿间隔同上述说明	0分

（2）主观因素：履行意愿。即评价被执行人的履行意愿高低，根据执行工作实际，主要选取被执行人的主动申报财产的情况、按期到庭的情况开展定性分析。

按照过往数据，在B区法院2017年至2019年终本结案的案件中，主动申报财产占比不超过20%，未按照执行通知或者执行公告到庭情况较普遍。申报财产令是指为法院发出的执行命令，要求被执行人限期如实向法院提供其财产情况，它是迅速查明被执行人实际财产的重要途径之一。同时，主动申报财产可强化被执行人履行义务的责任感、紧迫感，提高执行效率，及时保护申请执行人合法权益。笔者从申报主动性、申报完整性、申报及时性三个因素进行定性分析。

按期到庭是被执行人应当履行的法律义务。被执行人按期到庭能让法院提高执行效率，进一步地掌握被执行人行踪，解决执行案件中“被执行人难找”的困境，也可促成双方的和解。评分标准如表5：

表5 被执行人履行意愿分析表

大类	指标选项	说明和理由	指标得分
履行意愿	定期主动如实申报财产（每6个月）	现行的财产申报令通常在执行开始阶段采用，而被执行人个人情况可能瞬息万变。及时对被执行人情况进行动态掌握、定期对被执行人情况进行实时检查。确保被执行人有履行能力时及时偿还债务，保障债权人利益	20分
	按期到庭	1. 从过往执行实际情况来看，按期到庭的被执行人履行意愿普遍较高、态度较好，更能取得申请执行人的谅解，执行和解率较高 2. 相比于庭外和解，到庭和解的成功率更高，同时还能够强化被执行人履行义务的紧迫感	10分

综合以上主客观因素，得出核心模型评级，分数越高，越能代表被执行人的履行能力强、履行意愿高，反之则反。具体如表6：

表6 被执行人分级类型表

指标总分	分级类型
60分	A类

续上表

指标总分	分级类型
40分~60分	B类
40分以下	C类

3. 评级调整。执行过程瞬息万变，当被执行人或者外部环境等因素发生变化时，若拘泥于核心模型，会导致评级结果与措施不符，致执行目的落空。此时，需要将“被执行人分级系统”动态化——评级调整。

笔者借鉴某商业银行个人信用评级过程中关于评级调整的部分（该商业银行的个人信用分级模型对不同客户进行流程化的评级制度，具体流程为首先输入财务报表和定性指标，发起评级，根据内部大数据分析得出级别后再考虑外部环境及预警因素进行调整，使评级结果更准确，有效降低金融风险）。被执行人分级模型设计必须符合动态设计原则，笔者选择预警信号及外部支持信号来作为评级调整中两大类因素。

预警信号是指不常发生，但一旦发生就会使履行情况造成较大不利或逻辑上产生矛盾的因素。通过预警信号，发现潜在的高风险被执行人，提高核心模型的灵敏度和准确性。

外部支持信号指通过外部因素使履行情况发生变化，从而需要调整评级。具体如表7：

表7　评级调整分析表

大类	指标选项	说明和依据	调级规则
预警信号	以虚假诉讼、虚假仲裁或者以隐匿、转移财产等方法规避执行	根据《最高人民法院关于公布失信被执行人名单信息的若干规定》第1条第2~6项。属于纳入失信被执行人名单的法定理由，这五项行为性质恶劣，严重危害申请执行人权益及司法权威，也属于最高人民法院破解“执行难”重点打击对象，所以应当课以最严厉惩戒	下调至c类
	违反财产报告令		
	抗拒、规避执行的情况		
	无正当理由拒不履行执行和解协议		
	违反限制消费令		
	被执行人有被采取相同或更高级别的失信惩戒措施	实践中，一个被执行人可能涉及多起未了的执行案件，笔者认为应按照“吸收原理”以该被执行人最低评级为准，若最低评级有两个案件及以上，为能真实反映出被执行人的实际情况，应再向下调整一级	向下调整级别（以最低级别为准）

续上表

大类	指标选项	说明和依据	调级规则
外部支持	提供担保	如案外人愿意为其进行担保或者是提供了抵押物作为担保，即加强了被执行人的履行能力，也使案件顺利执结的可能性进一步提高	根据担保情况上调等级
	外部客观因素	即不以当事人意志为转移的客观因素。比如不可抗力、政策因素调整等。遇到重大疫情，导致很多被执行人无法按期履行义务；又比如，被执行人自身或者家庭变故，影响了被执行人的客观因素的打分，导致被执行人无法维持现有评级。诸如此类情况，我们应考虑被执行人实际情况，给他们一定的宽限期，法律依据为《意见》15条①	根据实际情况在一至三个月内维持被执行人级别

4. 评级推翻②。执行过程中，因各方原因，难免发生损害当事人和利害关系人合法权益的情形。执行中侵害当事人合法权益时，必须给予相应、足够的执行救济。制定评级推翻制度，就是为了保障当事人的合法权益。

评级推翻是指被执行人出现分级模型中没有覆盖的因素，导致被执行人履行能力或者履行意愿与评级调整后的结果不一致时，可由当事人申请或者法院依职权发起重新评级的机制。

（1）当事人申请。当事人有充分理由基础上，合理确定被执行人评级等级推翻幅度，确保推翻后的评级真实反映被执行人实际情况。比如，双方达成和解，申请人申请对被执行人适用较轻信用惩戒措施，应及时调整评级。又如被执行人提供了新的证据证明自己实际情况与评级结果不符。评级推翻程序，可以按照《若干规定》第12条处理。

（2）法院依职权。指法院直接调整被执行人的评级。比如涉民生案件的执行不仅关系到人民群众对公平正义的切身感受，还关系到社会和谐稳定，若依据以上述模型进行评级，往往与执行要求不符，产生矛盾。这时就需要通过法院依职权评级推翻来避免此类矛盾的产生。

值得注意的是，依职权开展评级推翻可能扩大法官自由裁量权，故须对此进行严格规制：第一，依职权实施评级推翻时，上述分级模型已经考虑的因素不应当重复进行考虑，从而避免重复推翻和过度推翻。第二，必须通过合议庭合意及专业法官会议讨论后决定，且必须详细说明评级推翻

① 《意见》第15条规定适当设置一定的宽限期。各地法院可以根据案件具体情况，对于决定纳入失信名单或者采取限制消费措施的被执行人，可以给予其1~3个月的宽限期。在宽限期内，暂不发布其失信或者限制消费信息；期限届满，被执行人仍未履行生效法律文书确定义务的，再发布其信息并采取相应惩戒措施。

② 评级推翻是商业银行惯用表述，是指银行根据调整模型得出的结果由审核人员考虑是否进行评级更改的过程。

的原因，以保障推翻的合理性。

5. 被执行人分级模型结构最终形态。综上，被执行人分级模型分为“核心模型”“评级调整”和“评级推翻”三个模块。分级系统中核心模型为了对被执行人进行初始分级，参考的因素包括即客观因素（履行能力）、主观因素（履行意愿）。两者因素在衡量被执行人分级的过程中，重要性相当，并遵循主客观相一致原则，比例各为50%。在核心模型基础上增加评级调整，包括预警信号调整和外部支持调整，将更多执行过程中规律性的因素纳入评级调整中，评级时考虑的规律性因素越全面，评级结果越精确。最后，根据模型得出的“最终评级结果”，可依申请或法院依职权启动对“最终评级结果”的评级推翻，从而得出新的评级结果。三个模块关系流程图如图5：

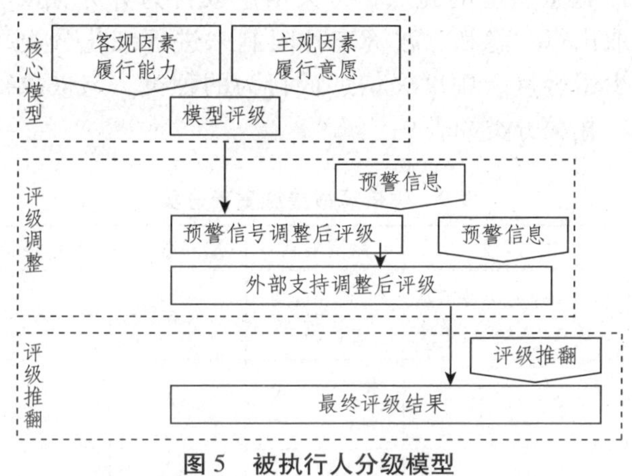

图5　被执行人分级模型

（二）路径中转站——失信惩戒措施的重新分类

完成被执行人分级模型的构建仅是第一步，失信惩戒措施的重新分类也是失信惩戒分级分类的重要一环。

以“惩戒措施敏感度”分类——对传统分类的重新构筑。笔者办案中发现一个有趣现象，出行限制、融资限制、隐私限制是被执行人反映问题最多的三项内容。大部分主动履行法律义务的被执行人皆是迫于这三项惩戒措施的压力——大部分被执行人（大约80%）更在乎失信惩戒措施中的一少部分（大约20%）。这个现象不难联想到经济学中“价格敏感度”[①] 和

① 价格敏感度是经济学中概念，是指由价格变动引起产品需求量变化，了解消费者对不同商品的价格敏感度，能使企业在营销活动中掌握更多的主动权。

"二八"法则①。

因此，笔者提出"惩戒措施敏感度"概念，即由于惩戒措施变化引起的被执行人变化。被执行人对待每项惩戒措施的敏感度是不同的，寻找敏感度高的惩戒措施并将其细化，能更有效率地采取惩戒措施，提高执行到位率。结合实际经验和过往执行数据，得出关于失信惩戒措施敏感度的高低表格详见表8。

表8　失信惩戒措施与敏感度的关系

敏感度	高	中	低
失信惩戒措施	出行、融资、隐私限制	投资限制、从业限制	其他限制

按照惩戒措施敏感度的高低，将失信惩戒行为分为轻度、中度、重度三类，同时选取出行、隐私、融资三种限制来进行细化分类，较传统分类而言，有效减少了轻度、中度失信惩戒行为的种类，与被执行人分级模型产生对应关系。相关分类如表9：

表9　失信惩戒措施重新分类

措施类型	出行限制	融资限制	隐私限制	其他限制	限制期限
轻度失信措施	可乘坐所有交通工具二等座、飞机经济舱	由金融机构自行决定	×	×	不超过3年
中年失信措施	可乘坐G二等座	授信额度不超过5万元	√	×	3~5年
重度失信措施	√	√	√	√	无期限

（三）路径的终点：设立被执行人与失信惩戒的靶向对应关系

所谓"靶向对应"即对什么样的被执行人实施怎么样的失信惩戒措施，从而达到对症下药，如果被执行人属于A类被执行人，在轻度失信惩戒措施情况下，也会达到满意的执行效果，但是如果被执行人属于B或者C类被执行人，则课之相应惩戒，也能让执行效果达到一个比较满意的效果。对应关系如图6所示：

---

① "二八"法则是意大利经济学家帕累托发现的，在任何一组东西中，最重要的只占其中一小部分，约20%，其余80%尽管是多数，却是次要的。

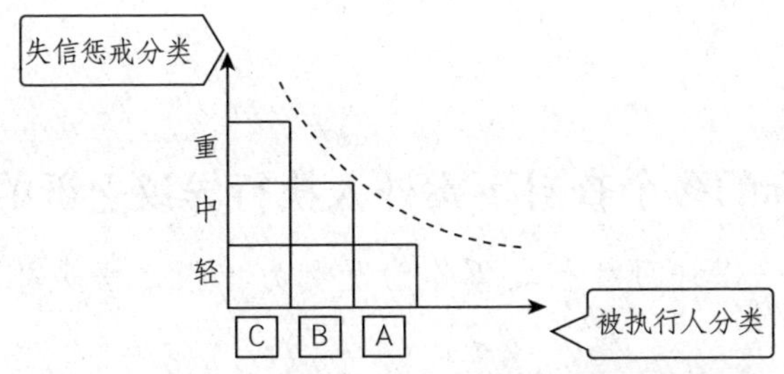

图 6　失信惩戒分类与被执行人分级类型的关系图

失信惩戒分级分类流程图为“执行案件”由“被执行人”履行，未履行义务的被执行人被放入被执行人分级模型进行分类，得出相应的级别后对应采取失信惩戒措施。如图 7：

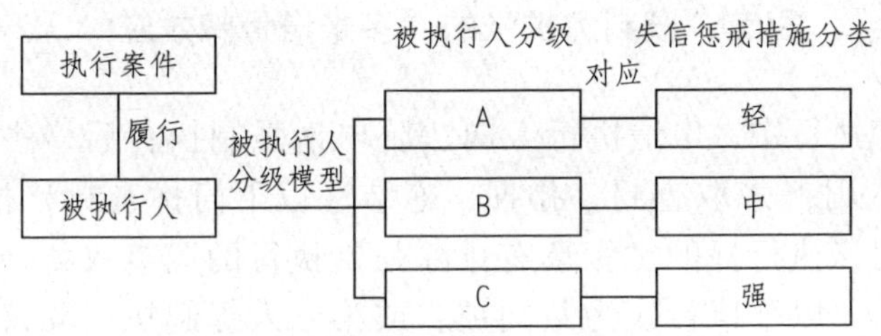

图 7　失信惩戒分级分类机制流和图

结　语

执行是实现司法公平公正的最后一公里，是体现法院权威和公信力的重要一环。但执行措施是否符合比例原则，是否更精准、更效率达成执行目的，这是一个制度性问题。从技术层面头痛医头不能解决问题，应从制度安排上找出路，从而建立起失信惩戒措施分级分类长效机制，确保执行举措的进一步优化。

（本文获一等奖）

执行标的多个查封下案外人执行异议之诉的重塑

——以许可执行之诉作为既判力扩张之程序补强

程　立*　熊诗岚**

引言：既判力扩张的“多米诺骨牌效应”

金钱债权执行中，申请执行人向法院申请强制执行后，法院将对查找到的被执行人财产采取查封、扣押、冻结（以下简称查封）措施。此时，如有案外人对该执行标的主张享有排除强制执行的民事权益，则需以申请执行人为被告、以被执行人为共同被告或第三人提起执行异议之诉。只有当案外人胜诉时，该执行标的上的查封才可解除。

然而，同一被执行人可能有多个申请执行人。多个申请执行人分别申请强制执行，可致被执行人名下同一财产存在多个查封。此时，案外人对其中一个申请执行人提起执行异议之诉并胜诉后，其他申请执行人所对应的查封效力如何？案外人是否仍需起诉其他申请执行人才能解除相应查封？（见图 1）

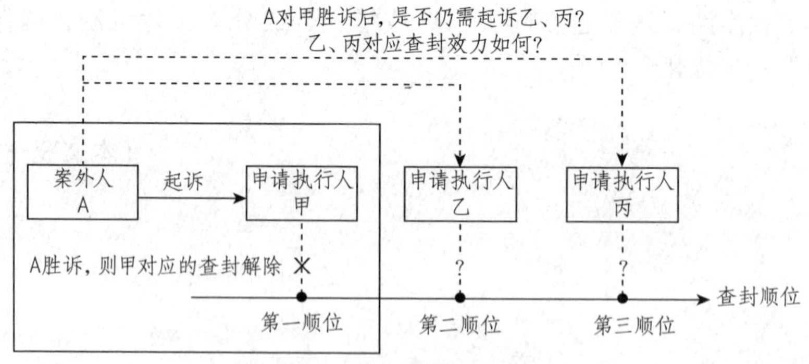

图 1　引言问题示意图

* 北京市大兴区人民法院。
** 北京市大兴区人民法院。

一、两难：既判力主观范围扩张与严守之价值博弈

对于引言所涉问题，根据我国民事诉讼实务关于“一事不再理”的判断标准（即以诉的主体、诉讼标的、诉的原因来识别诉[①]），案外人对某一申请执行人胜诉后，又起诉另一申请执行人的，不构成重复起诉，故法院应予受理；且根据现有查封规则，在先查封解除的，轮候查封将自动生效，故案外人仍需逐一起诉才能彻底排除法院对执行标的的执行。

但实然样态不应拒斥应然求索。在理论界，对引言所涉问题，存在“自动解封说”与“另行起诉说”两种观点。其分别代表着效率优先与公平优先两种维度的价值取向。

（一）效率之维：诉讼经济之现实需求

“自动解封说”认为，一旦案外人对其中一个申请执行人就特定执行标的排除执行的请求被生效判决所支持，则针对该执行标的的轮候查封自动失效。[②] 根据这一观点，案外人对其中一个申请执行人提起的执行异议之诉胜诉后，无需再起诉其他申请执行人。

实践中出现的下列问题为“自动解封说”提供了有力支撑。

1. 被执行人下落不明致审理周期漫长。执行过程中，被执行人难寻的问题普遍存在。而案外人执行异议之诉中，被执行人诉讼地位为被告或第三人。[③] 即使列被执行人为第三人，法院亦应向其送达传票。这直接导致多个诉讼文书送达环节均需以公告方式作出，故公告率居高不下。以 B 市 D 区法院为例，该院 2019 年执行异议之诉案件公告率接近六成（58%）。而如果案外人取得一个胜诉判决后，还需另行起诉，那么后诉也将因被执行人下落不明而重蹈公告之覆辙，造成审理周期漫长。

2. 审理期间不得处分执行标的致当事人均受讼累。对案外人而言，如果某一胜诉判决不能产生解除全部查封的结果，那么其仍需一一起诉其他申请执行人，由此带来的是源源不断的诉讼。

对申请执行人而言，案外人执行异议之诉审理期间，人民法院原则上不得对执行标的予以处分。[④] 这使申请执行人最终能否就该执行标的获得受偿处于一种不确定状态，而案外人针对不同申请执行人一一起诉，更将使财产“久封不决”，反向加剧财产处置“执行难”问题。

---

① 江伟、肖建国主编：《民事诉讼法》，中国人民大学出版社 2018 年第 8 版，第 32~33 页。

② 范向阳：《关于〈执行异议之诉司法解释稿〉的修改与建议》，载 https：//mp. weixin. qq. com/s/EiR9LWf83S5xzb49ZyZh2Q，最后访问时间：2020 年 5 月 1 日。

③ 《最高人民法院关于适用〈中华人民共和国民事诉讼法〉的解释》（以下简称《民事诉讼法解释》）第 308 条。

④ 《民事诉讼法解释》第 315 条。

3. 执行部门内部消解（劝说解封）缺乏制度保障。实践中，为避免上述问题，执行实施部门往往进行内部消解——劝说其他申请执行人解封。但这一做法取决于申请执行人的意愿，如其不同意解封，则案外人仍需提起执行异议之诉。另外，在查封由不同法院采取的情况下，其中某一法院作出的停止执行判决，对另一法院并不产生约束力（目前尚无此类制度安排），案外人仍需向另一法院起诉。

（二）公平之维：申请执行人实体权利保障之程序需求

“另行起诉说”则认为，案外人取得对一个申请执行人的胜诉判决后，该执行标的上的其他查封不应自动失效。根据这一观点，案外人仍需对其他申请执行人提起执行异议之诉，以解除相应查封。

“另行起诉说”系从申请执行人权利保障角度着眼。案外人即便已经取得对其他申请执行人的胜诉判决，亦无法对抗某些特殊申请执行人。以下对其做一类型化梳理。

1. 类型一：对执行标的享有优先权的申请执行人

［例 1］在普通债权人甲为申请执行人的执行案件中，法院首先查封某房屋；在抵押权人乙为申请执行人的执行案件中，法院轮候查封该房屋。现案外人 A 依据《最高人民法院关于办理执行异议和复议案件若干问题的规定》（以下简称《执行异议和复议规定》）第 28 条先对甲提起执行异议之诉，则即便 A 胜诉，其亦无法在之后对乙提起的执行异议之诉中获得胜诉。

例 1 中诉讼结果的差异，系因商品房消费者之外的一般买受人所享有的民事权益，无法对抗抵押权人就执行标的享有的优先受偿权。[①] 故本案中，作为一般买受人的案外人 A，其享有的物权期待权虽可对抗普通债权人甲的一般金钱债权，但仍然无法对抗抵押权人乙的担保物权。

2. 类型二：因顺位在先获得相应查封利益的申请执行人

［例 2］在甲为申请执行人的执行案件中，法院于 2019 年 1 月 1 日查封被执行人名下某房屋；同年 7 月 1 日，案外人 A 与被执行人就该房屋签订买卖合同。在乙为申请执行人的执行案件中，法院于同年 12 月 1 日查封该房屋。若 A 依据《执行异议和复议规定》第 28 条先对乙提起执行异议之诉，[②] 则即便 A 胜诉，其亦无法在之后对甲提起的执行异议之诉中获得胜诉。（见图 2）

例 2 中诉讼结果的差异，系因《执行异议和复议规定》第 28 条第 1 项中所指的“查封”具有相对性，该查封是指案外人起诉某一申请执行人时，该申请执行人对应顺位的查封。故相对于乙而言，A 满足查封前签订买卖合

---

① 《执行异议和复议规定》第 27 条、第 28 条，《全国法院民商事审判工作会议纪要》第 127 条。

② 案外人就轮候查封先行提起执行异议之诉在理论上并无障碍。详见韩松：《案外人针对轮候查封的执行异议法院应予受理》，载《人民法院报》2017 年 1 月 4 日第 8 版。

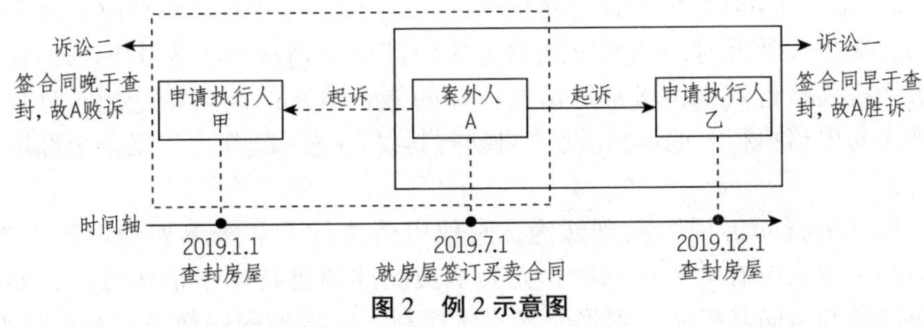

图 2　例 2 示意图

同这一条件，尚有胜诉可能（还需满足第 28 条其他条件）；相对于甲而言，A 则不满足这一条件，故无胜诉可能。此时，甲即因顺位在先而获得相应查封利益。

显然，对于上述两类特殊申请执行人，其对应查封不能因案外人取得对其他申请执行人的胜诉判决而自动解除。剥夺其作为诉讼当事人的程序权利将致实体权利无法实现。

（三）分歧实质：既判力主观范围之界分

“自动解封说”与“另行起诉说”产生分歧的实质，在于两者对案外人执行异议之诉既判力主观范围界定上的差异。

1. 既判力主观范围的基础理论。判决的既判力是指，判决确定后，法院和当事人均应受该判决内容的约束，当事人不得在后诉中提出与之相悖的主张，法院也不得在后诉中作出与之相悖的判断。这种对后诉的约束实质上是对后诉诉讼标的的约束。①

既判力的主观范围则是指既判力产生约束力的主体范围。既判力以相对性为原则，在特殊情形下亦发生扩张（见表 1）。

表 1　既判力主观范围相对性原则之含义、根据及其例外②

含义	既判力原则上仅约束本案当事人，对本案当事人之外的第三人不发生作用
根据	“程序保障+自我责任”：民事诉讼的各项制度安排已为本案当事人提供充分程序保障，使之可进行认真且彻底的争执，故而其也应对诉讼结果承担自我责任
	相反地，本案当事人之外的第三人，因未能参与诉讼而无法穷尽攻击防御方法，故原则上不受该案判决判断的约束
例外	在某些情况下，既判力对诉讼当事人之外的第三人发挥作用，此即既判力主观范围的扩张

① 张卫平：《民事诉讼法》，法律出版社 2016 年第 4 版，第 421～423 页。

② 张卫平：《既判力相对性原则：根据、例外与制度化》，载《法学研究》2015 年第 1 期。

2. 既判力主观范围理论与两种观点的对应关系。“自动解封说”实际上认为，案外人胜诉时，该判决既判力应向其他申请执行人发生扩张，这样将大大提高执行效率，尽早得出执行标的能否执行的确切结论，同时减少案外人与申请执行人的诉累。（“自动解封说”——既判力扩张至全部申请执行人）

而“另行起诉说”实则认为，其他申请执行人并未参加到诉讼中来，因而并未得到应有的程序保障，尤其上文所述两类特殊申请执行人，如果判决的既判力向其扩张，则将使其实体权利无法得到程序救济，有失公平。（“另行起诉说”——既判力仅限于诉讼当事人）

（四）小结

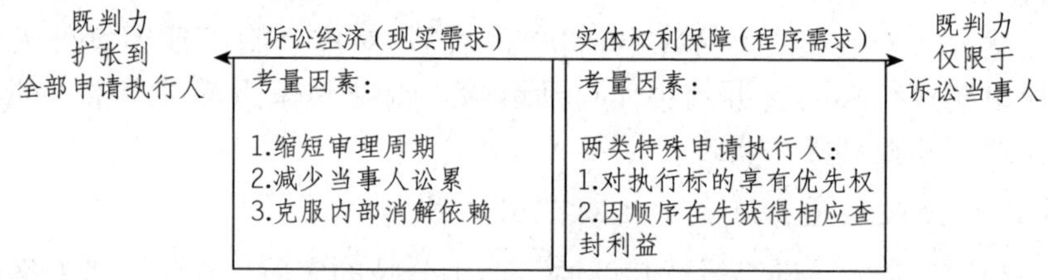

图3 既判力主观范围扩张与严守之价值博弈

二、镜鉴：既判力扩张正当性判断标准之考察

对引言所涉问题，若严格遵守既判力相对性原则，则将难以有效回应诉讼经济的现实需求；但既判力扩张意味牺牲第三人作为当事人的主体地位，故而应有足够的理论支撑，以进一步充实既判力扩张的正当性。

考察域外经验，可归纳出既判力扩张是否正当的三条判断标准：

（一）现实需求——既判力扩张正当性之动因

研究大陆法系既判力扩张的情形及根据，可见其皆是为回应形形色色的现实需求。相关因素有且不限于：

1. 被判决的权利关系的安定性。如：（1）向诉讼的承继人扩张——系为维持纠纷解决的实效性，[①] 以防止败诉方通过处分诉讼标的于第三人，而使判决结果沦为一纸空文。[②]（2）在特定类型诉讼如家事（人事）法律关系、团体法律关系诉讼中，向一般第三人扩张（即“对世效力”）——系

---

① ［日］高桥宏志：《民事诉讼法制度与理论的深层分析》，林剑锋译，中国法制出版社2003年版，第563页。

② ［日］新堂幸司：《新民事诉讼法》，林剑锋译，中国法制出版社2008年版，第486页。

因若非如此，将造成事实上的混乱或不安定的状态。[①] 上述情形均基于立法者的决断或政策考量。

2. 第三人程序保障的必要性。如对诉讼标的物持有人扩张——系因此类第三人与前诉当事人之间没有距离，故欠缺必须赋予程序保障的实质性利益。[②]

3. 扩张与否的具体妥当性。例如，日本法上，前述受既判力扩张的标的物持有人不包括承租人等"对占有标的物具有自己固有利益"的人。此处对既判力是否发生扩张采取"实质说"，即先对既判力扩张是否妥当作出判断，再认定其是否为标的物持有人；对承租人而言，扩张将对其产生实质性不当，故认为其并非标的物持有人。[③]

4. 一次性解决纠纷（诉讼经济）。例证为我国台湾地区的部分共有人提起的共有物返还请求权诉讼。在德国，部分共有人的败诉判决并不对其他共有人发生既判力扩张，故其他共有人仍可另行起诉；但在我国台湾地区，此类诉讼发生既判力扩张，这主要是出于一次性解决纠纷考虑，亦符合诉讼经济原则。[④]

5. 避免矛盾判决。如对退出诉讼的人发生扩张的情形；[⑤] 又如，与类似必要共同诉讼相关的既判力扩张情形，后文进一步展开。

当然，既判力扩张的情形应当落实到法律规定，法无明文规定不得扩张。

（二）程序保障——既判力扩张正当性之基础

在对第三人作为当事人争执的地位作出牺牲时，又必须对受到不利判决效力扩张的无辜第三人提供必需的救济途径，以保障其实体权利。我国台湾地区更是将程序权保障之有无，作为界定判决效力主观范围扩张是否具有正当性的基础。[⑥]

1. 另设救济途径。各个国家和地区的救济途径不尽相同，并不拘泥于某一特定程序。例如，在传统的大陆法系国家和地区，这一救济途径通常

---

① ［日］畑宏树：《判决的对世效》，载［日］伊藤真、山本和彦编：《民事诉讼法的争点》，日本有斐阁 2009 年版，第 240 页；转引自刘颖：《分配方案异议之诉研究》，载《当代法学》2019 年第 1 期，第 48 页。

② ［日］高桥宏志：《民事诉讼法制度与理论的深层分析》，林剑锋译，中国法制出版社 2003 年版，第 573 页。

③ ［日］高桥宏志：《民事诉讼法制度与理论的深层分析》，林剑锋译，中国法制出版社 2003 年版，第 572 页。

④ 廖浩：《第三人撤销之诉实益研究——以判决效力主观范围为视角》，载《华东政法大学学报》2017 年第 1 期。

⑤ 张卫平：《既判力相对性原则：根据、例外与制度化》，载《法学研究》2015 年第 1 期。

⑥ 许士宦：《诉讼理论与审判实务》（民事诉讼法之理论与实务第六卷），我国台湾地区元照出版有限公司 2011 年版，第 346 页。

表现为再审；而我国台湾地区，在“一次性解决纠纷”的理念作用之下，第三人撤销之诉也发挥着事后程序保障的价值功能，典型应用场景为代位权诉讼中无辜主债务人的事后救济。①

2. 完善解释路径。即在既判力扩张理论的既有框架下，解决与实体法秩序相协调的问题。例如，在日本，对于诉讼承继人，在其拥有独立于前诉当事人的攻击防御方法时，有学者提出以“形式说”协调既判力扩张的结果与实体法秩序的关系。即仍遵循既判力扩张之形式，故诉讼承继人“不能就前诉当事人无法争执的事实进行争执”，但既判力的扩张并不能阻碍其提出其固有的（与前诉当事人无关的）攻击防御方法。② 故其仍能获得程序保障。

（三）法制语境——既判力扩张正当性之延伸

不同国家和地区的立法政策、配套制度存在差异，既判力主观范围扩张之情形、对应的救济程序亦不尽相同，故不可抛开特定国家或地区的具体法制语境来谈该问题。

以参与分配异议之诉的效力为例，我国与日本存在本质差异。根据日本民事诉讼法通说，参与分配方案异议之诉应适用判决既判力相对性原则；但我国有学者认为，在我国制度语境下，应承认其“对世效力”。这是因为，从立法政策来看，在日本，这一制度解决的是被执行人的特定财产不足以清偿的问题，而我国则需考虑个人破产制度缺位下各债权人平等受偿的问题。③

又如，在德国法上，代位权诉讼中，主债务人受到代位权诉讼不利判决效力扩张的，可作为共同诉讼辅助参加人自行启动再审；而我国台湾地区并无共同诉讼辅助参加制度，故以第三人撤销之诉作为填补该缺陷的手段。④

---

① 廖浩：《第三人撤销之诉实益研究——以判决效力主观范围为视角》，载《华东政法大学学报》2017 年第 1 期。

② ［日］高桥宏志：《民事诉讼法制度与理论的深层分析》，林剑锋译，中国法制出版社 2003 年版，第 565 页。

③ ［日］畑宏树：《判决的对世效》，载［日］伊藤真、山本和彦编：《民事诉讼法的争点》，日本有斐阁 2009 年版，第 240 页；转引自刘颖：《分配方案异议之诉研究》，载《当代法学》2019 年第 1 期，第 48~49 页。

④ 廖浩：《第三人撤销之诉实益研究——以判决效力主观范围为视角》，载《华东政法大学学报》2017 年第 1 期。

（四）小结

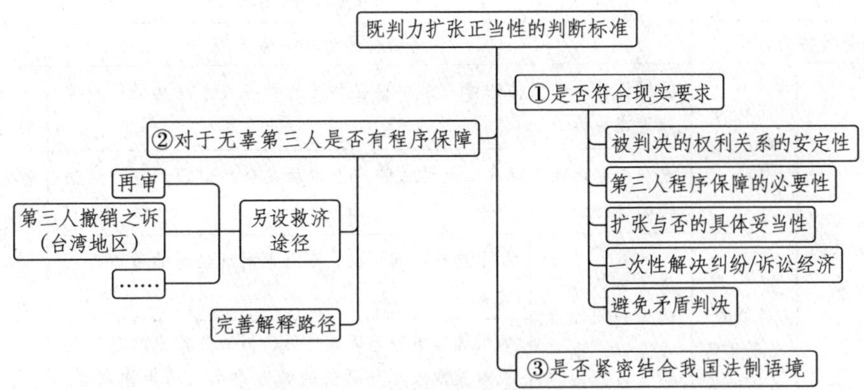

图4 既判力扩张正当性判断标准

三、寻路：既判力扩张之程序保障模式选择——合并审理抑或“另辟蹊径”

对于既判力扩张正当性的三个判断标准，本文已完成“符合现实要求”这一标准的论证。以下，本文将结合本国法制语境，考察无辜第三人的程序保障情况。

关于程序保障，如果在现有制度框架下可妥善解决，则无需再另行创设救济途径。那么，接下来的问题便是，现有制度能否担此重任？

（一）合并审理对应共同诉讼类型之辨析

在现有制度框架下，针对执行标的存在多个查封的情况，很容易想到的解决方案便是案外人以全部申请执行人为被告，一并提起执行异议之诉，由法院合并审理。合并审理一般被认为是实现一次性解决纠纷的有效形式，符合诉讼经济的要求，能有效节约司法成本，且可保障各申请执行人的程序权利。

要对合并审理的实效性进行研判，首先需区分是何种共同诉讼类型下的合并审理（见表2）。

表 2 共同诉讼的类型及其分类标准①

<table>
<tr><td colspan="2">类型</td><td colspan="3">分类标准</td></tr>
<tr><td colspan="2">普通共同诉讼</td><td colspan="3">诉讼标的为同一种类</td></tr>
<tr><td rowspan="4">必要共同诉讼</td><td rowspan="2">固有的必要共同诉讼</td><td colspan="2">共同诉讼人在实体法律关系中存在共同的利害关系，其必须一同起诉或应诉</td><td rowspan="4">诉讼标的同一</td></tr>
<tr><td colspan="2">未一同起诉或应诉的，人民法院应予追加并合并审理，并对诉讼标的进行合一确定</td></tr>
<tr><td rowspan="2">类似的必要共同诉讼</td><td rowspan="2">当事人既可以选择一同起诉或应诉，也可以选择分别起诉或应诉</td><td>如果选择共同诉讼，则必须对诉讼标的予以合一确定</td></tr>
<tr><td>如果选择单独起诉或应诉，则法院作出的确定判决对其他未参与诉讼的利害关系人产生拘束力，即发生既判力的扩张，其目的是避免矛盾判决的产生</td></tr>
</table>

值得注意的是，我国台湾地区便是将这一情况作为类似的必要共同诉讼处理。②

（二）大陆与台湾地区的查封制度语境差异

承上，大陆能否复制台湾地区的经验？回答这一问题前，有必要对台湾地区和大陆查封制度的差异作一分析。

在我国台湾地区，已查封的被执行人财产，不得再行查封，此即“二度查封禁止原则”。对于已查封的财产，其他债权人申请强制执行的，理论上属于强制执行的参加，执行程序因发生竞合而应合并办理，并就合并执行的变价款，比照分配程序予以处理；在前的查封行为效力，应当及于后加入的债权人。③ 因此，即便同一债务人有多个债权人，该债务人名下特定责任财产上的查封也仅有一个。

而在大陆，立法允许同一执行标的上存在多个查封，且对于多个申请执行人申请执行同一执行标的的情况，亦不采取合并执行的方式。《最高人民法院关于人民法院民事执行中查封、扣押、冻结财产的规定》（以下简称《查封、扣押、冻结规定》）第 26 条第 1 款明确规定，对已被法院查封的财产，其他法院可轮候查封。

---

① 张卫平：《民事诉讼法》，法律出版社 2016 年第 4 版，第 145~149 页。

② 陈计男：《强制执行法释论》，我国台湾地区元照出版有限公司 2012 年版，第 239~240 页；姜世明：《第三人异议之诉》，载我国台湾地区《月旦法学教室》2016 年 8 月第 166 期。

③ 我国台湾地区“强制执行法”第 31、32、33 条；陈计男：《强制执行法释论》，我国台湾地区元照出版有限公司 2012 年版，第 313~314 页。

（三）合并审理难以兼容大陆查封制度的特殊性

案外人异议之诉为形成之诉，其诉讼标的为案外人要求法院停止对执行标的强制执行的诉讼请求。① 大陆和台湾地区查封制度的差异，导致各自案外人执行异议之诉②的诉讼标的存在差异。

在台湾地区，申请执行人为多个的情况下，执行标的上的查封仅有一个，故案外人一旦选择一并起诉各申请执行人，因各申请执行人之间的诉讼标的是共同的，故此类共同诉讼为类似的必要共同诉讼，对各申请执行人的诉讼标的应合一确定，否则将出现矛盾判决。

而在大陆，因允许同一执行标的上存在多个查封，故案外人执行异议之诉的诉讼标的为案外人要求解除某一特定查封的诉讼请求。即各申请执行人之间的诉讼标的并非同一。因此，即便案外人针对不同申请执行人提起的执行异议之诉判决结果不同，也可能并不存在矛盾，因为两份判决就是否停止执行的判断，所针对的是不同申请执行人各自对应的查封。故案外人选择一并起诉各申请执行人且法院合并审理的，仅构成普通共同诉讼。（见图 5）

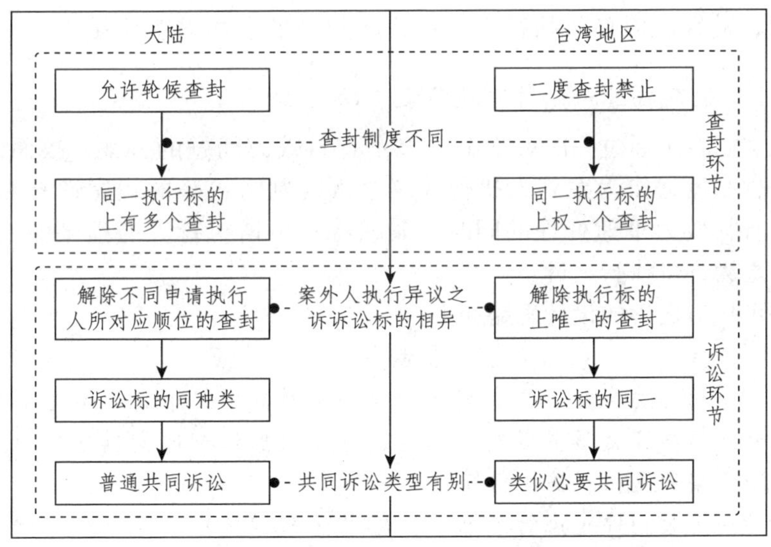

图 5　大陆与台湾地区查封制度差异导致共同诉讼类型有别

在大陆，案外人对多个申请执行人提起执行异议之诉仅构成普通共同诉讼的背景下，采取合并审理方式无益于诉讼经济的实现。

---

① 变更之诉（形成之诉）的诉讼标的应当是当事人要求法院变更实体法律关系的诉讼请求。张卫平：《既判力相对性原则：根据、例外与制度化》，载《法学研究》2015 年第 1 期。

② 我国台湾地区称第三人异议之诉。

一者，是否能实现合并审理，取决于案外人是否同时起诉各申请执行人，但实践中案外人抱有试探心态，往往通过先对其中一个申请执行人提起诉讼，再根据判决结果决定下一步诉讼策略，此时并不具备合并审理的前提条件。

二者，因大陆不采取合并执行方式，故执行标的可能由不同法院查封，这将导致案外人对不同申请执行人提起的诉讼由不同法院管辖，因此无法进行合并审理。

三者，合并审理过程中，执行标的上可能因新的申请执行人申请强制执行而产生新查封。在法院就已被起诉的申请执行人之查封效力作出判断后，案外人还需起诉新的申请执行人，仍然会产生多次诉讼。

（四）小结：合并审理并非良策，另辟蹊径确有必要

在我国允许轮候查封的制度语境下，案外人对多个申请执行人提起执行异议之诉仅构成普通共同诉讼。因此，寄希望于以合并审理解决执行标的上多个查封的效力问题（一次性解决纠纷），是不切实际的。故而应另外寻求救济途径。

四、辟径：以许可执行之诉作为既判力扩张之程序补强

（一）制度描摹——许可执行之诉的提出

上文已否决通过一次诉讼解决多个查封效力问题的方案，故而，应设计出一种制度，作为案外人执行异议之诉既判力扩张的程序性补强条件，在实现查封效力迅速处理的同时，兼顾特殊申请执行人的程序保障需求。本文称之为许可执行之诉。

许可执行之诉的设计思路如下：

拟制条文

同一执行标的存在多个查封的，案外人对其中一个查封对应的申请执行人提起执行异议之诉并获得支持后，可以依据该判决向其他查封对应的执行法院申请停止执行该执行标的。

执行法院收到停止执行申请后，应当通知相应申请执行人。申请执行人认为应当继续执行的，可以自收到通知之日起十五日内，以提出申请的案外人为被告，向执行法院提起许可执行之诉；逾期未提起许可执行之诉的，执行法院停止执行该执行标的。

提起许可执行之诉的具体流程如图6所示：

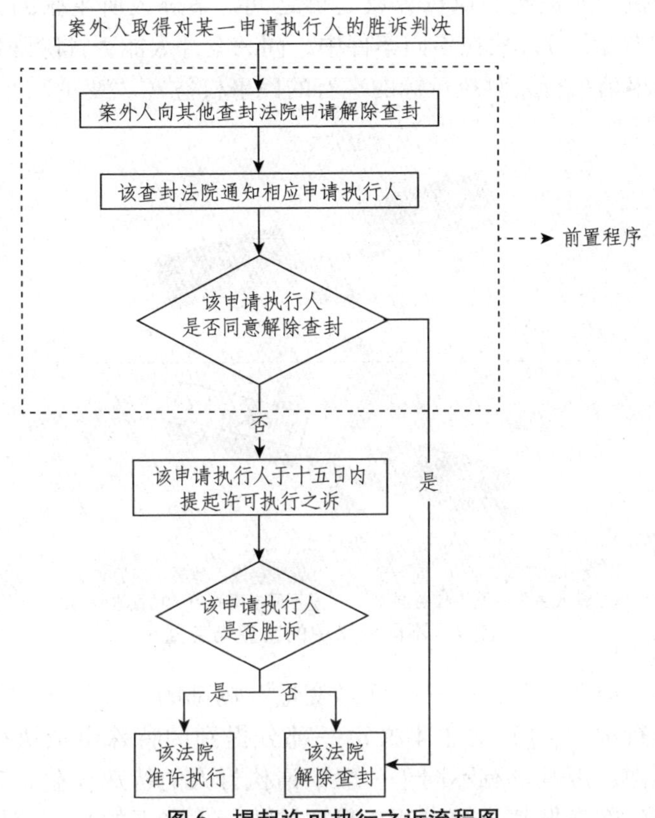

图 6　提起许可执行之诉流程图

与现行制度（案外人逐一起诉各申请执行人）相比，其主要特征为：(1) 以案外人取得一个胜诉判决为先决条件；(2) 起诉负担与举证责任的重新分配（案外人→申请执行人）；(3) 前置程序（15 天异议期）过滤机制的设置；(4) 针对不同类型申请执行人的裁判方式相异，后文将详述。

（二）理论支撑——既判力扩张之证成

1. 裁判结果通常情形下划一处理的必要性。既判力的扩张原则上应基于同一诉讼标的。但如前所述，案外人对不同申请执行人提起的执行异议之诉之间，诉讼标的并非同一。那么，此时既判力何以扩张？本文认为，其诉讼标的虽有不同，但所基于的原因事实高度相似，因此有必要对高度相似的原因事实所产生的法律效果作出划一性处理。论证过程如下：

第一步：前提——明确比较项。案外人执行异议之诉的争点是案外人是否享有足以排除强制执行的民事权益，其本质在于判断案外人与申请执行人就执行标的享有的民事权益何者应予优先保护。

第二步：定性分析——把握不同诉讼中的“常量”与“变量”。案外人对不同申请执行人提起的执行异议之诉之间，案外人所主张的民事权益是相同的（“常量”），故在不同案件中，同一案外人能否排除强制执行，事实上取决于申请执行人对执行标的享有的民事权益（“变量”）。(见图7)

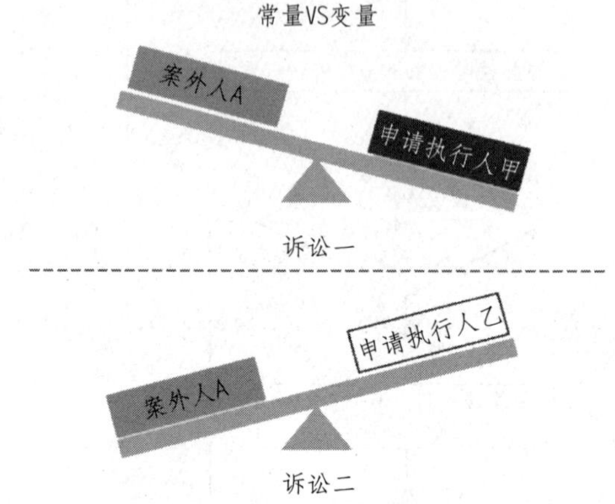

*因在不同诉讼中，同一案外人主张的民事权益同一　*故导致诉讼结果不同的变更是不同申请执行人的民事权益

图7　不同诉讼中的常量与变量

第三步：类型化分析——区分“变量”内部的“变”与“不变”。在金钱债权执行中，（1）对于本文第一部分提到的特殊申请执行人，裁判结果可以不同，因其享有不同于一般申请执行人的特殊权益。对于一般申请执行人，法院依据其执行申请查找到被执行人名下的某一责任财产并采取查封措施，其对该财产并无信赖利益，因此无需特别保护；但对于特殊申请执行人，因其对执行标的存在优先权或查封利益，故裁判结果可以不同于案外人对一般申请人提起的执行异议之诉的结果。（2）对于一般申请执行人，不论与被执行人的基础法律关系分别为何，其对被执行人享有的均是普通金钱债权，换言之，各一般申请执行人对执行标的享有的民事权益并无实质性差异。因此，各一般申请执行人与同一案外人民事权益进行比较的结果（即裁判结果）也应是一致的；且一般申请执行人在此类诉讼占据绝对比重，其判决结果应予划一性处理，否则构成矛盾判决。(见图8)

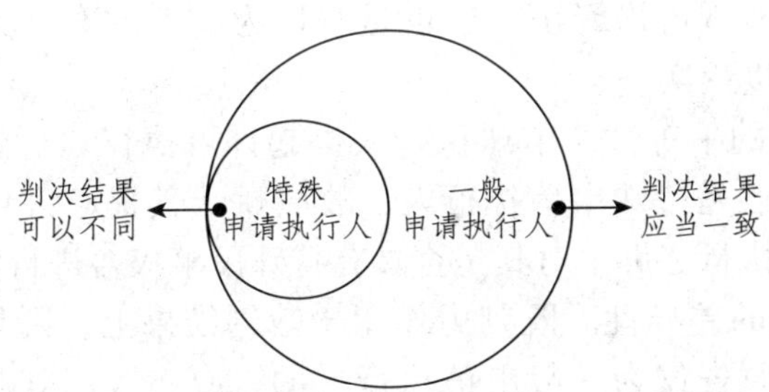

图 8 裁判结果通常情形下的划一性处理示意图

2. 既判力对不同类型申请执行人扩张的充分性。对于两类申请执行人，在案外人执行异议之诉判决结果可以不同的前提下，既判力是否均发生扩张？尤其对特殊申请执行人，既判力向其扩张是否妥当？本文均持肯定态度。

对于一般申请执行人，既判力扩张的根据为：（1）避免矛盾判决，上文已论证；（2）第三人程序保障的非必要性：同为普通债权人，其并无区别于前诉申请执行人的实质性利益，因而无需赋予其作为当事人的主体地位；（3）出于诉讼经济考虑，对其程序权利作出必要牺牲。

对于特殊申请执行人，笔者认为仍可在保持既判力扩张理论一贯性前提下保障其实体权利。解释路径上则可借鉴前述日本法上的“形式说”观点，即将其区别于一般申请执行人的特殊民事权益作为独有的攻击方法。换言之，对于既判力扩张的形式，仍从“该申请执行人不得就前诉案外人与申请执行人无法争执之事实进行争执”进行把握，但既判力并不能对其独立攻击方法产生遮断，其实体权益仍可通过提起许可执行之诉获得救济。

3. 第三人程序保障的相当性。首先，较之现行制度（案外人对各申请执行人逐一提起执行异议之诉），许可执行之诉仍是一个诉讼程序，各申请执行人均可提起。其次，许可执行之诉虽将举证责任重新调整而分配给后诉申请执行人，与现行制度亦有迹可循。根据《最高人民法院关于民事诉讼证据的若干规定》第 10 条的规定，生效裁判所确认的基本事实为免证事实，除非当事人有相反证据足以推翻。因此，现行制度下，在案外人已取得一个胜诉判决的前提下，其享有民事权益这一基本事实已经为该判决所确认，故在对另一申请执行人提起的后诉中，案外人对此无须举证证明。据此，许可执行之诉将举证责任分配给后诉申请执行人并未加重其负担。

（三）微观实现——既判力扩张的程序性转化

1. 前置程序的过滤性。许可执行之诉的前置程序（15 天异议期）的设置，是将起诉的负担分配给其他申请执行人，如果其不提起许可执行之诉，那么法院将解除对应查封。这一做法，可过滤一部分案件，使之无需进入诉讼程序，从而实现诉讼经济。这也是对作为前诉的案外人执行异议之诉既判力扩张的制度落实。

2. 提起诉讼的平等性。申请执行人提起许可执行之诉时，难以有效甄别其究竟是一般还是特殊申请执行人，故应赋予其提起许可执行之诉的权利，留待在许可执行之诉中对其是否具有特殊民事权益进行实质性判断。

3. 裁判结果的差异性。既判力作用于裁判结果上，则具体表现为：法院经审理，认为原告仅为一般申请执行人的，应当驳回其起诉；认为原告为特殊申请执行人的，则应当在对其与案外人享有的民事权益何者优先保护进行判断后作出裁判。

拟制条文

对申请执行人作为原告提起的许可执行之诉，执行法院经审理，按照下列情形分别处理：

（一）原告就执行标的不享有区别于前一案外人执行异议之诉中申请执行人的民事权益的，裁定驳回起诉；

（二）原告就执行标的享有区别于前一案外人执行异议之诉中申请执行人的民事权益，且该民事权益足以对抗案外人的，判决准许执行该执行标的；

（三）原告就执行标的享有区别于前一案外人执行异议之诉中申请执行人的民事权益，但该民事权益不足以对抗案外人的，判决驳回诉讼请求。

4. 前诉确有错误的处理。许可执行之诉（后诉）审理过程中，法院如认为申请执行人为一般申请执行人，但又发现前一案外人执行异议之诉（前诉）判决结果确有错误（本不应支持案外人），应如何处理？本文认为，后诉不应直接作出不同裁判，而应驳回申请执行人的起诉，并告知其对前诉判决申请再审。这是出于裁判尺度统一与各申请执行人利益平等保护的双重价值考虑。前诉法院因案外人胜诉而解除执行标的查封的情况下，如允许后诉作出不同判决，则后诉法院将得以继续执行该执行标的。但由于各执行法院信息并不对称，前诉申请执行人可能无法及时向后诉法院申请参与分配，这将导致其无法就该执行标的的变价款获得受偿。而告知后诉申请执行人对前诉申请再审，则可保障前诉申请执行人恢复应有查封利益（见图9）。

拟制条文

申请执行人对驳回起诉的裁定不服，认为前一案外人执行异议之诉判决错误的，可以对该案外人执行异议之诉判决申请再审。

执行法院在审理过程中，发现前一案外人异议之诉的判决确有错误的，按照下列情形分别处理：

（一）前一案外人执行异议之诉的判决由本院作出的，依照民事诉讼法

第一百九十八条处理；

（二）前一案外人执行异议之诉的判决由其他人民法院作出的，裁定驳回申请执行人的起诉，并告知其对该案外人执行异议之诉判决申请再审。

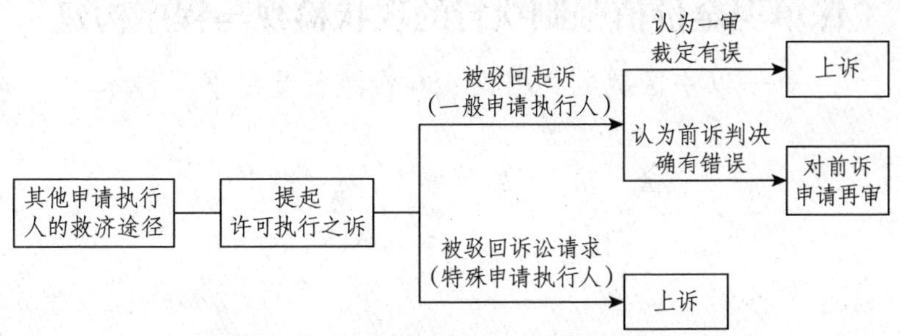

图9　其他申请执行人的救济途径梳理

（四）其他规定

为确保许可执行之诉的实效性，还应完善细节性规定。

1. 管辖法院。应由执行法院专属管辖。

2. 诉讼参加人。仅以该申请执行人为原告、案外人为被告即可，无需被执行人参加诉讼，从而避免因公告导致审理周期漫长。

3. 审理程序。可适用简易程序审理，无需像目前的案外人执行异议之诉那样一律按普通程序审理。

4. 诉讼费的收取。应以执行标的财产金额或者价额作为计算基数，按照《诉讼费用交纳办法》第13条第1项规定的财产案件标准收取，防止滥诉。

结　语

《最高人民法院关于深化人民法院司法体制综合配套改革的意见——人民法院第五个五年改革纲要（2019—2023）》要求“健全完善立体化、多元化、精细化的诉讼程序”。本文提出的许可执行之诉，是以既判力主观范围扩张为理论工具，结合我国查封制度的特殊语境进行的一项制度构建尝试。其在回应诉讼经济的现实需求同时，兼顾了特殊申请执行人的程序保障需求。另外，作为一项执行衍生诉讼，许可执行之诉势必反向助力财产处置“执行难”问题的破解。

（本文获一等奖）

保单现金价值强制执行的现状检视与程序构建

——以中国裁判文书网486份执行裁定书为样本

金　路[*]　郭丽娜[**]　赵　鹏[***]

引　言

近年来，随着人们财富的积累及风险意识的增强，满足投保人不同需求的人身保险产品类型愈发复杂多样，保单现金价值强制执行问题引起了司法实务和理论界的关注。

保单现金价值为长期人身保险合同所特有，亦称解约退还金，其缴费机制特殊。投保人以趸交或者均衡方式缴纳保费，投保前期缴纳的保费高于自然保费的部分经提存成为保险人的保险责任准备金，扣除保险手续费后即为保单现金价值。① 当作为被执行人的投保人无法清偿债务时，法院可否强制执行保单现金价值以及如何执行问题，理论界和实务界均存在不同观点。

本文以中国裁判文书网486份执行异议/复议裁定书为样本，梳理执行审查部门对保单现金价值强制执行异议案件的不同裁决观点，归纳争议焦点和法律问题，检视保单现金价值强制执行的现状，明确保单现金价值强制执行的原则，构建完善的执行程序，以期为《民事强制执行法》的制定提供参考，为保单现金价值的规范、顺畅执行提供指引。

---

* 作者单位：北京市海淀区人民法院。

** 作者单位：北京市海淀区人民法院。

*** 作者单位：山西省太原市中级人民法院。

① 参见李玉泉：《保险法学——理论与实务》，高等教育出版社2007年版，第353～354页。保费的计算与风险发生概率相关，通常而言，死亡率随着年龄增长而增高，保费也逐年增加，此为“自然保费”。因每年收取不同数额的保费较为烦琐，且保费增长与劳动能力衰减之间的反差将加重投保人的负担，所以保险实务中通常由保险人计算出整个保险期间应当缴纳的自然保费总额，再平均分摊到每个保险年度内，由投保人每期缴纳均等的保费，即“平准保费”或“均衡保费”。在“均衡缴费”或趸交保费制（即一次性缴清全部保费）下，投保人平均缴纳或者一次性缴纳的纯保费中超过实际应缴纳的自然保费部分，系投保人“溢缴”的保费。

一、执行现状：保单现金价值强制执行的实践梳理

笔者以“执行案件”为案件类型、以“保单”“现金价值”为关键词，在中国裁判文书网检索到执行异议/复议裁定书486份，[①] 以此为样本，梳理异议/复议主体、异议/复议事由、异议/复议结果，清楚地了解保单现金价值强制执行的现状。

（一）异议/复议主体的全覆盖

异议/复议主体涵盖保险合同的全部关系人，且以保险人居多。其中，投保人59份，占12%；被保险人或受益人[②] 36份，仅占7%；保险人391份，占81%，远高于被保险人或受益人提出异议的数量，这与部分学者强调的“强制执行保单现金价值对被保险人、受益人利益造成损害”[③] 存在出入。

作为异议主体的投保人多为被执行人，[④] 被保险人或受益人以利害关系人身份提出异议。保险人以利害关系人身份提出异议的占多数，个别案件中，因被执行人以保单办理了质押贷款，保险人以案外人身份提出异议，主张优先受偿权。

（二）异议/复议事由的类型化

表1　不同主体的异议/复议事由

异议主体	异议复议/事由
投保人	1. 法院认定涉案保险属储蓄或投资型保险合同，进而认定保单的现金价值为投保人所有，没有事实和法律依据
	2.《保险法》第15条规定，投保人具有合同解除权，法院以保护申请执行人的合法权益为由，强制解除合同扣划保单的现金价值，违背法律规定
	3. 保单既有现金价值，也有到期可得利益，法院强制解除保险合同得到的现金价值极少，可保留合同，用保险生存金和红利清偿债务
	4. 生存保障型的保险资金是唯一生活来源

① 样本检索时间截至2020年4月28日。486份执行裁定书样本中，执行异议裁定书410份、复议裁定书76份。由于文书上传时的类别选择、关键词设置等差异及笔者检索文书时的关键词选择，不能穷尽各法院实际作出的执行异议、复议及案外人异议之诉的裁判文书。笔者认为，虽然不能达到十分精确的程度，但目前的样本亦足以分析实践中的相关问题。

② 本文中，如无特殊说明，被保险人或受益人指除投保人以外的人，即与投保人非为同一主体。因存在被保险人和受益人为同一人的情况，为避免数据重复失真，故进行统计时将两者数据合并。

③ 参见何丽新、梁嘉诚：《保单现金价值强制执行的反思与重构》，载《保险研究》2019年第1期。

④ 在个别案件中存在被执行人的配偶作为投保人提出异议的情况，参见吉林省汪清县人民法院（2019）吉2424执异33号执行裁定书。

续上表

异议主体	异议复议/事由
被保险人或受益人	1. 被保险人或受益人与执行案件无关，强制执行保单现金价值将损害其合法权益
	2. 人寿保险并非储蓄型投资类分红保险，法院强制解除保险合同并提取保单现金价值于法无据
保险人	1. 人寿保险合同是为被保险人因身体和生命产生利益的保障，具有很强的人身依附性及专属性，不能作为强制执行的标的
	2. 保单的现金价值并非到期债权，人寿保险合同尚未解除时，保险公司不负有向投保人支付保单现金价值的义务，协助法院扣划存在法律上的风险，面临二次支付的损失
	3. 投保人未申请退保，保险人无权单方解除保险合同，法院无权强制解除人寿保险合同，如强制解除，将侵害被保险人利益
	4. 《民事诉讼法》第242条，并未明确规定保险的现金价值可以作为被执行人的财产予以扣划

表1中，投保人以保险合同的类型认定、合同解除权的归属、唯一生活来源为由提出异议，被保险人或受益人以损害其利益为由提出异议，保险人以不得作为执行标的、不得强制解除合同、强制扣划无法律依据及保险人面临的二次给付风险为由提出异议。

(三) 异议/复议结果的差异性

针对异议人提出的异议事由，执行审查部门需在本院认为部分作出回应。笔者梳理样本，归纳出保单现金价值强制执行的四种裁决观点，并整理出相应的裁决理由，如表2所示。

表2 裁决观点及理由

裁决观点	裁决理由
1. 保险合同尚未解除时，不能强制执行保单现金价值	(1) 保单具有财产属性，可作为执行标的
	(2) 根据《保险法》第47条，保险合同解除后，保单现金价值才产生并确定，投保人对保险人方享有要求给付保单现金价值的到期债权
	(3) 根据《保险法》第15条，投保人未申请解除保险合同，保险人不得单方解除。如未出现法定或约定的保险人可解除保险合同的情形，保险合同的解除权只能归投保人所有
	(4) 保险合同未解除时，要求保险人协助扣划将造成保险合同的强制解除，违背自愿原则

续上表

裁决观点	裁决理由
2. 根据保险产品的类型决定能否强制执行保单现金价值	(1) 投保人购买传统型、分红型、投资连接型、万能型人身保险产品其保单现金价值归属于投保人，保险人有义务协助法院执行保单现金价值
	(2) 以被保险人的身体健康与疾病为投保内容的保险，具有人身保障功能，法院强制执行该保单的现金价值将会危害被保险人的生存权益，该类保险不宜强制执行
3. 投保人下落不明或拒绝退保，可强制执行保单现金价值	(1) 人寿保险虽然是以人的生命和身体为保险标的，但不具有人身依附性和专属性，保单本身具有储蓄性和有价性
	(2) 根据《保险法》第 15 条和第 47 条，在保险期内，投保人可通过单方解除保险合同而提取保单现金价值。因此，保单现金价值在数额上具有确定性，其属于投保人的责任财产，且不属于不得查封、扣押、冻结财产的范围
	(3) 一般情况下，法院在要求保险机构协助执行保单现金价值时，应提供投保人签署的退保申请书
	(4) 投保人下落不明或者拒绝签署退保申请书时，因执行程序的强制性，法院的强制执行行为在性质上是替代被执行人对其所享有的财产权益进行强制处置
4. 直接强制执行保单现金价值	(1) 保单现金价值系基于投保人缴纳的保险费形成，是投保人的财产
	(2) 涉案保险为商业保险，在法律性质上不具有人身依附性和专属性，也不是被执行人及其所扶养家属所必需的生活物品和生活费用，不属于不得执行的财产
	(3) 根据规定，被执行人作为自然人的，不得支付高额保费。被执行人未履行生效法律文书确定的义务，且怠于行使保险合同解除权，执行机构有权代为行使解除权，强制解除保险合同，提取保单现金价值
	(4)《保险法》第 15 条对保险人解除保险合同作了严格限制，其立法本意是避免保险人滥用合同解除权，保护投保人合法权益，并非对法院强制执行保单现金价值的排斥性规定

四种裁决观点一致认为保单现金价值是投保人的责任财产，但在具体强制执行的条件和程序上存在分歧。四种裁决观点中，第三种和第四种观点占比较高，即大多数法院支持强制执行保单现金价值，且法院可强制解除保险合同。这与当前许多保险产品兼具投资理财及储蓄收益的功能密不可分，有些保险产品甚至以“大额保单无法被法院执行”作为营销口号，导致部分投保人试图通过具有现金价值的人身保险产品达到逃避债务的目的。面对此种境况，探寻强制执行保单现金价值的理论依据尤为重要。

执行异议/复议事由中，保险人常以“人寿保险合同具有人身依附性及专属性”为由，否定保单现金价值成为执行标的。而在裁决观点中，保险产品类型仅对“根据保险产品的类型决定能否执行保单现金价值”一种观点有影响。在其他三种观点的裁定书样本中，多数法院在“本院认为”部分或表述“人寿保险的标的虽是人的生命和健康，但保单本身具有储蓄性和有价性”，或表述“涉案保险为商业保险，属于被执行人的责任财产，没有人身依附性和专属性”，以否定“人身依附性及专属性”的异议事由，从而支持执行行为；少数法院在“本院查明”部分，根据保险人提供的保险合同或复函对保险名称、保单编号、保险类型、保费情况进行说明。[①] 法院对保险产品类型的识别和分类没有统一的标准。

二、理论检视：保单现金价值强制执行的争议分析

样本中的异议/复议事由、裁决观点和理由，集中反映了保单现金价值强制执行问题目前存在的三个法律争议：其一，保单现金价值的归属及请求权性质；其二，保单现金价值的可执行性；其三，强制解除保险合同的理论依据。笔者在本部分将对上述争议进行分析。

（一）保单现金价值的归属及请求权性质

1. 保单现金价值归属于投保人。确定保单现金价值的归属是强制执行的前提。人身保险合同涉及投保人、被保险人、受益人和保险人，笔者认为，保单现金价值归属于投保人。

首先，保单现金价值不属于被保险人、受益人。投保人行使任意解除权时无需被保险人或受益人同意，即投保人取得保单现金价值的权利不受其他人的控制；受益人仅在合同约定的保险事故发生时可获得保险金，而保险金不同于保单现金价值。其次，保单现金价值不属于保险人。投保人行使任意解除权时，保险人须在规定期限内支付保单现金价值；保单现金价值是投保人缴纳的超过自然保费的积累，投保人是缴纳保费的实际义务人，保险人虽直接占有现金价值，但实质是代为管理。最后，《最高人民法院关于适用〈中华人民共和国保险法〉若干问题的解释（三）》第16条第1款规定，明确了若投保人、被保险人、受益人非同一主体，除合同另有约定外，保险合同解除时保单现金价值归属于投保人。

2. 保单现金价值返还请求权系附条件债权。有观点认为，保单现金价值返还请求权系期待权，其忽略了保单本身所具有的财产性。保单可以转让或者质押贷款，保单现金价值作为夫妻共同财产时可进行分割，各种事实都充分证明保单现金价值是财产权，并非期待权。

保单现金价值返还请求权在性质上是一种附条件债权。保险合同解除时，投保人对保险人享有保单现金价值返还请求权，保险人负有向投保人

① 参见广东省惠州市中级人民法院（2018）粤13执复72号执行裁定书。

返还保单现金价值的义务。因此，保单现金价值返还请求权系债权。按照法律规定，除非合同解除或法律规定及约定的情形发生，否则投保人对保单现金价值不能直接占有、使用、支配，只有在保险合同解除后，对保单现金价值的返还请求权方得以行使，而此时的合同解除即所附条件。所以，保单现金价值返还请求权是一种附条件债权。

（二）保单现金价值具有可执行性

执行标的财产分为物和财产权利。被执行人所享有的存款、债权、用益物权、知识产权、股权等无形财产权，如果属于被执行人独立的财产权利、具有确定的财产价值和可转让性，可成为执行标的；如果被执行人作出意思表示即可取得或支配的将来可得财产，也可以成为执行标的。① 作为一种财产权利，保单现金价值具备可执行性。

1. 保单现金价值的相对确定性。强制执行的标的必须可确定。有别于保险费、保险金，保单现金价值涉及复杂的保险精算，其与存款等财产的一个重要区别就在于其数额往往处于动态变化之中，造成强制执行标的的不确定性。但动态变化并不意味着无法确定。在投保人解除保险合同或发生合同约定的解除情形时，即可确定保单现金价值的数额。投保人对保单现金价值享有返还请求权，而这种相对确定性为其可执行提供了可能。

2. 保单现金价值的非专属性。具有专属性质的债权主要是基于人身关系（如赡养、抚养、扶养、继承关系）产生的给付请求权和基于退休、养老、抚恤、安置、劳动报酬、人寿保险和人身伤害产生的赔偿请求权。具有专属性的人寿保险赔偿请求权是指发生保险事故后特定主体的保险金给付请求权，而非保单现金价值返还请求权，后者是一种纯粹财产权，不具有专属性。

3. 保单现金价值的非豁免执行性。《最高人民法院关于民事执行中查封、扣押、冻结财产的规定》（2020 年修正）第 3 条列举了人民法院不得查封、扣押、冻结的财产范围。保单现金价值并非被执行人及其所扶养家属的生活所必需，不属于豁免执行的财产范围。相反，实践中，被执行人作为投保人，购买高额理财保险逃避执行，并以保单现金价值为标的进行质押贷款的不在少数，常见的是向保险人贷款，小额贷款公司亦接受保单质押贷款，这些贷款事实上也承认了保单现金价值的可执行性。

（三）强制解除保险合同的理论依据

强制执行对保险合同的影响，即法院能否强制解除保险合同是理论和司法实践中争议最大的问题，涉及投保人任意解除权的立法本意、强制解

---

① 江必新：《民事执行新制度理解与适用》，人民法院出版社 2010 年版，第 148 页。

除保险合同的理论依据、不同主体之间的利益平衡。笔者认为，强制解除保险合同在理论上并无障碍。

1. 投保人任意解除权非专属权。《保险法》第15条规定了投保人的任意解除权，因而有观点认为，除法定解除情形外，保险合同的解除权专属于投保人。事实上，该条规定的本意是对投保人的倾斜保护。与保险公司相比，投保人常处于弱势地位，为防止投保人的利益受到侵害，法律赋予投保人任意解除权，并限制保险人的解除权，使投保人可根据自身情况决定是否维持保险合同效力。该规定意在限制保险人，调整的是保险合同当事人之间的关系，并非对法院强制执行权的限制。在投保人拒不执行生效法律文书时，不能根据该规定得出法院无权解除保险合同的结论。以"投保人有任意解除权，保险人无权单方解除合同，法院亦无权强制解除合同"为由，阻止法院强制执行保单现金价值的异议主张曲解了本条的立法原旨，是对条文内容的过度解读和延伸。

2. 强制执行权的应有之义。执行保单现金价值的前提是解除保险合同，除投保人自行解除外，法院能否通过公权力强制解除保险合同，从而突破保险合同的相对性，司法实践中存在争议，其焦点问题涉及公权力对私权利的干预。执行程序旨在实现债权人的债权，基于此，执行法院运用法律赋予的强制执行权采取强制执行措施。执行法院的强制执行权是国家权力体系中一项独立的司法强制执行权，该权力的法律渊源不在于保险法，而是强制执行法。① 此种执行权的行使是强制执行程序的应有之义。例如存款人在银行、信用社和其他具有储蓄业务的单位的存款，可以随时支取。执行法院执行保单现金价值与执行存款具有相似性。法院强制划拨被执行人的存款时，其本身也包含了解除存款合同的行为。②

3. 平衡不同主体利益。尽管与执行存款程序具有相似性，但强制解除保险合同可能影响投保人、保险人、被保险人和受益人的利益。样本裁定中，法院强制解除保险合同时，保险人、被保险人、受益人均可能作为利害关系人提出异议，其中保险人提出异议的占比最大，主要目的是在法院强制解除保险合同时，通过执行异议的方式，规避因投保人起诉而引起的二次给付风险。而被保险人、受益人作为合同关系人，解除保险合同可能会导致其期待利益受损。因此，有必要在程序设计时注重平衡不同主体的利益。

保单现金价值执行的上述争议，一方面是由于保险产品复杂，涉及主

---

① 参见王飞、徐文文：《论人寿保险合同解除纠纷中的利益平衡》，载《法律适用》2013年第5期。

② 李利、许崇苗：《我国保险合同解除法律制度完善研究》，载《保险研究》2012年第11期。

体众多，另一方面也是由于现行《民事诉讼法》及司法解释没有为保单现金价值的执行程序提供规范依据，致使司法实践观点不一。《最高人民法院关于适用〈中华人民共和国民事诉讼法〉的解释》第501条规定了到期债权的执行规则，而作为附条件债权，对保单现金价值的强制执行无法适用。强制执行保单现金价值的实践已然走在了立法之前，浙江、广东、江苏三省高级人民法院出台了有关执行保单现金价值的规范文件，但三地对保单现金价值强制执行的观点存在差异，如表3所示。

表3　浙江、广东、江苏规范文件及主要内容

省份	规范文件	主要内容
广东省	2016年3月3日《关于执行案件法律适用疑难问题的解答意见》	仅被执行人同意退保时，法院可以执行保单现金价值，不能强制退保
浙江省	2015年3月6日《关于加强和规范被执行人拥有的人身保险产品财产利益执行的通知》	1. 一般情况下，法院扣划保险产品退保后可得财产利益，应提供投保人签署的退保申请书； 2. 被执行人下落不明或拒绝签署退保申请书的，法院可以强制执行
江苏省	2018年7月9日《关于加强和规范被执行人所有的人身保险产品财产性权益执行的通知》	1. 与浙江省高级人民法院观点一致； 2. 增加被保险人、受益人介入权； 3. 增加"保险公司依法院裁定解除保险合同协助执行后，相关人员以投保人未签署退保申请书为由起诉的，法院不予支持"，以化解保险公司二次支付的风险

三、程序构建：保单现金价值强制执行的制度设计

结合执行裁决观点，并对保单现金价值强制执行的争议进行深入分析后，笔者认为，强制执行保单现金价值具有正当性，即作为被执行人的投保人无力清偿债务，又不主动解除保险合同的，法院可以强制解除合同，实现对保单现金价值的执行。但在执行中如何平衡债权人和保险合同所涉主体之间的利益，是无法逃避的问题。强制解除保险合同以执行保单现金价值，投保人将不能按照合同约定得到预期的收益，可提取的现金价值有可能远低于预期收益；被保险人或受益人将丧失保险事故发生时享有的保险金给付请求权；保险人可能被投保人起诉单方解除保险合同无效，导致双重给付。因此，法院在维护债权人利益而对保单现金价值强制执行时，应同时考虑到其他主体的利益，为强制执行保单现金价值确立执行原则，构建完善的执行程序，实现多方主体的利益平衡和执行行为的规范（见图1）。

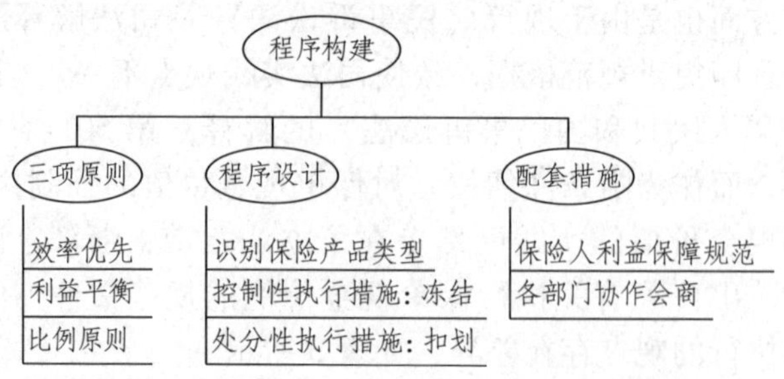

图 1　保单现金价值强制执行程序构建概览

（一）保单现金价值强制执行的三项原则

1. 以效率优先原则保障债权实现。执行工作是依法保障胜诉当事人合法权益的重要手段，是公平正义最后一道防线上的最后环节，执行工作强调效率，在保单现金价值的执行中也应当坚持效率优先原则。该原则要求执行法院在收到债权人对被执行人保单现金价值的执行申请时，必须通过快捷的途径迅速核实保险线索，及时采取控制性措施，在保证责任财产不转移的前提下，为后续执行工作的开展奠定基础。同时效率优先原则也意味着由法院强制解除保险合同是一种最优选择，因为在投保人不配合主动解除，尤其是其为躲避债务而下落不明时，无论是通过其他措施强制投保人自行解除，还是由债权人代位行使合同解除权，均可能面临长时间的等待，使得执行案件久拖不结。

2. 以利益平衡原则降低潜在损害。如上文所述，强制执行保单现金价值，需要平衡债权人、投保人、保险人、被保险人、受益人各方的利益，在保障债权人的债权得以快速实现的同时，应采取对其他利益相关人损害最小的执行方式。比较法上，作为平衡债权人和受益人之间利益冲突问题的解决方式，《德国保险合同法》第 170 条第 1 款规定了受益人介入权制度，即受益人经投保人同意，在保单现金价值范围内满足执行债权人或破产财团债权的情况下，得以介入保险合同，使合同继续存续。① 强制解除保险合同将使被保险人或受益人丧失保险事故发生时享有的保险金给付请求权。因此，可允许被保险人或受益人行使介入权以维持保险合同效力，行使介入权的人须支付与保单现金价值相等数额的款项，以偿还投保人的债务。

3. 以比例原则践行善意执行理念。比例原则是宪法、行政法等公法领域的一项重要原则，根据比例原则，手段和目的之间应符合比例要求，即

① 参见孙宏涛：《德国保险合同法》，中国法制出版社 2012 年版，第 98 页。

手段有助于目的达成、选择对基本权利损害最小的手段。[①] 强制执行权属于公权力，法院与被执行人之间的法律关系具有单向性、主动性、强制性三个特点，理应受到比例原则的约束。[②]《最高人民法院关于在执行工作中进一步强化善意文明执行理念的意见》将“坚持比例原则，找准双方利益平衡点，避免过度执行”作为准确把握善意文明执行精神实质的一个方面。在强制执行保单现金价值时，应贯彻落实比例原则，既实现目的，亦减少对相关人员基本权利的损害，践行善意文明执行理念。例如，被执行人有存款、动产或其他更便于执行的财产的，应当先执行该类便于执行的财产，对保单现金价值的执行在后。

（二）保单现金价值强制执行的程序设计

保险产品的多样性和复杂性决定了法律规则的设计需要兼顾统一性与灵活性，即建立统一完善的执行规范，并设定例外规则，从而实现执行标准的统一和个案公正（见图 2）。

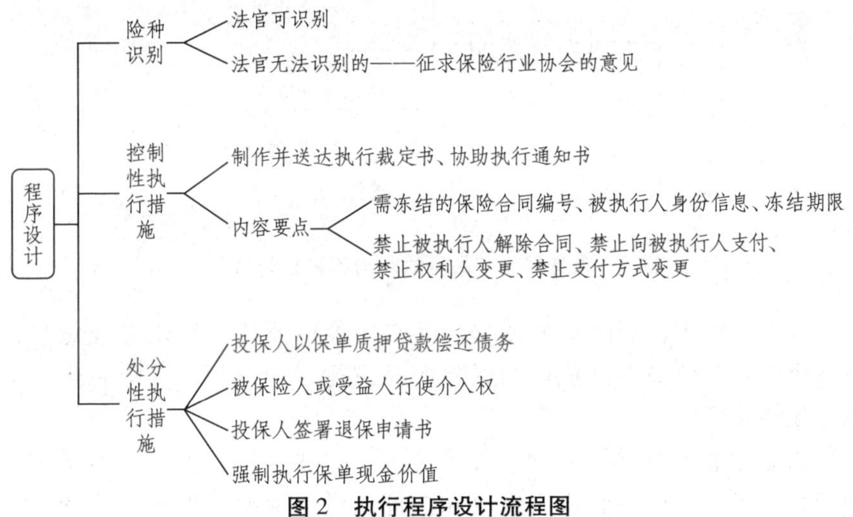

图 2　执行程序设计流程图

1. 保险类型的识别。保险产品复杂多样，在对保单现金价值进行强制执行时，须区分保险合同的类型，并按照保险合同的类型分类规范执行。

① 参见纪海龙：《比例原则在私法中的普适性及其例证》，载《政法论坛》2016 年第 3 期。

② 参见江必新：《强制执行法理论与实务》，中国法制出版社 2014 年版，第 72 页。

传统型人寿保险、分红型保险、万能型保险、投资连结型保险等人身保险产品,① 其保险标的虽为人的生命和身体，但同时具有保障人身和理财投资的功能，且保单本身具有储蓄性和有价性，特别是新型人身保险产品与分红、收益等关联，可获得投资回报，其投资功能突出。因此，债权人向法院申请强制执行保单现金价值的，可以执行，但被保险人或受益人要求行使介入权的，不得强制解除保险合同。因保单现金价值是长期人身保险合同保险单所具有的价值，而意外伤害保险的保险期间多为一年或一年以下，所以不存在保单现金价值。健康保险是对因健康原因导致的损失给付保险金的保险，主要包括医疗保险、疾病保险、护理保险和失能收入损失保险。对于健康保险，因其属于人身保障性保险，不具有理财性质，该保险合同未解除的，法院不得强制执行（见图 3)。

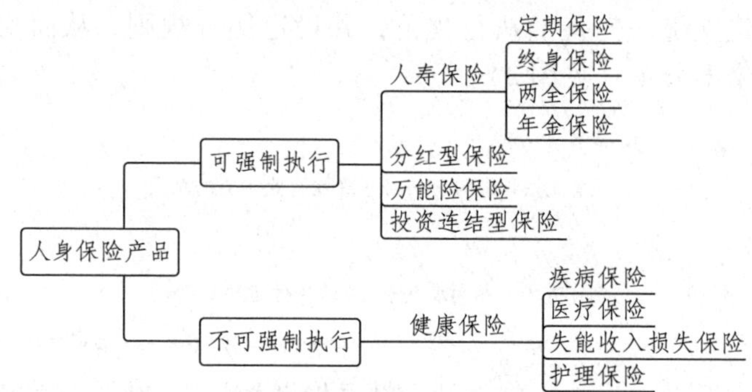

图 3 人身保险产品可执行与不可执行类型

执行法院无法识别保险种类时，可向保险行业协会征求专业意见，由保险行业协会对拟被强制执行的保险产品进行专业分析，为下一步是否继续执行提供参考。

2. 控制性执行措施。查封、扣押和冻结是主要的控制性执行措施，对不动产和动产的执行主要适用查封和扣押，对其他财产性权利一般适用冻结。保单现金价值属于财产性权利，因此，对保单现金价值采取控制性措施时应采用冻结的方式。现阶段，保险理财产品的网络查询功能尚未实现，具体实施过程仍应借助保险公司的协助查询，具体程序如下：债权人向法

① 分红型保险是指保险公司将其实际经营成果优于定价假设的盈余，按照一定比例向保单持有人进行分配的人寿保险，其特点有三：保单持有人可以获得红利分配、红利分配方式包括现金红利和增额红利、红利的分配不确定（分红水平主要取决于保险公司的实际经营成果）。万能型保险是指包含保险保障功能并设立有保底收益投资账户的人寿保险，其特点有三：交费灵活，收费透明；灵活性高，保额可调整；通常设定最低保证利率。投资连结型保险是指包含保险保障功能并至少在一个投资账户拥有一定资产价值的人寿保险，其特点有三：交费灵活，收费透明；灵活性高，账户资金可自由转换；通常不设定最低保证利率。

院提供被执行人作为投保人的保险合同编号、类型、保险人、投保时间等基本信息后，法院向相应的保险公司送达协助查询通知书，在核实保险合同真实存在后，制作执行裁定书和协助执行通知书，送达保险公司并要求其履行协助执行义务，冻结被执行人所有的人身保险产品及其相关财产性权益，同时，须载明禁止向被执行人支付保险合同的财产性权益、禁止将财产性权益的权利人变更为被执行人以外的人、禁止对保险合同约定的红利支付方式进行变更等可能影响执行的事项，达到禁止保险公司向投保人为相关给付的目的。①

3. 处分性执行措施。法院依债权人的申请冻结保单现金价值后，按照如下程序进行执行：

（1）投保人以其投保的保险合同满足保单质押贷款条件为由，申请以保单质押贷款的方式偿还债务的，法院应当允许。只有长期人身保险合同可以进行保单质押贷款，须满足保险合同生效满一定期限的条件，投保人可以按照合同的约定，将保单质押给保险人并申请贷款。通过此种方式，投保人（被执行人）既可偿还债权人的债权，又可避免解除保险合同。

（2）投保人自行签署退保申请书解除保险合同的，法院制作执行裁定书和协助执行通知书并送达保险人，扣划保单现金价值并发还债权人。

（3）若投保人不主动解除保险合同，且仍不履行义务的或下落不明的，法院依债权人的申请，强制解除保险合同，扣划保单现金价值时，应通知被保险人或受益人。被保险人或受益人支付保单现金价值的对价以维持保险合同效力的，应予准许，并将该对价发还债权人。若被保险人或受益人不行使介入权或虽承诺支付保单现金价值对价但在规定期限内未支付的，法院可强制解除保险合同，并扣划保单现金价值。

（4）《最高人民法院关于限制被执行人高消费及有关消费的若干规定》第 3 条第 1 款第 8 项规定，被执行人被采取限制消费措施后，不得支付高额保费购买保险理财产品，投保人违反该项内容的，法院可强制执行保单现金价值，同时，对被执行人应当按照违反该规定第 11 条的规定处理。②

（5）投保人、被保险人或受益人认为执行保单现金价值的行为违反规定的，可参照《民事诉讼法》第 225 条提出执行异议。保险人以享有保单质押贷款的优先受偿权为由提出异议的，应当按照案外人异议进行审查。

---

① 参见何丽新、梁嘉诚：《保单现金价值强制执行的反思与重构》，载《保险研究》2019 年第 1 期。

② 《最高人民法院关于限制被执行人高消费及有关消费的若干规定》第 11 条第 1 款规定："执行人违反限制消费令进行消费的行为属于拒不履行人民法院已经发生法律效力的判决、裁定的行为，经查证属实的，依照《中华人民共和国民事诉讼法》第一百一十一条的规定，予以拘留、罚款；情节严重，构成犯罪的，追究其刑事责任。"

（三）保单现金价值强制执行的配套措施

1. 拟定保险人利益保障规范。如前文所述，保险人频繁提出异议的主要动因是避免二次给付风险。为保障保险人利益，可在保单现金价值强制执行的有关规范文件中明确：保险人依法院的执行裁定书和协助执行通知书，协助法院强制执行保单现金价值后，投保人又以保险人违法解除合同为由提起诉讼的，法院不予支持。保险人可将执行裁定书、协助执行通知书等相关法律文书作为已经履行支付义务的凭证，在诉讼中作为证据提交，以便法院审理判决。

2. 加强各部门协作会商。目前，对保险理财产品的线上查询功能尚未实现。虽然“2019 年最高人民法院联合公安部为执行指挥中心开通了公安网业务查询终端服务，与银保监会、民政部、税务总局联网，实现了全国法院对保险理财产品、婚姻登记信息等的网络查询功能”，① 在最高人民法院财产查询系统中添加了保险板块，但保险理财产品的线上查询功能并未真正开始适用。法院对保单现金价值的强制执行线索，主要由债权人提供，债权人的能力有限，仅靠债权人之力，恐难穷尽被执行人的保险理财产品。可借鉴有关存款和证券等财产的执行协作，② 由最高人民法院与中国银行保险监督管理委员会沟通会商，共同出台关于依法规范人民法院执行和保险公司协助执行的通知，加强信息共享。

结　语

“大额保单无法被法院执行”逐渐成为保险代理人的营销口号，部分投保人企图通过具有保单现金价值的保险实现逃避执行的目的。因此，明确和规范保单现金价值强制执行的规则和程序，加强执行力度，更好地实现债权人利益，对打击债务人逃债行为具有一定的震慑力，为全社会营造诚实信用的良好氛围。

---

① 《最高法工作报告解读：智慧执行破解查人找物难题》，载中国法院网。最后访问时间：2020 年 5 月 31 日。

② 最高人民法院此前分别与中国人民银行、中国证监会联合出台了《最高人民法院、中国人民银行关于依法规范人民法院执行和金融机构协助执行的通知》《最高人民法院、中国证监会关于加强信用信息共享及司法协助机制建设的通知》。

在民事强制执行程序中对“税收优先”排除规则之构建

——以《税收征管法》第45条的“但书”为突破

林南南[*]　刘伟光[**]

引　言

通说认为税收法律关系是一种债务关系,[①] 由于债权人是国家，税收债权被理解为一种公法债权。国家为了保障税收，通过《税收征收管理法》的第45条赋予了税务机关以税收优先权，由此税务机关在获取税款上相较于民事债权人取得了优势地位，这种优势地位体现在当纳税人的财产不足以同时满足所欠税款以及私法债权之时，税务机关享有优先受偿的权利。当然，国家在赋予税务机关税收优先权的同时也考虑到了税收优先权这一公法上的法定优先权与私法领域中基于私法自治下的担保债权优先权之间可能存在的冲突问题，故在《税收征收管理法》第45条的规定中根据纳税人欠缴税款发生时间与抵押、质押或留置的设定时间的先后，为税收优先权与担保物权优先权的优先劣后加以规定。但税务机关究竟该通过何种途径实现其税收优先权成为实务难题，以至于引发执行争议。

程序正当不仅是行政机关实施行政行为的基本要求，更是行政行为合法性的前提。根据税收法定原则，税收的实现要以遵循法定的程序为实现路径，而税收优先权的实现则更应如此。但实践中，税务机关以发函形式要求法院执行机构从对纳税人财产的拍卖款中优先获取税款的方式，实则是只行使实体权利，不履行程序义务的典型表现。因此，在厘清税收债权与私法债权冲突关系的前提下，寻求税收优先权实现的正当路径，乃是缓解税收债权与私法债权之间的紧张关系，走出法院执行机构执行困局的有效方法。

---

[*] 作者单位：吉林省四平市中级人民法院。

[**] 作者单位：北京市西城区人民法院。

① 张玉华：《税收优先权与担保物权的冲突》，载《当代法学》2003年第8期。

一、税收优先权引发的执行困局

税收优先权只有在竞争性环境中才能凸显其意义。[①]（如图 1）法院通过司法拍卖对债务人的财产进行强制变价是清偿债务的主要方法，当多个债权人存在时，强制执行的焦点问题便成为对债务人财产变价款的分配，而这一分配会随着税收债权的加入而更加复杂。

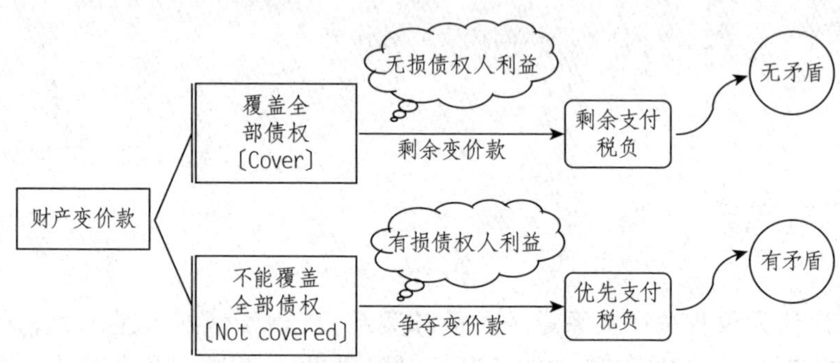

图 1　国家税收与私人债权冲突示意图

税务机关向法院主张税收优先权可分为两类，一是法院财产处置过程中产生的与财产变价本身有关的增值税、土地增值税、所得税等税款；二是被执行人在过往生产生活中欠的税款，即所谓历史欠税。税务机关要求从被执行人财产变价款中优先对此两类欠税实现受偿的主张以及由此引发的争议导致困扰执行实务面临三个困局。

（一）被执行人过户欠税负担混乱

对于在财产处置过程中产生的与本次拍卖本身有关的相关欠税，因“先税后证”制度，被执行人是否纳税会对买受人能否顺利办理产权过户产生直接影响。为了规避国家税收债权与私人债权之间的冲突，调和申请人、被执行人、买受人及税务机关各方的利益，法院通常会采用技术性手段对税款负担进行“干涉”，以期确保顺利过户，兼顾各方利益衡平。为此，法院所采用的技术性干涉手段就是在拍卖公告中明确税收的负担方式与主体。

笔者通过抽取京东、淘宝两家网络司法拍卖平台上的涉及全国 384 个中级人民法院的 724 个不动产拍卖公告[②]作为样本，对这些样本公告中有关税款负担的方式进行统计，可以清晰呈现当前我国法院处理财产处置中税负问题的现状（见表 1）。

---

① 熊伟、王宗涛：《中国税收优先权制度的存废之辩》，载《法学评论》2013 年第 2 期。

② 笔者通过在淘宝网、京东网各随机选取 362 个发布于 2020 年 1 月 1 日至 4 月 30 日不动产拍卖公告作为样本。

表 1　司法拍卖中四种典型的税费负担模式

模式	内容
概括承受式	法院在财产处置公告中明确说明不动产过户前所应当交纳的各项税费均由买受人承担，以类似私人之间房屋买卖的方式将税赋转嫁给买受人。
各付各税式	法院在财产处置公告中明确财产处置环节中产生的各项税款按照国家税收法律、法规的规定由相应的主体承担。
径行支付式	法院从财产变价款中直接支出款项优先用于清缴本应由被执行人交纳的税款。
先垫后退式	财产处置成交后，由买受人先行垫付本应由被执行人交纳的税款，而后待完成过户，由法院从财产变价款中将该部分垫付的税款退还给买受人。

纵观全国，以买受人概括承受式、各付各税式、径行支付式、先垫后退式此四种负担模式最为典型，此外，有的法院会在公告中注明“均由买受人负担或各付各税”，也有的未对税费负担问题予以明确。在抽取的全部724个拍卖公告样本中，采用概括承受式的513个，占比70.86%；各付各税式的124个，占比17.13%；径行支付式的5个，占比0.69%；先垫后退式的18个，占比2.49%；均由买受人负担或各自负担的32个，占比4.42%；未注明的32个，占比4.42%。概括承受式成为最为普遍的税负模式，此种方式在执行实践中通常会有效，但当遇到争议时也同样会因法律依据的欠缺而失灵。

（二）被执行人历史欠税清偿争议

执行实务中，对税务机关能否以被执行人历史欠税的“债权人”身份加入对其财产处置变价款的分配程序之中存在很大争议，而税务机关以税收优先权为由要求法院优先从变价款中优先支付税款的主张则会使财产处置后的价款分配关系变得复杂。（见图2）

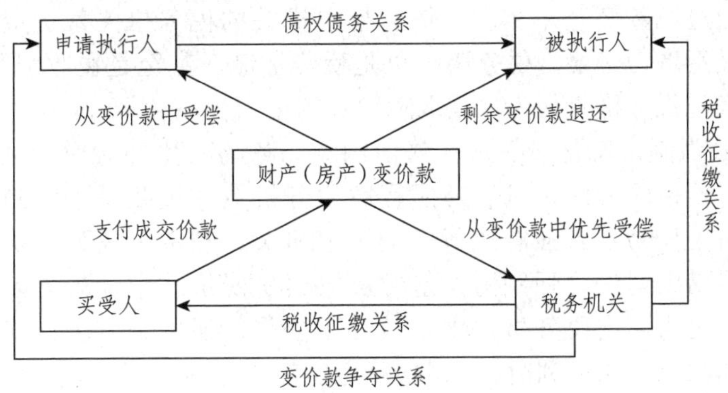

图 2　财产处置后价款分配关系图

我国民事强制执行相关法律规范并未对包括欠税在内的各项债务的清

偿顺序作出明确规定，仅是在《企业破产法》第113条进行了规定。尽管《企业破产法》没有对欠税与抵押担保债权的清偿顺序加以规定，但我们知道，已设定抵押权的财产往往会因抵押权人行使别除权而将抵押财产排除在破产财产之外，因此通常情况下欠税无法从抵押财产的变价款中获得清偿。《企业破产法》的规定并未像《税收征收管理法》规定的那样根据抵押登记与欠税发生时间的先后顺序作为判断二者优先劣后的标准，因此在破产程序中抵押债权优先于欠税是基本共识。此外，适用《企业破产法》规定的前提是进入破产程序，而非普通执行程序，因此在普通执行程序中欠税优先于普通债权的私法基础依然欠缺。也同样是因为抵押债权优先于欠税的规定是基于《企业破产法》而得出，因此在普通执行程序中抵押债权与欠税孰优孰劣亦难以定论。

二、税收债权实现路径之厘定

“捐税法和民事法与其他法律一样都是整体法体系的一部分，每一部法律各有其在各别之规范领域应达成之规范任务。”① 税收债权作为公法债权，其实现必然要依公法规则所确立之途径才具有正当性与合法性。

（一）程序法定原则下的依法强制

税收法律关系中的实体权利得以实现所依据的程序法要素须经法律规定，且征纳主体各方均须依法定程序行事。②《税收征收管理法》并未授权税务机关可以要求法院从司法拍卖案款中支付纳税义务人的欠税，因此要求法院协助从财产处置变价款中优先清偿被执行人的欠税缺少直接法源。税务机关的征税权与税收优先权来自公法授权，所以回归本职才是依法征税的前提。

1. 税务稽查规范化。税务稽查是查找欠税的行政行为，欠税的发现与征缴只能通过税务稽查来实现。作为行政机关的税务机关其法定职责的完成应以积极行事为必要。税务稽查也是税收征缴，甚至是税收强制的前提，因此规范实施税务稽查行为才是保障税收的正当程序。

2. 税收强制常态化。在现代法治国家，各国法律都对税务机关的征税行为规定了严格的程序，只有遵照程序税务机关才被赋予了强制征税的权力。税务机关作为具有强制执行权的国家机关，其本可凭强制执行权强制征税而无需借助司法之强制力，这便反衬出从变价款中优先支取税款主张在法理上的无力。当税务机关主动放弃了法律赋予的强制力，却像其他债权人一样向法院主张权利时，“司法赋能”反而降低了税收基于国家强制力

---

① 黄茂荣：《法学方法与现代税法》，北京大学出版社2011年版，第321页。

② 刘剑文主编：《财税法论丛》（第9卷），法律出版社2007年版，第190页。

而自带的优越性，从而蜕化为民法上的税收之债。因此，保障税收的强制手段不应是借助人民法院的民事强制执行，而应回归到税收强制执行的常态化。

（二）司法不介入行政的恪守

“法适用绝非简单的逻辑涵摄，而是一种价值导向性活动，它并不总是固守于法律规则的文义，有时也会偏离文义。”① 税务机关对《税收征收管理法》第45条的宽泛理解显然偏离了文义。

1. 司法不能代替行政。实践中“先税后证”做法的目的自然是保障税收，这一做法在非司法拍卖环境下因不存在税收债权与民事债权的冲突而并无不妥，但在司法拍卖环境下，在被执行人财产不足以清偿民事债权与税收债权的情况下，依然要求“先税后证”无疑是迫使法院在牺牲其他债权人合法利益而保障税收上作出的选择。

法院协助税务机关完成从司法拍卖款中优先受偿欠税的行为，明显违背了司法不能代替行政的基本法理，司法机关的这种隐性的动用强制力帮助税务机关征税的行为不具有法理上的正当性。

2. 司法仅能事后救济。法院协助税务机关从司法拍卖款中优先清偿税收债权的行为带有事前救济的色彩，打破了司法仅能事后救济的逻辑分工，同时也超出仅是对行政行为合法性单纯进行法律评价的范畴。

司法拍卖程序中产生的纳税问题，不是单纯的市场交易活动，民事强制执行的公法性使得拍卖成交后的过户不应以完税为前提。“先税后证”是税务机关为了方便税收而确定的程序性规则，并不意味着此项税负成为执行程序中的必要费用。当被执行人对此项纳税义务产生异议时，其可以税务机关为被告向法院提起行政诉讼作为救济途径，此时司法机关对税务机关的征税行为方有评价裁判的权力（见图3）。

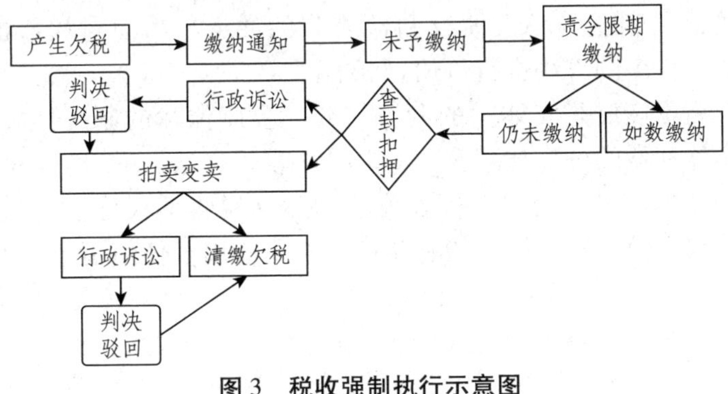

图3 税收强制执行示意图

① 雷磊：《论依据一般法律原则的法律修正》，载《华东政法大学学报》2014年第6期。

三、税收债权排除执行的规则续造

公益价值并非绝对价值，私人利益中也渗透着公共利益。当公共利益和私人利益冲突时，必须妥善加以衡量，而不是直接让公共利益凌驾于私人利益之上。[①] 根据《税收征收管理法》的规定，税收优先权的实现路径并非通过法院的强制执行，法院执行机构在强制执行程序中有理由排除对税收债权优先清偿的主张。这是基于民事强制执行程序的制度价值基础，也是出于对公权法益与私权法益之间的利益权衡。

（一）民事债权实现的本位价值

“法律的生命在于实施，裁判的价值在于执行。生效裁判的执行，是整个司法程序中的关键一环，关系胜诉当事人合法权益的兑现，关系经济社会发展的诚信根基。”[②] 及时、公正地执行生效法律文书确定的债权，是法院开展执行工作的首要任务，保护私权是强制执行程序的鲜明本位。而税务机关积极主张税收优先权，无疑是为了保障国家税收，履行其征管职责。

司法机关实现债权的职责与税务机关实现税收职责冲突的出现，正是因为税务机关的职权越位，未循“公法途径实现公法债权”的法定途径。但民事强制执行程序是实现私权法定程序，实现私权是这一程序存在的法理基础，也是这一程序合法的本位价值。当司法机关保护私权的本位价值与税务机关实现公权的本位价值发生冲突时，如何正确地保护两种利益，取决于在何种情形下与何种程序中。应该明确的是，在民事强制执行程序中，保护私权是司法机关应当坚持的价值本位。

（二）“但书”规则体现的利益均衡

“在个人权利和社会福利之间创设一种适当的平衡，乃是有关争议的主要考虑之一。”[③] 民事强制执行程序中税收优先权问题的产生本质上是以国家为代表的公共利益与私人债权利益之间的冲突。当面对权益的比较时，应当采用法益权衡的方法进行价值判断。

法益权衡不仅仅是实体上的利益权衡，程序保障的制度性安排往往也体现了对实体利益的分配与平衡。《税收征收管理法》第 45 条创设了税收优先实现的规则，这一规则让代表公共利益的税收债权优位于代表私人利益的民事债权。但这种实体上的利益权衡并非适用于任何情形，《税收征收

---

① 熊伟、王宗涛：《中国税收优先权制度的存废之辩》，载《法学评论》2013 年第 2 期。

② 江必新：《真抓实干确保基本解决执行难关键之年取得卓越成效》，载《法律适用》2017 年第 9 期。

③ ［美］E. 博登海默：《法理学：法律哲学与法律方法》，邓正来译，中国政法大学出版社 1999 年版，第 298 页。

管理法》第 45 条“法律另有规定的除外”的但书规定，使得税收优先权的实现将受到来自其他法律的限制。如果其他法律在特定情形下对税收债权与民事债权的清偿顺位作出了不同于《税收征收管理法》的制度安排，那么税收优先权在那样的情形下就无从实现。由此可知，《税收征收管理法》中所创设的税收优先权是在税收征收这一行政行为语境下和程序下的权利，这一权利的行使与实现有明显的适用范围与界限，超出了税收强制范畴，税收优先权则将受到挑战。

《税收征收管理法》第 45 条的但书规定，实则体现了立法者对公法利益与私法利益之间的利益均衡所做的立法考量，已经为限制税收优先权的适用范围预留了制度设计的空间。

（三）欠税排除执行的规则创设

“法学体系绝不可能是已经终结的体系，因此也不可能为所有问题备妥答案。”① 由于法律供给的不足，我国现行法中未十分明确地将税收优先权的适用程序限定在税收行政程序中，尽管从理论上讲，理应作出这样的限定或得出这样的结论，但如何避免税务机关向民事强制执行程序寻求税收优先权或税收债权的实现乃是当务之急。因此，要想破解司法机关在执行实践中的困局，提供更为明确的法律供给才是最为有效的破题之法。

《强制执行法草案（第六稿）》第 217 条规定：“对执行债务人执行民事债权的同时，又执行行政罚款或税收、司法罚款、刑事罚金、没收财产的，民事债权应当优先受偿。”② 这一规定接受了《强制执行法（专家意见稿）》③ 的建议，这表明立法者已经注意到税收债权或者税收优先权给民事债权的实现以及民事强制执行程序带来的冲击与困扰。尽管这一规定否定了税收在民事强制执行程序中的优先地位，无疑会对税收优先权的行使造成极大的限缩。但这样的规定并未排除司法机关对税收的强制执行义务，易言之，如果税务机关向法院申请强制执行税款，根据此规定税务机关亦不能拒绝。这样的规定显然与《行政强制法》第 13 条④的规定抵触，作为具有强制执行权的国家机关，税务机关本无权向法院申请强制执行，因此《强制执行法草案（第六稿）》第 217 条规定仍有不足。

面对将来的强制执行法立法，有必要在《强制执行法草案（第六稿）》的基础上更进一步，创设一个将税收债权从民事强制执行程序中排除的规

---

① ［德］卡拉·尔拉茨：《法学方法论》，商务印书馆 2003 年版，第 45 页。

② 江必新、贺荣：《强制执行法的起草与论证（三）》，中国法制出版社 2014 年版，第 616 页。

③ 《强制执行法（专家意见稿）》第 208 条第 2 款规定：“对执行债务人执行民事债权的同时，又执行行政罚款或税收、司法罚款、刑事罚金、没收财产的，民事债权应当优先受偿。”

④ 《行政强制法》第 13 条规定：“行政强制执行由法律设定。法律没有规定行政机关强制执行的，作出行政决定的行政机关应当申请人民法院强制执行。”

则，该规则的表述可以是："公安、税务、海关、国安等具有强制执行权的国家机关，向法院申请执行罚款、税收、关税等，人民法院不予支持。"

结　语

税收优先权绝非绝对的优先权，其行使理应受到严格的限制，在限缩税收优先权的适用范围和实施程序已经成为国际社会的趋势时，我国也有必要根据国情对此作出适当的调整。以《税收征收管理法》第 45 条的但书规定为突破口，借助立法契机在《强制执行法》中确立民事强制执行程序中对税收优先的排除规则，对于摆脱财产处置中的税负困境有现实助益，无疑也将对切实解决执行难有所裨益。

网络拍卖涉税问题的层阶化判断

——一种以关系平衡为核心的执行方法

黄媛媛*

引 言

近年来，法院执行不断探索互联网司法新模式，网络拍卖成为执行财产变现的主要手段，但实践中存在的缴税主体不明、税收优先顺位不清等问题影响了其实际效用的发挥，多重主体产生异议，衍生多重诉讼，执行难以终局。尽管部分法院已意识到上述问题，纷纷细化操作规范，展开与税务机关的联动协作，但未能触及根本，网络拍卖中涉税主体关系厘清、税费种类区分、清偿规则仍存在检视空间，有待通过实证分析予以梳理。

一、网络拍卖涉税问题的现状检视

为了解网络拍卖涉税问题的执行现状，笔者在中国裁判文书网以“司法拍卖”“税”为关键词进行搜索，以2017~2019年为时间节点，去除无效样本，共筛选出252篇执行异议裁定、104篇民事诉讼判决、15篇行政诉讼判决为实证分析样本。371份样本文书反映出，司法拍卖涉税问题主要包括税费承担主体问题和税收优先权问题两大类（见表1）。

表1 样本文书中网络拍卖涉税问题统计情况表

类型	提起人	数量/件	占比	涉税问题类别	主要理由示例
执行异议类	买受人	201	54.18%	税费承担主体问题	约定税费承担主体行为违法；拍卖公告有严重瑕疵
	债权人	33	8.89%	税收优先问题	执行款分配不当，税收优先权侵权权益
	税务机关	18	4.85%	税收优先问题	执行款分配不当，未保障税收优先权

* 作者单位：广东省广州市越秀区人民法院。

续上表

类型	提起人	数量/件	占比	涉税问题类别	主要理由示例
民事诉讼类	买受人	90	24.26%	税费承担主体问题	被执行人应返还垫付税款
	债权人	9	2.43%	税收优先问题	执行款分配不当，税收优先权侵犯权益；税款计算有误
	税务机关	5	1.35%	税收优先问题	执行款分配不当，未保障税收优先权
行政诉讼类	买受人	4	1.08%	税费承担主体问题	对要求纳税行为不服
	被执行人	11	2.96%	税费承担主体问题	对要求纳税行为不服

（一）税费承担主体问题：纳税义务人与税费承担人

1. 立法层面上，用词不同。我国单行税种法律法规对负有纳税义务的单位和个人均采用“纳税义务人”一词代指。根据相关规定，司法拍卖产生的税费主要分为两大部分：一部分是增值税、城建税、教育费附加、地方教育费附加、印花税、个人所得税（企业所得税）、土地增值税，出卖人负有纳税义务；另一部分是印花税、契税，买受人为纳税人。而在司法拍卖相关法律法规中对涉税主体的表述则存在差异，如《最高人民法院关于人民法院网络司法拍卖若干问题的规定》将之表述为“税费承担的相关主体”。从词义理解上，“纳税义务人”和“税费承担人”并不一定具有等同或者完全重叠的关系。①

2. 实践层面，理解相异。笔者随机抽取了我国东部、西部、中部、南部、北部共5个省份670家法院②淘宝网络拍卖平台中的涉税主体公示情况。样本中，488家法院采取在拍卖公告中提前规定由买者承担全部税费的方式，占比72.84%（见表2），将出卖人的纳税义务转嫁到买受人身上；少数则规定各付各税，买受人在垫付出卖人应承担的税费后可向法院申请，在拍卖款中优先扣除。

① 王洪平：《权益主体视角下农户家庭成员土地承包权益研究》，载《现代法学》2020年第3期。

② 中级、基层人民法院592家，中级人民法院75家，高级人民法院3家。

表 2　样本法院公告对税负承担的规定情况

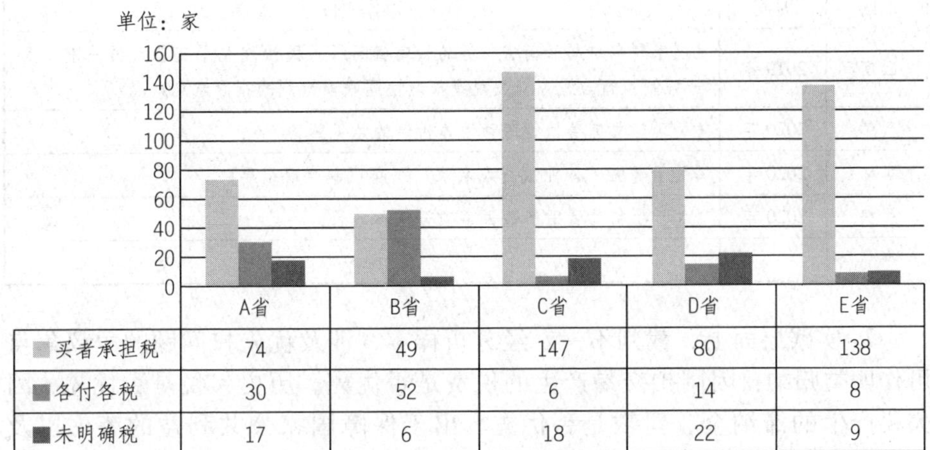

	A省	B省	C省	D省	E省
买者承担税	74	49	147	80	138
各付各税	30	52	6	14	8
未明确税	17	6	18	22	9

（二）税收优先权问题：绝对优先、相对优先与同等顺位

1. 立法层面上，规范各异。目前我国立法对税收优先权问题的解决较为笼统，仅宽泛规定税收具有优先权，① 法院有协助义务，② 关涉税收的优先清偿顺位③并无明确细则。2017 年 11 月，最高人民法院和国家税务总局签署了《关于网络执行查控及信息共享合作备忘录》后，各地高级人民法院也纷纷联合当地税务机关出台联动协助机制规范（见表 3），但基本停留在税费征缴联动上，对税收优先权着墨较少，各地网络拍卖涉税纠纷并未出现明显好转。

表 3　各地法院与税务部门联合出台的协作文件

地区	时间	协作文件
浙江	2015 年	《关于建立人民法院民事执行与地税部门税费征缴协作机制的会议纪要》
上海	2017 年	《关于加强司法与税务行政衔接机制建设备忘录》
山东	2017 年	《关于完善人民法院不动产强制执行与地税机关税费征缴协同联动机制的指导意见》
福建	2018 年	《关于建立立法院与税务机关执法协作机制工作方案》

① 参见《税收征收管理法》第 45 条及《国家税务总局关于人民法院强制执行被执行人财产有关税收问题的复函（国税函〔2005〕869 号）第 3 条。

② 参见《国家税务总局关于人民法院强制执行被执行人财产有关税收问题的复函（国税函〔2005〕869 号）》第 4 条。

③ 仅在由中共中央纪律检查委员会等十九个部门联合发布的《关于建立和完善执行联动机制若干问题的意见》（法发〔2010〕15 号）提及："被执行人不缴、少缴税款的，请求法院依照法定清偿顺序追缴税款，并按照税款预算级次上缴国库。"

续上表

地区	时间	协作文件
云南	2019 年	《国家税务总局云南省税务局云南省高级人民法院关于完善人民法院不动产强制执行与税务机关税费征缴协同联动机制的指导意见》
天津	2020 年	《关于建立完善执行联动协作机制的意见》
吉林	2020 年	《关于建立"职业放贷人名录"工作机制会议纪要》
成都	2020 年	《关于执行处置财产涉税事项合作备忘录》
……	……	……

2. 实践层面上，裁判不一。经分析样本，涉及优先权问题的争议焦点可作四类归纳：因网拍交易产生的税费是否优先、历史欠税是否优先、因欠税产生的滞纳金、罚款是否优先。出于保障国家公共利益的考虑以及"先税后证①"的现实限制，实践中大部分法官对网拍交易产生的税费优先予以肯定，占比 89. 47%，但对历史拖欠税费、滞纳金、罚金是否同样享有优先权则有不同理解，裁判不一，分歧较大（见表 4）。

表 4　2017 年—2019 年网拍涉税案件争议要点汇总

争议要点汇总		裁判文书数量/件	裁判支持优先数量/件	裁判支持优先比例	裁判不支持优先数量/件	裁判不支持优先比例
因网拍交易产生的税费是否绝对优先		19	17	89. 47%	2	10. 53%
历史欠税是否优先	明确欠税先于抵押债权	15	8	53. 33%	7	46. 67%
	明确欠税晚于抵押债权	8	2	25%	6	75%
	未明确先后	20	9	45%	11	55%
因欠税产生的滞纳金是否优先		8	5	62. 5%	3	37. 5%
因欠税产生的罚款是否优先		3	0	0%	3	100%

（三）反思：网络拍卖程序的问题

在上文实证分析的基础上，对网络拍卖流程规范进行检视反思，可发现以下问题：

① "先税后证"主要指在房地产交易中，税务机关与不动产登记机关把缴清税款作为办理产权变更登记的前置条件，以纠正该领域偷漏税乱象，防止税款流失。

1. 调查标准欠缺说明情况普遍。对“拍卖财产产权转移可能产生的税费[①]”的调查缺少相应细则，未明确调查内容应包含哪些要素，加之计税问题的客观困难，涉税调查程序被有意无意地忽略，导致实践中出现“相关税费由竞买人自行向税务部门咨询”的简单表述（670份网络拍卖公告样本占比87.9%），影响竞买人信息获取、理性参拍。

2. 公示有失中立，有“越俎代庖”之嫌。有的法院在拍卖公告中约定“起拍价、成交价”不含税，将税费承担直接转嫁给积极买受人（见表2），该做法实质上可视为对本次交易税费的预先性绝对保护，跳脱后续分配阶段可能产生的纠葛，将其调整至第一顺位。但该做法偏离法院中立立场，部分竞买人认为法院拍卖公告违反税法规定。执行权过度扩张，强化了出卖人的个人利益，弱化了竞买人的选择权益。

3. 分配指引阙如，“左支右绌”屡屡出现。税收优先权会对民事交易安全构成威胁，损害其他债权人的合理期待利益。[②] 在拍卖款项分配环节，多方主体冲突，多重利益交织，法律规范指向不明、各地细则不一，无法为执行法官提供全面的决策依据，利益权衡顾此失彼，位阶顺序难以界定，更遑论兼顾个案司法风险防范等现实问题，“服判息诉”难度成倍增加，后续执行异议、民事、行政诉讼接踵而来，也增加了工作量和难度，司法效率难以提升，造成司法资源的重复浪费。

二、网络拍卖涉税问题中的关系层阶化

因网络拍卖涉税问题往往呈现出法律关系多元化、触及利益主体多样化、矛盾纠纷复杂化等特点，衍生诉讼也呈现出公权与私权、行政权与司法权、行政权与私权、行政审判权与民事审判权的互动与博弈，[③] 当事人诉累明显增加，亦使得权利实现过程变得更加烦琐和漫长。欲实质性解决上述问题，有必要对网络拍卖涉税问题中各方关系进行抽丝剥茧，通过利益博弈弥合分歧，寻求“最大公约数”。笔者尝试从税收征缴行政行为、网络买卖交易行为和司法拍卖执行行为三个层阶进行拆分，着重厘清国家与纳税人、出卖人与买受人、司法机关与税务机关等三重主干的权力（利）关系。

（一）国家与纳税人：扩大公共福利和限缩私利让渡

税务机关行使税收征管权本质上是代表国家行权。司法拍卖涉税问题，

---

① 因税费计算必须以最后成交的全部价款及价外费用为计算依据，故前期调查仅能提供可能存在的税费作为参考。

② 熊伟、王宗涛：《中国税收优先权制度的存废之辩》，载《法学评论》2013年第2期。

③ 梁宇菲：《实践进路与争议解决：不动产登记纠纷民、行交叉的司法对策——以司法个案为视角》，载《行政法学研究》2014年第2期。

归根是税收公共利益与纳税人私人利益之间的冲突。“国家的收入是每个公民所付出的自己财产的一部分”,[①] 纳税是每个公民的义务，但基于人的“有限理性”，强烈的“税痛感”难免滋生纳税抗拒心理，激化征纳双方的对抗性。

税收征纳是国家与公民为达成合作在反复博弈过程中形成的行为常规，为最大化双方利益盈余，国家的征收行为以“公共福利”为标尺，通过量能课税、税负公平，实现全体纳税人的公共服务和基本社会保障;[②] 通过宏观调控，对政府、社会参与主体的利益进行公平合理的配置，对弱势群体进行财政倾斜，实现分配正义。纳税人愿意让渡部分利益，选择损失最小化和收益最大化的行动。有鉴于此，在网络拍卖涉税问题处理上，应当以“福利最大化”作为衡量原则，保障公共福利的同时兼顾对私人利益的保护最大化，找准课税要素，依法协助稽征，以促成国家与纳税人之间的良性互动。

（二）出卖人与买受人：增加收益和降低成本

网络拍卖可视为平权主体“出卖人”与“买受人”通过网络交易平台上就某类财产达成的“出卖人”转移标的物的所有权于“买受人”，“买受人”支付价金的债权债务关系。司法拍卖涉税问题上买卖双方冲突的争议点在税负承担之上。一般市场交易中，买卖双方通过商谈扩大“信息基础”，认清“物品的真实货币价值”，确立“适当的折现率与愿意支付的成本”,[③] 在此基础上自由约定代为缴纳税款，乃缔约自由。

但在法院主导的司法拍卖中，被执行人是买卖交易的出卖人，是买卖合同的当事人，但却不是拍卖物所有权的处分人，法院代被执行人处分财产，行使一定的权利和义务。就自身利益而言，出卖人追求变现利益的最大化，买受人追求交易效益最大化，都希望交易税款由对方承担。故此，法院执行应尊重和顺应司法拍卖兼具的私法本体属性，保持谦抑，在不侵犯其他主体合法权益的基础上，尊重当事人意思自治，积极引入商谈机制。

（三）司法机关与税务机关：权益均衡和税收优先

我国行政权与司法权皆源于全国人民代表大会的授权，二者在权力适用主体、适用程序、适用对象等方面存在明显差异,[④] 究其本质，司法机关

① ［英］洛克：《政府论》（下篇），叶启芳、瞿菊农等译，商务印书馆 1982 年版，第 88 页。

② 刘剑文：《财税法治的破局与立势——一种以关系平衡为核心的治国之路》，载《清华法学》2013 年 5 期。

③ 刘权：《均衡性原则的具体化》，载《法学家》2017 年第 2 期。

④ 参见田弘杰：《行政诉讼交叉案件的裁处机制——以行政权与刑罚权的双重法律关系为视角》，载《法学评论》2020 年第 1 期。

致力于保护债权人和债务人的合法权益，实现公平正义，税务机关则侧重于国家利益最大化，以保障国家财政收入目标。网络拍卖涉税问题背后隐含的是当事人对公权力行权界限的质疑和担忧。司法拍卖作为民事执行程序，是法院行使司法权的主场，税收优先权的行使亦应置于网络拍卖这一特定司法场域予以考虑。国家与纳税人之间的关系乃是法律上的债权人和债务人之间的对应关系，[①] 税收债权一般被视为“公法之债”，因《税收征收管理法》第45条的明文规定具有优先属性，但该规定过于粗糙，在具体实践层面缺乏可操作性指引。税种之间存在先后与否，税收与留置权、抵押权、质权之间孰先孰后，税收较普通债权的优先界限在哪，能否无差别适用税收优先权规则等等疑问，有待下文进一步理清。

系统解决司法与税法二者之间的冲突，需要明确：（1）网络拍卖阶段应视为课税特区，征税权力应谨慎介入并作必要调适，[②] 服从司法规则；（2）承认税务机关债权人主体资格，将税收债权定性为参与分配债权，除了具有一般优先受偿属性外，其他权利内容应与普通债权无异，以此纳入参与分配清偿顺位，实现规则的互认。

三、网络拍卖涉及税费的类型划分和清偿阶位设计

关系衡平、利益衡量的主观性本质极易造成法解释的恣意，在厘清上述主干关系的基础上，须进一步对涉及税款进行类型划分，并妥当设置网络拍卖涉税款项在执行程序中的顺位规则，以准确把握问题本质。

（一）划分税费类型

广义上，税费包含应纳税款，《税收征收管理法》中规定的滞纳金、税收罚款，以及征税机关附带征收的教育费附加、地方教育费附加、文化事业建设费等，其范畴较为宽泛。虽有学者就司法与税法交叉领域的突出问题进行研究，但主要是对破产涉税问题进行关注，[③] 几乎未涉及网络拍卖税费的类型区分。虽有学者关注到税费的类型问题，但或者集中在对税种的类型区分，或者集中在纳税主体的类型区分。实际上，分类的目的在于确定清偿顺位。故笔者以为，网络拍卖涉及税款的分类标准应当按照“税费发生时间+纳税主体”的方式进行，由是，网络拍卖涉及税费可划分如下：

1. 以税费发生时间为界。以司法拍卖成交时间为界将税费区分本次交易税费和历史税费两大类，在此基础上，历史税费通常意义上是纳税人未按税务机关确定的应纳税额履行纳税义务的金额，以税务机关作出通知的

---

① 刘剑文、李刚：《税收法律关系新论》，载《法学研究》1999年第4期。

② 徐阳光：《破产程序中的税法问题研究》，载《中国法学》2018年第2期。

③ 参见徐阳光：《破产程序中的税法问题研究》，载《中国法学》2018年第2期。

时间为界，可进一步划分为欠税税额及因欠税行为被加征的滞纳金和税收罚款。

2. 以纳税主体为界。在第一次划分的基础上，本次交易税费可进一步细分为出卖人应纳税费和买受人应纳税费，如个人所得税、契税等。欠税税额、滞纳金和税收罚款也可进一步区分为由上一手"出卖人"和上一手"买受人"（即本次交易出卖人）应纳税额（见图1）。

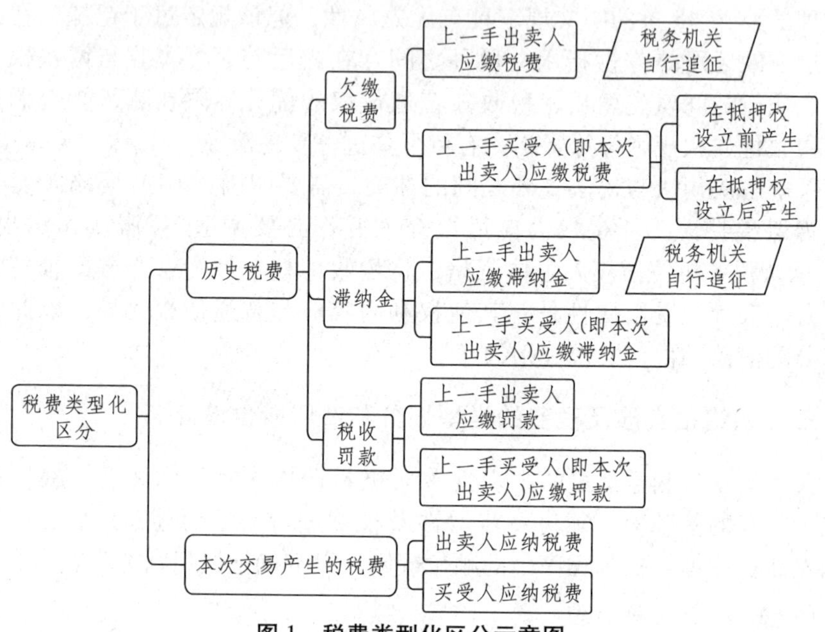

图1　税费类型化区分示意图

（二）确定清偿顺位

当遭遇拍卖款项不足以全部清偿的情况，税务机关、司法机关在分配程序中的请求权顺位的设置规则将变得异常棘手，[①] 需综合诸多部门法价值与规范考量对涉及债权进行排序，在区分类型的前提下，对位阶秩序的适用提出规范化的要求，[②] 建立从高到低的权利梯队。

1. 本次网络拍卖交易产生的税费应处于绝对优先位阶。基于"先税后证"等政策因素，本次拍卖交易产生税费的清结被视为买受人办理产权的前置条件，出于维护交易、确保拍卖目的得以实现的考虑，有必要将此"新生税费"视为为全部财产利益、维护全部债权人的公共利益而发生的必要支出，在司法拍卖的特定情景下，各方主体的利益必须依赖于这一程序

① 范志勇：《论骗取出口退税款的破产清偿顺位》，载《交大法学》2019第2期。

② 蒋红珍：《比例原则位阶秩序的司法适用》，载《法学研究》2020年第4期。

的开展，由是，需要确保本次交易税费的高位阶性，通过买卖双方约定承受或在拍卖款中优先扣缴的方式予以保障。

2. 在抵押权、质权、留置权设立前产生的欠缴税费优先于担保物权。按照《税收征收管理法》第45条规定，纳税人欠缴的税款发生在纳税人以其财产设定抵押、质押或者纳税人的财产被留置之前的，税收应当先于抵押权、质权、留置权执行。对此，法院及税务机关已基本达成共识。以权利设立的时间先后为标准，欠缴税费发生在设有担保物权的债权之前的优先保障，发生时间在后的税收债权，顺位后移。法国、日本在税收优先权与担保物权的顺位比较上，亦采取同样标准。

但“由于税收的发生缺乏公示性和确定性，第三人无从知晓其存在及具体数额，税收优先权会对民事交易安全构成威胁，损害其他债权人的合理期待利益。”[①] 由此，在以权利设立时间为标准的同时，税务机关意欲取得税收债权在参与分配程序中优先于担保物权的效果，应当满足更为严苛的条件，如税务机关是否及时发出欠税公告，税务机关是否存在怠于追征的情形等。

3. 生存权相关的特殊债权优先于在抵押权设立后产生的欠缴税费。参与分配程序与破产程序相异之处在于，被执行人尚有其他财产可供执行，无需过于明确生存权等债权必须优先担保物权，但一般税费的清缴仍然应当劣后于生存权相关的债务。职工工资、劳动保险费用、劳工损害赔偿金等生存权相关债权与人的基本生存权利有关，[②] 代表特定个体的生命法益，所保护的利益价值更为特殊，基于税收的公权性质，理应作出让步。

4. 在担保物权设立后的欠缴税费优先于无担保普通债权。按照《税收征收管理法》第45条规定，税收优先于无担保债权。在此，“税收”应做限缩解释，仅代指在担保物权设立后本次拍卖交易前产生的欠缴税费。在行使该项优先权时，同样要辅之以严苛的条件：一方面，税务机关不能凭借优先权守株待兔，另一方面也正是因为税收体现某种公共利益，在参与分配阶段法院更应审查其保障手段的合理性。

5. 在抵押权设立后产生的滞纳金、税收罚款劣后于无担保普通债权。根据执行法规和税法的精神，因税收罚款具有惩罚属性，将其劣后于普通债权清偿是基本没有异议的。但对滞纳金的定位，税务机关和法院的分歧较大。《国家税务总局关于税收优先权包括滞纳金问题的批复》指出：税收优先权执行时包括税款及其滞纳金。但根据《最高人民法院关于审理企业破产案件若干问题的规定》第61条规定及《最高人民法院关于税务机关就

① 熊伟、王宗涛：《中国税收优先权制度的存废之辩》，载《法学评论》2013年第2期。
② 参见曹艳芝：《论税收优先权的效力冲突》，载《中国法学》2004年05期。

破产企业欠缴税款产生的滞纳金提起的债权确认之诉应否受理问题的批复》的精神，滞纳金更应视为普通债权。

滞纳金具有补偿功能与惩罚功能，正在筹备的《税收征管法修正案（征求意见稿）》拟将滞纳金细分为利息和滞纳金，更为凸显了滞纳金的惩罚功能。对于陷入经营困境的被执行人，滞纳金的征收、罚款的收缴都应当受到征税的“妥当性”的限制。况且，税务机关以参与分配的方式“遁入私法”，维护国家税收利益的同时，并未放弃使用公权力自行稽查征收的权力。故此，应将在抵押权设立后产生的滞纳金、税收罚款置于顺位末端。

四、构建：网络拍卖涉税问题的机制运行设计

有赖于对涉税主体关系的厘清，立足对涉税款项类型的区分以及清偿位阶的梳理，对于网络拍卖涉税问题解决机制的构建也就水到渠成。

（一）合零为整：机制运行的构建思路

网络拍卖涉税问题牵扯到诸多因素，依靠单个主体、单项环节或者单个案件，无法适应新形势下的需求。应视为一项系统工程，立足于涉税主体，着眼于执行权运行涉及的所有环节、全部流程，打造关系衡平、衔接到位、系统集成的解决机制。

1. 从单向管理到双向管控。在多主体、多层级的网络拍卖涉税问题中，司法机关与行政机关分别行使权力，对私主体进行单向管理，然而，场域的叠合致使单兵作战模式下彼此掣肘。确有必要在这一特殊场域，建立法院与税务机关的衔接机制，发挥 1+1>2 的效用。

2. 从微观管理到系统防控。网络拍卖涉税问题经由各环节叠加发酵而来，只有着眼于过程，通过事前、事中、事后的程序性约束和全方位管控，才可真正解决难题。

故此，笔者尝试从横向和纵向两个层面，围绕涉税主体，结合网络拍卖调查、公示、分配、裁决四个阶段进行程序构建。

（二）横向构建：司法拍卖双重涉税主体机制设计

围绕法院、税务机关和出卖人、买受人两组主体，构建相应衔接机制。

1. 互为主位：构建司法与税务行政之间的衔接机制。充分运用信息化建设成果，探索建立“法院—税局”税务信息查询交互平台。在税费调查环节，在保障税务机关应纳税额核定权行使的同时，应以法院信息需求为导向，实现被执行人涉税信息以及关联信息自动查询与共享，由税务机关

依照法律规定，按照法定调查程序认定课税数量，[①] 提高对标的财产税费测算的效率。在税款征收环节，以发挥税务机关主观能动性为主，积极区分税费类型，开展稽查追征、申请参与分配。

2. 正向激励：构建出卖人与竞买人之间的协商机制。构建协商机制，赋予执行当事人一定的选择权和处分权，激励被执行人参与。现代税法仍然无法脱离对纳税人自行申报的依赖。前期财产调查阶段，鼓励被执行人主动申报，积极提供涉税资料进行核算；公示拍卖阶段，鼓励被执行人通过协商议价的方式参与评估定价，鼓励被执行人积极享受当地税收优惠政策的福利。为实现激励作用，法院可以通过提高起拍价、允许税费由买受人全部承担等方式提高被执行人收益预期。买卖双方在只涉及双方利益的合理范围内，是否愿意承担税费承担转嫁风险、是否原因相关办理税费手续等，都可进行商谈，并成为合同的相关条款。法院减少强制性介入，在合同自由、意思表示真实、不损害其他利益的前提下，不应轻易否认合同效力。[②]

但为了防止被执行人恶意申报，在公示中，被执行人应作预先承诺，如“本人已对标的财产上述情况予以确认，若标的财产实际状况与确认情况不符导致交易税费增加的，增加部分由本人全额承担”。通过构建正向激励机制，有助于变“消极被卖”为“积极出卖”，简化前期调查程序，缩短司法拍卖周期，化解执行当事人之间的矛盾冲突，实现司法拍卖快速变现之目的。

（三）纵向构建：网络拍卖涉税问题处理的程序设计

程序设计上应以衡平各方利益为主线，解构涉税要素，固定执行重点，明确执行法官在调查、公示、分配、裁决四个阶段的作业清单，为有效解决网络拍卖涉税难题提供方法路径。

1. 第一阶段：前期标的财产调查评估。

（1）解构关键涉税要素。结合问题的表征，法院的调查价值并不在于对本次拍卖成交产生税费数值的大致估算，重点应更多地落在对“变数”的调查，即是否存在历史税费未缴纳、是否存在致使本次税费过高的特殊情况。在前期财产调查中，执行法官应联合税务机关，通过依职权调查和被执行人主动申报等方式，重点展开对标的财产性质、所有权人性质及上一手交易等相关信息的调查。以房地产调查为例（见图2），调查要素至少

---

① 李登喜、李大庆：《论税收核定权的裁量属性及法律控制——基于“德发案”和〈税收征管法〉第三十五条的研究》，载《税收经济研究》2018 年第 6 期。

② 万江：《政府管制的私法效应：强制性规定司法认定的实证研究》，载《当代法学》2020 年第 3 期。

包括标的房产信息，如规划用途、建筑面积、建筑年限，所有权人基本信息，上一手房产交易特殊信息等等，不一而足。

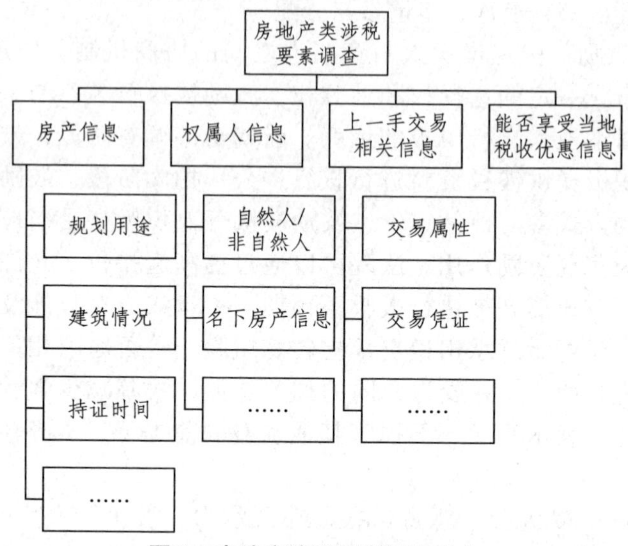

图 2　房地产涉税要素调查重点

（2）税费类型调查。法院通过交互平台发送拟拍卖标的财产的基本信息，匹配对应当地税务机关后，由该税务机关对拟拍卖标的财产的涉税事项进行测算，并反馈给法院。在税费类型化的基础上，明确各类税费负担主体，对于应由案外人负担的税费由税务机关自行追征，对于应由被执行人承担的历史税费作为债权参与到后期执行款分配，不计入优先代扣代缴税额中。

2. 第二阶段：标的财产信息公示阶段。信息革命把人们带进了虚实同构的“在线生活①”，具体到网络拍卖的场域，对拍卖信息公示提出了更高的要求。根据《网拍规定》，司法拍卖公示内容应包括 11 项具体信息，法院应在保护被执行人隐私的同时，尽可能披露更充分的信息，尤其是标的财产的瑕疵。

（1）信息筛选过滤。公示前，应围绕计税必备要件对调查评估阶段列出的涉税信息进行整理、汇总、分析、筛选，区分基础性信息和特殊性信息。特殊性信息主要包括涉及被执行人个人隐私、不宜直接公开但又关涉税费核算等信息，应对特殊性信息进行模糊处理，如房产为出卖人离婚析产后所得，再次转让将产生较高的个人所得税，在披露时，可以对特殊情况导致的税费计算问题做高亮提醒，如“特别注意：本标的经拍卖成交后，

① 马长山：《司法人工智能的重塑效应及其限度》，载《法学研究》2020 年第 4 期。

其个人所得税应按20%核算”。以房地产标的为例，基础性信息主要包括房产性质、建筑面积、权属人身份、持证年限、起拍价、历史税费、本次拍卖可能的税费。

（2）嵌入税费计算运行小程序。按照合乎程序规定的方式对税费计算过程进行拆解，编写可自动运行的程序代码，在网络拍卖系统嵌入税费计算运行小程序。提前对接个案涉税基本信息和特殊信息，自动生成个案计税基础，竞买人可以根据自身需求加以推算，计税推算环节的“去人化”有助于竞买人合理参拍，且有助于降低成本，提升质效。

3. 第三阶段：执行款分配。

（1）成交后代扣代缴特定税费。拍卖成交后，法院再次通过交互平台对出卖人应缴纳税费进行核算，确认后由法院在拍卖款中扣除应承担的税款，并将税款汇入指定账户，而买受人作为交易中的积极主体，其税费缴纳应由其自行办理。

（2）按照清偿顺位制作分配方案。借助位阶秩序的规范化适用，法院得以在不同个案中根据清偿顺位原则制作分配方案，排序如下：本次网络拍卖交易产生的税费→在抵押权、质权、留置权设立前产生的欠缴税费→设有留置权、质权、抵押权的债权→生存权相关的特殊债权→在抵押权设立后产生的欠缴税费→无担保普通债权→在抵押权设立后产生的滞纳金、税收罚款。

4. 第四阶段：执行异议裁决。结合上述环节设计及实践操作，裁决法官可以从法院调查必要性、公示不足正确性、当事人主观过错性、后果严重程度四个维度来衡量拍卖公告程序瑕疵，对“严重失实”进行量化。当同时满足以下四个因素时，应认定为构成“严重失实”，撤销拍卖：（1）法院前期调查或公示遗漏对重要特殊性信息的数额披露；（2）调查法官未尽调查责任，对此存在过失或故意；（3）买受人主观上无过错；（4）实际未披露税费和起拍价远超市场评估价，导致买受人蒙受严重损失。

在双向制度构建和程序设计基础上，随着法院司法拍卖逐步完善，各环节责任明确化，法院亦有望发挥司法拍卖的应有效用，切实解决执行难。

结　语

司法拍卖涉税问题只是民法与税法协调问题的一枝一叶。《民法典》颁布，在理论、逻辑和体系上作出诸多创新，不可避免地撼动了课税的法律基础。[①] 立足于此，从立法和实践等多重角度重新厘清民法与税法在不同场域的关系，实现法际协调，具有其时代意义。

① 杨小强：《论民法典与税法的关系及协调》，载《政法论丛》2020年8月第4期。

“认罚”何以不“缴罚”：财产刑执行的困境与破局

——以G市H区法院3306个财产刑执行案件为分析样本

石 妍*

随着“认罪认罚从宽”制度的全面铺开，其“提高审判效率、优化司法资源配置”的预期效果在审判阶段已逐步显现。现阶段，强化认罪认罚的法律效果，是该项制度改革的重点。但财产刑案件中，具结悔过的被告人在拿到“从宽”处理的刑事判决后，是否主动缴纳罚金？“认罚”的法律效果是否得以充分展现？“认罚”相关制度能否融合运用到实体与程序、诉讼与非讼交织牵连的执行领域？其有关理念对根治财产刑执行难的痼疾是否有所启示？本文略作粗浅分析。

一、管中窥豹：样本法院近三年财产刑执行情况概述

财产刑对于斩断犯罪链条、警示犯罪高风险、遏制非法获利、震慑潜在犯罪人发挥着重要功效。笔者通过定量分析与定性分析的方法，对G市H区法院①近三年财产刑执行案件进行取样分析。为更加直观地较长比短，本文将从“总”到“分”，依次按照“刑事裁判涉财产部分执行→财产刑（罚金）执行→认罪认罚案件罚金刑执行→认罪认罚中罚金刑执行完毕案件”的顺序进行取样。

（一）刑事裁判涉财产部分移送执行综述

近三年，样本法院刑事裁判涉财产部分执行案件共收案4949件，结案4756件（不含恢复执行案件），其中财产刑（罚金和没收财产）立案3308件，结案3318件。立案标的4717万元，结案标的2339万元，执行到位率为49.58%。

经统计，移送强制执行的罚金案约占总量的70%，为刑事裁判涉财产

* 作者单位：广东省广州市黄埔区人民法院。

① 样本代表性：G市H区法院所在辖区为珠三角经济发达的省会地区，资源较为丰富。同时，法官人均办案量均居于全国前列，以小可见大，举重以明轻，故以H区法院的相关案件为样本对于考察全国其他地区实施全覆盖制度的效果有一定的借鉴意义。

部分执行案件中当之无愧的“领头军”。罚金刑执行到位率的高低，直接影响着刑事裁判涉财产部分执行的整体质效。[①]

（二）罚金刑执行情况综述

近三年来，样本法院刑事审判部门判处被告人罚金案件 3205 件 4051 人，移送强制执行案件立案 3296 件。[②] 执行局结案共 3306 件，其中执行完毕案件 1743 件、裁定终结本次执行程序案件 1541 件、其他（终结执行或销案）22 件。[③] 为更加直观、准确地了解罚金执行案件的趋向与走势，笔者抓取 2016 年的相关数据进行对比分析（见图 1）：

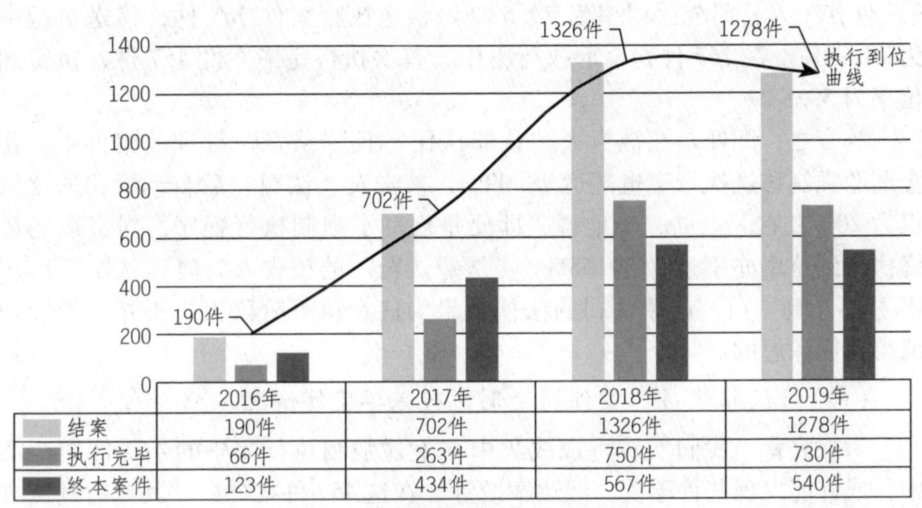

	2016年	2017年	2018年	2019年
结案	190件	702件	1326件	1278件
执行完毕	66件	263件	750件	730件
终本案件	123件	434件	567件	540件

图 1　样本法院罚金刑结案情况

是以，相较于 2016 年，近三年样本法院的罚金刑执行案件，无论是在案件数量方面，抑或执行到位率方面，皆呈现“井喷”式增长，尤其是 2017 年执行完毕案件数同比近乎翻了三番，2018 年的同比增长率亦达到了 185%。此外，执行到位率近两年已逐渐趋向平稳，2018 年、2019 年的到位率均在 57%上下小幅度浮动。应该说，近三年来，样本法院执行到位率的大幅度提升，与审判部门规范罚金刑移送执行、执行部门加大罚金执行力度有着密切关联。

① 因没收财产刑执行案件数量相对于罚金刑而言，其占比极小。因此，后文如未作特别说明时，财产刑即指的是罚金刑。

② 说明：该院罚金刑执行案件以被告人“一人一案”的方式立案，故此时执行案件数等同于被告人人数。

③ 此类案件多为被执行人死亡或其身份为自报信息，身份不明导致驳回执行申请或终结执行案件。

（三）“认罪认罚”案件罚金刑移送执行情况

同时，样本法院适用普通程序审结刑事案件879件，适用简易或速裁程序审结被告人认罪案件3598件。考虑到认罪认罚制度推行之初，仅在符合速裁程序审理的案件中加以试行，且适用普通程序、简易程序案件的上诉率相对于速裁程度来说较高，不排除有部分案件已判决但尚未发生法律效力、进入执行程序。因此，为确保数据的真实性、有效性，本次样本采集时仅对近三年适用速裁程序审理的刑事案件进行取样。

经统计，该院适用速裁程序审结1139件1221人，其中判处罚金刑案件937件971人，罚金适用率为79.52%。移送执行案件767件，移送执行率为78.99%。在767件罚金刑执行案中，首次执行完毕案件457件，执行到位率为59.58%。

具言之，即便是在被告人“认罪认罚”且“从宽”处理的案件中，罚金刑的强制移送执行率也高达78.99%，被告人“认罚”后自动缴罚的比例仅为20%左右。更进一步地说，即便是启动了强制执行程序，罚金刑的最终执行到位率亦不过为59.58%。“认罪认罚”的被告人为何“认罚”后却不主动“缴”罚，认罪认罚的法律效果为何在执行阶段大打折扣，无疑是值得我们深思的。

（四）“认罪认罚”案件罚金刑执行完毕案件情况

为探究竟，我们不妨将视线集中在上述强制执行完毕的457件罚金案中，或许能发现些许端倪。经逐案统计，在这457件案件中，其执行到位方式大抵可归为三类：一是被法院采取强制执行措施（冻结账户或限制高消费）后，被执行人迫于压力主动向法院缴纳罚金（以下简称自缴）；二是被告人家属或亲友为其代缴（以下简称代缴）；三是法院通过网络查控冻结其账户后强行扣划（以下简称扣划）。其占比如图2：

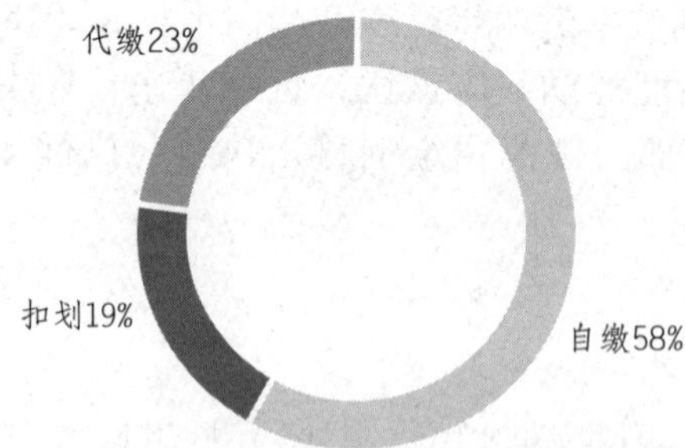

图2　样本法院罚金刑执行到位情况

是以，即便是被告人“认罪”且“认罚”的案件，进入法院的强制执行程序后，犯罪人主动缴纳罚金的比例也仅为58%。足见，现阶段财产刑的执行完毕与否，大多有赖于犯罪人本人或其家属的主动履行以及其自身的经济状况等。

综上所述，在姑且将进行强制执行后被执行人自缴罚金的案件亦算是“认罚”的情况下，“认罚”的罚金到位率仅为52.83%（见图3）。[①]

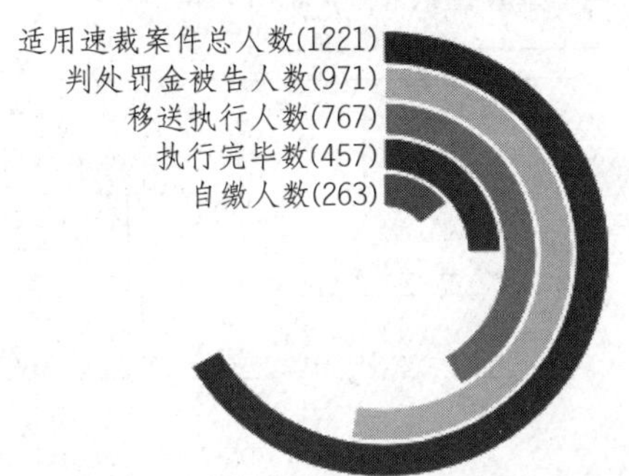

图3 被告人“认罪认罚”的速裁案件罚金刑整体执行情况（单位：人）

经由上图，我们可管中窥豹地大致推测出财产刑执行的现状：尽管认罪认罚从宽制度试行以来，财产刑执行的执结率、到位率均较之以往有较大幅度的提升，但并未能从根本上消弭“财产刑适用率高、执结率总体偏低”的不足。对此，笔者认为，破解其间桎梏须在精准摸清财产刑执行难“病因”的前提下，在“执行法外”找寻打破僵局、祛病根治的破冰之法。

二、追本溯源：刑事财产刑执行难的原因分析

现有财产刑量刑立法的不完善、不科学以及相关调查、申报、保全制度的阙如，系财产刑执行难的根源所在。其困局既囿于被执行人自身的财产情况以及刑罚承担能力，同时受限于因观念误区、制度缺失、操作混乱等原因导致的对犯罪人财产的查控力度不到位。[②]

（一）刚性立法带来的制度缺失

纵观我国刑事立法，犯罪分子被并处或单处财产刑数额的大小直接取决于“犯罪情节”的轻重，并未充分考虑犯罪分子自身的财产情况以及其对财产刑的承担能力，[③] 从而在源头上为财产刑执行埋下了隐患。刑事诉讼法历来偏向于对定罪程序进行规定，对定罪证据的保全与扣押予以高度的

---

① 判处罚金被告人971人，判决即自动缴纳250人、进入强制执行程序中自动履行263人。

② 郑云波、翁晓斌：《财产刑执行难之反思：刑罚承担能力的视角》，载《中国发展》2019年第2期。

③ 如《刑法》第52条规定：判处罚金，应当根据犯罪情节决定罚金数额；第61条规定：对于犯罪分子决定刑罚的时候，应当根据犯罪的事实、犯罪的性质、情节和对于社会的危害程度，依照本法的有关规定判处。

关注，相反，对查控财产刑必科类犯罪人的财产状况的重视程度不足。在此刚性立法的背景下，司法实践中对于财产刑判项执行性质的认识模糊不清，“重定罪量刑，轻财产处置”现象凸显（如图4）。

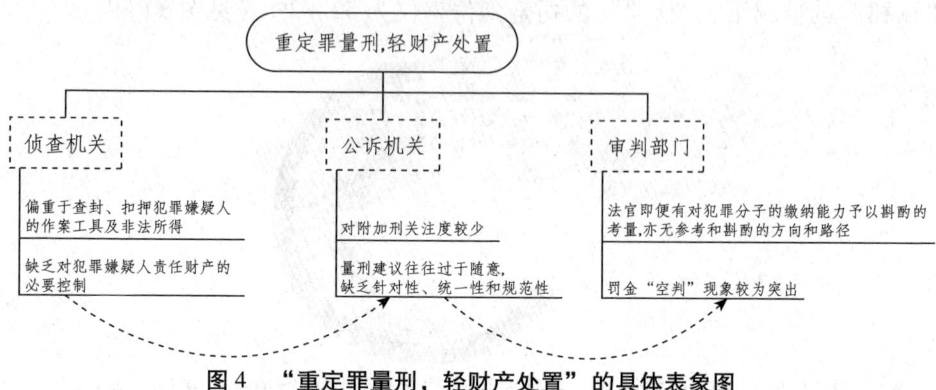

图4　“重定罪量刑，轻财产处置”的具体表象图

事实上，最高人民法院早在2000年便公布了《关于适用财产刑若干问题的规定》，明确规定了判处罚金时除考量犯罪分子的犯罪情节之余，还需“综合考虑犯罪分子缴纳罚金的能力”。该规定虽破除了以往财产刑量刑困于犯罪情节这个单一因素的藩篱，但于彼时无疑系设置了过高的理想阈值，终因缺乏顶层设计的改革助推以及程序法相关细化的具体实施方案，未能挣脱传统财产刑执行难样态的窠臼，落到实处。

此外，横览财产刑执行立法概况，不难发现，财产刑执行立法起步相对较晚，且大抵呈现出以2010年为界点的、时序上的先后关系——此前规定较少，2010年后方才逐步提高了对财产刑执行的重视和关注度。可其具体实践距今亦不过近十年，尚处于理论研究和实际探索阶段，未能形成较为成熟和完善的理论体系。而财产刑执行又是较为典型的“刑民交叉”问题，糅合掺杂着刑事、民事、刑事诉讼、民事诉讼等多部法律法规，实践中效果不尽如人意。

（二）犯罪人存在怠于履行的观念误区

犯罪人自身的财产情况及刑罚承担能力与财产刑量刑适用脱节，其无经济能力无法履行财产刑缴纳义务是财产刑执行不能的客观原因。而主观上，民众对财产刑执行的消极甚至抵触情绪仍然存在。

（三）程序闭环导致外在压力与内生动力不足

财产刑由法院依职权主动执行，以审判部门移送执行的方式开启，其进展、中止和终结均由法院自行主导决定，呈现“法院—被执行人”的二元主体构造。因此，法院作为财产刑执行实施主体，与形式意义上的申请执行主体存在竞合。由于缺乏第三方申请执行程序，不存在类似民事、行政执行中的申请执行人，导致财产执行程序外在压力和内生动力不足。[①]

（四）涉案财产保全制度的不足

财产刑的顺利执结与否，与刑事诉讼程序中对犯罪嫌疑人、被告人自有的合法财产保全制度缺位有着直接且重大的关联。[②]

但对刑事财产能否启动类似民事上的财产保全制度，历来聚讼较多。肯定观点认为，财产刑本质为“公法上的债权”，与私法领域的债权同属于财产请求权，二者在主体、客体、内容等构成要素上具有明显的共通性。[③]既然在私法之债领域内，可为确保债权人的债务得到终局性的清偿而启动财产保全，那么，在刑事诉讼语境下推之，基于体现财产刑惩戒既有犯罪、剥夺犯罪能力、震慑潜在犯罪的价值目标，也应制定类似的制度，以确保犯罪人的财产在判决最终确定前维持稳定安全的状态。

反对观点认为，刑事诉讼带有浓厚的国家公权力色彩，适用对象之间具有明显的“不对等”性，此乃“刑”“民”最大的区别之所在。平等民事主体间的保全，是双方相互制衡、风险最终得以平衡的制度，并不能肆意而为——申请方一般须提供等额担保方可进入保全程序——如申请方最终败诉，亦将承担相应的损害赔偿责任。而刑事财产保全的实质是提前执行生效刑事裁判，在未对犯罪人所作所为进行审理并作出有罪判决前，对犯罪人的合法财产预先施加控制，其本身存在着判断失误的风险。

事实上，《刑事诉讼法》早在2012年修正时，便赋予了侦查机关、检察机关与法院开展刑事财产保全的权力。但此种保全大多是基于保全有罪证据的目的，[④]对刑事财产保全的整饬局面仅限于小修小补，未能探索刑事财产保全的应然功能与财产刑执行制度设计之间的内在逻辑关联，导致预期与实效间存在着一定落差，刑事财产保全实践呈现出“不敢轻动”“轻易不动”的局面。

---

① 李嗣胤：《财产刑执行现状与完善机制分析》，载《检察日报》2018年11月7日第3版。

② 林金文、赖正直：《刑事裁判涉财产部分执行问题分析》，载《人民司法》2017年第7期。该文认为“审前的侦查、审查起诉阶段对犯罪嫌疑人合法财产的查控，与财产刑能否顺利执行有直接联系”。

③ ［日］美浓部达吉：《公法与私法》，黄冯明译，中国政法大学出版社2003年版，第86、87、151页。

④ 《刑事诉讼法》第77条规定的财产保全仅能在刑事附带民事的框架内，且法院认为确有必要的前提下实施，其初衷多为保护被害人的财产利益或人身损害赔偿权利，目的在于弥补被害人的损失。在侦查机关、检察机关与法院在犯罪嫌疑人、被告人逃匿、死亡没收案件中，可查封、扣押、冻结需要没收的财产，且以财产保全形式保全的财产只能针对被告人的违法所得或其他涉案财产，其初衷是从严惩治腐败犯罪，开展国际追赃追逃工作。很显然，这些并非为保障有关涉案财物裁判的可执行性而采取的财产保全措施。

三、相时而动："认罚从宽"制度下财产刑执行的新契机

诚然，在当前语境下，大刀阔斧地进行财产刑立法修法、迫不及待地革新财产刑执行的配套制度，甚至全面铺开刑事财产保全制度等，或都有超越司法环境之虞。但财产刑执行到位率低的先天缺陷，湮灭了财产刑作为刑罚之一的基本功效，亦有违"认罚从宽"制度的设计初衷。同时，"执行法"内之理，在"执行法"之外，在对往昔财产刑执行方式辩证扬弃的同时，必须引入崭新视角，重塑财产刑执行模式。而在贯穿整个刑事诉讼活动的"认罪认罚从宽"视域下，"认罚"从继往的酌定情节变成独立的"准法定"情节，许能为财产刑执行带来新的契机和思路。

（一）"认罚"的内涵囊括了对财产刑的认识

犯罪嫌疑人、被告人所认之"罚"，即指其同意且接受处罚。[①] 尽管学界对于"认罚"涵盖的内容和范畴至今莫衷一是、未有定论，且其外在表现在不同的诉讼阶段亦有所不同，但目前争议的焦点大多集中在是否可以酌定不起诉、适用缓刑、程序选择以及退赃退赔等问题上。而毋论是广义的，抑或狭义上的"认罚"，附加刑统摄其中，其实并无过多异议。且从法的应然逻辑上看，财产刑作为刑法明文规定的刑罚种类之一，其涵盖在"罚"的认知范畴内，是"认罚"的应有之义。犯罪人所认之"罚"，理应囊括刑罚的种类、轻重、数量等执行方式，此亦是罪刑法定原则的晓谕功能在认罪认罚领域的折射。

具体而言，犯罪嫌疑人、被告人"认罚"不单包括对被判处拘役、有期徒刑等主刑无异议，亦应涵盖对附加刑的适用方式、数量等无异议。其是否主动汇报财产、预交财产刑保证金、积极履行财产刑等保证财产刑的有效执行，同样应是考察犯罪嫌疑人、被告人悔罪态度及悔罪表现的重要方面。对具有"认罪"不"认罚"（上诉），或"认罚"却不缴"罚"，或"认罚"却毁"罚"（如串供、毁灭证据或者隐匿、转移财产）等前后抵牾的"投机式认罚"情形，与认罪认罚制度的设立初衷相悖，当然不得从宽处理。

（二）"认罚"的实质有助于财产刑执行目标的实现

如前所述，财产刑能否顺利执结，较大程度上取决于犯罪人及其家属的自觉性和配合度。如何尽最大可能地促使犯罪嫌疑人、被告人在审判前主动披露自己的真实财产状况信息、保证其财产历经侦查调查、起诉、审判等漫长阶段仍能保持增长或稳定状态以及确保其判后能够主动履行等，

---

① 根据《刑事诉讼法》第15条规定，"认罚"是指犯罪嫌疑人、被告人同意且接受处罚。理论界有广义、狭义"认罚"之分。狭义认罚，仅指刑罚，与他无涉。广义认罚，即为刑罚及民事赔偿与和解等。

是刑事财产刑执行诸项制度探索完善且努力实现的一大目标。

同时，“认罪认罚从宽”制度通过提供“从宽”处理的结果可能性，激励那些有客观履行能力的犯罪人革新其主观意愿，自愿如实供述自己的犯罪行为、同意检察机关的量刑意见、履行财产刑；激励那些客观履行能力较差的犯罪人通过说服家属或亲友对其帮扶支持，为获得从宽处罚的“优惠”努力创造条件；即便是对客观履行能力趋近为零的犯罪人，亦要求积极主动为其“确无能力”提供其银行流水、资产清单等予以佐证。

是以，“认罪认罚从宽”制度，某种程序上可以说是以信息甄别为目标的一种特殊“激励”。此种驱策机制恰恰可降低生效财产刑“空判”比例，在源头上解决财产刑执行难的重要举措，它与判后执行阶段的各种“强制性”手段相结合，“刚”“柔”并济，构成财产刑执行的一体两面，体现了刑事一体化的视野。

（三）“认罚”的自愿性审查有益于廓清刑事财产保全的潜在忧虑

事实上，近年来对于推行刑事财产保全的呼声此伏彼起，但出于对实际推广全覆盖后可能出现的诸多忧虑，此种呐喊仅停滞在学术设想和建议层面。笔者认为，现阶段，过分“捧杀”或者贬斥刑事财产保全的相关观点，都是有失偏颇的。对于推行刑事财产保全可能导致的“权力膨胀”“平等性不一”“同罪不同罚”等质疑观点，实质上未能廓清刑事财产保全的全部意旨，系对推行刑事财产保全的畸形误读。究其根源，系困于保全的时机及判定标准难以科学界定、保全尺度难以精准掌握的难题里。对此，在“认罪认罚从宽”语境下亦可觅得两全之法。

“认罪认罚从宽制度以合作性司法理念为基础”，其自愿性、合法性审查，是该制度有效运行的关键所在。通过庭前证据开示全流程以及自愿性庭审确认程序，重点审查其认罪认罚的自愿性和控辩协议的合法性，包括被告人是否具有认罪认罚意思表示的认知能力和精神状态、对协议内容和诉讼权利减损后果有充分认识等。

此时，犯罪嫌疑人“认罚”的强烈意愿经过数轮不同程序的审查和确认，已确定无虞。既然其可以通过签署具结悔过的方式自愿放弃法定程序上的某些权利，当然也可以书面承诺放弃其对部分个人财产暂时的自由支配权、转让权，用以换取“从宽”处理的特殊优惠。由此，是犯罪嫌疑人主动“打开大门”为彰显其认罪认罚的决心、证明其悔罪心态。由此，在认罪认罚制度的框架内构建刑事财产保全制度，将视角跳脱出传统的思维僵局和既有局限，转至从方法论和技术层面谋求两全之法的应然层面，不失为一大良机。

（四）“认罪认罚”的配套制度有利于诉前财产调查的展开

公安机关、检察机关对犯罪嫌疑人、被告人自愿认罪且认罚的情况下，应当向其释明可能发生的法律后果，即不主动退赃退赔、积极赔偿被害人损失、预交财产刑保证金，将无法“从宽”处理。针对其可能提出“确无履行能力”的辩解，亦应针对其个人财产状况进行调查，并及时收集、固定相关证据；检察机关对“被告人是否有能力退赃退赔、赔偿损失、履行财产刑”等承担举证责任。以上规定，皆是开展诉前财产调查的法律依据和规则需求。此外，“认罪认罚”制度下，针对拟判缓的犯罪嫌疑人、被告人可在侦查阶段便联合司法行政部门启动社会调查评估，此项制度同样为扩大诉前财产调查的范畴与精准度提供了可进可依的现实路径。

认罪认罚从宽全面铺开后，各省市纷纷出台相关细化规定，其中，江苏省正式将有关财产刑保证金的制度设想纳入了司法实践之中，① 要求量刑建议涉及财产刑的，应当在判决前缴纳不少于量刑建议中建议财产刑数额的保证金，但被告人确无缴纳能力的除外。对其初衷应毫不吝啬地予以肯定，但若不能从应然层面找到保证金的缴纳、保管与提存的两全之法，在司法实践中恐难以把握和拿捏。

四、路径规制：“认罪认罚”案件财产刑执行的格局嬗变

财产刑执行制度的成熟与完善必须在程序正义与实体公平的双重维度下展开，既统摄对被告人私有财产的保护，同时又要兼顾财产刑执行的质效。维护生效判决的既判力是完善财产刑执行制度的价值缘起，保障“认罪认罚”法律效果是财产刑执行的内在需求。通过在立法上明确公检法三司的法定职责以及协同机制、尝试建立财产汇报和财产保全两条路径，同时完善其救济措施，以探寻重构财产刑执行的面相与本相。

（一）立法层面明确公检法三司的法定职责及协同机制

现阶段，立法层面的阙如使得除法院外的其他司法机关对财产刑的执行仅具有“协助”执行的义务，并无其职责范围内的法定义务。而财产刑的执行，若单凭法院一家单枪匹马、孤军作战，收效势必甚微。更何况，在财产刑执行过程中，法院“自申自执”引发出的外在压力和内生动力不足等问题已逐渐显现。因此，在认罪认罚从宽的契机之下，重塑财产刑执行的体系，制定关于“认罪认罚”案件财产刑适用与执行的实施细则，构建公安机关、检察机关及人民法院三方共同参与的协同机制，强化各自的角色分担，明确其各自的职责范畴，系必然之势。

1. 明确公安机关的诉前财产调查法定职责。财产刑执行格局嬗变首先

---

① 《江苏省高级人民法院关于办理认罪认罚刑事案件的指导意见》第 35 条规定：“量刑建议涉及财产刑、被告人认罪认罚、同意量刑建议的，应当在判决前缴纳不少于量刑建议中建议财产刑数额的保证金，确保财产刑能够得到执行，但被告人确无缴纳能力的除外。”

需要解决的是，在立法层面明确公安机关对犯罪事实清楚且依法应当并处财产刑的犯罪嫌疑人的财产状况有侦查的职责，同时将其有无缴纳能力的证明材料囊括于认罪认罚案件证据清单之中。只有基于此，将财产汇报关口前移、开展审前、诉前财产调查才有真正落实的可能，刑事财产保全制度方才能有进击的空间。

2. 构建检察机关适度介入的财产刑执行监督机制。检察机关代表国家对触犯刑法的被告人提起公诉，请求法院对被告人定罪量刑，此乃检察机关公诉职能最为基本的外在表现。只不过，现阶段检察机关在财产刑方面提出的量刑建议仅为适用与否的模糊化量刑。在“认罪认罚”制度的深入推进过程中，检察机关针对财产刑精致量刑的步骤应早日提上日程，提出包括财产刑适用的具体幅度、缴纳时间等在内的量刑建议，并据此与被告人签署具结悔过的三方协议。同时，对于其财产刑履行能力的大小应当进行证据开示，并承担举证证明责任。若犯罪人判后未能依“约”履行财产刑，检察机关作为“签约”另一方，理应行使法定监督权，切实做到“认罚”有奖励，“毁罚”有代价。

（二）汇报财产制度关口前移至第一次讯问时

目前，刑事裁判生效进入执行阶段后才强制要求被执行人进行财产汇报，此时多数罪犯已被定罪移送看守所、监狱等部门执行拘役、有期徒刑等刑罚，无法前往法院主动汇报财产；其次，历经侦查、起诉、审判的漫长周期，犯罪分子或其家属为了逃避惩罚早已在判决之前隐匿或转移了财产，效果显然差强人意。因此，无论刑事财产保全后续如何落地生根，汇报财产制度关口前移必定是解决财产刑执行难的第一步，也是极为关键的一步。

在既有的司法实践中，侦查阶段第一堂讯问笔录往往会详细记载犯罪嫌疑人的身份情况、家庭关系、住址等，却少有对犯罪嫌疑人的财产进行讯问并记录。而侦查初期，犯罪人往往尚未来得及转移隐匿财产，这时对财产进行调查和控制具有天然的时机优势。另外，侦查机关在侦查能力和侦查手段方面对比其他机关更为强大，具有效能上的优越性。① 因此，在财产并必科刑案件中，将财产汇报的关口前移至侦查阶段第一次讯问时，将其重要性等同于身份信息等，要求犯罪嫌疑人对其个人财产情况进行说明，并告知其隐瞒真相、虚构事实可能产生的不利法律后果，包括影响“认罚”从宽的幅度、列入失信名单、个人信誉污点等。同时，应制作完整的财产卷，连同身份卷、证据卷等随案移送至公诉、审判、执行阶段（见图5）。

---

① 郑云波、翁晓斌：《财产刑执行难之反思：刑罚承担能力的视角》，载《中国发展》2019年第2期。

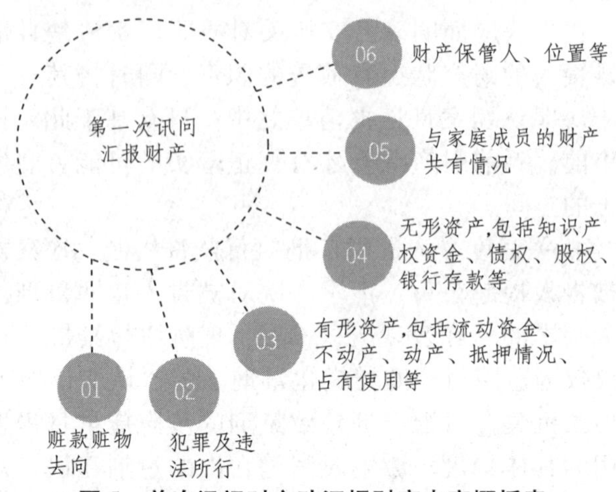

图5　首次讯问时主动汇报财产内容概括表

此外，笔者认为，侦查初期，特别是被批准逮捕之前，此时犯罪事实尚未查清，不应贸然采取强制措施，因此这一阶段的财产汇报应以犯罪嫌疑人主动汇报为主。同时，可向犯罪嫌疑人所在单位或组织、家庭发出协助通知，要求其提供犯罪嫌疑人债权债务在内的财产状况凭证，并提取相关的书证证明等。换言之，此时的主要目的是建立犯罪嫌疑人的债权债务汇报登记制度，以便于后续对其财产情况随时进行监控、调查，适时掌握财产动态，有迹可循。此后，可根据案件具体的调查、侦查情况，在满足特定条件下再行启动财产保全程序。

（三）试行分类分时的刑事财产保全制度

在查清犯罪人的财产情况后，决定对其采取刑事保全措施时，必须审慎对待，应同时满足充分且必要的双重条件。刑事财产保全应当在犯罪嫌疑人最终被认定有罪具有“高度盖然性”的情况下方可实施。当然，精准认识到此种盖然性，若无科学的认定标准，在司法实践中确实难以把握。此时，就必须优化刑事财产保全的程序设置，通过更加精细的程序设计，保障犯罪人的合理诉求被充分听取，保证有偏差或超标的的保全措施能够被及时纠正，确保刑事保全措施的具体适用始终处于可接受的裁量范围之内，避免偏离预定轨道而造成对私有财产的侵犯。

笔者认为，刑事财产保全应在犯罪嫌疑人、被告人同意（如“认罪认罚”阶段的财产刑保证金①）或者发现犯罪嫌疑人或他人有恶意转移、隐

① 需说明的是，在认罪认罚制度中设立“财产刑保证金”的初衷是为了积极赔偿被害人损失、保证财产刑的顺利执结等，不应该、也不应当局限于存款或现金此种单一形式。“财产刑保证金”应作扩大解释为“犯罪嫌疑人个人所有的合法财产”，不仅包括现金、存款等，也应包括不动产、动产、股票、债权等具有可折价、变价或司法拍卖处置的所有有形或无形资产。

匿、赠予等“日后有不能强制执行或难以执行之虞”之情形方可进行，除此之外不得任意扩大适用的范围。只要满足上述条件之一，在侦查、起诉、审判的任何阶段均可进行，其保全主体也理应涵盖公检法三司。同时，应根据财产性质的不同，贯彻“分类”施策的政策，充分考虑被采取不同强制措施的犯罪分子的社会危害性、转移财产可能性等，防止刑事财产保全在实际适用中异化，侵犯公民的财产权（见图6）。

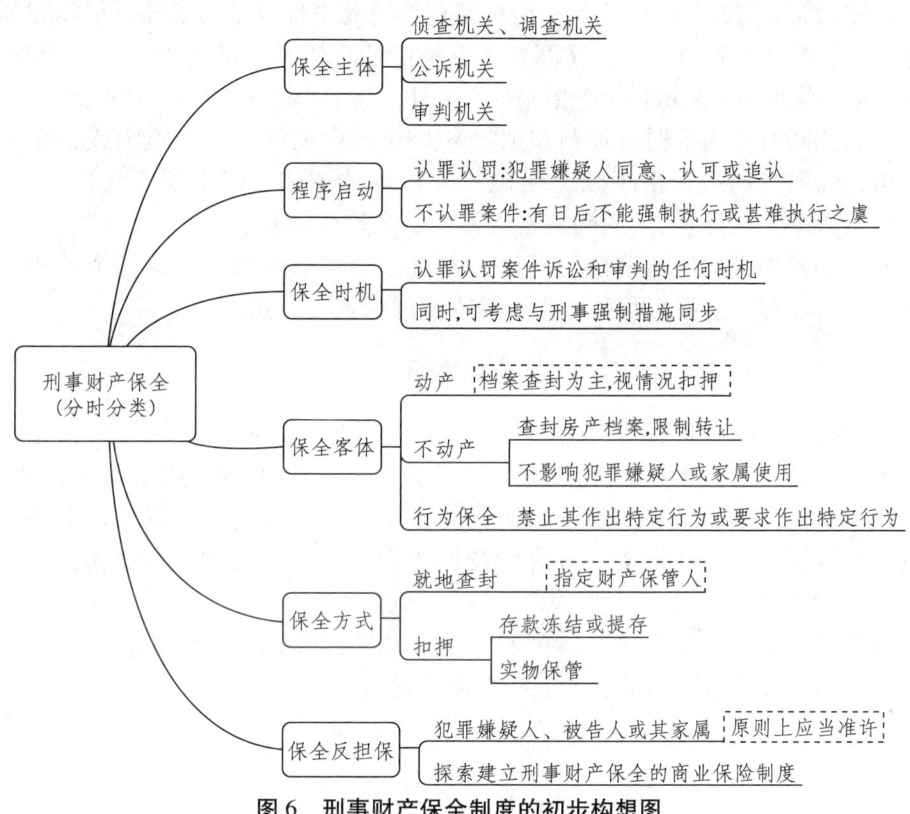

图6　刑事财产保全制度的初步构想图

对此，可探寻尝试财产保全与刑事强制措施同步的措施。对于被采取取保候审的犯罪人可在批准取保候审时就犯罪人的财产情况进行再次核实。同时，应将转移或隐匿财产可能导致的法律风险，明确告知被取保人和保证人，视情况要求其提供财产刑保证金、反向担保等措施以维持稳定的财产状态。对于采取逮捕等措施的犯罪嫌疑人，在逮捕决定作出之前，应对其财产进行详细调查，批捕后可根据犯罪情节冻结保全犯罪嫌疑人的财产。至于保全的标的问题，应参考执行程序的相关规定。

（四）有针对性地修正司法救济制度

诉前财产调查、汇报财产关口前移、刑事财产保全等措施旨在消除犯罪嫌疑人、被告人或他人恶意转移、隐匿财产的风险，其实质是国家机关动用国家权力对公民行使其基本权利的妨碍，从而用以保障后续财产刑能够执行到位的期待。这些措施当然具有强制性和扩张性的权力特点，同时牵连到社会结构的形塑构建，涉及犯罪嫌疑人、被告人的财产自由处分权。因此，必须严格遵守程序法定原则，受制于法律所规定的批准程序。此时，针对刑事财产保全设立必要且完善的救济路径，包括调查前的释明、冻结前的告知、保全前的听证以及保全后的复议等。此不仅仅是为了充分保障犯罪嫌疑人、被告人的知悉权、反悔权，更是借助集体智慧的力量，从更宏观、更全面的维度考量采取保全等措施的必要性，将不当适用的风险降到最低。

与此同时，当下刑事裁判涉财产部分执行中的异议多为追缴或退赔等案由，而财产刑执行由于缺乏明确的异议申请主体，使申请人代位之诉、析产之诉等无从提及。“明确检察机关为财产刑申请执行主体，可代表国家以原告或被告身份参与涉执行诉讼……对于及时解决财产刑执行中的实体争议、清除财产刑执行程序障碍，具有积极的现实意义。”

未结之语

“制度是一个社会的博弈规则。”① 上文围绕“认罪认罚从宽”以及财产刑执行的概念辨析与路径设想，因涉及刑法、刑事诉讼法的理论内涵，涉及执行制度革新实施的难题困境，尚且停滞于私权利与公权力均衡博弈的探讨层面。如何从根本上解决财产刑执行中的突出问题，在遵循执行法基本原理的同时，在“认罪认罚从宽”制度的契机下，必须充分认识到执行实践的复杂性和多变性，进一步汲取司法实践中的宝贵经验，及时协调整合执行实践规则。对此，我们任重而道远。

---

① ［美］道格拉斯·C. 诺思：《制度、制度变迁与经济绩效》，杭行译，格致出版社 2008 年版。

“执行不能”何以鉴真：运用大数据为被执行人精准画像

——基于数据全生命周期视角

李艳玫*　黄驿媚**

在第三轮科技改革浪潮推动下，大数据、云计算等信息化技术已强力渗透至民事执行领域。2020年4月，最高人民法院周强院长指出：“运用大数据、云计算、区块链、人工智能、5G前沿技术加强审判执行工作，不断提高人民法院化解矛盾纠纷和诉讼服务能力水平。”2019年3月，《最高人民法院工作报告》提出“切实解决执行难”，标志着解决执行难已然从“基本解决”迈向“切实解决”阶段，也意味着执行领域遗留的都是最难啃的“硬骨头”。其中，“执行不能”案件占比超4成，① 仍是“切实解决执行难”绕不开的“拦路虎”。如何确保真正的“执行不能”有序清退，精准打击规避执行的“老赖”，鉴别“执行不能”真伪是基础和前提。鉴于此，本文以数据全生命周期为视角，剖析现行查控机制鉴别“执行不能”失真的深层原因，揭示“执行不能”沉睡数据背后可能蕴含的旺盛生命力，提出运用大数据画像技术激活执行数据价值，以可视化方式评定被执行人履行能力，从而推进“执行不能”认定标准、规则、程序等相关制度的结构性变迁。

一、困境：现行网络查控体系下“执行不能”真伪难辨

随着互联网技术蓬勃发展，民事主体的生活方式、财产形式、转移方式等均发生了重大变化。实践中，被执行人为规避执行，往往千方百计转移财产，制造“无财产可供执行”假象。因此，被执行人的财产就像“浮在海面的冰山，看到的只是冰山一角，而其绝大部分都深藏在海面下”，笔

* 作者单位：广州互联网法院。

** 作者单位：广州互联网法院。

① 参见周强：《最高人民法院关于人民法院解决“执行难”工作情况的报告——2018年10月24日在第十三届全国人民代表大会常务委员会第六次会议上》，载《中华人民共和国全国人民代表大会常务委员会公报》2018年第6期，第977~987页。

者将选取两个实例证之。

引例 1：上海某公司诉蔡某借款合同纠纷一案，申请执行标的额为 26391.39 元。通过网络查控系统发现，蔡某银行存款和网络资金合计不足 30 元，拟作“执行不能”处理。但通过分析调取的数据发现，在 2019 年 3 月 12 日至 2020 年 3 月 7 日期间，蔡某利用财付通账户充值金额 34515 元，提现 31583 元，余额支付 16214 元，充值支付 12393 元，转账 11284 元。

引例 2：广州某公司诉王某不当得利纠纷一案，申请执行标的额为 200863.56 元。通过网络查控系统发现，被执行人王某银行存款和网络资金合计不足 5 元，拟作“执行不能”处理。但通过分析报送的数据发现，在 2019 年 3 月 12 日至 2020 年 3 月 11 日期间，王某因基金申购从支付宝转入到余利宝 253967 元，后因基金赎回从余利宝转出到支付宝 251395 元。此外，王某在此期间会员充值 18 次，金额达 2650 元，付费游戏支出 27 次，金额达 1898 元。

可见，在现行网络查控体系下，初步查无财产的案件中可能存在大量“规避执行”的情况，对司法公正提出严峻挑战。如何在保障执行效率的同时，持续智能深挖冰山之下财产，精准识别“执行不能”真伪，已然成为“切实解决执行难”的关键。为有效破解瓶颈，笔者选取 G 市 12 家基层人民法院作为样本法院，通过不同维度数据统计以及法官访谈，发现以“执行不能”的认定为核心，普遍辐射出几重困境。

（一）“终本”案件大多陷入休眠，衍生巨量“僵尸债务”

“终结本次执行程序”简称“终本”，[①] 是指在法定执行期限内，法院穷尽执行措施均无法执行完毕而采取的一种结案方式。理论上，终本后若法院或当事人发现新的财产线索，案件可恢复执行。然而实践中，一旦被采取“终本”结案，基于种种客观原因，案件往往陷入僵局，难以被重启执行，成为执行领域无法回避的难题。笔者以 G 市基层法院 2017 年至 2019 年“终本”案件为样本，统计结果显示“终本”程序“适用率高”且“恢复率低”。（见图 1、图 2）

---

① 有关终结本次执行程序适用现状的研究，参见刘静：《终结本次执行程序的反思》，载《首都师范大学学报（社会科学版）》2016 年第 6 期；曾祥生：《无财产案件执行管理机制：困境、改革及其完善》，载《法学论坛》2018 年第 3 期；骆丽丹、黄汉柳：《刑附民案件执行的困境与对策》，载《人民法院报》2019 年 7 月 10 日第 7 版；曹杰：《金融案件执行存在的问题及建议》，载《人民法院报》2018 年 12 月 23 日第 7 版。

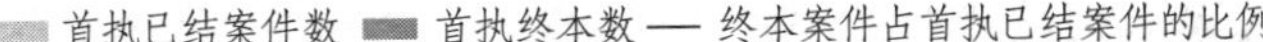

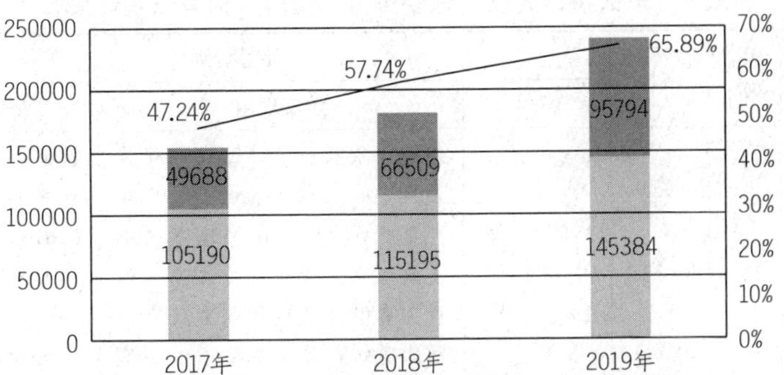

图 1　G 市全部基层法院近三年首执案件结案情况

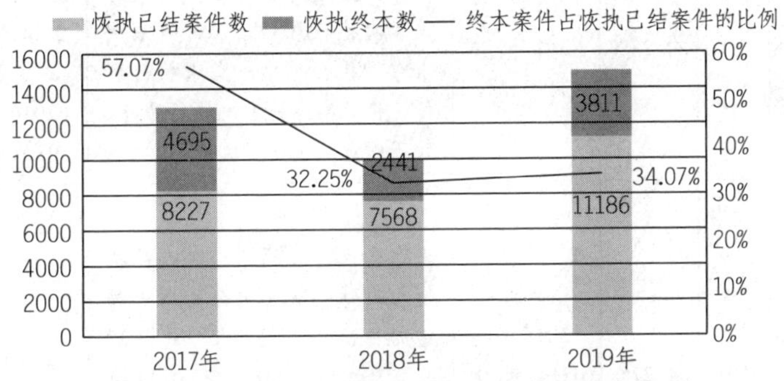

图 2　G 市全部基层法院近三年恢执案件结案情况

（二）“终本”裁定容易引发异议，社会理解认可度较低

法院执行是对现有利益进行再分配，而非创造新利益。虽然“执行不能”具有客观性，大多是由于进入执行的案件先天不足、质量不高。[①] 然而，部分当事人认为法院作为国家司法机关，必然有能力也完全有责任执行到位。[②] 当执行效果不佳，判决所确认权益未能完全兑现时，当事人将对执行工作产生质疑。[③] 笔者以“申请人提起执行异议”“终结本次执行”为关键词，分别截取 2017 年、2018 年、2019 年为样本时点，在中国裁判文书网进行搜索，剔除无效样本，分别筛选出关于终结本次执行异议的裁定文书 326 篇、363 篇、405 篇，共 1094 篇，其中，认为法院未穷尽措施深挖被

① 参见唐应茂：《法院执行为什么难——转型国家中的政府、市场与法院》，北京大学出版社 2009 年版，第 140 页。

② 参见于龙刚：《基层法院的执行生态与非均衡执行》，载《法学研究》2020 年第 3 期。

③ 参见吴英姿：《论司法认同：危机与重建》，载《中国法学》2016 年第 3 期。

执行人财产线索的占75.78%。(见表1)

表1 申请执行人以“法院未穷尽措施”为异议统计表

年份	异议类型	数量/例	占比	典型案例		
				案号	异议理由	裁定结果
2017年	未穷尽调查措施	151	46.32%	(2017)粤01执复48号	终结本次执行的(2015)穗越法执字第2252号执行裁定存在严重的程序违法……违背《中央政法委、最高人民法院关于规范集中清理执行积案结案标准的通知》第2条关于“穷尽调查措施”的结案标准	撤销广东省广州市越秀区人民法院(2016)粤0104执异103号执行裁定并发回广东省广州市越秀区人民法院重新审查
	未穷尽执行手段	79	24.23%	(2017)辽0214执异132号	贵院作出(2016)辽0214执593号执行裁定,裁定本案终结本次执行程序,因该案法院未穷尽执行手段,尚未执行到位,将本案终结本次执行程序,我不同意,故提出执行异议	异议人丑某某提出的执行异议成立并撤销本院2061年12月25日作出的(2016)辽0214执593号执行裁定
	合计	230	70.55%			
2018年	未穷尽调查措施	197	54.27%	(2018)辽0214执异301号	贵院在执行过程中,在对被执行人的财产情况未穷尽调查措施的情况下,便于2016年12月5日作出(2016)辽0214执2918号执行裁定书,对执行案件终结本次执行程序,不符合法律规定	撤销本院2016年12月5日作出的(2016)辽0214执2918号执行裁定(终结本次执行程序)
	未穷尽执行手段	88	24.24%	(2018)粤0112执异175号	黄埔法院以(2017)粤0112执689号之一执行裁定书裁定终结本次执行。黄埔法院在未穷尽执行手段的情况下即终结本次执行,不符合法律规定,特提出该异议	驳回异议人莫某的异议请求
	合计	285	78.51%			

续上表

年份	异议类型	数量/例	占比	典型案例		
				案号	异议理由	裁定结果
2019年	未穷尽调查措施	211	52.10%	(2019)苏11执复90号	句容法院未穷尽调查措施，查明袁春华的全部财产信息	撤销句容市人民法院(2018)苏1183执异48号执行裁定
	未穷尽执行手段	103	25.43%	(2019)黔0329执异3号	法院对被执行人未穷尽执行手段，乱用执行裁定终结程序，严重损害申请人的合法权益	驳回申请执行人贵州余庆农村商业银行股份有限公司的异议请求
	合计	314	77.53%			

(三)违反“限消”网络活动活跃，缺乏行为分析手段

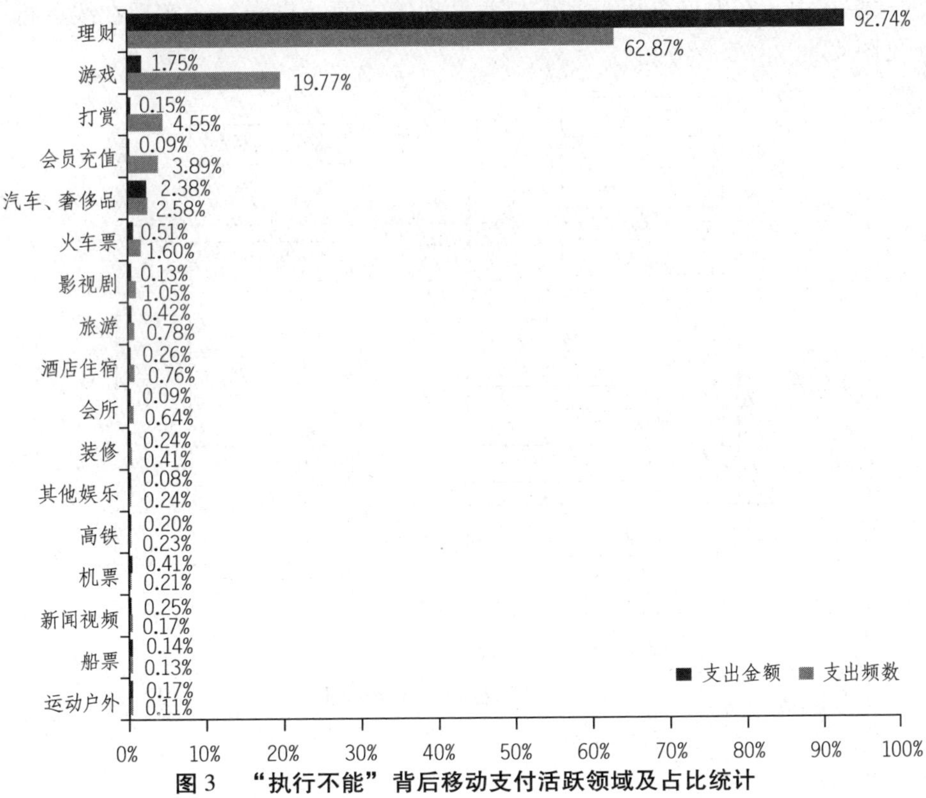

图3 “执行不能”背后移动支付活跃领域及占比统计

法理上，限制消费和失信惩戒是强制执行的手段，其最终目的是发现财产线索。为探寻隐匿财产究竟集中于何处，笔者选取所属法院1000件拟

作“执行不能”处理的案件为分析样本，对接腾讯、阿里等互联网企业，对被执行人网络交易活动数据进行人工分析，发现部分被执行人在“无力还债”情况下，却频繁进行理财、游戏充值、打赏主播、网络K歌等非生活必须消费。（见图3）这些消费行为往往能反映被执行人真实支出水平，部分行为虽已纳入“限消”范畴，但缺乏有效监测手段，成为履行能力分析“盲区”。

（四）全程在线执行未完全实现，线上分析机制缺位

近年来，信息化发展为法院建设日新月异提供了强大支撑，各地各级法院在信息化建设领域争先创新，可谓百花争艳、各显神通。[①] 随着智慧执行建设不断深入，各地法院纷纷抛出“全流程在线执行”理念，争先在智慧执行领域打造新标杆。然而，尽管全国各级法院依托网络执行查控系统，已初步实现部分程序性事务在线办理，且个别法院在此基础上开始探索智能化执行辅助办案系统，然纵观实际，包含杭州、北京、广州的三家互联网法院在内，在财产分析、实体权益兑现等方面，仍未完全实现在线运行。（见图4）

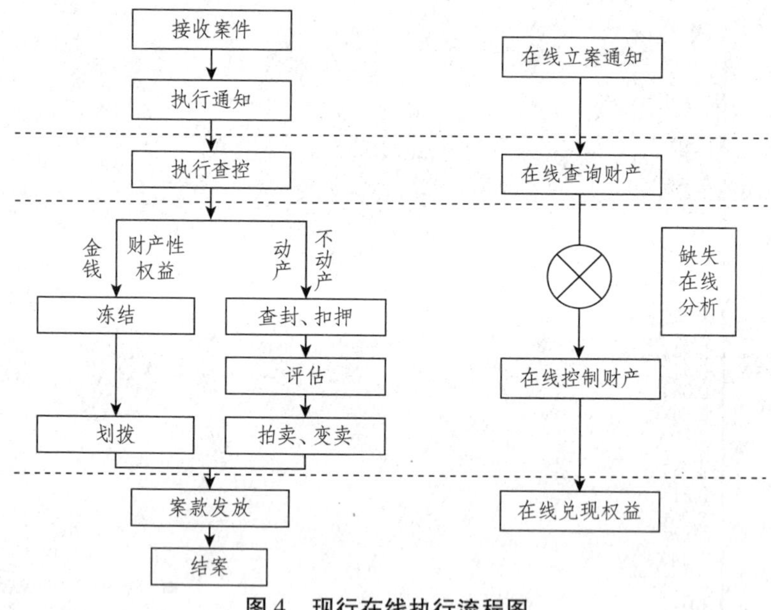

图4 现行在线执行流程图

① 参见闵仕君：《人工智能技术与法院执行领域的融合、发展和完善——以无锡法院智慧执行系统为视角》，载《法律适用》2019年第23期。

二、反思：数据全生命周期视角下“智慧执行”缺乏“执行智慧”

数据全生命周期管理是为最大程度挖掘数据价值采取的方法，[①] 其核心在于认为数据是有生命的，从收集到归档整个周期不存在“绝对消亡”，对于在一轮周期满足其使用价值后，被忽视或者储存（休眠）的数据，也可能进入下一轮周期焕发新活力（使用价值）。[②] 对应执行，将被执行人的动产、不动产、支付记录、银行流水、活动轨迹等信息视为广义的数据，将执行数据收集、存储、分析和使用等过程纳入动态管理[③]（见图5），则对于暂时查无财产的案件，相关数据也只会暂时沉淀进入休眠，仍存在潜在价值，而对被执行人实际履行能力的认定转变为对执行数据价值的深度挖掘。

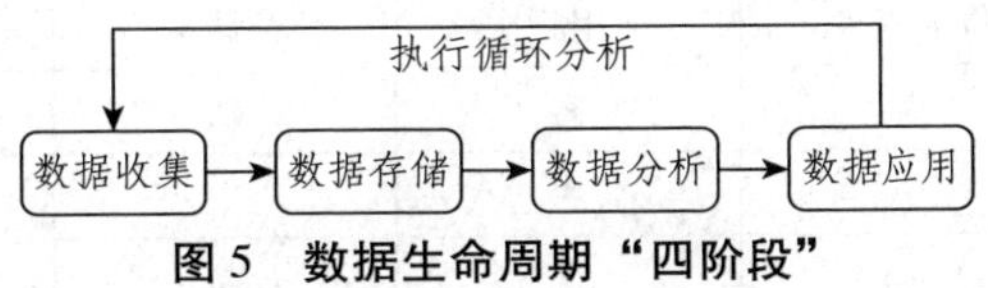

图5 数据生命周期“四阶段”

基于此，笔者将以数据全生命周期管理为视角，对执行过程所获得的数据从收集到应用进行全程扫描透视，以追溯“执行不能”真伪难辨的根本原因，源头把控执行难的关键因素。

（一）收集阶段：网络查控面临诸多壁垒，造成“数据孤岛”

数据收集是从系统外部获取数据并输入到系统内部的过程，也是数据全生命周期第一环节。执行数据的收集是法院向各大数据平台分别发送查询指令，相关部门反馈查询结果的过程。该阶段收集的数据质量高低将直接影响后续分析结果，[④] 因而是基础和前提。

目前，执行查控数据收集仍面临两大壁垒：一方面，在法院与社会方面之间，尽管目前最高人民法院已经和自然资源部、公安部、银行等部门建立协助执行查控机制，辐射面上已做到广覆盖，但仍未实现全覆盖，比如社保、民航、互联网企业等部门机构。此外，互联网企业大多出于对数据安全、法律责任、企业形象等考虑，不愿意全面开放在线协查功能，在执行过程中，法院向外部协执单位调取数据的程序也较烦琐，往往延误财

---

① 参见付朋侠：《数据生命周期管理理论研究及实施建议》，载《科技创业家》2013年第17期。

② 参见苏今：《大数据时代信息集合上的财产性权利之赋权基础——以数据和信息在大数据生命周期中的“关系化”为出发点》，载《清华知识产权评论》2017年第1期。

③ 参见周蓉蓉：《提升数据治理效能助力智慧法院建设》，载《人民法院报》2020年4月14日第2版。

④ 参见赵秀举：《论现代社会的民事执行危机》，载《中外法学》2010年第4期。

产控制最佳时机。另一方面，在法院系统内部，虽然三级法院在案件查控中已基本实现互联互通，但在四级法院执行系统中，不同区域、级别、部门间数据共享程度低，执行系统内部数据共享程度参差不齐，也未真正意义上实现共享互通，导致网络查控系统存在一定“漏洞”。

（二）存储阶段：终本数据容易沉淀，逐渐形成“冰冷数据”

根据数据全生命周期理论，数据因价值密度、使用频次等差异，划分为热数据、温数据、冷数据和冰数据（见表2），故可通过对不同热度的数据采取不同管理策略，最大程度挖掘数据效用价值。然而实践中，执行数据的存储和管理往往是被忽视的一环。

表2　数据热度与价值关系

分类	价值密度	使用频次	存储量	使用方式
热数据	高	高	低	预测方案
温数据	中	中	中	数据分析
冷数据	低	低	高	数据检索筛选
冰数据	极低	零	较高	—

执行法官最核心的需求在于可以随时查询被执行人财产性“热数据”，一旦发现执行可能性就即刻采取措施。

（三）分析阶段：执行数据算法局限，直接削弱“数据价值”

分析是数据全生命周期的核心环节，是指在数据之间建立关联关系，分析结果决定数据使用价值高低。执行分析中，对于被执行人海量的数据，如何去粗取精、去伪存真，结合执行案件案情进行算法分析，分析被执行人活动轨迹，直接影响对被执行人履行能力的判定。

在互联网时代，越来越多的生产、生活信息被记载和保存，包含被执行人的房产、车产、存款、股权、股票、高消费行为等信息。同时，被执行人消费活动从现实空间扩展到虚拟空间，执行法院既要对现实空间的财产进行查找分析，还要对虚拟空间进行追踪挖掘，这需借助严密的数据分析算法。同时，由于虚拟空间信息传输具有高速性，被执行人名下存款、股票等财产可须臾间转移，这对数据分析的即时性和精准性提出更高要求。虽然，大多时候执行法官可根据经验将案件进行类化分析，但每个案件都存在一定特殊性，需要进行个性化分析，在现有执行生态下，执行分析的算法局限和人力不足，制约数据分析挖掘的深度和广度，进而削弱数据价值。

（四）应用阶段：在DIKW结构模型下，执行尚未获取“智慧”

DIKW体系（Data-Information-Knowledge-Wisdom）是描述数据、信息、

知识及智慧递进关系的体系。[①]（见图6）其中，数据是记录客观事物的原始符号，信息是关系化加工的结果，知识是体系化信息，智慧则是对事物发展方向的预测判断。

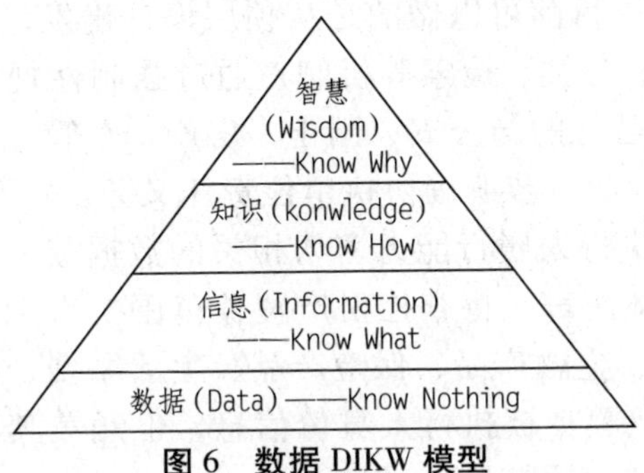

图6　数据DIKW模型

对执行法官而言，根据分析结果自动匹配个性化执行方案，是执行数据的最大价值体现，也标志执行智慧的实现。然而，囿于技术、数据体量等方面的原因，在DIKW体系下，目前执行分析尚未实现“数据到智慧”的蜕变，大多停留在“数据到信息”的层面。

三、赋能：借力大数据分析技术为被执行人精准画像

无论是在“小数据”时代[②]还是“大数据”时代，数据的全生命周期都客观存在，但数据的价值却千差万别。大数据不单是数据的集合形式，更是数据重整分析的技术，其优势在于依托云计算等信息化技术，将海量碎片化数据进行提纯分析，进而实现关联预测。基于此，笔者将以执行数据生命周期为主线，将初查“执行不能”的休眠数据纳入动态分析，增加被执行人行为数据，将“小数据”转化为“大数据”，通过动态周期性分析，精准输出被执行人财产状况的规整画像，持续揭露隐藏在数据背后的真实履行能力，为“智慧执行”赋予“执行智慧”。

（一）扩容数据库：从“随机抽样”到“全样分析”

“大数据时代的数据处理技术已经取得颠覆性的突破，此时若仍进行抽样分析，就像在汽车时代骑马一样”，[③] 故在执行分析中，应将“全样本”

---

① MaxwellN，From Knowledge to Wisdom，Science and Enlightenment，2019.

② “小数据时代”与“大数据时代”相对应，是指“大数据时代”之前的信息化时代。安迅公司创新副总裁Allen Bonde曾对“小数据”定义为：“小数据与人们适时的、有意义的洞见有关，一般具有可视化，且经过编辑和组织，易于接触、理解和进行日常任务。”载https：//en. wikipedia. org/wiki/small_ data，最后访问时间：2020年6月30日。

③ 参见［英］维克托·迈尔·舍恩伯格、肯尼斯·库克耶：《大数据时代——生活、工作与思维的大变革》，盛杨燕、周涛译，浙江人民出版社2013年版，第27页。

思维融入执行分析过程，树立“样本=总体”思维。

网络执行查控机制旨在实现对被执行人财产信息的全面、及时查控，其中最基础也是最紧迫的要求是推进全国执行数据库网络优化扩容，实现“全覆盖、互联通”。目前可以做的是从顶层设计出发，建立健全执行数据资源的接入、存储、分类、检索等机制，通过强制性规定以及柔性共享协议等方式，在目前已有的与公安、国土、房产、车管、银行、证券等单位的数据对接基础上，进一步明确协执单位责任义务，将互联网移动支付端、社会信用端等与被执行人履行能力密切相关的数据接入，不断拓宽执行数据库网覆盖面。具体而言，将查控财产覆盖范围扩大到公积金、社保、信用还款、网购支付、金融产品、保险产品、生活缴费、网络游戏、滴滴打车、旅业信息等，既囊括被执行人身份信息，也涵盖其网络活动轨迹，确保将相关执行数据“一网打尽”。(见图 7)

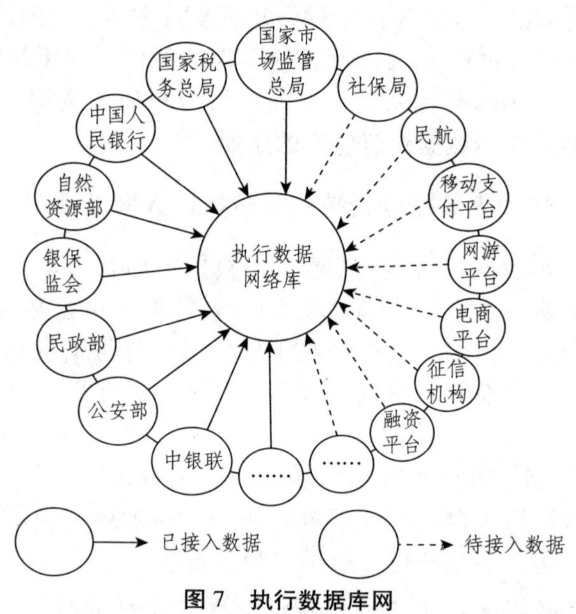

图 7 执行数据库网

(二) 分布式存储：从“延时调取”到“即时链接”

对执行法官而言，即时获取并实时更新被执行人的财产性数据是至关重要的。为尽可能压缩查询通知—信息反馈—财产控制的周期，实现查询自动化、查控一体化目标，应从理念层面和实践层面进行彻底革新。理念上，可以借鉴广州互联网法院“枫桥 E 站”多元化解、协同解纷理念，通过搭建法院与互联网企业联合共治的“桥梁”，实现法院从“要数据”向“用数据”转变。

表 3　数据分布式存储管理架构

节点设置	分布机构	职责权限
管理节点	各级人民法院	根据执行需求设置启动查控程序的条件及法律文书
一级节点	司法鉴定中心、公证处、国家金融机构、行业组织等机构	组建司法联盟，遵行并维护法院设置的协助执行规则
二级节点	三大运营商，以及阿里、京东、百度、网易、腾讯、唯品会、华为、携程、美团、拼多多等互联网企业	记录、更新、校验数据，并开放数据端口，确保数据即时链接

具体操作上，以法院作为管理中心节点，根据各节点单位的职责权限下设一级节点和二级节点（见表3），对执行数据库网运用分布式技术进行存储和管理，分布的节点单位是具有协助执行义务的国家机关、互联网企业等，通过开放数据端口，为各级法院专线链接相关数据，改变执行数据分而治之的现状。①

（三）情境化分析：从“静态查询”到“动态监测”

所有经济主体的资产资金都必然存在交易流动。交易是动态的，所以数据分析也应该是动态的。② 在持续动态监测下，综合运用异常分析、回归分析、相关性分析等技术，评估一段时间内被执行人经济活动的频率和流量，进而分析其实际履行能力。贝叶斯决策方法能够不断吸纳新信息，并将对新信息的判断转化融入后验概率，实现微观上的决策推进，③ 实践中可尝试使用“贝叶斯决策”原理搭建“拟人思考”分析模型，实现让“数据说话”。

1. 被执行人行为轨迹分析模型。美国社会学家卡尔曾提出，“社会情境”是包括特定时空、文化属性、社会关系、动态活动等要素在内的标准配置，其特征在于将一般人行为融入以特定时间和空间为坐标的情境之中。④ 对应执行分析过程，则通过抓取车辆导航、送货地址、公共交通、电话通信等要素，截取被执行人在支付平台的登录 IP、消费频率、消费总额等数据，输入执行分析公式，综合分析被执行人高频交易类型、活跃交易

① 参见汤维建：《“智慧法院”让司法更公正、更高效》，载《人民论坛》2017 年第 4 期。

② 参见［英］维克托·迈尔·舍恩伯格、肯尼斯·库克耶：《大数据时代——生活、工作与思维的大变革》，盛杨燕、周涛译，浙江人民出版社 2013 年版，第 12 页。

③ 参见栗峥：《人工智能与事实认定》，载《法学研究》2020 年第 1 期。

④ 参见吴涛：《论人工智能时代司法决策的情境主义——兼论司法人工智能的可解释性》，载《上海法学研究》2020 年第 5 卷。

时段、密切联系人等关键信息，洞察其网络活动轨迹。①（见表4、表5）

表4 被执行人行为分析模型评价指标与参考变量

指标	参考变更	数据对接
活动轨迹	统计月份、所在城市、消费次数	电商平台绑定收货地、住宿登记、滴滴打车记录、出租登记信息等
履行能力	总支出额/全国年均总额；总收入/全国平均收入；总支出/申请执行标的额	美团等生活服务类平台消费记录、实名会员卡消费记录、实名会员卡消费记录、子女就读私立学校情况、纳税信息、社保信息等

表5 履行能力等级分析公式

能力指数	履行能力等级
支出（收入）能力∊［0，0.5）	支出（收入）级别=1（完全无履行能力）
支出（收入）能力∊［0.5，1）	支出（收入）级别=2（基本无履行能力）
支出（收入）能力∊［1，2）	支出（收入）级别=3（有一定履行能力）
支出（收入）能力∊［2，3）	支出（收入）级别=4（有履行能力）
支出（收入）能力∊［3，+∞）	支出（收入）级别=5（有较强履行能力）

注：能力指数是通过线上支出和收入对比上年度全国城镇平均支出和收入水平所得。

2. 被执行人财产交易分析模型。一方面，聚焦被执行人的开户行信息、现金存取、网点录像、资金流向、支付记录等要素在内的信息数据，通过大数据分析研判其准确地址、生活区域、金融交易热点轨迹。另一方面，聚焦被执行人的开票、纳税、医保、社保、电信、保险等要素在内的信息数据，通过大数据分析研判其消费地点和准确地址，再通过该渠道查找其银行信息、房产信息、车辆信息等财物信息源，进而追寻隐匿财产。

（四）标签式画像：从“无关碎片”到“聚类关联”

大数据的关键应用就是在分析数据的关联性后进行预测，②而挖掘数据背后隐藏的财产，预测执行工作中可能出现的情况，也是执行查控现代化模式的发展方向。具体而言，构建关于被执行人画像的三级标签体系（见图8）：围绕被执行人人身轨迹、财产线索等关键信息，以支出平台、所在城市、支出时间、消费类别等作为横向维度，以支出金额、支出频次等作为纵向维度，从横纵两个维度对“碎片化”数据进行关联分析和类型化分

① 参见潘涔：《利用互联网大数据创新执行方式的思考》，载《人民法院报》2014年3月19日第8版。

② 参见［英］维克托·迈尔·舍恩伯格、肯尼斯·库克耶：《大数据时代——生活、工作与思维的大变革》，盛杨燕、周涛译，浙江人民出版社2013年版，第43页。

析，形成反映其真实履行能力的立体规整“画像”，并根据被执行人行为特点标记“游戏达人”“网络K歌”“理财达人”等个性化标签。

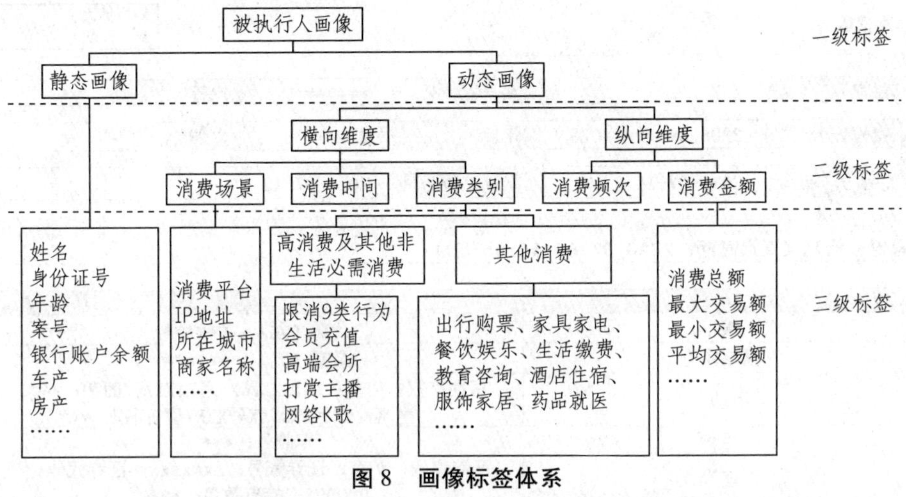

图8　画像标签体系

四、致用：依托现行系统建立智能分析网络查控机制

民事强制执行的目的并非确认权利、解决纷争，而在于高效兑现生效法律文书所确认的权益。[①] 正如“人在归根到底并非单个抽象的存在，而是一个社会关系的集合”。[②] 智慧执行也是一个智能流程的总和，智慧执行的规划需要从顶层设计着手，以核心难点问题为导向，以现实需求为驱动，尊重数据生命周期规律，盘活休眠的执行数据，最大程度挖掘数据使用价值。基于此，笔者将结合互联网时代新型消费特点，强化数据分析结果应用，推动数据全生命周期视角下的智能执行分析理论落到实处。

（一）基础：输出“可视化”个人履行能力报告

在司法实践中处理法律关系时，执行法官需要直观的数据分析结果作为决策依据。可视化的特征在于把所有数据作为单个元素，将海量数据汇集成图像，通过不同维度展示数据图像，从而更精准透彻地观察分析数据。在执行分析结果呈现方面，遵循“一人一报告”原则，围绕高频消费、大额消费、网络活动轨迹、收入（支出）水平、财产转移风险、消费偏好及能力、信用等级评估等维度，以上年度全国城镇人均平均收入支出水平、本地人均平均收入支出水平，以及执行标的额为参照标准，评定被执行人履行能力等级，形成可视化分析报告，执行法官可通过输入身份证号或姓

① 参见董少谋：《民事强制执行法学》，法律出版社2011年版，第44页。

② 参见［德］马克思：《关于费尔巴哈的提纲》，人民出版社1972年版，第18页。

名等便可一键获取被执行人的《个人履行能力报告》(见图 9)。

个人履行能力报告（建议版式）

基本信息					履行能力评　级	
姓名	XXX	案号	******	户籍	**	
身份证号	320823******4023	年龄	42	性别	女	
统计开始时间	2019-07-14	统计结束时间	2020-07-13			

总对总信息（查询时间：2020-07-09 14:55:50）

项目	结果
银行	余额（元）：******
网络资金	余额（元）：******
不动产	房地产权：坐落：XX区XX路XX号XXXX房 面积：*** 坐落：XX区XX路XX号XXXX房 面积：***
车辆	车牌号：***
证券	证券市场：沪市；证券账号：xxxxxxx；证券代码：000002；持有数量：***

大额消费

支出总额	19945	支出次数	12

收入水平

收入总额=	收入能力等级=

支出水平

支出总额=	支出能力等级=

消费支出金额第一名的类别：金融理财，金额

消费支出金额第二名的类别：日常消费，金额

消费支出金额第三名的类别：生活缴费，金额

高消费及非生活和工作必需的消费行为

消费支出金额最多的类别：金融业务，金额3000

类别	支出金额	支出次数
金融业务	23470.5	59
交通出行		
服饰家居	882.6	8

活动轨迹

近3个月活动次数最多的城市为北京。

最近月份	所在城市	消费次数
3	北京	1
3	上海	1
6	北京	2
6	上海	1

图 9　可视化的履行能力分析报告

（二）核心：匹配“个性化”执行措施方案建议

大数据为我们提供的不是最终答案，而是参考答案。预测作为大数据的核心功能价值，在执行领域的推广应用是一种必然趋势，逐步推进执行从“概括型”向“个别化”转型。值得注意的是，执行大数据分析模型需通过智能系统的迁移学习、强化学习、深度学习技术，不断优化更新，进而构建分级分类执行措施的知识图谱。同时，运用回归分析方法在执行数据间建立关联预测关系，精准匹配个性化执行措施。（见表6）例如，在消费场所，将身份证照片基础数据库与高清探头捕获的被执行人人像识别相比对，通过大数据方式进行自主关联比对、锁定，一旦被执行人进入高消费场所消费或者进入普通消费场所进行高消费，可在执行平台提醒商家限制其消费。

表6 画像类型及方案策略

序号	画像标签	表现	方案建议
1	生活困难型	支出（收入）级别≤1，确无还款能力	撤销执行申请、执行和解或终结本次执行
2	自我放弃型	1<支出（收入）级别≤2，不知如何应对	引入社会力量多元化解
3	恶意逃债型	支出（收入）≥3，大额转移财产	纳入失信、拘留、罚款，情节严重追究刑事责任
4	沉迷游戏型	游戏支出金额及次数明显占比较大	冻结游戏账户，扣划余额
5	高端消费型	高级会所、演唱会、健身会所等支出频繁	通过人像识别比对，限制其消费
6	金融理财型	理财项目支出数额及占比大	冻结理财账户，扣划余额
7	网购达人型	网络购物支出活跃	冻结账户，并通过收货地址、电话查人找物
8	酷爱旅游型	活跃城市多，旅游支出大	限制交通出行，使其“寸步难行”
9	信用消费型	收入水平不高，花呗、信用卡消费占比大	冻结支付账户，切断全部信用消费渠道

（三）流程：将“智能分析”融入执行查控体系

数据分析是激活数据价值至关重要的一环，却是现行网络查控体系的一大缺失，基于数据全生命周期建立的智能执行分析系统恰能很好地嵌入其中。（见图10）具体而言，执行法官在通过网络查控体系初步查询并未发现足额可供执行财产后，可不必再纠结“是否足以裁定终本”“何时裁定终本”等，而是将初查“执行不能”案件接入智能执行分析系统进行“智能复核”，对确实“执行不能”案件，根据当事人申请，以执行和解、撤销执行申请、裁定终结本次执行等方式退出执行。同时，根据数据全生命周期的启示，执行数据分析是周而复始、动态循环的，故对于通过网络查控体系初查以及智能分析系统复核后仍“无财产可供执行”的，在执行前端可裁定“终本”结案，但在后台仍应通过分析系统实时智能查询被执行人财产。

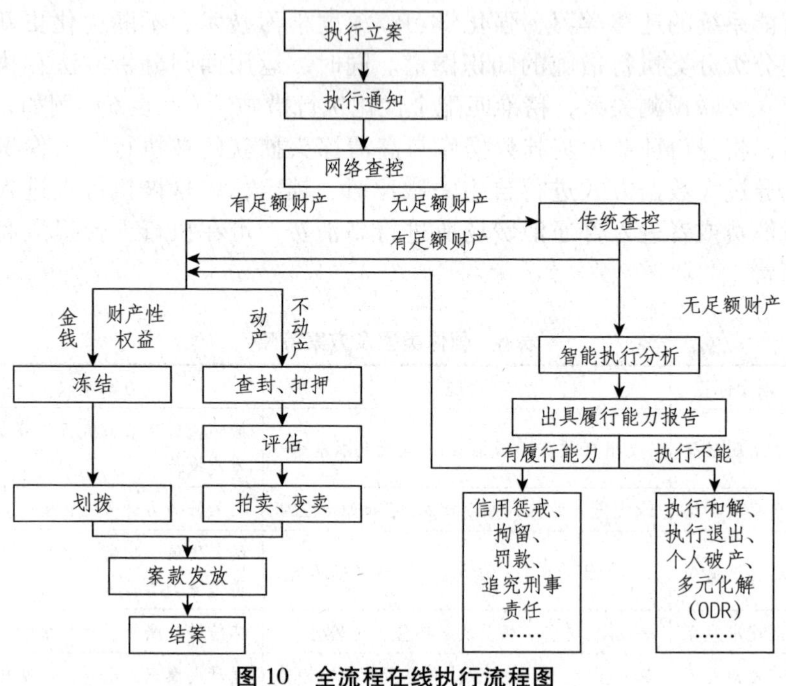

图 10　全流程在线执行流程图

（四）保障：完善兼顾“公平效率”的制度配套

现代化司法体系需要的不是数量更多的法律制度，而是具有“形式理性的”法律制度。[①] 迈入“切实解决执行难”阶段后，要将工作重心转向制度的查漏补缺和程序优化。[②] “执行不能”案件的管理应该是持续、动态、周期性的，更需要通过程序规范性推进认定标准的重新界定，并固定下来。

1. 重新界定“执行不能”判断标准。转变现行简单将静态财产是否足额可供执行作为“执行不能”认定标准，基于数据全生命周期视角，将被执行人的涉财产行为及数据纳入周期性持续分析，动态分析被执行人实际履行能力，并将其作为是否确属“执行不能”的认定标准。在程序上，体现为“执行不能”案件的动态周期管理模式。（见图 11）

① 参见苏力：《法治及其本土资源》，北京大学出版社 2015 年版，第 85 页。

② 参见韩煦、孙超：《中国执行模式的发展现状与展望》，载《法律适用》2018 年第 23 期。

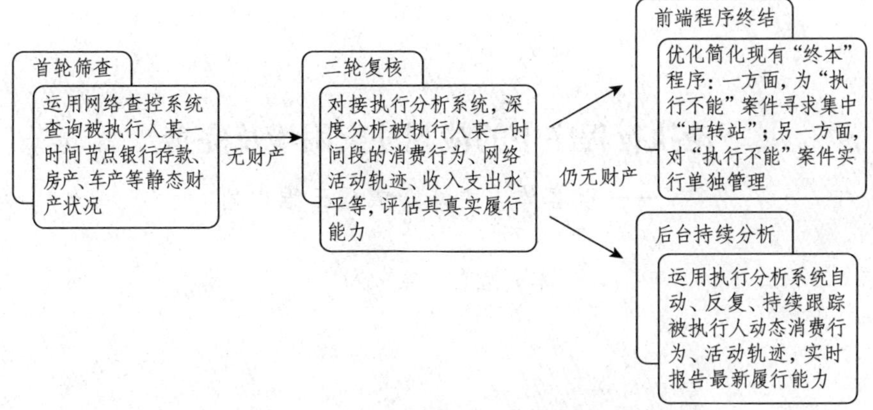

图 11　“执行不能”案件动态周期管理

2. 申请执行人知情权保障。申请执行人对终本案件的质疑，很大程度源自双方信息不对称。为此，笔者初步设想在 5~10 年的合理期间内，申请人可通过申请查询被执行人履行能力分析情况，法院通过出具可视化的《个人履行能力报告》，保障其知情权与参与权，消解当事人对终本裁定的质疑和不满。

3. “执行不能”案件单独考核机制。依托大数据智能分析，可对“执行不能”案件与有财产案件进行分流、分别管理，而在指挥棒效应下，对“执行不能”案件实行单独考核又是前提。例如，对于“执行不能”案件重点考核有无落实到位，而不考核有无执行到位，应增加查询率、限制率、移送率等指标，删除执行到位率、执结率、实际执行率等指标。

结　语

本文以鉴别“执行不能”真伪为切入口，勾勒了解决执行难的理想图景：通过“静态镜像+动态监测”，对被执行人财产状况精准画像，有效鉴别执行不能和有能力履行而拒不执行情况，推进“执行不能”案件有序清退，也确保“能执都执、应执尽执”。当然，理想的图景就如同法治建设，不可能一蹴而就，也不存在完美无瑕，需要大数据库的全面建立，需要诚信体系的逐步完善，需要数字正义的点滴滋养，需要自上而下的合力推进。囿于篇幅有限，本文探讨暂止于此，但学术追求永不止步。例如“执行不能”鉴真后，如何采取分级分类执行措施“去伪存真”，仍待进一步探讨。对此，笔者拟作续章进行专题论述，以期实现智慧执行始于“查询”，臻于“分析”，终于“控制”。

论执行程序中的裁判冲突困境及完善

——以客体、主体、依据三维视角

李 瑶* 陈 洲**

引 言

执行程序中经常出现针对同一标的物或者同一债务人的多份裁判冲突。遗憾的是，这一现象几乎没有引起学者的关注，司法实践中也没有科学清晰的解决规范。有鉴于此，本文立足执行程序裁判冲突的相关案例，通过类型化研究，以三维视角对裁判冲突进行观察、分析及建构，以期对立法提供帮助。

一、三维观察：执行程序中裁判冲突类型

通过案例归纳，存在三类裁判冲突。

（一）基于执行标的物的裁判冲突

这是最为常见的裁判冲突，有以下三种情形：

1. 对同一执行标的物多个法院查封，并作出冲突性裁判。例如：A 法院查封被执行人房屋后，B、C、D 法院相续对同一标的物进行了轮候查封，案外人张某同时对 A、B、C、D 法院提出案外人异议，A、B、C、D 法院对同一异议作出冲突性裁判。

2. 查封执行标的物后，第三人另行提出确权判决、仲裁裁决，并向执行法院提出异议。例如：某银行强制执行过程中查封了张某房屋，李某向其他法院诉讼确认张某该房屋为其所有，并向执行法院提交其在其他法院作出的确权判决，请求执行法院停止对该标的物的执行，并解除对执行标的物的查封。

3. 查封执行标的物前，第三人取得确权判决、仲裁裁决，并向执行法

* 作者单位：成都铁路运输中级法院。

** 作者单位：成都铁路运输中级法院。

院提出异议。例如：某银行强制执行过程中查封了借款人张某房屋，第三人李某向执行法院提交其在查封前其他法院作出确认张某房屋为其所有的判决，请求执行法院停止对该标的物的执行，并解除对执行标的物的查封。

（二）基于债务人的裁判冲突

这类冲突为基于“人”的裁判冲突，主要体现在追加债务人的过程中，依据《最高人民法院关于民事执行中变更、追加当事人若干问题的规定》（以下简称《追加规定》）可分为两类：

1. 以复议作为救济手段的变更、追加。如《追加规定》第 10 条~第 16 条，以及第 23 条~第 25 条 11 种情形。比如，作为被执行人的公民死亡或被宣告死亡、被宣告失踪的；作为被执行人的法人或其他组织因合并或分立的；作为被执行人的个人独资企业、个体工商户、合伙企业、法人分支机构、其他组织的等。基于债务承接，上述情形下，一般不存在裁判冲突问题，兹不赘述。

2. 以诉讼作为救济手段的追加。如《追加规定》第 14 条第 2 款，以及第 17 条~第 21 条 6 种情形。申请变更、追加未按期足额缴纳出资的有限合伙人为被执行人的；申请变更、追加未缴纳或未足额缴纳出资的股东、出资人或对该出资承担连带责任的发起人为被执行人的；申请变更、追加抽逃出资的股东、出资人为被执行人的；申请变更、追加一人有限责任公司股东为被执行人的；申请变更、追加有限公司未经清算即办理注销登记的股东、股份有限公司的董事和控股股东为被执行人的等。

值得注意的是，以诉讼作为救济手段的追加存在裁判冲突。例如，A 信托公司在申请执行 B 公司过程中，因该公司无财产可供执行，A 信托公司经调查发现 B 公司股东 C 公司虚假出资，请求 C 公司在虚假出资范围内承担给予责任。执行法院在审查过程中发现，全国有 10 余家法院（高级、中级、基层法院均有）对 C 公司是否存在虚假出资及在虚假出资范围内承担给付责任进行了审查，8 家法院均裁判追加，有 2 家法院裁定不追加，出现裁判冲突。[①]

（三）基于执行依据或执行名义的冲突。

执行依据冲突在执行实践中也经常出现，这实际上涉及“一事不再理”原则的落实和“既判力”冲突问题。例如，《最高人民法院关于四川、新疆两地法院执行四川达钢公司争议协调案的处理函》（〔2009〕执协字第 23-1 号），[②] 由于第三人参加之诉并未合并审理，四川、新疆两地法院对同一事

① 该案正处于全国 10 家法院各自进行的异议之诉程序中。

② 参见江必新主编：《人民法院执行工作规范全集》，人民法院出版社 2015 年版，第 30 页。

实分别作出同一给付判决，导致执行依据冲突。

二、三维透析：当前执行程序裁判冲突的处理模式的缺与乱

（一）基于执行标的物的裁判冲突的现行处理方式及评析

1. 执行法院基本以“查封优先”原则处理同一执行标的物多个法院查封的裁判冲突问题。虽然没有明确规定，但多地执行法院基本上采取“查封优先”原则解决同一标的物查封引起的裁判冲突。即，基于标的物查封引起的案外人异议，统一由首查封法院进行处理，轮候查封法院不作处理。这个处理的法理基础在于轮候查封是附生效条件的强制执行措施，体现在《最高人民法院关于查封法院全部处分标的物后轮候查封的效力问题的批复》（法函〔2007〕100号）“轮候查封、扣押、冻结自在先的查封、扣押、冻结解除时自动生效”之规定。因此，鉴于轮候查封尚未生效，统一由首封法院处理基于查封标的物产生的异议，既合法合理又效率。

但还是有两个问题没有解决：一是当首封法院非因处置标的物而解除查封后，次查封法院是否受首封法院裁判约束？不同的当事人基于首封法院裁定的类似的事实理由提出主张，能否得到次封法院支持？二是首封法院驳回异议申请的当事人，以新的事实再次提出同一主张，法院能否再行审查？

2. 对查封标的物后，第三人另行提出确权判决、仲裁裁决的，执行法院以“撤销”方案处理。最高人民法院印发《关于执行权合理配置和科学运行的若干意见》的通知（法发〔2011〕15号）第26条规定了3种涉查封冲突规则：一是审理确权案件时，发现标的物已被查封、扣押、冻结的，应中止审理；二是审理确权案件时，标的物已被处置的，应当撤销确权案件；三是确权判决形成于查封、扣押、冻结后的，应当撤销确权判决或者调解书。

由于信息不对称，三种处理方式往往归于“撤销”的处理方式，却未对撤销的主体、方式和路径等进行明确。

3. 查封标的物前，第三人取得确权判决、仲裁裁决的执行法院一般以“承认”其效力的方式处理。按既判力相对性原则，判决的既判力在一般情形下仅发生于当事人之间，[①] 但按《物权法》第28条，以及《民法典》第229条之规定，因法院、仲裁机构的法律文书致物权设立、变更、转让或者消灭的，自法律文书生效时发生效力。因此，执行法院一般承认第三人生效确权判（裁）决，并予以解除查封等强制措施。

---

① 参见张卫平：《既判力相对性原则：根据、例外与制度化》，载《法学研究》2015年第1期。

问题在于：一是上述承认是否有例外？二是执行法院对此进行审查的“度”在哪里？是否仅限于形式审查。例如：李某申请执行邓某过程中，查封冻结了邓某名下的某小额贷款公司10%股份，此时庹某提出案外人异议主张该股份属于其所有，并提供了某市仲裁委员会作出的裁决书。该异议一审、二审、再审后，最高人民法院确认了某市仲裁委员会作出的裁决书，及案外人庹某对该股份有所有权，但鉴于其登记在邓某名下，不足以排除对该案的执行。即最高人民法院认为案外人庹某对该股份的所有权不能对抗案件的执行，基于权利冲突和交易安全等原因，优先保护申请执行人利益，事实上废除了仲裁裁决的效力。

上述典型案例还在深层次上反映了案外人异议之诉与《物权法》第28条、《民法典》第229条之规定存在冲突，最高人民法院虽然提出了“不足以对抗”的默示解决方式，但仍然不能解决某市仲裁委员会作出的裁决书的效力冲突问题。

（二）基于债务人的裁判冲突现行处理方式及评析

《追加规定》第14条第2款，以及第17~21条6种情形，执行申请人可在上述6种情形下申请追加，即便执行法院经案件关联检索发现其他法院已进行了追加，但往往基于以下原因进行追加：一是法律无禁止性规定，即相关法律及司法解释对这种情形并未作出明确规定；二是其他执行法院都在追加，若本法院不追加，难以向申请执行人解释；三是追加的执行法院债权金额可能很小，不追加可能导致债权落空。现行法律体系下，对这类裁判冲突并无统一有效的解决规则，最高人民法院对此规定的解决方式是执行法院“协商”及报“共同上级法院”解决。[①]

但多个执行法院追加造成了混乱与冲突。一是造成对同一事实的认定，多个法院裁判之间存在冲突，严重影响了司法权威。二是会造成“抢先判决”的不良现象出现，例如，基于全国多个法院均在追加，均不服提出诉讼，后裁定追加的执行法院或可能基于种种原因抢先判决。三是对被追加人造成不当混乱与干扰。被追加人仅基于出资不实等原因承担有限责任，若多个法院追以裁定、判决等形式责令其承担责任，并附以履行期限及逾期的罚款、扣留等处罚后果，则被追加人疲于应对来自各法院的压力。

造成上述裁判冲突的原因主要有两个：一是被追加人承担责任的有限性。即其仅在出资不实、抽逃出资等6种情形下，在出资不实等范围内承担有限责任。不同执行法院基于不同债因执行的标的额往往大大超过被追加

---

① 《最高人民法院关于执行权合理配置和科学运行的若干意见》（法发〔2011〕15号）第20条规定：不同法院因执行程序，执行与破产、强制清算、审判等程序之间对执行标的产生争议，经自行协调无法达成一致意见的，由争议法院的共同上级法院执行局中的协调指导部门处理。

人应承担的有限责任，导致不同执行法院之间的裁判冲突。二是法律、司法解释对这类冲突未进行规范性明确。

（三）基于执行依据或执行名义的冲突现行处理方式及评析

对这类冲突，《最高人民法院关于人民法院执行工作若干问题的规定（试行）》第68条规定应当停止执行，报请共同的上级法院处理。

笔者认为"报请共同上级法院处理"模式存在缺陷：一是背离了法律秩序原则。"如果没有规则、标准和原则的约束作用，那么迫使法官或其他官员根据主观意志处理案件的压力，就会变得无法容忍的强大"，① 报请共同上级法院处理并非一个确定的处理规则，并不能规制这种无序状态，并容易促进上级法院专断的倾向。二是背离了效率原则。强制执行程序的设计在强调公正的同时更强调效率，是按照新的程序理念建立的一种区别于民事诉讼的程序。"报请共同上级法院处理"由于属于非法定的规范性程序，并无报送期限、处理期限、处理程序等进行明确规定，容易造成"久拖不决""久执不结"等不经济现象。三是与民事诉讼理论不相协调。民事诉讼既判力体现在前诉法院的确定判决对后诉法院和当事人在实体争议和诉讼程序上所产生的确定力。② "报请共同上级法院处理"模式显然违背了民事诉讼的既判力等理论。

三、三维重构：执行程序裁判冲突规则的重塑

有学者认为既判力的本质是确保法的安定性，判决确定的法律关系应不再争执，从而确保社会秩序、纠纷的一次性解决和诉讼经济。③ 但我国民事诉讼既判力研究多集中在学理层面，尚未提供给司法实践具体和可操作的制度标准，立法上的缺失也使司法实践中并未承认既判力制度。④ 因此，厘清和重塑执行程序裁判冲突规则对既判力理论与实践具有意义。

（一）基于执行标的物的裁判冲突的处理规则：查封优先主义下的既判力规则适用

1. 坚持"查封优先"原则作为处理同一执行标的物多个法院查封的裁判冲突规则。即，基于标的物查封引起的案外人异议，统一由首查封法院进行处理。易言之，首封法院作出的裁判对其他法院具有约束力或既判力，

---

① 引自［美］E. 博登海默：《法理学：法律哲学与法律方法》，邓正来译，中国政法大学出版社2004年版，第252页。

② 参见邓辉辉：《民事诉讼既判力理论研究》，中国政法大学出版社2014年版，第52页。

③ 参见方丽妍：《我国民事诉讼中既判力时间范围的理论构建》，载《中国政法大学学报》2020年第2期。

④ 参见张卫平：《中国第三人撤销之诉的制度构成与适用》，载《中外法学》2013年第1期。

首封法院作出裁判后，其他法院不能作出相反裁判。[①] 因此，当首封法院非因处置标的物而解除查封后，次查封法院依然应受首封法院裁判约束，但基于既判力相对性理论，其他当事人基于首封法院裁定的类似事实理由仍然可以提出主张。还有两类特殊情形：

一是对于首封法院驳回异议申请的当事人，以新的事实再次提出主张问题。按日本和我国台湾地区学界的争点效理论，既判力具有事实排除效，即前诉对事实问题的判断约束后诉中的当事人和法院。[②] 但李浩教授则认为事实预决效力之争点效理论，无法得到传统既判力理论的支持，并且在我国理论现状下实属过于超前。[③] 按 2019 年 12 月修正的《最高人民法院关于民事诉讼证据的若干规定》（以下简称《证据规定》）第 10 条第 5 项“已为仲裁机构的生效裁决所确认的事实”、第 6 项“已为人民法院发生法律效力的裁判所确认的基本事实”法院应当采纳之规定，我国法律事实上已经纳了争点效及事实遮断效。但当事人以新的事实和理由提出主张，不受既判力之约束，执行法院应予受理。

二是首封法院移交处置权的，相关案外人异议之管辖权是否随之转移问题。实践中，首封法院往往基于非抵押权债权或异地执行等原因，将执行标的物处置权移交其他法院。此时，针对执行标的物的案外人异议是由首封法院处理还是受移送法院处理，争议较大，多数执行法院倾向性认为仍应由首封法院处理。笔者认为，应坚持“案随物走”原则，由受移送法院统一处理执行标的物所涉案外人异议。有两点理由：一方面，案外人异议由首封法院处理的一个重要原因在于实现执行标的物的处置与案外人异议的处理的法院同一性，有学者据此主张应由执行法院统一处理执行异议和执行异议之诉；[④] 另一方面，移交处置权后，受移送法院事实上取得执行标的物评估、拍卖等实体处置权，且该受移送法院凭借移送函及作出的过户裁定已为不动产登记机构所接受。

2. 对查封标的物后，第三人另行提出确权判决、仲裁裁决的，应当以二元处理模式进行处理。《最高人民法院关于执行权合理配置和科学运行的若干意见》第 26 条对确权判决形成于查封、扣押、冻结后的，应当撤销确权判决或者调解书。但对如何操作并未进行规定，使得执行法院事实上以“不予认可”的方式处理，但这种对已生效裁判“不予认可”的处理，显然损害了司

---

① 参见张甫旗、张英：《执行程序与审判程序的裁判文书冲突——以案外人提出执行标的物异议的处理为例》，载《人民司法》2007 年第 3 期。

② 参见曹志勋：《反思事实预决效力》，载《现代法学》2015 年第 1 期。

③ 参见李浩：《〈证据规定〉与民事证据规则的修订》，载《中国法学》2011 年第 3 期。

④ Hans Friedhelm Gaul, Eberhard Schilken, Ekkehard Becker — Eberhard. Zwangsvollstreckungsrecht. VerlagC. H. Beck, Muenchen 2010. 12. Aufl.

法权威。可以采取以下两种模式进行处理：

一是审判监督程序模式。借鉴最高人民法院关于管辖权异议的裁定符合“原判决、裁定适用法律确有错误的”可以申请再审的思路，以审判监督程序进行操作。① 一方面，提起的理由，可以“原判决、裁定适用法律确有错误的”为由。执行标的物查封后，《民事诉讼法》明确规定针对执行标的物的异议和案外人异议均应由执行法院管辖。因此，当事人绕开执行法院通过其他法院或仲裁机构进行确权，违反专属管辖，属于可以申请再审之“原判决、裁定适用法律确有错误的”情形，应予以再审。另一方面，提起的主体，可以由执行法院函请作出另行确权裁判的法院，依职权提起。即依据《民事诉讼法》第198条之规定，由作为判决的法院院长或上级法院依职权提起审判监督程序，撤销原判决，驳回当事人起诉。

二是当事人行使撤销权模式。债权人可依据《民事诉讼法》第56条第3款之规定，向作出确权判决的法院提出撤销之诉，由该法院撤销原判决，驳回起诉；或者依据《仲裁法》第58条之规定向仲裁委员会所在地的中级人民法院申请撤销裁决。

3. 查封标的物前，第三人取得确权判决和仲裁裁决的，执行法院应按《民事诉讼法》第227条案外人异议之规定进行审查。按照《民事诉讼法》第227条之规定，执行法院应审查就案涉标的物享有“实体权利”以及“足以排除强制执行”两方面内容。可以按以下方式审查：

一是统一归口到执行法院按案外人异议进行审查。由上可知，案外人异议及案外人异议之诉审查的范围包括两方面内容，是否享有实体权利仅为审查的内容之一。因此，即便第三人已取得相关确权判决或仲裁裁决，仍应纳入案外人异议之诉的审查范围。

二是标的物查封前第三人已取得的确权裁判对案外人异议及案外人异议之诉原则上具有拘束力。依照《物权法》第28条以及《民法典》第229条之规定，在查封前第三人已经取得的生效确权裁判应法产生的法律效力。此外，依照上述《证据规定》相关规定，执行法院在审理案外人异议或案外人异议之诉时，也应直接确认第三人取得的生效裁判所确认的基本事实。如果债权人或债务人对第三人取得的生效裁判有异议，应通过审判监督程序或第三人撤销之诉进行救济。

三是“不足以排除强制执行”后的第三人权利救济问题。如第三人在

① 最高人民法院在沈阳卡斯特公司与自贡长征公司、长春三环公司债权转让纠纷管辖权异议案中认为，2012年《民事诉讼法》修改决定删去“违反法律规定，管辖错误的”条款，并不意味着案件当事人不得就管辖权异议裁定申请再审，应当认为该管辖权异议的裁定符合“原判决、裁定适用法律确有错误的”的情形。

标的物查封前取得了生效的裁判，但执行法院经审查后认为“不足以排除强制执行”，则事实上废除了第三人所取得的生效裁判效力。这是案外人异议之诉之特殊性，其与《物权法》第 28 条以及《民法典》第 229 条之规定存在法律逻辑冲突，最高人民法院虽然提出了“不足以对抗”的默示解决方式，但不足以解决第三人所取得生效裁判效力问题。笔者认为在这种情形下，或者由执行法院或债权人提出撤销第三人所取得的生效确权裁判，或者由第三人依据确权判决和裁决，以及案涉标的物已经被执行的事实，另行向债务人提起赔偿之诉，并以该诉之裁决效力覆盖或遮断第三人所取得生效确权裁决效力。

（二）“受理优先”：基于债务人的裁判冲突处理规则

《追加规定》第 14 条第 2 款，以及第 17 条~第 21 条规定 6 种可申请追加情形，但并未规定追加的裁判冲突规则。笔者认为应按“受理优先”在原则进行规范：

1. 以“最先受理追加申请”的法院对追加依法享有管辖权和裁判权。这属于多个不同申请执行人就同一追加事实提出追加，笔者认为可以参照《民事诉讼法》第 35 条确立的“共同管辖”规则，即原告向多个法院提起诉讼的，由最先受理的法院管辖之规定，由最先受理的执行法院管辖。有如下理由：

一是符合“一事不再理”原则的要求。一事不再理原则的客观方面，即“一事”问题，是一事不再理原则中最为核心和本质的内容。实体法诉讼标的理论（旧实体法说）从实体法上的请求权出发来界定诉讼标的，认为诉讼标的乃是原告在诉讼上所为一定具体实体法之权利主张，这与我国民事诉讼实践中长期以来对审判对象的理解是一致的。[①]《追加规定》上述 6 种被追加人承担有限责任情形下，被追加人均承担一次责任，因此，统一由一个执行法院审查或判决符合“一事不再理”原则要求。至于其他执行法院申请执行人则受日本学界及实务界普遍接受的反射效之约束，不能再行就是否追加进行裁定和判决。[②]

二是被追加人承担有限责任之要求，减少被追加人诉累。在《追加规定》上述 6 种情形下，无论有多少个法院裁判被追加人承担责任，被追加

① 参见沈德咏主编：《最高人民法院民事诉讼法司法解释理解与适用》，人民法院出版社 2015 年版，第 633 页。

② 所谓反射效，系指第三人虽非确定判决的既判力所及，但因其与诉讼当事人之间存在一定的特殊关系，当诉讼当事人为既判力所拘束时，而反射性地对该第三人发生有利或者不利的影响效力。在日本，关于反射效的理论有兼子一的反射效力说、吉村德重和铃木正裕的既判力扩张说、原强的争点效扩及第三人说、新堂幸司的性质不重要说以及三月章的否定说。参见蒋晓亮：《日本第三人异议之诉的判决效力及其启示》，载《天中学刊》2019 年第 2 期。

人均以承担一次责任为限。因此，统一归口到最先受理的执行法院管辖可以有效避免各法院之间针对同一法律事实的裁判出现冲突，更能有效减少被追加人诉累。

三是以“最先受理法院”管辖方式能更好地实现良好秩序的价值要求。最先受理法院管辖可以有效避免重复诉讼裁决、各法院争管辖、抢先裁判等弊端，使法律诉讼秩序更加科学高效。此外，最先受理法院规则还可以从国际民事诉讼管辖规则方面得到印证，如《布鲁塞尔公约》关于国际民事诉讼管辖权，在一事两诉的情形下，最先受理法院有优先管辖权，其他缔约国法院应自动拒绝或中止对同一案件的管辖。①

2. 其他法院可以在最先受理法院剩余额度范围追加。如果最先受理执行法院受执行标的额限制，其追加承担数额少于被追加人应承担的债务数额，在这种情形下，其他执行法院可以在剩余额度内进行追加。仍有两个问题值得关注：

一是最先受理法院裁判对次受理法院是否具有拘束力问题。依据《证据规定》第10条第6项之规定，笔者认为最先受理法院追加裁判所确认的基本事实，对次受理法院追加裁判有约束力或事实遮断效，次受理法院不能作出与最先受理法院相矛盾的事实认定和裁判结果。

二是次受理法院的确认也应遵从“最先受理”原则。易言之，最先受理法院追加裁定作出后，在被追加人应承担的剩余债务范围内，多个其他执行法院再次追加的，应以最先受理的法院进行追加。

3. 非管辖法院申请执行人的权利救济问题。主要有两个方面：

一是债权人对其债权的救济与保护。最先受理法院受理追加申请后，其他法院债权人可以依照《最高人民法院关于适用〈中华人民共和国民事诉讼法〉的解释》第508~512条之规定，向最先受理法院主张参与分配。

二是程序救济权利与保障问题。如最先受理法院经审查，申请追加的事实与理由不成立，裁判不予追加，在这种情形下，笔者认为应当区别对待：如果最先受理法院经过完整诉讼程序后，认为应不予追加的，其他法院应受最先受理法院裁判约束；如果其他法院当事人认为不追加裁判结果错误的，可以按审判监督程序或第三人撤销之诉进行救济；但最先受理法院以证据不足、当事人撤回申请等理由不予追加或终结审查，其他法院可依新证据事实或者依当事人申请进行追加。

4. 信息不对称情况下的裁判冲突问题。执行法院受理债权人追加申请后，由于信息不对称，在不清楚最先受理法院已经受理的情况下作出了裁

① 参见钱锋：《外国法院民商事判决承认与执行研究》，中国民主法制出版社2008年版，第141页。

判，则最先受理法院或相关债权人可以向作出裁判的执行法院提出审判监督程序以撤销其裁判。

（三）既判力原则：基于执行依据或执行名义的冲突规则建构

有学者认为只有在民事诉讼立法和实践中确立既判力制度，才能根本保障案外第三人合法权益。[①] 对同一法律事实存在多个执行依据冲突的“报请共同上级法院处理”模式，既不科学更不效率。可以按如下方式建立冲突规则。

1. 以既判力原则按“生效时间先后”确定法律关系相同的不同执行依据之效力。既判力理论与诉讼标的理论在我国学界均存在较大争议，但实务界以及部分学者倾向于将诉讼标的理解为法律关系，在确定一事不再理范围时还经常综合考虑诉讼请求、事实、理由等因素。[②] 因此，相同的当事人以相同的事实提出相似的请求的裁判，或法律关系相同的裁判，应以生效时间先后确定其效力。

2. 按既判力主观扩张理论，以“生效时间先后”确定标的物相同的不同确权裁判。既判力原则在当事人之间产生效力，但应存在既判力主观相对性例外，其根源在于第三人依据法律规定对于该诉讼拥有相当于当事人本人的地位。[③] 这事实上是解决未加参加诉讼之“有独三”问题。对该问题，笔者赞同有的学者主张，对争议标的物权力归属的裁判文书效力应以生效时间为准。[④]

3. 上述规则适用过程中的救济。对于当事人重复起诉，应由后判决法院以审判监督方式撤销判决。对于标的物后确权判决的当事人，认为在先判决错误的，可以向在先判决的法院提起撤销之诉。

4. 其他情形可以采取“报请共同上级法院处理”模式。执行依据的冲突还可能存在两个判决之间存在包含关系等情形，需要具体分析，则采取“报请共同上级法院处理”较为合理。

结　语

执行程序的裁判冲突问题所涉法律问题复杂，本文通过类型化研究，以及提出的分析路径及解决规则建议，也只是拉开了这个重大而复杂问题研究的序幕，还可以深化类型化研究，丰富既判力理论研究成果。

---

① 参见张卫平、任重：《案外第三人权益程序保障体系研究》，载《法律科学（西北政法大学学报）》2014 年第 6 期。

② 参见陈晓彤：《既判力理论的本土化路径》，载《清华法学》2019 年第 4 期。

③ 陈晓彤：《我国生效民事裁判既判力主观范围的解释学分析》，载《当代法学》2018 年 3 期。

④ 参见张甫旗、张英：《执行程序与审判程序的裁判文书冲突——以案外人提出执行标的物异议的处理为例》，载《人民司法》2007 年第 3 期。

案外人执行异议之诉审查规则的检视与构建

——以未涉优先权异议房产上权利冲突的司法衡平为视角

孙丰虎[*] 刘舒婷[**]

案外人执行异议之诉，是指案外人主张对执行标的享有足以排除强制执行的权利，请求法院停止对该标的实施执行的诉讼。[①] 自2007年首次确立以来，司法实践中案外人通过此程序维权的案件不断增多，其中以房产作为异议标的的占比最大。房产向来被中国人视作“安身立命之本”，在房价高企的现状下，对房屋产权的保护事关百姓安全感和社会稳定。但目前，审判实务中适用法律的观点存在明显分歧，“类案不同判”情况普遍存在。司法实践的分歧主要聚焦于对案外人实体权利定性和权利顺位判定这两方面，故本文将着眼于上述焦点，对涉房案外人执行异议之诉的司法审查规则进行检视与构建，以期对平衡当事人法益、统一司法裁判标准有所助益。

一、实证考察：案外人实体权利能否阻却执行的裁判分歧

为厘清目前司法实践中对案外人在未涉优先权[②]异议房产上的实体权利的保护持何种态度，笔者在中国裁判文书网随机选取了110份近3年案外人执行异议之诉判决书为样本进行分析，其中最高人民法院20份，其他各级人民法院各30份。检索案由为“案外人执行异议之诉”，关键词为“房屋产权”，若经审查发现异议房产上存在优先权的，剔除后补足。同时，排除存在主体、证据等事实问题的情形，仅对基本事实不存在争议的案件进行分析研判。根据异议事由分类统计，具体情况见表1。

---

* 作者单位：青海省西宁市中级人民法院。

** 作者单位：广东省深圳市福田区人民法院。

① 沈德咏主编：《最高人民法院民事诉讼法司法解释理解与适用》，人民法院出版社2015年版，第813页。

② 注：本文仅讨论未涉优先权的情形，文中所涉申请执行人债权均为一般金钱债权。

表 1　样本判决裁判结果分类统计表　　　　**单位：件**

案件类型	主体、证据等事实问题	基于合同的产权变动		离婚协议约定房产归属		借名买房、购房资格转让		以房抵债		共有（含婚姻存续期间夫妻共有）		非基于法律行为的产权变动		合计
总数	54	38		7		4		4		1		2		110
裁判结果	—	支持	驳回	支持	驳回	支持	驳回	支持	驳回	支持	驳回	支持	驳回	—
最高人民法院	10	6	1	2					1					20
高级人民法院	13	10	2		1		1	1			1		1	30
中级人民法院	17	8			2	1	1		1					30
基层人民法院	14	10	1	2		1		1				1		30
合计	54	34	4	4	3	2	2	2	2	0	1	1	1	110

（一）对案外人实体权利定性和权利顺位判定的分歧

从上述统计可看出，法官在判断案外人对异议房产享有的实体权利能否阻却执行时存在明显分歧。笔者对上述样本的具体裁判理由进行分析研判后发现，分歧主要聚焦于对案外人实体权利性质和权利顺位的判定上，并直接导向了四种裁判路径和两种截然相反的裁判结果（见图 1）。

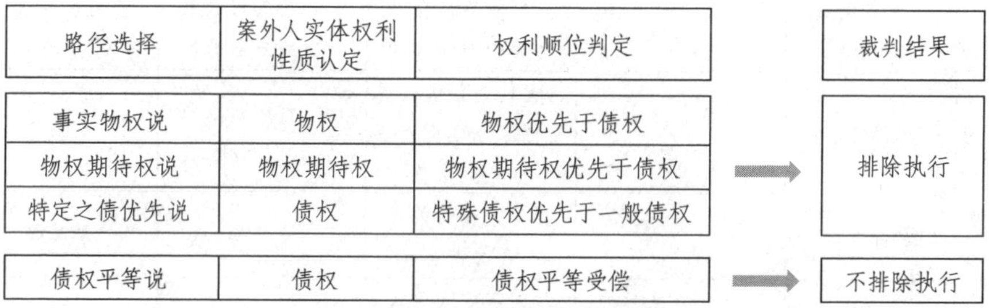

路径选择	案外人实体权利性质认定	权利顺位判定		裁判结果
事实物权说	物权	物权优先于债权	→	排除执行
物权期待权说	物权期待权	物权期待权优先于债权	→	排除执行
特定之债优先说	债权	特殊债权优先于一般债权	→	排除执行
债权平等说	债权	债权平等受偿	→	不排除执行

图 1　涉房案外人异议之诉裁判路径及裁判结果分析图

“事实物权说”认为，案外人虽未办理物权登记，但有证据表明其对异议房产享有事实物权，应当获得物权保护，故可对抗申请执行人债权。①“物权期待权说”认为，案外人虽然未取得所有权，但基于其已履行的义务赋予其可期待的类似所有权之地位，故而得以排除执行。②“特定之债优先说”认为，案外人在异议房产上的实体权利因未经登记而仅为债权，但基于债权产生的时间、内容、性质等方面特殊性之考虑，优先于申请执行人

① 江苏省太仓市人民法院（2018）苏 0585 民初 5235 号民事判决书、河北省衡水市中级人民法院（2019）冀 11 民终 498 号等民事判决书。

② 最高人民法院（2017）最高法民终 42 号民事判决书、广东省深圳市福田区人民法院（2016）粤 0304 民初 14631 号等民事判决书。

债权。[①] “债权平等说”认为，案外人对异议房产享有的实体权利为债权，根据债权平等性原则，不足以排除执行。[②]

（二）类型化异议事由在审理认定中的差异

由于基础法律关系性质不同及受审理规则是否明定的影响，审判实务中，对不同类型异议事由案件的处理也存在差异。

案外人基于合同关系特别是房屋买卖提起异议之诉的案件，在实践中数量最多。目前，最高人民法院司法解释业已确认案外人在查封前已购买异议房产但未办理过户的，在满足一定条件时可以阻却执行。[③] 具体条件及标准见表2：[④]

表2　涉不动产买受人执行异议司法解释条文内容统计表

具体条文及规则		《查、扣、冻规定》第17条	《异议复议规定》第28条	《异议复议规定》第29条	《异议复议规定》第30条
适用情形	被执行人	出卖人（债务人）	出卖人（债务人）	房地产开发企业（债务人）	出卖人（债务人）
	申请执行人	债权人	一般金钱债权人	一般金钱债权人	一般金钱债权人
	案外人	买受人	买受人	消费者	买受人
行为要件	买卖合同或预告登记	未明确	查封前签订合法有效的书面合同	查封前签订合法有效的书面合同	查封前办理了预告登记
	支付价款	已支付全部价款	已支付全部价款或支付部分且将剩余价款交法院	已支付超过总价款的50%	未明确
	占有	买受人已实际占有	买受人查封前已合法占有	未明确	未明确
	过错	买受人对未过户登记无过错	非因买受人原因未过户	未明确	未明确
	用于居住	未明确	未明确	由于居住且买受人名下无其他用于居住的房屋	未明确

① 最高人民法院（2018）最高法民终462号民事判决书、（2015）民一终字第150号民事判决书。

② 重庆市第五中级人民法院（2019）渝05民终2008号民事判决书、青海省高级人民法院（2018）青民终191号民事判决书、最高人民法院（2017）最高法民终356号等民事判决书。

③ 《最高人民法院关于人民法院民事执行中查封、扣押、冻结财产的规定》（以下简称《查、扣、冻规定》）第17条与《最高人民法院关于人民法院办理执行异议和复议案件若干问题的规定》（以下简称《异议复议规定》）的第28~30条。

④ 该表内容参见张守国、明晨燕：《民事执行程序中权利冲突特殊规则的构建——以未过户登记房屋继受人利益保护规则之完善为视角》，载《法律适用·司法案例》2018第18期。

续上表

具体条文及规则	《查、扣、冻规定》第 17 条	《异议复议规定》第 28 条	《异议复议规定》第 29 条	《异议复议规定》第 30 条
法律效果	阻却查封、扣押、冻结	排除执行	排除执行	排除执行

该类案件裁判规则相对明确，只要案外人能够证明其满足条件，法官一般予以支持。本次统计中，该类案件中支持案外人诉求的 34 件，驳回的 5 件，支持的占绝大多数，亦反映了目前司法裁判的基本态度。

以离婚协议继受房产、借名买房、以房抵债等异议事由的案件占比次之，这些类型案件的审查规则目前尚未明定，司法认识更加缺乏一致性。本次统计中，支持与驳回案外人诉请的各占一半，反映出法官在裁判时存在重大分歧。

二、根源解读：审查规则不明与司法立场不定导致的裁判分歧

分歧如此之巨，必有其因。裁判的分歧源于案外人执行异议之诉的特殊性，要探寻适当的出路，需以找准定位、寻根明因为前提。

（一）厘清：案外人执行异议之诉源于执行标的上的权利冲突

法谚云：“没有救济就没有权利。”案外人执行异议之诉制度创设之初衷，就是对在执行标的上享有实体权利的案外人予以救济，其主要目的是排除对执行标的的执行。该类诉讼虽然在形式上呈现出“私法上的实体权利”与“公法上的执行行为”间强制与救济之紧张关系，[①] 但实质上并非私法与公法的冲突，而应为案外人对执行标的享有的实体权利与申请执行人基础债权之间的冲突，属于平等主体间的民事纠纷。

一般而言，物权公示原则的权利正确性推定，是执行程序中判断异议房产是否为被执行人责任财产的重要依据。执行机关依据房产登记这种外在权利形态，以权利推定规范为基础，识别执行标的的权利归属。[②] 但在现实生活中，通过法定物权公示方法反映的权利信息，有可能不能绝对真实地表达物权的实质归属，[③] 从而出现登记物权与真实权属状况相分离的情

---

① 夏婷婷、唐灿：《审执分离视角下的案外人执行异议之诉探析》，载刘贵祥、宋朝武主编：《强制执行的理论与制度创新：“中国执行论坛”优秀论文集》，中国政法大学出版社 2017 年版，第 275 页。

② 江必新、刘贵祥主编：《最高人民法院关于人民法院办理执行异议和复议案件若干问题规定理解与适用》，人民法院出版社 2015 年版，第 349 页。

③ 肖建国：《执行标的实体权属的判断标准——以案外人异议的审查为中心的研究》，载《政法论坛》第 28 卷第 3 期。

形，并直接导致执行标的上的权利冲突。该冲突是案外人执行异议之诉提起的原因和前提，亦决定了其特性，即其要解决的问题实质在于：当同一执行标的上负载的不同权利发生冲突时，哪一种权利更值得优先保护？面对此类权利冲突，建立相应的审查规则就十分必要。

（二）寻因：不同法益保护立场差异下的“类案不同判”

目前，针对案外人执行异议之诉的权利冲突审查规则尚无专门规定，法官仍基于现行法律和个案事实并根据逻辑推理作出裁断。具体而言，对异议房产上实体权利性质的审查应首先适用《民法典》物权编，若同时涉及其他法律关系的，还应适用其他实体法规定。上述裁判逻辑看似清晰，但异议房产上冲突法益纷繁复杂，现有规定无法解决权利顺位的判定问题。司法裁判实际上是逻辑推理与实质推理相结合的过程，完全消除裁判过程的价值因素是不可能的，法官对不同法益保护的立场差异，势必导致裁判分歧。该立场问题原本应由立法作出选择，但立法的缺位迫使司法不得不在具体案件中进行利益衡量并作出相应的价值判断。导致此种立场差异的原因主要有三：

1. 规则与现状不匹配导致的司法困局。根据《民法典》物权编中的第209条之规定，不动产物权的变动，未经登记不发生效力。[①] 该规定之意义在于以物权公示原则为基础，以登记产权的正确性之推定确定物权保护的基准点，[②] 即法律首先将依登记展现的法律物权作为正确权利予以保护。然而，目前社会现状与上述规定仍有不匹配之情形，大量房产未依法登记或办理变更登记，从而出现法律物权与事实物权[③]的分离。不匹配的原因一方面是由于我国房产交易市场起步较晚、房产登记制度与实践操作不完善造成的历史遗留问题；另一方面在于《物权法》实施时间不长，物权法定、物权公示等物权原则尚未深入人心，民众对房产登记效力认识不足。这种不匹配致使现有规则无法满足对形态各异的案外人实体权利的保护要求，若对未登记权利一概拒绝保护，可能产生实质不公平；但欲寻求突破又无明确的法律依据和统一的司法共识，从而导致司法裁判的无所适从和各自为政。

2. 对事实物权保护的认知差异。面对现实中法律物权与事实物权相分离的情形，如何对事实物权进行保护，司法中存在分歧。虽然任何正当的权利均应受到保护，对事实物权的保护亦不应例外。然而，司法应当对其提供何种程度的保护，争议最巨。对事实物权提供何种保护涉及权利定性

① 注：该规定存在例外情形，在此不述。

② 孙宪忠：《中国物权法总论》，法律出版社2014年版，第316页。

③ 本文中事实物权指真正权利人实际享有的物权，与法律物权相对。

问题，目前学界及司法实践中存在“物权说”“债权说”“物权期待权说”以及“内外关系说”[①] 等不同观点，而采用不同的学说或观点，对案外人主张的对异议房产享有的事实物权提供的保护程度就有所不同。这些观点的差异属于法学理论之争，源自对物权法以及物债关系的理解差异。

3. 个案审理思路和裁判路径选择中的利益衡量分歧。案外人执行异议之诉中，不同法律关系因执行标的而相互关联，涉及基础法律关系认定及权利顺位对比问题，在审查规则尚未明定的情况下，当“规则+事实”的法律逻辑推理结构不能满足裁判需要时，利益衡量的方法常被采用，法官从微观角度通过权衡和评估各种利益在个案中的位序高低及其正当、紧急和重大程度来进行取舍。因此，案件所处领域及背景、所涉利益类型、当事人自身因素、社会公共利益等考量因素，均会影响法官的内心确信从而出现审理思路及裁判路径的选择差异，进而影响裁判结果。而这个过程，亦不可避免受法官主观认知、经验、立场及价值取向的影响。

三、出路探索：以“法律逻辑+利益衡量”之二元维度构建涉房案外人执行异议之诉司法审查规则

建构合理的制度是一个寻找理性与现实交集的过程，理性的谨慎选择和现实的小心求证都是不可缺少的环节，[②] 涉房案外人执行异议之诉审查规则的构建也不应例外。笔者认为，这一规则应建立在对现行法律的理性的逻辑选择基础上，并通过一定的利益衡量方法予以谨慎而妥善的设定，此二元维度能够较为合理地解决此类案件中权利定性及顺位判定问题。

（一）法律逻辑：现行法律框架下“特殊债权优先说”之应然选择

法律之独特价值首先在逻辑，法律适用首先应是基于法律规则和案件事实而作出的逻辑推理过程，正是如此，才使得司法裁判具有合法性和可预期性。文中审查规则的构建，亦首先应以法律逻辑的结果为主线，否则即丧失其理性支撑。

1. 物权法调整下的案外人实体权利应定性为债权。物权法的基本使命在于确定物的支配秩序和交易秩序，[③] 异议房产虽涉法院强制执行，但作为不动产，当受物权法调整。我国物权法采取债权形式主义的物权变动模式，该模式蕴含着我国物权制度的基本逻辑，即债权行为与物权行为相分离。照此模式，物权变动独立于其债权原因行为，而依独立的物权意思发生并

---

① “物权说”“债权说”“物权期待权说”前部已论述，在此不赘。“内外关系说”指在不涉及第三人利益的场合，可以优先保护事实物权。

② 苏力：《制度是如何形成的》，中山大学出版社 1999 年版，第 99 页。

③ 孙宪忠：《中国物权法总论》，法律出版社 2014 年版，第 126 页。

按一定的形式加以固定。物权行为理论基于物权作为绝对权的本质而确立，成为物权公示原则的理论支撑，[①] 亦是我国物权法基于保障交易安全的选择。在此模式下，案外人对异议房产主张的权利虽有基础法律关系即债法原因支持，但因未登记而不产生物权变动效果，故不应受到基于物权的保护。司法作为对立法之适用，也必然应保持与立法一致的原则和价值取向，因此该权利无论如何不具有物权请求权的法律基础。[②] 基于上述分析，笔者认为，"事实物权说"并无法律依据支持，系司法上随意模糊物权和债权界限的结果；"物权期待权说"目前理论争议大，且现行法律尚未明定，亦无法理支撑和法律依据；[③] 而根据《民法典》物权编中的第215条规定，不动产未登记并不影响债权原因行为之效力，案外人仍可依据基础法律关系主张债权，故其实体权利应当定性为债权。

2. 特殊条件下可突破债权的平等性原则。如前所述，既然案外人实体权利因未经登记而仅具有债权之属性，那么根据债权平等原则，其请求权顺位与申请执行人执行债权等同，故而一概不得阻却执行。虽然物权法基本原则是司法裁判中应当坚持的基石，但基于现状之分析，僵化适用必然导致对真实权利的漠视，从而出现实质不公平，并且，案外人执行异议之诉制度亦无存在之必要。因此，在坚持物权法规定的前提下，有必要建立一定的保护真正权利人利益的规则。

债权平等原则是体现债之相对性原理以及债权请求权性质的重要原则，其基本理念在于贯彻意思自治、契约自由和保护第三人活动自由。[④] 然而，现代民法为适应社会经济发展，出于特定社会政策、协调各类价值冲突、保护弱势群体及社会公益等考量，已突破该原则对一些例外情形作出规定，如优先权、代位权等均属此类。由此可见，突破债权平等原则具有现实可参照性。因此笔者认为，欲保护案外人正当权益，可参照上述立法例，从特殊债权优先的角度予以突破，即基于特殊的利益衡量，在特殊条件下赋予案外人债权以优先性，得排除强制执行（见图2）。

---

① 参见孙宪忠：《中国物权法总论》，法律出版社2014年版，第九章内容。

② 预告登记权利人基于预告登记提出的权利主张可能具有物权请求权的法律效果，该情形在此不论。

③ 肖建国、庄诗岳：《论案外人异议之诉中足以排除强制执行的民事权益——以虚假登记财产的执行为中心》，载《法律适用》2018年第15期。

④ 王泽鉴：《债法原理》（第一册），中国政法大学出版社2001年版。

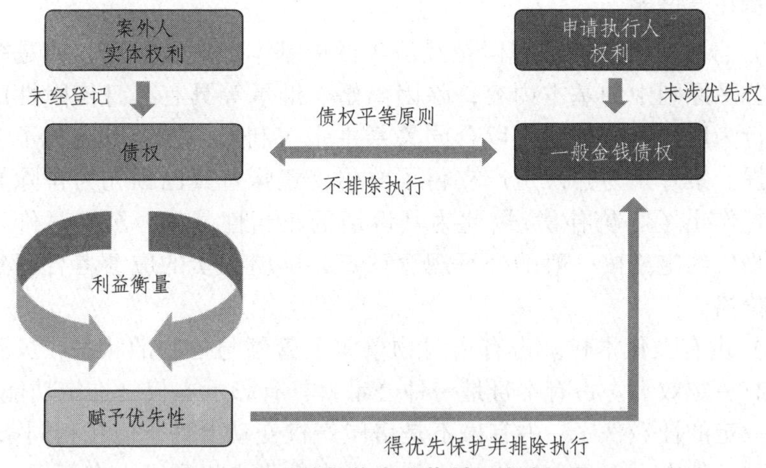

图 2　特殊债权优先说裁判思路演示图

（二）利益衡量：赋予案外人债权以优先性之规则设定

法律（权利）冲突的实质在于利益，[①] 判断何种类型的债权可以优先保护，在规则不明的情况下，单纯的法律逻辑难以对冲突权利的顺位作出判定，此时将利益衡量作为具体规则设定的进路，在方法论上具有现实的优越性。法官常基于个案事实进行利益衡量，而作为规则设定的利益衡量，应"超越个案正义，形成可以普遍适用的裁判规则"[②]，以规则限制司法恣意，增强结果的可预测性，亦为正式制度的构建提供参考。

1. 利益解构：利益冲突中的考量因素白描。运用利益衡量的方法，首先应对复杂的利益冲突进行解构。笔者认为，应当基于涉房案外人执行异议之诉案件的特点，将当事人具体利益置于抽象的类利益中予以回应，解构提取出具有普遍性的利益因素及与利益相关联的节点因素。经分析，笔者将此类案件中较为重大的及具有普遍性的考量因素列举如下：

（1）生存利益。生存权属于基本人权的重要内容，是个体自由及人格尊严为内容的"不可克减的权利"，价值位阶上高于财产权，优先保护具有正当性。[③] 在生存利益与经营利益冲突时，应对调整利益分配导向，适当向生存利益倾斜。《最高人民法院关于建设工程价款优先受偿权问题的批复》和《异议复议规定》第 29 条对购房消费者给予的保护即体现了这一价值取向。如何判定涉及生存利益，应当基于一定的客观标准，即生活居住之必

---

① 杨知文：《利益衡量方法在后果主义裁判中的运用》，载《人大法律评论》（2017 年卷第 2 辑），法律出版社 2017 年版，第 126 页。

② 杨力：《基于利益衡量的裁判规则之形成》，载《法商研究》2012 年第 1 期。

③ 肖建国：《民事执行法》，中国人民大学出版社 2014 年版，第 100 页。

须及无替代之可能。

（2）合理对价。等价有偿是经济生活中基本的利益原则，亦是蕴含在合同法公平原则中的基本内容，除因离婚、继承等具有人身依附性的法律或事实行为取得财产的，凡以合同关系主张权利的，均须以支付了合理对价为前提。案外人为异议房产支付了对价，意味着其已预先为排除异议房产的执行作出了等价补偿，① 此为其诉请的正当性基础。至于对价是否合理，应当依约定或按一般的公平观念认定，房屋买卖的应参考合同签订时的市场价格。

（3）占有强化本权。占有指对物事实上管领与控制的状态，虽不是权利但具有一定效力。占有本身是一种公示，具有彰示本权之推定功能，② 也体现了一定的社会秩序。占有虽不是房屋产权变动要件，但在相同条件下，占有人与其他未占有之主体相较，其基于物主张之权利因占有而得以强化。最高人民法院在“一房数卖”纠纷中确定不同买受人取得所有权顺位所持观点，亦体现了这一原则。③

（4）时间优先。该因素有两层考量：一是案外人与被执行人间基础法律关系形成时间及占有时间优先于查封，此为案外人提起异议之诉的时间正当性基础。二是案外人基础法律关系成立时间优先于申请执行人债权成立时间。该层考量的意义在于，尽管债权成立时间并不影响债权实现之平等性，但案外人基于异议房产而产生之债权与申请执行人之一般金钱债权相较，基于时间上的优先性及其债权与异议房产的接近性之双重考量，其利益位序可能因此提升。

（5）案外人过错。该过错应理解为未办理登记的原因可归责于案外人。其原因有两种：一是明知不可为而为之，如明知存在权利障碍和政策限制仍然继受房产，导致无法办理过户手续。二是无正当理由怠于行使登记权利，对明显消极不行使登记权利的，应作否定性评价，但基于目前现状，对房改房、分配房等存在历史遗留问题的房产类型，不应对此懈怠作扩大解释。

（6）申请执行人的信赖利益。申请执行人虽非实体法意义上的“善意第三人”，但基于执行标的之权利外观同样产生程序法的信赖利益问题。④

---

① 李丹：《案外人的不动产登记请求权与执行异议之诉——以名义登记情形下实质权利人的救济为中心》，载北京市第三中级人民法院官网，最后访问时间：2019 年 6 月 24 日。

② 刘家安：《物权法论》，中国政法大学出版社 2015 年版，第 193 页。

③《第八次全国法院民事商事审判工作会议（民事部分）纪要》第 15 条：“审理一房数卖纠纷案件时……一般应按照已经办理房屋所有权变更登记、合法占有房屋……顺序确定权利保护顺位。但恶意办理登记的买受人，其权利不能优先于已经合法占有该房屋的买受人。”

④ 参见孙宪忠：《中国物权法总论》，法律出版社 2014 年版，第九章内容。

一般来讲，对此信赖利益保护的考量并非重点，但若异议房产登记于被执行人名下这一事实对申请执行人与被执行人之间形成债权债务关系存在影响时，应当对此信赖利益予以考量。

（7）基础法律关系不合法。基础法律关系的合法有效是案外人针对异议房产主张权利的基本前提，即既要有真实的意思表示，又要合法有效，如果存在违反法律规定或损害国家利益、社会公共利益及第三人权益的情形，如旨在规避房地产市场调整政策的借名买房等，其基于基础法律关系的利益将减损或彻底不予保护。

（8）恶意串通。案外人异议之诉制度设立后，的确给企图逃废执行之人提供了制度便利，实践中此类情形不少，应给予否定性评价。判断是否存在恶意串通，应当依托严格的证据审查规则及完善的事实认定。案外人应对案件基本事实及其债权存在优先性予以证明并形成完整证据链，审查时应谨慎适用被执行人自认，还应结合当事人陈述、付款方式、资金流向、交易习惯、占有状态、正常生活逻辑等因素综合判断。

2. 利益选择：以统计学模型为参考的衡量方式搭建。在利益衡量的过程中，利益选择的环节是利益衡量的核心，即按照一定标准对已经解构的冲突的利益进行取舍。其具体方法有很多种，如“立法回归法”“利益化归法”以及梁上上教授提出的基于利益层次结构的衡量方法，[①] 这些方法提出的目的都在于通过将客观的、科学的规则融入利益衡量这一带有强烈主观色彩的实质判断使其过渡到形式判断，并在此过程中体现公平正义等法的价值理念，以减小利益衡量中的恣意，更好地体现司法对民事行为的价值导向及指引功能。笔者认为，在涉房案外人异议之诉中，利益选择的规则亦应相对客观化，在参照上述利益衡量方法进行衡量的基础上，可引入调查统计学中的“李克特五分量表”予以量化。

具体而言，上文罗列的考量因素（1）至（4）为赋予案外人债权优先性的基础性考量因素或正向考量因素，（5）至（7）为负向考量因素，而（8）为一票否决式因素。考量时，法官如同在做一份自己设计的调查问卷，通过对各因素从益结构层次、正当性、紧迫程度、成本因素等维度进行考量后，确定考量因素的分值及权重，最后通过加权计算后判定是否具有优先性。此外，考量时还须将各类因素置于特定领域及情境下，对考量因素类型、位序及权重作出相适的调整。

图 3 和表 3 以支付了部分购房款的购房消费者和无书面借名合同的借名买房的情形为例，分别用折线图和表格建立考量模型。

---

① 梁上上：《利益的层次结构与利益衡量的展开》，载《法学研究》2002 年第 1 期。

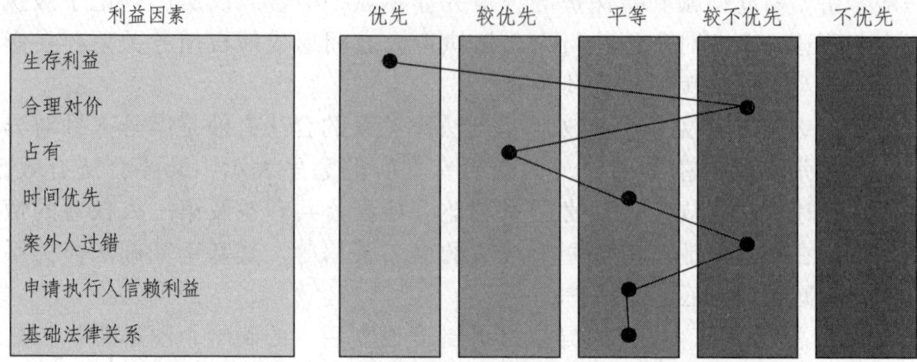

图3 支付部分购房款的购房消费者债权赋予优先性的考量图

表3 无书面借名合同的借名买房人赋予优先性的考量表

利益因素	评分	重要性	加权计分
生存利益	0	0.2	0
合理对价	2	0.15	0.3
占有	1	0.1	0.1
时间优先	0	0.05	0
案外人过错	-2	0.15	-0.3
申请执行人信赖利益	-1	0.05	-0.05
基础法律关系	-2	0.15	-0.3
总得分			-0.25

（三）类型化异议事由中可予优先保护的具体规则

上述衡量方法提供了相对量化的规则，但若要更便于适用，还应根据利益衡量的模型倒推出可赋予优先性的具体要件。基于异议房产上权利性质及具体对抗形态的不同，不同异议事由中利益考量因素之设定亦存在差异，可根据案件类型对考量因素及其重要性作出相适调整，并通过利益衡量模型倒推，妥善设定类型化案件中的具体规则。囿于篇幅所限，本文仅对司法实践中数量最多的四种类型进行讨论。

1. 基于房屋买卖的产权变动。对于不动产买受人提起的案外人执行异议之诉，笔者认为可参照适用《异议复议规定》第28条、第29条。虽然目前对是否在案外人执行异议之诉中适用上述条款尚存法理争议及适用争议，但判断一个规则是否能够适用，应将其置于形式和实质的双重审查维度来判断。物权法的基本规定和原则固然应当坚持，但是综合考虑到目前现状及形态各异的冲突权利，如果法律逻辑无法解决具体领域内的权利冲突时，司法就需要寻求突破并可以在法律框架下创制裁判规则。该规定本质上是在综合斟酌案外人生存权、社会效果、当事人过错等因素进行的利益衡量，[①] 其设定的规则具有合理性，系在利益衡平及价值取向方面作出的有益探索，同时由于案外人执行异议之诉与执行异议程序存在关联性和共通性，即使不能直接适用，亦可参照该规定。

2. 离婚协议对房产权属作出约定。基于离婚协议对异议房产归属作出约定，不仅受物权法调整，还属婚姻法特别调整范畴。因婚姻关系变动而发生的财产变动负载了较强的人身性利益，案外人与异议房产的关联程度较其他情形更为密切。审理时，合理对价原则应予弱化，应着重考量离婚协议所负载的子女抚养、保障生活等人身因素。同时，考虑到夫妻通过假离婚逃避债务的情况较为普遍，对离婚及离婚协议的真实性应当从严审查，并且其时间性要求应设定在申请执行人债权形成之前。综上，笔者认为案外人能够证明其符合下列条件的，可以阻却执行：（1）离婚及离婚协议签订时间均先于申请执行人债权形成时间；（2）离婚协议真实有效合法且不存在恶意串通；（3）案外人实际居住；（4）未办理过户非案外人过错。

3. 借名买房的情形。在借名买房情形中，借名人往往出于规避法律和政策之意图而选择由他人代持房产，故借名人对异议房产登记不实的情况大多存在过错，由此产生的风险应由借名人自行承担。同时，基于避免恶意串通的考量，对借名人债权是否具有优先性的判断亦应从严把握，原则上不得阻却执行。但案外人能够证明其符合以下条件的，可予保护：（1）查封前已签订书面借名合同；（2）房款全部来源于案外人；（3）案外人查封前占有异议房产并实际居住，且其名下无其他用于居住的房产；（4）不存在违反政策法规、有损国家、社会和他人利益的情形；（5）申请执行人非基于信赖异议房产登记于被执行人名下而与被执行人形成债权债务关系。

4. 以房抵债的情形。以房抵债是以消灭金钱债务为目的的一种债的履行方式，在完成变更登记之前，并不形成优于其他债权的利益，故而不能阻却执行。但对在申请执行人债权形成前，已签订了合法有效以物抵债合同并且已实际占有异议房产的，若涉及案外人生存权，且非因案外人自身原因未办理过户的，可以阻却执行。另外，符合《异议复议规定》第 26 条第 3 项规定情形的，亦应予支持。

结　语

案外人异议之诉中的异议房产受物权法调整，对其权属及负载于其上的实体权利的审查不应脱离物权的基本原则和规定。司法实践中坚持物权

---

① 肖建国、庄诗岳：《论案外人异议之诉中足以排除强制执行的民事权益——以虚假登记财产的执行为中心》，载《法律适用》2018 年第 15 期。

法基本原则和价值取向意义重大，一方面能够强化不动产登记的公信力，保障交易安全；另一方面，能够引导和促进民众建立正确的物权观念。在我国“物债二分”的物权变动模式下，对未登记的案外人权益的保护只能通过“特定之债优先说”予以突破，并最终通过妥善设定利益衡量的规则和标准确立相应的司法审查规则。司法之上，唯愿“有恒产者有恒心”。

房屋预查封制度的运行现状与完善路径

——以裁判文书网 244 份执行实施和 425 份执行审查裁定书为分析样本

郭　敏[*]　苗　博[**]　郭　瑶[***]

引　言

20 世纪 90 年代商品房预售从香港特别行政区传入内地，现期房买卖已成为当下房地产交易市场中主要形式。为适应商品房预售现状，基于被执行人享有的期待利益，参考实体法中的预告登记制度，我国提出了房屋预查封制度。而该制度的依据仅系一个司法规范性文件，规定不全面，且无其他法律、司法解释对房屋预查封制度作出规定，房屋预查封制度在适用中面临着无法可依、无从操作的尴尬局面。与此同时，该项执行措施被执行法院广泛使用，申请执行人往往也对预查封的房产寄予厚望，希望以此兑现其权益。而执行实践中预查封的房屋很难转为正式查封，无法进行直接变价。按照现有房屋预查封制度的设定，预查封就陷入一种困境，仅是限制了被执行人或房地产商的处分行为，无助于申请执行人债权的实现。因此，突破房屋预查封制度的运行困境，探讨如何对预查封制度进行规则重构，具有重要现实意义。

一、实证考察：房屋预查封制度的运行现状检视

最高人民法院、国土资源部、建设部于 2004 年 2 月 10 日联合发布了《关于依法规范人民法院执行和国土资源房地产管理部门协助执行若干问题的通知》（以下简称《协助执行的通知》），该通知中将“预查封”与“查封”并列表述，首次使用“预查封”一词，至此，提出预查封制度。

在中国裁判文书网检索：案件类型“执行案件”，文书类型“裁定书”，

* 作者单位：陕西省榆林市中级人民法院。
** 作者单位：陕西省榆林市中级人民法院。
*** 作者单位：陕西省榆林市中级人民法院。

法院级别“中级人民法院”，关键词“预查封”，共检索出6770份裁定书；其中以2019年为筛选范围，审判程序选择“执行实施”，检索出244份执行裁定书；审判程序选择“执行审查”、案号“执异”检索出1037份执行裁定书，其中被执行人为房地产开发企业的257份，房地产开发企业以案外人身份提异议的有168份。现以244份执行实施裁定书和425份执行审查裁定书作为样本，现从立法、执行实施、执行审查三个层面对预查封制度的运行现状进行实证分析。

（一）立法层面：房屋预查封的法律规范不足且效力等级较低

《协助执行的通知》系现行法律体系下房屋预查封制度的唯一法律规范。《协助执行的通知》公布时间为2004年2月，而《最高人民法院关于人民法院民事执行中查封、扣押、冻结财产的规定》（以下简称《查封、扣押、冻结规定》）的最初公布时间仅比《协助执行的通知》的公布时间早一个月，但该规定并未提及预查封。《民事诉讼法》及相关司法解释亦未对房屋预查封制度作出任何规定。作为房屋预查封唯一法律依据的《协助执行的通知》，各级法院虽为满足执行实践的现实需要，直接适用于个案，但其属性仅为司法指导性文件，是法院系统为指导业务而制定的，效力等级较低。

因《协助执行的通知》为司法指导性文件，法院采取房屋预查封的执行措施时，便无法引用该通知。执行实施样本裁定中有15件裁定预查封标的财产，主要引用的法条为《民事诉讼法》第244条、《最高人民法院关于适用〈中华人民共和国民事诉讼法〉的解释》第487条，此类条款仅系规定了查封措施，并未规定预查封措施。可见，执行法院在作出预查封裁定时没有可以直接引用的法律或者司法解释，面临“无法可依”的尴尬局面。

（二）执行实施现状：实践中房屋预查封难以转为正式查封

根据《协助执行的通知》第18条规定，[①] 房屋预查封的效力等同于房屋查封，具有排他效力。但预查封的标的房产均系期房，仅办理了登记备案手续，没有登记在作为房屋买受人的被执行人名下，其不享有标的房屋的所有权。根据《协助执行的通知》第16条规定，[②] 只有标的房屋被过户

---

① 《最高人民法院、国土资源部、建设部关于依法规范人民法院执行和国土资源房地产管理部门协助执行若干问题的通知》第18条规定：“预查封的效力等同于正式查封。预查封期限届满之日，人民法院未办理预查封续封手续的，预查封的效力消灭。”

② 《最高人民法院、国土资源部、建设部关于依法规范人民法院执行和国土资源房地产管理部门协助执行若干问题的通知》第16条规定：“国土资源、房地产管理部门应当依据人民法院的协助执行通知书和所附的裁定书办理预查封登记。土地、房屋权属在预查封期间登记在被执行人名下的，预查封登记自动转为查封登记，预查封转为正式查封后，查封期限从预查封之日起开始计算。”

登记至被执行人名下时，预查封才能转为正式查封。反观执行实践，被预查封的房屋几乎不可能登记在被执行人名下。被执行人购买预查封的标的房产，在签订商品房预购合时，多数会向商业银行按揭贷款，而房地产开发企业在房屋未办理正式抵押登记时会向商业银行提供阶段性担保。因被执行人往往多处负债，不愿或无力偿还银行贷款，多数房地产开发企业被迫承担保证责任后，会行使预售合同的解除权，涉及预查封房屋的预售合同解除后，被执行人完全丧失了物权期待权，必然导致房屋预查封的基础消失。此外，实践中还存在房地产开发企业无法办理房产手续的情形，此时被执行人也相应无法取得所有权。因此，房屋预查封很难转为正式的查封，而采取进一步的变价措施。

244 份执行实施样本裁定中，有 10 份是关于土地使用权的，有 55 份对被执行人应付的物业服务管理费的查封使用了“预查封”的表述，其余 179 份均为与房屋有关的预查封，没有一份裁定书显示所涉标的房产已由预查封转为正式查封。

（三）执行审查现状：案外人异议对房屋预查封存在影响

针对预查封房屋的执行异议，多数系案外人对执行标的主张实体权利。执行异议案件在 2018 年出现井喷式增长，中国裁判文书网中检索出与预查封有关的执行异议案件多达 2000 多件，这与房地产市场的繁荣有很大关系，商品房价格暴涨，房地产开发企业解除合同后，期望以更高价格将预查封房屋再次出售，因此积极地在房屋买受人为被执行人的案件中以案外人身份主张自己的所有权。另外，房地产开发企业成为被执行人，其预售的房屋未进行登记备案，该部分房屋作为其责任财产进行预查封后，房屋买受人亦以案外人身份主张权利。如图 1 所示。

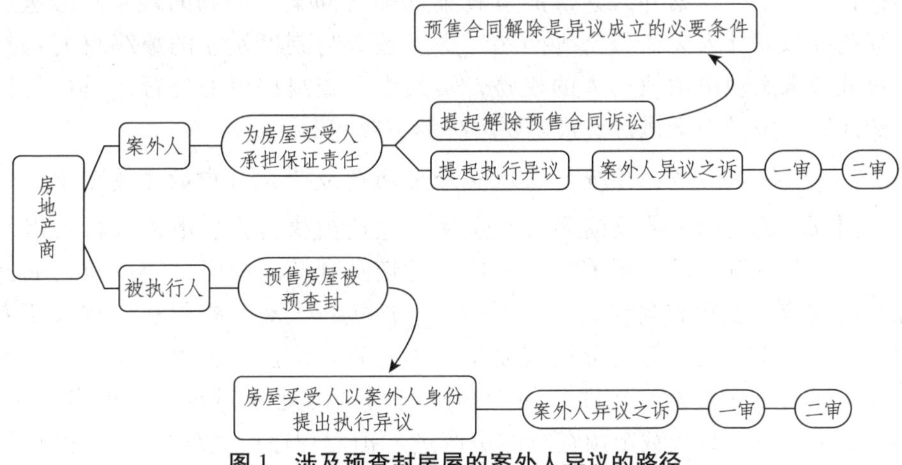

图 1　涉及预查封房屋的案外人异议的路径

1. 案外人异议审查周期长影响执行效率。虽然案外人异议审查期限很短，一般只作形式审查，从外观上即房地产登记备案手续上很容易作出判断，但外观与实际权属在多数情况下并不等同，多数执行异议案件会进入异议之诉，经过一审、二审，甚至还可能进入再审程序。样本案例中，因案外人异议，预查封财产无法处置，终结执行或终结本次执行的案件有4件，解除预查封措施的有3件。而裁决结果以及判决结果并不能解决预查封标的房产上的全部问题。案外人房地产开发企业通过异议，确认所有权后，执行部门解除了预查封措施。此时，被执行人对房地产公司因房屋买卖合同解除所产生已付房款的到期债权应如何变价的问题，预查封的债权与房地产开发企业对被执行人享有的违约金、罚息等债权是否均有顺序效力等级的问题，轮候查封的效力问题等。与此相关的执行行为，在实践中很容易引发当事人在本案或者另案中提出异议，从而影响案件的执行进度。

2. 案外人执行异议的审查结果不能确定预查封房屋的处置。如果执行异议成立，且异议之诉胜诉，执行部门会裁定中止对预查封标的房产的执行，而后进一步解除预查封措施或停止处分预查封房屋。但是如果执行异议不成立，法院裁定驳回房地产开发的异议请求，即房地产开发企业的实体权利不能排除执行，而这并不意味着处置预查封房产。对预查封房产采取拍卖、变卖措施，仍应遵守拍卖变卖等相关规定。否则被执行人就会对其执行行为提出异议。可见，执行异议结果仅决定执行部门能否保持预查封措施，对能否拍卖、变卖预查封房屋并无实质影响。

二、问题归探：房屋预查封执行实践中的核心问题及原因分析

房屋预查封制度在运行中存在诸多问题，如各地法院针对房屋预查封的执行尺度不一，案外人异议的审查案件多发同案不同判的现象，因送达不规范导致案外人无法救济等问题。房屋预查封制度设立的最终目的仍是通过处置来实现申请执行人的权益，实践中预查封房屋的处置才是最为核心的问题，也是当下执行实践需要解决的主要问题。

（一）核心问题：预查封房屋的处置问题成为执行中的主要困境

因预查封房屋上涉及诸多权利主体，包括被执行人、申请执行人以及案外人，其处置问题关系着各方当事人的切身利益。按照《协助执行的通知》的规定，在预查封转为正式查封后，被执行人对预查封房屋享有所有权，采取拍卖、变卖等处分措施便是应然之意。但前文已提及实践中预查封很难转为正式查封。实践中因为预查封房产的处置问题引发很多争议，尤其学术界对于直接裁定预查封的房产进入拍卖程序的处理方式非常反对，认为利用司法强制力将被执行人未取得所有权的房屋登记于第三人名下，

可能造成所有权登记制度的混乱。

通过对样本裁定中显示出处置结果的102件样本裁定进行分析，仅有17件采取拍卖、变卖措施，而其中15件被执行人为房地产开发企业，其中有6件因无人竞拍流拍，二次流拍后以变卖保留价作价抵偿给申请执行人。如图2所示。

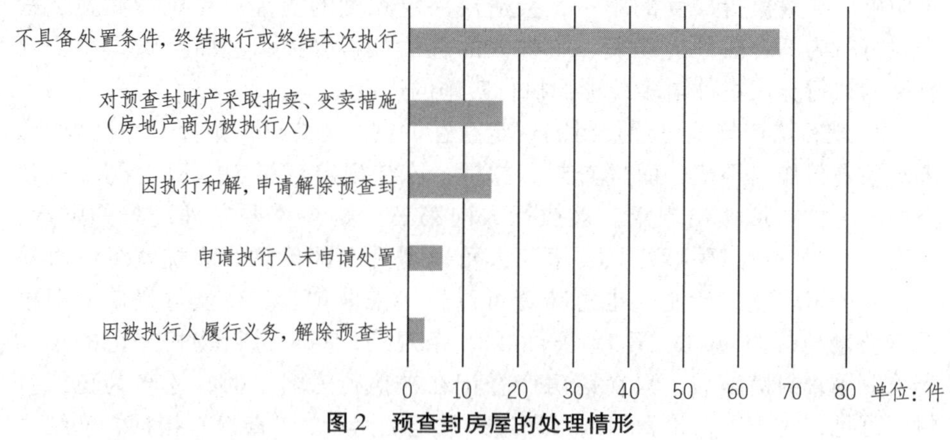

图2　预查封房屋的处理情形

从预查封房屋的处理情形来看，实践中对预查封房产采取处置措施的案件占比并不多，如图3所示。如不包括被执行人为房地产开发企业的案件，采取处置措施且实际处置的案件仅占1.9%。

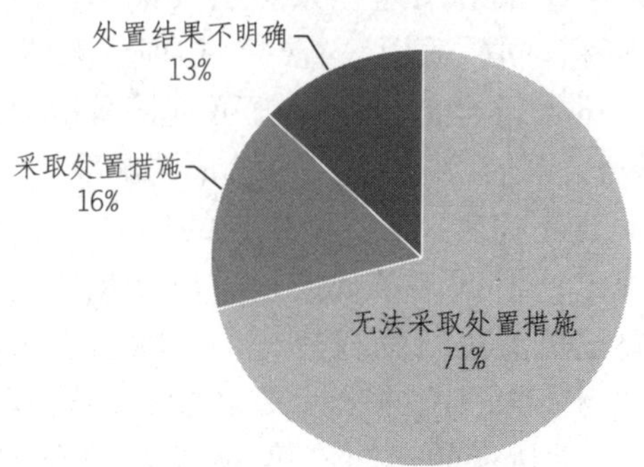

图3　预查封房屋的处理情形

由房屋预查封引发的执行异议案件逐年增多，经过多个审查程序，可以说调动大量的司法资源。预查封房屋在实践中无法处置，房屋预查封制度就陷入了困境，仅仅是一种临时性措施，限制了被执行人的处分行为，而无助于申请执行人权益的实现。

（二）原因：现行法律规范缺失、矛盾与预查封制度设计缺陷

房屋预查封制度面临的运行困境，主要原因在顶层设计层面。

1. 立法层面相关法律规范的不足。《协助执行的通知》是预查封唯一的法律依据，但效力等级较低；无其他法律、司法解释或相关规范性文件对房屋预查封制度进行细化；该通知所作规定也是原则性的，对预查封房产的后续处置问题未作规定。相关法律规范的缺失让法官产生诸多困惑和两难，在预查封制度运行中进行不同的解读，能否处置预查封这一核心问题不明确，导致执行尺度的不一，会造成一定程度的混乱；在执行实施过程中执行行为的合法性遭质疑，案外人的合法权益受损，进而导致与预查封有关的执行异议案件增多，影响执行实施的进度。

2. 现行法律规范对预查封的规定存在冲突。《查封、扣押、冻结规定》未对预查封作出规定，而《查封、扣押、冻结规定》第 19 条①对与预查封类似的一种情形作出规定。被执行人向第三人购买需要办理过户的财产，不论是否履行备案手续，只要第三人可以得到全部价款，法院就可以直接对该财产采取查封措施，也意味着可以直接采取拍卖、变卖等措施。但根据《协助执行的通知》第 15 条、第 16 条规定，尚未进行物权登记的不动产采取预查封措施后，只在该房产登记在被执行人名下时，才转为正式查封。可见，对于支付价款但未办理过户登记的房产，《查封、扣押、冻结规定》与《协助执行的通知》的规定互相冲突。实践中，多数法院依据《协助执行的通知》实施执行行为，对未过户至被执行人名下的房产，认为不具备处置条件，部分法院是依据《查封、扣押、冻结规定》第 19 条对预查封的房屋进行处置，但简单适用这一条会引发诸多问题。如果房地产公司在解除与被执行人预售合同，适用《查封、扣押、冻结规定》第 19 条，申请执行人向房地产公司支付全部价款，就可直接采取查封措施，并进行处置。此时，解除预售合同的裁决或者判决就形同虚设。

3. 预查封制度设计不完善。《协助执行的通知》第 15 条对房屋预查封的情形进行了明确规定，根据该条规定，可以将预查封的法律概念作出如下定义：对尚未在登记机关进行物权登记但又履行了一定的批准或者备案等预登记手续、案涉当事人享有未公示或者物权期待权的房地产所采取的控制性措施。② 在《协助执行的通知》第 16 条对预查封与查封的转化作出规定，当预查封房屋权属登记在被执行人名下时，预查封登记自动转为查封登记。可见，预查封在仅是作为一种过渡性的临时控制措施。由此推出

---

① 《最高人民法院关于人民法院民事执行中查封、扣押、冻结财产的规定》第 19 条规定："被执行人购买需要办理过户登记的第三人的财产，已经支付部分或者全部价款并实际占有该财产，虽未办理产权过户登记手续，但申请执行人已向第三人支付剩余价款或者第三人同意剩余价款从该财产变价款中优先支付的，人民法院可以查封、扣押、冻结。"

② 葛行军、范向阳：《〈关于人民法院执行和国土资源房地产管理部门协助执行若干问题的通知〉的理解与适用》，载《人民司法》2004 年第 4 期。

预查封制度的设计初衷系先对被执行人预购的房屋采取临时性的控制措施，防止被执行人等进行有害处分，等待被执行人取得所有权后，预查封转为正式查封后，即可对标的房屋采取拍卖、变卖等变价措施，以此实现申请执行人的权益。预查封制度设计时并没有考虑到关键一环，即被执行人能否取得所有权，而这一环如果被阻断，就根本无法实现其设计本意。实践中预查封难以转为正式查封，如果预查封房产得不到处置，执行部门终结执行，预查封期限届满后，就相应失去法律效力，完全无助于申请执行人权利的实现，而针对预查封的标的房屋又作出大量执行行为，无疑是对司法资源的浪费。任何执行措施的最终目的还是通过处置来实现申请执行人的债权，如果严格认定只有预查封房屋登记在被执行人名下，转为正式查封时，才能处置预查封房屋，那预查封制度在当前司法实践中就不具有现实意义。

此外，案外人异议对于预查封制度的影响，还与案外人救济制度存在缺陷有关。案外人权利的救济必须保障，但从执行效率的角度来衡量，应从案外人救济的总体制度上作出改变，本文旨在研究预查封制度，对此不作过多阐述。

三、理性思辨：房屋预查封制度中处置措施的正当性基础

房屋预查封制度确实存在诸多不完善的地方，然而要从立法层面作出改变，需要一个漫长的过程，从解决实践中的核心问题出发，积极探析现行法律体系下处置预查封房产的正当性，更符合当下的司法实践。本文所指的“处置”，包括拍卖、变卖措施以及处置房屋首付款。

（一）以《民法典》视角解析房屋预查封制度的正当性基础

从《民法典》物权编“不动产登记”的原则看，作为房屋买受人的被执行人对预查封房屋并不享有所有权。根据《民法典》物权编中的第 209 条①、第 214 条②的规定，不动产物权的设立、变更，自记载于不动产登记簿时发生效力。在预查封房屋未进行权属登记之时，不可否认，被执行人尚未取得预查封房屋的所有权。因此，如果认为法院对房屋进行预查封系基于为买受人的所有权，显然不符合《民法典》物权编中“不动产登记”的原则。房屋预查封也非系基于买受人的合同权利，而是基于一种。房屋预查封的实现在于标的房屋履行了批准、备案等登记被案手续。登记备案

① 《民法典》第 209 条规定：“不动产物权的设立、变更、转让和消灭，经依法登记，发生效力；未经登记，不发生效力，但是法律另有规定的除外。”

② 《民法典》第 214 条规定：“不动产物权的设立、变更、转让和消灭，依照法律规定应当登记的，自记载于不动产登记簿时发生效力。”

的特殊保障功能不仅反映在合同效力的层面，更本质的保障是在物权制度的层面，[①] 只要条件具备，预售房屋的所有权就会登记在房屋买受人名下，不论是被执行人、申请执行人还是房地产开发企业都会相信，经过登记备案手续的房屋，其法律状态是绝不会被任意改变的，此种合理信任存在明确的法律基础。因此，被执行人的所有权取得已进入完成过程，其作为物权期待权人而实际产生财产价值，应得到法律的保护，[②] 从执行相关法律来看，预查封房屋具有财产价值，亦无禁止执行的法律规定，自然也可以作为被执行人的责任财产进入执行程序。[③]

从《民法典》物权编第352条规定的除外情形，为处置预查封房屋提供了正当性基础。根据第352条规定，建设用地使用权人建造的建筑物、构筑物及其附属设施的所有权属于建设用地使用权人，但是有相反证据证明的除外。法律虽未对“有相反证据证明”作出明确规定，但从文义上可以推测，房地产开发企业出售商品房并获得相应的房屋价款的情形，就符合这一除外规定，即使未进行登记，房屋买受人享有的仍为所有权。回归到，房屋预查封，只要房地产开发企业获得相应的房屋价款，被执行人就对预查封房屋享有所有权，而对于被执行人所有的财产采取处置措施，便是应然之意。

（二）房屋预查封制度中采取拍卖、变卖措施的正当性

在商品房预售合同法律关系成立之时，其并不符合一般买卖合同中的规则，买卖合同中的出卖方对标的物完全享有的所有权，即房地产商亦不享有买卖合同标的所有权。房地产工程竣工完成后，进入“大确权”的阶段，对标的房屋进行初始登记，即便标的房屋必须初始登记在房地产开发商名下，但并非真正享有所有权。如果房地产商获得全部价款，则已实现全部利益，剩下的仅为义务，即使在初始登记时，房屋所有权登记在房地产商名下，仅系名义所有权人，不能对标的房屋不享有任何权利，不享有占有、使用、收益和处分的权能，不享有返还请求权，其所有名义仅仅是一种空壳。[④] 此时，房屋买受人虽没有取得所有权，在房屋已进行预售备案或预告登记的前提下，实现标的房屋所有权的转移是一种必然。在此情形下，如被执行人为规避执行，不配合办理相应过户手续，预查封就永远不可能转为正式查封。如果法院对此无任何处置措施，对于申请执行人而言是一种伤害，甚至让违法者从中获益。在房地产商取得全部购房款的情形

① 参见汪道伟：《商品房按揭若干争议问题研究——以预告登记中的权利冲突为中心展开》，载《法制与社会》2018年第12期。

② 朱庆育：《民法总论》，北京大学出版社2016年版，第520页。

③ 马强伟：《预查封制度质疑及物上期待权的执行》，载《法学》2019年第10期。

④ 梁慧星：《民事解答录》，人民法院出版社2015年版，第60页。

下，司法权力介入，变价预查封财产，既不会损害被执行人的利益，也不会损害房地产商的利益，更不会损害房地产市场的交易安全，符合民法上的公平和诚信原则。现行法律体系下，被执行人支付全部房款，参照《民法典》物权编第352条、《查封、扣押、冻结财产的规定》第19条之规定，将该预查封行为视为查封行为，并采取拍卖、变卖措施是符合现行司法解释规定的。

（三）房屋预查封制度中处置房屋首付款的正当性

在多数房屋预售中，房地产商、被执行人、银行三方签订的借款合同，因房屋未建成无法办理正式的抵押登记，故由银行提供阶段性担保，并把借款合同的违约行为约定为商品房预售合同的解除条件。实践中，部分法院认为对预查封的房产的合同解除权应予以限制。前述解除权条款，系双方当事人意思自治，未违反法律或者行政法规的禁止性规定，自合同成立时便有效，即使所涉房屋被预查封，亦不影响预售合同的效力。此外，预查封的效力是禁止预查封机关以外的主体对预查封的财产进行有害处分，预售订立合同之初，房屋买受人即能料到其不履行相应义务会面临解除合同的风险，被执行人享有的财产性权益并未因合同解除而造成不当的不可预期的减损。因此，房地产开发企业的合同解除权不应因房屋预查封而被限制。预售合同解除后，被执行人作为房屋买受人对标的房屋便不再享有物权期待权，预查封的权利基础已丧失，预查封措施应当予以解除。从《民法典》第566条的规定来看，房地产开发企业具有返还房屋首付款义务，被执行人依法享有对购房款的到期债权。执行法院执行被执行人因预查封房屋产生的到期债权，也是应然之意。实际操作中可参照《查封、扣押、冻结财产的规定》第18条的规定作出处理，亦具有正当性。

四、规则重构：完善房屋预查封制度的路径选择

我国现仍处于社会转型期，预查封制度是基于商品房预售制度而产生的，而房屋预售制度未来很长一段时间不会被改变，预查封制度应逐步完善以适应预售现状。

（一）确立预查封措施的独立法律地位

完善预查封制度应首先从立法层面确立预查封措施的独立法律地位，明确法院采取预查封措施的合法性，人民群众对预查封有明确的法律预期，让执行部门采取预查封措施时有法可依。

预查封作为一种执行和保全措施，属于程序法范畴，现行法律体系下应由《民事诉讼法》进行调整。而房屋相关的不动产登记制度在不断完善中，基本法层面可对预查封制度作出概括性规定。参考现行的《民事诉讼

法》的编写体例，可在执行程序编第二十一章执行措施中对预查封进行规定，相关法条中提及查封的，可将预查封与之并列，或者使用单列法条对将预查封的情形予以列明。

（二）明确预查封制度的具体规则

正在起草的《民事强制执行法》可对预查封制度作出具体规定，完善预查封制度的顶层设计，与民事诉讼法互相补充。可在《民事强制执行法》"实现金钱债权的执行"一编中，"对不动产的执行"一章中，设置"查封与预查封"一节，对预查封的具体制度作出规定。

1. 预查封与查封同等对待的情形。可在同一条文中，将查封与预查封进行并列表述。如关于查封的公示效力，可一并写明：人民法院没有办理查封、预查封登记的，不得对抗第三人，但是该第三人知道不动产已被查封的除外。

2. 房屋预查封单独表述的情形。对于预查封与查封不能并列表述的，如不动产查封的范围、方法、转化等可用单独条文进行规定。关于不动产预查封的范围，参照《协助执行的通知》第 15 条，结合不动产统一登记制度的改革和变化，进一步完善表述。关于不动产预查封的方法，即明确预查封的公示步骤，明确预查封时告知相关房地产企业和被执行人是必经程序，避免造成房地产企业因对预查封不知情而无法救济的情形。

3. 对不动产预查封的转化情形作出明确规定。除参照《关于协助执行的通知》对预查封转化的规定外，对被执行人付清全部房款的情形，预查封也可转为查封；而房地产企业解除预售合同的，预查封失效，以此明确预查封失效的条件，失效后执行部门相应解除预查封措施，避免房地产商开发企业通过执行异议救济导致案件久拖不决。

（三）明确处置预查封房屋的条件和流程

在《民事强制执行法》"对不动产的执行"一章、"变价"一节中，对预查封不动产的变价程序作出概括规定，通过司法解释对预查封处置的具体操作规则和操作流程进行完善。

1. 变价预查封房屋的条件。第一，被执行人已经向房地产开发企业支付全部房款；第二，被执行人支付部分价款的，房地产开发企业同意剩余价款从该财产变价款中优先支付，或者被执行人未违反预售合同约定，按期支付房屋按揭款，申请执行人同意支付剩余购房款的。满足以上两个条件，人民法院可以直接对预查封房屋采取拍卖、变卖的变价措施。如果预售合同因被执行人违约而被解除的，除房地产商同意申请执行人支付剩余价款的，不得对预查封房屋采取拍卖、变卖的变价措施，仅能对被执行人已支付的购房款采取新的执行措施。

2. 变价预查封房屋的流程。预查封不动产后，除送达协助执行通知书外，还应及时向其查明房款的支付情况。确定处置措施后，及时向申请执行人和房地产商书面征求意见，确定剩余价款的支付问题。执行法院裁定拍卖、变卖标的房屋之前，除正常的变价程序外，还应向不动产管理部门进行查询，明确标的房屋是否已办理初始登记，如不具备办理初始条件的，则不能对该标的房屋进行拍卖、变卖。在确定具备办理初始条件的，再按照拍卖、变卖程序进行变价。

3. 明确预查封房屋产生的到期债权的处置规则。房地产开发企业通过仲裁或判决解除预售合同的，应当及时通知预查封的法院，法院及时告知申请执行人，房地产企业申请的，应裁定解除预查封，并同时变更执行措施，裁定扣留、提取被执行人因预售房屋解除享有的房屋首付款。

（四）确立与不动产制度的衔接

适用预查封制度的具体实践中，必然会面临与其他实体法、程序法的交叉适用的状况。尤其是现在《民法典》已经颁布，预查封制度的立法不能仅为了执行便利，而忽视与实体法的协调一致，否则将会成为制约物权制度发展的瓶颈，会打破好不容易建立起来的脆弱的信赖秩序，对我国不动产登记制度的发展也是相当不利的。为在司法实践中更好地适用确保预查封制度，减少执行中的阻力，提高执行预查封财产的效率，在建立完善预查封制度时，必须充分考虑不动产各项制度的现状。本文建议通过实体法将预售房屋作为在建建筑物，并赋予其不动产的法律地位，执行时就可按照对不动产的执行方法执行；建议通过实体法对预售房屋的物权期待权作出规定，执行法规亦增设不动产物上期待权的执行，使房屋预查封制度的处置措施更具正当性。使预查封制度不论从实体法还是程序法层面，都与不动产制度相配套、相衔接，达到高度契合。

结　语

法院在执行时既要确保执行行为、执行裁决的合法性，又要面对一个个鲜活的当事人，要作出取舍，要选择究竟保护哪方权益，尽可能平衡预查封房屋涉及的申请执行人、被执行人以及案外人的利益。执行法院亦是通过内部的管理及考核机制，最大限度实现法院内部的执行尺度、审查尺度的统一。这一切，并非单凭法官之力，或者是执行法院一家之力就能解决的问题。要解决这些司法实践中存在的问题，最根本、最长远的办法是要从立法上来加以解决。虽然现在起草的《民事强制执行法（草案）》中对预查封制度未作出规定，但笔者由衷地希望正式出台的《民事强制执行法》能对预查封制度作出规定。

5. 民行与民刑交叉

需求与回应：行政诉讼一并解决民事争议之困境破解

——以房屋权属登记案件为研究视角

刘　月*

引　言

在现代法治社会中，国民生活和行政行为的关联愈加紧密，行政与民事争议交织的现象日益增多。实践中，在行政诉讼中一并解决民事争议的"行民合审"[①]模式（以下简称"行民合审"）由来已久，《行政诉讼法》的修订及其司法解释的出台，为其披上法律的外衣，但与制度设计的理想图腾相比，现实有时悄然无息地游离在制度框架之外。规范的模糊和歧义使审判者在法律适用和操作模式上存在诸多疑惑。在房地产交易市场日益繁荣而引发的登记纠纷不断增长，案件数量与"行民合审"适用量出现偏差的背景下，如何完善此项机制，推动争议的实质性化解成为研究之重。

一、检视："行民合审"机制之现状考察

（一）保守推进：由"先民后行"到"一并解决"

1. 法律位阶提高。关于在行政诉讼中一并解决民事争议的规定，经历了由司法解释上升到法律的过程。《最高人民法院关于执行〈中华人民共和国行政诉讼法〉若干问题的解释》（以下简称《执行解释》）以及《最高

* 作者单位：上海市第一中级人民法院。

① 关于此类案件概念界定，学界多用"行政附带民事诉讼""行政与民事争议关联案件""民行交叉案件"来进行表述。鉴于上述概念存在争议，本文采用"行民合审"的表述。

人民法院关于当前形势下做好行政审判工作的若干意见》（以下简称《意见》）对“行民合审”进行规定。鉴于前述规范位阶较低，“行民合审”作为一项诉讼制度应属严格法律保留事项，2014 年修订后的《行政诉讼法》对此作出明确授权（见图 1）。

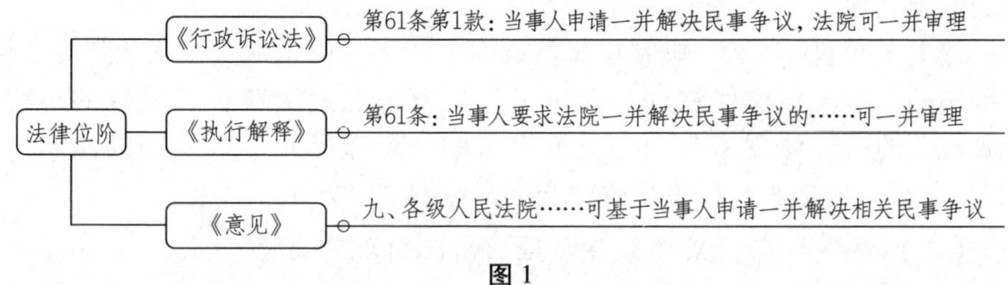

图 1

2. 强制规定取消。在多数房屋登记诉讼中，当事人往往将私权争议（原因行为）转嫁为公法上的行政争议。行政诉讼中的原告认为行政登记机关未尽审慎审查义务，在房屋民事基础关系存在争议的情况下进行登记，导致真实物权与形式物权不符，故要求撤销登记行为。[①]《行政诉讼法》修订前，法院在审理此类行民交叉案件时，依据《最高人民法院关于审理房屋登记案件若干问题的规定》（以下简称《若干规定》）第 8 条，应当裁定中止行政诉讼，向当事人释明先就民事争议提起民事诉讼。新法实施后，立法用语改为“可以”，从“应当”到“可以”，表明法律赋予行政审判庭一定选择权，取消“先民后行”强制性规定（见图 2）。

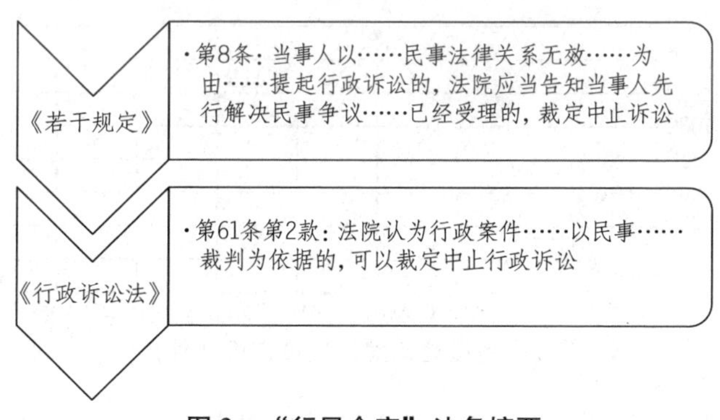

图 2　“行民合审”法条摘要

3. 内容逐步细化。《最高人民法院关于适用〈中华人民共和国行政诉讼法〉若干问题的解释》（以下简称《适用解释》）对于“行民合审”中管辖、立案、裁判方式等进行较为详尽的规定，为推动该项机制在实践中的

---

① 霍振宇：《行政登记与司法审查》，法律出版社 2010 年版，第 193 页。

应用提供了指导。但该解释第 138 条第 3 款规定，关联民事案件已经立案的，应当中止行政诉讼，即行民合审机制仅在民事案件尚未立案的前提下可以进行，相关程序条款亦在此前提下展开，此种规范设计较为保守，反映出立法者对于该机制的定位局限在程序上的“二审合一”，而非实质意义上的融合处理。

综上，“行民合审”机制在规范层面，经历了从无到有、从低到高、从粗到精的过程。在操作层面，经历了从先行试点到法律正式授权的过程。此种规范的变迁体现了各项利益博弈后的公众选择和审判实践的倾向性，“行民合审”应成为日后审理行民交叉案件的主要方式。

（二）实践样态：案件数量与适用情况出现背离

经案件检索，房屋登记案件在“行民合审”案件中占比近半数，故以本类案件作为研究样本具有一定典型性。

1. 房屋登记案件数量持续增长。经济发展带动房地产市场的繁荣，房产交易量的增长意味着物权流转速率高且方式多样，客观上会滋生大量以提供虚假材料、隐瞒真实权利状况等方式获取房屋权属登记的行为，增加了行政行为出现瑕疵的概率，易引发行民交叉诉讼。笔者通过中国裁判文书网，以“行政案件”“房屋权属登记”“一审”为关键词进行检索，截至 2020 年 8 月底共检索到 7614 份判决。经梳理，2012 年至 2019 年案件数量持续增长，2013 年后数量明显增多（见图 3）。

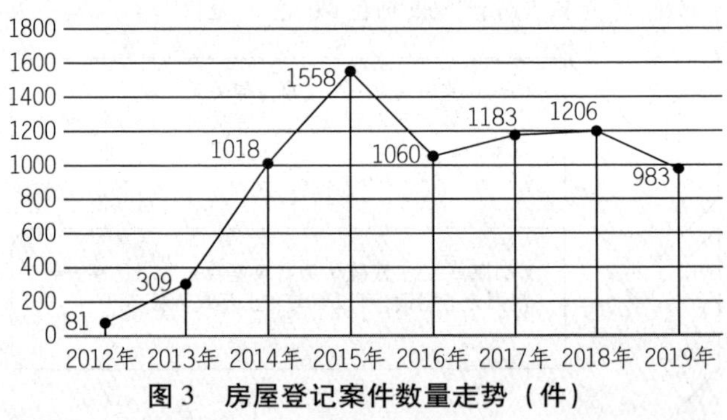

图 3　房屋登记案件数量走势（件）

2. “行民合审”运行效果差强人意。房屋登记类案件数量的大幅增长成为“行民合审”诉讼机制产生及完善的催化剂，案件之量变引发诉讼模式创新之质变。为了追求更好的法律效果和社会效果，提高诉讼效率，减轻当事人诉累，“行民合审”具有一定的现实必要性。然而，从审判实况来看，案件数量却与适用情况形成偏失。笔者以《行政诉讼法》修订后至 2020 年 8 月底为时间节点，以“一并审理相关民事争议”“《行政诉讼法》第 61 条”作为关键词进行检索，仅检索到 104 个案件，总体而言，数量呈持续增长态势，但绝对数仍较低。其中，裁定案件占比 63.5%，多为判定一审法院不予准予或准予一并审理民事争议是否正确的驳回再审申请裁定。判决案件中，有部分案件对民事争议未予处理，进入合审实体处理的案件数量较低。通过实证分析，在一定程度上可反映出“行民合审”机制的功能未得到有效发挥。究其根源，仍在于程序和实体在规范及操作方面存在诸多难题，导致当事人及审判者采取此项机制处理纠纷的能动性不强。

二、剖析：“行民合审”机制之运行瓶颈

（一）程序规则缺乏统一性

1. 提起时间较为粗疏。《适用解释》中关于民事诉讼立案后不能进行“行民合审”的规定对于推动该项机制的深度应用造成一定障碍，如取消前述限制，允许民事诉讼立案后与行政案件进行合审，则需对相关条文进行修改，以解决目前规范不明确导致的操作不一。例如《适用解释》第 137 条规定的提起一并解决民事争议请求的时间为“一审开庭审理前”，但此处仅指行政诉讼开庭审理前还是两个诉讼开庭审理前以及系首次开庭还是末次开庭需要明确。

2. 处理方式较为混乱。在“行民合审”案件中，关于起诉资格可能涉及三种裁判方式：不予受理民事争议的裁定、不准予一并审理的行政决定、驳回民事起诉的裁定。此外，通过实证考察，发现部分进入实体审理的案件中对于不准予一并审理民事争议的处理仅在判决中作为理由予以阐述，并未以裁定或决定的方式予以单独处理。故在此类行民交叉诉讼中，对于当事人提出的一并处理申请应当如何处理操作不一，上述三种裁判方式的适用范围和条件应予以严格界定和划分，针对不同情形选择何种更为合理的裁判方式需要进一步明确和统一。

3. 审理程序较难把握。

第一，关于审判组织的构成。《适用解释》第 140 条规定，应当由同一审判组织进行审理。按照目前规范设计，合议庭只能由行政审判庭法官组成，并不包括民事法官。但由于两种案件性质不同，行政法官审理民事案件的权威性及审判能力匹配度往往得不到当事人信服。如允许吸纳民事法官，亦受限于法院内部工作分工和管理，可操作性较低。如果对现行规范进行突破，允许民事案件立案后再进行合审，同样面临审判组织可否进行合并、吸收的问题。

第二，关于审理思路的把握。有学者认为，行政诉讼为主诉，行政争议的审理应始终为主线；亦有学者认为，此类诉讼需要解决的根本问题为民事争议，法庭在对行政行为进行司法审查时，事实部分的调查实质是民

事事实，故应以民事诉讼为主线。此外，对于如何将两诉进行合理合并，减少审查中的重叠，提高庭审效率、减轻诉累，仍需探索。

（二）实体裁判存在局限性

1. 判决方式存在矛盾。法定公示下反应的形式物权往往与实质物权存在不一致的情形，如登记行政部门工作人员在物权合意有瑕疵或有嗣后被废止之可能的情况下，基于登记权利人之登记同意而进行登记。[①] 鉴于我国房屋登记审查方式为形式审查抑或实质审查尚存争议，反映到行政诉讼中，法院对行政行为进行合法性认定时产生了如下难题：

矛盾一：如法院认定房屋登记机关应负实质审查义务，在其尽到审慎审查的注意义务之时，直接因民事行为瑕疵而对行政行为作出具有违法性质的否定评价是否过于苛责，有失公允？在司法实践中，民事判决如果对房屋权属关系作出新的认定，多数法院倾向于直接撤销在先行政登记行为，而不过多考量行政机关是否尽到合理注意义务。从法律规定的撤销判决适用情形来看，行政行为均存在程序或事实认定方面的违法或瑕疵，实为全否式判定，这样看似解决问题的判决，实质却造成了行政机关权责罚不统一。

矛盾二：如法院认定房屋登记机关仅负形式审查义务，在进行合法性评价时无需考虑民事判决作出何种事实认定，只要行政机关尽到注意义务，对房屋登记资料审核符合形式要求，就应对原告的诉请不予支持。从实用主义立场出发会产生以下疑问：驳回原告诉请的肯定式判决是否会对当事人行使变更登记的权利带来限制？如果原告拿着对权属关系进行变更的民事判决到登记机构申请变更登记，作为被告的行政机关依据驳回诉请的判决到登记机构申请抗辩，两份判决效力是否会产生冲突？如此矛盾的判决为物权真实状况的恢复埋下了隐患。

归根结底，上述矛盾的产生源于现有法定判决方式的局限性，就行政诉讼而言，无论是驳回诉请、撤销或确认违法均是对行政行为全肯或全否式评判。现有判决方式并不能涵盖实践中的所有情形，在房屋权属登记“行民合审”案件中，应进行拓展。

2. 归责原则较为模糊。在房屋权属登记行民交叉案件中，赔偿是错误登记得以救济的重要方式之一。有关赔偿责任的归责方式，学理上仍存争议。主张过错归责的主要依据为《城市房屋权属登记管理办法》第 37 条，[②]

---

① 常鹏翱：《善意取得仅仅适用于动产物权吗？——一种功能主义的视角》，载《中外法学》2006 年第 6 期。

② 《城市房屋权属登记管理办法》第 37 条：“因登记机关工作人员工作过失导致登记不当，致使权利人受到经济损失的，登记机关对当事人的直接经济损失负赔偿责任。”该办法目前已失效。

其中引入了“过失”的表述。主张违法归责的主要依据为《上海市房地产登记条例》第61条,[①] 其中引用表述为“违反规定”，修订前的《国家赔偿法》第2条第1款明确规定违法归责原则，2010年修订后的《国家赔偿法》第2条第1款的条文表述虽用“有本法规定”替代了“违法行使职权”，但仅是表述不同，实质仍为违法归责原则还是为过错归责原则提供立法空间仍存争议。从域外规定来看，瑞士适用违法归责原则，法国和日本适用过错原则。不同归责原则体现了司法对登记错误的审查强度，争议易导致法院审查标准不一，滥用自由裁量权。

3. 责任分配不尽统一。《若干规定》中对于登记机关的赔偿责任划分为两类：一是未尽合理审查义务的，根据过错程度及作用与民事侵权主体承担按份责任，如存在恶意串通，则承担连带责任。而《民法典》对于责任的具体类型并未作出明确规定。因此，实践中，曾经有的司法工作人员遵循《若干规定》按照主观要素分配责任，亦有依据《物权法》按照严格责任处理，导致同类案件审查标准宽严不一，认识模糊。此外，即使法院判令登记机关承担连带责任，在执行阶段，资金的来源以及款项如何进一步划分仍是操作层面的难题。

三、修正:“行民合审”机制之程序性构建

(一) 理论证成：诉的合并

对于“行民合审”英美法系国家主要采用一元制诉讼处理机制，即由同一法院适用相同的程序和法律原则进行裁判，因无公私法之分，法院内部亦无民事审判庭和行政审判庭划分。大陆法系主要采用二元制诉讼处理模式，法国和德国均设立了专门的行政法院，建立了专门的管辖权争议处理机构，德国建立对先决问题中止审理制度，日本确立特色形式当事人诉讼。[②]

基于我国的立法现状和诉讼制度，目前确立的“行民合审”机制较为保守，呈现几点特殊性：第一，行政行为要与民事争议具有高度关联性，作为物权基础的买卖、共有、赠与等债权关系出现争议，当事人由此对行政行为的合法性产生质疑；第二，行政诉讼属于主诉，争议为登记行为的合法性，民事诉讼属于次诉，争议为债权行为是否有瑕疵；第三，诉的合并要遵循诉权理论，即须基于当事人的申请，要充分尊重当事人自主选择权，法院不能依职权合并；第四，在判决方式的选择上要遵循平衡论，即

---

① 《上海市房地产登记条例》第61条：“房地产登记机构及其工作人员违反本条例规定，导致房地产登记错误，给房地产权利人造成损失的，由市房地资源局或者市登记处承担相应的法律责任。”

② 马怀德:《行政诉讼原理》，法律出版社2009年版，第26页。

达到司法权与行政权的良性互动，避免司法权对行政权的过度干预。

（二）适用规则：厘清诉讼关系

1. 合审程序的启动。关于“第一审开庭审理前”的判定，应结合当事人提起诉讼的类型和时间做分别处理：

第一，未启动民事开庭程序。此情况是指在行政诉讼开始后，当事人提出“行民合审”之申请，“第一审开庭审理前”仅指行政诉讼开庭审理前，如法官在首次开庭前向当事人释明其有权提出申请，而当事人表示不提起，则应理解为首次开庭审理前。如法官并未进行释明，鉴于房屋权属登记行民交叉案件的复杂性，出于提高诉讼效率、节约司法成本的考虑，应作扩大解释，理解为最后一次开庭审理前。

第二，启动民事开庭程序。此情况是指当事人先于或同时于行政诉讼对民事争议进行了立案，在行政诉讼程序中当事人又提出一并解决民事争议的申请。“第一审开庭审理前”应理解为民事、行政诉讼开庭审理前。如果民事诉讼已开庭审理，再由行政法官决定“行民合审”会打乱民事诉讼的审理结构，也有行政审判权超越民事审判权之嫌疑。此时应作出不准予一并审理的决定。如果民事诉讼已立案但尚未开庭，法院可基于申请进行“行民合审”，具体规则如表 1。

表 1　提起“行民合审”申请时间分布　　单位：次

<table>
<tr><th>类型</th><th>民事诉讼</th><th colspan="2">行政诉讼</th><th>是否准许一并审理</th></tr>
<tr><td rowspan="6">申请时间</td><td rowspan="2">已开庭</td><td colspan="2">开庭（首次）</td><td>×</td></tr>
<tr><td colspan="2">未开庭</td><td>×</td></tr>
<tr><td rowspan="4">未开庭</td><td rowspan="2">开庭（首次）</td><td>释明</td><td>×</td></tr>
<tr><td>未释明</td><td>√</td></tr>
<tr><td>开庭（第二次）</td><td>未释明</td><td>√</td></tr>
<tr><td>开庭（第 N 次）</td><td>未释明</td><td>√</td></tr>
</table>

2. 处理程序的选择。

（1）当事人提出申请后，行政审判庭应当先移交立案庭进行立案审查，对于当事人是否具有起诉资格、符合管辖规定、缴纳诉讼费用等问题进行处理，如果不符合立案条件，则直接由立案庭作出不予受理的裁定。

（2）立案庭受理民事争议之后，在审理过程中进一步发现案件本身不完全满足法定起诉要件，应当裁定驳回起诉。鉴于在“行民合审”诉讼中，以行政诉讼为主，民事诉讼为辅，故应由行政审判庭作出驳回起诉的裁定。

（3）如当事人提出一并解决民事争议的理由当然、明显不成立，属于《适用解释》规定情形的，行政审判庭可以不移交立案庭，直接作出不予准许的决定，但应向当事人释明解决民事争议的其他途径。

3. 审理规则的确立。根据立法确立的合审机制，时效、裁定和判决涉及的实体性问题应坚持各自的独立性，部分程序性事项如诉讼费应分别缴纳，其他程序性事项如管辖、审理规则等应始终以行政诉讼为主线，民事诉讼具有一定附属性。

第一，在审理顺序方面，民事判决中重新认定的事实并不能直接作为判定行政行为是否合法的依据，判定登记行为是否合法、合理，应以是否尽到审慎审查义务为限，应严格按照行政诉讼审查方式进行处理，故无须按照先民事后行政的顺序进行审理，而应坚持先行政后民事。第二，在审理主次方面，围绕行政行为的职权依据、程序依据和证据、事实认定、适用法律四个方面进行审查。在事实认定方面，先调查行政机关认定的事实，之后再进行民事部分事实的审查，此部分主要适用民事程序。第三，在审理程序方面，法庭调查前的核实当事人身份、权利义务的告知、诉讼请求及事实和理由的陈述等程序性环节应进行一并审理，当事人的陈述顺序仍坚持先行政后民事的原则。第四，在合议庭构成方面，应当允许吸收民事法官，以确保合审效果，法院内部应做好协调分工。

四、进路："行民合审"机制之实体性重塑

（一）逻辑基点：厘定房屋登记审查标准

1. 标准争鸣。房屋登记审查标准在一定程度上成为司法审查的风向标，法律对登记机关苛以的审核方式为形式抑或实质标准，影响着法院对行政行为合法性的判定。关于我国房屋登记审查标准，有学者依据《物权法》第 12 条①以及《房屋登记办法》第 19 条②规定的"询问"和"实地查看"认为，房屋权属登记机关有对房屋真实情况进行调查核实的义务，应属于实质审查。亦有学者认为，鉴于登记工作人员权力有限，调查手段不可能过于细致、广泛而杜绝虚假，只能依据掌握的现有信息和知识进行判断，这种结果认定的真实性仅限于法律真实，尽量趋于客观真实，③ 故应属于形式审查。从域外法的研究来看，德国主要采取以形式审查为原则，实质审查为例外。根据《德国土地登记法》设立的登记同意原则④和在先已登记原

---

① 《物权法》第 12 条第 1 款第 2 项："登记机关应当履行下列职责：（二）就有关登记事项询问申请人。"

② 《房屋登记办法》第 19 条第 1 款第 1 项："办理下列房产登记，房屋登记机构应当实地查看：（一）房屋所有权初始登记。"

③ 王利明：《中国物权法草案建议稿及说明》，中国法制出版社 2002 年版，第 191 页。

④ 登记同意原则，是指采用公证或认证等表示行为作为替代物来表明物权变动的真实性。

则,[①] 以及萨维尼提出的物权行为无因性理论,[②] 登记机关主要审查程序性行为，而不涉及实体法问题。例外规定即为对于某些特定物，如土地交易要进行实质审查。[③] 法国采取形式审查，也即窗口审查。瑞士不承认物权行为的无因性，登记时要审查法律原因等实体内容。

2. 应然定位。从经济学角度来讲，形式审查和实质审查标准争论的实质即交易安全和静态安全的博弈。我国物权制度采用有因性原则，即原因行为是否有瑕疵决定着物权行为是否有效，反之，物权行为即使无效，债权行为并非当然无效。因此在司法实践中，民事事实的变更往往会引起行政登记行为被撤销，司法者对行政行为苛以实质审查义务。但《物权法》出台后，登记的功能更多地体现为公示作用，强调私法自治。为了追求物权真实权利状态的恢复，而片面采取实质审查标准，在房产交易量持续增长背景下，是一种理想主义。故登记机关的审查对象不应完全及于当事人之间的实体法律关系，因原因行为瑕疵导致登记错误的不利后果不应全部由登记机关来承担，故确保原因行为真实性的实质审查并不合理，就我国房屋权属登记而言，审查标准为必要性审查为益。必要性审查实质为一种折中式审查，既要从形式上审查材料是否完备，又要对其真实性进行合理程度的审查。如对权属证书的真伪、申请资料内容是否与产权原始档案记载一致等问题进行核查，以尽审慎注意义务。对当事人的婚姻财产约定情况，委托书的真伪，契约意思表示有瑕疵等情况进行形式审查（见图4）。[④]

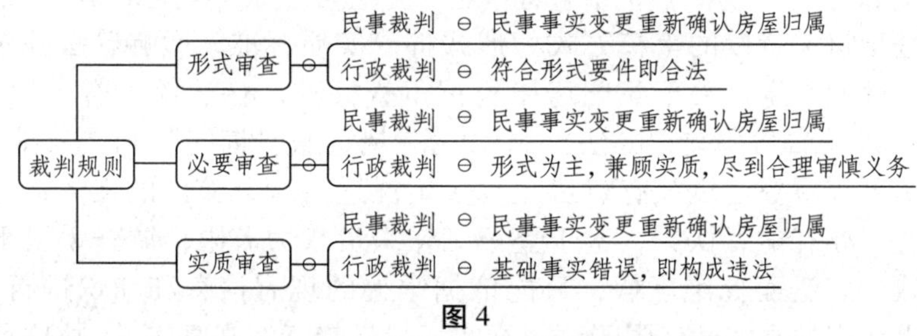

图4

（二）裁判方式：构建多元纠纷解决机制

对于尽到审慎义务登记机关作出的行政行为应当如何评价，以达到既不对尽到合理义务的行政行为进行否定性评价，又不影响真实物权恢复的双赢效果，可对判决内涵进行扩大解释并结合配套制度予以解决。

---

① 在先已登记原则，指在已经登记的情况下，登记权利人被推定为实体权利人。

② 物权行为的无因性，指作为基础行为的负担行为是否真实有效，不影响物权行为的效力。

③ 常鹏翱：《物权法的展开与反思》，法律出版社 2007 年版，第 368 页。

④ 申惠文：《物权登记错误救济论》，法律出版社 2015 年版，第 191 页。

1. 合理解释：内涵的适度延伸。

（1）驳回诉请判决。在规范层面，驳回诉讼请求的判决等同于对行政行为合法有效的肯定。但从法理层面，驳回诉请判决并非直接对行政行为有效性作出评价，合法并非绝对等于有效。[①] 在房屋权属登记诉讼中，登记部门如尽到审查义务，则可认定为合法，但如果民事基础行为无效，登记行为不应被认定为有效。此时，对驳回诉请进行扩大解释可解决“行民合审”之诉面临的判决矛盾。

（2）无效判决。关于无效判决，有观点认为“有效和无效并不必然等同于合法或者违法，违法无效是无效的一种情形，但并不能说明行为无效的原因仅限于违法。如意思误解的行政行为虽不具有法律效力，但并不属违法。”[②] 无效与违法是两个不同层面的司法审查标准，行为的无效与合法可能存有交集，应对无效行政行为的内涵和外延作更为广义的理解。尤其在房屋权属登记行政诉讼中对其作扩大解释可丰富行政诉讼判决方式，解决“行民合审”中“全肯”或“全否”式判决导致的冲突问题。

2. 操作模型：制度的相互契合。回归到操作层面，当事人可通过异议登记制度让登记行为效力暂时中止，以避免物权流动带来的风险。为保障异议登记发生实际效力，权利人必须及时提起诉讼，辅之判决效力变更登记行为。法院在“行民合审”之诉中对登记行为进行合法性评价时，应坚持必要性审查标准，区分情形适用不同裁判方式：

（1）民事基础关系无效，登记行为违法。物权的有因性应该对行政机关产生约束，作为基础关系的债权行为如被确认无效或撤销，房屋登记部门应对在先登记行为予以变更，但认定登记行为合法的行政判决不能成为房屋真实权利人依据民事裁判行使登记变更权的障碍。具体来讲：一方面，行政审判庭应通过民事裁判对新的权属关系作出确认；另一方面，审查登记行为是否尽到审慎审查义务，如否，则作出撤销或变更判决。行政机关也可对登记行为自行更正，错误登记被更正后，当事人可申请撤诉，反之，法院应作出确认违法判决。至此，权利人申请变更登记时，民事或行政判决均可成为依据，两个裁判并不产生冲突。

（2）民事基础关系无效，登记行为合法。如房屋登记机关是出于无法预见或难以避免的意思误解而导致的登记错误，考虑到行政判决的既判力有构成房屋真实权利人通过民事裁判行使变更登记权利阻碍之风险，而不

---

① 张数义：《寻求行政诉讼制度发展的良性循环》，中国政法大学出版社 2000 年版，第 241～242 页。

② 胡建森：《行政法学》，法律出版社 1998 年版，第 288 页。

宜采用驳回的肯定式判决，[①] 而否定式判决亦与登记机关的必要审查义务相违背，故建议采用驳回诉讼请求或无效判决的折中式判决，在立法中对上述两个判决的适用情形予以拓展和明确。

第一，对驳回诉讼请求判决的涵义进行拓展，对于因基础行为错误（即基础事实不存在）导致的行政行为需要变更的且登记机关无过错的，可以认定为合法，但不具有对外生效的法律效果。第二，修改无效判决的立法定义，将因意思误解、不可抗力等客观情况导致的行政行为错误纳入无效判决的适用当中。一方面可认定登记行为自始无效，房屋权属状态恢复至初；另一方面并未对行政行为作出否定性评价，由此不产生登记错误可能产生的赔偿后果。适用规则如表 2：

表 2　行政诉讼一并解决民事争议路径表

<table>
<tr><td rowspan="6">提出异议登记</td><td colspan="2" rowspan="4">提起“行民合审”之诉</td><td rowspan="2">民事裁判</td><td>行为判定</td><td>判决结果</td><td>纠纷解决</td></tr>
<tr><td>民事行为无效或需要撤销、变更</td><td>对房屋权属关系进行重新确认</td><td rowspan="3">1. 依民事判决更正登记
2. 折中式驳回诉请判决，不构成变更登记阻却事由
3. 折中式无效判决不产生赔偿后果</td></tr>
<tr><td rowspan="4">行政裁判</td><td rowspan="2">登记行为合法</td><td>驳回原告诉请</td></tr>
<tr><td>判决无效</td></tr>
<tr><td>未起诉</td><td rowspan="2">物权流转风险</td><td rowspan="2">登记行为违法</td><td>撤销、变更错误登记或确认违法</td><td>依判决纠正错误登记</td></tr>
<tr><td>未异议登记</td><td>行政机关自行变更</td><td>原告撤诉</td></tr>
</table>

（三）义务承担：修缮赔偿责任分配规范

1. 明确过错要素。导致登记错误的主观原因可分为恶意串通、重大过失、一般疏忽等多种表现形式，不同的主观恶意性应当成为赔偿责任分配的重要考量因素，严格且统一的违法归责原则并不能公平合理地反映错误登记赔偿风险的分担，故有必要对国家赔偿法的归责原则予以拓展。目前的《国家赔偿法》将违法归责的表述予以删除，亦为过错归责提供了立法空间，但对于房屋登记案件，应在立法上进一步统一和明确。具体可在《国家赔偿法》第 2 条第 1 款中明确归责原则，加入违法、过错的立法表述。

2. 明确责任分配。考虑到按照传统“先民后行”的审理模式，在权利人主张赔偿救济时，往往存在先经历民事救济再申请行政赔偿的过程，但

① 杨威、贾亚强：《不动产登记案件中民行交叉问题的处理》，载《天津市政法管理干部学院学报》2009 年第 4 期。

《国家赔偿法》规定提起赔偿的时效为2年，“先民后行”的审理模式往往会造成权利人丧失行政赔偿救济的权利。[①] 在“行民合审”诉讼中，如当事人同时提起民事和行政赔偿申请，则必须要同时启动民事赔偿和行政赔偿责任的认定和分配，可以一揽子解决实体认定和责任分配，减少当事人诉累。具体来讲，如果民事侵权人和登记机构工作人员存在恶意串通的情形，行政审判庭应判令双方承担共同连带责任。如果主观恶性仅存在于民事侵权人一方，房屋登记机构未尽到审慎审查义务，存在疏忽和过失，则应根据过错程度承担按份责任，在行政赔偿判决书中写明承担责任的比例及具体赔偿金额。关于修法建议，可将《若干规定》中确定的标准补充至《民法典》物权编中以解决规范冲突问题。此外，责任确定后的，应辅之完善现行的登记错误责任保险、赔偿金制度，实现保障机制和风险分散机制多元化，以避免登记瑕疵导致的政府财政负担过重。

余　论

房地产市场活跃导致的房屋登记诉讼案件逐年增长现象的背后，隐含着司法权与行政权的界限以及公民权益和行政效率利益衡量标准之深刻内涵。修订后的《行政诉讼法》增加“解决行政争议”的立法目的，“行民合审”一揽子解决纠纷机制如若运行良好，可有效避免程序等待和“程序空转”问题，实质化解房屋权属登记纠纷。物权的频繁流转致使房屋登记往往难以全面、客观反映房屋权属的真实状态，通过司法权介入，创设完善机制以变更错误登记是从形式物权走向实质物权的过程。“行民合审”机制在规范和实践层面仍存在诸多难题，仍需继续研讨。只有法律和制度不断完善，才能够实现法律真实与客观真实之间的平衡。

---

① 需要指出的是，根据2010年修正的《国家赔偿法》第39条，“赔偿请求人请求国家赔偿的时效为两年，自其知道或者应当知道国家机关及其工作人员行使职权时的行为侵犯其人身权、财产权之日起计算”，修订前的《国家赔偿法》第32条规定的诉讼时效起算时间点为：自国家机关及其工作人员行使职权时的行为被依法确认为违法之日起计算。从修订后的法律来看，赔偿请求人提起民事侵权赔偿之诉时，其往往已经知道或应当知道权利受到行政机关的侵害，在此种情况下，先民后行的审理模式会使权利人陷入超过行政赔偿诉讼时效的风险。

“放管服”背景下行政冒名登记之诉的司法检视

——以283份公司设立登记案件裁判文书为分析样本

张 羽[*] 金黄海[**]

引 言

近年来，随着“放管服”改革工作的大力推进，我国营商环境明显改善。在市场监管领域，国家采取降低市场准入门槛、简化工商行政登记业务办理流程等措施有效地降低了市场交易的制度成本。但与此同时，一些新问题也不断涌现。以公司设立行政登记为例，冒用他人身份骗取公司设立登记所引发的行政争议呈高发态势。当前，在司法实践中，此类案件的审理还存在诸多争议性问题，未形成统一的裁判思路。故本文以全国283份有关诉请撤销公司设立冒名登记行政案件①（以下简称公司设立冒名登记案件）裁判文书为分析样本，汇总、梳理类案的审理情况，反思存在于司法裁判中的分歧性问题，并提出有效化解此类行政争议的司法审查路径。

一、透视：背景阐释及现状分析

当前，越来越多的公民以其对公司设立不知情、登记申请材料中其签名系由他人假冒、登记申请非其真实意思等理由诉请法院撤销公司登记机关作出的设立登记行为，该社会现状表明：现今，存在非法使用他人身份证件骗取公司设立登记的行为。为坚决打击此类违法行为，切实保障公民个人合法权益，有效规范宏观市场运行秩序，我们在处理相关行政争议时，必须要立足于滋生冒名骗取公司设立登记行为的特定社会背景和人民法院司法裁判的现状，以确保案件裁判起到良好的法律效果和社会效果。

---

* 作者单位：上海铁路运输法院。

** 作者单位：上海铁路运输法院。

① 本文所称的公司设立冒名登记，是指冒用自然人的身份骗取公司设立登记。

（一）背景阐释

2003年《行政许可法》出台之前，《公司法》《公司登记管理条例》《企业法人登记管理条例》等法律法规均未对公司设立登记的行政审查方式作出明确规定，各界对此一直存在不同的认识。例如，2001年3月15日原国家工商总局下发的《关于登记主管机关对申请人提交的材料真实性是否承担相应责任问题的答复》仅要求登记主管机关审查申请材料是否齐备以及是否符合法律法规的规定，而该局于同年10月16日下发的《关于加强企业登记审查工作的通知》则要求登记主管机关除审查前述内容外，还应对企业章程等材料是否符合法律法规的规定、投资人是否符合规定条件等内容负责。2004年7月1日正式施行的《行政许可法》将企业设立等需要确定主体资格的事项纳入行政许可范围内。该法第34条第1款规定了登记主管机关审查的对象为申请人提交的申请材料；第34条第2款规定了登记主管机关核实申请材料实质内容的条件和程序；第56条则规定了登记主管机关当场予以登记的条件为申请人提交的材料齐全、符合法定形式。据此，法律要求登记主管机关对公司设立登记采取形式审查为主，实质审查为辅的审查方式。

党的十八大召开以来，中央对深化行政体制改革和转变政府职能提出了明确要求。2013年3月召开的第十二届全国人大一次会议通过了国务院机构改革和职能转变方案的决定。为落实会议精神，第十二届全国人大常委员会第六次会议采纳国务院建议，通过了《全国人民代表大会常务委员会关于修改〈中华人民共和国海洋环境保护法〉等七部法律的决定》，对《公司法》作出修改，以立法的形式对以注册资本登记为核心的公司登记制度进行改革，着力降低公司设立门槛，减少政府对市场主体自治事项的干预。之后，2014年2月7日，国务院制定的《注册资本登记制度改革方案》明确提出工商行政管理机关对工商登记环节中的申请材料实行形式审查。2015年5月12日，国务院召开的全国推进简政放权放管结合职能转变工作电视电话会议首次提出了“放管服”改革的概念。之后，各级市场监管部门积极响应改革的号召，不断简化公司登记手续，全力优化营商环境，进一步了激发市场活力。以上海市为例，2015年前原工商行政管理部门在办理公司设立登记时采用面签的方式，要求所有股东、投资人本人到场，以保证登记的正确性。2015年后，公司设立登记不再作此要求，相关主体可以通过书面委托的形式，由受托人将签有委托人姓名的申请材料及委托人身份证原件递交公司登记机关审核，只要申请材料齐全且符合法定形式，即可准予办理。

与此同时，由于与“放管服”改革相配套的信息公开、信息共享、信用惩戒等机制尚在建立和完善之中，一些不法分子趁机大肆冒用他人身份骗取公司设立登记，严重侵害了公民个人的合法权益，造成了极大的社会负面影响，亟需各方出台方案予以规制。

（二）现状分析

1. 案件基本情况。笔者通过中国裁判文书网，以“公司”“设立登记”“冒用”“身份证”“撤销”为检索条件，剔除同一案件因不同审级形成的多个文书后，在行政登记领域检索到 2015 年至 2020 年上半年，共计 283 份（一审 179 份、二审 101 份、再审 3 份）生效文书。

从案件数来看，2015 年至 2020 年至上半年此类冒名登记行政案件数量呈快速增长趋势。（见图 1）

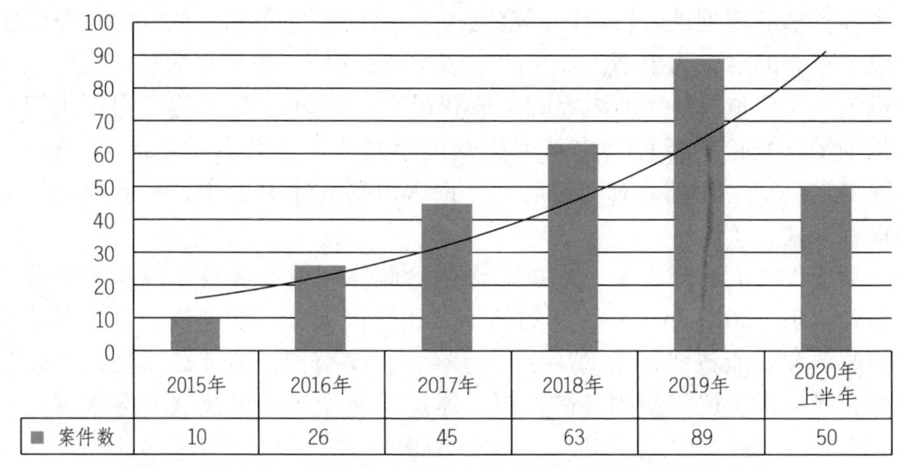

图 1　2015 年—2020 年公司设立冒名登记案件数量增长情况

从行政区划来看，该类案件遍布 11 个省、自治区、直辖市，其中江苏省 87 件、浙江省 40 件、上海市 36 件、北京市 28 件、辽宁省 27 件、河南省 21 件、江西省 19 件、重庆市 15 件、天津市 5 件、湖南省 3 件、宁夏回族自治区 2 件。

2. 案件事实情况。该类案件有以下特点：

（1）“受害人”身份证件被擅用的情形不尽相同。其中，身份证遗失或被盗的有 65%，身份证被熟人擅自取用的有 23%，身份证出借他人后被挪用的有 12%。

（2）“受害人”在登记设立的公司中身份情况复杂。“受害人”多被登记为公司的股东、法定代表人、执行董事、监事等法律主体，有的人甚至兼具多重身份。

（3）“受害人”发现冒用行为的时间往往较晚。这些人往往一开始并不知晓自己身份被冒用，而是在公司涉诉后被法院传唤、被法院限制高消费、被税务局催缴税款或市场监管局催送企业年报后，才发现自己已被登记为某公司的成员。

（4）登记设立的公司多处于异常状态。除少数公司仍在正常经营外，大多数公司已处于异常经营、吊销等状态，无法在注册地址找寻公司及内部工作人员的下落，亦无法与公司股东或申请公司设立登记的经办人取得联系。（见表1）

表1 283件公司设立冒名登记案件事实情况

案件事实	不同情形	案件数（件）	占比（%）
身份证情况	遗失或被盗	184	65%
	被熟人擅自取用	64	23%
	出借他人后被挪用	35	12%
被冒名身份	股东	87	30%
	股东兼法定代表人	96	34%
	股东兼执行董事	81	29%
	股东兼监事	19	7%
知晓冒名时间	被法院限制高消费	206	73%
	公司涉诉后被法院传唤	74	26%
	被税务局催缴税款或市监局催送企业年报	3	1%
案涉公司现状	吊销未注销	115	41%
	列入异常经营名录	129	46%
	正常经营	39	13%

3. 案件追加第三人情况。283件公司设立冒名登记案件中，74件未追加任何人员作为第三人参诉，182件追加公司作为第三人参诉，27件追加公司其他股东等相关主体作为第三人参诉。

4. 案件裁判情况。从裁判结果来看，179件一审即生效的案件中，18件裁定准许原告撤回起诉，3件裁定驳回原告起诉，53件判决驳回原告诉讼请求，71件判决撤销公司设立登记行为，34件判决撤销公司设立登记中有关原告部分的登记事项。

二、检视：法律适用争议问题

（一）是否必须追加第三人

在审理公司设立冒名登记案件时，法院是否应当追加案涉公司和公司股东等其他相关主体作为第三人参加诉讼，这一问题并无法律明文规定，实践中存在不同观点。

1. 只有案涉公司为必须追加的第三人。案涉公司作为行政相对人，与被诉公司设立登记行为有利害关系。虽然实践中存在案涉公司经营异常、公司负责人员难以有效联系、法院难以判断出庭应诉的人员能否代表公司等问题，但是这些问题均不应成为其作为第三人参加诉讼的障碍。至于公司股东等其他相关主体，则既同被诉公司设立登记行为无利害关系，又与案件的处理结果无直接利害关系，故非必须追加的第三人，法院可视办案需要决定是否予以追加。

2. 相关主体均非必须追加的第三人。法律仅保护合法利益，此类案件，法院审查的结果不外乎两种：（1）不存在冒用他人身份的情形；（2）确实存在冒用他人身份的情形。对案涉公司而言，在第（1）种情形下，“受害人”的诉讼请求无法得到支持，案件处理结果对其有利，故无须追加其作为第三人参诉；在第（2）种情形下，因所谓的公司利益的形成系基于冒名行为，案件审理结果同样无损于其合法利益，亦无须追加。公司股东等其他相关主体，则既同被诉公司设立登记行为无利害关系，又与案件的处理结果无直接利害关系，同样无须追加。当然，法院办理具体案件时，可以视情况决定是否追加上述主体作为第三人参诉。

（二）采取何种司法审查标准

目前，公司登记机关对公司设立登记采取形式审查主义。这种审查方式的优势在于可以简化登记程序，提升主管机关的办事效率；而其劣势则是若出现登记内容与客观事实冲突的情形，可能损害他人的合法权益。“受害人”以申请材料签名非本人所为且公司设立登记非其真实意思为由诉请撤销公司设立登记行为的，法院是对该行为作形式审查，还是实质审查，一直存在争议。

1. 法院对公司设立登记行为应采用形式审查标准。公司登记机关对公司设立登记仅作形式审查的主要原因在于：（1）公司登记机关能力有限。审查标准应与审查能力相适应，公司登记机关辨别签名真伪的能力并不比自然人更高，要求其对公司设立登记申请材料中签名的真伪予以审查不具有可操作性。[①]（2）冒名登记责任主体明确。法律法规已明确规定由申请人对申请材料的真实性负责。故在公司登记机关并无过错的前提下，法院要求其承担实质审查的责任有失公正。[②]

2. 法院对公司设立登记行为应采用实质审查标准。证据的三性是法院认定证据有效性和确定案件事实的基础，法院对事实和证据的认定只能是实质审查，追求证据所反映的客观真实是法院的责任。换句话说，司法审

① 参见文婧：《论行政登记——基于公私法双重视域》，武汉大学2011年博士学位论文。

② 参见李孝猛：《公司登记审查的裁量》，法律出版社2011年版，第27~28页。

查的重点是行政行为是否错误和错误程度，而非错误的原因。此外，从行政审查和司法审查的功能定位、当前的司法现状、登记机关提升能力的动力和各国司法审查的主流等方面来看，司法机关采取实质审查标准也具有正当性。①

（三）通过何种程序处理基础民事争议

“受害人”提起公司设立冒名登记诉讼时，若相关基础民事争议未经民事诉讼等途径解决，法院应如何处理，目前还存在较大争议。

1. 两种争议解决途径并行不悖。行政诉讼与民事诉讼等争议解决方式各自独立且各具功能，两者处理结果互不干扰，法院在行政诉讼中仅对签名的真实性进行审查，签名以外的其他民事争议则须通过民事诉讼等途径解决。如成某诉长沙市市场监督管理局工商管理行政登记案，② 二审法院认为，原审第三人某置业有限公司申请公司设立登记时提交的材料中成某签名系假冒，不符合法定形式，故长沙市场监管局将其登记为公司股东的行为依据不足，应予撤销。至于设立公司是否符合成某真实意思及身份证是否由其提供，均不属于行政诉讼审查内容，可通过民事途径解决。

2. 民事途径先于行政诉讼途径。公司设立冒名登记案件中，申请材料上的“受害人”签名是否真实的问题和登记是否符合“受害人”真实意思的问题并存。由于行政诉讼审理范围具有局限性，即便法院在行政案件审理过程中查明签名系假冒，一般也难以判断基础民事行为中各方的真实意思。故在此种情形下，“受害人”的起诉尚不符合起诉条件。为实质性化解行政争议，法院应告知其先通过民事诉讼等途径解决基础民事争议。如经法院释明后其仍坚持诉讼，法院应以起诉不符合《行政诉讼法》第 49 条第 3 项的规定为由，裁定驳回起诉。③

（四）冒名事实查明后应选择何种裁判方式

在“受害人”提起撤销之诉，法院结合在案有效证据认定其确系被他人冒名登记的情形下，应选择何种裁判方式，目前尚无统一的做法。

1. 判决撤销公司设立登记行为。虽然公司设立登记涉多个登记事项，但其均存在于同一个登记行为中。行政诉讼审查的对象为登记行为本身，故即便“受害人”仅对部分登记事项提出异议，法院也应当判决撤销整个

---

① 参见王永亮：《盗用诉请撤销公司设立登记的审理思路》，载《人民司法（案例）》2012 年第 16 期。

② 参见湖南省长沙市中级人民法院（2019）湘 01 行终 314 号行政判决书。

③ 参见北京市第二中级人民法院（2020）京 02 行终 10 号行政裁定书。

登记行为。[①] 如葛某诉银川市审批服务局案，[②] 法院认为，设立登记申请材料不具有真实性，公司设立的事实基础不存在。遂判决撤销银川市审批服务局作出的公司设立登记行为。

2. 判决撤销公司设立登记中与起诉者相关的部分。公司设立登记行为具有可分性。实践中，“受害人”提起撤销之诉系基于自身利益受损，不会对与己无关的登记事项提出异议，而登记机关也不会对“受害人”无异议事项进行答辩，法院司法审查自然也仅会围绕异议登记事项进行。在此情况下，连带撤销其他的登记事项不仅于法无据，还可能损害他人合法权益，故仅判决撤销公司设立登记中与起诉者相关的部分较为合理。如刘某诉南京市秦淮区市场监督管理局行政登记案，[③] 二审法院认为结合刘某身份证丢失补办记录及笔迹鉴定意见，可以认定公司设立登记申请材料系虚假材料。遂判决撤销秦淮区市场监管局作出的公司设立登记中关于刘某为公司股东和法定代表人的登记。

3. 判决确认公司设立登记行为违法。撤销公司设立登记的判决具有否定案涉公司民事主体资格的效果，而案涉公司是否具有民事主体资格问题，非行政诉讼所能解决，故法院一般不宜适用撤销判决。对此，法院应予释明。若“受害人”坚持请求全部或部分撤销公司设立登记行为，那么法院应当依职权判决确认公司设立登记违法。此种裁判思路多见于个人观点，未出现于笔者所收集的样本中。

三、重塑：司法审查路径选择

（一）依法追加涉案公司为第三人参诉

公司设立冒名登记案件第三人范围的确定既要符合行政诉讼法律规定和行政诉讼基本理论，也要立足该类案件的审判实际。出于争议解决和权利保护等方面的考虑，审理该类案件时，法院应当依法追加案涉公司为第三人参诉，可酌情追加公司股东等其他相关主体为第三人参诉。理由如下：第一，不同主体与公司设立登记行为或案件处理结果具有不同强度的联系。公司设立登记行为系对案涉公司作出，效力直接及于公司本身，故与公司有直接利害关系。相较之下，公司股东等其他相关主体并非被诉行政行为相对人，且案件处理结果是通过民事关系这一媒介间接对其产生影响，故其与案件处理结果仅具有间接利害关系。虽然行政诉讼中的利害关系是仅

---

① 参见王永亮：《因身份被盗用诉请撤销公司设立登记的审理思路》，载《人民司法（案例）》2012 年 16 期。

② 参见宁夏回族自治区银川市金凤区人民法院（2018）宁 0106 行初 20 号行政判决书。

③ 参见江苏省南京市中级人民法院（2018）苏 01 行终 881 号行政判决书。

指直接利害关系，[①] 还是同时也包括了间接利害关系，[②] 目前仍存在争议。但是，是否是系争法律关系中的一方当事人，是判断应否作为第三人参加行政诉讼的重要标准[③]，法院办理案件时应予关注。第二，诉讼文书送达问题影响着利害关系人范围的确定。上述数据表明，假冒他人身份设立的公司大多为空壳公司，公司股东等人员一般难以寻找。在此种情况下，若法院过度强调诉权保障而无限扩大利害关系人的范围，容易导致诉讼程序空转、办案效率低下和司法资源浪费等问题。第三，法律仅保护合法利益主要是针对实体权益而言。在冒名设立公司行政登记案件中，案涉公司的利益并非法律明文规定不予保护的非法利益。在实行立案登记制后，法院在处理程序性事项时不宜过度审查该项实体内容，可在案件裁判阶段再行评判，以充分保护案涉公司的诉讼参与权。第四，追加公司股东等其他相关主体有助于法院查明案件事实。虽然，公司股东等其他相关主体与公司设立登记行为和案件处理结果并无直接利害关系，但是若法院能有效向其送达诉讼文书，而其也愿意配合出席庭审，则追加其作为案件第三人参诉有利于查明申请公司设立登记时的情况和基础民事行为的真伪情况。

实践中，法院应以邮寄等方式向案涉公司的注册地址或实际经营地址送达诉讼文书。下落不明的，则予以公告送达，确保诉讼程序合法。如有需要，法院还可以采用通知公司股东等能够有效联系的人员以第三人或证人身份出庭参加诉讼，以辅助查明案件事实。

（二）全面审查公司设立登记行为所依据的事实和法律

从价值取向层面观察，行政权与司法权系两种截然不同的国家权力，有着不同的价值取向。行政权的价值取向具有效率优先性，司法权的价值取向具有公平优先性。[④] 在市场监管领域，登记主管机关系在登记公示层面介入民事活动，仅对公司登记采取形式审查主义，是综合考量其行政职责、审查能力、行政效率后所作出的合理选择。而在司法裁判领域，法院基于自身定位，在处理相关争议事项过程中，须以事实为依据，以法律为准绳，居中裁判以维护社会公平正义，对此《行政诉讼法》第 5 条也已予明确，故法院只能对公司设立登记行为进行全面审查，而不应存在形式审查和实质审查之争。从规范层面观察，当前的法律对公司设立登记未实行绝对的形式审查主义。《行政许可法》第 69 条第 2 款规定，被许可人以欺骗、贿

---

① 参见高家伟：《论行政诉讼原告资格》，载《法商研究》1997 年第 1 期。

② 参见马怀德等：《行政诉讼第三人研究》，载《法律科学》2000 年第 3 期。

③ 郑宁等：《行政诉讼中追加第三人若干问题研究》，载《法律适用》2007 年第 9 期。

④ 孙笑侠：《司法权的本质是判断权——司法权与行政权的十大区别》，载《法学》1998 年第 8 期。

赂等不正当手段取得行政许可的，应当予以撤销。就此而言，法律并未放任错误登记的存在，而是要求公司登记机关在发现登记错误时，实事求是地予以纠正。同理，法院亦不能仅以所谓的公司设立登记行为符合法定登记条件为由，便放弃对形式合法却登记错误的行为的司法审查，任由瑕疵登记的公司混迹市场，影响市场交易安全。

实践中，法院首先应审查公司设立登记申请材料是否齐全、是否符合法定形式。如材料不齐全或不符合法定形式，即可认定公司登记机关对申请材料未尽到审查义务；反之，可再通过笔迹鉴定等方式进一步判断相应的签名是否系“受害人”本人所为。签名系本人所为的一般不予认可。非本人所为的则还要区分情形以进一步查明“受害人”是否有设立公司的意思：(1) 审查冒用身份的具体情形。“受害人”主张冒用身份系由身份证遗失或被盗导致的，应提供身份证丢失报警回执、身份证遗失公告、银行挂失身份证件记录等证明。能够提供的，法院还应注意审查“受害人”曾持有的身份证数量、身份证挂失时间、挂失的身份证与被冒用的身份证是否一致等事实。如查明的事实能与当事人陈述相互印证，一般应予认可；否则，不予认可。“受害人”主张冒用身份系由熟人擅自取用身份证或出借身份证后被挪用导致的，法院则应结合各方陈述、人员关系证明等证据予以综合判定。需要注意的是，此种情形下人员之间的关系比较密切，只要存在合法使用的可能，法院便不能轻易采信其意见。(2) 判断“受害人”是否有认可公司设立登记申请的意思。对此，一般可以从“受害人”有无事前同意或事后追认的表示、有无实际参与公司实际经营和管理的行为、有无以公司名义对外进行宣传的举动等判断。如有，可推定其有设立公司的意思；反之，则不可如此认定。综上，在“受害人”对于公司设立登记毫不知情且无追认或者默认的行为的情形下，法院方可认定冒用他人身份骗取公司设立登记的事实成立。①

（三）区分情形确定基础民事争议处理方式

公司设立登记系对民事主体所达成的设立公司合意在行政程序上的一种确认。② 这决定了法院在处理冒名设立公司行政登记案件时，可以对基础民事争议进行审查。但是，行政审判的主要功能在于监督行政机关依法履行职责，对民事行为的审查具有局限性。因而，法院要求“受害人”先通过民事诉讼等途径解决基础民事争议后，再行提起行政诉讼具有相当的合理性。但是，先民后行只是一种原则，在相关案件中法院可根据具体案情

---

① 参见高洁主编：《行政审判实务技能》，人民法院出版社 2013 年版，第 110~111 页。

② 参见肖海军：《论公司设立登记撤销制度——以〈公司法〉第 199 条的适用展开》，载《中国法学》2011 年第 2 期。

权衡利弊后，决定是否对民事争议予以审查。对此，《关于审理公司登记行政案件若干问题的座谈会纪要》规定，行政诉讼中利害关系人对基础民事行为效力提出异议的，法院可对其真实性问题作出认定；真实性以外的问题，则告知其通过民事诉讼等方式解决。

实践中，倘若基础民事行为的真实性能够查明，法院在行政诉讼中直接根据在案的有效证据对此予以确认，将对"受害人"合法权益的保护意义重大。例如，案涉公司对外负债的情形下，债权人可能起诉股东要求补足出资。按照法律规定，股东应当补足差价且要对其他股东的出资不足部分承担连带赔偿责任。虽然，从理论上来说，作为名义股东的"受害人"如能举证证明自己身份被冒用可以依法主张免责，采用民事诉讼等途径解决基础民事行为的真实性问题似乎不影响其合法权利。但是，实际情形可能并非如此。到那时，往往既有公司债权人的反对，也有公司其他股东推卸责任不予配合，"受害人"全身而退难度很大。法院可能判决由"受害人"先行承担补足出资的责任，然后再由其向冒名者追偿。[①] 当然，倘若行政诉讼中，基础民事争议事实无法查明，法院一般可建议"受害人"通过以下途径维护自身合法权益：一是提起民事确权之诉。例如，"受害人"可以设立公司非本人真实意思为由，提起确认股东身份等诉讼。二是提起侵权之诉。例如，"受害人"可以冒名者侵犯其姓名权等为由，提起侵权之诉。三是通过其他途径解决。例如，通过向公安机关报案的形式，借助公安力量解决民事争议。

（四）对错误登记原则上适用全部撤销判决

部分撤销判决通常适用于行政行为部分合法、部分违法，且行政行为具有可分性的情况。[②] 登记主管机关同意公司设立登记申请的前提是公司整体符合设立条件。因而，公司设立登记行为也只能是一个整体，不具有可分性。此外，从行为合法性角度来说，若公司设立登记申请材料中"受害人"签名系假冒，公司设立登记申请并非其真实意思，法定代表人、股东、注册资本等登记事项便全部存在瑕疵，仅作部分撤销判决不足以纠正全部的错误登记事项。仍需回答的一个问题是，全部撤销是否会影响他人的合法权益？对此，需要明确的是，撤销公司设立登记并不必然影响公司债权人和公司职工等主体的合法权益。《公司法》第 7 条第 1 款规定，公司营业执照签发日期为公司成立的日期。由此，公司设立登记是公司成立的必要条件。当法院判决撤销公司设立登记行为，公司赖以存在的基础便不存在。

① 最高人民法院民事审判第二庭：《最高人民法院关于公司法解释（三）、清算纪要理解与适用》，人民法院出版社 2016 年版，第 424~428 页。

② 姜明安主编：《行政法与行政诉讼法》，北京大学出版社 2015 年版，第 513 页。

依照该法第 180 条第 4 项、第 183 条的规定构成公司解散的原因，须组成清算组对公司进行清算。清算结束后，依照该法第 188 条的规定，公司应办理注销登记以告终止。这表明，公司撤销仅构成解散、清算和注销的原因，在公司正式终止以前，需由清算组对公司债权债务等事务进行了结，相关主体完全可以在此阶段主张自己的合法权益。综上，"受害人"提起撤销之诉的，法院原则上应判决撤销整个公司设立登记行为。当然，如果撤销将对社会公共利益造成重大损害的，法院应当判决确认公司设立登记行为违法。

实践中，如果公司设立登记申请存在材料不齐全、不符合法定形式，公司登记机关不予更正的，法院应判决撤销其作出的公司设立登记。如果申请材料齐全且符合法定形式的，则应区别情形予以处理：（1）身份证遗失或被盗情况下的处理方式。若有效证据能够证明"受害人"被冒名的事实且无其他特殊情况，在法院协调下，公司登记机关愿意依法对公司设立登记启动内部纠错程序的，法院应建议"受害人"撤回起诉，以便实质化解行政争议；公司登记机关拒不更正的，法院可以视情况判决撤销登记行为或者确认登记行为违法。若有效证据不能证明"受害人"被冒名的事实，则应判决驳回其诉讼请求。（2）身份证被熟人擅自取用或身份证出借他人后被挪用的处理方式。如前所述，由于此种情形下"受害人"与冒名者存在特定关系，法院难以判断其是否具有设立公司的意思，故在无有效证据证明其事前对冒名设立登记公司不知情且事后无追认行为的情况下，法院一般应当在告知其可以通过民事诉讼等途径解决，如果其仍不撤回起诉的，应当判决驳回其诉请。

结　语

在"放管服"改革的初期，冒用他人身份骗取公司设立登记问题的日益突出，已经给社会造成了巨大的困扰。对此，仅依靠司法裁判不足以彻底禁绝此类违法行为，尚需要立法机关和行政执法机关的积极参与。在立法层面，立法机关应继续完善公司立法，要注重建立和健全虚假登记的责任追究机制和权利救济程序衔接机制。在行政执法层面，行政机关应当切实承担起公司登记服务和监管主体责任，要通过联动执法等形式加强信息公开、信息共享、信用惩戒等机制建设，构建完善的登记配套机制，以实现对公司登记的事前、事中和事后全方位监管。相信在各方共同努力下，我们一定能杜绝冒名骗取公司设立登记情况的产生。

环境资源刑事附带民事公益诉讼"认罪认罚认赔"模式构建

——以法信网近三年来240份裁判文书为分析样本

王贤诚*　费雄雄**　黄　佳***

引　言

在聚焦生态一体化、环境资源保护多元化的时代背景下，传统刑罚领域"罪犯服刑、荒山依旧"治标不治本的司法模式已不适应生态环境的良性发展需求。① 为实现惩治犯罪之外保护包括环境资源等社会公共利益之目的，2018 年 3 月 2 日《最高人民法院、最高人民检察院关于检察公益诉讼案件适用法律若干问题的解释》（以下简称《检察公益诉讼解释》）首次规定了刑事附带民事公益诉讼②（以下简称刑附民公益诉讼），其不仅能节约司法资源，提高诉讼效率，还能形成追责合力，最大化促使社会公共利益受侵害状态得到及时修复。无独有偶，2018 年 10 月 26 日《刑事诉讼法》修改正式确立了认罪认罚从宽制度，其对准确及时惩罚犯罪、实现繁简分流、节约司法资源、推动国家治理体系和治理能力现代化等具有重要意义。因此在环境资源刑事附带民事公益诉讼案件中，如何将行为人通过积极履行赔偿责任或修复义务争取从宽的刑事处罚与认罪认罚从宽制度相衔接，成为一个值得探讨的问题。本文以环境资源刑附民公益诉讼案件为视角，探索建立刑附民公益诉讼"认罪认罚认赔"模式，以期对司法实践有所裨益。

---

* 作者单位：上海市青浦区人民法院。

** 作者单位：上海市青浦区人民法院。

*** 作者单位：上海市青浦区人民法院。

① 徐以祥、王宏：《论生态修复性司法》，载《人民司法》2016 年第 3 期。

② 《检察公益诉讼解释》第 20 条，人民检察院对破坏生态环境和资源保护、食品药品安全领域侵害众多消费者合法权益等损害社会公共利益的犯罪行为提起刑事公诉时，可以向人民法院一并提起附带民事公益诉讼，由人民法院同一审判组织审理。

一、实践检视：环资刑附民公益诉讼与认罪认罚从宽制度衔接现状

如前所述，《检察公益诉讼解释》仅对刑附民公益诉讼范围及管辖作了初步规定，对其他问题并未涉及。而在《刑事诉讼法》及《最高人民法院、最高人民检察院、公安部、国家安全部、司法部关于适用认罪认罚从宽制度的指导意见》（以下简称《指导意见》）等规定中，关于认罪认罚从宽制度如何与刑附民公益诉讼衔接也无相关规定。那么在审判实践中各地法院的做法又是如何？我们通过法信网输入“刑事附带民事公益诉讼”+“认罪认罚”，并将搜索范围限定在《刑法》第六章第六节“破坏环境资源保护罪”，共搜索到588篇裁判文书，将其中污染环境罪等12个罪名（非法处置进口的固体废物罪、擅自进口固体废物罪、破坏性采矿罪未找到相应文书）各随机抽取20篇文书，共计240份文书。通过对这些文书进行分类，发现主要存在以下三种模式：

（一）刑民分割模式

所谓刑民分割模式，是指法院采纳刑事部分认罪认罚的量刑建议，并支持附民公益诉讼部分的请求，但未将行为人已履行民事责任或表示愿意承担民事责任认定为量刑情节。见图1：

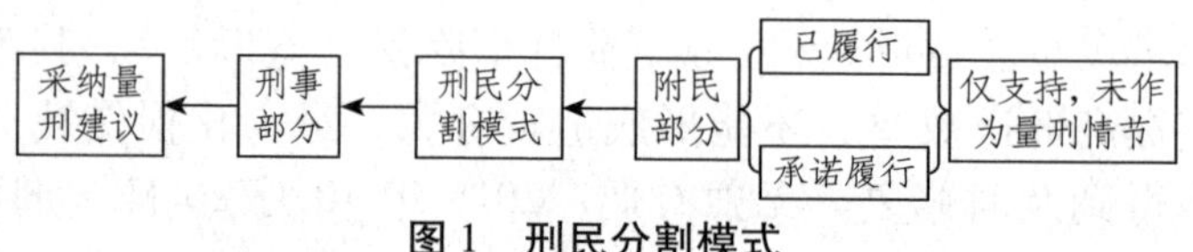

图1　刑民分割模式

据统计，该模式约占15%。且细分为两类：一类为被告人已履行民事责任。例如，河南省商城县人民法院审理的李某某非法猎捕、杀害珍贵、濒危野生动物、非法狩猎案，检察院与被告人就刑事部分签署认罪认罚具结书并提出量刑建议，法院予以采纳，并支持附民公益诉讼请求，但在被告人已缴纳生态多样性环境损害损失的情况下，未作为量刑情节予以表述；又如，黑龙江省鹤北人民法院审理的张某某等人非法猎捕、杀害珍贵、濒危野生动物、非法收购、运输、出售珍贵、濒危野生动物、珍贵、濒危野生动物制品案，检察院与被告人就刑事部分签署认罪认罚具结书并提出量刑建议，法院予以采纳，并支持附民公益诉讼请求，但在被告人已预缴经济损失赔偿的情况下，未作为量刑情节予以表述。另一类为被告人口头表示愿意承担民事责任，但尚未履行。例如，陕西省安康铁路运输法院审理的梅某某等人非法捕捞水产品案，法院认为三被告人自愿认罪认罚，可从宽处理，宣告缓刑。三被告人庭上表示愿意赔偿生态环境修复金，但法院未将此作为量刑情节，并判决在判决生效后10日内共同赔偿生态环境修复

金人民币 4000 元。

（二）未完全融合模式

所谓未完全融合模式，是指法院根据行为人刑事部分认罪认罚及附民公益诉讼部分履行义务分别予以从宽处理及从轻处罚。见图 2：

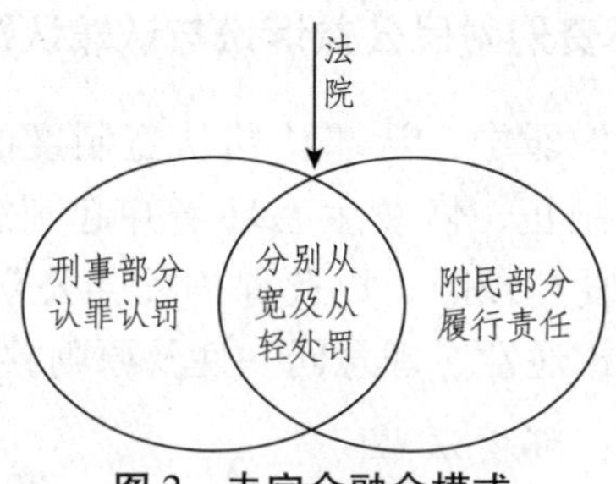

图 2　未完全融合模式

据统计，该模式约占 75%。例如，山东省枣庄市台儿庄区人民法院审理的冷某、杜某非法采矿案，法院认为两被告人认罪认罚，可从宽处理，在附民公益诉讼部分，其已缴纳生态环境修复费用，可从宽处理；又如，江西省吉安市吉州区人民法院审理的邹某某非法采伐、毁坏国家重点保护植物案，在法院审理阶段，由法院主持调解，被告人与检察院就附民公益诉讼部分达成调解协议，并于调解当日支付完毕经济损失及生态恢复费用。法院认为被告人自愿认罪认罚，予以从轻处罚，并已达成调解协议，并缴纳完毕，酌情从轻处罚。

（三）完全融合模式

所谓完全融合模式，是指检察院将行为人在附民公益诉讼部分“认赔”即积极修复生态等作为认罪认罚一部分，从而提出相应量刑建议。见图 3：

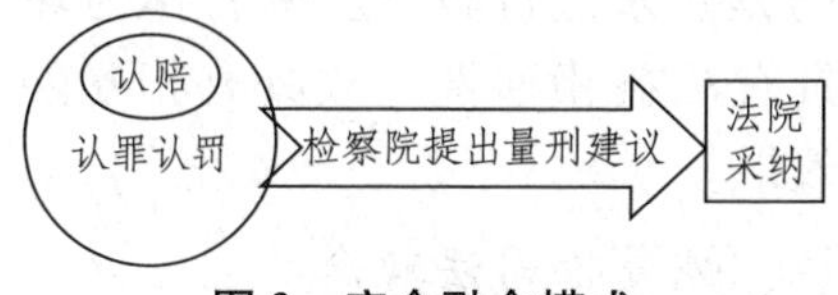

图 3　完全融合模式

据统计，该模式约占 10%。例如，甘肃省定西市安定区人民法院审理的韩某某、吕某某非法占用农用地案，检察院结合两被告人认罪认罚、在庭审时达成调解协议对毁坏的林地进行植被恢复治理，提出相应量刑建议，法院予以采纳；又如，贵州省遵义市某县人民法院审理的李某某非法占用农用地案，于庭前达成调解协议，并履行完毕，检察院关于其具有坦白情节、自愿认罪认罚、积极履行附带民事公益诉讼义务，建议对其适用缓刑，法院予以采纳。

从以上三种模式来看，完全融合模式是刑附民公益诉讼与认罪认罚从宽制度的最高融合，其将行为人“认赔”作为认罪认罚从宽的一部分，对鼓励行为人积极修复生态起到了积极的作用。但是，因为法律衔接的空白以及鲜少的审判案例，在实践中应该如何具体操作就成为亟待解决的问题。

二、价值剖析：环资刑附民公益诉讼与认罪认罚从宽制度的高度契合

在破坏环境资源保护罪中，认罪认罚从宽制度的目的是对污染环境或破坏资源犯罪及时有效制止，恢复生态环境并起到震慑作用，而刑附民公益诉讼的目的是环境恢复与预防，以此保护社会公众利益。通过价值剖析，不难发现两者存在法益相通性、理念同一性及原则共通性。

（一）法益相通性：环境法益

法益是根据宪法基本原则，由法所保护的、客观上可能受到侵害或者威胁的人的生活利益。[①] 刑法的目的是保护法益，作为环境资源保护的最后一道防线，其保护的是为犯罪所侵害的人们共同享有的生态环境利益，即环境法益。认罪认罚从宽制度作为《刑事诉讼法》规定的一种制度，其适用于各类犯罪，当然也涵盖“破坏环境资源保护罪”，其在推动国家治理体系和治理能力现代化方面发挥着卓越作用，使得刑法的法益保护功能发挥的更为优越。而在环资刑附民公益诉讼中，其保护的法益是不特定多数人的环境利益，这在《检察公益诉讼解释》第 20 条中明确规定，对破坏生态环境和资源保护的犯罪行为提起附带民事公益诉讼，必须符合损害社会公共利益这一要素。因此，在破坏环境资源保护罪中，两者在法益保护上具有相通性，即均保护环境法益。两者目的均是对受侵害环境法益进行救济，只不过救济途径和方式不同，一种是通过刑事手段及时惩罚犯罪，另一种是通过承担民事责任的方式来进行救济。两者作为环境法益系统性救济体系中的两种方式，因具有法益相通性，故具有相互融合、衔接的基础，以此相得益彰发挥最佳效果。

（二）理念同一性：恢复性司法理念

英国犯罪学家马歇尔认为，恢复性司法是指在一个特定的案件中，所有相关当事人聚集在一起共同商讨如何处理犯罪的后果及未来的影响的一个过程。其基本理念主要是平衡与恢复，平衡是指司法制度的运作应兼顾社会防卫、加害人补偿受害人以及培养加害人负责能力等三项功能。恢复是相对于报应的观念，认为司法的目的不在惩罚犯罪人的违法行为，而在

① 张明楷：《法益初论》，中国政法大学出版社 2003 年版，第 172 页。

恢复该行为对被害人、加害人及社会造成的伤害。[①] 在我国，认罪认罚从宽制度的根本目标是及时有效惩罚犯罪，维护社会稳定。被告人选择自愿认罪，减少与政府、被害人乃至社会的对抗，自身也得到了应有惩罚，社会关系得到最大程度修复，这完全符合恢复性司法理念，有利于和谐社会的构建。当然，恢复性司法理念不仅适用于刑事司法领域，在环资刑附民公益诉讼中，基于恢复生态环境目的，其同样适用。《最高人民法院关于审理环境民事公益诉讼案件适用法律若干问题的解释》（以下简称《环境民事公益诉讼解释》）第18条规定："对污染环境、破坏生态，已经损害社会公共利益或者具有损害社会公共利益重大风险的行为，原告可以请求被告承担停止侵害、排除妨害、消除危险、恢复原状、赔偿损失、赔礼道歉等民事责任。"在审判实践中，"补种复绿""管护林木""增殖放流"等多种修复形式被广泛运用。在破坏环境资源保护罪中，单单用刑罚惩罚被告人或者追究修复环境责任，都不足以达到生态环境长效治理的目的。出于修复被损害环境法益与预防再次被损害之目的，运用恢复性司法理念，将认罪认罚从宽制度与刑附民公益诉讼相结合，达到标本兼治的作用。

（三）原则共通性：激励原则

认罪认罚从宽制度通过对自愿认罪认罚的被追诉人给予程序和实体的双重从宽激励：一方面敦促其选择与办案机关合作，通过自愿认罪认罚而获得国家一定程度的宽恕即实现与国家和解；另一方面，敦促被追诉人向被害人认罪并通过赔礼道歉、退赃退赔、赔偿被害人损失等方式，与被害人达成和解或者附带民事诉讼调解协议，从而获得被害人谅解即实现与被害人和解。[②] 刑法惩罚犯罪的目的不是对被追诉人进行简单的刑事处罚，而是为了修复社会关系。刑附民公益诉讼作为新生事物，目前的认罪认罚从宽制度并没有将被追诉人承担停止侵害、排除妨害、消除危险、恢复原状、赔偿损失、赔礼道歉等民事责任及与刑附民公益诉讼起诉人达成调解协议归入其中，但基于环境法益的相通性及恢复性司法理念的同一性，更应当设置激励机制让行为人主动修复生态，在追究行为人法律责任的同时，也能够使得生态环境尽快得到恢复。见图4：

① 吴立志：《恢复性司法基本理念研究》，吉林大学2008年博士学位论文。

② 胡云腾：《正确把握认罪认从宽 保证严格公正高效司法》，载 https：//nd.mbd.baidu.com/4tZ5giNWQE？f=cp&u=dcc268d2e643ca7e，于2019年10月24日发布。

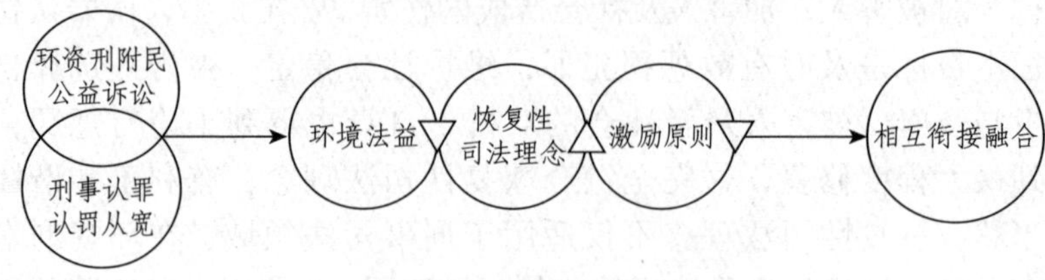

图4 价值剖析

比如《最高人民法院、最高人民检察院关于办理环境污染刑事案件适用法律若干问题的解释》第5条①对刚达到入罪标准，但积极修复所造成的环境损害的有悔罪表现的初犯予以从宽的相关规定。将积极修复生态环境作为从轻量刑的奖励，这就是激励原则的体现。在环资刑附民公益诉讼案件中，发挥激励原则的作用需要结合认罪认罚从宽制度，将行为人对环境资源的修复作为刑事量刑依据，以此获得程序和实体的双重从宽。

三、程序设计：环资刑附民公益诉讼“认罪认罚认赔”实现进路

《指导意见》对认罪认罚从宽制度的基本原则、适用范围及条件、从宽的把握、双方权益保障等均作了较为详细的规定，但是如何将环资刑附民公益诉讼“认赔”完全融入认罪认罚，需做一定的程序设计。

（一）“认赔”的形式

根据《指导意见》第7条规定，“认罚考察的重点是犯罪嫌疑人、被告人的悔罪态度和悔罪表现，应当结合退赃退赔、赔偿损失、赔礼道歉等因素来考量。犯罪嫌疑人、被告人虽然表示认罚，但隐匿、转移财产，有赔偿能力而不赔偿损失，则不能适用认罪认罚从宽制度。”

由此可见，对于犯罪嫌疑人、被告人而言，如其仅对刑事部分认罪认罚，但对附民公益诉讼部分有隐匿、转移财产，有赔偿能力而拒不赔偿损失的，亦不能适用认罪认罚从宽制度。那么，实践中有哪些“认赔”的形式？我们通过前述240份文书，梳理了一些常见的“认赔”形式，见表1：

① 《最高人民法院、最高人民检察院关于办理环境污染刑事案件适用法律若干问题的解释》第5条：实施刑法第338条、第339条规定的行为，刚达到应当追究刑事责任的标准，但行为人及时采取措施，防止损失扩大、消除污染，全部赔偿损失，积极修复生态环境，且系初犯，确有悔罪表现的，可以认定为情节轻微，不起诉或者免予刑事处罚；确有必要判处刑罚的，应当从宽处罚。

表 1　环资刑附民公益诉讼请求

罪名	请求		
	恢复原状	赔偿损失	赔礼道歉
污染环境罪	修复至污染损害发生之前的状态和功能	赔偿生态环境修复费用	在新闻媒体上向社会公众赔礼道歉
非法捕捞水产品罪	投放鱼苗	赔偿生态环境修复费用	同上
非法猎捕、杀害珍贵、濒危野生动物罪	—	赔偿国家资源损失或者生态多样性环境损害损失	同上
非法收购、运输、出售珍贵、濒危野生动物、珍贵、濒危野生动物制品罪	—	赔偿经济损失	同上
非法狩猎罪	—	支付赔偿款	同上
非法占用农用地罪	恢复原状，补植补种及管理义务	赔偿生态修复费用	同上
非法采矿罪	对非法采矿区土地复垦，修复被破坏生态	赔偿生态破坏及恢复治理费用	同上
非法采伐、毁坏国家重点保护植物罪	—	承担生态修复费用	同上
非法收购、运输、加工、出售国家重点保护植物、国家重点保护植物制品罪	—	赔偿经济损失	同上
盗伐林木罪	补种树木并保证存活率	赔偿生态环境修复费用	同上
滥伐林木罪	补种树木并保证存活率	赔偿生态环境修复费用	同上
非法收购、运输盗伐、滥伐的林木罪	—	赔偿经济损失	同上

（二）“从宽”的把握

根据《指导意见》第 9 条规定，“办理认罪认罚案件，应当区别认罪认罚的不同诉讼阶段、对查明案件事实的价值和意义、是否确有悔罪表现，以及罪行严重程度等，综合考量确定从宽的限度和幅度。在刑罚评价上，主动认罪优于被动认罪，早认罪优于晚认罪，彻底认罪优于不彻底认罪，稳定认罪优于不稳定认罪。”根据以上精神，行为人“认赔”越早其获得量刑优惠应该也越大。为了达到环境资源尽早修复之目的，应该对不同阶段“认赔”设置不同的量刑从轻幅度。比如，从起诉阶段到审判阶段始终认罪认罚认赔的，可减少基准刑的 40%以下；在审判阶段才认罪认罚认赔的，在确保罪刑相当、罪责刑相一致的前提下，可以减少基准刑的 20%以下。

以此激励行为人尽早履行民事责任，在争取量刑宽缓情况下，尽早地弥补过错、修复生态环境。

（三）“权益”的保障

认罪认罚从宽制度是参与型的司法制度，一方面通过赋予被追诉人以认罪认罚为前提条件，获得程序适用选择权和与控方协商量刑权；另一方面也确保被害方能有效参与到指控被告人的程序中来。那么在环资刑附民公益诉讼中，认罪认罚认赔模式应如何保障双方权益？

1. 被告人权益保障。检察院除了应当依法履行刑事部分的告知及释明义务，确保行为人对认罪认罚的法律规定、性质和法律后果的知悉权、平衡权和选择权之外，公益检察官还应向行为人解释其犯罪行为对社会公众的环境资源利益造成的损害，并就行为人面临的附民公益诉讼法律后果予以释明，同样也要确保行为人认赔的知悉权及选择权。

2. 指派法律援助律师。鉴于环资刑附民公益诉讼往往涉及众多专业技术问题，如在污染环境案件中，检察院会要求行为人承担环境污染造成的损失，这就涉及鉴定问题，包括环境修复费用、环境修复期间功能损失费用等，检察院会提供鉴定结论或通过专家证人出具专家意见来作为诉请的依据，其专业性可见一斑。因此，为了更好地保障被告人的合法权益，在其没有聘请律师的情况下，可以为其指派法律援助律师作为辩护人暨委托诉讼代理人，以此保障其充分行使法律赋予的各项诉讼权利。

3. 被害方参与权的代为履行。当事人权利平等保护是刑事诉讼的基本原则，根据《指导意见》第16条规定，“办理认罪认罚案件，应当听取被害人及其诉讼代理人的意见，并将犯罪嫌疑人、被告人是否与被害方达成和解协议、调解协议或者赔偿被害方损失，取得被害人谅解，作为从宽处罚的重要考虑因素。”不过，在破坏环境资源保护罪中，其损害的为不特定多数人的社会公共利益，被害方往往难以确定，因此在协商过程中如何保障被害方的参与权就成为关键。我们认为，既然检察院作为附民公益诉讼的起诉人，代表着社会公共利益，在认罪认罚从宽制度的适用中，其可以代为履行被害方的参与权。但是前提条件是必须履行诉前公告程序，《最高人民法院、最高人民检察院关于人民检察院提起刑事附带民事公益诉讼应否履行诉前公告程序问题的批复》中明确“人民检察院提起刑事附带民事公益诉讼，应履行诉前公告程序”。我们认为，在与被告人签署认罪认罚生态修复具结书时，检察院应先履行诉前公告，在公告期内未有法律规定的机关和有关组织提起民事公益诉讼的，检察院才可以代为履行被害方的参与权，提出相关意见。

四、路径探索：环资刑附民公益诉讼“认罪认罚认赔”模式构建

在环资刑附民公益诉讼中，行为人“认赔”是否可以设置在诉讼的各个阶段？在认罪认罚从宽制度的框架下，诉前督改模式、先予执行裁定、庭前会议调解将更好的实现行为人“认赔”之目的。

（一）刑民同步：诉前督改模式

诉前督改模式，是指检察院将民行程序与公诉程序同步介入、同步提审，在诉前与行为人签署认罪认罚生态修复具结书，并由此提出量刑建议。其基础在于多数轻微损害环资刑事案件中，行为人多数是基于逐利性目标而损害生态环境，犯罪主观恶性、人身危险性相对较小，认罪悔罪态度较好，民事赔偿意愿较为强烈，故可在诉前结合其修复环境能力、赔偿意愿等情节，采取灵活综合的责任承担方式，通过达成给付环境修复费用或替代性修复措施等协议，签署认罪认罚生态修复具结书，实现刑民责任同时履行。以江苏省南京市高淳区为例，见图 5：

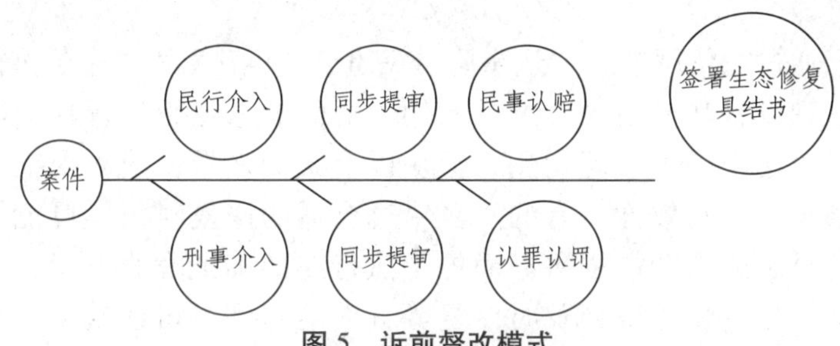

图 5　诉前督改模式

在刑案办理环节，检察院在民行程序中同步介入、同步提审，同时以《江苏省人民法院关于推进公益诉讼工作的指导意见》为指引，制作了《刑事附带民事公益诉讼诉前督改告知书》《缴纳生态环境修复费用具结书》，告知当事人侵权行为对生态资源造成的危害，邀请法律援助律师到场，督促其在认罪认罚的同时主动“认赔”，自愿修复造成的公益损害。法院就认罪认罚的真实性、自愿性予以审查，并作出判决。[①] 以诉前督改的形式，将“认赔”作为认罪认罚从宽的组成部分，并可以规定一定的期限作为考察期，被追诉人须在规定的期限内履行义务。如果检察院发现行为人在规定期限内没有履行或没有完全履行义务，可以对原来的量刑建议予以调整。

---

① 崔洁：《南京高淳区：探索刑附民公益诉讼“认罪认罚认赔”新模式》，载 http：/www. jcrb. com/procuratorate/jcpd/201904/t20190429_ 1996316. html，于 2019 年 4 月 29 日发布。

（二）先民后刑：先予执行裁定

先予执行是法院在受理案件后终审判决作出前，根据一方当事人的申请，裁定对方当事人向申请一方给付一定数额的金钱或者财物，或者实施或停止某种行为，并立即付诸执行的一种程序。该程序可以让生态环境得以及时有效恢复。而在司法实践中，有些法院已经开始尝试实行。例如，在《最高人民检察院关于印发检察机关服务保障长江经济带发展典型案例的通知》中，吴湘等人非法捕捞水产品案即是如此。因国家规定的禁渔期将于2018年6月30日结束，为充分利用洞庭湖尚处于禁渔期的时机，6月20日检察院申请先予执行生态修复，法院裁定限被告人于6月25日前交付生态修复金，购买成鱼和鱼苗投放。6月25日，检察院联合法院、公安、渔政等，组织社会公益组织、渔民和志愿者举行了公益诉讼增殖放流生态保护活动，现场见证投放成鱼、幼鱼，并委托公证部门予以公证。后该案于7月5日庭审宣判，法院认定“被告人到案后能如实供述犯罪事实，并积极履行裁定，使破坏的水生物资源和水生态环境得到一定程度的修复，可依法从轻处罚”。

当我们通过法信网输入“刑事附带民事公益诉讼”+“先予执行”进行搜索时，发现没有其他相关文书及案例。由此看来先予执行在刑附民公益诉讼中，暂时还未得到广泛运用，但从以上案例来看，修复受损生态环境有时具有急迫性、时效性，有的一旦错过合适的修复时机，可能导致生态损害扩大甚至永久性功能损害。而先予执行在准确把握修复时机、避免生态损害扩大、环境资源得到及时修复等方面能起到不可或缺的作用。而将之与认罪认罚制度相结合，先民后刑，将被告人积极履行裁定的内容作为刑事量刑的考虑因素，从而予以从轻处罚，既能够及时惩罚犯罪，又能够修复生态环境。

（三）审前调解：庭前会议制度

《刑事诉讼法解释》第184条规定：“庭前会议中，被害人或者其法定代理人、近亲属提起附带民事诉讼的，审判人员可以调解。”问题的关键在于刑附民公益诉讼是否适用调解？我们认为可以适用但需作一定限制。因为刑附民公益诉讼作为公益诉讼的新型模式，与传统刑事附带民事诉讼既有联系又有区别，其兼具刑事附带民事诉讼和公益诉讼的双重特点。通过对《检察公益诉讼解释》研究，该解释分为“一般规定、民事公益诉讼、行政公益诉讼、附则”四部分，而刑附民公益诉讼规定在民事公益诉讼之下，且在附则中明确“本解释未规定的其他事项，适用民事诉讼法、行政诉讼法以及相关司法解释的规定”。因此，刑附民公益诉讼能否适用调解，可参照民事公益诉讼的相关规定。而《环境民事公益诉讼解释》《最高人民法院关于适用〈中华人民共和国民事诉讼法〉的解释》（以下简称《民事诉讼法司法解释》）及《人民法院审理人民检察院提起公益诉讼案件试点工作实施办法》均对民事公益诉讼调解制度作出规定。见表2：

表2　民事公益诉讼调解规定

《环境民事公益诉讼解释》第25条	环境民事公益诉讼当事人达成调解协议或者自行达成和解协议后，人民法院应当将协议内容公告，公告期间不少于30日。公告期满后，人民法院审查认为调解协议或者和解协议的内容不损害社会公共利益的，应当出具调解书。当事人以达成和解协议为由申请撤诉的，不予准许。调解书应当写明诉讼请求、案件的基本事实和协议内容，并应当公开
《民事诉讼法解释》第289条	对公益诉讼案件，当事人可以和解，人民法院可以调解。当事人达成和解或者调解协议后，人民法院应当将和解或者调解协议进行公告。公告期间不得少于30日。公告期满后，人民法院经审查，和解或者调解协议不违反社会公共利益的，应当出具调解书；和解或者调解协议违反社会公共利益的，不予出具调解书，继续对案件进行审理并依法作出裁判
《公益诉讼案件试点工作实施办法》第8条	人民检察院与被告达成和解协议或者调解协议后，人民法院应当将协议内容公告，公告期间不少于30日 公告期满后，人民法院审查认为和解协议或者调解协议内容不损害社会公共利益的，应当出具调解书

从以上规定来看，第一，环境民事公益诉讼案件适用调解制度；第二，法院应将调解协议予以公告，公告期不得少于30日；第三，公告期满后，法院予以审查是否违反社会公共利益，审查通过则出具调解书，否则继续审理。见图6：

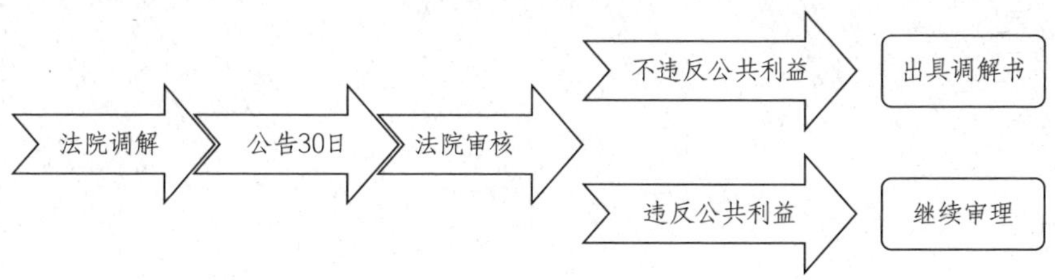

图6　调解程序

那么环资刑附民公益诉讼是否应参照以上规定？我们认为，调解必须在法院的主导下进行，并适用公告限制及审查限制。因为检察院作为国家法律监督机关，其与普通原告的诉讼职能有所不同。其承担着公允义务，代表社会公共利益，其处分权受到一定限制，必须在法院的主持下进行调解，并由法院主动全面的审查和确认调解内容。而在开展认罪认罚从宽制度中，庭前会议制度在繁简分流、提高审判效率中发挥着积极作用。在庭前会议上由法院主持对附民公益诉讼部分进行调解，可以在审前进行协商，如被告人认罪认罚，且就民事部分积极承担责任，在认罪认罚基础上将民事部分作为刑事量刑的考量因素，调整相应的量刑建议，并将调解协议书公告 30 日，期满后法院予以审查，如不违反社会公共利益，则出具调解书，在开庭审理中仅就刑事部分予以开庭，附民公益诉讼部分可不再审理，以此提高诉讼效率；如违反社会公共利益的，则不予出具调解书，继续对案件审理并依法作出裁判。

结　语

本文通过对法信网 240 份破坏环境资源保护罪“刑事附带民事公益诉讼”+“认罪认罚”判决书的实证分析发现，因没有相关规定，目前在环资刑附民公益诉讼中，其与认罪认罚从宽制度的衔接尚不畅通，但两者基于环境法益的相通性、恢复性司法理念的同一性及激励原则的共通性，具有衔接的价值基础，应就不同阶段“认赔”设置不同的量刑从轻幅度、指派法律援助律师、检察院代为履行被害方参与权等进行程序设计及通过诉前督改模式签署认罪认罚生态修复具结书、先民后刑先予执行裁定、发挥庭前会议作用进行审前调解等，探讨建立“认罪认罚认赔”新模式，以及时有效地惩处犯罪并使得生态环境得到最大程度修复，实现诉讼价值最大化。但本文提出的建议还比较粗略，如何确保两者更好地衔接，需要出台更为详实的规定，把恢复性司法理念更好地运用于生态环境保护。

不动产错误登记赔偿责任性质与形态的司法困境与出路

——基于217份行政、民事裁判样本分析

齐志龙*

引　言

我国原《物权法》第21条规定："当事人提供虚假材料申请登记，给他人造成损害的，应当承担赔偿责任。因登记错误，给他人造成损害的，登记机构应当承担赔偿责任。登记机构赔偿后，可以向造成登记错误的人追偿。"《民法典》颁布后，第222条对该条的个别词句进行了修正，并没有实质修改。这一规定确立了不动产错误登记赔偿责任性质与形态的认定规则，但在司法认定中却出现了一定的偏差，造成了法律适用的困境。本文通过裁判样本剖析了登记申请人和登记机构在混合侵权下性质与形态认定出现的问题及原因，并提出了应对之路径，希冀能够对不动产错误登记赔偿责任性质与形态的认定提供一种研究视角。

一、困境之象：不动产错误登记赔偿责任性质与形态认定之实践困境

截至2020年6月5日，笔者随机检索了中国裁判文书网172份虚假登记损害责任纠纷一审判决书和裁定书①以及97份因登记错误行政赔偿一审判决书②为样本。经笔者筛选与本次研究对象无关文书，共检索出涉及登记申请人与登记机构构成混合侵权的142份民事裁判文书与75份行政赔偿文书共计217份裁判样本。

（一）标准不一：不动产错误登记赔偿责任性质和形态认定标准各异

1. 登记机构赔偿责任性质认定两级分化。通过笔者对全国142份虚假

---

* 作者单位：湖南省株洲市中级人民法院。

① 检索条件：虚假登记损害责任纠纷；审判程序：一审；一级案由：民事案由；法院层级：基层法院，中国裁判文书网，http：//wenshu. court. gov. cn，最后访问时间：2020年6月5日。

② 检索条件：登记错误；关键词：行政赔偿；一级案由：行政案由；审判程序：一审；文书类型：判决书，中国裁判文书网，http：//wenshu. court. gov. cn，最后访问时间：2020年6月5日。

登记损害责任纠纷中对登记机构赔偿责任性质的认定统计，认为登记机构赔偿责任性质为行政赔偿责任的占69%，认为系民事责任的只占31%，两者差异非常明显。在裁判说理上，两者更是针锋相对，认定行政赔偿责任的法官认为，根据《国家赔偿法》第2条规定：“国家机关和国家机关工作人员行使职权，有本法规定的侵犯公民、法人和其他组织合法权益的情形，造成损害的，受害人有依照本法取得国家赔偿的权利。”登记机构系行政机关，其办理权属变更登记的行为属于行政行为，因不当行政行为造成当事人损失的，如需主张赔偿权利，应通过行政途径或行政诉讼解决。① 认定民事赔偿责任的法官认为，根据原《民法通则》第121条的规定：“国家机关或者国家机关工作人员在执行职务中，侵犯公民、法人的合法权益造成损害的，应当承担民事责任。”登记机构因登记错误给他人造成损失，依法应当承担民事赔偿责任（见表1）。②

表1　217份样本裁判中对登记机构赔偿责任性质认定归纳总结

<table>
<tr><th>性质</th><th>裁判理由</th><th>法律依据</th><th>审慎义务审查</th><th>归责原则</th><th>件数</th><th>比例</th></tr>
<tr><td>行政赔偿责任</td><td>1. 登记行为属于行政行为
2. 不平等主体
3. 原《物权法》可适用行政赔偿，且是行政机关追偿的依据</td><td>1. 原《物权法》第21条
2. 《国家赔偿法》第2条、第4条
3. 《最高人民法院审理房屋登记案件规定》第12条</td><td>审查</td><td>违法归责原则（过错责任原则）</td><td>75件行赔判决+98件民赔裁判（包含65份驳回起诉裁定和33件判决）</td><td>69%（75份行政判决不计算在内）</td></tr>
<tr><td rowspan="2">民事责任</td><td rowspan="2">1. 国家机关工作人员执行任务侵权
2. 民事案由承担民事责任
3. 原《物权法》属于民法</td><td>1. 原《物权法》第21条
2. 原《民法通则》第106条
3. 原《侵权责任法》第6条
4. 原《民事案件案由的规定》</td><td>审查</td><td>过错责任</td><td>28</td><td>19.7%</td></tr>
<tr><td>1. 原《物权法》第21条
2. 原《民法通则》第121条
3. 原《侵权责任法》第34条</td><td>不审查</td><td>无过错责任</td><td>16</td><td>11.3%</td></tr>
</table>

① 参见浙江省诸暨市人民法院（2016）浙0681民初12973号民事判决书。

② 参见广西壮族自治区北流市人民法院（2014）北民初字第890号民事判决书。

2. 登记机构与登记申请人的责任形态判定各异。据判决样本统计（见表2），登记机构与登记申请人在混合侵权下，责任形态主要有按份责任、连带责任、不真正连带责任、中间性质按份责任、补充责任形态。在不区分登记机构赔偿责任性质下，其中认定按份责任的占44.1%，连带责任占5.9%，不真正连带责任占31.6%，中间性质按份责任占15.1%，补充责任占3.3%。对比各责任形态的法律依据，其实主要是表现在对原《物权法》第21条、《最高人民法院审理房屋登记案件规定》第12条[①]两条规定的适用的分歧上，最终的落脚点则在于登记机构应当承担其过错相应的责任，还是登记申请人才是最终责任承担者的问题。

表2 152份民事和行政赔偿判决样本下登记申请人和登记机构的责任形态

	责任形态	定义	法条依据	程序衔接	便捷性	件数	比例
登记申请人（民事赔偿）+登记机构（行政赔偿）	按份责任	对外分责任，不追偿	《最高人民法院审理房屋登记案件规定》第12条	民赔+行赔或合并审理	烦琐或便捷	41	27%
	连带责任	对外全责或分责，对内按分责追偿	原《物权法》第21条结合《最高人民法院审理房屋登记案件规定》第12条	民赔或行赔	便捷	9	5.9%
	不真正连带责任	对外全责或分责，对内单向追偿，最终责任者是登记申请人	原《物权法》第21条	民赔或行赔	便捷	30	19.7%
	中间性质按份责任	对外分责，对内单向追偿，最终责任者是登记申请人	原《物权法》第21条结合《最高人民法院审理房屋登记案件规定》第12条	民赔+行赔或合并审理	烦琐或便捷	23	15.1%
	补充责任	对外先民赔后行赔，对内单向追偿，最终责任者是登记申请人	原《物权法》第21条结合《最高人民法院审理房屋登记案件规定》第12条	民赔+行赔或合并审理	烦琐或便捷	5	3.3%

① 《最高人民法院审理房屋登记案件规定》第12条规定："申请人提供虚假材料办理房屋登记，给原告造成损害，房屋登记机构未尽合理审慎职责的，应当根据其过错程度及其在损害发生中所起作用承担相应的赔偿责任。"

续上表

	责任形态	定义	法条依据	程序衔接	便捷性	件数	比例
登记申请人（民事赔偿）+登记机构（民事赔偿）	按份责任	对外分责，不追偿	《最高人民法院审理房屋登记案件规定》第12条	民赔	便捷	26	17.1%
	不真正连带责任	对外全责，对内单向追偿，最终责任者是登记申请人	原《物权法》第21条	民赔	便捷	18	11.8%

（二）思维异化：不动产错误登记的赔偿责任性质和形态认定存在认识及逻辑偏差

1. 对虚假登记损害责任纠纷的适用存在认识误区。依据《民事案件案由规定》，虚假登记损害责任纠纷责任人既包括提供虚假材料登记申请人，也包括登记错误的登记机构，按理登记机构承担民事责任仍有适用空间。[①]但在有的裁判样本中，一方面认定本案系虚假登记损害责任纠纷，另一方面依据《国家赔偿法》和《最高人民法院关于审理房屋登记案件若干问题的规定》认定登记行为属于行政行为，不属于民事案件审理范围，从而裁定驳回起诉。[②]

2. 对责任形态认定逻辑偏差。根据《最高人民法院关于审理房屋登记案件若干问题的规定》第12条规定，登记申请人与登记机构承担的是按份责任。《物权法》第21条规定了登记机构可向登记申请人追偿。通过样本判决发现（表2），有15.1%、5.9%的法官在结合《物权法》第21条和《最高人民法院关于审理房屋登记案件若干问题的规定》第12条基础上，依赖自己的经验推理和解构，推出登记机构与登记申请人为中间性质的按份责任和连带责任，出现逻辑偏差。其中中间性质的按份责任的逻辑基础是，既然依据上述规定，责任形态是按份责任和追偿，则登记申请人和登记机构对外承担按份责任；但对内而言，登记申请人才是最终责任承担者，登记机构承担责任后可向登记申请人追偿。[③] 而连带责任的逻辑基础是，既然《物权法》第21条规定了追偿，则登记申请人和登记机构对外而言不是按份责任，《最高人民法院关于审理房屋登记案件若干问题的规定》第12

---

① 参见最高人民法院民事案件案由规定课题组：《最高人民法院民事案件案由规定理解与适用》，人民法院出版社2011年版，第87页。

② 参见四川省乐山市市中区人民法院（2017）川1102民初1383号民事裁定书。

③ 参见海南省东方市人民法院（2018）琼9007行赔初1号行政判决书。

条规定按份责任应该是对内而言，故登记申请人和登记机构对外承担的责任形态应该是连带责任，对内登记机构和登记申请人承担的是按份责任。[①]

（三）程序难衔：权利人选择民事诉讼或行政赔偿诉讼下的权利救济困境

通过表2可以看出，权利人的程序救济的简便与烦琐与责任性质、形态的认定有着紧密联系，当认定登记机构的责任性质是行政赔偿责任，其责任形态在按份责任、中间性质按份责任、补充责任下，程序救济有三种：一是分案处理模式，即分别提起民事诉讼或行政赔偿诉讼，这种针对同一损失需提起两类诉讼的处理模式在判决样本占据多数，无疑增加了当事人诉累；二是合并审理模式，在行政赔偿诉讼中将登记申请人列为第三人合并审理，法院直接在判决主文判决第三人和登记机构向权利人赔偿，[②] 这无疑是最简便的诉讼方式，但在行政赔偿诉讼中是否能判决非行政机关的第三人向权利人赔偿，一直是理论和实践中争议的焦点；三是先民后行模式，该种模式必须以认定补充责任形态为前提，他们认为行政赔偿是最终的救济制度，应以权利人先穷尽民事救济程序，在赔偿不足下，才可提起行政赔偿诉讼[③]。

二、困境之源：不动产错误登记赔偿责任性质与形态认定困境之原因探究

为了寻求不动产错误登记赔偿责任性质与形态认定困境的突围，须从问题背后的原因寻找突围点。

（一）法出多门：多部法律司法解释导致赔偿性质认定不一

司法实践中对提供虚假材料登记申请人的责任性质属于民事责任，并无争议，但其对于登记机构的责任性质，因《物权法》第21条的规定过于刚性，争议很大。最终导致的结果是，民事法官认定登记机构赔偿性质为民事责任时引用《民法通则》与该条规定相结合[④]，行政法官在认定登记机构赔偿责任性质为行政赔偿时亦引用《国家赔偿法》与该条规定相结合[⑤]。除此以外，通过表1我们可以看出，登记机构赔偿责任性质两级分化亦是由于其他法律与司法解释对登记机构的赔偿责任性质都作出了规定，法出多门，都有法可依，都有据可循，这也导致了权利人在审判程序上的选择困

---

① 参见安徽省石台县人民法院（2018）皖1722民初501号民事判决书。

② 参见安徽省安庆市中级人民法院（2017）皖08行赔初6号行政赔偿判决书。

③ 参见浙江省温州市中级人民法院（2010）浙温民终字第1036号民事判决书。

④ 参见广西壮族自治区北流市人民法院（2014）北民初字第890号民事判决书。

⑤ 参见湖北省南漳县人民法院（2018）鄂0624行赔初1号行政赔偿判决书

境：民事诉讼抑或行政诉讼。

（二）先入为主：登记机构赔偿责任违法归责原则存在事先预设

事先预设，是指法官在认定适用某一法律问题时，以其在头脑中占据主导地位的第一反应或先获得的印象认定，容易形成先入为主的思维预设，以后再遇到不同观点时，或容易排斥。登记机构赔偿责任的性质的认定，主要是来源于对登记机构赔偿责任归责原则的把握。在认定归责原则时，我们头脑中占据主导地位的第一反应是造成不动产登记错误，登记人员在审查时未尽到合理审慎职责，想当然就认定登记机构是过错责任。接下来就易就达成一个证成，既然登记机构的登记行为是行政行为，且登记机构违法行使了职权，登记机构应当承担行政赔偿责任（69%）；或既然民事案由是虚假登记损害责任纠纷，登记机构又有过错，造成登记错误，应该承担民事责任（19.7%）。[①] 由此，88.7%法官认为登记机构承担的是违法归责原则或过错责任，只有 11.3%的法官认为登记机构亦存在承担无过错责任的可能。正因如此，违法归责原则先入为主的思维预设，不仅易造成认定登记机构承担行政赔偿责任的扩大化，亦容易造成《民法典》第 1191 条规定的无过错责任适用空间的虚化。

（三）理念偏执：过错相适应的理念偏执致使责任形态结果偏执

据样本判决分统计（表 2），44.1%的法官认为登记申请人与登记机构为按份责任，法律依据是《最高人民法院关于审理房屋登记案件若干问题的规定》第 12 条规定，有意或无意地没有引用《物权法》第 21 条关于追偿的规定，其潜在的理念是，虽然导致不动产登记错误的直接原因力是提供虚假材料的登记申请人，但登记机构在审查时违反审慎义务亦有过错，应承担相应部分责任，其承担责任后，不能再向申请人追偿。[②] 另外一种情况 5.9%的法官确实引用了《物权法》第 21 条关于追偿的规定，但一旦与《最高人民法院关于审理房屋登记案件若干问题规定》第 12 条结合，推导出的结论是登记申请人与登记机构承担连带责任，对内仍是按双方的过错程度承担相应的责任。笔者发现，不能认识到登记机构的过错只是间接原因力，登记申请人才是最终责任承担者，致使登记申请人与登记机构责任形态一直处于结果偏执中。

三、困境之思：不动产错误登记赔偿责任性质与形态认定之返璞归真

对于不动产错误登记赔偿责任性质与形态的司法认定中出现的困境，

---

① 参见江西省上高县人民法院（2015）上民一初字第 80 号民事判决书。

② 参见上海市徐汇区人民法院（2018）沪 0104 民初 9613 号民事判决书。

我们应回归法律的初心与实践理性，以达到对责任性质与形态认定之返璞归真。

（一）回归理论本源：责任性质应回归责任属性及责任归责原则本源

理论界，对登记机构的赔偿责任性质与归责原则分歧很大，大致有行政赔偿说、民事责任说、双重责任说，笔者梳理概括如表3：

表3　理论界对登记机构赔偿责任性质和归责原则分歧

学说	观点	归责原则	代表学者
行政赔偿责任说	登记机构是国家机关，登记行为实质是行政行为，具有公法属性	违法归责	江平、梁慧星、崔建远等
民事赔偿责任说	登记机关虽然是行政机关，但不动产登记依赖于申请人的意思表示，属于民事权利变动行为，具有私法属性	无过错责任	王崇敏、孙宪忠等
		过错责任	杨立新、武立宏等
双重责任说	不动产登记包括登记申请人的申请行为和登记机构的审查登记行为，应赋予登记行为具有公私法属性。受害人可以请求登记机构承担民事责任或行政赔偿责任	违法归责（行政）或过错责任（民事）	王利明、程啸等

通过上表我们可以看出，三种学说对登记机构赔偿责任性质及对归责原则的认定各有其合理之处，但亦存在不足。行政赔偿责任说不能解释没有当事人的申请，登记机构如何实施行政职权以及登记的目的何在；民事赔偿责任说不能解释负责登记的行政机关从事的却不是行政行为，也过分强调了私权自治在登记中所起的作用。① 笔者认为，双重责任说更能反映登记行为运作状态和实质，且通过笔者对裁判样本分析（表1），无论是认定登记机构赔偿责任是行政赔偿还是民事赔偿均有实体法依据，贸然否定其中一种责任，并不妥当，应赋予其双重责任属性。在责任归责原则方面，理论界对认定登记机构赔偿责任性质是行政赔偿，其归责原则系违法归责原则，相当于民法上的过错责任，并无争议。② 但当认定登记机构的责任性质系民事赔偿责任下，其归责原则是无过错责任还是过错责任一直是理论的争议焦点（表3），一种观点认为登记错误即是讲过错，登记机构承担过错责任③；第二种观点认为无论何种情况，只要登记错误，登记机构承担无

① 物权登记案件法律适用问题调研课题组：《物权登记与司法审查及新司法解释解读》，人民出版社2011年版，第8页。

② 参见梁慧星：《中国物权法草案建议稿——条文、说明、理由与参考立法例》，社会科学文献出版社2000年版，第190页。

③ 参见杨立新：《论不动产错误登记损害赔偿责任性质》，载《当代法学》2010年第1期。

过错责任[①]；第三种观点认为因登记申请人提供虚假材料导致登记错误，登记机构是过错责任，除此情形下登记机构承担无过错责任[②]，该种观点由双重责任说主张（见图 1）。笔者认为，产生上述争议，皆因《民法典》第 222 条（《物权法》第 21 条）只强调了登记错误这种侵权行为，并未明确登记机构是过错责任或无过错责任，所以最终我们要回归到责任归责原则的本源上来，一是登记机构的责任归责原则是否与登记申请人的原因力有关联，二是登记机构的登记人员因登记错误导致他人损害的侵权实质，寻找突破口。

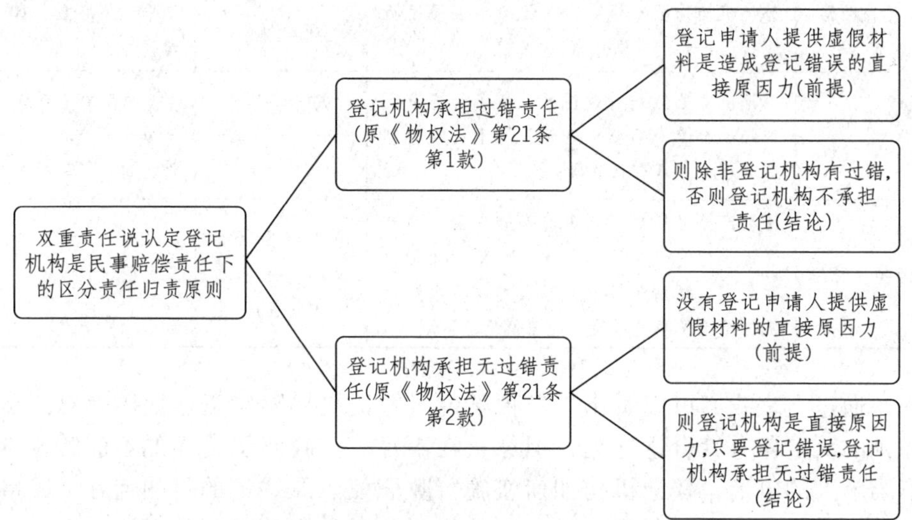

图 1　双重责任说在民事赔偿责任中的区分责任归责原则

（二）回归立法本意：责任形态应回归《民法典》的本意

1. 按份责任形态的立法供给缺陷。《最高人民法院审理房屋登记案件若干问题的规定》第 12 条明确规定了登记机构承担与其过错程度相应的赔偿责任，即发生登记错误时，登记申请人应和登记机构承担按份责任。《民法典》第 117 条规定："二人以上依法承担按份责任，能够确定责任大小的，各自承担相应的责任；难以确定责任大小的，平均承担责任。"即法院以按份责任判决时需明确登记机构和登记申请人应承担的责任大小，两者是不存在追偿问题的。《民法典》第 222 条明确规定，登记机构赔偿后可以向登记申请人追偿，故从《民法典》第 222 条是绝难推出登记机构和登记申请

① 参见孙宪忠：《不动产登记暂行条例专家解读与法律适用》，中国法制出版社 2015 年版，第 354 页。

② 参见王利明、尹飞、程啸：《中国物权法教程》，人民法院出版社 2007 年版，第 93 页。

人是按份责任的，《最高人民法院关于审理房屋登记案件若干问题的规定》第 12 条规定确有欠妥当。

2. 中间性质按份责任和连带责任形态的立法供给缺陷。这两种责任形态表面上看是法官结合《民法典》第 222 条和《最高人民法院关于审理房屋登记案件若干问题的规定》第 12 条规定推导出来的责任形态，连带责任形态违反了《民法典》第 178 条对适用连带责任必须以“法律规定或当事人约定”为前提的规定。而中间性质的按份责任其实是来源于《最高人民法院审理房屋登记案件若干问题的规定》的起草者对第 12 条规定的解读，他们认为，登记机构对外只承担与其过错程相适应的赔偿责任，此即按份责任，但其承担责任后可以向最终责任人追偿，此即中间责任，合称中间性质的按份责任。[①] 笔者认为，通过对表 2 分析可知，这种中间性质的按份责任显然和《民法典》中责任形态理论不合，它既不是连带责任[②]，也不是补充责任[③]，更不是不真正连带责任[④]，实质是臆造出来的一种责任形态。

3. 补充责任形态立法供给缺陷。虽然在判决样本中，只有 3. 3%的法官认为登记机构与登记申请人的责任形态是补充责任，但该种观点却得到了部分学者的认同。他们认为，最高人民法院起草者对《最高人民法院关于审理房屋登记案件若干问题的规定》第 12 条解读为中间性质的按份责任，其实相当于相应的过错补充责任，登记机构承担过错补充责任后可向登记申请人追偿。[⑤] 该种混合式侵权确实与《民法典》所规定的第三人侵权时，公共场所管理人和教育机构承担的补充责任更具有相似性，可参照适用。[⑥] 笔者认为，补充责任形态对《民法典》第 222 条规定登记机构赔偿后可向登记申请人追偿进行了回应，亦对《最高人民法院关于审理房屋登记案件若干问题的规定》第 12 条登记机构承担相应赔偿责任进行了补充责任的解读，值得肯定，但在没有法律与司法解释明确规定下，不能据此就认定《民法典》第 222 条规定的登记申请人与登记机构赔偿顺序上有先后之分。[⑦]

---

① 参见赵大光、杨临萍、王振宇：《〈关于审理房屋登记案件若干问题的规定〉的理解与适用》，载《人民司法》2010 年第 23 期。

② 参见《民法典》第 178 条。

③ 参见《民法典》第 1198 条、第 1201 条。

④ 参见《民法典》第 1203 条、第 1223 条、第 1233 条、第 1250 条。

⑤ 刘保玉：《不动产登记机构错误登记赔偿责任的性质与形态》，载《中国法学》2012 年第 2 期。

⑥ 史智军：《虚假登记损害责任之民行诉讼交叉问题的解决》，载《人民司法（应用）》2017 年 13 期。

⑦ 王利明：《物权法研究》，中国人民大学出版社 2007 年版，第 368 页。

四、困境之解：不动产错误登记损害赔偿责任性质与形态认定之完善建议

《民法典》公布以后，最高人民法院即发出清理和修改司法解释的通知，这给我们未来明确不动产错误登记损害赔偿责任性质与形态的认定规则提供了契机。我们应回归责任性质的理论本源与责任形态的立法初衷，寻求路径的突围。

（一）构建顶层：确定不动产错误登记损害赔偿责任性质与形态的认定规则

1. 登记机构的赔偿责任具有双重责任属性，其归责原则为违法归责（行政赔偿）或无过错责任（民事赔偿）。但笔者并不赞同双重责任说在民事赔偿责任下的区分责任归责原则，登记机构的责任归责原则与登记申请人的行为并无关联，无论何种情形导致的登记错误，登记机构均应承担无过错责任，理由在于：

一是《民法典》第 1165 条、第 1166 条规定的过错责任和无过错责任归责原则，与行为人的过错和法律规定有关，其他行为人的过错不会影响归责原则的认定。双重责任说认定登记机构的责任归责原则与登记申请人的原因力有关联，其逻辑基础是把《民法典》第 222 条的第 1 款和第 2 款割裂为两种不同情形推导而致，实际上，《民法典》第 222 条第 21 条第 1、2 款应为一个整体，否则第 2 款无需特别规定登记机构赔偿后可以向登记申请人追偿了。

二是《民法典》第 222 条规定的是登记申请人、登记机构两个原因合力导致登记错误的责任承担问题，登记申请人应承担过错责任并无异议，我们只需要考虑登记机构的责任承担问题，《民法典》第 1191 条第 1 款规定，用人单位的工作人员因执行工作任务造成他人损害的，由用人单位承担侵权责任责任。此处用人单位工作人员的范围，不仅包括劳动合同法领域的用人单位，还当然地包括公务员、参照公务员进行管理的其他工作人员等。[①] 故登记机构的工作人员因登记错误造成他人损害的侵权实质即用人单位工作人员执行工作任务侵权，登记机构应承担无过错责任。

2. 具体适用时应以登记人员是否违反审慎义务来区分是民事责任还是行政赔偿责任。双重责任说认为，赔偿权利人既可以向登记机构请求行政赔偿责任，亦可以向登记机构请求民事赔偿（见表 3）。笔者认为，在具体

---

① 参见最高人民法院侵权责任法研究小组：《〈中华人民共和国侵权责任法〉条文理解与适用》，人民法院出版社 2016 年版，第 245 页；张新宝：《侵权责任构成要件研究》，法律出版社 2007 年版，第 185 页。

适用时，赔偿权利人并无选择权，登记机构的赔偿责任性质应以登记人员是否违反审慎义务来区分是民事责任还是行政赔偿责任。第一，《民法典》公布后，《民法典》第1191条第1款系国家机关工作人员侵权行为的一般法，而《国家赔偿法》中关于行政机关工作人员侵权责任的规定均应属于第34条第1款的特别法，[①] 该观点亦是来源于梁慧星、王利明教授的观点。[②] 第二，按照一般法和特别法的适用规则，当特别法有规定时用特别法，特别法无规定时用一般法。依据一般法《民法典》的规定，登记机构的工作人员无论其是否违反审慎义务，只要登记错误，登记机构均应承担民事责任；依据特别法《国家赔偿法》的规定，登记机构及其工作人员违反审慎义务，造成登记错误，登记机构承担行政赔偿责任。因此，法院首先需审查登记人员是否违反审慎义务，当登记人员违反审慎义务，适用特别法的规定，登记机构承担行政赔偿责任；当登记人员没有违反审慎义务时，则适用一般法的规定，登记机构承担的是民事赔偿责任（详见表4）。第三，如此区分亦赋予了虚假登记损害责任纠纷适用的空间，虚假登记损害责任纠纷既然是民事案由，当然可以认定登记机构承担民事责任，只要登记人员尽到审慎义务，登记机构就应当承担无过错责任。由此，亦避免了在虚假登记损害责任纠纷中，不审查登记人员是否违反审慎义务，直接依据《国家赔偿法》等法条直接驳回起诉的鲁莽。

表4　登记机构责任性质与归责原则的区分规则

标准	案由	登记人员过错	理论依据	登记机构责任	责任性质	法条依据
尽到审慎义务	虚假登记损害责任纠纷	无过错	无论登记人员是否有过错，登记机构承担替代责任	无过错责任	民事赔偿	《民法典》第1191条是一般法
未尽到审慎义务	行政赔偿	有过错	登记人员有过错，登记机构才赔偿	过错责任	行政赔偿	《国家赔偿法》第2条、第4条为特殊法

3. 登记机构与登记申请人在混合侵权下的责任形态是不真正连带责任。通过上述分析，登记机构与登记申请人在混合侵权的责任形态认定为按份

① 参见最高人民法院侵权责任法研究小组：《〈中华人民共和国侵权责任法〉条文理解与适用》，人民法院出版社2016年版，第245页；张新宝：《侵权责任构成要件研究》，法律出版社2007年版，第254页。

② 参见王利明：《侵权责任法研究》，中国人民大学出版社2010年版，第133页；梁慧星：《中国侵权责任法解说》，载《北方法学》2011年第1期。

责任、连带责任、中间性质按份责任、补充责任均不妥当。《民法典》第222条是符合不真正连带责任的特征的，第一，不动产错误登记损害赔偿责任是基于登记错误一个损害事实而产生的两个赔偿请求权，直接原因力是登记申请人，间接原因力是登记机构；第二，这两个赔偿请求权并没有先后顺序，赔偿权利人可以向登记申请人或登记机构中的一人或数人承担全部或部分赔偿责任；第三，登记申请人才是造成损害事实的最终责任承担者，登记机构承担责任后可以向登记申请人追偿，符合不真正连带责任"单向追偿"的特征。笔者的上述观点主要是来自于杨立新教授，但对于其认为在不真正连带责任中，赔偿权利人只能选择一个请求权行使，选择了以后，其他请求权消灭的观点①，笔者并不赞同。笔者认为，这种只能择一起诉的方案，并不利于保护受害人，《民法典》中关于不真正连带责任的规定中并没有限定只能起诉一个被侵权人，不真正连带责任与连带责任的根本区别在于是否是单向追偿，而不是在对请求权的行使对象上。

（二）敲定枝节：统一登记人员审慎义务的认定标准和审查权限

登记人员是否违反审慎义务是认定登记机构赔偿责任性质的关键，只有统一认定标准和审查权限，才能统一法律适用。

1. 统一登记人员违反审慎义务的认定标准。就登记机构在不动产登记时所负担的义务，一般存在形式审查和实质审查两种原则。《民法典》第212条规定了登记机构形式审查和实质审查的职责，而《不动产登记暂行条例》第18条、第19条分别对形式审查和实质审查进行了细化，即我国不动产登记审查原则是形式审查为主、实质审查为辅②。因此，这就决定了人民法院在认定登记机构的登记人员是否违反了审慎义务，主要审查登记人员在登记过程中，是否对赖以登记的物权原因行为依照法律的规定进行了程序性审查，并在必要的情况下依法进行了调查、核实，然后在法律允许的权力限度内作出是否予以登记的合理判断，以此来评价不动产登记的合法性。③

2. 统一审慎义务的审查机构和权限。在实务中有观点认为，既然涉不动产登记行政诉讼的诉讼标的针对的是登记行为本身，亦即在行政诉讼中人民法院审查的是登记行为的合法性④，则对登记机构是否违反审慎义务的审查就应该由行政法官去审查，不应该由民事法官去审查⑤。笔者认为，该种观点有失偏颇，既然《民法典》属于民事法律，其第212条规定的登记

---

① 参见杨立新：《论不动产错误登记损害赔偿责任性质》，载《当代法学》2010年第1期。

② 江必新、王旭军：《论不动产登记的司法审查》，载《行政法学研究》2011年第1期。

③ 江必新、王旭军：《论不动产登记的司法审查》，载《行政法学研究》2011年第1期。

④ 最高人民法院民事审判第一庭：《最高人民法院物权法司法解释（一）理解与适用》，人民法院出版社2016年版，第51页。

⑤ 参见广东省南澳县人民法院（2020）粤0523民初11号民事判决书。

机构应当履行的审慎义务职责亦是认定民事过错的标准，故民事法官和行政法官均有权审查登记人员是否违反审慎义务，且一方先对登记人员是否违反审慎义务作出认定时，另一方原则上应据此认定，除非有反驳证据推翻先前的认定。

（三）借力打力：完善行民程序衔接的辅助作用

在确定了不动产错误登记赔偿责任性质和形态的各项认定规则后，亦不能忽视行民程序衔接的辅助作用。

1. 统一不动产登记错误下民事赔偿和行政赔偿范围。根据《国家赔偿法》第36条的规定，行政赔偿的范围只限于直接损失，而民事赔偿的范围既包括直接损失，也包括间接损失。由此赔偿权利人在程序救济中会产生一个悖论，当登记人员违反审慎义务时，其赔偿范围是直接损失；反而登记人员未违反审慎义务的，其赔偿范围是直接损失和间接损失，明显违反了一般常理。笔者认为，我们可以借鉴梁慧星教授的观点，即使登记机构的赔偿性质为行政赔偿，但是在赔偿范围上仍可兼采民事责任成分，[①] 把直接损失和间接损失均纳入行政赔偿范围，登记机关在赔偿全部损失后，仍可以向登记申请人追偿，并不会损害登记机关的利益（见表5）。

表5　行民程序衔接规则（混合侵权下赔偿权利人权利救济表）

起诉程序	起诉对象	裁决结果	程序衔接
民事诉讼	登记申请人	登记申请人承担全责	登记申请人赔偿不足，权利人可对登记机构提起民诉或行赔诉，登记机构担责后可追偿
	登记机构（未违反审慎义务）	登记机构承担全责	登记机构担责后可追偿
	登记机构（违反了审慎义务）	驳回权利人的起诉	权利人可对登记申请人提起民诉或对登记机构提起行赔诉，登记机构担责后可追偿
	登记申请人+登记机构（未违反审慎义务）	登记申请人和登记机构不真正连带责任	登记机构担责后要追偿
	登记申请人+登记机构（违反审慎义务）	1. 登记申请人承担全责；2. 驳回权利人的起诉	登记申请人赔偿不足，权利人可对登记机构提起行赔诉，登记机构担责后可追偿

① 参见梁慧星：《中国物权法草案建议稿——条文、说明、理由与参考立法例》，社会科学文献出版社2000年版，第180页。

续上表

<table>
<tr><th>起诉程序</th><th>起诉对象</th><th>裁决结果</th><th>程序衔接</th></tr>
<tr><td rowspan="2">赔偿义务先行处理+行政赔偿诉讼</td><td>登记机构（违反审慎义务）</td><td>登记机构承担全责（直接损失+间接损失）</td><td>登记机构担责可追偿</td></tr>
<tr><td>登记机构（未违反审慎义务）</td><td>不予赔偿决定或驳回权利人赔偿请求</td><td>权利人可通过民诉起诉登记申请人和登记机构，登记机构担责后可追偿</td></tr>
</table>

2. 畅通行民程序衔接。对比表 2 和表 5，当我们认定登记申请人和登记机构的责任形态是不真正连带责任时，无论是在认定登记机构的责任性质是民事责任或是行政赔偿责任，单独通过民事诉讼或行政赔偿程序都能获得全部赔偿，在赔偿不足下，民事诉讼和行政赔偿程序亦能很好地衔接，我们并不需要认定按份责任、中间性质按份责任形态下的分案处理模式，亦不需要认定补充责任形态下的先民后行的救济模式，大大减轻了当事人的诉累。至于将登记申请人作为第三人合并审理，并判决由第三人承担民事赔偿模式，虽然有部分学者赞同该行政附带民事诉讼的处理模式，① 但笔者认为，该行政附带民事诉讼的处理模式并不适用于现行的行政诉讼框架。行政诉讼第三人分为原告型、被告型、证人型第三人，其中判决承担责任的被告型第三人应仅指行政机关或法律、法规、规章授权的管理公共事务的组织，且我国《行政诉讼法》第 61 条及《最高人民法院关于适用〈行政诉法〉的解释》第 140 条、第 141 条、第 142 条规定了对行政争议和民事争议分别立案、分别裁判，同一审判组织一并处理的模式，但该模式实质是分案处理模式中便捷的一种形式，并不同于以上将登记申请人作为第三人合并审理模式。

结　语

不动产错误登记赔偿责任的性质与形态的认定一直是理论和实践中的难点和分歧点，从责任性质和责任形态上出现了与理论本源与立法初衷相左的地方，对此笔者设想通过认定规则统一、发挥行民程序衔接作用等路径寻求法律本原回归。在具体实务中，司法人员既要有发现登记机构赔偿责任的性质于青萍之末的能力，也要有认定登记机构与登记申请人责任形态于微澜之间的谨慎。

---

① 参见江必新：《论行政附带民事诉讼》，载《现代法学》1988 年第 2 期。

第二编

行政法律适用问题研究

一、行政行为

行政程序瑕疵司法审查标准的厘清与构建

——基于最高人民法院80份行政裁定的实证考察

王玉刚[*]

《行政诉讼法》将行政行为违反程序分为“违反法定程序”与“程序轻微违法”。对违反法定程序的行政行为，《行政诉讼法》明确规定要予以撤销。这一规定始于1989年制定的《行政诉讼法》第54条，后在2014年、2017年修订的《行政诉讼法》第70条中得以保留。[①] 对程序轻微违法的行为，《行政诉讼法》规定要确认违法。《行政诉讼法》并未规定“程序瑕疵”，但最高人民法院在裁判文书中大量使用“程序瑕疵”一词。上述“程序瑕疵”的内涵是什么？在司法实践中如何判断？如果要使“程序瑕疵”的使用有理有据，避免泛用、滥用，上述问题必须予以明确。

一、司法现状：程序瑕疵在最高人民法院裁判文书中的表现

在律典通案例中，以“最高人民法院”“行政案例”为主题，时间以“2015年至今”，关键字为“瑕疵”，共搜索到172篇裁判文书。[②] 经梳理，共有80份文书在裁判理由中使用“瑕疵”“程序瑕疵”，裁判结果为驳回原告的诉讼请求；有3份文书确认行政行为违法；1份文书指令再审。在使用程序瑕疵方面，部分文书认定程序瑕疵属于程序违法；部分文书仅单独使用程序瑕疵，未对其是否合法作出评价。部分文书在裁判理由中对程序瑕疵进行了指正，部分文书未作指正。

---

* 作者单位：江苏省南京市中级人民法院。

① 杨登峰:《行政行为程序瑕疵的指正》，载《法学研究》2017年第1期。

② 除当事人在起诉或答辩意见中提到瑕疵20篇，及最高人民法院指出下级法院程序或适用法律存在瑕疵的35件外，其余文书的裁判理由中均提出行政行为存在程序瑕疵，因上述文书包含多份串案文书，程序瑕疵的情形完全相同，最终确定的指出程序瑕疵的文书为80份。

（一）行政程序瑕疵的主要类型

行政程序是指行政机关实施行政活动的过程，主要是指一种先后次序、工作步骤等。行政程序要素主要包括行政行为的方式、步骤、期限等。[①] 按照行政程序要素，本文尝试将上述文书中的“程序瑕疵”作出如下分类：

1. 表现形式方面的瑕疵。（1）顺序瑕疵。顺序是关于步骤的前后“位置”问题，而非“数量”问题。[②] 顺序瑕疵表现为顺序颠倒。（2）形式瑕疵。形式是指行政行为的实现方法与外在表现。（3）期限瑕疵。详见表1。

表1　表现形式方面的瑕疵一览表

<table>
<tr><th>序号</th><th>瑕疵类型</th><th>具体表现</th><th>瑕疵的具体内容</th><th>案号</th><th>裁判结果</th></tr>
<tr><td rowspan="3">1</td><td rowspan="3">顺序瑕疵</td><td rowspan="3">顺序颠倒</td><td>西秀区政府事先作出补偿决定</td><td>（2016）最高法行申1383号</td><td>驳回</td></tr>
<tr><td>海口市政府制作L3土地界线图的时间早于指界调查的时间、制作土地证的时间早于审批同意颁证的时间</td><td>（2015）行监字第1450号</td><td>驳回</td></tr>
<tr><td>东坡区政府于2013年8月6日作出房屋征收决定，早于补偿费到位时间</td><td>（2016）最高法行申2636号</td><td>驳回</td></tr>
<tr><td rowspan="2">2</td><td rowspan="2">形式瑕疵</td><td>未加盖公章</td><td>二七区政府在对被征收房屋的权属、区位、用途、建筑面积等情况进行调查登记时制作的调查结果没有明确的制作单位</td><td>（2017）最高法行申3346号</td><td>驳回</td></tr>
<tr><td>未制作规范的行为依据</td><td>再审被申请人将其在违建区域内数次发出的一般性通告作为具体的行政执法依据，在形式上存在瑕疵</td><td>（2016）最高法行申387号</td><td>驳回</td></tr>
<tr><td rowspan="4">3</td><td rowspan="4">期限瑕疵</td><td rowspan="4">超过法定期限</td><td>任丘市公安局所作处罚超过法定办案期限，属于处罚程序违法，但该事项属期限瑕疵</td><td>（2016）最高法行申136号</td><td>驳回</td></tr>
<tr><td>被告超出办理治安案件期限的问题，该不予行政处罚决定超过规定期限，存在期限瑕疵</td><td>（2015）最高法行申48号</td><td>驳回</td></tr>
<tr><td>作出复议决定，超过了5日的期限，确属程序上的瑕疵</td><td>（2018）最高法行申10号</td><td>驳回</td></tr>
<tr><td>行政行为程序上存在瑕疵对当事人的实体利益并不存在实质影响</td><td>（2017）最高法行申7998号</td><td>驳回</td></tr>
</table>

① 何海波：《行政诉讼法》（第二版），法律出版社2016年版，第334页。

② 梁君瑜：《行政程序瑕疵的三分法与司法审查》，载《法学家》2017年第3期。

2. 内容方面的瑕疵。(1) 内容瑕疵。(2) 引用法律瑕疵。(3) 理由瑕疵。(4) 未听取陈述申辩意见。详见表2。

表2　内容方面的瑕疵一览表

序号	瑕疵类型	具体表现	瑕疵的具体内容	案号	裁判结果
1	内容瑕疵	内容不明确	征收决定确实存在表述不明确的问题，但该瑕疵表述能够通过前后文及附件予以确定，该瑕疵本身不构成征收决定被撤销的必要条件	(2015) 行监字第269号	驳回
		内容错误	义乌市政府在审批时对该处土地的使用权人仍按变更登记前的土地使用证作出认定	(2016) 最高法行申4971号	驳回
		错列当事人	拆迁裁决所列房屋使用人与实际使用人不符	(2014) 行监字第363号	驳回
		文字瑕疵	对争议地四至所形成闭合线的点不够明确，标注文字有瑕疵，对闭合线内存在的新府字第008325号自留山所有证所裁决的面积、四至标识不清	(2019) 最高法行申301号	撤销
2	引用法律瑕疵	未引用具体明确的条款	被诉补偿决定中没有引用具体明确的法律条款，应属在适用法律上存在瑕疵，但并不因此损害刘俊学的合法权益	(2015) 行监字第2198号	驳回
		引用法律不全	没有适用《行政复议法》第6条即行政复议的受案范围，属于引用法律不全，存在瑕疵	(2015) 行终字第14号	驳回
		法律适用	铅山县政府所作铅府字(2016) 30号撤销决定虽在法律适用及送达程序方面存在瑕疵，尚不足以影响其整体合法性	(2018) 最高法行申2155、1598号	驳回
3	理由瑕疵	未说明理由	松江区政府作出被诉告知存在瑕疵，未依照《信息公开规定》第23条第6项的规定，对不予公开的理由予以说明	(2017) 最高法行申309号	驳回
		理由错误	武汉市卫计委认为明清菊的举报属于信访，不属于行政复议范围，决定不予受理，而实际理由为违反《行政复议法》第12条第1款的规定	(2017) 最高法行申2938号	驳回
4	未听取陈述申辩意见		汕头海关作出责令退运决定时未再次听取茂佳公司的陈述申辩意见仅为程序瑕疵，不足以导致涉案责令退运决定的程序违法并被撤销	(2016) 最高法行申3932号	驳回
			撤销决定的确存在未给予罗相仔陈述、申辩的机会，且未交代救济权利	(2018) 最高法行申2154号、1598号	驳回

3. 告知、送达方面瑕疵。(1) 告知瑕疵。(2) 送达瑕疵。详见表3。

表3 告知、送达方面瑕疵一览表

序号	瑕疵类型	具体表现	瑕疵的具体内容	案号	裁判结果
1	告知瑕疵	未告知许可期限	简阳市政府作出《公告》和《补充公告》在行政程序上存在瑕疵，属于明显不当。简阳市政府没有告知许可期限，存在程序瑕疵	(2016) 最高法行再81号	驳回
		未公告	陵水县政府未就征地方案、征地安置补偿标准进行书面公告的行为存在程序瑕疵	(2015) 行监字第435号	驳回
			案涉林业登记未再次公告的瑕疵不足以否定登记行为的合法性	(2016) 最高法行申2473号	驳回
			土地登记欠缺公告程序	(2017) 最高法行申8495号	驳回
		未张贴	土地征收公告未张贴的形式上的瑕疵并不影响公告的成立	(2016) 最高法行申1253号	驳回
		未告知诉权和起诉期限	赤峰市政府作出的《不予受理行政复议决定书》虽未告知董永明诉权和起诉期限，但此问题属于程序瑕疵	(2019) 最高法行申6093号	驳回
			榆次区政府不能确认具体的审批时间，也未告知郝秀新诉权或者起诉期限	(2019) 最高法行申543号	驳回
		公示程序瑕疵	李远芳申请登记材料不全、民主议定程序造假、林地四至不清和公示程序瑕疵	(2018) 最高法行申5352号	指令再审
2	送达瑕疵	送达方式错误	海南省国土环境资源厅直接在《海南日报》上刊登公告送达新大陆公司，送达程序上存在瑕疵	(2015) 行监字第1751号	驳回

4. 前置程序方面的瑕疵。(1) 前置程序违法。(2) 前置程序欠缺。详见表4。

表 4 前置程序方面的瑕疵一览表

序号	瑕疵类型	具体表现	瑕疵的具体内容	案号	裁判结果
1	前置程序瑕疵	评估机构的主体不合法	房屋征收实施单位福兴街道办事处以自己的名义组织选定房地产价格评估机构并委托属于程序瑕疵，不足以否定选定评估机构的合法性	(2016) 最高法行申 4804 号	驳回
		拆迁公告程序瑕疵	洋浦管委会所作《拆迁公告》是否违法问题，一审判决已经认定洋浦管委会作出的行政行为在程序上虽存在瑕疵，但处理结果并无不当	(2016) 最高法行申 4181 号	驳回
		征收行为未经批准	在本案一审诉讼之前犍为县政府已经取得批准，弥补了征地之前未经批准的瑕疵	(2019) 最高法行申 763 号	确认违法
		未经论证	沙市区政府亦未提供对征收补偿方案组织有关部门进行论证的证据	(2019) 最高法行申 638、641 号	确认违法
			该规划纲要系在 15 号征收决定之后作出，程序上存在明显瑕疵	(2018) 最高法行申 1651—1660 号	驳回
			《房屋征收补偿方案》在停产停业损失补偿的规定中未明确实际损失超出标准时的救济方式，存在瑕疵	(2017) 最高法行申 8429、8435-8437	驳回
2	其他瑕疵	登记材料不齐全	登记材料不齐备的瑕疵不足以否定涉案土地使用权证的合法性	(2015) 行监字第 1853 号	驳回
		调查程序有问题	阜新县政府调查指界程序上的瑕疵，并不足以否定 004 号确权决定的处理结果的正确性	(2015) 行监字第 2086 号	驳回
		登记材料瑕疵	颁证时的部分材料字迹不清、部分材料为复印件等系材料瑕疵	(2018) 最高法行申 5134 号	驳回

（二）行政程序瑕疵的现行司法审查方式

通过梳理，可以发现上述文书中虽未明确提出认定“程序瑕疵”的标准，但从裁判理由表述中反复出现的核心词语及意义，可以归纳认定方式如下：

1. 不影响原告合法权利。如（2017）最高法行申 3346 号裁定认为，虽然二七区政府公布的四条道路拆迁面积统计表存在制作形式不规范的情形，但不能否定二七区政府进行了调查登记并将调查结果予以公布的事实，且对再审申请人的权利义务未产生实际影响。（2017）最高法行申 2938 号裁定认为，不予受理决定书虽然表述理由存在瑕疵，但对复议申请不予受理的结果未侵犯明清菊的合法权益。（2016）最高法行申 1383 号裁定认为，西秀区政府事先作出补偿决定的做法虽存在程序瑕疵，但并未剥夺叶本文等的选择权，故不影响被诉行政行为的合法性。

2. 不影响实体处理。（2016）最高法行申 4971 号裁定认为，义乌市政府在审批时对该处土地的使用权人仍按变更登记前的土地使用证作出认定，与上述变更登记的事实不符。鉴于该事实认定并不影响该户的安置总面积，故原审法院将该问题作为瑕疵处理，并无不妥。（2015）行监字第 435 号裁定认为，原判决在确认陵水县政府未就征地方案、征地安置补偿标准进行书面公告的行为存在程序瑕疵的基础上，认定该瑕疵并不影响余宗政的实体权益，尚属合理。

3. 不足以导致撤销。（2016）最高法行申 3932 号裁定认为，汕头海关作出责令退运决定时未再次听取茂佳公司的陈述申辩意见仅为程序瑕疵，不足以导致涉案责令退运决定的程序违法并被撤销。（2015）行监字第 269 号 418 号裁定认为，征收决定确实存在表述不明确的问题，但该瑕疵表述能够通过前后文及附件予以确定，该瑕疵本身不构成 418 号征收决定被撤销的必要条件。

4. 避免同义反复。（2018）最高法行申 7 号裁定书认为，为避免行政机关重新作出结果相同的行政行为所带来的不必要的反复处理和资源浪费问题，宜判决驳回原告诉讼请求，更符合立法精神。

5. 不足以否定行政行为的合法性。（2016）最高法行申 2473 号裁定认为，案涉林业登记未再次公告的瑕疵不足以否定登记行为的合法性。（2016）最高法行申 4804 号裁定认为，房屋征收实施单位福兴街道办事处以自己的名义组织选定房地产价格评估机构并委托属于程序瑕疵，不足以否定选定评估机构的合法性。

二、现实困境：现行程序瑕疵审查方式存在的问题

有学者认为，如果不厘清何为程序瑕疵，何为程序轻微违法，有无与错误行政行为相匹配的程序“错误”，其各自的评判标准及相互间的界限，将导致行政程序违法责任体系紊乱，甚至陷入“程序虚无主义”的窘境。[①] 当前，司法实务中对程序瑕疵的使用，未考虑行政程序违法程度，并与其他瑕疵相互混用，人民法院在裁判文书中用指正对程序问题予以纠正，一定程度上混淆了程序瑕疵与程序违法之间的界限，使得行政程序虚化，丧失了其独立价值。人民法院使用程序瑕疵的目的在于为最终驳回原告诉讼

① 柳砚涛：《认真对待行政程序“瑕疵”——基于当下行政判决的实证考察》，载《理论学刊》2015 年第 8 期。

请求作铺垫。

(一) 行政程序违法程度区分不够

行政程序违法的多样化及法律后果的多元化，要求对程序违法程度进行更加详细的区分。《行政诉讼法》第70条规定了人民法院判决撤销或者部分撤销的情形。《行政诉讼法》第74第1款第2项规定，行政行为程序轻微违法，但对原告权利不产生实际影响的，人民法院判决确认违法，但不撤销行政行为。实际确立了“轻微+对原告权利不产生实际影响”作为撤销程序违法行政行为的标准。[①] 上述规定表明，《行政诉讼法》对程序违法程度进行区分，并赋予不同的法律后果。但因司法实务中程序瑕疵使用标准不明，一定程度上又模糊了上述区分。如（2016）最高法行申2636号案件中，东坡区政府作出征收决定前补偿款未到位，属于违反法定程序，而非程序瑕疵；（2017）最高法行申2938号案件中，不予受理行政复议的理由错误，属于适用法律、法规错误，而非瑕疵；（2016）最高法行申3932号案件中，未听取当事的陈述申辩，属于违反正当程序，违法程度远大于程序瑕疵。

(二) 程序瑕疵与其他瑕疵相互误用

从文义解释来看，广义的瑕疵是指“不符合现行任何法律规定的，构成违法或者瑕疵（两个术语含义相同）”。[②] 广义的瑕疵包括不合法、不正确、不适当三种情况。[③] 狭义的瑕疵主要是在区分程序违法程度时使用，如将行政行为形式违反定性为无效、一般违法、轻微违法、明显不当、瑕疵、轻微瑕疵、错误、不正确等。[④] 从法律现状来看，《行政诉讼法》及其司法解释并未规定程序瑕疵，仅规定了违反法定程序、程序轻微违法。从司法实务来看，程序瑕疵与程序违法、其他瑕疵相互混淆。（2015）行监字第1450号裁定认为，程序瑕疵属于轻微违反法定程序，即是程序违法与程序瑕疵的一种混淆。（2016）最高法行申4971号案件将变更登记前的土地使用权证上记载的使用权人作为补偿安置的证据认定，属于内容错误，而非程序问题。（2016）最高法行申387号案中，行政机关将其在违建区域内数次发出的一般性通告作为具体的行政执法依据，一般不会影响实体处理；但（2017）最高法行申2938号案件中将不予受理行政复议的具体理由认定错误，通常情况下则会影响原告的合法权利，应通过具体个案进行分析。

---

① 王钉：《行政程序违法的司法审查标准》，载《华东政法大学学报》2016年第5期。

② ［德］哈特穆特·毛雷尔：《行政法学总论》，高家伟译，法律出版社2000年版，第229页。

③ ［印］M. P. 塞夫：《德国行政法——普通法的分析》，周伟译，山东人民出版社2006年版，第80页。

④ 毕可军：《我国行政行为形式瑕疵类型体系的迷失与重构》，载《政法论丛》2017年第3期。

（三）行政程序虚化严重

行政程序具备双重价值已是共识，即行政程序不仅是实现行政实体或者结果的技术性工具，还有着独立于实体而存在的内容价值。[①] 上述裁判理由中用于判断程序瑕疵的五种理由，主要从影响处理结果的角度加以考虑，并未区分程序的性质、对象、目的等因素，在实践中无疑会造成唯结果论的后果，将本来用于保障行政行为合法的各种程序制度忽略不计。结果导向裁判方法是为解决疑难案件，在弥补三段论式推理模式不足的基础上发展起来的裁判方法。这种思维方式是依据司法判决可能产生的后果，然后再按图索骥，寻求支持案件结论的相关依据。结果导向的裁判方法容易形成先入为主的观点，导致法官对法律的滥用，从而导致判决结果的主观性、不确定性和难以预测性。从结果来论述行政程序的合法性，给当事人的明显感受是，程序瑕疵仅是一种借口或者权宜之计。如程序顺序颠倒、未引用具体明确的法律条款等，应属于程序违法，而非程序瑕疵。

（四）法院“指正”的滥用

《行政诉讼法》规定了行政程序违法程度不同，给予不同的评价。但是人民法院通过在裁判文书中予以指正的方式，将《行政诉讼法》中规定的法律后果予以规避。我国法律规定中没有关于指正的规定。《湖南省行政程序规定》第164条、《江苏省行政程序规定》第75条规定了补正，即对某些轻微程序违法行政行为，主体可于事后补做或重做，补做或重做后，行政行为视为自始合法。而指正，仅是指出行政行为存在问题，并不否定行政行为的效力，也不追究行政主体的责任。指正相较于确认违法和补正，更加宽容、更加灵活。但指正的使用应当具备严格的条件，而非不论何种违法程度，均可用指正予以纠正，这违背了《行政诉讼法》对行政行为不同违法程度给予不同法律评价的初衷。如（2018）最高法行申1651号裁定认为：规划纲要系在15号征收决定之后作出，程序上存在明显瑕疵，但二审已经认定琼山区政府作出15号征收决定存在前述问题，本应依法判决确认15号征收决定违法，但二审仍作出驳回上诉、维持一审驳回诉讼请求的判决结果，适用法律明显不当，本院予以指正。

三、成因分析：目前行政程序瑕疵的审查方式成因分析

（一）法律现状与司法实践的冲突

我国尚未制定统一的行政程序法，《行政诉讼法》在一定程度上起到了行政程序法的作用。《行政诉讼法》未对程序瑕疵予以明确。《行政诉讼法》

① 周佑勇：《行政法原论》（第三版），北京大学出版社2018年版，第202页。

将行政程序违法，按照违法程度分为以下三类：重大且明显违法（第 75 条）——违反法定程序（第 70 条）——轻微违法（第 74 条）。但司法实践中遇到的行政程序问题复杂多样，无法与上述分类完全对应。司法实践中大量存在属于程序不当、不合理等程序不规范情况，人民法院对行政行为合法性与合理性的审查要求人民法院对程序不规范予以表态，杨登峰教授专门就程序瑕疵的指正进行研究，规范的指正针对的即是程序的不合理和其他程序瑕疵。① 如（2017）最高法行申 3346 号案件中，二七区政府在对被征收房屋的权属、区位、用途、建筑面积等情况进行调查登记时制作的调查结果没有明确的制作单位或公章，制作形式不够规范。

（二）行政程序违法的多样性和复杂性必然要求

行政程序违法的多样化及法律后果的多元化，要求对程序违法行为进行更加详细的分类。程序瑕疵是对程序违法进行详细分类的必然结果。于立深教授将违反行政程序的主要问题集中梳理为十个方面，② 毕可军建议将行政行为形式违法从三分法，进一步拓展到无效、一般违法、轻微违法、明显不当、不当、瑕疵、轻微瑕疵、错误、不正确等多种分类，③ 可见行政程序违法问题在实践中的复杂性与多样性。如果对不同程序违法采取同一种法律后果，不符合法律结果多元主义的现代法治理念。德国行政程序法在此方面可称典范，对不同的程序违法，赋予不同的法律效力和评价，从而有利于对不同的违法情形采取多元化的矫正方式。④

（三）实质法治理论的影响

实质法治理论认为行政程序只是实体的辅助，虽然当下对程序独立价值与程序工具价值已有明确认识。但对行政行为进行司法审查时，能否将行政程序与实体内容完全分开？结果导向的思维，是否会让我们在轻程序、重实体的道路上走得更远？《最高人民法院关于适用〈中华人民共和国行政诉讼法〉的解释》（以下简称《行政诉讼法解释》）第 22 条规定，复议机关改变原行为，是指复议机关改变原行政行为的处理结果。上述规定是结果影响说的具体体现。虽然以德国为代表的行政程序法相对发达的国家在行政程序法中有轻程序的情形存在，但在理论界对轻程序的批判从未停止。

---

① 杨登峰：《行政行为程序瑕疵的指正》，载《法学研究》2017 年第 1 期。

② 于立深：《违反行政程序司法审查中的争点问题》，载《中国法学》2010 年第 5 期。

③ 毕可军：《我国行政行为形式瑕疵类型体系的迷失与重构》，载《政法论丛》2017 年第 3 期。

④ 傅玲静：《论德国行政程序法中程序瑕疵理论之建构与发展》，载《行政法研究》2014 年第 1 期。

"因为它使程序瑕疵变得毫无风险，并最终使行政程序贬值。"[①] 如果说私人方面享有接受依据公正程序的处分这种意义上的程序性权利的话，那么，违反程序，当然作为对私人权利的侵害，被解释为处分的撤销理由或无效理由。与此相对，如果认为程序是保障实体内容的正确的，其本身并不在私人方面产生独立的程序性权利的话，那么，违反程序，并不会当然地影响处分的效力。[②] 但德国也存在争议，一个程序瑕疵总是有可能成为一个实体上的裁量或者权衡瑕疵的间接证据。[③]

（四）行政效率与司法效率的平衡

行政程序为行政机关作成实体决定所经过的程序。[④] 从行政程序服务性功能出发，行政程序相对于实体决定而言，具有辅助性功能，当实体决定合法时，当事人的权益即未受到公权利侵害，行政即已发挥功能，如有违反程序规定之情形，该程序瑕疵原则上即得予忽视。[⑤] 在实体正确的情况下，如仅以程序的瑕疵而撤销，行政机关最终还会以公正程序作出同样的行政行为，这样会违反行政经济的原则，进而影响行政效率与司法效率。故基于效率考虑，存在上述程序瑕疵时，如果要求行政机关重新进行程序，则对行政效率与司法效率均无益。

四、标准构建：行政程序瑕疵的审查标准

行政程序法既具有维护法治和法律安定性化的功能，更具有科学规范行政程序，协调各方面的适当参与，尤其是关系人的参与功能。[⑥] 只有构建清晰的程序瑕疵审查标准，才符合行政程序法上述功能的基本要求。

（一）行政程序瑕疵的内涵标准

1. 程序瑕疵违法程度及范围的界定。在现行法律规定的框架下，程序瑕疵应是一种不构成违法的程序上之不规范状态，属于不违反法定程序，且法律后果应为"忽略不计"的程序问题。从内容上看，程序瑕疵是行政主体及其工作人员行使行政职权时，程序上产生不规范；从适法与否来看，程序瑕疵违反的并非法定程序，而是一种在合法状态下不符合形式要求或

---

① 柳砚涛：《认真对待行政程序"瑕疵"——基于当下行政判决的实证考察》，载《理论学刊》2015年第8期。

② ［日］盐野宏：《行政法总论》，杨建顺译，北京大学出版社2008年版，第214页。

③ ［德］弗里德赫尔穆·胡芬：《行政诉讼法》，莫光华译，法律出版社2003年版，第415页。

④ ［德］哈特穆特·毛雷尔：《行政法学总论》，高家伟译，法律出版社2000年版，第451页。

⑤ 傅玲静：《论德国行政程序法中程序瑕疵理论之建构与发展》，载《行政法学研究》2014年第1期。

⑥ ［德］汉斯·J. 沃尔夫、奥托·巴霍夫、罗尔夫·施托贝尔：《行政法》（第二卷），高家伟译，商务印书馆2002年版，第200页。

程度要求；从违法程度上看，程序瑕疵区别于程序轻微违法，主要是指非法定程序的不当或不合理；从法律后果来看，程序瑕疵能够通过补救方式实现既定效力，也可选择“忽略不计（视为合法）”，即人民法院对程序瑕疵在文书中予以“指正”或者“忽略不计”。但程序瑕疵不同于形式错误、事实认定错误、技术错误等。如（2017）最高法行申3346号文书认定未加盖公章，属于形式瑕疵；而（2016）最高法行申4971号文书认定对土地使用权人变更未予查明，实际系非关键性的事实认定错误；（2016）最高法行申3932号文书认定未听取陈述申辩意见，则应当认定为违反法定程序。

2. 显著性的界定。对行政程序违法程度进行审查，重点在于对瑕疵程度进行准确衡量。《行政诉讼法》使用了重大且明显违法、违反法定程序、程序轻微违法等表述，均是对违法程度的判断。而程序瑕疵在违法程度上的表现应低于程序轻微违法，这种低于应有一种显著的状态，即一般理性认知。如未制作规范的行为依据，在法律没有明确规定行政决定的具体形式时，行政机关对行政决定的形式具有裁量权；送达回证不规范；未履行教示义务等。但程序瑕疵应与错误区分，如行政机关名称存在错误、事实内容错误等。

（二）行政程序瑕疵的类型标准

从程序的性质方面把握：一是基本程序与非基本程序。基本程序是指行政主体必须遵守的，对当事人权利义务产生实体影响的程序。如听证、陈述、申辩等重要程序性权利，《行政诉讼法解释》第96条也进一步明确了上述程序属于重要的程序性权利。日本行政法上也有公正程序四原则的表述，[①] 包括告知和听证、文书阅览、理由附记、处分基准的设定及公布等。非基本程序是指主要对行政主体效率产生影响的程序，不影响当事人实体权利义务，如时限性规定等。违反基本程序应认定为程序违法，违反非基本程序应认定为程序瑕疵。二是内部行政程序与外化行政程序。内部行政程序是行政主体内部或行政主体之间的程序性规定，对当事人权利义务不产生影响，如内部审批要求。外化行政程序是指行政主体的程序性规定作用于行政相对人，对相对人权利义务产生了直接影响。三是羁束行政程序与裁量行政程序。违反羁束行政程序应认定程序违法，违反裁量行政程序应认定为程序瑕疵。

（三）行政程序瑕疵的因果关系标准

是否构成程序瑕疵，还需要从瑕疵与侵害原告权利之间的因果关系进行判断。如果仅仅是程序不规范，对原告权利的侵害的因果关系较弱，不

---

① ［日］盐野宏：《行政法总论》，杨建顺译，北京大学出版社2008年版，第178页。

能认为该不规范构成程序瑕疵。但如果出现所谓的“绝对程序权利”的瑕疵，因上述绝对程序系基本程序，直接对相对人的权利产生影响，与原告的权益侵害之间存在明显的因果关系，则应认定行政行为程序违法。只有当程序瑕疵与侵权之间“明显”缺乏因果关系时，瑕疵才是不显著的。① 同样是送达瑕疵，（2015）行监字第1751号案件中，海南省国土环境资源厅及澄迈县政府分别作出的《无偿收回国有土地使用权事先告知书》及155号收地决定在未穷尽其他送达方式的前提下直接在《海南日报》上刊登公告送达新大陆公司。上述瑕疵对新大陆公司造成侵害的影响是直接的，因果关系较强，应认定为程序违法；而（2016）最高法行申1253号案件中，土地征收公告已向村委会送达，且相关征收工作人员已向被征收人说明，未张贴的形式上的瑕疵，与侵害被征收人权益的因果关系较弱，应认定为程序瑕疵。

（四）行政程序瑕疵的实体权益损害标准——个案衡量

程序瑕疵既是一个行为程序判断问题，也是一个价值重要性判断的问题。基于一个有瑕疵的程序作出的行政行为，并不是违法的，除非瑕疵本身也已经存在于结果之中。② 程序瑕疵是否影响到相对的权利，某种程度上是一个利益衡量的过程。最高人民法院《行政审判办案指南（一）》中在对原告主体资格中明确“对自身合法权益具有潜在的不利影响，如果这种影响以通常标准判断可以预见，则其对该行政行为具有原告资格”。故对个案中是否对原告的权益产生影响，应至少采取上述标准，即“潜在”“可以预见”的影响，而非实际必然的影响。具体可使用瑕疵衡量、利害衡量、价值衡量等规则。③

（五）行政程序瑕疵审查标准的使用规则

首先，应从内涵标准判断瑕疵的类型及显著性判断程序瑕疵与程序违法。其次，判断程序性质，如果属于基本程序、外部程序、羁束程序，行政机关在上述程序上出现的瑕疵，应认定为程序违法。再次，利用因果关系标准，判断程序瑕疵与当事人权益的因果关系。因果关系的强弱直接影响到一个程序问题是程序违法，还是程序瑕疵。最后，应运用利益衡量的规则对是否侵害当事人的实体权益进行个案衡量（见图1）。

---

① ［德］弗里德赫尔穆·胡芬：《行政诉讼法》，莫光华译，法律出版社2003年版，第437页。

② ［德］弗里德赫尔穆·胡芬：《行政诉讼法》，莫光华译，法律出版社2003年版，第415页。

③ 江必新：《行政行为效力判断之基准与规则》，载《法学研究》2009年第5期。

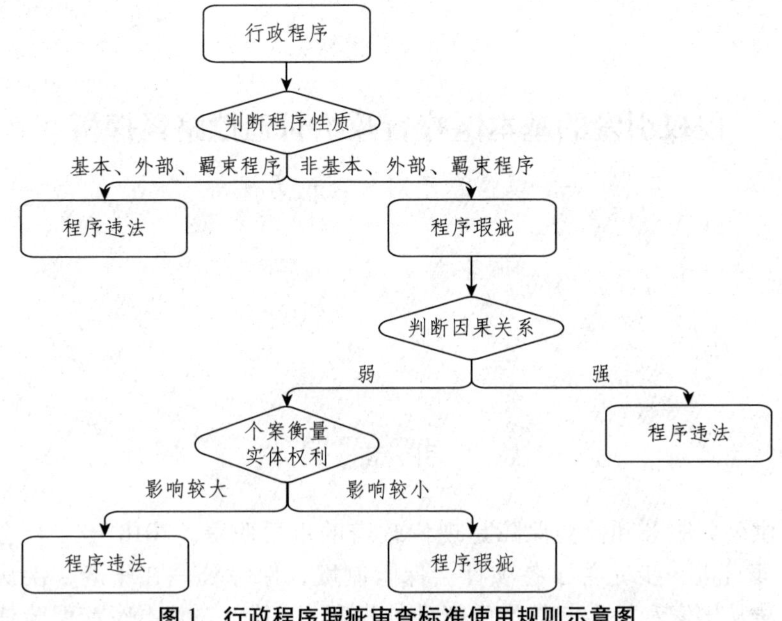

图 1 行政程序瑕疵审查标准使用规则示意图

五、结语

程序瑕疵审查标准在司法审判中的运用，实质上是对多重价值进行衡量后的取舍。确立程序瑕疵审查标准的核心是合理区分违反法定程序、程序轻微违法与程序瑕疵。理想的审查标准是将行政效率、法的安定性、依赖保护利益和公共利益等多种价值进行权衡后，使行政程序发挥恰当效益的结果。本文提出的审查标准只是对司法实践中如何判断程序瑕疵思路的梳理，并非法定标准。要解决程序瑕疵合法、合理的问题，还需要在行政诉讼法中增加程序瑕疵概念、内涵，并明确程序瑕疵的适用范围及法律后果。

（本文获一等奖）

侵权引发的基本医疗行政给付追偿路径探析

——以信息不对称理论为视角

张圣斌* 王 倩**

引 言

提供公共服务和社会保障是现代政府的重要职责。2018 年《社会保险法》的修订进一步完善了各项社会保险制度，保障公民在年老、疾病等情况下依法从国家和社会获得物质帮助的权利。① 其中，基本医疗保险作为一项重要的社会保障制度，对应的是现代政府对公民基本医疗资源的行政给付职责，该职责主要通过基本医疗行政给付实现，具体表现为基本医疗保险基金（以下简称医保基金）的支出。普通的基本医疗行政给付发生在社保机构（行政主体）与参保人（行政相对人）之间，为纯粹行政法律关系，无有争议；本文探讨的是一类附带追偿权的特殊行政给付。

《社会保险法》第 30 条规定，应当由第三人负担的医疗费不纳入医保基金支付范围，若第三人不支付或无法确定第三人的，由医保基金先行支付，支付后有权向第三人追偿②。根据《侵权责任法》，因第三人侵权产生的医疗费应由侵权人负担，《社会保险法》为保证受害参保人及时获得医疗救治，在侵权人（第三人）不支付医疗费或无法确定侵权人时，增加了行政主体的先行给付义务，同时也赋予了给付后再行追偿的权利。这种特殊的行政给付源于侵权行为，且法律赋予行政主体的追偿权亦非行政强制手段，民事和行政法律关系的交织导致司法实践中问题频出，如追偿权的搁

* 作者单位：江苏省无锡市中级人民法院。

** 作者单位：江苏省无锡市中级人民法院。

① 国家对社保基金实行严格监管制度，由各级人民政府社保行政部门负责本行政区域的社保管理工作，具体由社保经办机构提供社保服务，负责社会保险登记和待遇支付等工作。

② 行政主体未按照《社会保险法》第 30 条规定先行支付的，参保人可以提起行政诉讼，故“先行支付”是行政主体应承担的独立义务，属行政给付范畴；而法律规定给付后可以向最终责任人追偿，使得该种给付又具有了垫付的属性。为表述方便，下文以“垫付”表述“先行支付”；以“医保基金垫付医疗费”表述“因第三人侵权产生的医疗费，由基本医疗保险先行支付”。

置、追偿权行使与侵权纠纷判决产生冲突，进而又引发一系列诸如医保基金受损、被侵权人双重获益、侵权人不当免责、民事裁判稳定性受侵害问题。目前我国主要由城镇职工基本医疗保险、新型农村合作医疗和城镇居民基本医疗保险组成的社会医疗保险制度已基本实现全民覆盖[①]，越来越多因第三人侵权产生的医疗费用由医保基金垫付后无法收回，如不找寻恰当的追偿路径，问题将愈演愈烈。

一、追偿困境的现状解读

（一）追偿权被搁置的现实

1. 涉及医保基金垫付医疗费的侵权案件数量巨大。笔者在中国裁判文书网以“侵权责任纠纷”为案由、“医疗费”为全文关键词，检索到因侵权发生诉讼并产生医疗费的民事裁判文书2224950份。[②] 在搜索结果基础上，分别附加“医保报销”“合作医疗报销”“医保统筹支付”“医保支付”“医保支出”关键词，共检索到文书35999份，扣除重复文书833份，[③] 共有35166份侵权纠纷文书中涉及医保基金垫付医疗费的事实。[④]

2. 行政主体实际追偿的案件数量极少。因《社会保险法》第30条是行政主体追偿的法律依据，如涉及医保基金垫付医疗费的争议和追偿问题，以该条文为关键词，在上述35166份文书中检索449份对医保基金垫付医疗费的负担主体产生争议的文书。在449份文书中，社保机构作为第三人参加侵权诉讼，法院对追偿权作出认定的文书有219份；社保机构未参加侵权诉讼，法院也未对追偿问题作出处理的有230份。为进一步了解垫付后行政主体主动通过司法途径追偿的情况，笔者分别以“追偿权纠纷”和“不当得利纠纷”为案由，以《社会保险法》第30条为法律依据，对行政主体主动提起追偿诉讼的案件也进行了检索，分别检索到文书74份、16份。

3. 实际追偿比例不足百分之一。对上述数据分析可知：2016年至2020年，涉及医疗费的侵权纠纷中，医保基金垫付医疗费也即行政主体享有追偿权的案件为35166件，行政主体实际追偿309件，追偿比例仅为0.88%。

---

① 国家医疗保障局《2019年全国医疗保障事业发展统计公报》数据显示，2019年参加全国基本医疗保险135407万人，参保率稳定在95%以上；全国基本医保基金总支出20854亿元，比上年增长12.2%，载 http：//www.nhsa.gov.cn/art/2020/3/30/art_7_3268.html，2020年3月30日发布，最后访问时间：2020年6月18日。

② 本文所有裁判文书数据均来源于中国裁判文书网，载 http：//wenshu.court.gov.cn/，最后访问时间：2020年6月18日。

③ 为保证样本数据准确性，对根据数学归纳法筛选出的833份重复文书予以扣除。因归纳法多集合容斥关系公式较复杂，在此不再列出。

④ 侵权损害赔偿案件中对于“医保基金垫付医疗费”的事实并无固定表述，笔者只能选择“医保报销”等常用表述作为关键词搜索统计。

（二）追偿权对侵权诉讼产生不利影响的现实

1. 追偿权对侵权纠纷裁判统一性的影响。涉及医保基金垫付医疗费的侵权损害赔偿案件，同类判决出现不同甚至完全相反的裁判结果。以侵权纠纷当事人对垫付医疗费如何负担发生争议且社保机构未参加诉讼的230份文书为例，对其中经过二审的67份文书进行了梳理，对于医保基金垫付的医疗费是否由侵权人承担，一、二审裁判结果统计如表1所示：

表1　67份裁判文书对医保基金垫付的医疗费是否由侵权人承担统计表

<table>
<tr><td rowspan="2">一审</td><td colspan="2">应由侵权人承担</td><td colspan="2">不应由侵权人承担</td><td>不予处理</td></tr>
<tr><td colspan="2">40件</td><td colspan="2">26件</td><td>1件</td></tr>
<tr><td rowspan="2">二审</td><td>维持</td><td>改判</td><td>维持</td><td>改判</td><td>改判</td></tr>
<tr><td>5件</td><td>35件</td><td>16件</td><td>10件</td><td>1件（不应由侵权人承担）</td></tr>
</table>

2. 追偿权对侵权纠纷裁判稳定性的影响。行政主体单独提起追偿之诉易与生效裁判和执行结果产生冲突。对裁判稳定性的影响是裁判统一性影响的延伸。正是法院对于医保基金垫付的医疗费被侵权人能否向侵权人再次主张缺乏统一认识，才出现被侵权人在未实际支出医疗费的情况下又获得了侵权人的赔偿或侵权人明明造成了医疗费损失却被免于赔偿的问题。若社保机构未参加侵权诉讼，当事人则以为社保机构不知或不会追偿，此时无论是双重获益的被侵权人还是责任不当免除的侵权人，都乐于放弃部分“利益”促成纠纷化解。如果垫付金额巨大，可能会全案和解，执行阶段类似情形更加多见。然而，后续一旦社保机构主张返还垫付医疗费，当事人又会以侵权诉讼中作出的调解让步违背真实意思为由，要求推翻前案判决或执行结果。

二、追偿困境的原因分析

（一）追偿依据缺乏：法律规定不够明确

并非如此。除《社会保险法》第30条直接规定了追偿权外，《社会保险基金先行支付暂行办法》（以下简称《支付办法》）也用几近一半的条文对医疗费垫付和追偿的程序进行了规定（见表2）。

表2　《支付办法》规定的申请垫付医疗费及审核程序

申请主体	参加基本医疗保险的职工或者居民（参保人）
申请条件	由于第三人的侵权行为造成伤病且第三人不支付或无法确定第三人
申请时间	医疗费用结算时

续上表

申请主体	参加基本医疗保险的职工或者居民（参保人）
申请对象	参保地的社保经办机构
申请方式	书面申请
提交材料	医疗诊断等原始票据，并告知造成其伤病原因和第三人不支付医疗费用或无法确定的情况
申请范围	第三人按照确定的责任大小依法承担的部分
审查标准	申请人是否参加了基本医疗保险

对于给付后如何追偿，《支付办法》明确：参保人从侵权人处获得医疗费赔偿后，应主动将侵权人应负担部分返还医保基金；拒绝返还的，社保机构可从该参保人以后的相关待遇中扣减应退金额或向法院起诉。有关部门确定侵权第三人责任的，社保机构应要求该侵权人按照确定的责任比例偿还医保基金垫付的医疗费；逾期不偿还的，社保机构应向法院起诉。有关追偿的法律规定可谓详尽而细致，追偿实属有法可依。

（二）追偿意义缺失：垫付金额少、责任人是否无偿付能力

并非如此。仅以上述经过二审的 67 份文书为样本，经核算（见表 3），样本中 82%的侵权责任人（追偿对象）系具有完全偿付能力的保险公司、医疗机构、学校、企业等非个人主体，至少 91.8%的垫付金额可实现追偿。医保基金垫付金额巨大，侵权责任主体亦有完全偿付能力，90%以上的垫付费用可实现有效追偿。

表 3　67 份裁判文书侵权责任主体追偿情况统计表

追偿对象类型	追偿对象数量（个）	追偿对象占比（%）	可追偿医疗费金额（元）	追偿金额占比（%）	平均每案可追偿金额（元）
合计	67	100	3733193	100	55719
个人	12	18	306808	8.2	25567
组织	55	82	3426385	91.8	62298

（三）追偿困境的根源：追偿事件中各主体存在信息不对称

信息不对称是微观信息经济学的重要理论前提。微观信息经济学主要研究在信息不完全和不对称情况下市场会发生何种变化，对因信息不对称可能导致的交易效率降低如何调整。[①] 这对我们分析因信息缺失导致的不利益行为具有重要工具价值。在信息经济学之前，传统微观经济学认为经济

① 参见张维迎：《博弈论与信息经济学》，格致出版社、上海人民出版社 2019 年版。

活动的所有人都拥有充分和相同的信息，且获取信息不需要成本。但实际上市场信息总是以分散的形式出现，信息的传播和获取也需要成本，加之市场中总有虚假信息存在，所以真实市场环境中买卖双方并不能完全掌握全部信息（信息不完全），更重要的是，买卖双方掌握的信息总是不对等，其中一方会比另一方掌握更多的信息（信息不对称）（见图1）。

微观信息经济学依据信息性质不同，将信息分为公共信息和私人信息：所有市场参与者均能自由获得的信息称为公共信息，个别市场参与者独自占有而相对方不知晓的信息为私人信息。① 简单来说，公共信息是交易各方都知晓和清楚的信息，私人信息是交易时一方知晓而另一方不知晓且会对交易结果产生影响的信息，掌握私人信息较多的一方往往处于优势地位（见图2）。

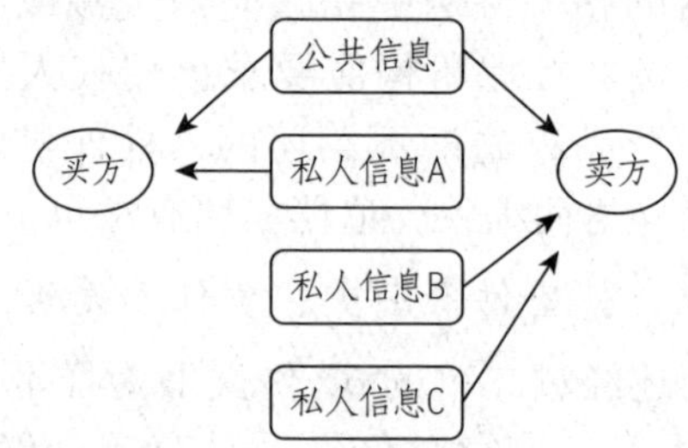

图1　市场主体对私人信息的掌握不同，存在信息不对称

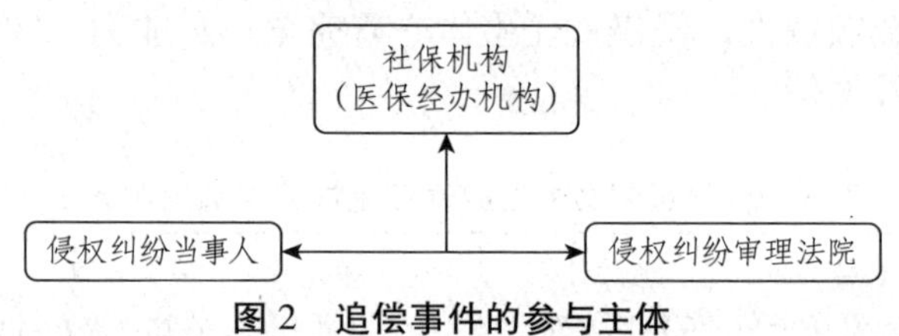

图2　追偿事件的参与主体

追偿事件中的公共信息和私人信息如表4所示：

表4　追偿事件中的公共信息和私人信息

公共信息	《社会保险法》第30条的规定
私人信息	追偿权成立时点：医保基金垫付医药费的具体时间
	追偿权相对人：社保机构行使追偿权的具体对象
	追偿权启动时点：社保机构能够行使追偿权的具体时间

上述各参与主体掌握的公共信息不完全、私人信息不对称，是社保机

① 参见张维迎：《经济学原理》，西北大学出版社2015年版。

构追偿权搁置、追偿对侵权纠纷判决和执行产生不利影响的根本原因。

1. 社保机构对于垫付时点、追偿对象、追偿权启动时点等关键私人信息均不掌握，且搜寻相应信息的成本过大，使得追偿权实质上处于无法启动的状态。

医保实时结算的模式导致社保机构无法获取与垫付有关的私人信息。医保支付方式改革是医保改革的重要内容，结算方式的改变不但节约了行政成本，也赋予了医保机构与医疗机构更多自主协商的权利，最重要的是减轻了参保人负担。但该种结算模式同时也切断了社保机构与参保人的直接联系。虽然《社会保险法》及《支付办法》规定垫付需要依申请，但现实中“主动申请”几乎不存在，无需申请即可获得垫付反为常态。[①] 参保人出院结算时，只需向医疗机构缴纳医疗费的“个人自付”部分，“统筹支付”部分则由社保机构直接向医疗机构支付。不难发现，在现有结算模式下，社保机构无法辨别参保人系因第三人侵权还是自身疾病就医。社保机构支付给医疗机构的每一笔医疗费，是本应支付还是代侵权人垫付，无从判断，追偿更无从谈起（见图3）。从采集的样本数据看，涉及医保垫付医疗费的35166份文书中，社保机构主动追偿的只有90份，印证了上述事实。社保机构主动搜寻有关追偿的信息成本过大、无法实现。

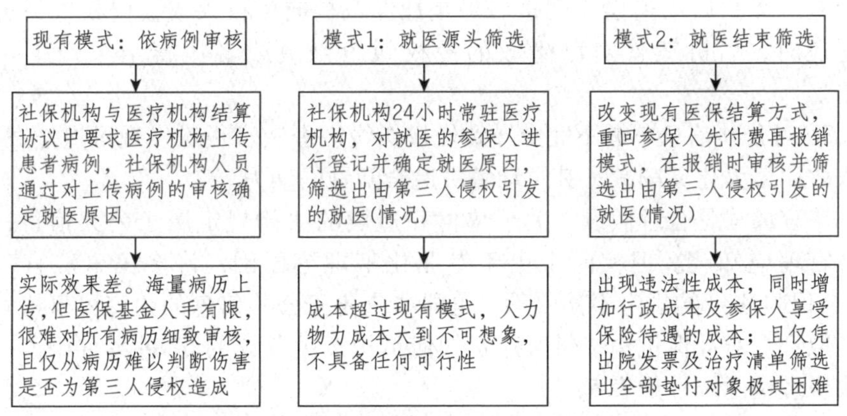

图3 社保机构搜寻信息的现有模式及可能模式

社保机构主动搜寻有关追偿信息的成本与收益严重不匹配。公共组织追求的目标与组织中的个人追求的目标并不相同，医保基金垫付的医疗费用属于公共资源，追偿所得的医疗费收益归医保基金即全体参保人享有，但承担信息搜寻成本的主体却是社保机构，更准确地说是负责具体筛选工作的个人。成本收益本身的不平衡以及成本主体与收益主体的非对称，使

---

① 《社会保险法》第29条规定：“参保人员医疗费用中应当由基本医疗保险基金支付的部分，由社会保险经办机构与医疗机构、药品经营单位直接结算。”

得社保机构主动搜寻与追偿有关的信息成为完全不可能。当无法发现追偿对象、无法确定追偿权启动时点，追偿权的搁置便成为必然。

2. 掌握垫付时点等关键私人信息的侵权纠纷当事人，基于理性经济人最大化自身偏好的追求，不主动向社保机构告知的追偿条件已成就。

无论完全理性还是有限理性经济人假设，社会生活的主体在交往中总是倾向于自身偏好最大化，不排除极少数人将利他主义作为偏好，但绝大多数主体追求的是个人利益最大化。个人利益最大化导致处于信息优势的主体很容易为享有自己行为的收益而将成本转嫁给别人，造成他人损失，这种可能性即为道德风险。①

侵权纠纷当事人是侵权事件的直接参与者，也是就医和侵权诉讼的亲历者，其无需付出任何额外成本即可直接掌握医疗费垫付时点、追偿对象、追偿权启动时点等与追偿密切相关的信息。在社保机构主动提起追偿诉讼的 90 件案件中，侵权人主动告知社保机构追偿权的仅有 2 件，且起因系法院判决侵权人向被侵权人支付医保基金垫付的医疗费，侵权人认为被侵权人获得了双重赔偿。当然，不排除当事人不知晓“侵权产生的医疗费医保基金不予承担”这一公共信息，但更多的情况是双方为实现个人利益最大化而选择故意隐瞒。道德风险行动的直接后果是社保机构不知追偿权已经成立，无法启动追偿，间接后果是社保机构向侵权人或被侵权人另诉主张返还时，后诉案件对已生效的侵权纠纷判决或者执行结果产生一定冲击。

3. 对公共信息掌握不完全导致侵权纠纷审理法官很难发现可追偿案件，个人效用最大化又削减了其主动解决追偿问题的动力。

法官懂法是合理假设，关于垫付和追偿的法律规定属于公共信息，民事法官理应知晓。但实际上由于专业化审理等原因，许多民事法官对于《社会保险法》的规定不甚熟悉，也即本应属于公共信息的内容民事法官没有获取到。对社保机构垫付医疗费如何负担发生争议的 67 件案件中，一审判决说理情况统计如表 5：

① 不对称信息大致分为外生的信息（隐藏知识），诸如交易当事人的能力、偏好、身体状况等，这类信息不是由当事人行为造成的，一般出现在合同订立之前，易引发逆向选择的问题。而另一种称之为内生的信息（隐藏行动），取决于当事人行为本身，即在订立合同的时候，当事人双方拥有的信息是对称的，但是签订合同后，一方对另一方的行为无法监督、约束，隐藏行动易引发道德风险问题。

表 5　67 份裁判文书说理情况统计表

<table>
<tr><td rowspan="6">无说理文书</td><td rowspan="6">56 份</td><td colspan="3">有说理文书</td><td colspan="3">11 份</td></tr>
<tr><td colspan="6">说理内容</td></tr>
<tr><td colspan="2">禁止被侵权人双重获赔</td><td colspan="2">侵权损失填平原则</td><td colspan="2">不因社保免除侵权责任</td></tr>
<tr><td colspan="2">3 份</td><td colspan="2">5 份</td><td colspan="2">3 份</td></tr>
<tr><td colspan="3">援引《社会保险法》第 30 条</td><td colspan="3">明确社保机构的追偿权</td></tr>
<tr><td colspan="3">3 份</td><td colspan="3">1 份</td></tr>
</table>

可以看出，在审理医保基金垫付医疗费的侵权案件时，法官的思维往往仅停留在侵权法律关系中，原因是：一方面可能是对于《社会保险法》规定不了解；另一方面可能是基于个人成本与收益考量，认为法院没有通知行政主体参加侵权诉讼的义务，即便加入诉讼可以一次性解决问题，但这种收益是社会收益而非法官个人收益，相反，法官需要支出个人时间、精力、审限等成本。所以，民事法官在侵权诉讼中没有足够动力启动追加程序一并解决纠纷。

三、突破困境的最优路径

行政主体追偿“实现难”是因追偿程序“启动难”，而“启动难”的根源在于行政主体与侵权纠纷当事人关于“垫付时点”等关键内容存在信息差，出现了信息不对称，且行政主体主动搜寻信息的成本过高而无法打破这种不对称，不得不一直处于“不知情”的状态；涉及医保基金垫付医疗费的侵权纠纷裁判不统一、不稳定的根本原因在于侵权与追偿的联系被人为割裂，这既与追偿启动难有关，也与侵权纠纷审理法官基于信息不完全而不知一并处理或基于成本收益考量而不愿一并处理有关。如果我们能够将与追偿权密切相关的信息的搜寻成本降至极低水平，减轻追偿事件中各主体之间信息不对称的情况，便能找到一条理顺追偿与侵权诉讼关系、高效实现行政主体追偿权的路径。

（一）程序设计

侵权纠纷审理法院依职权追加行政主体作为有独立请求权的第三人参加诉讼，是避免冲突、实现追偿的最优路径（见图 4）。

1. 民事侵权纠纷审理时应对有无医保基金垫付医疗费的事实进行查明。在侵权诉讼中，法院在审查当事人主张的医疗费损失时，应主动对是否存在医保基金垫付医疗费的事实一并查明。通过审核医疗费票据（例如医疗费发票“统筹支付”一栏中是否为零）及询问当事人就医情况，确定医疗费主张中是否涉及其他权利主体。

2. 若查明不存在医保基金垫付医疗费的事实，法院对侵权纠纷正常审理即可；若存在垫付事实，法院应书面通知社保机构（一般为医保经办机构）参加诉讼。社保机构应当到庭并提交垫付医疗费的相关证据。需要注意的是，社保机构仅需陈述与垫付有关的案件事实，对于侵权责任划分、当事人主张的其他赔偿项目认定无需发表意见。

3. 对于社保机构参加的侵权诉讼，法院应对侵权责任划分、赔偿金额及医保基金垫付医疗费的追偿问题一并处理，在确定侵权责任和赔偿责任的同时，根据实际情况判决侵权人或被侵权人向医保基金支付或返还垫付的医疗费用。

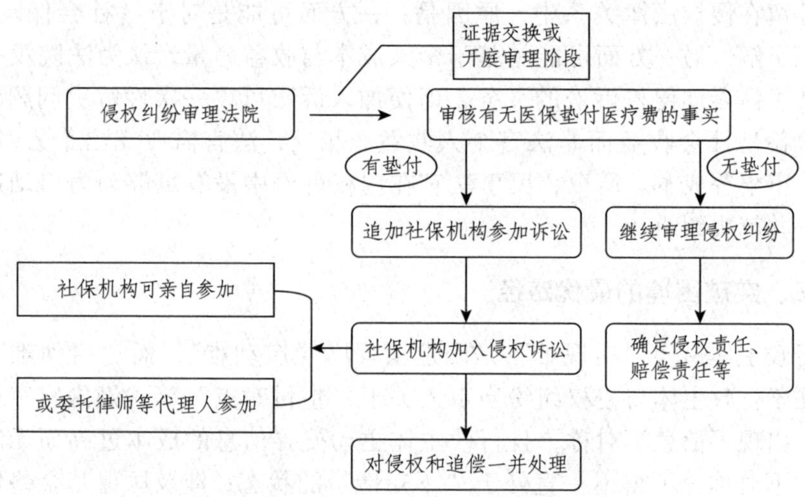

图 4　法院依职权追加行政主体参加侵权诉讼的程序设计

（二）方案证成

1. 法院依职权追加社保机构参加侵权诉讼符合《民事诉讼法》的规定。我国《民事诉讼法》关于追加当事人的规定较少，需根据诉讼法理论阐述这一问题。社保机构系侵权案件诉争垫付医疗费的真正权利主体，而该机构管理的医保基金又具有公共利益性质，也即正在审理的侵权纠纷实际上涉及到了第三人利益和公共利益，社保机构作为有权主张垫付医疗费的主体，应当加入诉讼。对此，最高人民法院倾向性观点也认为，在人身损害赔偿纠纷案件中，如果已经支付了医疗费用的社会机构没有参加损害赔偿纠纷案件诉讼，法院应当向其告知该案的诉讼情况，支持其依法行使追偿权。[①] 因此，以侵权责任民事诉讼为主线，主动将行政垫付主体作为诉讼参

① 最高人民法院民一庭主编：《民事审判指导与参考》（总第 57 辑），人民法院出版社 2014 年版，第 137 页。

与人予以追加，不仅程序上合法，也是程序的要求。

2. 法院依职权追加社保机构参加侵权诉讼体现司法参与社会治理的独特作用。社会保障制度建设的主体是多元的，多元主体责任边界划分合理会实现个人、社会、市场与国家的共赢。探索国家、市场、社会与家庭在社会保障资源供给中的角色定位与行为边界，是当代各国改革的主旋律之一。[①] 而我国医疗卫生财政投入逐年增高，医保基金垫付费用能否高效回收，关系医疗卫生财政投入机制能否走向现代化，乃至国家治理体系现代化。[②] 因此，司法权以恰当方式推进公共卫生资源合理利用，是其参与社会治理的重要体现。司法权在处理民事侵权纠纷时，对于案件涉及社会利益、公共利益的重大问题，应当依职权果断介入并引导国家相关职能部门通过民事诉讼程序积极作为，在诉讼的微观层面提升综合治理能力，使得法治统一性效果在个案审理和社会治理中协调一致。

3. 法院依职权追加社保机构参加侵权诉讼，可从根本上解决追偿权启动难问题。现有医保结算模式决定了行政主体依靠自身能力无法获取与追偿有关的关键私人信息，从而无法启动追偿权；而侵权纠纷当事人同样不会将其掌握的与追偿有关的私人信息主动告知社保机构。然而涉及医保基金垫付医疗费的侵权纠纷一旦诉诸司法，相关垫付事实作为案涉的基本事实之一，在举证质证过程中进行查明，人民法院就能在第一时间几乎零成本获取与行政主体垫付和追偿有关的全部私人信息，且通过举证、质证和认证的诉讼程序查明的信息极为真实可靠。因此，由法院将这些信息主动披露给社保机构，不仅是成本最低、效率最高的追偿权启动方式，也是兼顾行政主体对履职信息真实性与权威性要求的最优方式。

4. 法院依职权追加社保机构参加侵权诉讼可从根本上理顺追偿与侵权纠纷的关系。处理医保基金垫付医疗费的侵权损害赔偿案件，应当遵守两个原则：其一，被侵权人对医保基金的支付和侵权责任人的赔偿不能双得；其二，侵权责任人不能因被侵权人享受医保基金的支付待遇而减轻责任。[③] 社保机构作为有权主张返还垫付医疗费的真正权利主体，若没有加入到侵权损害赔偿诉讼中，法院在权利主体缺席的情况下，又必须对垫付医疗费的性质进行说理，对负担主体予以确定。此时，是使用“侵权责任不因社会保险而减轻”还是“侵权只能填补损害而不能使被侵权人双重获利”说理，全凭

① 参见贾玉娇、傅丹青：《中国国家治理体系的结构变迁与能力提升——基于分化与边界视角的分析》，载《浙江社会科学》2020 年第 2 期。

② 参见朱恒鹏：《医疗卫生财政投入机制与国家治理体系现代化》，载《经济学动态》2019 年第 12 期。

③ 参见最高人民法院案例指导与参考丛书编选组编：《最高人民法院保险、票据案例指导与参考》，人民法院出版社 2018 年版，第 169 页。

法官内心倾向于将不利后果分配给原告还是被告。这不仅导致类案裁判存在恣意的可能，还导致“侵权责任不因社会保险而减轻”和“被侵权人不得双重获利”两个原本没有任何冲突的原则产生了冲突，最终导致矛盾判决出现。而在社保机构加入侵权诉讼的情况下，法院对垫付医疗费的说理将会十分顺畅：侵权人不应因被侵权人投保社会保险而减轻侵权责任，被侵权人也不应获得其未实际支出的医疗费用，侵权行为造成的医疗费损失，已由医保基金先行垫付，根据《社会保险法》的规定，应当由侵权人向医保基金返还。

（三）优劣比较

行政主体通过诉讼实现垫付医疗费的追偿，有主动提起追偿诉讼或被动加入侵权诉讼两种方式。事实证明，采用追加模式审理的219件涉及医保基金垫付医疗费的侵权损害赔偿案件效果良好，行政主体加入侵权诉讼效果显著优于单独提起追偿诉讼（详见表6）。

表6 实现垫付医疗费的追偿方式对比表

主体	单独提起追偿或不当得利之诉	直接加入侵权诉讼	成本变化
行政机关	缺乏发现追偿对象的可能，追偿比例极低	可实现应诉尽诉	成本从巨大降至零 经法院通知参加诉讼，无需自行搜集信息
	无法确定追偿权启动时点，实际启动时间远远晚于侵权责任确定时点	侵权责任未确定时已加入诉讼，在责任确定的第一时间即可完成追偿	成本降低 作为有独立请求权第三人参加诉讼节省搜集生效侵权判决、当事人信息成本
司法机关	侵权和追偿需两次诉讼	侵权和追偿一次诉讼即可完成	成本降低 节约了司法资源
	裁判的统一性受损	裁判统一性不受损	成本不变
	裁判及执行的稳定性受损	裁判及执行稳定性不受损	成本不变
侵权纠纷审理法官	判决对于垫付医疗费的负担说理困难，易生矛盾，存在错判可能	判决说理顺畅，杜绝医疗费判决矛盾、错判的可能	成本小幅增加 追加当事人参加诉讼，调查垫付事实，增加部分工作量
侵权纠纷当事人	侵权与追偿需两次诉讼	侵权与追偿一次完成	成本降低
	易出现道德风险行动	杜绝道德风险	成本不变
公共利益及政府公信力	医保基金受损，政府公信力受损，全体参保人利益受损	医保基金及时追偿，保障全体参保人利益，增加政府公信力	成本不变

结 语

《社会保险法》第30条的“可以追偿”看似赋权规定，但管理医保基金系社保机构法定义务，避免医保基金受损是“管理”应有之义，《支付办法》也进一步明确了行政主体应当追偿的义务；而以最小成本实现公共资源管理最大收益也是行政主体依法履职的基本要求，在参加侵权诉讼追偿成本显著低于单独起诉、效果显著优于单独起诉的情况下，行政主体应当以加入侵权诉讼的方式主张追偿权。法院在侵权诉讼中依职权追加履行垫付责任的行政主体作为第三人参加诉讼，以最低成本打破了信息不对称的状态，帮助行政主体获取有关追偿的全部私人信息。

公信力与公定力的博弈：关联行政行为司法审查的困境与出路

——基于72份行政裁判文书的实证分析

蒋群利[*]　孔庆龙[**]

一、解释与界定：关联行政行为的理解释义

关联行政行为是学术研究上的称谓，并非法律术语中名称。关联行政行为在学术研究中通常又被称为“先行行政行为”[①]“前置行政行为”[②]“非诉行政行为”[③]“附属证据性行政行为”[④]等。对于关联行政行为概念，学者们有不同的理解，仍存在争议。如有学者认为，当被诉行政行为以其他行政行为为前提，而该行政行为本身并不是诉讼标的时，该行政行为就属于关联行政行为。[⑤]有学者认为关联行政行为是由其他行政机关在被诉行政行为之前作出的，与被诉行政行为有主观或客观上的关联性，为实现与被诉行政行为相同的法律效果为目的的行政行为。[⑥]上述学者对关联行政行为概念的理解，大部分仅是强调了关联行政行为某部分特征，对关联行政行为的定义内容概括得不够全面。通过概括上述学者对关联行政行为概念的理解，笔者认为，关联行政行为是指先于被诉行政行为作出的，与被诉行政行为具有承继关系，且是作为被诉行政行为的基础、前提、依据或构成要件等之一的行政行为。

---

* 作者单位：广西壮族自治区南宁市中级人民法院。

** 作者单位：广西壮族自治区南宁市中级人民法院。

① 成协中：《行政行为违法性继承的中国图景》，载《中国法学》2016年第3期。

② 陈红、徐风烈：《行政诉讼中前置性行政行为之审查探析》，载《浙江社会科学》2008年第5期。

③ 江必新：《论行政诉讼的审查对象》，载《中国法学》1993年第4期。

④ 祁贵明：《论诉讼中附属证据性行政行为问题的解决》，载《行政法学研究》2004年第1期。

⑤ 王雪梅、李巨：《关联行政行为司法审查理论与实务分析》，载《中共乐山市党校学报》2015年第17期。

⑥ 夏新华、谢广利：《论关联行政行为违法性继承的司法审查规则》，载《行政法学研究》2017年第6期。

二、规范与实证：关联行政行为司法审查的规范依据梳理分析与审判实践考察

（一）关联行政行为司法审查的规范依据

1.《最高人民法院关于审理行政许可案件若干问题的规定》第 7 条[①]。该条规定为法院审查关联行政行为提供了依据，但该条规定仅限于在被诉行政行为是行政许可的行政诉讼案件中适用，适用范围较窄。同时，该条规定所确定的情形标准相对笼统和宽泛，在具体的审判实践中通常是由法官自由裁量，容易出现争议和同案不同判的情形。

2.《最高人民法院关于行政诉讼证据若干问题的规定》第 63 条第 1 项[②]。该项规定主要是强调行政行为作为证据时的证明力高于其他证据。从证据审查的角度来看，该条规定亦明确了关联行政行为在行政诉讼中作为证据使用时，法院可以对该关联行政行为予以司法审查。行政诉讼中的证据审查，一般是审查证据的真实性、关联性和合法性。基于行政行为具有的公定力和确定力，关联行政行为在行政诉讼中作为证据使用时，法院审查关联行政行为通常仅是审查其真实性和关联性，对于其合法性一般也仅是来源合法性的审查而并不作实质审查。因此，法院基于该项规定对关联行政行为的审查并未触及主体资格、权限、法律依据等方面的合法性审查，不是真正意义上的司法审查。

（二）关联行政行为司法审查的审判实践考察

基于数据样本分析方法，笔者于 2020 年 5 月 29 日在中国裁判文书网以“行政案件”为案件类型，以“关联行政行为”为关键词，按“行政案由”筛选该网公布的行政裁判文书共 72 份[③]（在行政诉讼中各阶段的分布详见图 1）。通过梳理和对比分析 72 份行政裁判书可以看出，目前，法院对关联行政行为的处理模式主要有两种（具体数据详见图 2），分别是：另案处理审查模式和一并处理审查模式（具体又分为：形式审查模式、实质审查模式、证据审查模式）。

---

① 《最高人民法院关于审理行政许可案件若干问题的规定》第 7 条规定：“作为被诉行政许可行为基础的其他行政决定或文书若存在以下情形之一的，人民法院不予认可：（一）明显缺乏事实根据；（二）明显缺乏法律依据；（三）超越职权；（四）其他重大明显违法情形。”

② 《最高人民法院关于行政诉讼证据若干问题的规定》第 63 条第 1 项规定：“证明同一事实的数个证据，其证明效力一般可以按照下列情形分别认定：（一）国家机关以及其他职能部门依职权制作的公文文书优于其他书证……”

③ 72 份行政裁判文书样本均来源于中国裁判文书网，归纳的观点及其推理过程均是以样本为材料。对于全国各级法院未录入中国裁判文书网的行政裁判文书，不予纳入分析探讨的范畴。

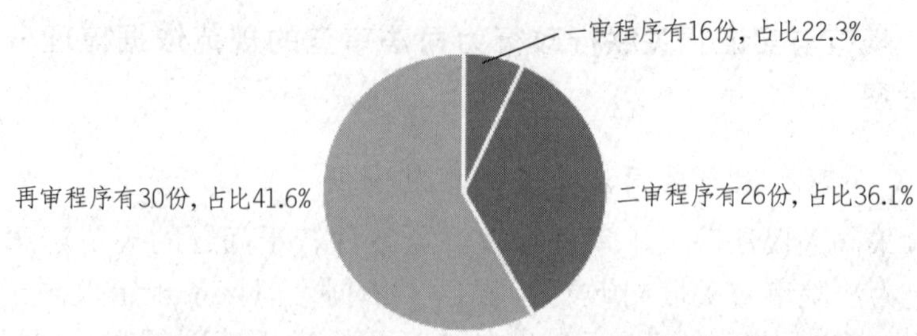

图1　72份行政裁判文书中关联行政行为司法审查在各诉讼程序阶段占比分布图

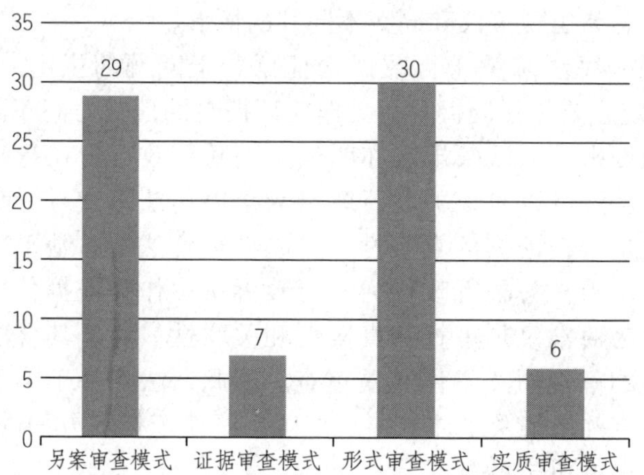

图2　72份行政裁判文书中关联行政行为审查模式数据分布图（单位：份）

1. 模式一：另案处理审查。另案处理审查，是指受诉法院在审理涉及关联行政行为诉请时，告知起诉人对关联行政行为另案起诉或者对关联行政为不予处理。部分裁判文书中，当事人提起对关联行政行为审查时，该部分裁判文书认为当事人的诉讼请求超出了本诉的审理范围，驳回当事人的该项诉请，告知其另案起诉。例如，卢健林诉佛山市三水区人民政府土地行政批准及佛山市人民政府行政复议决定纠纷案中，[①] 原告卢健林认为佛山市三水区人民政府的土地征收行为违法，作为关联的佛山市国土资源局作出的《关于收回国有土地使用权的通告》程序不当，均侵犯了其合法权益，对上述的土地征收行为及关联行政行为一并提出司法审查。二审法院认为，本案审查的行政行为是佛山市三水区政府作出的土地批准行为，佛山市国土资源局作出上述通告的合法性不属于本案的审查范围，告知卢健林应另循法律途径解决。笔者认为，在另案处理模式中，起诉人一并提出对关联行政行为的审查，人民法院应对其进行释明，告知其另行起诉。如

① 广东省高级人民法院（2017）粤行终675号行政判决书。

起诉人将关联行政行为另案起诉，关联行政行为即被作为独立的行政行为予以审查，由于缺乏一并审理的有利条件，否认了关联行政行为与被诉行政行为在客观上的联系，即便先行的基础行政行为被认定违法或无效或撤销，后起诉的关联行政行为并不能以此为由被认定违法或无效或撤销。另案处理的审查方式，增加了起诉人的诉累和成本，亦造成了人民法院司法资源的浪费，不利于实质及时解决行政争议。

2. 模式二：一并处理审查。一并处理审查，是指法院在行政诉讼中，对被诉行政行为的关联行政行为一并予以处理审查。根据法院对关联行政行为的审查形式和审查程度或强度，一并审理模式又分为：形式审查模式、实质审查模式以及证据审查模式。

（1）形式审查模式。形式审查是指人民法院按照行政行为应具备的形式要件为标准审查关联行政行为，主要审查关联行政行为成立的要素、程序以及形式上的真实性，并未对关联行政行为进行实质审查。例如，戴红武诉长沙市国土资源局开福区分局、长沙市人民政府限期腾地决定纠纷案①中，戴红武对长沙市国土资源局开福区分局、长沙市人民政府作出的限期腾地决定提起诉讼，在诉讼过程中亦对限期腾地决定作出前有关行政机关作出的征地决定与补偿安置决定等关联行政行为提出了合法性审查。再审法院认为，对征地决定与补偿安置决定等关联行政行为，本案只进行一般性审查，即本案只审查有权行政机关是否按照法定程序作出了有效的前期行政行为，戴红武对前期关联行政行为的合法性异议，应在对前期行政行为提出的行政复议或诉讼中解决，不属本案审查范围。形式审查模式，保持了司法权的审慎与克制，对关联行政行为仅限于形式审查，不直接评判其效力性，虽然避免了司法权干预行政权的现象，但是却使得行政过程中的违法因素脱离了司法监督范围，行政相对人还需另案起诉关联行政行为，增加了行政相对人的诉累，亦造成了司法资源浪费，不利于实质解决行政争议。

（2）实质审查模式。相对于形式审查而言，实质审查是指法院全面实质审查关联行政行为，主要是对关联行政行为的合法性和程序性作出全面实质评价，如关联行政行为的合法性被否定，应当认为被诉行政行为为无效行为或者可被撤销。例如，北海太合经贸有限责任公司诉北海市国土资源局挂牌出让土地行政管理案②中，北海市太合经贸有限公司诉请确认北海市国土资源局挂牌出让国有土地行为无效。二审法院对北海市国土资源局的挂牌公告、挂牌行为以及与竞得人签署成交确认书等关联行政行为一并

① 湖南省高级人民法院（2016）湘行申 574 号行政裁定书。

② 广西壮族自治区北海市中级人民法院（2016）桂 05 行终 14 号行政裁定书。

进行了实质审查，认为北海市国土资源局在尚不具备挂牌出让条件的情况下，将挂牌出让涉案土地挂牌出让的行政行为无依据，应予撤销，同时对本案的关联行政行为即挂牌公告行为、与竞得人签署《成交确认书》行为进行了否定性评价，并依法予以撤销。实质审查模式，对关联行政行为进行严格的审查模式，即对其合法性进行全面评价，关联行政行为是被诉行政行为合法性的要件，如关联行政行为经审查被确定为违法或无效，则被诉行政行为将势必会因认定事实不清或无事实依据被撤销或确认违法。实质审查模式，把关联行政行为纳入了司法审查范围，强化了司法权对行政权的监督，有利于行政纠纷的实质化解，做到案结事了。

（3）证据审查模式。证据审查是指在行政诉讼中将关联行政行为作为被诉行政行为的证据使用时，依照证据规则，对该证据的客观性、合法性、关联性予以审查，审查的内容限于该证据的取得方式是否合法，证据是否真实，是否与被诉行政行为具有关联性。例如，袁忠良诉杭州市国土资源局拆迁行政裁决案①中，袁忠良起诉撤销杭州市国土资源局作出的房屋拆迁行政裁决，同时对涉案的拆迁行政许可行为提出违法性审查。二审法院经审查认为，涉案拆迁行政裁决的关联拆迁行政许可行为现行有效，不存在重大明显的违法而导致该证据不具备合法性的情况，涉案房屋拆迁许可作为证据认定被诉拆迁行政裁决的合法性。证据审查模式，遵循行政诉讼的“一案一诉”的基本原则，审查范围仅限于被诉行政行为，而对关联行政行为采用了作为本诉行政行为的证据审查方式，并没有对其进行合法性和效力性的评价，导致关联行政行为脱离了司法审查范围。如关联行政行为违法，在关联行政行为未被撤销或者认定违法之前，根据行政行为公定力与既定力的原则，则以违法的关联行政行为作为依据的被诉行政行为如何评价其效力成为司法难题。

三、归纳与审视：关联行政行为司法审查困境

（一）困境一：立法供给不足，无法可依

如前所述，法院在审判实践中对关联行政行为进行司法审查的规范依据仅有最高人民法院颁布的两个司法解释。其中，《最高人民法院关于审理行政许可案件若干问题的规定》适用的范围较窄，仅适用于行政许可作为被诉行政行为的行政诉讼案件。《最高人民法院关于行政诉讼证据若干问题的规定》是针对关联行政行为作为证据时的审查依据，而证据审查一般是难以触及关联行政行为的合法性审查或效力性审查。

① 浙江省杭州市中级人民法院（2013）浙杭行终字第316号行政判决书。

（二）困境二：适用原则冲突，一案一诉、一行为一诉原则的掣肘

在最高人民法院公布案例[①]的裁判要旨中有明确解释："'一案一诉'是人民法院受理行政案件的基本原则，对于当事人的诉讼请求涉及多个不同行政行为的，人民法院应当充分释明及指导，如经过充分释明当事人仍拒绝明确其诉讼请求的，应当裁定不予受理或者驳回起诉。"此外，最高人民法院公布的（2019）最高法行终1号行政裁定书[②]中的"本院认为部分"亦载明："在一个行政案件中，被诉行政行为一般仅指一个行政机关作出的一个行政行为，或两个及两个以上的行政机关作出的同一个行政行为。尽管公民、法人或其他组织在起诉时可以提出多项具有内在逻辑牵连的诉讼请求，但作为诉讼请求基础的被诉行政行为却须只有一个。此即通常所谓的'一行为一诉'的行政诉讼立案受理原则。……在无法律规定的情况下，除非存在关联事实等特殊情况及出于诉讼经济的便宜考虑，一般不得在一个行政案件中将两个或两个以上的行政行为列为被诉行政行为。"上述两个案例表明，目前，司法实践中施行"一案一诉""一行为一诉"的原则，除非存在特殊情况或基于诉讼经济便宜考虑。上述两原则表明关联行政行为司法审查面临法律适用原则上的掣肘，进而影响了法院在行政案件审理中对关联行政行为启动司法审查的意愿以及司法审查的力度。

（三）困境三：价值理论冲突，行政行为公定力理论的阻断

行政行为公定力理论是强调行政效率和政府家权威，价值追求是社会安定有序。如行政行为公定力轻易被否定，则势必会导致行政效率降低，行政秩序无法正常运转。行政行为公定力理论主张，行政行为是一经作出就具有公定力和确定力，不管关联行政行为违法与否，只要该关联行政行为未经法定程序被确认违法并予以撤销前，仍具有法律效力。司法公信力是强调宪法、法律的权威，价值追求是社会公平公正。法院在司法实践中直接对行政行为公定力的确认，则会否定关联行政行为的违法具有承继性，进而阻断对关联行政行为的合法性审查。法院不能对关联行政行为进行司法审查，将无法对行政行为进行有效监督，从而不能实现保护公民合法权益免遭行政权侵犯之目的，进而影响司法公信力。

（四）困境四：现实骨感，司法实践操作中存在诸多难题

1. 难题一：关联行政行为可诉标准模糊。实践中，被诉行政行为作出

① 刘仁福诉武汉市黄陂区人民政府确认行政行为违法及行政赔偿案，最高人民法院（2017）最高法行申8638号行政裁定书。

② 马生忠诉固原市人民政府行政批复、固原市住房和城乡建设局房屋拆迁行政裁决案，最高人民法院（2019）最高法行终1号行政裁定书。

的过程中往往需要其他机关参与表达意见、同意或者核准，其他机关的意见表达、同意或核准在学术界通常被称为多阶段行政行为（亦称内部行政行为，其中包括关联行政行为）。现行法律仅规定和罗列了部分不能诉的行政行为，但对于多阶段行政行为的可诉标准的判断没有予以规定明确，导致法院在司法实践中对于先行的多阶段行政行为中的哪些行为具有可诉性观点不一，适用上存在差异。

2. 难题二：关联行政行为审查标准及强度笼统。对于关联行政行为应当采用什么样的审查标准或强度，有待进一步探讨明确细化。《最高人民法院关于审理行政许可案件若干问题的规定》的起草者在解读该司法解释时指出，对于先行关联行政行为的审查应采用相对较低的审查强度，可参考《最高人民法院关于执行〈中华人民共和国行政诉讼法〉若干问题的解释》所确定的非诉行政行为所执行的司法审查标准。[①] 从《最高人民法院关于执行〈中华人民共和国行政诉讼法〉若干问题的解释》（已失效）的规定[②]可以看出，对于关联行政行为的司法审查标准，立法者的态度是倾向于明显违法标准。但何为“明显违法”？对于“明显违法”的理解不一，难以确定明确标准。法官在审判实践中一般是以自己的价值判断作出选择和认定，从而容易造成法律适用不统一，导致不同地区或法院出现同案不同判的情形。因此，在对行政行为进行司法审查时，需要对“明显违法”的标准进行必要的解释和细化，以解决规定过于笼统，实践中难以确定把握的问题。

3. 难题三：行政诉讼起诉期限的藩篱难以逾越。根据《行政诉讼法》的规定，行政诉讼起诉期限为 6 个月或者 15 日，当事人超过起诉期限则会丧失诉权。实践中，从先行的关联行政行为的作出到被诉行政行为的作出的时间间隔跨度较大，当事人知道自身权益受损时而提起诉讼时，往往会发现关联行政行为已超过法定起诉期限，导致当事人无法通过行政诉讼的方式对关联行政行为进行司法审查。

---

① 赵大光、杨临萍、王振宇：《最高人民法院〈关于审理行政许可案件若干问题的规定〉之解读》，载《法律适用》2010 年第 4 期。

② 《最高人民法院关于执行〈中华人民共和国行政诉讼法〉若干问题的解释》第 95 条规定：“被申请执行的具体行政行为有下列情形之一的，人民法院应当裁定不准予执行：（一）明显缺乏事实根据的；（二）明显缺乏法律依据的；（三）其他明显违法并损害被执行人合法权益的。”该解释已于 2018 年 2 月 8 日被《最高人民法院关于适用〈中华人民共和国行政诉讼法〉的解释》废止，其中第 161 条第 1 款规定：“被申请执行的行政行为有下列情形之一的，人民法院应当裁定不准予执行：（一）实施主体不具有行政主体资格的；（二）明显缺乏事实根据的；（三）明显缺乏法律、法规依据的；（四）其他明显违法并损害被执行人合法权益的情形。”

四、探索与建议：关联行政行为司法审查的出路

（一）立法补缺，让关联行政行为司法审查有法可依

目前，关联行政行为司法审查所依据的司法解释，不能给关联行政行为司法审查提供有效适用性的法律依据和规则。我们需要通过立法对关联行政行为司法审查的法律依据予以补缺，明确关联行政行为司法审查的范围和情形。具体做法为：一是在《行政诉讼法》条款中增加规定，行政相对人或第三人在起诉或诉讼中，可以一并要求对作为被诉行政行为前提、构成要件、依据或者基础的其中之一的关联行政行为进行合法性审查。行政相对人或第三人未一并要求审查时，法院应根据案件审理需要对行政相对人予以释明。行政相对人或者第三人要求审查时，法院应依法对关联行政行为进行行政合法性审查并作出认定。如经审查发现关联行政行为不合法的，法院应向相关行政部门发出司法处理建议。二是通过司法解释对“关联行政行为”进行定义，明确关联行政行为是先于被诉行政行为作出的，与被诉行政行为具有承继关系，并作为被诉行政行为基础、前提、依据、构成要件等其中之一的行政行为。

（二）原则之例外，采用“一裁一判”方式一并审理关联行政行为

前述（2019）最高法行终 1 号行政裁定书中有提及，即若存在特殊情况或基于诉讼经济便宜考虑，法院在行政诉讼中可以突破“一案一诉”“一行为一诉”原则，对关联行政行为进行一并审理。一并审理是节约诉讼成本、实质化解争议的有效方式，亦有利于减少诉累，节约司法成本。根据《行政诉讼法》的规定，每一个行政行为都可以构成一个独立的诉。在行政相对人针对一个符合起诉条件的行政行为提起诉讼时，还同时对多个关联行政行为提起诉讼或者要求在一个案件中一并审理时，且每个关联行政行为均符合起诉条件的情形下，法院可以基于上述理由合并在一案中一并审理。若法院认为多个行政行为不适合合并一案审理的，应当向行政相对人进行必要的指导和释明，要求其分别提起诉讼。如法院已经作为一个案件立案，且行政相对人坚持一并起诉，那么法院应当如何处理？最高人民法院公布的一则案例①中的裁判要点已给出答案。该案例的裁判要点载明：“对于不符合行政诉讼法规定的可以合并审理的情形，当事人应当分别起诉，人民法院应当在立案阶段进行释明，引导当事人正确行使诉权。已经作为一个案件立案的，在审理中如发现针对不同被告的不同诉讼请求中存

---

① 谭相毛、朱芳爱诉郴州市人民政府、郴州市自然资源和规划局、郴州市城市管理和综合执法局、郴州市高新技术产业开发区管理委员会、郴州市苏仙区白露塘镇人民政府不履行政府信息公开法定职责案，最高人民法院（2020）最高法行申 276 号行政裁定书。

在不符合法定起诉条件的，应当采用‘一裁一判’方式，对不符合起诉条件的诉讼请求以裁定方式驳回起诉，对符合起诉条件的诉讼请求进行审理并作出判决。”从该案例的裁判要点可以看出，在行政诉讼中可以采用“一裁一判”的方式一并审理关联行政行为。该案例为在行政诉讼中审查关联行政行为提供了具体的处理方法。

（三）价值权衡，打破行政行为公定力理论的桎梏，有限适用行政行为违法性继承理论

随着公民权益保护意识增强，法治观念日益深入人心。在贯彻依法治国基本方略、推进依法行政的大背景下，传统行政行为公定力理论应予以改良。在法治国家中，行政行为的权威不能等同于司法判决的权威，行政行为公定力不能高于甚至否定司法公信力。行政行为的公定力仅为法的推定力即仅仅是法律先推定行政行为具有合法、有效的拘束力，如相对人认为行政行为违法，法律应赋予相对人通过行政诉讼的方式行使救济权利。基于效率与公正的价值权衡考量，在公定力与公信力的博弈中，学术界开始关注和研究关联行政行为的合法性影响，逐步形成了行政行为违法性继承理论。违法性继承的产生为关联行政行为司法审查提供了理论依据。“行政行为违法性继承”一般是存在于由连续数个行政行为构成的行政过程之中。当先行行为中存在的违法性瑕疵导致后续行为因此也具有违法性，即后续行为继承了先行行为中的违法性的现象，被称为“违法性的继承”。[①]由此可见，行政行为违法性继承理论主张，先行的关联行政行为中存在违法性瑕疵，则会影响作为结果的被诉行政行为的合法性，被诉行政行为会继承先行的关联行政行为的违法性。从《最高人民法院关于审理行政许可案件若干问题的规定》第7条规定来看，该规定在很大程度上已经肯定行政行为违法性继承理论的适用。根据行政行为违法性继承理论的观点，法院在对被诉行政行为审查时，是可以对其先行的关联行政行为的合法性予以司法审查。目前，司法实践中，大部分法院基于行政行为公定力和司法效率的考量，通常不采纳行政行为违法性继承理论的观点主张，并未对关联行政行为进行司法审查，这样将会导致行政权不能得到有效的司法监督，行政争议亦无法有效解决。但同时我们也不能一味地强调行政行为的违法性继承，而否定行政行为的公定力，否则势必会影响行政行为的有效稳定性和拘束力，进而影响行政效率和司法效率。基于价值权衡，兼顾公定力和公信力的有效统一，笔者认为，我们可以在司法实践中有限适用行政行为违法性继承理论。何为有限适用？即缩定关联行政行为司法审查适用的

---

① 朱芒：《“行政行为违法性继承”的表现及其范围——从个案判决与成文法规范关系角度的探讨》，载《中国法学》2010年第3期。

情形。笔者认为，关联行政行为司法审查适用的情形应包括以下三种情形，情形一：行政相对人不能就关联行政行为单独另案诉讼，且法院已经一案受理行政相对人针对多个关联行政行为的诉请。从避免当事人诉累、实质解决行政争议以及有效保护相对人合法权益的角度考虑，法院应一并司法审查关联行政行为，如关联行政行为经审查被认定违法，则法院可以据此认定被诉行政行为违法。情形二：关联行政行为明显违法，行政相对人在行政诉讼中可以将关联行政行为违法作为被诉行政行为违法的依据，法院可据此认定被诉行政行为违法或者撤销被诉行政行为。情形三：关联行政行为与被诉行政行为的合法性审查要件中包含相同的违法事项或情形，关联行政行为基于相同的违法要件被确认违法或者被撤销，法院可据此认定被诉行政行为违法或者撤销。

（四）直面现实，以问题为导向，探寻破解实践难题的方法

1. 方法一：运用实质性连带审查模式对关联行政行为进行司法审查。连带审查模式是指审查被诉行为时一并审查关联行政行为，对关联行政行为的审查具有从属性，是服务于被诉行为合法性判断的。① 实质性审查是相对于形式审查而言，其理论依据来源于行政行为违法性继承理论。所谓的实质性审查，是要求突破行政行为公定力理论，对关联行政行为的审查不再局限于仅审查行政行为的文书格式、真实性等外在条件在形式上的完整性，还应进一步审查关联行政行为的实际效力及合法性。如释义中所述，关联行政行为是被诉行政行为的基础、前提、依据或构成要件，两者之间具有很强的关联性。如不对关联行政行为进行合法性审查，法院将难以判断被诉行政行为的合法性。从最高人民法院公布的一则案例即念泗三村28幢楼居民35人诉扬州市规划局行政许可行为侵权案②中可以看出，法院在实践中已开始运用实质性连带审查模式，在对被诉行为合法性进行审查时，也对与其有前后承继性的关联行政行为合法性予以实质性审查。在该案例中，法院在审查被诉的行政许可行为的同时，对涉案的《控制性详细规划》审批的权限和形式这一关联行政行为是否合法也进行了审查。实质性连带审查模式符合法治国家、法治政府建设的需要，亦契合当前公平正义的社会价值追求以及现代行政法治的基本理念。

2. 方法二：明确关联行政行为可诉标准。根据《行政诉讼法》第2

① 李慧玲：《关联行政行为司法审查规范与实践》，载《广西民族大学学报（哲学社会科学版）》2019年第3期。

② 参见《中华人民共和国最高人民法院公报》2004年第11期。

条[①]以及《最高人民法院关于适用〈中华人民共和国行政诉讼法〉的解释》第1条第2款第10项[②]的规定，行政诉讼中，法院只有权审查对行政相对人权利义务产生影响的行政行为。对于没有对行政相对人权利义务产生实际影响的关联行政行为，并未纳入行政诉讼的受案范围。因此，关联行政行为可诉标准的确定必须是在遵循现行法律及司法解释规定的前提下考量，才具有可行性。根据现行法律规定，笔者认为，对于关联行政行为可诉标准的确定需要考量三个标准：一是对外效力标准。从司法救济的视角来看，欠缺外部效力的行为，其所期望创设的权利义务关系往往没有明确的指向对象，难以形成具体的行政法律纠纷，因而相关当事人无法通过司法救济途径获得保护。[③] 因此，先行的关联行政行为只有对外产生法律效果，才具有可诉性的可能。如该先行行为仅仅是单纯的内部程序先行行为，行政机关没有对外意思表示，不产生法律效力，就不具有可诉性。二是行为效果标准。所谓行为效果，就是关联行政行为要对行政相对人的权利义务产生实际影响。如关联行政行为仅仅是单纯的说明理由、表达意见、叙述事实等，而对作出被诉行政行为的行政机关没有拘束力，也必然不会对行政相对人产生实际影响，那么该关联行政行为因欠缺行为效果就会导致不具备可诉性。三是程序终结性标准。程序终结性标准是指被诉行政行为已最终作出，在其之前的所有程序性关联行政行为已终结完成。将程序终结性作为考量标准，主要原因在于被诉行政行为作出之前，法律关系处于不确定状态，法院对关联行政行为司法审查缺乏现实条件。

3. 方法三：细化"明显违法"的审查标准。笔者认为，根据《行政诉讼法》第70条[④]以及《最高人民法院关于适用〈中华人民共和国行政诉讼法〉的解释》第161条[⑤]的规定，关联行政行为"明显违法"的审查标准可

---

① 《行政诉讼法》第2条第1款规定："公民、法人或者其他组织认为行政机关和行政机关工作人员的行政行为侵犯其合法权益，有权依照本法向人民法院提起诉讼。"

② 《最高人民法院关于适用〈中华人民共和国行政诉讼法〉的解释》第1条第2款第10项规定："下列行为不属于人民法院行政诉讼的受案范围：（十）对公民、法人或者其他组织权利义务不产生实际影响的行为。"

③ 徐键：《论多阶段行政行为中前阶段行为的可诉性——基于典型案例的研究》，载《行政法学研究》2017年第3期。

④ 《行政诉讼法》第70条规定："行政行为有下列情形之一的，人民法院判决撤销或者部分撤销，并可以判决被告重新作出行政行为：（一）主要证据不足的；（二）适用法律、法规错误的；（三）违反法定程序的；（四）超越职权的；（五）滥用职权的；（六）明显不当的。"

⑤ 《最高人民法院关于适用〈中华人民共和国行政诉讼法〉的解释》第161条规定："被申请执行的行政行为有下列情形之一的，人民法院应当裁定不准予执行：（一）实施主体不具有行政主体资格的；（二）明显缺乏事实根据的；（三）明显缺乏法律、法规依据的；（四）其他明显违法并损害被执行人合法权益的情形。行政机关对不准予执行的裁定有异议，在十五日内向上一级人民法院申请复议的，上一级人民法院应当在收到复议申请之日起三十日内作出裁定。"

以参照可撤销行政行为或不予执行的行政行为的认定标准，即“明显违法”的审查标准应是：（1）缺乏法律、法规依据。在没有法律、法规规定的情形下，关联行政行为仅是依据规章、政策、会议精神或者领导指示作出，应认定为明显违法。（2）适用法律错误。行政机关错误适用法律作出的关联行政行为，致使关联行政行为定性错误，且无法通过补正的方法来纠正行政行为，也应认定为明显违法。（3）超越、滥用职权。行政机关没有被法律赋予权力时，其超越、滥用职权作出的关联行政行为，应认定为明显违法。

4. 方法四：个案例外，特殊案件中不受起诉期限的限制。在涉及众多行政相对人不动产等重大利益关切或者事关社会稳定的行政诉讼案件中，法院应对整个行政过程进行全面考察，扩大司法审查的对象，应将超过起诉期限且影响被诉行政行为合法性的关联行政行为纳入审查范围，不应受起诉期限的限制。即使法院不能撤销存在违法情形的先行行政行为或是对该先行行政行为作出确认违法的判决，但如果相对人提出先行行政行为违法系后续行政行为违法的原因的主张，此时法院的审查权不应受限制。

结　语

司法实践中，法院对关联行政行为不予审查，是导致行政争议未能实质解决的重要原因之一。当前，破解关联行政行为司法审查困境的有效出路在于通过立法为关联行政行为司法审查提供法律依据，并在法律中明确规定关联行政行为司法审查的标准。

二、行政协议

情势变更原则在行政协议诉讼中的适用现状与规则重构

——以63份生效裁判文书为分析样本

丁 楠[*] 徐 翔[**]

引 言

2020年1月1日起施行的《最高人民法院关于审理行政协议案件若干问题的规定》（以下简称《行政协议司法解释》）为行政协议的司法审查提供了务实有效的路径，进一步为适用民事法律规范解决行政协议纠纷指明了方向。① 但因行政协议是行政性与契约性双重要素的融合体，“如何嵌入以公私法二分为基础的法秩序，是一个为获得相应便利而不得不承受的负担”。② 情势变更原则本为民法中契约严守制度的有力补充，③ 基于司法实践的客观需求逐步演变为行政协议诉讼中的一项重要制度，却呈现出不同于民事合同适用的特殊样态。本文通过样本分析，探究该制度适用现状的成因，提出就实体审查上，应立足客观判断来审查情势变更原则的适用要件；就程序审查而言，建议以程序架构来限制行政优益权的主观行使，希冀从行为规范与程序规范双重角度为情势变更原则在行政协议诉讼中的适用提

* 作者单位：北京市朝阳区人民法院。

** 作者单位：北京市朝阳区人民法院。

① 《最高人民法院关于审理行政协议案件若干问题的规定》第27条第2款：“人民法院审理行政协议案件，可以参照适用民事法律规范关于民事合同的相关规定。”

② 江必新：《中国行政合同法律制度：体系、内容及其构建》，载《中外法学》2012年第6期。

③ 《民法典》第533条规定，合同成立后：“合同的基础条件发生了当事人在订立合同时无法预见的、不属于商业风险的重大变化，继续履行合同对于当事人一方明显不公平的，受不利影响的当事人可以与对方重新协商；在合理期限内协商不成的，当事人可以请求人民法院或者仲裁机构变更或者解除合同。人民法院或者仲裁机构应当结合案件的实际情况，根据公平原则变更或者解除合同。”

供新的研究视角。

一、适用检视：情势变更原则在行政协议诉讼中的司法现状

笔者通过查阅中国裁判文书网，以“情势变更”“行政协议”“行政合同”为关键词，以2015年1月至2020年4月为检索时间段，共检索出包含上述表述的判决书116份。梳理后去除内容无关案件与批量案件，确定有效案件63件，以此为基准进行探究。

（一）对“情势”的认定有所扩张

不同于民事合同中对情势变更原则始终秉持谨慎保守的态度，[①] 行政协议诉讼中该原则表现出较为宽松的态度：既未适用高级人民法院或最高人民法院审核这一规定，又对情势变更原则扩张适用。

1. 与市场风险“混同”

表1　土地价格上涨之认定[②]

案情介绍	行政机关答辩意见	判决认定
案例一：星某1公司、星某2与某开发区管委会签订《国有土地使用权出让合同》，后星某3公司承继上述合同的权利义务。因市政府与市国土局未及时解决项目用地问题，星某3提出置换土地推进项目建设申请。但由于市政府及国土资源局一系列行为导致置换用地未完成农用地变性手续，从而造成项目建议搁置。故诉至法院要求被告按照合同约定履行义务	行政机关认为：“……1998年征收集体土地的补偿标准与2014年征收集体土地的补偿标准相差巨大。本案中，如果继续履行1998年的《征用土地补偿协议书》，将损害农村集体的权益，而如果继续履行1999年的《国有土地使用权出让合同》，将导致国有资产严重流失。……根据情势变更原则，应当解除涉案《国有土地使用权出让合同》。”	土地价格上涨为情势变更，认可行政机关的主张

① 《最高人民法院关于正确适用〈中华人民共和国合同法〉若干问题的解释（二）服务党和国家的工作大局的通知》规定：“二、严格适用《中华人民共和国合同法》若干问题的解释（二）第二十六条……各级人民法院务必正确理解、慎重适用。如果根据案件的特殊情况，确需在个案中适用的，应当由高级人民法院审核。必要时应报请最高人民法院审核。”

② 海南省高级人民法院（2016）琼行终442号行政判决书、河南省焦作市中级人民法院（2017）豫08行初6号行政判决书。

续上表

案情介绍	行政机关答辩意见	判决认定
案例二：中某公司与市国土局签订《国有建设用地使用权出让合同》，将21号宗地的国有建设用地使用权出让给原告。原告于2009年11月30日缴纳了21号宗地的定金9000万元。后原告分别缴纳了21号宗地上地块一、地块二的土地出让金取得国有土地使用证。2016年原告向被告申请按照《出让合同》价格办理21号地上剩余边角地的受让手续，被告拒绝按照原成交价格办理，故原告诉至法院	原告要求按照2009年10月的成交价每平方米1425.7元（95万元/亩）签订边角地及剩余土地的出让合同，因时隔7年之久，基准地价及房地产行情发生巨大变化，该区域住宅基准地价已达到177万元/亩，商业基准地价已达到340万元/亩，故被告要求按现行评估价签订出让合同	房地产行情变化属于正常的商业风险，不属于情势变更，未认可行政机关的主张

评析：情势变更的认定将“商业风险”排除在外，但实践中如何准确区分两者较为困难（见表1）。基于最高人民法院对情势变更认定着重强调“客观情况变化程度”与“可预见性”两个核心要素，① 笔者认为案例二的判决结果更为恰当。相较于行政相对人，行政机关明显更具有丰富的土地出让经验与专业的法规知识，应当能够预料土地流转环节所需要花费的时间成本，在此过程中土地价格随市场发生的变化既非骤然突变的客观情况也非主观不可预见，应当认定为市场风险更为恰当。

2. 与不可抗力界限“不明”

表2　行政机关与法院的认识分歧②

案情介绍	行政机关答辩意见	判决认定
案例三：某豪公司与国土局签订《建筑用河砂采矿权出让协议书》，后原告依约履行了付款义务，并为租赁土地、办理环评手续等工作支出了大量费用。而被告却在不能归责于原告的情况下，未在约定期限内办理采矿许可证还擅自要求解除协议，故原告诉至法院	其根据情势变更解除《出让协议书》……由于定海大桥建设项目须将取水口迁移新建，原告竞得采砂区域在新建定城供水工程取水口划定的南渡江饮用水水源保护区内。水源保护区内不得采砂。为了确保公共利益，也为了避免给原告造成经济损失，基于公平原则，被告作出《答复意见》，明确提出解除双方签订的《出让协议书》	由于定海大桥建设项目须将取水口迁移新建，原告竞得采砂区域在新建定城供水工程取水划定的南渡江饮用水水源保护区内……此情势是涉案《出让协议书》签订时无法预见的重大变化，属于《合同法》第117条所指的不能预见、不能避免并不能克服的客观情况……被告……单方解除涉案《出让协议书》符合法律规定，其行政行为并无不妥
问题：采砂区域被划定到饮用水水源保护区的事实当为情势变更抑或不可抗力？		

评析：理论界对于不可抗力和情势变更是否为非此即彼的关系尚存争

① 最高人民法院（2011）民二终字第55号民事判决书。

② 海南省定安县人民法院（2017）琼9021行初15号行政判决书。

议，司法实践中也同样表现出二者适用规则模棱两可的状态。本案行政机关与法院之间即存在适用情势变更抑或不可抗力的分歧，针对“原告竞得区域因被划定为水源保护区内而无法实现采砂目的”的事实，法院虽认为达到了“不能预见、不能避免并不能克服”的情况致使合同履行完全不能，但对于该情况为何排除情势变更的适用并未作出明确回应，而是结果式地肯定了行政机关的单方解除权（见表2）。

3. 对不可归责性“放宽”

表3　行政机关过错的考量①

案情介绍	行政机关答辩意见	判决认定
案例四：陈某与国土局签订《国有建设用地使用权出让合同》，并已缴纳全部土地价款。后，被告向原告下发《通知》，决定减少出让土地面积95.75平方米，故原告诉至法院	被告出让给原告涉案土地时，因为审查不严，将公用的厕所、楼梯、走廊也出让给了原告。因此应予以纠正、变更……被告作出变更行政合同的行为，是因为行政合同签订后，发现土地出让合同存在权利瑕疵，如果不变更，有违情势变更原则和公平原则……	认可行政机关主张，驳回原告的诉讼请求
案例五：某幼儿园与某市国土局签订了《国有建设用地使用权出让合同》。被告以规划原因国有土地出让合同无法履行为由，决定单方解除。原告不服该决定，申请行政复议后诉至法院	市城乡规划局以该宗地项目原规划与最新规划调整的上位规划不符为由暂不予许可报建申请，报建申请至今未能通过。……由于发生了签订合同时不可预见的重大变化，故双方签订的合同无法继续履行，无法达到合同目的……故被告根据《合同法》上情势变更原则解除合同	被告……未提到因征迁未完整导致土地无法全部交付的事实，完全忽视了因自身行为造成原告迟延动工的因素。本案涉讼土地不能交付导致闲置的原因主要系出让方即被告过错所致，……予以撤销
问题：因行政机关自身过错导致客观履行不能是否为情势变更情形？		

评析：不可归责性作为情势变更原则的“隐性”适用要件基本达成共识。如果“重大之情势”可以受合同当事人控制，则表明其对情势变更具有过错或过失，应当自行承担损失。② 上述两个案件同样是因行政机关自身行为致使合同履行不能，法院却作出截然相反的认定。笔者认为，即使行政机关基于公益行使单方变更、解除权，但在情势变更的适用条件认定上不能放宽对其不可归责性要求（见表3）。

---

①　湖南省芷江侗族自治县人民法院（2016）湘1228行初6号行政判决书，福建省漳州市中级人民法院（2017）闽06行终42号行政判决书。

②　参见韩世远：《合同法总论》，法律出版社2018年版，第506页。

（二）与单方变更、解除权的当然绑定

理论上讲，情势变更原则不同于《行政协议司法解释》第16条①中赋予行政机关的单方变更、解除权。前者是契约严守原则下的一种例外和补充，理论依据在于契约的实质正义，旨在凸显民事原则中的“公平”，对应的是行政协议中“契约性”；后者则是行政优益权的体现，根本目的系公共利益的优位考量，对应的是行政协议的“行政性”。

详言之，情势变更原则与行政优益权之间存在交叉重叠。情势变更是行政优益权适用的载体之一，而行政优益权一定情况下亦是情势变更制度的体现。两者同时触发的关键在于客观情势致使天平两端的“公共利益”与“私人利益”处于失衡状态时，是否达到了启用行政优益权这一法定权力的必要？对于行政相对人而言，能否在弥补预期利益与持续承担损失之间实现均衡？

但是，实践中并未充分考虑二者的微妙与复杂。行政机关常以情势变更为由，认为继续履行协议会造成公共利益受损，继而作出变更或解除协议的决定。经过对63份判决统计分析，由此引发的行政协议诉讼占比高达74%。该情况表明实践中基本形成了情势变更原则与单方变更、解除权当然绑定的逻辑链条：若行政协议履行之情势发生变化——必然导致公共利益受损——当然行使单方变更、解除权。

（三）损害公共利益的说理不够充分

继续对上述74%的裁判文书进行分析，不难发现，仅有18%的判决书会对何为公共利益、公共利益的范围、公共利益援引的法律依据予以说理（见图1）。

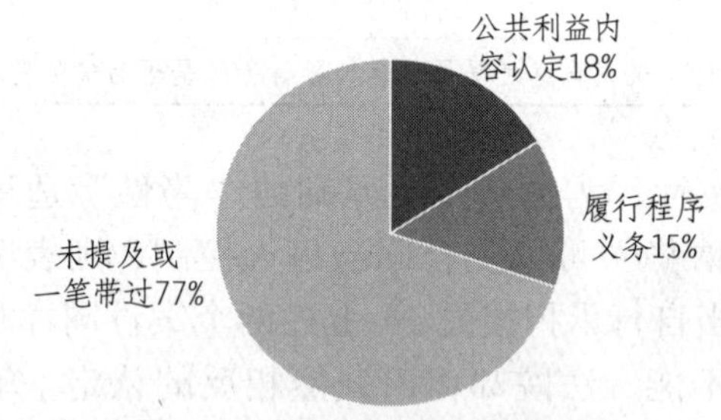

图1　文书说理情况比例图示

剩余判决大多在本院认为部分对于公共利益的阐述几笔带过。以行政

① 《行政协议司法解释》第16条第1款规定：“在履行行政协议过程中，可能出现严重损害国家利益、社会公共利益的情形，被告作出变更、解除协议的行政行为后，原告请求撤销该行为，人民法院经审理认为该行为合法的，判决驳回原告诉讼请求；给原告造成损失的，判决被告予以补偿。”

协议中最常见的房屋征收补偿协议案件为例，行政机关抑或司法机关会当然引证《国有土地上房屋征收与补偿条例》第 2 条的规定“为了公共利益的需要……”为依据，但未对公共利益这一目的所包含的受益对象、利益项目、公共内容等加以探讨，缺乏实体层面的规范分析。文书作为高度概括裁判者自由心证与法律适用的重要部分，发挥着释法示范的积极价值。但在行政协议案件中却明显表现出对公共利益的论证匮乏。“公共利益”一词本身即为抽象法律概念，具有高度不确定性，且在不同行政管理领域所追求的利益价值亦不相同，此时则更需要借助裁判文书中的说理部分对其进行解释，否则将导致公共利益的价值“虚化”，无法有效监督公权力运行，也会不当扩大司法自由裁量权。

二、追本溯源：情势变更原则适用现状之原因探究

情势变更原则在司法实践中的适用现状固然受规定过于原则、司法审查能力欠缺等多重因素影响，但下列因素却起到主导作用。

（一）行政诉讼结构下原则的“变通适用”

我国行政诉讼制度的架构建立在行政相对人与行政机关并平等的行政管理法律关系上，其基本理念与要求在于依法行政，切实保障公民权益，[①]对公权力行使予以监督。而民事诉讼制度的核心追求系对平等主体之间的争议诉求予以回应，起到定分止争之用。在行政诉讼独有的“民告官”架构下，情势变更原则引入面临的第一个问题即若发生情势变更之情形，行政机关如何在不突破缺乏原告主体资格这一挑战下行使其单方变更、解除权？

因此，实践中，不同权利主体关于情势变更原则的适用表现出权利行使的区分适用状态。具体而言，从行政相对人角度，若其欲以情势变更原则改变协议内容，只能以原告身份诉至法院，提出变更或解除的诉讼请求，此时其行权方式与民事合同并无二异，仍是形成诉权的表现。从行政机关角度，其基于公益可直接宣告变更、解除合同，表现出“优益”的特权。该行权方式为单方形成权，若相对人对此有异议则需通过行政诉讼的方式予以救济，行政机关可以情势变更为由进行抗辩。

（二）合法性审查原则下司法权“过度谦抑”

合法性审查原则是《行政诉讼法》最具特色且居于核心地位的基本原则，行政诉讼的所有程序和基本制度架构都围绕该核心建立起来。[②]基于

---

① 参见应松年主编：《行政法与行政诉讼法（上）》，中国法制出版社 2009 年版，第 8 页。

② 江必新主编：《中华人民共和国行政诉讼法理解适用与实务指南》，中国法制出版社 2015 年版，第 22~26 页。

此，行政案件司法审查的重点集中于法院更具有优势与经验的法律适用、程序审查等，而不过分关注行政机关主观价值评判问题。毕竟，相较于司法机关，行政机关具有更强的专业知识、专业技术以及专业判断能力。尽管司法实践中并不必然排斥合理性问题的审视，但在对行政行为进行司法审查时，司法机关仍保持了必要的克制，对行政机关自由裁量权的行使不做过多干预，充分尊重行政机关的专业判断，显示出“谦抑”的一面。虽然早已认识到合法性审查的局限性问题，但在具体审理行政案件时，司法机关仍秉持司法谦抑性理念，对专业性较强的事实问题，通常不直接作出合法与否的审查判断。

因此，法院作出的多数判决中并不会针对何为公共利益、公共利益的范围等予以充分说明，也缺乏深究情势变更适用合理与否的动力，审查仅限于行政机关对于“情势”发生或“公共利益受损”认定是否具有相关事实、行政行为是否明显失当。在具有相应事实且未超过明显不合理限度的情况下，司法机关多会尊重行政机关的价值判断。

（三）公共利益认定与程序约束的“双重失范”

如上文所述，情势变更制度能否达到变更、解除合同的效果，决定因素在于是否会致使公共利益受损。虽然公共利益一词的价值不缺少“国家安全、促进国民经济和社会发展等公共利益”的表述，但并未明确判断是否为公共利益的客观标准或划定哪些利益为应属范畴，呈现出规范缺失的情况。当然，语言文字本身具有开放性的特点，但并不意味着其内涵不需解释，甚至等同于“价值空洞”。实践中，行政机关将公共利益视为自身职能的再次肯定，奉行裁量权下事实上的公共利益的概念，但少于思索与寻找公共利益所基于的“法定理由”。

同样的“失范”情境也表现在行使单方变更、解除权的程序履行方面。从性质上讲，行政机关单方变更、解除协议行为也从属于具体行政行为，理应受到合法性审查并规制于正当程序等诸多行政法原则。但实践中，司法机关常常忽略了程序性要求，以至于司法实践中甚至存在是否应当进行履行程序审查的疑虑。① 即便基于程序正当认可程序审查内容，但以何种标准审视程序的合法性、如何把握程序事项的审查强度、如何协调协议中约定程序内容与最低限度的程序权利保障等问题也亟需设立相应规范予以明确、解决。

---

① 实践中仅少数判决审查程序性事项，如：河南省南阳市中级人民法院（2019）豫13行终151号行政判决书对是否履行了“先行告知、说明理由、听取意见三项程序义务”进行了审查，而多数判决关于行政机关行使变更、解除权是否告知行政相对人、是否应当履行相应的听证程序等很少提及或明确。

三、实体规制：情势变更原则适用合法性的客观判断标准

行政机关相较于普通民事主体的特殊地位，以及行政协议的公法属性意味着不仅要维持双方既有法律关系的安定性，也强调对相对人信赖利益的保护。因此，情势变更原则的司法审查应秉承谨慎严格的态度，遵循从客观到主观、从事实认定到价值评价的逻辑路径。

（一）构成要素认定标准化

情势变更原则作为民事法律规范援引至行政诉讼领域，其构成要素在秉承原有理念同时也应考虑行政诉讼的独特性，表现在以下方面（见图2）：

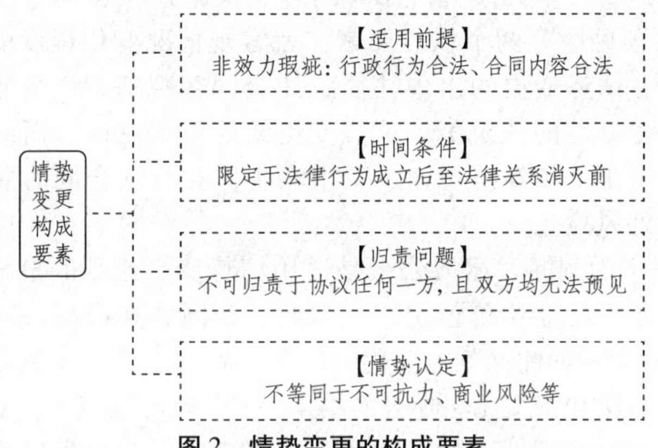

图2　情势变更的构成要素

1. 适用前提为非效力瑕疵协议。民事合同中情势变更原则适用的前提条件是合同成立、生效且有效。同样，行政协议中情势变更原则适用前提是非效力瑕疵的行政协议。但该“非效力瑕疵”需要经过双重考察，一是考察是否符合《民法典》民事法律行为效力篇的效力要件，二是考察作出行政协议这一行政行为的合法性基础，如缔约机关不得越权签订、协议应具有法定形式、内容应服务于行政管理目标且不违反强制性规定、订立需要符合法定程序等。①

2. 不可预见性的客观判断。如前所述，适用情势变更原则应遵循从客观判断到主观判断的过程，但“不可预见性”明显充满了主观色彩，如何在该情况下厘定其客观标准呢？对此，笔者认为应通过预见能力与情势变更事实发生概率两个维度，并结合主、客观相一致的标准综合评判。具体而言，行政机关因涉及行政管理专业领域，具有人力、物资、技术等支持而具备较强的预见能力；比较而言，相对人则预见能力较弱。因此，在发

① 吴庚：《行政法之理论与实用》，中国人民大学出版社2005年版，第273~274页。

生大概率情势变更事实时，很难认定行政机关在协议订立时没有预见，而相对人没有预见更具有合理性；在小概率事实发生时，无论行政机关抑或相对人均存在没有预见的可能性；在完全不具备预见某种事实发生可能性的情况下，当然就无需从预见能力角度作出评判。

3. 与不可抗力、商业风险的界限。不可抗力作为违约行为的免责事由适用于履行不能的情形。“若不可抗力的事实只客观增加了合同履行之难度，尚未达到履行不能之程度，且如约履行会致使一方当事人处于显失公平之境地，此时才适用情势变更原则，以期实现契约各方利益的平衡。”[①] 对于商业风险，可借鉴最高人民法院在上海某国际贸易有限公司与某有限公司买卖合同纠纷二审民事判决书中所作相关论述，强调“客观情况变化程度”与“可预见性”两个核心要素。就客观情况变化程度的认定上，相较于商业风险，情势变更的出现往往致使合同客观基础产生异常、根本性的变化。就可预见性的认定上，情势变更缺乏可预见性，而商业风险属于正常风险，决定于市场经济规律，系市场主体在订立合同时能够预见且应当预见的非意外风险。

4. 显失公平的判断。显失公平是适用情势变更原则的最核心要素，彰显了坚持实质正义的立法价值追求。对此，德国联邦最高法院曾作出相关判例：“必须发生了如此深刻的变化，以至于若恪守原来的约定将产生一种不可承受的、与法和正义无法吻合的结果……”[②] 可以窥见，对于显失公平的审查标准可与一般理性人的朴素的公平正义观念相一致，若协议继续履行明显导致协议双方的权利义务严重失衡，则应产生一种公平分担风险方式，以保障契约双方权利的对等平衡。

（二）公共利益评定法定化

一般而言，司法审查不会对行政机关的价值评判作出合法性认定，但是否具有公共利益受损情形本质上仍属于事实判断的范畴，能够起到否定变更、解除行为合法性的效果。公共利益因其丰富多样的内涵使其呈现出抽象且难以量化的特征，但其审查并非无迹可寻。行政法定原则之意蕴在于传递“行政在法律之下”的法治精神，[③] 构建有限政府的理想图景即意味着其价值评价也应当接受合法性原则的检验（见图3）。

1. 应考量立法目的。以《国有土地上房屋征收与补偿条例》为例，该

① 参见韩世远：《合同法总论》，法律出版社2004年版，第433~444页；梁慧星：《民法学说判例与立法研究（二）》，国家行政学院出版社1999年版，第191页。

② ［德］迪特尔·梅迪库斯：《德国民法总论》，邵建东等译，法律出版社2005年版，第660页。

③ 参见章志远：《行政法基本原则论》，北京大学出版社2014年版，第95页。

条例第 8 条详细明确了公共利益的具体情形,[①] 虽然该条也明确公共利益包含兜底条款，但对该条规定进行释法性解读，不难发现，其所指向的公共利益即“保障国家安全、促进国民经济和社会发展的需要”或者与其具有相当性的利益需要。但需明确的是，在不同法律体系规范中，所维系的公共利益内涵具有差异化。如，《土地管理法》第 45 条中规定了集体土地征收的具体情形,[②] 相比较《国有土地上房屋征收与补偿条例》第 8 条中“旧城区改建”这一公共利益,《土地管理法》则维系了“成片开发建设”的需要。概言之，对公共利益的认定应当结合不同法律规范的立法目的综合判断。

2. 应考虑效力位阶。通说认为，规章以上位阶的法律规范可以作为行政机关单方变更、解除权的依据，但行政规范性文件能否成为行政机关行权依据？应当肯定的是，通过行政规范性文件来指导职权行使是行政执法实践的客观现实需求，但这并非意味着当然肯定行政机关可自行设定某种公共利益以促使单方变更、解除权的行使。对行政规范性文件内容的解释应当严格限定、综合判断，其核心在于考量该文件是否经过公众监督认可，且与上位规范所保护的法益是否具有一致性。该观点也得到了司法实践的认可，在宣某等 18 人诉某市国土资源局收回土地使用权行政争议案中，法院认为：“被告在本案的诉讼中提供的某市发展计划委员会（2002）35 号《关于同意扩建营业用房项目建设计划的批复》《建设项目选址意见书审批表》……有关证据，难以说明该决定是由于‘公共利益需要使用土地’或‘实施城市规划进行旧城区改造需要调整使用土地’的需要，故被告主张其作出的收回各原告国有土地的具体行政行为符合土地管理法规定的辩解，不能成立。”[③]

3. 应符合比例原则。行政机关在情势变更情形下可行使单方变更、解除权并非意味着在行政协议中，已经对天平两端的“公共利益”与“个人利益”作出了优先性考量的价值预设。为协调天平两端“公共利益”与“个人利益”的关系，彰显二者兼顾的立法初衷，比例原则的适用无疑给行政优益权的行使上了最后一把“枷锁”。

---

① 《国有土地上房屋征收与补偿条例》第 8 条规定：“为了保障国家安全、促进国民经济和社会发展等公共利益的需要，有下列情形之一，确需征收房屋的，由市、县级人民政府作出房屋征收决定：（一）国防和外交的需要……（五）由政府依照城乡规划法有关规定组织实施的对危房集中、基础设施落后等地段进行旧城区改建的需要；（六）法律、行政法规规定的其他公共利益的需要。”

② 《土地管理法》第 45 条第 1 款规定：“为了公共利益的需要，有下列情形之一，确需征收农民集体所有的土地的，可以依法实施征收：（一）军事和外交需要用地的……（五）在土地利用总体规划确定的城镇建设用地范围内，经省级以上人民政府批准由县级以上地方人民政府组织实施的成片开发建设需要用地的；（六）法律规定为公共利益需要可以征收农民集体所有的土地的其他情形。”

③ 最高人民法院第 41 号指导案例，宣某等诉某市国土资源局收回国有土地使用权案。

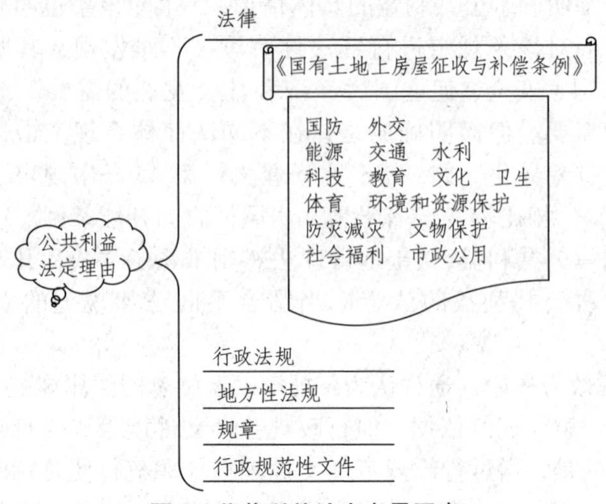

图 3 公共利益认定考量因素

比例原则包括适当性原则、必要性原则、均衡性原则。[①] 具体而言，行政机关在行使单方变更、解除权时，首先，要确保该变更、解除行为能够达到减少公共利益损失的行为目的，若变更、解除行为并不能保护公共利益，则该变更、解除行为是不适当的。其次，在可以作出变更、解除两种行为的情况下，优先作出变更协议内容的行为；在作出的变更协议内容存在可选性的情况下，尽量保证行政协议能够按照原先订立的内容继续履行，选择对相对人影响程度最小的变更方式。最后，所保护的公共利益免于损失的程度应大于个人利益遭受损失的程度，“微小”的公共利益并不必然优于相对人极其“沉重”的负担。

四、程序建议：再交涉制度的引入前置与架构

再交涉制度一般指向“再交涉义务”，即构成情势变更情况下，合同双方负有以达成合同变更合意为目的进行磋商的义务。该制度最早由德国学者诺伯特·霍恩提出，后逐步被《国际商事合作通则》《欧洲合同法原则》《法国关于合同法、债法一般规则与证明的改革法令》借鉴吸纳引入立法实践。[②]《民法典》第 533 条第 1 款亦新增了再交涉制度条款，该再交涉制度是否也应当引入行政协议呢？笔者持以肯定回答。

（一）正当性分析

首先，从法经济学角度看，再交涉制度有利于降低纠纷解决成本，促

① 参见姜明安主编：《行政法与行政诉讼法》，北京大学出版社、高等教育出版社 2015 年版，第 73~74 页。

② 张素华、宁园：《论情势变更原则中的再交涉权利》，载《清华法学》2019 年第 3 期。

进实质解决行政争议。实践中，即便发生重大之情势，仍不乏当事人希冀通过再交涉以协议内容重新修订的方式继续维系契约关系。在此情况下，通过重新调整协议内容使契约恢复至权利对等状态，在司法权不介入破坏法安定性的情况下化解纠纷，实为最经济、高效的纠纷解决机制。

其次，再交涉义务是程序正当原则的要求。行政协议履行过程中的变更、解除行为本质上仍是一种行政行为，理应受程序正当性原则的规制。而再交涉过程中必然涉及事由告知、申辩、内容协商等事项，其标准远高于最低限度的程序正当要求。

最后，再交涉义务是对信赖利益保护原则的尊重。信赖利益保护原则在行政协议中表现为行政机关应当按照行政协议之要求诚实信用履行权利义务，不得随意变更、反复无常。设置再交涉义务这一前置程序由双方共同决定合同基础的变更方向，形成新的信赖基础从而保证合同的继续履行与存续，正是信赖利益保护原则的法安定性的体现。

（二）可行性架构

再交涉制度在行政协议语境下是否与民事法律规范中的特定内涵完全对应？笔者认为引入再交涉制度应充分考量行政协议的特性，凸显“行政”的一面。

1. 确立义务本位属性。出于对双方意思自治原则的充分尊重，《民法典》肯定了再交涉制度以“权利本位”的方式引入情势变更原则的适用，即情势变更情况下，受不利影响的当事人“可以”与对方重新协商。但行政协议与民事合同不同，基于行政协议固有行政机关与行政相对人事实上的不平等特征，若完全如民事法律规范一样将再交涉制度设计为权利表达，则无法对行政机关径行依据行政优益权单方变更、解除合同的现状进行规制，存在架空再交涉制度的可能。因此，笔者认为，行政协议中再交涉制度应作为“义务性”前置程序予以引入。

2. 注重义务的实质性。再交涉制度实质性是指交涉双方应遵循诚信原则，并坚持磋商过程的要式性、程序性。具体来讲，为了协调公益与私益的冲突，避免权利义务不对等的目的，切实解决情势变更造成的不利影响，行政机关应当就协议内容的开展进行实质、有效的二次协商。毕竟，诚信原则是任何契约的正当性基础，违背该原则的合同效力必然存在某种程度的缺失，也违背了再交涉制度的设置目的。要式性则要求应当以书面的方式列明情势变更之事实、继续履行损害的公益、拟作出变更或解除的内容、再交涉的起止时间点、救济权利及方式等事项，同时提供必要的资料或信息以备相对人查阅。程序性指向行政机关应该在知道或应当知道情势变更之时尽快提出再交涉的合理方案，及时通知、告知相对人，并充分听取其意见，必要时可以组织听证等方式充分保障相对人的知情权与参与权。

3. 设置合理期限。为防止交涉双方陷入冗长、反复的交涉僵局导致合同不稳定状态下公益及私益损失的进一步扩大，设置再交涉义务的明确期限显得尤为必要。遗憾的是，《民法典》中“合理期限”的表述方式并未解决该期限不明确的问题。笔者认为，考虑到行政协议系出于行政管理或公共服务目标所订立的具有公法属性的特殊协议，其履责义务来源于法律法规所赋予行政机关的职责范围，同时兼顾行政诉讼体系的协调性、行政协议履行的效率性等，建议合理期限可设置为 15 日。若行政机关未在该期限内履行再交涉义务，即便其所作适用情势变更、公益受损等认定均合法也应在肯定变更、解除协议行为效力的情况下宣示其程序违法。若行政机关在限期内履行再交涉义务，虽未达成新的合意亦不影响行政相对人寻求司法救济。

结　语

行政协议的“一体两面”性决定了其审查必然会涉及行政法律规范与民事法律规范的协调与平衡问题，情势变更制度则是一个最好的实例。本文理清情势变更制度在行政协议中不同于民法的独有之义以及行政法视角下的特有理念，实体审查上明确客观判断规则，程序上引入再交涉制度并赋予义务前置的定位，探寻出行政协议诉讼中情势变更制度适用的合理路径。

集体土地上预征补协议效力认定的瓶颈探析与规则建构

——基于237份裁判文书的实证研究

张　璐[*]　甄　硕[**]　郑金坤[***]

引　言

2020年1月1日，新修订的《土地管理法》开始实施，该法第47条①之规定被看作是土地征收程序的“强制性制度变迁”。② 它打破了传统集体土地“先征收后协议”的模式，引入了“先协议后征收”的模式，此种模式下先签订的征收补偿协议被称为预征补协议，③ 换言之，预征补协议即县级以上地方人民政府在申请征收集体土地前，与拟征收土地的土地所有权人、使用权人就补偿、安置等事宜签订的协议，其属于一种特殊的行政协议。随着《最高人民法院关于审理行政协议案件若干问题的规定》的实施，土地、房屋等征收征用补偿协议作为行政协议的一种类型，被明确纳入行政诉讼的受案范围，故而集体土地上预征补协议的可诉性问题得以被重视，在预征补协议效力的司法审查中如何认定缔约主体、如何确定生效时点、如何区分缔约阶段、如何限定变更和解除条件等，均为亟待解决的问题。

一、现状审视：预征补协议运行的实证分析

较之于一般的行政协议，预征补协议在签订时点、缔约主体及风险承担等方面均呈现出特殊性。衡量预征补协议的效力时，不仅要考虑是否具

---

* 作者单位：北京市通州区人民法院。

** 作者单位：北京市通州区人民法院。

*** 作者单位：山西省晋城市中级人民法院。

① 参见新《土地管理法》第47条第4款、第5款之规定。

② 耿宝建、殷勤：《制度变迁：预征补协议在集体土地征收程序的引入——〈土地管理法修正案（草案）〉第47条第2款的完善建议》，载《法律适用》2019年第7期。

③ 实践中，预征补协议的名称多样，包括但不限于“预征收补偿协议”“预征收补偿安置协议”“预征收协议”“征收补偿协议”等，本文统一称为“预征补协议”。

有行为能力、意思表示是否真实、内容是否合法①等一般因素，还需考量影响预征补协议效力的特有因素。本文尝试从实证角度对预征补协议的运行特征进行如下分析：

（一）主体特征：缔约群体化

传统行政协议的相对方多为“单一”主体，协议相对性较强，但预征补协议不同，其签订之初即突破了相对性的特质，呈现出“群体化”特征，从新《土地管理法》第47条的立法原意上看缔约主体群体化表现为以下两方面：（1）主体多样性，行政机关需与拟征收土地的全部所有权人、使用权人就补偿、安置等签订协议，这就意味着协议相对方不再限于“单一”主体；（2）签约比例性，绝大部分所有权人和使用权人均需签订预征补协议，只允许存在个别未达成协议的主体。通过检索，笔者共找到237篇②裁判文书，可以体现出预征补协议上述两方面的特点。（详见图1）

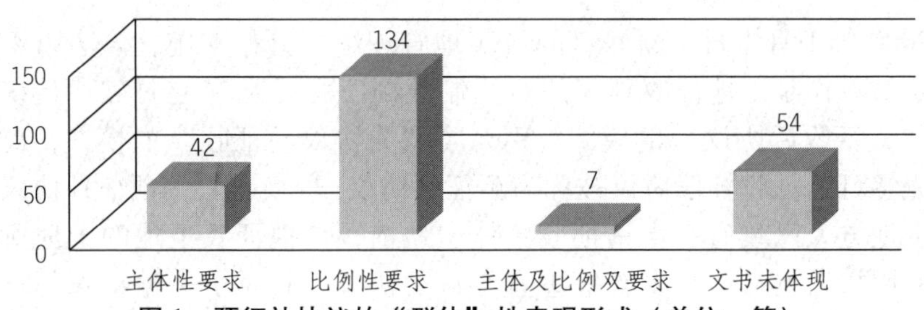

图1 预征补协议的“群体”性表现形式（单位：篇）

（二）生效特征：时间跨度大

既往的集体土地及房屋征收补偿协议的签订时间晚于征收决定的作出时间，补偿协议一经签约即生效。但预征补协议不同，其签订时间早于征地申请，预征补协议签订后，并不意味着生效，其在本质上属于一种效力待定的协议，其是否生效还需考虑后续缔约比例的完成以及征地申请的批准情况，故预征补协议从签约到生效上呈现出较大的纵向时间跨度。在检索的237份裁判文书中，其中59份裁判文书的裁驳理由均为征收处于预备阶段，协议尚未达到实施条件（详见表1）。

① 张存、郑宇：《行政协议效力的司法审查规则》，载《人民司法》2018年第19期。

② 检索地点：中国裁判文书网，检索条件：“预征补协议　行政”“预征收补偿协议　行政”“预征收　行政”“土地征收　行政”，通过对比分析，本文将对其中的237份文书进行分析适用。最后检索日期：2020年5月10日。

表1　涉预征补协议尚未达到实施条件的部分裁判文书

裁驳理由	适用法律	参考案例
目前案涉协议的生效条件尚未成就，该行政协议处于未生效状态，且需省级人民政府对案涉地块作出征地批复后才开始组织实施土地征收	《合同法》第45条	（2019）冀行终763号
案涉协议属于预征收性质的协议，并不直接产生征收的法律效果。不能以该协议为据主张被告已实际对涉案土地实施征收行为	《国有土地上房屋征收与补偿条例》	（2019）浙行终87号
签署案涉协议之行为属于征地批准前的预征收行为，在有审批权的人民政府或职能部门同意征地前，案涉协议的效力属于效力待定	《国土资源部关于进一步做好征地管理工作的通知》	（2018）粤19行终351号
被告没有作出征收决定，也明确表明在原告不同意的情况下，不会对其实施征收。案涉预征收协议对签订双方暂不产生约束力，对原告的权利和义务不产生实质影响	《最高人民法院关于适用〈中华人民共和国行政诉讼法〉的解释》第1条第2款第10项	（2019）川20行初27号
政府的行为，仅系预征收行为，尚未成熟到可以申请司法救济的程度	《行政诉讼法》第49条第3项	（2019）最高法行申6896号
原告所承租土地虽位于预征收土地范围内，但被告并未要求原告迁出，未限制原告正常使用土地，其土地经营权、使用权并未因预征地行为受到影响。涉案预征地行为并非正式的征地行为，仅是征地前期准备行为，对原告的权利义务未产生实际影响	《最高人民法院关于适用〈中华人民共和国行政诉讼法〉的解释》第1条第2款	（2019）粤行申1384号

（三）风险特征：责任分散化

原有的土地征收制度主要从上下级行政机关内部分权的角度规定征收权，进而将土地征收完全行政化，① 而预补偿协议制度有效缓解了公共利益与私人利益对立化的局面。从司法实践上看，被征收人对土地征收行为提起行政诉讼主要有两个原因：对征收决定不服和对实施过程不认可。而传统“先征地后协议”的征收方式仅对征收决定作出后的履行问题提供了保障，此模式下，土地征收的法律风险集中，均由征收主体承担，若采取“先协议后征地”形式，在申请征收前，先对被征收人的主观意向与客观情况进行全方位调查和风险评估（详见图2），将化解矛盾纠纷的端口前移，由征收人和被征收人共同分担土地征收的风险，有效地将承担的责任分散化，保障土地征收的顺利进行。

---

① 耿宝建、殷勤：《集体土地征收与补偿过程中可诉行政行为的判定与审查——兼谈〈土地管理法〉修改建议》，载《法律适用》2019年第1期。

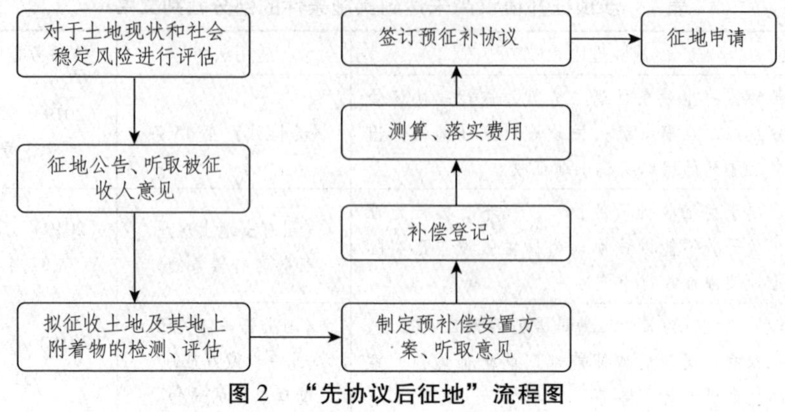

图 2 "先协议后征地"流程图

（四）依据特征：公法私法化

公法私法化即通过私法中的规定、原则来调整公共管理领域的法律关系。[①] 预征补协议将行政管理的约束性提前至征收决定作出前，其"行政性"更为突出，故对预征补协议效力的司法审查应立足于公法和法学理论的适用。但与此同时，任何制度都是多方面、多层次、多形式的，[②] 协议的签约过程强调征收人与被征收人的对话性和共识性，这种协议性要求适用私法的规定。故在司法实践中，预征补协议的法律适用呈现出以公法为主，借鉴私法相关制度的公法私法化现象。通过对 237 份裁判文书进行梳理，关于预征补协议的效力认定问题，绝大部分文书论述时会涉及法学理论、公法和私法的运用（详见表 2）。

表 2 预征补协议效力认定法律引用情形

法律类型	法条内容	裁判文书
私法	《合同法》及其司法解释	（2019）冀行终 763 号
	《合同法》第 52 条	（2019）苏 02 行终 245 号
	《合同法》第 45 条	（2019）冀行终 763 号
	《民法总则》第 193 条	（2019）赣 7101 行初 1040 号

① 龚刚强：《法体系基本结构的理性基础——从法经济学视角看公私法划分和私法公法化、公法私法化》，载《法学家》2005 年第 3 期。

② 伍开群：《制度变迁：从家庭承包到家庭农场》，载《当代经济研究》2014 年第 1 期。

续上表

法律类型	法条内容	裁判文书
公法	《最高人民法院关于适用〈中华人民共和国行政诉讼法〉的解释》第1条第2款	（2019）粤行申1384号 （2019）冀行终612号
	2019年修订的《土地管理法》第47条	（2019）最高法行申10021号
	《行政诉讼法》第49条	（2019）最高法行申6896号 （2019）鄂0104行初81号
	《宁夏回族自治区人民政府关于公布宁夏回族自治区征地补偿标准的通知》	（2019）宁0402行初88号
	《国土资源部关于进一步做好征地管理工作的通知》	（2018）粤19行终351号
	《最高人民法院关于适用〈中华人民共和国行政诉讼法〉的解释》第25条	（2019）豫1523行初13号
	《广西壮族自治区国土资源厅关于进一步加强和规范征地管理工作的指导意见》（桂国土资发〔2014〕81号）	（2018）桂行终1428号
	《银川市人民政府关于印发银川市征收集体土地房屋及拆迁安置补偿办法的通知》	（2018）宁01行初889号
法学理论	签订预征补协议充分体现了被征收人的知情权、参与权、监督权，是土地征收民主协商机制的重要体现。此种做法与现有征收程序规定虽不完全吻合，但从实际效果看，如能实现公共利益与被征收人合法权益的平衡保护，则不宜仅以此为由否定该协议的效力	（2016）最高法行审2199号
	预征收补偿协议不能替代征收补偿协议的法律效果	（2019）豫行终605号

二、瓶颈探析：预征补协议效力的认定困境

集体土地征收涉及地方政府、村集体和农民等各方的重要利益，[①] 因此预征补协议的效力认定需要衡量多方权益。新《土地管理法》第47条第4款仅对预征补协议的签订内容及要求作出了笼统性规定，但在运用该项条款进行预征补协议效力的认定时，将面临如下困境：

（一）主体缺位和瑕疵存续下的效力判断

行政协议主体是否适格，是对行政协议进行效力审查，并判断其合法

① 蔡乐渭：《中国土地征收补偿制度的演进、现状与前景》，载《政法论坛》2017年第6期。

性的要素之一。预征补协议缔约主体的认定存在以下难题：

1. 权利主体缺位。权利主体缺位具体包含未缔约型缺位和利害关系型缺位两种情形。未缔约型缺位主体，即在土地征收时，应签订但却未签订预征补协议的被征收主体。申请征收集体土地时，允许存在个别的被征收人不签订预征补协议的情形，该部分主体的征收工作能否参照适用预征补协议？其是否具备行政诉讼的原告主体资格，进而针对协议的效力提起行政诉讼?[①] 利害关系型缺位主体，是指无预征补协议的缔约权，但预征补协议的生效会直接损害其合法权益的主体，该部分主体能否申请撤销已订立的预征补协议？上述问题亟待解决。

2. 征收主体瑕疵。新《土地管理法》明确规定县级以上地方人民政府享有预征补协议的"订约权",[②] 但与此同时，法律并未排除法律法规授权或者委托其他主体实施征收工作的可能，在实践中，缔约主体可能是乡镇政府、村集体和第三方征收公司等其他主体。在此类情形下，签订的预征补协议是否有效？若对预征补协议提起诉讼，被告资格的认定是遵循"协议"原则还是遵循"权责"原则？上述问题需要进一步探讨。

（二）生效比例和批准影响下的效力判断

1. 生效条件确定难。预征补协议生效需满足签约比例达到要求和征地申请获得批准两个必要生效条件，比例要求和批准后置直接影响到预征补协议效力的认定。衡量预征补协议效力的首要因素即为签约比例，按照新《土地管理法》的文意表述，允许"个别"被征收人不签订预征补协议，但对于"个别"的涵义尚未具体界定。从司法实践看，各地区对签约数值的要求不一，一般采取比例化要求的做法,[③] 但如何确定签约比例还需综合考量。衡量预征补协议效力的另一重要因素为批准后置，实现签约比例的要求后，征收主体能否获得征地批准直接关系到预征补协议的效力。若后续的征地申请未获得批准，已签订的预征补协议还是否有效？对此，仍需进一步明确。

2. 效力阶段认定难。比例要求和批准后置对预征补协议的间接影响在于预征补协议产生了拘束力和生效力的时间差位，具体体现为从签订协议到征地批准的时间段内预征补协议的效力认定问题。有人认为预征补协议签订即生效，缔约后被征收人不能再随意处置其土地，征收人也应按照约

① 参见宁夏回族自治区固原市原州区人民法院（2019）宁0402行初88号行政判决书，原告未签订预征补协议，但要求按照协议补偿。

② 陈无风：《司法审查图景中行政协议主体的适格》，载《中国法学》2018年第2期。

③ 河北省高级人民法院（2019）冀行终763号行政裁定书，比例为98%；四川省资阳市中级人民法院（2019）川20行初26号行政裁定书中，比例为98%。此外北京市第二中级人民法院的（2019）京02行终2001号行政判决书中，国有土地上房屋征收签约比例为75%。

定进行申请征收。还有人提出预征补协议于征地申请被批准时生效，[①] 理由为征地决定未被批准之前，能否实施征收行为无法确定。笔者认为，签约比例的达成和征地申请的批准将协议从签订到生效的时间跨度细分为不同的时间段，由此如何确定不同时间段内预征补协议的效力，如何对协议效力进行合理的阶段划分等成为亟待解决的难题。

（三）变更权与解除权行使下的效力判断

从私法角度而言，缔约后协议双方享有可以就合同效力问题行使变更、撤销和解除的权利。但对于行政协议而言，只有存在胁迫、欺诈、重大误解、显失公平等情形时，当事人才享有撤销权。[②] 预征补协议作为一种特殊的行政协议，首先，协议正式签订前需经过评估、征求意见、公布预征收方案等程序，协议的内容大多直接来源于预征补方案，故基本不存在胁迫、欺诈、重大误解、显失公平等的情形；其次，《最高人民法院关于审理行政协议案件若干问题的规定》将变更和解除适用情形统一，存在重合情形。因此，本文主要就变更权与解除权进行探讨。行政机关在行政协议的订立过程中处于主导地位，在行政协议的履行过程中享有一定的管理权和监督权，可以为了公共利益的需要而单方变更或解除协议，这些都是行政优益权的体现。[③] 因此，本文讨论的变更权和解除权均围绕协议相对人以及利害关系人展开。

1. 变更权适用条件模糊。预征补协议在实施过程中，存在诸多履行不能的情况，故如何明确变更权的适用条件成为亟待解决的问题。例如：协议约定补偿方式为分配安置房，但若在安置房的数量无法满足全部被征收人的需求或者安置房出现质量问题的情况下，被征收人是否享有变更权？若赋予其变更权，是否导致预征补协议流于形式？对于此类问题，首先，若不赋予被征收人变更权，在其权利受到侵害时，应如何保障其救济权？其次，若赋予被征收人变更权，变更权的体现形式是约定变更还是法定变更？行使该项权利的前提条件如何界定？如果所有的被征收人均要求变更补偿内容即集体变更时，行政机关如何进行处理等，都是实践操作应该考虑的问题。因此，需要对变更权的适用条件、救济方式等全方位考量。

2. 解除权适用方式存疑。在法学理论中，合同的解除权属于“形成权”，分为约定解除与法定解除两种适用方式，并且法律明确规定了法定解

① 耿宝建、殷勤：《制度变迁：预征补协议在集体土地征收程序的引入——〈土地管理法修正案（草案）〉第 47 条第 2 款的完善建议》，载《法律适用》2019 年第 7 期。

② 参见《最高人民法院关于审理行政协议案件若干问题的规定》第 14 条。

③ 青岛市中级人民法院行政庭课题组：《国有土地上房屋征收补偿协议案件实体审查规则探究——以司法大数据分析为研究视角》，载《山东法官培训学院学报》2019 年第 5 期。

除的情形。[①] 但预征补协议是一种行政行为，其系行政机关对土地事项进行行政管理的手段，故协议相对人能否适用法定解除和约定解除尚值得商榷。从协议的群体性角度看，若协议相对人享有解除权，同征收项目下的其他被征收人的协议效力应如何认定？换言之，被征收人的个人解除权是否存在？若存在，此解除权能否除却集体利益？从解除条件角度来看，适用解除权的具体情形如何认定？若征地申请被批准后，长期未实施的情形是否属于解除条件？从变更和解除权的衔接角度来看，如何界分变更情形和解除情形？又是否存在变更权向解除权的转化条件？上述问题均需进一步研究。

三、规则厘定：预征补协议效力认定的制度设计

集体土地征收无法完全依其市场价值实施补偿，故政府与土地权益人可以自由协商，形成“事实价值”并实施征收，预征补协议的签订实质上是政府与被征收人的心理预期逐渐靠拢的过程。故预征补协议效力的认定须需要综合考虑缔约双方的预期利益，从主体认定、生效条件、权限断定三个层面进行分析：

（一）借鉴增益判定与私法保障理论搭建主体认定机制

1. 主体缺位的增益判定。在权利主体缺位的情况下，可以运用增益理论[②]来衡量预征补协议的效力问题，具体包括以下情形：（1）对于未缔约型缺位主体，推定其适用预征补协议，将协议的效力涵盖至该类型主体。虽然未缔约型缺位主体欠缺意思表示要素，但预征补协议本质上系行政管理行为，从行政权角度上，被征收主体缺位不等同于权利缺位，与无任何补偿保障相比较，未缔约主体推定适用预征补协议的内容属于“纯获法律上利益”[③] 行为，系“增益”性质，可以保障其获得几乎等同于已缔约主体的权利，应当肯定协议效力的外溢效果。（2）对于利害关系型缺位主体，其他人签订的预征补协议不一定对其带来“增益”，还可能产生利益减损的效果，故为衡平其权益，不宜严格限制其诉权，若确系利害关系人，应允许其在预征补协议生效后，向法院提起撤销之诉。

2. 主体瑕疵的私法借鉴。从签订预征补协议的征收方来讲，若非适格

---

① 参见《民法典》第563条之规定。

② 参见陈柏峰：《土地发展权的理论基础与制度前景》，载《法学研究》2012年第4期。“增益”观点基于土地发展权，即农民享有土地发展权益的分配权，本文认为，征收行为也是土地发展的重要组成部分，由土地征收行为带来的合法权益，农民享有收益权。相较于无补偿而言，预征补协议中约定的征收补偿内容至少保障被征收人享有与其他被征收人同等的权益，保障其享有征收土地发展权，故属于增益行为。

③ 于程远：《论限制民事行为能力人之中性行为》，载《清华法学》2017年第1期。

主体，并不必然导致协议无效，也就是说，主体瑕疵不等同于效力瑕疵，此情形下，考量预征补协议的效力应结合个案综合判断，可借鉴私法的认定规则，有效渗入私法理念，具体的认定规则如下（详见图3）：（1）在行政授权下，征收主体与被征收主体签订的预征补协议，应当认定有效，因授权行为存在明确的法律依据，被授权组织可独立行使职权并承担责任，此时，被授权的主体为征收主体。（2）在行政委托下，征收主体与被征收主体签订预征补协议，也应认定有效，此时，被委托主体并非征收主体，其行为效力归属于委托主体。（3）行政机关越权和无权签订预征补协议，但具有职权的行政机关事后予以追认，出于维护被征收人的可信赖利益的角度，预征补协议应当认定有效，但须对其适用条件严格限制，排除协议内容对相对人不利的情形。[①]

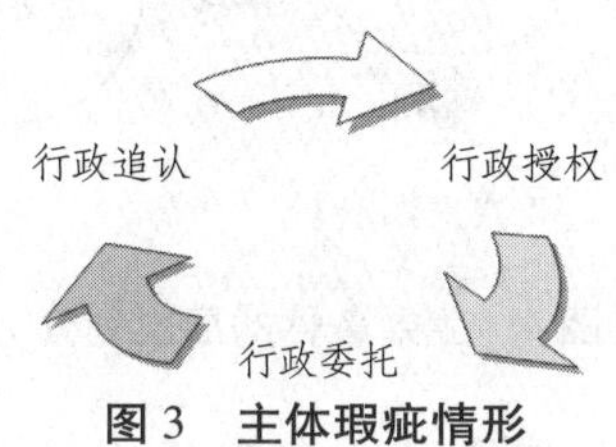

图3　主体瑕疵情形

（二）依托法定限缩与层次划分理念架构生效判断模型

1. 生效条件的法定限缩。前文提及预征补协议签订后并未生效，比例要求和批准后置系预征补协议生效的两个必要条件，故预征补协议属于附生效条件的协议，从学理角度而言，也称延迟生效[②]协议。一般行政协议的延迟条件包括法定条件和约定条件，但预征补协议的行政性较强，且具有群体化特征，故应恪守依法行政原则，[③] 笔者建议应将预征补协议的延迟条件限缩为法定条件，[④] 用法律规定的形式予以明确，排除个人的意思约定，具体包括以下两方面：（1）签订比例的法定化，需要出台具体的法律法规或者实施细则，对签约比例以立法形式作出最低限定，避免私人臆定导致的征收混乱；（2）批准要求的法定化，需要法律法规、规章明确将征地获得批准作为延迟条件成就的内容，避免缔约双方就协议的生效进行无谓的争执。

2. 效力阶段的层次划分。在比例要求和批准后置的间接影响下，预征补协议效力认定需根据不同时段确定不同的效力层次。笔者建议对将预征

① 黄训愈：《行政协议之诉的要素分析》，载《人民司法》2018年第10期。
② 王学辉：《行政法意思表示理论的建构》，载《当代法学》2018年第5期。
③ 冯莉：《论我国行政协议的容许性范围》，载《行政法学研究》2020年第1期。
④ 程国彬：《附条件与附期限合同及其效力解析》，载《法学杂志》2006年第1期。

补协议的生效力划分为羁束力、确定力、实现力三个层次。[①] 羁束力即拘束力，自预征补协议订立时便产生，[②] 系预征补协议生效的必要条件之一，也是生效力的前提保障和征收的履行基础。确定力系预征补协议达到比例要求后获取的效力条件，意味着协议双方除存在不可抗力等条件外不能反悔，双方均需为实现协议积极履行责任和义务。实现力系确定双方对协议内容予以落实的保障力，实现力产生于征收申请获得批准以后，当缔约双方落实协议的具体内容时，预征补协议则具有实现力。（详见图4）

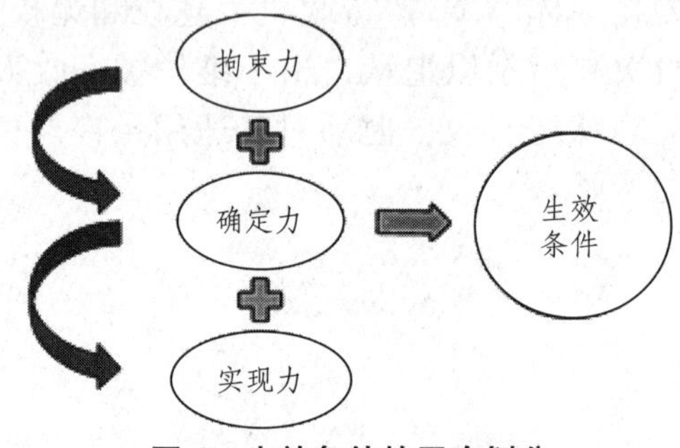

图4　生效条件的层次划分

（三）遵循限制变更与解除禁止规则厘清权限判定路径

1. 变更权的限制性适用。为维护行政行为公信力和社会稳定，预征补行政协议不得随意变更。但若在协议履行的过程中出现了不可预见的情形，致使协议无法继续履行，或者继续履行显失公平时，应赋予相对人享有协议变更权，此变更权既可以体现为预征补协议的约定条款，也可以体现为法定变更条款。需注意的是，预征补协议的相对人具有“群体性”特征，应严格限制变更权的适用主体，首先，准许个体变更的存在，使相对人的权益得到更好的保障。其次，禁止集体变更的适用，若出现群体性变更，则相当于否定了申请土地征收的前提条件，为了维护行政机关公信力及大部分相对人的信赖利益，不应肯定集体变更的存在。

2. 解除权的法定性约束。协议解除是对效力的否定性评价，在私法及公法领域均对解除权的行使制定了更为严格的标准。[③] 签订预征补协议意味着对征收行为及补偿内容两方面的认可，因此，预征补协议一旦签订，除征收行为无法实施外，不能随意解除，笔者认为被征收人并无向征收主体提出解除的权利，若对预征补协议约定或者实施的补偿金额等内容、方式、

① 江必新：《行政协议的司法审查》，载《人民司法》2016年第34期。

② 刘贵祥：《论行政审批与合同效力——以外商投资企业股权转让为线索》，载《中国法学》2011年第2期。

③ 赵一瑾：《商事合同解除权的特殊限制》，载《国家检察官学院学报》2016年第2期。

程序有异议，可以提起变更、确认违法之诉。需要注意的是，预征补协议存在法定解除情形，例如预征补协议也可能会面临违反公共或国家利益等，此时预征补协议无再继续履行的可能，可予以解除。

四、进路探索：预征补协议效力司法审查的要式建构

由于我国城市房地产市场的不断完善，国有土地上房屋的征收形成了一套成熟的价值形成规则，[①] 目前部分地区的国有土地上房屋征收也需签署预征补协议，国有土地上房屋征收的签约行为属于一种要式行政行为，相关法律规范对此进行了要式化构造。[②] 笔者对其进行参考，尝试从司法审查的角度分析涉集体土地预征补协议的效力，从可诉性、主体、生效以及权限等因素上进行要式化建构，以明晰司法审查的标准。

（一）明晰可诉属性与阶段划分以固定司法审查前提

1. 预征补协议具有可诉性。目前的相关法律已将土地、房屋等征收征用补偿协议纳入行政诉讼的审查范围，[③] 根据新《土地管理法》的规定，针对土地征收行为，预签约主体包含所有权人和使用权人，故预征补协议应包含基于土地所有权而与村集体组织订立的征收补偿协议，以及基于集体土地上房屋、青苗及其他地上附着物等与土地使用权人签订的征收补偿协议。首先，针对集体土地的征收行为，因《行政诉讼法》第 12 条已将土地征收补偿协议纳入行政诉讼法的受案范围，故征收人与集体土地所有权人签订的预征补协议具有可诉性。其次，针对集体土地上住宅、青苗和其他地上附着物等的征收行为，在新《土地管理法》实施之前，全国不同地区采取的模式不统一。例如，大部分城市的集体土地征地和房屋补偿工作由国土部门负责统一管理，而在 B 市，一般由用地单位作为拆迁人与使用权人签订拆迁安置补偿协议，此类协议不属于行政诉讼的受案范围，而是属于民事诉讼的受案范围。[④] 但新《土地管理法》对此作出修改，统一了集体土地征收拆迁管理体制。根据该法第 48 条第 2 款的规定，将农村村民住宅纳入征地工作程序统一考量，在征地过程中一并实施房屋补偿工作，将土地及其地上物进行一体化管理。故笔者认为，针对集体土地上村民住宅、其他地上附着物和青苗等签订的预征补协议，也属于土地、房屋等征收征用补偿协议的一种，应纳入行政诉讼的受案范围。

---

① 顾大松：《论我国房屋征收土地发展权益补偿制度的构建》，载《法学评论》2012 年第 6 期。

② 胡军辉、赵毅宇：《论房屋征收补偿协议要式化的困境与出路》，载《政治与法律》2020 年第 4 期。

③ 参见《最高人民法院关于审理行政协议案件若干问题的规定》第 2 条第 2 项规定。

④ 参见《最高人民法院关于审理涉及农村集体土地行政案件若干问题的规定》第 12 条之规定。

2. 可诉性的多阶段划分。司法审查时，分析预征补协议的可诉性，需要结合其对外性特征进行多阶段划分。对每个阶段行为的效力分别判断，实质上是确定每个阶段行为在整个过程中发挥的作用或所处的地位，具体来讲，可将预征补协议划分为签订协议、比例要求、批准征收三个阶段(如图5)。在签订协议阶段，协议仅具有对外初始效力，在达到比例要求阶段，协议具有对外既定效力，在上述两个阶段，预征补协议的对外性不足，不具有行政诉讼法上的可诉性，只有到达批准征收阶段，预征补协议才具备实现力和生效力，此时，预征补协议才具有可诉性。

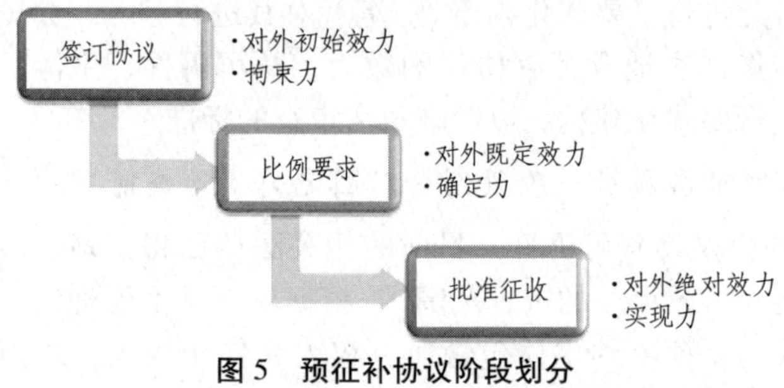

图5 预征补协议阶段划分

（二）界分缺位类型与瑕疵情形以明确主体认定标准

被征收主体缺位与征收主体瑕疵可能源于制度的设计，也可能源于法律规定，其不必然导致预征补协议无效，司法审查时，需要对主体缺位和主体瑕疵的情形进行要式化分析，明晰预征补协议效力的判断标准。

1. 主体缺位须进行区分判断。上文已提及，未缔约型缺位主体和利害关系型缺位主体均可以在预征补协议生效后，提起行政诉讼。其中未缔约型缺位主体可以参照预征补协议享受安置补偿，但司法审查时需要注意，此参照适用并不意味着未缔约主体可享有预征补协议中约定的所有权益，例如：配合费、搬家奖励费等不属于补偿范围。

对于利害关系型缺位主体，根据缔约客体的不同，利害关系人的范围也存在差异，司法审查时应区分判断：首先，针对集体土地的征收行为，因农村集体组织形式不同，在村民会议或者村民代表会议通过后，预征补协议的缔约主体可能为村民委员会或者村集体经济组织，若村民对于预征补协议不认可，在村民委员会或者经济组织针对预征补协议不提起诉讼的情况下，过半数的村民才可以以集体经济组织名义提起诉讼。[①] 其次，针对集体土地上房屋、青苗及其他地上附着物等征收行为，有利害关系的第三人认为预征补协议侵犯其合法权益的，需要提交初步证据证明其与涉诉具

① 参见《最高人民法院关于审理涉及农村集体土地行政案件若干问题的规定》第3条之规定。

体行为具有行政法上的利害关系，法院才能受理。

2. 主体瑕疵须明确权责来源。预征补协议的缔约主体的权力来源于法律法规的授权、行政委托或者行政追认。在司法审查过程中，针对不同的缔约主体，其限制和归责原则也不同。

(1) 对于授权主体，新《土地管理法》明确限定为县级以上地方人民政府，将来授权主体可能会逐步增加，故应当为法律、法规和规章预留空间，允许例外情形的存在。

(2) 对于委托主体，委托主体为职权主体，即县级以上政府，被委托主体可以为县级以上政府的工作部门，也可以为下一级行政机关或者第三方征收公司。但需要注意以下三点：首先，村民委员会和集体经济组织不能成为被委托主体，理由为集体经济组织和村民委员会系土地的经营、管理主体，以防出现协议双方均为同一主体的情形。其次，委托的职权范围必须明确，避免被委托主体超越职权的情形。最后，委托主体和被委托主体之间须订立书面的委托协议，并在签订预征补协议期间，在被征收土地所在的村、组内予以公示。

(3) 对于追认行为，目前实践尚未出现此情形。因协议具有合意性，行政机关若自愿追认，司法审查不宜设定过于严格的标准。但笔者认为，对于追认行为也应进行限制，防止行政机关以追认代替授权，具体包括以下四个方面：首先，追认行为系对整个征收项目中所有已签订的预征补协议的追认，不应存在对个别主体签订的协议进行追认的情形，避免同一征收项目内出现征收签约主体不一致的情形；其次，追认主体只能是法律法规授权的主体即县级以上人民政府；再次，追认的预征补协议中的内容须符合预征收方案的规定，预征补协议的缔约过程符合程序要求，且不得损害国家利益、公共利益和个人的合法权益；最后，追认后的征收主体与缔约主体形成了事实上的委托关系，应补签书面委托协议，全面补足征收程序，使征收行为有据可依。

(三) 细化比例标准和批准要求以厘定生效认定规则

1. 生效须符合比例标准。预征补协议达到签约比例时，尚无法确定是否存在实现行政行为的意思表示，故对于被征收人的权利义务并未产生实际影响。在司法审查时，应将符合比例要求作为基础性生效认定条件。同时，比例化的要求应具有确定性，考虑到土地征收的地域性特征，该比例标准的数值不宜过于严苛。综合以往的各地区的实践做法，笔者建议，预征补协议的签约比例应至少达到 80%，可视条件自行上浮比例。将 80% 作为最低比例值，不仅符合比例较高标准的要求，也为后期不同地区进行比例确定时提供裁量空间。在司法审查时，若签约比例少于 80%，可直接否定预征补协议的效力。

2. 生效须符合批准要求。征收申请被批准后，预征补协议获取了完备的实现行政行为的意思表示，具有了生效力。相反，若征收土地的申请未被批准，预征补协议自始无效。对于预征补协议的批准化要求需要注意以下几点：首先，针对土地征收批准机关的认定，应严格适用新《土地管理法》第46条的规定；其次，针对批准程序的时间，予以合理限制，虽然批准程序属于行政机关内部程序，但为保护被征收人的信赖利益，笔者建议应将批准程序的时间限定为自预征补协议签订之日起1年内；最后，为保障被征收人的知情权，被征收土地所在地的县级以上人民政府应当对土地征收批准文件予以公告，并对公告期限进行限定，笔者认为期限应不少于7日。

（四）缩小变更范围与解除情形以完善效力审查机制

1. 变更权须符合“三性”和“非集体性”要求。在对申请变更预征补协议进行司法审查时，需严格遵循“三性”要求（详见图6）：第一，时间性要求，变更申请时间应在预征补协议生效后，否则协议的变更对相对人的权利义务并不产生实际影响；第二，条件性要求，须满足原协议无法履行或者继续履行会显失公平这一条件，具体的判断标准可以参考民事法律的相关认定。第三，内容性要求，变更后的内容须符合预征收方案中约定的内容和原则。

前文中已阐述不允许集体变更，但对于“集体”的认定，笔者建议分别考虑：针对集体土地预征补协议，村民并非缔约主体，个人无权直接申请变更；针对集体土地上住宅、其他地上附着物和青苗的预征补协议，笔者认为当申请变更的主体达到1/10以上的村民①时，视为集体变更。

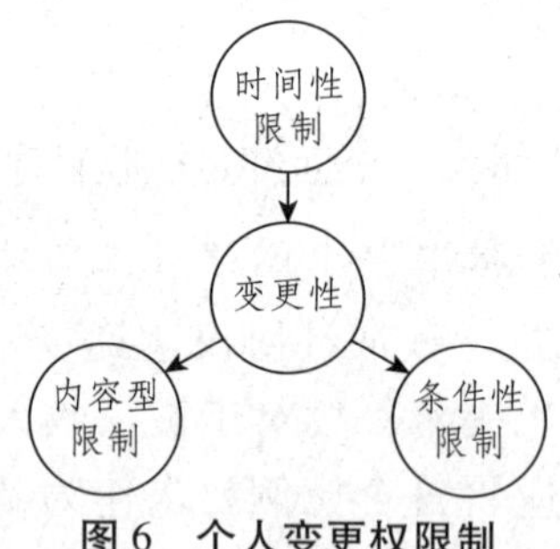

图6 个人变更权限制

2. 解除权须遵守法定条件和征收时限规制。司法审查时，预征补协议的法定解除主要存在以下三种情形：

（1）若出现集体变更情形，则申请征收的条件已经发生变化，征收申

① 参见《村民委员会组织法》第21条第2款之规定。

请的批复不再具有事实基础，可履行法定解除程序。

（2）在征收申请的批复被撤销①时，因无法实现预征补协议的缔约目的，协议应当解除，具体的撤销原因，包括不符合公共利益和国家利益的要求、申请程序严重违法等情形。

（3）征地被批准后，未在合理期限内实施征地行为，协议法定解除。对此实施时限，笔者认为，可以参照自然资源部出台的《关于健全建设用地“增存挂钩”机制的通知》② 的有关规定，将该期限限定为两年。

结　语

预征补协议效力的认定直接影响到预征补协议的实施效果，从效力角度而言，预征补协议属于一种效力待定的行政协议。笔者从预征补协议的特征出发，分析出预征补协议效力认定在缔约主体、生效条件以及权限限定方面的困境，并针对困境进行合理的制度设计，最终落脚于司法实践，在确定预征补协议具有可诉性前提下，对其司法审查规则进行要式化建构，以期完善预征补协议效力认定的司法路径。

---

① 最高人民法院（2018）最高法行申 9820 号行政裁定书中，原告所属土地原已纳入预征地范围，但因铁路规划调整而未被实际征收，即属于此类情形。

② 参见《自然资源部关于健全建设用地“增存挂钩”机制的通知》第 2 条之规定。

行政抑或民事：新行政协议司法解释背景下 PPP 协议法律性质识别与解纷路径之重述

——以 312 份裁判文书为样本

张 曦* 蔺皓然**

PPP（Public-Private Partnership）直译为公私合作伙伴关系，通常指政府与民间资本合作提供公共建设与服务，民间资本亦可从中获益之模式。《政府和社会资本合作法（征求意见稿）》将 PPP 定义为政府和社会资本以合作协议的方式提供公共产品和服务的行为。PPP 协议即为上述定义中之合作协议，PPP 项目常包含一个协议群，但本文 PPP 协议作狭义理解，仅指 PPP 项目合同，又称主协议。PPP 协议之类型在我国主要为特许经营类，其运作采 BOT（Build-Operate-Transfer）模式居多。关于 PPP 协议之法律性质，学界有私法契约说、行政契约说及公私混合契约说三种表述，笔者认为，三种学说各有利弊，但典型 PPP 协议应兼具公私属性，具体将在下文论述。

PPP 协议之法律性质，除攸关诉讼当事人救济之程序与实体法律关系外，背后更关系着政府引入民间资本参与公共建设或服务的政策规划，以及民间资本参与之积极性与深度。审判实践中，陷入 PPP 协议定性及救济程序选择之争的案件日益增多，故对 PPP 协议准确定性或准确选取解纷程序无疑成为破题之关键。2020 年 1 月 1 日实施的《最高人民法院关于审理行政协议案件若干问题的规定》（以下简称《行政协议司法解释》）对行政协议之内涵和范围予以明确，明确了行政协议四要素（主体、目的、内容及意思表示）标准，并将满足内涵条件之 PPP（政府与社会资本合作）协议纳入行政协议范围，该司法解释对于 PPP 协议纠纷审判实践无疑具重大指导意义，但也招致了一些社会资本方的尖锐批评。为探寻 PPP 协议争议之最佳解纷模式，同时对新司法解释之影响予以真实评价，笔者将梳理相

* 作者单位：上海市第二中级人民法院。

** 作者单位：上海市第二中级人民法院。

关立法，并抽取裁判文书展开实证分析，以剖析问题，提出建议。

一、PPP 协议纠纷定性与管辖之实证研究

（一）实证分析：PPP 协议纠纷审判审践与趋势

笔者在中国裁判文书网以“PPP”“政府与社会资本”“BOT”“特许经营”“行政协议”“民事合同”等关键词进行随机组合检索，随机挑选出312 份裁判文书。经人工筛选，剔除单纯在案情中涉 PPP 模式且争议焦点与 PPP 协议定性或解纷途径无关之案件，有效案例 63 份，采样涉及不同审级和诸多地域，具有科学性和典型性。分析如下：

1. 审判实践问题。

（1）不同审级同案异判。同一案件中，一、二审（或再审）裁判关于 PPP 协议定性或者救济途径之判定截然相反。由样本可见，不仅不同地区差异较大，同一地区不同审级也存在较大分歧。

（2）特许经营合同定性或管辖认定不一。2015 年《行政诉讼法》及其司法解释将特许经营协议纳入有名行政协议范畴，但并未终止其定性与管辖之分歧。审判实践认定不一，有的依据名称直接定性为行政协议或适用行政诉讼，样本中此类居多；有的依要素标准整体定性为行政协议；有的综合分析整体定性为民事合同；有的认为可依据纠纷性质选择救济途径。

（3）部分协议内容存在实体难分性。部分 PPP 协议容易区分公私属性，但部分涉案协议裁判认为公私法权利义务互相交织，难以完全分离。

2. 审判趋势。

（1）定性趋势。受 2015 年《行政诉讼法》及司法解释之影响，实务中将 PPP 协议定性为行政协议或认为兼具公私属性之情形逐渐增多。样本中涉及 PPP 协议定性的案件，整体定性为民事合同有 8 件，定性为行政协议 29 件，认为涉案协议兼具公私属性 24 件（见图 1）。

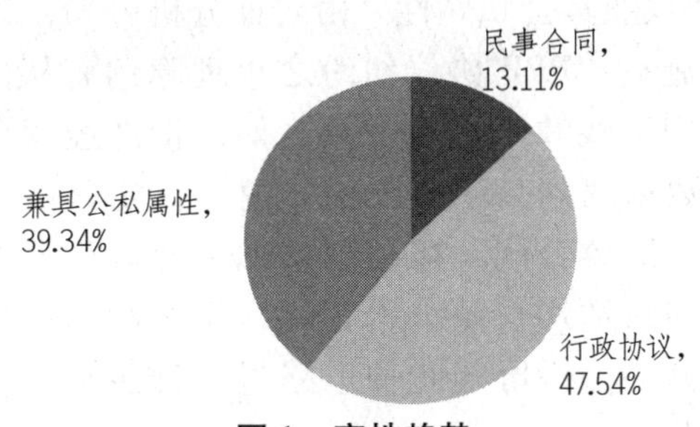

图 1 定性趋势

（2）管辖趋势。受 2015 年《行政诉讼法》及司法解释之影响，实务中 PPP 协议纠纷管辖适用行政诉讼逐渐增多，隐约有从民事程序向行政诉讼

转化之趋势（见图2）。

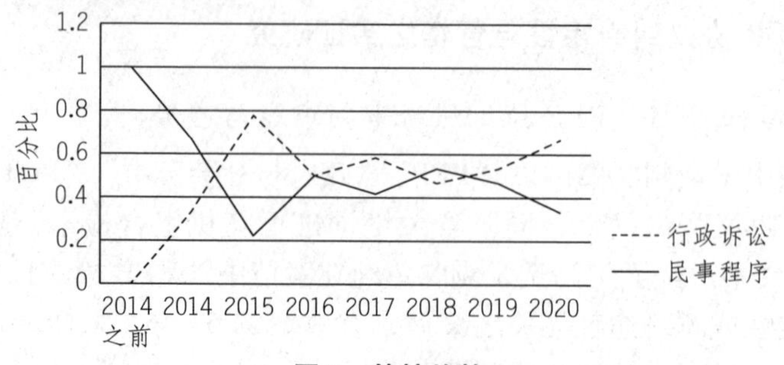

图2 管辖趋势

（3）管辖裁判标准适用趋势（见图3）。审判实践中对PPP协议纠纷之管辖问题，有“协议性质”和“纠纷性质”两种裁判标准，协议性质标准对涉案协议先整体定性然后确定管辖程序，纠纷性质标准则依据当事人诉争诉讼标的之性质确定管辖途径。实务中，依据纠纷性质标准赋予当事人程序选择权之模式越发受到法官青睐。①

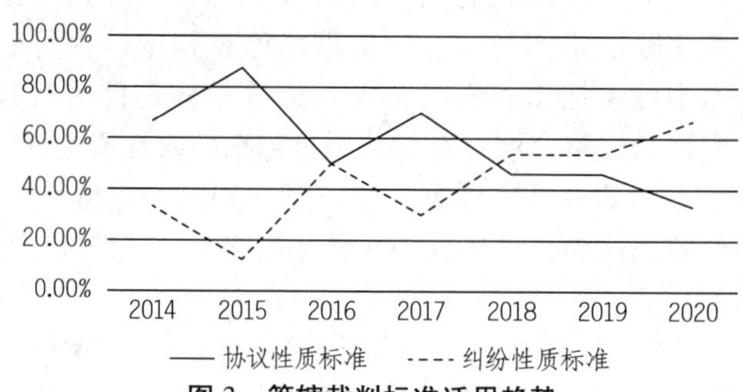

图3 管辖裁判标准适用趋势

（二）原因探析：定性与管辖难题之根源

1. 典型PPP协议兼具公私属性。由实证分析可知，2015年《行政诉讼法》及司法解释实施后，PPP协议纠纷之审理隐约有从民事途径转向行政诉讼之趋势。但审判实践并未达成一致，如，特许经营合同纳入行政协议范围后，仍有相当数量裁判基于协议整体内容认定其中公法因素不影响协议属性，从而定性为民事合同。在我国公私二元诉讼架构下，PPP协议若定性为行政协议，纠纷适用行政诉讼程序，反之则适用民事程序，此情形下并无争议。通过上文分析可知此种思路过于理想化，司法实践中无法妥善应对纷繁复杂的PPP协议争议。

① 尤其最高人民法院于（2017）最高法行再99号案作出“涉案协议公私属性互相交织、难以完全分离时，应尊重当事人程序选择权”之裁定后。

笔者认为，典型PPP协议兼具公私属性是其存在定性与管辖争议的重要原因之一。审视PPP协议之内容，基于政府之公共建设责任、特许权等内容，PPP协议无疑具公法属性，基于工程施工、融资及服务等内容，其又具私法属性，故认定PPP协议兼具公私属性意义重大。审判实践中亦有相当数量之裁判，认定PPP协议公私属性交织，难以分割，赋予当事人依纠纷性质选择诉讼程序之权利。故针对具体案情，承认PPP协议兼具公私属性，对于涉案PPP协议准确定性或厘清救济途径具有重要价值。

2. PPP立法不健全。2014年起，我国开始大力推行以PPP模式开展公共建设。因没有高阶位专门法律，各部委只得陆续出台部门规章、规范性文件对PPP项目进行规制，其中设定的解纷途径存在分歧。如，2014年财政部《政府和社会资本合作模式操作指南（试行）》选择仲裁或民事诉讼途径，而2015年《基础设施和公共事业特许经营管理办法》却适用行政复议或行政诉讼。对此，社会各界迫切希望出台专门法律，但2016年起草的《政府和社会资本合作法（征求意见稿）》由于种种原因至今未正式出台，该法以仲裁或民事诉讼为解纷途径。

审视行政法领域，2014年修订的《行政诉讼法》首次将政府特许经营协议纳入行政诉讼范围，其司法解释首次定义了行政协议，并将政府特许经营协议确定为有名行政协议；但2018年行政诉讼法司法解释却将行政协议定义删除，笔者认为，这并非对行政协议的否定，[①] 而是为《行政协议司法解释》统一规定做准备。《行政协议司法解释》不仅对行政协议重新定义，还将设置“定语”的PPP协议纳入行政协议范围。其在一定程度上透露出立法者希冀以行政诉讼解决PPP协议争议之意旨，但相关条文较为模糊，实操性不强，其设置定语又隐约体现出PPP协议定性及解纷路径选取仍需审判实践作进一步探索之意。

高位阶专门法律的缺失，部门规章、规范性文件的规定各异及《行政协议司法解释》相应规定较为模糊，是当前我国PPP立法不完善之现状。

实践之困局一定程度上源于理论研究之落后，若要妥善解决日益复杂的PPP协议纠纷，我国应在实践的同时，深入研究PPP协议定性及解纷路径之相关理论，同时适度借鉴域外成功经验。

---

① （2018）最高法民终829号案中，最高人民法院认为，一审裁定适用的2015年《最高人民法院关于适用〈中华人民共和国行政诉讼法〉若干问题的解释》虽已废止，但该解释第11条的规定符合行政法关于行政协议的定位，2018年《最高人民法院关于适用〈中华人民共和国行政诉讼法〉的解释》亦未作出与第11条相冲突的规定。

二、PPP 协议定性及解纷模式之辨析

公、私法之区分系法律分类方法，起源于古罗马时代。[①] 当今大陆法系国家多数仍以传统的区分公私法的“法律二元论”作为法律秩序之基石，其法律架构建立在公私法二元化基础之上。我国法律制度亦深受大陆法系影响，采诉讼公私二元架构体制。故 PPP 协议法律性质属公法抑或私法实有思辨之必要，否则将无法涵摄法律适用及协议条文之法律效果。

PPP 协议性质争议将导致适用法律不同，进而法律关系解释及权利救济途径各异，主要区别如下：（1）适用法律及法理不同，行政协议适用行政法及相关法理，民事合同适用民法及相关法理；（2）救济程序不同，行政协议适用行政诉讼程序，民事合同则通过民事诉讼或仲裁解决；（3）法律地位不同，行政协议双方处于不平等地位，而民事合同双方地位平等；（4）损害赔偿责任不同，行政协议依行政赔偿责任处理，而民事合同依民事赔偿责任处理。[②]

（一）学理思辨：整体定性+单一程序救济理论之困局

我国司法实务中，若遇个案当事人对涉案 PPP 协议性质持不同意见之情形，相当一部分案件的法官会先对协议性质进行判断，进而确定适用何种诉讼程序，若定性为行政协议则适用行政诉讼，反之则适用民事程序。

《行政协议司法解释》将满足行政协议内涵条件的 PPP 协议纳入行政协议范围。然，不同于典型行政协议或民事合同，PPP 协议由整体观之，常常蕴含公私法双重性质。[③] 有学者主张 PPP 协议属于公私混合契约，所谓公私混合契约，系指一份契约中，有两个以上契约标的存在于契约内容之中，且包括至少一个公法契约标的及一个私法契约标的，且两标的兼具密切的实质联系。[④] 笔者认为，PPP 协议之内容，一方面涉及诸多行政因素，如前置审批、特许经营许可、招标等；另一方面又具有平等主体间以意思自治原则而为之约定，如成立项目公司、投融资、股权转让等，故赞同公私混合契约之观点。鉴于典型 PPP 协议确然兼具公私特征，行政协议四要素标准有时难以有效解决 PPP 协议性质之争，很可能出现无法将其整体界定为行政协议或民事合同之困局，故以行政或民事单一诉讼程序救济恐难以周

---

① 费安玲：《学说汇纂第二卷》，我国台湾地区知识产权出版社 2009 年版，第 1 页。

② 参见张婀安：《从比较中德法制论公、私行政行为区别之实益（下）》，载我国台湾地区《法学丛刊》1991 年第 3 期。

③ 参见江国华：《政府和社会资本合作项目合同性质及争端解决机制》，载《法商研究》2018 年第 2 期。

④ 江嘉琪：《公私法混合契约初探——德国法之观察》，载我国台湾地区《中原财经法学》2002 年第 9 期。

全，无法实现对所涉不同属性法益之全面救济。

“整体定性+单一程序救济”之优点在于将 PPP 项目多阶段行为整合成一个法律行为，明确当事人救济途径，避免争议标的不同导致的裁判分歧之可能性。[①] 但整体定性，亦有明显制度缺陷，致弹性空间减小，具体分析如下：一方面，若将 PPP 协议定性为民事合同，通过民事诉讼或仲裁处理纠纷，在当前我国社会法制环境下具有一定现实意义，亦代表了 PPP 协议中的民间资本方希冀与政府于私法框架下获平等法律地位之观点。然，法官于民事诉讼中无法审查行政行为，[②] 民事程序这一天然缺陷导致无法对 PPP 协议履行中政府方之行政许可、审批及监督等行政行为进行有效规制。故单一民事程序未必能有效救济私主体之合法权益。另一方面，若将 PPP 协议定性为行政合同，通过行政诉讼对行政权进行监督或制约，理论上确可实现公私利益之衡平，[③] 然其却未必能在司法实务上得到真实回应。首先，当前我国法院行政诉讼收案量虽逐年大幅上升，但“民告官”之胜诉率偏低，致行政诉讼之权威性与独立性受质疑。其次，法律授予行政机关放弃“高权”行政处理模式而选择行政协议方式的形式选择自由，并未同时禁止其与行政相对人可同时签署平等主体间私法契约之权利。再次，单一行政救济无法对兼具公私属性之 PPP 协议中的纯私法争议对症下药，单一行政救济途径一定程度上将使民间资本方产生强调行政优益权之疑虑，从而压抑市场因素，不利于契约自由与行政优益权之价值衡平。[④] 最后，若将兼具公私属性之 PPP 协议统一定性为行政协议，学理上亦将混淆行政合同与公私混合契约之概念，致界限模糊。[⑤] 故 PPP 项目运营中之诸多争议，实难期冀通过单一程序途径加以妥善解决。

（二）他山之石：双阶理论及司法实践之评析

在我国公私法二元体制下，如何审视横跨公私法领域之混合契约，并解决其所产生之法律适用与救济问题，意义不言而喻。德国双阶理论在司法实践之运用，对我国解决 PPP 项目相关争议无疑具有一定启示意义。

双阶理论（Die Zweistufeitheorie）原系德国行政法学之理论创造，1951 年由德国学者伊普森表述于法律鉴定意见书中，指行政主体之补助私人关系

① 参见陈敏：《行政法总论》，我国台湾地区新学林出版股份有限公司 2016 年版，第 686 页。

② 参见尹少成：《PPP 协议的法律性质及其救济——以德国双阶理论为视角》，载《政法论坛》2019 年第 1 期。

③ 江必新：《中国行政合同法律制度——体系、内容及其建构》，载《中外法学》2012 年第 6 期。

④ 于安：《确定 PPP 中国模式要有原则》，载《中国政府采购报》2016 年 11 月 22 日第 1 版。

⑤ 江嘉琪：《公私法混合契约之合法要件及瑕疵之法律效果》，载我国台湾地区《中原财经法学》2003 年第 11 期。

程序，分为前阶段之公法关系与后阶段之私法关系，共同构成双阶段性质之不同法律关系。申言之，系由前阶段是否许可补助等行政处理，及后阶段执行该许可之私法契约组成。[①] 双阶理论创设之目的在于针对前后阶段不同行为，确保当事人厘清诉请法院救济之途径。[②]

我国台湾地区“促进民间参与公共建设法”（以下简称“促参法”）有 PPP 法之称，参考德国双阶理论，将缔结公私合作契约之过程分为两个阶段，前阶段为契约签订前之“申请及审核程序”，后阶段为签订契约之“履约阶段”。前阶段，行政机关依促参法及相关招标文件对民间资本方之资格及条件进行甄选，民间资本方此时处于申请人（行政相对人）地位。行政机关选择最佳申请人之甄选决定具行政处理性质，该决定兼具终结行政程序（申请及审核程序）之效果，并给予最佳申请人缔结契约之缔约人地位。后阶段系契约履约阶段，最佳申请人缔约后成为契约一方当事人，其建设、运营之法律地位与权利义务，适用“促参法”及“民商法”相关规定。[③] 双阶理论于我国台湾地区实践之运用体现出其两个原始功能及优点：其一，其将公法行为与私法契约巧妙结合，将公私混合契约分解成是否及如何运行两个阶段；其二，明确了公私混合契约双方之司法救济途径，保障民间资本之诉权并扩大其对公私合作模式之信赖的同时，也赋予行政机关使用更具弹性之私法救济手段之权利。

双阶理论在我国台湾地区实践中亦面临诸多争议，皆因该理论本身架构即存在诸多盲点，简单分析如下：（1）双阶理论将同一事件之法律事实，强行拆分为两个不同行为，可能造成同一事件出现两种行为纷争，同一案件分由不同法庭审理之情形，进而导致裁判之分歧；（2）将一个具有紧密联系之法律事实切分成两阶段：一方面，阶段区分标准模糊不清，区分存在困难；另一方面，利害关系之公私法认定标准不同，人工切分将使利害关系人权利救济产生困局；（3）难以解决两阶段行为效力相互影响之问题，即前阶段公法行为之瑕疵是否导致后阶段私法行为之瑕疵，或后阶段行为之瑕疵是否影响前阶段行为之效力；（4）该理论仅是一种拟制，前阶段行为未必属行政行为；（5）该理论难以实现三方法律关系事件中第三方权利之有效救济；（6）该理论假设前后阶段为平等程序，而实务中前阶段行为常常决定了后阶段之主要内容。[④] 鉴于传统“行政处理+私法契约”双阶理

① 参见程明修：《双阶理论之虚拟与实际》，载我国台湾地区《东吴法律学报》2004 年第 15 卷第 2 期。

② Vgl. Birga Tanneberg，Die Zweistufentheorie，S. 19 f.（2011）

③ 苏南：《论 BOT 投资契约的法律性质》，载我国台湾地区《南台财经法学》2016 年第 2 期。

④ 林明锵：《行政私法与双阶理论之检讨》，载我国台湾地区《台北大学法学论丛》2019 年第 112 期。

论在台湾地区实务中之诸多争议，继而衍生出“行政处理+行政契约”修正式双阶理论及“行政处理+私法契约+行政处理”三阶理论，[①] 以期对其司法实践之运用进行完善。

综上，两岸文化同根同源，双阶理论之运用对我国 PPP 司法实践无疑具有重要参考意义。然，我国 PPP 相关立法尚处于初级阶段，鉴于双阶理论之固有局限，综合审视我国法治进程、PPP 发展现状及司法实践等，我国尚无法有效解决该理论之不足，故目前暂不宜进行法律移植。现阶段，双阶理论及司法实践对我国 PPP 协议解纷模式之最大启示在于：双阶理论是法律关系中复数法律行为之观察方法，[②] 而非区分 PPP 项目公法阶段与私法阶段之标准。双阶理论可使我国理论及实务界正视 PPP 协议中不同属性之复数行为、复数请求权及复数权利义务关系存在之可能性，进而认识到试图通过绝对区分公私法救济途径之传统思维模式无法一次性妥善解决公私属性交织之 PPP 协议纠纷。

三、进路探寻：PPP 协议争议解纷模式之重述

司法实践中，公私法行为交织之情形越发频繁，常见为私法行为中有公法因素，公法行为中有私法因素。[③] PPP 作为突破传统公私二元对峙之新型公共治理模式，给传统诉讼模式造成一定冲击。故有必要突破公私法二元分野模式之束缚，高度关注公私法融合发展趋势，不断统一和优化 PPP 协议争端的法律适用标准。[④]

区分行政、民事诉讼通常仅为实现法律分工及管辖指引，选择裁判模式时，应更多立足于便捷审判、有效解决纠纷、维护裁判结构权威及保持各级法院一致性等初衷。[⑤] 故 PPP 协议解纷模式选取之核心应致力于妥善化解争议。由实证分析观之，我国法院目前有两种 PPP 协议争议管辖裁判思路，思路不同裁判结论亦不相同：一种根据协议性质确定；另一种根据纠纷性质确定。第二种思路因具灵活性，更受审判实践青睐。PPP 协议常兼具公私属性，故确有必要探索更为开放灵活之解纷模式，但不意味应放弃现有较为成熟有效之审判经验。我国应在遵循《行政协议司法解释》意旨

---

① 程明修：《行政私法与私行政法》，我国台湾地区台北新学林出版股份有限公司 2016 年版，第 235 页。

② 参见郑雅方、满艺姗：《行政法双阶理论的发展与适用》，载《苏州大学学报（哲学社会科学版）》2019 年第 2 期。

③ 参见江必新：《法律行为效力——公法与私法之异同》，载《法律适用》2019 年第 3 期。

④ 蒋尉：《我国 PPP 协议相关法律问题的探讨》，载《人民法院报》2017 年 8 月 30 日。

⑤ 江必新：《最高人民法院典型行政案件裁判观点与文书指导》，中国法制出版社 2018 年版，第 45 页。

之大前提下，探寻PPP协议最优解纷模式。

综上，笔者建议整合当前审判实践经验并适当微调现行立法，在甄别"典型/非典型"PPP协议之基础上，采"协议性质—纠纷性质"两阶段递进式审查标准确定救济途径（见图4）：法院受理一起所谓"PPP协议"纠纷，第一步，先审查该协议为"典型/非典型"，对于"非典型"PPP协议，依据协议性质标准对涉案协议整体定性，若为行政协议，适用行政诉讼；若为民事合同，适用民事程序救济。第二步，对于"典型"PPP协议，则依据纠纷性质标准审查争议诉讼标的性质类别。单一性质纠纷，若为公法性质纠纷，当然适用行政诉讼；若为私法性质纠纷，应赋予当事人程序选择权，可适用民事救济途径。复数性质纠纷，即诉讼标的兼具公私属性，无论复数标的间有无关联，在我国现阶段尚无PPP专门法之情形下，本着诉讼经济和立法成本最小化之原则，建议对行政诉讼法稍作修改，将此种复数诉讼标的PPP协议纠纷纳入行政附带民事诉讼范围，在行政诉讼中一并审理民事争议，以实现复杂PPP协议纠纷之一次性解决。

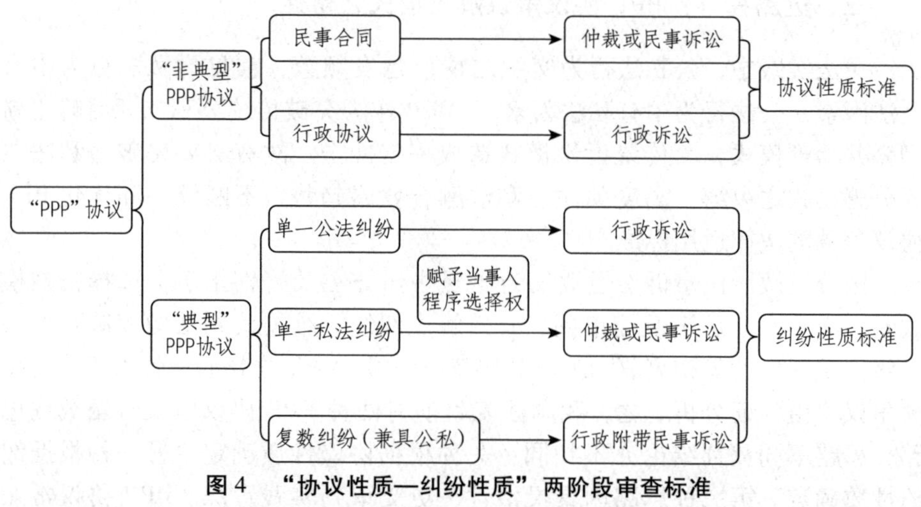

图4 "协议性质—纠纷性质"两阶段审查标准

（一）第一步：先甄别"典型/非典型"——"非典型"→协议性质标准

我国引入典型PPP之时，也衍生出大量非典型PPP，这导致PPP协议法律关系愈发复杂和多样，故PPP协议不能仅依据合同名称、项目形式进行简单化定性，[①] 还需审查合同具体内容。

1. 先甄别"典型/非典型"PPP协议。PPP协议作为公私合作提供公共产品和服务之项目合作协议，至少应兼具下列要素之前2种：（1）主体，

① Vgl. Birga Tanneberg，Die Zweistufentheorie，S. 19 f.（2011）

双方分别为私经济主体、行政机关或其委托之组织；（2）目的，提供公共产品或服务，即为实现公共利益，因PPP不以营利为首要目标；（3）内容，权利义务向行政机关倾斜（即行政优益权）；（4）责任分配，私主体承担全部或部分执行责任，公主体承担监督及特殊情形下的接管责任；（5）风险分配，传统上由公主体承担之风险，根据协议约定比例由双方分担。

对于"典型/非典型"PPP协议之区别，笔者建议考量如下：（1）"典型"PPP协议兼具公私属性，以公法属性为主，故包含（包括但不限于）行政协议之特征，但私法属性亦非常重要，不可被公法属性吸收。"非典型"PPP协议中亦可能具有私法因素，但公法属性居于绝对主导地位，私法因素可视为被公法属性吸收，从而忽略不计。此为"典型"与"非典型"PPP协议之重要区别。（2）"典型"PPP协议同时包含公法和私法权利义务，且私法权利义务不能随意让渡。综上，笔者认为，"典型"PPP协议因兼具公私属性，既非民事合同，又非典型行政协议，应为公私混合契约。而"非典型"PPP协议之本质可分为两种类型：一种为披着PPP外衣的民事合同；另一种系行政协议，笔者认为，此情形下即为《行政协议司法解释》第2条第5项中加了"定语"的政府与社会资本合作协议。

2. "非典型"→协议性质标准：民事合同或行政协议。实务中很多由公私两方签署之协议，合同名称虽包含PPP概念，合作项目亦初步具备PPP模式之表象，然进一步综合审视合同内容，却并非兼具公私属性之"典型"PPP协议。笔者将此类PPP协议归类为"非典型"PPP协议，其本质实为民事合同或行政协议，故可依据"四要素标准+比例原则"进行区分。

法院受理一起初步具备PPP表象之项目的所谓"PPP协议"纠纷，经甄别为"非典型"PPP协议后，可依据行政协议四要素标准及比例原则进一步判断为民事合同抑或行政协议：首先，若依四要素这一"刚性"标准可明显认定涉案合同具公法属性，或虽兼具私法因素但公法属性占绝对主导，则为行政协议，无需引入比例原则。其次，若合同条款界限模糊，四要素标准无法有效甄别，则引入比例原则，审查何种法秩序对协议有清晰、压倒性之影响力，综合协议重点、当事人意思表示、利益状态、协议目的及经济结果等因素加以判断。简言之，若行政机关以民事手段即可实现本协议拟实现之行政职责，则应定性为民事合同，反之即为行政协议。

依据协议性质标准对"非典型"PPP协议进行整体定性后，若为行政协议，适用行政诉讼程序；若为民事合同，则适用民事程序救济。

（二）第二步："典型"→纠纷性质标准：单一或复数

对于"典型"PPP协议，鉴于其为公私混合契约，协议性质与解纷路径可不表现为完全对应之关系。应依据纠纷性质标准审查争议诉讼标的性质类别为单一还是复数分别处理：

1. 单一性质纠纷——行政/民事途径。“典型”PPP 协议纠纷，当事人之诉求若仅针对协议中之具体行政行为，当然适用行政诉讼。若诉求与具体行政行为无关，为单一私法性质纠纷，应赋予当事人程序选择权，可选择民事程序救济。此处可能引发之疑虑在于，当事人是否有能力细致地对争议诉讼标的之性质属于公法抑或私法加以识别，若识别错误将承受管辖错误带来之程序不利益。对此，笔者认为，实务中 PPP 协议纠纷通常标的额较大或具有较强专业性，当事人一般都会委托律师作为诉讼代理人，同时法院在立案阶段也会对管辖进行初步判断，故纠纷性质识别通常不存在较大问题；即便识别错误，相较于程序纠正后纠纷可得有效化解，程序不利益亦可忽略。

2. 复数性质纠纷——纳入行政附带民事诉讼。若“典型”PPP 协议纠纷中诉讼标的性质为复数（兼具公私属性），无论各诉讼标的有无关联，鉴于我国现阶段尚无 PPP 专门法，建议对《行政诉讼法》稍作修改，将此种纠纷纳入行政附带民事诉讼范围，① 在行政诉讼中一并审理民事争议。

将复数性质 PPP 协议纠纷引入行政附带民事诉讼，有利于促进行政审判能力现代化，推动法治政府建设。其合理性在于：第一，针对复数性质纠纷，若并行提起行政和民事诉讼可能出现两程序互相推诿或审判矛盾之尴尬；第二，通过行政诉讼一并审理民事争议，可衡平各方利益，统一裁判尺度，提高审判效率，从而一揽子解决复杂 PPP 协议纠纷；第三，此类 PPP 私法性质纠纷或多或少涉及公法因素，故而将此类纠纷交由行政庭法官审理还可能具有民事庭法官所不具备之优势。《行政协议司法解释》确立了将满足条件的 PPP 协议纳入行政协议，准予参照民事合同相关规定，准予适用民事诉讼法，部分争议参照民事诉讼时效制度，引入调解机制，约定仲裁条款无效等规定。笔者认为，上述条文一定程度上体现了在行政诉讼基础上一并解决民事争议之立法意旨。② 故结合现有诉讼模式，通过微调立法，将复数性质 PPP 协议纠纷引入行政附带民事诉讼，是当前无 PPP 专门法情形下之最优解。鉴于 PPP 协议纠纷之特殊性，落实中应注意如下要点：

（1）关于管辖。为方便当事人，申请一并审理 PPP 协议私法纠纷，建议在排除仲裁和民事专属管辖、协议管辖之前提下，由具有行政争议管辖

---

① 纳入《行政诉讼法》第 61 条之范围。

② 参见刘飞：《PPP 协议的法律性质及其争议解决途径的一体化》，载《国家检察官学院学报》2019 年第 4 期。

权法院进行审理。

（2）关于启动。本着先行后民原则，法院受理 PPP 协议行政纠纷后合理期限内，当事人可书面或口头申请一并审理民事争议，法院应在 7 日内出具书面决定书告知当事人是否受理，若不予受理应允许当事人向同一法院申请复议一次。对于一并审理，法院无告知义务，但行政纠纷审理以民事纠纷裁判结果为前提的除外。

（3）关于审判组织。应由行政庭同一审判组织进行审理，因为若由不同庭室审理，一方面可能使得相关联之标的被切割判断；另一方面不同庭室审判实践中可能适用不同之心证标准，从而可能导致裁判结果矛盾。至于不同庭室业务知识储备不同之问题，可通过提交跨庭室专业法官会议或审委会讨论来解决具体案件之事实认定及法律适用问题。

（4）关于审理顺序。若民事纠纷审理以行政纠纷审理为先决条件，按先行后民顺序审理，反之则适用先民后行顺序。

（5）关于立案和案号。行政、民事争议一并审理，应单独立案。对于一并审理之民事争议案号，既应体现 PPP 纠纷处理之行民交织特点，又应区别于普通民事案件，建议编立“行并民”案号。

（6）若行政纠纷被裁判驳回。若 PPP 协议复数纠纷已一并审理情形下公法争议被驳回，鉴于私法争议已编“行并民”案号，亦应裁判驳回，告知另行通过民事途径予以解决。

（7）关于调解。纠纷解决适用调解，但双方对 PPP 协议私法纠纷进行调解之结果，不能作为审查公法纠纷之依据。

结　语

《行政协议司法解释》对审理 PPP 协议纠纷具重大指导意义，但 PPP 协议纠纷较为复杂，该规定则较笼统，有待进一步完善。“非典型”PPP 协议定性与解纷路径选取较易，而“典型”PPP 协议兼具公私属性，加之立法不健全，导致审判实践较为混乱。建议整合当前审判经验并微调现行立法，在甄别“典型/非典型”基础上，采“协议性质—纠纷性质”两阶段递进式标准确定救济途径。但我国 PPP 发展仍处于初级阶段，PPP 协议定性与解纷路径选取之难题仍需在实践中不断探索。

集体土地征收“预征补协议”司法审查的实施路径

袁荷刚[*] 张彩霞[**] 史阳阳[***]

引 言

2020年施行的《土地管理法》明确要求县级以上地方人民政府及所属部门在集体土地征收前应当与拟被征收土地的权利人就补偿、安置等签订协议,[①] 这便是通常意义上的“预征补协议”。“预征补协议”制度的引入是传统集体土地征收与补偿领域的重大“制度变迁”[②]。面对这一新变化,司法机关应如何应对,是固守既有的诉讼标的和审查对象范式还是另觅他途?从现有情况看,跳出现有的行政案件裁判模式,针对“预征补协议”建构新的裁判规则已是必然选择。“预征补协议”司法审查规则的建构应当明确“预征补协议”的法律属性及法律效力,明晰现有司法审查模式存在的局限性,而对于这些问题,理论及实务界并未形成统一认知。有鉴于此,本文拟以“集体土地征收‘预征补协议’司法审查的实施路径”为题展开探讨,以期能够为“预征补协议”的司法审查提供理论基础和实践方案。

一、溯源:“预征补协议”性质和效力的初认识

土地征收之时与被征收人签订补偿安置协议是常见的土地征收程序,《土地管理法》修订后,征收程序的“倒置”使得土地征收的申请最终批复与否存在不确定性,故在此之前所签订的征收补偿协议更像是一种预备行为,称之为“预征补协议”更为合理。而对其性质和效力的界定也直接影响司法实践中对案件的受理与审查。

---

* 作者单位:河南省新乡市中级人民法院。

** 作者单位:河南省新乡市中级人民法院。

*** 作者单位:河南省新乡市中级人民法院。

① 参见《土地管理法》(2019年修正)第47条。

② 参见耿宝建、殷勤:《制度变迁:预征补协议在集体土地征收程序的引入——〈土地管理法修正案(草案)〉第47条第二款的完善建议》,载《法律适用》2019年第7期。

（一）"预征补协议"的性质

"预征补协议"作为行政协议，为方便理解其性质，可以借助民事合同的角度，将其理解为拟征收人与拟被征收人对可能发生的集体土地征收补偿相关事项达成合意后签订的"合同"。

签订"预征补协议"从字面理解很容易联想到在《民法典》合同编中明确规定的"预约合同"，[①] 虽都体现了"预"，但两者仍存在差异。实践中签订"预约合同"意义在于买卖双方在签订正式的本约之前基于公平且诚信的基础上进行磋商，以期为后续完整的、正式的合约创造条件。[②] 反观"预征补协议"的签订是市、县级人民政府或相关职能部门在集体土地征地申请获批之前，为保障征收补偿工作的顺利进行，与拟被征收土地就补偿、安置等签订的协议。签署这种协议通常意味着被征收人在附条件的情况下同意被征收与接受相应的补偿安置条款，并非为下一个征地补偿协议创造条件。

但在认定"预征补协议"性质时，仍可根据传统合同性质的分类，按照协议所约定的内容分类：一是属于附生效条件的协议，当征地申请得到批复并开始实际征收后即生效；二是属于附解除条件的协议，当征地申请将来无法得到批复则协议自动解除；三是属于附期限的合同，这种需要协议各方在签订协议时便有对生效或失效时间的约定，比如"本协议在土地征收申请取得相关部门批准后即自动生效"或者"本协议签订一年后仍未取得相关部门批复即自动失效"等类似条款作为对解除期限的约定。[③]

综上，尽管"预征补协议"的性质在理论上比较复杂，但能够看出其性质与协议约定的内容息息相关，在没有上述相关条款的约定下，根据"有征收必有补偿，无征收则无需补偿"的原则，后期征地申请的批复、公告及征收土地实质行为的存在是前期"预征补协议"能够生效的重要条件，因此将"预征补协议"归类于附生效条件的协议，更符合实际。

（二）"预征补协议"的效力

"预征补协议"不能简单地被认为签订后即生效，这种协议更像是土地征收的前期调查摸底工作，属征地前期预备工作，"预征补协议"在签订后并不会立即生效，要随着后期征地工作的推进来决定其效力。土地征收申

---

① 《民法典》合同编第 495 条规定，当事人约定在将来一定期限内订立合同的认购书、订购书、预订书等，构成预约合同。当事人一方不履行预约合同约定的订立合同义务的，对方可以请求其承担预约合同的违约责任。

② 参见张志彤：《论预约合同违约救济》，载《山东行政学院学报》2019 年第 3 期。

③ 参见耿宝建、殷勤：《制度变迁：预征补协议在集体土地征收程序的引入——〈土地管理法修正案（草案）〉第 47 条第二款的完善建议》，载《法律适用》2019 年第 7 期。

报后获批与否、被要求改变征地范围后继续申报、获批后又被变更或撤销等情况的发生将直接影响“预征补协议”是否生效及何时生效的问题。因此，“预征补协议”的效力问题也是司法实践中无法回避的问题。对于合同效力的相关规定，《民法典》合同编第三章中仅保留少数边缘性的内容，具体仍需要借助总则编关于法律行为效力的规定。

新修订的《土地管理法》第47条第5款①明确了签订“预征补协议”是申请征地前提，在此思路指引下，根据“预征补协议”系附生效条件的协议性质，我们能够看出，集体土地征收申请的批准与否与“预征补协议”的签订没有必然联系，而“预征补协议”是否生效则取决于征收申请是否被批准以及最终是否实施。但这也并非说“预征补协议”在征收土地申请批复下来之前毫无约束力，如果协议是在履行了对拟征收的土地及地上附着物进行调查、公示、登记等步骤后，依照法定程序签署的，签订协议的各方均为适格主体且不存在其他法定的无效事由，那么基于民事审理的诚实信用原则，所签署的协议对各方均应产生相应的权利义务。

基于以上，“预征补协议”签订后各方当事人都要受其约束，具体来说：对于拟征收土地的政府方，职能部门要积极进行拟征收土地范围内房屋等地上附着物的权属调查、登记，与相关所有权人和使用权人协商、签订协议等，同时保证征地补偿费用的足额到位，积极履行土地征收申报的各项事宜。而对于拟被征收土地的相对人而言，除了遵守在拟征地范围内严禁抢栽抢建的基本要求外，也要按照协议内容的相关约定履行义务。

二、检视：“预征补协议”司法审查的实施现状

在《土地管理法》修订引入“预征补协议”制度之前，一些地方政府在集体土地征收实践中已经有了探索，为了加强对被征地农民合法权益的保护，提高土地征收的效率，这些地方政府要求先与被征地集体或者农民签订征地补偿安置协议，再组织报批，保证征地审批更加科学合理。

（一）诉讼结果以驳回起诉为主

为更好地了解实践现状，作者在中国裁判文书网中检索“预征收”和“集体土地”两个关键词，结果显示2020年的行政裁判文书共有106篇，而其中多数只是在证据或诉辩理由中提及“预征收”，并未作为审判的要点，真正有效文书仅有13篇。由于新修订的法律条文的适用正处于起步阶段，诉讼焦点集中于集体土地征收的准备阶段，因为理论上准备阶段并不会对拟被征收人产生实际影响，多数是以驳回起诉为结果，而其裁判结果

① 《土地管理法》第47条第5款规定，相关前期工作完成后，县级以上地方人民政府方可申请征收土地。

及理由的分布也可看到当前对“预征收”的审查情况（参见图1、图2）。

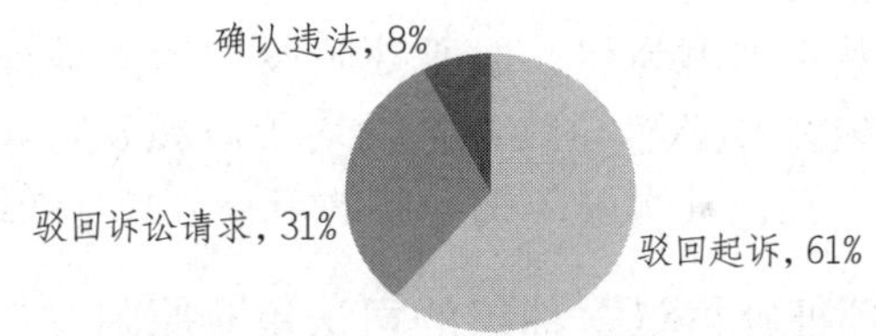

图1　“预征收”类案件裁判结果比例分布

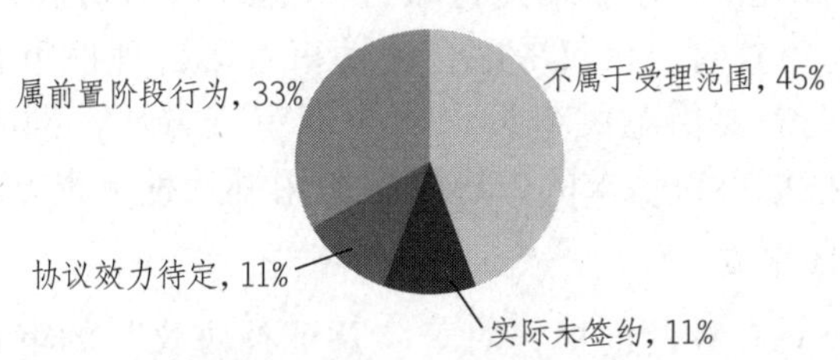

图2　“预征收”类案件驳回起诉原因比例分布

（二）诉讼焦点集中于土地征收准备阶段

由于修订的《土地管理法》实施时间尚短，其中第47条即“预征补协议”的应用也停留在集体土地征收的前期阶段，司法审查当然也止步于此。在能够检索到为数不多的适用该法律的案例中，也多以驳回起诉为主。

【案例一】该案件中原告要求撤销政府颁发的《征收土地预公告》，法院审理认为，《土地管理法》第47条规定的《征收土地预公告》，仅是告知被征收人拟征收的相关事宜，未对相对人的权利义务产生影响，不属于受案范围。①

【案例二】该案中原告诉请确认被告未与其签订《房屋征收补偿协议》违法，法院审理认为，根据《土地管理法》第47条规定，涉案通告的发布及其后的补偿安置协议协商属于征地报批前的相关工作，原被告没有就补偿安置事宜达成一致意见，政府也未就相对人的房屋征收办理报批手续，因此双方未签订预征补协议，并不属于政府未履行法定职责，原告不具有需要被保护的合法权益。②

【案例三】该案中原告要求被告根据协议赔偿超期补贴及违约金等，法院审理认为，涉案土地在签订系列协议前后都没有依据土地征收程序实施其他手续，土地所有权仍归相对人，所达成的协议在被有权部门征地审批

---

① 参见西安铁路运输中级人民法院（2020）陕71行终720号行政裁定书。

② 参见广东省佛山市中级人民法院（2020）粤06行初35号行政裁定书。

同意之前属于效力待定，有权部门同意征地并下发征地批文时，涉案系列协议才会对双方产生约束力。[1]

以上案例无论裁判理由为何，但所处阶段均为土地征收报批之前，集体土地征收过程的繁复性必然导致各阶段均矛盾频发，如何在司法实践中解决问题，需要对“预征补协议”构建新的审查方式与纠纷解决路径。

三、思辨：“预征补协议”纠纷的司法审查原则

在行政诉讼中对行政行为进行审查时，传统上将合法性审查作为原则，合理性审查作为补充。[2] 对于兼具行政性和契约性双重属性的“预征补协议”，在对其进行审查时，仅仅考虑合法性审查、合理性审查明显不能满足其属性，因此我们需要借鉴民事诉讼的合同审查方法，同时考虑审查其有效性和合约性，根据诉讼请求的内容决定适用哪几种审查方式。[3]

（一）合法性审查

“合法”是一切存在的前提，对于“预征补协议”的审查当然要从合法性开始。从协议的产生到消亡，包括了协议的订立、履行、变更或解除，根据当事人的诉请，需要审查协议的缔结与履行是否合法、行政主体单方变更或解除协议是否合法、行政主体优益权的行使是否合法、协议的签订和履行是否违反法定程序等方面。

围绕上述审查方面，需要审查的主要有签订“预征补协议”的行政主体是否系法律规定的集体土地征收主体或其委托的相关职能部门、行政主体是否有权对协议内容作出处分或承诺、受委托人有无超越委托权限与拟被征收人签订协议、在协议履行过程中是否存在违反法律禁止性规定的行为、行政主体是否将拟征收土地的全部真实信息提供给拟被征收人以保障其知情权和参与权等。合法性审查的适用要围绕原告的诉讼请求进行，比如，“预征补协议”签订后，行政主体对协议予以了变更或解除，拟被征收人认为自己的合法权益受到侵害，请求法院判决撤销行政主体变更、解除协议的行政行为，或确认该行政行为违法，人民法院就需要首先对“预征补协议”的合法性进行审查。

（二）合理性审查

合理与否是一个更偏向主观的判断，人民法院在对协议合理性审查时要根据大众的普遍价值观来判断行政主体的行为是否适度、是否符合公平

---

① 参见广东省佛山市中级人民法院（2020）粤06行终63号行政裁定书。

② 参见张青波：《行政协议司法审查的思路》，载《行政法学研究》2019年第1期。

③ 参见罗重海、张坤世：《行政案件起诉审查制度之检讨与重构》，载《法律适用》2012年第2期。

正义。在传统的行政行为审查中，为了遵循行政权和司法权的分离，除了衡量行政处罚是否适度，其他行政行为是不再具体审查合理性的，这也体现了司法的谦抑性原则。

但是行政协议作为一种特殊的行政行为，协议各方地位并不对等，协议的签订和履行过程中均伴随着行政主体自由裁量权的存在。虽然合理性审查作为对其他行政行为审查的一个重要补充，但在行政协议的审查里，为了防止行政主体利用自身的优益权而无节制地侵害相对人的权益，行政主体在签订及履行甚至是解除协议时也应遵循合理原则，将其列为与合法性审查并列的一项基本原则必不可少。①

对“预征补协议”的合理性进行审查，应着重从以下几方面进行：协议的签订是否符合常理、是否考虑了应当考虑的因素、是否基于公共利益的需要、签订协议的目的是否适当、行政主体在行使优益权时给相对人造成损失的赔偿或补偿是否合理。比如，市、县级人民政府以修建公益设施、提高居住质量为名，拟征收农村集体土地，与拟被征收人签订了“预征补协议”并获得征地审批后，在征地区域建设的不是公益设施而是用于开发的高档住宅区，村民提出解除合同，人民法院在审查时就应当考虑到“预征补协议”的签订目的是否适当的问题。

（三）有效性审查

民事诉讼审理中还有一种审查模式是有效性审查，基于前述“预征补协议”属附条件生效的协议性质，在诉讼阶段，当事人所签订的协议生效与否，以及协议的有效、无效、可撤销或效力待定等都是行政审判中有效性审查的重点。人民法院对“预征补协议”的有效性进行审查，是后续判断协议各方是否构成违约、是否存在缔约过失责任或公平补偿责任的前提条件。

对“预征补协议”生效条件是否成就的判断，虽有赖于协议各方的约定，但主要应依据法律法规的规定。根据《土地管理法》第 47 条，“预征补协议”是否生效取决于征地申请是否被批准以及最终是否实施。“预征补协议”依法成立后，对协议各方均有法定拘束效力，协议即使暂未生效，协议各方仍有相应的权利和义务，仍应基于诚实信用原则，积极促成协议条件的成就，并履行协议生效前的“前权利”和“前义务”。② 对于“预征补协议”的生效与否进行审查，除遵循上述法律法规的规定外，还可以依照我国《民法典》合同编关于合同的效力的相关规定，从阻止或促成条件

---

① 参见王旭军：《行政合同司法审查》，法律出版社 2013 年版，第 192 页。

② 参见耿宝建、殷勤：《制度变迁：预征补协议在集体土地征收程序的引入——〈土地管理法修正案（草案）〉第 47 条第二款的完善建议》，载《法律适用》2019 年第 7 期。

成就的角度，审查认定协议是否生效。

具体到“预征补协议”，可以从协议的内容是否合法、协议约定的补偿安置方式是否系拟被征收人的真实意思表示、有无欺诈胁迫或重大误解、协议中设定的产权调换面积计算方式或货币补偿金额等是否显失公平等方面进行审查。例如，“预征补协议”的签订主体如若不是市、县政府或相关职能部门，那么该协议也并非当然无效，可以结合该签约主体的主要财源、领导与决策成员、活动情形与业务内容、适格的拟征收人是否追认委托等因素来进行综合判断。

（四）合约性审查

合约性审查是审查协议各方在各阶段的行为是否合约，因为“预征补协议”是根据各方合意所签订，具有契约性，对合约性进行审查更能体现公平正义。“预征补协议”的签订，协议各方通过协商一致形成了征收补偿安置的权利义务关系，如何履行约定的条款，仅靠合法性审查并不能解决纠纷。对协议的合约性审查要从以下几方面入手：缔约过程中各方是否依承诺与对方缔结协议、各方是否严格履约、行政主体变更或解除协议是否具备正当理由等。

需要指出的是，合约性审查在民事诉讼中是针对合同各方当事人是否违约进行的全面审查，但囿于行政诉讼中行政主体并不能针对相对人的违约提起诉讼，若征收人认为相对人违反了约定，其寻求救济的方式不能通过提起行政诉讼来解决，此时行政机关就可以利用行政手段来行使“优益权”，以维护征地秩序的稳定。“优益权”的行使，具有一定的主导性权力的色彩，这种主导性权力体现在很多方面，比如对协议对象的选择权、审批权、监督权、指挥权、单方变更权、单方解除权、否决权、制裁权以及法律法规规定或协议约定的其他权力。① 在“预征补协议”履行过程中，拟被征收人如果出现了抢栽抢建、未按约定交出土地等违约行为，市、县级人民政府或相关职能部门可以依据《行政强制法》的相关规定，经催告后作出责令限期清理或拆除的书面决定，必要时申请人民法院强制执行。

四、构建：“预征补协议”纠纷的司法审查规则

在处理纠纷时，审理民事合同时基于双方当事人地位平等且权利义务对等的情况，建立严格责任为主、过错责任为辅的归责原则，责任来源明确，担责主体也明晰。但行政协议主体的特殊性，以及作出行政行为时手

① 参见郭雪、杨科雄：《行政协议中非基于行政优益权的单方变更权》，载《法律适用》2019 年第 18 期。

段和目的都具有公益性，[①] 使得行政主体在协议履行过程中享有的“优益权”本身就具有很强的公法色彩，因此很多行政协议要通过判断其违法与否来确定赔偿或补偿责任。这种“违法责任原则”也是行政协议区别于民事合同的重要特征。

“预征补协议”签订在先、征地审批在后的特性，造成可能存在签订协议后征地行为发生多种变化，在先的约定与在后的履行无法对接，甚至可能因征地未能审批通过而造成协议无法生效的问题，这必然造成围绕“预征补协议”产生诸多纠纷。区分这些纠纷的原因，找到能够适用的归责原则，从而认定赔偿或补偿责任的大小，在司法审查中显得尤为重要。笔者对这些情况作了梳理，归纳为如下几类（见图3）：

图3　“预征补协议”实践中诉讼纠纷

（一）签约后未征收

因新修订的《土地管理法》第47条作出的制度调整，在签订“预征补协议”后，可能出现征地申请未能审批通过，或者是得到征地批复的范围与签订“预征补协议”的范围不一致，甚至还可能出现征地申请已经得到批复，在征地补偿工作进行了一段时间后因为公共利益需要的消失或其他情形的出现，[②] 造成所涉土地不再需要征收。此时，毋庸置疑的是拟征地单位市、县级人民政府不能再要求使用土地，相对人能否以在先签订的“预征补协议”提起行政诉讼，要求行政主体予以赔偿或补偿，这需要进一步的讨论（见图4）。

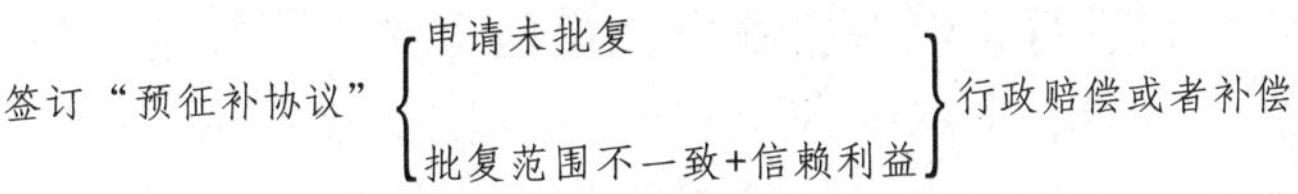

签订“预征补协议” { 申请未批复 / 批复范围不一致+信赖利益 } 行政赔偿或者补偿

图4　签约后未征收的情况分类

可能有人会认为，当事人提起诉讼的最重要的理由是其权益受到损害，若双方仅签订了“预征补协议”，征收实质未能得到审批，在土地申请没有得到批复且市、县级人民政府正式发布土地征收公告之前，拟征收人无论在其间是否对自己拟征收的土地或地上附着物进行实质处分，因为行政主

① 参见耿宝建、殷勤：《集体土地征收与补偿过程中可诉行政行为的判定与审查——兼谈〈土地管理法〉修改建议》，载《法律适用》2019年第1期。

② 参见张素华、宁园：《论情势变更原则中的再交涉权利》，载《清华法学》2019年第3期。

体没有参与，也没有作出任何直接有损相对人权益的行为，此时的“预征补协议”相当于自动失效，相对人对此当然无法主张权利。

但笔者认为，即使“预征补协议”约定了“无征收即无任何补偿赔偿”的条款，相对人仍然可以基于信赖利益，向行政主体主张缔约过失责任，其可以就已为征地所做的准备工作、前期投入或放弃可期待利益所受损失，主张行政主体给予赔偿或补偿。如果签订“预征补协议”的当事人不在被批复的征地范围内，或者征地申请得到批复且被公告，当事人按照约定或出于对行政主体的合理信赖，对自已被征收的土地上的附着物进行清除，而后因为重大情势变更，征地不再具有必要性，征地批复被撤销，“预征补协议”所依靠的基础不复存在，那么按照“无征收则无补偿”的基本原则，协议目的无法实现之时，相对人虽然无权依据之前签订的“预征补协议”请求征地安置补偿，但对于其所受损失，基于公平原则，仍有权要求解除协议并由征收主体承担违约责任，可以提起行政赔偿或行政补偿的诉讼。

值得强调的是，在实践中，如果土地征收申报后没有获批或获批后又被撤销，拟征收人与拟被征收人之前签订的“预征补协议”失去了生效条件，但拟被征收人已基于对政府的信赖，自觉开展了征地前的准备工作，比如放弃翻建房屋或扩大栽种面积，使可期待利益受损，这种情形下，人民法院是否能够对此认定为协议未生效、未对相对人权利义务产生实际影响而排除在行政诉讼受案范围之外，抑或认定其没有实际损失发生而驳回原告的赔偿及补偿请求？笔者认为，这种脱离民事合同审理理念的传统行政审判思路不可取，否则将造成利益受损方丧失救济途径，引发一系列的社会不稳定因素。

（二）签约后未批复提前征收

征地申请审批通过之前，所有的前期预备程序都是服务于整个征收行为，确保征收顺利进行，但在实践中，征地主体为了征地及后期项目的加速实施等原因，可能会采取提前支付部分补偿安置费用，或者不支付对价而直接进行实质的征收行为，包括组织进行强制搬迁或者拆除等有损当事人权益的行为。相对人在此种情况下维护自身权益应采取何种方式、提起哪类诉讼则需要区分讨论。

理论上，在征地批复前，拟征收土地仍属于被征收人所在的集体经济组织，地上附着物仍属于被征收人，行政机关没有占有、使用、收益、处分的权利，签订“预征补协议”的相对人此时所遭受损害的原因是行政主体的违法拆除或其他强制行为，和签订的“预征补协议”没有直接关系。相对人的损失救济途径，此时宜为提起确认违法之诉来获取行政赔偿。但如果行政主体在采取强制行为之时，征地批复已经存在，那么“预征补协议”便有了生效的基础，相对人完全可以行政主体“违约”的理由提起诉讼,[①] 请求其按照“预征补协议”履行安置补偿的职责。

（三）补偿标准变动

《土地管理法》第 47 条规定，在申请征收土地之前，需要拟定补偿标准，完成公告并在公告期间签订协议。所以理论上，行政主体和拟被征收人签订“预征补协议”内容中应当列明了补偿标准。但由于征收行为是多阶段的行政行为，注定整个项目的完成需要长期的接力，所以在《土地管理法》第 48 条又明确强调，制定拟征收土地区片综合地价，在考虑多方面因素的同时，应至少每三年调整或者重新公布一次。这就说明最初签订的“预征补协议”列明的补偿标准与征地工作实际开展时的补偿标准可能存在变动，或者在实际补偿中未按照“预征补协议”所约定的标准进行支付，那么此时被征收人能否以“预征补协议”提起诉讼，这其中若对被征收人的应得利益造成损害，应如何解决，也是司法实践中应考虑的问题。

《征用土地公告办法》第 15 条和现行《土地管理法实施条例》都规定，对补偿标准有异议的纠纷，应先协调，协调不成由上级行政机关裁决。以上规定了先裁决再诉讼的纠纷解决机制；但在《国务院法制办公室关于依法做好征地补偿安置争议行政复议工作的通知》中，将裁决转为行政复议，也就是对征地补偿安置不服先复议再诉讼。[②] 而“预征补协议”的纠纷是否继续借鉴以上机制，需要先协调、裁决（复议）后再诉讼？笔者认为，这种做法在“预征补协议”的纠纷解决上是值得参考的。“预征补协议”签订之前，其内容已经公告甚至举行过听证会，所以签订协议是履行行政职责的结果，并且协议内容是协议各方协商一致的成果，相对人当然可以对产生的纠纷提起诉讼，但为了更好地解决纠纷、节约司法资源，依据其先天的协议性，建议先由双方进行协商，由双方意思自治解决争端，协商不成被征收人可直接向人民法院提起诉讼。

（四）相对人不履行“预征补协议”

依照现行法律规定，当事人对于行政主体不履行协议或者履行有缺陷可以诉讼，但对于相对人不履约，行政主体该如何救济却没有明确规定。[③] 行政诉讼的设立初衷是为了保护在行政行为下没有自救能力的行政相对人，但是在实践中难免发生相对人因为各种缘由拒不履行已经签署协议的情况，

① 参见李颖轶：《优益权的另一面：法国合同相对人保护制度》，载《苏州大学学报（哲学社会科学版）》2020 年第 2 期。

② 参见王克稳：《我国集体土地征收制度的构建》，载《法学研究》2016 年第 1 期。

③ 参见于立深：《行政协议司法判断的核心标准：公权力的作用》，载《行政法学研究》2017 年第 2 期。

特别是在征地过程中，拟被征收人往往可能因为他人获得了更高额的安置补偿而违约。

此时对于行政机关通过何种途径获得救济，关乎行政权力和司法权力之间的配置问题，学界对此也有诸多观点，比如：有行政机关可以依照协议内容的约定而提起民事履约之诉的民事诉讼说；有从根源上消除当事人诉讼主体差异，认可行政机关具有行政诉讼原告资格的行政诉讼说；有以实现公共利益为首要目的，赋予行政机关依职权自行强制执行的自行强制执行说；有相对人不履行协议，行政机关可予以处分，当事人可对处分提起诉讼的这种通过公权力自救后再将纠纷转化在“民告官”的既有模式内的自力救济转化说；当然还有因为当事人既不寻求救济也不履行协议，行政主体申请人民法院强制执行的非诉行政执行说等等学说。①

笔者认为，在现有的法律框架内，将行政机关纳入行政诉讼的原告资格尚不具备条件，而赋予行政机关更大的权力使其能够自主强制执行似乎也与保障被征收人权益的立法用意背道而驰，在“官告民”和“广泛赋权”实现不了的当下，唯有利用“准官告民”的制度，选择非诉执行的道路，最为妥当。依照《行政强制法》第53条“可以申请人民法院强制执行”之规定，强制执行的主体可以是人民法院，但也并非必须为人民法院，考虑到集体土地征收纠纷中动辄集体诉讼的特点，为保证司法的谦抑性和公正性，在法院裁定准予执行后，通过协商的方式交予签订协议的行政机关以外的第三方具体实施，更有利于推进协议的履行。

结　语

集体土地征收中签订“预征补协议”的引入是为了在土地征收前更好地了解民意，推动土地征收项目的进程，而当发生纠纷时如何审查该协议、如何化解不同阶段的矛盾将直接影响该制度的适用以及司法实践的效果。本文通过借鉴合同法的相关原则来解决行政协议的争端，在“预征补协议”的审理中引入民法的“情势变更原则”“公平原则”和“诚实信用原则”，并将“公平原则”实质体现为“公平补偿原则”、将“诚实信用原则”实质体现为“信赖利益原则”，在司法审查中给予原告权益稍做倾斜的照顾，在倡导依法治国、依法行政的当下，能够通过司法行为引导行政权力更具有人性和理性地行使，将具有重大的现实意义和时代价值。随着新修订的《土地管理法》颁布实施，配套的立法、司法制度也将随之迎来变动，希望本文能够抛砖引玉，对相关的制度设计及审判实践提供新的思路。

---

① 参见王洪用：《论农村集体土地征收补偿协议相对人违约的规制》，载《实事求是》2019年第1期。

确认行政协议无效之法律适用研究

——以596份裁判文书为样本

向红芳[*]　杨帅阁[**]

引　言

本文以2015年至今的涉及行政协议无效的596份[①]法律文书为样本，结合相关法律规定，试图分析目前确认行政协议无效的法律适用现状、存在的问题和困惑，并对重点问题进行分析，以期对行政协议无效审理的法律适用问题提供司法审查路径参考，对司法实践有所裨益。

一、确认行政协议无效法律适用之现状厘清

在统计的596份裁判文书中，确认无效的文书数量为88件，占比为14.77%。总体来看，司法机关对行政协议确认无效的态度比较慎重，不轻易否定协议的效力。在《民法典》颁行实施前，认定协议无效或驳回确认无效请求会适用民事法律规范或行政法律规范，具体适用情况如表1、表2：

表1　《民法典》颁行实施前适用民事法律规范情况

适用的民事法律规范	具体条文
《合同法》	第7至9、32、44、47至52条（合同成立及生效、合同的效力）
《合同法解释（二）》	第14条（对强制性规定的解释）
《物权法》	第97条（共有物处分权）
《民法通则》	第11、66条（民事权利及行为能力、代理）

* 作者单位：湖北省鄂州市中级人民法院。

** 作者单位：湖北省鄂州市中级人民法院。

① 笔者于2020年6月23日在中国裁判文书网上以“行政协议无效”为关键词，搜索2016年至2020年的行政裁判文书，共获取1495份统计样本，除去与本文研究无关及连案、重复文书，共统计分析有效样本596件（连案只计算1份）。

续上表

适用的民事法律规范	具体条文
《民法总则》	第144、146、153、154条（民事法律行为无效）

表2　适用行政法律规范情况

适用的行政法律规范	具体条文
《行政诉讼法》	第75条（确认行政行为无效依据）
《最高人民法院关于适用〈中华人民共和国行政诉讼法〉的解释》	第99条（对重大且明显违法的解释）
《最高人民法院关于审理行政协议案件若问题的规定》	第12条（确认行政协议无效的情形）
《土地管理法》	第5、10、11条、43条、45至48条、62条（行政主体资格及职权、程序）
《土地管理法实施条例》	第25条（征收程序）
《国有土地上房屋征收与补偿条例》	第2、4、5、15、26条（行政主体资格及职权、程序）
《城乡规划法》	第40条（行政主体资格及职权）
《自然保护区条例》	第27条（行政主体资格及职权、程序）
地方性法规及规范性文件	《海南经济特区土地管理条例》等（行政主体资格及职权）

通过分析可知，人民法院在认定行政协议无效或者驳回确认认定无效请求的适用法律中，主要包括几种情形：（1）单独适用民事法律规范，如（2016）闽09行终139号、（2017）浙0382行37-40号、（2020）闽01行终152号判决等；（2）首先适用行政诉讼法的规定，（2017）最高法行申7679号等；[①]（3）参照适用民事法律规范关于民事合同的相关规定，如（2017）苏12行终144、145号，（2019）湘行终488号，（2019）苏08行初10号/11号判决，（2019）川14行终45号等；（4）同时审查协议是否存在行政及民事法律规范所规定的无效情形，（2019）苏12行终384号等；（5）未明确具体适用的法律。

可见，各地法院对民事及行政法律规范适用的标准并不一致，但多数文书在法律适用上，认为既要适用行政法律规范，又要适用民事法律规范，多通过反向论证，审查行政协议是否存在违反法律、行政法规的强制性规

① 参见最高人民法院（2017）最高法行申7679号行政协议作为一类特殊类型的行政行为，对行政协议效力的判断首先应当适用行政诉讼法关于无效行政行为的规定。脱离行政协议行政行为属性，单纯援用民事法律合同无效事由条款……既阻碍行政协议功能的发挥，又悖于协议订立之初的目的实现，也不利于协议相对人信赖利益的保护。

定及是否存在合同法无效情形以对协议的效力予以评价；同时存在对民事及行政法律规范具体适用的顺位上未有统一标准的问题。

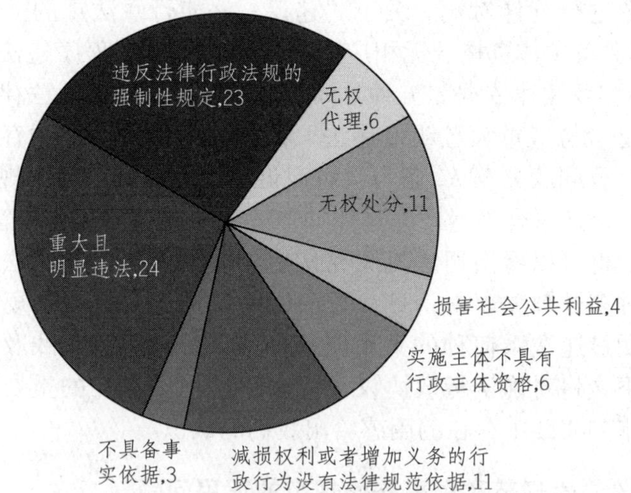

图 1　确认行政协议无效的理由（件）

另外，在样本中确认行政协议无效的 88 件文书中，对于确认无效请求成立的理由各不相同，但在裁判文书中基本都有具有“行政诉讼法的重大且明显违法情形”或者“《合同法》第 52 条规定的无效情形”或者同时具有二者情形的表述（见图 1）。其中，明确以“重大且明显违法”及“违反法律行政法规的强制性规定”确认协议无效的案件数为 47 件，占全部确认无效案件的 53. 41%。

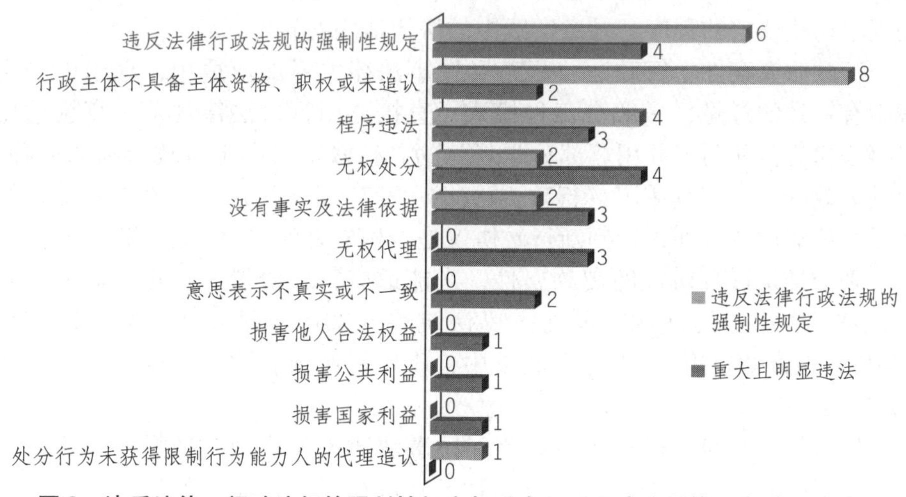

图 2　违反法律、行政法规的强制性规定与重大且明显违法具体理由对比（件）

图 2 系对上述图 1 中因违反法律、行政法规的强制性规定而确认无效的 23 份文书及因重大且明显违法而确认无效的 24 份文书案件所依据的具体理由及文书件数进行统计对比。关于“违反、法律行政法规的强制性规定”、“行政主体不具备主体资格、无相应职权或未追认”“程序违法”“无权处分”“没有事实及法律依据”五种具体情形在以依据“违反法律、行政法规的强制性规定”与“重大且明显违法”确认无效的理由之中存在重合；二者系分别在《合同法》第 52 条与《行政诉讼法》及其解释中规定的无效情况，但二者的交叉重合必然产生具体如何适用法律及适用何种法律的问题，通过样本我们也可以看出司法机关在认定无效时对如何适用法律无统一认识，出现多种多样判决理由；另一方面，违反法律、行政法规的强制性规定与重大且明显违法系何种的关系以及如何区分理解，实践及理论界并无统一认识。下文将对确认行政协议无效法律适用中存在的重要问题进行深入分析，对审判实践中存在的困惑给出我们的认识。

二、行政法律规范和民事法律规范的适用问题

对于行政协议适用法律的规定几经变化，《最高人民法院关于审理行政协议案件若干问题的规定》第 12 条第 2 款首次明确规定在确认行政协议无效问题上可以适用民事法律规范，但对于如何具体适用无具体规则。确认行政协议无效，可适用行政法律规范和民事法律规范，但两者对行为违法的严重程度要求不同，必然产生一定的冲突。两者的适用是否有顺位要求，对民事法律规范的适用，是排除性适用、还是肯定选择性适用不得而知，即何时用、怎么用、用到什么层级都没有明确规定。另外，法律也没有明确规定司法认定的程序，导致实践中的法律适用各异。

行政协议案件中行政法律规范和民事法律关系如何适用，理论中和实践中有一致的意见，一般有三种模式：直接适用行政法律规范，直接适用民事法律规范和两者并用。部分学者认为，行政协议属于行政行为的一种，对其无效的判断当然适用《行政诉讼法》第 75 条的规定，从没有主体资格和没有依据两个方面进行判断行政协议是否构成无效。① 但是如果仅适用 75 条，则会抹杀行政协议的契约属性，未能适应行政协议的特点。对于审查行政协议法律适用问题，最高人民法院在（2019）最高法行申 2031 号、（2019）最高法行申 2031 号案文书中，旗帜鲜明地表明了行政性为主、优先的态度。

笔者认为，对于行政法律规范和民事法律规范适用的选择问题实际上体现了对行政协议的理解和定位。对于确认行政协议无效的法律适用并不

① 梁凤云：《行政协议案件的审理和裁判规则》，载《国家检察官学院学报》2015 年第 7 期。

存在顺位问题，由于行政性和契约性完美融合于行政协议中，是行政管理的重要方式，也是契约理论的重大发展，在法律适用上不应纠结于谁先谁后问题，而应该从行政协议本身的特性来判断，对行政协议的构成要素进行无效分析。强调这一点，与强调行政协议公共利益的立场并不矛盾。行政协议既含有行政方面的，又含有民事方面的要素，均不能违反，因此并不需区分适用法律规范的优先顺序。即说行政协议无效认定，既可直接适用行政法律规范，又可直接适用民事法律规范，只要根据其中一种规范认定无效即可。具体看是否违反相关要素即可，不必拘泥于法律适用的先后。

三、“重大且明显违法”的适用问题

依照《行政诉讼法》的规定，若存在重大且明显违法的情形，可确认行政行为无效。《最高人民法院关于〈中华人民共和国行政诉讼法〉的解释》第 99 条对“重大且明显违法”的情形进行了规定。其中，“重大是指行政行为的实施将给公民、法人或者其他组织的合法权益带来重大影响；明显是指行政行为的违法性已经明显到任何有理智的人都能判断的程度。”[①]尽管有此解释，但操作性较弱，法官的自由裁量空间较大。

笔者认为，在评判行政行为合法性问题上，按照不同的违法程度，可以分为轻微、一般和重大且明显的违法，相对应的处理方式则为确认违法、撤销以及确认无效。“重大且明显违法”并不是一个具体的判断要素，只是阐述评判要素违法的程度。司法解释中列举了不具有行政主体资格、没有法律规范依据和行政行为的内容客观上不可能实施三种重大且明显违法的情形，但是对于“其他”“重大且明显违法”的情形并未具体解释。依照最高人民法院行政审判庭的观点，行政行为重大且明显违法的情形，包括行政主体、行政权限、行政程序和行政行为形式方面以及行政行为内容四个方面的重大且明显违法。[②] 而依据《行政诉讼法》第 70 条的规定，对行政行为的评判，除了“明显不当”这一合理性外，可以从主要证据、适用法律、程序、职权这些方面进行合法性评判。以上，尽管最高人民法院做了一定解释和列举，但不可能穷尽实践中的所有情形。笔者认为，其他重大且明显违法的情况应包括：行政行为形式严重违法、违背公序良俗、行政协议的履行将严重损害公共利益或他人合法利益。

---

① 最高人民法院行政审判庭：《中华人民共和国行政诉讼法及司法解释条文理解与适用》，人民法院出版社 2015 年版，第 498 页。

② 最高人民法院行政审判庭：《中华人民共和国行政诉讼法及司法解释条文理解与适用》，人民法院出版社 2015 年版，第 499 页。

四、“违反法律、行政法规的强制性规定”的适用问题

《民法典》第153条第1款规定：“违反法律、行政法规的强制性规定的民事法律行为无效。”本条在认定民事法律行为是否无效方面即是重点难点。该条的适用，与行政协议中行政法律规范的适用有重合之处，比如缔约主体没有资格违反了强制性规定，那么在适用法律时，是适用行政法律规范直接认定，还是适用《民法典》第153条认定无效？另如，未采取法定的招投标方式，是属于违反法律的强制性规定，还是认为程序严重违法导致无效？现有的相关文书中，基本没有明确指出强制性规定的区分及进行具体分析。有观点认为：“违反法律、行政法规的强制性规定”要与对行政合同中单方行为的审查区别开来，后者主要涉及法律法规所明确行为主体资格、合同订立程序等，而“违反法律、行政法规的强制性规定”是指合同本身违反强制性规定。[①]

笔者认为，在适用此规定认定行政协议无效时，不应拘泥于适用法条的阐述或者引用上，而应该对具体属于何种违法进行实质性分析。对于本条的适用，应当统一于行政行为认定的标准之中，“法律、行政法规的强制性规定”必然是对协议的某一方面进行规定，能够归属于主体、内容或者程序等问题，可以认为，只要是违反了效力性强制性规定，则已达到“重大且明显违法”的程度，行政协议无效。若硬性强制割裂两者，必然造成法律适用的混乱，在某种程度上，行政法律规范的适用应该具有有限性和直接性，且为了增强文书的说理性，也应当直接摆明违反的具体法律规定，并阐述违法程度，进行具体分析，而不应囿于定性“违反法律、行政法规等强制性规定”的规定。在适用中需要注意，因行政法规浩如烟海、时效性较强、存在着效力替代等，在判断时一定要看是否仍有效，或者有没有新的规定予以替代，比如（2017）最高法行申7679号案中，行政协议中安丘市政府以税收优惠的形式为相对人的道路建设进行补偿，因国务院有关通知对优惠政策的效力有专门的规定，若因不了解而不适用则对是否违背强制性规定的判断可能就大相径庭。

五、确认行政协议无效之情形分析

如前文所述，确认行政协议无效仍是“二元制”，简单规定准用民事法律规范模式，尽管在现有法律中，可以据以确认行政协议无效的具体依据主要有《行政诉讼法》第75条、《最高人民法院关于〈中华人民共和国行政诉讼法〉的解释》（下称《行政诉讼法解释》）第99条、《民法典》第

① 梁凤云：《行政协议案件适用合同法的问题》，载《中国法律评论》2017年第1期。

144 条、第 146 条第 1 款、第 153 条、第 154 条等，但因为较为分散，在审判实践中仍不方便适用，易产生适用困惑。在确认协议无效的实质性标准认定上，应当综合考虑行政法律和民事法律规范的相关规定，遵循要素或者要件逻辑，并衡量各种利益予以适用。

下文将结合现有法律规定、实践做法以及域外示范，在本着不违反法律、法规、不损害国家利益、社会公共利益的前提下，尽量使行政协议有效的原则，摒弃割裂行政法律规范和民事法律规范的做法，将确认行政协议无效之情形作为一个整体系统考虑并予以梳理，对于无效条款细化列举，提供给审判以法律适用路径。

（一）主体资格欠缺或超越职权

行政协议的主体包括行政机构和相对人，两者的主体资格要求不一样。笔者赞同“行政机关签订行政协议应当具备主体资格，且须具备拟签订事项的行政职权，相对人应当具备完全的民事行为能力，否则将存在协议主体明显越权问题，导致行政协议无效”① 的观点。

对于相对人而言，根据《民法典》第 59 条的规定，法人的民事权利能力和行为能力从成立时产生。若单位尚在申请阶段时，尚未成立，不具有主体资格，没有权利能力与行为能力，此时签订的协议当然无效。《民法典》第 144 条规定：“无民事行为能力人实施的民事法律行为无效。”此时相对人无民事行为能力的情形主要包括：相对人为自然人时是 8 岁以下未成年人和不能辨认行为的成年人；相对人为单位时，单位已经成立，但其某些行为需要特别许可，但未经批准便从事某种活动。若符合此条，行政协议当然无效。另外，涉及行政协议缔约双方没有代理权的问题，若得不到追认时，可能认定未无效协议。在（2016）内 0782 行初 8、9 号案，（2016）鲁 0829 行初 181 号案，（2017）苏 06 行终 101 号案，（2017）川 16 行终 121 号案，（2019）皖 0803 行初 5 号，（2019）赣 07 行终 573 号案，（2019）内 2201 行初 44 号案，（2020）闽 01 行终 152 号案等系以相对方无权代理、无权处分及不具有签订协议的主体资格为由确认协议无效。

对于行政机关而言，法律和司法解释已经明确规定“行政行为实施主体不具有行政主体资格”的无效，此种规定非常明确。是不是所有的行政主体都能够签订行政协议？有人认为：“并非所有的行政主体都能够与相对人签订行政协议，必须是具有法律法规明确授权。”② 笔者认为，签订协议是行政管理的一种当然方式，并非每个单行法都需要规定相关行政部门有签订行政协议的职权，行政协议的效力评价有多个方面，不能以法律没有

---

① 黄学贤、廖振权：《行政协议探究》，载《云南大学学报（法学版）》2009 年第 1 期。

② 崔红：《我国区域一体化行政协议法治化的思考》，载《辽宁经济》2015 年第 11 期。

明文授权可以签订行政协议为由否定协议的效力。

实践中值得探讨的是，受行政机关委托者以自己名义所签协议效力认定问题。行政法理论认为在行政委托中，受委托方应当以委托方的名义作出行为，并由委托方承担法律后果。如在土地、房屋征收补偿协议中，进行委托或者设立办事处来负责具体的协议签订工作，实践中一般认定有效，应当继续履行。在最高人民法院（2017）最高法行申 2289 号行政裁定中，认为："虽然一般认为，受托主体接受委托后仍应以委托主体的名义实施行为，但只要委托主体不是转嫁责任，对委托予以认可，并能承担法律责任，人民法院可以认定委托关系成立。"最高人民法院认为不应因盖章的形式问题使协议无效，应保障土地征收这一涉及面广的行政行为的顺利进行，而法律后果还是应当由委托机关承受。（2019）最高法行申 3102 号安吉展鹏金属精密铸造厂诉浙江省湖州市安吉县人民政府行政协议一案中，虽然案涉行政协议由安吉临港经济区管理委员会签订，但是最高人民法院的态度是在安吉县政府"对涉案补偿协议予以追认的情况下，协议效力应予保留。"可见，效力判定上，涉及主体问题时，一般趋向于通过追认、视为同意等方式尽量使行政协议有效。

应当注意的是，在主体资格的认定上，应当包含对职权的要求。权限问题可能包括没有权限、超越权限、滥用职权，职权问题可能导致合同履行的根本不可能。《行政诉讼法》第 70 条第 4 项规定，超越职权的，可以判决撤销，那么如果是重大且明显的超越职权，比如属于公安局职权范围内的行政事务，由人社局通过行政协议来签订，人社局具有行政主体资格，但是超越了其本身的职权，非常明显，应当属于可以确认无效的范围。再如我院审理的某土地出让协议案，开发区管委会以自己的名义与开发商签订土地出让合同，而依照法律规定，应当由土地部门签订。合议庭倾向性意见认为，虽然政府具有广泛的行政职权，但根据职权法定原则，不应处理下属行政部门权限内的事务，不能大包大揽。关于此类行政协议，已经有明确的法律授权，协议双方当事人理应知晓其权限，若不认定为无效，可能导致政府在实际上无限扩大其权限的后果。而（2016）皖 0824 行初 2 号行政判决也持有类似的观点，认为"王河镇人民政府不是土地行政主管部门，不具有组织实施征地补偿的职权，其所签订的征地合同依法应当无效。"

（二）没有法律依据和事实依据

对于没有法律依据的理解，有人作了广义理解，在主体、程序和内容等所有方面，都可能存在没有依据的情形，但如此一来过于宽泛，应当予以细化和限缩。笔者认为，在此处应该限缩于行政协议的内容方面，应当主要指协议内容要有法可依，若法律规定，某事项不能以行政协议的方式作出，行政机关却以此方式作出，则属于无法律依据，应属无效。例如，公安机关与特定公司签订治安承包协议就属于按照事项性质不能签订行政协议的情形，典型的无效协议。①

在没有事实依据上，主要是指没有应当签订合同的事实基础。比如房屋征收补偿安置协议，若相对人事实上并无房屋所有权，也就没有签订补偿协议的事实依据，即便签订了合同，也应当确认无效。如（2017）浙0382行初34号案认为，“被告与第三人约定‘拆除厂房’并作出相应奖励的事项，缺乏事实和法律依据，该部分内容无效”。（2017）冀0804行初7号案认为，协议签订者非房屋所有权人，不具有签订房屋征收安置补偿协议的事实依据。依据《行政诉讼法解释》第99条的规定，“行政行为的内容客观上不可能实施”应当确认无效。笔者认为，客观上无法实施是一个事实问题，没有履行合同的可能性和现实性，也无法补救，无法恢复其效力。此种情形纳入无事实依据范畴较妥。

若合同履行不能，在民事合同中可以解除合同，那么行政协议是否一定要确认无效？笔者认为，行政协议若在缔约时即缺乏现实可能性，则应当确认无效。若是在履行过程中导致了履行不能，宜按照民事合同的处理，解除合同，毕竟这种现实可能性所处的阶段不一样。另外，虚构材料欲使协议得到履行，其本质是没有相应的事实依据，不应使行政协议有效及履行。

值得注意的是，行政协议纠纷中往往含有其他行政行为，在审理中如何处理是必须要面对的问题，问题的本质是其他行政行为是否作为行政协议的事实依据。比如在土地征收补偿协议纠纷中，若土地征收程序尚未完成，典型的如未批先征，如何认定征收补偿协议的效力。在审理中面临着是否应当连带审查征收行为，若审理是否超越审理范围，征收行为是否影响协议的效力等问题。在（2016）桂07行终87号行政补偿协议纠纷中，相对人主张未经审批就征收土地，征地违法无效。法院认为，案件是行政协议争议，主要审查行政协议的合法性，征收行为虽是签订案涉补偿协议的主要根据，但其是另一法律关系，是独立的行政行为，不属本案审理范围。而被诉补偿协议是双方真实意思表示，未发现《合同法》规定的无效情形，且已领补偿款、交付了涉诉土地，双方实际履行了补偿协议，相对人主张被诉土地补偿协议无效的理由不能成立。在（2016）湘11行终243号“道县寿雁镇长田村民委员会诉道县国土资源局确认土地征收协议无效

① 最高人民法院行政审判庭：《最高人民法院关于审理行政协议案件若干问题的规定理解与适用》，人民法院出版社2020年版，第183页。

案”中，存在着协议中部分土地未批先征的情况，两级法院并未将征收行为和征收协议孤立看待，均认为虽然征地程序违法，但所签协议“并未损害国家及社会公共利益，且没有违反法律的强制性规定，不符合《合同法》第52条中规定的合同无效情形”，从而确认协议合法有效。

笔者认为，行政协议的审理中，特别是对有前置程序的行政协议，在评判协议效力时，虽然前置行政行为和行政协议是不同的法律关系，但前置行为是行政协议订立、履行的事实依据，如果前置行政行为违法，必然影响到行政协议的效力，应当对相关行政行为进行审理，但对协议的效力是否有影响则应慎重处理。如前所述，征收补偿案件的审理中，征地环节应是后续签订征收补偿协议的法律依据或事实依据。未批先征，以协议方式实现就处理相关财产似乎是很多地方的自然做法，因涉及情况非常复杂，可能房屋已拆除、土地已交付，法院也不太可能一律认定协议无效，否则可能会因为个别诉讼影响已经确定的其他协议效力，会产生较大的社会影响，也会影响政府征收行为的整体进程，会严重影响国家利益、社会公共利益，所以法院一般不宜确认此类合同无效。可在确认协议有效的前提下平衡各方利益，尽量兼顾行政协议案件审判的法律效果、政治效果与社会效果。

（三）严重违反法定程序

违反法定程序是撤销行政行为或者确认行政行为违法的重要原因，而违反法定程序达到“严重”程度时，应当认定无效。笔者认为，严重违反法定程序的情形主要包括：协议的订立未经招投标、未经民主议决或者未经批准程序等。而此时，行政行为遵守法定程序等要求与《民法典》中法律、法规等强制性规定产生重合。比较典型的因违反法定程序导致无效的情形包括：国有土地使用权的出让方式只能通过拍卖、招标、挂牌的方式，如果没有经过这些程序进行，会导致出让合同无效。如果规章或者规范性文件对相关规定进行了细化或者扩大解释，行政效力并不当然无效，只有在违反公平公正原则可能损害社会公共利益时，行政协议才可能无效。在（2019）湘0611行初33号冯小英与岳阳市南湖新区征收补偿安置局、岳阳市南湖新区湖滨街道办事处民政行政管理（民政）案中，法院以“本案所涉土地未依据集体土地及地上房屋征收程序规定发布《征收土地公告》《征地补偿安置方案公告》，未依法定程序实施征收，程序违法”为由，确认被诉协议无效。

（四）意思表示不真实

《民法典》第146条第1款规定：“行为人与相对人以虚假的意思表示实施的民事法律行为无效。”该条是指双方以一个虚假的意思表示掩盖真实的意思表示，前者虚构的行为无效，后者掩盖的行为是否有效要看其内容是否合法。这一规定，在行政协议中的运用有所不同，行政协议中更注重相对人方是否是真实意思表示。(2019) 闽01行终201号福州市晋安区住房保障和房产管理局、钟杰行政管理（民政）案中，法院认为协议非处于被征发人之真实意思表示；在（2018）苏06行终806号黄惠祥、黄越来与寻乌县自然资源局、寻乌县文峰乡人民政府土地行政征收案中，法院则认为协议的签订“缺乏意思表示一致的有效要件，属于重大且明显违法的行政行为”。

（五）恶意串通，损害他人合法权益

《民法典》第154条规定：“行为人与相对人恶意串通，损害他人合法权益的民事法律行为无效。”这是恶意串通，损害他人合法权益导致协议无效的情形。由于行政协议签订一方是行政机关或者受行政机关委托的主体，代表公共利益，行政协议的签订一般要遵循批准等程序，原告需要提出充分证据证明恶意串通的行为，是否构成需要法官自由裁量，而且确认无效的合同，还要求“损害他人合法权益”，故以“恶意串通”为由请求确认行政协议无效的案件在实践中一般很难成立。(2019) 辽04行初35号范增武与抚顺市顺城区人民政府、抚顺市顺城区前甸镇人民政府乡政府确认行政协议无效案中，法院认为：“在土地权属不清的情况下，实施征收并与台山村签订的土地征收补偿协议，支付补偿金，损害了国家利益及社会公共利益”，确认协议无效。所以在实践中，更侧重考虑是否具有“损害他人合法权益”的客观后果，而并未硬性要求是否恶意串通。

那么，涉及他人合法权益的情况多为侵害了第三人的公平竞争权，《德国联邦行政程序法》第58条第1项规定，公法合同损及第三人权利的，得到第三人书面同意，合同方有效，如果存在着恶意串通情形，违法情形重大且明显，当然应当无效。值得探讨的是，如果是行政机关工作人员与相对人恶意串通，通过行政协议损害国家利益、社会公共利益，效力如何认定。笔者认为，除了对相关行政机关工作人员予以处理外，若存在对价畸低等情形，能客观上推断相对人的恶意，则应当确认协议无效，以维护国家利益和社会公共利益。

（六）违背公序良俗

这里主要包括行政协议内容涉及犯罪、严重违法或严重损害国家利益、社会公共利益和一般社会道德。在土地征收案件中，若行政机关给予被征收人的补偿标准明显突破了认定标准，应纳入此类。

综上，确认行政协议无效可包括以下几种情形：（1）不具有行政主体资格或超越职权；（2）严重违反法定程序；（3）没有法律依据和事实依据；（4）意思表示不真实；（5）恶意串通，损害他人合法权益；（6）违背公序良俗。

行政协议诉讼强制缔约判决研究

——以征收补偿协议纠纷为例

卢文兵* 宁尚成**

《最高人民法院关于审理行政协议案件若干问题的规定》（以下简称《行政协议解释》）第9条第3项规定原告可以“请求判决行政机关依法或者按照约定订立行政协议”，实质是指明当事人公法上缔约请求权的诉讼救济渠道。由于缺乏相对应的判决方式，该缔约请求权在实践中较难得以落实。本文以征收补偿协议纠纷为例，探讨通过创设强制缔约判决的方式，填补制度缺漏，实质性地回应原告诉请。

一、问题提出：现有判决方式不尽如人意

被征收人请求与征收单位签订征收补偿协议，人民法院应否支持、如何裁判？司法实务认识不一致，裁判方式不统一。

【案例1，判决驳回】左某明诉桐梓县政府房屋拆迁安置协议案，① 双方约定政府比照其他住户的拆迁安置政策同步安置，“后续同类协议，优于本协议之条款，左某明享有其权利。”后原告请求政府兑现同类协议的优厚条款即安置住房200.72m²，法院以“该预约性协议约定不明、需要另行磋商或作出补偿决定”为由，判决驳回诉请。

【案例2，判决补救】王某芳诉慈惠街道、第三人李某勤等行政协议案，② 法院确认街道与第三人签订的《搬迁补偿安置协议》无效，同时责令街道采取“重新签订征收补偿协议”或“报征收部门作出征补决定”的补救措施。

【案例3，责令协商】风顺养殖场诉六枝特区征收办行政补偿案，③ 双

* 作者单位：江苏省无锡市中级人民法院。

** 作者单位：江苏省无锡市中级人民法院。

① 贵州省高级人民法院（2016）黔行终652号行政判决书。

② 湖北省武汉市东西湖区人民法院（2017）鄂0112行初6号行政判决书。

③ 贵州省六盘水市钟山区人民法院（2016）黔0201行初51号行政判决书。

方签订了《搬迁补偿协议》，原告请求给付协议之外的搬迁补助费、过渡费、停产停业损失补助费，法院以“司法审查权不能代行行政权，双方应对未补偿部分进行协商处理，如原告对重新处理的结果有异议，可另行主张权利”为由，判决驳回原告诉请，同时责令双方对原告请求的未补偿部分就补偿方式、补偿金额和支付期限等事项进行协商处理。

【案例4，判决变更】陈某前、王某明诉良渚街道行政协议案，[①] 王某明与街道签订了《安置协议书》，约定安置人口6人，安置面积480m^2。原告以陈某前（王某明女婿）符合安置条件为由请求增加安置面积，法院认为陈某前依法应计入安置人口，改判将协议书确定的安置人口变更为7人，安置面积变更为560m^2。

案例1，存在明确且可执行的预约条款，裁判者弹性解释约定不明然后驳回诉请，属于裁判权自我设限。案例2，混淆了行政协议与行政行为情形下不同补救判决之实质差异，[②] 补救措施内容泛化，不利于判决的后续执行。案例3，仅责令双方启动协商程序，但是否采用实质协商难以判定，易产生新的争议。案例4，越过“要约—承诺”缔约环节直接变更行政协议，超出了变更判决的法定权限。

前述裁判方式存在下列不足：一是简单挪用现有单方行政行为判决方式，对行政协议的双方性、合约性关注不足，产生捉襟见肘、削足适履的司法适用现状；二是原告请求订立行政协议的诉讼要求不能得到实质解决，实质性化解行政争议的目标难以实现。上述案例虽然都发生于《行政协议解释》施行之前，但是依然反映了当前司法实践存在的困惑。这正是行政审判理论和实务亟需研究解决的问题。

二、追根溯源：强制缔约判决司法缺失的原因分析

以行政行为为中心建立的判决方式体系，并不能妥当适用于行政协议案件。[③] 判决体系不完整，审判理念认识不清，现实操作规则不明，是导致缔结协议、履行预约等诉讼请求脱靶的原因所在。

（一）行政协议判决体系不完整导致制度供给不足

相较于普通民事合同，行政协议兼具“行政性”与“协议性”，是私法契约在公法领域的“嫁接”。围绕行政协议的二元特质，《行政协议解释》

---

① 浙江省杭州市中级人民法院（2016）浙01行终367号行政判决书。

② 梁凤云：《行政协议案件的审理和判决规则》，载《国家检察官学院学报》2015年第4期；韩宁：《回溯与开拓：游走于民法、行政法交叉路口的行政协议诉讼》，浙江大学2016年博士学位论文。

③ 南京铁路运输法院课题组：《行政协议案件判决方式研究》，载《法律适用》2019年第2期。

按照“两分法”模式，首先于第 11 条纲领性提出行政协议诉讼二元审查思路，即将行政协议的订立、变更、解除行为纳入合法性审查，协议不履行纳入合约性审查。其次，对违法变更、解除，判决撤销或部分撤销，并可以责令重作；合法变更解除，判决补偿原告因此造成的损失；未依法依约履行协议，判决继续履行、采取补救措施或者赔偿损失。最后，协议无效、被撤销或未生效的，判决返还或折价补偿；原告依法行使合同解除权，判决解除协议。（详见图 1）

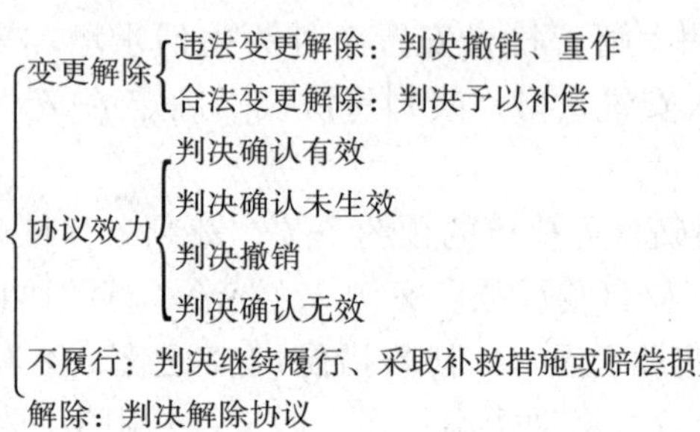

图 1　《行政协议解释》关于行政协议的判决方式

判决方式是诉讼制度架构的核心内容，是裁判合法性的基石。然而《行政诉讼法》及《行政协议解释》所列举的判决方式未覆盖行政协议成立至终止的“全生命周期”。特别是对于行政协议成立这一基础性问题，强制缔约在判决体系中找不到正确的位置（详见图 2），现行行政诉讼给付判决的适用范围狭窄，①《行政诉讼法》第 101 条及《行政协议解释》第 27 条的关于民事法律的准用条款也不及于判决方式，② 导致司法实践不敢也不能判决强制缔约，原告请求强制缔约面临“有诉无判”的尴尬情形。

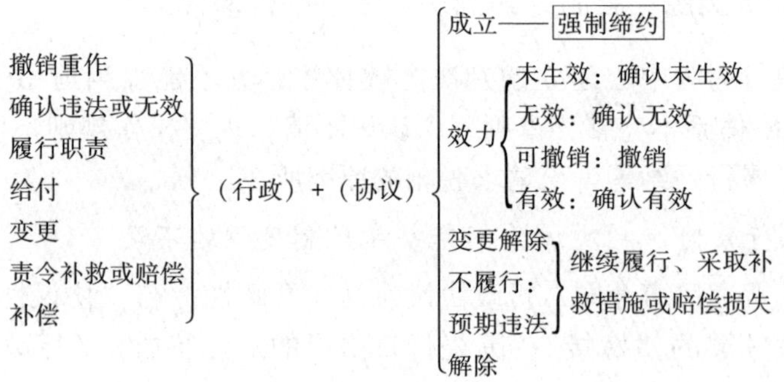

图 2　行政协议的判决体系与缔约判决之定位

① 黄锴：《行政诉讼给付判决的构造与功能》，载《法学研究》2020 年第 1 期。

② 苏艺：《论我国行政诉讼中民事诉讼规则之准用——兼评〈行政诉讼法〉第 101 条》，载《行政法学研究》2018 年第 1 期。

（二）行政协议"关系之诉"认识不清导致审判理念不新

传统以行政行为为中心、撤销以诉讼为主体的诉讼架构，导致行政争议无法实质解决，对原告权益的保护不足。[①] 然而行政协议的合约性、双务性，决定了其"关系之诉"而非"行为之诉"的本质特征。因此，行政协议案件审理应当以"关系审"为主，以"行为审"为辅，审查原告是否具有公法上的请求权，而不局限于行政行为的合法性。[②] 系其他国家和地区有关内容，该问题可通过诉讼类型化解决。如法国将行政诉讼分为越权之诉和完全管辖之诉，行政协议诉讼作为典型的完全管辖之诉，法官享有广泛的裁决权，可以撤销、变更、重新决定行政行为，判决行政机关赔偿损失。[③] 德国和我国台湾地区划分确认之诉、撤销之诉、给付之诉，然后通过一般给付之诉这一"兜底诉种"，化解原告诉请多样化与判决方式供给不足之间的张力。[④] 由于制度成本、诉讼亲民等多种原因，我国暂时难以实行诉讼类型化，替代解决方案是判决方式的类型化。判决方式列举有限性，恰恰需要裁判理念的包容性。以往实践将行政机关缔约与否作为行政行为审查，如《政府采购法》第 58 条、《招标投标法实施条例》第 60 条以及最高人民法院〔2009〕行他字第 55 号、〔2010〕行他字第 191 号答复。将缔约行为定性为行政行为进行合法性审查，会导致一个完整而不可分割过程的协议缔结、履行、变更、解除被人为切割，打上了"行为之诉"的深刻烙印，忽视对原告诉请的有效回应。

（三）强制缔约实际操作规则不明导致裁判动力不足

协议以双方合意为原则，强制缔约不可避免面临"是否可以强制""内容怎样确定""如何强制执行"等理论和实践难题。对缔约直接强制这一问题，目前理论与实践尚未达成共识。反对的理由主要是"有违合同意思自治原则，不符合强制执行限于物或行为的给付而不包括意志给付的基本原理"。以预约合同继续履行为例，《最高人民法院公报》发布的案例，判决支持强制缔约与判决支持诚信磋商各执一端，[⑤]《最高人民法院关于审理买卖合同纠纷案件适用法律问题的解释》对是否允许强制缔约也是"几经犹

---

① 霍振宇：《不同诉讼目的主导之行政审判模式间的整合与调适》，载《法律适用》2020 年第 6 期。

② 耿宝建、殷勤：《行政协议的判定与协议类行政案件的审理理念》，载《法律适用》2018 年第 17 期；刘飞：《行政协议诉讼的制度构建》，载《法学研究》2019 年第 3 期。

③ 王名扬：《法国行政法》，北京大学出版社 2016 年版，第 519 页；张莉：《法国行政协议纠纷解决》，载《人民司法》2017 年第 31 期。

④ 翁岳生：《行政法》，中国法制出版社 2009 年版，第 1349~1356 页。

⑤ 张华：《预约合同的违约救济》，载《法律适用》2019 年第 2 期。

豫、数易其稿”后选择不予作出规定。[①] 除此之外，合同条款如何达成，漏洞如何填补，法院是否介入缔约磋商，更是需要进一步探索。这些问题，在行政机关相对强势的行政诉讼中显得更为突出。在未形成共识之前，遽然判决强制缔约，容易导致审判庭与执行局内部关系、法院与行政机关外部关系的紧张，裁判者基于理性选择理论，趋向更易达成合议意见和降低发改风险的责令补救、协商等判决方式。如此裁判的结果必然是将当事人公法上缔约请求权转换为行政补救期待权或者损害赔偿请求权。

一言以蔽之，在判决方式阙如、裁判动力不足的背景下，尽管《行政协议解释》允许当事人“请求订立协议”，但是司法实践却极少通过强制缔约来解决缔约争议。为了实现行政诉讼全面无漏洞的救济目标，有必要创设“强制缔约判决”这一判决方式。

三、观点证立：引入强制缔约判决适当性分析

契约的本质是自主决定，但社会转型催生出实质正义观念，通过“他主决定”补充“自主决定”，矫正契约双方失去平衡的法律地位和权利义务。相比民事合同，行政协议制度对缔约自由的限制犹有过之，强制缔约有更广阔的适用空间。

（一）理论基础——行政协议公法因素决定了行政主体受到更多的缔约强制

传统私法体系秉持“契约形成法律”“契约胜法律”，甚至“强制（缔约）则契约死亡”的理念，坚定维护“契约自由”核心原则，尊重当事人选择签约对象和确定合同内容的自由。[②] 伴随形式平等转向实质平等，契约自由逐渐受到限制，最典型的例子就是公益事业之强制缔约。[③] 如《合同法》第289条“从事公共运输的承运人不得拒绝旅客、托运人通常、合理的运输要求”。《民法典》第494条关于“强制要约”“强制承诺”之规定，更是确立了强制缔约的一般规则。

行政协议是契约与公法的融合体，在“契约自由原则”之外还需要坚持“依法行政原则”。行政协议在程序上为民众提供了参与协商、参与决定的机会，反过来，也使行政机关的自由受到很大的限制，包括缔约原因、缔

---

① 最高人民法院民事审判第二庭：《最高人民法院关于买卖合同司法解释理解与适用》，人民法院出版社2012年版，第58页。

② ［德］维尔纳·弗卢梅：《法律行为论》，迟颖译，法律出版社2013年版，第731～733页。

③ 王泽鉴：《债法原理》（第一册），中国政法大学出版社2001年版，第77页；黄立：《民法债编总论》，中国政法大学出版社2002年版，第36页。

约权限、缔约内容、缔约程序甚至缔约形式等。[①] 以行政协议制度的母国——法国为例，行政主体需要接受客观法律制度对缔约权限、缔约内容及缔约原因三方面的约束，以确保行政主体关于缔结行政协议的意思表示能真正地指向公共利益。[②] 对公权力作此限制，一方面是出于保护公共财政的考虑，另一方面是维护社会公平的要求，核心目的是保障人民权益，减少冲突对抗，其功能面向是保护行政相对人，与私法合同强制缔约限制民事主体行动自由大异其趣。

定型化契约、格式条款使强制缔约从理论天空走向司法实务，避免了缔约义务主体借机提出各种条件或门槛，使协商流于形式。以征收补偿为例，一方面，补偿协议要受到“征收补偿方案”的限制与约束，执行预先设定的补偿标准、范围、幅度；另一方面，补偿协议内容必须包括《国有土地上房屋征收与补偿条例》（以下简称《征补条例》）第25条“补偿方式、补偿金额和支付期限、用于产权调换房屋的地点和面积、搬迁费、临时安置费或者周转用房、停产停业损失、搬迁期限、过渡方式和过渡期限”等具体项目。实践中，房屋征收部门提前拟定补偿协议条款，内容高度同质化，差异仅体现在未登记建筑、其他附着物和装修补偿。国有土地出让合同、政府和社会资本合作（PPP）合同都充斥大量格式条款。从这个角度看，缔结行政协议所需要的“要约—承诺”只具有形式意义，双方通过“是/否”来达成意思表示合致。

（二）实践需求——行政主体缔约优势地位必须通过缔约强制予以矫正

行政主体具有优势地位，容易在订约时不平等对待相对人，故意不予征收、预征收、歧视对待、先给予空头承诺等多种方式以实现搬迁目的。因而，行政协议更须强调行政主体应当执行公平缔约观念，平等对待相对人，不追逐私利。[③]

第一，校正隶属契约双方不平等地位之必要。以是否存在隶属关系为标准，可将行政契约划分为隶属契约与对等契约，前者是指行政主体有权作出行政决定，缔约目的主要是代替行政决定。作此区分目的是控制隶属契约滋生“出售公权力”与“压榨相对人”之弊端。[④] 按照《征补条例》第26条，如果被征收人拒绝签约，则面临征收主体单方作出补偿进而强制

---

① 施建辉：《行政契约缔结论》，法律出版社2011年版，第70页。

② 陈天昊：《行政协议中的平等原则》，载《中外法学》2019年第1期。

③ 邓佑文：《行政协议的风险防范：道德、法治和技术的三重路径》，载《中国行政管理》2017年第12期。

④ 林明锵：《行政契约法研究》，我国台湾地区翰芦图书出版有限公司2006年版，第16页。

搬迁的威胁。[①] 因此，补偿协议“实质的单方性相当浓厚，虽有合意的外观，但无合意的实质”，[②] 被征收人对缔约与否、缔约内容并无多大的自决空间。以征收主体故意制造差别待遇为例，王某芳与其弟王某德在 W 市人民中路 16 号土地使用权上建有房屋，房屋面积、结构相仿，但由于是否选择签约而对未登记面积、阁楼和阳台差别补偿，两户补偿结果相差 67. 7 万元，占王某芳补偿决定总金额的 82. 8%。对该差别待遇，补偿决定合法性审查存在无法介入或缓不济急的局限。

第二，履行先前行为产生缔约义务之必要。征收是一系列阶段性行政行为的组合，征收主体征收公告、预征收、单方承诺等先前行为，使自身负有缔约义务或者使被征收人形成合理预期，此时有必要通过强制缔约对被征收人的补偿权利施予救济。《法国公用征收法》上规定，当剩余不动产不能有效利用时，所有权人可以“请求全部征购”，由公用征收法官以判决方式确定征购价值，该判决产生一般买卖合同的法律效果。[③] 在德国，行政机关愿意接受承诺约束，在该承诺有效且事实和法律状况未发生原则性变化的情况下，相对人可以提起给付之诉要求行政机关兑现该承诺。[④] 如案例 1，行政机关通过“最惠待遇”条款设定缔约义务，司法机关应当强制其履行该义务，而不应再度推向行政机关。《土地管理法》第 47 条创立了预征补协议制度，后续履行过程中补偿标准、补偿范围难免发生较大调整，行政机关应当继续执行预征补协议关于变更的制度安排，而不能转向行政行为逃避履行。

第三，救济裁量权限缩后权益期待之必要。行政协议主要适用于行政机关可以依裁量采取行动或者法律没有约束的事务，因为裁量空间恰好构成协商余地。与行政裁量权所对应的签约选择空间，并不意味着行政主体拥有私法意义上的合同自由。[⑤] 行政主体在行使裁量权时必须保障公民的权益，遵守法定裁量约束。[⑥]《征补条例》第 2 条“应当对被征收房屋所有权人给予公平补偿”，《土地管理法》第 48 条第 1 款“征收土地应当给予公平、合理的补偿”，均表明征收主体负有公平补偿的法律义务，不得滥用补偿权差别对待。在产权置换方式下，当被征收人存在年老体弱、子女受教

---

① 刘启川：《司法救济的逻辑起点：征收补偿协议性质之辨正——兼及补偿协议履行纠纷司法救济之阶段性设计》，载《四川师范大学学报（社会科学版）》2014 年第 2 期。

② 江嘉琪：《我国台湾地区行政契约法制之建构与发展》，载《行政法学研究》2014 年第 1 期。

③ 王名扬：《法国行政法》，北京大学出版社 2016 年版，第 311 页。

④ ［德］弗里德赫尔穆·胡芬：《行政诉讼法》，莫光华译，法律出版社 2003 年版，第 461 页。

⑤ 陈天昊：《在公共服务与市场竞争之间——法国行政合同制度的起源与流变》，载《中外法学》2015 年第 6 期。

⑥ ［德］哈特穆特·毛雷尔：《行政法学总论》，高家伟译，法律出版社 2002 年版，第 366~368 页。

育需求等，征收部门负有提供特别安置房甚至回迁安置的义务，不得以重新决定、决策裁量为由拒绝，司法机关亦不得以行政机关掌握资源、权力分立等理由拒绝裁断。

（三）现实可能——行政协议通过司法判决直接缔约并不存在制度障碍

强制缔约在法律后果上可细分为直接强制与间接强制，前者指缔约义务人不接受要约时，要约人得诉请公权力介入，强制其承诺；后者指缔约义务人拒绝承诺时，要约人只能请求损害赔偿。[①] 直接强制采取拟制方式直接确定双方的权利义务，[②] 有利于全面救济权利；间接强制采取损害赔偿的方式，有利于维护意思自治、减少执行难。但是二者并非泾渭，而是补充关系，对于能够直接确定协议内容的缔约诉请，直接强制；对于无法确定协议内容或者缔约时机丧失的缔约诉请，则间接强制。为了充分贯彻强制缔约的制度意旨，在合同内容已经成型、保障相对人基本生活权益更为重要的情形下，可通过判决直接确定当事人的权利义务。这在比较法上有据可循，如《德国民事诉讼法》第 894 条："经预约立约人中没有过错的一方的申请，法院可以命令没有履行预约的一方作出缔结本约的意思表示，假如在有关判决转为确定之前，当事人仍没有自愿作出有关的意思表示，则其意思表示将由法院拟制。"

四、规则建构：强制缔约判决方式的创设

判决是对原告诉讼请求的回应，对缔结行政协议的请求，通过司法释明、实质性磋商等程序，法院在裁判时机成熟即判决内容可以确定的前提下，可直接判决行政机关与当事人订立行政协议。

（一）创设强制缔约判决的总体思路

当事人请求订立行政协议，在诉讼类型上属于一般给付之诉，法院可以判令行政主体实施单方行政行为之外的非财产给付，如缔结行政协议的意思表示。[③] 我国并无该诉讼类型，实践中借用单方行政行为判决方式处理原告的订约请求，效果不佳。当行政主体负有缔约义务时，通过强制缔约

---

① 冉克平：《强制缔约制度研究》，中国社会科学出版社 2010 年版，第 154 页；贾翱：《基于义务主体的强制缔约制度类型化研究》，载《经济法论丛》2018 年第 2 期。

② 杨与龄：《强制执行法论》，中国政法大学出版社 2002 年版，第 574 页。

③ 吴庚：《行政法之理论与实用（增订十三版）》，我国台湾地区三民书局 2015 年版，第 411 页。

可以直接、明确地在双方建立起行政协议法律关系，[①] 弥补判决履职、补救或赔偿损失等方式迂回、缓慢的不足。为此，可遵循判决方式类型化思路，参酌“一般给付之诉”的原理，通过立法或解释的方式增加“强制缔约判决”方式，具体表述为：“人民法院经过审理查明被告依法或依约负有缔约义务，且订立行政协议在法律或事实上具有可能性，可以判决被告按法定条件或合理条件依原告申请订立行政协议。”

（二）判决强制缔约的前提是“裁判时机成熟”

合同在缔约双方就合同内容必要之点达成意思合致时成立，该“必要之点”即合同要素，合同要素具备则合同“筋骨”形成。根据《最高人民法院关于适用〈中华人民共和国合同法〉若干问题的解释（二）》第1条，合同要素只限于“当事人名称或者姓名、标的和数量”，除此之外则为补充要素。[②] 在行政协议缔结争议，“裁判时机成熟”就是合同要素已经具备，行政机关对是否缔约已无裁量权。就缔约请求，法院可通过事实查明、释明等法庭活动，确定裁判时机达到成熟程度，即可判决行政机关强制缔约。如果缔约的基础事实还有待查明，或者行政机关对协议内容还有选择余地或其他活动空间，那么要求缔约无法得到支持。法院只能判决行政机关按照判决意见与权利人进行磋商并作出相关决定，亦可以直接判决赔偿缔约过失所造成的损失。

判断标的、数量等要素是否具备，需要根据具体合同进行类型化处理。《征补条例》第25条规定的项目，“补偿方式”“产权调换房屋地点和面积”是必备要素，而补偿金额、停产停业损失由于可以通过评估取得，安置费、过渡费等直接按照补偿方案确定，均属于补充要素，可通过多种方式予以填补。比如案例1，该案后经再审，改判政府以应补偿安置住宅建筑面积92.93m^2 签订补偿安置协议。案例3，搬迁补助费、过渡费、停产停业损失补助费等补充要素可以通过委托评估或直接计算确定金额。

（三）判决强制缔约的基础是“诉讼内实质性磋商”

现实中的缔约过程一般经过多轮磋商，为避免形式磋商、拖延磋商、无关磋商产生新的争议，可将自行磋商导入诉讼内，构建实质性磋商程序。双方在法院组织下，依据诚实信用、平等自愿原则，围绕行政协议的实质性条款展开磋商。该程序设计的目的在于适度平衡意思自治与司法干预，充分吸收当事人关于缔约请求与抗辩的合理意见，为之后判决强制缔约奠

---

① 最高人民法院行政审判庭：《最高人民法院关于审理行政协议案件若干问题的规定理解与适用》，人民法院出版社2020年版，第129~130页、第173页。

② 王洪亮：《债法总论》，北京大学出版社2016年版，第48页。

定基础，避免程序空转和纠纷不断。具体而言，该磋商程序的启动一般应在事实调查后、法庭辩论终结前，并可与《最高人民法院关于行政机关负责人出庭应诉若干问题的规定》第 11 条第 3 款规定的行政机关负责人“实质性解决行政争议”发表意见环节兼容。

程序启动前，法院应就相关争议事实公开认证，为当事人及时达成磋商意见提供基础。组织磋商时，法院可根据补偿协议的主要合同要素指定一方事先提供书面磋商方案，另一方必须对该磋商方案作出实质性表态，各方均应就各自主张充分说明理由。各方在磋商程序中达成的方案，在不违反社会公共利益等情形下可以作为法院最终裁判的依据。行政机关拒不履行磋商义务，且不存在合理事由的，该情形应当作为法院判决强制缔约的考虑因素之一。如果明确拒绝磋商或最终磋商无果时，法院应当及时通过判决确定双方法律关系。

（四）判决强制缔约的具体操作规则

由于“强制缔约判决”属于新类型判决方式，其具体实现过程并非简单靠法院一纸判决即在双方确立起契约法律关系和协议内容，而是诉讼主体各方在诉讼场域中通过协商、谈判进行博弈的结果。这包括提出明确具体的诉讼请求，司法释明，庭内磋商以及第三方定价。本文遵循一般给付之诉的诉讼原理[①]，对该判决的具体规则作进一步阐述，为司法实践提供参考。

【请求权依据】法律、法规、规章规定行政机关有义务订立行政协议，或者行政机关通过规范性文件、单方承诺或者预约等方式负担该义务的，行政机关拒绝相对人合理的订立协议要求的，相对人可依法提起行政诉讼，请求行政机关依其申请订立行政协议。

【法院释明】原告仅单纯提出订立行政协议的诉讼请求，而未明确订立行政协议的具体条件或内容，法院应当释明原告明确其诉讼请求。

订立行政协议事实上或法律上不可能实现的，人民法院应当释明原告变更诉讼请求为赔偿损失。

【实质性磋商】行政协议必须具备的要素不明确的，人民法院应当组织双方进行实质性磋商，被告认为原告订立行政协议的请求不合法、不合理，应当提供依据并合理说明理由。

【第三方定价】行政协议标的金额未确定的，人民法院可以委托评估，评估机构出具的评估报告作为行政协议的组成部分。

【判决结果】原告的诉讼请求没有法律依据、缺乏合理性、不具有可能

① 陈清秀：《行政诉讼法》，法律出版社 2016 年版，第 212~218 页；熊勇先：《行政给付诉讼制度研究》，法律出版社 2016 年版，第 250 页以下。

性且拒绝变更的，人民法院判决驳回原告的诉讼请求。

原告的诉讼请求理由成立且行政机关不具有裁量权的，人民法院判决行政机关按照原告请求的条件订立行政协议。

原告的诉讼请求理由成立但行政机关有裁量权的，经双方实质性磋商仍不能达成一致，人民法院释明原告变更诉讼请求后判决被告赔偿损失。

【司法执行】人民法院判决行政机关订立行政协议，行政机关在指定期限内不作承诺的，自判决生效时行政协议视为成立，原告有权请求履行。对于行政机关拒绝履行判决的行为，人民法院可以依据《行政诉讼法》第96 条的规定采取相应措施。

整合与延伸：变动行政协议案件的审判困境与应对

——以 439 份因政策变化引起协议变动案件的裁判文书为样本

施　政*

引　言

2020 年 1 月 1 日起施行的《最高人民法院关于审理行政协议案件若干问题的规定》（以下简称《协议解释》）第 16 条将行政优益权的构成要件改为消极模式，提高赋权条件，折射出进一步维护公信力、推动法治政府建设的价值选择。然而实践中，政策变化易导致行政协议被行政机关单方变更或解除，[①] 成为威胁行政协议稳定运行的“达摩克利斯之剑”。对此，司法审查是否发挥了应有的作用？有无可靠的审查方法？从这些问题出发，本文以公开的裁判文书为讨论对象，尝试提出应对变动协议案件的审理困境及应对之策。

一、变动行政协议案件审判困境之发现

本文以法信类案检索库为数据来源，检索获得 439 个有效案件，作为本文的讨论样本。

（一）变动协议案件的审判统计

1. 占比小，胜诉难。政策引起的变动协议案件在整个行政协议变更、解除的案件中占比少，但原告胜诉的概率极低。（见图 1）

---

* 作者单位：陕西省榆林市榆阳区人民法院。

① 为行文简洁，如无特别说明，本文以“变动”一词特指行政机关单方变更或者解除行政协议的行为。

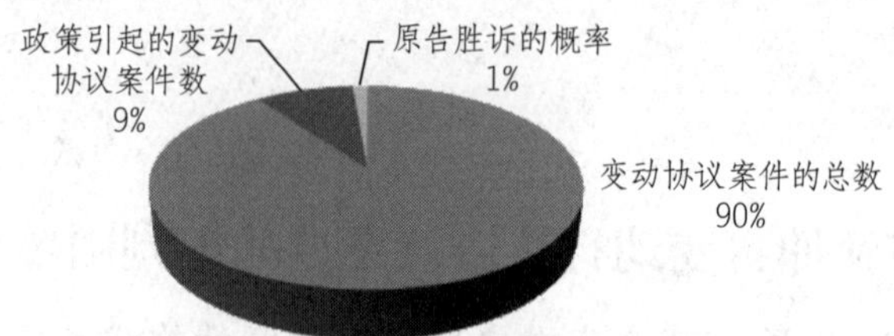

图 1 政策引起的协议变动案件占比及胜诉占比

2. 对立强，审级高。政策引起的变动协议案件在高级人民法院的占比最高，且该分布明显不同于其他原因引起的变动协议案件。（见图 2）

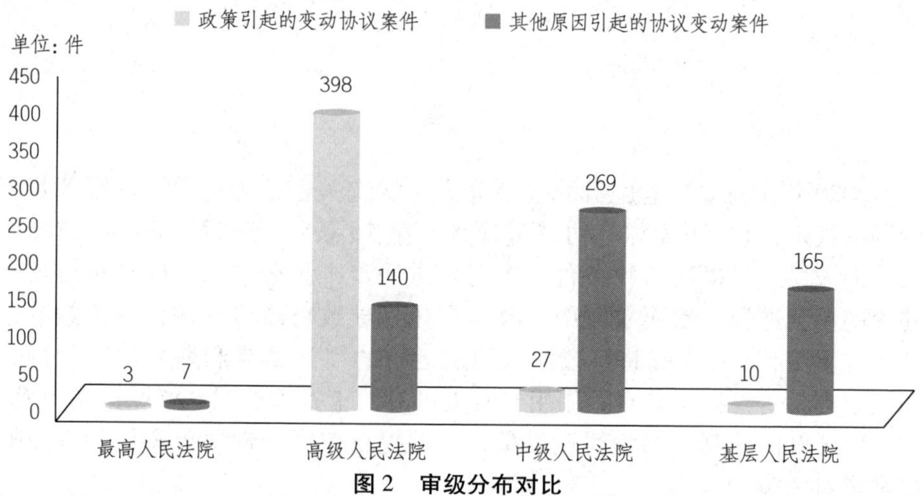

图 2 审级分布对比

3. 分布散，逐年增。政策引起的变动协议案件在地域分布上异于通常的案件与经济发达程度成正比的规律，分布较分散。在时间分布上呈逐年上升趋势。（见图 3）

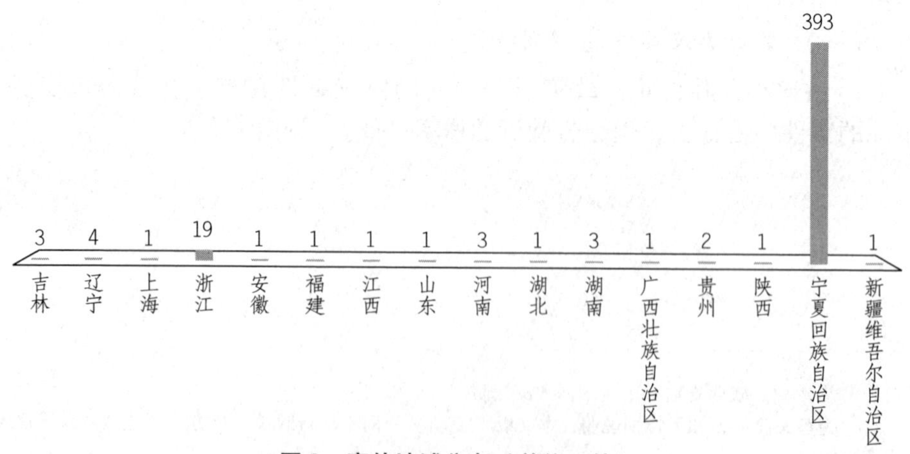

图 3 案件地域分布（单位：件）

（二）变动协议案件审理方法之特征

1. 论证公共利益不充分。在以公共利益为核心构成要件的行政优益权适用案件中，裁判文书论理基本未展示结论的形成过程，不能发挥论理应有的作用，通常以政策代表公共利益的结论叙述代替论证。①

2. 案由选择不统一。案由选择方式有二：一是以“行政协议纠纷”为案由，二是以变动行为构成的行政决定为案由。（见表1）这表明法院对变动行为的性质是协议行为还是行政决定认识不一。

表1　案由选择表

序号	案号	争点	案由	
			案由类别	具体案由
1	（2016）浙行终1178号	因政策引起的协议变动行为是否合法	行政协议类	土地行政协议
2	（2017）粤行终1635号			土地行政管理纠纷
3	（2017）粤07行终65号			交通行政协议纠纷
4	（2018）浙行再4号			国有土地使用权出让协议
5	（2019）赣71行终号			国有土地出让合同
6	（2019）湘行终1448号			行政协议
7	（2018）湘行终148号			解除行政协议
8	（2017）湘行终1633号			行政协议及行政赔偿纠纷
9	（2017）最高法行申4595号			房屋征收补偿协议
10	（2018）沪行终557号			国有土地使用权出让协议
11	（2019）京01行终73号		行政决定类	撤销行政行为
12	（2018）粤行终1862号			规划批复纠纷

3. 变动规则较丰富。目前，法院从政策出发，借以证成变动行为合法性的途径有5条，丰富的选择同时也造成了适用上的困惑。（见表2）

① 贵州省高级人民法院（2018）黔行终226号、贵州省高级人民法院（2018）黔行终227号等系列案件。

表 2　行政协议变动规则汇总

<table>
<tr><th rowspan="2">序号</th><th rowspan="2">案号</th><th rowspan="2">变动理由</th><th colspan="2">变动规则</th><th rowspan="2">条文号</th></tr>
<tr><th>类别</th><th>具体规则</th></tr>
<tr><td>1</td><td>（2016）终 1178 号</td><td rowspan="5">政策阻碍协议运行</td><td rowspan="4">民事变动规则</td><td>不可抗力解除权</td><td>《合同法》第 94 条第 1 项</td></tr>
<tr><td>2</td><td>（2017）鲁 02 行终 554 号</td><td>情势变更权</td><td>《最高人民法院关于适用〈中华人民共和国合同法〉若干问题的解释（二）》第 26 条</td></tr>
<tr><td>3</td><td>（2019）豫行终 1283 号</td><td>客观履行不能</td><td>《合同法》第 94 条第 4 项</td></tr>
<tr><td>4</td><td>（2017）粤 07 行终 65 号</td><td>约定解除权</td><td>《合同法》第 93 条第 2 款</td></tr>
<tr><td>5</td><td>（2017）最高法行申 4588 号</td><td>行政变动规则</td><td>行政优益权</td><td>《最高人民法院关于适用〈中华人民共和国行政诉讼法〉的解释》第 15 条第 3 款</td></tr>
</table>

4. 法条援引不完整。尽管法院适用的变动规则丰富，但在法条援引上却表现出明显反差，援引条文极为谨慎，通常仅援引行政诉讼关于撤销或者确认违法的规定。裁判依据不明阻碍着司法技术精进。①

（三）变动协议案件的审判突破

当前，理论探讨多集中于行政协议的认定和效力问题的上游环节，而对协议变动这下游环节关注不足，② 因此实务资料尤为宝贵。

1. 刺破政策“面纱”。将徒有政策之名，而无规范性之实者还原为行政决定（见表 3）。

---

① 王泽鉴：《民法学说与判例研究（五）》，中国政法大学出版社 1998 年版，第 205 页。

② 参见陈天昊：《在公共服务与市场竞争之间》，载《中外法学》2015 年第 6 期；陈天昊：《行政协议中的平等原则——比较法视角下民法、行政法交叉透视研究》，载《中外法学》2019 年第 1 期；陈天昊：《行政协议的识别与边界》，载《中国法学》2019 年第 1 期；崔建远：《行政合同族的边界及其确定根据》，载《环球法律评论》2017 年第 4 期；王利明：《论行政协议的范围》，载《环球法律评论》2020 年第 1 期；余凌云：《行政协议的判断标准》，载《比较法研究》2019 年第 3 期；陈淳文：《论行政契约法上之单方变更权》，载我国台湾地区《台大法学论丛》第 34 卷第 2 期；黄锦堂：《行政契约法主要适用问题研究》，载我国台湾地区《行政契约与新行政法》，第 1~38 页。

表 3　刺破政策"面纱"的案例

案号	争点	结论	论证途径
(2018)粤行终1862号	控制性详细规划是否为行政决定	本案中，中山市政府批准《旗南控规》已一次性将174、14地块用地使用功能进行转换，对之前该府发给李玉桥的174、14地块原有使用权证记载的土地用途产生影响，这种影响是一次性的、直接的，不具有反复性和抽象性	采用分割策略，只判断控制性详细规划对行政协议所涉地块影响，进而确定其是否为行政决定

2. 附带审查政策。一并判断作为变动行为所依政策的合法性。（见表4）

表 4　附带审查政策的案例

案号	争点	结论	论证途径
(2017)粤行终1635号	作为变动行为直接依据的政策是否合法	穗府办［2010］35号文《关于调整我市国有建设用地使用权出让金计收标准的通知》的相关规定合法，可以作为认定本案被诉行政行为合法性审查的规范性文件依据	附带审查标准符合性论证

3. 发现了双重性质的变动行为。对部分变动行为解析出两层行为性质：产生协议变动效果的变动协议性质和具备独立行政决定的具体行政行为性质，进而以双重规则审查之。（见表5）

表 5　双重性质的变动行为的案例

案号	争点	结论	论证途径
(2019)京行终73号	变动行为是否为行政决定	故中山市政府在审查《旗南控规》时应当知道该控规将已经出让的L01地块土地用途由"工业"调整为"二类居住用地"，将使李玉桥尚在土地使用期内的土地规划用途发生改变，实质改变涉案《国有土地使用权证》行政许可的内容，影响该土地使用权行政许可的实施。基于正当程序原则的法律要求，中山市政府的批准行为应当受《行政许可法》拘束	符合行政决定的实体规范
(2017)鲁行终191号		寿光市政府收回昆仑燃气公司在羊口镇、侯镇的燃气特许经营权，实质就是解除其在上述区域内的燃气特许经营协议，因此该行为要依照《市政公用事业特许经营管理办法》第25条履行听证程序。该意见得到了最高人民检察院的认可。最高人民法院认可该意见，见（2018）最高法行申6335号	

4. 提出了变动规则审查顺序。以维护行政活动方式选择的稳定性，确定先民后行的审查顺序。（见表6）

表 6　变动规则审查顺序的案例

案号	争点	结论	论证途径
（2017）最高法行申 3564 号	民事和行政变动规则适用顺序	行政协议本来能够依照约定继续履行，只是出于公共利益考虑才人为地予以变更或解除。如果是因为相对方违约致使合同目的不能实现，行政机关完全可以依照《合同法》的规定或者合同的约定采取相应的措施，尚无行使行政优益权的必要	行政协议与行政决定在性质上的区分

（四）变动协议案件的审判困境

尽管有上述可喜的实践积累，但司法审查被虚置的困境同样明显，在五方面均有体现。

1. 背离政府政策难。作为协议变动正当性来源的政策一贯以公共利益的面目出现，而公共利益的抽象性、复杂性，判断标准的模糊性都导致法院不敢轻易背离之，结果就是行政机关以政策为由实施的协议变动行为在诉讼中几乎战无不胜，对协议安定构成重要威胁。

2. 识别规范行为难。并非所有名为政策的行政活动皆属行政规范，一些貌似具有规范性的"政策"实质上是行政决定。而由于两种行为的边界之间存在一定程度的接壤以及法官审查能力的欠缺，对二者进行准确区分的工作尚不尽如人意，有的法院将控制性详细规划在一定情形下解释为行政决定，而绝大多数将其归为规范性的政策。①

3. 启动附带审查难。鉴于审查难度大、后果影响广，法院对行政规范启动附带审查的难度本来就大，而在协议变动场合更难，因为引起协议变动的政策往往非变动协议的直接依据。

4. 选择变动制度难。能为协议变动提供进路的制度分布在民事和行政两个法律部门。民事的涉及不可抗力解除权、情事变更权、合同客观履行不能解除权、约定解除权等，行政的则依赖行政优益权实现。（见图 4）而政策引起的形势变化有同时符合多项上述变动规则，这增加了适用选择的难度，"导致审查步骤不清"。②

① 山东省青岛市中级人民法院（2017）鲁 02 行终 554 号行政判决书。

② 张青波：《行政协议司法审查的思路》，载《行政法学研究》2019 年第 1 期。

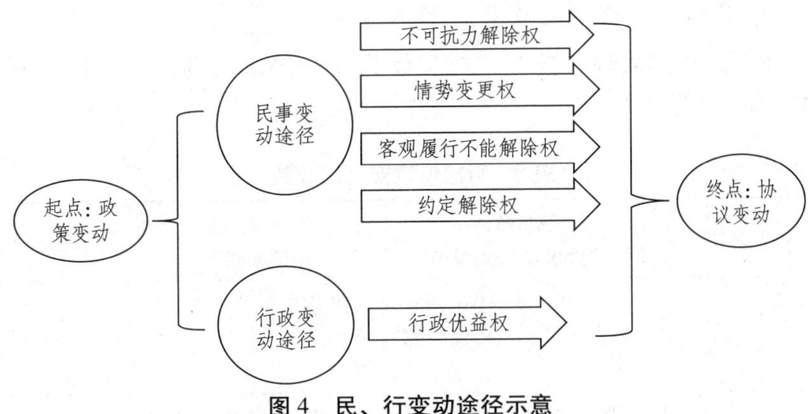

图4 民、行变动途径示意

5. 解释行政优益权难。目前，法官对行政优益权的误解还普遍存在，理解优益权的准确性不高，实践中至少存在以下三种对优益权的误用。（见表7）

表7 误用行政优益权的案例

序号	案号	法律事实	应适用规则	误用情形	
				误用规则	原文摘录
1	（2016）鄂行终684号	行政相对人违反招商项目投资合同约定的土地开发进度	合同法违约责任规则	行政优益权	“行使行政优益权作出《合同自行终止通知书》，单方终止与草本工房有限公司所签订的《招商项目投资合同》及《补充合同》，该行为合法有效。”
2	（2019）鄂09行终34号	行政相对人违反国有土地使用权收购协议约定土地出让金缴纳义务	合同法违约责任规则		“依法行政使行政优益权，单方行使行政协议的解除权，具有事实根据和法律依据。”
3	（2019）鲁行申953号	房屋征收补偿安置协议确认的房屋面积严重失真	合同重大误解撤销规则		“基于公共利益需要，对申请人作出关于变更涉案房屋征收补偿安置协议相关内容的决定，是行政机关正当行使优益权作出的行政行为，符合法律规定，并无不当。”

二、变动行政协议案件审判困境之成因

探寻审理行政机关单方变动行政协议案件困境的成因需追溯至政策阻碍行政协议运行的发生机制。

（一）引起协议变动之政策的形态透视

1. 政策的具体表现。被行政机关作为变动协议的理由而进入审判程序的具体政策。（见表8）

表8　引起协议变动的政策

序号	案号	政策名称（按制定者级别排列）	行政机关变更、解除的原因	法院态度
1	（2016）浙行终1178号	《国土资源部招标拍卖挂牌出让国有土地使用权规定》	政策构成不可抗力，被告具备合同法上解除事由	支持行政机关
2	（2017）粤行终1635号	《国土资源部关于严格落实房地产用地调控政策促进土地市场健康发展有关问题的通知》	政策要求调整容积率的补交土地出让金，行政机关要求变更或重签协议	支持行政机关
3	（2017）粤07行终65号	《广东省交通运输厅关于加快推进我省收费公路专项清理工作有关事项的通知》	政策调整了公路收费年限，行政机关行使了意定单方解除权	支持行政机关
4	（2018）浙行再4号	《浙江省人民政府关于调整省级文物保护单位邛城遗址保护范围及建设控制地带的批复》	相对人以合同法上不能实现合同目的为由要求解除	同意该再审请求
5	（2019）京01行终73号	《北京市路侧停车管理改革方案》	政策调整城市路侧停车管理模式，行政机关解除既有委托管理协议	支持行政机关
6	（2018）沪行终557号	上海市工业用地出让管理等相关政策	行政机关主张意向书中有关国有土地出让相关约定的继续履行在客观上已难以实现	支持行政机关
7	（2018）粤行终1862号	《中山市大涌镇旗南片区控制性详细规划》	规范性文件改变了出让土地的规划条件	否定该文件对原告的抽象性并认定其违法
8	（2019）赣71行终650号	《新余市仰天岗南部片区控制性详细规划》	土地出让合同无法继续履行而解除	支持行政机关
9	（2019）湘行终1448号	《郴州市人民政府关于桂阳县城总体规划（2015—2030）》	政策调整了城市用地规划，行政机关据此变更协议	支持行政机关

续上表

序号	案号	政策名称（按制定者级别排列）	行政机关变更、解除的原因	法院态度
10	（2018）湘行终148号	岳阳市城市总体规划	政策调整了城市用地规划，行政机关据此变更协议	支持行政机关
11	（2017）湘行终1633号	张家界市人民政府“三化三改”方案	政府规划和道路建设调整，使协议无法履行，行政机关提出解除	支持行政机关
12	（2017）最高法行申4595号	铜仁市政府市域城镇体系规划和城市整体规划	政策调整市域城镇体系规划和城市整体规划，行政机关变更协议	支持行政机关

2. 政策的类型化。以内容为标准，涉案的政策涉及建设规划、公产管理、许可条件、职能调整四种类型。以主体是否同一为标准，政策可分为由行政协议机关制定和非其制定两类。协议签订机关与政策制定机关越远隔，其对政策的控制力越弱。以是否变动行为直接依据为标准，政策可分为变动行为直接依据的政策和非直接依据的政策。前者系附带审查的对象。

（二）政策阻碍行政协议运行的机理

政策通过作用于协议运行的合法性、所需的物质条件和配套规范三条途径阻碍行政协议运行。

1. 政策否定协议运行的合法性。当政策改变了行政协议运行的制度背景，将使行政协议的运行从原有的合法变为非法，从而受到现有制度体系的阻碍。如政策调整了城市路侧停车管理模式，行政机关因此解除既有委托管理协议。① 因政策调整了公路收费年限，行政机关单方解除了公路委托收费管理协议。② 此种阻碍机制的本质是政策调整了行政机关原本可通过行政协议作出承诺的事项。

2. 政策抽离协议运行的物质条件。此种阻碍机制的运作过程较明显，容易判断。最典型的情形是征收安置补偿协议约定的安置用地被征收作他用，协议计划的安置方式丧失了实现的物质条件，从而面临被变更或者解除。③

3. 政策改变协议运行的下游规范。行政协议运行的终点是实现协议目的，而有些行政协议目的的实现需要多个行政机关依次实施单独行政行为

① 北京市第一中级人民法院（2019）京01行终73号行政判决书。

② 广东省江门市中级人民法院（2017）粤07行终65号行政判决书。

③ 最高人民法院（2019）最高法行申7737号行政裁定书。

并成形延续的链条为条件。典型例子乃国有土地出让协议。相对人订立协议的目的不止于行政机关对土地使用权的出让许可，而需延伸至对应土地的最终利用。该延伸阶段的运行依然依赖后续的一系列行政行为，当政策变化直接阻碍协议下游的行政行为，进而就会阻碍协议目的实现。[①]

（三）变动行政协议案件审判困境的根源

1. 政策制定规范供给欠缺。目前，在中央和地方层面均未针对各类政策建立完备的制定规则。部分省、市政府制定的行政程序规定仅作了原则性规定，[②] 无法为难以计数的政策生成提供周详科学的生成框架，以保证其质量。[③] 社会参与度不足，对与行政协议潜在冲突的评估、应对环节缺失，从源头上制造了政策与行政协议的冲突。

2. 变动制度的适用关系不清。以政策为起点，以协议被行政机关单方变动为终点，其间可以实现的路径有民事和行政两类变动规则。（见图 4）行政变动规则是行政优益权，而民事变动规则包含不可抗力解除权、情势变更权、合同客观履行不能、约定解除权等次级路径。而政策能同时触发多项上述变动规则又增加了问题的复杂性。未能理顺这些制度的适用关系，审判者就不会贸然否定行政机关的变动行为，从而增加了行政机关胜诉的概率。

3. 审查要素及适用方法不明。由于行政协议变动行为在性质上不完全等同于行政决定，因此法官常常困惑于能否适用行政约定的审查要素。常见的情形有：是否需要考察政策与协议变动之间的因果关系，以确定政策对协议变动参与程度的强弱；应否引入比例原则判断政策阻断协议运行的程度；协议双方对阻碍协议运行之政策的预见可能性是否应当成为分配损失的考虑因素。对这些审查要素应否及如何适用认识不清，自然降低了审查质量，而出于对政策的影响范围的忌惮，不精准的审查往往以行政机关胜诉而结束。

4. 行政优益权构成标的具体化不足。行政优益权的正当性来源于公共利益，[④] 但公共利益的具体化远不能满足现实需要。目前总结出的公共利益判断标准主要包含行为目的、受益对象、实施程序等要素。[⑤] 作为“具有流

---

① 广东省高级人民法院（2018）粤行终 1862 号。

② 如《山东省行政程序规定》《江苏省行政程序规定》《湖南省行政程序规定》等。

③ ［美］科尼利厄斯·M. 克温：《规则制定：政府部门如何制定法规与政策》，刘璟、张辉、丁洁译，复旦大学出版社 2007 年版，第 217 页。

④ 陈天昊：《行政协议中的平等原则——比较法视角下民法、行政法交叉透视研究》，载《中外法学》2019 年第 1 期。

⑤ 参见胡鸿高：《论公共利益的法律界定——从要素解释的路径》，载《中国法学》2008 年第 4 期。

动性，而不具有固定性特征的类概念”①，其在审判实践中具体化的有效途径应当是案例形式。而当前的裁判文书中对公共利益的含义、解释方法、验证标准等内容均缺乏深入阐述，导致法院对公共利益的判断流于从概念到概念的形式化，无力透过政策的内容、程序、预设效果对其公共利益性作实质判断。

（四）变动协议案件审判困境的危害

以上审判困境的危害可以从四个方面观察。

1. 从行政相对人的角度观察。行政相对人是此种审判困境所致不利后果最直接、最主要的承担者。行政协议的成立往往需要相对人支付较高的缔约成本，如提供履约证明、提出申请、投标等行为，且协议的履行期一般较长，因此履约准备亦花费不菲。一旦合作中断或者改变，相对人的损失难以补足。

2. 从行政机关的角度观察。行政机关因此种审判困境会产生轻视缔约审慎和公信力下降的负面影响。由于以政策之名变动协议易于通过司法审查，因此行政机关可能降低缔约应有的慎重态度，草率缔约，日后若有必要，通过政策变化即可摆脱原有承诺，从而损及行政能力的提升。

3. 从法院的角度观察。无法实现司法审查制度的宗旨。一方面，表面化的审理弱化了司法权对行政权的必要监督；另一方面，会挫伤司法人员的勇气，形成对政策及依仗政策的协议变动行为的畏难心理，此与审查技术欠缺叠加，会进一步放大审查结果的偏失，并引起恶性循环。

4. 从一般社会主体的角度观察。而这种困境最终会使一般社会主体对行政权和司法权的信心均受打击，既远离行政协议，提高政府与民间合作的难度与成本，也排斥司法审判，认为其并无实益。

三、变动行政协议案件审判困境之应对

基于上述剖析，本文尝试提出从理顺基础关系、规划审查路径、丰富审查工具、完善配套措施四个方面提出应对之策。

（一）理顺变动协议案件的底层关系

审理行政机关单方变动行政协议案件，需区分四对基础关系。

1. 核验政策是否行政规范。名为政策的行政行为产物最直观的特征系其规范性。然而名不副实的情况并不鲜见，有的政策以行政规范的面目出现，但实为行政决定。而作为协议变动的诱发因素，具有规范性的政策和

① ［德］埃贝哈德·施密特·阿斯曼等：《德国行政法读本》，于安等译，高等教育出版社 2006 年版，第 318 页。

仅有个案适用效力的行政决定在效力强度、审查程序、内容、标准方面均有显著差异，因此从通常属于行政规范的政策中识别出行政决定是正确处理案件的起点。

2. 区分单性质与双性质变动行为。前已提及变动行为的性质有单、复之分。前者乃指仅具有使行政协议原有内容变动或者效力提前终止，即解除的法效果。该行为仅产生协议变动效果，可称之为变动行为的协议变动性质。如在息诉罢访协议中，行政机关承诺对相对人给予经济利益。而行政机关基于政策变化变更或者解除该协议的，该变动行为对协议的合意结果产生的影响即协议变动性质。单性质行为仅进行变动规则符合性审查。

而双性质行为系指变动行为在协议变动性质之外，由于符合某项特定行政决定的实体规范而兼具行政决定的性质。在特许经营协议下，因政策变化导致行政机关单方变更或者解除行政协议的行为是典型的双性质行为。一方面，其当然具有对变更或者解除原有合意的协议变动性质；另一方面，变更或者解除协议意味着撤销既有的行政许可，该撤销行为基于行政许可法的规定亦属于行政决定，[①] 因此构成变动行为的第二重性质——行政决定性质。两项行为性质并存，成立双性质变动行为，需进行变动规则符合性与行政决定合法性之双重审查。

3. 排列民、行政变动制度的审查顺序。两造订立行政协议意味着"自我同意的相互强制"[②]。但同时，法律不会忽略当事人摆脱束缚的现实需要，从而为其设置了规则出口。而行政协议因其民事和行政的双重属性，在驶离轨道的出口上，协议当事人同样有双重途径可选，而案件审理者则必须掌握民、行两条变动渠道的审查顺序。尽管最高人民法院对此已表明了先民后行的态度，但在审理路径的规划中将此环节叙明，有服务体系完整的理论意义，且可纠正实践偏失。[③]

4. 厘清政策与行政优益权的关系。二者关系的准确定位应为政策是优益权构成要件的一种诱发因素。政策变动导致环境改变并进而阻碍行政协议，在调处二者的紧张关系过程中，可能发现公共利益处与协议继续运行严重对立，不变更或者解除协议不足以防止公共利益严重受损，行政优益权方可构成。二者的推导过程及关系可由图 5 清晰反映。

---

① 章剑生：《现代行政法总论》，法律出版社 2019 年版，第 179 页。案例见最高人民法院（2019）最高法行申 2471 号行政裁定书。

② 于立生：《行政协议司法判断的核心标准：公权力的作用》，载《行政法学研究》2019 年第 2 期。

③ 湖北省高级人民法院（2014）鄂行终字第 00028 号行政判决书，（2019）鄂 09 行终 34 号。

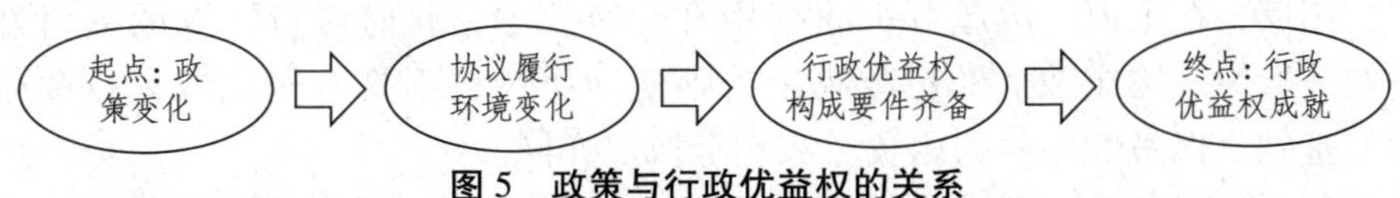

图 5　政策与行政优益权的关系

（二）规划变动协议案件的总体审查路径

审理行政机关单方变动行政协议案件的总体审查路径可以按照识别政策的规范性、确定变动行为的性质、选择变动依据、行政决定合法性审查四个步骤依次展开。（见图 6）

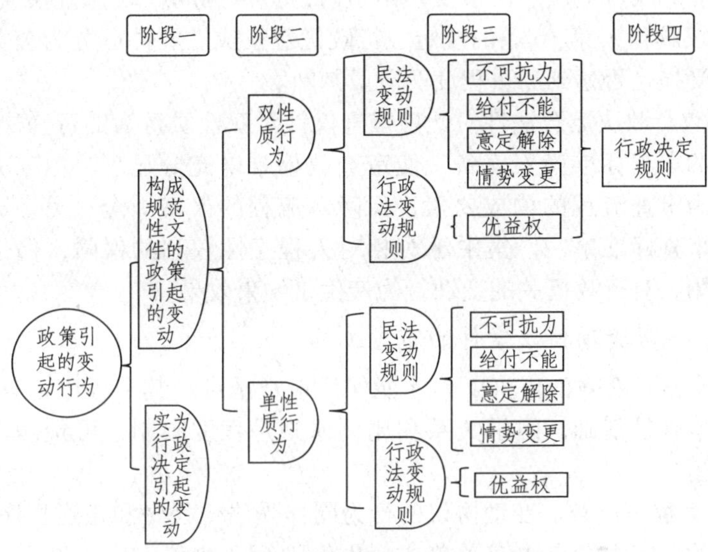

图 6　四阶段总体审查路径示意图

1. 核验政策的规范性。辨认出名为政策实为行政决定的行政行为。这一环节最重要的辨认策略是“局部审查”，即将政策的效力范围作可分性理解，在政策的总体空间或者时间效力范围中，分割出受涉案行政协议调整的部分，进而在该局部范围内讨论政策有无规范性，如果不能得出肯定结论，则该政策在对行政协议的影响范围内应当被理解为行政决定，而无规范性，由此降低变动依据的刚性，维护协议稳定。实践案例前文已述及。①

2. 确定变动行为性质。变动行为性质的单复决定着评价标准的单复。在政府特许经营协议中，行政机关履行协议的主要行为同时也构成行政许可这一独立行政行为，那么在行政机关变动该协议时，变动行为自然构成撤销行政许可这一独立的行政决定，因此可称之为双性质行为。矿业权等国有自然资源使用权出让协议中也有双性质行为存在的基础。

① 广东省高级人民法院（2018）粤行终 1862 号行政判决书。

相反，在土地、房屋等征收征用补偿协议中，政府履行协议的支付补偿款等行为不构成独立的行政决定，则变动协议也不具有构成独立行政行为的基础。保障性住房的租赁、买卖等协议亦同。

3. 选择协议变动依据。先民后行的变动依据选择顺序已经由最高人民法院在判决中申明，且论理充分，当无疑义，“有助于决定适用法律之原则”①。更精细的操作规程是确定各项民事变动标准的判断顺序。根据各变动规则对协议产生的变动强度，应当按照不可抗力解除、情势变更、合同客观履行不能、协议解除的顺序依次审查。

在不能寻获可适用的民事变动渠道时，方需判断行政优益权成立与否。根据《协议解释》第16条的规定，行政优益权成立要件可分为公共利益是否受损和受损是否达到严重程度两阶段判断。

4. 审查行政决定合法性。此项审查仅针对双性质行为的行为决定面向。尽管目前的审查标准尚不完备，使审查效果难以充分显现。但一方面，此一环节作为审查流程的构成要素，保障着流程的严密周全；另一方面，即便目前的审查标准单一，集中于对相对人程序性权利的保障，但也已经开始发挥作用，对行政机关的变动行为产生了约束效果。②

（三）丰富变动协议案件的审查工具

只有丰富且有效的审查工具才能保证审查精度。其中程序审查是形式，说明义务审查是基础，因果关系和比例原则是程度限制，可预测性作用于结果再平衡。

1. 行为程序审查。变动协议的行为同样受法定程序和正当程序的规制。行政行为的公定力特点决定了单方变更解除行政协议亦应当遵循正当的程序，保护相对人的合法权益，在协议变动场景中，行政机关作出单方变更、解除合同决定时，应当履行事先告知义务，并听取行政相对人的意见，给予行政相对人合理的期间以应对情势变更所带来的不利后果。③ 这一观点的实践应用已不鲜见。④

当变动行为兼具行政决定性质时，其还必须遵守该行为的法定程序。当变动行政许可协议的行为同时构成变更或撤回行政许可，则该行为应遵守《行政许可法》第8条第2款对变更或者撤回行政许可的程序性规定。⑤

---

① 吴庚：《行政契约之基本问题》，载我国台湾地区《台大法学论丛》1986年第2期。

② 最高人民法院（2016）最高法行申2471号行政裁定书中提到：“撤销行政许可亦属于实施行政许可。广东省林业厅……违反了公开原则和基本的正当程序原则。”

③ 广东省江门市中级人民法院（2017）粤07行终65号行政判决书。

④ 最高人民法院（2019）最高法行申11554号行政裁定书、最高人民法院（2017）最高法行申6817号行政裁定书。

⑤ 广东省高级人民法院（2018）粤行终1862号行政判决书。

当变动特许经营协议的行为构成《市政公用事业特许经营管理办法》第25条对取消特许经营权并实施临时接管行为程序性规定，召开听证会。①

2. 因果关系限定。行政机关以政策为由变动行政协议，其隐含前提是行政协议的执行将导致政策被违反。既如此，审查该变动行为合法性的对象之一就应当是协议执行与政策被违反之间有无因果关系。通过此项核验，可以排除那些虽然继续执行但对新出现的政策并不形成抵触或者损害的行政协议，以使之免受政策变化干扰。

在这一审查方向上，首先需要明确政策的制定依据、效力范围、目标宗旨、执行内容、落实程序等。其次才能准确评估政策与行政协议之间对立程度，进而判断后者对前者的目标实现是否构成不可容忍的障碍，进而需要被变更或者解除。除了前述政策导致协议实现的物质条件被取消，政策导致协议运行将产生违法后果，其他的对立情形中均存在因果关系较弱而允许政策与协议并存的空间。例如，调整公共资源使用费的新政策仅仅影响价格，而不涉及其他内容，因此可以在保持既有的协议存续的情况下仅调整协议价格。

3. 说明义务审查。当行政机关作出单方调整变更或解除行政协议时，应当对公共利益的具体情形作出释明，一方面限制行政机关利用公共利益概念的抽象性和延伸性，滥用行政优益权。另一方面，为协议相对人的反驳和审判机关的审查确定辩论基础，提高互动的针对性，强化辩论的深度。当前，公共利益说明义务尚未被成文法化，但最高人民法院已经通过其审判指导职能在判决书中明确该义务，为其逐步制度化奠定了基础。② 公共利益说明义务还应借鉴案卷排他制度，要求行政机关在诉讼前的听证阶段对公共利益受损之主张给予完整论证，通过公开说明和限制举证规范行政优益权。

4. 比例原则应用。在政策与行为协议冲突的情况下适用比例原则，是对行政协议提供量的保护。协议变动案件的审理对象一般是变动行为，其自然为比例原则的限制对象。但是，如果对政策附带审查，则其同样应受比例原则调整，因为"比例原则并不仅仅适用于干预行政，而且也可以适用于计划行政"③。

在法律依据方面，目前应当援引《行政诉讼法》第70条第4、5两项为据。在具体判断要件上，应从适合性、必要性、相当性三方面，考察变动行为是否有助于政策目的实现、变动协议是否为实现政策目的的唯一合

① 广东省高级人民法院（2018）粤行终1862号行政判决书。

② 最高人民法院（2017）最高法行申3564号行政裁定书。

③ 林明锵：《比例原则之功能与危机》，载我国台湾地区《月旦法学杂志》2014年第8期。

理选择以及对协议的变动范围是否实现政策目的前提下的最小程度。比例原则的适用存在伸缩调整的空间,[①] 因此法院应当保持克制，以不当达到明显程度为界，给行政机关的裁量留有空间。

5. 可预见性评判。由于《协议解释》第16条仅为原则性规定，因此个案判断中对补偿项目、标准的具体化就不可避免，而这一过程应当“综合考量政策变化、规划变更等政府行为中行政机关的预见能力和控制能力”[②]。在以下四种情形中，政策变化均有不同程度的可预见性：第一，政策制定者与行政协议是同一行政机关或者有密切联系的不同行政机关；第二，政策变化的发生与行政协议的订立间隔短暂；第三，政策涉及的内容与行政协议高度重合；第四，政策的制定已经被纳入行政机关的近期工作规划。对政策变化的预见可能性与行政机关补偿义务的承担比例处于正相关关系。

（四）完善变动协议案件的配套制度

有效应对困境还需要外部配套制度的完善。

1. 优化政策形成程序，引入冲突回避机制。在政策形成的立项、草案拟定、公布讨论环节均可引入回避机制。在立项环节，一旦决定形成某项政策，就应当对可能受其影响的行政协议的签订主体发出预警，告知其未来可能出现的政策冲突，便于提早预防。在草案拟定过程中，应当建立政策影响评估项目，清理出受该政策影响的行政协议的类型、范围、数量，评估这些协议的受阻程度，分析既有政策方案是否具有可替代性，在冲突确实无法避免的情况下编制补偿方案，既能科学规划，又为下一步骤提供基础。在公布讨论阶段，不仅应当公布待定的政策，还应适当公布受阻行政协议的范围和预设的应对方案，为政府与社会达成共识提供讨论基础。这一环节最核心的内容是逐步增强政策制定的民主性，既为社会保护自身利益提供机会，又能缓和政策与协议冲突引起的对立心理。2020年6月28日公布的《广东省发展改革委关于企业家参与涉企政策制定实施办法》就是此类制度完善的有益探索。

2. 建立协议调解框架，发挥二次协商作用。《行政诉讼法》第60条将行政诉讼案件的调解结案方式限定于行政赔偿、补偿。这为行政协议双方通过对经济利益的协商化解政策对协议运行的阻碍。行政协议本来就是意思合致的产物，在政策带来的环境变化打破原有平衡的情况下，双方依然有二次协商、重回平衡的基础。

难点在于行政机关受制于责任追究制度，往往宁愿被动服从判决，而

① 陈天昊：《行政协议的识别与边界》，载《中国法学》2019年第1期。

② 王敬波：《论政府行为作为行政协议诉讼中的不可抗力》，载《华东政法大学学报》2020年第4期。

不愿意接受对其更有利的调解意见。因此，建立行政机关调解合理性评价规则是实现调解的关键，应当为行政机关接受调解意见构筑起责任豁免防线，使其在可量化、可监督的范围内敢于接受调解，缓和政策与行政协议的冲突。

3. 发布优益权适用案例，明确公共利益识别标准。政策导致协议变动的关键通道是行政优益权，而核心要件是公共利益的识别及其受损程度的评估。尽管当前已经总结出丰富的判断标准，但由于其高度抽象和易变的特性，抽象标准的解释易陷入循环解释而收效甚微。对于此种需填补的规则，[①] 案例的解释形式可能是最佳工具，目前，最高人民法院通过与《协议解释》一并发布的参考案例已经开始了此项工作，但在案件中对公共的认定方法、标准进行的阐述尚不能满足指导审查的需要。因此，增加此类内容也是提高此类案件审理质量的可行途径。

结　语

借最新颁布的《协议解释》初步构建中国特色的行政协议诉讼体系之契机，[②] 审判实践若能继续保持积极探索的勇气，并辅之以审判理念、技术和配套规则的进步，司法审查对变动协议行为的匡正功能将进一步施展，行政协议实践前景可期。

---

① ［德］卡尔·拉伦茨：《法学方法论》，陈爱娥译，商务印书馆社 2003 年版，第 275 页。

② 黄永维、梁凤云、杨科雄：《行政协议司法解释的若干重要制度创新》，载《法律适用》2020 年第 1 期。

行政协议案件中行政机关的赔偿范围

——以100件行政协议案件判决书为样本

邱映晖[*] 刘京勇[**]

引 言

行政协议又称行政合同、行政契约,[①] 是指行政机关为了实现行政管理或者公共服务目标，与公民、法人或者其他组织协商订立的具有行政法权利义务内容的协议。2015 年《行政诉讼法》第 12 条第 1 款第 11 项将行政协议纳入了行政诉讼的受案范围。另外，该法第 78 条规定："被告不依法履行、未按照约定履行或者违法变更、解除行政协议的，人民法院可以判决被告赔偿损失。被告变更、解除行政协议合法的，但未依法给予补偿的，人民法院应当判决给予补偿。"但该条并未明确行政机关赔偿的范围。

2019 年最高人民法院公布的《关于审理行政协议案件若干问题的规定》（以下简称《行政协议解释》）对《行政诉讼法》第 78 条规定的内容进行了细化，但《行政协议解释》仍未行政协议案件中行政机关赔偿的范围作明确规定。这导致司法实践中对于具体赔偿的范围存在较大争议，例如，赔偿范围和补偿范围是否有所不同，是适用民事法律规范还是《国家赔偿法》的相关规定，赔偿的具体范围是否包括间接损失等。

一、检视：行政协议案件中行政机关赔偿范围的现状分析

2015 年《行政诉讼法》将行政协议纳入到了行政诉讼的受案范围，至此相关行政协议案件开始进入行政审判的视野。笔者通过中国裁判文书网以"行政协议""赔偿"为关键词，同时设定文书类型为"判决书"，共筛选出 100 份关于行政协议赔偿的裁判文书，其中基层人民法院判决书 40 份，

---

* 作者单位：宁夏回族自治区高级人民法院。

** 作者单位：北京市第一中级人民法院。

① 郭修江：《行政协议案件审理规则——对〈行政诉讼法〉及其适用解释关于行政协议案件规定的理解》，载《法律适用》2016 年第 12 期。

中级人民法院判决书 35 份，高级人民法院判决 25 份。从案件类型上区分，涉及土地、房屋等征收征用补偿协议的案件有 21 件，占比 21%；涉及国有土地使用权、采矿权等国有自然资源使用权出让协议的案件有 37 件，占比 37%；涉及政府特许经营协议的案件有 15 件，占比 15%；涉及政府与社会资本合作协议等其他类型的行政协议案件有 27 件，占比 27%。

通过对裁判文书样本的统计分析，可以检视出近年来人民法院对相关案件的司法审查情况。

（一）相关法律规范适用的频率

从相关裁判文书法律规范的适用情况来看，适用《合同法》等民事法律规范来确定行政机关赔偿责任的有 42 件，占比 42%；仅适用《行政诉讼法》来确定行政机关赔偿责任的有 30 件，占比 30%；适用《国家赔偿法》来赔偿的有 14 件，占比 14%；适用其他行政法规、规章来确定赔偿责任的有 14 件，占比 14%。

裁判文书的法律适用频率清楚地表明，目前司法实践对于行政协议案件中行政机关赔偿的范围，有三种不同的观点：

第一种观点认为，被告承担赔偿责任的方式和标准，应当根据行政协议的约定确定；无约定的应当参照《国家赔偿法》的规定。如在王某某诉乐山市城市管理局行政确认及行政赔偿一案中，二审法院认为双方签订的《乐山广场休闲点 10 年经营权出让合同》和《补充协议》属于行政协议，乐山市城市管理局违法解除行政协议的行为违法，应当承担赔偿责任。但因行政赔偿诉讼赔偿范围系直接损失，王某某主张的违约金损失无法律依据，不予支持。①

第二种观点认为，被告承担赔偿责任的方式和标准，应当根据行政协议的约定确定；无约定的应当依照《行政诉讼法》第 78 条的规定，由法院根据行政相对人的实际支出情况予以确定。如在喜客泉生态体育公园开发有限公司诉贵州省安顺市平坝区人民政府不履行投资协议一案中，法院认为，鉴于被告在协议无法继续履行上存在一定过错，且原告就协议约定的项目已经进行了前期投入，故被告应赔偿原告对协议不能履行给原告所造成的损失。对于赔偿的范围，由法院主持双方对账和质证予以确定。②

第三种观点认为，被告承担赔偿责任的方式和标准应当根据行政协议的约定确定，行政协议无约定的，应参照民事法律规范的相关规定。如在长春海歌文化传媒有限公司诉吉林省松原市民政局行政协议一案中，二审法院认为行政协议案件作为行政案件，既有其作为行政管理法规方式“行

---

① 四川省乐山市中级人民法院（2019）川 11 行终 199 号行政判决书。

② 贵州省安顺市中级人民法院（2017）黔 04 行初 317 号行政判决书。

政性”的一面，也有其作为公私合意的产物“协议性”的一面。行政协议案件在违约责任和赔偿标准问题上应当适用《合同法》的相关规定。因被上诉人明确表示不能履行合同约定的义务，系根本违约，其应当按照《合同法》第 113 条的规定赔偿上诉人所受到的损失。①

（二）相关法律规范适用的条文

从相关法律规范适用的具体条文来看，主要包含了表 1 法律规范：

表 1　相关法律规范适用的具体情况

<table>
<tr><th>法律名称</th><th>援引条文</th><th>用以论证的问题</th></tr>
<tr><td rowspan="3">《合同法》</td><td>42、58</td><td>缔约过失责任及其法律后果</td></tr>
<tr><td>93、94、96、97</td><td>合同解除及其法律后果</td></tr>
<tr><td>107、113、114、115、116</td><td>违约责任及其承担方式</td></tr>
<tr><td>《最高人民法院关于适用〈中华人民共和国合同法〉若干问题的解释（二）》</td><td>29</td><td>违约金的酌减</td></tr>
<tr><td>《最高人民法院关于审理买卖合同纠纷案件适用法律问题的解释》</td><td>24、29</td><td>逾期付款违约金与可得利益之赔偿</td></tr>
<tr><td>《国家赔偿法》</td><td>36</td><td>侵犯财产权的赔偿方式和计算标准</td></tr>
<tr><td>《行政诉讼法》</td><td>78</td><td>行政协议案件的判决方式</td></tr>
<tr><td>《招标拍卖挂牌出让国有建设用地使用权规定》</td><td>21</td><td>投标、竞买保证金的退还</td></tr>
<tr><td>《基础设施和公用事业特许经营管理办法》</td><td>38</td><td>特许经营协议的提前终止</td></tr>
<tr><td>《海南经济特区土地管理条例》</td><td>28</td><td>逾期支付征地补偿费</td></tr>
</table>

从上表的内容可以看出，相关法律规范的适用集中主要在三种类型上：

一是以《合同法》为主体的民事法律规范，包括了相关的司法解释，涉及了缔约过失责任、合同解除以及违约责任的规定及其承担方式。适用《最高人民法院关于适用〈中华人民共和国合同法〉若干问题的解释（二）》（以下简称《合同法司法解释二》）第 29 条，主要是对于约定违约金超过造成损失的 30%的可以请求予以适当减少。适用《最高人民法院关于审理买卖合同纠纷案件适用法律问题的解释》第 24 条，主要是对于逾期付款的违约金可以适用中国人民银行同期同类人民币贷款基准利率计算，适用该解释第 29 条则是当事人可以主张可得利益损失的赔偿。

① 吉林省松原市中级人民法院（2019）吉 07 行终 38 号行政判决书。

二是以《行政诉讼法》和《国家赔偿法》为主的行政法律规范。其中《行政诉讼法》第78条规定了行政协议案件的判决方式，《国家赔偿法》第36条则是规定了侵犯财产权的赔偿方式和计算标准，特别是第7项对于返还罚款或罚金的应当支付银行同期存款利息，第8项对财产权造成其他损失的，按照直接损失给予赔偿。

三是其他类型的行政法律规范，包括部门规章、地方条例等。如《招标拍卖挂牌出让国有建设用地使用权规定》第21条规定，出让人必须在招标拍卖挂牌结束后5个工作日内退还投标、竞买保证金，并不计利息。《基础设施和公用事业特许经营管理办法》第38条规定，提前终止特许经营协议的，政府应当根据实际情况和协议约定给予相应补偿。《海南经济特区土地管理条例》第28条规定，逾期支付征地补偿费的，按银行同期活期存款利率支付逾期部分的利息，并从逾期之日起每日按欠款总额的千分之一支付滞纳金。

二、剖析：行政协议案件中行政机关赔偿范围的理论基础

上述司法实践的形成有着相应的理论基础，以及对不同法律条文的理解与适用，其理论来源主要有三个方面：一是适用民事法律规范的缔约过失责任的赔偿范围，二是适用民事法律规范的违约责任的赔偿范围，三是适用行政法律规范的行政赔偿的赔偿范围。

（一）缔约过失责任的赔偿范围

对于缔约过失责任的赔偿范围，《合同法》并没有规定清晰的标准和范围，仅在《合同法》第42条和第43条规定，缔约过失责任人应当承担损害赔偿责任。2020年制定的《民法典》第500条、第501条也沿用了《合同法》第42条、第43条的规定。在民法理论中，缔约过失责任的赔偿范围是信赖利益的损害，包括所受损害和所失利益。其中，所受损害可包括，为签订合同而合理支出的交通费、鉴定费、勘察设计费、利息等已实际支出的损失；所失利益则主要指丧失与第三人另订合同的机会所产生的损失。①

如在江西省通用纳米碳酸钙有限公司诉江西省德安县人民政府行政协议纠纷一案中，由于被告未按照法律规定通过招拍挂的方式向原告出让土地，导致双方签订的《项目入园合同书》属于越权无效行为，人民法院判决确认该行政协议无效。另外，由于被告超越职权的行为是导致合同无效的主要原因，故法院判决被告承担原告实际支出的90%，同时按照中国人

① 韩世远：《合同法总论》（第四版），法律出版社2018年版，第185页。

民银行同期贷款基准利率承担利息损失。①

（二）违约责任的赔偿范围

1999 年颁布实施《合同法》第 113 条规定："当事人一方不履行合同义务或者履行合同义务不符合约定，给对方造成损失的，损失赔偿额应当相当于因违约所造成的损失，包括合同履行后可以获得的利益，但不得超过违反合同一方订立合同时预见到或者应当预见到的因违反合同可能造成的损失。"这就明确了违约责任的赔偿范围不仅包括直接损失即所受损失，也包括间接损失即可得利益。《民法典》第 584 条也沿用了《合同法》第 113 条的规定。

可得利益是指合同履行后守约方可以获得的利益，在具体的司法实践中通常表现为生产经营利润的损失、转售利润损失和增值利润损失。如守约方在实际履行合同过程中能够获得生产经营利润损失，守约方在转售合同与原合同之间差价的损失等。虽然《合同法》第 113 条通过可预见性规则来限定可得利益的赔偿范围，即要求赔偿范围不超过违约方在订立合同是预见和应当预见的违约可能造成的损失。但在司法实践中，法官通常会采用"确定性原则"来限定可得利益，即要求守约方提供证据证明可得利益的损失，否则将以缺乏证据为由予以驳回。②

如在滑县博瑞置业有限公司诉滑县人民政府、滑县国土资源局、滑县产业集聚区管理委员会行政协议一案中，法院认为本案原告作为行政管理的相对人一般处于弱势地位，多年来投入大量资金而未能取得土地进行开发经营，合同履行后的可得利益损失无法衡量，且原告在履行合同过程中并无过错，由原告对其所受损失承担举证责任对其是不公平的，故法院按照《国有土地使用权出让合同》中规定的每日千分之一的违约金计算标准判决被告支付相应的违约金，作为原告可得利益的损害赔偿。③

（三）行政赔偿的赔偿范围

对于行政赔偿的赔偿范围，《国家赔偿法》第 36 条第 8 项规定，对财产权造成其他损害的，按照直接损失给予赔偿。对此，立法机关解释，国家机关及其工作人员侵害受害人财产权，造成其他损害的，按照直接损失给予赔偿。所谓直接损失，是指因不法侵害而致财产遭受的直接减少或消灭，主要是指既得利益的损失或者现有财产的减少。根据本条的规定，国

---

① 江西省九江市中级人民法院（2018）赣 04 行初 37 号行政判决书。

② 郭翔峰：《违约损害赔偿中可得利益的司法判定》，载《人民司法》2017 年第 10 期。

③ 河南省濮阳市中级人民法院（2017）豫 09 行初 264 号行政判决书。

家赔偿只对直接损失予以赔偿，而对间接损失等不予赔偿。[①]

有学者认为，我国的行政赔偿采用的是适当赔偿原则，又称抚慰性原则，是指行政机关仅对有限范围内的损害提供救济，受害人获得的赔偿低于实际损失。根据这一原则，行政机关赔偿不对受害人的实际损失作充分而完整的救济，行政机关本身性质和特征决定了行政赔偿只适合发挥抚慰受害人的作用。行政机关虽然尽可能给受害人以赔偿，但赔偿额通常低于其实际损失。[②] 对于采用该原则的原因，《国家赔偿法（草案）》的说明中曾指出："国家赔偿的标准和方式是根据以下原则确定的：第一，要使受害人所受到的损失得到适当的弥补；第二，考虑国家的经济和财力能够负担的状况；第三，便于计算，简便易行。"[③]

如在四川省珙县高石煤厂诉四川省珙县人民政府煤矿关闭补助协议一案中，虽然认定《煤矿关闭补助协议》是珙县人民政府为实现公共利益或者行政管理目标，在法定职责范围内，与珙县高石煤厂在自愿的前提下协商订立的具有行政法上权利义务内容的行政协议，但是不履行行政协议的损害赔偿应当依照《国家赔偿法》第36条规定的范围确定，赔偿范围不包括资金利息的损失，故法院仅判决被告依照协议约定支付相应补助款。[④]

综上，行政赔偿的赔偿范围限定于行政相对人的直接损失，而缔约过失责任和违约责任的赔偿范围不仅包括直接损失，即相对人实际受到的损失，也包括间接损失，即所失利益或可得利益。尽管有学者认为国家赔偿的标准太低，应当考虑赔偿直接损失和合理的间接损失。[⑤] 甚至有法官认为，应当适用法律解释方法，将直接损失解释为结果经济损失（与纯粹经济损失相对应），扩大对受害人的救济经济范围。[⑥] 但在《国家赔偿法》对财产权侵害的赔偿范围没有修改的前提下，行政赔偿的范围应当限定于直接损失，而不包括间接损失（见表2）。

---

① 许安标、武增主编：《中华人民共和国国家赔偿法解读》，中国法制出版社2010年版，第160~161页。

② 丁晓华：《行政赔偿理论与实务》，知识产权出版社2019年版，第72页。

③ 全国人大常委会法制工作委员会副主任胡康生1993年10月22日在第八届全国人民代表大会常务委员会第四次会议上关于《国家赔偿法（草案）》的说明。

④ 四川省高级人民法院（2017）川行终872号行政判决书。

⑤ 应松年、杨小君：《国家赔偿若干理论与实践问题》，载《中国法学》2005年第1期。

⑥ 杨江涛：《对国家赔偿法中直接损失的理解》，载《人民司法》2015年第21期。

表 2　赔偿范围的理论基础

责任类型	赔偿范围	法律依据
缔约过失责任	信赖利益：所受损害和所失利益	《合同法》第 42 条、第 43 条、113 条（《民法典》第 500 条、第 501 条）
违约责任	所受损失和可得利益	《合同法》第 113 条（《民法典》第 584 条）
行政赔偿责任	仅包括直接损失，不包括间接损失	《国家赔偿法》第 36 条

三、厘定：行政协议案件中行政机关赔偿范围的规则重述

（一）区分赔偿和补偿的范围

行政机关赔偿和补偿的范围则应当予以区分，其原因首先是行政机关赔偿和补偿产生的原因不同。根据《行政协议解释》的规定，赔偿产生的原因包括：第 13 条行政协议约定行政机关负有履行批准程序等义务而行政机关未履行，第 15 条因行政机关原因导致行政协议被确认无效或者被撤销，第 16 条行政机关变更、解除行政协议的行政行为违法，第 19 条行政机关未依法履行、未按照约定履行行政协议。因此，赔偿产生的原因是行政机关具有违法或者违约的行为。而根据《行政协议解释》第 21 条的规定，补偿产生的原因是行政机关因国家利益、社会公共利益依法行使职权导致相对人遭受损失，虽然行政机关的行为客观上造成了违约的后果，但其行为在法律上评价是合法的。

其次，对于“补偿”一词在法律上通常是与“适当”相搭配的。如《土地管理法》第 58 条规定，为实施城市规划进行旧城区改建以及其他公共利益需要，确需使用土地的，对土地使用权人应当给予适当补偿。《民法总则》第 182 条第 1 款规定，因紧急避险造成损害的，由引起险情发生的人承担民事责任。危险由自然原因引起的，紧急避险人不承担民事责任，可以给予适当补偿。《民法典》第 183 条规定，因保护他人民事权益使自己受到损害的，由侵权人承担民事责任，受益人可以给予适当补偿。没有侵权人、侵权人逃逸或者无力承担民事责任，受害人请求补偿的，受益人应当给予适当补偿。

因此，行政机关承担的“补偿责任”应当与“赔偿责任”相区分，这是行政机关为了国家利益和社会公共利益依法行政职权而造成的，补偿更具有“适当性”和“抚慰性”的特点。而《国家赔偿法》对于侵犯财产权的赔偿范围采用的就是适当性原则，因此行政机关承担补偿责任可以参照《国家赔偿法》限定于直接损失，而不包括间接损失。

（二）区分缔约过失责任、违约责任与行政侵权责任

行政协议兼具“行政性”和“协议性”的特点，在审理行政协议案件中，其“行政性”主要体现在对行政协议的订立、履行、变更、解除的合法性审查上。而“协议性”则主要体现在行政协议的成立和生效、不履行行政协议或未按约定履行行政协议等行为的审查。因此，行政机关承担赔偿责任的原因可能是来自体现“行政性”的行政侵权责任，也可能来自体现“协议性”的缔约过失责任和违约责任，甚至可能出现违约责任与行政侵权责任的竞合。

1. 缔约过失责任。缔约过失责任是指，当事人在合同订立过程中，因违背其依据诚实信用原则所负有的义务，而给对方的信赖利益造成损失所应当承担的法律责任。对此，我国《合同法》第42条规定，当事人在订立合同过程中应当遵循诚实信用原则。第43条规定，当事人对在订立合同过程中知悉的商业秘密负有保密义务。这两条是对缔约过失责任的一般性规定。除此之外，《合同法》第58条规定的合同无效和被撤销的情形，《合同法司法解释二》第8条规定的未依照法律规定或者合同约定办理申请批准或者未申请登记的，也属于缔约过失责任的类型范围。[①]

在行政协议的司法实践中也存在行政机关在订立合同中，违背信赖利益，应当按照缔约过失责任予以规范的情形。例如，行政机关假借订立合同，恶意进行磋商；行政机关违反诚实信用原则，不履行缔约义务，导致合同当事人利益受到损失；行政机关故意隐瞒或者提供虚假信息，损害合同当事人权益等情形。[②] 而《行政协议解释》第13条第2款、第15条第2款规定的内容，就与《合同法司法解释二》第8条、《合同法》第58条所规定的内容基本相同，只是将一般合同确定的缔约过失规则适用到了行政协议领域。因此，对于因行政机关导致合同无效或被撤销，以及行政机关未履行行政审批义务导致行政相对人损失的，行政机关应当承担缔约过失责任，并赔偿行政相对人的信赖利益损失。

2. 违约责任。违约责任是指，合同当事人不履行合同义务或者履行合同义务不符合约定时，依法产生的法律责任。[③] 对此，《合同法》第107条规定：“当事人一方不履行合同义务或者履行合同义务不符合约定的，应当承担继续履行、采取补救措施或者赔偿损失等违约责任。”另外，我国《合同法》对于违约责任的归责原则是“无过错责任主义”或者“严格责任主义”，即只要当事人存在违约行为就应当承担违约责任，责任的构成仅以不

① 韩世远：《合同法总论》（第四版），法律出版社2018年版，第165页。

② 梁凤云：《行政协议案件适用合同法的问题》，载《中国法律评论》2017年第1期。

③ 韩世远：《合同法总论》（第四版），法律出版社2018年版，第741页。

履行为要求，而不要求当事人有过错，除非存在免责事由。①

《行政诉讼法》第 78 条规定，被告不依法履行、未按约定履行或者违法变更、解除行政协议，应当承担赔偿责任。《行政协议解释》第 19 条第 1 款也规定，被告未依法履行、未按照约定履行行政协议，给原告造成损失的，应当承担赔偿责任。从这两条规定的内容上看，其与《合同法》第 107 条关于“违约责任”的规定基本一致，只是将该规则从民事合同领域适用到了行政协议中。对此，有学者就认为这一规定直接来源于《合同法》第 107 条违约责任的规定，实际上是将合同法的规定转化为行政诉讼法律规范。② 因此，从责任形态来看，行政机关不履行或者不按照约定履行行政协议的行为属于典型的违约行为，应当承担“违约责任”。对于行政机关“违约责任”的赔偿范围可以参照《合同法》第 113 条的规定，不仅包括所受损失还包括可得利益。

3. 行政侵权责任。《国家赔偿法》第 2 条第 1 款规定，国家机关和国家机关工作人员行使职权，有本法规定的侵犯公民、法人或者其他组织合法权益的情形，造成损失的，受害人有依照本法获得国家赔偿的权利。这是我国对于国家赔偿归责原则总的规定，涵盖了行政赔偿、刑事赔偿和司法赔偿。《国家赔偿法》第 4 条就规定了行政机关及其工作人员侵犯财产权应当进行赔偿的具体情形。这里的赔偿责任类似于《侵权责任法》中的“侵权责任”，只是实施侵权行为的行为人由一般公民、法人或其他组织变更为国家机关及其工作人员。因此，《国家赔偿法》规定的行政赔偿责任实际上就是行政机关对于受害人所承担的“行政侵权责任”。

事实上，早期国家赔偿的相关制度就规定在民法中，如 1986 年《民法通则》第 121 条规定，国家机关及其工作人员在执行职务中，侵犯公民、法人的合法权益造成损害的，应当承担民事责任。这是我国首次通过法律的形式规定国家侵权赔偿责任，并且将其界定为民事赔偿责任的一种。但是，以《民法通则》作为行政赔偿的法律依据，等于混同了公法与私法的区别，而且《民法通则》作为行政赔偿的依据尚可，但对于刑事赔偿和司法赔偿，显然没有适用的理论空间。因此，我国在 1994 年制定了单独的《国家赔偿法》，这标志着行政赔偿制度正式与民事赔偿制度相分离，从开始混用民事有关法律制度到完成系统构建，开启了单轨运行的模式。③ 因此，不履行或不按约定履行行政协议等行为不属于“行政侵权行为”，不应

① 梁慧星：《从过错责任到严格责任》，载梁慧星主编：《民商法论丛》（第 8 卷），法律出版社 1997 年版，第 5 页。

② 梁凤云：《行政协议案件适用合同法的问题》，载《中国法律评论》2017 年第 1 期。

③ 参见顾昂然：《国家赔偿法制定情况和主要问题》，载《中国法学》1995 年第 2 期。

适用《国家赔偿法》的相关规定。

4. 违约责任和行政侵权责任的竞合。综上所述，行政机关不履行行政协议或者不按照约定履行行政协议，属于典型的违约行为，行政机关应当承担的是“违约责任”而非“行政侵权责任”，因此，对于此种情况应当参照适用《合同法》第113条的规定，赔偿范围包括所受损失和可得利益。而《行政诉讼法》第78条和《行政协议解释》第16条第3款涉及的违法变更、解除行政协议的行为，则涉及“违约责任”和“行政侵权责任”的竞合问题。

对于违法变更、解除行政协议的性质判断有两种观点，一种观点认为，行政机关单方变更、解除协议的行为属于违约行为，应当适用民事法律规范；另一种观点认为，单方变更解除行为与行政协议中行政机关的行政处罚等单方行政行为一样，属于违法的行政行为，应当适用行政法律规范。对此，最高人民法院的梁凤云法官认为，对于单方变更解除协议的行为的法律适用不能一概而论，如果法律规范规定了行政机关可以单方变更解除协议，行政机关实施单方变更解除行为的，属于单方行政行为。如果法律规范没有规定行政机关可以单方变更解除合同，但是合同约定可以变更解除的，行政机关的行为应当适用民事法律规范。[①]

因此，违法变更、解除行政协议的行为就出现了两种类型。一种是法律规范没有规定行政机关可以单方变更、解除行政协议，那么行政机关违法变更、解除行政协议就是一种典型的违约行为，应当承担“违约责任”所规定的赔偿范围。另一种是法律规范规定了行政机关可以单方变更、解除行政协议，而行政机关违法变更、解除了行政协议。这种行为一方面属于违法的行政行为，对给行政相对人造成的损失应当按照《国家赔偿法》规定的侵犯财产权的行政赔偿规定予以赔偿；另一方面，这种违法变更、解除行政协议的行为也事实上造成了行政协议不能按照约定履行，属于“违约责任”的类型之一，应当参照《合同法》的规定予以赔偿。

这也就出现了同一行为符合多种责任的构成要件，但行政相对人只能选择其一来请求。这在民法上被称为“违约责任和侵权责任的竞合”,[②] 对此《民法典》第186条就规定：“因当事人一方的违约行为，损害对方人身权益、财产权益的，受损害方有权选择请求其承担违约责任或者侵权责任。”当然这里的竞合不是民法上“违约责任和侵权责任的竞合”，而是《合同法》违约责任与《国家赔偿法》行政侵权责任的竞合，但对于这种责任竞合形态的处理可以参照《民法典》的规定，要求行政相对人选择一种

① 梁凤云：《行政协议案件的审理和判决规则》，载《国家检察官学院学报》2015年第4期。

② 韩世远：《合同法总论》（第四版），法律出版社2018年版，第885页。

责任承担方式来处理。

例如,《土地管理法》第 58 条第 1 项规定,为实施城市规划进行旧城区改建以及其他公共利益需要,确需使用土地的,经有批准权的人民政府批准可以收回国有土地使用权。因此,若行政机关与行政相对人已签订国有土地转让协议并实际履行,但行政机关确因旧城改造决定收回国有土地使用权的,属于单方解除国有土地出让的行政协议。若行政机关收回国有土地使用权的行为违法,一方面是侵犯行政相对人财产权的侵权行为,另一方面也是违反行政协议约定的违约行为,行政相对人应当选择其中一种责任承担方式来请求行政机关承担赔偿责任,若行政相对人选择违约责任,则赔偿范围包括所受损失和可得利益;若行政相对人选择行政侵权责任,则赔偿范围按照《国家赔偿法》的规定,仅限于直接损失。

三、行政复议

行政复议体制改革背景下“实质性解决”行政争议

——兼论行政复议与行政诉讼的程序衔接

向绪武* 高 阳** 路 敏***

在国家治理体系与治理能力现代化建设过程中，有效化解行政争议是行政诉讼和行政复议的共同使命。2014 年《行政诉讼法》修改制定“双被告”的重要理由之一，就是倒逼行政复议实质解决行政争议。① 同时“实质性解决”行政争议也是最高人民法院近年来特别强调的一项司法政策，② 是指案件审理终结后，当事人之间的矛盾真正得以解决，并且通过案件的审理明晰了此类案件的处理界限。③ 在行政复议制度面临重大调整之际，应当超越“定位之争”，④ 以“实质性解决”行政争议为切入点，回应化解行政争议的现实需求，发挥行政复议公正高效、便民为民的制度优势，实现解决行政争议“主渠道”功能定位。

一、“实质性解决”行政争议理念的提出

（一）“实质性解决”的背景及发展

实质性解决就是通过行政诉讼，让“官民矛盾要得到根本解决，群众

* 作者单位：北京市第四中级人民法院。

** 作者单位：黑龙江省佳木斯市中级人民法院。

*** 作者单位：黑龙江省佳木斯市中级人民法院。

① 信春鹰主编：《中华人民共和国行政诉讼法释义》，法律出版社 2014 年版，第 73 页。

② 江必新：《论行政争议的实质性解决》，载《人民司法》2012 年第 19 期。

③ 参见江必新：《论实质法治主义背景下的司法审查》，载《法律科学》2011 年第 6 期。

④ 行政复议定位之争一直是行政法学界聚讼纷纭的话题，代表性论述可参见甘藏春等：《行政复议主导功能辨析》，载《行政法学研究》2017 年第 5 期。杨海坤等：《行政复议的理念调整与制度完善——事关我国〈行政复议法〉及相关法律的重要修改》，载《法学评论》2014 年第 4 期。刘莘：《行政复议的定位之争》，载《法学论坛》2011 年第 5 期。

的情绪要得到理顺，官民关系恢复到先前的和谐，甚至把先前不和谐的关系变得和谐”。[①] 诉讼制度如果不够定分止争，注定是不能得到发展的。[②] 提出“实质性解决”行政争议，既是回应当事人的实质利益诉求，有效化解社会矛盾的现实考虑，又是我国的法治建设从形式法治向实质法治转型的过程。2014 年《行政诉讼法》修改，首次将解决行政争议确定为立法目的，无疑将对整个行政救济体系产生深远的影响。从行政复议的统计数据来看，近年来行政复议决定变更比率呈逐年下降趋势。[③]

（二）“实质性解决”理念与行政复议

行政复议是行政机关内部自我纠正错误的一种监督制度，[④] 因方便快捷及程序灵活而被人民群众寄予期待。2007 年《行政复议法实施条例》规定要“进一步发挥行政复议制度在解决行政争议、建设法治政府、构建社会主义和谐社会中的作用”，2008 年原国务院法制办公室《关于在部分省、直辖市开展行政复议委员会试点工作的通知》指出：“行政复议是化解行政争议、维护人民群众合法权益、推动行政机关依法行政、实现社会公平正义的重要法定渠道。”2011 年，中央又将行政复议确定为“化解行政争议的主渠道”。表明“实质性解决”行政争议已经是行政诉讼和行政复议的制度共识。实践也一再证明，无论将行政复议制度定位为“主渠道”还是“重要渠道”，无论在解决行政争议方面具有何种优势，只有定分止争“实质性解决”行政纠纷，才能得到人民群众的认同。

二、行政复议与行政诉讼程序衔接现状及存在的问题

（一）现有制度梳理

一般认为《行政诉讼法》第 44 条确立了“当事人选择补救手段是行政复议与行政诉讼关系的一般原则，行政复议前置是行政复议和行政诉讼关系的例外”的模式。[⑤] 梳理相关法律规定，分为以下类型：

1. 自由选择。当事人既可向行政机关申请行政复议，也可向法院提起

---

① 江必新：《积极创新理念机制有效化解行政争议》，载《传承》2011 年第 13 期。

② 参见郭修江：《监督权力，保护权利，实质化解行政争议——以行政诉讼法立法目的为导向的行政案件审判思路》，载《法律适用》2017 年第 23 期。

③ 例如：行政复议决定变更率，2018 年为 0.21%，2017 年为 0.24%，2016 年为 0.3%，2015 年为 0.33%，2014 年为 0.45%。数据源于中国政府法制信息网，载 http://www.moj.gov.cn/government_public/node_634.html，最后访问时间：2020 年 4 月 27 日。

④ 1998 年 10 月 27 日，原国务院法制办公室主任杨景宇在第九届全国人民代表大会常务委员会第五次会议上所作的《关于〈中华人民共和国行政复议法（草案）〉的说明》报告。

⑤ 张步洪、王万华：《行政诉讼法律解释与判例述评》，中国法制出版社 2000 年版，第 297 页。

行政诉讼。具体分为：一是复议选择终局。[①] 即当事人一旦选择行政复议，则该复议结果为终局性结果，不得再就此提起行政诉讼。二是复议结果非终局，即对该复议结果不服的，仍然可以提起行政诉讼。

2. 复议前置。[②] 当事人必须先经过行政复议程序后，对行政复议决定仍不服的可以提起行政诉讼。也可以分为复议终局型和复议不终局型[③]两种情形。

3. 复议终局。行政争议经过行政复议后即为终局，当事人不得再就此提起行政诉讼。具体分为：一是复议终局。[④] 即当事人对行政行为不服的可以申请复议，且复议决定即为最终决定。二是复议后选择终局。[⑤] 即相对人申请复议后，对复议决定不服的可以选择诉讼也可选择再次复议，如选择复议的则复议为终局。

4. 径行起诉。[⑥] 指当事人对行政行为不服，不经过行政复议程序，直接提起行政诉讼寻求救济。

（二）存在的问题

考察行政复议与行政诉讼的程序衔接，存在以下主要问题：

1. 设置类型繁杂。权利救济制度的构建应当遵循便民、为民的基本原则，为当事人提供更加有效、便捷的权利救济途径。面对繁杂的行政复议类型，除非法律专业人士，绝大多数的当事人对行政复议和行政诉讼的程序衔接是难以辨别的，[⑦] 进而难以作出适合救济自己权利的理性选择。

2. 设置标准模糊。考察行政复议前置类型，似乎没有统一的内在设置标准。如《行政复议法》第 30 条涉及自然资源的复议前置型；《税收征收管理法》第 88 条涉及的税务纠纷，其中第 1 款规定复议前置型，第 2 款规定复议结果非终局型；《出境入境管理法》规定的复议终局型，《治安管理处罚法》规定的复议结果非终局型等。上述情形中，技术性较弱的出入境

---

① 《出境入境管理法》第 64 条。

② 《海关法》第 64 条、《税收征收管理法》第 88 条在纳税上发生争议时、《中外合资经营企业所得税法》第 15 条在纳税问题上发生争议时、《专利法》第 41 条、《商标法》第 54 条、《行政复议法》第 30 条第 1 款。

③ 《工伤保险条例》第 55 条所列举的情形。

④ 《行政复议法》第 30 条第 2 款规定，有关行政区划的勘定、调整或者征用土地的决定，自然资源的所有权或者使用权的行政复议决定为最终裁决。

⑤ 《行政复议法》第 14 条规定，对国务院部门或者省、自治区、直辖市人民政府的具体行政行为不服情形。

⑥ 《土地管理法》第 14 条、第 83 条等有类似规定。

⑦ 实证分析显示行政诉讼案件原告聘请律师代理的比率不高，参考 2017 年北京市高级人民法院《发挥行政审判功能，助推法治政府建设——党的十八大以来首都法院行政审判工作情况报告》，统计数据显示仅 1/3 左右的原告寻求律师代理。

纠纷可以不受司法审查、行政复议机关级别也可决定不受司法审查等。

3. 制度衔接脱节。作为法定的行政争议解决方式，行政复议与行政诉讼制度之间应当形成竞争中合作、差异中互补的新型衔接关系。[①] 毋庸讳言，其制度衔接缺乏全局设计且分工模糊，未能发挥应有功能。与修改后的《行政诉讼法》相比较，行政复议在受案范围、申请人、申请期限、复议受理、审理程序、行政复议决定及案件管辖等方面严重滞后甚至与行政诉讼衔接脱节，远远不能回应作为依法治国抓手和化解行政争议“主渠道”的职能定位。同时，由于行政复议举证规则及审理标准缺失，行政复议同质化现象也饱受争议。为“实质性解决”行政争议，行政诉讼为公民权利提供全面救济的理念和技术，应当值得行政复议制度借鉴吸收。

三、国内外行政复议与行政诉讼衔接机制之镜鉴

（一）国外衔接机制梳理

考察国外行政复议与行政诉讼衔接模式，主要分为以下三种典型的类型。

1. 穷尽行政救济原则。实行穷尽行政救济原则的主要有美国。“相对人对其所受的损害，在可能通过任何行政程序途径取得救济以前，不能取得司法救济”，[②] 也就是说，行政救济是司法救济的必经阶段，只有当所有的行政救济手段都不能解决相对人与行政机关之间的纠纷时，行政相对人才能够寻求司法救济。考察坚持“穷尽行政救济”的理由，可以综合为尊重行政机关自由裁量权、保障行政程序连续发展不受妨碍、保护行政机关的自主性、司法审查可能受到妨碍、行政系统内部有自我纠错机制、可能降低行政效率等。[③] 美国虽然实行复议前置，但不影响司法最终审查。

2. 区分诉讼类型前置。区分诉讼类型前置主要有德国。其原理在于“对于侵犯公民权利的每一种国家权力行为，都必须有一个适当的诉讼种类可供利用。”[④] 德国的行政诉讼类型分为撤销之诉、负义务之诉、确认之诉、一般给付之诉、规范审查之诉五种。根据《德国行政法院法》第 68 条的规定，撤销之诉、负义务之诉以行政复议前置为原则、以直接提起行政诉讼为例外；确认之诉、一般给付之诉及规范审查之诉则无需复议前置，可以

---

① 章志远：《行政复议与行政诉讼衔接关系新论——基于解决行政争议视角的观察》，载《法律适用》2017 年第 23 期。

② 姜明安：《外国行政法教程》，法律出版社 1993 年版，第 299 页。

③ 参见王名扬：《美国行政法（下）》，中国法制出版社 1995 年版，第 652~653 页。

④ ［德］弗里德赫尔穆·胡芬：《行政诉讼法》，莫光华译，法律出版社 2003 年版，第 204 页。

直接提起行政诉讼。[①]

3. 当事人自由选择。实行当事人自由选择主要有法国、日本等。由于行政救济程序前置普遍受到质疑，法国和日本均经历了由复议前置到当事人自由选择的转变，只在特殊情况下实行复议前置。例如法国 1987 年《行政诉讼改革法》第 13 条规定，对于行政合同和行政主体的损害赔偿之诉，在提起任何诉讼之前，必须先经过行政救济或者和解。[②] 再如日本实行以下情形复议前置：一是不服申诉的程序具有行政诉讼一审的替代性，为了减轻国民的程序负担的情况；二是存在着大量的不服申诉，直接提起诉讼被认为会加大法院的负担的情况；三是通过第三方机关进行具有高度专业性的技术判断等，可以减轻法院负担的情况。[③]

（二）我国相关研究及建议

针对行政复议案件量少、纠错率低的“程序空转”现象，理论和实务界进行了反思，[④] 为激活行政复议的纠纷解决功能，2014 年修改《行政诉讼法》还创制了行政复议双被告制度。[⑤] 相关主张有：

1. 复议前置。学者、实务界人士近年来纷纷表达了扩大行政复议前置范围的观点，呼吁实行复议前置。[⑥] 扩容行政复议前置有可能实现“做大、做强”行政复议实现“主渠道”定位，对行政争议的及时化解起到积极助推作用。[⑦] 总体上，理论和实务界对坚持当事人自由选择的立场有所变化，行政复议前置的观点逐渐得到重视。

2. 自由选择。自由选择观点认为，近几年行政复议与行政诉讼的案件数量差异不明显，同为解决行政争议的制度，二者没有主次之分。行政复

---

① 《德国行政法院法》第 68 条规定，提起撤销诉讼前，须于先行程序审查行政行为的合法性及合目的性。但法律有特别规定或有下列情形者，不需要该审查：（1）行政行为是由联邦最高行政机关或一个州的最高行政机关作出的，除非法律规定对此必须审查；（2）纠正性质的决定或复议决定首次包含了一个负担。申请行政机关为行政行为而遭拒绝的，所提起的义务之诉准用第 1 款的规定。

② 王名扬：《法国行政法》，中国政法大学出版社 1988 年版，第 539 页。

③ 参见［日］本多滝夫：《日本行政系统的转换和行政不服审查法的“现代化”》，江利红译，载《行政法学研究》2015 年第 3 期。

④ 参见周汉华主编：《行政复议司法化：理论、实践与改革》，北京大学出版社 2005 年版；方军：《论中国行政复议的观念更新和制度重构》，载《环球法律评论》2004 年第 1 期；王万华：《行政复议法的修改与完善——以“实质性解决行政争议”为视角》，载《法学研究》2019 年第 5 期等。

⑤ 江必新、邵长茂：《新行政诉讼法修改条文理解与适用》，中国法制出版社 2015 年版，第 89~97 页。

⑥ 赵德关：《新时期行政复议制度的定位与展望》，载《行政法学研究》2016 年第 5 期；杨海坤等：《行政复议的理念调整与制度完善——事关我国〈行政复议法〉及相关法律的重要修改》，载《法学评论》2014 年第 4 期。

⑦ 参见章志远：《行政复议与行政诉讼衔接关系新论——基于解决行政争议视角的观察》，载《法律适用》2017 年第 23 期。

议制度改革的核心在于塑造行政复议的独立性和公正性，进而提升行政复议的公信力，另外，自由选择模式具有制度竞争作用，通过当事人选择可以展现各自的优势。① 另外，也有学者主张不能以牺牲相对人的程序选择权为代价、提高复议案件量而退回到强制性的复议前置。②

3. 二元分立。持二无分立观点认为，为了降低了当事人的选择成本、机会成本和应对成本，降低复议机关和人民法院的运作成本。应当改变现行复议诉讼双轨制，构建行政复议二审终审制度。即当事人只能选择行政复议或者行政诉讼解决行政争议，并且各自的决定终局。以实行真正的、完全的制度竞争关系。若大多数当事人选择了行政诉讼程序而非行政复议程序解决纠纷，则行政复议制度事实上被搁置，那么改革行政复议制度也就势在必行。③

另外，我国台湾地区“行政诉讼法”第4条第1项、第5条规定，当事人提起撤销诉讼和课予义务诉讼均采取诉愿前置程序，④ 在复议程序上实行一次诉愿制度。上述特定类型案件虽然复议前置，均实行司法最终原则。

四、行政复议与行政诉讼程序衔接的思考

当事人寻求救济的动机、愿望和手段，很难受法律约束。“当事人选择救济手段时主要考虑的，恐怕不是法律对正规渠道的规定，而是能否得到救济、救济机构是否诚信公正，以及获得救济的成本。”⑤ 也只有大部分行政争议在行政复议中“实质性解决”时，“程序空转”的问题才会有较好的解决方案。

（一）激活行政复议化解争议制度优势

行政复议制度设计应当最大限度体现公正高效、便民为民制度优势。机构设置上，随着省、市、县（区）三级行政复议专门机构（局）的设立，集中管辖复议案件能够大幅度提升专业化程度。在人员配备上，随着法律职业资格统一，为行政复议专业化提供了人力支持。在技术准备方面，随着信息化大数据的发展，未来的政务系统是一个大系统，所有的行政活动都会汇集到“存储云”并全程留痕，例如国家知识产权局有关商标专利行政案件对接模式。在受案范围上，应采取“负面清单”模式扩大复议范围。

---

① 参见杨伟东：《行政复议与行政诉讼的协调发展》，载《国家行政学院学报》2017年第6期。

② 参见田飞龙：《“大信访小复议”格局亟待扭转》，载北大法律信息网，最后访问时间：2020年4月19日。

③ 参见林泰：《结构主义视域下行政复议与行政诉讼关系新论——兼论二元发展关系下行政复议制度的重构》，载《法学评论》2016年第2期。

④ 陈秀清：《行政诉讼法》，法律出版社2016年版，第39~40页。

⑤ 参见耿宝建：《行政复议法修改展望》，法律出版社2016年版，第155页。

在程序衔接上，应借鉴司法经验构建“繁简分流”、复议调解、公开听证等制度，另外还可借鉴知识产权专利案件“飞跃上诉”模式，设置部分行政复议案件直接向终审法院提出起诉及独任审理等机制。

（二）发挥行政复议前置的纠纷过滤功能

作为法定救济程序，行政复议与行政诉讼在“实质性解决”行政争议上只有分工不同，并无本质区别。根据中央行政复议体制改革方案，县级以上地方人民政府统一管辖行政复议案件，虽可解决行政复议机关“无人办案”和“无案可办”现象，但“行政复议机构在实践中可能难以超脱。要求行政复议机构工作人员敢于依法、公正办案，也是比较困难的”[①] 担忧仍然存在。笔者认为，应当扩大行政复议前置范围并确立司法最终原则。参考德国及我国台湾地区复议前置模式，结合《行政诉讼法》判决方式类型化，构建撤销诉讼与履行职责诉讼行政复议前置制度，发挥纠纷过滤功能和“源头治理”效果。同时结合行政复议双被告改为行政复议机关“单被告”，缓解“共同被告”程序设计的紧张关系。[②] 例如我国商标专利行政案件在类型上属于撤销之诉。虽然实行同级复议（复审）制，但本质上是将行政（复审）复议决定与原行政行为视为一个整体，商标（专利）评审委员会作为（同级）复议机关独立作出决定后，代表国家知识产权局接受司法审查。实践表明其能高效“实质性解决”行政争议，真正兼顾公正与效率。

（三）赋予行政复议机关全面审查职能

扩大行政复议受案及复议前置范围后，按照一审司法程序构建行政复议程序。首先是完善复议诉讼管辖衔接机制，构建行政诉讼与行政复议案件移送机制，解决好管辖问题。其次是全面构建行政复议调查取证、事实认定、程序补救、法律适用以及行政调解等制度，特别是参考行政诉讼判决方式的类型化，构建行政复议决定的类型化。复议机关可采取撤销、补正、改变原行政行为、确认违法等方式纠错。尤其是对仅有轻微瑕疵但并不影响实质处理结果且对利害关系人权利不产生实际影响的，或者通过补正等事后补救方式可以“治愈”的瑕疵，允许复议机关在复议程序中变更、补证以“治愈”原行政行为，高效“实质性解决”行政纠纷，实现过滤大部分纠纷的功能。类似英国裁判所制度，当事人对复议决定不服的，更多是将法律问题提交法院诉讼解决。同时，还要坚持“卷宗审查主义”，法院

---

① 参见曹鎏：《作为化解行政争议主渠道的行政复议：功能反思及路径优化》，载《中国法学》2020 年第 2 期。

② 参见章剑生：《关于行政复议维持决定情形下共同被告的几个问题》，载《中国法律评论》2014 年第 4 期。

原则上不再接受复议阶段未形成的证据，但符合法律规定的“新的证据”除外。在证据采信上，完全可以借鉴知识产权专门法院行政案件的审理模式，[①] 对行政阶段当事人均无异议的证据或者已经出示、质证过的证据，在司法审查中可以发表不同意见，而不必再次举证质证，当事人仅就诉讼程序中新的证据举证质证。

（四）统筹考虑行政案件集中管辖改革

党的十八届四中全会提出“探索设立跨行政区划的人民法院和人民检察院，办理跨地区案件”，行政案件容易受到地方保护和行政干预影响，属于跨区法院重点管辖的特殊案件。2014 年《行政诉讼法》修正规定了行政诉讼案件跨行政区域集中管辖制度。结合由各级地方人民政府集中管辖行政复议案件的体制改革，可从战略高度配套推进行政案件“双集中”，即将集中后的行政复议案件统一由跨行政区划法院管辖或者指定法院管辖，对规范行政行为、统一执法标准、整合法治资源具有极大优势。将为构建全新的有中国特色的社会治理体系，提供新的解决方案。

① 笔者认为行政复议与行政诉讼的衔接，在审理方式上可借鉴知识产权案件审理的有益经验和探索。

四、行政诉讼

业主的法律之门：涉业主共有利益行政诉讼规则的思考
——以利益衡量为视角

王志来[*]　祝文锋[**]

卡夫卡的《在法的门前》描述了一个乡下人想要进门去见法但却被守门人阻拦的故事，引发了人们对权力、权利与法律之间相互关系的无限思考。如果把乡下人想要进去的法律之门看作是现代行政诉讼中的原告资格，那么设定原告资格条件的机关就是守门人。《最高人民法院关于适用〈中华人民共和国行政诉讼法〉的解释》（以下简称《行诉解释》）第18条①规定业主委员会不起诉时，过半数业主具有原告资格，为业主打开了一道“法律之门”，也为开启过半数业主之诉提供了明确的法律规范依据。② 然而，过半数业主之诉因业主人数众多，并涉及业主共有利益，故现行行政诉讼规则能否对业主诉权提供充分保障，是业主首先面对的问题。本文将通过对一起案件的探讨，以及对相关裁判文书的检索，考察过半数业主之诉的司法实践现状，并利用利益衡量方法对业主诉权保障问题进行探讨，希冀对业主顺利通过“法律之门”有所助益。

* 作者单位：江西省德兴市人民法院。

** 作者单位：江西省德兴市人民法院。

① 该条规定：“业主委员会对于行政机关作出的涉及业主共有利益的行政行为，可以自己的名义提起诉讼。业主委员会不起诉的，专有部分占建筑物总面积过半数或者占总户数过半数的业主可以提起诉讼。”

② 为行文方便，本文对《行诉解释》第18条第2款规定的诉讼简称为“过半数业主之诉”，尽管把这一诉讼类型称之为过半数业主涉共有利益行政诉讼可能更为贴切。

一、错位的法律之门：过半数业主之诉的现状考察

（一）个案考察：悬而未决的问题

典型案例：某开发商开发一小区，该小区分为两期。2019 年 1 月，规划部门对小区一期楼盘进行了规划验收，出具了规划核实合格单。2019 年 8 月，业主周某向法院起诉，要求撤销规划核实合格单。法院以规划核实合格单涉及业主共有利益，周某以个人名义起诉不符合《行诉解释》第 18 条第 2 款规定为由，裁定驳回周某的起诉。周某不服，上诉至中级人民法院。中级人民法院裁定驳回上诉。

2020 年 1 月，业主王某、孙某等 300 余人推选王某、孙某、吴某等 3 人为诉讼代表人再次向法院起诉，要求撤销规划核实合格单。规划部门答辩称，上述业主在周某起诉时就已知道规划部门作出的规划核实合格单，因此起诉超过起诉期限；小区一期业主共备案 1600 余户，孙某等业主未过半数。在收到规划部门答辩状后，诉讼代表人孙某等申请追加原告。规划部门认为追加原告不符合法律规定。

本案涉及过半数业主之诉中起诉期限的审查以及业主人数的确定，司法实践中存在诸多分歧。①

争论 1：起诉期限的起算点如何确定？根据《行政诉讼法》第 46 条规定，除法律另有规定外，起诉期限的起算点为原告知道或者应当知道作出行政行为之日。在样本案件中，起诉的业主有 300 余人，他们知道行政行为的时间有早有晚，那么，起诉期限的起算点是业主最早知道行政行为的时间，还是最晚知道行政行为的时间？规划部门主张，起诉期限的起算点应为业主购买房屋时，因为业主购买房屋时就应该知道规划核实合格单的存在，但业主购买房屋的时间也有早有晚。

争论 2：在诉讼中能否申请追加原告？根据《行诉解释》第 27 条规定，必要共同进行诉讼的当事人没有参加诉讼的，或者法院通知其参加，或者当事人向法院申请参加。但过半数业主之诉并不是必要共同诉讼，因为在必要共同诉讼中，未参加诉讼的当事人与案涉行政行为有利害关系，可单独以自己的名义提起诉讼。而过半数业主之诉中，单个业主不能单独以自己的名义提起诉讼。因此，《行政诉讼法》与《行诉解释》并未对过半数业主之诉中申请追加原告问题进行规定。在诉讼中能否申请追加原告，其实质争议是《行诉解释》第 18 条规定的“过半数的业主”是在起诉时就确定还是可以在诉讼过程中确定。

---

① 该案为笔者所在法院受理的案件。本文探讨的“个案”实际上为两个案件，但因为这两个案件互相关联，故合在一起探讨，也更加适合本文写作目的。下文中简称为“样本案件”。

（二）全景概览：少数业主的法律之门

笔者通过中国裁判文书网搜索2018年以来（截至2020年6月6日）业主对涉共有利益的行政行为提起诉讼的法律文书，共搜索到相关法律文书1168份，减去不符合条件以及重复的，符合条件的有1132份。①

1.《行诉解释》第18条的目的难以实现。在1132份法律文书中，有裁定书1127份，这些裁定书均是因提起诉讼的业主达不到过半数的要求，被裁定驳回起诉；有判决书5份（业主胜诉的2份，败诉的3份），这些判决书均是业主具有原告资格，即起诉的业主达到了过半数要求。

2. 起诉的业主几乎都是“少数派”。在1132份法律文书中，起诉业主人数为个位数的为1090份，占法律文书总数的96.29%，个位数的业主与动辄几百上千的总户数相比无疑是绝对少数。起诉的业主人数在11人至50人的有28份，在51人至100人的有11份，101人以上的有3份，在这42份法律文书中，记载总户数的有30份，起诉的业主占比最高为28.43%，最低为0.14%，该案中总户数达到12162户。②

在起诉的业主达到过半数要求的5份判决书中，如表1所示，4份判决书不具有典型性。在（2019）云26行初37号案件中，具有难以复制的条件。首先案涉小区是当地政府安置离退休老干部的小区，小区住户具有较强的身份认同感，交流比较容易；其次案涉小区不大，原始住户只有88户；最后，50名原告中，50、60年代的31人，占原告总数的62%，相对于其他年代的业主，这些业主有更多的时间、责任心来关注小区的公共事务。

表1　5份判决书相关信息表

案　号	起诉业主人数	小区总户数	备　注
（2019）湘02行初29号	1	1	因拆迁，小区仅剩1户
（2019）湘02行初92号	1	1	因拆迁，小区仅剩1户
（2019）湘02行初363号	8	12	因拆迁，小区仅剩12户
（2019）湘行终744号	1	1	因拆迁，小区仅剩1户
（2019）云26行初37号	50	88	小区为离退休干部安置小区

① 搜索时间截至2020年6月6日。搜索方式为登录中国裁判文书网，点击“行政案件”，在搜索栏中输入“业主委员会不起诉的”。因为《行诉解释》自2018年2月起施行，故搜索的时间范围从2018年2月1日至2020年6月6日。从搜索结果看，起诉的业主达到《行诉解释》第18条规定的“过半数”的法律文书也包括在内，因此搜索结果应该能真实反映过半数业主之诉的司法实践现状。所谓“符合条件”是指业主对涉业主共有利益的行政行为提起诉讼，如单个业主或少数业主与涉案行政行为有利害关系的则为不符合条件。

② 起诉的业主占比最高数据出自四川省成都市中级人民法院（2019）川01行终595号行政裁定书，起诉的业主占比最低数据出自广东省深圳市中级人民法院（2018）粤03行终1379号行政裁定书。

3. 业主服判息诉率不高。经检索发现，一审裁定书有 536 份，二审裁定书有 530 份，再审裁定书有 61 份，二审裁定和再审裁定之和已超过一审裁定。尽管存在着一审认定少数业主具备原告资格，而二审予以裁定驳回的情形，但绝大多数二审裁定是因为少数业主对一审裁定不服而提起上诉，甚至申请再审。

综上，《行诉解释》第 18 条本想为业主打开一道法律之门，但在司法实践中，过半数的设定反而阻碍了业主的诉权实现。在业主的原告资格设定中，不仅要让业主看见法律之光线，更要让业主沐浴法律之阳光。

二、困惑的法律之门：利益失衡下的诉权保障

在行政诉讼中确立原告资格制度，是对公民权利（利益）与公共利益（他人利益）之间进行权衡的结果。[①] 因此，设立原告资格的法律之门本应在诉权保障与秩序维护中发挥平衡作用。然而，在过半数业主之诉中，业主的诉权是在利益失衡下的“保障”。

（一）涉共有利益诉讼规则的缺失

诉讼规则属于程序法。法律程序中存在着两方面的权利，即实体性权利和程序性权利。[②]《行诉解释》第 18 条将诉权赋予了过半数业主，保障了业主的实体性权利，但对业主的程序性权利却并未规定。

有学者指出，不同法律程序中有共性的程序性权利，个别法律程序中有个性的程序性权利。[③] 同样的，不同的诉讼类型有共性的程序性权利，特殊的诉讼类型也有着特殊的程序性权利。过半数业主之诉显然具有特殊性。一般的行政诉讼涉及的是个人利益，行政公益诉讼涉及的是公共利益，过半数业主之诉涉及的是业主共有利益。因此，过半数业主之诉遇到的问题无法适用一般行政诉讼以及行政公益诉讼的诉讼规则来解决。不同性质的诉讼类型在各自领域内有着不同类型的程序性权利，这必然要求设立不同的诉讼规则来确保诉讼过程中的利益平衡。

程序性权利保障规则的缺失使得业主的诉权易遭受以下问题的挑战。一是前面已阐述的起诉期限起算点和申请追加原告的问题。二是身份核实的问题。与其他行政案件相比，过半数业主之诉中原告身份的核实将占用大量时间，尤其是上百位业主参加诉讼时，如何核实原告身份？是当面核实还是书面核实？是法院单方核实还是被告一起核实？三是总户数的认定问题。过半数业主之诉中要求建筑物总面积过半或总户数过半。建筑物总

---

① 陈良刚：《论行政诉讼原告资格认定中的利益衡量》，载《法律适用》2006 年第 8 期。

② 孙笑侠：《程序的法理》，商务印书馆 2005 年版，第 211 页。

③ 孙笑侠：《程序的法理》，商务印书馆 2005 年版，第 214 页。

面积一般是客观、确定的，但总户数却存在以什么时间节点来确定的问题。不同的确定时间会影响到总户数的数量，从而影响业主是否达到“过半数”。上述问题的悬而未决使得业主的诉权处于不稳定状态。

（二）少数业主利益主张的沉没

业主自治，是指业主为维护和增进全体业主的共同利益，依照法律规定和管理规约，并通过业主团体对共有部分和共同事务进行统一、民主管理的制度。[①] 在业主自治中，有两个价值理念起着牵引作用：一是自由主义，主张个体利益的优先保障；二是社群主义，主张个体利益必须透过与其所著根的社群间的对话关系发现。[②] 根据《物权法》第 76 条以及《物业管理条例》第 11 条、第 12 条的规定，业主自治规则是少数服从多数，体现了民主管理理念。可见，社群主义是业主自治中的主导价值理念。但人由于本身的局限，一定数量聚合的人群并不能确保意志的合法性和正义性，即多数人也不一定总是对的。[③] 因此业主自治中可能出现“多数人暴政”，引发少数业主与多数业主之间的利益冲突。由于社群主义理念的主导，在少数业主与多数业主的利益冲突时，多数业主的利益主张更容易获得表达，而少数业主的利益主张则被多数业主的利益主张所淹没，被多数业主的利益主张所代表。

过半数业主之诉中，“过半数”其实是个伪问题，因为如果业主达到了“过半数”，那么就不存在因人数不足而被驳回起诉的情形。正如文书检索中一样，过半数业主之诉中，绝大部分是少数业主，甚至是单个业主提起的诉讼。所以在业主自治层面，过半数业主之诉中的冲突双方表现为少数业主与多数业主，在诉权保障层面，实际上要保障的是少数业主的诉权。然而，业主自治中价值理念的选择让少数业主的诉权在先天上就处于被牺牲的对象。

在此还须指出两个问题：一是业主委员会成立难。据人民网报道，截至 2019 年 1 月，海南省海口市有 2763 个小区，有物业管理的 1541 个，成立业主委员会的 316 个，占总数的 20.5%。[④] 业主委员会成立难导致少数业主的利益主张缺乏表达平台。二是业主自治中存在的少数业主与多数业主的利益冲突，可能是一种假象，实际上是少数业主与少数业主之间的利益

---

① 高圣平：《论业主自治的边界》，载《法学论坛》2009 年第 6 期。

② 陈青：《博弈与重构：走出业主自治内部纠纷之困》，载万鄂湘主编：《全国法院第 23 届学术讨论会获奖论文集（下）》，人民法院出版社 2011 年版，第 907 页。

③ 萧瀚：《多数人暴政的警钟》，载《读书》2001 年第 10 期。

④ 樊欢迪：《海南省业委会助推海口新增 98 个小区业委会》，载 http：//hi.people.com.cn/n2/2019/0128/c231190-32586009.html，最后访问时间：2020 年 6 月 5 日。

冲突，因为社群共同决反映出的仅是少数社群成员甚至不是社群成员的意见。[①] 在业主委员会权力失范情况下，业主委员会所提出的利益主张可能只是少数几个业主委员会成员的利益主张，此时反而出现了少数业主的利益主张被更少数业主的利益主张所淹没的不合理现象。

（三）维护社会秩序的优先考量

一般认为，行政行为具有公定力、确定力、拘束力和执行力。[②] 在行政行为所追求的价值目标中，与个案正义相比，法安定性居于首要地位。[③]《行诉解释》第18条明确了业主具有原告资格，但附加了条件，即过半数。这是借鉴《物业管理条例》第11条、第12条规定的结果，相对于《物业管理条例》的“双2/3”或“双过半”，《行诉解释》规定的是“单过半”。[④]《物业管理条例》是行政管理法规，追求法安定性是其首要价值目标，《行诉解释》借鉴《物业管理条例》设定业主的原告资格条件，反映了在原告资格设定中对维护社会秩序的优先考量。此外，《物业管理条例》第11条、第12条的规定是多数决规则在物业管理中的体现。多数决意指将多数人意见视为全体意见，并要求全体统一服从。[⑤] 服从意味着遵守秩序。然而，在物业管理中因秩序需要采用多数决规则，并不必然意味着在设定原告资格时也应采用多数决规则，因为“如果说立法机关和行政机关是为多数派而存在的，那么审判机关则是为少数派个人以及弱者而存在的”。[⑥] 在过半数业主之诉中，确定过半数的业主具有原告资格，虽然减少了涉业主共有利益的行政行为接受司法审查的可能，有利于维护社会秩序，但确实也为业主的诉权设置了更高的门槛，不利于业主的诉权保障，也不利于监督行政机关依法行政。

三、法律之门的复位：基于利益衡量的制度优化

无救济则无权利。过半数业主之诉中，要充分保障业主诉权，应在反思现行诉讼规则的基础上，以利益衡量为基本原则，以统筹兼顾诉权保障和秩序维护为导向，进一步优化诉权保障制度。

（一）实行法院公告平衡业主诉权保障之弱

1. 必要性分析。过半数业主之诉中，业主面临以下困境。首先，面临

---

① 陈青：《博弈与重构：走出业主自治内部纠纷之困》，载万鄂湘主编：《全国法院第23届学术讨论会获奖论文集（下）》，人民法院出版社2011年版，第906页。

② 姜明安：《行政法》，北京大学出版社2017年版，第247页。

③ 章志远：《行政法学总论》，北京大学出版社2014年版，第171页。

④ 梁凤云：《行政诉讼法司法解释讲义》，人民法院出版社2018年版，第87页。

⑤ 华燕：《论社会多数决的适用》，载《法制与社会发展》2012年第3期。

⑥ 季卫东：《大变局下的中国法治》，北京大学出版社2013年版，第43页。

着理念困境。在业主自治中，社群主义理念的主导地位让少数业主的利益主张难以通过业主自治来实现。其次，面临着利益博弈困境。过半数业主之诉的诉讼标的是“涉及业主共有利益的行政行为”，其前提是业主委员会不起诉，因此起诉的业主几乎属于“少数派”，要么是与行政机关进行利益博弈，要么是与行政机关和多数业主及其代表（即业主委员会）进行利益博弈。最后，面临着现实困境。业主人数众多，因此相互之间的交流沟通不畅。以样本案件而言，案涉小区位于小县城，购买小区住房的业主绝大部分为当地县城或乡镇居民，但大部分业主在外务工或经商等，平时几乎不在县城，如果不是微信等即时通讯技术的发达，业主很难聚集起 300 余人提起诉讼。因此，如果不考虑业主的先天弱势地位以及后天不利条件，不对业主诉权进行倾斜性保护，不让起诉的业主申请法院公告，那么即使赋予业主原告资格，业主的诉权也只是水中花、镜中月。

实行法院公告，让业主登记参加诉讼，一是可以发挥法院的主导作用，平衡双方当事人的不对等地位，充分保障业主的诉权；二是可以避免原告在诉讼过程中申请追加原告，缓和双方当事人的矛盾冲突；三是可以附带解决业主身份核实的问题，提高诉讼效率；四是可以避免不同业主对同一行政行为提起重复诉讼，节约司法资源。

原告申请法院公告，会不会引发不想起诉的业主参加诉讼，从而导致诉讼案件数量和难度的增加以及激化业主与行政机关或业主之间的矛盾？笔者认为，首先，原告申请法院公告，不会引发不想起诉的业主参加诉讼，法院的公告只是一个告知，是否参加诉讼应由业主自由决定。其次，原告申请法院公告，应当满足一定条件后法院才予以受理，因此不会导致案件数量增加，反而会减少重复诉讼。至于案件审理难度，行政诉讼中人民法院对行政行为的合法性进行审查，因此案件难易程度与当事人人数的多少关系不大。当然，一方当事人人数众多，必然增加人民法院的工作量，但从利益衡量的角度看，诉权保障应该处于优先位置。最后，原告申请法院公告，只是强化了对业主的诉权保障，而业主与行政机关之间的矛盾属于行政机关与行政相对人的行政争议，业主之间的矛盾属于业主自治中的内部纠纷，无论是行政争议还是业主内部纠纷并不必然与业主的诉权产生关系，反之，行政争议或业主内部纠纷可能会因为司法的介入得到实质、妥善化解，更加契合运用法治思维化解矛盾的现代治理理念。综上，笔者认为，基于利益衡量，应当建立原告申请法院公告制度，以强化对业主的诉权保障。

2. 若干规则。一是设立法院受理原告申请的前置条件。原告 10 人以下的，法院不予受理原告公告申请；原告 10 人以上的，法院应当受理原告公告申请。过半数业主之诉中，最突出的问题是如何平衡诉权保障与秩序维护，一旦处理不好，其结果要么造成业主空有“观念诉权”，而难有“现实诉权”，要么造成业主滥诉，浪费行政、司法资源，致使社会秩序处于不确定状态。因此，需要设置法院受理申请的前置条件，但因为过半数业主之诉的情形比较特殊，在国内没有类似的制度设置。《美国联邦民事诉讼规则》规定，原告提起集体诉讼的，应以申请的方式向法院提出确认集体诉讼；集体诉讼应该满足众多性、共同性、典型性和代表充分性，其中关于众多性的人数没有硬性规则，但一些学者和法院建议，25 个以上成员通常足以满足众多性条件。[①] 尽管过半数业主之诉与美国的集体诉讼有着明显区别，比如集体诉讼属于民事诉讼，而过半数业主之诉属于行政诉讼，但可以借鉴美国集体诉讼中的确认集体诉讼制度，在过半数业主之诉中设置法院受理原告申请的前置条件。同时，鉴于文书检索中原告人数在 10 人以下的有 1090 份，故将法院受理原告申请的最低人数确定为 10 人。

二是设立法院启动公告程序的条件。法院受理原告的申请后，可依职权查明涉案小区的建筑物总面积以及总户数，如果提起诉讼的业主的专有部分占建筑物总面积未超过 1/10 或者业主户数未超过占总户数 1/10 的，则法院驳回原告的申请；如果提起诉讼的业主的专有部分占建筑物总面积超过 1/10 或者业主户数超过占总户数 1/10 的，则法院同意原告的申请，启动公告程序。

三是明确业主自愿参加诉讼。是否参加诉讼是业主自由决定的事项，本不应再多加陈述，但在样本案件中，有业主反映有人阻挠其参加诉讼，因此在过半数业主之诉中，有必要重述业主自愿参加诉讼原则。理论上，存在两种干扰业主自愿参加诉讼的情形：（1）原告方强迫业主参加诉讼；（2）被告方或第三人阻挠业主参加诉讼。如果有证据证明存在干扰业主自愿参加诉讼的情形，法院可以妨害诉讼活动为由对相关当事人进行处理。

四是确定法院公告的方式。法院应在同意原告申请后 7 日内在涉案小区张贴公告，告知案件基本情况、业主参加诉讼的登记方式、公告期限等。

五是开展业主身份核实。一旦启动法院公告程序，随之而来的就是对申请参加诉讼的业主身份进行核实，以确定该业主是否具备原告资格。业主应到法院指定的地点提交身份证、不动产权证或商品房买卖合同等材料，并填写自愿参加诉讼书。鉴于目前行政案件实行集中管辖，集中管辖法院可以指定业主小区所在县（市、区）作为核实地点，并可委托小区所在县（市、区）法院进行身份核实，以减少业主诉累。原则上业主应亲自到现场核实，如委托他人的，应委托近亲属代为办理申请参加诉讼事宜。在核实

① 王开定、王欣雯：《美国集体诉讼制度研究》，载《国际商法论丛》（第 9 卷），法律出版社 2008 年版。

业主身份时，可以邀请行政机关一起参加。

六是确定公告的效果。公告期满后，如果参加诉讼的业主达到“过半数”的要求，则业主应在公告期满后 7 日内推选出诉讼代表人，推选不出的，则法院指定。如果经公告后参加诉讼的业主达不到“过半数”的要求，则法院应直接裁定驳回起诉。业主在公告期内未申请参加诉讼的，视为不参加诉讼。公告期满后，法院也不再接收业主的参加诉讼申请。

（二）运用法律拟制弥补诉讼规则之失

法律拟制，通俗来说就是通过法律规定将“本不是如此的事实”拟定为“如此的事实”，从而使前者获得后者的法律后果。[①] 法律拟制是法律——通过法官创造性的努力——借以平衡灵活性和稳定性、回应性和前瞻性的工具之一，是法院解决特殊问题—尤其是需要当事人证明因果关系和意图问题的一种方法。[②] 在过半数业主之诉中，由于诉讼规则的缺失，导致对确定起诉期限起算点、认定业主总户数等没有法律依据，因此需要运用法律拟制解决上述问题。

1. 实行起诉期限起算点拟制。行政诉讼中，原告起诉超过起诉期限的，法院将不予受理，因此起诉期限的起算点显得尤为重要。在过半数业主之诉中，由于业主人数众多，无法根据《行政诉讼法》第 46 条的规定来确定起诉期限的起算点，需要拟制一个时间点作为起诉期限的起算点。在司法实践中，最高人民法院已经对涉及农村集体土地的行政案件的起诉期限起算点进行了法律拟制。[③] 但过半数业主之诉涉及的行政管理领域较广，涉及的行政行为种类也较多，既有行政作为，也有行政不作为；既有行政决定行为，也有行政事实行为。因此应当根据行政行为的种类来拟制起诉期限的起算点，避免以原告知道或者应当知道行政行为之日作为起算点带来的不确定问题。

一是行政行为是以公告方式送达的，起诉期限自公告之日起或者公告确定的期限届满之日起计算。行政行为公告送达的，其内容已公示于外，应推定为业主所知晓。

二是业主对行政事实行为提起诉讼的，起诉期限自行政事实行为实施之日起计算。行政事实行为，一般表现于外，如行政强制拆除行为，作为业主理应知道该行政事实行为。

---

① 黄亚洲、孔金萍：《环境民事公益诉讼原告资格的破与立》，载《沈阳工业大学学报（社会科学版）》2019 年第 6 期。

② ［英］Maksymilian DelMar：《法律拟制与法律变迁》，俞海涛译，载《法律方法》2019 年第 1 期。

③ 《最高人民法院关于审理涉及农村集体土地行政案件若干问题的规定》第 9 条规定：“涉及农村集体土地的行政决定以公告方式送达的，起诉期限自公告确定的期限届满之日起计算。”

三是除上述两种情形外，业主第一次对涉及业主共有利益的行政行为提起诉讼的，除行政机关有证据证明业主起诉超过起诉期限的，应推定业主起诉未超过起诉期限，当然业主的起诉应当在最长起诉期限内。过半数业主之诉人数众多，因此推定业主第一次起诉未超过起诉期限，以提高诉讼效率。

四是业主第二次及之后对涉及业主共有利益的同一行政行为提起诉讼的，起诉期限自人民法院受理业主第一次诉讼之日起计算，不论第二次及之后提起诉讼的业主是否知晓第一次诉讼。这主要是为了维护社会秩序而作如此拟制。

2. 实行总户数计算截止日期拟定。在过半数业主之诉中，尽管业主可以通过“面积过半”来获取原告资格，但理论上总户数必须予以确定。由于涉案小区，尤其是新开发的小区，业主的总户数处于变动之中，因此必须确定一个计算截止日期。可以确定案件立案时间为计算截止日期。在立案之前已经是小区业主的可登记参加诉讼，在立案之后成为小区业主的不能登记参加诉讼。

结 语

在可以预见的相当长的一段时间里，“过半数”仍然是业主对涉及业主共有利益的行政行为提起诉讼时面对的第一道“法律之门”。如何统筹兼顾诉权保障与秩序维护，既防止业主诉权因门槛过高而难以行使，又防止业主滥诉导致公共利益或他人利益受到损害，为此，根据本文的探讨，笔者起草了《关于审理涉及业主共有利益的行政行为案件适用法律若干问题的规定》，以期对相应案件的审理提供参考，让业主“通向法的大门像往常一样敞开着”。（附件略）

（本文获一等奖）

政府信息公开案件试行有限一审终审制的思辨与创建

——以 B 市 12 年政府信息公开案件实证分析为基础

赵卫红[*] 马媛婧[**] 李 颖[***]

二审终审制的目的在于通过审级监督实现司法公正。但政府信息公开制度伴随社会的发展与变革，对我国现行审级制度功能构成强烈冲击，督导功能近乎虚置。在此背景下，政府信息公开案件是否仍有必要无条件地保留政府信息公开申请者的上诉权？能否实行一审终审制？如果推行一审终审制，该如何保障案件裁判结果的公正性？

一、缘起：政府信息公开案件的异化

自 2008 年 5 月 1 日《中华人民共和国政府信息公开条例》（以下简称《条例》）实施起至 2019 年 12 月 31 日，B 市政府信息公开一审、二审案件数从 2008 年到 2016 年逐年走高，虽然在 2017 年始有所回落，但依然高位运行。(见图 1)

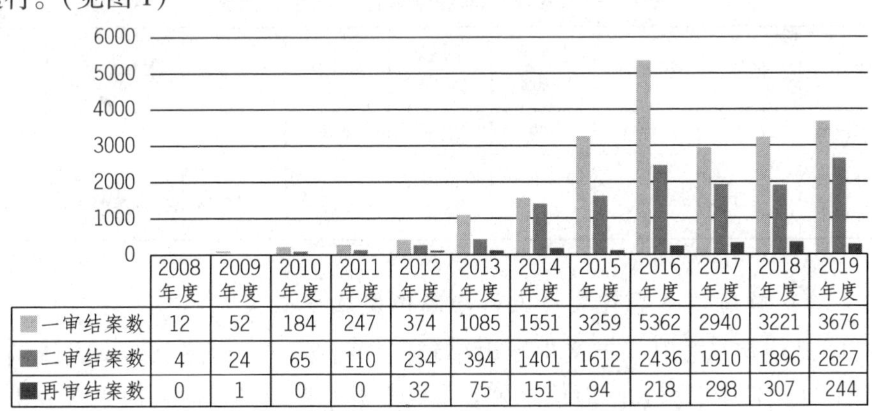

	2008年度	2009年度	2010年度	2011年度	2012年度	2013年度	2014年度	2015年度	2016年度	2017年度	2018年度	2019年度
一审结案数	12	52	184	247	374	1085	1551	3259	5362	2940	3221	3676
二审结案数	4	24	65	110	234	394	1401	1612	2436	1910	1896	2627
再审结案数	0	1	0	0	32	75	151	94	218	298	307	244

图 1 B 市政府信息公开一审、二审及再审案量

---

* 作者单位：内蒙古自治区高级人民法院。

** 作者单位：北京市东城区人民法院。

*** 作者单位：北京市东城区人民法院。

当继续深挖政府信息公开案件“司法大数据”之后，却发现其在高歌猛进的繁荣景象之下，隐藏着如下三大异象：

（一）诉讼利益缺乏，并有诉讼信访化趋势

1. 工具性色彩浓重。公众申请政府信息公开并非仅为了获取信息本身，更为了解决背后的拆迁补偿安置等实质性问题，申请信息公开成为解决实质问题的一块“敲门砖”，“工具性”色彩浓重。同时，原告在不断的诉讼实践中充分挖掘司法对行政的制约监督作用，在申请信息公开之后频繁提起行政诉讼以引起行政机关的重视，促使行政机关将其基础纠纷的解决提上议事日程，辅之以司法大调解的推行，最终实现个人利益的最大化。

2. 非理性诉讼多发。如宋某某仅在2016年5月至7月两个月内即向B市四中院提起诉讼1920余起，重复起诉1843件，其起诉对象从街道办到区政府、市政府直至国家部委，其所申请的信息涵盖了区长的职务开支、城管执法监察局局长的工资、区政府的银行日记账等各种事项，并自称是“为了监督腐败”，在谈话中质问法官“其比陆红霞典型，为何不作为典型案例予以曝光”，通过信息公开宣泄个人情绪；又如李某某，其明知申请内容不是政府信息，也不论行政机关是否会满足其权利诉求，均逐一穷尽复议程序、诉讼程序，同时存在一边提起行政诉讼，一边申请行政复议，在前诉未生效时，又对复议行为提起诉讼，对行政资源和司法资源均造成了巨大浪费。上述非正常申请主体占比不到10%，但提起的案件量占比达38%（见表1）。

表1　一人多案“非理性诉讼”典型人物表

原告	张某	崔某某	丁某某 吴某某	郑某某 莫某某	许某某	宋某某	李某某	孙某某 等五人
起诉次数	674	375	469	191	106	2616	398	130
信息涉及事由	拆迁补偿	拆迁补偿	征地拆迁补偿	网络域名管理	金融监管	拆迁补偿	治安处罚	征地拆违

（二）政府信息公开案件上诉率高但发改率低

1. 政府信息公开一审案件上诉率较同期行政一审案件上诉率大体偏高（见图2）。总体上看，政府信息公开案件上诉率虽波动较大，但大多数年份都高于行政一审上诉率。由于政府信息公开案件本身基数庞大，高上诉率导致二审案件数量庞大，严重消耗二审法院的审判资源。

图 2　政府信息公案件一审上诉率走势图

2. 政府信息公开案件二审发改率较同期行政二审发改率低。随着政府信息公开案件量逐年增长，一审法官对此类案件的审理也逐渐“轻车熟路”，自 2013 年起，发改率低于同期行政二审案件发改率。特别是 2019 年《条例》修订后，对政府信息的内涵、不予公开的豁免事由等作出更为明确的规定，案件法律事实争议判断更加清晰，二审发改率创 0. 57%新低（见图 3）。

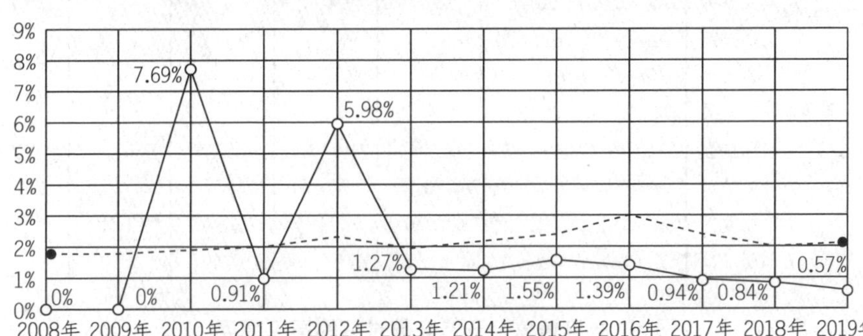

图 3　政府信息公开二审案件发改率走势图

（三）相对简易的政府信息公开案件占用了大量的稀缺司法资源

1. 政府信息公开二审案件数占同期行政二审案件总数比重高。政府信息公开案件二审案件数占同期行政二审案件数比重在 2008 年至 2012 年期间成倍增长，继 2014 年始，比重基本恒平在 33%左右（见图 4）。但是该类案件在行政诉讼中属于案情简单、争议较少的案件类型，该高占比导致二审审判资源在各案由中配置失衡，无法将精力更多地放置在真正需要二审把控的行政协议、规范性文件审查等新型疑难复杂案件中。

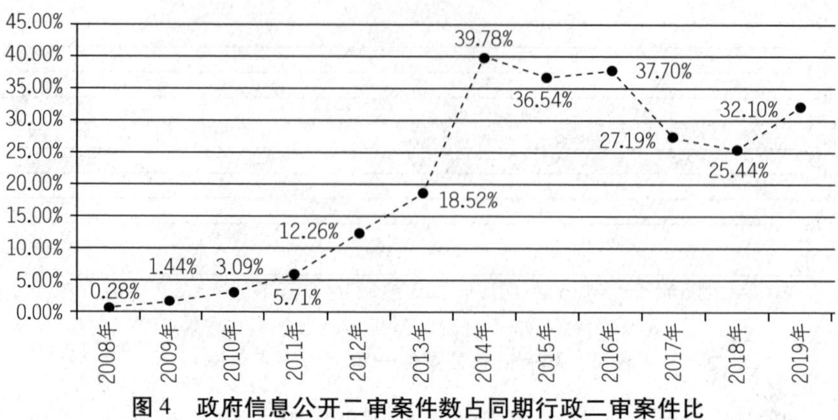

图 4　政府信息公开二审案件数占同期行政二审案件比

2. 政府信息公开案件被告层级较传统案件略高，压缩高院督导功能发挥空间。政府信息公开案件的被告层级比传统案件层级略高，2013 年以来，以市政府、国家部委为被告的案件受案量急速增长，截至 2019 年 12 月 31 日，涉诉国家部委已有 39 个，案件总数逾 3000 件（见图 5）。

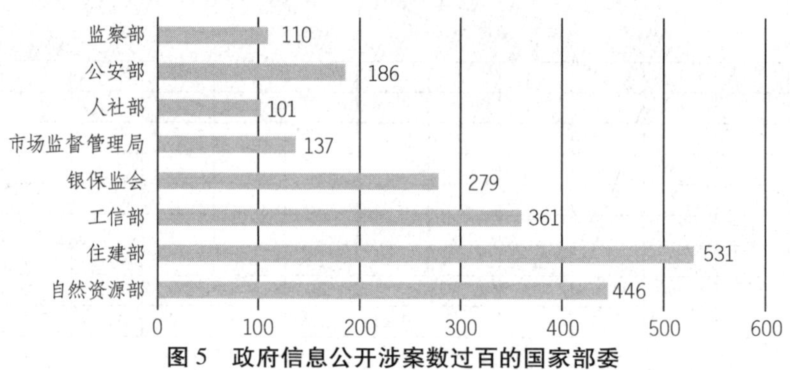

图 5　政府信息公开涉案数过百的国家部委

此类以国家部委为被告的案件按照我国级别管辖制度，应由中级人民法院一审，高级人民法院进行二审。以 B 市高级人民法院为例，其审理的行政二审及再审案件中有近 1/3 左右的案件系政府信息公开案件，但上述政府信息公开案件二审发改率不足 0.5%，再扣除 2015 年 1 件、2019 年 3 件未予驳回外，剩余全部驳回，严重影响了高级人民法院对疑难案件的审理和普遍性问题的钻研，弱化了其督导功能（见图 6）。

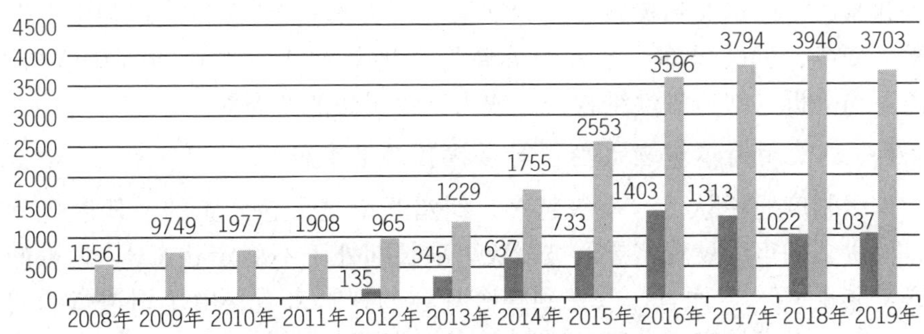

图6　B市高院政府信息公开案件及全部案件受理量

（四）启发

政府信息公开案件司法实证考察中所呈现的三大异相说明，现行的二审终审制已不再是该类案件审级设计的最优解。2012年，民事诉讼基于当事人高效处理纠纷的诉愿和法院繁简分流之考虑，对小额诉讼开始推行一审终审制。我国行政诉讼制度由民事诉讼制度演化而来，政府信息公开案件与民事小额诉讼案件在案情简单、实质权益额度小、体量庞大上不但具有同一性，而且更具有民事小额诉讼所不具备的案情单一性，那么能否在行政诉讼中对政府信息公开案件也试行一审终审制？行政法官作为政府信息公开案件审理的亲历者，其对该类案件是否应推行一审终审制最有发言权，经问卷调查，82.61%行政法官认可在政府信息公开案件中推行一审终审制，实践呼吁强烈。但一项制度的创建，不仅需要现实的殷切期待，更需要理论正当性的支撑。

二、剖析：政府信息公开案件试行有限一审终审的正当性

审级制度作为一项司法程序制度，旨在科学设定“诉讼案件经几级法院审理，裁判结果才可立即发生既判力”①。科学的审级制度不仅需要设计者富含深邃的法律智慧，更需要拥有立足于社会发展、司法变革的博大胸怀。随着社会的发展，公正与效率之间不再是以往“此消彼长”式的单维线性关系，而是汇集了诉讼参与各方人力、物力及时间等多重社会资源的立体构造。司法资源投入与案件审理错误发生率之间“黄金分割点”② 的找寻，需要以社会整体正义作为价值坐标。同时，随着立案登记制、行政负责人出庭应诉、行政复议维持双被告、司法公开等制度的推行，行政相对

① 杨荣新：《重构我国民事诉讼审级制度的探讨》，载《中国法学》2001年第5期。

② ［美］理查德·A. 波斯纳：《法律的经济分析》，蒋兆康译，中国大百科全书出版社2003年版，第717页。

人告状难、行政机关消极敷衍应诉难题“一去不复返”，行政审判生态发生了重大变革，诉讼爆炸、滥诉缠诉新形态逆势而生。如何通过司法指引、剥离不当上诉，塑造理性维权公民成为行政司法的新课题。

（一）案由简单审理成熟，对法律程序需求低

审级制度通说认为，审级越多，纠错几率越大，公正的信任度也就越高，但过多的审级设置将导致被裁决事项长期处于不稳定状态，“迟来的正义亦是非正义”。[①] 而且，放宽到整个社会的视野来看，由于司法资源的有限性，每一个案件实现公正所消耗的司法资源都会成为其他案件实现公正的机会成本，因此，有学者从宏观的角度提出了“整体正义”[②] 概念。

行政诉讼案由众多，案由不同，法律权利义务关系复杂程度不同、审理者的裁判熟悉程度不同，各自对诉讼程序的内在要求也各不相同。充分掌握诉讼案由对诉讼程序的“需求”与诉讼程序向诉讼案由的“供给”之间的供需规律，[③] 实现审级资源的最优化配比，亦是“整体正义”的应有之义。

政府信息公开案件司法审查要点集中于被诉行政机关作出的非政府信息、无法公开、不予公开、不予处理、公开处理决定是否合法、答复所适用的法律法规是否正确，决定了此类案件法律审查“总体简单”。《条例》又具体详实地明确了政府信息公开的豁免范围，并以“按图索骥”式的立法语言，将常见信息公开申请的处理模式类型化固定化，[④] 决定了政府信息公开案件“争议不大”。同时，经过十余年的审判实践，审理信息公开案件的思路已经趋同化，以“是不是——有没有——给不给——怎么给”的“四步审查法”层层递进，[⑤] B 市 H 基层法院创新性地推出将诉辩意见、事实认定、裁判理由分类入表的“表格式裁判文书”，绝大部分政府信息公开案件，即使不同的法官审理也会得出相同的结论，一审裁判足以确保案件公正无虞，此类案件极低的二审改判率即为最好的辅证。故对于案件案情简单争议不大且裁判者经验丰富的政府信息公开案件，可借鉴《民事诉讼法》第 157 条和第 162 条对“事实清楚、权利义务关系明确、争议不大的小额诉讼实行一审终审”的规定，顺应程序供需规律，不再生硬套用程式

① 熊秉元：《正义的成本——当法律遇上经济学》，东方出版社 2016 年版，第 193 页。

② ［日］小岛武司等：《司法制度的历史与未来》，汪祖兴译，法律出版社 2000 年版，第 35 页。

③ 张晋红：《关于构建民事诉讼一审终审制的立法思考——从完善民事诉讼等级制度的视角》，载《河北法学》2005 年第 8 期。

④ 耿宝建、周觅：《新条例制度环境下政府信息公开诉讼的变化探析》，载《中国行政管理》2020 年第 2 期。

⑤ 程琥：《新条例实施后政府信息公开行政诉讼若干问题探讨》，载《行政法学研究》2019 年第 4 期。

化的二审终审。

（二）实体利益有限，上诉权益缺失

上诉权在性质上兼具裁判请求权和程序形成权特性，既是“期待”上诉法院提供二次审判的“请求”，又是“唤醒”上诉法院启动上诉审程序的“军号”，承载着实现一审裁判遭受不利当事人上诉利益的功能。上诉利益，又称不服之利益，判断标准在理论界有救济必要性说（实体不服说）、裁判不利益说（形式上学说）和更高利益追求说（折中说）之争，但从司法实务运行视角窥探可发现，我国行政审判在识别上诉人有无上诉利益上采纳了裁判不利益说标准，即以“一审判决主文”为基准点，将“一审诉讼请求、答辩意见”与其对量，若判决结果未能全部满足一审原告诉求抑或被告抗辩，就可推定一审裁判对相关当事人产生了不利益，随即拥有了上诉利益。但裁判不利益说标准的科学合理性需建立在“诉讼请求与诉讼目的同一”的基础之上，在当事人诉讼目的与诉讼请求发生错位，即其所追求的实质利益并非诉讼请求所涵射的初原利益时，则应考量对该类初原利益给予上诉救济的必要性。

政府信息公开行为在性质上属于受益性行政行为，[①] 对公民的财产、人身权益不产生直接影响，从问卷调查结果来看，90.44%的被调查者亦认为一审终审对当事人的实体利益影响有限或者基本无影响，与小额民事诉讼中财产权益额度低有异曲同工之处。政府信息公开制度以维护申请人的知情权为初衷，知情权作为宪法性权利，存在权利边界，应在《条例》所搭建的法律框架下予以落实。在信息公开案件中，一审原告起诉状中的诉讼请求虽通常以“请求法院判决撤销某某答复并责令重新作出答复”为表达，但进入开庭审理阶段却发现一审原告对自身所申请的信息关注度并不高，其不论起诉还是上诉，目的均在于质疑隐含于信息背后、与其财产人身权益直接关联的征收补偿行为、行政处罚决定、训诫的合法性，意欲将本已“盖棺”的基础纠纷再次带回到诉讼轨道中来，政府信息公开司法审判沦为此部分一审原告重启纷争的捷径。

同时，为引起政府高层关注抑或宣泄内心分明，一审原告充分利用信息公开制度的低门槛救济特性，可就同一行政行为从不同侧面针对不同行政机关提出不同的申请，这种打包、捎带、捆绑的信息公开申请行为轻易地避开了重复诉讼的审查，大量随心所欲、滥用诉权的案件在政府信息公开案由的合法外衣包裹下冠冕堂皇地迈入了行政诉讼殿堂，实现了自我权益的不当扩张。此类一审原告尽管被一审裁定驳回起诉或者判决驳回诉讼

---

① 余凌云：《行政法讲义》，清华大学出版社 2014 年版，第 347 页。

请求，遭受表面上的裁判不利益，但其上诉利益由于信访元素、滋扰因子的存在而消减了保护的正当性，其所追求的利益可通过更为直接的基础纠纷诉讼、信访诉求化解模式予以解决，进而削弱了其上诉利益保护的必要性（见图7）。

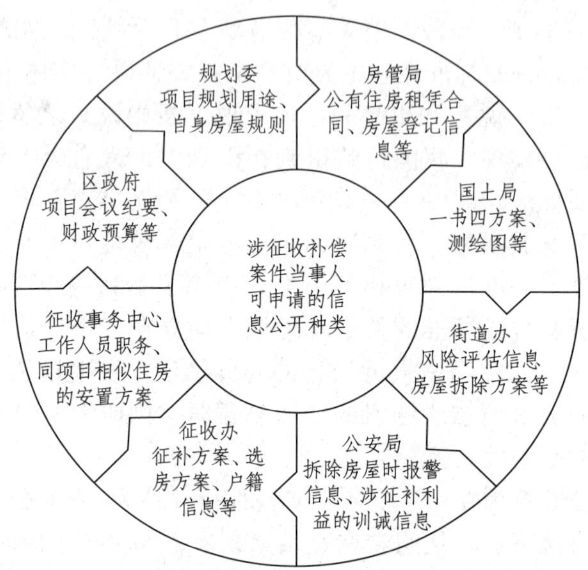

图7　申请人就同一行政行为从不同侧面针对不同行政机关提出信息公开的申请案例

（三）上诉焦点聚于事实审查，司法存在客观不能

在司法实践中，政府信息公开案件的上诉人基本为行政相对人，这些上诉人的上诉理由集中于一审被告所作的被诉答复将其所申请的行政主体履行行政职责过程中形成的信息错定为信访投诉举报类信息、将其本已清晰明确表达的申请内容硬定为申请内容不明确、本不涉及三安全一稳定、第三方合法权益却以此为由拒绝公开、本是未尽勤勉信息检索义务却谎称信息不存在，对其信息公开申请一味地推、挡、堵。

上述事由基本被囊括在合理性审查和客观事实审查范围之内。一方面，在政府信息公开法律关系中，除特定信息属于强制公开或禁止公开之外，剩余绝大多数信息是否应当公开需依赖行政机关的自由裁量权。司法受制于行政诉讼“合法性审查”原则的规制，对行政机关自由裁量权的行使是否专业无权进行深入调查。① 同时，政府信息浩如烟海，涉及的专业事项庞杂，与行政机关相较，司法不具有专业判断优势。另一方面，行政机关作为信息的制作和保存者，可根据信息的重要性程度对信息的保存与否及保

① 后向东：《信息公开法基础理论》，中国法制出版社2017年版，第228页。

存方式自由权衡处置，司法机关在事实审查过程中就信息是否真实存在的客观情况、行政机关是否尽到勤勉检索义务深感力不从心。同时基于司法谦抑性，法院即使认为行政机关陈述的豁免理由难以信服，也只能作出“重新答复”的程序性处置而非“责令公开”的实质性判决。合理性审查无权和事实审查无力所导致的司法审查不能，二审亦是无能为力，上诉程序的供给并不能为上述事项的审查提供法律营养，相反，更适合诉诸行政机关内部救济程序来实质化解纠纷。

（四）申请准入门槛较低，偏离级别管辖初衷

《人民法院组织法》对我国四级法院设定了“金字塔”式的职能定位，随着法院级别的提升，其案件受理量应越来越少，疑难复杂程度越来越大，统一法律适用职责越来越重，司法权威值越来越高。《人民法院第五个五年改革纲要》中也强调，要深化法院职能定位和审限设置。基于省部级行政机关大多以政策方针引领为主，甚少直接作出具体行政行为，如若作出必对当事人权益影响较大，我国以行政机关级别为标准来确定行政诉讼级别管辖，确保中级人民法院一审案件数、高级人民法院二审案件数低位运行，将更多的精力放于督导辖区疑难复杂案件审理、统一法律适用之上。

然而，在政府信息公开制度下，申请者直接向中央部委、省级政府提出信息公开申请几无门槛可言，如对上述行政主体的信息公开答复不服，即可直接向其所在的中级法院提起一审诉讼，进而向高级人民法院提起二审、向最高人民法院提起再审，造成B市高级人民法院年度案件受理量巨大且超越辖区任一基层法院，呈现出审级越高反而案件越多的异象，突破了我国现有法院级别管辖制度功能预设。这种案件与审级的错位，造成了高级人民法院、最高人民法院每年需要投入大量精力审理这些几无裁量空间的案件，占用大量机会成本，严重影响其审理复杂疑难案件，统一辖区内法律适用职能的发挥。高级人民法院、最高人民法院审理案件过多，与当事人接触增加，失去了距离创造的神圣和庄严感，引起司法权威的贬值。① 87.83%的被调查者认为试行一审终审会较大程度释放高级人民法院的司法功能，高级人民法院、最高人民法院从简单的信息公开类案件中解放出来，进而推动高级人民法院、最高人民法院聚焦疑难案件的审理，加强法律问题阐释、确保法律统一适用的作用发挥。

三、创建：以“一审终审为原则、二审终审为例外”的政府信息公开案件有限一审终审制

经实证考察和理论分析，在政府信息公开案件中推行一审终审制既有

---

① 苏力：《法治及其本土资源》，中国政法大学出版社1996年版，第139页。

必要性，又有可行性。但是由于尚存在一审裁判无法确保案件公正的例外情形，因此创建政府信息公开案件的一审终审制，须同时把握好两个关键：一是在确立一审终审为原则的前提下，科学圈定应当保留二审审查的特殊情形；二是规范政府信息公开内部救济程序，确保公民知情权得到有效保护。

（一）科学圈定一审终审例外范围

一审终审例外范围的确定，实质上就是明确哪些政府信息公开案件必须经二审二次裁判才能确保公正，哪些案件因含有司法审查不能要素，即使给予二审救济也无济于事。

1. 正向演绎。逻辑进路：划分案件种类→解剖审查要点→圈定例外。

除去不属于行政诉讼受案范围的延期处理、补正处理、征求第三方或者其他机关意见及公开后告知第三方等程序处理决定外，政府信息公开案件按照被诉行政行为的性质分为请求履行政府信息公开法定职责和不服政府信息公开答复两大类，其中政府信息公开答复案件按照内容不同可分为如下7类23小种，具体如图8。

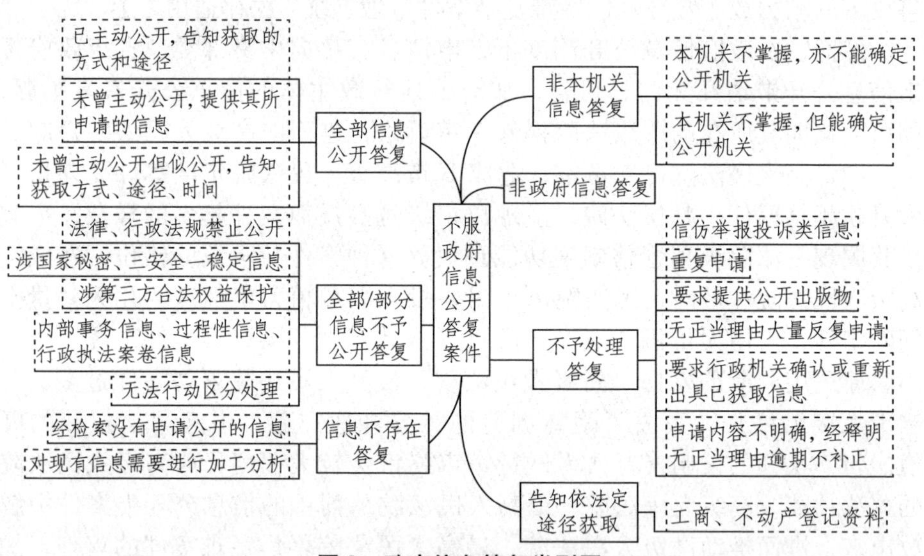

图8 政府信息答复类型图

确保案件正确无误既与《条例》对审查要点的规则指引描述是否清晰、所涉法律概念内涵外延是否明确紧密相连，也与审查要点是否系“客观事实判断、司法无法查清”的司法审查不能息息相关。当且仅当一审裁判具有错误风险点且不存在司法审查不能时，案件才应当划入“一审终审”例外范围。

各类政府信息公开案件司法审查要点虽然各有特色，但对于共有的常见审查要点，如职权（第10条、第55条）、履责期限（第32~34条）、答复处理流程（第36条），《条例》均作出了明确且无二次解释空间的规定，适用简易便捷，一审法官发生错判的可能性接近于零。故而，圈定一审终审例外范围的核心在于精确分析各类型案件的特有审查要点是否具有二审裁判必要性（见表2）。

表2 审查要点二审裁判必要性分析表

类型	审查要点	错判风险	司法不能	理由
履责	原告是否向被告的政府信息公开工作机构提出信息公开申请	无	无	《条例》第27条、第29条穷尽所有申请方式处理
公开	是否全面提供原告所申请的信息	无	无	1. 是否遗漏属于简单事实判断 2. 是否准确不以原告主观意念而是以其文字描述为准，属简单形式判断
	告知的获取方式途径是否可行	无	无	1. 是否告知一目了然 2. 是否可行一试便知
不予公开	法律、行政法规禁止公开	无	无	强制性规定明确具体
	国家秘密、三安全一稳定	?	是	1. 概念具有时空性 2. 行政机关专业判断更为妥当
	涉第三方合法权益保护	?	是	1. 是否征求第三方意见、公共利益判断属行政裁量权范畴 2. 处理流程具体明确
	是否能进行区分处理	有	无	1. 剥夺部分已应获取信息的知情权 2. 能否区分处理不属行政专业范畴
	过程性信息	有	无	1. 信息客观存在 2. 过程性信息、内部信息概念界定模糊
	内部信息	有	无	
	行政案卷信息、工商、不动产登记信息查询	无	无	明确具体的形式审查
不存在	是否需要进行加工分析	有	无	1. 是否加工分析不属行政专业范畴 2. 如果不需加工分析，信息即客观存在
	经检索不存在	?	是	1. 客观事实陈述，司法无法查清是否勤勉检索 2. 如检索不勤勉，可通过内部监督救济

续上表

类型	审查要点	错判风险	司法不能	理由
非本机关掌握	本机关不掌握	?	是	1. 是否掌握属于客观事实，即使应掌握而未掌握，在信息公开案件中亦不应给予负面评价 2. 能否确定哪个机关公开属业务能力范畴，主观性过强，司法无法查清
非政府信息	在履行行政管理职能过程中制作或获取的信息	无	无	是否属于履行行政管理职能的判断清晰明确
不予处理	信息申请不明确	无	无	1. 是否明确是就“描述语言”的判定，简单易断 2. “不明确”的词汇实务界已基本固定，如相关文件、疑问式表达
	提供公开出版物	无	无	清晰明确
	信访举报投诉信息、重复申请、无正当理由反复大量申请	1. 情形特征明显识别度高，一审即可查明 2. 上诉利益缺乏		

小结：应纳入政府信息公开一审终审例外的案件类型有四：一是以尚需区分处理为由不予公开的答复；二是以需要加工分析为由不予公开的答复；三是以所申请的信息属于过程性信息为由而不予公开的答复；四是以所申请的信息属于内部管理的信息为由而不予公开的答复。规律：（1）均系行政机关默认原告所申请的信息为其真实客观拥有的信息；（2）豁免理由中所含的法律概念模糊，且司法裁判容许性强。

2. 反向逆推。逻辑进路：归纳二审发改原因→抓取错判风险点→圈定例外。

政府信息公开二审发改原因共计 14 项，按照性质不同大体可分为造成案件发改的根本原因已消除的、虽未彻底消除但发生率现已可忽略不计、发改原因依旧高发三类（见图 9）。造成案件发改的根本原因现已消除的有 5 项，包括政府信息公开制度实施之初对“一事项一申请”未作明确要求而导致的“公开内容与申请信息是否对应”认定不一；新《行政诉讼法》将“对原告权益不产生实际影响的程序轻微违法”行政行为纳入“确认违法判决”而导致的对“未援引法律法规”法律评价前后不一；旧《条例》未就涉公共事务单位信息公开职责作出明确规定而导致的“涉公共事务管理的单位的被告主体”认定不一；旧《条例》未就信息申请接收机构和收到时间作出细化规定而导致的“答复是否超期”认定不一；旧《条例》豁免条款供给不足导致信息属性判断不一，新《条例》实施后，行政机关履行行政管理职责过程中形成的所有信息，包括过程性信息、内部管理信息、查询事项信息均系政府信息，只是因属于豁免公开事由而可以不予公开，关于是否属于“《条例》第2条所称政府信息”的争议已不存在，即新《条例》模式下，除却《条例》明确规定的豁免事由外，行政机关履行行政管理职责中形成的信息均应予以公开。

虽未消除但随着政府信息公开工作机构内部管理流程的完善和政府信息公开行政审判的纵深发展，发生率几乎可忽略不计的共计5项，分别为未将被征求意见的第三人列为诉讼参与人和补充告知实质构成终局答复的明显程序失误、未就不予公开决定说明理由和未就豁免事项构成（国家秘密/曾进行检索）提供证据的明显瑕疵答复。

除却上述10项，尚余过程性信息认定、内部管理信息认定、能否加工信息认定、能否区分处理认定4项需要进入二审审理。此结论与正向演绎不谋而合。

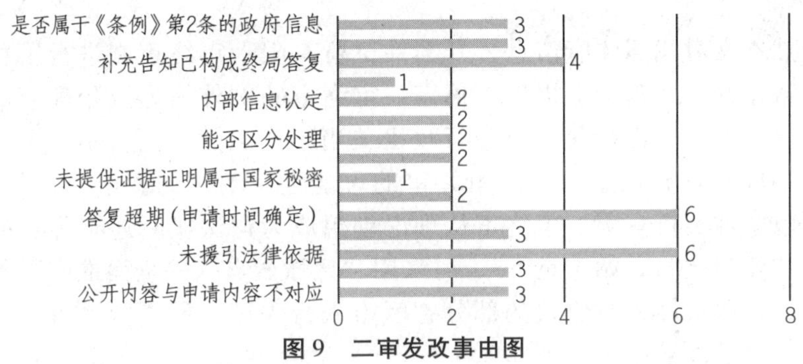

图9 二审发改事由图

（二）完善行政内部救济制度

为确保合理政府信息公开申请需求得到有效满足，在关上“二审救济”这扇窗的同时，更应为申请者打开“行政救济”这道宽敞的门。

1. 确立行政复议前置程序。政府信息公开法律制度设立之初，司法救济被寄予厚望，被认为是助推信息公开制度落地的核心要素，是保障知情权最有力的途径。但随着实践的深入，人们逐渐发现在政府信息公开领域，司法审查不仅存在一定的程序空转，更存在审查不能，虽是最有力的但却不是最有效的救济手段。近年来世界各国掀起一股“信息公开委员会热”，如美国、塞尔维亚、日本设置专门的委员会履行监督和救济职能，[①] 行政系

① 参见后向东：《信息公开的世界经验》，中国法制出版社2016年版，第19页、第36页、第497页。

统内部自上而下的救济日趋成为主流，而中国行政体制特色为在党中央的集中统一领导下，上级行政机关对下级行政机关的行政复议监督力量和指导力度明显强于世界其他国家，同时，新《行政诉讼法》复议维持双被告诉讼制度也在倒逼复议机关充分勤勉履职，在我国不必单设信息公开委员会，将行政复议作为提起政府信息公开诉讼的前置程序即可很好地发挥行政内部监督作用。

2. 细化行政内部监督规则。新《条例》虽赋予了信息公开工作主管部门督促整改、通报批评、提出对责任人处理建议三项监督权力，但相关条款规定过于原则，国务院办公厅作为信息公开主管部门也并未作出相关细化方案。建议以贯彻落实《条例》为契机，进一步明确信息公开主管部门的监督救济职能，出台相关配套文件规定，对机关受理举报、开展监督问责等细化职责和流程，真正构建起我国特色的政府信息公开内部监督体系，从根本上解决司法救济手段不能的问题。

结　语

虽然本文对我国政府信息公开案件试行有限一审终审制进行了相对理性的思辨，并在此基础上提出了仍需二审终审的例外情形及相配套的制度设计建议。值得一提的是，对于行政机关当场作出的处罚决定、考试资格核准类案件亦具有探索试行一审终审的可能性。本文的探索只是初步的，部分行政案件实行有限一审终审从理论创想成为司法实际还有很长的路要走。但“千里之行，始于足下”，可采用“区域试点——全面推广”的两步走模式，选取条件相对成熟的部分省区市先行先试，最终像民事小额诉讼一样在全国予以推广。

（本文获一等奖）

诉讼请求的释明：要件、实践效果与规范方向

——对《最高人民法院关于适用〈中华人民共和国行政诉讼法〉的解释》第68条第3款的分析

张婷婷*

引　言

诉讼请求释明虽然是审判工作中的专业技术问题，但其背后透射着人民法院与当事人的关系定位、人民法院自身的职能定位，是人民法院处理与当事人关系、发挥职能作用和行政诉讼功能的重要支点。诉讼请求释明有其特有的法理和制度价值。人民法院通过适当、有效的释明，一方面，能够有效帮助普遍不懂诉讼规则和法理的原告实现“武器公平”，“以正确且最为迅速有效的方式”① 行使诉讼权利；另一方面，能够更加准确把握原告真实诉讼目的，从而作出更加科学的裁判，促进诉讼经济，达成诉讼制度目的。

新时期，当事人对自己权利保护的需求更加强烈和多元；行政诉讼制度功能也由最初单一强调监督公权力，发展到了解决争议、救济权利、监督权力的三位一体阶段。过去不重视诉讼请求的规范审查，在行政行为单一导向下，全面审查后又按诉裁判的理念与做法，需要适时作出调整和改变。诉讼请求作为诉的基础要件、人民法院确定审理范围的前提要件，释明的作用和价值应当得到重新审视和足够重视。

一、问题的提出

2018年《最高人民法院关于适用〈中华人民共和国行政诉讼法〉的解释》（以下简称《行诉法解释》）第68条第3款规定：“当事人未能正确表达诉讼请求的，人民法院应当要求其明确诉讼请求。”该规定体现了对新

* 作者单位：北京市第一中级人民法院。

① 翁岳生主编：《“行政诉讼法”逐条释义》，我国台湾地区五南图书出版股份有限公司2018年版，第440页。

《行政诉讼法》制度功能定位的呼应与落实，但也带给审判实务诸多困惑。

试举一例：当事人诉请确认房屋登记行为违法并要求履行登记职责。对这一诉讼请求，有四种不同的观点：一是认为包含两个行政行为，违反"一行为一诉讼"原则，属诉讼请求不明确，需释明；二是认为分属两种不同的诉讼类型，应释明择一起诉；三是认为这实际是一个诉讼主张，即要求将房屋登记到自己名下，只是表述不规范，可释明引导以符合第 68 条第 1 款的规范要求；四是认为虽然指向两个行政行为，但是可拆分，不宜认定为诉讼请求不明确，可以经释明引导后区别处理。而对前述未予释明的，上级法院对原裁判又存在撤销和维持两种截然不同的处理。

可见，对于诉讼请求释明，至少有如下三个问题亟待解决：（1）何谓"正确表达诉讼请求"？何种情况下构成不正确？与第 1 款"有具体的诉讼请求"是什么关系？（2）何谓"应当"？诉讼请求释明具有何种性质？从法条的表述上看，此时的释明，似乎不是法官的权利，而是应当行使的职权，那么，它是义务吗？（3）释明的标准是什么？如何明确、明确到何种程度方为该条规定的"要求明确"？

对此，立法本身没有作出明确细化的规定，理论研究同样也没有给出答案。学界对释明的关注集中在民事诉讼制度上，[①] 有关行政诉讼释明的研究比较少见。

本文从释明的法理出发，通过探寻法意，提炼诉讼请求释明的要件，并对照司法实践，试图找出规范方向。

二、《行诉法解释》第 68 条第 3 款的法理与法意

正确理解和适用法律，唯探寻法理、解读法意。透过释明的法理与法意，《行诉法解释》第 68 条第 3 款"正确表达"实为第 1 款提供了路径要求，诉讼请求释明作为弱义务规范，应当在特定要件下施行。

（一）释明的立法与司法解释规定

"释明"首次写进法律条文是在 2014 年《行政诉讼法》。该法在前述基础上规定了立案阶段的释明。2015 年 4 月 22 日公布的《最高人民法院关于适用〈中华人民共和国行政诉讼法〉若干问题的解释》以及现行《行诉法解释》进一步扩大释明的适用。《行诉法解释》第 68 条第 1 款将诉讼请求作出类别指引，并在第 3 款规定"当事人未能正确表达诉讼请求的，人民法院应当要求其明确诉讼请求"。但没有就性质、效力以及方法路径作出明确。

---

① 例如，张力：《阐明权研究》，中国政法大学出版社 2006 年版；严仁群：《释明的理论逻辑》，载《法学研究》2012 年第 4 期；任重：《我国民事诉讼释明边界问题研究》，载《中国法学》2018 年第 6 期。

(二) 释明的基本理论

释明这一理念在 18 世纪之前就已经存在，确立为制度则是在 1869 年的《德国民事诉讼法》，为法官的指示义务，[①] 被称为“民事诉讼的大宪章”。[②] 20 世纪下半叶以来，释明理论为大陆法系国家所普遍采用，并且从民事领域扩展到刑事、行政等各诉讼制度领域，英美法系国家的判例中也同样有所体现，被认为是对处分原则和辩论原则的必要修正与补充。[③] 在日本，明确诉讼关系是释明的主要目的。[④] 在我国台湾地区，释明的目的“不但在于履行对当事人之照顾义务，同时亦是在履行职权调查义务”，[⑤]“兼具阐明权及阐明义务之双重性质……着重在法院之职权之意义”。[⑥]

与当事人主义诉讼模式下纠正司法消极状态、避免程序阻滞的民事诉讼释明不同，行政诉讼的释明是在职权调查主义诉讼模式下，“从法律和事实的角度向当事人发问并指出其陈述自相矛盾、不完全和不明确的地方，并且给予当事人订正和补充的机会”，[⑦] 照顾处于弱势的原告一方，明确法律关系，促进查明案件事实，推进诉讼程序顺利进行，“促使法院之判决能合法、正确且公平”。[⑧] 诉讼请求的释明是释明的重要内容，实践中超过五分之一的释明为诉讼请求的释明。

(三) 诉讼请求释明的性质与效力

德国、日本和我国台湾地区均将诉讼请求释明作为强制性义务，未履行将构成违反法令。《行诉法解释》第 68 条第 3 款中的“应当”二字，体现了对诉讼请求释明性质和效力的规定，但还需要作进一步解释。

理解的关键在于分析何为“应当”。立法上与“应当”一词相对应的，是“必须”和“可以”。含有“必须”的法律规范，毫无疑问属于义务性规范，没有例外和特殊；含有“可以”的法律规定，是授权性规范，可以

---

① 参见姜世明：《法官阐明义务之内涵与界限之问题提示》，载姜世明主编：《法官阐明义务及其界限之研究》，我国台湾地区新学林出版股份有限公司 2020 年版，第 3～12 页。

② 骆永家：《阐明权》，载台湾地区“民事诉讼法”研究基金会编：《“民事诉讼法”研讨（四）》，我国台湾地区三民书局 1993 年版，第 170 页。

③ 蔡虹：《释明权：基础透视与制度构建》，载《法学评论》2005 年第 1 期。

④ ［日］《行政案件诉讼法》第 23 条之 2 第 1 款。

⑤ 翁岳生主编：《“行政诉讼法”逐条释义》，我国台湾地区五南图书出版股份有限公司 2018 年版，第 439 页。

⑥ 参见姜世明：《法官阐明义务之内涵与界限之问题提示》，载姜世明主编：《法官阐明义务及其界限之研究》，我国台湾地区新学林出版股份有限公司 2020 年版，第 17 页。

⑦ ［日］兼子一、竹下守夫：《民事诉讼法》（新版），白绿铉译，法律出版社 1993 年版，第 72 页。

⑧ 翁岳生主编：《“行政诉讼法”逐条释义》，我国台湾地区五南图书出版股份有限公司 2018 年版，第 439 页。

选择为或不为；而“应当”则是介于二者之间。含有“应当”的法律规范是一种原则性的规定，体现为立法的引导性指向，属于有条件的义务性规范，允许例外和特殊。相比较而言，虽然“必须”和“应当”都具有义务性，但“必须”是强义务，而“应当”是弱义务。[①]《行诉法解释》第68条第3款规定的“应当”亦是如此。

由此，诉讼请求的释明是人民法院的义务，但是这一义务不是强制性义务，其效力如何需要基于释明促进“武器公平”与诉讼经济、达成诉讼制度目的这一价值取向来进行评价，不必然产生二审和再审以发改方式纠错之后果。

（四）诉讼请求释明的要件

诉讼请求是原告对其所追求的法律效果或者要求法院判令被告为（或不为）特定行为（义务）[②] 内容的明确。有具体的诉讼请求，是法定的起诉条件之一，其包含两层含义：一是原告应明确表达其诉讼目的和权利主张；二是须按照《行诉法解释》第68条第1款所规定的类型提出。

但进行释明，则是由于当事人“未能正确表达诉讼请求”。“具体”与“正确”之间存在逻辑上的跳跃。正确表达的诉讼请求不见得是具体的，而具体的诉讼请求也不见得就是正确表达的。要厘清何为“正确表达”，就需要先分析“具体”与“正确”之间的关系。

1. 诉讼目的与诉讼类型导向：诉讼请求的具体与正确表达。《行政诉讼法》在保留合法性审查原则的基础上，突出判诉对应的价值取向，[③] 为当事人提供更为全面的权利救济。这不仅直接体现在更加多元的判决方式上，同时也体现在对“有具体的诉讼请求”的要求上。第1款的目的就是通过“对应一定的诉讼类型”来实现“有具体的诉讼请求”，强化判诉对应观念，[④] 区分诉讼类型，在司法能力限度内针对当事人诉讼主张给予更为全面的保护，促进依法行政。[⑤]

循此理解，在第1款将诉讼请求向诉讼类型进行规范的情况下，当事人正确表达诉讼请求，实际就是通过选择恰当的诉讼类型，以达成自己的诉讼目的。“如果原告所提起的诉讼类型不正确，或者不具备正确诉讼类型的

---

① 王敏：《法律规范中的“必须”与“应当”辨析》，载《法学》1996年第8期。

② 云南省普洱市中级人民法院（2020）云08行终5号行政裁定书。

③ 参见最高人民法院行政审判庭：《最高人民法院行政诉讼法司法解释理解与适用》，人民法院出版社2018年版，第343页。

④ 参见最高人民法院行政审判庭：《最高人民法院行政诉讼法司法解释理解与适用》，人民法院出版社2018年版，第343~344页。

⑤ 参见李广宇、王振宇：《行政诉讼类型化：完善行政诉讼制度的新思路》，载《法律适用》2012年第2期。

实体裁判要件，有可能带来败诉的后果，或者权利得不到充分的救济，最终难以达成诉讼的目的。”[①] 不同的诉讼类型，适用不同的诉讼门槛和审查规则。诉讼类型的选择往往决定纠纷能否实质性解决，进而影响原告诉讼目的的实现。[②] 同时，由于行政诉讼具有公共利益性质、监督功能，当相应的诉讼类型不利于国家利益、公共利益，不足以评价行政机关的履职行为时，则将产生诉讼类型的依职权转换。

这就意味着，“未能正确表达诉讼请求”可能存在四种情形：一是未根据第 1 款所规定的类型提出权利主张；二是表述不符合第 1 款的规范；三是所表达的诉讼请求不足以直接、有效达成权利救济目标；四是其他未正确表达的情形，主要是指人民法院需要依职权转换诉讼类型的情形。

需要廓清的是，尽管这四种情形都属于“未能正确表达诉讼请求”，但并不均属于诉讼请求不具体。在第 1 款通过引导原告选取诉讼类型以表达诉讼目的和主张的情况下，诉讼请求是否正确表达，核心在于原告所表达的诉讼请求是否与其诉讼目的相契合。如果原告的诉讼目的明确、指向清晰，仅仅只是表述不符合第 1 款的规范，不宜认定为诉讼请求不具体，此种情形下，无“应当释明”之必要。

因此，第 3 款“正确”一词实际是对如何提出“具体的诉讼请求”的路径要求。“正确表达诉讼请求”包含了“诉讼请求是具体的”之意，且这一具体的诉讼请求还应当是与当事人的诉讼目的相匹配的——除非有法律的特殊规定。如果当事人提出的诉讼请求与权利救济、监督行政权依法行使的目的之间出现了偏差或者不一致，则人民法院负有释明义务。

2. 释明的要件及其适用。基于上述分析，当下列两种情况出现其中一种或者同时出现时，诉讼请求释明要件即告具备，应启动释明。

要件一：法律关系认识有误。不同的诉讼类型具有不同的诉讼构成要件，[③] 区分的核心是法律关系。例如，请求确认违法与确认无效。违法和无效在法评价上有着本质上的差异。确认违法，程度上只是一般违法；确认无效须达到“重大明显违法”。确认违法的后果可能是否定行政行为的既决力与实现力，[④] 也可能是保留行政行为的完整效力；确认无效是自始无效。此两种类型适用不同的起诉期限、审理规则。原告如果对违法与无效的效力认识有误，实际是对诉争法律关系的认识有误，人民法院应当释明。

要件二：诉讼目的不明确或与“欲实现的权利救济”明显不符。由于

---

① 吴庚：《“行政争讼法”论》，我国台湾地区三民书局 2014 年版，第 145 页。

② 参见王振宇：《行政诉讼制度研究》，中国人民大学出版社 2012 年版，第 10~12 页。

③ 参见章志远：《行政诉讼类型构造研究》，法律出版社 2007 年版，第 24 页。

④ 江必新：《行政行为效力体系理论的回顾与反思》，载《江苏社会科学》2008 年第 5 期。

诉讼请求是诉讼目的的表达，因此把握原告诉求的实质，是进行诉讼请求释明的核心考量。从原告的诉讼请求看不出其欲实现的权利救济，或者虽然原告的诉讼请求形式上符合第 68 条第 1 款之规定，但与其想要实现的权利救济明显不符时，人民法院应当释明。

三、诉讼请求释明的实践检视

结合立法与理论，对诉讼请求释明的性质、要件进行规范分析后，有必要回到实践，检视制度运行的实际。

（一）诉讼请求释明的司法实践

1. 需要释明的具体情形。实践中，存在四种需要释明的情形：（1）法律关系消灭的释明。比较典型的有：复议决定改变了原行为，原告针对原行为起诉的，应予释明；诉讼中行政行为改变了，原告可以选择诉新的行为，或要求确认原行为违法，对此需要释明。[①]（2）诉讼类型不当的释明。一是原告对法律关系本身的认识有误，错误选择诉讼类型。二是诉讼请求所指向的审理对象不明确或有误，进而不能正确选择诉讼类型。如履责案件中，行政答复只是行政机关履行职责的载体，如果原告仅要求撤销行政机关作出的行政答复，则需要释明。（3）诉讼类型依职权转换的释明（见表 1）。在依职权转换诉讼类型的情况下，人民法院可以不依照原告的诉讼请求作出裁判，或者原告如不变更诉讼请求，将面临败诉风险。此种转换需要释明。此外，基于解决行政争议之立法旨意，当事人未主张一并给予行政赔偿、一并解决民事争议的，人民法院也需要释明。（4）诉讼请求与诉讼目的明显不一致的释明。原告的诉讼请求与其诉讼目的明显不一致时，人民法院需要释明，以解决争议、促进诉讼经济、避免程序空转和纠纷再起。[②] 例如，针对负担行政行为，原告可以选择诉请撤销、确认违法或者无效。如果原告只诉请确认违法，而其诉讼目的是要求消除该行政行为对自己造成的侵害，则应释明变更为撤销。

---

① 北京市第一中级人民法院（2020）京 01 行初 68 号行政裁定书。

② 参见姜世明：《法官阐明义务之内涵与界限之问题提示》，载姜世明主编：《法官阐明义务及其界限之研究》，我国台湾地区新学林出版股份有限公司 2020 年版，第 19 页。

表 1 诉讼类型依职权转换的释明

释明的情形	具体事由	释明后的处理	法律依据
诉请确认无效不成立的释明	不属于无效情形	请求撤销，继续审理并依法作出相应判决； 请求撤销但超过法定起诉期限的，裁定驳回起诉； 拒绝变更诉讼请求的，判决驳回	《行诉法解释》第 94 条第 2 款
一并解决行政赔偿争议的释明	被诉行政行为系违法或者无效，可能给原告造成损失，原告未就赔偿事项进行主张	可以请求一并解决行政赔偿争议，也可以另行提起赔偿诉讼	《行诉法解释》第 95 条
一并解决民事争议的释明	以民事争议的解决为基础的案件，当事人没有请求人民法院一并审理相关民事争议的	应当告知当事人申请一并解决民事争议	《行诉法解释》第 138 条第 3 款

此外，一并提起行政赔偿、补偿诉讼，请求一并审查规范性文件、一并解决民事争议的，如果赔偿补偿事项及数额、文件名称与审理对象、民事诉讼请求不明确具体，人民法院应释明按法定方式提出。

2. 诉讼请求释明的实践样态。中国裁判文书网的数据显示，超过 89% 的释明发生在一审，具体事由有五种：不符合“一行为一诉讼”原则；缺乏明确的被诉行政行为；未提出明确的赔偿、补偿的事项及数额；同时选取了多种诉讼类型；[①] 诉的基础发生变化，仍坚持原诉求。二审法院进行释明的事由主要有：新提出赔偿请求；诉的基础发生变化；一审未释明但不影响结果、二审进行“补救式”释明。此外，还有少量释明发生在再审阶段，主要表现为再审请求超出原审诉讼请求时的释明。从释明的情形和时机看，一方面，部分需要释明的情形，在裁判文书中未能得到体现；另一方面，释明的时间比较宽泛，涵盖一审立案到再审的全部阶段。

对于一审法院应当释明而未释明的处理，存在四种不同的方式（见表 2）：程序违法而撤销、[②] 虽有不当但不影响另寻救济（或虽不符合其他起诉

---

① 河南省高级人民法院（2019）豫行终 227 号行政裁定书。

② 最高人民法院（2017）最高法行再 31 号行政裁定书，陕西省宝鸡市人民法院（2020）陕 03 行终 29 号行政裁定书。

条件审理结果正确)、[①] 通过二审释明而治愈、[②] 尊重一审法院的认定。[③]

表 2 应释明而未释明的后果

二审、再审 四种处理方式	方式一：以一审程序违法为由，撤销一审裁定，发回重审
	方式二：在文书中指明一审做法欠妥，告知当事人可以在修改或明确诉讼请求后重新提起诉讼，结论上维持一审裁判
	方式三：二审法院直接进行释明，若当事人拒绝变更，则以审理结果正确为由，维持一审
	方式四：一审法院以诉讼请求不明确为由作出的驳回起诉裁定，二审法院不能以一审法院没有释明为由认定一审违反法定程序而予以撤销，二审法院仍可以诉讼请求不明确为由维持一审驳回起诉的裁定

人民法院对诉讼请求进行释明后，约有35%的原告拒绝变更诉讼请求。这些当事人中，约有60%的人提起上诉。经释明后，约有17%的案件进入实体审理。这也从侧面说明诉讼请求释明不仅有利于实现行政诉讼制度功能，并且也有帮助当事人实现实质平等、提升行政审判效率与效果之现实意义。

(二) 检视：离立法目标还有多远

从中国裁判文书网上看到的诉讼请求释明远非全貌。部分需要释明而未释明、不当释明的情形被“隐藏”。一是因起诉不符合其他起诉条件而不再单就诉讼请求进行释明的情况存在，尤其是在有明确的被诉行政行为的情况下，如果存在被告不适格、起诉超期、不具有原告资格等情形，原告所选取的诉讼类型是否得当、诉讼请求与诉讼目的是否匹配已经不影响裁判的作出，法官也就少有关注，一般不再进行释明。二是应予释明而未释明甚至“不自知”的情形，在撤销之诉与履责之诉、撤销之诉与义务之诉中较为常见。例如，工伤认定案件，原告的诉讼请求为撤销不予认定工伤决定。这看似是撤销之诉，但实际上原告提起诉讼的目的是要被告作出属于工伤的认定，应属课以义务之诉，审理的对象是能否认定工伤，而不仅仅是不予认定工伤决定应否撤销。此时诉讼请求表述为撤销不予认定工伤决定显然不符合原告的诉讼目的，以撤销之诉进行审查显然也不足以为原告提供有效救济，不利于达成实质解决争议、保障权利、监督权力之制度

① 最高人民法院（2018）最高法行申10941号行政裁定书，山东省德州市中级人民法院（2020）鲁14行终25号行政裁定书。

② 最高人民法院（2019）最高法行申9409号行政裁定书，江西省抚州市中级人民法院（2020）赣10行终19号行政裁定书。

③ 最高人民法院（2019）最高法行申10110号行政裁定书。

目的。

从不同层级法院对释明的不同处理看，存在一定的标准冲突，影响了释明的指引效用。一是“正确表达诉讼请求”的判断标准不一。例如，请求支付多个年份的抚恤金，有的法院认为这是同时提出了多个给付诉讼，是“不正确”。但对于这种针对同一事项，提出同一类型诉讼主张的诉讼请求，简单以“一行为一诉讼”原则为标准认为“不正确”，依据并不明确。同样的情形，有法院就以诉讼目的为中心，基于诉请事项的同一性整体论处。二是对释明性质与效力的把握不一。有的二审法院认为只要应释明未释明，即构成程序违法，以改判发回方式予以纠正；而实际上，在二审中经过探查原告的诉讼目的后，其所提诉讼请求无论如何得不到支持，此时的释明显然已经不具有其价值，如简单改判发回，实质是徒增诉累。三是对释明的程度把握不足。在其他起诉条件不具备的情况下，就认为不需要对诉讼请求进行释明，实际是释明不充分的体现。

回到诉讼请求释明的价值与功能，如果不将诉讼请求释明放到发现原告真实的诉讼目的、进而去实质化解争议的重要地位，忽视诉讼请求的正确表达，则监督行政权依法行使也将无从谈起，有违行政诉讼制度目的和功能。

四、诉讼请求释明的规范方向

检视当前司法实践存在的问题与不足，原因可能在于：其一，当事人对行政诉讼的基本规则和诉讼类型不够了解，诉讼能力偏低。而这恰恰是释明的必要性所在。其二，有的法官没有着眼于当事人的诉讼目的和权利保护，未将当事人选取恰当的诉讼类型放到促进化解争议、救济权利、监督依法行政的制度格局中来，导致未能正确理解释明的性质、效力与要件。其三，也是至为重要的，行政行为单一导向限制法官对诉讼请求及其释明的理解。有的法官仍停留在“具体的诉讼请求等于有明确的被诉行政行为”的行政行为中心论上，机械适用“一行为一诉讼”原则；对于义务之诉、履责之诉等，不能准确把握授益行政行为与负担行政行为的不同法律效果，简单对原告提出撤销行政决定、行政答复的请求，按撤销之诉论处，而忽略原告的诉讼目的是要求作出授益行政行为。

基于诉讼请求释明的性质、效力与要件分析，有必要从单一的行政行为中心论中走出来，立足于行政诉讼制度目的及功能，对诉讼请求释明的价值进行再认识，遵循诉讼请求释明的规范要件，探索有效的规范方向。笔者认为，应当以诉讼目的为中心，细查当事人的意思表示，厘清法律关系，以恰当的诉讼类型为路径，来判断当事人是否正确表达了诉讼请求、是否应当进行诉讼请求释明；以对诉和裁判的实质影响，促进实现对释明效力的恰当评价，进而反促释明效用的发挥。

（一）中心：诉讼目的

如前所述，在《行政诉讼法》及《行诉法解释》所构建的制度体系下，行政诉讼的立法目的和功能也随之调整，更加注重解决争议和救济权利。在诉讼请求上强化诉讼类型的恰当选取，突出判诉对应理念。促使原告的诉讼请求直接、有效地指向其诉讼目的，成为行政诉讼中诉讼请求释明的重要意旨。因此，原告的诉讼目的，应当作为及时、准确识别原告是否正确表达诉讼请求的中心要旨。

（二）关键：意思表示一致

如果当事人表示的意思与内心意思不一致，则意味着当事人未能有效作出意思表示。不能简单地以当事人所表示的意思来确认诉讼请求，进而确定审理范围、进行裁判，而是要原告表示的意思与内心意思具有一致性。因此，探查原告的诉讼目的，关键就在原告表示的意思与内心意思的一致性上。如此，才能在探查到原告诉讼目的的基础上，就其诉争的法律关系的性质、效力以及与之相应的诉讼类型予以释明，确保原告在充分知悉规则和行为后果的情况下行使诉讼权利。

（三）路径：适当的诉讼类型

选择适当的诉讼类型的意义，在于按照原告的诉讼目的，以最适宜的救济方式和裁判方式，为权利保护提供具体方式。[①] 但选择一个最为恰当的诉讼类型，对于原告并非易事。[②] 诉讼类型的选择涉及行政行为的认定、诉讼类型之间关系与界限的考量。期望原告在起诉时就对诉讼类型有一定程度的了解是不现实的。帮助原告选定恰当的诉讼类型，将原告的诉讼目的，与相应的诉讼类型进行匹配，是诉讼请求释明的必行路径。在诉讼请求释明时，尤其需要注意考量不同诉讼类型的特点和差异。

关于撤销之诉。撤销之诉是“原告请求为撤销或变更行政机关所谓违法行政处分判决的行政诉讼”。[③] 如果原告提起诉讼是希望排除行政机关所施加的对其权利或法律上利益的不利处分，[④] 则应注意释明诉讼请求应为“请求撤销或变更”该特定的行政行为。而反过来，如果原告提起诉讼的目的不是要排除特定行政处分的不利侵害，则撤销相关履职表现载体的“行政行为”，并不能指向撤销之诉。

---

① 最高人民法院（2016）最高法行申 2621 号行政裁定书。

② 钱方：《法官释明义务与诉讼类型的选择》，载《牡丹江大学学报》2019 年第 4 期。

③ 林腾鹞：《行政诉讼法》，我国台湾地区三民书局 2014 年版，第 93 页。

④ 林腾鹞：《行政诉讼法》，我国台湾地区三民书局 2014 年版，第 97 页。

义务之诉与撤销之诉的显著区别在于，义务之诉指向的是授益行政行为。原告的诉讼目的是从自己的请求中获益，通过赋予行政机关以一定义务，对自己施加积极的（有利的）影响。例如，行政许可申请人要求撤销不予许可决定、工伤申请人要求撤销不予认定工伤决定，看似为撤销之诉，但实际上，原告的诉讼目的并不在于撤销该未支持自己利益诉求的行政决定，而是希望能够获得许可、认定工伤。这从裁判方式上也能够得到印证。对于处罚决定判决撤销后，不会再判令重新作出处罚决定，但对于不予许可决定，在判决撤销后，会再判令重新作出处理。因而，当事人提起义务之诉，诉讼请求如果仅仅指向撤销将不足以保护其利益，应予释明。

确认之诉包括确认违法和无效两种情形，属于对法律关系成立与否、存在与否进行主张的诉讼种类。[①] 确认之诉具有补充性，[②] 旨在为当事人权利提供无漏洞的救济渠道，[③] 同时基于维护公共利益、监督依法行政之考量，所产生"拾遗补缺"类别。相较于确认之诉，撤销之诉或义务之诉的判决效力，更具有实际效果，[④] 对当事人权利救济更为直接、充分。因此，一方面，如果原告提起诉讼只是要确认法律关系存在与否，应考虑系确认之诉；而如果原告起诉包含对行政机关的行政行为或不作为的合法性进行审查，则应考虑系撤销之诉或义务之诉。另一方面，当出现人民法院需依职权转换诉讼类型进行裁判的情形时，应释明并尊重原告的选择。

（四）评价：对诉与裁判的实质影响

对释明义务履行情况作出适当的评价，是准确理解释明效力的体现，属于释明制度本身的内容，关涉释明价值的实现，更是关涉行政诉讼制度本身的功能发挥。尤其是在当下各级法院对释明的判断标准不一、对不当释明的处理标准不一的情况下，上级法院的准确评价，能够极大地释放释明的作用，提高行政审判的效能（见表3）。

---

① 林腾鹞：《行政诉讼法》，我国台湾地区三民书局2014年版，第93页。

② 吴庚：《行政法之理论与实用》，中国人民大学出版社2005年版，第409页。

③ 吴庚：《行政法之理论与实用》，中国人民大学出版社2005年版，第409页。

④ 吴庚：《行政法之理论与实用》，中国人民大学出版社2005年版，第409页。

表 3　释明义务不当履行的评价与处理

<table>
<tr><th>应释明类别</th><th>具体情形</th><th>审理结果</th><th>结论是否正确</th><th>评价与处理</th></tr>
<tr><td rowspan="4">法律关系消灭</td><td>复议改变原行为，诉原行为</td><td>驳回起诉</td><td>正确</td><td rowspan="3">指正后维持，告知可另行诉新行为，起诉期限相应扣除</td></tr>
<tr><td rowspan="3">诉讼中改变，诉原行为</td><td>确认违法</td><td>正确</td></tr>
<tr><td rowspan="2">驳回诉讼请求</td><td>正确</td></tr>
<tr><td>错误</td><td>查明后改判，或发回重审，影响裁判正确、公正</td></tr>
<tr><td rowspan="5">诉讼类型不当</td><td>应一并提出</td><td>驳回起诉</td><td>正确</td><td rowspan="2">指正后维持</td></tr>
<tr><td rowspan="2">同时选择多种类型</td><td rowspan="2">驳回起诉或诉讼请求</td><td>正确</td></tr>
<tr><td>错误</td><td>查明后改判，或发回重审，影响裁判正确、公正</td></tr>
<tr><td rowspan="2">诉讼请求指向的审理对象不明确或有误</td><td>自行校正、扩大审理范围后裁判</td><td>正确</td><td>指正后维持，对权益保护更有利，符合制度目的</td></tr>
<tr><td>仅针对被诉行为的载体进行裁判</td><td>错误</td><td>查明后改判，或发回重审，影响裁判正确、公正</td></tr>
<tr><td rowspan="4">与诉讼目的明显不一致</td><td rowspan="4">诉讼请求的表述形式规范，但未能体现其实的诉讼目的</td><td colspan="2">应无效实撤销</td><td rowspan="3">查明后改判，或发回重审，影响裁判正确、公正</td></tr>
<tr><td colspan="2">应撤销实解违</td></tr>
<tr><td colspan="2">应撤销但判驳</td></tr>
<tr><td colspan="2">应实体判驳但裁驳</td><td>无实质救济价值，指正后维持；被告存在应监督纠正情形的，发司法建议</td></tr>
<tr><td rowspan="3">依职权转换诉讼类型</td><td>诉请无效不成立</td><td colspan="2" rowspan="3"></td><td>不影响当事人利益；指正</td></tr>
<tr><td>一并提出赔偿请求</td><td rowspan="2">指正：告知可另行起诉</td></tr>
<tr><td>一并解决民事争议</td></tr>
</table>

根据《行政诉讼法》第 89 条和第 91 条对改判发回的情形规定，对释明义务履行情况需要回到该诉讼请求释明情形对诉与裁判的实质影响上来评价。诉讼请求与事实认定、法律适用密切相关。诉讼请求的释明可能会影响到事实认定，也可能会影响到法律适用，释明的价值不是“遗世独立”，而是通过诉与裁判来体现。因此，未释明、释明不当是否足以导致裁判被撤销纠错，需要区分释明引发的后果进行处理。此外，强化对释明公

开、公正[①]的程序评价，要求释明法院及时告知、如实记录并在文书中阐明，“将诉讼经过予以明确化”，[②] 以促进释明的价值引领。

结　语

《行政诉讼法》制度框架下，在探究原告真实的诉讼目的的情况下，对与其诉讼目的不一致、不利于实现其诉讼目的的诉讼请求进行释明，以指引原告去正确表达诉讼请求，此为释明的要义。通过释明促使原告正确表达诉讼请求，找准审理对象，着力权利保护与争议化解，达成与监督权力三位一体的行政诉讼制度功能之发挥。无论是从文义解释、立法目的解释，还是从审判实践看，应当认为诉讼请求释明属于弱义务性规范，此亦与《行政诉讼法》第 51 条的规范性质相契合。基于此，本文对诉讼请求释明基本思路与规则的探讨，是符合法理与法意的，也是务实的。

① 《上海市第三中级人民法院行政诉讼释明规则（试行）》。

② 刘玉中：《日本法院关于阐明范围与界限之界定》，参见姜世明：《法官阐明义务之内涵与界限之问题提示》，载姜世明主编：《法官阐明义务及其界限之研究》，我国台湾地区新学林出版股份有限公司 2020 年版，第 265 页。

实质解决行政争议视角下履行判决的“实体性判决”

刘　群*

一、问题的提出

“实质解决行政争议”是指法院在司法能力和权限内尽可能根据原告的诉讼请求实质性化解行政纠纷，从而避免程序空转实现案结事了。行政诉讼制度运行中面临诸多困境，不仅未能实现有效解决行政争议的目的，而且存在诸如涉诉信访、缠诉申诉等审判难题。在此背景下，修订后的《行政诉讼法》将“解决行政争议”写入立法目的。有学者经过汇总《最高人民法院公报》中有关行政审判的相关文件得出以下结论：行政审判更重视解决我国实际问题，司法政策更多强调及时解决争议达到法律效果及社会效果的统一。①

1989 年《行政诉讼法》确立了以合法性审查为基本原则、撤销判决为核心的行政诉讼制度，行政诉讼的基本任务是将违法的行政行为予以撤销，原告的多元利益诉求并未在行政诉讼中得到充分回应。行政诉讼化解行政争议的能力与社会期待之间存在较大差距，“信访不信法”即是这一问题的真实反映。针对行政诉讼过强的客观诉讼色彩，学界一直呼吁以解决争议为导向来完善相关制度。学界的呼吁在法院亦有共识：“实质性解决行政争议是最高人民法院最近几年特别强调的一个命题，围绕这个命题进行了一系列的制度创新和工作机制的改革和完善。”② 鉴于正处于转型期的我国现实国情和行政争议井喷式的增长态势，中央有关部门非常重视行政诉讼争议解决功能，并出台专门文件就预防化解行政争议作出规定。最高人民法院的司法政策也着重强调行政诉讼实质解决争议的作用，目前行政审判的现实需要也倒逼法官树立实质解决争议的思维，切实避免程序空转进而达到案结事了。尤其是近年来行政不作为案件数量日益增长，而履行判决方

* 作者单位：山西省高级人民法院。

① 李桂红：《中国语境下行政审判制度的改革与完善》，西南政法大学 2012 年硕士学位论文。

② 江必新：《论行政争议的实质性解决》，载《人民司法·应用》2012 年第 19 期。

式存在程序空转和诉权保障不足的现象愈发突出。法院在不作为案件的审理中，如何防止程序空转和加强对不履职行为的监督力度，成为行政诉讼审判实践迫切需要解决的问题。本文拟从实质解决行政争议的视角，结合2018年施行的《最高人民法院关于适用〈中华人民共和国行政诉讼法〉的解释》（以下简称《行政诉讼法解释》）第91条的规定，探讨履行判决中"实体性判决"的适用规则。

二、"实体性判决"的理论基础

（一）实体判决论

关于法院作出履行判决时确定履职内容的边界，即司法权介入行政权的程度，理论界存在"程序性判决"（原则判决说）、"实体性判决"（具体判决说）和"情况判决说"。[①] 从实质解决行政争议视角来探讨履行判决的内容履行程度，主要涉及如何把握"程序性判决"与"实体性判决"二者之间的界限（见图1）。

"程序性判决"，又称为原则判决，即法院仅是笼统判令行政机关履行义务，但并不明示履行的具体期限、内容和具体方式。程序性判决主要适用于以下情形：第一，涉及自由裁量不作为行为。当被诉行政主体尚有裁量或者调查余地时，法院通常不会代替行政机关作出判断而是尊重其首次判断权，仅作出程序性判决。例如，济南丰宁食品公司诉章丘市国税局不作为案，涉案公司的诉求为申请退税，但是该问题仍处于被告章丘市国税局的调查状态中，因此法院作出笼统的程序性判决，责令被告于判决生效之日起60日内作出是否退税的处理。第二，课予第三人义务。当不作为案件中判决被告履行作为义务需要以课予第三人履行协助义务为前提时，法院在判决主文中通常采取程序性判决明确第三人义务内容并责令其履行。例如，封红艳诉南京市社保局不作为案，法院判决认为，由于本案第三人的原因造成违法阻却事由，导致被告无法完成对原告负有的作为义务，据此判决第三人在判决生效后3日内完成协助义务，被告在第三人协助义务履行终结后为原告作出处理行为。第三，例外情形。如果在行政不作为案件审理中，行政机关对履行内容已有具体明确之意思表示，法院可在履行判决中予以明确。

---

① "原则判决说"主张法院作出履行判决只能笼统要求行政机关限期履行法定职责，而对行政机关如何履行职责不能作出限定。"具体判决说"主张法院作出履行判决的内容要包括履行的具体内容，明确履职的事项、期限、数额等实体内容。"情况判决说"主张法院应根据行政不作为的性质分情况作出履行判决。参见周佑勇：《行政不作为判解》，武汉大学出版社2000年版，第134～135页。

“实体性判决”是指法院不仅责令被告在一定期限内履行作为义务，还对履行作为义务的具体内容进行限制。《行政诉讼法解释》第91条规定被诉行政机关不作为行为成立时，法院可以判决其在“一定期限”内“履行原告请求”的法定职责，该条款弥补了《行政诉讼法》第72条的不足。但是立法仍然给实体性判决留下了完善空间。值得注意的是，在《行政诉讼法解释》第91条出台之前，法院已经在一系列判决中直接对行政机关课予作为义务。例如，《人民法院案例选》典型案例彭某诉广安市公安局交通警察支队不履行办理机动车年检手续法定职责案、萍乡市亚鹏房地产开发有限公司诉萍乡市国土资源局行政协议案等。《行政诉讼法解释》第91条正是对近年来不作为案件审判实践的提炼与制度化。因此，笔者主张从实质解决行政争议视角出发，关于履行判决的内容履行程度应以实体性判决为主。

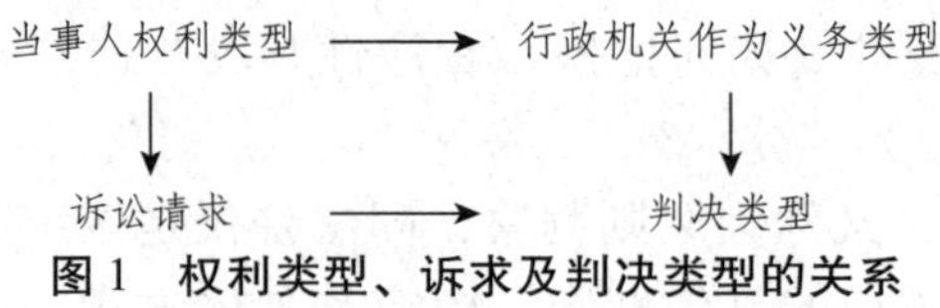

图1　权利类型、诉求及判决类型的关系

（二）“诉判关系”原理：审查范围由“单一行为合法审”转向“原告实质诉求审”

判决类型与权利类型间存在特定的对应关系，判决种类划分的逻辑起点是权利类型。通常行政机关与相对人权利义务是呈现“点对点”的对应形式。不同的不作为判决方式对应不同的行政争议类型，针对特定行政争议应该具有特定类型的裁判方式。行政不作为诉讼所要解决的行政争议类型，决定了该种诉讼判决方式的全貌。实体性判决作为回应原告诉讼权利和提供权利救济的载体，是当事人各方相互关系的写照（见表1）。

表1　判决方式与诉讼请求的对应关系

诉讼类型	诉讼请求	判决方式	
行政不作为	责令被告履行作为义务	履行判决《行政诉讼法》第72条	驳回诉讼请求《行政诉讼法》第69条
		确认违法或者采取补救措施《行政诉讼法》第74条第2款	
		“撤销+重作”判决《行政诉讼法》第70条	

“保护公民权利”是宪法规定的基本原则，行政诉讼作为落实宪法权利保障原则的具体诉讼制度，应在实质解决行政争议中贯彻权利有效保障理念。实质解决行政争议直接取决于相对人的诉讼请求能否得到及时和充分

的回应。这就要求法院的合法性审查必须达到公民权利切实有效保障的程度，要围绕原告诉讼请求展开。但从上表可以看出，履责之诉中原告的诉讼目的是请求行政机关作出其申请的行为，而目前不作为诉讼裁判方式过于追求行政行为合法性审查，却未形成判决方式与原告诉求的一一对应关系，导致原告实质诉求落空。

表2 2014年至2018年《人民法院案例选》行政不作为典型案件裁判方式汇总

裁判方式		年份				
		2014年	2015年	2016年	2017年	2018年
撤销判决（16件）	撤销+重作（10件）		1件	6件	2件	1件
	撤销+履行（5件）			4件	1件	
	单独撤销（1件）				1件	
履行判决（9件）			1件	4件	3件	1件
确认违法判决（8件）	单独确认违法（7件）		1件	3件	1件	2件
	确认违法+履行（1件）		1件			
驳回诉讼请求（10件）		2件	1件	4件	1件	2件
驳回起诉（2件）					2件	

笔者梳理2014年1月至2018年9月《人民法院案例选》发布的行政不作为典型案例，该类案件呈现出以“撤销判决”为核心的裁判架构模式（见表2）。围绕从实质解决行政争议视角来构建不作为诉讼裁判方式，根据“诉判关系”理论，笔者主张应该以履行判决作为主要判决方式，同时辅之以其他判决方式作为替代性和补充性方式。由于我国判决种类是逐步发展扩充的过程，其具体方式并不完全遵循诉判一致性，技术层面上不回应诉讼请求是争议无法实质解决的根本原因，而回应诉讼请求的技术路线就是诉讼类型化。域外国家的行政不作为诉讼判决种类通常以履行判决作为诉讼救济的核心手段，例如，日本最初塑造了以“撤销判决”为核心救济手段的不作为判决形式，随着现代福利国家行政职能的转变，撤销判决很难适应行政职能转变的节奏。日本通过修订《行政案件诉讼法》确立科以义务诉讼借此改变以撤销判决为中心的局面。《德国行政法院法》对撤销判决和履行判决进行了明确分类，该法第43条第2项中确立了以课予义务为主、确认违法为辅的裁判模式。在现代服务行政和福利国家的背景下，履行判决被赋予了更多期待。

在主观权利诉讼模式下，行政不作为诉讼面临的基本问题是围绕原告诉讼请求来实现诉讼功能，而原告提起不作为诉讼的主要目的在于实现自己期待被告作出特定内容之行为，通过诉讼督促行政机关履职仅是手段和途径。“原告诉讼请求”→“行政争议”思路下，以原告诉求作为诉讼的逻辑起点来确定诉争的实质行政争议，通过审查行政不作为的合法性及不作为引发的法律关系，直接通过裁判回应原告诉求达到解决行政争议的功能。

三、实体性判决的可行性和必要性分析

（一）直接回应“实质解决行政争议”的立法目的

《行政诉讼法》将“解决行政争议”位列三大立法目的之首，这将“实质解决行政争议”从法律层面提升为行政审判的一项重要使命。法律效果是法律运行的应然价值标准，而社会效果是法律运行的实然价值标准。在大量不作为案件中，法院判决确认拒绝性决定违法或者撤销，而行政争议仍未得到实质化解，不仅导致相对人的权利得不到有效救济和被诉不作为行为得不到有效监督，而且会损害司法的公信力和权威。履行判决的内容履行程度涉及判决应将行政机关履行的义务内容明确到何种程度，不仅关系行政争议能否实质解决，这也涉及司法权对行政权监督的尺度。实体性判决契合实质解决行政争议目的，该种判决方式可以使行政争议得到实质性、彻底性化解。

（二）“司法有限性原则”的反向场域

行政不作为诉讼并不局限于确认行政行为的合法性，还可以处分诉讼主体之间的实体权益。法院审查行政机关是否履行义务时，不仅重点审查原告请求权是否按照法定要求提出过申请，还要审查被告是否具有请求权要求的作为义务。至于实体方面的问题，法院的优势在于确定事实并将具体事实划归于法定要件之下，在行政不作为的实体判决方面可以通过判决理由说理引导行政机关作出一定行政行为，并通过阐述相关法律明确被告履行义务的正确程序、方式以及因素。行政不作为是行政机关对自身应当履行的义务置若罔闻怠于行使，属于对行政首次判断权的放弃，原告启动诉讼程序后法院通过启用司法审查，该判断权就转移到司法机关，进入权力的二次分配阶段。司法权的本质属性是判断权，在诉讼程序中经过当事人举证适用证明标准规则，当不存在判断余地的场域法院可以代替行政机关作出判断。实体性判决并不是对司法审查有限原则的突破和侵犯，而是在坚持司法审查有限性的前提下，对实质法治追求的必然结果。笔者认为，在履行判决的内容履行程度方面法院享有裁量权，既要发挥司法权实质解决行政争议和实现当事人权利无遗漏保护的立法功能，又要避免司法权侵越行政权，即坚持履行判决功能的有限性与司法能动的平衡。当原告行使请求权本身足以让行政主体作出行政行为时，法院可直接判决行政机关在一定期限内作出原告要求的具体内容之行政行为。

（三）审判实践对实体性判决的回应

尽管我国行政诉讼立法及相关司法解释中并未对实体性判决作出具体界定，但审判实务中却大量存在法院采用“实体性判决”的个案，不仅有效回应了原告的实质诉求而且实质解决了行政争议。近五年来，《最高人民法院公报》《人民法院案例选》共发布154件行政案件典型案例，在43件行政不作为案件中，法院作出履行判决13件，其中实体性判决9件，占比为70%，实体性判决在实务中已没有障碍。① 实体性判决有利于实质解决行政争议的原因在于，一方面，其不仅能够直接回应原告诉讼请求使其获得相应的权利救济，而且这种及时的救济方式可以有效保护相对人合法利益；另一方面，实体性判决可以避免行政机关履行义务过于迟延，对于提高行政效率、行政效能和预防未来产生争议的可能性具有重要意义。

（四）域外实体性判决的规定

《日本行政案件诉讼法》第37条第2款第5项规定，从系争处分所依据的法令规定来看，行政机关显然应当作出课予义务之诉所指向的处分时，或者行政机关不作出该处分超越其裁量权范围或者构成裁量权滥用时，法院可以作出责令行政机关作出该处分的判决。根据《德国行政法院法》第113条第5款的规定，如果法院经过审理认为拒绝或不作出具体行政行为系违法且原告权利因此受侵害，当判决时机成熟时，法院认定被告承担履行被诉职务行为的义务。通过梳理以上相关立法实践不难发现，实体性判决具有实体法规范基础，而我国相关立法也进行了探索并用“一定期限”“原告请求”等对裁判内容程度进行了实体内容上的限缩。

四、实体性判决的裁判路径和适用规则

（一）“四阶要件”裁判路径

实体性判决通常体现出实质解决行政争议的处理思路，关于实体性判决的裁判路径如图2：

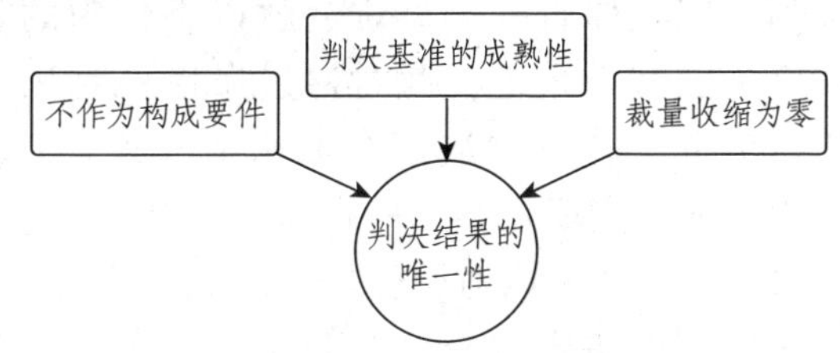

图2　实体性判决的裁判路径

---

① 案件数据来源于《最高人民法院公报》《人民法院案例选》及中国裁判文书网、北大法宝等检索系统。

1. 基础要件。

（1）适用前提：行政不作为成立，即符合不作为构成要件。这涉及权利有效保障理论，关乎保护规范理论下原告所主张的权益是否属于系争行政处分所依据的行政实体法律规范所保护的个别利益。[①] 还涉及行政机关以积极方式表现的滥用职权或者违背作为义务是否属于行政不作为问题。法院通过审查行政不作为的构成要件，确定适用实体性判决的条件应该包括以下内容：被诉行政机关具有作为义务；行政机关不予作出行政行为且无正当理由；被诉行政机关履行作为义务具有现实可能性；行政机关已不存在裁量判断余地。

（2）证明标准证成：法律规定明确且案件事实达到“清楚而有说服力”标准。法院适用实体性判决所要求的证明标准程度应该达到“案件事实清楚”，即要求待决事实客观上达到清楚明确的程度，才可进行司法裁判。例如，我国台湾地区“行政诉讼法”第200条第3项规定，仅当起诉人的诉求确有理由且案件事实待证明确时，法院方可判令行政机关作出起诉人诉请内容之行政处分。

（3）司法审查强度：“排除判断余地”+“排除不确定法律概念”的羁束性行为。实体性判决作出的前提涉及通过对行政不作为的司法审查进而排除行政裁量或者判断余地之空间。即如何权衡“原告诉讼请求”与“行政机关首次判断权”之间的关系。履行判决的内容履行程度需要考量“直接回应原告实质诉求”和“尊重行政机关首次判断权”两大因素，而这两大因素的衡量也决定了履行判决的程序性判决和实体性判决的区别。有学者主张，法院在作出履行判决时应尽可能明确具体并直接回应原告实质诉求，同时也应尊重行政机关首次判断权。[②] 虽然我国部分行政诉讼立法规定采用了程序性判决形式，但若行政机关没有裁量权或者不存在裁量余地时，法院应对行政机关作为义务的内容作出清晰界定并在判决理由中写明，这实际上等同于实体判决的效果。

经过案件事实审理和法律适用，法院认定行政机关的裁量权压缩为零，并且行政机关首次判断权在原告提起诉讼前就以不作为的表现形态放弃行使，不再存在行政机关的裁量余地，此时通过实体性判决责令行政机关作出内容明确的行政行为并不违反司法权有限原则。例如，谢文杰诉山西师范大学不履行颁发毕业证法定职责案，一审法院采用了“程序性判决”，判令被告在判决生效之日起1个月内对原告提出的颁发毕业证请求作出书面决定，将行政行为具体内容的决定权交由行政机关判断。一审的程序性判决

① 王天华：《行政诉讼的构造——日本行政诉讼法研究》，法律出版社2010年版，第57页。

② 姜明安：《行政法与行政诉讼法》，北京大学出版社、高等教育出版社2015年版，第520页。

背离了当事人的诉讼请求，在已经查明被告不存在不予授予学位的正当理由时，仍要求被告作出书面决定没有实际意义。二审法院采用了“实体性判决”，责令被告在判决生效的30日内依法为原告颁发本科毕业证书。这不仅有效回应了当事人的诉讼请求，并且实现了实质解决行政争议的诉讼目的。

第一，排除裁量判断余地。即裁量权压缩为零。法院对于行政机关行使特定管理领域之专业问题应保持司法谦抑性和司法审查有限性，不宜过多介入行政机关首次判断权行使的空间，避免对行政效率造成减损。除非存在裁量滥用、裁量怠惰之情形，或者由于重大法益导致裁量权收缩为零，否则法院不应对裁量余地进行审查。据此，法院针对裁量性不作为行为作出实体性判决的前提是排除裁量余地和裁量空间。

第二，排除不确定法律概念。行政机关裁量范围内的法律构成要件中经常存在不确定法律概念。不确定法律概念的判断涉及法律要件是否妥当的问题。对于不确定法律概念的解释，往往存在规章以下行政规范性文件，对此法院应该尊重行政机关依据首次判断权进行解释的权威性。对于事实要件中不确定法律概念的解释，法官应根据日常经验及客观认知，尊重行政机关的解释判断并保持对不确定法律概念进行有限性的司法审查，除非行政机关存在超越职权或者滥用职权进行解释的情形。对于具有高度属人性质的不确定法律概念，法院原则上应该保持司法谦抑和克制。例如，关于高校教育部门的解释行为以及专业领域高度技术性的决定等方面，法院更应该保持审慎审查原则，不宜将司法审查的介入程度无限扩张，应该尊重行政机关的首次判断权。

2. 特殊要件：裁量权收缩为零。实体性判决的构成要件涉及“裁量收缩理论”。根据《德国行政法院法》第113条第5款的规定，在裁判时机成熟的前提下法院对于行政不作为行为可以作出实体性判决，宣布该行政机关的具体义务。在日本，判决被告履行具体义务被纳入科以义务诉讼类型且其是撤销诉讼的重要补充。① 经过法院审查认为行政机关不存在进一步裁量空间时，即“裁量权收缩为零”。

（1）判决基准：已到裁决程度。法院经过司法审查，判断行政主体已经行使了裁量权且已没有判断余地时，可以据此认定其裁量权压缩为零，并判决责令行政主体直接作出特定内容的行政行为，即我国台湾地区课予义务之诉中提到的“已到裁决程度”。② 根据“已到裁决程度”原理，法院将行政机关的义务特定化，判令行政机关在一定期限内履行法院明确指定

① ［日］盐野宏：《行政法》，杨建顺译，法律出版社1999年版，第412~417页。

② 马英娟：《行政法典型案例评析》，北京大学出版社2016年版，第289页。

的作为义务。例如，尹荷玲诉台州市国土资源局椒江分局土地行政批准案中，法院将裁判时机成熟原则确立为行政审判实务中的准则之一。只要案件事实清楚且法律规范明确，则法院得出处理结论具有唯一性，即可认为裁判时机已经成熟并径直作出实体性判决。此时，并不构成司法权代替行政权，仅是对行政机关作出具体内容行政行为的限定。

（2）裁判结果的唯一性。“如果案件事实因属于享有裁量判断权的行政机关独占管辖权而不适合诉讼裁决，法院只能判决给予答复，而不能判决采取特定的措施。也就是说，法院不能以‘实质裁判’方式处理案件，作出本来应当由行政机关作成的决定或者判断。相反，如果案件事实的讼争时机已经成熟，只有一种判断是合法的，则已不存在判断余地，那么法院就可以判令被告采取特定的措施。”① 简言之，羁束性行政行为或者尽管存在裁量余地但裁量权压缩为零，并且不存在不确定法律概念时，通过“裁量收缩理论下裁量权压缩为零”推导出“行政机关处理结论的唯一性”，即满足裁判结果唯一性的实质要件。例如，《最高人民法院公报》刊登的田永诉北京科技大学拒绝颁发学位证一案，一审法院在判项中分别区分了有“裁量余地”的颁发学位证行为和“裁量权压缩为零”的颁发本科毕业证行为，前者属于被告授权自主范围，司法权为了不侵犯行政自主权，法院经审查判令被告依照《学位条例暂行实施办法》第 4 条、第 5 条规定的程序，在判决生效 60 日内召开学位评定委员会来决定是否授予原告学士学位；后者由于符合《教育法》及《普通高等学校学生管理规定》等相关规定，且被告已不具有裁量权限，因此法院直接判令被告在判决生效之日起 30 日内向原告颁发本科毕业证书。

3. 时限要件。除非法院有无法确定履行期限的特殊情况，否则判决行政机关履行作为义务时须根据个案不同实际情况明确履行期限。这也是履行判决区别于撤销拒绝决定并责令重作判决的特殊之处，在“撤销+重作”判决类型中，原则上并不设定行政机关的重作期限。履行判决中明确履行期限时，应该综合考虑行政机关的履行能力、行政效率、公共利益以及行政相对人实体权利救济的迫切性。

4. 实质效果要件。实质效果要件是指履行判决的作出具有可能性与实际意义。根据《行政诉讼法》第 74 条第 2 款第 3 项之规定，行政不作为案件中如果被告构成不作为，但是不具备责令被诉行政机关履行义务的可能性或判决履行已无实际意义时，此时法院不再作出履行判决而是判决确认违法。据此，构成实体性判决的效力要件是判令履行内容具体的作为行为仍有可能或有实际意义，具体包括以下判断规则：

① ［德］汉斯·J. 沃尔夫、奥托·巴霍夫：《行政法》，商务印书馆 2002 年版，第 357~360 页。

第一，关于“履行没有实际意义”的判断应该基于起诉后发现的事实，如果起诉前原告诉请的理由已不具备履行意义时，此时可以借鉴《日本行政案件诉讼法》中关于不作为违法确认之诉的做法。为了便于原告寻求行政赔偿救济，法院可以根据个案具体情况作出不作为违法确认判决，而无须适用《行政诉讼法》第 74 条第 2 款第 3 项之规定。①

第二，关于如何判断履行义务已无实际意义，笔者认为，应该从利益衡量和合目的性角度来审查并综合权衡。例如，沈凯诉北京市工商行政管理局通州分局梨园工商所不履行法定职责案，② 被告梨园工商所发现案件不属于自己管辖时依法应履行移送职责，但是从诉讼成本和行政成本考虑，诉讼中再行移送已无必要也不符合诉讼效益原则。因此，法院判决确认梨园工商所未履行移送职责而将原告的投诉举报信退回的行政行为违法。

第三，关于履行判决的可能性问题，主要体现于政府信息不予公开案件，对于可区分的政府信息是直接判决公开还是判决行政机关重新答复。例如，被告以需要汇总加工为由不予公开原告申请公开的信息，但诉讼中被告认可相关信息可进行区分处理，此时就会出现判决撤销不予公开答复并责令被告重新答复与直接在诉讼中进一步查明后判决公开两种不同的做法。笔者认为，从实质解决争议和信息可分性的考虑，应该直接作出实体性履行判决责令被告公开涉案政府信息。

（二）实体性判决的内容履行程度

关于实体性判决的内容履行程度，笔者主张在具体案件中法院应结合不作为表现形式和原告诉求兼顾司法权与行政权界限，区别以下情况进行处理：

第一，针对羁束性行政行为和原告起诉请求法院判令被告作出特定内容的行政行为，法院经过审查认为被告不作为违法，其对作为义务的履行已无裁量余地且判决履行还有可能和必要意义，则法院可以作出内容具体的实体性判决。此时，存在两种例外情况：其一，假如被诉行政主体仍有裁量权，法院只能判决其作出一定处分的程序性判决。对于原告诉求部分有理由或部分无理由的情况，司法权不宜直接代替行政机关作出决定，但作出被诉行政主体为一定处分行为的履行判决时应给予其一定的提示，在判决理由部分阐述法院的法律意见。其二，假如法院经过调查发现事实证据尚未达到可裁判程度时，只能作出一定处分的程序性判决。此时，裁判时机是否成熟要受《行政诉讼法》第 72 条第 2 款中“尚需调查”因素的影响。由于司法权与行政权的分工决定了法院很多情况下需要采取司法克制，

① 江必新：《新行政诉讼法专题讲座》，中国法制出版社 2015 年版，第 272 页。

② 北京市通州区人民法院（2015）通行初字第 39 号行政判决书。

对于涉及专业技术性问题的补充调查通常不会代替行政机关进行调查而是将该项权力交还行政机关进行判断。此时，法院通常会判决行政机关在一定期限内根据重新调查的情况作出处理决定或答复。

第二，如果原告的诉求是要求被诉行政主体作出一定处分的行政行为，根据“诉判一致性”原理，法院应在原告的诉求范围内作出裁判，判决被诉行政主体为一定处分的实体性判决。法院通过直接判决行政机关作出内容具体的行政行为间接拓宽司法审查的范围，有利于保护相对人合法权益和督促行政机关依法行政。

第三，当满足涉案争议属于原告诉求范围、案件事实清楚明确、裁判时机达到成熟条件，且行政机关不存在裁量余地时，法院可径直作出被告完全依照原告请求内容履职的实体性判决。

结　语

法院通过作出履职期限明确和履职内容具体的实体性判决，不仅可以回应当事人对实质诉求的期待，而且可以去除行政机关以调查或裁量为名产生的权力滥用，契合实质解决行政争议的立法宗旨。此外，通过实体性判决将保护相对人合法权益作为首要价值，有利于实现从形式法治到实质法治的转型。

行政机关监督村务公开行为司法审查的困境与出路

——以 514 份行政裁判文书为样本

张　伟[*]　张鹏坤[**]　宋淑华[***]

一、实证考察：基于 514 份行政裁判文书样本的梳理与分析

本文在中国裁判文书网上以“村务公开”+“不履行”“村务公开”+“履行法定职责”为关键词，时间为“2019 年 1 月 1 日—2020 年 3 月 30 日”，共计搜索出 530 篇裁判文书，经甄别剔除重复案件、不属于监督村务公开等情形的文书，涉及“监督村务公开”裁判文书 514 篇。① 裁判方式统计详见表 1。

表 1　裁判方式统计表②

裁判方式		数量
裁定		35
判决	判驳	15
	确认违法	412
	确认违法；责令处理	17
	撤销答复；责令处理	22
	责令处理	12
	责令公开村务信息	2

---

* 作者单位：北京市第四中级人民法院。

** 作者单位：黑龙江省牡丹江市中级人民法院。

*** 作者单位：黑龙江省抚远市人民法院。

① 检索日期为 2020 年 4 月 20 日，本文附件为裁判文书整理情况。

② 样本中有 404 件案件是串案，案号为湖南省湘潭市雨湖区人民法院（2019）湘 0302 行初 19 号行政判决书至湖南省湘潭市雨湖区人民法院（2019）湘 0302 行初 422 号行政判决书，均判决确认被告湘潭市雨湖区万楼街道办事处不履行村务公开监督职责的不作为行为违法。

（一）“监督”行为的表现形式

行政机关监督村务公开案件系相对人请求有权行政机关责令村民委员会公开相对人所申请之村务信息，包含行政机关“监督”与村委会公开相关村务两个阶段行为。样本显示“监督”的表现形式繁杂多样，有通过信访处理，[①] 通过下级机关协助调查，[②] 通过发函、通知书、责令书等方式直接向村委会要求调查核实、责令公布等方式。[③] 此外，监督村务公开形式上类似“行政机关内部上下级之间的督促履行事项”，容易导致行政机关将两行为混淆。[④] 但是实质上两者并不相同，前者是法律明确规定的行政机关应履行职责，属于行政诉讼受案范围。申请人要求公开的村务多涉及征收拆迁、补偿安置、人事选举、财务等关系全体村民民生问题，矛盾较为突出，群体性申请情形较为普遍，行政机关和司法机关面临较大的工作难度和压力。

（二）行政机关履行“监督”行为

行政机关在收到履责申请后，绝大部分行政机关都会作出一定的“监督”行为，多数样本显示行政机关往往以“函”“通知书”“决定书”等书面形式要求乡镇政府或村委会进行核实，并责令公布。但也存在对区政府、街道办事处是否具有监督职责以及村居改制后对居民委员会的居务信息是否予以监督作出消极认定的。就已作出的履责行为而言，主要有以下情形：其一，县级政府向村委会所属乡镇政府发送转交通知，即向申请人进行答复，将“监督”职责向下移转；[⑤] 其二，行政机关向村委会发函要求配合调查并依法履行村务公开职责；[⑥] 其三，行政机关以信访程序进行处理。

（三）“监督”行为的审查标准

针对是否已履行“监督”职责，样本中的裁判文书出现了司法审查标准不统一的现象。一方面，通过样本可以看出，在同样认定原告申请的信息属于应当公布的村务情形下，针对行政机关以函、通知单、决定书等形式作出的责令公布行为，法院对上述责令行为是否符合履行法定职责要求有不同的认定：有的认为行政机关已经履行了法律规定形式或者程序上的职责；[⑦] 有的认为判断行政机关是否存在不作为不能以其形式上是否实施了

---

① 参见广东省中山市中级人民法院（2019）粤20行终465号行政判决书。

② 参见山东省潍坊市中级人民法院（2018）鲁07行初205号行政判决书。

③ 参见广东省海丰县人民法院（2019）粤1521行初13号行政判决书。

④ 参见吉林省长春市中级人民法院（2019）吉01行初139号行政判决书。

⑤ 参见南京铁路运输法院（2018）苏8602行初1943号行政判决书。

⑥ 参见广东省海丰县人民法院（2019）粤1521行初12号行政判决书。

⑦ 参见江苏省扬州市中级人民法院（2019）苏10行终25号行政判决书。

某个行为为标准，而应当以其实质上是否对法定职责作出响应为依据。[①] 另一方面，不同法院对履责结果（行政机关责令公布行为后村委会是否依法公开相关村务信息）的审查标准不同，有的认为履责结果属于司法审查标准的范围，即使积极履行了“监督”职责，但是如果村委会仍然没有依法公开相关村务信息，依然属于未履行法定职责；[②] 有的未将履责结果纳入审查标准范围，只对行政行为合法性进行审查，认为行政机关“已经出具了督办通知单，被上诉人已履行法定职责”。[③] 从样本中看，很难明确监督的具体统一的审查标准，迫切需要构建一套有说服力、可操作性强的监督审查标准。

（四）“监督”行为的判决选择

法院认定行政机关未履行法定职责后，在作出履行判决时，绝大部分判决是“撤销答复”“责令处理”的履行判决，样本中只有两份行政判决书作出“判令被告责令村委会公开相关村务信息”的履行判决。[④] 不同的判决结果反射出来法官综合考量各种因素后的结果，对其背后的法理依据以实践考量作进一步的挖掘和分析（见表2）。

表2 不同的履行判决

案号	裁判理由	裁判结果
（2019）浙03行初401号	被告庭审中提出其收到原告申请后已对上山根村委会是否依法公开村务信息进行了调查核实，认为根据该村村务公开栏张贴的材料及第三人提交的银行交易凭证，可以证明上山根村委会已公开涉案村务信息。本院认为，被告提供的张贴材料未显示张贴日期，张贴地点亦不明晰，第三人提交的银行交易凭证也与村务公开无关，现有证据不足以证实被告上述主张，是否须判令被告责令上山根村委会、经济合作社依法公布涉案村务信息的问题。本院认为，《村民委员会组织法》第31条中关于责令公布的规定系以有权主体进行调查核实并确认存在村务公开不及时或者公布事项不真实的情形为前提，在本案被告未经调查核实的情况下，原告要求进行判令被告责令上山根村委会、经济合作社依据《村民委员会组织法》等相关法律、法规的规定公开涉案村务信息的诉讼请求，无事实和法律依据	撤销被告瑞安市人民政府于2018年11月8日对原告郝仕杰申请事项作出的答复（告知）行为；责令调查核实并答复

① 参见浙江省丽水市中级人民法院（2019）浙11行初117号行政判决书。

② 参见山东省潍坊市中级人民法院（2018）鲁07行初205号行政判决书。

③ 参见湖北省咸宁市中级人民法院（2019）鄂12行终13号行政判决书。

④ 参见山西省晋城市中级人民法院（2018）晋05行初36号行政判决书；山东省潍坊市中级人民法院（2018）鲁07行初205号行政判决书。

续上表

案号	裁判理由	裁判结果
(2018)晋05行初36号	被上诉人作为西关村村民，有权申请上诉人对西关村村委会实施村务公开的情况进行调查核实并作出相应处理。本案上诉人对被上诉人提出的申请未予回复，没有履行法定职责	被告襄垣县人民政府在本判决生效之日起10日内责令襄垣县古韩镇西关村村民委员会向原告李志其、王炎文公开信息

二、直击问题："监督"的性质、审查与裁判

（一）"监督"行为的模糊性和非强制性

《村民委员会组织法》第31条规定了"调查核实、责令依法公布"的内涵，但这只是一种初步的界定，尚有诸多模糊地带：《村民委员会组织法》等行政法律、法规及其他规范性文件对监督的具体程序、形式、期限、效果等均未作出明确具体的规定；在行政机关对村委会并无强制力的前提下"监督"行为达到何种程度的约束力；监督到何种程度，履责结果是否属于监督职责等。一方面，反映到实践中就表现为：履责形式繁杂不一，程序混乱，形式履行和部分履行现象严重，样本中行政机关败诉率高达55.86%；[①] 另一方面司法机关在行使司法审查权时，也因监督含义模糊而过多依赖行政机关的裁量，难以发挥其监督行政的作用。

村民委员会属于基层群众性自治组织，与任何有权监督机关均不具有上下级行政领导关系，《村民委员会组织法》等法规亦未赋予行政机关强制村务公开的权力及规定明确的程序。在行政机关明确作出限期责令村务公布决定的情形下，村委会明示拒绝或者拖延公布村务信息的，实践中通常做法是协调解决或者多次作出责令公布决定，但均非有效解决争议手段。相对人在未获得所申请村务信息的情况下，会再次申请行政机关履行监督职责，行政机关只能再次作出责令公布村务决定，如此循环往复，不符合实质解决行政争议的要求。

（二）"监督"行为的司法审查标准不一

司法审查标准问题源于我国行政诉讼构造。主客观诉讼构造的争论已久，碍于篇幅限制本文不展开讨论。笔者同意一种观点：我国在"合法性

---

① 行政机关败诉数量是62件，404件串案保留1件情况下，以111件样本数行政机关败诉率达到55.86%。

审查”的主线下，《行政诉讼法》为法院构建的是客观导向的诉讼规则。[①]客观诉讼构造以合法性审查为主线，在监督行政权力和保护公共利益方面具有优势，但是相对较弱地体现权利救济的目的。原告的诉讼请求内容不会限制法院的司法审查权的范围，法院也不会仅按照原告在诉讼请求中指向的裁判方式作出裁决。[②] 在客观诉讼构造和撤销诉讼一体主义下容易对实质审查标准缺乏特殊性的认识。

从样本可知，实践中实际存在四种“监督”审查标准：其一，是形式行为审查标准，该标准仅对行政机关是否形式或者程序上满足法律规定的要求，而不审查该履行形式是否能够实质履责、符合法律规范的目的。其二，实质行为审查标准，该标准认为不能以形式上是否实施了某个行为标准，而应当以其实质上是否对法定职责作出响应为依据。其三，实质行为+实质结果审查标准，该标准认为既要求行政机关具有实质性调查核实、责令公布的行为，责令行为具有约束力和执行力，调查核实的范围包括村民委员会是否及时公布应当公布的事项以及公布的事项是否真实，未切实实现村务信息完全公开的效果亦属于履行不完全。其四，笼统审查标准，该标准并没有提出具体审查标准，只是笼统阐述行政机关是否依据法律法规履行了法定职责。

实践中对于监督行为的审查标准可谓标准多样、强弱不一，存在主观性和任意性的判断，同案不同判的情形客观存在。对此，必须构建起一套标准清晰、说服力强、富有操作性的司法审查标准。

（三）“监督”行为的履行判决明确程度低

1. 两种选择——程序性履行判决和实体性履行判决。样本体现出来的绝大部分履行判决都是程序性判决：判令行政机关限期作出答复或者处理。实体性判决在行政法学理论上颇有争议，[③] 但是通过《最高人民法院关于适用〈中华人民共和国行政诉讼法〉解释》第 91 条规定和近几年最高人民法院在《最高人民法院公报》和《人民法院案例选》发布的涉及行政不作为案件中实体性裁判的案例来看，直接明确特定义务、围绕原告请求权的实

---

① 参见薛刚凌、杨欣：《论我国行政诉讼构造：“主观诉讼”抑或“客观诉讼”?》，载《行政法学研究》2013 年第 4 期。

② 参见章剑生：《行政诉讼履行法定职责判决论——基于〈行政诉讼法〉第 54 条第 3 项规定之展开》，载《中国法学》2011 年第 1 期。

③ 参见姜明安主编：《行政诉讼与行政执法法律适用》，人民法院出版社 1995 年版，第 465 页。

体性履行判决已经日益增多，体现出一种趋势。① 但是样本中的判决方式选择中大多选择使用程序性履行判决，最主要的原因是法院认为案件事实仍需行政机关进行调查、裁量，导致判决内容明确程度低等问题，使得履行判决仅起到撤销判决的作用，没有进一步明确行政机关的义务，原告的权利义务回到原点，行政机关重新作出行政行为的空间过大，容易导致循环诉讼和诉权保障不足等问题。

履行判决明确程度低，后续执行亦成为难题。虽然根据禁止不利变更原则，行政机关不能作出更加不利于相对人的行政行为，但是如果相对人对行政机关再次作出的履行行为依然不服，又要进入行政复议或行政诉讼程序，形成循环诉讼。村务公开事项往往涉及全体村民，容易发生群体诉讼。笔者在样本中统计村务公开申请人数超过 5 人的案件 34 件，占样本总数 30.63%，② 其中更有三四百人同时申请村务公开的案件。③

2. 原因考察。首先，行政机关怠于履行“调查、核实”职责，案件事实未达到“裁判时机成熟”的程度，故法院以尚需被告调查裁量为由作出答复判决。相对人所申请村务信息存在且属于村务公布事项、村委会未依法公布属于行政机关调查核实的内容，亦是行政机关履行责令公布职责的前提。但是行政机关通过信访答复、职责移转、形式履责等方式，对上述内容并没有实质履责，未调查核实清晰，导致司法审查的事实仍然需要行政调查才能明确。

其次，司法审查过于依赖行政调查。“尚需被告调查或者裁量”已然成为适用程序性履行判决的“万金油”。上述行政机关履行责令公布行为的前提中被申请信息是否属于村务公开事项是属于法律问题，法院可予以认定；村务公开事项是否存在、所申请村务是否已经依法公开属于行政机关调查裁量范围。在事实问题已经明确或者可以推定的情况下，司法审查依然作出“责令处理”的程序性履行判决。根据《最高人民法院关于适用〈中华人民共和国行政诉讼法〉的解释》第 91 条的规定，原告请求权成立且被告

---

① 如《人民法院案例选》发布的典型案例王德香等五人诉黔东南苗族侗族自治州社会保险事业局履行足额支付工伤保险待遇案中，法院判决被告自判决生效之日起 60 天内支付一次性工亡补助金 329900 元和丧葬补助金 1488 元；彭某诉广安市公安局交通警察支队不履行办理机动车年检手续法定职责案中，法院判决被告在判决生效后 10 日内为原告机动车核发机动车检验合格标志；萍乡市亚鹏房地产开发有限公司诉萍乡市国土资源局行政协议案中，法院判决萍乡市国土资源局在判决生效之日起 90 日内对相关证载土地用途予以更正等。

② 案号为湖南省湘潭市雨湖区人民法院（2019）湘 0302 行初 19 号行政判决书至（2019）湖南省湘潭市雨湖区人民法院湘 0302 行初 422 号行政判决书的 404 件串案算为一件样本基数。

③ 参见最高人民法院（2019）最高法行申 11239 号行政裁定书、湖南省湘潭市雨湖区人民法院（2019）湘 0302 行初 19 号至湖南省湘潭市雨湖区人民法院（2019）湘 0302 行初 422 号行政判决书。

未履行职责的，法院可以判决被告在一定期限内依法履行原告请求的法定职责；尚需被告调查或者裁量的，法院应当作出答复判决。但其中一个是“可以”，一个是“应当”，不同的强度导致法院更加难以作出符合原告请求权内容的实体性履行判决。行政机关经过调查核实认定村委会应当公布相关村务未公布的应当责令村委会公布，然责令行为缺乏约束力和执行力，造成村委会未依法公布村务，在此种情形下有法院仍然作出“责令……履行调查核实、责令公布的职责”的判决结果。① 再如，行政机关经过调查核实认为村委会已经公布相关村务，但法院认定行政机关提交的证据并不足以证明，根据行政诉讼举证责任分配原则，被告应当对举证不能承担不利后果，视为村委会未公开相关村务信息，符合行政机关责令公布职责的履责条件，但是法院依然判令被告调查核实处理。②

最后，实体性履行判决要求较高，其明确行政机关具体的履责义务，判决内容具体没有裁量空间，体现权利的时效保障理念。法院适用程序性判决的理由通常是司法机关对行政裁量权的尊重，但是现实情形是由于对行政调查裁量空间缺乏统一认识和必要规制，往往在事实问题已经明确或者司法审查可以明确的情形下，仍以尊重行政机关的裁量权为由机械作出“撤销……责令处理”的判决，这就是实践中程序性履行判决数量远远大于实体性履行判决的原因。只要法院认定被告履行不完全即可作出“责令处理”的判决，既省时省力又不会出错。从趋利避害的角度衡量出发，更多地适用程序性判决，显然是更好的选择。

三、对策建议：完善“监督”行为审查规则的有效路径

（一）行政机关监督职责内涵的合理界定

行政机关监督村务公开语境下监督与行政内部上下级机关之间的督促履责相区别，特指对村务公开事项进行调查核实、责令公布的职责。“调查核实”的内容包括被申请信息是否存在或者应当存在、是否属于村务公开事项、村委会是否未公开；“责令公布”的内容是以具有约束力和执行力的方式课以明确具体的村务公布义务，并明确合理或具体期限。“监督”行为具有裁量性行为和羁束性行为的双重属性：调查核实、责令公布的方式、程序属于行政机关裁量内容，法律规范并无具体明确规定，但是被申请信息是否属于村务公开事项、经调查核实认定为未公布的村务后必须责令公布、履责程度必须达到具有执行力和约束力的合理性要求等属于羁束性行为，不具有自由裁量空间。

---

① 参见浙江省丽水市中级人民法院（2019）浙11行初117号行政判决书。

② 参见浙江省温州市中级人民法院（2019）浙03行初401号行政判决书。

（二）建构“监督”行为的司法审查标准

“监督”的司法审查标准至少应该包括主体要素、形式要素、内容要素、目的要素等四方面的要素。

1. 主体要素。“监督”的主体构成分为申请主体和监督主体，申请主体就是具有所申请村务公开请求权的村民，而监督主体则指有权行政机关。适当的诉讼类型选择始于对原告请求权的准确把握。原告请求权审查的重要性在于如果司法审查拘泥于行政行为而忽视原告请求权，即使原告胜诉后依然只获得“撤销答复”“责令处理”的程序性判决，而原告的实质利益诉请需要行政机关再次处理，有可能依然无法得到实现。履行判决的意义不应仅是对行政行为合法性与合理性的审查，从而得到行政行为被撤销之法律效果，而是司法机关通过对行政行为和原告请求权的审查认定行政机关未履行法定职责，在原告的请求权成立、被告亦没有裁量空间的情况下，直接作出课以行政机关明确具体义务的实体性履行判决，从而更加充分救济原告的合法权益。

2. 形式要素。监督职责属于行政机关的法定职责，行政机关不能以信访、行政指导行为、政府信息公开等程序进行处理。行政机关可以自行调查亦可以委托下级机关或者相关机关进行调查，但履职责任主体仍应为该行政机关。履行监督职责行为均需以书面要式形式进行，例如函、通知、决定书等，有条件的可以数据电文形式，但不能通过口头、电话形式。行政机关在履行调查核实、责令公布职责后应当以书面形式答复申请人。行政机关责令公布的，村委会应当按照《村民委员会组织法》及各地方法律规范文件规定的形式予以公布。

3. 内容要素。《村民委员会组织法》第31条规定行政机关的职责包括“调查”“核实”“责令公布”，其核心是“责令公布”。申请人所申请村务信息应当存在、明确、未公布，这就需要行政机关进行调查核实，在符合“责令公布”条件时责令村委会公布相关村务。“监督”的司法审查标准首要内涵是“调查核实、责令公布”行为的合法性。行政行为合法性的重要性无需赘言，但是行政行为的合理性审查不应当被忽视，合理性审查包含在合法性审查之中。如果没有合理性审查，履行不完全行为司法审查标准就会陷入形式合法性标准和裁判任意性标准的泥淖。行政机关在作出履责行为时应当尽到合理注意义务，合理性标准要求行政机关的履行行为应当达到实质履责的程度、符合法律规范的目的。实质审查标准系履责行为的合法性与合理性的统一，两者相辅相成，缺一不可。

合理性审查在监督村务公开类案件中的表现为：《村民委员会组织法》第31条规定了只是规定行政机关具有“调查核实、责令公布”的职责，但是具体履责程序、履责程度、履责期限及履责效果等均未明确规定，就产生了前文所述法院对这些问题的不同判断，尤其是在形式履责情形更需要合理性审查。行政机关进行调查核实、作出责令公布决定时，应当将履责内容、程度、效果、期限等均经合理考量作出具有约束力和执行力的实质监督行为。因此，合法性与合理性相统一的实质履责行为属于司法审查标准的内涵。

4. 目的要素。目的要素内涵的特殊性。获得所申请村务是申请人的最终目的，但是在监督程序与行政诉讼程序中原告的目的是希望行政机关责令村委会公布村务，上述两个目的分别对应的是村务公开和责令公布两个行为，从某种意义上讲村务公开亦是责令公布的履责结果。一般情况下，履责结果属于司法审查标准具有一定的公正合理性，且回应了原告的诉请。但是监督村务公开案件具有一定特殊性，责令公布行为并不必然产生村务公开的法律效果，这属于两个阶段的行为：行政机关监督行为需要村委会合作或者补充，两个行为是独立存在的。村民委员会基层群众性自治组织的特殊地位决定其与行政机关不属于上下级行政领导关系。行政机关缺乏对村委会进行村务公开的强制力，只能责令督促村委会进行公开。行政机关切实履行责令公布职责后原告利益诉求未得以实现的责任主体不是行政机关而是村民委员会或者有关人员。因此《村民委员会组织法》第 31 条同时规定，经查证确有违法行为的，有关人员应当依法承担责任。

在监督村务公开案件中，履责结果不应属于司法审查标准，只能作为履责行为合理性的重要参考因素。最高人民法院公布案例“王顺升诉寿光市人民政府行政不作为案”的裁判文书说明被告“未限定公开的合理期限，亦未……进行核实”的不完全履行行为导致原告诉求未实现，最高人民法院在典型意义中亦说明被告未全面履行行为造成原告的知情权和监督权未得到落实，故应理解为村务未公开的履行结果系未完全履责行为的后果，属于履行行为合理性审查的重要参考因素，而不能理解为村委会未公开村务的行为导致行政机关未完全履责或者属于未完全履责的一部分。[①] 如此才符合法律规范的内在逻辑，避免责任主体不清，有效规制村委会行为；避免循环诉讼，有助于实质解决行政争议。监督村务公开的履责结果应当属于执行问题。在行政机关已经履行了具有约束力和执行力的实质调查核实、责令公布行为的情形下，村委会仍然拒绝履行、拖延履行或者不完全履行的，相对人可以申请法院执行并由行政机关依职权或者当事人申请查处有关人员的违法责任。

申请人提起履责申请的目的应当是希望能够获得其所申请的村务信息，

---

① 参见 2015 年最高人民法院公布的关于行政不作为十大案例。

其出于多种因素和目的明知或者错误地借村务公开之名，实质上试图实现要求行政机关监督征收拆迁等事项中存在的问题，不属于监督村务公布事项。行政机关应当对包含上述内容的申请予以区分，排除不属于村务公开事项的内容，但是在答复中应予以告知并阐述理由。

（三）“监督”行为实体性履行判决的适用

履行判决的裁判选择是程序性判决和实体性判决两者选一，关键问题是法院如何确定行政机关履行职责的内容，既恪守司法与行政的合理边界，又能有效保护当事人的合法权益。长久以来司法实践坚持的原则判决说有待商榷，原则判决说不利于司法权威的实现，更不利于当事人合法权益的救济。但是具体判决说在实践中不具有可操作性，法院不可能在每个不履责案件中代替行政机关考量行政行为具体应该如何作出。所以笔者赞同情况判决说，即对涉及行政自由裁量或为第三人设定义务的不履行法定职责，采取原则判决说；对涉及相对人羁束性的、授益性的不履行法定职责，采用具体判决说。① 法律适用问题本身就是法院所应解决的问题，属于司法权正当范围权限。行政机关不履行法定职责时尤其是已经行使了首次判断权的情况下，既然相对人申请司法权救济，就可认为其权限已转移到司法机关。法院确定其履行义务的内容，也属于司法权对行政权的正当干预，并不会破坏司法权与行政权的平衡。② 最高人民法院已经在一系列案件中对行政机关作出课以具体作为义务的实体性履行判决，从实质解决行政争议的角度，适当扩大履行判决适用具有现实可行性和必要性。

监督村务公开案件中行政机关调查的事实即“责令公布”的条件，包括被申请信息是否存在或者应当存在、属于村务公开事项、村委会是否未公布，如果上述事实在审理过程中业已查明，法院可以直接作出实体性履行判决。如果该事实尚未达到明确的程度，法院可以根据自身权限通过调取证据、举证责任分配、追加村委会为第三人等方式主动查明未尽事实，以促使裁判时机的成熟。司法机关审查行政机关责令村委会村务公开行为，无论是从利害关系角度还是调查案件事实角度均可将村委会追加为行政诉讼第三人。行政机关“责令公布”决定对村委会负担了义务，而村委会并不是下级机关，行政机关的决定无法直接产生村务公开的法律效果；法律法规亦未赋予行政机关强制村委会公布的权力和程序。村委会作为第三人参加诉讼，则被申请信息是否存在或者应当存在、村委会是否未公布等案件事实可以在司法审查阶段予以明确。在行政机关责令公布的条件全部具

① 参见温泽彬、曹高鹏：《论行政诉讼履行判决的重构》，载《政治与法律》2018 年第 9 期。

② 参见［日］南博方：《日本行政法》，杨建顺、周作彩译，中国人民大学出版社 1988 年版，第 131 页。

备的情形下，法院不宜再以尚需行政机关调查、裁定为由作出责令处理的程序性履行判决，应当作出课以具体明确公布义务的实体性履行判决。因此，有必要在尊重行政机关调查裁量及当事人诉讼请求的基础上，深入具体案件情境，对法律规定、公众期待、客观条件等相关因素综合考量，最终对判决适用实体性履行判决还是程序性履行判决作出合乎案情的准确判断（见图1）。

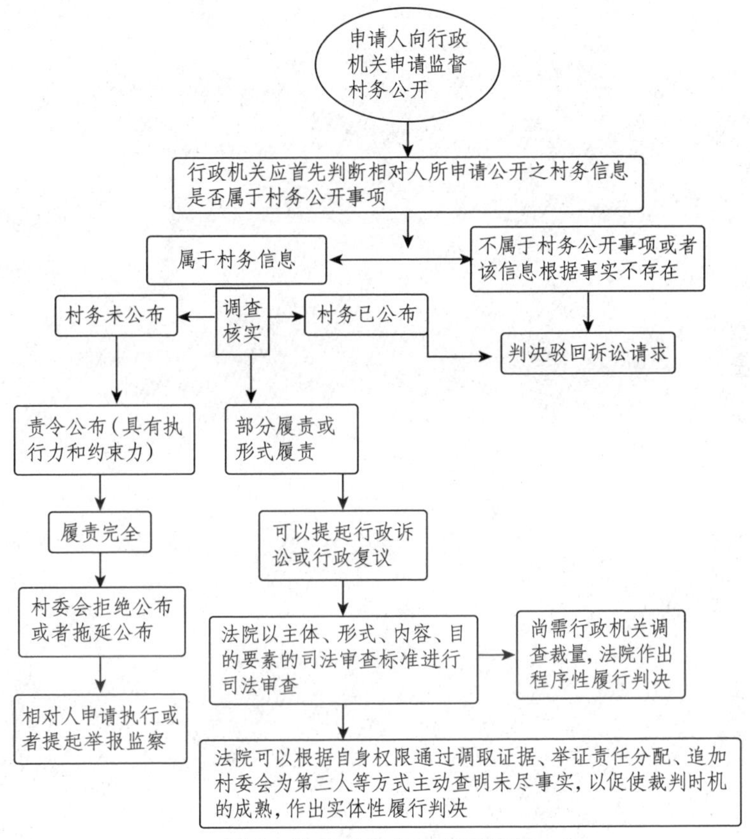

图1　监督村务公开审理流程

总　结

监督行为的特殊性使得行政机关和司法机关在内容与形式、审查标准、判决类型等审理规则上应予以高度注意。村民委员会的特殊性质导致监督缺乏强制性，这决定了在监督村务公开案件中，履责结果不应属于司法审查标准，只能作为履责行为合理性的重要参考因素。程序性履行判决过度适用不仅仅表现在监督村务公开案件上，往往法院判决在内容上没有进一步明确地课以义务，当事人的权利义务又回到“原点”，只能起到撤销判决的意义，不能实现履行判决的应有之义。实体性履行判决具有重视原告请求权、司法审查程度更强、实体性履行判决适用范围更广等优势，能够更好地解决监督村务公开类案件中的问题，更能体现现代社会对人的关注。司法实践中应当在合理界定司法权与行政权关系的基础上，发挥司法能动性，扩大适用实体性履行判决的范围。

推定规则在行政强拆案件适格被告司法审查中的适用研究

纪　昀*

引　言

被告是否适格在行政机关自行强拆案件中往往成为争议焦点。当原告提供的证据不足以证明被告实施了强拆行为，被告也无法证明非其所为时，身陷两难困境，司法裁判者应当如何选择？是以原告提供的证据不足驳回起诉，还是对案件的适格被告作出推定。从近年司法实践看，法院逐渐趋向于推定适格被告。推定规则是指从已知的前提事实推断未知的结果事实（推定事实）存在，并允许当事人举出反证推翻的一种证据规则。① 适格被告并非明确的被告，而是正确的被告。最高人民法院认为，适格被告应当根据“谁行为，谁被告”的确认原则，由作出行政行为的行政机关担任行政诉讼的被告，参加诉讼并对其行为负责。② 山西省高级人民法院认为，适格被告指被诉行政强制拆除行为的实施主体和责任主体。③ 笔者认为，权利与义务一致，行为与责任相适应，强拆案件中的适格被告应当是被诉行政行为的作出主体和责任主体。故本文研究的即为在无主体强拆案件中，司法裁判者如何根据现有证据，得出推定事实即何者为被诉强拆行为的作出主体和责任主体的问题。

一、问题提出：从李波、张平诉惠民县政府行政强制案说起

2019 年 3 月 31 日，推动中国法治进程十大行政诉讼典型案例发布，李波、张平诉山东省惠民县政府行政强制及行政赔偿案④体现最高人民法院对

---

* 作者单位：上海市徐汇区人民法院。

① 樊崇义：《证据法学》（第六版），法律出版社 2017 年版，第 325 页；卞建林、谭世贵：《证据法学》（第三版），中国政法大学出版社 2014 年版，第 511~512 页；龙宗智：《推定的界限及适用》，载《法学研究》2008 年第 1 期。

② 详见最高人民法院（2019）最高法行申 2319 号行政裁定书。

③ 详见山西省高级人民法院（2019）晋行终 851 号行政裁定书。

④ 详见最高人民法院（2018）最高法行再 113 号行政裁定书。

无主体强拆中认定适格被告的裁判立场和规则。该案基本证据及裁判观点详见表1。

表1 李波、张平诉惠民县政府案基本证据及裁判观点

当事人	举证	法院裁判观点
原告	1. 被告成立的旧城改造临时机构发布的征收《公示》与《公告》，涉案房屋位于征收范围内	最高人民法院（支持原告）：根据职权法定原则及举证责任推定被告实施或者委托实施了被诉强拆行为，是适格被告
	2. 七份案外人与被告达成的《旧城改造住宅房屋征收安置协议书》，被告作为征收部门加盖政府公章，涉案房屋位于征收范围内	
	3. 拆除房屋的照片等	
被告	否认实施过强拆行为	一、二审（支持被告）：原告提供的证据不能证明被告参与或者实施被诉强拆行为，裁定驳回起诉

为何同样的证据，最高人民法院和一、二审法院就本案被告是否适格得出的结论截然相反？原因在于最高人民法院适用推定规则，使诉讼结果发生反转。首先，证明被诉强拆行为系被告作出这一举证责任在原告；其次，原告已初步证明被告负有涉案房屋所在区域征收与补偿的法定职责，在被告无法证明非其所为时，应当推定其实施或者委托实施了被诉强拆行为。

最高人民法院裁判不限于取得个案公正，更在于对同类案件的示范和指导作用。然而就现实中行政强拆的复杂样态而言，与上述案件高度类似的很少，可能原告只能提供上述一组或者两组证据，或者多组证据指向的行政机关并不一致。问题随之产生，司法裁判者如何在纷繁复杂的个案中，根据不同证据适用推定规则认定适格被告。

二、实证考察：推定规则的适用情形

为了解司法实践中最高人民法院和各地高级人民法院在适格被告中适用推定规则的情况，笔者在中国裁判文书网上案由选择“行政强制”，全文检索输入“适格被告”和“推定”，文书类型选择“裁定书”。其中法院层级选择“最高人民法院”时，共出现裁判文书113篇，[①] 最终在“本院认为”部分适用推定规则的有7篇；法院层级选择“高级人民法院”，共出现裁判文书376篇，[②] 最终适用推定规则的有32篇。本文将以这39篇行政裁

① 最后访问时间：2020年5月24日。

② 最后访问时间：2020年5月24日。

定书为研究样本。

上述39篇行政裁定书“本院认为”部分引用“推定”两字进行说理论述的有两种情况。第一种是“对合法建筑的拆除首先推定为行政强制行为”,① 是直接推定，不以原告提供初步证据作为前提。而本文探讨的是第二种情况即在原告提供初步证据时，初步证据无法充分证明被告系强拆主体，被告也不能证明其非强拆主体，此时应当如何推定案件的适格被告。

实践中行政机关可能委托第三方实施强拆，因此适格被告并不等同于实际实施方。但是，若对被诉行为是谁所为都不能予以认定的话，适格被告根本无法确定。② 故实际实施方的认定是确定适格被告的前提。本文论述的实际实施方与适格被告都为独立的行政主体，以法院是否查明实际实施方进行区分，推定规则的适用情形包括以下三种：

（一）推定被告系实际实施方

在未查明具体实施主体时，法院根据拆迁工作的目的性、职权法定原则、受益规则、举证责任分配规则，结合案件初步证据，推定被告为强拆的实际实施方。相关案例详见表2。

表2 法院适用推定规则认定被告系实际实施方的案例

证据组数	案号	初步证据	法院适用推定规则具体表述	法院适用推定规则裁判思路
单组	（2018）云行终78号	拆迁公告	1. 区政府系法律规定的土地征收实施主体 2. 涉案房屋被拆除后，相关利益亦应当归属区政府。在被告未证明……可以推定区政府系实施主体，是适格被告	职权法定原则+受益规则
	（2019）冀行终904号	拆除现场照片	有且仅有市、县级人民政府及其确定的房屋征收部门才具有强拆合法建筑的职权，在被告未证明……可以推定县政府、镇政府为适格被告	职权法定原则
	（2019）湘行终231号	关停工作方案	该方案明确表明由被告统一组织、领导实施全市砖厂的关停、拆除行为，在被告未证明……应当推定市政府作出了拆除行为，是适格被告	拆迁工作目的

① 相关裁定书共有4篇，包括：最高人民法院（2018）最高法行再119号行政裁定书；最高人民法院（2017）最高法行再102号行政裁定书；四川省高级人民法院（2018）川行终846号行政裁定书；四川省高级人民法院（2018）川行终142号行政裁定书。

② 沈岿：《行政行为实施主体不明情形下的行政诉讼适格被告》，载《交大法学》2019年第3期。

续上表

证据组数	案号	初步证据	法院适用推定规则具体表述	法院适用推定规则裁判思路
多组	(2019)浙行终304号	1. 拆除现场照片 2. 关于房屋拆除后设备设施领取的通知	不能苛求原告提供充分的证据证明拆除的行政主体，原告提供初步证据证明被告参与了强拆的具体实施，即已完成举证责任。在被告未证明……本案可以认定区政府参与了涉案厂房的强制拆除	降低原告证明责任
	(2019)最高法行申2777号	1. 征收通告 2. 房屋补偿安置方案	征收通告与案涉房屋的强制拆除行为具有高度的关联性，在被告未证明……应当由该通告的制定主体区政府、区管委会对案涉拆除行为承担法律责任	高度关联性原则

由表2可知，当无法查清实施主体时，可以推定初步证据所代表的行政机关系强拆的实际实施方。换句话说，司法裁判者并不需要纠缠于被诉强拆行为的实际实施者究竟为何者这一事实问题，而是将重心转移到被告是否适格这一法律问题上。初步证据与强拆行为具有关联性，即推定该证据代表的行政机关需为强拆承担法律责任，在法律上就将其视为强拆的实际实施方。

（二）推定实际实施方系受被告委托

当查明涉案房屋由民事主体、村委会等实施拆除时，法院根据在案证据，推定实际实施方系受被告委托实施，主要包括两大类情形：一是直接推定为委托；二是将无法律、法规、规章规定的授权视为委托。相关案例详见表3。

表3　法院适用推定规则认定实际实施方系受被告委托的案例

案号	实际实施方	初步证据	法院推定适格被告	法院适用推定规则裁判思路
(2019)最高法行申5610号	立新乡政府	实际实施方作出的情况说明(表示系受被告委托实施)	委托方区政府为适格被告	情况说明的内容
(2018)最高法行再119号	资产公司	被告作出的规范性文件（载明案涉房屋由资产公司拆除）	委托方县国土局是适格被告	规范性文件的内容
(2018)最高法行申3017号	家园所	被告自认其口头委托家园所实施拆除	委托方区政府为适格被告	认可被告的自认

续上表

案号	实际实施方	初步证据	法院推定适格被告	法院适用推定规则裁判思路
（2018）最高法行再116号	征收公司	市政府的征收公告及征收通知（表明被告一系征收责任主体，被告二系实施单位）	委托方区政府、区土地整理储备中心为适格被告	征收公告及通知的内容
（2018）最高法行申1416号	白塔街道办	被告发布的拆迁通知（表明街道办系代表其实施拆迁工作）	委托方区政府为适格被告	村委会等主体无法律授权其实施强拆，应当认定为委托
（2019）晋行终851号	中西村村委会	两被告发布的拆迁通告，拆迁通知（两被告系征收补偿主体）	委托方区政府、镇政府为适格被告	

由表3可知，当法院已查明实际实施方时，初步证据表明该强拆行为具有被动性，系基于其他行政机关的委托或者无法律规定的授权而实施的，则实际实施方不应成为案件被告，推定委托方为适格被告。

（三）推定实际实施方与被告共同实施

当多个行政机关有共同拆除之行为或者共同拆除之意志时，其可以成为强拆案件的共同适格被告。在王志明诉清徐县人民政府、集义乡人民政府行政强制案[①]中，原告提供乡政府下达的限期拆除通知书，证明实际实施方系乡政府。同时原告提供的照片显示县政府的副县长和乡政府的副乡长均在拆除现场，法院据此认定涉案强制行为系两者共同实施，两者为共同适格被告。

三、实践困境：推定规则的适用难题

当个案中原、被告均不能证明其主张、强拆责任主体不明时，适用推定规则对司法裁判者而言是义务还是权利？其实不仅仅是义务，而且在必要情形下，法院也可以依职权调查，对强制主体等事宜作出认定或者推定。[②] 首先不推定适格被告将使原告陷入无人可告的局面；其次若此时原告错列被告，不适用该规则将可能使释明义务成为一纸空谈。然而在司法实践中，在具体适用该规则时遇到一些困难。

（一）适用前提：原、被告均不能充分证明其主张

推定规则适用的前提系强拆的责任主体不明。其实质是法官运用价值

① 详见山西省高级人民法院（2019）晋行终368号行政裁定书。

② 详见最高人民法院（2019）最高法行申1292号行政裁定书。

衡量规则对举证责任的一种重新分配，但这种重新分配并非免除原告的证明责任更非举证责任的倒置。当由于行政机关的原因导致原告举证受阻时，此时应当适当降低原告对适格被告主张的证明标准。[①] 但是何谓适当？双方提供的初步证据要满足何种条件，方能适用推定规则。

首先，原告提供的初步证据能够证明被告参与强拆即可。强拆作为一种事实行为，山西省高级人民法院认为："原告只要能够提供初步证据证明事实行为存在且极有可能系起诉者所列被告实施，即已初步履行了适格被告的举证责任。"[②] 浙江省高级人民法院认为："原告只需提出初步证据证明被告参与了强拆的具体实施，即已完成举证责任。"[③] 从文义表述来看，极有可能和参与是两种不同程度的证明标准，前者法官的内心确信应当达到50%以上，而"参与"只需证明被告与被诉强拆行为有关联。笔者认为，对原告提供的初步证据的要求不应过高。实践中行政机关违法强拆，原告已穷尽其举证能力只能提供一组或者两组证据时，若仍要求其举证达到"高度可能性"或者"极有可能"之程度，难免强人所难，推定规则也几乎没有适用的空间。从司法实践的案例来看，当原告提供的证据表明被告有可能实施或者参与强拆，即与强拆行为有关联时，哪怕是被告工作人员在拆除现场的照片，即可适用推定规则。故对原告提供的证据的要求为证明被告参与强拆即可。

其次，被告提供的证据需无法足以证明强拆系其他行政机关所为。被告需尽到与其诉讼地位、诉讼能力相当的证明责任，若被告没有举证，只是单纯否认实施强拆，无疑可以适用推定规则；若被告提供了初步证据，但与原告提供的证据明显矛盾，又不能作出合理解释，并不足以证明强拆系由其他行政机关所为，也可以适用推定规则。如原告提供了区政府工作人员指挥拆除行为的新闻报道及在拆除现场的照片，乡政府在另案诉讼中明确否认其实施强拆的证据材料；尽管被告区政府提供了乡政府作出的限期拆除通知书，[④] 但该证据与原告提供的证据明显矛盾，故不足以认定其他行政机关为适格被告。

（二）适用突破：其他主体的自认能否打破推定

推定是允许提出反证推翻的。如果有被告以外的行政机关自认其实施了被诉强拆行为，该自认能否打破法院的推定结果，又是何种情况下可以打破。其实该问题比较的是案件的初步证据与其他主体的自认这两个证据

---

① 详见福建省高级人民法院（2019）闽行再18号行政裁定书。

② 详见山西省高级人民法院（2019）晋行终368号行政裁定书。

③ 详见浙江省高级人民法院（2019）浙行终304号行政裁定书。

④ 详见浙江省高级人民法院（2018）浙行终1301号行政判决书。

的证明力大小，法院最终应当优先认定哪一组证据。实践中涉及自认的案例详见表4。

表4　实践中其他主体自认情况下法院适用推定规则的案例

行政裁定书案号	初步证据（原告提供）	自认证据（非被告自认实施强拆）	法院认定	结论
（2019）最高法行申3784号	1. 两被告工作人员在拆除现场 2. 被告一召开拆迁大会、下达督办函 3. 被告二工作人员在强拆前到原告家中动员	村委会自认	自认主体系受被告委托，被告适格	初步证据>自认证据
（2019）晋行终851号	1. 被告一发布的拆迁通告 2. 被告二发布的拆迁通知	村委会自认	自认主体系受被告委托，被告适格	
（2019）最高法行申509号	自认主体工作人员在拆除现场的照片	镇政府自认	自认主体为适格被告	自认证据>初步证据
（2019）最高法行申8907号	拆除现场视频资料（无被告工作人员）	街道办自认	自认主体为适格被告	

从表4可见，自认主体并非均能成为适格被告。自认打破推定需同时满足两个条件：一是自认主体承认其为实际实施方且具有独立承担责任的主体资格；二是初步证据无法证明作为被告的行政机关组织实施或者直接参与强拆行为。即当“被告既无拆除之意志，亦无实施拆除之行为”① 时，自认方能打破推定，自认主体为适格被告。

（三）适用限制：推定的适格被告是否有要求

1. 适格被告是否需具备强拆职权。有学者认为：“适格被告需具备独立责任要素。是否是适格被告，要看其对被诉行为能不能独立承担责任。这个问题又可以转化为街道办有没有独立的实施征地拆迁行为的职权。”② 故在程宝田诉历城区政府案③中，适格被告应当是区政府，而非最高人民法院认定的街道办。

笔者并不认同该观点，反证例子之一是在行政机关自行实施强拆时，

① 详见最高人民法院（2019）最高法行申2319号行政裁定书。

② 沈岿：《行政行为实施主体不明情形下的行政诉讼适格被告》，载《交大法学》2019年第3期。

③ 详见最高人民法院（2018）最高法行申1801号行政裁定书。

该行政机关不具备强拆的法定职权，但可以独立承担责任，在没有其他任何证据表明市、县级政府也组织或者参与被诉强拆行为时，该行政机关就应当对案件的适格被告并为其自行实施的行为承担法律责任。在街道办自行违法实施强拆时，何以要求对其没有任何授意行为的区政府为此行为负责？这也不符合“谁行为，谁被告”的原则。最高人民法院案例也认可乡镇政府和街道办可以作为适格被告。[①]

2. 适格被告能否是案外人。法院能否推定案外人为被诉强拆行为的作出与责任主体，在谢龙兴诉丽水市莲都区人民政府行政强制案[②]中，法院推定市国土资源局为适格被告。问题在于市国土资源局在上述案件中，既非案件的被告，也非第三人。类似案例还有程宝田诉历城区政府行政强制案[③]，推定的适格被告街道办也非案件当事人。

推定的要件之一就是允许被推翻，最高人民法院多篇裁定书中也写明只有在被告无法举证证明非其所为的情况下，才推定其为适格被告。上述案件可能司法裁判者查明的证据足以使其内心确信案外人系强拆主体，故推定其为适格被告。尽管适格被告最终不一定承担法律责任，但这直接剥夺了案外人举证证明其并非强拆主体的诉讼权利。这样的推定虽保障了原告的权利救济，但是否一定要以牺牲案外人的诉讼权利作为代价值得考量。其实法院可以通过追加被告或者通知第三人参加诉讼的方式解决问题，实现两全其美的结果。

四、完善思路：推定规则的适用规范

司法实践中法院最终认定的适格被告涉及区县政府、镇政府、街道办、市国土局等多种行政机关，如何在个案中根据原告提供的初步证据，推定出案件的适格被告？既然实际实施方的认定是确定适格被告的前提，那么不妨采取两步走的方法：第一步，从初步证据到实际实施方；第二步，从实际实施方到适格被告。

（一）从初步证据到实际实施方

实际实施方应当为独立的行政主体。行政强拆中的初步证据主要包括以下八类：（1）房屋征收决定；（2）拆迁公告，名称可能多样，比如拆迁预公告、关于取缔……的通知等；（3）征收补偿方案；（4）征收补偿决定；（5）限期拆除通知或者整改通知等；（6）行政机关作出的情况说明；（7）拆除现场照片视频；（8）其他证据如新闻报道、另案证据材料等。个案中的

① 详见最高人民法院（2018）最高法行申1801号行政裁定书。

② 详见最高人民法院（2018）最高法行申7448号行政裁定书。

③ 详见最高人民法院（2018）最高法行申1801号行政裁定书。

初步证据可能一组也可能多组，多组证据有多种排列组合方式，同时也会存在证据间相互矛盾的情况，即不同证据指向不同行政主体。

1. 初步证据指向同个行政主体。若一组或者多组证据指向同一个行政主体，且该主体具有独立承担法律责任的主体资格，此时应当推定该行政机关为实际实施方；若证据指向的主体不具有独立承担法律责任的资格，如临时小组、内部机构等，则推定成立或者隶属的行政机关为实际实施方。

在本文第三部分初步证据最低限度要求已经论述，只需要有上述任一组证据即可，即使是只有一组被告工作人员在拆除现场的照片，只要能够表明被告与强拆行为有关联性，就可以推定该行政机关为实际实施方。

2. 初步证据指向不同行政主体。该种情况也是实践中最复杂的一种情况，即证据间相互矛盾，不同证据指向不同行政主体，例如在顾明辉与太原市万柏林区人民政府行政强制案①中，初步证据有两组：一组是市政府作出的征收公告；另一组是案外人区公安分局和拆迁公司分别出具的情况说明，说明拆迁主体系区政府。此种情况下法院要确定实际实施方，应当如何取舍证据，是否在认定不同证据时，对证据效力有优先排序。

笔者认为，在多组证据指向不同行政主体的情况下，可以先找出能反映强拆实际实施方的那一组关键证据，进而将该证据代表的行政机关认为是实际实施方。如何找出关键证据，可以采用以下三种方法进行筛选：

（1）根据证据作出的时间判断。房屋强拆程序的实施，应当遵循“先补偿、后拆迁（执行）”的原则，② 因此从时间先后排序，强拆一般分为征收、补偿、强拆三个环节，可以将距离强拆实施日期最近的那一组证据代表的行政机关推定为实际实施方。即按照时间顺序，对在强拆实施日期之前的多组证据进行排序，一般来说，距离强拆实施日期最近的那一组证据代表的行政机关作出强拆的可能性最大。根据《国有土地上房屋征收与补偿条例》的相关规定，拆迁过程中作出法律文书的顺序是：第一，市、县级政府作出房屋征收决定；第二，房屋征收部门作出征收补偿方案；第三，房屋征收部门与被征收人签订补偿协议，若无法达成协议则由市、县级政府作出补偿决定。实践中可能还会存在其他法律文书。先找到距离强拆日期最近的那一组证据，将其视为关键证据。如案件同时存在征收决定与补偿决定时，因补偿决定系在征收决定之后作出，故先将补偿决定视为关键证据，进而推定其代表的行政机关为实际实施方。

（2）根据证据作出的对象判断。不同行政法律文书的作出对象必然有

---

① 详见山西省高级人民法院（2018）晋行终 808 号行政裁定书。

② 王海燕、温贵能：《国有土地上被征收房屋强拆案件的司法审查》，载《法律适用》2019 年第 20 期。

所差别，如征收公告系对辖区内的所有被征收人作出的，而限期拆迁通知书则是对特定的被征收人作出的。一般来说，专门对原告作出的行政法律文书的效力应当高于对不特定的相对人作出的法律文书的效力，故限期拆迁通知书的效力应当高于征收公告的证据效力。最高人民法院也认为，在认定强拆主体时，若行政机关已作出并送达限期拆除决定，当事人不服，可以以作出限期拆除决定的行政机关为被告提起诉讼；若没有作出限期拆除决定，再综合考虑征收公告、拆迁通知等证据，选择其中一个或者多个行政机关提起诉讼。[①] 即限期拆除决定的证据效力应当高于其他证据效力。

（3）根据证据载明的内容判断。不同法律文书的内容是不一样的，其中可以运用高度关联性原则进行审查。哪一组证据的实质内容与涉案房屋拆除的关联性最高，即可将该组证据视为关键证据。如行政机关与被征收人签订的拆迁协议书中已写明拆除涉案房屋的具体事项，其效力应当高于征收公告这组证据的效力。

在个案中，无论原告提供何种证据，证据间是何种组合方式，法官择一适用或者同时适用上述三种方法，筛选出案件的关键证据，进而将关键证据代表的行政机关视为实际实施方。从案件的初步证据到实际实施方的推定过程详见图1。

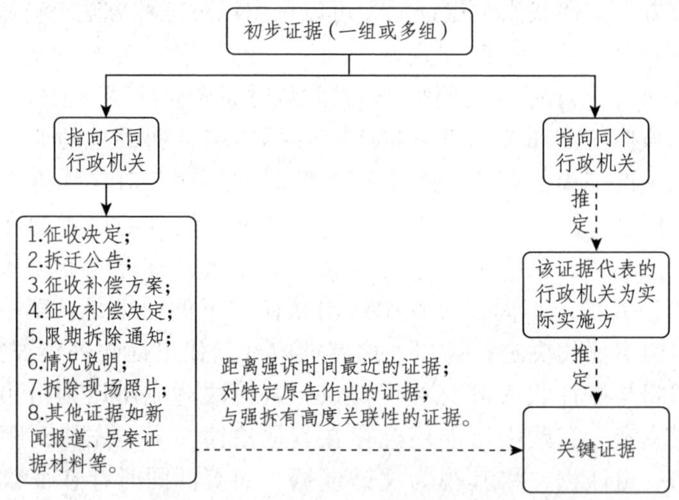

图1 推定在初步证据到实际实施方间的适用过程

（二）从实际实施方到适格被告

实际实施方和适格被告都为独立的行政主体，但是两者并不等同。一般而言，作出行政行为的行政机关是被告，即实际实施方为被告。其他行

① 详见最高人民法院（2018）最高法行再59号行政裁定书。

政机关成为适格被告在行政强拆中主要表现为涉及委托、授权、共同作出等情形，结合强拆行为是否超出授意范围，实际实施方与适格被告的法律关系详见图2。个案中何者为适格被告，关键看其他行政机关是否组织实施或者直接参与了强拆，即成为适格被告的条件是或者有拆除意志，或者有拆除行为。

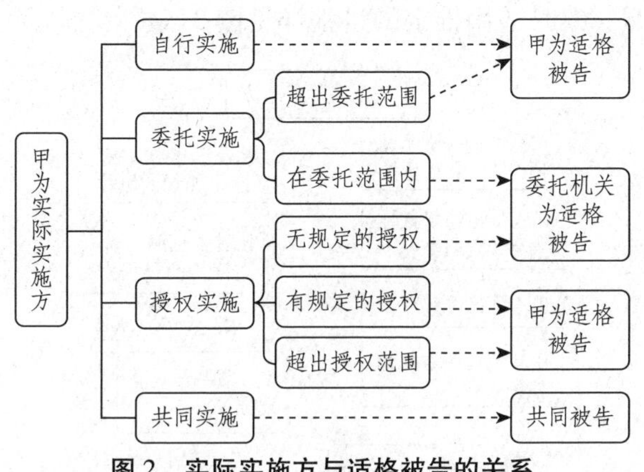

图2 实际实施方与适格被告的关系

1. 其他行政机关未组织或者参与强拆：实际实施方为适格被告。适格被告以组织或者参与实施强拆为前提，若初步证据无法证明其他行政机关对强拆有授意时，应当按照“谁行为，谁被告；行为者，能处分”的原则确定，实际实施方为适格被告。

第一种是实际实施方自行实施强拆。以（2019）最高法行申8907号行政裁定书为例，本案被告之一为区政府，现场照片显示公安分局的工作人员在现场，办事处自认实施强拆行为。本案办事处系实际实施方，在没有其他证据证明区政府组织实施或者直接参与强拆的情况下，应当视为办事处自行实施，办事处为适格被告。

第二种是实际实施方超出委托范围实施强拆，如行政机关委托村委会拆除甲的房屋，却拆除了乙的房屋，超出委托范围实施强拆造成的法律后果应当由实际实施方自行承担。

2. 其他行政机关组织或者参与强拆：根据法律关系确定适格被告。若初步证据表明其他行政机关也组织或者参与了强拆，如其他行政机关发布了征收公告，此时何者为适格被告又回到了本文第二部分中论述的问题，可以从实际实施方的强拆行为是主动实施还是被动实施这一角度进行区分。

若实际实施方的强拆行为具有被动性，即是基于其他行政机关的委托、授意、指派等行为实施的，应当以委托方为案件的适格被告。若原告提供包括其他行政机关自认其委托实施强拆、实际实施方作出的情况说明自认委托关系、其他行政机关发布的规范性文件表明其将强拆行为委托给实际实施方等证据，均应当以委托机关作为案件的适格被告。

若实际实施方的强拆行为具有主动性，初步证据无法证明与其他行政机关存在委托、授权等关系，只是证明其他行政机关也参与了强拆，如原告提供其他行政机关工作人员在拆除现场等证据，则应当认定强拆系其他行政机关与实际实施方共同实施的，两者为共同适格被告。实际实施方与适格被告两者不一致时适用推定的过程详见图 3。

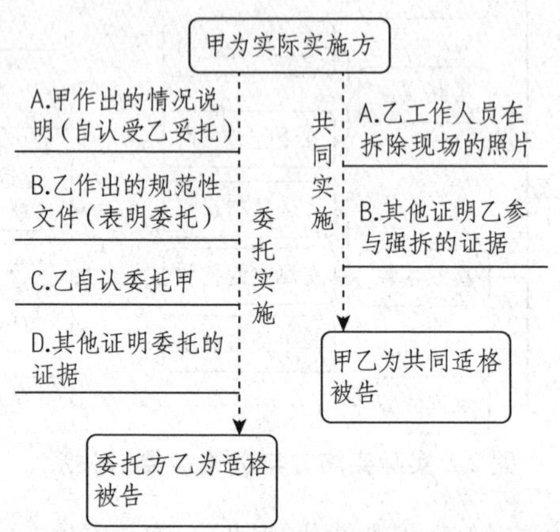

图 3　推定在实际实施方到适格被告间的适用过程

结　语

在个案中，从初步证据到适格被告这一过程看似迷雾缭绕、无从下手，但是采取上述两步走的方法，先确定强拆的实际实施方，再分析实际实施方与其他行政机关间不同的法律关系，便可以拨开云雾见天日，何者为适格被告这一问题也就迎刃而解。本文写作初衷在于，努力厘清推定规则在行政强拆案件适格被告司法审查中的适用思路，明确其适用标准和条件。希望本文可以供抛砖引玉之用，让推定规则在无主体强拆案件中为老百姓打开司法救济的大门。

行政公益诉讼中诉讼请求确定之困境与突破

——以全国293起行政公益诉讼案件为分析样本

崔胜东[*]　孙焕焕[**]

引　言

行政诉讼的诉讼请求关系整个案件的审理思路、方向、内容以及裁判结果，是司法活动中极为重要的前置环节。一般而言，不宜苛求作为原告的公民、法人、其他组织提出的诉讼请求必须精准。但在行政公益诉讼中，作为行政公益诉讼起诉人，检察机关系国家法律监督机关，为维护国家利益或者社会公共利益而提起诉讼，与一般行政诉讼原告为维护自身合法权益起诉明显不同，故对检察机关提起诉讼请求理应有更高的要求。且行政公益诉讼系新类型行政诉讼，与普通私益型行政诉讼不同，审理规则与思路有自身特点。因此，为深入推进行政公益诉讼，检察机关提起的诉讼请求应更明确、具体、规范，以便法院能够及时高效审理和裁判，有效实现维护公益的诉讼目的。基于此，有必要探究行政公益诉讼之诉讼请求确定的具体规则，以促进适法统一。

一、问题提出：诉讼请求不准确导致类案裁判不统一

笔者随机于2020年4月23日以“行政公益诉讼”“检察院”为关键词，通过Alpha法律检索系统在行政类案件中查找，共检索到2019年至2020年3月结案的案件415件（见表1）。经对每起案件裁判文书进行分析、梳理，剔除裁定结案案件、非公益诉讼案件后，与本文研究主题契合的共有293起判决类案件。以该293起案件为样本进行深入分析可知，行政公益诉讼案件的诉讼请求在诉讼类型、表述明确性与准确性等方面存在确定不一致的问题，影响了法院审理方向的确立和类案裁判标准的统一。

---

* 作者单位：上海铁路运输法院。

** 作者单位：上海铁路运输法院。

表1 293起行政公益诉讼案件诉讼请求及裁判结果分布

类别		案件数（件）	占总数的比例（%）	备注
诉讼请求	请求确认违法并履行法定职责	155	52.90%	其中30件因诉讼中履行而撤回履职请求
	请求履行法定职责	124	42.32%	其中11件因诉讼中履行而变更诉讼请求为确认违法
	请求确认未履行或未全面正确履行法定职责违法	11	3.75%	其中1件在检察建议期限内及时履行，1件在检察建议内未及时履行但诉讼前履行完毕，5件始终未履行，4件部分履行
	请求确认未履行或未全面正确履行违法，并撤销行政行为	2	0.68%	请求撤销的是行政处罚的行政许可
	请求撤销行政行为	1	0.34%	请求撤销的是行政处罚
裁判结果	判决履行法定职责	128	43.69%	其中24件同时提起确认违法与履行请求，法院仅判决履职
	判决确认违法	60	20.48%	其中4件实际无法履行，1件检察建议提出前未及时履行违法，1件检察建议发出后未及时履行违法
	判决确认违法并继续履行	92	31.40%	诉讼请求有两项，判决也有两项
	判决确认违法并驳回其他诉讼请求	7	2.39%	驳回的是关于履行的诉讼请求
	判决撤销重作	5	1.71%	其中4件行政处罚过轻，故撤销重作，1件请求履职却撤销另一行政行为
	判决驳回诉讼请求	1	0.34%	请求拆除违法建筑，被告不具有强制执行权

（一）不同行政诉讼类型的诉讼请求杂糅

行政诉讼可以分为形成之诉、确认之诉、给付之诉三类。该种分类方式是基于行政诉讼请求的不同。修改后的《行政诉讼法》有关内容隐含了诉讼类型化制度。《最高人民法院关于适用〈中华人民共和国行政诉讼法〉的解释》（以下简称《行诉法解释》）第68条将诉讼请求予以明示列举，

“也是对诉讼种类的列举，初步构建中国特色的行政诉讼类型制度”。[①] 但实践中相当一部分公益诉讼案件在诉讼请求中将不同诉讼类型杂糅在一起，给案件审理带来较大理论和实践障碍。一是确认违法与履行法定职责诉讼请求并存。确认违法是确认之诉，而履行法定职责属于给付之诉，两者的诉讼类型不同，故不能在同一诉讼中既提出确认违法的诉讼请求，又提出履行法定职责的诉讼请求。在同一行政诉讼中，如果法院允许既请求确认违法，又请求履行法定职责，则与诉讼理论不符，也不符合我国目前行政诉讼主要采取的裁判方式[②]。但 293 起案件中，有 155 起案件有确认未依法全面履职（或怠于履职）违法和责令被告继续履职两项请求。法院有的同时作出确认违法与履职的判决，有的仅作出履职判决。二是撤销行政行为诉讼请求与无紧密逻辑关联的履职诉讼请求并存。如在随州市曾都区人民检察院诉随州市曾都区林业局案[③]中，将确认行政处罚及行政处理决定违法和履行与之无紧密关联性的行政监管责任的诉讼请求一起提出，但两者诉讼标的和审理对象明显不同。

（二）单独提起确认违法之诉与公益诉讼起诉人的定位不协调

检察机关与普通公民、法人或者其他组织不同，其与公益诉讼监督的行为无实质利害关系，只是基于法律的规定及维护公共利益的考量，赋予了其行政公益诉讼起诉人的主体资格。其提起公益诉讼的初衷就是为了维护国家利益或者社会公共利益，本身没有也不应该有部门利益存在。但在部分案件中，起诉人仅提出确认违法请求，一定程度上与公益诉讼的价值定位存在矛盾。一是未履行完毕也有履行可能却仅请求确认不作为违法。如在白水县人民检察院诉白水县水务局案[④]中，仅要求确认白水县水务局对白水县苹果科技产业园管委会办公室在渭河支流白水河支流杜康沟河河道改建排污口未依法履行监管职责的行为违法，但实际上该排污口并未整改完毕，被告未充分履职。二是不具有履行可能仍请求确认未全面履职违法。如黄石市黄石港区人民检察院诉黄石市水利和湖泊局案[⑤]中，起诉人请求确认被告对熊某非法采砂的行为未依法全面履行监管职责违法，但实际上因

---

① 江必新、梁凤云：《最高人民法院新行政诉讼法司法解释理解与适用》，中国法制出版社 2015 年版，第 17~18 页。《最高人民法院关于适用〈中华人民共和国行政诉讼法〉若干问题的解释》（法释〔2015〕9 号）于 2018 年 2 月 8 日废止，但是关于“具体诉讼请求”的规定与新解释基本一致。

② 目前主流的行政审判思路是：即使原告提出要求确认不作为的行为违法，法院经过审理认为要判决行政机关履职的，也只是在本院认为部分载明不作为违法，并直接作出履职判决，而不是判决确认不作为行为违法并判决履职，否则过分累赘，且无必要。

③ 参见湖北省随州市曾都区人民法院（2019）鄂 1303 行初 2 号行政判决书。

④ 参见陕西省白水县人民法院（2018）0527 行初 12 号行政判决书。

⑤ 参见湖北省黄石市黄石港区人民法院（2019）鄂 0202 行初 2 号行政判决书。

熊某已逃离，没收违法所得和采砂工具已不具有可能性。三是诉前已经履行完毕却仍然请求确认未在检察建议期限内或未在检察建议发出前履职违法。如在某检察院诉某林业局案①中，起诉人认为被告没有在检察建议确定的期限内及时履行，故起诉请求确认被告迟延履行检察建议书的行为违法。而在荆门市东宝区人民检察院诉荆门市东宝区水利和湖泊局案②中，起诉人认为子陵镇供水站在公益诉讼起诉人发出检察建议之前，多次存在供水水质不合格的问题。被告明知上述情形而不依照职责规定履行监督、查处义务，致使国家利益和社会公共利益持续受到损害，虽然在检察建议发出后已经迅速履行完毕，仍然请求确认在提出检察建议之前不依法履职的行为违法。

（三）履行法定职责诉讼请求不够具体明确

《行政诉讼法》第 49 条第 3 项规定的行政诉讼起诉条件之一是有具体的诉讼请求和事实根据。但是很多行政公益诉讼案件的诉讼请求并不具体明确，表现为：一是履职内容未予明确。如在某检察院诉某市场监督管理局案③中，检察机关请求法院责令被告依照法律规定履行监督管理职责，但未明确监管职责内容。二是诉讼请求存在递进的多种可能性。如在淄博市博山区人民检察院诉淄博市生态环境局博山分局案④中，起诉人请求被告督促违法行为人修复被污染土壤；若其逾期不修复或修复不符合规定，由被告代履行。在违法行为人是否修复尚不确定、被告尚未处理时，检察机关迳行提起该诉讼请求有侵犯行政机关首次判断权的嫌疑。三是诉讼请求提出时机未成熟。如在西安铁路运输检察院诉周至县财政局案⑤中，被告没有行政强制执行权，针对行政违法人逾期不履行处罚决定，且在法定期限内不提起复议或者诉讼的，应在期限届满之日起 3 个月内，催告行政违法人履行义务，在催告书送达 10 日后仍未履行义务的，申请人民法院强制执行。本案中，被告在作出并送达处罚决定后，违法行为人并未完全履行行政处罚决定。被告尚需等待救济期限届满以及催告后方能申请法院强制执行，起诉人提起的“判令被告追回骗领的 79.96 万元专项补助资金并对所涉财政违法行为依法进行处理”的诉讼请求过于超前，且侵犯行政机关先行处理权。

二、追本溯源：诉讼请求提起及处理不一致的原因分析

行政公益诉讼在蓬勃发展的同时，随着实践运作及案件审理精细化，

① 参见黑龙江省大兴安岭地区加格达奇区人民法院（2019）黑 2701 行初 5 号行政判决书。

② 参见湖北省荆门市掇刀区人民法院（2019）鄂 0804 行初 2 号行政判决书。

③ 参见湖北省松滋市人民法院（2019）鄂 1087 行初 25 号行政判决书。

④ 参见山东省淄博市博山区人民法院（2018）鲁 0304 行初 25 号行政判决书。

⑤ 参见西安铁路运输中级法院（2018）陕 71 行终 819 号行政判决书。

一个愈发突出的问题是制度规范依据不足。我国目前关于行政公益诉讼的规定有《行政诉讼法》第25条第4款及《最高人民法院、最高人民检察院关于检察公益诉讼案件适用法律若干问题的解释》（以下简称《两高公益诉讼解释》）等。《两高公益诉讼解释》《人民法院审理人民检察院提起公益诉讼案件试点工作实施办法》《人民检察院提起公益诉讼试点工作实施办法》均规定对于其未作规定的，适用行政诉讼法以及相关司法解释的规定。但行政公益诉讼能否直接适用我国现行《行政诉讼法》和相关司法解释的规定值得商榷。

（一）私益诉讼与公益诉讼的“纠结”

《行政诉讼法》基于公民、法人或者其他组织的“私益”而构造了逻辑完整的法条规范体系。在该法第25条额外增加第4款关于公益诉讼的规定，制度上必然存在不适应之处。根据诉讼标的不同，法国波尔多学派主张，行政诉讼可以分为客观诉讼和主观诉讼。客观诉讼指的是违反客观的法律地位、法律规则所提起的行政诉讼，而主观诉讼则是指对于行政机关违反主观的法律地位、法律规则所提起的行政诉讼。[①] 客观诉讼和主观诉讼在诉讼主体、起诉目的、审理程序、审查内容、裁判方式等方面存在差异。据该种划分方式，我国行政诉讼应属于何种类型，笔者认为，总体而言，从原告起诉条件看，我国行政诉讼大体上属主观诉讼，但也包含客观诉讼的因素，比如在诉判对应问题上，法院裁判并不囿于原告诉讼请求，而是综合个案情况确定裁判方式。行政公益诉讼基于保护国家利益或者社会公共利益而设立，检察机关本身没有要维护的自身的利益，故其应属于客观诉讼。但是，《行政诉讼法》的修改虽确立了行政公益诉讼的基本框架，但“在行政诉讼基本定位未进行实质变更的情况下，行政诉讼法不利于公益保护的短板势必更加明显”。[②] 具体到行政公益诉讼的诉讼请求，其提起和一般主观诉讼的诉讼请求也应所有区分，径行适用现行《行政诉讼法》的规定存在不协调之处。

（二）司法权、行政权与检察权之间的“博弈”

与一般行政诉讼不同，行政公益诉讼涉及检察机关、司法机关、行政机关等多个主体。检察机关与司法机关共同对行政机关依法行政进行监督，维护国家利益或者社会公共利益。但是，行政公益诉讼中，检察权不能也不应代替行政权，对于行政机关的履职行为应充分尊重。申言之，检察权和审判权的行使仍要遵守行政机关首次判断权原则。行政首次判断权原则

---

① 参见王名扬：《法国行政法》，北京大学出版社2007年版，第526~527页。

② 参见刘艺：《构建行政公益诉讼的客观诉讼机制》，载《法学研究》2018年第3期。

是指法院在司法审查的过程中，应尊重行政机关对行政事务作出优先判断及处理的权力。行政首次判断权理论起源于日本，其正当性依据来源于三个方面：一是权力分立原则，要求法官恪守权力界限，以充分保障行政机关功能的正常发挥。二是司法国家体制下法官缺乏行政历练，在面对专业性、技术性强的行政事务时，尊重行政机关的首次判断权成为法官的明智选择。三是行政专业知识与经验使行政机关具有优越性，对行政机关所拥有的专业知识和自由裁量权应予以尊重。[①] 对于行政公益诉讼而言，除了司法机关应遵守行政机关的首次判断权外，检察机关在启动行政公益诉讼时，同样应该恪守权力的边限，保持一定的谦抑性，实现检察权、行政权、司法权的平衡。也就是说，对于行政机关职权范围内未予判断处理的事项应待行政机关先行处理后，检察院才能提起公益诉讼，法院再对其合法性进行审查，如果检察院、法院过早介入，就会有干预或者代替行政机关行使行政权力的嫌疑。实践中，检察院往往无论行政机关的执法行为进展到何种阶段，均要求一步到位，直接起诉请求依法履行法定职责，恢复公益受损状态等，某种程度上具有侵犯行政机关首次判断权的情况。

（三）过度彰显行政公益诉讼的“特殊”

最高人民检察院为了规范检察机关提起公益诉讼，发布了《检察机关行政公益诉讼案件办案指南（征求意见稿）》，对检察机关办理行政公益诉讼案件进行指导。该指南提出了检察机关在提起诉讼请求时，可以同时提出确认违法的诉讼请求和履行法定职责的诉讼请求；在诉讼过程中，如果行政机关纠正了违法的行政行为，或者履行了法定职责，使得维护国家利益或者社会公共利益的目的实现，则可以变更诉讼请求为确认不作为或者行政行为违法。所以，实践中关于确认违法和履行法定职责诉讼请求并列出现的情形是最高人民检察院统一指导的结果。检察机关之所以这样做，实际上是为了能够保证有诉讼请求在行政公益诉讼中得到支持，凸显出检察机关提起行政公益诉讼的制度优势，维护检察机关作为法律监督机关的权威。但是，行政公益诉讼也是行政诉讼。按照行政诉讼的一般规则，即使检察机关不提起确认违法的诉讼请求，诉讼中行政机关履行法定职责的，不需要原告变更诉讼请求，法院可以径行确认违法。这也能达到检察机关追求的目标，所以不需要在现有的行政诉讼制度规则以外，另行进行“特殊化”处理，使得两种诉讼类型杂糅，导致类案裁判标准不统一。而且，在诉讼中变更诉讼请求，也使行政诉讼程序更加复杂化，不符合行政诉讼简易、效率原则。

---

① 参见黄先雄：《行政首次判断权理论及其适用》，载《行政法学研究》2017 年第 5 期。

（四）与诉讼类型化趋势的“背离”

行政诉讼类型化是指根据原告或者起诉人提起的不同的诉讼请求，把行政诉讼区分为不同的类型，而对于每种类型的行政诉讼，适用不同行政诉讼规则予以审理、裁判的制度，其“能够实现公民权利有效而无漏洞的司法救济，提升行政诉讼程序规则设计的理性程度，妥善消解司法权与行政权的紧张对立”。[①] 诉讼类型化已经成为我国行政诉讼制度变革的一个重要方向，《行政诉讼法》修正实施，实现了裁判方式的部分类型化，《行诉法解释》的颁布，则进一步对诉讼请求进行了类型化划分，并对部分裁判方式的类型化规定进行了完善，这些规定将行政诉讼类型化架构初步建构起来。[②] 作为特殊的行政诉讼类型，行政公益诉讼还是仍应遵循前述类型化趋势，服膺类型化的法律要求。《行诉法解释》第 68 条规定了 9 种基本诉讼请求（含兜底的其他诉讼请求），当事人未能正确表达诉讼请求的，法院应要求其明确诉讼请求。《行诉法解释》已经就诉讼前端诉讼请求的提出明确提出了诉讼类型化要求。而司法实践中，行政公益诉讼同一案件中呈现出不同诉讼类型请求的杂糅与混乱，已经脱离了《行政诉讼法》及其解释的诉讼类型化努力。

三、对策建议：行政公益诉讼的诉讼请求确立规则重塑

从《行政诉讼法》第 25 条第 4 款的规定可以看出，作为行政公益诉讼起诉人的人民检察院经举报人提供线索或者自己发现负有法定职责的行政机关违法行使行政职权或者不作为（未及时、有效、全面履行法定职责），导致国家利益或者社会公共利益受到侵害的，应该先进行诉前程序，发送检察建议，督促行政机关改正违法行为或者履行法定职责。行政机关未按照检察建议改正违法行为或者未及时有效全面履行法定职责的，方可提起行政公益诉讼。因此，检察机关在选择确定行政公益诉讼的诉讼请求时，首先要判断行政机关是作出了违法行为还是不作为。如果属于作出了违法行为的情形，可选择撤销违法行为的诉讼请求；如果属于行政不作为，可选择履行法定职责诉讼请求。另外，根据具体情形的不同，还可提出一并审查规范性文件的诉讼请求。值得注意的是，行政公益诉讼一般不可提起行政赔偿请求和一并解决民事争议请求，理由在于：检察机关代表国家提起行政公益诉讼是为了避免损失的发生、扩大并挽回，属于客观诉讼。由

---

① 参见章志远：《行政诉讼类型构造研究》，法律出版社 2007 年版，第 29~36 页。

② 有学者将我国行政诉讼类型化路径归纳为“立法间接回应—司法解释隐含—法院案例释明—司法解释凝练”的螺旋式演进道路。参见章志远：《新〈行政诉讼法〉司法解释对行政法学理论的发展》，载《福建行政学院学报》2018 年第 4 期。

于行政赔偿则责任主体是行政机关，检察机关提起公益诉讼也是为了维护国家或社会公共利益，没有必要再提起赔偿请求。一并解决民事争议的诉讼请求前提也是具有民事争议，作为公益诉讼起诉人的检察机关一般不存在民事争议需要一并解决的问题。当然，公益诉讼的提起和利害关系人因同样事由提起的一般行政诉讼并没有冲突。如果利害关系人以其利益受损为由提起行政赔偿诉讼的，并无不可。在遵从上述公益诉讼总的原则的前提下，还要遵守具体的诉讼请求确定规则以及公益诉讼特殊规则，以达到"具体的诉讼请求"的起诉条件要求（见图 1）。

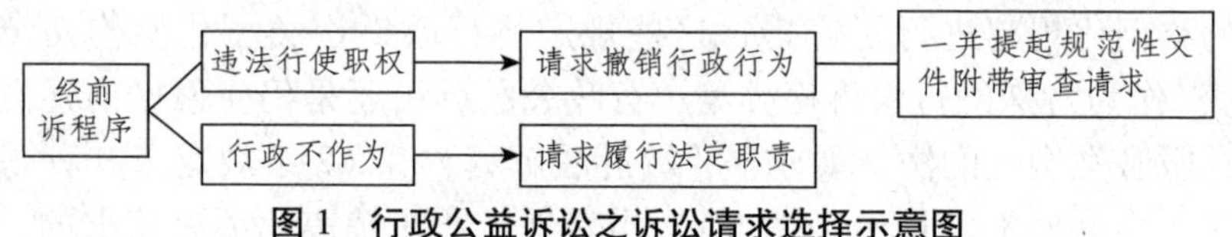

图 1　行政公益诉讼之诉讼请求选择示意图

（一）不宜单独提起确认违法诉讼请求

确认诉讼是指请求法院确认行政行为合法性、效力以及行政法律关系是否存在的诉讼类型，其在各类诉讼中具有基础性的地位。无论是撤销诉讼、给付诉讼，都隐含着一个确认诉讼。在其他诉讼类型不能提供救济的时候，确认诉讼才是必要和适当的，即"撤销诉讼、给付诉讼优位"。[①] 因此，确认诉讼具有补充性特征。提起确认违法诉讼还应该有确认利益存在。一般而言，确认利益有以下三种：重复发生的危险（预防性确认违法之诉）、恢复名誉的利益、厘清先决问题。行政行为违法性构成其他诉讼审理或者其他行政程序的先决问题，比如构成行政赔偿或者民事诉讼的前提。[②] 结合确认之诉的定位以及行政公益诉讼的特殊性，笔者认为，在行政公益诉讼案件中，一般不可单独请求确认不作为或者作为违法，理由在于：一是与行政公益诉讼的目的不符。由《行政诉讼法》第 25 条第 4 款的规定可知，行政公益诉讼的目的就是让行政机关继续履职，消除国家利益或者社会公共利益受损的状态。仅仅提起确认违法的诉讼请求显然无法达到让行政机关履职的目的。二是缺乏确认利益。基于客观诉讼的属性，检察机关代表国家提起行政公益诉讼，故实质上检察机关在该行政公益诉讼中并没有属于自身的利益。因此，行政公益诉讼不存在构成先决问题的情形。至于重复发生之危险，也要有充分凭借能够证实未来有重复发生的可能。我

---

① 参见江必新、梁凤云：《行政诉讼法及司法解释关联理解与适用》，中国法制出版社 2018 年版，第 432~434 页。

② 参见刘宗德、赖恒盈：《台湾地区行政诉讼：制度、立法与案例》，浙江大学出版社 2011 年版，第 234~235 页。

国台湾地区现行“行政诉讼法”即不承认不作为违法确认诉讼,[①] 不符合诉讼经济原则。鉴于行政公益诉讼方兴未艾，对此重复危险不宜作过宽理解，应稳步推进。在行政机关诉前已经履职的情况下还允许起诉确认违法，会打消其诉前履职维护公益的积极性，起到反作用的效果。故现阶段不宜仅以预防重复发生危险提起确认违法的诉讼请求。

具体到司法实践中，人民法院对于公益诉讼起诉人单独请求判决确认违法的，可区分不同情形处理（见图2）：一是诉前已作出行政行为，但检察机关认为违法行使职权的。即行政机关积极作出了相关行政行为。检察机关认为该行政行为违法进而请求确认行政行为违法的，基于撤销判决的优位性，应释明检察机关提起撤销诉讼。如果“行政处分已消灭且无恢复原状可能者”,[②] 不可就该行为单独提起确认违法诉讼。二是检察建议确定的期限内履行完毕或检察建议期满后诉讼前履行完毕的。此时公益目的已经实现，检察机关提起确认违法诉讼的，法院可不予以立案，已立案的可裁定驳回起诉。三是诉讼过程中履行完毕的。诉讼中履行完毕后，检察机关仍然坚持起诉的，属于继续确认之诉，但前提是提起履职诉讼请求。四是虽未履行，但无履行可能或必要的。如果行政机关未及时履职违法，或者作出了违法的行政行为，但是随着情势的变更，检察机关提起诉讼时，行政机关没有进一步履行法定职责的必要性和可能性。出于节约法院司法资源的考虑，此种情形下不宜再单独请求确认违法。五是未履行但有履行的价值和必要的。若检察机关提起确认不作为违法请求的，可向检察机关释明，将诉讼请求转为履职，以实现公益诉讼目的。若其仍坚持起诉确认违法，则可裁定驳回起诉。

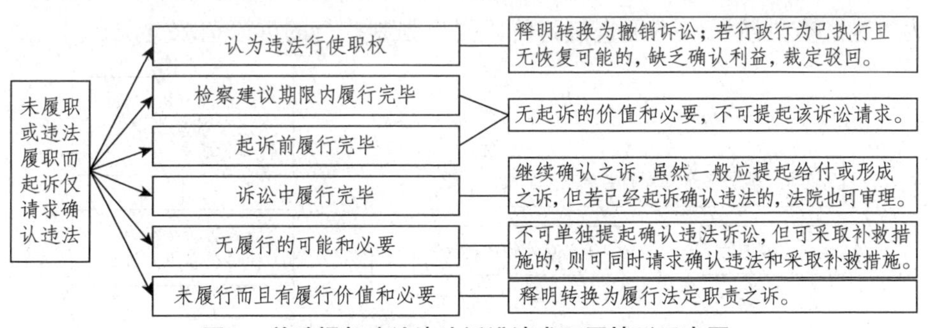

图2　单独提起确认违法诉讼请求不同情形示意图

① 参见刘宗德、赖恒盈：《台湾地区行政诉讼：制度、立法与案例》，浙江大学出版社2011年版，第224页。

② 刘宗德、赖恒盈：《台湾地区行政诉讼：制度、立法与案例》，浙江大学出版社2011年版，第233页。

（二）根据行政执法不同阶段明确具体的履职诉讼请求

针对实践中履职请求提起普遍不够具体明确的现状，有必要厘清该类诉讼请求提起的具体规则。对于公益诉讼所涉领域的违法行为，相应法律法规规定的行政机关应履行的职责分为以下两步：第一步是作出行政行为，即责令停止违法行为，限期改正（包括恢复原状），可以或者应该一并作出处罚（包括罚款、没收违法所得或非法财物等）。第二步是执行前述行政行为。行政机关作出限期改正（包括恢复原状），或者处罚决定后，违法行为人逾期未履行的，如果行政机关根据法律的授权取得强制执行权的，则可自行强制执行；如果行政机关没有法定的强制执行权的，则依法应申请法院强制执行。据此，检察机关提出履职诉讼请求时，应遵照以下规则：一是若行政机关仍处在对违法行为未作出责令改正、行政处罚的阶段，则可请求履行对违法行为进行查处的法定职责。二是若行政机关已作出责令改正、行政处罚，但该行政行为违法，则可请求撤销该行政行为，而不是提出履职请求。三是若行政机关已经依法作出责令改正、行政处罚，但是逾期未执行的，如果行政机关有强制执行权，则可请求履行强制执行的法定职责（包括代履行等）；如果需要向有强制执行权的机关提出申请的，则请求履行向有权机关提出执行申请职责；如果行政机关没有强制执行权的，则可请求履行申请法院强制执行职责。上述三个规则并非并列关系，而是递进关系，即对于第一个规则来说，若行政机关后续作出的行政行为违法的，还可以提起撤销之诉；对于前两个规则来说，若行政机关后续仅作出了相应合法的行政行为，但仍未执行到位的，则还可以继续提起符合第三个规则的诉讼。值得注意的是，只能在相应阶段提出诉讼请求，在违法行为发生、查处阶段，不可直接跨阶段提出强制执行的诉讼请求（见图3）。

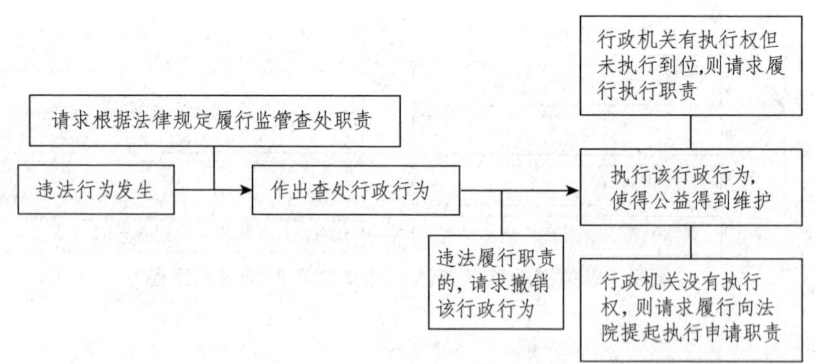

图3　行政机关履职不同阶段与对应的诉讼请求示意图

（三）在单个案件中一般仅限于提出一种类型的诉讼请求

如前所述，行政诉讼分为三种不同诉讼类型。一般情况下，在提起行政公益诉讼时，每个案件宜仅对应一种诉讼类型，提起相应类型的诉讼请求（见表 2）。具体而言，一是给付之诉中，提起履行法定职责的诉讼请求。不可再同时提起确认违法的诉讼请求，因为履行法定职责诉讼请求中就隐含了确认违法。二是撤销之诉中，提出撤销某行政行为的诉讼请求。不可同时提起确认违法诉讼请求，因为撤销诉讼请求中也隐含了确认违法的意思。同时，补救判决是基本判决类型的补充，因此在提起撤销诉讼请求时，可以同时提起重新作出行政行为的诉讼请求。而无论当事人是否提起重作请求，法院根据审理情况可以径行判决撤销重作。三是行政机关同时存在违法行政行为和不履行法定职责情形的，可分案起诉，而不可在同一个案件中提起针对不同诉讼标的的撤销之诉和履职之诉。当然，必须明确，行政机关已经作出行政行为的，不可以同时请求撤销该行政行为和履行监管的法定职责，请求撤销重作即可以达到诉讼目的。

表 2　行政公益诉讼不同诉讼类型对应诉讼请求分布

诉讼类型	诉讼请求	对应情形	备注
撤销之诉（形成之诉）	撤销行政行为诉讼请求，可同时提出重作请求	行政机关违法行使行政职权	未正确履行法定职责实质上对应的是行政机关违法行使职权，应提起撤销诉讼请求
给付之诉	履行法定职责诉讼请求	行政机关未全面或未履行法定职责	
确认之诉	不可单独提起确认违法诉讼请求	无	

结　语

诉讼请求不仅是起诉人对其主张的一种自我宣示，从立法层面看，起诉人应依据法律规定提出具体明确的诉讼请求，法院方能受理；从司法层面看，其指明了诉讼标的，划定了法院审理案件争议的范围。① 如何在依据主观诉讼模式建立的行政诉讼制度中，探索出本土化的、符合公益诉讼规律的诉讼请求确定规则，值得不断结合实践予以探究。只有把握好“入口”关，方能使后续的审理、裁判更加顺遂，促进行政公益诉讼维护国家利益或者社会公共利益的目的真正实现。

---

① 参见张松波：《论行政诉讼原告诉讼请求对法院的拘束力》，载《行政法学研究》2019 年第 1 期。

行政诉讼中“滥用职权”审查标准的适用偏差与矫正

——以《最高人民法院公报》及8省份共32份行政裁判文书为样本

朱远军*

一、现状：滥用职权审查标准在行政裁判中适用的实然样态

[案例1]① 原告徐某某系Z县某镇沪声村建设组村民，其在办理了建设用地规划许可等批准手续后开始建房。建房过程中，被告Z县城市管理局派出20余名工作人员赶到现场，将原告刚建的约50公分高的墙群进行了拆除。法院判决书认为：“被告Z县城市管理局未经任何调查，未告知当事人任何陈述申辩权利，未向当事人作出任何行政处理决定，径行将原告的建筑物拆除，严重违反法定程序，属滥用职权。”

[案例2]② 原告中国石油某化工厂按照协议约定向被告Y市国土资源局下属单位Y市建设用地事务中心支付征地补偿费用后，该中心亦向原告交付了涉案土地。2004年3月起，原告多次向被告送交土地报批资料，均因各种原因未予审批。直到2014年6月12日，被告以原告未供即用、非法占地为由作出行政处罚。法院判决书认为：“被告单方认定原告构成未供即用，非法占用国有建设用地的行为与事实不符，被告的行政处罚行为明显不当，构成滥用职权。”

在案例1中，法院明显将“违反法定程序”的行政行为认定为“滥用职权”。在案例2中，法院将被诉行政行为同时认定为“明显不当”与“滥用职权”。但是，《行政诉讼法》第70条分别规定了“违反法定程序”“明显不当”“滥用职权”等六种不同的司法审查标准。③ 不无疑问的是：法院为何将“滥用职权”审查标准与其他标准混同适用？“滥用职权”标准在行

---

* 作者单位：江苏省高邮市人民法院。

① 详见江西省抚州市临川区人民法院（2017）赣1002行初60号行政判决书。

② 详见宁夏回族自治区银川市中级人民法院（2015）银行终字第76号行政判决书。

③《行政诉讼法》第70条还规定了“主要证据不足”“适用法律、法规错误”“超越职权”三种审查标准。

政裁判中的适用现状到底如何？

（一）滥用职权审查标准在行政裁判中的适用概况

1. 滥用职权标准适用较为罕见。“滥用职权”作为法院审查和判断行政行为是否可被撤销的标准之一，自 1989 年《行政诉讼法》施行时便已规定。换言之，该审查标准实际上在审判实践中已经适用了 30 年。笔者对《最高人民法院公报》上刊载的 126 份[①]行政裁判文书（自 1985 年创刊以来至 2020 年 3 月总共 281 期）进行梳理后发现，法院认定行政行为构成“滥用职权”的文书仅有 7 份，[②] 占比仅为 5.6%。

笔者以“滥用职权”为关键词在中国裁判文书网检索，2015 年至 2019 年，含有“滥用职权”的裁判文书 16616 件。按照经济发展水平的不同，笔者选取了上海、江苏、湖北、江西、海南、甘肃、青海、宁夏八省（自治区）的裁判文书为研究对象，逐一阅读后发现，“滥用职权”绝大多数出现在原告或上诉人主张中，“本院认为”部分如有涉及，通常也仅是为适用其他审查标准在引用《行政诉讼法》第 70 条时出现，法院以“滥用职权”为由认定被诉行政行为违法的文书寥寥无几，有的省份数据甚至为零（详见表 1）。

表 1　2015 年—2019 年 8 省份认为构成“滥用职权”的文书与文书总量对比情况[③]

省份	含“滥用职权”的行政裁判文书（份）	以“滥用职权”认定行政行为违法的行政裁判文书（份）	占比（%）
上海	63	0	0
江苏	223	4	1.8
湖北	155	9	5.8
江西	63	5	8
海南	37	1	2.7

---

① 其中行政诉讼案件文书 118 件，行政赔偿案件文书 8 件。

② 7 个案例分别为：谢某某诉 Y 乡人民政府违法要求履行义务案（1993 年第 1 期）；某某物资总公司诉 H 市公安局违法扣押财产案（1996 年第 1 期）；路某某诉 J 县人民政府行政决定案（2002 年第 3 期）；王某某诉 Z 县交通局行政赔偿纠纷案（2003 年第 3 期）；某某建筑装修工程公司与 D 县人民政府收回国有土地使用权及撤销土地证案（2015 年第 2 期）；刘某某诉 T 市公安局交通警察支队某一大队道路交通管理行政强制案（2017 年第 2 期）；崔某某诉 F 县人民政府行政允诺案（2017 年第 11 期）。

③ 各省的文书经笔者逐一阅读后，经分析，湖北省有 3 份行政判决书［（2015）鄂大冶行初字第 102、103、104 号］系同一行政机关针对不同对象作出的相同行政行为，故仅作 1 件计算；宁夏回族自治区有 2 份文书［（2019）宁 04 行终 112、115 号］系不同的行政机关针对同一对象作出的相同行政行为，故作 1 件计算。

续上表

省份	含“滥用职权”的行政裁判文书（份）	以“滥用职权”认定行政行为违法的行政裁判文书（份）	占比（%）
甘肃	122	2	1.6
青海	19	0	0
宁夏	14	4	28.6

2. 滥用职权发生领域相对集中。笔者将《最高人民法院公报》刊载的7份文书及上海等八省份以“滥用职权”认定行政行为违法的25份文书作为研究样本，分析后发现，“滥用职权”发生的行政管理领域相对集中，主要集中在城乡建设行政管理、公安行政管理领域（详见图1）。

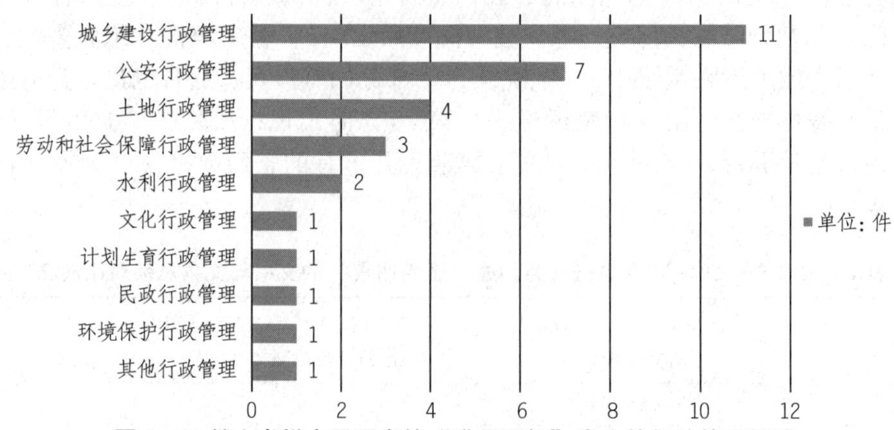

图1　32份文书样本呈现出的“滥用职权”发生的行政管理领域

（二）滥用职权审查标准的适用类型化分析

上述32份文书样本虽然数量极其有效，也不能全面反映出滥用职权审查标准适用的全貌，但管中窥豹，还是能在一定程度上呈现滥用职权审查标准适用的现状。

1. 被混同适用的滥用职权。滥用职权标准在适用时，往往会侵入到其他几种审查标准的“领地”，导致相互之间发生交叉混同。常见的混同情形如：

一是与“超越职权”标准混同。如在路某某诉J县人民政府行政决定案①中，二审法院判决书认为：“县政府在J政发（1999）172号文件中实施的这些具体行政行为，不仅超越职权，更是滥用职权。”

二是与“违反法定程序”标准混同。除了前述案例1，还如在某东南眼

① 详见《最高人民法院公报》2002年第3期。

科医院诉S市生态环境局等行政处罚决定案[①]中，一审法院判决书认为："S市生态环境局没有在发出《责令改正违法行为决定书》所限定的6个月届满后才酌定是否给予东南医院行政处罚，而是直接作出24号处罚决定，违反了《行政诉讼法》第70条第1款第3项、第5项之规定，属于滥用职权、违反法定程序的行为。"

三是与"适用法律、法规错误"标准混同。如在朱某诉B市公安局、B市人民政府行政处罚及复议案[②]中，法院判决书认为："案发时废旧金属已不属于国家限制收购的物品的范畴，故B市公安局以朱某收购国家禁止收购的其他物品为由对其进行行政处罚，适用法律明显错误，属于滥用职权行为，应予撤销。"

四是与"明显不当"标准混同。如在前述案例2中，法院判决书认为："被告的行政处罚行为明显不当，构成滥用职权。"

2. 被转换适用的滥用职权。在焦某某诉T市某公安分局治安管理处罚决定案[③]中，原告诉称认为："被告对不服申辩的原告加重处罚，是滥用职权违法行政。"但一审法院认为，被告"随意地自行变更处罚决定，程序明显违法"，遂适用1989年《行政诉讼法》第54条第2项第3目的规定，即以"违反法定程序"为由撤销被诉行政行为。二审法院认为，被告在没有调查取得任何新证据的情况下，作出的对原告加重的行政处罚明显违反《行政处罚法》第32条第2款的规定。二审法院实际上以"适用法律、法规错误"为由认定被诉行政行为不合法。不难看出，一、二审法院均回避了对被诉行政行为是否构成滥用职权的司法审查，而是将其巧妙地转换成其他审查标准进行审查。

3. 被泛化适用的滥用职权。在前述相关案例中，一方面反映出滥用职权审查标准与其他标准发生了适用上的混同；另一方面则反映出，在一些案件中，法官甚至将滥用职权审查标准作为其他审查标准的上位概念，宽泛性地予以适用。类似的案例还如表2，在朱某诉L县某镇人民政府行政赔偿案[④]中，二审法院认为被上诉人不遵循法定的实施程序，而径行将涉案房屋认定为违法建筑并强制拆除，属于滥用职权。在该案中，法院明显将"违反法定程序"的行政行为也认定为滥用职权。此外，法院有时还将"违法"的行政行为宽泛地理解为滥用职权。如在某建材有限责任公司诉G县城乡规划局规划行政强制案[⑤]中，法院判决书认为："被告对不在本次《公

---

① 详见海南省三亚市中级人民法院（2019）琼02行终126号行政判决书。

② 详见甘肃省高级人民法院（2019）甘行终68号行政判决书。

③ 详见《最高人民法院公报》2006年第10期，该案例不在32份文书样本范围内，在此说明。

④ 详见宁夏回族自治区固原市中级人民法院（2019）宁04行终131号行政判决书。

⑤ 详见江西省万年县人民法院（2018）赣1129行初37号行政判决书。

告》范围之内的原告2001年建的铁皮厂房也实施了强制拆除的行为属滥用职权。"

表2 "滥用职权"标准在另外一些文书中的表述情况

类型	典型案例	裁判文书表述
被混同适用	(2016)鄂0115行初6号	被告在办理过程中按照房屋初始登记程序为第三人夏某某办理房屋权属登记，属于滥用职权和适用法规错误。
	(2016)鄂0281行初44号	被告违反法定程序未依法责令原告限期自行拆除并告知相关救济权利，其径行强制拆除该违法建（构）筑物，属滥用职权行为。
被泛化适用	(2018)甘1225行初2号	被告D县公安局仅凭户籍整顿、完成工作任务的需要及联系不到户籍管理相对人的事实状态，就对原告户籍进行注销，属于滥用职权。
	(2016)赣0729行初10号	被告向原告陈原、陈某某作出的Q县计生征决〔2016〕第1707号《J省征收社会抚养费决定书》仍加盖"Q县人口和计划生育委员会"印章，属滥用职权的行政行为。
	(2015)鄂大冶行初字第00102号	被告D市规划局既无法定授权又无合法委托，对原告房屋进行拆除，属滥用职权。(同时与"超越职权"标准混同)

二、探因：滥用职权审查标准适用偏差的原因透视

（一）法律规范：规范内涵极具模糊性

"滥用职权"作为法律概念，最早规定于1989年《行政诉讼法》第54条第2项第5目中。关于滥用职权的内涵，法律规范层面一直未给出清晰明确的解释，"其与大多数法律概念一样具有不明确性和多义性，是一个不确定法律概念，其规范内涵具有模糊性。"[①] 这就造成了法院适用上的障碍。通过查证早期的文献资料，在由全国人大常委会法制工作委员会编、胡康生主编的1989年版《行政诉讼法释义》一书中，认为"滥用职权是指行政机关作出的具体行政行为虽然在其权限范围以内，但行政机关不正当地行使职权，不符合法律授予这种权力的目的"。[②]《行政诉讼法》修订后，在由全国人大常委会法制工作委员会编、信春鹰主编的2014年版《行政诉讼法释义》一书中，仍旧认为"滥用职权是指行政机关作出行政行为虽然在其权限范围以内，但行政机关不正当行使职权，违反了法律授予这种权力的目的"。[③] 通过对上述解释加以揣摩和分析，不禁又要追问：何为"不正当"

① 朱思懿：《"滥用职权"的行政法释义建构》，载《政治与法律》2017年第5期。

② 胡康生主编：《行政诉讼法释义》，北京师范学院出版社1989年版，第92页。

③ 信春鹰主编：《行政诉讼法释义》，法律出版社2014年版，第189页。

地行使职权？法律授予权力的“目的”又是什么？因此，可以说，上述解释仍具有模糊性，不足以清晰界定“滥用职权”的内涵。

“法的适用在很大程度上就是法律概念的解释和应用。”① 滥用职权作为一个不确定法律概念，其规范内涵的模糊性客观上造成了其在实践中与其他审查标准（特别是“明显不当”）之间界限不清，相互之间极易发生适用上的混同，法官也因对滥用职权的内涵拿捏不准而容易“张冠李戴”、混同适用或错误适用。此外，滥用职权内涵与外延的不确定性，也导致其极易与作为日常用语的“滥用职权”或一些事实行为发生混同，客观上导致被泛化适用。

（二）司法立场：合法性与合理性审查争论激烈

1989 年《行政诉讼法》第 5 条明确规定：“人民法院审理行政案件，对具体行政行为是否合法进行审查。”2017 年修正的《行政诉讼法》第 6 条亦规定：“人民法院审理行政案件，对行政行为是否合法进行审查。”这就确立了我国行政诉讼司法审查的合法性审查基本原则，即“把法院对行政的干预边际限定在‘合法性审查’之内”②，行政裁量的合理性属于行政的“固有领域”，司法权不得染指。“这里的逻辑似乎是行政裁量=合理性问题=排除司法审查。”③ 学界通常认为，我国《行政诉讼法》第 70 条规定的“‘滥用职权’和‘明显不当’（在 1989 年《行政诉讼法》中为‘行政处罚显失公正’）的审查标准是与行政裁量相关的。”④ 不仅如此，相关司法解释中的有关条款（详见表 3）也有关于合理性审查的隐晦规定。这就似乎“动摇”了我国《行政诉讼法》所确立的合法性审查基本原则，换言之，“‘合法性审查’已经在一定程度上包含了合理性审查的内容，从而使法条规定的合法性审查在一定程度上具备了实质法治原则的部分特征。”⑤

表 3　《行政诉讼法》及相关司法解释中关于合理性审查的规定

法条	具体规定
1989 年《行政诉讼法》第 54 条第 2 项、第 4 项	人民法院经过审理，根据不同情况分别作出以下判决：（二）具体行政行为有下列情形之一的，判决撤销或者部分撤销，并可以判决被告重新作出具体行政行为：……5. 滥用职权的。（四）行政处罚显失公正的，可以判决变更。

① 王贵松：《行政裁量的构造与审查》，中国人民大学出版社 2016 年版，第 56 页。

② 周佑勇：《行政裁量治理研究——一种功能主义的立场》，法律出版社 2008 年版，第 225 页。

③ 王贵松：《行政裁量的构造与审查》，中国人民大学出版社 2016 年版，第 140 页。

④ 王贵松：《行政裁量的构造与审查》，中国人民大学出版社 2016 年版，第 147 页。

⑤ 卜晓虹：《行政合理性原则在行政诉讼中之实然状况与应然构造——论司法审查对行政自由裁量的有限监控》，载《法律适用》2006 年第 1 期。

续上表

法条	具体规定
2017 年修正《行政诉讼法》第 70 条	行政行为有下列情形之一的，人民法院判决撤销或者部分撤销，并可以判决被告重新作出行政行为：……（五）滥用职权的；（六）明显不当的
2017 年修正《行政诉讼法》第 77 条第 1 款	行政处罚明显不当，或者其他行政行为涉及对款额的确定、认定确有错误的，人民法院可以判决变更
《最高人民法院关于行政诉讼撤诉若干问题的规定》（法释〔2008〕2 号）第 1 条	人民法院经审查认为被诉具体行政行为违法或者不当，可以在宣告判决或者裁定前，建议被告改变其所作的具体行政行为
《最高人民法院关于执行〈中华人民共和国行政诉讼法〉若干问题的解释》（法释〔2000〕8 号）第 56 条第 2 项	有下列情形之一的，人民法院应当判决驳回原告的诉讼请求：（二）被诉具体行政行为合法但存在合理性问题的
《最高人民法院关于审理国际贸易行政案件若干问题的规定》（法释〔2000〕27 号）第 6 条第 5 项、第 6 项	人民法院审理国际贸易行政案件，应当依照行政诉讼法，并根据案件具体情况，从以下方面对被诉具体行政行为进行合法性审查：（五）是否滥用职权；（六）行政处罚是否显失公正

那么，应当如何理解我国《行政诉讼法》所确立的合法性审查基本原则呢？除了对行政行为进行合法性审查之外，是否对行政裁量进行合理性审查？这也是学术界和实务界一直争议不断的问题。对于上述问题的争议，主要可以归纳为两种观点：一种观点持形式法治的立场，主张二元的（形式）合法性与合理性（正当性）审查原则；另一种观点则持实质法治的立场，主张一元的实质合法性审查原则。① 合法性与合理性审查争议，使法官们有时不敢轻易突破合法性审查原则，以致在面对行政机关滥用行政裁量时裹足不前，进而导致对行政裁量权的司法控制成效降低，客观上导致滥用职权案件锐减的效果。

（三）审查技术：实质合法性审查方法缺位且复杂

学界普遍认为，为满足对实质正义的追求，有必要把司法干预的边际延伸到行政权行使的内部，对行政裁量进行实质合法性审查。那么，到底应当如何对行政裁量进行实质合法性审查？其合法性判断标准又是什么？虽然我国《行政诉讼法》第 70 条规定了“滥用职权”与“明显不当”，但却没有对具体的审查方法作出明确规定，学界与实务界对此问题的研究亦较为匮乏。这就导致没有明确具体的规则可供法官在司法审查时予以运用。

① 郭兵：《论行政程序裁量的司法审查标准》，载《政治与法律》2015 年第 4 期。

但也有法官认为，审查判断是否存在滥用职权、明显不当的步骤和方法如下：一是确认被诉行政行为是否属于自由裁量的行政行为；二是审查被告的目的和考虑的因素；三是审查法律、法规的目的、原则；四是通过比较行政相对人的权利义务是否相称、被告对同样案件的处理结果是否差异较大，进而审查处理结果是否存在明显不合理的问题。[①] 而在此之前，被诉行政行为势必经过了法官对法定职权、事实依据、行政程序、法律适用等方面的合法性审查。换言之，法官除了要对该行政行为进行合法性审查之外，还要按照上述审查步骤和方法深入审查行政裁量权运用的合理性问题，若是存在明显不合理的情形时，则可能构成滥用职权或明显不当。这不仅明显增加了法官审查的复杂程度，而且“对于违反目的、错误考虑等裁量瑕疵进行主观性审查，往往极其困难”。[②] 此外，对明显不合理的判断本身就见仁见智。有学者认为，滥用职权在司法实践中运用极为罕见。原因不在于滥用职权的情况较少，而是由于采用“滥用职权”的撤销条件很难认定。[③] 因此，法官们一般会巧妙适用“转换型”审查策略，将滥用职权审查标准与其他审查标准体系关联，比如，对相关考虑的审查，有的时候可能会跨越到有没有说明理由的程序违法审查。”[④]

三、出路：滥用职权审查标准适用偏差的矫正策略

（一）单独构建行政裁量合理性审查的标准

在当前通过修法专门对“滥用职权”的内涵进行界定尚不现实的情形下，可以尝试通过简单易操作的立法结构调整纾解滥用职权审查标准与其他标准之间混同适用的情况。学界普遍认为，滥用职权与明显不当审查标准，二者共同构成了对行政裁量的合理性审查标准。与滥用职权标准一样，明显不当标准在司法实践中亦经常与其他审查标准混用。[⑤] 可以说，这与《行政诉讼法》第 70 条本身不无存在关系。“主要证据不足、适用法律、法规错误、违反法定程序、超越职权”这四个审查标准适用于对所有行政行为（包括羁束行政行为与裁量行政行为）的审查，而滥用职权与明显不当标准只针对裁量行政行为，第 70 条将这 6 项审查标准并列规定，难免会发

---

① 参见蔡小雪：《行政行为的合法性审查》，中国民主法制出版社 2020 年版，第 202~205 页。

② 周佑勇：《司法审查中的滥用职权——以最高人民法院公报案例为观察对象》，载《法学研究》2020 年第 1 期。

③ 江必新、梁凤云：《行政诉讼法理论与实务》，法律出版社 2016 年版，第 1606 页。

④ 余凌云：《对行政机关滥用职权的司法审查——从若干判案看法院审理的偏好与问题》，载《中国法学》2008 年第 1 期。

⑤ 参见王东伟：《行政裁量行为的合理性审查研究》，载《北京理工大学学报（社会科学版）》2018 年第 6 期。

生适用上的混同。因此，为有效破解这一问题，在立法模式上，宜将第70条第5项、第6项删除，将“滥用职权”和“明显不当”单独作为第70条第2款加以规定。或者不改变现有法条的结构，而是将第5项修改为“裁量滥用”，将第6项修改为“裁量明显不当”。

（二）明确行政裁量合理性审查的立法规定

《行政诉讼法》在修订时增加了“明显不当”审查标准，实属来之不易。“明显不当”标准在一定程度上大大补强了“滥用职权”标准对行政裁量合理性审查的不足，我国行政诉讼的合理性审查又向前迈进了一步。尽管如此，法官们对行政裁量的合理性审查仍然处于“犹抱琵琶半遮面”的状态。问题的根源仍在于我国行政诉讼司法审查所确立的合法性审查基本原则。立法者对法官们适度进行合理性审查的鼓励并不能从根本上解决这一问题。因此，不妨借鉴行政复议审查模式，[①] 将《行政诉讼法》第6条修改为：人民法院审理行政案件，对行政行为是否合法、合理进行审查。或者修改为：人民法院审理行政案件，对行政行为是否合法进行审查；如果行政行为属于裁量行政行为的，还应当对其合理性进行审查。

（三）类型化行政裁量的司法审查强度

1. 最小限度的审查。对于行政裁量空间大或涉及不甚重要的权益时，应进行最小限度审查。即只有当行政裁量明显不当、裁量滥用等构成违法时，才对其进行审查。反之，如果只存在一定的合理性问题，则一般不予审查。

2. 中等程度的审查。一是对于行政机关享有判断余地的行政裁量，审查时应有所抑制。比如，法院对于专利问题、学术问题、考试中的评判，一般都应尊重行政机关、专家、评阅人的判断；二是对于行政机关是否考虑了相关因素、是否听取了相关意见、是否研讨了替代的方案等判断过程的审查，审查时应有所放松；三是对于专业性、政策性比较强的行政裁量或预测未来的规划裁量，法院囿于自身审查能力的不足，应当予以尊重。

3. 最严格审查。对于涉及当事人重大法益保护、且具有下列情形之一的行政裁量，应对其进行严格审查：一是对于行政机关不享有“判断余地”，且裁量权属于羁束裁量时，法院可代为进行实体性判断；二是对于《行政诉讼法》第77条第1款[②]规定的明显不当型行政处罚，应当对其严格审查，当法院审查后认为行政处罚明显不当，且只能得出唯一的结论时，应作出变更判决；三是当个人的生命、健康和财产等重大法益濒临危险状态，将行政裁量的空间压缩为零时，此时法院可责令行政机关履行法定职

---

① 《行政复议法》第3条规定，行政复议机关对行政行为的“合法”与“适当”进行审查。

② 《行政诉讼法》第77条第1款规定：“行政处罚明显不当，……人民法院可以判决变更。”

责，此即以法院的判断替代了行政机关的判断。

（四）构建多元化的行政裁量实质合法性审查方法

1. 违反目的型审查。行政机关行使裁量权必须受到法律目的的限制，即使其形式上在其裁量范围内，如果与法律、法规设定该职权的用意和目的相去甚远，则仍然是违法的。法院对作出行政裁量的目的进行审查，并非以自己臆想的目的取代行政的目的，而是要审查行政的目的与法律、法规授权的目的是否一致。如在张某某诉R市某镇人民政府行政撤销决定案①中，法院判决书认为："镇政府作出的行政撤销决定，不符合江苏省人民政府第26号令第一条确立的保护被征地农民和农村集体经济组织的合法权益，保障被征地农民基本生活的原则，属于滥用职权的行为。"如果法律、法规没有作出明确规定的，则应审查行政的目的是否与作为一般目的的公共利益相违反。当然，对行政目的的正当性乃至合法性的审查极其困难。为破解行政裁量主观性审查难题，具体的设想为：

一是课予被告向法庭就其作出行政裁量的目的和其考虑的相关因素说明理由的义务。二是要求被告向法庭陈述其作出行政行为所依据的法律、法规的目的、原则，并宣读相关条文，进而判断被诉行政行为是否与之相符合。三是如果法律、法规未作出明确规定的，那么审查被告行使权力的目的是否出于公共利益，是否存在不适当的考虑。如在严某某诉B县自然资源和规划局撤销房屋行政登记决定案②中，法院判决书认为："被告作出撤销房屋登记决定明显具有规避承担行政赔偿责任的目的，考虑了不该考虑的因素，属于滥用职权。"四是要求被告陈述行政行为不存在明显不合理的问题的理由，并考查被告是否存在无正当理由违反惯例，违反比例原则以及严重违背"尽其最善"的原则等。

2. 社会观念型审查。审查判断行政裁量是否属于滥用职权，还要看被诉行政行为是否存在明显不合理的问题，而对于明显不合理的判断，则可以通过导入社会观念来判定。社会观念，即社会的一般观念，与习惯、常识大体相当。如果行政裁量在社会观念上明显缺乏妥当性，则可判定其明显不合理，即属于滥用职权。如在S县某网络会所诉S县文化广电新闻出版局行政强制案③中，法院判决书认为："被告对原告的147台电脑主机采取证据先行登记保存措施，扩大了证据登记保存的范围，明显超过了合理限度，属滥用职权。"

运用社会观念对行政裁量进行审查，这就要求法官应当多听取人民陪

① 详见江苏省南通市中级人民法院（2016）苏06行终36号行政判决书。

② 详见江苏省高邮市人民法院（2019）苏1084行初121号行政判决书。

③ 详见江苏省宿迁市宿城区人民法院（2014）宿城行初字第0067号行政判决书。

审员的意见，或者跳出法律人固有的思维模式，用普通人朴素的常识、常情、常理来判断行政行为是否存在明显不合理。

3. 法律原则型审查。法律原则以其所特有的抽象化特征而发挥着解决规则之间的冲突或者填补规则之漏洞的作用，并发挥着较之于行政规则更强的规范化预期作用。①行政裁量违反一般行政法原则，特别是必要性和比例性，即构成裁量瑕疵。②有法官也认为，滥用职权的行政行为表现之一即是违反均衡原则（又称比例原则）。③更有学者提出，司法制衡的路径已不再仅仅是追求一种单纯的"规则至上"，而应当通过法律原则在司法审查中的适用，更加有效地发挥司法对行政裁量的能动制衡功能。④因此，在缺乏法律规则加以审查时，完全可以运用法律原则对行政裁量进行审查。如在《最高人民法院公报》2017 年第 11 期刊载的崔某某诉 F 县人民政府行政允诺案中，法院判决书即认为："F 县政府以此为由，拒绝履行允诺义务，在一定程度上构成了对优益权的滥用，有悖于诚实信用原则。"

审判实践中，法官可运用比例原则、平等原则、信赖保护原则等对行政裁量进行审查。其中，比例原则中的妥当性、必要性和均衡性内涵较为明确，可操作性强，在行政强制等案件中可以多加运用；平等原则所包含的"同等情况同等对待""不同情况区别对待""比例对待"情形在行政处罚等案件中具有较强的可操作性；信赖保护原则在行政征收等案件中具有较大的适用空间。另外，在未来制定《行政程序法》或《行政法总则》时，可将上述原则作出明确规定。

结　语

滥用职权审查标准对于行政裁量权的司法控制具有重要的制衡价值，但其在实然层面所发挥的控制成效却并不尽如人意。通过对本文的分析，可以管窥法院对行政裁量进行司法审查的艰难与不易。因此，一味地责难法官将滥用职权标准转换适用，甚至弃而不用可能导致行政裁量司法审查的缺失，或者非议审查技术的粗陋而诱发的适用问题，均有失公允。随着我国法治实践的发展，以及学说与案例的发展，我们有理由相信，行政裁量司法审查技术必将日臻娴熟，行政权、司法权、立法权以及公民权之间的关系也将更加和谐。

---

① 参见［英］马丁·洛克林：《公法与政治理论》，郑戈译，商务印书馆 2002 年版，第 358 页。

② 参见［德］哈特穆特·毛雷尔：《行政法学总论》，高家伟译，法律出版社 2000 年版，第 131 页。

③ 参见蔡小雪：《行政行为的合法性审查》，中国民主法制出版社 2020 年版，第 201 页。

④ 参见周佑勇：《行政裁量治理研究——一种功能主义的立场》，法律出版社 2008 年版，第 215 页。

破困探新：对利害关系认定标准的思考

——以保护规范理论本土化为视角

张传军[*]　方一之[**]

利害关系虽是行政诉讼原告资格认定的标准之一，但它并不能精准界定。保护规范理论作为域外认定方法引入我国后，引起了各方关注与争议。抛开学理探讨，理论的本土适用突破了以往认定标准的局限，使不确定的利害关系完成从规范至个案的具体化，亦使权益保护空间得到延展。但实践对于个案而言，通过理论限缩原告资格的裁判却时有发生，其背后是对理论所确立的公法保护边界、体系审查方式和统一裁判标准的规则悖反。尊重公法保护边界的弹性，找寻规范中明示、默示的公权保护私益的指向，以避免过度陷于理论缺陷，是实现利害关系认定规范操作化的可行模式，亦是引入理论并逐步完成本土化的应有之义。

引言：保护规范理论本土适用的争论

关于保护规范理论的本土适用，学界与实务观点不一：肯定论者积极主张其价值，否定论者则不以为然。[①] 当下，围绕诉讼模式的主客观之争、理论隐含个人主义哲学之见、解释方法的多元之论，均是保护规范理论本土适用争议的延伸。面对争论，将该理论引入我国的学者作了系统回应：[②] 探索式地引入，解决了以往认定标准的模糊，为个案裁量提供稳定、客观、精细的操作指引，进而维护相对人以外主体的合法权益，并使行政诉讼逐步拓展保护的空间。

---

* 作者单位：江苏省镇江市润州区人民法院。

** 作者单位：江苏省镇江市润州区人民法院。

① 积极观研究代表可参见章剑生：《行政诉讼原告资格中“利害关系”的判断结构》，载《中国法学》2019 年第 4 期；消极观研究代表可参见成协中：《保护规范理论的适用批判论》，载《中外法学》2020 年第 1 期；中立（偏积极）观研究代表可参见赵宏教授于 2018 年至 2019 年期间在《法学家》《中外法学》《交大法学》等期刊的研究成果。

② 耿宝建：《主观公权利与原告主体资格——保护规范理论中国式表述与运用》，载《行政法学研究》2020 年第 2 期。

如上所言，法律设定利害关系的初衷，是为保证与行政行为的直接相对人以外的公民、法人或者其他组织的诉权，而又不使这种诉权的行使失控，以维护合法权益及防止滥诉的可能①。但个案认定标准模糊、裁判解释乏力、相关规则付之阙如的现状，使认定利害关系的标准化、操作化成为困扰实务的难题。抛开教义式的学理探讨，问题而生：保护规范理论相较于以往标准的优势如何，适用效果怎样，如何更好地本土化实践？

一、实务困境：当前利害关系认定标准的局限

利害关系是行政诉讼原告资格的标准之一，但从构成要件看，涉及利害关系的规范几乎是一个没有规则的架构，甚至在执笔制定特定规范的学者看来，特定规范不存在利害关系。② 本文暂不探讨具体规范中利害关系存在与否的必要，借争议观点本文想说明：从那些语义清晰的语句中至少可以看出，利害关系在规范中是一个开放的、不确定的概念。

正因如此，“合法权益或权利义务受实际影响、不利影响”至今是认定利害关系的主流标准。但影响论不能满足规范操作的实践导向，在认定利害关系中存在局限性：

一是影响论重视对关系人的权利产生影响，忽视对义务的影响；③ 实际影响与非实际影响的界限不明、不利影响的客观性存疑；更重要的是，实际或不利影响既可表现为直接影响，也可表现为间接影响，但都不可直接等同于利害关系，因为反射利益的存在。④

二是影响论局限于案情事实，即合法权益或权利义务对应的法指代不明，致个案裁判说服力锐减。利害关系是开放的、不确定的概念，而影响论从行政行为对个体产生的效果出发，推断其是否对当事人产生影响，未能统合请求权对应的规范，实践中大部分以此为依据的裁判，说理部分仅表述为（未）对当事人权益（权利义务）产生实际影响（不利影响）。缺乏必要说理的同时，亦使利害关系的认定停留于事实判定。

三是影响论的客观精细度不高，导致个案限制个体诉权的现象存在，背离设置利害关系的初衷。权益影响论在当下既可以是利害关系的认定标

---

① 李广宇：《如何裁判行政案件——判例体现的理论与方法》，法律出版社 2018 年版，第 3 页。

② 后向东：《中华人民共和国政府信息公开条例（2019）理解与适用》，中国法制出版社 2019 年版，第 58 页。

③ 《现代汉语词典》对“权益”和“权利”的解释如下：权益是指应该享受的不容侵犯的权利，而权利是指“公民或法人依法行使的权力和享受的利益（跟义务相对）。参见中国社会科学院语言研究所词典编辑室编：《现代汉语词典》，商务印书馆 2016 年版，第 1082 页。

④ 详见最高人民法院（2018）最高法行申 2975 号行政裁定书。

准，也可以是行政行为可诉性的判断依据，[①] 虽然法律规定分明，但易引起当事人误解。

保护规范理论提倡司法应保护个体的“主观公权利”，[②] 它强调具备三个方面即可判定法律需要保护的权益：一是公法规范课以行政为特定行为的义务；二是此项法规范必须至少出于为保护或满足私益为目的；三是该项公权利可以通过法律救济程序得以实现。

相较影响论，该理论将事实与规范有效统合，突破了之前标准的局限，让个案裁判走向规范、客观与审慎：一方面，法官须结合请求权审视适用的公法规范和规范所在体系；另一方面，法官须结合个案特情予以裁量，同时在具体案件中赋予必要的价值衡量，[③] 通过双层次考察，[④] 使利害关系完成从规范到个案的具体化。

二、规则悖反：对限制个体诉权现象的检视

但到具体个案，保护规范理论发挥提高门槛、限制诉权的作用，[⑤] 其实质是个案对理论所确立的公法保护边界、体系审查方式和统一裁判标准的规则悖反，但这不可完全归责于法官。

（一）清晰与模糊：公法保护的边界

一方面，公法保护的权益通过保护规范理论逐渐明晰：“关卯春案”[⑥] 提出诉请保护的权益须“恰好落入行政机关作出行政行为时所依据的行政实体法律规范的保护范围”；“刘广明案”[⑦] 明确行政实体法规范应具备个别利益指向。实践表明，只有公法领域的利益受到行政行为可能的损害时，关系人才具备行政诉讼保护的必要；那些基于私权范围而产生的权

---

① 详见最高人民法院（2019）最高法行申 3347 号行政裁定书。

② 主观公权利是指个体在行政诉讼中主张自己在公法上的权利，它是相对于国家，个人所拥有的“以法律行为或是保护个体利益为目标的强制性法律规范为基础的，向行政或国家提出要求，要求其为一定行为的法律地位”。Ottmar Buehler，Die Subjektiven oeffentlichen Rechte und ihr Schutz in der deutschen Verwaltung—srechtssprechung，1914，Berlin，S. 36。转引自赵宏：《主观公权利的历史嬗变和当代价值》，载《中外法学》2019 年第 3 期。

③ 德国学者认为，对权利保障涉及的主观权利损害方面的司法审查，是带有高强度的价值评判的原则的具体化，最终的决定权并非行政机关，而是司法机关。参见［德］卡尔埃博哈特·海因：《不确定法律概念和判断余地》，曾韬译，载《财经法学》2017 年第 1 期。

④ 学者提出利害关系判定的“双层次论”：第一层次是规范解释，第二层次是事实判断。参见何天文：《保护规范理论的引入与问题》，载《交大法学》2019 年第 4 期。

⑤ 刘宏：《原告资格从“不利影响到“主观公权利”的转向——刘广明诉张家港市人民政府行政复议案评析》，载《交大法学》2019 年第 2 期。

⑥ 详见最高人民法院（2017）最高法行申 4361 号行政裁定书。

⑦ 详见最高人民法院（2017）最高法行申 169 号行政裁定书。

益，公法不轻易理涉，[①] 基于反射产生的权益，不属于公法所保护的主观公权利。

另一方面，公法保护边界未必简单，它可能需要法官深度研判。以“北京联立公司案”[②] 为例，虽然该案房屋所有权人形式上既非行政许可相对人，也非设立许可的法律规范需要保护、考虑和听取意见的对象，但通过租赁人须在许可程序中提交产权及租赁文件的规定表明，房屋所有权人实质上是以未明示当事人的身份进入行政许可程序，只是基于行政高效便利原则而并不强制其到场，故该案房屋所有权人与行政许可之间具有利害关系。

但是，由于现代行政中，公权力大量介入私经济领域，早已出现一类形成私法关系的行政处分[③]，亦有学者谓曰“私法、公法共同规范”，[④] 这足以令实务对理论确定的公法保护边界产生困惑。另外，部分法官将“通过私法途径救济”作为优先选项而否认利害关系。

（二）定式与异变：体系化的审查方式

当下实务所强调的体系化审查方式是指“参酌整个行政实体法规范体系、行政实体法的立法宗旨以及被诉行政行为的目的、内容和性质进行判断”。[⑤] 强调体系化的审查，主要是为了不疏漏保护规范，因此法官须对个案所涉规范进行全面系统的检索，即检索案件涉及的直接、间接和潜在的规范、所涉规范的正面和反面规定、所涉的保护性规范和制裁性规范，[⑥] 这亦是体系化审查的最低要求。

但上述确立的审查方式在实务中却逐渐变成了法官直接援引所涉规范“制定目的”的条款（见表1）。可能的结局是，本应公法保护的权益，因

---

① 李年清：《主观公权利、保护规范理论与行政诉讼中原告资格的判定》，载《法律适用》2019年第2期。

② 该裁判指出，从形式上看，出租房屋的所有权人在承租人利用房屋申请行政许可（类似本案的办学许可）程序中，并非许可机关的直接相对人，也非设立许可的法律规范需要保护、考虑和听取意见的对象，房屋所有权人自身似乎无任何实体权益、程序权益甚至参与权益需要保护。但从实质上看，出租房屋的所有权人根据法律规范要求提供房屋所有权证、并作为房屋租赁协议的合同相对方，已经以提交房屋所有权证和签订租赁协议等法律文件的方式参与到行政许可程序。行政机关基于行政高效便利原则，不要求所有权人到申请现场、不要求其在相关申请表格上签署同意使用意见，系因通过房屋所有权证件和租赁协议已经能够判断所有权人同意合理使用房屋的意见。因此，房屋所有权人虽从形式上并非行政许可相对人，但实质上仍属“未明示当事人”，其与许可行为也应存在利害关系。详见最高人民法院（2019）最高法行申293号行政裁定书。

③ 吴庚：《行政争讼法》，我国台湾地区元照出版有限公司2018年版，第305页。

④ 白云峰：《论行政协议第三人原告资格》，载《行政法学研究》2019年第1期。

⑤ 详见最高人民法院（2017）最高法行申169号行政裁定书。

⑥ 详见最高人民法院（2019）最高法行申293号行政裁定书。

所涉条文未直接言明，而成为否认权利保护的工具。① 不过，要求各级法官探寻各种规范，并根据规范的意旨探寻“保护私益指向”的可能，其难度与风险远远超过在裁判中直接援引“本法或本规范的制定目的”。况且诉讼审查的体系化从未如工程学那般严谨，不能苛责其在每个案件中提供精准的指引。

表 1　2018 年-2019 年以规范制定目的为依据的裁判要旨选摘

法院	案号	裁判要旨选摘
L 省高院	（2019）L 行终 114 号不履行法定职责案	援引《城乡规划法》作为保护规范，该法第 1 条规定的立法目的是“为了加强城乡规划管理，协调城乡空间布局、改善人居环境，促进城乡经济社会全面协调可持续发展”，公共利益性质显而易见
L 省高院	（2018）L 行终 1543 号不履行法定职责案	国务院《无证无照经营查处办法》作为保护规范。该行政法规第 1 条规定的立法目的是“为了维护社会主义市场经济秩序，促进公平竞争，保护经营者和消费者的合法权益，制定本办法”，主要是为了维护公共利益
C 市高院	（2018）Y 行申 730 号不履行法定职责案	国土资源部《国土资源行政处罚办法》的规范目的在于“规范国土资源行政处罚的实施，保障和监督国土资源主管部门依法履行职责，保护自然人、法人或者其他组织的合法权益”；国土资源部《国土资源违法行为查处工作规程》的规范目的在于“规范国土资源违法行为查处工作，明确查处工作程序和标准，提高执法水平，提升执法效能”
C 市高院	（2018）Y 行申 731 号不履行法定职责案	《C 市科研项目管理办法（试行）》第 38 条规定：“在项目立项、组织实施、结题验收和资金使用等方面，实行逐级考核问责制度。对市科学技术主管部门相关责任人、主题专项牵头单位、项目承担单位、项目负责人、科技咨询专家、第三方科技服务机构等责任主体实行终身追踪问责制度。涉嫌违反科技信用管理规定的，由市科学技术主管部门分别给予相应信用处理。涉嫌违纪违法的，由有关机构依法追究相应纪律和法律责任”，该办法规范目的在于对科研项目公共秩序的维护，出于对不特定公众利益的保护

① 相关裁判参见刘宏：《原告资格从“不利影响到“主观公权利”的转向——刘广明诉张家港市人民政府行政复议案评析》，载《交大法学》2019 年第 2 期。

续上表

法院	案号	裁判要旨选摘
D市中院	（2019）L02行终320号不履行法定职责案	根据《D市建筑工程施工许可管理办法》第12条规定，违反本办法，未取得施工许可证或伪造、涂改许可证，擅自施工的，由建设行政主管部门责令建设单位或个人停止施工，限期补办手续，并处以5000元以上、工程合同价款2%以下的罚款；对逾期不办理施、工许可或不符合施工条件擅自施工的，于以查封。根据该规定，建设行政主管部门对建设单位违法行为的查处，是为了维护建筑市场秩序，保证建筑工程质量和施工安全，即主要是为了维护整体的社会秩序和公共利益，而非保护特定人尤其是本案作为债权人的上诉人的权利
D市中院	（2019）L02行终340号撤销行政行为案	市场监督管理部门依据《工商行政管理机关行政处罚程序规定》的规定，对违法行为进行查处，是为了整体的市场秩序和公共利益，并非为作为消费者的个人利益……即便消费者因此受惠也只是获得“反射利益”
D市中院	（2019）L02行终404号变更登记案	D市民政局作出登记行为时所依据的行政实体法主要是《社会团体登记管理条例》，该条例并未要求大连市民政局在登记时需要考虑和保护本案上诉人的权益，因此上诉人与本案被诉的行政行为不存在行政法上的利害关系，上诉人所诉称受到的影响只是事实上的利害关系，而非行政法上的利害关系
D市中院	（2019）L02行终227号商品房撤销许可案	《城市商品房预售管理办法》并未规定房地产管理部门在作出准予商品房预售许可时应审查开发企业预售的房屋是否构成未按规划消防设计审批建设、未设消防间距4米消防不合格、日照通风不足、产权年限34年，换言之，上诉人在本案中所诉请保护的利益并不受商品房预售管理规则的保护
T市中院	（2018）S12行终189号不履行法定职责案	《城市商品房预售管理办法》并未规定房地产管理部门在作出准予商品房预售许可时应审查开发企业预售的房屋是否构成未按规划消防设计审批建设、未设消防间距4米消防不合格、日照通风不足、产权年限34年，换言之，上诉人在本案中所诉请保护的利益并不受商品房预售管理规则的保护，上诉人所主张的问题属于房屋建设、竣工交付中的问题，应通过提起另案诉讼或其他途径解决

说明：在中国裁判文书网检索出的2018年至2019年适用保护规范理论为依据的裁判中，高、中级人民法院裁判数量有限。

（三）统一与分歧：裁判的客观标准

虽然刘广明案“用主观公权利概念和保护规范理论对利害关系说理，对原告资格的标准化和客观化作了尝试和探索”，[①] 但保护规范理论依然在客观性、标准化上面临质疑：“从法律实践角度，保护规范理论被证明缺乏

① 耿宝建：《主观公权利与原告主体资格——保护规范理论中国式表述与运用》，载《行政法学研究》2020年第2期。

承载力……特别是在大量边界情形中，运用保护规范理论不再能预见到其结果，包括法院终局判决在内的诸多事项仍然悬而未决。”① 这是因为保护规范理论将主观公权利判定引向对公法规范的理解，使法官对规范有权自主解释。② 不同法官基于不同理解，势必对规范作出不同阐释，因此，并不存在绝对的统一、客观标准。

三、探索择新：保护规范理论的本土化拓展

本文认为，保护规范理论不是为限制诉权而引入，适用理论更不能回归封闭僵化的老路。建议从设定利害关系的初衷出发，使认定完成从规范至个案的具体化，并通过每一个保护权益的裁判，逐步完成理论的本土化。

（一）公法保护的边界与弹性：探寻权益保护的可能

从已有裁判看，理论在撤销之诉、确认之诉、给付之诉中均有涉及，但目前仍属适用较少标准（见表2）。其中，涉及举报类案件最多，另涉公、私法保护边界。

表2　2017年-2020年适用保护规范理论的行政裁判数

年份/年	各级法院裁判数/份			
	最高人民法院	高级人民法院	中级人民法院	基层法院
2017	2		1	
2018	3	1	4	2
2019	1	7	11（18）	
2020			1	

说明：笔者在中国裁判文书网相继以行政案件、利害关系、保护规范检索出上述数据（截至2020年7月22日10时），表中括号内数据是该平台的原始数据，未过滤一、二审的关联裁判；此外，表格中数据“11”仍有偏差，其中的5份裁定应归属J省N市的基层法院，只是因二审改变一审裁判的依据，而计入“中级人民法院”予以统计。

对举报人利害关系的认定，在引入保护规范理论之前，已通过指导案例③言明，不再赘述。至于公法保护边界，实质是与“私法保护范围”相对的概念。浅见认为，探究主观公权利，终究是为了查明实体规范是否具有保护个体私益的目的。而是否“可通过私法途径予以保护”，则是权利主体在公法保护必要性或诉的利益上的考量，二者分属不同层次，故实践中以

① 成协中：《保护规范理论的适用批判论》，载《中外法学》2020年第1期。

② 详见北京市第四中级人民法院（2019）京04行初1036号行政裁定书。

③ 参见最高人民法院第77号指导案例，载《最高人民法院关于发布第15批指导性案例的通知》（法〔2016〕449号）。

“（可）通过民事诉讼途径救济”为由否认公法保护，需待推敲，鉴于私权逐渐受公法保护的趋势，对直接否认的裁量亦需审慎。因此，笔者更倾向于最高人民法院在北京联立公司案中的裁判，通过对权益保护所涉规范的系统阐述，认定公法保护边界，使利害关系完成具体化。

按照裁判指引，法官可通过以下三步判断：首先，全面检索案件涉及的直接、间接和潜在的规范、所涉规范的正面和反面规定、所涉的保护性规范和制裁性规范；其次，精准把握规范所保护的实体处分权、程序参与权等权利，以及违反规范的法律责任；最后，结合案情，研判当事人诉称的权益是否属于规范保护的权益，或者规范是否要求行政机关考虑、尊重和保护诉请的权益，并综合考量行政行为是否对诉请权益造成或可能造成不利影响。

上述前两步实质是寻找并确定保护规范，以满足适用理论的前提，第三步实质是筛选一套稳定的、符合社会期待的解释方法，以避免多元或不确定解释的出现。通过三步走，法官在个案中寻找并确定“私益指向”规范，亦即确定公法的保护边界。

法官在办案中亦应意识到公、私法保护边界的弹性，即现代型社会治理中，公、私法的严格划分并非绝对，应当借鉴普通法传统，打破公、私法界限，以达到整合资源的目的。[①] 从这个角度而言，保护规范理论的“边界承载力不足”不再明显；相反，作为适用次数较少标准，可根据现实条件与时代发展而可塑，从而使其在现代公、私法治理的个案中充满活力。这也要求法官不拘泥于定式思维，在个案中综合权益保护、法律政策、社会期待等因素，适时通过理论适用保护规范维护合法权益，满足公、私法共治的时代所需。

（二）保护规范的斟酌与确定：杜绝限制诉权的现象

关于确定保护规范的标准，典型裁判已作出总结，即探寻规范具有“私益指向”的可能，这需要法官结合规范与个案对行政机关是否有必要考虑、尊重和保护个体权益予以阐释。关于寻定保护规范，笔者从以下三个方面思考并提出见解。

1. 保护规范的范围。从规范效力上看，法律、法规、规章作为行政行为合法性的当然依据，具备成为保护规范的资格。值得探讨的是，规范性文件和公法惯例。虽然学界尚有争议，但实务已将规范性文件作为保护规范的来源。[②] 仍需注意，倘若规范性文件与上位法不一致，该规范性文件便

---

① 江必新：《新时代社会主要矛盾变化与法治现代化——制度和法治供给侧结构性改革的十个切入点》，载《法治现代化研究》2020 年第 2 期。

② 详见最高人民法院（2019）最高法行申 293 号行政裁定书。

不具有成为保护规范的资格。关于公法惯例，浅见认为，若公法惯例对合法权益保护具有价值，比如惯例要求关系人以默示方式参与行政程序，即可作为认定利害关系的保护规范。

2. 体系规范的确定。目前既能找到单一保护规范的实例，也能找到体系保护规范的实例。[①] 个案中，如果通过单一规范能确定存在保护利益的目的，[②] 适用单一规范即可。倘若不能，需要法官用梯度式的思维以确定诉之权益是否需保护：通过行政行为、诉之权益梳理对应规则，将规则放入所处规范，再将规范放入整个实体规范体系考量。若确定具有保护私益指向时，需结合目前法律政策、社会期待，预估保护规范理论的适用效果。例如北京联立公司案正是通过寻找解释体系规范，确定了房屋所有权人与行政许可之间的利害关系（见表3）。

表3 体系规范的寻找与确定（以最高人民法院审理北京联立公司案为例）

类型	法律规范	其他规范	案情事实	心证结果
行政许可	《行政许可法》	—	房屋所有人并非许可机关的直接相对人，也非设立许可的法律规范需要保护、考虑和听取意见的对象	初步结论：房屋所有权人自身似乎无任何实体权益、程序权益甚至参与权益需要保护
办学规范	—	1.《幼儿园管理条例》第8条 2.《北京市民办中小学、幼儿园管理暂行规定》第9条、第10条 3.《设立民办学前教育机构（标准规模幼儿园）》第4条	出租房屋的所有权人根据法律规范要求，提供房屋所有权证、并作为房屋租赁协议的合同相对方，已经以提交房屋所有权证和签订租赁协议等法律文件的方式参与到行政许可程序	最终结论：房屋所有权人虽从形式上并非行政许可相对人，但实质上仍属"未明示当事人"，其与许可行为也应存在"利害关系"，也应具有行政复议申请人资格

3. 能否突破行政规范而言他。从域外经验和学界主张看，保护规范的来源可以包括行政规范之外的规范，包括处于法律统驭地位的宪法。[③] 但实

---

① 详见最高人民法院（2019）最高法行申293号行政裁定书。

② 例如《工程建设项目招标投标活动投诉处理办法》第3条规定，投标人或者其他利害关系人认为招投标活动不符合法律、法规和规章规定的，有权依法向有关行政监督部门投诉。前款所称其他利害关系人是指招投标以外的，与招标项目或者招标活动有直接和间接利益关系的法人、其他组织和个人。第25条规定，当事人对行政监督部门的投诉处理决定不服或者行政监督部门逾期未做处理的，可以申请行政复议或者向人民法院提起行政诉讼。

③ 章剑生：《行政诉讼原告资格中"利害关系"的判断结构》，载《中国法学》2019年第4期。

务中更多地提倡“行政实体法规范及所在体系”，目前尚没有超出行政规范的实例，将来是否涉及，还需检视论证。

此外，作为国家治理的里程碑，《民法典》已溢出私法领域，它要求各级政府将其作为行政决策、行政管理、行政监督的重要标尺，在行政执法、行政命令中不得随意减损权益或增加义务。《民法典》能否成为公法保护的规范来源，比如能否基于第1039条关于行政机关对公民信息的保护义务的规定，推导出在个人信息保护领域基于私益的公法权利，还需司法实践的“大胆假设”与“小心求证”。

鉴于寻找确定保护规范的难度系数，本文建议：能确定具有保护权益指向的规范，可适用保护规范理论；反之，需结合其他标准研判，减少、杜绝通过理论直接否认原告资格。①

（三）解释方法的甄选与适用：排除不当的解释方法

如果说寻找规范是考验法官的检索能力，那么解释规范则是对法官理解功力的考察。为了避免解释的多元性和不确定性，法官在解释规范利益指向时，应当对解释方法择优而选。

首先，因文意解释不能完全满足审判实践，提倡适用一个法条就是适用一部法典，② 即将文意解释与体系解释相结合予以解释。其次，当对规范的理解存在歧义时，需要将论理解释和目的解释相结合，此即“参酌整个行政实体法律规范体系、行政实体法的立法宗旨以及作出被诉行政行为的目的、内容和性质进行判断”。③ 最后，虽不禁止作扩大解释，但应限于“行政法上利害关系或者说行政法上权利义务关系”，且需兼顾司法体制、司法能力和司法资源的限制，还要考量扩大解释对规范安定性的影响。

通过典型裁判的逻辑，④ 笔者认为，选择目的解释和扩大解释的案件，宜存在值得保护且需要保护的利益，尤其是参酌立法宗旨及被诉行政行为而进行的目的解释。不宜采用目的解释和扩大解释否认利害关系。因为通过文意和体系解释去否认更易被认可，而不当的引申或扩大，则对当事人有失偏颇。关于历史解释，最高人民法院虽未禁止作为解释方法，但学界

---

① 刘宏：《原告资格从“不利影响到“主观公权利”的转向——刘广明诉张家港市人民政府行政复议案评析》，载《交大法学》2019年第2期。

② 详见最高人民法院（2017）最高法行申169号行政裁定书。

③ 详见最高人民法院（2017）最高法行申169号行政裁定书。

④ 裁判阐述：“……参酌整个行政实体法律规范体系、行政实体法的立法宗旨以及作出被诉行政行为的目的、内容和性质进行判断，以便能够承认更多的值得保护且需要保护的利益，属于法律保护的利益，从而认可当事人与行政行为存在法律上的利害关系，并承认其原告主体资格，以更大程度地监督行政机关依法行政。”

并不认同，实务需兼顾现实条件与时代发展慎用之。

（四）利害关系的甄别与认定：探索建构规范化的模式

以规范操作化为导向的利害关系认定，须将停留于个案事实的法官目光转回至公法规范与个案事实之间，这是通过理论实现规范化操作的前提。与传统模式（见图1）相比，本土探索模式（见图2）承认规范不能精准界定或穷尽列举利害关系的现实，结合公、私法共治的时代趋势，尊重公法保护边界的弹性，并通过恰当的解释方法，找出规范中那些明示、默示的“公权保护私益的指向”。在此过程中，核心是权益保护，它贯穿于个案事实、保护规范、法律解释，并与之相辅相成。

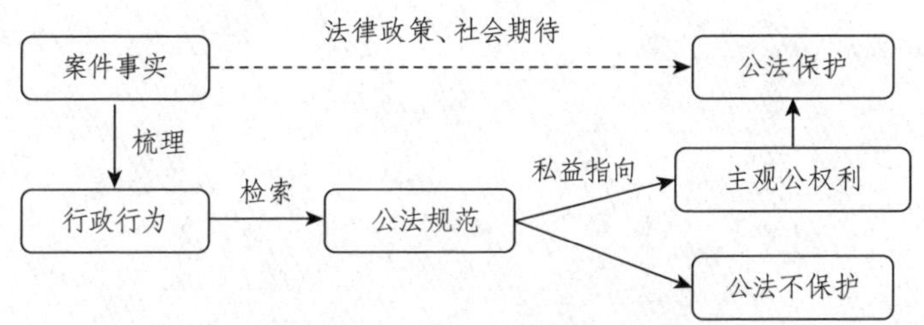

图1 探求规范私益指向的传统模式

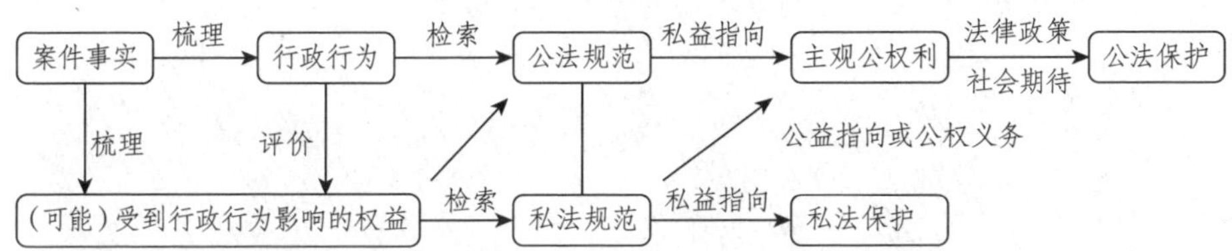

说明：本土探索模式与传统模式本质上并无区别，但本土探索模式致力于探索保护权益的可能性，以最大限度地消除传统模式下公法保护边界的不确定。但对利害关系的认定，不应依赖于所谓的规范化模式，它取决于法官的司法技能、办案经验和公平良知。

图2 探求权益保护的探索模式

共性与个性的关系决定了统一规范的模式背后允许个案裁量的差异：或许因未能全面检索规范，或许因未能恰当解释规范、或许因个案特情。但正如裁判认定的事实也未必都能达到客观真实，认定利害关系更多是对法官司法技能、办案经验和公平良知的考验。因此，秉持保护权益理念，在规范化道路上就不会过度陷于理论缺陷，也不会背离设定利害关系初衷，亦不会违背社会期待，脱节于时代发展。

余思：保护权利、监督权力的双重使命

没有思想的技巧是一种危险，缺乏技巧的思想只能是一团混乱。正如学者所言，一些似是而非的现状，倒逼着我们必须就原告资格进行中国式

回答和表述，保护规范理论并非唯一标准。[①] 利害关系没有普适的认定标准，实践对不同方法的探索是为了更好地实现“个案的正义”。因此，我们需要根据法律、政策、良知对权利和权力予以平衡，实现行政诉讼保护权利与监督权力的双重使命。限于学识，本文观点尚需斟酌，如何更好地适用保护规范理论，亦需学界与实务不断地检视与实践。

① 耿宝建：《主观公权利与原告主体资格——保护规范理论中国式表述与运用》，载《行政法学研究》2020 年第 2 期。

个人信息行政法保护机制的困境审视与路径探索

——基于452份行政判决书的实证分析

李　虹*

引　言

近年来，随着大数据技术的飞速发展，人们对于数据时代的认知由更新升级逐步转化为大数据挖掘，在此背景下数据领域的多维价值成为重点研究的对象。与此同时，个人信息在数据时代的影响下呈现动态发展趋势，信息化社会不断向纵深方向拓展，刷脸支付、网上购物、智能交通等数据时代的衍生物极大地方便了人们的生产生活，但也给公民的个人信息安全带来了隐患。当前，由个人信息纠纷引发的诉讼数量呈现增长态势，个人信息私法保护上的局限性，使得公法尤其是行政法对其的保护尤为重要。通过运用大数据研究范式下的计算法学定量方法研究个人信息行政判决书，有利于推动我国行政纠纷实质性化解的进程，助力个人信息多维价值的实现。

一、现状审视：个人信息保护机制的定量分析

在当前的大数据时代，社会对个人信息的采集和使用已逐渐常态化，个人信息无疑被赋予了越来越充分的社会经济价值，其已成为举足轻重的社会资源。笔者拟通过构建有关个人信息的裁判文书数据库进行实证研究，进而揭示个人信息行政法保护的现状。

（一）我国个人信息保护的立法现状

我国目前尚无个人信息保护的专门性立法，但相关法律和规范对这一问题已有直接或间接的规定。笔者通过在北大法宝数据库中索引，发现有关“个人信息”的法律规范数量在现行有效的中央法规中达到1552部，其发布主体多元化，法规类别与时俱进，涵盖疫情防控、扫黑除恶、大数

* 作者单位：安徽省马鞍山市花山区人民法院。

据+等，规范领域涉及各大产业及民政、互联网等范畴。[①] 从中可以看出，随着大数据时代的不断发展，个人信息的立法保障正朝着多维度方向开拓。笔者将我国现行法律中有关个人信息保护的主要立法归纳如下（见表1）：[②]

表1 我国个人信息保护主要立法内容

规范领域	法律属性	法律名称	发布时间	相关规定
民事类	一般法	《民法总则》	2017年3月15日	第111条：自然人的个人信息受法律保护。任何组织和个人需要获取他人个人信息的，应当依法取得并确保信息安全，不得非法收集、使用、加工、传输他人个人信息，不得非法买卖、提供或者公开他人个人信息
		《民法典》	2020年5月28日	第1034条至第1039条 第1034条：自然人的个人信息受法律保护，个人信息是以电子或者其他方式记录的能够单独或者与其他信息结合识别特定自然人的各种信息，包括自然人的姓名、出生日期、身份证件号码、生物识别信息、住址、电话号码、电子邮箱、健康信息、行踪信息等。个人信息中的私密信息，适用有关稳私权的规定；没有规定的，适用有关个人信息保护的规定
	特别法	《消费者权益保护法》	2013年10月25日	第14条、第29条、第50条
		《电子商务法》	2018年8月31日	第5条、第23条、第32条、第79条、第87条
		《旅游法》	2018年10月26日	第52条
		《社会保险法》	2018年12月29日	第92条

① 数据来源："北大法宝"网站，https：//www.pkulaw.com/law。统计时间：2020年8月1日。

② 根据《民法典》规定，其中人格权首次独立成编，将个人信息确定为应予保护的民事利益，切实为个人信息保护确立了方向，故笔者在此处列明相关立法内容。

续上表

规范领域	法律属性	法律名称	发布时间	相关规定
刑事类	一般法	《刑法修正案（九）》	2015年8月29日	十七、将《刑法》第253条之1修改为：违反国家有关规定，向他人出售或者提供公民个人信息，情节严重的，处三年以下有期徒刑或者拘役，并处或者单处罚金；情节特别严重的，处三年以上七年以下有期徒刑，并处罚金
		《刑法》	2017年11月4日	第253条之1：违反国家有关规定，向他人出售或者提供公民个人信息，情节严重的，处三年以下有期徒刑或者拘役，并处或者单处罚金；情节特别严重的，处三年以上七年以下有期徒刑，并处罚金
		《最高人民法院、最高人民检察院关于办理侵犯公民个人信息刑事案件适用法律若干问题的解释》	2017年5月8日	第2条
	特别法	《国家安全法》	2015年7月1日	第42条第1款
		《国家情报法》	2018年4月27日	第31条

（二）实证研究数据库之构建

1. 建立裁判文书样本数据库。裁判文书是彰显司法质效的重要载体，推动裁判文书网络公开利于提高司法公信力。当前，中国裁判文书网上公开的文书是大数据司法的重要资源，其在司法实证研究中发挥了基础性作用。

笔者以中国裁判文书网为依托，将检索栏中的关键词限定为“个人信息”，案由一栏选择“行政案由”，裁判年份限定为“2019年”，文书类型选择“判决书”，得到2019年度全国各级各地法院涉及个人信息保护的行政案件判决书数量为763份，实际可下载份数为600份，排除重复判决文书及非实质性个人信息纠纷判决，最终有效文本为452份，笔者将其确定为本文定量实证研究的样本数据库。①

2. 设置数据库检索关键词。笔者将本文的研究文书类型限定为判决书，检索关键词设置如下：一是争议焦点，通过对个人信息行政裁判文书争议焦点的检索有助于探究行政法领域个人信息纠纷引发的原因，有利于明确相关立法及司法完善的方向。二是裁判法律依据，通过研究法律规范的适用能够明晰立法对司法实践的现实指导现状，乃至为相关立法的完善提供参考。三是将"个人信息"与"个人隐私"设置为关键词，通过数据库检索，明晰二者之间的关系，以科学界定个人信息的范畴。四是研究判决结果与服判息诉情况，判决结果实证分析有助于探究司法在公权力和私权利双方之间的权衡力度，服判息诉状况能够折射出当事人对法院裁判的接受程度，从而有利于探索立法、司法与行政三者的良性互动机制。

（三）个人信息行政法保护的现状透析

1. 个人信息行政案件的争议焦点。

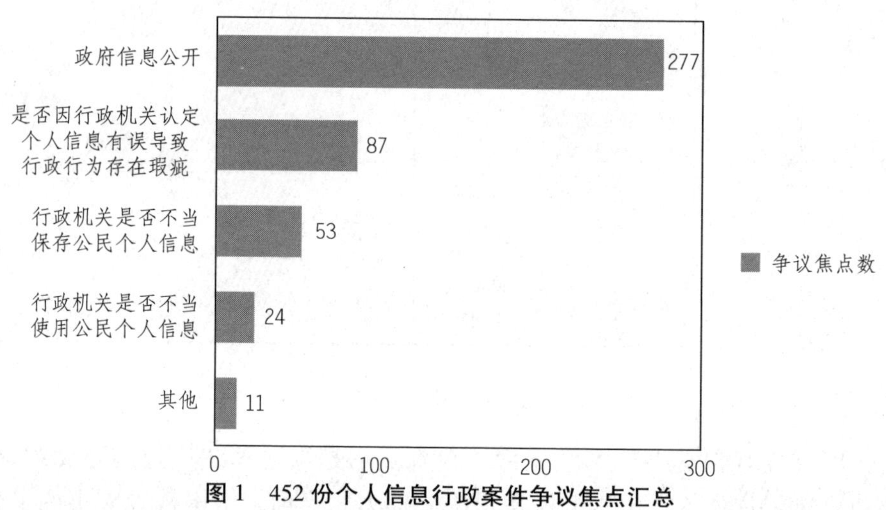

图1　452 份个人信息行政案件争议焦点汇总

由图1汇总数据可知，目前我国行政司法领域涉及个人信息争议的案件主要聚焦于政府信息公开的案件中。② 位列其次的争议焦点则集中在行政主

① 前述"非实质性个人信息纠纷判决"，意指判决书文本中虽有"个人信息"字段，但其仅用于指称证据名称、证明目的等，并非个人信息类行政纠纷，故在构建数据库时排除此类案件。

② 该类争议焦点包括征地拆迁信息公开，医保、社保缴费信息公开，教育信息公开，津贴、补贴信息公开等细化案由。如林某、明某诉重庆市巴南区人民政府信息公开案［重庆市高级人民法院（2019）渝行终640号］、刘某聚诉南京市人力资源和社会保障局政府信息公开案［南京铁路运输法院（2019）苏8602行初275号］、董某爱、唐山市曹妃甸区人民政府信息公开案［河北省高级人民法院（2019）冀行终997号］等。

体实施行政行为过程中对个人信息认定正确与否的问题上，[①] 还有行政主体保存、使用公民个人信息的合理性问题，[②] 以及占比较低的“其他”如行政主体对不履行个人信息备案义务的相对人实施行政处罚[③]等案由。

2. 争议关联的行政行为。

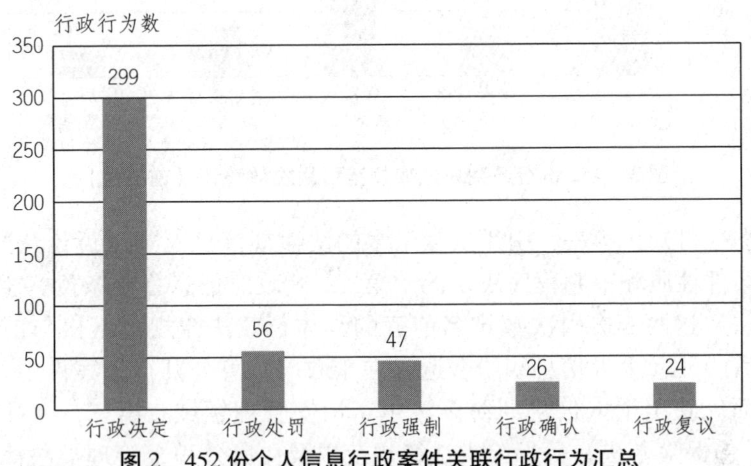

图 2　452 份个人信息行政案件关联行政行为汇总

图 2 是笔者在图 1 争议焦点基础上统计的关联行政行为的种类，通过研究两图的统计数据能够发现二者具有一定程度的关联性：第一，行政机关作出的政府信息公开决定行为应属行政决定，故而两者在统计的数据中均占最大数值，呈正相关关系；第二，图 1 中行政机关所实施的认定、保存、使用公民个人信息的行为，折射在实践中就体现为图 2 中统计的行政强制、处罚、确认等具体行政行为。不可否认，前述这些具体行政行为和公民个人信息可能并不存在直接相关性，但它关联于行政主体在先实施的与公民个人信息有关的行政行为。

3. 个人信息行政案件裁判的法律依据。笔者以 452 份行政判决书为检索母本，设置“依据”“根据”为关键词进行多字符串批量检索，将 452 件个人信息行政判决书中的法律规范援引状况统计如图 3（仅保留前五位）：

---

① 刘某彬诉黑龙江省通北林业局案［黑龙江省高级人民法院（2019）黑行终 122 号］。

② 谭某凤诉北京市丰台区市场监督管理局案［北京市丰台区人民法院（2019）京 0106 行初 354 号］。

③ 马某岩诉苏州市吴江区市场监督管理局案［江苏省苏州市姑苏区人民法院（2019）苏 0508 行初 25 号］。

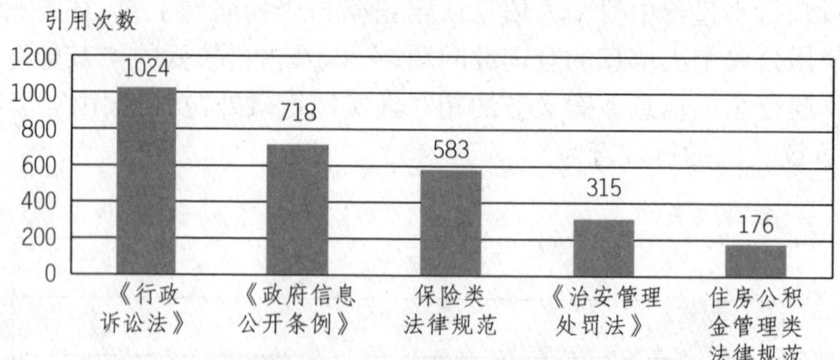

图 3　452 份行政判决法律规范引用次数统计（前五位）

由图 3 可知，第一，引用次数最多的法律规范是《行政诉讼法》，这明显是由案件性质和审判程序决定的。第二，《政府信息公开条例》《治安管理处罚法》这两部援引次数排名前五的具体行政法律规范不仅与前文统计数据前后印证（个人信息纠纷普遍存在于政府信息公开行政案件中），而且也从侧面反映出个人信息纠纷多滋生于治安管理领域。第三，《社会保险法》《工伤保险办法》等保险类法律规范以及住房公积金管理类法律规范援引次数较多，其亦是个人信息纠纷的易发领域。

4. 行政判决中"个人信息"与"个人隐私"的相关性。通过检索 452 份行政判决书中的"个人信息"和"个人隐私"字段，发现这两个变量使用频次基本一致，两者相关系数较高。笔者将其所在语句设置为检索中心，以其前后字段出现的实义词作为关键词，统计结果见表 2 和表 3。

表 2　452 份行政判决中"个人信息"实词搭配复现频次统计

	排名	实义词	复现频次
"个人信息"前常用实义词	1	公开	191
	2	申请	186
	3	管理	101
	4	收集	97
	5	涉及	82
"个人信息"后常用实义词	排名	实义词	复现频次
	1	公开	159
	2	同意	60
	3	权益	36
	4	收集	35
	5	管理	26

根据表 2 的统计结果，首先，选取这一字符串前后复现排名前五实义词集合的交集，输出实义词为公开、收集、管理，从中可以看出公权力机关针对公民个人信息实施的行为主要表现为调控和控制，其行为内容表现为公开或不公开公民个人信息。其次，实义词“申请”在“个人信息”字符串前复现频次排名第二，这说明在司法实践中，政府信息公开行政案件经常会对公民个人信息进行认定和裁判。最后，在复现实义词统计中，“权益”是仅有的名词，这也反映出保障公民合法权利是公权力机关在实施行政行为乃至司法中极为重视的要旨。

表 3　452 份行政判决中“个人隐私”实词搭配复现频次统计

<table>
<tr><td rowspan="7">“个人隐私”
前常用实义词</td><td>排名</td><td>实义词</td><td>复现频次</td></tr>
<tr><td>1</td><td>公开</td><td>687</td></tr>
<tr><td>2</td><td>涉及</td><td>461</td></tr>
<tr><td>3</td><td>秘密</td><td>206</td></tr>
<tr><td>4</td><td>第三人/第三方</td><td>96</td></tr>
<tr><td rowspan="2">5</td><td>征求</td><td>41</td></tr>
<tr><td>同意</td><td>41</td></tr>
<tr><td rowspan="6">“个人隐私”
后常用实义词</td><td>排名</td><td>实义词</td><td>复现频次</td></tr>
<tr><td>1</td><td>意见</td><td>165</td></tr>
<tr><td>2</td><td>征求</td><td>139</td></tr>
<tr><td>3</td><td>第三人/第三方</td><td>133</td></tr>
<tr><td>4</td><td>同意</td><td>127</td></tr>
<tr><td>5</td><td>秘密</td><td>66</td></tr>
</table>

通过表 3 可以看出两组实义词集合较之表 2 一致性更明显。首先，在“个人隐私”字符串前后复现的实义词集合中，有四个完全一致，这说明在个人信息行政案件中，不管是行政主体最初作出的行政行为，或是司法机关审理该类案件过程中，均考量到“是否关联第三人隐私”这一因素，并会在作出的文书中注明该问题。其次，“个人隐私”字符串后复现频次最高的实义词是“意见”，其代表着公权力主体在处理个人信息问题时通常会综合考量相关因素。

5. 个人信息行政案件审判结果及服判息诉情况。在 452 份有关个人信息的行政判决书数据库中，经筛选一审判决书有 167 份，其占二审及再审行政判决数量的比重不到 60%。尽管从客观上来说，数据库中有些二审、再审行政案件的立案、初审时间不是 2019 年，依据数据库的裁判文书统计 2019 年度有关个人信息行政案件的复审率可能存在偏颇，但从数据库中一审案件的结案数远低于二审、再审结案数的司法状况来看，个人信息行政案件复审率高的问题确实存在。

笔者将数据库中的 452 份行政判决书以案件属于初审或复审为分类标准，形成两个集合：一是包含 167 份一审行政判决书的一审案件，二是包含 278 份二审行政判决书和 7 份再审判决书的复审案件（见图 4）。

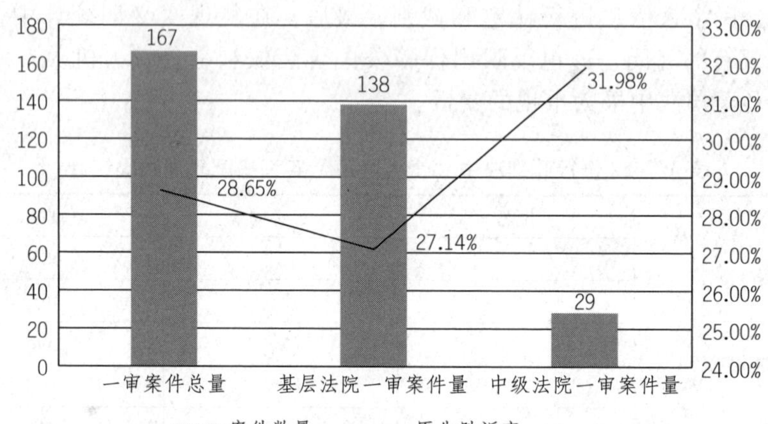

图 4 167 份个人信息行政一审案件量及原告胜诉率统计

（1）初审案件审判结果。通过观察图 4 中的统计数据可知，在有关个人信息行政初审案件中，原告平均胜诉率在 30%左右，中级人民法院一审案件原告胜诉率略高于基层法院一审案件原告胜诉率。笔者通过分析原告胜诉案件的裁判文书，结合图 1 发现案由占比没有明显的偏重，而基层与中级人民法院初审案件的原告胜诉率不同的主要原因在于中级人民法院受理案件中的行政主体级别与基层法院相比较高，这些行政机关实施的行政行为可能更合规，故而其被纠错的次数较少。

（2）复审案件审判结果及服判息诉情况。笔者通过研究样本数据库中的 285 件复审行政案件，发现 7 件再审案件的申请人和多数二审案件的上诉人都是一审原告，一审被告上诉的行政案件只有 37 件，在数据库复审案件总量中占比 13.15%。经过统计，一审原告申请复审的案件量为 253 件，最终法院改判 24 件，改判率达到 9.3%；而原审被告申请 37 件复审案件中，最终全都被裁判驳回。由图 5 可以看出，在裁判文书数据库的 285 件复审案件中，改判率大约为 8%。

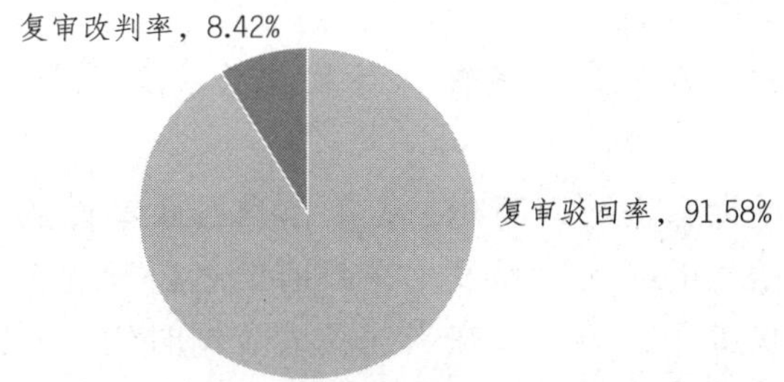

图 5　285 份个人信息行政案件复审结果统计

从图 5 数据可以大致看出我国个人信息行政案件当前的服判息诉情况。其一，从复审案件申请主体的偏重可知初审原告较之被告对于个人信息行政案件判决结果的满意度较低；其二，结合复审案件的改判与驳回数据来看，有关个人信息行政案件的复审纠错主要表现在初审原告申请复审一类的案件中。

二、症结解构：个人信息行政法保护机制的现存问题

（一）民事保护和刑事制裁为主，行政法保护力度较为薄弱

根据表 1 可知，目前我国在个人信息保护的立法领域，民事和刑事两大实体法都规定了相关的保护或惩戒规范，现已形成“一般法统筹、特别法具体调整”的立法体系。① 相比之下，一方面，行政法在个人信息保护方面缺乏一般法律规定，这种立法上的缺位一方面会致使公民个人在维权时缺乏法律依据，使得目前司法实践中有关个人信息保护的行政案件数量大大低于相关民事、刑事案件数量；另一方面，行政机关在针对个人信息实施行政行为或者司法机关审判个人信息行政案件过程中，可能会由于相关法律规范的缺失，导致在适用规范上存在局限性。

我国现阶段个人信息保护法律规范的特点主要有以下几点：一是规范内容上，民事保护规范体系和刑事预防制裁规范体系已经基本成型，但是个人信息的行政法保护规范体系亟待完备；二是规范层级上，行政机关或司法机关都更侧重于援引规章或行业规范对公民个人信息进行保护和救济，因此亟待加强行政法领域针对个人信息的专门立法；三是发展阶段上，有关公民个人信息的立法和司法尚处于初步发展阶段，虽然各类法律规范数量逐年递增，但其指导司法实践的力度尚不足以满足大数据时代公民对个

① 张平：《大数据时代个人信息保护的立法选择》，载《北京大学学报（哲学社会科学版）》2017 年第 3 期。

人信息运用和保护的需求。[①]

（二）纠纷滋生领域比较集中，行政机关法益衡量原则和行为规范程度待优化

根据前文的统计数据可以看出，个人信息行政案件的争议焦点具有集中性，有关个人信息的纠纷容易发生在政府信息公开的案件中。笔者将这种现状的原因分析如下：第一，在当前的大数据时代，公民个人信息已成为社会资源的重要组成部分，行政主体为实现行政目的，利用“互联网+”技术获取了大量个人信息，“巨型个人信息数据库”已初具模型，[②] 而公民个人信息也渐渐成为行政机关信息公开的“常驻”对象。第二，当前，《政府信息公开条例》是行政主体实施信息公开行政行为时的主要依据，实践中，行政机关一方面要积极推动信息共享和再利用，另一方面也要兼顾公民个人信息的保护，也即要在公众知情权和隐私权之间把握好平衡的杠杆，[③] 这在客观上对行政机关实施信息公开行为的专业性要求很高，稍有偏差易引发纠纷。第三，虽然《政府信息公开条例》第 15 条第 1 款将公民个人隐私排除于政府信息公开的范围之外，但由第 2 款及实践可知，当个人隐私与公共利益相冲突时，个人隐私必须让步，成为政府公开信息的对象，这也增加了实践中行政机关、申请信息公开一方、个人信息被公开一方三方间的争议。从客观上来说，这种争议焦点解决的合理性取决于行政机关的法益衡量，也就是要在保护公共利益和公民个人信息之间找到平衡点，[④] 既充分保障公众的知情权、实现数据公开共享，又适当保护公众的隐私权、科学划定不予公开的个人信息范围。第四，争议焦点除政府信息公开外，还有行政主体认定个人信息行为的正确性及保存、使用个人信息的科学合理性。这一点取决于行政主体实施行政行为的规范程度，需要综合考量行政行为的合法性与合理性，[⑤] 这无疑对行政主体提出了更高程度的要求。

（三）“个人隐私”与“个人信息”边界模糊，行政行为合理性缺失

笔者通过统计，样本数据库中论及“个人隐私”的判决书占比 72.8%。[⑥]

---

① 周汉华：《探索激励相容的个人数据治理之道——中国个人信息保护法的立法方向》，载《法学研究》2018 年第 2 期。

② 邱静：《个人信息行政法保护分析》，载《法制与社会》2019 年第 26 期。

③ 郑萍、吴清琪：《大数据环境下政府信息公开立法问题研究——兼评〈政府信息公开条例（征求意见稿）〉》，载《法制博览》2019 年第 2 期。

④ 齐爱民：《大数据时代个人信息保护法国际比较研究》，法律出版社 2015 年版，第 58 页。

⑤ 孙清白、王建文：《大数据时代个人信息“公共性”的法律逻辑与法律规制》，载《行政法学研究》2018 年第 3 期。

⑥ 在 452 份个人信息行政判决书中，论及“个人隐私”的判决书有 329 份，所占比例为 72.8%。

但细观这一集合内的判决书文本，行政主体多在没有论述个人隐私的认定标准和未就“个人信息”“个人隐私”边界作出区分的前提下，就直接将案涉争议对象表述为个人隐私。结合行政行为过程论的核心内涵来说，这种在作出行政行为的重要程序和核心争议焦点认定上的不合法或严重不合理行为，极可能引发行政主体所实施行政行为的明显瑕疵，[①] 严重的甚至可能影响到行政行为的合法性。

以郭某诉郑州市管城回族区人民政府政府信息公开案[②]为例，原告申请公开被告房屋征收所涉南学街×号院×户门面房的分户货币补偿和房屋置换情况，被告以该信息涉及个人隐私为由拒绝。法院经审理，认为原告申请公开的信息因房屋征收而产生，具有一定的公共属性，为保障拆迁补偿工作的公开、公平、公正的重大公共利益，当相关权益人的知情权和监督权与部分被拆迁人一定范围内的个人隐私冲突时，被拆迁人应当让渡部分个人信息，优先保护公民对政府社会管理活动的知情权和监督权，应当将原告申请公开的信息定性为“个人信息”并向原告公开，二审维持原判。这说明行政机关在处理这一问题上边界不清，不利于行政行为发挥科学合理之效能。

（四）服判息诉率较低，不利于实现个人信息的多维价值

根据第一部分的统计数据可以看出，当前有关个人信息行政案件的复审率较高，这说明该领域行政主体和公民个人的矛盾较为突出，且在当下大数据共享经济业态飞速发展的环境下，这种矛盾极有可能持续激化。其一，在个人信息这一问题上，公民个人既偏向保护自己的个人隐私不泄露，又为了享受网购、智能交通或其他社会公共服务而默认“公开”一些个人信息；其二，行政主体一方面要充分利用公民个人信息进行社会管理，另一方面也要注意这些个人信息的应用和公开是否侵害公民的合法权益。

当公民在这一领域选择救济自身权益的最终途径——司法诉讼时，司法裁判难免面临多种价值权衡的困境。结合285件复审案件的争议焦点来看，其矛盾聚焦于“个人信息”的司法认定及法益衡量上。以郭某英、付某成诉威远县公安局政府信息公开案[③]为例，原告申请公开被告认定交通事故的相关证据，因涉案信息中涉及的第三方不同意公开证据中涉及的个人信息，被告将证据内容作了区分处理予以公开（将姓名、家庭住址等涉及

① 王菁、宋超：《过程性行政行为的可诉性考量》，载《南通大学学报·社会科学版》2019年第4期。

② 参见郑州铁路运输中级法院（2019）豫71行初617号行政判决书、河南省高级人民法院（2019）豫行终3926号行政判决书。

③ 参见四川省威远县人民法院（2019）川1024行初16号行政判决书、四川省内江市中级人民法院（2019）川10行终91号行政判决书。

个人隐私部分涂黑遮盖），原告对涂黑覆盖部分提出质疑诉至法院，最终两审法院判决支持被告。关于本案争议焦点"涂黑覆盖部分是否属于个人隐私"，司法机关就是在综合考量个人信息多维价值的基础上作出的判决。

综上，公众对一些行政主体的行政行为或司法机关的裁判行为认可度不高的原因大致有以下两点：第一，相关主体对"个人信息"的认定不合理，从而作出存在瑕疵的行为；第二，受传统私权利保护思想的影响，相关行为的作出过度偏重私密范式的个人信息保护，[①] 使得个人信息的多维价值未得到充分合理的考量与发挥。

三、路径探寻：个人信息行政法保护机制的完善路径

（一）明晰"个人信息权"的法律地位，确立行政法保护基本原则

当前我国缺少公民个人信息领域的专门性立法，2021 年 1 月 1 日实施的《民法典》虽将个人信息确定为应予保护的民事利益，但并未明确界定"个人信息权"。笔者认为可以以《民法典》第 1034 条的总则性规定为基础，通过制定专门的个人信息保护法明晰公民的个人信息权利地位，这不仅能够为行政机关、司法机关实施个人信息保护工作提供法律依据，而且也可以有效规制公权力机关的行政、司法行为，减少侵害公民个人信息权行为的发生。[②] 在 2020 年两会期间，全国人大常委会工作报告在下一步主要工作安排中提出要加快我国个人信息保护法的出台，结合 2017 年两会期间人大代表起草的《个人信息保护法（草案）》内容，[③] 其对"个人信息权"的含义、具体权利内涵作出了明确界定，个人信息行政法保护机制的中枢内容为：认可并依法依规增设权利类型，以一般法的形式确立个人信息行政法保护原则。

行政主体在收集、处理、利用和保护公民个人信息时，应遵循以下基本原则：

1. 合法性原则。行政主体在对公民个人信息进行收集、处理和利用时，应保证行政行为的目的、方式、手段等合法合规，切不可违背法律、法规的相关规定。

2. 知情同意原则。行政主体只有在信息主体知悉并同意的前提下才能收集、利用、处理个人信息，且其对公民个人信息的处理必须限定在信息

---

① 王利明：《论个人信息权的法律保护——以个人信息权与隐私权的界分为中心》，载《现代法学》2013 年第 4 期。

② 范为：《大数据时代个人信息保护的路径重构》，载《环球法律评论》2016 年第 5 期。

③ 《个人信息保护法（草案）》第 11 条：自然人的个人信息权包括信息决定、信息保密、信息查询、信息更正、信息封锁、信息删除、信息可携、被遗忘，依法对自己的个人信息所享有的支配、控制并排除他人侵害的权利。

主体的授权范围内。

3. 有条件的信息共享原则。在当前的大数据共享时代，公民个人信息在社会生活中实现“共享”成为趋势，但这种“共享”是有条件的，即行政主体出于行政管理的必然需求，将公民个人信息在点对点之间进行精准传递，且信息共享的相对人保证在信息主体知悉同意的范畴内。当然，当个人信息主体认为这种信息共享与知情同意原则相违背时，享有撤销授权的权利。

4. 安全保护原则。行政主体在依法获取公民个人信息后，应当对个人信息积极采取保护措施，确保公民个人信息不被非法盗用、毁损或篡改。

5. 可更新与可删改原则。社会发展是一个动态过程，公民个人信息虽在特定时期内具有稳定性，但随着社会不断发展也会发生变动。因此，行政主体应当尽可能保障公民个人信息获取和利用渠道的清晰化，根据实际情况及时更新、删改公民个人信息的数据库内容，以更好地进行社会管理和保护公民个人信息。

（二）聚焦案件争议集中区域，提升行政主体行为的合法性与合理性

1. 采取列举方式，精准限定行政主体行为的范畴。笔者在此列举的内容主要是公民个人信息保护的类型化范畴，其包括传统范畴和新型范畴，传统范畴包括政府信息公开中的个人信息保护、社会保障行为中的个人信息确认、公民负面个人信息的依法留存等。新型范畴以互联网共享经济场域下的个人信息应用、Cookie 技术引发的个人信息侵权与保护等为主。

2. 运用利益衡量原则，科学划分政府信息公开涉及的利益层级并协调关系。首先，在利益层级中，公共利益无疑位于首位，其在实践中的具体形式表现为公共安全、国家安全、社会秩序等。以利益衡量原则为导向，个人信息对公共利益可能产生的价值将决定该项信息最终公开或不公开。换句话说，若是在个人信息对公共利益可能产生影响的情境下，行政机关对于公民个人信息的保护必须让位于社会公共利益的实现。①

其次，以公众知情权为代表的不特定主体利益在政府信息公开中属于必须考量的利益层级，这里的权益主体不仅可以指向个案中明确的信息公开申请人，也可以指向具有不确定性和广泛性的主体范畴。鉴于不特定主体利益一般并不与社会秩序和公民生存发展直接关联，其较之个人利益而言并不绝对优先，因此在这种情况下需区分情况进行利益衡量（见图6）：

---

① 李帅：《个人信息公法保护机制的现存问题及完善对策》，载《浙江社会科学》2018 年第 8 期。

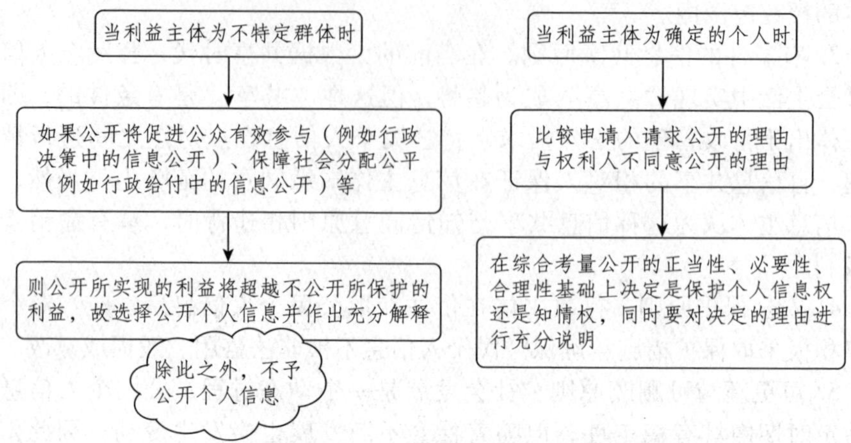

图 6　以公众知情权为代表的不特定主体利益的衡量原则

最后，为了缓解个人信息保护与政府信息公开之间的矛盾关系，笔者认为应当针对现行《政府信息公开条例》的相关条款进行修订，可以将第 15 条指向的行政机关利益衡量义务予以法定化；另外，在行政主体公开个人信息之前，应当灵活采取相关技术措施将可分离或可匿名的个人信息脱密处理，[①] 争取在公开相关信息的情况下尽量降低对信息主体的不利影响。

3. 以个人信息纠纷所涉行政行为种类为标准对实施主体分类，明确各主体在个人信息保护中的权责。

首先，作出行政确认和行政决定行为的行政主体，[②] 应当优化并提高其在特殊情况下对于公民个人信息的判定方法与能力，科学合理地权衡各方利益，尽可能减少因其实施行政行为存在瑕疵而引发有关个人信息争议情况的发生。

其次，作出行政强制和行政处罚行为的行政主体，[③] 在实施相关侵益性行为时应当特别注重保护行政相对人的个人信息。这里需特别说明的是，在行政强制或者处罚行为的信息公示、记录存档工作中，作出行政行为的主体应当针对个人的敏感信息采用数据脱敏等技术手段进行去标识化处理，充分保护公民个人的信息权益。

最后，针对行政复议机关和司法机关这两大主体来说，应当保证其作为居中裁判者实施行为时所关联个人信息的隐蔽性。具体来说，一方面，这两大主体对于在裁判过程中获取的公民个人信息不能非法披露；另一方

---

① 董妍：《政府信息公开中个人信息的保护》，载《上海政法学院学报（法治论丛）》2018 年第 3 期。

② 如各级人民政府及其法制机构、民政部门婚姻登记机构。

③ 如公安机关、城市管理行政执法部门。

面，两大主体在依法公开相关文书时应当审慎审核文书是否关涉公民个人的敏感信息，尽量防止因文书数据挖掘或司法公开而引发侵权纠纷。

（三）厘清个人信息与个人隐私的边界，全面实现信息价值

1. 明晰个人信息与个人隐私的内涵差异。两者的内涵差异有以下几个方面（见表4）：

表4　个人信息与个人隐私的内涵对比

比较内容	个人信息	个人隐私
产生基础	公民个人的信息自决权	与人格尊严紧密联系
内容属性	侧重于对身份的识别，既能体现依托对象的人身权益，又能够在特定场合通过公开、交易等行为实现财产利益，并满足社会需求	所指向的内容多为个人不愿他人知悉的私密内容或敏感内容，具有较强的主观意愿属性
表现形态	必须以一定的“信息”方式呈现，具备数字化特征	除了“信息”形态之外，还能以个人活动、个人私生活等无需记载的方式体现
所承载信息的可公开程度	具备一定的可公开性	强调远离大众视野和禁止对外宣扬

2. 厘定“个人信息”与“个人隐私”的划分标准。结合前文“个人信息”与“个人隐私”两个变量前后相接实义词的数据分析，可以发现使用和管理是“个人信息”使用语境的核心内容，而保密和意愿是“个人隐私”使用语境的核心。此外，虽然这两个变量前后相接实义词中均有“公开”，但是个人信息范畴更偏重经裁判后予以合理公开，而个人隐私范畴更偏重经裁判后决定不公开。[①] 基于前述分析，笔者将两者的划分标准确定如下：对个人信息与个人隐私的区分，需要将信息主体对信息私密性所持态度、该信息可能具备的复合价值、行政主体在管理公共事务中对该信息的需求程度以及法律的现行规定相结合，经充分的价值论证与衡量之后作出定性。在互联网与大数据技术发展的背景下，社会对于个人信息公开和共享的需求日益增长，传统的隐私范围将逐渐缩小，其中将有更多内容进入个人信息范畴。因此，行政主体应以开放的视野处理隐私与个人信息的定性问题，避免因定性不当阻碍信息价值的实现。

3. 统一司法裁判标准，实现“类案类判”。笔者在对452份行政判决书进行实证分析和定量研究时，发现在对个人信息和个人隐私认定的问题上，各地各级法院存在较大差异，主要表现在对案件所涉行为的法律性质、影

---

① 冉克平、丁超俊：《隐私权与个人信息权的界分——以司法判决为中心的分析》，载《天津法学》2016年第3期。

响程度等方面。故而笔者建议司法实践中应对个人信息与个人隐私的区分标准、个人信息范畴的判断依据、具体情形下不同判决类型等方面作出明确规定，最高人民法院可以颁布相关指导性案例供各级法院参考援引。这样不仅利于推进同类案件裁判的统一化、标准化，而且能够助力行政判决类型化的进一步发展。

（四）健全计算法学与大数据司法协作机制，助推个人信息纠纷实质性化解

从行政诉讼“利益之诉”的本质来看，原告提起诉讼的最终目的在于促使违法行政行为侵犯的合法权益得到恢复和救济。[①] 因此，在聚焦司法裁判结果及案件的服判息诉率问题时，应当关注行政机关和公民对个人信息保护以及应用方面的看法和态度，继而在当前大数据背景下合理估测相关主体主观心理的转变，进一步推动个人信息纠纷实质性化解的进程。因此，应当注重从以往司法裁判中总结相关经验，深入挖掘并实现案件突显的社会需求。

具体来说，在司法实践中，应当在具有普遍性和广泛性的空间、时间背景下，依托大数据裁判文书数据库构建具有潜在规律的样本集合，通过科学的设计方法和智能化的实证分析技术导出定量结论。而这一结论经过抽象总结，既可以生成文本，为个人信息行政案件的裁判提供指引，又可以生成代码，为智能审判提供技术支撑。另外，此种方式当然也可以在有关个人信息的民事、刑事等领域全面应用，从而实现大数据司法与计算法学的全面联同协作。

结　语

在当前个人信息纠纷与日俱增、保护制度单薄的背景下，构建科学、完备的行政法保护机制有其现实必要性。借助于计算法学的定量研究、数据的提取与处理模式，聚焦正处于规模化建设过程中的法律大数据库，通过对 452 份行政判决书进行实证分析，探寻我国个人信息行政法保护机制的短板所在，在此基础上提出更科学的完善举措，推动个人信息纠纷的实质性化解，助力个人信息多维价值的实现。

---

① 郭修江：《监督权力·保护权力·实质性化解行政争议——以行政诉讼法立法目的为导向的行政案件审判思路》，载《法律适用》2017 年第 23 期。

营商环境行政诉讼指标评价体系的探索与构建

——以 A 省 H 市近六年经济和司法统计数据为样本

张　虹[*]　潘　攀[**]　杨　丽[***]

受全球范围兴起的、以提升法治质量为目标的“营商环境优化”热潮的影响，同时为解决生产要素边际效益递减及政策红利失效带来的问题，2013 年《中共中央关于全面深化改革若干重大问题的决定》提出“建设法治化营商环境”。国务院也相继推行“负面清单”“简政放权”“放管服”等一系列举措，释放制度红利，优化营商环境。随着《优化营商环境条例》《中共中央　国务院关于营造更好发展环境支持民营企业改革发展的意见》于 2019 年底相继发布和施行，我国优化营商环境制度正逐步上升到法律层面，如何科学、有效、客观地评价营商环境的法治化水平成为值得关注的问题。在全国各地已出台的法治类营商环境评价体系中，总体上是在立法、执法、司法①、守法四个维度中筛选评价指标。笔者认为，可以跳出传统的四个评价维度，从行政诉讼指标这一全新角度来评价营商环境，具体可以从各地实际出发，以主、客观相结合的方式②筛选和确定指标，以构建全新的区域性营商环境行政诉讼指标评价体系。

一、营商环境类评价体系的理论背景及现状

国际上对营商环境评价的研究与实践始于美国学者依西阿·里特法克和彼得·班廷，其评价内容和方法侧重于外资在投资过程中各类影响因素和宏观考察。③ 目前，国外已形成较权威的营商环境评价体系，包括：世界银行发布的

*　作者单位：安徽省合肥市中级人民法院。

**　作者单位：安徽省合肥市中级人民法院。

***　作者单位：安徽省合肥市中级人民法院。

①　该处的司法维度仅评价司法环节本身，如案件审判质量等方面。与之不同的是，本文构建的评价体系是运用行政诉讼监督功能来考查“依法行政”侧面，进而评价营商环境。

②　现有的营商评价体系，均以问卷调查等主观方式确定评价指标。本文充分利用了近年来人民法院信息化建设成果，利用司法统计数据参与指标筛选，使指标更具科学性。

③　参见张威：《我国营商环境存在的问题及优化建议》，载《理论学刊》2017 年第 5 期。

《全球营商环境报告》，世界经济论坛发布的《全球竞争力指数报告》《全球促进贸易报告》，《经济学人》杂志发布的《营商环境指数》等。上述评价体系通常将营商环境中法治指标设置为制度指数，表现为产权保护、政府效率与问责、执行合同、保护投资者等方面的法律法规体系和纠纷解决机制。①

在国内，关于营商环境评估及其指标体系的构建，学术界和实务界尚未形成共识，但已取得一些成果，主要包括：一是娄成武、张国勇提出以市场主体满意度作为营商环境的评价对象。② 刘迎霜提出应以本地企业与行政机关、司法机关互动的法治环境为评价对象。③ 二是各地学者提出构建适合国情的营商环境评价体系。盛从锋、徐伟宣和许保光提出从市场状况、综合成本、投资风险等方面建立各省市区投资环境竞争力评价体系。④ 杨涛以鲁苏浙粤四省的比较分析为基础，提出建立市场环境、政策政务环境、法律环境三方面的营商环境评价体系。⑤ 粤港澳大湾区研究院编制了具有四级指标的中国城市营商环境评价指标体系，其中一级指标为城市营商环境，下设软环境、市场环境、商务成本环境、基础设施环境、生态环境和社会服务环境六类二级指标。⑥ 广东省“建设法治化国际化营商环境”调研课题从立法、执法、司法⑦、守法等四个维度构建评价体系。

审视国内外营商环境评价体系，在评价方向、指标确定等方面均有值得借鉴的地方，但主要还是通过主观方式筛选评价指标和进行框架性评估。兼顾工具实用性与价值理性，与诉讼指标密切联系的法治类营商环境评价体系尚未形成。对于营商环境诉讼指标评价体系的缺失，在理论和实践中无疑是一种巨大的缺憾，值得研究和把握。

二、以行政诉讼指标评价营商环境的理论基础和实践意义

（一）营商环境评价与行政诉讼的内在逻辑

1. 依法行政是优化营商环境的重要保障。习近平总书记在中央全面依

① 参见郑方辉、王正、魏正红：《营商法治环境指数：评价体系与广东实证》，载《广东社会科学》2019 年第 5 期。

② 参见娄成武、张国勇：《基于市场主体主观感知的营商环境评估框架构建》，载《当代经济管理》2018 年第 6 期。

③ 参见刘迎霜：《建立符合国情的营商环境评价体系》，载《上海法治报》2018 年 8 月 1 日 B6 版。

④ 参见李杰：《营商环境评价指标体系研究述评与展望》，载《当代经济》2019 年第 7 期。

⑤ 参见石楠，崔岩：《营商环境指标体系文献综述》，载《中国市场监管研究》2019 年第 1 期。

⑥ 岳致：《评价指标体系是改善营商环境的“指南针”》，载《21 世纪经济报道》2018 年 12 月 4 日第 4 版。

⑦ 该处的司法维度仅评价司法环节本身，如案件审判质量等方面。与之不同的是，本文构建的评价体系是运用行政诉讼监督功能来考查“依法行政”侧面，进而评价营商环境。

法治国委员会第二次会议上的讲话中指出，“法治是最好的营商环境。”而依法行政是法治建设的重要方面，随着经济飞速发展，行政管理的范围也随之急剧扩大，涉及社会管理各个方面。良好的营商环境需要行政机关依法积极履行职责来服务和约束市场主体，也需要控制行政权肆意扩张，为经济社会发展创造更加稳定、透明的制度环境。

因此，提高依法行政水平、建设法治政府是优化营商环境的重要举措。从实践看，政府是否严格依法行政直接体现作风形象，也是一个地区营商环境优劣的直接表现。

2. 行政诉讼是监督和评价依法行政的有效方式。从《行政诉讼法》实施 30 年以来取得的成就看，行政诉讼在监督和促进依法行政过程中正发挥着越来越重要的作用。行政诉讼案件涉及的领域既包括土地出让、环境保护、行政协议、政府采购、税务等专门经济领域，也涉及行政登记、劳动与社会保障等与市场主体、消费者、劳动者权益密切相关的民生领域。通过对行政诉讼各类型统计数据的整理和归纳，可以全面和客观地评价被调查地区的依法行政水平。

优化营商环境需要依法行政，依法行政水平也可以反映营商环境的优劣。因此，作为依法行政情况的“晴雨表”，行政诉讼完全可以参与评价营商环境，成为新的评价维度。不难看出，营商环境与行政诉讼之间通过依法行政环节紧密联系起来，营商环境的优劣情况可以传导到行政诉讼案件中，构建与营商环境相适应的行政诉讼指标评价体系具有理论基础。

（二）构建行政诉讼指标评价体系的实践意义

经济基础决定上层建筑，国外诸多营商环境评价体系根植于资本主义经济制度，更侧重于评价市场本身如特定的商业规则等，未突出关键要素即“依法行政”，这也与国外大多数政府在宏观层面的调控能力不足有密切关系。而我国长期以来坚持走中国特色社会主义道路，具有无可比拟的制度优势。特别是党的十八大以来在多个领域进行的深化体制改革，使得我国在社会、经济、文化、生态文明等各方面的治理能力迅速提升。通过此次波及全球的新冠肺炎疫情防控也可以看出，国外在社会经济管理层面与我国存在的差异。我国各级政府行使职权对社会经济领域的影响更为深远，如照搬国外的评价体系必然存在结构性缺陷而导致水土不服。国内现有的评价体系也未能充分回应上述“依法行政”要素的差别，故通过与依法行政密切关联的行政诉讼指标来评价营商环境，在我国具有付诸实践的必要性。

《行政诉讼法》施行以来，经过 30 年的实践、几代行政审判人员的共同努力，审判理论和经验日趋成熟，信息化建设水平也大幅提高，我们现在有能力也有条件构建具有司法特色的营商环境评价体系，从而进一步丰富行政审判对行政机关的监督方式，顺应推进国家治理体系和治理能力现代化的时代要求。

三、指标设计与评价体系的构建

任何评价体系都离不开指标，把对营商环境评价更有意义的行政诉讼指标筛选出来，可以避免大水漫灌的弊端，做到精准发力、科学评价，也可以倒逼行政机关在这种全新监督模式下，集中精力提高重点领域的依法行政水平。笔者以行政诉讼案件指标为视角，按照技术路径（见图1），利用数据统计分析及法官问卷调查相结合的方式进行各级指标设计，目的在于找到筛选指标的有效方法并建立可以在一定区域和时间范围内适用的评价体系，既有稳定性，又能根据经济社会的发展作出适当调整。

行政诉讼作为营商环境评价的新维度（用“一级指标”代称），其本身需要分解成可测量的下级指标才具有实用性。分解一级指标并进行筛选，涉及法学、经济学、统计学理论和实践。首先，从行政诉讼案件审理的经验来看，最直接反映行政诉讼案件特点的就是案由。为方便归纳，将部分类似案由归为一类，统称案件类型，以案件类型作为二级指标符合行政诉讼案件的特点。笔者先以营商环境有关经济学理论来确定与营商环境密切关联的案件类型即二级指标备选库，再以A省H市为样本，分析备选库中案件类型数量的统计学特征，找出在H市具有考查意义的案件类型，初步筛选出二级指标，然后以法官问卷调查方式进行修正，确定二级指标范围。

上述二级指标确定后，仅仅回答了哪些案件类型具有考查的必要，而通过依法行政环节来评价营商环境的理论基础还未得到回应，仍然需要将二级指标分解成与依法行政情况更为紧密的下级指标，即三级指标。对依法行政水平最直观、最有说服力的诉讼指标显然就是被诉行政行为的合法性，故可将被诉行政行为的违法原因作为评价体系中的观测点即三级指标。笔者通过对A省H市两级法院2014年至2019年度二级指标项下各类行政机关败诉、被指正案件以及行政机关应诉规范情况①进行分析归纳，并结合相关法律规范，形成以各类行政行为违法原因等要素构成的三级指标备选库。鉴于三级指标库更多涉及审判经验以及数据分散不宜统计分析的特点，笔者采用向法官发放调查问卷的主观方式对上述三级指标库进行筛选，最终确定指标范围。

营商环境评价体系具有社会人文特质，必然需要人为主观性因素的介入。上述二、三级指标的筛选均由A省H市二级法院行政审判法官以问卷

---

① 通过法官问卷方式增加了“被告应诉规范”二级指标，详见下文。

调查的方式参与，之所以选用法官问卷调查而非扩大到社会公众参与，主要因为公众虽对营商环境也是有一定的直观感受，但行政诉讼指标涉及的专业性知识较复杂，由法官判断更为专业；另外，行政诉讼中存在利益冲突，行政审判法官相较其他主体的判断更具稳定性和中立性；最后，公众意见已被以往其他传统评价体系所吸收，如对政府满意度调查等，本评价体系的指标设定没有必要再吸收公众参与。法官参与筛选可以直接将审判监督功能体现在每位法官的打分中，从而跳出个案范围，使行政诉讼监督在更高更广的层面发挥作用。资深法官将积累的审判经验和阅历注入评价体系，赋予法官思想的指标就像有了灵魂，评价体系也不再生硬和僵化。

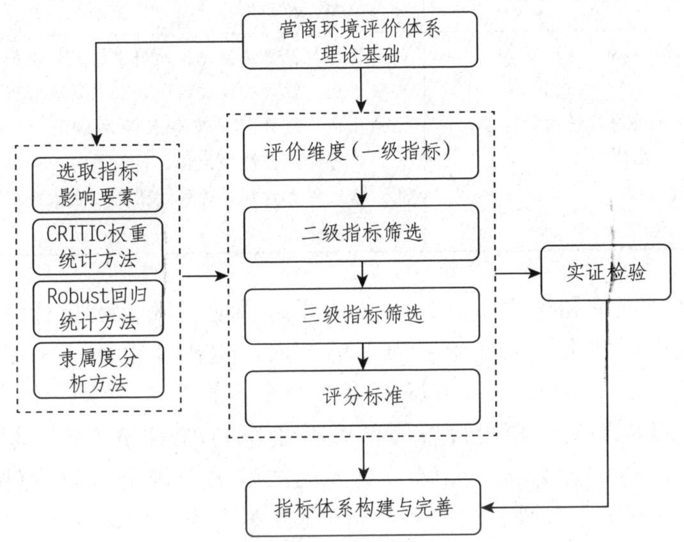

图 1　指标体系构建整体思路与技术路径示意图

（一）分解评价维度、筛选二级指标

1. 确立二级指标备选库。借鉴前文中有关营商环境评价的理论和实践，梳理国内外法治营商环境评价体系侧重的评价方向，可以为筛选指标提供借鉴。国内外相关评价体系的主要评价方向见表 1。比较有代表性的理论有：一是法治经济理论，强调营商活动所需的外部条件应建立在法治基础上，良好的营商环境主要体现在商事登记、行政许可、市场监管、产权保护、合同履行等方面。[①] 二是法治政府理论，指出职能科学、权责法定、执法严明、公开公正的法治政府直接决定了营商环境建设成效。[②] 三是制度经济学理论，认为营商环境是由一系列社会制度构成的，“良性法律+良性执

① 参见江平：《市场经济应该是法治经济》，载《理论视野》2014 年第 8 期。

② 路晓霞：《法治化营商环境建设研究》，上海人民出版社 2018 年版，第 72 页。

法=良好的经济绩效”。①

表 1　国内外营商环境及法治环境评价指标体系②

营商环境及法治环境评价指标体系	评价指标具体内容
世界银行（World Bank）《2019 年营商环境报告》	办理建筑许可证、登记财产、开办企业、获得电力、跨境贸易、纳税、获得信贷、保护中小投资者、执行合同以及办理破产等十项评价指标及劳动力市场监管、政府采购两项观察指标
《广东省法治政府建设指标体系（试行）》（2013 年）	制定建设、行政决策、行政执法、政府信息公开、社会矛盾防范化解、行政监督、依法行政能力建设、依法行政保障等八项指标
《深圳市法治政府建设指标体系》（2015 年）	政府机构与权责法治化，政府立法工作与规范性文件管理法治化，行政决策法治化，公共财政管理与政府投资法治化，行政许可与政务服务法治化，行政执法法治化，政府信息公开法治化，行政救济、调解、裁决法治化，行政权力监督与责任法治化，法治政府建设工作保障等十项指标

综合上述理论和评价实践，本文将营商环境行政诉讼指标评价体系中的一级指标即行政诉讼维度分解为市场准入及退出、土地（房屋）等管理和保护、劳动力资源保障、市场监管、安全生产监督管理、海关、纳税、环境保护、政府履约、招投标、信息透明度等 11 个评价方向，根据每个评价方向涉及的行政行为，参照《最高人民法院关于规范行政案件案由的通知》（法发〔2004〕2 号），以行政诉讼案件案由为基础确立由 18 个行政案件类型构成的二级指标备选库，对应上述 11 个评价方向（见表 2）。

表 2　二级指标与评价方向对应关系

类型	二级指标备选库
市场准入及退出	工商行政登记
	食品药品安全行政许可

① 参见［德］柯武刚、史漫飞：《制度经济学：社会秩序与公共政策》，韩朝华译，商务印书馆 2000 年版，第 251 页。

② 参见魏红征：《法治化营商环境评价指标体系研究》，载 https：//kreader. cnki. net/Kreader/CatalogViewPage. aspx？dbCode = cdmd&filename = 1019623687. nh&tablename = CDFDLAST2020&compose = &first = 1&uid = ，最后访问时间：2020 年 5 月 26 日。

续上表

类型	二级指标备选库
土地（房屋）等管理和保护行政许可	行政征收与补偿
	房屋、土地使用权行政登记
	林业、矿产等资源行政许可、登记
	房屋拆迁管理（规划认定函、限拆决定、责令交出土地、行政强制）
市场监管	市场监管类行政处罚（工商、食品药品、质量）
劳动力资源保障	劳动与社会保障行政确认
安全生产监督管理	安全生产监督行政处罚
环境保护	环境保护行政处罚
	环境保护行政强制
海关	海关行政许可
	海关行政处罚
纳税	纳税争议
	纳税行政处罚许可
招投标	投诉处理决定（招投标、政府采购）
政府履约	行政协议
信息透明度	政府信息公开

2. 筛选二级指标。

(1) 初筛——考查意义分析。上述 18 个案件类型是通过理论借鉴得出，还需要确定哪些案件类型对评价 A 省 H 市的依法行政水平即营商环境更有意义。首先需要分析案件类型的数量特征，笔者统计了二级指标备选库对应的 H 市 10 个县（市）区 2014 年至 2019 年每年各案件类型的案件数量。可以看出，二级指标项下案件数量在地区间分布状态没有规律，各案件类型在营商环境优、差地区的数量没有明显差别，说明案件数量的区域间差异对考查某项影响因素没有意义，反而那些在 H 市各地区具有普遍性、代表性的案件类型更有考查意义。与此不同的是，各二级指标项下的案件数量在年度分布中呈上升状态的线性分布，说明案件类型各自的年度数量差异对某项影响因素具有考查意义。

鉴于上述二级指标数量在地区间和年度间差异的不同特征和意义，笔者先采取 CRITIC 权重统计方法[①]对上述 18 个二级指标进行第一轮筛选，通过分析各指标数量对应的“对比强度”和“冲突性”两个标准，来综合衡

① CRITIC 权重法是一种能利用数据之间差异特征，筛选具有代表意义数据的统计方法，以权重衡量代表意义。

量每个二级指标的客观权重。其中“对比强度”就是指每个二级指标对应案件数量在地区间差异，用标准差来表示，标准差越小，说明波动越小，即此案件类型在各县（市）区之间的数量差别不大，考查该类型案件相较于其他差别较大的案件更具有稳定性和代表性，权重则越高；“冲突性”是指每个二级指标对应案件数量在年度间的差异，用6年间年度变化趋势的系数（-1<r<1）表示，若｜r｜越接近0时，则各二级指标本身数量的变化趋势越大，这表明该二级指标可能受外界因素的影响就越大，也更具有考查意义，权重会越高。以上两个标准综合得出各二级指标的权重①（见图2），笔者按照统计常用的取舍方法，以权重大于5%为标准，筛除权重较低的10个二级指标，最后留下行政征收与补偿、房屋拆迁管理、房屋及土地使用权行政登记、劳动与社会保障行政确认、市场监管类行政处罚、安全生产监督行政处罚、环境保护行政处罚、政府信息公开8个二级指标。

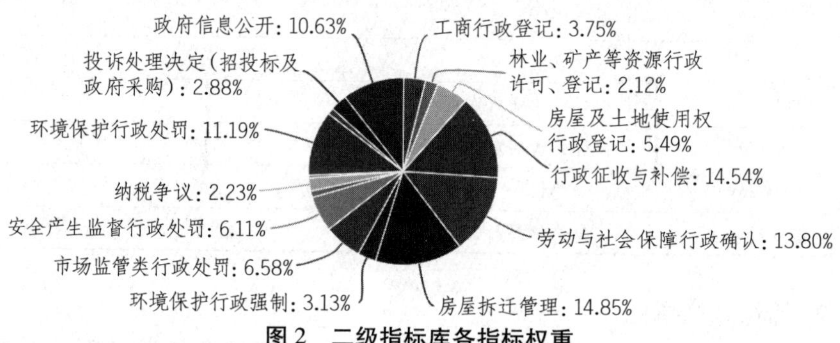

图2 二级指标库各指标权重

上述基于数据差异的统计学属性得出的结果，旨在筛选出在A省H市更具有考查意义的案件类型，但是否能实际反映营商环境的优劣，有必要用H市各县（市）区营商环境的有关数据加以检验，这样得出的结论对于营商环境的评价就更为可靠。虽然地区营商环境的优劣并无直接数据表现形式，但世界银行发布的一项报告表明：良好的营商环境会使投资率增长0.3%，GDP增长率增加0.36%。② 故经济和招商引资的数据与营商环境优劣密切关联，而且用GDP产值和招商引资情况来表征营商环境也是国际通用做法。

上述筛选出的8个二级指标在各县区年度数量均呈上升趋势，通过统计2014年至2019年《H市各县（市）区国民经济和社会发展统计公告》的经济数据，可以看出H市各县（市）区的GDP及外商投资额也呈逐年上升趋

① 系数和权重数值均由spss软件计算得出，因个别二级指标权重过低，图2中未标注其名称。

② 参见江静：《制度，营商环境与服务业发展》，载《学海》2017年第1期。

势，笔者选择 Robust 回归统计方法①对二者变化趋势的关联性作分析，将 2014 年至 2019 年期间 H 市各县（市）区每年的二级指标对应案件数（见图 3）作为自变量，2014 年至 2019 年期间 H 市各县（市）区每年的 GDP 及外商投资额（见图 4、图 5）作为因变量，分析变量之间的关系系数，验证上述 8 个二级指标与营商环境之间变化趋势的依赖关系（见表 3、表 4）。

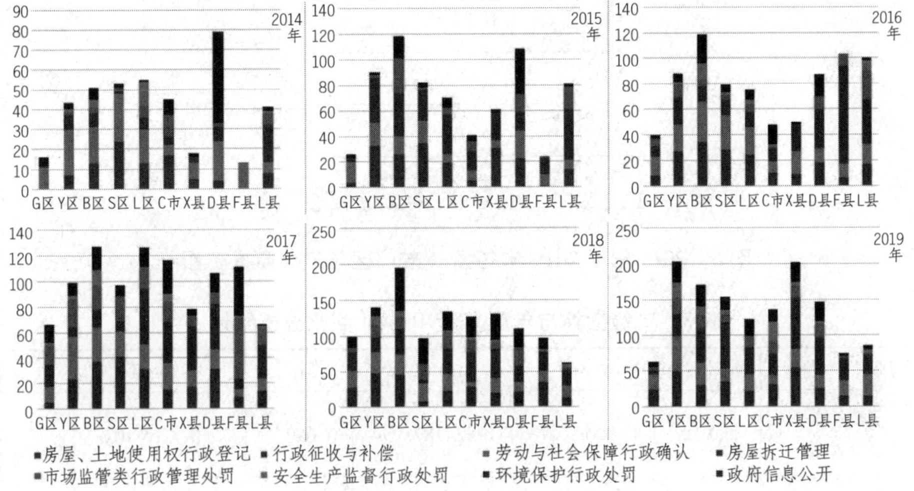

备注：各县区案件统计口径，以各县区政府（国家级开发区）及其组成部门、街道、社区等派出机构为被告的案件纳入各自县区案件数据，市级政府及其组成部门、省级政府及其组成部门为被告的案件，根据案件类别，分别以违法行为发生地、被诉行政行为涉及的人身或财产所在地等情况，纳入对应县区的数据。

图 3　2014 年至 2019 年 H 市各县（市）区二级指标项下年度案件数（单位：件）

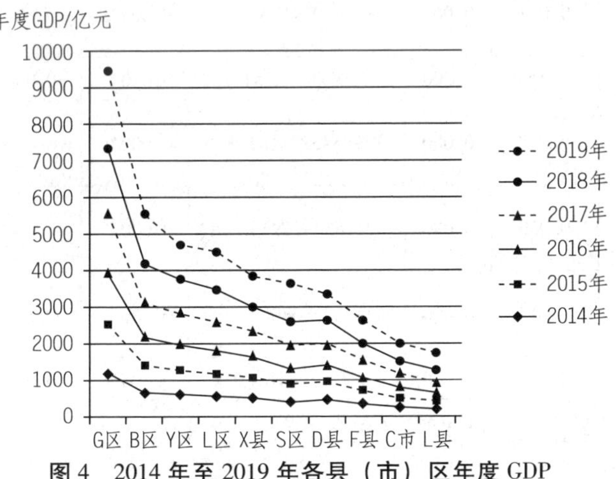

图 4　2014 年至 2019 年各县（市）区年度 GDP

① 回归分析法是确定数据变化趋势之间相互依赖关系的定量统计分析方法。

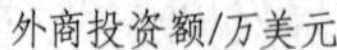

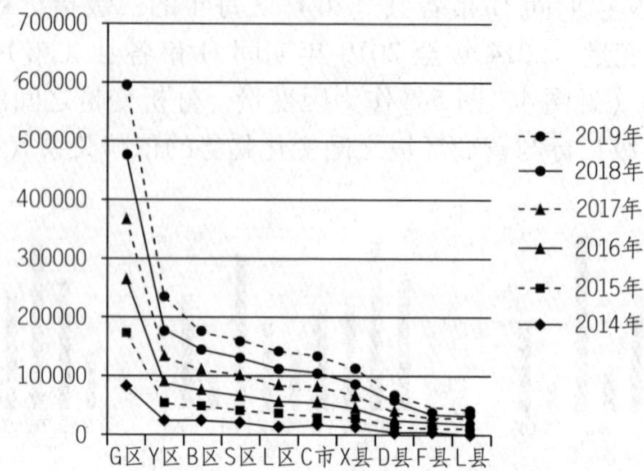

图 5　2014 年至 2019 年各县（市）区年度外商投资额

表 3　二级指标与年度 GDP Robust 回归分析结果

行政案件类型	回归系数	标准误	t	p	95%CI	R^2
二级指标（案件类型）	5. 018	0. 000	7894419824187. 994	0. 000 **	5. 018～5. 018	0. 983
房屋—土地使用权行政登记	-0. 051	0. 000	-4584961689407. 374	0. 000 **	-0. 051～-0. 051	
行政征收与补偿	-0. 028	0. 000	-4636716439465. 515	0. 000 **	-0. 028～-0. 028	
劳动与社会保障行政确认	0. 047	0. 000	6819950341135. 540	0. 000 **	-0. 008～-0. 008	
房屋拆迁管理	-0. 008	0. 000	-2150120574151. 152	0. 000 **	-0. 008～-0. 008	
市场监管类行政处罚	-0. 069	0. 000	-796543275191. 866	0. 000 **	-0. 069～-0. 069	
安全生产监督行政处罚	0. 030	0. 000	3217834822213. 321	0. 000 **	0. 030～0. 030	
环境保护行政处罚	0. 017	0. 000	3348202804004. 668	0. 000 **	0. 017～0. 017	
政府信息公开	0. 022	0. 000	385349140181. 018	0. 000 **	0. 022～0. 022	
因变量：2014 年至 2019 年各县（市）区年度 GDP						
* p<0. 05；** p<0. 01　（0. 01 使用 2 个 * 号表示，0. 05 使用 1 个 * 号表示）						

表 4 二级指标与年度外商投资额 Robust 回归分析结果

行政案件类型	回归系数	标准误	t	p	95%CI	R^2
二级指标（案件类型）	173. 313	0. 000	8173465957938. 438	0. 000 **	173. 313～173. 313	0. 983
房屋—土地使用权行政登记	−0. 884	0. 000	−2367067035868. 102	0. 000 **	−0. 884～0. 884	
行政征收与补偿	−0. 563	0. 000	−2767511822542. 214	0. 000 **	−0. 563～0. 563	
劳动与社会保障行政确认	0. 659	0. 000	2892160818185. 032	0. 000 **	0. 659～0. 659	
房屋拆迁管理	−0. 582	0. 000	−4571937675838. 221	0. 000 **	−0. 582～−0. 582	
市场监管类行政处罚	−1. 373	0. 000	−4754025663530. 963	0. 000 **	−1. 373～−1. 373	
安全生产监督行政处罚	1. 009	0. 000	3196101795545. 800	0. 000 **	1. 009～1. 009	
环境保护行政处罚	—	0. 077	453398935703. 745	0. 000 **	0. 077～0. 077	
政府信息公开	0. 585	0. 000	3057118429073. 614	0. 000 **	0. 585～0. 585	
因变量：2014 年至 2019 年各县（市）区年度外商投资额						
* p<0. 05； ** p<0. 01 （0. 01 使用 2 个 * 号表示，0. 05 使用 1 个 * 号表示）						

表 3、表 4 中的 p 值作为显著性指标，若小于 0. 01 或者小于 0. 05 即说明两个数据间依赖关系显著。① 可以发现，上述 8 个二级指标 p 值均小于 0. 01，说明 8 个二级指标的案件数与 GDP 及外商投资额在年度变化趋势方面均有显著的依赖关系，即年度的经济数据变化可以有效反映到 8 个二级指标案件的年度数量变化中，对这些二级指标的评价可以反映营商环境优劣。

不难看出，上述对依赖关系的验证范围仅为筛选后的 8 个二级指标，因此，还不能完全排除有其他指标也与营商环境经济指标之间有统计学上的依赖关系。但本文筛选二级指标的原则是考查意义优先，对于没有考查意义的案件类型，即使它与营商环境联系紧密，但该类案件在 H 市不具有代表性意义，将其列入二级指标意义不大，故笔者没有对二级指标备选库中被筛除的其他指标作回归统计分析。据此，经过筛选和检验的 8 个二级指标对于营商环境评价至少在统计学上具有考查意义。

① 参见谢识予、朱弘鑫：《高级计量经济学》，复旦大学出版社 2005 年版，第 70 页。

需要指出的是，营商环境较好和较差地区，在某些多发案件类型上并无大的差别，笔者认为，法律指标关乎人文社会各个方面，是各种因素的叠加，其内在联系的复杂程度在某些方面甚至远超自然科学，不是简单地能通过正负相关（比如吸烟与不吸烟对于肺癌发病率的影响模型）予以筛选，从是否具有考查意义的角度筛选案件类型，则更有实用价值。

（2）再筛——优化修正。营商环境行政诉讼指标评价体系涉及社会评价，必然也离不开主观因素，因此笔者通过对H市二级法院共39名行政审判法官进行问卷调查的方式，对上述初筛出来的8个二级指标进行优化修正。

笔者针对上述8个二级指标设计了“营商环境指标体系与权重调查问卷（一）”，采用通用的隶属度分析方法对法官打分结果进行评定，从行政诉讼案件与营商环境的相关性程度的角度出发，各指标分值按照十分制设定，由评分法官根据其相关性程度对8个二级指标逐一打分，分值越高，说明评分者认为该类案件对于营商环境更有考查意义。相关性程度用Ri来表达，Ri=该指标的打分分数总和/所有被访问法官数，如果某项二级指标得分越高，则可以表明该项二级指标在评价维度中越重要。为了防止遗漏具有重要影响的案件类型，在问卷中增设了“自行填写案件类型”项。

表5　二级指标重要性专业法官调查平均分

二级指标（案件类型）	房屋—土地使用权行政登记	行政征收与补偿	劳动与社会保障行政确认	房屋拆迁管理	市场监管类行政处罚	安全生产监督行政处罚	环境保护行政处罚	政府信息公开	投诉处理决定（招投标、政府采购）	被告应诉规范情况
隶属度（Ri）	4.1	9.5	8.4	9.1	9.5	8.9	8.2	7.5	9.1	8.5

根据上述调查问卷中法官打分情况（见表5），对原筛选出的二级指标予以了修正，删去得分较低（平均分低于5分）的“房屋、土地使用权行政登记”二级指标。因专业法官推荐较多且得分较高的原因，增加“投诉处理决定（招投标、政府采购）”为二级指标。此外，大多数参与打分的法官认为“被告应诉规范情况”虽不属于案件类型，但可以从另一侧面有效反映该地区行政机关对依法行政的重视程度，因此在案件类型之外，将“被告应诉规范情况”也列为二级指标。二级指标最终确定为：行政征收与补偿、房屋拆迁管理、劳动与社会保障行政确认、市场监管类行政处罚、安全生产监督行政处罚、环境保护行政处罚、投诉处理决定（招投标、政府采购）、政府信息公开、被告应诉规范情况共9个（详见表6）。

（二）遴选三级指标

确定三级指标是旨在通过考查依法行政水平来评价营商环境，也是法治化营商环境的应有之意。换言之，二级指标确定的是评价方向或范围，而三级指标就是评价的内容，是整个评价体系最核心部分。在上述9个二级指标项下，笔者通过对H市两级法院2014年至2019年度被告败诉、被指正的共计822件案件逐案分析归纳，并结合《行政诉讼法》及其司法解释、各部门行政法律规范，提炼出各类行政行为违法原因和应诉不规范情况，共计85项，在二级指标项下构成三级指标备选库，基本涵盖A省H市近年来被诉行政行为的常见违法风险点，并具有一定的前瞻性。

经统计分析，三级指标备选库涉及的案件数据较分散，客观统计不能得出有效结论，反而不如主观筛选方式有效。并且三级指标涉及审判实践，采用法官调查问卷的方式进行筛选，更符合三级指标专业性特点。因此，笔者针对三级指标设计了“营商环境指标体系与权重调查问卷（二）”，仍采用隶属度分析方法进行评定，各指标采用十分制进行打分，各指标得分为所有法官打分的平均分。法官打分时以违法原因、应诉不规范情形反映的营商环境优劣为考虑因素，指标分值越高，说明评分者对出现该情形的依法行政水平评价越差，该指标对营商环境的负面影响就越大。经评分，已舍弃了得分较低的部分指标（平均分小于5分），最终遴选出40个对依法行政水平负面影响较大的三级指标（详见表6）。

表6　A省H市营商环境行政诉讼指标体系

一级指标	二级指标	三级指标（分值）
行政诉讼指标	行政征收与补偿	1. 未依法履行对集体土地征收补偿方案批准手续（5分）
		2. 集体土地征收中，补偿费未足额发放到被征收人（6分）
		3. 对于集体土地征收补偿标准有争议，对征地补偿安置方案提起行政复议，省、市级政府未依法受理（3分）
		4. 国有土地房屋征收中，对房地产评估机构选择，在被征收人协商不成时，未依法采取多数决定、随机选定等方式（7分）
		5. 国有土地上房屋征收中，未能充分保障被征收人复核、鉴定权利（8分）
		6. 国有土地上房屋征收补偿决定未依法保障被征收人补偿方式的选择权（7分）
		7. 房屋所有权人不明或存在争议，在没有充分证据的情况下确定被征收人，房屋征收部门与其签订补偿协议或对其作出征收补偿决定（6分）

续上表

一级指标	二级指标	三级指标（分值）
行政诉讼指标	房屋拆迁管理	8. 缺失行政决定、强制执行决定等基本环节，即实施行政强制拆除行为（7分）
		9. 对居民生活采取停止供水、供电、供热、供燃气等方式迫使当事人履行相关行政决定（6分）
		10. 作出强制决定前，未履行催告义务（8分）
		11. 对违法的建筑物、构筑物，在限期自行拆除公告后，未等行政诉讼期限届满，即实施强制拆除（6分）
		12. 违法建筑认定函未对可以恢复原状、可以补正等情形加以区分，一律作出限期拆除性质的认定和建议（5分）
		13. 实施强制执行过程中，对催告书、强制执行决定书送达程序不完善（7分）
	劳动与社会保障行政确认	14. 不能正确把握举证责任分配原则，将“职工或者其近亲属认为是工伤，用人单位不认为是工伤的，由用人单位承担举证责任”这一对事故事实的认定举证规则，扩大到对劳动关系的认定中（7分）
		15. 未考虑特殊情形、机械地将劳动关系作为所有工伤认定的前提（5分）
		16. 对于“上下班途中”的认定，不能遵循合理时间和合理路线规则，过于强制固定时间和固定路线（6分）
		17. 对于是否存在交通事故“本人主要责任”的认定，在交警部门未出具事故责任认定书，即一律不予认定工伤，对事故伤害事实未依法履行必要的调查核实职责（5分）
		18. 对于退休审批等行政行为，在工龄的计算、身份认定等方面，存在概念混同、适用规范性文件不清晰等问题（5分）
	市场监管类行政处罚	19. 2017年后不能严格执行“初次从事行政处罚决定审核的人员，应当通过国家统一法律职业资格考试取得法律职业资格”的规定（5分）
		20. 在查封、扣押法定期限届满后不作出处理决定或者未依法及时解除查封、扣押（6分）
		21. 对投诉人投诉事项，未依法在规定期限内予以答复（7分）
		22. 食品销售履行了《食品安全法》规定的进货查验等义务，并能如实说明进货来源，有关检验报告等证据可以证明食品销售者不知道采购的食品不符合食品安全标准，但仍给予食品销售者行政处罚（6分）
		23. 在食品安全、药品、质量行政处罚中，对没收违法所得是否应扣除成本，不能依据现行有效的规定分别予以处理（5分）

续上表

一级指标	二级指标	三级指标（分值）
行政诉讼指标	安全生产监督行政处罚	24. 处罚决定前未保障被处罚人陈述、申辩、申请听证权利（6分）
		25. 限缩被处罚的主体，如仅仅处罚承包、承租主体，对负有安全生产管理职责的生产经营单位不依法予以处罚（5分）
		26. 在未认定该情形是发生交通故事直接原因时，仍然适用《生产安全事故报告和调查处理条例》第37条规定处罚（5分）
		27. 不能正确认识事故调查处理报告的证据属性，在行政处罚决定书中将其作为法律依据列明（5分）
	环境保护行政处罚	28. 收集及调取证据，现场笔录、抽取笔录等证据显示办案人员少于2人，没有出示执法证件等必要程序的记载（5分）
		29. 环保行政部门作出责令停业、关闭决定的，未经有关人民政府批准；或其他非环保行政部门以造成环境污染为由，作出限期拆除决定（6分）
		30. 随意扩大《建设项目环境影响评价分类管理名录》的范围（5分）
		31. 对行政机关指定其他单位代为治理污染等代履行的规定，以行政处罚决定书的形式作出履行决定（5分）
	政府信息公开	32. 行政机关提供政府信息记录不准确，要求该行政机关予以更正，行政机关拒绝更正、逾期不予答复（5分）
		33. 行政机关主动公开或者依他人申请公开政府信息侵犯其商业秘密、个人隐私的（6分）
		34. 2019年5月15日后申请获取政府信息，只要第三方不同意公开即答复不予公开，未经第三方不同意公开的理由是否合理予以审查（6分）
	投诉处理决定（招投标、政府采购）	35. 投诉处理部门混淆《政府采购法》和《招标投标法》适用范围，对政府采购工程仍然适用《政府采购法》（5分）
		36. 对涉及专家评审的投诉事项，仅作实体评价，未对专家评审过程依法予以严格审查（5分）
		37. 对于参加政府采购的供应商条件，未严格按照法律规定对于存在关联关系及利益冲突的供应商参加同一合同项目政府采购活动进行必要的限制（5分）
	被告应诉规范情况	38. 行政机关人员出庭应诉不规范（7分）
		39. 举证不规范（6分）
		40. 对适用的规章以下规范性文件，行政机关未向法院提供（5分）
备注：评分方法以评分区域内年度司法统计结果为依据，先算出单项分数，即具体某一个三级指标的分值×该三级指标出现的次数；如该评分区域出现了多种三级指标，再将上述单项分数相加得出的总分作为该年度的区域营商环境评价得分。需要说明的是，行政行为被确认违法以及被告应诉不规范之处均属于负面评价，对各个三级指标打分后相加得到的最后得分实际上与依法行政水平及营商环境优劣呈负相关，即一个地区得分越高，对应的依法行政水平越低，该区营商环境越不理想		

（三）确定评分标准，构建评价体系

确定二级指标是以该案件类型在A省H市是否具有考查意义即代表性为标准进行筛选，确定的每个二级指标均具有考查意义，并无区分权重的必要。

而筛选三级指标的标准是该指标对营商环境的不同影响程度，可以说上述40个三级指标的产生过程决定了各指标先天性地对营商环境的影响存在差异，这种差异与具体实施评分时的三级指标权重具有相同的意义，因此，可以将筛选用的调查问卷中各项三级指标的得分，作为评价体系中每个三级指标的权重分值。同时，违法行为的次数显然也影响到依法行政水平和营商环境，在评分时应将出现三级指标的次数作为考虑因素，形成相对固定的梯度评分体系，即“A省H市营商环境行政诉讼指标体系”（详见表6）。

四、评价体系实证检验

上述二级、三级指标是通过A省H市10个县（市）区的经济、案件数据综合分析后筛选确定，故应当以H市作为样本来验证上述指标筛选方法的合理性。笔者选择2015年、2017年和2019年三个年度，通过“A省H市营商环境行政诉讼指标体系”（见表7）对H市范围内10个县（市）区进行营商环境评价，旨在检验评价体系的科学性和可行性。

（一）数据来源和评价过程

如上所述，GDP和招商引资数据可以表征营商环境，利用2014年至2019年《H市各县（市）区国民经济和社会发展统计公告》数据确定各县（市）区的营商环境排名。同时，将相关司法数据，依据表7计算出的结果进行排名，将以上两种排名情况进行比较。

（二）实证结果

表7　三年度G区与L县营商环境评价结果比较

评价年度	评价地区	GDP商投资额在H市排名	二级指标项下败诉案件数/件	评价得分分值具体分布情况及最终得分
2015年	G区	1/1	6	指标13（7分），2个指标15（5分×2），指标17（5分），指标28（5分），指标29（6分），3个指标38（7分×3），合计54分
	L县	10/9	17	3个指标8（7分×3），指标9（6分），3个指标10（8分×3），指标11（6分），2个指标13（7分×2），指标15（5分），2个指标20（6分×2），2个指标21（7分×2），指标28（5分），指标32（5分），5个指标38（7分×5），合计147分

续上表

评价年度	评价地区	GDP商投资额在H市排名	二级指标项下败诉案件数/件	评价得分分值具体分布情况及最终得分
2017年	G区	1/1	3	指标5（8分），指标13（7分），指标32（5分），2个指标38（7分×2），合计34分
	L县	10/9	12	指标6（7分），2个指标8（7分×2），指标10（8分），3个指标11（6分×3），2个指标13（7分×2），指标20（6分），指标32（5分），4个指标38（7分×4），合计100分
2019年	G区	1/1	6	指标6（7分），指标13（7分），指标17（5分），指标20（6分），指标32（5分），3个指标38（7分×3），合计51分
	L县	10/10	13	指标2（6分），指标4（7分），指标8（7分），2个指标10（8分×2），2个指标13（7分×2），指标17（5分），指标20（6分），指标21（7分），指标24（6分），指标28（5分），指标32（5分），4个指标38（7分×4），合计112分
备注：指标1~37为行政机关败诉原因指标，指标38~40为被告应诉规范情况指标。败诉原因不在三级指标范围内的不计分。若同一单元格中有两个数值以“/”分隔				

表8 三年度H（市）区营商环境评价结果比较

2015年				2017年				2019年			
评价地区	GDP排名/外商投资额在H市排名	二级指标项下败诉案件数/件	评价得分/排名	评价地区	GDP排名/外商投资额在H市排名	二级指标项下败诉案件数/件	评价得分/排名	评价地区	GDP排名/外商投资额在H市排名	二级指标项下败诉案件数/件	评价得分/排名
G区	1/1	6	54分/1	G区	1/1	3	34分/1	G区	1/1	6	51分/1
B区	2/2	10	66分/2	B区	2/2	7	45分/2	B区	2/2	10	68分/2
Y区	3/3	7	70分/4	Y区	3/3	10	73分/3	Y区	5/3	12	73分/5

续上表

2015 年				2017 年				2019 年			
评价地区	GDP 排名/外商投资额在 H 市排名	二级指标项下败诉案件数/件	评价得分/排名	评价地区	GDP 排名/外商投资额在 H 市排名	二级指标项下败诉案件数/件	评价得分/排名	评价地区	GDP 排名/外商投资额在 H 市排名	二级指标项下败诉案件数/件	评价得分/排名
L 县	4/4	7	69 分/3	L 区	4/3	10	76 分/4	L 区	3/3	10	70 分/3
X 区	5/5	9	89 分/5	X 区	5/5	11	80 分/5	X 区	6/3	12	76 分/6
S 区	7/6	9	96 分/6	S 区	6/6	11	83 分/6	S 区	4/3	9	72 分/4
D 区	6/7	10	99 分/7	D 区	7/7	13	96 分/8	D 区	7/7	20	106 分/9
F 区	8/8	11	104 分/8	F 区	8/8	13	94 分/7	F 区	8/8	17	100 分/7
C 区	9/9	10	106 分/9	C 区	9/9	25	100 分/9	C 区	9/9	12	100 分/7
L 县	10/9	17	147 分/10	L 区	10/9	12	100 分/9	L 区	10/10	13	112 分/10

从表 7、表 8 的数据可以反映出：2015 年、2017 年和 2019 年 H 市范围内三个年度 GDP 及外商投资额排名靠前的 G 区及靠后的 L 县营商环境评价排名与其 GDP、外商投资排名情况完全吻合。其他县（市）区中除 2015 年的 Y 区、2017 年和 2019 年的 D 区营商环境评价排名略有波动外，其余县（市）区营商环境评价排名与其 GDP、外商投资排名情况基本一致，证明评价体系中指标的确定具有合理性。仅凭 GDP 排名和外商投资排名来表现营商环境并不能找到影响营商环境的因素，而上述评分可以找到影响营商环境优劣的二、三级指标，从而为行政机关更好地提升依法行政水平来优化营商环境指明方向，这也是评价体系的意义所在。

（三）实施建议

通过主、客观结合的指标筛选方法，将法官审判经验与司法统计数据等资源转化为标准、系统的评价指标，可以为各地构建该类全新的评价体系提供思路。

在评分方式上，建议与社会经济指标统计周期一致，同步采取年度评分方式，并将区域内营商环境评分结果通报所在地区政府，以便政府消化评价结果，抓住改善依法行政水平的着力点，不断优化提升营商环境。同时也要看到，随着社会经济的发展，案件类型等因素也将会不断变化，因此，也要根据实际情况，不断调整评价体系，建议参照司法统计年度，合理确定评价体系中指标的调整周期。

结　语

良法才能善治，一流的营商环境离不开优质的法治保障。用行政诉讼指标量化依法行政水平并评价营商环境，兼具理论可行性和实践可操作性，也符合党中央提出的建设法治化营商环境的总体要求。通过分析各分项指标得分和分布情况，可以为行政机关补短板、精准施策提供参考，从而达到以评促建的目标，使得优化营商环境更具方向性。

中国正处于决胜全面建成小康社会的关键时期，面临诸多机遇和挑战。疫情防控常态化与优化营商环境如何有效结合，更加需要突出法治化要素，这也考验着我们的智慧与能力，从而展现中国营商环境建设的真正底色。全面升级优化营商环境评价体系，旨在坚持我国社会主义制度优势与特色的基础上，将优化营商环境纳入更科学、全面的法治化轨道，从而增强我国经济的吸引力和竞争力，让我国经济更加活力四射、行稳致远。

行政诉讼重复起诉的识别标准

——基于对300份“重复起诉”行政裁判文书的分析

王　蔓*

《最高人民法院关于适用〈中华人民共和国行政诉讼法〉的解释》（以下简称《行政诉讼法解释》）第106条关于重复起诉的规定不够完善，实践中往往通过“综合判定”的方法识别重复起诉，容易出现“同案异判”的情况。与民事诉讼相比，行政诉讼有其特殊性，行政诉讼的诉讼标的因诉讼类型的不同而出现差异，当事人和诉讼请求相同的判断可能突破现有法律的约束，严格适用“三要件”可能会导致司法资源的浪费、程序空转、甚至有可能与行政诉讼基本理论相悖。鉴于此，笔者采用实证研究和比较研究方法，以300份重复起诉裁判文书为样本，分析实践中重复起诉识别存在的问题，找出问题的症结，在完善理论基础之上，构建重复起诉一般识别模式、特殊识别模式并设置立体化识别步骤。

一、实证考察：重复起诉在行政裁判中适用的实然状态

（一）行政诉讼“重复起诉”整体情况分析

1. 2015年至2019年“重复起诉”裁判文书数量分析。图1可以看出，2015年至2019年行政诉讼重复起诉裁判文书数量逐年增多，且在《行政诉讼法解释》出台后，重复诉讼裁判文书的数量占驳回起诉或不予受理行政案件总数的比例有所增长。

* 作者单位：安徽省霍山县人民法院。

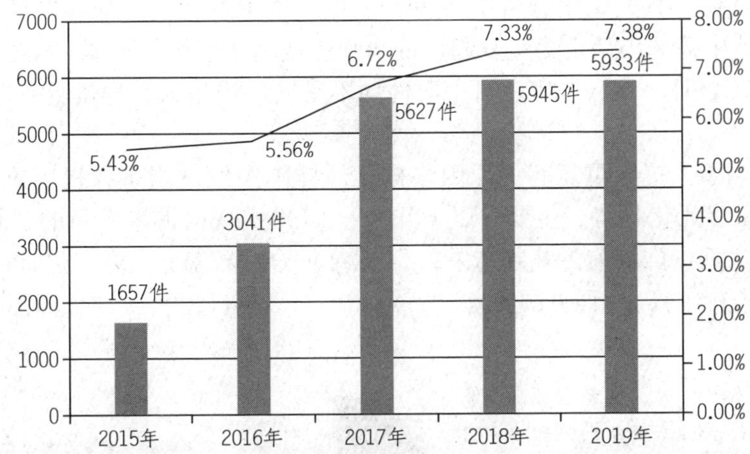

图 1　重复起诉行政裁判文书数量及占驳回起诉或不予受理行政案件总数比例

2. 重复起诉裁判文书类型化分析。2018 年 2 月 8 日①至今，中国裁判文书网认定为重复起诉的文书共计 7169 份。其中驳回起诉 5601 件，不予受理 1568 份。驳回起诉中判决 486 件，裁定 5115 件，一审 3950 件，二审 1316 件，再审 283 件。不予受理中，判决 82 件，裁定 1486 件，一审 1254 件，二审 254 件，再审 60 件。

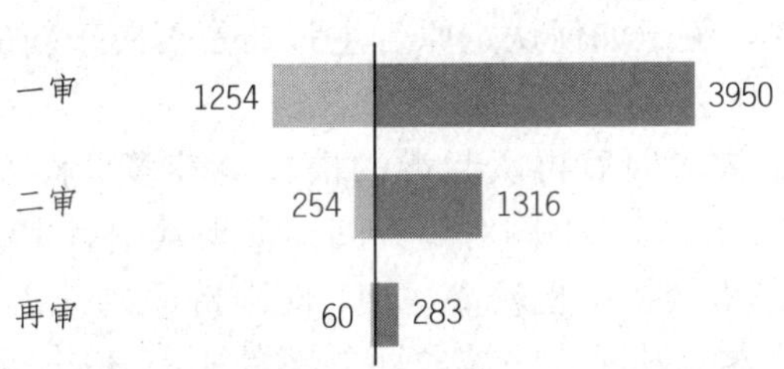

图 2　重复起诉裁判文书类型分析（单位：件）

由图 2 可以看出实践中重复起诉 75%以上是在审理阶段发现的，只有不到 25%是在立案阶段发现的，说明实践中重复起诉的识别较为复杂，难以在立案阶段被识别。裁判方式上以裁定驳回起诉或不予受理为主，判决驳回诉讼请求较少。

（二）“重复起诉”具体情况分析

为了对行政诉讼重复起诉具体情况进行分析，笔者从中国裁判文书网搜索 2018 年 2 月 8 日至 2020 年 5 月 20 日行政诉讼重复起诉文书，按照重

① 2018 年 2 月 8 日是《最高人民法院关于适用〈中华人民共和国行政诉讼法〉的解释》实施之日。

复起诉裁判文书类型化分析中一审、二审、再审的比例，兼顾时间性和地域性，从中筛选出认定为重复起诉的300份裁判文书作为样本。样本共涉及16个省市，且一审、二审、再审案件均不是同一当事人，样本具有随机性、代表性。①

1. 当事人提起重复起诉原因多样化。样本中发现当事人提起重复起诉的原因呈多元化趋势，主要有以下几种：（1）实现前诉未竟目的；（2）恶意缠诉；（3）推翻前诉裁判结果；（4）维护合法权益；（5）对前诉未主张的事实进行主张。（详见图3）

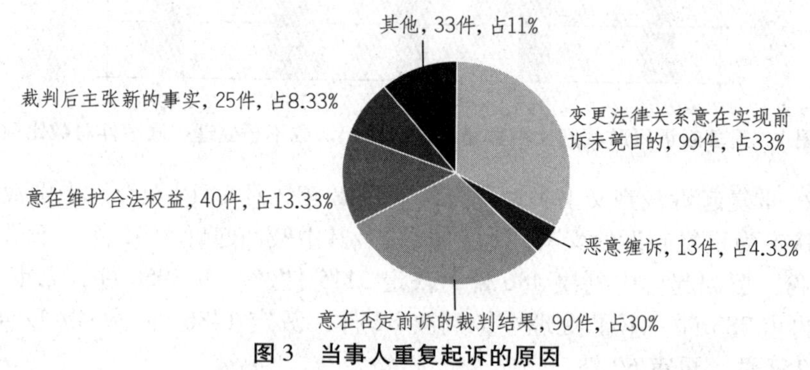

图3 当事人重复起诉的原因

图3可以看出，占比最高的是实现前诉未竟目的和推翻前诉裁判结果，分别为33%、30%。关于如何认定原告主张的是否属于新的事实，在下文会详细论述。

2. 上诉率高，被驳回后再次起诉的情况也较多。样本中一审的218份文书中，笔者在中国裁判文书网对照查阅，发现其中有161件提起上诉，占73.86%。上诉后二审维持率也较高，141件维持原判，占87.58%。通过在中国裁判文书网搜索，发现这些被驳回的案件中有30件再次起诉，考虑有些裁判文书没有公开，说明实践中再次起诉的情况比较多，常见的做法是通过变更其中不同要素来规避立案阶段法院对重复起诉的审查，从而多次进入到审理阶段。

上诉率高的主要原因为：（1）说理不够充分。161件上诉案件中，只有61件文书说理较为充分，其他文书均存在不同程度的说理不充分问题，有的甚至含糊不清，自相矛盾。（说理不充分的典型例子详见表1）

① 检索条件：行政案件、重复起诉、驳回起诉、不予受理。参见中国裁判文书网，http://wenshu.court.gov.cn，最后访问时间：2020年5月20日。

表 1　说理不充分的裁判文书例子

序号	识别标准	案号	具体表述
1	构成重复起诉	（2017）浙 01 行终 577 号	本院认为，上诉人汪某芬在对传唤证提起行政诉讼后，再提本案诉讼系重复起诉
2	相同事实及请求	（2017）01 行终 441 号	本院经审查认为，上诉人先某基于相同的事实及请求，曾于 2015 年向成都市武侯区人民法院提起行政诉讼，武侯区人民法院于 2015 年 11 月作出（2015）武侯行初字第 103 号行政裁定书，裁定驳回先某的诉讼请求，前述裁定已发生法律效力。现先某再次提起诉讼，构成重复起诉
3	同一事实、理由及相同当事人	（2017）皖 01 行终 245 号	本院认为：本案单某以同一事实和理由、以同一行政机关为被告，起诉至一审法院，符合重复起诉的情形

（2）实践中以书面审查方式为主。样本中有 191 件未开庭审理，通过阅卷、询问当事人等方式查明重复起诉问题，占文书总数的 63.67%，只有 109 件经开庭审理，占 36.33%。书面审查，在调查核实和透明性方面有所欠缺，当事人无法充分发挥诉讼主体地位参与到案件的审查过程中。

3. 识别标准不统一。样本中识别标准不统一，具体识别标准及占比详见图 4。

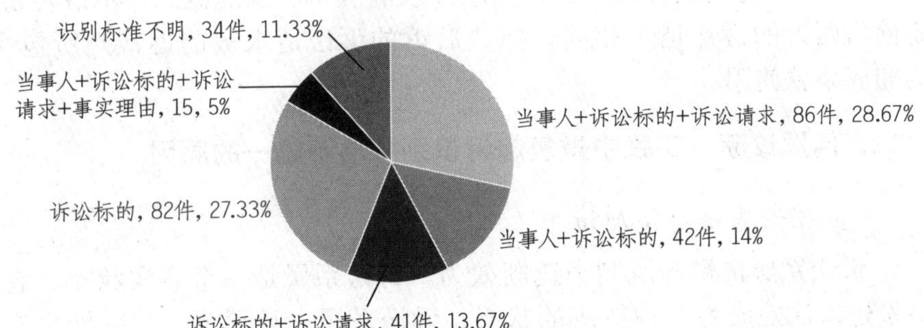

图 4　重复起诉的识别模式及占比

样本中识别标准的构成要素中均包含诉讼标的，“三要件”与诉讼标的“一要件”案件数量相差不大。“四要件”数量最少。由于识别标准没有完全统一，很多案件是根据具体情况灵活变动识别标准，但又受制于法律规定，在文书中为了说理而“说理”，有的甚至自相矛盾。

4. 识别要素理解不一致。

（1）当事人。对于当事人相同的认定，实践中做法不一。样本中认为当事人完全相同才符合要求的占 45.12%，主张裁判文书主观范围扩张的主体均构成当事人相同的占 54.88%。由于当事人实质相同的认定没有统一的标准，很多时候由法官自由心证认定。

（2）诉讼标的。样本中对于诉讼标的的认识主要有：当事人实体上的法律关系、行政行为的违法性、具体行政行为、标的物标的额，还有少数从案由是否一致判断诉讼标的是否相同。实践中诉讼标的内涵占比较高的是行政行为违法性和具体行政行为。受制于《行政诉讼法》第6条，相对人的诉讼请求只能针对某一侵犯其合法权益的具体行政行为，诉讼标的是“权利”还是“行政行为”，依赖于法院选择①（详见图5）。

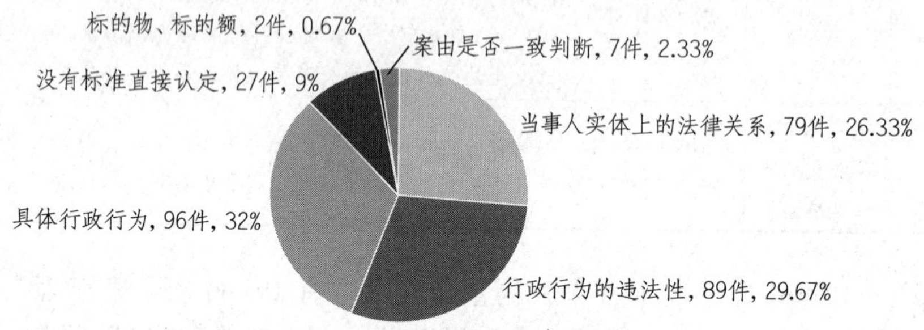

图5　样本中诉讼标的内涵及占比

（3）诉讼请求。样本中，认定诉讼请求相同的只占24%，认为诉请被前诉裁判所包含的占76%，有的甚至仅仅是金额有差别，也作此认定，如薛某平案中，法院认为后诉1.84亩土地被前诉的16.4327公顷土地所包含。② 实践中，有些法官对“诉讼请求”没有一个明确的概念，不敢轻易去认定前后两诉的诉讼请求相同，把“后诉的诉讼请求被前诉裁判所包含”作为兜底条款使用。

二、问题诊断：实践中重复起诉识别标准不统一的原因

（一）理论基础有待厘清

1. 诉讼系属抗辩与既判力遮断效力。诉讼系属是一个事实状态，它是指诉讼进入法院成为一种待决的状态，诉讼系属一旦形成，法院即负有审理义务，不得拒绝裁判。实践中所称的“诉讼系属中”指诉讼程序产生至生效判决产生这一期间，最高人民法院在一则案件中认为：“诉讼系属是从人民法院接到起诉状至诉讼终结。”③《行政诉讼法》第20条“原告向两个以上有管辖权的人民法院提起诉讼的，由先立案的人民法院管辖”的规定，通过管辖权的恒定明确了诉讼系属在特定条件下只能进行一次。诉讼系属抗辩是指案件处于诉讼系属中，若当事人以同一事实提起后诉，对方当事

① 薛刚凌、杨欣：《论我国行政诉讼构造“主观诉讼”抑或“客观诉讼”》，载《行政法学研究》2013年第4期。

② 最高人民法院（2018）最高法行申149号行政裁定书。

③ 最高人民法院（2016）最高法行申2720号行政裁定书。

人可以提出诉讼系属抗辩。终局判决的产生和当事人撤回起诉都可以导致诉讼系属消灭。既判力遮断效力是指已作出生效裁判的案件，禁止对生效判决中所认可的诉讼标的再次起诉，以防止矛盾裁判的产生。

《行政诉讼法解释》第106条规定的重复起诉是将两种效用合并在一起，对二者之间没有进行区分，从法条上看，重复起诉同时受诉讼系属和既判力约束，第69条第7、9项受既判力约束。实践中第69条第6、7、9项适用模糊。

（1）重复起诉与撤回后无正当理由再次起诉存在交叉。某公司起诉至徐州市中级人民法院，但其无正当理由拒不到庭，一审法院按撤诉处理。原告“无新的事实”再次起诉，徐州市中级人民法院以第69条第7项之规定驳回起诉。对此，原告提起上诉，二审法院认为其行为符合第106条规定构成重复起诉，后最高人民法院再审又支持了徐州市中级人民法院的驳回起诉理由。由此看出，实践中《行政诉讼法解释》第69条第6、7项适用模糊。有些学者认为，行政诉讼撤回起诉后应允许当事人再次起诉，与民事诉讼保持一致。笔者不赞成这个观点：①若撤回后允许再次起诉，行政管理会一直处于不稳定的状态，不利于提高行政效率；②对于原告申请撤诉，法院不仅需要尊重当事人的处分权，还要审查当事人是否基于真实的意思表示，若行政行为损害国家、社会、第三人合法权益，则不允许撤诉；③在现行法律框架下，撤诉裁定确有错误可以通过再审程序进行救济，当事人没有丧失救济的权利。

但要注意的是《行政诉讼法解释》第60条规定原告撤诉后满足“同一事实理由”条件，才能驳回。第69条第7项规定撤回后无正当理由再次起诉才能驳回。但对于两者之间的关系实践中观点不一：有观点认为需同时满足两个条件；有观点认为在立案阶段关注“同一事实理由”，在审判阶段关注“无正当理由”，“同一事实理由”归属于“无正当理由”，实践中，很多法院以这个思路进行裁判；还有的观点认为，第69条是对第60条补充。笔者认为，“无正当理由”是一种兜底条款，防止剥夺当事人的诉权，即原告撤诉后重新起诉需要同时满足两个条件才构成重复起诉。

撤回后再次起诉有两种例外情况不构成重复起诉：①未按规定缴纳诉讼费，再次起诉后依法解决诉讼费预交问题的；②有新的事实和正当理由。笔者认为“正当理由”是指不同于第一次起诉的、常理能够说得通的其他合理理由。对于新的事实①最高人民法院在一则案件中认为“是指裁判生效后发生的事实，原生效判决未查明或涉及的事实、当事人在原审中未提出

① 学理上关于“新的事实”的见解。参见曹云吉：《论生效裁判后之新事实》，载《甘肃政法学院学报》2016年第3期。

的事实均不属于新事实的范畴”。[①]

《行政诉讼法解释》第69条第7项同样也满足第106条的规定，撤回起诉裁定同样也属于生效裁判，这样看来第69条第7项也满足第69条第9项规定，三者之间存在交叉。

（2）重复起诉与诉讼标的为生效裁判或调解书羁束存在交叉。王某某要求法院对案件重新审理，但仍然以某市政府为被告请求撤销市政府作出的《不予受理行政复议申请决定书》。但前诉经过两级法院审理，已有生效文书。法院审理认为：“本案诉讼标的已为生效判决所羁束，且构成重复起诉。”[②] 本案可以看出重复起诉与第69条第9项存在交叉。

“诉讼标的已为生效裁判所羁束”的理论基础是既判力。既判力的作用体现在消极和积极两个方面。消极作用体现在“一事不再理”，这与禁止重复起诉属于同一原理，出于对司法权威和诉讼经济性的考虑。积极作用是为了解决法院矛盾裁判的问题，体现了法的安定性。一般情况下，生效裁判中相同的当事人才是既判力的遮断效力的主要作用对象，对于生效裁判相关的当事人，不允许法院作出与生效裁判所抵触的裁判。但例外情况体现在撤销之诉中，撤销之诉的判决具有普适性，其效力及于与原告利益相同的第三人，包括与行政行为有关但没提起诉讼的那部分人。重复起诉和既判力之间存在一定的交叉，《行政诉讼法解释》第106条规定重复起诉可以发生在诉讼系属中和裁判生效后，但既判力只能发生在生效裁判后。毋庸置疑的是，在诉讼系属中只能作出重复起诉的认定，裁判生效后的重复起诉行为，既满足第106条的规定，也满足第69条第9项。

2. 诉讼标的理论缺乏。对于重复起诉的识别最重要的问题就是如何理解诉讼标的。立法和司法实践对行政诉讼标的的规定和理解都不够深入，并未对诉讼标的的概念和内涵作出规定。关于行政诉讼诉讼标的理论，学界存在着多种学说。（详见表2）

---

① 沈德咏：《最高人民法院民事诉讼法司法解释理解与适用》，人民法院出版社2015年版，第632页。

② 广东省清远市中级人民法院（2018）粤18行初11号行政裁定书。

表2 我国诉讼标的理论

学说	主要内容	弊端
具体行政行为说	这是我国行政诉讼法的主流观点。该学说主要从两个角度来讨论：(1) 从受案范围来界定诉讼标的；(2) 从诉讼的客体或诉讼的要素界定诉讼标的	(1) 此学说不符合现代行政诉讼的发展趋势。随着社会发展，许多行政领域，传统“命令—服从”式的管理手段不断发生改变，行政机关与公民之间的关系并不是全部通过具体行政行为的方式来体现 (2) 不符合诉讼法理。在诉讼法理中，诉讼标的是诉的客观要素，如果以具体行政行为为诉讼标的，则无法确定诉讼标的的同一性 (3) 无法解释行政主体重复处理行为。行政主体在败诉后，可能以相同的事实和理由作出“新的行政行为”来规避前诉判决的效力，这两个行为很有可能被认定为两个行政行为。笔者认为，具体行政行为是程序标的或“标的物”，而非诉讼标的
法律关系说	诉讼标的在行政诉讼中含义是指双方当事人发生争议要求法院作出裁判的法律关系。如果诉讼标的可以适用司法审查及行政诉讼，诉讼标的就是因具体行政行为产生的行政法律关系而不是具体行政行为本身	(1) 行政诉讼是对行政行为的审查而建构的，行政法律关系的功能仅在于确定原告资格，当事人之间的权利与义务，主要由行政实体法规范来规定。法院在裁判的过程中无需借助行政法律关系来分析 (2) 该学说无法顾及所有诉讼类型。如在消极的确认诉讼中，原告的诉请是要求法院判决确认“法律关系不存在”，该学说无法对此作出合理的解释 (3) 如果行政行为因消灭事由的出现而消灭，则法律关系不存在，此情形下，虽然当事人与消灭的行政行为具有法律上的利益，也无法提起诉讼。如果事实理由相同，第一次起诉后，当事人再以另外一个实体法律关系为由起诉，该学说认为前后诉讼标的不同，但事实上构成了重复起诉
行政行为的违法性说	该学说认为诉讼标的是行政机关作出的具体行政行为是否合理。行政机关作为应当提出证据证明自己的具体行政行为是合法的。该学说认为法院通过对行政行为合法性的审查以对原告进行救济	(1) 违法性说不符合我国行政诉讼法的立法目的。在德国，主张该学说是建立在行政诉讼的目的是维护行政法律秩序而不是保护行政相对人的合法权利的基础上。但在我国，行政诉讼是为保护公民、法人和其他组织的合法权益，及行政监督为目的，因此原告提起诉讼时，必须主张其合法权利或利益受到了损害。否则，起诉则会因不合法而驳回。撤销诉讼的诉讼标的并非仅限于行政行为的违法性 (2) 该学说违反诉判一致原则。裁判请求权作为宪法规定的基本权利，相对人在行政诉讼中提出的诉讼请求，其性质属于实体防御权主张，法院应在对具体行政行为的合法性判断的基础上，对原告的诉讼请求作出回应。如果法院以被诉具体行政行为的违法性作为诉讼标的和审判对象，无视了原告的权利保护主张而作出判决，有悖于行政诉讼的目的

以上学说均存在一定的弊端，无法全面、准确地解决实践中存在的问题。诉讼标的理论的莫衷一是，让法官在面对复杂多变的案件时无所适从，这在一定程度上导致了司法实践中识别标准不统一，出现“一案一标准”的情况。

（二）重复起诉的处理方式单一，没有细化

《行政诉讼法解释》对重复起诉规定了两种处理方式：不予受理或驳回起诉，这两种方式过于单一，在可行性上存在着一些障碍。（1）只针对立案和受理两个阶段，无法完全解决所有可能出现的类型。（2）重复诉讼的认定主要发生在诉讼过程中或裁判生效后两个阶段，但没有针对案件发生的所有时间节点区别对待。

三、出路探寻：完善“重复起诉”的识别标准

（一）完善理论基础

1. 界定重复起诉发生的时间。大陆法系国家中很多以诉讼系属的终结作为分界点，凡是既判力产生以后的案件一律采用既判力来规制，后诉即使满足重复起诉的条件，也不属于重复起诉。如《德国民事诉讼法》第261条第3项将重复起诉分为已决案件抗辩和诉讼系属抗辩。但采用这种处理模式的国家对诉讼系属和既判力遮断效力均有较完善的理论支持。反观我国，《行政诉讼法解释》第106条将两者合二为一，但又在第69条第9项规定了“诉讼标的为生效裁判和调解书所羁束”这种驳回起诉的情形，导致适用混乱，鉴于重复起诉和“诉讼标的为生效裁判所羁束”在第69条属于并列关系，有人建议将重复起诉界定在诉讼系属中，将两者的适用范围区分开来。笔者并不赞同，我国行政诉讼在诉讼系属和既判力理论上还不够完善，不足以完全区分这两个时间段。对于诉讼系属我国沿用的解释是“在诉讼过程中”，这有很大的局限性，只强调诉讼进入法院至审判结束，忽略了诉讼的法律后果和诉讼行为的法律效果，如管辖权、诉的变更等，并不是一个完整的诉讼系属概念。在缺乏理论支持下强行分离可能会导致实践无所适从。《行政诉讼法解释》第69条第6、7、9项情形并非法条所述的并列关系，这三种情形均存在一定的交叉，无法完全区分，法条是用一种不完全综合列举方法来确定驳回起诉的情形，因此，笔者认为第7、9项都归属于重复起诉大类。实践中有的案例可能仅违反其中的一种，也有可能同时违反几种，不是非此即彼，但引用法条时要注意准确性。虽然重复起诉包含诉讼系属中和裁判生效后两个阶段，但笔者认为在识别标准上要有所区别，在适用同样的识别标准情形下，为防止裁判突袭和终局剥夺当事人诉权，后者在识别标准上应作严格解释。

2. 明确诉讼标的内涵。对于诉讼标的，笔者认为不同诉讼类型在功能、性质上差别较大，难以用一套统一的理论涵盖，过分强调一致，难以适应所有诉讼类型。对此可以借鉴我国台湾地区的“诉讼标的相对论学说”（该

学说认为应根据不同的诉讼状态，建立灵活的、内容可变的诉讼标的①)。但鉴于“诉讼标的相对论”缺乏明确内涵，不具有可操作性，我们可以设计一种“相对动态诉讼标的理论”，即首先将诉讼标的主要内涵确定下来，再根据不同诉讼类型的特点在大的框架下，灵活确定。

诉讼标的主要内涵，可以借鉴我国台湾地区和德国的权利主张（该学说认为行政诉讼中，诉讼标的是指原告对行政行为违法并损害其权利的主张）。最高人民法院在张某诉湖北省武汉市武昌区政府城建行政征收案中，采用了该学说。② 行政行为违法性作为诉讼标的内涵之一重要性不言而喻，特别在撤销之讼中，若不将其作为诉讼标的内容，行政行为的违法性将无法获得既判力，前诉法院对违法性的认定无法对后诉法院产生约束力。这不仅有可能导致矛盾裁判的产生，对于行政机关的重复处理行为也无力解决。

根据实践情况，首先是发生了权利被侵害的事实，然后产生请求权。(详见图 6)

权利被侵害的自然事实
实体请求权
请求裁判权
诉权
诉讼请求

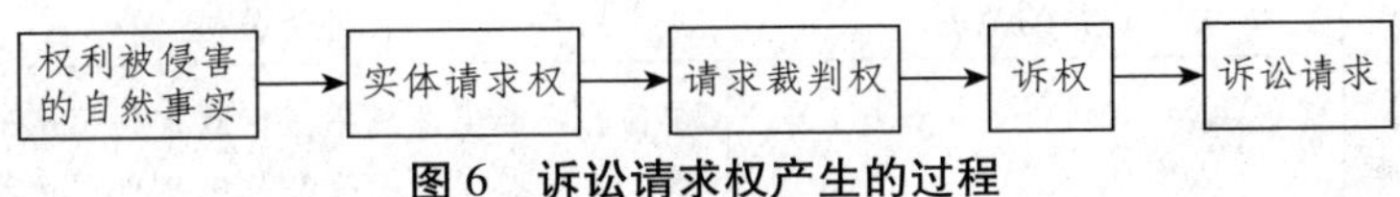

图 6　诉讼请求权产生的过程

因此，笔者认为，诉讼标的内涵是行政行为违法性和原告基于利益受损的事实结合实体法与诉讼法提出的最小单位的权利主张，再根据具体诉讼类型灵活调整。归责的前提是有受损害的行为，可归责的法律依据是实体法，当事人权利救济的范围、方法、力度依据诉讼法的具体规定。根据该理论归纳出撤销之诉、给付之诉、确认之诉的诉讼标的（详见图 7）。

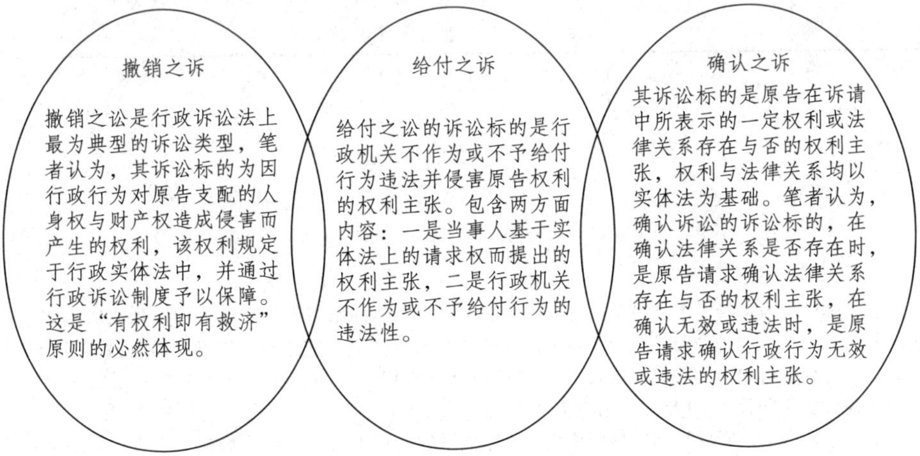

撤销之诉
撤销之讼是行政诉讼法上最为典型的诉讼类型，笔者认为，其诉讼标的为因行政行为对原告支配的人身权与财产权造成侵害而产生的权利，该权利规定于行政实体法中，并通过行政诉讼制度予以保障。这是“有权利即有救济”原则的必然体现。
给付之诉
给付之讼的诉讼标的是行政机关不作为或不予给付行为违法并侵害原告权利的权利主张。包含两方面内容：一是当事人基于实体法上的请求权而提出的权利主张，二是行政机关不作为或不予给付行为的违法性。
确认之诉
其诉讼标的是原告在诉请中所表示的一定权利或法律关系存在与否的权利主张，权利与法律关系均以实体法为基础。笔者认为，确认诉讼的诉讼标的，在确认法律关系是否存在时，是原告请求确认法律关系存在与否的权利主张，在确认无效或违法时，是原告请求确认行政行为无效或违法的权利主张。

图 7　不同类型诉讼之诉讼标的

① 陈清秀：《行政诉讼法》，我国台湾地区翰芦图书出版有限公司 2001 年版，第 361~363 页。

② 最高人民法院（2017）最高法行申 411 号行政裁定书。

（二）重复起诉构成要件的识别

1. 主观构成要件的识别。一般意义上的当事人是指判决书中载明的原告、被告、上诉人、被上诉人。目前行政判决既判力主观范围扩张的趋势基本被认可，基本采纳了民事诉讼中既判力主观范围扩张理论，即民事诉讼中既判力主观范围扩张的主体有：诉讼担当人①、当事人恒定制度下相关人②、诉讼承继人③等也适用于行政诉讼。如天津市凯乐实业有限公司案，清算组负责人以公司名义提起的诉讼满足当事人相同的条件。④

行政诉讼中，被告是行政主体，原告一般是与被诉行政行为有利害关系的公民、法人或者其他组织，两者之间处于不平等地位，相较于民事的平等主体有所区别，因此，行政诉讼既判力主观范围的扩张应有其特殊性。具体扩张的主体及其原因详见表3：

表3　行政诉讼相同当事人扩张的主体

原告/被告	扩张的范围	原因分析
原告	集团诉讼、群体诉讼中的被代表人	在目前城市化进程中，行政审判领域涌现出大量的房屋拆迁、土地征收等案件，该类案件所涉及的相对人范围极广，若行政相对人各自分别起诉，将会大量地增加法院的重复性工作，这不仅会使得法院审理延迟、混杂，还会给当事人带来诸多不便
	公益诉讼下的受益人	我国已确立了检察公益诉讼制度，公益诉讼即出于公共利益提起的诉讼，这也就表明该案件涉及面比较广，故应当允许既判力主管范围的扩张及于公益诉讼受益人

① 诉讼担当是指本不是民事权利或民事法律关系主体的第三人，对他人的权利或法律关系有管理权，以当事人的地位就该法律关系所产生的纠纷而行使诉讼实施权，以判决的效力及于原民事法律关系主体。诉讼担当包括法定诉讼担当和任意诉讼担当。参见江伟：《民事诉讼法学原理》，中国人民大学出版社1999年版，第404页。

② 进入诉讼系属后，标的物所承载的法律关系的转让不对诉讼产生影响，当事人的适格性不因此而发生变更的制度。

③ 诉讼继承制度，是指在诉讼进行过程中，诉讼标的之受让人通过主动申请或者被对方当事人拉入诉讼，从而继承让与人的法律地位，并由其与让与人的对方当事人进行诉讼的制度。

④ 天津市第二中级人民法院（2018）津02行终46号行政裁定书。

续上表

原告/被告	扩张的范围	原因分析
被告	行政复议相关的主体	《行政诉讼法》规定经过复议案件一般都由原机关和复议机关作为共同被告，所以无论原告再次以哪方作为被告，都应认定为当事人相同
	隶属于同一公法人的行政主体或行政主体的职能部门	如在（2017）豫71行终135号行政裁定书中认为，被上诉人河南省人民政府法制办公室系河南省人民政府直属机构。上诉人郑某海提起本次诉讼的请求实质上与郑某海曾向郑州市中级人民法院提起的诉讼相同，属于针对同一被告、同一行政行为、以相同的诉讼理由再次起诉，已构成重复起诉
	多个相互关系的行政行为中被诉之外的其他行政行为主体	如原告已对被告房屋实施强制拆除行为提起前诉，后又对其他被告对其房屋财物搬走、财物损毁并消除的行为违法提起后诉。一般而言，就拆迁行为本身，涉及诸多行政部门，但通常情况下，对房屋的强制拆除必然涉及对房屋内物品的处置，包括物品的搬离等。前后两次行为表面上看起来是两个行为，但其实施主体与实施目的均相同。具有一定的延续性，所以原告提起后诉的行为应当属于重复起诉行为

当事人不易扩张的情形：两个以上行政机关作出的行政行为相同或者具有包含关系，当事人以不同的行政机关为被告前后提起诉讼，此时应视情况而定。（1）原告出于多种原因多列被告人。如在某案例中，原告曾以某县政府、某镇政府为被告提起诉讼，要求确认两行政机关的行政行为违法。被法院驳回后，原告以前诉两机关，还有某县公安局、某县国土局等为共同被告再次起诉，法院审理认为，虽然被告不同，但实质还是认为被诉行政行为系由某县政府、某镇政府实施的，① 此时以适格的被告判断两诉是否构成重复起诉。（2）诉讼中被告又追加其他非适格被告，此时应对当事人进行释明，被告人拒绝变更，则驳回对于非适格被告的诉讼请求，对于适格被告依据重复起诉条件进行判断。

2. 客观构成要件的识别。

（1）诉讼请求与诉讼标的之间的关系。诉讼请求是指当事人的具体裁判要求。第106条规定将诉讼标的与诉讼请求并列在重复起诉构成要件中，立法者本意是将两者区分开来。按照我国学界主流观点，诉讼请求是原告

---

① 最高人民法院（2018）最高法行申7068号行政裁定书。

以诉讼标的为基础，在实体法上主张的具体法律地位和效果。实践中多以诉状中具体表述和案件事实来界定诉讼请求。在行政诉讼实践中，识别前后两诉诉讼请求是否同一的方法主要有以下几类（见表4）：

表4 诉讼请求同一的识别方法

识别方法	具体例子
数量层面上的叠加	在（2017）粤行终1769号行政裁判书中认为，上诉人本诉的诉讼请求是请求确认被告征收位于三图、假坦4362.534亩土地的行为违法并退还多征的150.359亩土地，前诉的诉讼请求是请求确认被告征收位于官路林、何家山、三图、假坦、文阁共6670.044亩土地的行为违法。但实质上前诉的6670.044亩土地包括了本诉的三图、假坦4362.534亩土地，即后诉的诉讼请求实质上已被前诉裁判所包含。此类案件对诉讼请求的识别较为简单，需要法官细心梳理案件事实仔细把握即可
实质方面的判断	1.（2018）最高法行申9462号行政裁定书认为，陶某红在前诉中请求用产权调换的方式补偿被拆迁房屋的价值，在本案中又请求用货币的方式补偿拆迁房屋的价值，两者指向的均是涉案拆迁过程中对陶某红的安置补偿问题，其诉讼请求实质是一致的 2.（2018）最高法行申6019号行政裁定书认为，前、后两诉诉讼请求表述显然有所不同，但实质上都是认为甘肃省财政厅、甘肃省国资委审核破产企业和扣减拖欠职工工资及医药费用的行为违法，请求清偿拖欠工资及医药费。该类型的案件就要求法官在全面把握案件事实的基础上，实质上明晰当事人的需求，突破当事人文字表述方面的局限，准确识别当事人的诉讼请求

从前文所述的诉讼标的理论可以看出，诉讼请求是以诉讼标的为基础的更加具体的主张。不同于民事诉讼的不告不理原则，行政诉讼是对行政行为的合法性进行全面审查，不以具体的诉讼请求为限。行政诉讼的“行为审”① 特点决定了诉讼请求并非影响合法性审查的根本要素。

图8 诉讼标的、诉讼请求、法院审查范围之间的关系

① 张祺炜：《行政诉讼重复起诉判断标准的类型化建构》，载《行政法研究》2020年第6期。

行政重复起诉除了当事人和诉讼标的同一以外，诉讼请求需满足相同或者后诉诉请被前诉裁判所包含的条件，这与民事诉讼要求诉讼请求相同或者后诉诉请否定前诉裁判结果区别较大。造成这种差异的主要原因为，民事诉讼是不告不理，法院审查范围不会超过诉讼请求。但行政诉讼是行为审，法院审查范围极大可能大于诉讼请求，若两诉的诉讼标的相同，诉讼请求不同，两诉的审查范围很可能相同，此时后诉的诉讼请求可能被前诉裁判结果所包含，如图8所示，这充分说明了立法者已经考虑到当事人和诉讼标的相同时，诉讼请求不同，也有构成重复起诉的极大可能性。

（2）诉讼请求与争点之间的关系。我国理论界对争点的理解有四种观点：①事实争议的焦点[①]；②事实、法律、法律处理的争点；③诉讼标的、证据、法律适用、事实认定的争点；④当事人之间以及当事人与法官之间关于诉讼标的、证据、法律适用、事实认定的争点。笔者认为，第三种观点较为合适，原因为：①法官居于中立地位，而非争议一方。②法官在审理案件时，需要对案件事实、法律关系、法律适用、证据方面的争议予以分析并解决。争点是一个很广泛的概念，但并不是所有的争点都对重复起诉起到作用。总结来说，争点、诉讼标的、诉讼请求是一种包含关系，如图9所示。

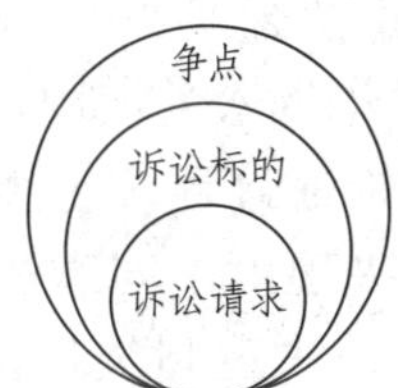

图9　诉讼请求、诉讼标的、争点之间的关系

（3）确定重复起诉的识别模式。

①一般识别模式。笔者认为，重复起诉应分为一般识别模式和特殊识别模式。一般识别模式为“当事人+诉讼标的”，具体原因如下：一是从诉讼标的、诉讼请求、法院审查范围之间的关系可以看出，诉讼标的相同，诉讼请求不同，这时法院的实质性审查范围是一致的，诉讼请求是厘清诉讼标的和争点必不可少的部分，法院在对诉讼标的审查的同时也对诉讼请求进行了审查，再进行识别不利于提高司法效率；二是实践中当事人经常通过恶意更改诉讼请求，以逃避重复起诉的认定，从而对已经生效的案件再次起诉。有人认为，可以通过“后诉的诉讼请求被前诉裁判所包含”这一要件来规避以上问题。但这一标准过于抽象，且实践中诉讼请求的实质

① 齐树洁：《构建我国民事审前程序的思考》，载《厦门大学学报》2003年第1期。

内涵难以把握，在适用上存在着很大的问题。实践中有些法院为了规避风险，多以此款作为驳回后诉的依据，从而可以简化对诉讼标的的审查和论述，这样容易造成诉讼标的被虚置。由此可见，诉讼请求不宜作为重复起诉识别标准的构成要件。不作为识别要件，[①] 不代表诉讼请求对识别重复起诉无任何影响，其作为识别诉讼标的重要要件，间接作用于重复起诉的识别。

②特殊模式。第一种识别模式为“当事人+争点”。前文已论述，诉讼标的属于争点的一种，如果单纯从诉讼标的上看前后两诉不构成重复起诉，但有可能在主要争点部分相同，此时若是放任其再次进入审理，可能会产生矛盾裁判。有人认为此时可以通过“受生效裁判所羁束”来解决，但我国的既判力扩张理论还不够完善，实践中生效裁判中的争点（一般在说理部分）难以获得既判力，无法依据“受生效裁判所羁束”驳回起诉。有人认为，争点只有在诉讼进行到一定程度才会显示，诉讼之初无法识别，对重复起诉起不到任何作用。而笔者认为，争点并不是指诉讼中当事人实际争论的焦点，而是指法院需要判断的涉及双方之间权利义务有争议的问题，在诉讼之初完全可以判断。司法实践中已经开始尝试争点效力了，只是以“诉讼范围”代替。如在陈某刘案中，法院裁定书中写道：陈某刘 2015 年的诉讼与本次诉讼，实质均要求法院对 2015 年毁灭住房等行为进行合法性审查，本次诉讼未超出其 2015 年诉讼的范围。争点的内容主要体现在判决理由中，当然判决理由中推理论证过程较为主观，这部分不易作为重复起诉的识别标准。行政诉讼的判决理由不同于民事诉讼判决理由，行政诉讼需要对法定判决理由进行分析，法定判决理由对判决结果有决定性作用，而且其具有诉的性质，因此笔者认为法定判决理由应作为能识别重复起诉的争点。

第二种模式为“当事人+诉讼标的+诉讼请求”，此种模式在根据“二要件”认定明显有违诉讼法理和实质正义时适用。

但要注意一般模式是通用模式，特殊情形下才能适用特殊模式。重复起诉具体识别步骤如图 10 所示：

① 郑涛：《禁止重复起诉之本土路径》，载《北方法学》2017 年第 75 期。

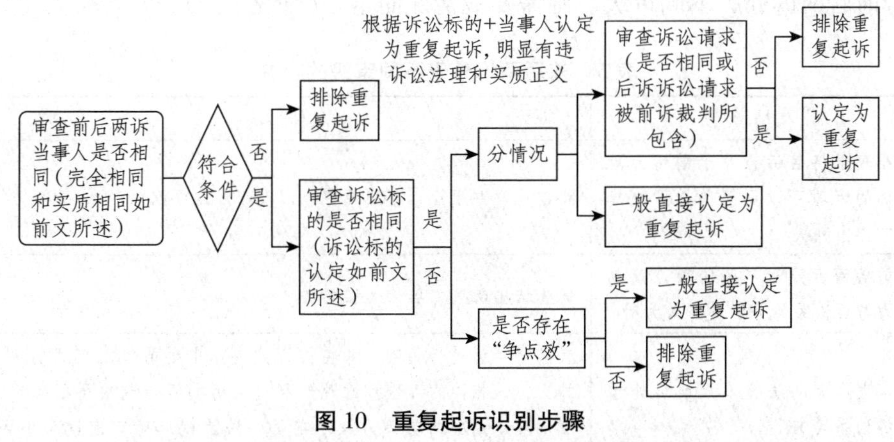

图 10　重复起诉识别步骤

（三）明确不同情形下重复起诉的处理方式

1. 不同时间段重复起诉处理方式。以诉讼系属为节点可以将重复起诉分为五种不同的时间形态。（详见图 11）

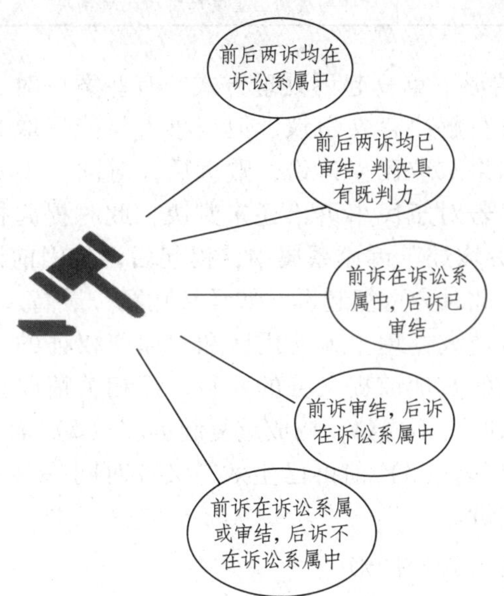

图 11　重复起诉的五种形态

在行政诉讼中，后诉在诉讼系属中，前诉已撤诉，后诉仍然构成重复起诉。当前诉已经审结，若提起后诉且构成重复起诉，裁定不予受理或驳回起诉；若两诉均处于诉讼系属中，立案时可以裁定不予受理；立案后可以采取驳回起诉、移送前诉法院、合并辩论、中止审理、合并审理等方式进行处理。但对于诉的合并一般需要案件处于同一审级，甚至同一法院。

若前后两诉处于不同审级，则需要视情况而定。（详见表5）

表5 前后两诉处于不同审级的合并

情形	具体做法
相较于将后诉合并于前诉，后诉的审理可以更简单、更快捷的作出判决	将前诉合并于后诉可能更符合诉讼经济的原则
前后两诉处于不同阶段，既判力与诉讼系属分别发挥效力时	优先适用既判力理论处理案件
审理后诉的法院不知前诉处于诉讼系属中	直接对后诉进行裁判，并在前诉判决作出之前作出生效判决，那么，该相同的诉讼标的既然经过后诉的诉讼判决得以确定，后诉确定判决的既判力及于前诉，法院就应认定前诉为不合法，裁定驳回。（该做法可参见我国台湾地区）
两个不同法院就同一诉讼标的分别作出两个确定判决	因为确定判决作出后即产生既判力，具有不存在新情况、新事实或者原判决不存在错误时不能再次起诉的效力。故确定判决生效后，其他法院不得基于同一法律关系作出相应判决，否则后诉判决则因重复起诉为无效判决

2. 民行交叉情形下重复起诉处理方式。有些案件对于应该通过民事诉讼还是行政诉讼进行解决存在争议，但当事人只能采取其中一种方式，如行政协议案件。如果采取民事诉讼，败诉后，对同一事实提起行政诉讼则属于重复起诉。但若对于民事诉讼还未判决，此时提起行政诉讼，应视情况而定：（1）两诉均处于诉讼系属中，提起后诉是因前诉时机不成熟，后诉以前诉为前提，此时为重复起诉。如马某胜案，最高人民法院认为："再审申请人要求被申请人办理土地使用证和房屋产权证的前提是房屋拆迁补偿安置协议所约定的其他前提义务的履行，而相关情况正在民事诉讼审理中。本次诉讼请求时机不成熟，构成重复起诉。"（2）前诉正在审理中，提起后诉可以合并审理。（3）前诉已生效，又针对同一事实提起种类不同的诉讼，构成重复起诉。

（四）重复起诉例外情形

1. 不作为行政行为。前诉起诉行政机关不作为，若当事人有新的理由再次要求行政机关履行职责，行政机关仍不履行，当事人可以再次提起诉讼。

2. 作为行政行为。按照《行政诉讼法解释》第62条规定，前诉已裁判后，行政机关以不同理由作出与前诉相同的行政行为，此时应视为新的行政行为，原告可以再次起诉。

结　语

鉴于行政重复起诉识别是一个逻辑推演的过程，笔者建议以“二要件论”为核心识别标准，运用立体化识别步骤，对重复起诉进行识别，这样既能防止滥诉行为，又能保障当事人的诉权，还能兼顾司法资源的有效配置。

“出庭—出声—出效”：行政机关负责人出庭应诉制度功能实效性研究

——以500份裁判文书和Q市法院行政法官问卷调查为实证分析样本

洪志阳* 黄卿堆**

引 言

1988年8月25日，在包郑照诉浙江省温州市苍南县人民政府一案中，被告县长黄德全出席庭审活动，标志着我国司法实践中首例行政机关负责人出庭登上历史舞台（以下简称负责人出庭）。至此，各地政府积极效仿、主动作为，甚至借以强力手段“逼迫”负责人出庭，形成许多可操作性较强、实施效果较好的运行模式。2014年全国人大常委会对《行政诉讼法》作出修改决定，新增第3条第3款“行政机关负责人出庭应诉制度”，这一肇始于地方的法治实践，正式上升为国家法律。

诚如德国法学家耶林所言，“目的是全部法律的创造者，每条法律规则的产生都源于一种目的，即一种实际的动机”，① 负责人出庭作为我国“自主知识产权产品”，搭载着缓和官民矛盾、实质化解争议、优化审判环境、推进依法行政的立法愿景，一度被泛誉为“破解行政审判难题的最重要突破口”。② 经过五年运行，负责人出庭已然由“喧闹期”驶向“平静期”，所取得的成效和袒露的困惑都逐渐浮现，许多负责人出庭不出声、应诉不应答，庭审效果大打折扣。2020年6月最高人民法院公布《最高人民法院关于行政机关负责人出庭应诉若干问题的规定》（以下简称《负责人出庭规定》），为制度的发挥“保驾护航”。在全面建成小康社会、法治政府基本建成的收官之年，恰逢其时的“立法回头看”，以裁判文书为研究样本，结

* 作者单位：福建省泉州市丰泽区人民法院。

** 作者单位：福建省泉州市中级人民法院。

① ［美］E. 博登海默：《法理学：法律哲学与法律方法》，邓正来译，中国政法大学出版社1999年版，第109页。

② 黄学贤：《行政首长出庭应诉的机理分析与制度构建》，载《法治研究》2012年第10期。

合行政法官问卷调查，对负责人出庭制度运行检视反思，探索更有利于制度功能发挥实效的路径。

一、现状梳理：行政机关负责人出庭应诉制度运行实证考察

负责人出庭制度虽然表征为一项技术性规范，但对其研究应依托在行政诉讼框架及审判实践中，结合一线法官的客观评价考察现实功能，从而检验这一制度的成效。①

通过“裁判文书网”以“行政机关负责人”为关键词检索，生效时间为2014年修正的《行政诉讼法》实施即2015年5月1日起，扣除非诉执行审查、再审审查与审判监督、二审书面审及相同被告不同原告的裁判文书后，随机抽取裁判文书500份，其中一审程序400份，二审程序100份，以此为分析样本考察运行情况。

1. 出庭应诉率逐年提升但仍旧偏低。在500件样本中，案件生效时间从2015年至2020年5月，分别为42件、83件、88件、114件、135件、38件，可看出随着2015年立案登记制的确立，案件受理数明显提升。其中负责人出庭案件数分别为5件、14件、22件、45件、63件和21件，出庭率在各地政府强调声中显著提高但仍然偏低，分别为11.9%、16.9%、25%、39.5%、46.7%、55.3%。

2. 出庭案件类型相对集中。通过对170件负责人出庭案件类型化分析（详见图1），可看出主要集中在行政执法、不动产权确权、行政不作为三类案件，共占比75%，尤其行政执法案件高达43%。而由于服务型政府转变，新类型案件涌现，行政协议和规范性法律文件的附带性审查出庭率也相对提高。

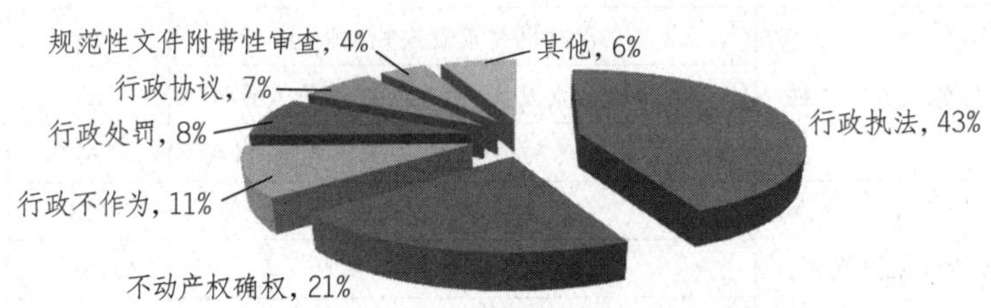

图1　行政机关负责人出庭应诉的主要案件类型

3. 出庭率与级别和审级成反比。对出庭负责人级别和案件审级分析（详见表1、表2），可看出县级机关负责人出庭比重较高，省市级机关负责人相对较少，这是由于县级机关通常是一线执法单位。随着复议机关作为

① 喻少如：《功能主义视阈下的行政机关负责人出庭应诉制度》，载《法学评论》2016年第5期。

共同被告，市级机关出庭有所提高。在案件审级中，一审案件负责人出庭率则明显高于二审案件。

表 1　行政机关负责人出庭应诉级别表

出庭应诉级别	乡镇行政机关	县级行政机关	市级行政机关	省级行政机关
出庭数量	8 次	144 次	18 次	0 次
出庭比例	4.7%	84.7%	10.5%	0%

表 2　行政机关负责人出庭案件审级情况

审级	一审程序	二审程序
案件数	400 件	100 件
行政机关负责人出庭案件数	153 件	17 件
出庭比例	38.25%	17%

4. 正职负责人较少出庭，出庭模式呈“组合多样化”。为减轻负责人出庭压力，《最高人民法院关于适用〈中华人民共和国行政诉讼法〉的解释》（以下简称《行政诉讼法司法解释》）有意拓宽负责人范围，除正职外还包含副职和其他负责人。在 170 件出庭应诉案件中，正职负责人仅占 39%，更多的是副职负责人，甚至包括纪检组长、政治部主任、公安局政委等。由于负责人出庭可以委托 1 至 2 名诉讼代理人，因此呈现出多样化的出庭模式。(详见表 3)

表 3　行政机关出庭应诉模式

类型	出庭模式	数量/个	占比
行政机关负责人出庭案件	行政机关负责人+律师	13	7.6%
	行政机关负责人+行政机关工作人员	63	37%
	行政机关负责人+行政机关工作人员+律师	94	55.4%
行政机关负责人未出庭案件	行政机关工作人员	123	37.3%
	行政机关工作人员+律师	165	50%
	律师	42	12.7%

5. 审理结果大多有利于行政机关。对审理结果分析，撤诉案件占 18.8%，驳回诉讼请求占 54.7%，导致外界有所质疑。以跨行政区域管辖的北京市第四中级人民法院 2015 年至 2018 年审理的 4 起代表性的负责人出庭案件为例（详见表 4），可以从判决结果上看出负责人出庭实际作用有限。

表 4　北京市第四中级人民法院所审案件负责人出庭应诉情况

序号	案号	案件	出庭负责人	审判长	庭审情况	审理结果
1	(2018)04 行初 996 号	原告北京万盛天地购物广场有限公司诉被告北京市昌平区人民政府信息公开一案	昌平区区长	副院长	昌平区政府各有关部门负责人 150 余人旁听庭审，区长当庭表示将重视信息公开工作，予以认真对待	驳回原告诉讼请求
2	(2018)京 04 号初 780	原告闫巧香诉被告北京市大兴区人民政府行政复议一案	大兴区区长	副院长	大兴区各政府部门负责人 60 余人旁听庭审，区长当庭表示将积极推动协商调解，在法律规定范围内解决原告实际问题	原告撤回起诉
3	(2016)京 0111 行初 54 号	原告孟庆锋、张聪秀诉被告北京市房山区人民政府不服河道清障通知书一案	房山区副区长	副院长	市人大代表、房山区政府各部门工作人员代表共计 60 余人旁听，副区长表示将努力解决河道治理问题	变更被告和管辖法院后，原告撤回起诉
4	(2015)四中行初字第 588 号	原告李冬梅被告北京市门头沟区人民政府土地行政确权决定及北京市人民政府行政复议决定一案	门头沟区区长	院长	区长就土地权属争议的事实认定和法律适用当庭进行评析说明和解释	驳回原告诉讼请求

从裁判文书分析以及问卷调查结果，反映了负责人出庭制度的痛点堵点问题：

（1）出庭应诉标准不一。《负责人出庭规定》对负责人应当出庭的案件范围进一步明确，详列“涉及食品药品安全、生态环境和公共卫生安全”三类特殊类型，但由于模糊的法律概念和有限的案件类型，使出庭应诉标准在实践中仍然存在被搁置的风险。目前各地以规范性文件的方式对出庭标准进行补充和强制规定，通过北大法宝以“行政机关负责人”为关键词检索出的 111 部地方法规进行分析，挑选其中具有代表性的出庭标准对比（详见表 5）。

表 5 各地规范性文件对行政机关出庭应诉案件标准规定

序号	文件名称	出庭案件标准
1	《西安市行政机关负责人出庭应诉规定》	(1) 国有土地上房屋征收、集体土地征收、资源环境保护等涉及社会重大公共利益、社会关注度高、社会影响重大的群体诉讼案件；(2) 对确认土地、矿藏、水流、森林、山岭、荒地、滩涂等自然资源所有权或者使用权的决定不服，社会影响重大的案件；(3) 人民法院书面建议行政机关负责人出庭的案件；(4) 上级行政机关认为被诉行政机关负责人应当出庭的案件；(5) 最高人民法院提审以及检察机关提起行政公益诉讼的案件；(6) 重大涉外、涉港澳台的案件；(7) 同级人大常委会、政协委员会组织人大代表、政协委员旁听的案件
2	《杭州市行政机关负责人出庭应诉管理办法的通知》	(1) 法院书面建议行政机关负责人出庭的案件；(2) 二审法院开庭审理行政机关一审败诉的案件；(3) 法院裁定再审、检察机关抗诉和检察机关提起行政公益诉讼的案件；(4) 上级行政机关认为被诉行政机关负责人应出庭的其他案件
3	《张家界市行政机关负责人出庭应诉办法》	(1) 行政机关以各级人民政府名义作出具体行政行为引起的案件；(2) 社会影响重大、案情较为复杂的行政诉讼案件；(3) 群体性案件；(4) 影响较大的行政赔偿案件；(5) 对行政执法活动可能产生较大影响的行政诉讼案件；(6) 上级行政机关要求下级行政机关负责人出庭应诉的案件；(7) 人民法院建议行政机关负责人出庭应诉的案件；(8) 同级政府法制机构建议行政机关负责人出庭应诉的案件；(9) 人民法院一审判决行政机关败诉、二审开庭审理的行政诉讼案件
4	《黑龙江省行政机关负责人出庭应诉规定》	(1) 涉及重大公共利益的案件；(2) 社会高度关注的案件；(3) 原告10人以上案件或者其他可能引发群体性事件的案件；(4) 涉及面较广农村集体土地或者城市房屋征收补偿案件；(5) 人民政府就自然资源权属争议作出处理决定的行政裁决案件；(6) 因撤销、吊销行政许可导致企业停产停业或者公民丧失生活主要经济来源而引发的行政争议案件；(7) 行政机关一审败诉进入二审程序的上诉案件；(8) 人民法院书面建议行政机关负责人出庭应诉的案件

(2) 正当理由认定不明。《负责人出庭规定》第 8 条对《行政诉讼法》第 3 条第 3 款负责人无法出庭情形进一步规定，但由于预留“无法出庭的其他正当事由”作为兜底条款，负责人是否出庭的主动权仍掌握在行政机关手中，[①] 导致实践中常以会议、出差等公务冲突为由缺席。虽然法院对说明的理由具有审查权，但即使不认可其理由，也只能发出司法建议，并无其他强制性措施。从“以出庭为原则，不能出庭为例外”的立法本意来看，正当理由应当是作为负责人出庭或委托工作人员出庭间平衡点，也是不同出庭主体切换选择的合法性标准，但缺少具体深入的设计致使权利遭到滥用。

① 梁凤云：《行政机关负责人出庭应诉应注意什么》，载《党政干部参考》2015 年第 15 期。

（3）委托制度运行偏误。强行要求被告出庭应诉与传统的诉讼代理制度明显冲突，立法者对该问题显然有所考虑，但出于服从公共利益和实质性化解行政争议的需求，仍坚持作此规定。[①] 这对我国国情以及解决特殊问题显然是有益的，[②] 因此，立法者将该条款设置在总则部分而非第四章“诉讼参与者”。目前正职出庭相对较少，而副职以及其他参与分管的负责人出庭，由于并非法定代表人，因此，有学者认为是以委托代理人的身份出庭。[③] 但也有学者持不同观点，认为该项制度中的委托应该理解为委派。[④] 但无论是委托或者委派，都是被赋予独立的诉讼地位。在审判实践中，非正职负责人和诉讼代理人经常被混为一谈，虽然都来自法定代表人委托，但却忽视了内在区别。

（4）缺席判决适用存疑。根据双方审寻主义原理，法院应当在口头辩论期日充分听取双方当事人辩解，再作裁判。[⑤] 如果当事人在指定的口头辩论期日无故缺席庭审，应视为放弃诉讼权利，可以缺席判决。在行政审判中，被告缺席可分两种情况，一是被告席“空无一人”，该情况应直接缺席判决，甚至可以对负责人及相关工作人员采取相应措施。另一情况即负责人无理由缺席或者法院审查不认可其理由，只委托工作人员或律师出庭，对此《行政诉讼法司法解释》和《负责人出庭规定》均规定法院应当提出司法建议，记录在案并在裁判文书中载明，但是否延期审理或缺席判决，缺少明确规定。

二、四维路径：行政机关负责人出庭应诉制度之功能回归

以功能定位为方向，从制度规范层面修复漏洞，回归以审判为中心的诉讼改革，依托矛盾纠纷多元化解平台，健全相应配套机制，从而保障制度功能的实现。

（一）路径之一：完善出庭应诉法定条件，规范法律概念理解适用

1. 丰富“应当出庭”案件类型。在立案登记制的模式下，如果强制要求负责人完全做到“告官见官”，未免有矫枉过正之嫌。尽管《负责人出庭规定》列举负责人出庭的案件类型，但我国行政案件种类繁多，行政管理领域涉及多达五十余个，仅缩限几类特定类型显然不够充分。结合最高人

---

① 全国人大常委会法制工作委员会行政法室编著：《〈中华人民共和国行政诉讼法〉解读与适用》，法律出版社 2015 年版，第 13 页。

② 江必新、邵长茂：《新行政诉讼法修改条文理解与适用》，中国法制出版社 2015 年版，第 39 页。

③ 林莉红：《行政诉讼法学》，武汉大学出版社 2015 年版，第 118 页。

④ 梁凤云：《行政诉讼法司法解释讲义》，人民法院出版社 2018 年版，第 320 页。

⑤ ［日］中村英郎：《新民事诉讼法讲义》，陈刚等译，法律出版社 2001 年版，第 194 页。

民法院规定“应当出庭”案件范围，对出庭应诉案件从以下八种类型扩展，以期提供一些思路。（详见表6）

表6 行政机关负责人出庭应诉案件类型建议

<table>
<tr><th>出庭应诉建议</th><th>序号</th><th>案件类型</th><th>出庭原因</th><th>参考案件具体范围</th></tr>
<tr><td rowspan="3">应当出庭</td><td>1</td><td>涉及重大公共利益的案件</td><td>行政机关作为公共利益的代表者</td><td>一般包括：涉及国防和外交因素、重大基础设施建设、重大公共事业等重大事项的案件，涉外食品药品安全、生态环境和资源保护、安全责任事故等公共卫生安全案件以及涉及重大公共利益的行政许可案件</td></tr>
<tr><td>2</td><td>社会关注度高的案件</td><td>行政机关应回应社会关切</td><td>根据案件本身及案件相关事件是否引起社会高度关注，一般包括：新闻媒体、互联网关注影响力较大的案件</td></tr>
<tr><td>3</td><td>群体性诉讼或者可能引发群体性事件的案件</td><td>行政机关作为社会秩序的维护者</td><td>群体性诉讼指涉及群体性利益，要求当事人达到一定数量，此类案件可以根据行政机关的级别限定当事人数量。一般包括：涉及征地拆迁、社会保障政策、环境污染等涉及面广、在行政程序中已经引发过公共抗争的案件</td></tr>
<tr><td rowspan="2">法院可以通知出庭</td><td>1</td><td>对公民、法人或者其他组织的重大权益产生重大影响的案件</td><td>行政机关应当保护公民、法人或其他组织合法权益不受非法侵犯</td><td>涉及重大人身和财产权益，一般包括：侵犯公民生命权、身体权和重大健康权，致使公民死亡或者完全丧失劳动能力等案件和涉及土地所有权或使用权、房屋所有权以及自然资源权属等案件。对于此类案件要以涉案标的金额巨大的标准予以确定，可以结合本地社会经济发展水平及居民收入水平等因素</td></tr>
<tr><td>2</td><td>对行政机关行政管理活动可能产生重大影响的案件</td><td>行政机关依法行政行为应当受到监督</td><td>一般包括：上级机关规范性文件要求负责人出庭的、行政机关反复发生的同类案件、行政机关因存在制度漏洞或者管理漏洞而引发的案件、政策性强且可能涉及政策调整的案件、可能涉及被诉行政机关制定的规范性文件撤销、修改或废止的案件、具有普遍法律适用意义的案件等</td></tr>
</table>

续上表

出庭应诉建议	序号	案件类型	出庭原因	参考案件具体范围
法院可以通知出庭	3	行政公益诉讼案件	行政机关行使职权违法，侵犯公共利益	包括保护环境的公益诉讼、保护资源公共利益的公益诉讼和保护公共设施等公共财产的公益诉讼案件
	4	行政机关负责人集体讨论作出行政行为案件	集体讨论的行政行为对相对人权利影响较大	此类案件中负责人对案情比较了解，适合出庭应诉
	5	法院通知负责人出庭的其他重大行政诉讼案件	由法院结合案情判断	此条款为兜底条款，只要法院认为案件需要出庭，就可以通知

2. 限缩无法出庭“正当理由”。作为对抗负责人出庭义务的“正当理由”，应是合法、明确且具体。除了《负责人出庭规定》第8条规定的三种“正当理由”，可以适度缩限以下情形：一是身体状况难以维持出庭，如突发疾病，或者发生其他意外等；二是收到应诉通知时，因公出差或不在省市内，客观上难以返回；三是其他重大公务需要参加无法到庭，但应提供相应佐证材料以便审查。由于出庭负责人并不特指法定代表人，因此第二、三点理由，应当是集体参加公务或者其他负责人无法代替才能构成，否则仍应出庭。同时应当规定“被诉行政机关无法出庭应诉的，答辩状应当由行政机关负责人本人签字确认”，确保缺席负责人洞悉案件、把握争议。

3. 确立“负责人+主办人+专职律师”出庭模式。《行政诉讼法》规定法定代表人有权委托诉讼代理人，《关于加强和改进行政应诉工作的意见》也明确要求不能仅委托律师出庭。对此，确立“负责人+主办人+专职律师”出庭模式是最为合理的。负责人作为具体行政行为的“决断者”，对实质性化解行政争议最为关键，行政行为主办人作为具体行政行为的“执行者”，负责把控“事实关”和“证据关”，而专职律师则发挥掌控“程序关”作用，确保诉讼阶段顺利进行，真正推动事实、法律和行政管理“三者合一”，实现最佳效能。

（二）路径之二：回归“以审判为中心”，推动出庭应诉功能实质化

1. 严格落实应诉通知程序。案件受理后由法院对复杂程度和案件类型进行综合评判，斟酌是否要求负责人出庭。在认定符合确有必要出庭案件，应在开庭3日前送达《应诉通知书》。《应诉通知书》载明出庭时间、地点、

理由，并告知出庭的法定义务和法律后果。

2. 推进行政诉讼庭审实质化。在负责人出庭的行政诉讼中搭建。以庭审为中心的审判框架，总的思路是构建合理的庭审规则体系，加强庭审中法庭调查和辩论功能，加强法官“释明权”使用和减少直接调查取证情况。[①] 在行政庭审中，法官往往以“纠问式”将拟好的庭审提纲进行询问，而忽视了调动双方举证、质证积极性。因而，有必要提升证据质证质量，尤其注重鼓励、保护相对人辩论、发言权利。同时，由于负责人大多非法学专业，对涉及的法律事实、证明事项等往往一知半解，而行政相对人诉讼能力也相对较弱，要进一步加强法官“释明权”的行使，在不明确的环节由法官以发问的形式提醒，保障庭审完整有序。在负责人出庭案件，要减少法官依职权或依申请调取证据，避免造成先入为主的不良影响，进而影响公正。

3. 设立负责人“出声”独立环节。负责人“出庭不出声”长期饱受诟病，对此《负责人出庭规定》不仅以“柔性方式”明确负责人具有陈述、答辩、辩论等义务，更以“刚性方式”强制负责人就实质性解决行政争议发表意见。因而法院有必要在庭审活动中单独增设负责人“出声”环节，该环节可以在法庭辩论之后，即原被告已经完成法庭调查、举证质证等环节，负责人结合庭审情况阐述意见，法官也可以进行提问，从而推动案件事实的查清，有效回应群众关切，避免程序空转。

4. 明确规定缺席判决制度。《负责人出庭规定》规定负责人无正当理由未出庭、延期后未出庭、负责人及工作人员皆未出庭、擅自中途退庭等情形，法院应当向相关部门提出司法建议。由于司法建议并不具有强制性，因而建议在负责人应当出庭案件中一旦出现第 12 条规定的前四款情形，规定在不影响案件正常审理的情况下，法院可以依法作出缺席判决，明确负责人出席庭审的义务和放弃诉权的不利后果。

（三）路径之三：构建矛盾多元化解机制，推动争议实质性解决

法院作为化解行政争议最后一道关口，如何化解“官”民矛盾，倡导“官”民平等，实现“官”民和谐，是摆在面前的一道关键难题。行政诉讼虽然旨在审查被诉行政行为的合法性，其最终目的仍是平衡权益失衡状态，弥合权益受损状态。我国行政案件上诉和再审率一直都比较高，甚至当事人反复上访屡见不鲜。法院应积极利用负责人身份象征和行政职能，构建多元化纠纷解决机制，实现争议实质性化解。

1. 诉前及时介入引导，实现诉源治理减量。对群众而言，起诉政府并

---

① 仝蕾、黄斌：《庭审中心主义在行政诉讼中的思辨与应用》，载《法律适用》2015 年第 12 期。

非首要选择，往往是走投无路不得已为之。诉前是化解行政争议的黄金时期，应当把握好这个时机，将纠纷化解在萌芽状态。在矛盾纠纷多元化解中心或者诉讼服务中心设置窗口，增配具有行政审判经验的法官或法官助理，当群众来咨询或立案时，提供全面的诉讼指引和调处工作，向当事人明确诉讼风险，让不符合法律规定的诉求回归行政救济渠道或者打消诉讼念头。对于当事人情绪激动、案件敏感或行政行为明显不合法的案件，调解法官应主动与负责人沟通，引导诉前修正违法行为。

2. 诉中加强调解工作，引导双方化解矛盾。法院在审查行政行为合法性后，应甄别是否违法，抑或只是原告对被诉行政机关工作人员“气不过”而起诉。一旦行政行为违法，应禁止违法调解，防止出现逾越法定范围致使调解功能扩大化，导致成为法院与行政机关私下沟通甚至妥协的“软法”暗渠。如果只是气不过或存在误解，法官应在合适的环境中，引导负责人利用身份与原告真诚、积极沟通，让原告内心的“赌气”顺了，也避免判后再上诉或长期信访。

3. 诉后注重释法明理，确保真正案结事了。法官要注重裁判文书说理工作，坚持事理和法理相融合，做到裁判文书通俗易懂、入情入理，促使当事人服判息诉。对原告败诉案件，要加强判后答疑，积极引导负责人做通工作。对行政机关败诉案件，督促行政机关履行判决义务，加强执行和解，弥补原告受损权益。

（四）路径之四：健全出庭应诉配套机制，提升依法执政能力水平

1. 建立以法院为主导的应诉考评机制，确保“出庭—出声—出效”。传统考核方式在推动负责人出庭起到积极作用，但出庭效果却不尽人意。在纳入法治建设绩效考核基础上，逐步取消败诉率等不合理指标，加入以法院为主导的应诉考评机制，将负责人诉讼活动中表现出的庭前准备充分程度、庭审表现（尤其是法庭辩论和举证质证环节）、参与协调度、矛盾化解、庭后总结、判后执行等情况量化分值，由法院“每案一评”。考评结果应及时反馈上一级行政部门和监察机关，并与年度绩效考核情况相挂钩，对表现不理想的单位年底扣罚相应绩效奖励。

2. 构建法律素养培训机制，提高行政机关应诉认同感。实现“要我出庭”到“我要出庭”观念转变，一是注重开展法治素养培训，加强负责人法治思维锤炼，定期组织现场庭审观摩活动，分析研判行政典型案例。二要重塑“以民为本”思维，如何回应人民需求与提升满意度是近年来司法改革的关注点，负责人出庭蕴含传统民本思想的传承，既要摒弃“权利本位”错误观念，增添庭审平等与对抗理念，又要满足群众告官见官期待，将出庭作为民意诉求搜集的渠道，在法庭调查或辩论环节以及庭后主动与

相对人坦诚交流，使其感受到重视，实现真正出庭效果。

结 语

作为一项根植于法治中国生态环境中的司法制度，负责人出庭向我们展示了服务型政府的转变，也表达了直面争议、勇于纠错的决心。希望通过不断总结经验、弥补不足、丰富配套，实现制度功能回归，促进负责人出庭出声，将行政诉讼塑造成一个公正、高效的纠纷解决机制。

行政示范诉讼的制度构建

——以实质性解决群体性行政争议为视角

鲍　滨[*]　钟　伟[**]

示范诉讼是解决群体性行政纠纷的一种有效制度，能有效优化司法资源配置，全面提升司法质效。2016年最高人民法院印发《关于进一步推进案件繁简分流优化司法资源配置的若干意见》，鼓励各地法院探索示范诉讼方式解决系列性或群体性民事、行政案件。2019年最高人民法院发布《人民法院第五个五年改革纲要（2019—2023）》，指出要推进行政诉讼制度改革，推动行政争议实质性化解，加强审判流程标准化建设。当前，我国多地法院正适用示范诉讼解决群体性行政纠纷，但我国当前并无行政示范诉讼的相关立法和司法解释规定，具体的某类型群体性行政纠纷是否可以适用示范诉讼？如何确定具体的示范诉讼案件？如何对示范诉讼案件进行公正审理？本文通过对当前司法实践进行考察，分析制约行政示范诉讼制度运行的因素，通过结合域外实践和我国民事示范诉讼实践，致力于探索我国行政示范诉讼制度的具体构建规则。

一、示范诉讼的适用现状

示范诉讼①又称标准诉讼、试验诉讼②、实验诉讼③，从广义而言，只要某一诉讼程序超越了个案意义，该案件判决为解决其他案件提供标准，即具有示范意义；从狭义来看，示范诉讼是指通过当事人协议或法官依职权指定，在具有共同事实或法律问题且处于未决状态的多数人诉讼案件中，选取一个或多个案件（以下称示范案件）进行审理，以其诉讼结果（以下

---

* 作者单位：江西省宜春市中级人民法院。

** 作者单位：江西省宜春市中级人民法院。

① 法院在适用此类案件时会采用不同概念，本文参考最高人民法院对此类诉讼的概念界定，采用“示范诉讼”这一概念。

② 季卫东：《要关注“试验诉讼”——当事人推动的制度变迁及其实证研究》，载徐昕：《司法》（第二辑），中国法制出版社2007年版。

③ 说明：当前不存在使用“实验诉讼”这一概念对行政案件进行审理的司法实践。

称示范判决）作为其余相同或类似行政争议处理的样本。[①] 我国司法实践中关于示范诉讼的适用仅指狭义概念，因此本文仅从狭义概念对示范诉讼进行分析。

（一）样本考察

笔者以“裁判文书网”中与行政案由相关的“示范诉讼”“标准诉讼”案件，共计 735 份[②]裁判文书为分析样本，从审理年份、地域分布、案件审级等方面进行分析，从而勾勒出行政示范诉讼在我国司法实践中的运用情况。

从审理年份来看（见图 1），我国是从 2016 年才开始适用示范诉讼进行审理的，且审理高峰期集中在 2018 年。从地域分布来看（见图 2），重庆、青海、山东等地法院适用示范诉讼审理案件较多，其他省份则很少适用，甚至不用。从法院审级来看（见图 3），各级法院都存在适用示范诉讼的情形。

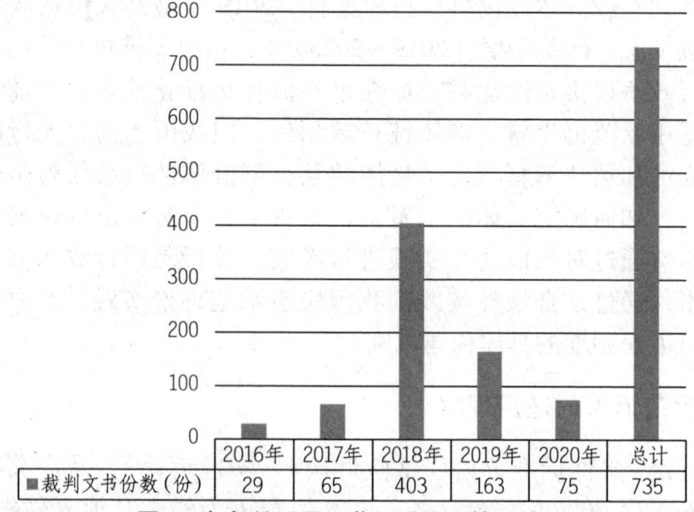

	2016年	2017年	2018年	2019年	2020年	总计
■裁判文书份数（份）	29	65	403	163	75	735

图 1　各年份适用示范诉讼审理情况统计

① 沈冠伶：《示范诉讼契约之研究》，载我国台湾地区《台大法学论丛》第 33 卷第 6 期。转引自杨严炎：《示范诉讼的分析与借鉴》，载《法学》2007 年第 3 期。

② 735 份裁判文书中，使用“标准诉讼”的文书为 496 份，使用“示范诉讼”的文书为 239 份。最后访问时间：2020 年 7 月 21 日。

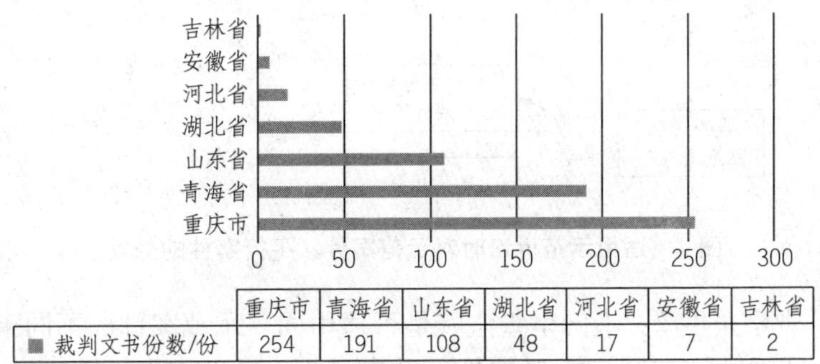

	重庆市	青海省	山东省	湖北省	河北省	安徽省	吉林省
■ 裁判文书份数/份	254	191	108	48	17	7	2

图 2　全国法院适用示范诉讼审理情况统计

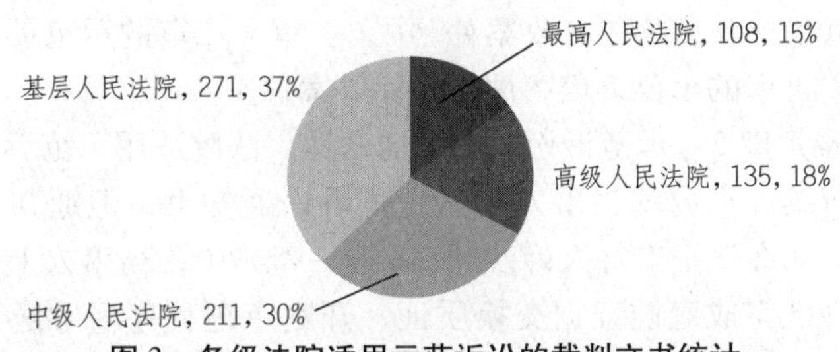

图 3　各级法院适用示范诉讼的裁判文书统计

（二）审理特征

由于没有明确规则指引，各地法院、各级法院在适用示范诉讼时，存在显性适用示范诉讼和隐形适用示范诉讼的情况，而显性适用示范诉讼时，各地法院在具体适用程序上也存在诸多不同。

1. 显性适用示范诉讼。

（1）观察角度 1：是否直接指明示范案件（见图 4）。法院在明确指出适用示范诉讼进行审理时，大多会明确说明示范案件是指具体哪一件。在指明具体示范案件后，对平行案件①的处理存在两种方式：一是对平行案件进行实体审理，二是对平行案件不进行审理。司法实践中，部分法院在适用示范诉讼进行审理时，并未说明示范诉讼案件是哪一件，如青海法院②在适用示范诉讼进行审理时，大多采用此种方式。

① 平行案件即与示范诉讼案件同类型的其他案件。

② 参见王来者布与格尔木市郭勒木德镇人民政府案，青海省格尔木市人民法院（2018）青 2801 行初 82 号一审行政判决书。

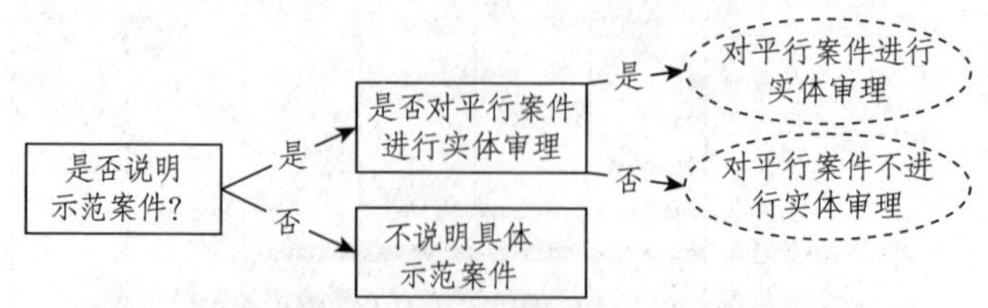

图 4　适用示范诉讼时对示范案件、平行案件的处理

（2）观察角度 2：不同审级法院是否适用同一示范案件。不同审级法院在适用示范诉讼处理同一类群体性行政案件时，大多适用同一案件作为示范案件，但实践中也存在不同审级法院适用不同示范案件进行审理的情形，如许冬会与武昌区政府房屋征收案件①中，一审、二审的示范诉讼案件是奚小弟等案件，再审的示范诉讼案件是熊伟等案件。

（3）观察角度 3：示范诉讼通知书的送达。法院适用示范诉讼时，一般会向包括平行案件在内的当事人送达示范诉讼通知书，但通知书送达时间可能不一致。如在夏平安等人诉沙坪坝政府一案②中，当事人上诉称法院在示范诉讼案件已完成庭前证据交换质证、开庭审理程序后才送达示范诉讼通知书，且法院在审理过程中对上诉理由未作出任何回应。此外，平行案件当事人对送达通知书的态度也存在不同，部分案件中当事人明确表示反对采用示范诉讼方式解决所诉纠纷。

（4）观察角度 4：适用示范诉讼时对平行案件的处理方式。各地法院在适用示范诉讼时，对平行案件的处理方式存在不同。大多数法院会先行审理示范案件，裁定中止平行案件的审理，但实务中也出现了法院通过劝说原告撤诉的方式来适用示范诉讼进行审理的情形（见表 1）。

表 1　一审法院对平行案件的处理方式

处理方式	审理结果	案件	案号	备注
方式一	法院考虑到示范诉讼正在审理，裁定中止平行案件处理	原告诉武昌区人民政府行政征收等案	（2017）最高法行申 449 号、（2017）最高法行申 495 号、（2017）最高法行申 413 号等	—

① 参见许冬会与湖北省武汉市武昌区人民政府案，最高人民法院（2017）最高法行申 391 号再审行政裁定书。

② 参见夏传安、夏传庆诉重庆市沙坪坝区人民政府国有土地上房屋征收决定案，重庆市高级人民法院（2020）渝行终 116 号二审行政裁定书。

续上表

处理方式	审理结果	案件	案号	备注
方式二	原告在保诉权的前提下提出撤诉，法院以该案与平行案件案情类同，可用示范诉讼带动案件批量解决为由准许撤诉	湖北省十堰市茅箭区人民法院适用示范诉讼审理的43个案件	（2016）鄂0302行初47号、（2016）鄂0302行初74号、（2016）鄂0302行初46号、等文书	考虑到审判实务中出现大规模撤销可能性较小，因此笔者推定法院通过劝说原告撤诉这种方式来适用示范诉讼进行审理

（5）观察角度5：一、二审法院对适用示范诉讼的态度。当前司法实践中，法院会在一审、二审或再审程序中适用示范诉讼。由于当前并无示范诉讼的相关规则指引，部分案件当事人会因一审采用示范诉讼方式进行审理提起上诉。如蔡远志诉重庆市渝中区人民政府、重庆市人民政府房屋行政征收决定及行政复议一案①中，蔡远志因不服一审法院采用示范诉讼审判方式进行审判提起上诉，认为法院未对案件进行实体审理，自己的诉权受到侵犯。在司法实践中，大多数法院会支持一审法院适用示范诉讼的审理方式，但也存在部分法院认为一审不应当适用示范诉讼，从而撤销一审判决的情形（见表2）。

表2　二审法院对一审适用示范诉讼的态度

案件	审理结果	原因分析	案号
重庆市高级人民法院审理的115个案件	认同适用标准诉讼	当事人因一审适用标准诉讼而提起上诉，上诉理由均为不服一审法院适用标准诉讼方式对其案件进行审判，法院驳回上诉	（2018）渝行终287号、（2018）渝行终262号等文书
李桂芹诉威县洺州镇人民政府确认违法一案及类似案件	撤销适用标准诉讼审理结果	二审法院认为行政诉讼中，因原告不同、权利损害的主张亦有所不同，诉讼指向行为是否为同一行为、实施主体是否相同，与相对人相关的事实均有可能存在不同，因此撤销采用标准诉讼审理的判决	（2020）冀05行终20号、（2020）冀05行终15号

2. 隐形适用示范诉讼但规避示范效果。在司法实践中，有些法院在处理房屋征收等群体性行政纠纷时，会在判决书中明确说明该判决对其他当

① 见蔡远志诉重庆市渝中区人民政府、重庆市人民政府房屋征收决定及行政复议案，重庆市高级人民法院（2018）渝行终103号二审行政裁定书。

事人不具有既判力。如（2018）京行终 1855 号等判决中明确说明该确认违法判决的效力范围限定于上诉人和东城区政府之间，而对其他被征收人不具有既判力。[①] 个案判决一般仅对该案当事人具有拘束力，为何此判决要特意强调对其他当事人不具有既判力呢？笔者认为，示范诉讼对其他案件会起到示范效果。若原告在示范诉讼中胜诉，平行案件当事人可能会基于胜诉结果提起诉讼，被告为避免败诉损失和诉讼费用承担等风险，会主动选择和解方式，从而避免不必要的讼累。同理，若原告败诉，该逻辑结果同样适用。该法院可能担心个案审理会被其他当事人当作示范诉讼看待，尤其是原告胜诉的情况下，为避免更多类似诉讼产生，维护社会稳定，才在判决中作出如此说明。此种适用属于隐形适用示范诉讼，且案件数量较少，因此本文不再进一步探讨。

（三）问题梳理

通过对样本进行分析，笔者发现在当前司法实践中，适用示范诉讼审理群体性行政纠纷仍存在诸多问题。

1. 随意适用示范诉讼。大多数法院在适用示范诉讼时，会明确说明具体示范案件，但在审理时却并未说明为何选择该案作为示范案件。如在黄朝秀诉渝中区人民政府行政复议案[②]中，裁定书上直接写明适用示范诉讼（2017）渝 05 行初 385 号案件，而以（2017）渝 05 行初 385 号案件作为示范诉讼的案件多达 63 件，但这些案件中均未说明选择此案作为示范案件的原因。笔者进一步分析所选用的 735 份裁判文书，发现文书上均未明确写明选择示范案件的原因。对于示范诉讼而言，示范案件的选择具有决定性的作用，法院不告知当事人选择示范案件的原因，不仅表明法院在适用示范诉讼时具有随意性，而且也会让当事人误以为诉权被剥夺，从而提高上诉可能性。

2. 示范诉讼的强制适用。部分法院在适用示范诉讼时，虽然程序上会向当事人送达示范诉讼通知书，但对于平行案件当事人提出的反对适用示范诉讼进行审理的请求则置之不理，未作出书面答复，司法实践中出现类似的情况不是少数。如在冯宗成与沙坪坝政府征收等案件[③]中，上诉人诉称其在收到一审法院采用示范诉讼通知后，及时邮寄了《及时开庭申请书》，表明不同意适用示范诉讼并要求及时开庭审理，但法院收到后并未回复任

① 参见北京市高级人民法院（2018）京行终 893 号、1855 号、1862 号、1874 号、1940 号等行政判决书。

② 参见黄朝秀与重庆市渝中区人民政府行政复议案，重庆市第五中级人民法院（2017）渝 05 行初 392 号之一一审行政裁定书。

③ 参见重庆市高级人民法院（2020）渝行终 130、145、190、193 号等行政裁定书。

何书面意见，也未开庭进行审理。从中可以看出，我国司法实践中适用示范诉讼时具有一定的强制性，这种强制性在一定程度上侵犯了当事人的诉权。

3. 标准诉讼适用程序不一。从前述分析中可以看出，不同法院在适用示范诉讼进行审理时，适用的程序可能不同，主要体现在如下方面：第一，是否明确指明示范诉讼案件是哪一件；第二，送达示范诉讼通知书的时间不一；第三，对平行案件是否采用实体审理的方式；第四，是否告知平行案件当事人可以在多长时间内提出异议，对当事人提出的异议是否回应等。由于法律无明文规定，且各地法院在实践中适用程序不一，导致适用示范诉讼的案件出现上诉、再审的情况较多。

二、制约行政示范诉讼制度运行的因素

司法实践中适用示范诉讼还存在一些问题，导致这些问题的原因，既有主观原因，也有客观原因。下文从法律问题、能力问题、认识问题等角度对产生这些问题的原因进行深入剖析。

（一）现有制度和学理研究缺位

2016 年 9 月 12 日，最高人民法院下发《关于进一步推进案件繁简分流优化司法资源配置的若干意见》，指出要“探索实行示范诉讼方式”，通过示范诉讼带动系列性或群体性民事案件和行政案件的高效解决。在民事示范诉讼领域，部分高级人民法院通过文件明确规定了示范诉讼制度，如浙江省台州市三门县人民法院 2015 年出台《关于涉众型案件适用示范诉讼模式的若干意见》，北京市高级人民法院 2019 年出台《关于依法公正高效处理群体性证券纠纷的意见（试行）》（以下简称《北京高院意见》），深圳市中级人民法院于 2020 年 4 月出台《关于依法化解群体性证券侵权民事纠纷的程序指引（试行）》（以下简称《深圳中院指引》），均对群体性民事示范诉讼作出了具体规定，推动了民事示范诉讼的制度化、规范化，使民事示范诉讼得以常态化运用。此外，学者对于民事示范诉讼也研究诸多，民事示范诉讼受到“追捧”。

反观行政示范诉讼，虽然最高人民法院和部分地方法院已经采用示范诉讼方式解决群体性行政纠纷，但当前并无法律规定和司法解释，且相关学理研究较少，[①] 行政示范诉讼一度处于“受冷落”状态。缺乏具体制度支

---

① 通过中国知网查询，只有少数学者对行政示范或标准诉讼进行研究，如熊则凯、涂明珠：《论行政示范诉讼之构建——化解行政群体性纠纷的第三条道路》，载《全国法院第 25 届学术讨论会议获奖论文集》；柳志清：《论行政示范诉讼制度》，中南大学 2014 年硕士学位论文；王兰旭、刘雅倩：《从代表人诉讼到职权型示范诉讼——化解行政群体性纠纷的基层思考》，载《山东审判》2017 年第 2 期。

撑和学理研究，行政示范诉讼制度将会很难有效运转，为使行政示范诉讼这一纷争解决机制快速激活，使之能对实质性解决群体行政纠纷发挥真正的作用，对行政示范诉讼的具体运行展开探讨非常必要。

（二）适用示范诉讼对法官能力提出高要求

立法和司法解释的缺位，导致法官在适用示范诉讼时往往需要凭借自身对法律的理解作出自由裁量。当前群体性行政纠纷主要集中在房屋征收、房屋拆迁、土地征收、城市规划管理等领域，诉讼直接关系到当事人的切身利益。当前司法实践中，行政示范诉讼主要用于解决征地拆迁纠纷，案件的争议焦点主要包括征地拆迁程序的合法性、安置补偿的合法合理性等。法官在适用示范诉讼时，需要作出两个选择：第一，是否选择适用示范诉讼；第二，如果适用示范诉讼，需要选择哪件或哪几件案件作为示范案件。

结案率是衡量法官业务水平的一项重要指标，如果选择适用示范诉讼，如何确定及公正审理示范案件，对法官，尤其是审判经验相对缺乏的法官将是极大考验。保护公民、法人和其他组织的权益是行政诉讼制度的根本目的，[①] 如何从程序上保障当事人的诉权，作出公正判决，减少不必要的上诉，避免诉讼结果导致群体性社会事件的发生，危及社会的稳定，需要法官以法律知识和审判经验作为支撑。

（三）法官对行政示范诉讼制度的认识不足

同案同判是法院在案件审理过程中必须坚持的原则，也是实现司法公正的必然要求。为了保证当事人的诉权，在大多数情况下对案件进行个案审理是必要的。考虑到当前各级法院普遍面临“案多人少”的局面，如果案件的诉讼标的相同，当事人诉讼请求相同，案件的主要事实也相同，且针对同一被告当事人提起诉讼，如果法院仍然坚持个案审理，而完全不考虑示范诉讼的适用，势必会造成司法资源的浪费。在陈志元等、郭宝生等、陈志美等、王建光等 16 个案件中，[②] 案件均为原告当事人诉泉州区人民政府房屋行政征收补偿案，且案件一审、二审争议焦点相同。很显然，如果适用示范诉讼对这些案件进行审理，而非对个案进行逐一审查，能有效减轻法院的诉讼负担，同时也让当事人对所诉案件的结果产生合理的心理预期，促使当事人通过和解等方式在诉讼外解决相关纠纷。

相对而言，行政示范诉讼具有两大突出优势：一是提升诉讼效率，二是减少同案不同判。法院适用示范诉讼时，由于示范判决中已明确诉讼目的、诉讼请求、主要案情等内容，因此无需再对平行案件进行实体审理，

① 马怀德、孔祥稳：《改革开放四十年行政诉讼的成就与展望》，载《中外法学》2018 年第 5 期。

② 参见江苏省高级人民法院（2015）苏行终字第 00333、00335、00347 号等行政判决书。

而是根据既判力扩张理论，将示范判决约束平行案件当事人，这一做法符合“成本—效益”原则，也能通过示范案件统一裁判标准、指导下级法院的审判工作。此外，行政机关无需因同一行政行为而重复出庭，能有效落实行政机关负责人出庭应诉制度，进一步推进依法行政和法治政府建设，改善社会治理。

行政示范诉讼可以实质性化解群体性行政纠纷，主要是基于其示范效应，而这种示范效应可以通过示范判决直接体现出来。若原告在示范案件中胜诉，行政机关基于社会维稳效果的考虑，会及时作出补正措施。由于引发征地拆迁诉讼行政案件最为集中的争议点是行政执法程序违法，[①] 因此如果大规模运用示范诉讼解决征地拆迁纠纷，能有效监督行政机关依法行政。若原告在示范案件中败诉，平行案件当事人或其他潜在当事人经由示范诉讼能预知自己的权利与义务，从而通过采取减少诉讼请求或以非诉方式解决纠纷，甚至将纠纷消灭在萌芽状态。此外，示范诉讼具有试错作用，[②] 法院可以通过示范判决来探知群体接受的底线，从而为下一步解决纠纷寻求共同合意标准。通过示范诉讼，增强裁判的公信力，提升审判质效，促成纠纷的实质性解决，真正取得“审理一案、化解一片”的社会效果。

三、行政示范诉讼制度的运行探索

适用示范诉讼解决群体性行政纠纷，是推进案件繁简分流的重要举措，也是提高司法公信力的现实要求，有利于实现群众合法诉权保护和司法效能提升相统一。法官本可期待立法者对行政示范诉讼这一实践问题给予有效指引，2013 年修改《行政诉讼法》时，最高人民法院法官曾建议“明确标准诉讼制度”。[③] 本文拟借鉴域外示范诉讼制度实践和我国民事示范诉讼制度，为我国行政示范诉讼制度的运行提供原则性参考。

（一）域外实践概况

从域外实践来看，德国在 1960 年颁布了《德国行政法院法》，第 93a 条对示范诉讼作出了规定；[④] 2005 年制定了《德国投资人示范诉讼法》，并于 2012 年进行修订，对民事示范诉讼作出了具体规定，主要用于解决证券群

---

① 蒋中东、马国贤：《征地拆迁行政诉讼工作的现状问题和对策建议》，载《法律适用》2012 年第 6 期。

② 张有林、庞云霞：《我国示范诉讼制度的构建》，载《人民论坛》2017 年第 14 期。

③ 李广宇、王振宇、梁凤云：《行政诉讼法修改应关注十大问题》，载《法律适用》2013 年第 3 期。

④ 何海波：《中外行政诉讼法汇编》，商务印书馆 2018 年版，第 703～704 页。

体性纠纷。[①]《英国民事诉讼规则》第9章第3节、《英国最高法院规则》指令4第9条等共同确立了示范诉讼制度。[②]

德国行政示范诉讼制度规定，如果有超过20个诉讼案件针对行政机关的同一行政行为，则法院可以先行审理其中的1个或多个案件作为示范诉讼，并中止审理其他案件。在示范诉讼裁判发生法律效力的情况下，需要听取当事人的意见，如果所有当事人一致认为自己所诉的案件与示范诉讼案件不存在事实上或法律上的重要区别，且案件事实清楚，法院可以裁定形式对其他中止的案件作出裁判。此外，法律还规定当事人有采取法律救济措施的权利，法院应当告知当事人有权利要求以判决的形式作出裁判。

（二）关于示范诉讼的一般要素考量

1. 适用示范诉讼的群体性行政纠纷数量。从德国行政示范诉讼制度来看，若存在超过20个的纠纷针对同一被告，则可以适用行政示范诉讼。在我国民事示范诉讼指引中，大多认为具有10个以上原告的纠纷可以适用示范诉讼进行解决。关于适用示范诉讼的同类案件数量问题，考虑到案件数量越多，当事人申请达成示范诉讼协议困难越大，笔者认为可以参考《最高人民法院关于适用〈中华人民共和国行政诉讼法〉的解释》（以下简称《行政诉讼法司法解释》）中关于群体案件的规定，[③] 当同类案件数量达到10件以上（含10件）时，可以由当事人申请或法院依职权提起示范诉讼。

2. 示范案件的级别管辖。在域外司法实践中，示范判决均由较高级别法院作出，随后由较低级别法院再对平行案件进行审理。[④] 如《德国投资人示范诉讼法》规定，示范诉讼分为三个阶段进行审理：第一阶段由受害人在联邦地方法院提起个别诉讼，第二阶段由联邦高等法院就共通事项作成示范诉讼决定，第三阶段由联邦地方法院基于示范诉讼决定继续审理第一阶段提起的个人诉讼。[⑤] 考虑到我国法院普遍面临“案多人少”的情形，将示范案件和平行案件分为两级法院审理，在我国可能不具有可行性。

从我国民事示范诉讼管辖来看，《北京高院意见》规定凡属于北京市有

---

① 陈慰星：《群体性纠纷的示范诉讼解决机理与构造》，载《华侨大学学报（社会科学版）》2015年第2期。

② 胡军辉：《对我国建立民事示范诉讼制度的思考》，载《中国青年政治学院学报》2010年第1期。

③ 《最高人民法院关于适用〈中华人民共和国行政诉讼法〉的解释》第29条：人数众多一般指10人以上。

④ ［日］小岛武司：《诉讼制度改革的法理和实施》，陈刚、郭美松等译，法律出版社2001年版，第95页。转引自倪培根：《论我国证券期货纠纷示范判决机制的制度化展开》，载《河北法学》2019年第4期。

⑤ 陈慰星：《群体性纠纷的示范诉讼解决机理与构造》，载《华侨大学学报（社会科学版）》2015年第2期。

管辖权的法院受理群体性证券纠纷，均具有适用示范诉讼方式的管辖权；而《深圳中院指引》则规定中级人民法院对示范诉讼进行管辖。虽然我国民事示范诉讼适用管辖更趋简单，未让不同层级法院参与审判，但却通过专业法官会议、庭长、院长、审判委员会的参与，在程序上保障了当事人的诉权。

根据《行政诉讼法》第 15 条规定，本辖区内重大、复杂的第一审行政案件由中级人民法院管辖。由于示范诉讼需要统一法律适用，且群体性行政纠纷涉及人数多、影响范围广，而当前存在大量因基层法院适用示范诉讼引起的上诉纠纷，因此，笔者认为基层法院很难担此“重任”，建议示范案件由中级人民法院审理。

3. 示范案件的确定。选择合适的示范案件才能有效保障当事人的知情权、参与权。当前我国在行政示范诉讼运用时，均未明确告知当事人确定示范案件的原因。域外关于民事示范案件的确定方式有三种：一是完全由当事人自由协商确定；二是法院直接指定或法院在当事人协商的部分案件中进行指定；三是先由当事人协商，后由法院审查确定。[①] 行政诉讼与民事诉讼存在一定的区别，行政诉讼侧重于解决行政争议，监督行政机关依法行政，而群体性行政争议大多涉及比较专业、复杂的法律问题，由当事人协商达成一致的概率小，即使协商一致也可能导致群体权益受损，因此，笔者认为可以借鉴域外确定示范案件的第二种方式，即直接由法院指定示范诉讼案件。

此外，根据《行政诉讼法司法解释》第 3 条第 1 款第 9 项规定，诉讼标的已为生效裁判所羁束的，已经立案的，应当裁定驳回起诉。一般而言，法院会先行审理先立案的案件，即以时间因素作为确定示范案件的要素之一，但考虑到很多先行立案的案件可能并不具有代表性，且诉讼时间不具有可控性，因此司法实务中也存在很多示范诉讼案件并非最先立案的案件，如杨宝兰等诉芜湖县人民政府房屋征收决定一案中，标准诉讼为（2018）皖 02 行初 94 号吴祖保、胡涛就同一房屋征收决定提起的诉讼，虽然杨宝兰等人先于吴祖保等人提起诉讼，但安徽省高级人民法院先作出了（2019）皖行终 694 号生效行政判决。虽然法院不会完全按照时间因素来认定示范诉讼，但考虑到示范诉讼案件当事人有可能提出上诉或再审申请，而上诉、再审案件所需时间较长，因此法院在认定示范诉讼时，可以诉讼时间先后为依据，结合其他考量因素进行选择适用。

---

① 胡军辉：《对我国建立民事示范诉讼制度的思考》，载《中国青年政治学院学报》2010 年第 1 期。

（三）示范案件的既判力

关于示范案件的既判力，需要从主观和客观范围两个维度进行考虑。[①]既判力相对性是指判决、裁定的既判力一般仅发生在当事人之间，[②]示范诉讼适用的前提是示范诉讼案件判决结果可以裁定适用于平行案件当事人，此即为既判力主观范围上的扩张。要想让既判力扩张具有正当性基础，需要满足以下两个保障条件：一是法院需要对被诉行政行为的合法性进行全面审查；二是法院不能在不同案件中对同一行政行为的合法性作出相反认定。[③]

示范案件既判力的另一关键在于如何认定法院的审理范围，即既判力客观范围的问题，通说认为既判力客观范围仅限于裁判文书主文。在陈志美诉泉山区人民政府面积认定一案[④]中，最高人民法院认为前诉裁判中的诉讼标的当然具有既判力，对前诉裁判所依据的主要事实和列为争议焦点经质证辩论后认定的事实，一般也认为具有既判力；而前诉裁判在审理查明部分所认定的一般性事实，或者说次要事实的认定，一般也不具有既判力。笔者认为应以示范案件共通性的内容作为认定既判力客观范围的标准。

（四）诉讼经济与程序价值的权衡

采用示范诉讼解决群体性行政争议，能以较小规模解决较大纠纷，能扩大行政诉讼制度解决行政争议的能力，避免法院对共通事实、法律问题进行重复审理，从而避免造成司法资源浪费，以及同案不同判。

由于缺乏相关指引，法官在适用示范诉讼时难免踟蹰不前，而前瞻性的司法实践本可以为制度构建提供实证指引，这也是本文分析的意义所在。但即使是再前沿的审判，也不能与司法公正的理念背离，否则只会南辕北辙。尤其是法院在群体性案件中本就面临“维稳”压力。要维护司法公正，最基本的前提是保护当事人的诉权，即给当事人打开法院的大门，让他们可以选择诉讼作为解决纠纷的一种方式，此外也要保障当事人的知情权、参与权、表达权和处分权，这也构成了法官在随意适用示范诉讼时的阻却因素。法院在适用示范诉讼审理群体性行政纠纷时，既需要考虑审理便宜性和诉讼经济，也需要考虑示范判决的社会影响，在程序上保障当事人正

---

① 田勇军：《行政判决既判力主观范围扩张理论探析》，载《行政法论丛》（第 17 卷），法律出版社 2015 年版。

② 张卫平：《既判力相对性原则：根据、例外与制度化》，载《法学研究》2015 年第 1 期。

③ 参见冯华与重庆市渝中区人民政府房屋行政征收案，重庆市第五中级人民法院（2018）渝 05 行初 219 号一审行政裁定书。

④ 参见陈志美、徐州市泉山区人民政府案，最高人民法院（2017）最高法行申 248 号再审审查与裁判监督行政裁定书。

当的诉权。

四、我国行政示范诉讼制度的具体构建

在确定能够采用示范诉讼这一方式后，群体性行政纠纷便会进入示范诉讼的不同阶段。当前我国并无具体的程序指引，各地法院在适用时也各有差异，因此下一步需要解决的问题是，我国行政示范诉讼应该如何进行具体制度构建（见图5）。

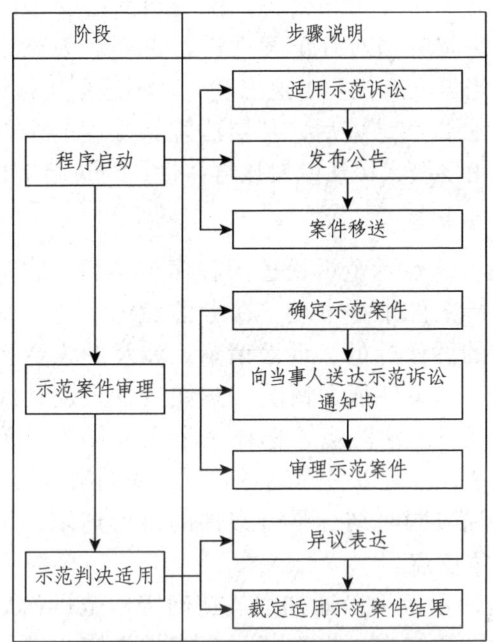

图5　我国行政示范诉讼适用的具体程序

（一）程序启动

程序启动阶段本质上围绕着如何评价示范案件展开，即何种案件由哪级法院受理且案件数量达到多少件时可以适用此程序。

1. 适用示范诉讼。行政案件的原告向有管辖权的基层法院提起诉讼后，原告、被告均可以申请适用示范诉讼，法院也可依职权适用示范诉讼。[①] 在我国当前适用行政示范诉讼的实践中，并不存在由当事人主动申请或通过协议申请适用示范诉讼的情形。考虑到由原告申请适用示范诉讼有利于实现当事人意思自治，让原告更乐于接受示范判决；而由被告申请适用示范诉讼可以有效落实行政机关负责人出庭应诉，通过群体舆论监督行政，减

① 杨瑞：《示范诉讼制度探析：兼论我国代表人诉讼制度之完善》，载《现代法学》2007年第5期。

轻负面社会影响。因此，笔者认为应当赋予原、被告申请示范诉讼的权利。由于群体性行政诉讼大多涉及当事人个人利益，当原、被告均未申请适用示范诉讼时，若法院认为该案可能是由同一行政行为提起，适用示范诉讼更有利于实质性化解纠纷，法院也可依职权启动示范诉讼。

2. 发布公告。案件受理后，若针对同一被告的纠纷达到 10 件时，法院应当对外发布公告；若针对同一被告的纠纷未达到 10 件时，法官应当结合案件的具体情况，判断该案件是否构成群体性纠纷。若存在需要适用示范诉讼的情形，则也需要对外发布公告，说明当前已受理的案件情况和诉讼请求。公告期间，法院应当对登记案件进行审查。为充分尊重当事人的诉权，公告期满前，当事人有权要求退出登记，不适用示范诉讼进行审理。

3. 案件移送。公告期结束后，基层法院将受理的全部案件移送到所属的中级人民法院，由中级人民法院对该群体性纠纷进行审理。

（二）示范案件审理

1. 确定示范案件。在示范诉讼适用程序启动后，法院要依职权确定示范案件，并裁定平行案件中止审理。在考虑确定示范诉讼案件时，法院应围绕示范诉讼案件的诉讼标的、诉讼请求、涉及的人数多少、案件的典型意义、案件立案时间、案件证据情况、案件当事人及其代理人等具体情况作出审理。通常情况下，法院应该选择一个案件作为示范诉讼案件进行审理；若纠纷过于复杂，也可以考虑选择若干个案件作为示范案件进行审理。在开庭审理前，法院应同时结合平行案件的诉讼请求，尽可能全面、准确地确定该类案件的争议点。

2. 向当事人送达示范诉讼通知书。在确定示范诉讼后，法院要向案件当事人送达示范诉讼通知书，告知其示范案件选定、共同争点、平行案件范围等具体内容，并告知其有权旁听示范诉讼审理，同时如果认为自己所诉案件与示范案件在事实上和法律上存在重要区别，可以在示范案件审理结束后提交相关情况说明。如果当事人明确表示不同意适用示范诉讼进行审理，法院需要尊重当事人的异议权，充分听取当事人的理由，决定是否适用示范诉讼进行审理。

3. 审理示范案件。为了让更多平行案件当事人参与示范案件的审理，示范诉讼宜采用公开开庭审理方式。在法庭审理过程中，法官要对示范案件的诉讼标的、诉讼请求、主要事实等进行重点审理，同时要对案件内容实行全面的实体审理。如果示范诉讼是以和解结案，则示范诉讼的作用难以发挥，需要重新选定案件作为示范案件。① 为了避免司法资源的重复和浪

① 王兰旭、刘雅倩：《从代表人诉讼到职权型示范诉讼——化解行政群体性纠纷的基层思考》，载《山东审判》2017 年第 2 期。

费，法院在确定采用示范诉讼审理前，需要对当事人是否可能适用和解解决纠纷进行再次确认。鉴于当前司法实践中存在大量涉及行政赔偿、补偿及其他法官具有一定自由裁量权的纠纷[①]适用示范诉讼，且示范案件的调解也能对平行案件起到示范作用，有利于促进纠纷的实质性解决，因此，笔者建议法院可以积极采用调解方式解决示范案件纠纷。

（三）示范判决适用

1. 异议表达。示范判决生效后，平行案件当事人可以在异议期内提出异议，异议期可参考行政诉讼的上诉期，即当事人如果在示范判决生效后的15日内不递交情况说明，则视为放弃诉权。若当事人申请变更诉讼请求且诉讼根本目的发生调整，[②] 此时案件已与示范案件存在实质上不同，则应告知当事人另行起诉；若当事人要求对示范诉讼中已审理的内容再次进行实体审理，则告知其不予受理。

2. 裁定适用示范案件结果。如果法院认为平行案件与示范案件并无事实和法律上的重要区别且案件事实清楚，且示范诉讼案件审理结束后，平行案件当事人并未提出存在异议的情况说明，法院可以参照《民事诉讼法》第54条第4款规定，裁定平行案件适用已生效的示范判决。

结 语

示范诉讼作为一种程序工具，最终目的不是两造对抗，而是避免原被告双方产生的高昂诉讼成本，同时避免重复司法审理。行政示范诉讼的适用能彰显公平与经济的诉讼价值，有利于法治政府建设，也有利于实现繁简分流，符合当前法院改革的发展方向。当前，存在适用示范诉讼的前瞻性审判，但显然还需要更翔实的实证分析来实现示范诉讼的制度构建，期待本文能够提供相关参考。

---

① 《行政诉讼法》第60条第1款规定：人民法院审理行政案件，不适用调解。但是，行政赔偿、补偿以及行政机关行使法律法规规定的自由裁量权的案件可以调解。

② 马丁：《论诉状内容变更申请之合理司法应对》，载《中外法学》2017年第29期。

行政决定财产保全的现实考察与完善进路

——以600份行政裁定书为分析样本

谢 晖* 黄淑娟** 李 伟***

《行政强制法》的出台明确了以司法强制执行为主、自行强制执行为辅的双轨制行政强制执行制度，有效规制了行政强制执行“滥”和“乱”的问题。但也有一些相对人利用法定期限转移或者隐匿财产，导致行政决定无法实现，最高人民法院因此而规定行政机关在一定情形下可以申请法院采取财产保全措施。通常而言，行政机关是依据生效的行政决定申请法院财产保全的，① 为区别于行政案件中另外一种原告提出的保全申请（学界称之为暂时性权利保护制度），将行政机关提出的财产保全申请称之为行政决定财产保全。本文对裁判文书网公开的行政决定财产保全审查裁定书进行分析，发现财产保全制度没有真正发挥作用，因此有必要对这一制度进行优化并完善。

一、行政决定财产保全运行现状

《行政强制法》并未对行政机关申请财产保全作出规定，为支持行政机关依法行政，《最高人民法院关于执行〈中华人民共和国行政诉讼法〉若干问题的解释》（已失效，以下简称《执行解释》）第48条对诉讼过程中法院采取财产保全措施作了规定（以下简称诉讼财产保全），第92条对申请强制执行前法院采取财产保全措施作了规定（以下简称执前财产保全）。而这两条规定分别被《最高人民法院关于适用〈中华人民共和国行政诉讼法〉若干问题的解释》（以下简称《适用解释》）第76条和第159条所完全承

---

* 作者单位：江西省乐安县人民法院。

** 作者单位：江西省乐安县人民法院。

*** 作者单位：江西省乐安县人民法院。

① 《行政监察法》（2010年修正，已失效）和《禁止传销条例》规定了监察机关和工商管理部门在查办案件时可以申请人民法院采取财产保全措施，但均为保存证据考虑，并非本文研究的为保证行政决定得以实现的而采取的财产保全措施。而从理论上而言行政机关申请财产保全的依据也可能是法院生效判决，但此时行政机关已经可以申请强制执行，因此该情形较少，在本文中不予讨论。

继。笔者检索并分析了中国裁判文书网公开的对行政机关提出的财产保全申请及解除保全申请司法审查裁定书，发现行政决定财产保全在实践中运用较少。

（一）审查结果的差异

笔者查询了中国裁判文书网公开的所有涉及行政机关申请财产保全审查裁定书，[①] 发现真正提出保全申请并被法院所受理的行政机关主要在湖南、河北、湖北等地，大部分省市法院受理的此类案件数均未过百，这种结果显然与行政机关追求行政决定实际执行效果的需求相悖。

为寻求行政机关申请财产保全不积极的原因，笔者对审查案件数量为零的J省F市的审判人员和执法人员进行访谈，执法人员表示申请材料难以收集是其未提出财产保全申请的主要原因；而审判人员也表示申请理由不充分导致法院没有接受行政机关的保全申请，而行政决定可能被撤销的担心也是其“劝诫”行政机关不要申请财产保全的因素。

各地法院对行政机关的财产保全审查结果也存在较大差异（见表1）。笔者随机抽取了600份裁判文书作为研究样本，[②] 发现同样是“为保证行政决定得以执行”申请保全，有法院认定其理由符合法律规定，也有法院认定行政机关未提交被执行人逃避执行的证据，从而作出了不同的审查结果。对于财产保全何时解除，同样存在不同理解。大部分法院在行政机关申请解除或者行政决定被撤销的情形下就解除了保全措施，部分法院在行政裁定书中写明行政机关30日内未申请保全或者起诉将解除保全措施，[③] 甚至也有观点认为行政决定被撤销的并非解除财产保全措施的法定情形（案例3）。

表1　样本案件裁定结果统计表

序号	申请理由	裁定结果	裁判理由	样本类案案号
案例1	无具体或为保证行政决定得以执行	冻结、扣押、查封等执行措施	申请理由符合法律规定	（2019）赣0822财保159号 （2018）赣0981财保229号 （2017）湘1024行审46号

① 数据统计至2020年6月30日，以“行政案件”，判决主文关键词“冻结”为准予保全裁定的检索条件，以“行政案件”、案号“财保”、判决主文“驳回”为驳回保全申请的检索条件，去重并排除暂时性权利保护申请后共检索到11995份裁定书。

② 由于检索结果范围较广且同一法院的裁判结果和文书内容存在较多雷同，对文书数量超过100件的省、市的裁定书，笔者进行随机抽样，共提取样本600件。

③ 湖南省邵阳县人民法院（2020）湘0523财保233号行政裁定书、湖南省桂阳县人民法院（2018）湘1021财保169号行政裁定书等。

续上表

序号	申请理由	裁定结果	裁判理由	样本类案案号
案例 2	无具体或为保证行政决定得以执行	驳回保全申请	未提交被执行人逃避执行的证据	(2017) 湘 0721 财保 48 号 (2017) 湘 1281 财保 1 号 (2018) 琼 9003 财保 30 号
案例 3	复议机关撤销原行政决定	驳回解除保全申请（被保全人提出）	违法事实存在，新的行政决定正在作出	(2019) 川 06 财保 11 号
案例 4	无理由（行政机关提出申请）	解除保全	申请理由符合法律规定	(2018) 湘 3123 财保 99 号之一 (2019) 湘 0903 财保 7 号之二 (2020) 湘 1281 财保 12 号

（二）两种情形的混同

参考民事诉讼财产保全的相关规定，《适用解释》也根据是否提起行政诉讼规定了两种不同的行政案件财产保全类型：即诉讼财产保全和执前财产保全（见表 2）。但需要注意的是，不同于民事财产保全中的诉讼中和诉讼前的关系，通过提起的时间可以很容易地将两种财产保全进行区分并适用相关规定，行政强制执行不仅指非诉强制执行也包括诉讼后强制执行。行政机关在诉讼中提出的财产保全申请同样可以认为是在申请强制执行前，在行政案件诉讼中和申请执行前从时间维度上来看存在一定的重合。

表 2 《适用解释》规定的行政机关申请财产保全的两种情形

财产保全类型	适用时间	适用情形	提起方式
诉讼财产保全 《适用解释》第 76 条	诉讼过程中	因当事人的行为或其他原因使行政行为不能或者难以执行	行政机关申请或者法院主动提起
执行财产保险 《适用解释》第 159 条	行政决定对外生效后，申请强制执行前	被执行前人可能逃避执行的	行政机关申请

不仅是司法解释规定在适用前提的理解上存在竞合，在司法实践中，行政机关和人民法院也存在两条规定的混淆。如行政决定未被提起行政诉讼，而行政机关欲申请财产保全，根据司法解释的规定，应当符合《适用解释》第 159 条“有充分理由认为被执行人可能逃避执行的”情形，但实践中行政机关申请理由多是“为防止当事人逃避执行”“确保行政决定得以实现”“情况紧急”甚至未说明理由（申请理由仅为行政决定或者当事人违法），显然上述理由并非《适用解释》第 159 条的情形，更符合《适用解释》第 76 条适用的情形，但是法院据以采取财产保全措施的法律依据仍然是第 159 条，应该说在实践中，行政机关和法院都混用了两种情形

（见表3）。

表3 准予保全裁定中申请理由和裁定理由统计表

序号	基本案情	申请理由	适用法条	样本类案
案例5	行政机关对被申请人作出《关于征收土地价款的决定》后，发现其发生民事诉讼（涉诉金额大）	发生民事诉讼，如不及时采取财产保全措施，可能造成难以执行的后果	《执行解释》第92条或《适用解释》第159条	（2016）湘1028财保27号 （2019）川06财保13号 （2019）川06财保6号
案例6	行政机关向被申请人作出行政处罚决定，并催告其履行，被申请人未主动履行义务	被申请人未主动履行处罚决定所确定的义务，可能逃避执行	《执行解释》第92条或《适用解释》第159条	（2017）湘0102财保168号 （2019）湘0102财保244号 （2020）湘0102财保558号 （2018）湘0102财保29号
案例7	被申请人不履行行政决定所确定的义务	无/有逃避执行的可能/可能逃避执行/防止被申请人逃避义务	《执行解释》第92条或《适用解释》第159条	（2017）湘1322财保1号 （2018）冀0408财保420号 （2017）赣0981财保221号
案例8	被申请人未履行行政决定所确定的义务	被申请人未履行行政决定所确定的义务，且行政机关已提供担保	《执行解释》第92条	（2017）湘0223行审203号
案例9	被申请人未告知其母亲已经死亡，仍继续领取高龄补贴	无	《适用解释》第76条	（2018）湘1021财保169号 （2018）湘1021财保55号
案例10	被申请人拖欠职工工资	被申请人拖欠职工工资	《执行解释》第92条或《适用解释》第159条	（2014）福行初字第28号 （2015）福行初字第43号
案例11	被申请人涉嫌冒领社会保险金	不及时追缴，将危害国家公共利益	《适用解释》第159条	（2019）豫1329行审391号 （2020）豫1329行审72号
案例12	被申请人涉嫌传销	防止被申请人转移或隐匿违法资金	《禁止传销条例》第14条《执行解释》第48条或《适用解释》第76条	（2019）豫1329行审1号 （2019）鄂1102行审17号 （2020）湘1121财保1065号 （2018）鄂1202财保6号

（三）理由论证的匮乏

行政机关申请法院采取财产保全措施大多数并没有提供充分的证据材料（见图1），而是依照其主观推定提出，但法院出于对行政机关的核心性尊让，① 在一定程度上放松了审查标准，甚至以行政机关的判断代替了法院的审查，缺乏对行政机关申请理由是否符合法律规定的论证过程，导致所谓的司法审查“虚置”。站在司法权的立场而言，是否可以采取财产保全措施是人民法院主客观相统一的判断，不能完全是主观认为，而必须基于一定有形的、现实和客观的情形。② 但是由于审查标准过于模糊，法院对“可能难以执行”或者“可能逃避执行”缺乏一套精细化的判断标准，导致人民法院自由裁量权过大，出于防范风险的目的人为降低或者提高审查标准。根据传统行政法理论，行政决定在未经法定程序被撤销前，于实体法上仍具有效力，③ 行政相对人有必要遵守和执行行政决定，相对人拒不履行，从主观上就存在抗拒执行行政决定的意思表示，对其采取财产保全措施也是恰当的。当然，行政法首先是规范和控制行政权的法律规范系统，④ 控制行政权是其根本功能，法院对行政机关申请理由的审查还是有必要的。

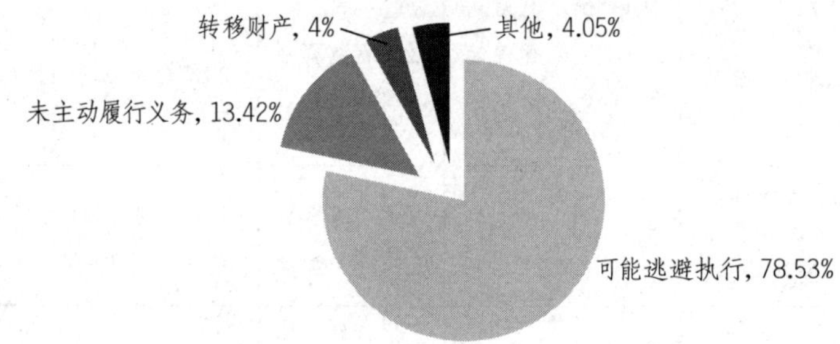

行政机关申请法院财产保全的理由主要在于相对人可能逃避执行，显然是为了和《适用解释》第159条规定相契合。但缺乏客观的、现实存在的证据和说明，显得其申请理由极为单薄，这也是许多法院驳回其保全申请的原因。

图1 申请财产保全的理由

---

① 孟天广、王翔：《国家社会关系视角下的非诉行政执行制度：基于司法大数据的分析》，载《治理研究》2019年第6期。

② 最高人民法院行政审判庭编著：《最高人民法院行政诉讼法司法解释理解与适用》，人民法院出版社2018年版，第715页。

③ 庄汉：《正义与效率的契合：以行政诉讼中暂时性权利保护制度为视角》，清华大学出版社2010年版，第61页。

④ 姜明安主编：《行政法与行政诉讼法》，北京大学出版社、高等教育出版社2015年版，第18页。

二、行政决定财产保全制度异化归因

财产保全是保证行政决定得以最终实现的有效保障，但在实践中，存在适用法律模糊、保全情形混乱、解除保全前提不明确等乱象。究其原因，主要有以下几点：

（一）公权力和私权利的冲突

行政机关申请强制执行前向人民法院申请财产保全，目的在于保证行政决定得以实现，其理论基础在于行政决定的公定力与执行力。行政的本质在于对公共利益的维护和分配，行政案件归根结底就是公共利益和个人利益的冲突。[①] 行政机关通过合法使用国家赋予的权力的手段维护国家与社会的公共利益和调整各方主体的利益分配，[②] 行政机关作出的决定以国家强制力为后盾，体现国家的意志，如果行政决定无法实现将影响国家治理效能，[③] 因此通过财产保全的方式保证行政决定的实现符合公共利益。但是，公民对自己的合法财产具有排他的所有权，《宪法》规定，公民的合法私有财产不受侵犯，不仅是所有权不受侵犯，也在于处分权不受限制。因此，在公共利益和个人自由存在冲突的情形下，应当如何平衡，是司法机关必须面对的问题，不同的价值取向是导致法院作出不同裁判的根本原因。

（二）民事审判和行政审判理念的碰撞

财产保全制度主要来自民事审判领域，《民事诉讼法》中财产保全占有独立的章节，《行政诉讼法》中也明文规定人民法院审理行政案件，关于财产保全“本法没有规定的，适用《中华人民共和国民事诉讼法》的相关规定”。司法解释中关于申请财产保全的条件也几乎完全脱胎于民事诉讼的相关规定，对于诉讼中申请财产保全的情形，民事诉讼和行政诉讼都是规定为“因一方当事人的行为或者其他原因”可能难以执行的。在司法实践中，法院审查行政机关提出的财产保全申请更是深受民事诉讼财产保全相关规定的影响。如以行政机关未提供担保为由不予受理保全申请，又如要求行政机关在30日内提起诉讼或者申请强制执行。如何在行政案件的财产保全中正确参考适用《民事诉讼法》相关规定，在法院内部也缺乏明确的指引。这一点在解除财产保全的适用情形中尤为突出。行政案件与民事纠纷有明显不同，民事案件当事人有充分的处分权，其争议未经法定程序作出终局裁定不具有强制执行力，而行政机关的处分权受法律限制，行政决定作出

---

① 周佑勇：《行政法原论》（第三版），北京大学出版社2018年版，第5页。

② 陈秀平、陈继雄：《法治视角下公权力与私权利的平衡》，载《求索》2013年第10期。

③ 唐明伯：《论被告申请“先予执行”被诉行政行为》，载《高等财经教育研究》2019年第2期。

后即具有公定力和执行力，因此，在民事诉讼财产保全中应当解除的情形并不能直接套用于行政案件中。

（三）程序与效率的博弈

行政诉讼经过30年的发展，社会对行政审判的需求有了一定转变：在维护公民个体权利的前提之下，从维护社会秩序和公共利益的角度出发，保障行政权的有效行使。[①] 根据《行政强制法》的规定，行政机关作出的决定通常至少半年后才能申请强制执行，在此期间内，相对人民事活动较为频繁，6个月过后其财产情况变化较大，本人也可能已然失去踪迹，此时再采取司法强制措施也很难取得令人满意的效果。因此，强制执行前的财产保全，不仅对行政机关而言可以最大限度地实现行政决定的效率，对人民法院而言也能够有效减少强制执行的工作量，提高行政决定执行到位率，为解决行政决定“执行难”提供帮助。但是，现阶段行政机关依法行政的能力和素质还有待提高，行政机关程序违法甚至实体违法的现象还仍然存在，对当事人寻求救济的权利还需要提供有力保障。如果人民法院贸然冻结当事人的合法财产，之后行政决定被依法撤销，会对司法和行政的公信力产生损害。更遑论部分行政机关试图将财产保全作为一种向相对人施以压力的手段，在财产保全措施采取后，通过行政和解或者调解的手段，迫使相对人尽快履行行政义务，实际上无论在民事纠纷还是行政争议中，财产保全也确实起到了这方面的作用。[②] 显然，司法机关在公正和效率中如何权衡也是影响审查结果的重要导向。

三、行政决定财产保全制度功能定位

行政决定是行政机关根据国家赋予的权力实施行政管理的具体载体，行政决定是否能够实现，关系到行政管理甚至是国家治理效能。行政决定财产保全不同于行政诉讼暂时性权利保护制度，也不同于民事诉讼财产保全，有其特有的功能。

（一）保障债权功能

公法之债最早是作为德国司法目的的产物而确立，[③] 日本著名公法学家美浓部达吉从理论上提出“债权的概念为公私法所共通”，[④] 从而为大陆法

① 沈福俊：《实践视角下的行政法治》，北京大学出版社2019年版，第150页。

② 刘利贤、王建荣：《试论财产保全制度的完善》，载万鄂湘主编：《探索社会主义司法规律与完善民商事法律制度研究——全国法院第23届学术讨论会获奖论文集》，人民法院出版社2011年版，第481页。

③ 王厚冬：《公法之债论——一种体系化的研究思路》，苏州大学2016年博士学位论文。

④ ［日］美浓部达吉：《公法与私法》，中国政法大学出版社2003年版，第86~87页。

系广泛所接受并运用。我国公法学界也引入了公法债权的概念，将其定义为在公法范围内，国家或者国家机关要求特定当事人作行为、不行为或者给付的权利。由于行政机关、国家司法机关都可以单方对特定当事人产生公法债权，故参考这一概念，将行政机关根据国家法律法规授权，基于行政程序对相对人单方产生的债权，定义为行政法债权。财产保全的首要目的，就是保障债权的实现。所谓保全即保护使之安全，财产保全是指法院在强制执行前或诉讼过程中，根据利害关系人或当事人提出的申请，或者依职权对当事人的财产作出强制性保护措施，[①] 目的在于限制其对财产的处分，使该财产维持现状。行政机关申请财产保全也不外如是，其首要功能在于限制相对人处分其财产导致责任财产减损，影响到行政决定效力的实现。因此，如果本身相对人没有足够的财产，就没有需要保全的财产，也没有必要进行财产保全。

（二）维护公益功能

行政行为在本质上是一种为公众提供公共服务的行为，[②] 现代行政法具有私人权利的有效保障和公共福祉的制度体现双重功能。[③] 行政机关申请财产保全的行为自不例外，同样具有双重功能：一方面避免公共利益因相对人的行为受损；另一方面，也需要维护公民的合法权利。从公共利益目的出发，人民希望国家公权力体系是有效率的，从而可以让他们得到物超所值的服务——用尽可能少的税赋获得最优的公共管理服务。[④] 基于上述论断而言，行政机关申请财产保全具有维护公共利益的功能，通过司法机关的保全措施，减少了未来为执行行政决定可能产生的费用，提高了行政的效率。尤其是在现代价值多元化和利益冲突的时代背景下，行政行为追求公共利益的价值更为重要。[⑤] 因此，只有在公共利益可能受损的情形下，行政机关为了维护公共利益才具有申请财产保全的正当性。

（三）诉讼和谐功能

2000 年《执行解释》规定了为保护国家利益、公共利益或者他人合法权益不受损失，行政机关可以申请先予执行。《行政强制法》第 59 条也规定因情况紧急，为保障公共安全，行政机关可以申请人民法院立即执行。但是不论是先予执行还是立即执行，都是对当事人财产的实际处分，一旦

---

① 江伟主编：《民事诉讼法》，中国人民大学出版社 2000 年版，第 179 页。

② 叶必丰：《行政行为原理》，商务印书馆 2019 年版，第 8 页。

③ 庄汉：《正义与效率的契合：以行政诉讼中暂时性权利保护制度为视角》，清华大学出版社 2010 年版，第 48 页。

④ 沈岿：《论行政法上的效能原则》，载《清华法学》2019 年第 4 期。

⑤ 叶俊荣：《行政法案例分析与研究方法》，我国台湾地区三民书局 1999 年版，第 9~11 页。

执行错误就难以回转，且容易导致行政机关和相对人的矛盾激化。从另一方面而言，对于无强制执行权的行政机关（也是大部分的行政机关），要在法定的期限届满后才可以申请法院执行，在此期限内可能导致行政决定难以实现的因素较多。尤其是《适用解释》删去了行政机关申请强制执行的条文。换言之，即使情况紧急，无强制执行权的行政机关也无权先予执行或者在复议、诉讼期限内立即执行，行政决定难以实现的可能性大大增加。因此，财产保全的作用更加凸显。因为，如果司法不对行政决定予以支持，放任行政决定难以执行，行政机关对司法强制执行的积极性会受到极大的影响，从而导致司法与行政、行政机关与相对人之间的对立。因此，需要如财产保全一样的暂时性保护措施，既保证生效决定的最终有效执行，又不至于激化行政主体与相对人之间的冲突。

四、行政决定财产保全制度的优化路径

以行政案件中财产保全制度的功能出发，结合行政行为的特点，应当明确行政机关申请财产保全的特有原则，并以原则为指引找到行政机关申请财产保全制度的优化方向。

（一）确立行政决定财产保全的原则

不同于普通民事保全，行政争议财产保全涉及公权力和私权利的冲突、财产保全和行政诉讼目的的冲突、执行成本和所得效益的冲突，因此对行政机关提出的财产保全申请应当遵循以下原则：

1. 衡平原则。行政案件的财产保全应当就公益与私利间进行衡平。首先，财产保全措施的采取应当出于维护公共利益和公共秩序的需要，如果当事人没有对抗行政管理的意思表示或者行为，没有影响到公共利益或者公共秩序，则不得进行财产保全；其次，被维护的价值或者公共利益必须高于当事人受到侵害的权利，因此如税收、工资、社会保险等制度是维护共同体之间的共存共处而存在的最高利益和根本利益，① 有必要通过国家强制手段进行维护；最后，即使是为了维护公共利益的需要而有必要牺牲个人权利，也只能牺牲违反行政管理秩序的相对人的权益，而不能牺牲其他债权人的合法权利，我国《民法典》作出了民事责任优先承担的规定，即“民事责任有限承担原则”，② 如案例 5 以发生纠纷为由申请财产保全，就可能存在违反衡平原则的风险。

2. 比例原则。人民法院判断是否“确需”对相对人实施财产保全措施

---

① 童光法：《公法与私法划分之探讨——首都高校哲学社会科学研究文集》，知识产权出版社 2005 年版，第 126 页。

② 王利明主编：《侵权责任法条文释义》，人民法院出版社 2010 年版，第 13 页。

应当符合比例原则的要求。第一，采取财产保全措施能够达到行政机关和人民法院达到的被执行财产不被转移、行政决定得以执行的目的，如果当事人本身就没有可供保全的财产，就不具备申请财产保全的正当目的，如果财产已被行政机关扣押的，也不应当再申请人民法院进行保全；其次，人民法院采取财产保全措施是必要的，已经没有任何其他能够给当事人造成更小侵害的措施来取代该项措施。因此，即使当事人存在财产变动，但并非刻意逃避执行，在行政机关或法院通过执行罚或者强制执行措施能够达到执行效果的情形下，可以不必采取财产保全措施；最后，财产保全不得采取超过目的需要的过度的措施，应尽可能使行政相对人的损失减少到最低限度。法院和行政机关应当将行政决定得以执行的利益和给当事人造成的后果之间进行衡量，财产保全的方式和范围应当与当事人承担的行政义务相称，如在深圳招财猫公司申请财产保全一案中，行政机关申请保全的金额为500万元，但未说明申请保全的500万元的性质是涉案财产还是拟处罚金额，遗憾的是，法院没有依比例原则审核该保全金额，作出的保全裁定是不恰当的。

3. 避免先决原则。参考大陆法系的相关理论，通说认为民事诉讼财产保全要对原告胜诉率进行审查，在原告有胜诉可能性的情形下，才进入到下一步对申请理由的审查。而行政争议不同，行政机关已经对行政争议作出了判断，即行政决定，而该行政决定具有公定力。无论相对人是否申请行政复议或者提起行政诉讼，非经法定撤销程序，则该行政决定仍然具有法律效力，人民法院无权在其他程序中对其进行审查或者判断。因此，人民法院审查行政机关提出的财产保全申请必须遵循避免先决原则，不得对行政决定进行实体上的审查，以免造成审查结果与审理结果不一致的瑕疵裁判风险。而这也是司法谦抑性的必然要求。

（二）建立行政法债权分级保护的体系

行政机关申请财产保全的目的不仅在于保障行政决定得以实现，更重要的在于保障具有重要社会价值的公共利益不受损害。因此，应当从债权背后体现的社会价值和正义理念考量其应受保护程度（见图2）。[①]

1. 保障性行政法债权的优先保障。所谓保障性行政法债权指为保障公民合法生存、健康、劳动等基本人权或为保障政府职能的正常运行实施的行政决定所产生的请求权，包括责令用工单位支付的劳动工资和缴纳的社保、医保、养老保险等社会费用以及要求补缴的税费，通常以限期缴纳决定书和行政处理决定书的方式作出。保障性行政法债权目的在于保障公民的基本人权，应当予以优先保障，一日没有到位，国家利益或者劳动者的

① 戴新毅：《优先取偿权基本原理探析（下）——权利基础论》，载《宁夏大学学报（人文社会科学版）》2004年第2期。

基本生存权和创造财富的积极性就持续受到侵害，因此对于此类债权，相对人一旦没有在规定的期限内及时履行义务，国家就应当及早采取措施，以免给公共利益或者他人生存权利造成损害。

2. 补偿性行政法债权的及时保护。补偿性行政法债权，或称费用性行政法债权，是对与特定公共事务具有特别关联性的义务人施加的财产负担，[①] 即应交未交、应退未退的费用，一般以限期缴纳决定书的方式作出。该费用专款专用，系特定群体为享受特定公共设施、特定服务或特别许可而应支付的对价，[②] 具有补偿公共支出之作用，[③] 有防水仓效果。[④]因此，应当保证专款的充足性，在制度上确保实行专款专用的行政法债权在可能无法实现的情形下及时得到保障。

3. 制裁性行政法债权的紧急保全。制裁性行政法债权，一般都是以制裁为目的的非补偿性的罚款、没收违法所得决定等。惩罚性债权属于公法责任中的一种加重责任，目的在于通过给违法行为人带来金钱损失的“痛苦”使相对人引以为戒，依法接受行政管理，提高行政管理效能，所实现的债权一律上交国库，由财政支配。如果相对人只是资不抵债而并非刻意逃避执行，也没有保全的必要，毕竟如果相对人本身已经资不抵债，那么有限的财产是用来承担民事责任还是行政责任对违法行政人来说区别不大，罚款无法达到惩戒的目的。相反，国家有国库作支撑，承担责任与风险的能力比普通自然人、法人要强，同样的一笔款项、财物对国家而言可能无足轻重，但会直接关系到个人的生存保障、企业运转，故该类债权应当劣后于其他行政法债权和民事债权实现。[⑤]

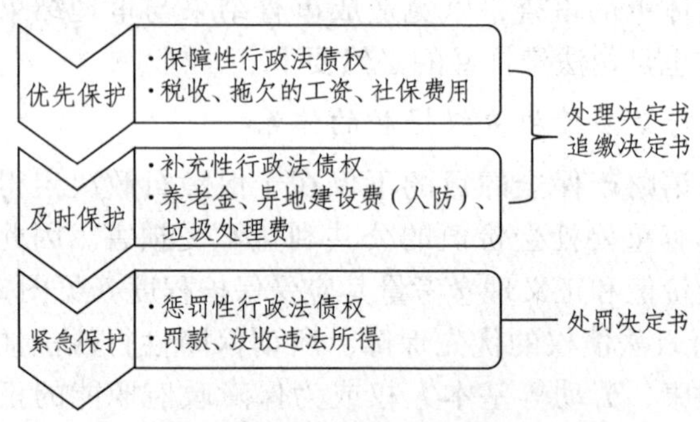

图 2　行政法债权的分级保护

① 葛克昌：《税法基本问题》，我国台湾地区月旦出版公司 1996 年版，第 102~105 页。

② 徐美菊：《论公法债权的内部受偿顺序》，载《江苏经济报》2013 年 7 月 3 日第 3 版。

③④ 熊秉元：《天平的机械原理》，我国台湾地区元照出版公司 2002 年版，第 40~41 页。

⑤ 徐美菊：《论公法债权的内部受偿顺序》，载《江苏经济报》2013 年 7 月 3 日第 3 版。

（三）区分不同行政法债权适用保全的情形

建立了不同行政法债权的分级保护体系，需要在制度上进行明确，法律或者司法解释应当明确区分不同债权符合保全条件的适用情形。

1. 保障性行政法债权的保全情形。保障性行政法债权是国家和公民最高利益的体现，应当优先进行保障，一旦有无法实现的可能，国家力量就有理由介入干预即通过财产保全的方式进行保障。因而对于保障性行政法债权，当事人有履行能力而不主动履行的，为维护公共利益、确保该债权的实现，在行政决定对外发生法律效力后就可以申请财产保全。行政机关向法院申请财产保全还应当提供以下材料：（1）生效的行政决定书；（2）行政决定的送达情况；（3）被申请人是否主动履行行政决定的相关材料；（4）被申请人的财产线索。

2. 补偿性行政法债权的保全情形。补偿性行政法债权是一般是专款专用的各项费用，如果因为相对人的行为或者其他情形，导致其责任财产减少，就侵害到了社会公众的利益。但是财产减少是一个过程，为减少财产保全措施对相对人或其他相关第三人的影响，行政机关在申请财产保全前应当催告当事人履行义务，并告知其不及时履行的法律后果。即行政机关申请对补偿性行政法债权进行财产保全的，应当向法院提供以下材料：（1）生效的行政决定书；（2）行政决定的送达情况；（3）可能导致行政决定无法实现的相关材料；（4）行政机关催告及被申请人履行情况；（5）被申请人的财产线索。

3. 制裁性行政法债权的保全情形。制裁性行政法债权是国家机关通过对违法行为人施以财产惩戒的反向刺激实现行政管理的目的。因此，只有在相对人明显逃避执行对抗国家行政机关管理的紧急情况下，才可以采取财产保全措施。故行政机关申请保全制裁性行政法债权的，应当向法院提供以下材料：（1）生效的行政决定书；（2）行政决定的送达情况；（3）被申请人逃避执行的相关材料；（4）被申请人的财产线索。

结　语

行政决定执行难始终属于行政机关和法院的“痛点”，财产保全措施能够及时对行政法债权提供保护，同时对当事人的损害达到最小化，在维护公共利益和保护个人权益之间达成平衡，应当在实践中加以重视并规范适用。但是，彻底解决执行难并非一日之功，不仅需要行政机关和司法机关各自更多的努力，更需要社会的支持，只有在全社会共同树立司法裁判和行政决定的权威，才能够真正解决行政决定执行难题，实现官民和谐。

环境行政公益诉讼证明标准递进式之构建

——以证明评价的诠释循环思维为视角

肖建国* 李晓霞** 何晓园***

引 言

由于我国立法并未对环境行政公益诉讼证明标准进行规定，在司法裁判适用上也存在着差异，导致我国环境行政公益诉讼的证明标准不能充分发挥其规范和明确证明规则的作用。证明标准设定的合理化，不仅有助于法院对于案件事实的查明，而且作为一项法律技术可以为法官裁判提供裁判思维支撑。① 因此，在公益诉讼制度改革的背景下，深入讨论环境公益诉讼证明标准是极为必要的。

一、扫描：环境行政公益诉讼证明评价活动现状

本文选取了968份判决书，跨越了环境行政公益诉讼施行至今的5年间，涉及我国不同地域的基层法院，基本上可以描绘环境行政公益诉讼基层司法实践的真实图景（如图1所示）。② 证明标准的适用实则就是一个证明评价的过程，这个过程是法官根据现有的证据推导过去已经发生的事实并加以证明和认定的过程，主要通过以下三个步骤形成：举证责任的分配——证据的审查——待证事实的认定。这三个步骤也将形成本文的研究指标对当前环境行政公益诉讼证明评价活动现状进行考察。③

---

* 作者单位：江西省赣州市中级人民法院。

** 作者单位：江西省会昌县人民法院。

*** 作者单位：江西省景德镇市昌江区人民法院。

① 张忠民：《环境司法专门化发展的实证检视——以环境审判机构和环境审判机制为中心》，载《中国法学》2018年第6期。

② 笔者于2020年7月1日以“行政公益诉讼”“环境”“判决书”“行政案件”“基层法院”作为关键词，在中国裁判文书网上进行检索，共筛选出1012个结果，同时，又剔除了重复性和无关文书，共获得有效文书968份。

③ 高秦伟：《论行政诉讼的证明标准》，载《证据科学》2018年第4期。

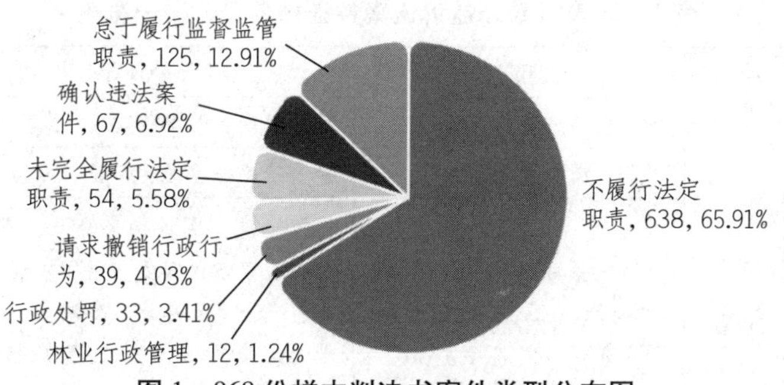

图1 968份样本判决书案件类型分布图

（一）举证责任的分配

目前，环境行政公益诉讼举证责任分配的基础仍是普通行政诉讼的“举证责任倒置”原则，检察机关承担初步证明责任，行政机关仍需对其已履行法定职责进行举证。① 这样设置的目的是降低原告证明难度，对于实现环境行政公益诉讼的价值功能也有其合理意义。通过对整理的968件环境行政公益诉讼案例进行分析，不难发现，举证责任倒置的初衷是为了降低原告的举证难度，但是，在实践中，原告的举证责任履行更为彻底，所举证据也更为充分（见表1）。而被告却并未积极举证证明其行政行为的合法性，大部分的案件仅仅是对原告的主张进行消极的抗辩，如吉林省东辽县检察院诉东辽县林业局不履行法定职责一案中，检察机关为证明被告未履行职责这一证明目的，提供了现场勘查笔录及照片、专业技术鉴定意见书、航拍视频、现场实测图及照片等证据。② 而行政机关却并未举证证明其要证明的事项，仅提交环境影响报告书和照片两份证据证明其已充分履职。有些行政机关甚至更是消极应对，比如云南省镇沅彝族哈尼族拉祜族自治县人民检察院诉被告镇沅县林业和草原局不履行林业行政管理职责一案，被告在庭审中未提交任何证据，仅提交了答辩状。从证据种类来看（见表2），检察机关所举的证据种类多样，包括证人证言、书证、物证、鉴定意见、勘验笔录等。而行政机关所举证据却相对单一，大多都是书证，如会议纪要、行政处罚决定书，这些证据证明力往往相对薄弱，并未产生实际的举证效果。③

---

① 《人民检察院提起公益诉讼试点工作实施办法》第45条规定，人民检察院提起行政公益诉讼，对下列事项承担举证责任：（1）证明起诉符合法定条件；（2）人民检察院履行诉前程序提出检察建议且行政机关拒不纠正违法行为或者不履行法定职责的事实；（3）其他应当由人民检察院承担举证责任的事项。

② 参见吉林省东辽县人民法院（2018）吉0422行初25号行政判决书。

③ 参见云南省普洱市景谷傣族彝族自治县人民法院（2019）云0824行初8号行政判决书。

表 1　环境行政公益诉讼案件证据名目分布一览表

<table>
<tr><th>诉讼主体</th><th>类别</th><th>证明对象</th><th>所举证据</th></tr>
<tr><td rowspan="4">原告</td><td rowspan="4">检察机关</td><td>原告主体资格</td><td>法律规定、检察院发文、《案件移送函》</td></tr>
<tr><td>原告已履行诉前程序</td><td>检查建议书、送达回证、立案决定书</td></tr>
<tr><td>行政机关不作为（被告怠于履职，公共利益受到侵害）</td><td>新闻报道、现场勘验笔录、调查笔录、照片、检察建议回复、函件、证人证言、视频资料、当事人陈述、公调证、询问笔录、专业鉴定意见书、现场实测图、专家咨询意见、现场监察记录等</td></tr>
<tr><td>行政机关行为违法（被告违法履职，公共利益受到侵害）</td><td>询问笔录、委托鉴定书、调查报告、检测结果报告单、现场勘验照片、现场勘查笔录专业技术鉴定意见书、航拍视频、现场实测图等</td></tr>
<tr><td rowspan="3">被告</td><td rowspan="3">行政机关</td><td>被告主体资格</td><td>组织机构代码、身份证</td></tr>
<tr><td>已履行监管职责</td><td>政府文件、项目备案确认书、照片、情况说明、责令整改通知书、催告书、工作方案</td></tr>
<tr><td>履行职责合法</td><td>法律规定、政府文件、处罚决定书、照片、工作方案</td></tr>
</table>

表 2　环境行政公益诉讼案件证据种类分布一览表

证据类型	原告	被告
书证	√	√
物证	√	×
当事人陈述	√	√
证人证言	√	√
鉴定意见	√	×
勘验笔录	√	×
视听资料	√	×
电子数据	√	×

（二）证据的审查

证据是法官认定案件事实的重要基石，通过对当事人所提供的证据进行逻辑检验，从而还原案件事实。① 而证明标准的高低决定着法官对证据审查的严苛程度。本文研究的样本案例中，大多数案件仅是对证据进行罗列，

① 章剑生：《论行政公益诉讼的证明责任及其分配》，载《浙江社会科学》2020 年第 1 期。

对证据的审查并未进行描述，在裁判说理上大部分呈现出注重援引法条的形式说理，而对于实质理由却很少说明。在证据采纳部分（见图2），主要集中在书证、勘验笔录、当事人陈述、证人证言、鉴定意见几种证据类型中，而物证、视听资料和电子数据上证据较少或者未有相关证据。在证据的具体认定上，有的案件所认定的证据相对单一，法官主要是依据当事人提交的法律文书或者是执法文书，对于被诉的行政行为是依据什么作出的相关证据的考察较少。

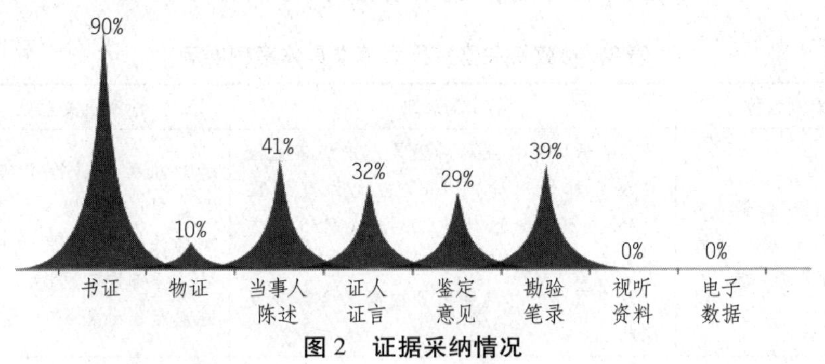

图2　证据采纳情况

（三）待证事实的认定

证明标准是引导法官展开证明评价活动的依据，法官基于此评价待证事实存在与否。那么，如何认定案件事实已被“证据”所证明呢？在司法实践中，会发现不仅案件当事人对应该依据什么标准提供证据证明自己的主张存疑，而且法官对同一种类的待证事实的判定标准也存在较大分歧。下文以行政机关是否履行了作为义务这一待证事实的认定为例进行差异化呈现。

1. 检察机关坚持行为基准。在968件样本案件中，涉及行政不作为的案件有817件，通过这些案件进行分析，检察机关在证明行政机关不作为所依据的标准产生了较大分歧（见图3），大多数坚持的是行为基准。行为基准是将行政机关的作为义务看成一系列连续性、动态性的生态环境监管行为或措施，行为过程中任何一个环节或阶段出现不作为或拖延情形就构成行政不作为。[①] 比如表3，案例1检察机关认为行政机关只进行了部分处罚，但违法行为人在限期内对非法占用改变用途的林地亦未全部恢复原状，故构成未履行作为义务。[②] 案例2检察机关认为，行政机关既未对违法采石毁林、占用林地逾期不还行为作出行政处罚，亦未要求补种被毁坏林木，故

① 王清军：《环境行政公益诉讼中行政不作为的审查基准》，载《清华法学》2020年第2期。

② 参见陕西省城固县人民法院（2020）陕0722行初2号行政判决书。

构成未履行作为义务。①

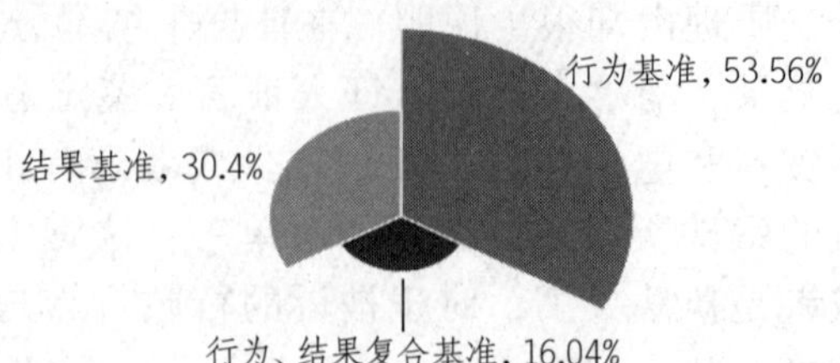

图 3　检察机关判断行政机关不作为分布情况

表 3　检察机关坚持行为基准具体案例展示

案例名称	不作为表现	检察机关意见
案例 1：陕西省城固县人民检察院诉城固县林业局一案	陕西省城固县林业局对王某乙未经审批擅自改变林地用途的 1.85 亩允许建设区 1.353 亩开荒地区计 3.203 亩（2135 平方米）未依法进行处罚，且王某乙对非法占用改变用途的林地在限期内尚未全部恢复原状	行政机关只进行了部分处罚，但违法行为人在限期内对非法占用改变用途的林地亦未全部恢复原状，故构成未履行作为义务
案例 2：陕西省蓝田县人民检察院诉蓝田县林业局一案	陕西省蓝田县林业局在 2013 年 10 月、2014 年 3 月、2015 年 8 月向广源采石厂下发 3 份《责令停止违法行为通知书》，但未作出行政处罚决定，亦未要求其补种损毁林木，致使蓝田县蓝关镇徐家山村拐沟一带国有林地大面积毁损，生态环境遭到严重破坏	行政机关既未对违法采石毁林、占用林地逾期不还行为作出行政处罚，亦未要求补种被毁坏林木，故构成未履行作为义务

2. 法院坚持结果基准。在实践中，法院大多坚持结果基准（见图 4），结果基准不同于行为基准，它关注的最终结果是是否全面维护了环境公益，若没有，则视为未履行行政职责。如案例 3 法院认为被告对失火毁坏林木的行为虽然进行了调查询问，并责令对毁坏的林木进行补植，但被毁林地持续处于被破坏状态，构成未履行行政职责。② 案例 4 法院则认为被告虽将案件依法移送公安机关处理，并督促违法行为人签订林地恢复协议，但被毁林地受侵害状态仍未改善，构成未履行行政职责。③

① 参见陕西省西安铁路运输法院（2017）陕 7102 行初 59 号行政判决书。

② 参见陕西省延川县人民法院（2018）陕 0622 行初 2 号行政判决书。

③ 参见甘肃省武威市凉州区人民法院（2018）甘 0602 行初 84 号行政判决书。

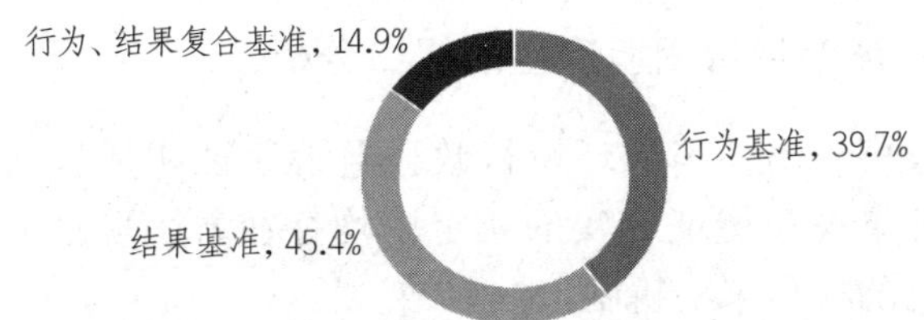

图4　法院判断行政不作为的分布情况

表4　法院坚持结果基准具体案例展示

案例名称	不作为表现	法院意见
案例3：陕西省延川县人民检察院诉子长县林业局一案	案发后，被告陕西省子长县林业局所属森林公安局接到子长县公安局指挥中心指令，赶往火灾现场扑火并进行了调查询问，随后将案件移交子长县公安局作为刑事案件立案处理。后李福成对过火林地进行了阶段性补植复绿，栽植了部分树苗。此后，子长县林业局未对李福成的违法行为依法作出处理	被告对于失火毁坏林木的行为虽然进行了调查询问，并通过责令对毁坏的林木进行补植，但森林资源持续处于被破坏状态
案例4：甘肃省凉州区人民检察院诉古浪县林业局一案	甘肃省古浪县绿洲昌源硅业有限公司因非法占用农用地罪被判处罚金8000元，侯国琪因非法占用农用地罪被判处有期徒刑六个月，缓刑一年，并处罚金2000元。古浪县绿洲昌源硅业有限公司及侯国琪并未恢复被破坏的森林植被，只对部分被毁林地进行了简单固沙处理，非法占用林地修建的蓄水池和料场一直在使用当中	被告虽将案件依法移送公安机关处理，并督促违法行为人签订林地恢复协议，但被毁林地受侵害状态仍在持续，构成未履行行政职责

3. 行政机关坚持行为、结果复合基准。行为、结果复合基准要求既对行政机关的不作为行为进行审查，还要对不作为导致的后果进行审查，只有二者都存在的时候才能认定为行政不作为。行政机关几乎都是基于这个立场进行抗辩（见图5），这种判断基准要严格于前两种基准，是一种综合性的全面审查，趋于行政机关实质性履职的倾向。但是并不能完全契合公益目的的实现，甚至会导致公益效果实现的迟延。

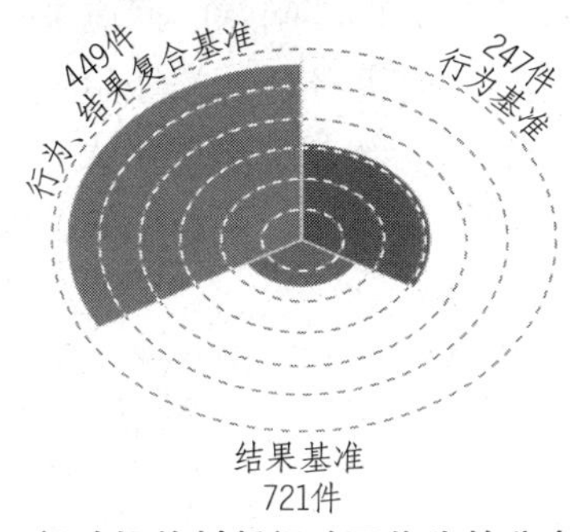

图5　行政机关判断行政不作为的分布情况

二、管窥：证明评价困境产生的缘由分析

从上文的分析看出，当前环境行政公益诉讼证明评价活动中在举证责任分配、证据的审查和待证事实的认定中均存在着困境。笔者拟从证明标准的设置与适用的视角来剖析困境的症结。

（一）直接原因——证明标准的悬空设置

在立法上，环境行政公益诉讼证明标准并没有明确的规定，主要遵循《行政诉讼法》的相关规定。而行政诉讼的证明标准经历了从“法律真实”到“事实清楚、证据确实确凿”的发展过程。[①] “事实清楚、证据确实确凿”证明标准需同时满足证据属实，证据足以支持案件事实，证据与证据、案件事实与证据之间无矛盾或已合理排除矛盾，排除其他可能这四个条件并得出唯一结论。可以看出，该证明标准相比起其他证明标准要求更为严格，且过于趋近“证明目的”，故对实践的指导价值也就相对有限。此种虚幻设置的状态极易导致规范化认知进路上产生偏差，进而衍生诸多风险。

（二）客观原因——证明标准“一元化”引发的价值冲突

从法的安定性看，“一元化”证明标准确有其存在的意义，即证明标准这一法律制度的终极目标并不是查明案件事实，而是维护某种社会秩序。[②] 环境行政公益诉讼带有保护环境生态利益与监督依法行政的双重目的属性。保护环境生态利益是环境行政公益诉讼最本质、最直接的功能，同时又是对行政行为的一种司法监督，是传统公权力制约公权力的发展和完善，在一定程度上能弥补环境行政机关执法不力的缺陷。因此，环境行政公益诉讼的启动比普通的行政诉讼要更加困难。而证明标准的设定将直接影响当事人参与诉讼的积极性，在实践中，由于严格的“一元化”证明标准，检察机关反而承担了更多的举证责任，这无疑会打击检察机关提起环境行政公益诉讼的积极性。在监督依法行政方面，法官需对行政机关行为的合法性进行审查，然而司法实践中审查的标准却并不统一，行政诉讼上的证明标准对环境资源审判并不能起到指导作用，法官只能倾向于对现有主流价值观念和社会现实问题的回应来进行法律解释，而实践并未从笼统的规范中挖掘梳理出一套可资行动的经验式内涵。这必然导致证明评价的形式化大于实质化，对行政行为的监督也将大打折扣。基于此，不能以传统行政诉讼的思维方式来建构环境行政公益诉讼的证明标准，理应体现其特殊

---

① 《最高人民法院关于行政诉讼证据若干问题的规定》中将“法律真实”作为案件事实认定标准，新旧《行政诉讼法》均是从一审和二审相关表述中对证明标准进行了“事实清楚、证据确实确凿”的一元性标准。

② 王明远：《我国环境公益诉讼的发展方向：基于行政权与司法权关系理论的分析》，载《中国法学》2019 年第 5 期。

性与差异性。

（三）主观原因——法官对证明标准的机械适用

证明标准作为法官证明评价的重要标尺，其设置和运用都影响着法官理清案件内部的事实结构和逻辑顺序。环境法学作为一门新兴学科，法律机制和知识体系都尚不完善，这对法官认定事实和审理运作提出了更高的要求。在目前的环境司法实践中，有的法官往往不是具体分析使用选择案件认定标准，也并未通过法律解释的途径，使得裁判依据更契合法律调整的目的，而是简单地借鉴一般行政案件所依据的证明标准，再机械地“拿来”对自己的案件进行参照适用，却忽略了环境案件的具体情形和差别，这种机械式的裁判思维模式，使得整个司法逻辑局限于法律规定的字面内容，进而导致利益价值的失衡。①

三、钩沉：证明样态下证明标准的动态调整

对于环境行政公益诉讼而言，其证明标准是一个悬而未决的话题。这既与环境行政公益诉讼制度本身的复杂性有关，也与证明标准所涉及的理论背景有关。因此，欲澄清环境行政公益诉讼的证明标准，应从其理论基础进行探讨。

（一）理念调适——诠释学循环理论

诠释学循环是部分到整体的一种文本解释思维，而司法活动本质上具有诠释的性质。② 证明评价活动中的诠释学循环，也可分为两种形态：一是作为前见的对于当事人所主张的事实的初步判断，与作为诠释对象的全部事实资料之间所发生的循环；二是证据的整体与部分之间的循环。③

1. 前见事实与诠释对象事实之间的循环。在诉讼程序中，法官的目的并非发现事实，而是判断事实，其所形成的前见，是基于当事人所主张的事实进行判断，以当事人提供的证据材料为依据。法官只需对当事人所展开的每一轮论证的有效性和真实性以逻辑性上的原理进行检验即可。而每一轮论证的检验，即构成诠释学意义上的循环。每一轮循环，都使得法官对于其在先形成的前见进行修正，形成对于事实更新的筹划，直到全部论证完成，法官对于事实问题形成最终判断，诠释学循环方才结束。

2. 证据的整体与部分之间的循环。法官在判断当事人所举证据能否达到相应证明标准的过程，也就是法官对待证事实形成心证的过程，在这个过程

---

① 江国华：《司法规律层次论》，载《中国法学》2018 年第 5 期。

② 章志远：《司法判决中的行政不作为》，载《法学研究》2017 年第 3 期。

③ 段厚省、张峰：《证明评价原理兼及对民事诉讼方法论的讨论》，法律出版社 2018 年版，第 172 页。

中其眼光必须往返于证据的整体与部分之间，不断反复斟酌。[①] 这种斟酌需要综合全部的证据来认定，全部证据的证明力，并非个别证据证明力的简单相加，而是通过个别证据证明力的相互作用，使全部证据形成一个完整的证明力。而这种完整的证明力，则需通过层层证明、相互印证。也就是个别证据彼此之间存在层级关系，后层级证据用以推断前层级证据，前层级依序往前推，最终层级之间证据用以推断主要待证事实，所有证据之间形成一个不断检视不断优化的过程。[②] 如此往复循环，直到形成最终心证。

（二）定位回溯——证明度分层的应然运用

为了维持稳定的融贯性，证明标准在多数案件中对于多数法规范要件的举证，基本上仍应遵循统一的一般性证明标准，这样才是法的安定性和平等性的应有之义。[③] 但是基于若干类型案件，为求得个案正义之实践，对于不同规范要件的证明度，可能存在不同的证明标准。换言之，基于实体法的价值决定或者诉讼法理上的要求，就部分案件以证明度提升或者降低的方式而形成证明度分层。[④]

首先，环境行政公益诉讼的证明标准之升高或降低应遵循该诉讼制度价值功能的指引。一方面，证明标准的设置应高度重视司法对行政的制约，发挥专门监督之职能；另一方面，证明标准的设置应有利于环境诉讼权利的救济，提升环境行政保护的力度。[⑤] 其次，环境行政公益诉讼应在行政诉讼制度的原有框架下，通过统一的证明标准来使原告、被告的证明责任进行阶段化改造。[⑥] 基于证明评价过程的分析，举证责任可分为三个阶段：前见事实的证明——前见事实真伪不明——诠释事实存在。[⑦] 这三个阶段是一个层层递进的关系，当前一个阶段的举证没有达到相应的证明目的则会进入到下一个阶段。这种阶段化的改造，将有助于证明度分层的实现，进而形成一个证明标准的动态调整。

（三）动态演示——诠释思维形塑递进式证明标准

由于法官证明评价过程是一个诠释循环的过程，而证明标准作为衡量证明评价过程的标尺需通过证明度来表现，即证据对证明对象应达到何种程度

① 闵春雷、刘铭：《证明对象研究走向评析》，载《吉林大学社会科学学报》2018 年第 6 期。

② 王锴：《行政诉讼中的事实审查与法律审查——以司法审查强度为中心》，载《行政法学研究》2007 年第 2 期。

③ 练育强：《争论与共识：中国行政公益诉讼本土化探索》，载《政治与法律》2019 年第 7 期。

④ 颜运秋：《中国特色生态环境公益诉讼理论和制度研究》，中国政法大学出版社 2019 年版，第 72 页。

⑤ 杨朝霞、黄婧：《如何应对中国环境纠纷》，载《环境保护》2018 年第 1 期。

⑥ 胡薇、杨明霞：《行政公益诉讼程序问题探讨》，载《法治研究》2017 年第 5 期。

⑦ 张忠民：《一元到多元：生态诉讼的实证研究》，法律出版社 2018 年版，第 126 页。

才能使法官内心得到确信。[①] 因此，证明标准可以通过证明度分层的形式进行一个调整。我国台湾地区学者曾就本证和反证证明度的分层进行了一个动态化的演示，这种演示是基于诠释思维的一个递进式框架操作的。[②] 具体可作如下描绘（见图6）：首先就右边线而言，是法官对前见事实形成基本确信的一个基准线，即对负本证举证责任者（假设为原告）所举证据证明度能越过基准线，那么在负反证举证责任者（假设为被告）在未进行任何举证的情况下，前见事实即可确认存在。但是若反证证明度达到最左侧基准线，即法官对于原告所举前见事实的真实性存疑，案件处于一个真伪不明的情况，那么原告在此情况下可继续举证，若所举证据证明度能越过右边基准线，那么诠释事实视为存在。反之，如果反证证明度越过左侧基准线，法官即可确认前见事实不存在。综上，不难看出，法官的证明评价过程就是在一个一般标准的框架内，对证明度进行的一个动态的诠释循环，最终形成内心确信。

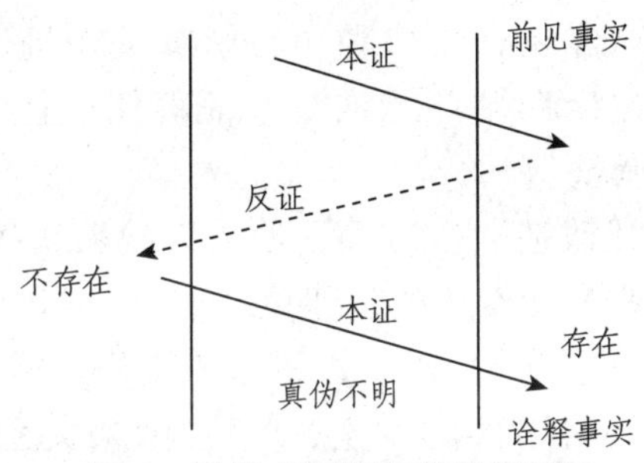

图6　递进式证明标准流程图

四、突破：举证责任层阶化改造与证明标准递进式演化耦合

本文所论证的证明标准的递进性演化是一个实然运作样态过程，虽然行政诉讼在立法上设置了“一元化”的证明标准，但是证明评价每个阶段对“事实清楚、证据确实确凿”这一证明标准所要实现程度是不同的，后一阶段比前一阶段证据审查应达到的标准实际上更高。因此，我们应基于阶段的不同进行证明标准的调整。

（一）一般证明标准

我们必须承认，不同的案件在事实上不可能完全相同，但是同一个案件，真相却只有一个。这也就意味着，我们作为裁判基础的事实，是可以距离案件真相很近的，裁判者要做的就是尽量缩短他们的距离。[③] 在此语境

① 李玉华：《诉讼证明标准研究》，中国政法大学出版社2010年版，第203页。

② 姜世明：《举证责任与证明度》，厦门大学出版社2017年版，第79页。

③ 江伟：《民事诉讼法》，法律出版社2015年版，第131页。

下，法律真实的证明评价标准的建构，应当遵循接近真实、提高内心确信为价值目标。因为在个案中，对于当事人的证明是否达到高度盖然性，法官可能存在困惑，但是对于自己是否形成了内心确信是可以确认的。因此，在所有案件中，法官的内心衡量，存在的可能性应大于不存在的可能性。①而这种可能性也就是证明度的盖然性，德国学者汉斯·普维庭曾用数值对盖然性进行表述，对如果举证使法官认为事实存在的概率大于75%，即达到了高度盖然性标准，法官由此确信事实存在；如果举证使法官认为事实存在的概率小于25%，即事实“非常可能不存在”，由此法官确信事实不存在。② 虽然这种盖然性标准具有不可避免的主观性，但对于司法实践，却不失为一种相对精确的分析工具。故在司法实践中可将高度盖然性标准作为一般的证明标准，并在具体案件中视案件的具体情况进行一个动态的调整。

（二）证明标准分层调整的具体实施

根据上述分析，结合现有法律和司法解释关于证明标准和举证责任的相关规定，我们可通过诠释循环思维对举证责任进行一个阶层化改造，再进行证明标准的相应调整。

1. 举证责任阶层化改造。一方面，原告即检察机关需举证：（1）诉前已作出检察建议，且被告已收到检察建议；（2）被告的违法履职或者不作为发生在“法定的领域”；（3）被告诉讼主体资格适格，即其是负有监管职责的行政机关；（4）损害事实的发生；（5）因果关系的存在。③ 基于证明阶段的不同，检察机关举证责任可进行如下分配：首先，原告对于前见事实的证明只需达到一个初步证明的阶段，证明检察机关已履行诉前监督手续，但是行政机关依然违法作为或者不作为，即证明（1）+（2）+（3）。若前见事实进入到真伪不明阶段，则需加强证明责任，即证明（4）或（4）+（5）。

另一方面，被告及行政机关需证明：（1）行政机关的身份资格和职权范围；（2）实体法律依据证据：行政机关作出行政行为时所依据的实体上的法律依据；（3）行政程序依据：行政主体作出行政行为的程序依据；（4）事实依据：作出行政行为的证据。在前见事实阶段，只需证明（1）+（2）+（3），这些举证事项都是依法行政或法治行政原则导出的，特别是（3），程序正义原则是需要特别重视的。若前见事实进入到真伪不明阶段，则需加强证明责任，即证明（4）。

2. 环境行政公益诉讼证明标准的适用场景。环境行政公益诉讼中的证

① 刘金发：《证明标准研究》，中国人民大学出版社 2007 年版，第 246 页。

② ［德］汉斯·普维庭：《现代证明责任问题》，吴越译，法律出版社 2000 年版，第 108 页。

③ 薛志远、王敬波：《行政公益诉讼制度的新发展》，载《法律适用》2016 年第 3 期。

明活动主要围绕行政机关对于生态环境损害的发生是否合法履职展开，包含以下五个待证事实：环境损害事实、因果关系、行政行为合法性事实、行政机关违法作为事实或不作为事实，以及其他程序性事实等。[①] 对于这些具体待证事实，其证明标准的构建应有所区分，具体将采用场景化分析的手段进行详细说明。

场景一：环境损害事实。首先，对于已经发生的损害事实，由于确实存在，原告在初步证明该前见事实的时候，只需对该事实进行描述性证明，比如出示照片或者视频证明损害现状即可视为其证据已取得了盖然性占优，也就是盖然性处于50%~75%之间的位置（见图7）。如果被告对此并未进行举证抗辩，法官则可直接认定为损害的事实存在；如果被告举证证明损害不一定存在，法官对该事实陷入真伪不明的状态，那么原告则须继续举证，比如现场勘验笔录等使法官的确信度达到75%以上，那么才能证明损害事实的存在；如果被告举证证明损害事实不存在使法官内心确信度降至25%，那么原告就须承担举证不利的后果。其次，对于尚未发生的损害事实，主要指环境权益的损失，由于其不表现为财产的损失或既得利益的丧失，所以判定的依据往往需要通过相关专业机构的科学测算。该类证据本身已具备相当的科学性和准确性，因此如果提供此类专业性证据，那么认定损害事实存在的可能性就更大，即盖然性处于75%的位置，只有在被告能提供证据证明该专业性证据的结论是错误的情况下（此种情况下盖然性处于25%的位置），方可认定损害事实不存在。

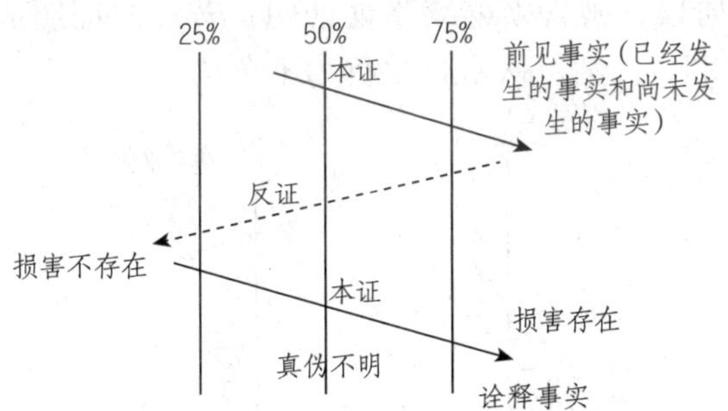

图7　损害事实证明表动态调整图

场景二：因果关系。在环境行政公益诉讼中，原告无须证明因果关系是否确切存在，而只需要论证被告违法履职或者不作为与受损结果有一定的关联性。关联性不等同于因果性，无需对必要性及客观可能性进行证明，在盖然性上只需达到50%（见图8）。原告只需证明他所指控的违法行政行为或者行政不作为与所致的损害属于同种类损害以及在空间上具有一定的

① 张晏：《中国环境司法的现状与未来》，载《中国地质大学学报》2009年第9期。

联系，如损害系在行政机关行政职责领域内发生；或者证明损害与被告违法履职或者不作为在时间上具有一定的联系，如损害系在被告违法履职或者不作为之后发生。① 而被告若要推翻原告所举证据，则需证明因果关系不存在。

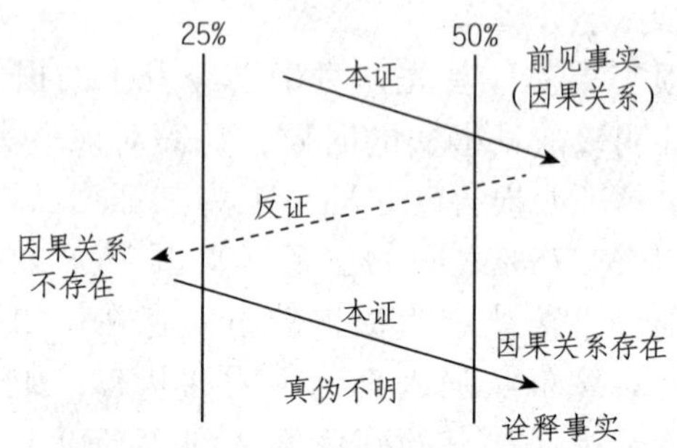

图 8　因果关系证明标准动态调整图

场景三：行政行为合法性事实。行政行为合法性的相关事实由行政机关承担证明责任，一般通过法律依据、行政程序依据和事实依据三方面进行证明。以行政不作为为例，被告要证明其行政不作为合法，那么就要从法律依据上寻找作为的义务，从程序依据上寻找有无作为的可能，从事实上寻找是否已经作为三方面寻找证据。② 只有在该三重证据均到位的情况下方能认定行政行为合法，在盖然性上显然已达到了 75%的程度（见图 9）。而原告则须就上述三方面内容进行反向证明，若反向证明成功一项，则进入到真伪不明的阶段，被告须继续举证证明；若反向证明成功两项或三项，则盖然性下降至 25%，则可认定行政行为不合法。

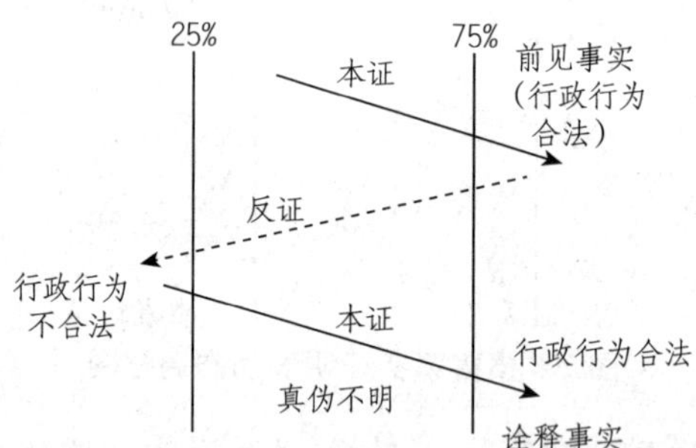

图 9　行政行为合法证明标准动态调整图

场景四：行政机关违法作为事实或不作为事实。在诉讼中，行政机关

---

① 沈开举、邢昕：《检察机关提起行政公益诉讼诉前程序实证研究》，载《行政法学研究》2017 年第 5 期。

② 周佑勇：《行政不作为构成要件的展开》，载《中国法学》2019 年第 5 期。

违法作为事实或者不作为事实的初步证明责任由原告承担，初步证明意味着法官仅须对该事实达到“有理由怀疑”的程度（盖然性50%）即可。具体而言，这一证明标准要求原告证明度达到以下要求：一是只需对基本行政事实进行简单阐述；二是对行政机关违法作为事实或者不作为事实的阐述与查明的事实之间不存在明显矛盾之处，即允许存在证明瑕疵。而被告若要推翻原告所举证据，则需证明违法作为或不作为事实不存在，也就是此时法官内心确信的盖然性须降至25%方可认定行政机关违法作为或者不作为事实不存在。

场景五：其他程序性事实。程序性事实主要是针对诉讼程序引发的事实，除了一般的诉讼主体资格的程序事实，由于行政公益诉讼“诉前监督”的双阶构造诉讼程序，因此，对于“检察机关已经履行监督职责”这一程序性事实也需进行举证证明。① 由于该事实主要是检察院通过出具检察建议的形式，原告只需证明已出具检察建议，且被告已知悉，则可视为证明目的已达到。而被告若要推翻原告所举证据，则需证明并未收到检察建议或者已按检察建议整改。

结 语

法律方法为司法实践提供了有效解决问题的方案和途径，妥善运用法律方法对充分彰显法官自由裁量权和司法经验智慧，实现个案中具体的公平正义具有重要意义。证明标准是引导当事人展开证明活动的一种标准，也是引导法官展开证明评价活动的标准。从某种程度上讲，证明标准是环境行政公益诉讼的症结所在。对此，有必要通过证明标准的动态调整与举证责任的分配相结合，充分发挥证明标准法律适用的效果，有效实现环境行政公益诉讼的立法目的。

---

① 刘艺：《构建行政公益诉讼的客观诉讼机制》，载《法学研究》2018年第3期。

行政纠纷诉前化解分流的问题与重塑

——以J省法院一站式多元解纷和诉讼服务体系建设为背景

张冰华*

健全诉讼与非诉讼相衔接的矛盾纠纷解决机制，积极推进诉讼调解与人民调解、行政调解、行业调解的衔接联动，努力把矛盾纠纷化解在基层和诉前，[①] 一直是人民法院工作的重点内容。J省法院坚持把非诉讼纠纷解决机制挺在前面，在诉讼服务的现代化转型升级中，努力以一站式诉讼服务保障一站式解纷质效，已基本形成诉前化解为主，诉中调解为辅，诉调对接兜底的一站式解纷格局。2019年J省全省法院多元化解案件6.8万余件。反映到诉讼末端，J省全省法院新收案件增幅下降11.5%，依托诉前化解从源头减少诉讼增量的成效已初步显现。但是从诉前化解纠纷的类别对比可知，历年的重心均在民商事纠纷领域，行政诉前化解仅体现在少量的个案应对中。换言之，同样的一站式解纷机制，在民商事和行政纠纷领域的运行出现了不同质的效果，其症结何在，应该如何破解，既关系到2020年底前，全国法院一站式多元解纷机制基本健全任务能否如期完成，也影响到调解东方经验“治未病”优势在行政纠纷领域的发挥。

一、行政纠纷诉前化解的现状观察

（一）发现数据统计中的“危与机”

1. 行政案件一审和上诉率逐年走高但案件总数极小。2017年来，J省法院行政案件的一审和上诉率逐年走高，特别是上诉率已从37.96%跃增为87.54%（见表1）。

---

* 作者单位：江西省高级人民法院。

① 《最高人民法院关于深入整治“六难三案”问题加强司法为民公正司法的通知》（法〔2014〕140号）。

表1　2017年来，J省法院行政案件一审和上诉率情况

项目	年份			
	2017年	2018年	2019年	2020年1~5月
一审结案	4766件	6940件	6153件	1324件
二审新收	1809件	3157件	3136件	1159件
上诉率	37.96%	45.49%	50.97%	87.54%

行政案件启动的审级越多，耗费的时间、审判资源和当事人诉讼成本也越多，长期陷于诉讼状态的社会效果也将逐级递减。在看到危机的同时，我们也应发现行政诉讼案件总数极小，与近年来J省法院年度新收案件70余万的体量相比，不具有规模效应。综合评判可知，行政诉讼案件一审案件数量持续走高，并不符合当下坚持把非诉解纷挺在前面，从源头减少诉讼增量的要求。上诉率持续走高，对各级法院实质性化解行政争议的质效敲响了警钟，应是倒逼各级法院推动诉前化解，促进行政纠纷实质性化解于诉前，解决在当地的内生动力。但其案件体量之小，又是各级法院做好诉前实质性化解的最有利因素。因此，推动行政纠纷的诉前化解，对J省法院而言，不仅应为，而且可为。

2. 行政案件诉前化解极少但诉中的调撤率不低。J省法院以现代化诉讼服务中心为基础的诉前化解重心一直局限在民商事纠纷领域。2020年1-5月，全省法院共计诉前化解矛盾纠纷23657件，其中行政纠纷仅86件，占比不足0.4%。但是2017年以来，J省法院行政案件的诉中调解撤诉率并不低，一审平均调撤率为23.2%，二审平均调撤率也有6.86%（见表2）。

表2　J省法院2017年以来行政案件调解撤诉情况

项目		年份			
		2017年	2018年	2019年	2020年1~5月
一审	结案	4766件	6940件	6153件	1324件
	调解撤诉	1056件	1689件	1309件	325件
	调撤率	22.16%	24.34%	21.27%	24.55%
二审	结案	1849件	3196件	3183件	855件
	调解撤诉	122件	194件	168件	81件
	调撤率	6.6%	6.07%	5.28%	9.47%

自《行政诉讼法》新增有关调解规定以来，在行政审判中依法促进案件以调解或撤诉方式结案，是提升解纷质效的重要方式之一。但是案件化解阶段不同，产生的社会效果也截然不同。诉前化解是有效降低矛盾纠纷

成诉率，一站式实质性解决争议的最佳方式。即便只是将诉中的调解撤诉量前移至诉前，也能大幅节约解纷成本，提升行政解纷的社会效果和法律效果。因此，提高行政纠纷诉前化解应用率，以矛盾纠纷源头治理和立案前化解为重心，对于促进行政纠纷的化早化小，具有实践意义。

（二）正视复合需求中的“矛与盾”

1. 预防登记立案与行政诉权滥用冲突。登记立案制的实施，在有效保障诉权，规范法院立案工作方面，发挥了显著的积极作用。但是在行政诉讼领域也运行出了负效果。J省某市曾筛查2016年来以金某为原告的行政案件171件，以范某为原告的行政案件27件。上述案件均以不予立案、驳回起诉、驳回上诉等方式结案。可见真实的“诉”可以有很多，但对问题的解决不见得有益。诉前化解机制的创建，以行政纠纷在诉前和当地的实质性化解为目标，这应是预防登记立案与行政诉权滥用冲突的重要努力方向。

2. 紧跟社会治理现代化要求促进行政解纷重心下移。社会治理现代化是一项系统工程。构建现代社会治理格局是以习近平同志为核心的党中央对现代社会发展总体趋势和当前我国基本社情进行深刻认识和准确把握的基础上，在对国内外社会治理实践经验教训的总结、反思和借鉴的前提下，针对我国社会治理问题提出的崭新论断，具有丰富和独特的内涵。[①] 就法院而言，主要任务是完成诉讼服务的现代化转型升级，理顺分调裁审工作秩序。既要压缩来法院时纠纷周转处理时间，精准控制调立审执进程，预防程序倒流、重复调解和无序转换。也要压实中、基层法院参与责任，充分发挥基层法院，特别是人民法庭的基础解纷作用，夯实二审定分止争职能，努力将矛盾纠纷解决在诉前和当地。从前述行政案件数据统计分析，行政诉讼极低的诉前化解率、逐年走高的上诉率，显然与解纷重心下移之间存在冲突。通过诉前化解的强化，将解纷重点放置于诉前和基层，能有效促进解纷重心下移，契合社会治理现代化要求。

3. 削减诉讼服务质效指标动态评估压力。最高人民法院自2019年起启动诉讼服务质效动态评估。将一站式工作分解成74项评估指标。其中解纷指标的评价标准均采用了民商事和行政案件合并计算的方式。例如诉前调解案件占一审立案数量的比重不得低于40%。2020年1月~5月J省法院行政诉前化解仅86件，同期一审行政立案2361件，行政诉前调解占比仅为3.6%，远低于40%的质效达标线。只有扎实做好来院行政纠纷的诉前化解，才能融入全国一盘棋格局，实现一站式多元解纷和诉讼服务体系的建设运行目标。

---

① 江必新、王红霞：《论现代社会治理格局——共建共治共享的意蕴、基础与关键》，载《法学杂志》2019年第2期。

二、聚焦分流程序重塑实现提质增效的现实依据

促进行政纠纷诉前化解的均衡发展，需要把目光放到一站式解纷机制的总体考量上。一站式解纷依赖于诉讼与非诉讼纠纷解决的合力。在各就其位、各司其职、各尽其责基础上协同有序才能筑牢纠纷解决的统一战线。任何一个环节的衔接转换不畅，都会形成内耗。诉前化解分流既是诉讼与非诉讼解纷衔接的总开关，也是诉前化解程序转换的推进器。只有来院行政纠纷在依法自愿前提下能够“分得出去”，适时“接得进来”，才有诉前化解程序启动的可能，并顺利落实诉调对接，形成一站式解纷闭环，实现行政纠纷实质性化解在诉前和基层的预设目标。

（一）分流理念简单僵化，诉前解纷难以“扩源”

行政诉讼案件相对体量极小，加上异地集中管辖等因素影响，很多基层法院几乎全年没有开展行政审判的案件。诉讼末端没有足够的行政审判历练，反馈到诉讼服务前端的效应是，诉讼服务人员普遍存在行政纠纷接待畏难情绪。这既是能力不足的表现，也是就案办案解纷思维僵化的体现，只要来院行政纠纷与本院审判职能无关，就简单拒之门外，没有机制和相关激励措施，推动窗口人员进一步提供有益解纷指导。

（二）程序分流人岗匹配不精，诉非衔接转换“失序”

分流是诉前化解的关键环节，最高人民法院十分重视分流程序与分流程序员的岗位设置。在2017年印发的民商事案件繁简分流和调解速裁试行操作规程里，明确要求各级法院指派专兼职程序分流员，负责综合评判案件选定适当程序，并完成分流后的跟踪提示和督导督促，及时做好不同程序之间的转换衔接，落实系列案、群体案或者关联性案件的集中分流。在2020年印发的分调裁审机制改革意见中，最高人民法院进一步重申了设立程序分流员负责调裁分流和繁简分流的要求。可见分流是诉非衔接的总枢纽，环节必不可少。但是应当分流的要求并不能解决怎样分流的实际操作问题。诉前化解实践中，因程序分流人岗匹配不精，直接后果就是诉非衔接转换失序，无法通过分流环节有效启动诉前化解，推动不同程序的衔接转换。

（三）辅导跟踪等机制不健全，诉前化解引力释放“不足”

为了给当事人提供更多的程序选择权，减少当事人诉讼成本，合理配置司法资源，发挥社会调解组织的作用，《中共中央办公厅、国务院办公厅关于完善矛盾纠纷多元化解机制的意见》提出探索调解前置程序改革。虽然《民事诉讼法》确定了先行调解原则，但是同时规定了当事人拒绝调解

的除外。[①] 可见，在现行民事诉讼法框架下，因无法突破调解自愿原则，诉前化解即便有调解前置的发展方向，但是在没有获得纠纷主体自愿授权的前提下，终将形同虚设。行政纠纷在调解的启动方面需要参照民事诉讼法标准，完善辅导跟踪等配套机制的建设，充分释放诉前化解的吸引力，提高纠纷主体的“自愿调解”度，应是诉前化解分流秩序重塑的重点努力方向。

三、重塑行政纠纷诉前化解分流程序的思路支撑

要实现行政纠纷诉前化解的“扩源”、扭转衔接“失序”、强化解纷“引力”，重塑分流程序需要四方面升级思路的支撑。

（一）来院纠纷不以必然成诉为前提

对于纠纷主体的立案申请或咨询，不能因不符合立案条件简单拒之门外，应当为纠纷的实质性化解指明出路。

1. 有利于畅通不适格案件的法治化解渠道。明确诉前化解的对象是“纠纷”，而非“案件”，确保不适格案件也能引入法治化解渠道。在一站式解纷机制语境下，矛盾、纠纷和案件三者之间存在范围逐步限缩的分层递进关系，总体的努力方向是通过源头治理预防矛盾发展为纠纷，通过诉前化解阻止纠纷升级为诉讼案件，通过分调裁审机制保障成诉案件快速办结在基层。所以，符合立案和调解条件的来院纠纷应当通过委派形式促成诉前化解。不符合行政诉讼法定起诉条件的来院纠纷，也要尽可能指出其他法定化解途径。对于指向问题具有普遍性的，还应通过司法建议等形式，流转至相关行政职能部门，在促进个性化矛盾解决的同时，提示预防化解类似纠纷。以此畅通不适格案件的法治化解渠道。

2. 有效弥补法律救济的滞后性回应合理诉求。法律自制定公布之时起，即逐渐与社会脱节。[②] 对于私权，我们应遵循“法无禁止即允许”的原则；而对于公权，则必须守住“法无明文规定不得为”的底线。[③] 可见，受制于私权利的多样化发展和法律天然的滞后性特征，实践中无法成诉的行政纠纷不可避免。对于无法使用诉讼救济，但确实存在争议的行政问题，以诉前化解形式进行疏导，积极为纠纷解决找出口，可以有效弥补法律救济的滞后性，依法妥善回应纠纷主体合理但是尚“不合法”的利益诉求，促进社会稳定。

---

① 龙飞：《多元化纠纷解决机制立法的定位与路径思考——以四个地方条例的比较为视角》，载《华东政法大学学报》2018 年第 3 期。

② 田浩为：《〈关于在民商事审判中实行判例指导的若干意见〉的理解》，载《中国法学文档·第二辑》，中国政法大学出版社 2005 年版，第 48 页。

③ 林娜：《如何走出院庭长办案的困境：兼论我国审判权运行机制改革试点方案的补强》，载《法律适用》2015 年第 11 期。

3. 契合诉讼服务场所的法律公共服务中心发展定位。现代化诉讼服务中心的职能定位之一，就是打造所在辖区的公共法律服务中心。J省的现代化诉讼服务自启动之初就秉持“把最好的空间和最优质的服务提供给群众”的理念，努力健全以人民为中心的诉讼服务制度体系。履行好法律公共服务中心的职责，努力推动形成依法办事、遇事找法、解决问题用法、化解矛盾靠法的良好法治环境。[①] 因此，在现代化诉讼服务体系背景下，应当鼓励开展不以立案为目的的公共解纷咨询和引导分流服务。

（二）来院纠纷不以跨区域管辖为障碍

对于纠纷主体的立案申请或咨询，不能因不属于本院管辖拒之门外。应当用活诉讼服务机制以数据跑腿构建覆盖全域的诉前化解分流格局。

1. 顺应行政纠纷异地解决期盼。行政诉讼的集中管辖并非新生事物，为落实党的十八届四中全会关于“完善行政诉讼体制机制、合理调整行政诉讼案件管辖制度”的重大改革部署，J省法院从2017年起就启动了行政纠纷集中管辖工作。行政纠纷一站式化解机制构建时，特别是诉前化解，也应当从有利于保证人民法院依法独立行使审判权、有利于防止和排除影响公正司法的非法干预、有利于让人民群众在每一起行政案件中感受到公平正义的目标出发，主动消除跨区域干扰因素，对于不属于本院管辖范围的纠纷，也能提供解纷指导，并通过跨域服务体系辅助获得一定的异地纠纷化解服务。

2. 融合提升跨域诉讼服务效能。跨域诉讼服务是诉讼群众在就近法院的协助下，完成立案、材料收转和远程开庭调解等诉讼事务跨层级、跨区域远程办理的机制。跨域诉讼服务功能对于行政纠纷的一站式化解而言，同样意义重大。对于确属异地解纷力量管辖的矛盾纠纷，以跨域服务方式协助转递材料，查询进度等，正是按照“群众利益无小事”的司法观念，尽可能地做到民有所呼、必有所应，民有所求、必有所为，民有所忧、必有所谋，从而全心全意为人民服务的最佳诠释。[②]

（三）诉前化解分流不局限于一审前

突出诉前化解的非诉发展和实质性解纷方向，努力将诉前化解扩展到二审、再审，甚至是信访前，同时强化自动履行和综合救助等后端衔接兜底，形成完整的解纷闭环。

1. 各审级诉讼前端的全覆盖有利于尽早终结程序空转。行政纠纷化解的程序空转问题特别突出。例如，由于现行民行二元分立的诉讼架构，造成专利授权确权程序过于烦冗，循环诉讼和程序空转的情况较为突出，不

① 范进学：《信访行为之权利与功能分析》，载《政法论丛》2017年第2期。

② 吴慧星：《关于青年法官树立正确司法价值观的思考》，载《山东审判》2012年第4期。

利于纠纷的实质性解决。[①] 再如，由于滥用知情权占用了政府及其职能部门大量的人力、物力，必然使公共资源在维护个人利益与他人利益、公共利益之间明显失衡，《政府信息公开条例》的立法本意也在这种申请—答复—复议—诉讼的程序空转中荡然无存。[②] 回归诉讼程序设计本身，一审、二审、再审审查、再审往往是行政疑难纠纷的标配程序，加上前端是否符合立案条件审查等因素，一个行政争议历经几轮诉讼尚未进入实体审判的现象屡见不鲜。拓展“诉前”概念，引导各级法院摒弃“诉前”的狭隘理解，只要上一程序已结束，下一环节未启动即可归入“诉前”范畴，是尽最大可能解决行政纠纷程序空转的优质选择。

2. 完善自动履行和救助兜底有利于形成实质性解纷闭环。诉前调解纠纷引入诉讼的方式有两种，司法确认或立案出具调解书。如果采取了保全措施，还会新增审查和执行各一件。由此算来，从保全到调裁确认，一个诉前纠纷可能形成三个案件。大力推动诉前化解与降低一审收案增幅之间形成了矛盾。解决问题的关键在于促进纠纷实质性化解。将诉前化解工作的关注点后延至履行环节，以自动履行为目标，积极做好诉前化解的自动履行指导，对于无实际履行责任主体的纠纷，充分对接救助程序，及时启动社会救助，以实质性化解缓解诉调兜底压力。

（四）支持诉前化解分流程序的单方自愿启动

精准落实合法自愿原则，细致区分合法自愿在分流程序与实体调处中的界限，依托时间管理保障分流程序的合法性，以单方自愿为突破口加速分流程序的启动。

1. 以时间管理为核心保障分流程序合法。诉前化解以合法自愿为前提，程序分流环节并不涉及纠纷主体实体权益的处置，因此，合法的落脚点在于程序。而程序作为看得见的公正，各时间节点的明确清晰是其最好的自我诠释。因为程序就其本体而言是这样的一种普遍形态：人们遵循法定的时限和时序并按照法定的方式和关系进行法律行为。[③] 诉前化解各环节的时间衔接，既是体现调解公正的标准，也是衡量化解效率的可见维度。

2. 以分流不等于调解为突破口支持分流的单方自愿启动。实践中阻碍分流顺畅运行的最大障碍，就是调解自愿，应当限缩自愿原则对分流环节的扩大适用。正如来院起诉的原告无需征得被告方同意一样，是否选择寻求非诉讼救济，也应当是原告方可以单独确定的事项。因为调解自愿原则

---

① 宋晓明、王闯、李剑：《关于审理侵犯专利权纠纷案件应用法律若干问题的解释（二）的理解与适用》，载《人民司法·应用》2016 年第 10 期。

② 高鸿：《政府信息知情权的滥用及其规制》，载《人民司法·案例》2015 年第 10 期。

③ 张文显主编：《法理学》（第 2 版），高等教育出版社 2003 年版，第 155 页。

的适用范围无论是从程序上还是实体上查看，节点都在于启动调解程序之时。诉前化解的分流环节更适于认定成为促成调解的预备阶段，为纠纷主体之间寻求非诉讼解决方案提供了一种可能性。

四、行政纠纷诉前化解分流程序重塑的方案设计

诉前化解分流程序的重塑，至少需要明确覆盖审级、审限衔接管理、分流去向、诉调对接回归路径等内容，形成分流服务闭环，确保来院行政纠纷能够“分得出去”，适时“接得进来”。

1. 诉前化解分流的审级覆盖和审限管理衔接。在审限管理的设计上，应针对诉前化解的审计覆盖作出对应安排。一审诉前化解应与登记立案审查期重合，统一落实七天规定，调解不成即依法办理登记立案。既树立当事人对诉前委派调解的信心，又保障诉前调解程序的合法性，以及后续登记立案程序的衔接性，阻止“以调代立”。二审利用纸质卷宗移送时间差，依托电子卷宗调解在两级法院送卷立案间隙调解。再审审查则区分审查法院，上级法院再审适用二审规则，本院再审适用一审规则。信访初始调解期限不限。考虑到行政纠纷的协调化解难度，并非所有纠纷都能在 7 日内调处完毕，为避免非诉解纷的形式化，还有必要尊重纠纷主体的程序选择权。在正式的诉非解纷过程中，纠纷主体同意延长诉前化解期限的，应当准许，但是最长不得超过 30 日。通过原则性与灵活性相结合的审限安排，充分给予纠纷主体接受诉前化解的信心，赋予其随时终止调解的权利保障（见图 1）。

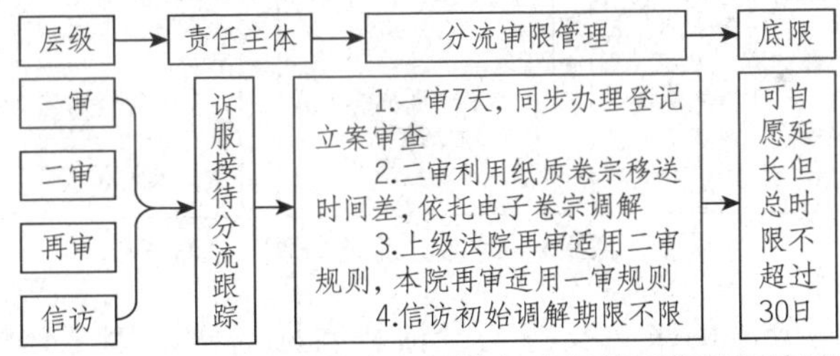

图 1　诉前化解分流的审级覆盖与审限管理衔接示意图

2. 诉前化解分流的去向与对接回归路径。在分流去向方面，要充分结合坚持把非诉讼纠纷解决机制挺在前面要求，让法院真正回归到维护社会公平正义最后一道防线的职能定位上。因为最后并不等于最优。诉讼本身具有的对抗性、周期长等特点，与中国“和为贵”文化传统存在冲突，尤其是在家庭、邻里、商业伙伴等纠纷中，表面诉求之外往往包含着情感因素，诉讼并非解决纠纷的最佳选择。人民法院是司法的最后一道防线，但绝不是社会矛盾化解的最后出路。在强调各级法院的解纷担当时，并不赞成孤军奋战，而是要紧紧依靠党委政府，争取将矛盾化解工作纳入社会综

合治理中去，加强与人大代表、特邀咨询员、特邀监督员的沟通，善于借助各种资源成功化解矛盾。[①] 在回归路径方面，要改变单一的诉调对接思维，发展成调解与执行，调解与社会综合救助的立体对接模式，助力行政争议的实质性化解（见图 2）。

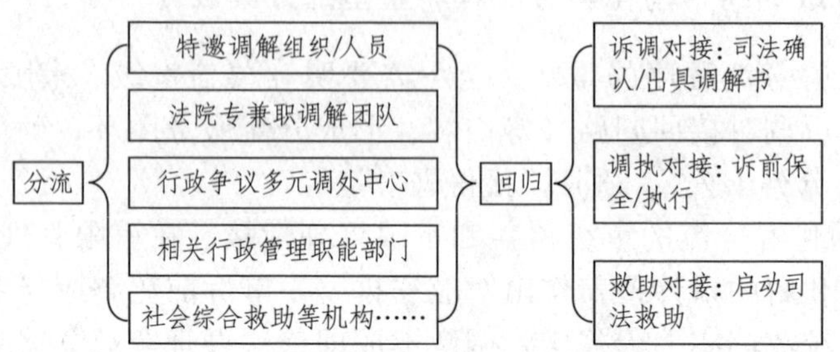

图 2　诉前化解分流与回归示意图

3. 跨域服务保障下的分流协作。跨域诉讼服务协作的重要意义之一是，诉讼群众能在一网通办、就近能办、异地可办的跨域诉讼服务体验中，有更多的获得感；各级法院能在标准化、同质化、信息化的联动协作中，形成全国一盘棋格局。在诉前分流化解中纠纷主体有意无意选择的无管辖权法院就是协作法院，协作法院需要配合完成纠纷材料的线上转递，管辖法院负责接收材料并完成所涉事项的实质性办理和反馈（见图 3）。

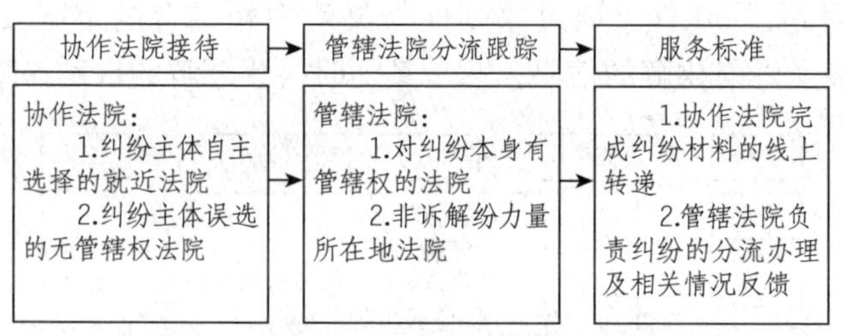

图 3　跨域分流协作图

4. 诉前化解分流的平台支撑与全流程台账管理。因工作性质不同，诉前化解往往在外网环境下运行，无论是委派给特邀调解员，还是流转到行政裁决复议等其他法定方式解纷，数据多跑腿都依赖于外网支撑，而具体业务的办理，有可能在封闭的内网环境下运行，因此在内外平台并行的状态下，清晰的平台应用和案件代字管理显得尤为重要（见图 4）。

① 武建华：《民事纠纷案件再审的审查标准》，载《人民司法·应用》2016 年第 13 期。

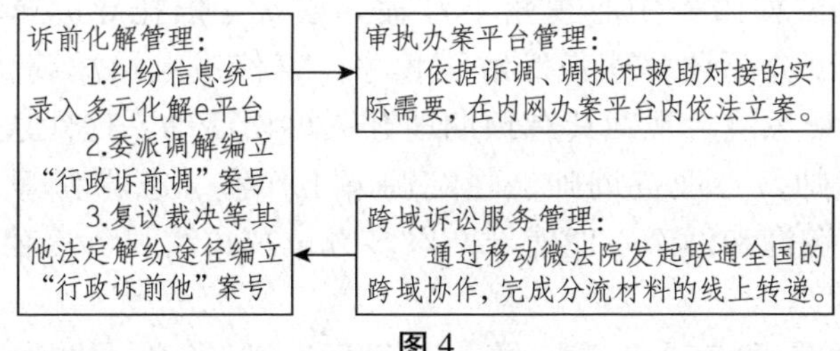

图 4

五、行政纠纷诉前化解分流程序重塑的运行要点

（一）落实立案与分流职能的合并

1. 有效压缩流转环节。按照最高人民法院分调裁审等机制改革意见要求，法院要设立程序分流员负责调裁分流和繁简分流。实践证明，单独为分调裁审工作配置程序分流员并不现实，程序分流工作应当与登记立案职能合并。因为在登记立案前，立案窗口是来院纠纷接待的主阵地，由立案人员在接待中直接判断纠纷是否适宜分流调解，并继续下一步的分流衔接或立案登记，最为便利。立案与分流的双岗隔离模式，只能引起案件材料在立案人员和程序分流员之间的反复流转，形成典型的服务内耗。

2. 充分整合人力资源。登记立案制实施后，实践中一直有弱化登记立案岗倾向。以J省法院为例，立案登记人员配备薄弱集中体现在质和量两方面。诉服人员常态化不及J省全省法院人员的1/10，还包含大量聘用人员，常驻第三方人员和不固定的庭室轮值、值班律师等。典型特征是聘用多、新进锻炼多、退居二线赋闲过渡多、在编人员少、业务骨干少，严重影响立案服务质量。单设程序分流员将加剧人员保障难度。

3. 精准配置登记立案和程序分流人岗职责。选定法官助理负责登记立案和程序分流。一是立案与分流均具有较强的专业性，聘用人员难以胜任。二是不少法院以部门副职标准，选用立案庭副庭长以上的员额法官从事分流工作，形成矫枉过正倾向。员额法官自身要承担极重的办案任务，浪费宝贵的员额法官从事程序分流这样的辅助工作，势必形成立分双岗制，在案件流转路径上多出一环，其科学性和实际运行效果都值得商榷。

（二）做实解纷辅导鼓励纠纷主体自愿选择诉前解纷

1. 升级诉讼服务大厅辅导区软硬件配备。除放置休息座椅，安装电视电脑等播放设备外，还应配置诉讼服务一体机等智能设施，提供报刊图书等宣传资料，以视频、案例和图文资料等形式，为诉讼群众提供法治宣传、法律文化传播、典型案例展示、诉讼风险评估、解纷程序指导和诉讼文书模板等基础服务。

2. 从公共法律服务中心视角丰富辅导层次。依托导诉员和立案人员，为诉讼群众深度介绍调解速裁等解纷程序、宣传线上司法确认等新型工作方式、提示诉讼风险，帮助其有预期地开展诉讼活动，理性选择解纷方式。同时，依托律师、心理咨询师、驻院调解工作室、志愿者等社会第三方，广泛开展法律咨询和诉讼心理辅导，以多方位视角增强诉讼辅导的客观性，提升公众信任度。

3. 同步完善网络和声讯辅导。以“厅”为基础，构建“厅网线巡”立体辅导机制。用于诉讼辅导的视听、图文和案例等资料，均依据网络、声讯和自媒体等平台的服务特征，完成相应编辑转化，同步优化至线上和虚拟平台的诉讼辅导职能。积极提升非诉解纷的传播力，营造非诉解纷氛围。

4. 促进非诉解纷力量的精英化发展。重点扭转传统模式下单纯注重人员或平台数量的观念，以大幅提高非诉解纷活跃度，实现精英化为目标。一方面，积极引导有条件的解纷资源走上法制化、规范化发展道路；另一方面，引导当事人自愿选择非诉解纷。形成调解力量有能力解决纠纷，当事人信赖非诉解纷的良性互动。

（三）健全配套机制提高诉前化解分流质效

1. 完善风险评估筛查机制。系统建立是否成诉甄别、诉调对接风险评估等机制。符合立案条件的纠纷分流，书面告知法院将依法提供诉调对接保障服务。不符合立案条件的纠纷分流，书面告知法院仅提供解纷指导服务。难以当场判断是否符合立案条件的，书面告知诉调对接风险。依法可以行政复议、裁决或先行仲裁的纠纷，积极指引纠纷主体提起行政复议、选择行政裁决或者申请仲裁。此外，为避免盲目分流形成重复化解，还应配套建立诉前纠纷解决方式核查机制，规范审核是否存在先行化解及处置情况。

2. 落实分流案件清单管理。我国行政诉讼法原则上规定人民法院审理行政案件不适用调解，在此基础上确立了有限调解方向，涉及行政赔偿、补偿以及行政机关行使法定自由裁量权的案件是可以调解的。实践中哪些行政纠纷可以调解一直是模糊不清的范畴，为提高纠纷识别分流效率，应当对可分流调解的纠纷进行清单化管理，明确纠纷类别和对应承接调解职能的非诉解纷组织。特别是对于可民行交叉处理的行政争议，例如法律、法规、规章明确规定可由行政机关调解的民事纠纷，或法律、法规规定由行政机关作出处理、进行裁决的民事纠纷等。

结　语

一站式多元化解和一站式诉讼服务看似并列关系，实则是以一站式服务保障一站式解纷。以现代化诉讼服务建设运行为背景，针对窗口人员不愿接待、不敢分流行政纠纷等现实难题，结合行政纠纷诉前化解的现实需要，以理念升级为抓手，配套完成分流秩序的重新设计，可以更好发挥分流的诉前化解启动与程序推进职能，形成以服务促解纷的良性运行格局。

博弈中衡平：既有住宅增设电梯工程规划许可利害关系人判定的“保护规范”路径探析

——以GT两级法院增设电梯典型案例为分析样本

许 青*

引 言

为改善既有住宅居民居住条件，多地出台规范性文件为获取增设电梯建设工程规划许可提供规范指引，具体落实既有住宅增设电梯工作。① 规划部门运用规划许可的方式对现有利益格局重新调整，需要协调各种不同甚至冲突的利益。在以公益代表身份参与利益协调的同时，规划部门又是利益冲突的裁决者，在政策落实过程中可能带有倾向性，存在代替、忽视或者遗漏利益相关主体的可能。目前，起诉增设电梯工程规划许可的主体多非许可相对人，而是认为权益受到许可影响的公民、法人或其他组织。如何判断起诉主体是否为许可利害关系人是亟待解决的难题。

一、判定之难：非许可相对人提起撤销之讼的现实剖析

既有住宅增设电梯工程规划许可在利害关系影响方面复杂，除涉及许可申请人和许可机关，还涉及受该规划许可行为结果影响的主体。为细化《城乡规划法》规定的建设工程规划许可条件，G市制定了该市既有住宅增设电梯办法及相应的规划技术规程（以下简称《办法》《技术规程》）。GT两级法院集中管辖G省省会G市的行政案件，本文选择以集中管辖法院司法实务典型案例为研究样本，具有一定的代表意义。②

---

* 作者单位：广州铁路运输第一法院。

① 如重庆、济南、南京、武汉、广州等地已出台相应增设电梯指导性规范性文件。

② 以“建设工程规划许可”“电梯”为关键词，在中国裁判文书网上可检索出2016年至2019年的一审、二审、再审行政案件共320件，其中以G省132件为最多，检索日期截止时间：2020年8月25日。

（一）诉求之繁：非许可相对人诉讼表征

加装电梯与居民切身利益相关，不同利益需求业主间矛盾深、争议大，案件的审查处理易成为社会关注焦点。本文从中选取三例涉利害关系判定的许可案件予以对比分析（见表1）。

表1 涉利害关系判定的增设电梯工程规划许可案

序号	案例	基本案情	裁判结果及表述
1	肖某、张某诉市规划资源局建设工程规划许可案	肖某、张某分别为13号、17号楼业主，两人不服15号楼业主获取的增设电梯工程规划许可而起诉	一审裁定驳回起诉，二审维持
			肖某、张某所居住的两楼与加建电梯楼宇各自独立，加建电梯不影响原告楼宇安全，原告无证据证明与许可存在利害关系
2	谭某、李某等六人诉市规划资源局建设工程规划许可案	谭某、李某等六人为2幢楼业主，六人不服1幢楼业主获取的增设电梯工程规划许可而起诉	一审裁定驳回起诉，二审维持
			谭某、李某等六人是2幢楼部分业主，不是被诉建设工程规划许可的相对人。从起诉主张的事实和理由看，基本上属于涉及小区全体业主和二幢全体业主的共同利益，对此类涉及共有利益的事项，个人业主无独立诉权。对于谭某、李某等六人认为对其居住的住宅造成严重遮挡，其通风、采光等遭受侵害的问题，相邻权受到侵害属于行政诉讼原告适格的情形之一，但该条规定应当理解为权利人只能就对相邻权产生直接影响的行政行为提起诉讼，而不拒理解为只要涉及相邻权，权利人即可针对该行政行为提起诉讼。设计方案上增设电梯距离符合《技术规程》要求，未对谭某、李某等六人房屋客厅造成严重遮挡，涉案许可行为对谭某、李某等六人的合法权益明显不产生实际影响，其起诉应当依法予以驳回
3	刘某诉市规划资源建设工程规划许可案	刘某为7-8号楼101商铺业主，不服9号楼业主获得的增设电梯规划许可而起诉	一审裁定驳回起诉，二审指令继续审理
			一审认为涉案增设电梯工程未对刘某物业造成严重遮挡。刘某不是行政行为相对人，也未提交证据证明许可行为对其合法权益产生实际的影响，故其并非许可行为的利害关系人，其起诉应当依法予以驳回。二审认为相邻权是指不动产的所有权人或者使用人在处理相邻关系时所享有的权利。刘某拥有7-8号101商铺物业，电梯加装工程紧邻该物业，影响该物业的通风、采光和通行，涉及其相邻权，故其与涉案许可具有利害关系，有权提起本案诉讼。至于涉案加装电梯是否对物业构成严重遮挡等问题不影响上诉人的原告资格判断。原审法院以刘某与被诉行政许可行为不具有利害关系为由，裁定驳回起诉，处理不当

1. 起诉人多非许可相对人。GT 基层法院近三年共审结既有住宅增设电梯工程规划许可案 75 件，仅 1 件由许可相对人提起，其余 74 件均由认为增设电梯工程规划许可损害其建设用地使用权、建筑物区分所有权、通风、采光、居住环境、通行、公共绿地、公共道路等权益的非许可相对人提起（见表 2）。①

表 2 《办法》第 12 条 增设电梯工程规划许可申请条件

序号	申请资料
1	申请书及立案申请表
2	申请人身份证明文件
3	具有相应资质的建筑设计单位出具的建筑设计方案图纸
4	建筑设计单位出具的结构安全说明和满足消防设计规范说明
5	专有部分占该幢（单元）建筑物总面积 2/3 以上的业主且占总人数 2/3 以上的（简称双过半）业主同意增设电梯的书面文件及其同意所送审的建筑设计方案的书面意见
6	同意增设电梯业主的不动产权属证书或者登记证明复印件
7	申请人与相关业主进行协商的书面材料
8	其他

2. 起诉主体广泛。认为权益受增设电梯影响的起诉主体非常广泛。按照物理空间区分，有该住宅业主与相邻建筑物业主，高层业主与低层业主；按主体意愿区分，有申请加装电梯的业主与反对加装电梯的业主；按与增设电梯的权益关系区分，有因电梯受益人群与权益受损人群；按所享有的权益类型区分，有无加建电梯表决权的业主，相邻权有无受侵犯的业主，认为加建电梯影响小区绿地、道路等公共利益的业主等。

3. 起诉理由多样。理由为既有住宅增设电梯需要占用住宅附近的土地与公共空间，规划许可的作出会调整土地使用功能、建筑密度、与周围建筑的关系等。② 起诉人认为许可对其建设用地使用权、建筑物区分所有权、相邻权、地役权、住宅权、生产经营权、竞争权、环境权、空间权等实体权利造成限制性影响。除实体性权益外，还有程序性权益、参与性权益。

（二）审查之限：判定结果不一原因

1. 特型许可程序之束。增设电梯规划许可申请过程需要同时适用民事

① 本文所选取的案例均为 GT 两级法院审判系统查询的司法实例。

② 规划拟定机关与相对人之间的法律关系因“确定规划裁决”而确定，从而具有“权利形成效果”，参见王青斌：《论行政规划的法律性质》，载《行政法学研究》2008 年第 1 期。

决议程序与行政程序规则。如决定是否有权使用土地的主体范围时，适用原《物权法》第76条规定，要求增设电梯建筑设计方案应当经住宅楼双过半业主同意，还是适用第97条“共有物处分或者重大修缮”应当经占份额三分之二以上的按份共有人或者全体共同共有人同意的规定，这涉及民事决议程序的运用。[①] 规划部门对许可申请进行审查时，发现许可事项关涉他人“重大利益”时，应当履行告知程序。[②]《办法》第11条要求规划部门在收取申请资料并审查建筑设计方案后，应将增设电梯设计方案予以公示并听取相关人员意见。但法定涉及“重大利益”的告知规则也是一个宽泛的裁量性概念，对告知对象的确定帮助不大。

2. 规划许可技术之专。规划部门通过对增设电梯工程的建筑设计方案进行审查，来实现对工程的规划控制。从技术标准上来讲，加装电梯应满足结构安全、消防安全、无障碍通行安全、电梯安装及使用安全要求，且满足国家、地方现行规范对日照、采光、通风、隔声等方面的相关规定。电梯工程设计方案是否符合技术标准直接关系到是否给予许可。从案例情况来看，电梯井是否形成对梯间单元内住宅或相邻住宅主要使用房间（卧室或起居室）严重遮挡问题是这类案件的主要争议点，也是判断起诉人是否与许可有利害关系的主要事实依据（见表3）。

表3　《技术规程》　增设电梯工程应符合的规划条件

序号	具体内容
1	电梯梯井（或连廊）与本交通单元内住宅或相邻住宅主要使用房间（卧室或起居室）窗户的正投影净距小于6米，可视为严重遮挡
2	新增的电梯井和连廊的尺度以满足基本交通需要为准，不得以增设电梯为名增加非交通必要的使用面积
3	增设电梯的建筑设计方案应考虑建筑外立面的景观美化
4	增设电梯的建筑设计方案应在与相邻建筑的消防间距、保证消防通道和消防车可达性以及人行疏散通道等方面满足消防规范的要求

3. 利害关系法定标准之泛。判定上述起诉人是否为许可利害关系人，先回归《行政诉讼法》关于诉权的规定，即行政行为的相对人以及其他与行政行为有利害关系的主体有权提起诉讼，[③] 立法对“利害关系”予以宽泛

① 因文章撰写时《民法典》尚未施行，本文依据原《物权法》展开论述。

② 《行政许可法》第36条、第47条。

③ 《行政诉讼法》第2条、第25条第1款，《最高人民法院关于适用〈中华人民共和国行政诉讼法〉的解释》第12条、第13条。

授权，司法机关在适用“利害关系”标准对个案进行判断时，出现了裁量争议。[①] 规范规划许可的《城乡规划法》要求建设者应当提交使用土地的有关证明文件、建设工程设计方案等材料，其中“使用土地的有关证明文件”也是一个不确定的法律概念。《办法》要求获取许可应满足以下条件：（1）电梯建筑设计方案应当双过半业主同意，这涉及决定是否有权使用土地的主体范围；（2）增设电梯工程应当满足有关城市规划技术规范、标准的要求，这涉及对受增设电梯影响的主体范围的预判。[②] 这些判定利害关系的文本标准是模糊的，使得具体个案中利害关系人的判定较为困难。

由上可知，认为建设用地使用权、建筑物区分所有权、相邻权等权益受许可影响的主体相对于许可申请人是潜在的、隐性的，或者是许可条件暗示的存在。利害关系无明确判断标准，利害相关主体如何进入诉讼程序发声，需要司法审慎考量。

二、判定理念：非许可相对人利益救济的必要

正义是从裁判中发声的。为了正确判断“是否与许可行为有利害关系”这一关键问题，应当明确司法运用自由裁量权进行判定时应遵循的原则。运用正确的原则划定利害关系界限，既能阻止不符合条件的滥诉，又能避免过度严苛可能导致的权利限缩，积极推进矛盾化解，传递正确的价值导向。[③]

（一）实体上：价值衡平选择下倾向利益保护

为了实现公共利益，规划部门通过许可方式对既定土地和空间进行调整分配，方便了住户的通行，也有助于提升居住条件。在许可作出过程中应公正地权衡各方利益需求，注重公共利益与私人利益之间的关系。在个案中进行法益衡量时，按价值秩序原则确定冲突利益的优先地位，优先保护靠前的利益。公共利益秩序方面，楼宇结构安全应优于楼宇消防安全优于业主通行便利优于居住视觉卫生优于居住周边环境水平；个体利益方面，生存权优于通行权优于房屋价值。二者发生冲突，优先保护公益的同时，应对私益进行合理补偿。

若增设电梯对利害关系人产生不利影响，那么必然有现实的利益损失存在。但因为增设电梯工程规划许可具有公益性，在许多情境下个人对行政行为产生对其不利的影响具有一定的容忍义务。但规划部门在审查许可

---

① 耿宝健：《主观公权利与原告主体资格——保护规范理论的中国式表述与运用》，载《行政法学研究》2020 年第 2 期。

② 《城乡规划法》第 40 条、《办法》第 12 条。

③ 于洋：《论社会主义核心价值观的司法适用》，载《法学》2019 年第 5 期。

过程中应考虑后续采取的补偿措施，如在许可审查程序中仅确定后续措施而不就补偿方式达成一致，则必然造成各利益主体间的争议无法得到全部解决，规划部门应当确定许可申请人为利益受损方提供恰当的救济方式。[①]

（二）程序上：尊重规划权力下保障参与权利

基于维护公益与保护私益的需要，规划部门对特定空间布局实施管理和统筹安排，这种规划裁断权具有强裁量性和创制性。规划部门应中立运用该权力，在实施过程中为利害关系人提供正当的程序保障。建筑区划内的土地由业主共同享有建设用地使用权，[②] 交由规划部门判断电梯对小区公共用地的占用是否在合理范围，用规划管理的方式代替或协助业主自治，有利于提高行政许可效率。

但在许可作出前，规划部门应给利害关系人提供发表意见的机会，对争议事项进行质证、申辩。在组织批前公示程序中，规划部门不应仅消极判断协商结果，应积极参与斡旋与协调，实质审查建筑设计方案是否为最优选择，在衡量目的与手段之间的关系后，选择对私人权益损害最小的途径达成规划目标，提高保护利益相关人的能力与动力。规划部门不应仅将增设电梯不同业主协商事项交由业主委员会、居民委员会协调和指导，应采取措施协调解决增设电梯产生利益受损补偿问题。

（三）关系上：引入保护规范识别受许可影响公权利范围

许可非相对人提出的相邻权等民事利益受损，如何转化成行政法上的合法权益？最高人民法院通过刘广明案引入保护规范理论，将行政实体规范未明确需要保护、但又的确值得保护且需要保护的权益，扩张解释为法律上保护的权益。这种权益既包括法律明确规定并命名的权利，也包括未明确规定但可能通过法律解释方法推导出的权利，还包括虽不是一项实体权利但是法律保护的一种资格、权能，或者一项独立的需要被倾听的程序性权利、参与性权利。[③] 相邻权人诉讼是该理论适用的重要场域。这一理论融合民事请求权基础理念，修正了“行政适法性审查”仅对许可法定条件进行对照式审查的弊端，明晰行政与民事诉讼两种不同的救济路径，促使形成利益保护实体与程序规范间的良性互动。[④]

---

① 参见王青斌：《论行政规划中的私益保护》，载《法律科学（西北政法大学学报）》2009年第3期。

② 《最高人民法院关于审理建筑物区分所有权纠纷案件具体应用法律若干问题的解释》第3条第2款。

③ 耿宝健：《主观公权利与原告主体资格——保护规范理论的中国式表述与运用》，载《行政法学研究》2020年第2期。

④ 赵宏：《保护规范理论在举报投诉人原告资格中的适用》，载《北京航空航天大学学报（社会科学版）》2018年第5期。

三、判定尺度：利害关系标准的规范度量

复效的规划许可牵涉主体范围广、利益类型多，矛盾解决具有迫切性。本着平衡公益与私益的价值取向，应在尊重规划部门规划裁断权的基础上，分离出利害关系人的权益类型，并依一定的标准进行识别和保护。这种识别需要具象化的标准，让标准逐步进阶为可操作的稳定的界限。

（一）保护规范理论之适用

详细阐释保护规范理论的刘案裁定所强调的三个注意点是：（1）适用规范的整体化判断，许可申请条件虽然只涉及《城乡规划法》《行政许可法》《物权法》等其中一个法条或者数个法条，但界定权益保护范围时应从法系整体上判断；（2）文本判断存疑时的开放性考量，在依据法条判断是否具有利害关系存有歧义时，可考量整个行政实体法系、立法宗旨及行政行为目的、内容和性质进行判断，以便能够承认更多的值得保护且需要保护的利益；（3）扩张解释的界限，个案中对法律上利害关系的扩张解释，要兼顾司法体制、司法能力和司法资源的限制，应限于通过语义、体系、历史、立意及法理解释法等方法能够扩张的范围。①

（二）法定条件对照式标准之修正

一是主观侵权标准应受限制。“认为”行政行为侵犯合法权益，“不服”行政行为，起诉人就可以起诉表达对行政行为主观上的怀疑。怀疑的基础利益可能是法定权利、合法利益或潜在的可预期利益受到侵犯，也可能是社会公共利益受到损害。但这种主观判断的侵权应当受到客观的限制。在王某诉市规资局、第三人巫某等建设工程规划许可案中，法院认为连体楼业主之间因加装电梯发生的纠纷系相邻关系纠纷。加装其中一栋楼电梯规划许可行为，有可能影响的是相邻楼业主的共有利益，故相邻楼全体业主是该行政行为的利害关系人，个人不享有对被诉行政行为的诉权。若加装电梯影响其他楼宇的共有利益，起诉应当符合《最高人民法院关于适用〈中华人民共和国行政诉讼法〉的解释》第 18 条规定的条件。所以，主观侵权标准应当受到权益是否受许可行为实际影响，以及法定起诉比例的限制。

二是实际影响标准应当澄清。实际影响标准类似于“成熟原则”，利害关系人只能针对行政机关实施终了的行为请求审查。如规划部门对建筑设计方案是否同意的书面意见并不是确定的最终的规划设计条件，该行为尚未对相邻权益产生实际影响，起诉人与该行为之间不存在利害关系。识别

---

① 王天华：《主观公权利的观念与保护规范理论的构造》，载《政法论坛》2020 年 01 期。

许可产生的影响的主观判断限于公法上的侵权，难以覆盖民事权益。但加装电梯规划许可对民事权益影响是显而易见。原《物权法》明确业主作为建筑物区分所有权人①有共有部分“共同管理的权利”，其中包含表决权，即业主参与到共有部分和公共事务管理的表决中以行使的业主权利。双过半业主同意的表决规则是否侵害业主的建筑物区分所有权中的表决权，该权益受侵犯是否属于行政法上的利害关系，应运用保护规范理论予以判断。

（三）许可利害关系人的概念

依据上述标准，何种业主属于增设电梯工程规划许可的利害关系人呢？根据《行政诉讼法》第2条的规定，利害关系人需要具有受许可影响的合法权益。这种权益是行政机关在作出许可行为时所依据的行政实体法和所适用的行政实体法律规范体系，要求行政机关考虑、尊重和保护原告诉请的权利或法律上的利益；而且是行政机关作出许可时已经存在和需要考虑的权益，原则上对于事后形成的权益或者已经消失的权益，当事人无权提起诉讼。

四、判定路径：许可利害关系人审查处理的具体展开

在确定许可利害关系人概念基础上，依据关系存在的范围及权利属性不同，需要给予保护的方式和力度也不同。适用保护规范理论下的利害关系标准，确定影响权益的类型，可按与许可行为利害关系的强弱顺序，依次展开对利害关系人的识别与救济。

（一）前提：保护规范范围框定

从许可本身效果的多样性及效果所涉及第三人的多样性而言，利害关系人的判定是不能寻求千篇一律解答的。利害关系的判断要素有不同的三要件说，有人提出“公法规范要件、法定权益要件、个别保护要件②”；有人提出“合法权益增减，行政行为存在，前两者间有因果关系”；还有人从法律关系变动角度分析。这些判定要素中，最重要的一项就是“主观公权利”的存在。许可利害关系人主要是因民事权益相邻权受损而转化为行政法上的请求权。通过对案件的具体分析，我们可以从许可申请条件入手，框定保护规范的实体法范围（见表4）。

① 德国著名学者贝尔曼提出的“三元论说”，建筑物区分所有权由三部分组成：区分所有建筑物专有部分的所有权、专有所有人共用建筑物上所设立之持份权以及因共同关系产生的成员权。

② 章剑生：《行政诉讼原告资格中“利害关系”的判断结构》，载《中国法学》2019年第4期。

表4 实体法保护规范范围

序号	许可条件	法条
1	申请书	《城乡规划法》第40条第1款
		《行政许可法》第29条
2	建筑设计方案	《城乡规划法》第40条第2款
3	建筑结构安全说明、消防设计规范说明	《行政许可法》第38条第1款
		《城市规划编制办法》
		《建筑日照计算参数标准》《民用建筑设计通则》《城市居住区规划设计规范》《住宅建筑规范》等技术标准
4	双过半业主同意	原《物权法》第76条、第89条、第92条
5	不动产权属证明	原《物权法》第70条
6	协商材料	《行政许可法》第36条、第47条
7	其他	《土地管理法》
		《最高人民法院关于审理建筑物区分所有权纠纷案件具体应用法律若干问题的解释》

（二）核心：保护利益类型定分

从增设电梯规划许可的条件、程序和效果方面考察，普遍受影响的权益类型可以用两种具体方法来区分，一看权利性质，许可主要影响建筑物区分所有权和相邻权；二用物理的方法，看业主的物业、活动范围是否在规划许可的辐射半径内。具体作如下分类（见表5）：

1. 因实体权益受侵害而产生。电梯占用建设用地时。申请许可业主本身享有加建电梯表决权利，也负有提交电梯“使用土地的有关证明文件”的义务。在李某诉市规资局、第三人胡某等建设工程规划许可案中，法院认为“使用土地的有关证明文件”并非专指《城乡规划法》规定的建设用地规划许可证或国有土地使用证，且法律亦未规定增设电梯工程需要另行办理建设用地规划许可或国有土地使用手续。业主的房地产权证是其依据原《物权法》规定对其专有部分以外的小区其他公有部分（包括建筑区划内除城镇公用道路以外的道路）享有共有和共同管理权利的凭证，属于《城乡规划法》规定的“使用土地的有关证明文件”。在多件案例中，规划部门除要求提交专有部分双过半业主房产证作为用地证明文件，还征询了用地产权单位、房改房原产权单位、土地使用权权属证明书持有单位、建设单位的书面同意意见。但若土地使用权权属证明书持有单位、原建设单位等非物业业主，仅是作为土地使用情况的证明人参与到许可程序中，应非许可利害关系人。

许可影响利害关系人通风、采光等相邻权利。原《物权法》要求"建造建筑物不得违反国家有关工程建设标准，妨碍相邻建筑物的通风、采光和日照"。工程对通风、采光、通行等的影响属于建设规划条件方面。由于法院对规划技术的审查目前限于《技术规程》的要求，对于当事人提出的电梯影响住宅满窗日照时间长短的异议一般未予支持。从个人权益是否是反射利益的角度判断，以日照权、视觉卫生权、景观眺望权、天际线等受到影响为由的起诉，应不符合存在利害关系的认定条件。

2. 因程序权利受侵害而产生。主要指建筑物区分所有权中的表决权。实践中，为某住宅楼增设电梯，该楼宇部分业主却无权作为双过半业主参与到加建电梯表决中。商住综合楼是一种以商务办公和居住功能高度复合化为主要空间形式的建筑类型，常见的是临街建筑的首、二、三等低层作为商务办公用途。这种楼体的商业部分一般有专属楼梯口，门牌号也与住宅部分的不同。《办法》第5条第1款要求听取拟增设电梯所在建筑物内全体业主的意见。但这一做法遇到的现实困境是，用于商务办公用途的首至三等低层可能属于同一产权人，其不同意增设电梯，那么申请加装电梯业主就无法取得符合比例的业主同意意见，无法加装电梯。为了区分同一建筑物裙楼上不同住宅增设电梯投票业主范围，G市规划部门现运用的是"梯间单元"概念。在该概念下，同一幢商住综合体其中一座塔楼住宅部分增设电梯，无需征询另一侧业主意见。这样增设电梯所在"梯间单元"同一楼宇内其他商业、非同一梯间业主及其他楼宇业主等，对是否申请加装电梯许可均没有表决权。但是参考《最高人民法院关于审理建筑物区分所有权纠纷案件具体应用法律若干问题的解释》第10、11条涉及住改商的规定，反过来在商业部分外增设电梯时，应需要征询商业部分的意见，尊重商业部分业主的合理要求。

3. 因公益反射利益受侵害而产生。赋予许可可能减损公共用地使用权等利益，许可造成事实上的客观影响，但未违反技术规程要求的技术标准时，这些主体可以保护规范理念确定为利害关系人，其可以针对许可起诉，但所述理由不影响许可合法性的认定。

增设电梯工程可能影响楼宇结构安全、消防安全时。设计符合楼宇结构安全、消防安全要求的书面意见是颁发规划许可证所依据的专业说明和保证材料，也是规划部门判断工程设计方案是否符合消防安全及建筑结构安全的核心依据。起诉人以许可影响楼宇消防及结构安全等业主共有利益的理由起诉，这一安全也涉及业主个人利益，故其是涉案规划许可的利害关系人，有权对许可提起诉讼。

增设电梯工程越出建筑物专有部分红线，有限占用小区业主共有道路时。在吴某诉市规资局、第三人刘某建设工程规划许可案中，法院认为涉案电梯工程越出建筑物专有部分“红线”，有限占用小区业主共有的道路，会导致小区道路变窄。根据设计方案看，加建电梯所占公共通道部分不妨碍小区车辆、消防及行人正常通行，在不影响小区消防安全及通行等小区业主共同重大利益的情况下，可认定合理利用，不予支持该占用应经得小区全体业主“双过半同意”的意见。关于规划技术部分应尽量尊重行政机关的初次判断，只要有合理说明，法院无需越过专业机构去自行判断。

表 5　增设电梯规划许可利害关系人享有的权利

分类	权利	内容
实体权利	人身权	生命健康权、人身自由权等人格权
	财产权	物权（建设用地使用权、建筑物区分所有权、相邻权等）
	社会保障权	劳动权、休息权、环境权相邻权
	知情权	了解、查阅、复制规划部门的各种行政信息及有关档案材料
	监督权	对规划部门及其工作人员工作进行监督、提出批评和建议，并申请有关部门监督
程序权利	起诉权	对许可不服，有权依法提起行政诉讼
	赔偿补偿请求权	利害关系人在合法权益受违法许可造成损害或损失时，有权请求行政赔偿或补偿
	委托代理权	利害关系人有权聘请委托代理人参加许可审查过程中举行的听证会等行政程序
	申请回避权	利害关系人认为行政执法人员与案件有利害关系时，有权要求其回避
	听证权	有权要求规划部门听取意见
	隐私保密权	利害关系人有权要求规划部门对其个人隐私及需要保密的信息予以保密
参与权利	参与权	有权通过听证、评论等形式依法参与许可程序
	协助权	主动协助规划部门实施规划许可

（三）操作：运用解释方法划分不同主体的救济方式

秉持利益平衡、尊重规划权及注重权益保障的理念，依照保护规范理论确定的利害关系标准，按增设电梯工程规划许可影响的关系与程度的不同，可以将享有上述实体法权益的主体分成三类：（1）许可行为直接针对的人，即许可行为申请人/相对人，也是享有加建电梯表决权利的人；（2）许可行为剥夺了其加建电梯表决权利的人；（3）认为赋予许可实际造成了限制其通风、采光、通行等相邻权益，减损其公共用地、公共空间、公共设施等使用权益的利益相关人。

1. 科学维护：许可行为直接针对的人。许可行为直接针对的人一般是申请许可主体，人员范围容易划定。这一部分涉及的问题是申请资料不真实或设计方案实际不符合技术标准，导致许可被确认违法时，行政机关的赔偿责任如何确定。一般而言，若行政机关已尽审慎审查义务，则不承担赔偿责任；若审查不严，应当承担适当比例的过错责任。[①]

2. 准确界分：许可行为影响其加建电梯表决权利的主体。一般情况下，单体住宅楼全部物业为住宅时，全体业主均有加建电梯与否的表决权。判断连体住宅楼哪些业主属于有表决权的主体时，应当考察所许可加建电梯的可达性、可利用性，楼体在规划用途上的可分性。如无法利用电梯、存在独立出入口的楼体上的业主，可不作为有表决权的主体进行计算。这一判断涉及的主体类型多、情况复杂，界分应当准确。虽有案例未将电梯用地单位作为加建电梯表决权利的主体，但这一判断存在争议，谨慎起见，应将该单位纳入征询意见的主体，在其不反对加建的情况下，电梯工程设计方案才可以进行申请报批流程。

3. 谨慎限制：增设电梯工程影响其通风、采光、通行、楼宇结构或消防安全等主体。既有住宅增设电梯建设工程规划许可实质是行政机关基于公共利益作出的影响相邻利害关系人权益的许可行为。若以通风、采光、通行、楼宇结构或消防安全等受影响为由起诉，应当考察相邻关系是否存在、人数是否需要到达一定比例。相邻关系不存在，或物理距离非常远的主体，以影响通风、采光、通行、天际线、景观等为由的起诉，应予驳回。相邻关系存在，影响的是一个群体整体的通风、采光、通行等权益，起诉时应当符合《最高人民法院关于适用〈中华人民共和国行政诉讼法〉的解释》第18条规定的条件。

规划部门在审查实施许可时享有利益衡量权。这种衡量是否正当，法院应当结合其收取审查的申请材料是否完整全面，判断是否客观，有无忽视有关的公共利益或者私人权益，对存在冲突的利益排序是否正确等方面进行考察。但是司法审查不能替代行政主体进行衡量及作出决定。因而，法院对行政规划中行政主体裁量权是否滥用的审查主要限于一种“程序本位”的审查，“程序本位的司法审查，可以利用一系列技术来干预行政，但并非替代行政作出决策。法院撤销许可，责令规划部门作出更为全面的事实认定重新作出许可。[②]

在当事人要求对《技术规程》进行规范性文件附带审查时，应需考察技术规程文件制定机关是否超越权限或者违反法定程序，对许可行为所依据的条款以及相关条款进行审查。若电梯在事实上遮挡了某物业的唯一自

① 参见蔡小雪：《行政行为的合法性审查》，中国民主法制出版社2020年版，第320页。

② ［德］汉斯·J. 沃尔夫、奥托·巴霍夫、罗尔夫·施托贝尔：《行政法（第二卷）》，高家伟译，商务印书馆2002年版，第265页。

然光源入口，应依保护规范标准将这种采光权益归入值得法律保护的利益范围，给予其诉权。

结　语

在改善老旧小区居住条件的大背景下，以保护规范理论准确判定增设电梯规划许可利害关系人，细化各种主体权益保护方式，进一步探索全面的司法救济途径，努力实现实质性地化解因增设电梯所引发的社会矛盾的目标。

见义勇为确认行政案件之义务界阀锚定

——基于群体心理、系统平衡等多维度分析

胥洪刚*

习近平总书记在2019年中央政法工作会议上强调，要改进见义勇为英雄模范评选表彰工作，让全社会充满正气、正义。① 近年来，各省相继出台地方性法规加强见义勇为保护力度。见义勇为是指法定职责、法定义务、约定义务以外的为保护国家、集体财产或者他人人身、财产安全，抢险、救灾、救人的行为。由于有无义务的确切界址不明，以致司法实践中出现认定和适用问题。本文通过多维度分析，锚定行为人有无义务的确切界标，供审判实践参考。

一、问题提出：见义勇为义务界定错位

笔者在中国裁判文书网上搜索“行政案件”“见义勇为”字样，共搜出见义勇为确认行政案件220件，抽取其中事实清楚，仅法律适用有争议，而地方法规均未具体明确列举法定职、法定义务、约定义务的典型案件共8件（同案多次多级法院审理仅算1件），据案情与裁判结果的关系划分为4类（见图1）。

第一类：相约游泳互相形成救助义务。2012年7月，张某、刘某等4人相约游泳。刘某沉水，张某积极营救但未成功，二人均遇难。县综治办以实施救援行为属于张某的应尽责任和义务为由，作出张某的救人行为不能确认为见义勇为的决定。本案经过两级法院三次审理，均以相约游泳形成相互救助义务为由，驳回了张某父亲的诉讼请求。②

第二类：宴请争执致轻生有救助义务。2015年10月，闫某与李某等12

---

* 作者单位：四川省广安市中级人民法院。

① 习近平：《全面深入做好新时代政法各项工作 促进社会公平正义保障人民安居乐业》，载《人民日报》2019年1月17日第1版。

② 江西省高级人民法院（2016）赣行申114号行政裁定书、江西省赣州市中级人民法院（2016）赣07行终1号行政判决书、安徽省颍上县人民法院（2016）皖1226行初23号行政判决书。

名同学聚餐时，闫某与李某因琐事发生争执，二人相继跳入河中，均不幸溺亡。县综治办以负有特定义务并无明显施救行为为由，认定闫某的行为不属见义勇为。三级法院均认为，法律上的救助义务可以是法定的救助义务，也可以是先行行为引起的救助义务，闫某请客对酒宴参加者有安全保护义务，因此判决驳回闫父母的诉讼请求。①

第三类：相约游泳互不具有救助义务。2015 年 7 月，董某与同事杜某等 16 人相约下河游泳，杜某溺水，董某在救助时不幸溺亡。区政府以董某、杜某等人相约出去游玩，有互相扶助和在危难时刻互相救助的义务为由，作出不予认定见义勇为的决定。一审驳回董某父亲的诉讼请求。二审则以董某对杜某不具救助义务为由，责令区政府限期作出认定董某的行为属于见义勇为的决定。②

第四类：事故责任不是义务生成条件。2011 年 12 月，柳某排放芳香烃废液后未关紧阀门，高浓度硫化氢气体溢出引发事故。柳某从远处跑来与其他工友全力施救，救出 2 人，包括柳某在内 3 人死亡。市政府以柳某负有事故责任为由，对柳某的行为不予确认为见义勇为。法院两次以主要证据不足，适用法律法规错误且明显不当为由，判决责令市政府重新作出行政行为。第三次判决认为，柳某在安全事故中负有责任，不能成为设定其负有救人义务的条件。③

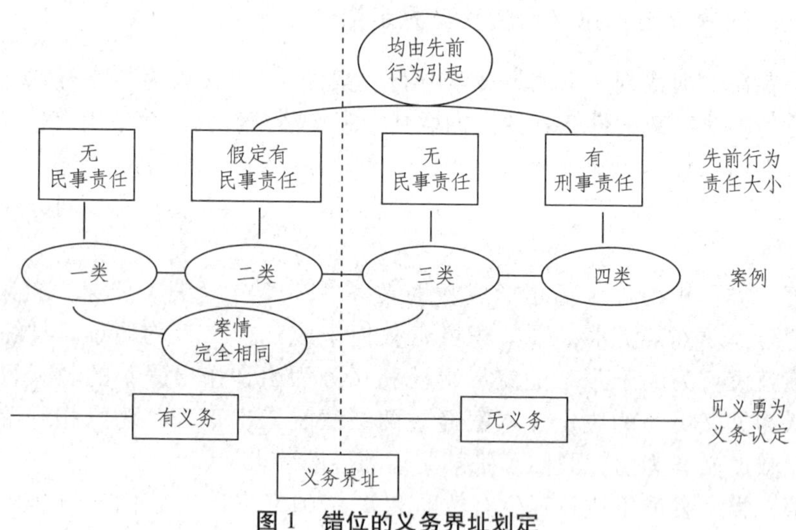

图 1 错位的义务界址划定

① 安徽省高级人民法院（2018）皖行申 53 号行政裁定书。

② 黑龙江省高级人民法院（2016）黑行终 345 号行政判决书。同样案例有江苏省高级人民法院（2017）苏行终 231 号行政判决书等。

③ 宁夏回族自治区银川市中级人民法院（2018）宁 01 行初 881 号行政判决书。

小结：从以上案例可以看出，不仅作为一、二审的基层人民法院和中级人民法院之间对见义勇为确认案中法定义务、约定义务的理解存在分歧，而且作为终审、再审案件审判的高级人民法院之间也存在分歧，裁判结果总体上呈现出错位的义务界址划定（详见图 1）。第一类案件和第三类案件案情完全相同，一部分认定为有义务，另一部分认定为无义务。第二类案件和第四类案件均由先行行为引起责任，前者是民事责任被认定为有义务，后者是刑事责任被认定为无义务。由此观之，在义务界址不明的情况下，对行为人有无救助义务存在不同判断。

二、理论奠基：有关义务界定的四个法理法则

界定行为人是否有义务必须遵循基本法理法则，不能想当然判断。遵循的基本法则即是法律之上更高的适用于一切民族永恒的自然法。[①] 同时，法律应当是完备的体系，要尽量避免法律体系之间的矛盾。如果不遵守这些法理法则，裁判的社会指引功能就会打折扣，不能实现立法目的。

（一）义务界定应符合人的需求法则

立法和法律解释时首先应当假定人都是利己的，在面临两种以上选择时，总会选择对自己更有利的方案。[②] 这就是英国经济学鼻祖亚当·斯密著名的理性经济人原理。按照这种理论，当见义勇为明显得不偿失，作为理性经济人，就会选择袖手旁观。

美国心理学家马斯洛关于人的需求层次理论认为，人的动机来自需求，满足尚未满足的较低层次需求总是主宰，只有在满足它之后，紧邻的高层需求才被激活成为主宰。[③] 按照马斯洛的需求层次理论，人只有在最根本的物质利益得到满足之后，才会去充分考虑尊重、自我实现等“精神利益”。“衣食足而知荣辱，仓廪实而知礼节。”[④] 因此，见义勇为义务界址划定应着重解决行为人的后顾之忧。

（二）义务界定应符合利益平衡法则

日本著名民法学者加藤一郎、星野一郎认为，对一个案件的判决，其思考方式是，首先用社会一般观念衡量应该怎样判决，然后再寻找法律依

---

① 参见［古罗马］西塞罗：《西塞罗全集·演说词》，王晓朝译，人民出版社 2008 年版，第 83 页。

② 参见［英］亚当·斯密：《国富论》，高格译，中国华侨出版社 2018 年版，第 47 页。

③ 参见［美］斯蒂芬·罗宾斯、蒂莫西·贾奇：《组织行为学精要》，刘昕译，中国人民大学出版社 2018 年版，第 75~87 页。

④ 出自《管子·牧民》，后被《史记·管晏列传》引用。

据，适用三段论的方法得出结论。[①] 如果能够以金钱为代价解决，行为人就会想何须冒付出生命代价风险。因此，见义勇为确认案的义务划界也要符合利益平衡法则，不能以奖励的是崇高精神为由对些许瑕疵也不能容忍。

（三）义务界定应考虑比例原则

行政主体还必须选择对人民侵害最小的方式进行。[②] 德国、葡萄牙、西班牙、我国台湾地区等都将比例原则作为行政法律的一条基本原则。[③] 从法律的作用来看，它是通过界定和协调各种个人利益加以保障，以便使最大多数的利益或文明中最重要的利益有效果，同时使整个利益清单中的其他的利益的牺牲降低到最低限度。[④]

被确认为见义勇为行为后，国家会给予大额经济补偿，并对子女入学、本人就业、住房补贴等都有所安排，因此见义勇为确认行政行为从本质上讲是授益性行政行为，应当适用比例原则。

（四）义务界定应保持法律系统平衡

民事、行政、刑事法律应形成一个有机整体，不能够因对条文理解不当形成冲突。这就要求对法律的解释应当体系化，也就是常说的体系解释，通过解释前后法律条文和法律的内在价值与目的，来明晰某一具体法律规范或法律概念的含义。体系解释最基本的考虑是要保证法律体系的融贯性。对见义勇为义务认定不能出现既受刑法打击，又受行政法褒扬的情况。

小结：对行为人有无义务的判断应当综合运用上述四个法理法则，不可偏废。仅仅看重比例法则而忽视其他法则就会造成奖励泛滥、骗取奖励等问题。仅仅考虑体系平衡，就会将大部分与风险关系不大甚至无关的先行民事行为作为义务生成条件，导致奖励范围极度狭窄，不利于见义勇为风气形成。

三、先行行为：是否产生刑法义务为界址

由于先行行为引起的责任大小千差万别，从无责任的公平负担到民事责任再到刑事责任；从原因力看还有诱因、间接原因、直接原因。对于先行行为是否引起救助义务的划界看似复杂，综合运用上述几个法理法则和对法律进行体系化分析就可以提炼出两个实质上相同，只是角度不同的裁判标准。

---

① 刘士国：《科学的自然法观与民法解释》，复旦大学出版社 2011 年版，第 32 页。

② 梅扬：《比例原则在给付行政中的适用》，载《法学研究》2020 年第 2 期。

③ 高景芳、谷进军、李超：《论行政法之比例原则初论》，载《河北科技大学学报（社会版）》2003 年第 2 期。

④ ［美］庞德：《通过法律的社会控制——法律的任务》，商务印书馆 1984 年版，第 9 页。

（一）先行行为通常情况下不会直接让救助对象陷入危险境地的，不产生法定救助义务

第二类案件将先前普通民事行为产生的义务与救助义务画等号，认定为法定义务，背离了利益平衡原则和比例原则。对于并非严重的侮辱诽谤，甚至仅因几句争执，一方因此将自己置于十分危险境地，另一方从而有将自己置于十分危险的境地去实施救助的义务显然没有道理。一方自己不珍惜自己的生命，另一方就要冒牺牲自己生命的危险去营救，这显然违背了利益平衡原则。如果一方跳河另一方不予营救，按照民法规定，无过错一般给予适当经济补偿，有过错给予适当赔偿。能够用经济补偿或者赔偿解决的问题，作为理性经济人，就不愿以牺牲自己的生命为代价去施救，其冒着生命危险去施救的行为应当得到社会的回报。从利益衡量法则的另一角度来讲，司法裁判应当引导人们珍爱生命，不宜因作出普通民事侵权行为人有对普通民事行为引发对方轻生的救助义务的裁判，助长不良的社会风气。

（二）先行行为所致刑法上的损害后果排除义务属于法定义务

法律规定的义务，不仅指民事、行政法律规定的义务，还包括刑法义务。刑法义务主要指先行行为所产生的，如果行为人未积极采取措施予以避免或者挽回损失，将导致刑事犯罪生成或者已有犯罪行为将受到更重刑罚处罚而积极采取措施避免危害后果发生或者进一步扩大的义务。

先行行为所产生的刑法义务主要包括先行行为致他人生命安全、身体健康或者国家、集体、个人利益处于危险境地，行为人有排除危险、防止损害扩大的义务。比如，重大责任事故、故意或者过失危害公共安全、故意杀人、故意伤害他人等。行为人因故意或者过失造成危险，不予救助，导致损害后果发生的，将追究刑事责任。为减轻或者消除自己的罪责而进行救助，不得认定为见义勇为。按普通正常人的观点，其中根本就没有“义”的成分。美国卡耐基英雄基金（Carnegie Hero Fund）评审标准第1条规定：“救助者必须是自主自愿地将自己的生命置于超乎平常的危险境地”。[①] 迫于刑罚压力去救助，当然不是自主自愿行为。

认定先行行为产生的刑法义务不是法定义务的观点，同样违反了比例原则。因为比例原则是指行政权力的行使除了有法律依据这一前提条件外，行政主体还必须选择对人民侵害最小的方式进行。在刑罚强大威慑下挽救自己先行行为产生的后果，不是什么崇高精神，奖励只是徒增国家负担，

① Amelia H. Ashton：Rescuing the Hero：the Ramifications of Expanding the Duty to Recue on Society and the Law，59 DUKE L. J. 69，P. 90（2009）.

不但不能达到比例原则所追求的目标，反而会损害大多数人利益。

将先行行为产生的刑法义务认定为非法定义务还打破了法律体系的平衡，造成法律适用的矛盾。以第四类案件为例，柳某显然已经构成重大责任事故罪。仅因柳某在施救过程中死亡，就不仅不追究其刑事责任，还认定其行为属见义勇为，显然打破了法律体系的平衡，造成法律适用的矛盾。

（三）对见义勇为义务认定应正确适用行政主体法无文明规定不可为的行政法原则

根据行政法的基本原理，行政主体不得在法外随意创设义务。按照《行政诉讼法》规定，被告应当提供行政行为的事实依据和法律依据。要求被告提供先行行为产生刑法义务的法律明文规定似乎强人所难，但是事实上并非如此。因为，刑法实质上规定了公民有不得犯罪的义务。比如《刑法》第1条规定："为了惩罚犯罪，保护人民，根据宪法，结合我国同犯罪作斗争的具体经验及实际情况，制定本法。"包含的意思就是公民不得犯罪，犯罪得受惩罚。不得犯罪就是刑法明确规定的义务。第2条规定的"中华人民共和国刑法的任务，是用刑罚同一切犯罪行为作斗争……"包含了同样的意思。另外，《刑法》还规定了各种罪状，包含的意思是公民有不得为相应行为的义务，相应行为达到法定情节就会按照紧随其后的罚则处罚。以第四类案件为例，有《刑法》条文明确规定造成重大责任事故的，构成重大责任事故罪，得课以刑罚。先行行为正在让事故风险发生，行为人就有义务消除这种风险，不让事故发生。先行行为已然导致事故发生，行为人就有义务尽量减少损失，以减轻自己的罪责。因此，第四类案件的处理明显是机械地适用了法律。

（四）对刑法义务重在适用体系平衡原则而不能机械适用比例原则和理性经济人理论

有观点认为，对刑法义务亦应适用权利义务平等原则、比例原则和理性经济人理论。持这种观点者就第四类案件辩称，如果柳某不去救助，构成重大责任事故罪，依照《刑法》第134条最多判处七年有期徒刑。他去救助却付出了生命代价，还救出两人，不确认其见义勇为就不符合权利义务平等原则，国家的付出与其个人的付出就不成比例，按照理性经济人原理，也不利于出现类似情况的后来者产生实施救助的举动，不利于见义勇为社会风气的形成。

这种观点是错误的。见义勇为褒扬的是崇高的精神境界。若将这种精神境界比作玉，从理论上讲应当是洁白无瑕。只是为了解除行为人后顾之忧，引导良好社会风气形成，从实用主义出发，才适当降低标准。先行行为产生的民法义务已经让玉产生瑕疵，在瑕不掩瑜的情况下，对认定标准作适当下调，符合我国国情。如果将瑕玉参半甚至瑕已掩玉纳入奖励范围，见义勇为的含金量就会大打折扣。先行行为产生刑法义务后的冒着生命危险相救从本质上也是有勇无义，丧失了确认见义勇为的“义”的构成要件。

通过前述论证，可以得出理顺过后的见义勇为确认义务界址示意图（详见图2），裁判的社会指引功能明显增强，见义勇为确认案件审判的法律效果与社会效果定会大幅度提高。

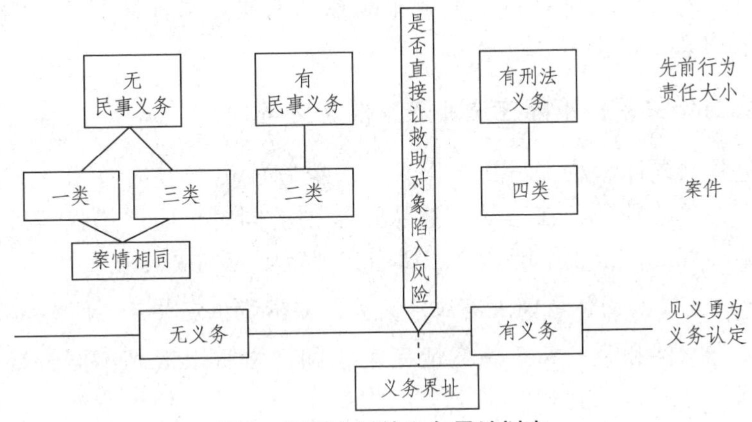

图2　理顺之后的义务界址划定

（五）同一行为有无义务，民法和行政法评价有异属正常现象，行政法和刑法评价完全不同则显然不正常

前述分析似乎也有矛盾，先行行为产生民事责任，从民法评价应是负面评价，依法似乎应当产生救助义务，反而说没有救助义务，似有违见义勇为的基本定义；在民法与行政法之间产生了不协调，似有违体系化解释法则。对此应当正确看待。

第一，由于民事责任主要考虑的是公平原则、利益平衡原则，遵从填补性原理，定责非常宽泛，因此承担民事责任并非对责任人的否定性评价。积极承担民事责任填补受害人损失，甚至还会直接获得正面评价。

第二，民事责任确定并不会综合考虑责任产生后的行为，因而可以在承担民事责任的同时受见义勇为褒扬；刑事追责会综合考虑后续行为，定罪同时受见义勇为褒扬则是双重奖励。

第三，民事侵权依法不予赔偿受害人扩大的损失，因此以民事侵权为由推定对并非直接引起的重大风险具有法定救助义务并不符合法理。法理是制定法律的依据，因此这样推定也不符合法律规定。

第四，严重民事侵权直接或者间接故意引起重大风险已经转化为刑事犯罪，自然应予刑法评价，民刑衔接顺畅，因此并非不协调。

小结：先行行为是否直接或者间接故意让救助对象陷入重大风险，是否产生刑法上的危险排除义务是先行行为是否产生见义勇为保护法上的救助义务的明确分界线。这看上去仿佛是两个不同标准，实质上是从两个不同侧面标记同一个界址。因为，直接或者间接故意让救助对象陷入重大风险，这种风险一旦成真必然构成刑事犯罪。以第二类案件为例，如果闫某严重侮辱、诽谤李某，按普通正常人的理解，程度确实达到致李某跳河的境地，闫某就触犯侮辱罪、诽谤罪；如果闫某利用李某心眼小性子急的特点，故意用激将法致李某自杀就触犯故意杀人罪。两种情形下，闫某就有救助李某的义务。

四、身份关系：不能在法外随意推定义务

对危险共同体、法人与其工作人员、家庭成员等互有身份关系的人是否有职责义务的判断，在遵从前述法理法则的同时，应严格执行被告提供法律依据的规定，被告不能提供法律明文规定则应判决其败诉。

（一）危险共同体之间没有法定义务，亦不能推定相互之间有约定义务

第一类案件和第三类案件案情完全相同，之所以裁判不同，就在于对危险共同体之间有无互相救助义务的把握出现分歧。相约游泳形成典型的危险共同体，相约游泳事实上也是基于共同体成员之间的互相信任，从群体心理上讲也是共同体之间可以互相帮助和照顾才在共同危险行为中邀约几个同伴而不是独来独往。

但是，这种帮助和照顾显然不包括冒着牺牲自己生命的风险去救助同伴。如果危险共同体之间没有非常亲密的关系，如果救助不是举手之劳而是要冒着牺牲自己生命的风险，按照理性经济人法则，没有陷入危险的共同体成员势必不会去救助。如果不去救助，其后果即使是遭受社会舆论谴责，也不会掀起多大舆论漩涡。两者权衡，就极有可能不去救助。

因此，为了有利于见义勇为群体心理的形成，为了解决救助者的后顾之忧，为了避免结伴游泳、结伴出行成为人们社会生活的奢侈品，不宜对危险共同体成员之间设定救助义务。由于没有法律的明文规定，也不允许行政主体随便设定这样的义务。擅自设定这样的义务就超出了行政主体的职权，不应得到法院的支持。

（二）法人或者非法人组织的法定或者约定义务非其工作人员的义务，专门场所从事专门职责除外

在民事法律或者合同之中，规定了很多法人或者非法人组织的安全保障义务，包括经营场所、公共场所的经营者、管理者的安全保障义务等。按照民事侵权法律规定，硬件没有达到安全保障的要求，产品存在缺陷或瑕疵，经营者的工作人员未尽安全保障义务，对于他人负有安全保障义务的经营者

未能防范和制止第三人侵害，构成不作为的侵权行为，得承担民事责任。

将法人或者非法人组织的义务随意转移到其工作人员身上同样违反前述与见义勇为确认有关的法则。比如，物业管理公司与业主签订了物管和保安合同，如果将冒着生命危险救助他人或者他人财产的义务转移给物业管理人员，作为理性经济人的物管人员在临危时刻则可能逃避。他领取不高的工资，却去做高风险的工作，明显利益失衡。即使法律有规定，因见义勇为伤亡可以算工伤、工亡，可以享受国家或者用人单位的工伤待遇。但是，这些待遇有可能因所在单位没有承受能力或者并未交纳工伤保险费而落空，即使有工伤待遇作保障，也远远低于见义勇为行为的处遇。由于利益失衡，有后顾之忧，难以促进这些行业见义勇为之风的形成，因此国家应予兜底。

专门救助人员则不同，他们必然有相应的技术特长，有专门的救助工具，专门从事的就是救助工作，与所在单位签订的劳动合同必然对其权利义务作出与普通人员不同的约定。他们专施救助职责，因此其所在法人或者非法人组织的义务可以转移到其身上。比如，游泳馆专施游泳安全保护工作的人员，他们有专门的救护设施设备，有属于他们职业特点的工资收入，紧急救助对常人来说可能是巨大安全风险，对他们来说就可能是很小的风险。因此，将其所在法人或者非法人组织的救助义务落实到他们身上符合理性经济人原理、比例原则。换成游泳场馆的清洁工，既不具备救助条件，又不具备相应的待遇，更没有相应的职责。

另外，专门场所的专门人员与其所在的用人单位之间约定了职责，应当视为约定义务的转移，即将用人单位的义务以约定的形式转移到这些专门场所专门人员的身上。非工作时间，专门场所之外由于没有相应设施设备作保障，因此也不应认定其有法定职责。

（三）亲密人员之间只要不是家庭成员不应在法律之外设定义务，家庭成员可以作扩大解释

对家庭成员的理解有广义和狭义之分，这里可以作广义理解。首先是配偶。其次直系血亲应当是家庭成员，共同生活的有血缘关系或者拟制血缘关系的人员应当是家庭成员，因为他们是至亲关系。再次是三代以内的旁系血亲，从我国传统上讲也是非常亲密的关系。最后是需从共同财产支出养育费用的配偶的法定赡养、抚养人。这样理解既在法律的射程范围内，又最大限度地解决行政主体担忧的可能，产生骗取见义勇为奖励、徒增行政主体调查压力、引发更多官民纠纷的问题。

有观点认为，见义勇为行为中的义是指大义而非小义。所谓大义是指济天下之义，不是哥们义气、亲友情谊等含有亲情、友情利益的小义。认为精

神需求也是需求，按照人的需求法则，亲友之间有加深亲情、友情的精神利益需要，通常情况下，无褒扬也会救助，国家不必为此付出褒扬成本。比如，救助恋人及恋人的亲人可能加深感情；救助朋友可以加深友谊等。

以上观点似乎有道理，但是违反了行政主体不得随意设定义务的行政法基本原则。因为除家庭成员之外，法律并没有明文规定亲人、朋友之间有相互救助的义务。以上论述的前提是法无明文规定的义务，被告当然提供不出行政行为的法律依据，按照《行政诉讼法》规定应当判决被告败诉。

另外，非家庭成员的亲人、朋友、恋人之间的亲密度显然是千差万别的，他们有相互独立的经济，也有后顾之忧，不解除这种后顾之忧同样不利于其产生见义勇为的举动。以上的论述是建立在假定他们有深厚情谊并且还想继续加深情谊基础之上的，论证的前提出现偏差，因此结果是错误的。

小结：对没有亲情利益和财产利益的法人和其工作人员之间随意推定组织义务为工作人员责任有失公允，不利于良好社会风气形成。将家庭成员推定为共父母，或者祖父母、外祖父母，以及出险后依法需从共有经济中支付救助费用的群体，符合大家庭概念，在法律射程范围内。这些成员之间的互助有自己的财产权益、亲情利益，符合我国传统观念和自然法则。

总　结

笔者建议制定见义勇为确认行政案件中认定行为人有无义务的指导性意见、司法解释或者地方立法时列入以下两个条文，让行为人有无义务变得简单明了。

第一条　除法律明确规定外，对行为人有无义务的认定应当遵循以下规则：

（一）危险共同体内个人之间不具相互救助的义务，有书面或者口头约定除外；

（二）先行行为不产生法定义务，产生刑法上的损害后果排除义务除外；

（三）法人或者非法人组织的法定或者约定义务非其工作人员的法定或者约定义务，专门场所履行专门职责除外；

第二条　互有救助义务的家庭成员是指：

（一）配偶；

（二）直系血亲；

（三）三代以内旁系血亲；

（四）从共同财产中支出养育费用的配偶的法定赡养、扶养和抚养关系人；

（五）共同生活的有血缘关系、拟制血缘关系、姻亲关系的人。

行政诉讼一般给付判决适用的规制探索

——以与履行判决的区分适用为视角

董　巍[*]　刘　毅[**]　吕大为[***]

《行政诉讼法》增设一般给付判决，是对行政诉讼判决的一项系统改造，也是对行政给付权力行使的司法制约，有利于实现公民公法上的给付请求权和行政争议的切实解决。但作为一种初创的判决类型，新法实施的几年以来，与规范性文件的附带审查、行政协议等热点问题相比较，理论界对一般给付判决的研究显得冷清，其独特于其他判决类型的功能定位不够明确。《行政诉讼法》与《最高人民法院关于适用〈中华人民共和国行政诉讼法〉的解释》（以下简称《适用解释》）对一般给付判决的适用条件、适用范围等规定得较为原则，没有具体的、细化的解释。一般给付判决的运用整体仍属新生事物，审判实践仍然存在大量困惑。鉴于此，有必要分析研究一般给付判决，特别是厘清其与履行判决的适用界限，在确保两种判决不出现混淆的前提下，准确规范适用一般给付判决。

一、一般给付判决适用的实证分析——现状考察及现实困惑

过去一般给付判决是被遮盖、不存在的，该判决种类的出现是对我国日益发展的行政给付制度的回应，也是对履行判决适用范围的弥补。但《行政诉讼法》修改前的行政审判实践中，发放抚恤金等各种行政给付行为已经进入行政诉讼，当时的履行判决覆盖了行政处理和非行政处理两种行为给付的范畴。在履行判决仍旧保留的情况下，《行政诉讼法》对一般给付判决的创设，隐含了立法者更深层次的考量。笔者从中国裁判文书网抽取510份一般给付判决文书①进行统计分析，以便了解一般给付判决的适用现

---

* 作者单位：北京市第三中级人民法院。

** 作者单位：北京市第三中级人民法院。

*** 作者单位：西藏自治区高级人民法院。

① 引用法律依据：《行政诉讼法》第73条；案由：行政给付；审理程序：一审；文书性质：判决；时间：2017年7月1日至2020年4月30日。

状，总结发现适用过程中存在的问题（见图 1）。

图 1　510 份一般给付判决文书的年度分布情况

（一）一般给付判决适用的现状分析——基于 510 份文书样本

1. 适用概况。根据《行政诉讼法》和《适用解释》的明确规定，一般给付判决适用于支付抚恤金、最低生活保障待遇和社会保险待遇案件，文书样本亦显示，在社会保障领域的适用最为集中。分别依照给付请求权来源及所涉及行政管理领域进行划分，此次统计的 510 份文书分布情况如图 2、图 3：

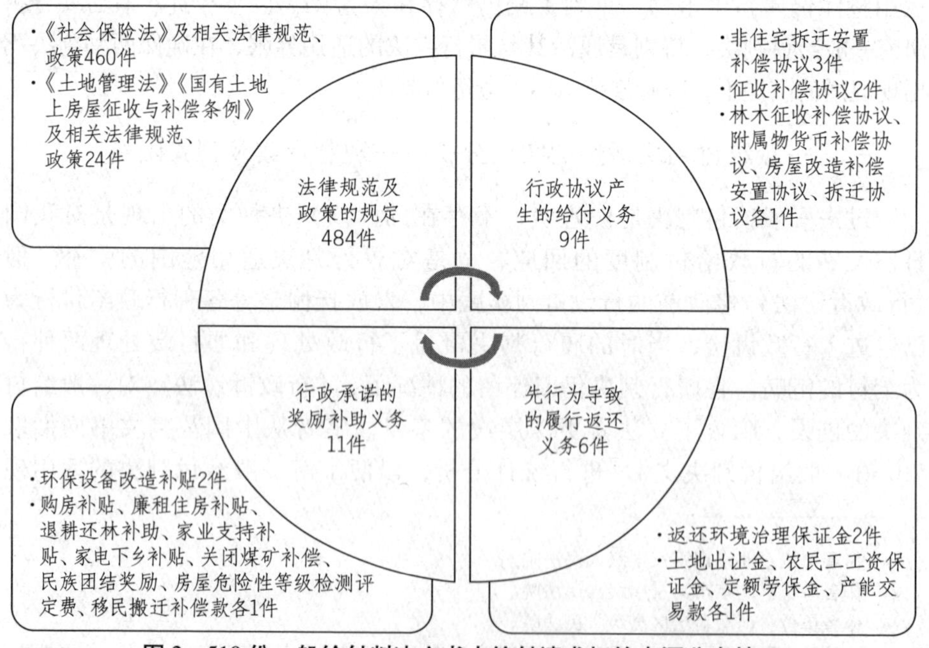

图 2　510 份一般给付判决文书中给付请求权的来源分布情况

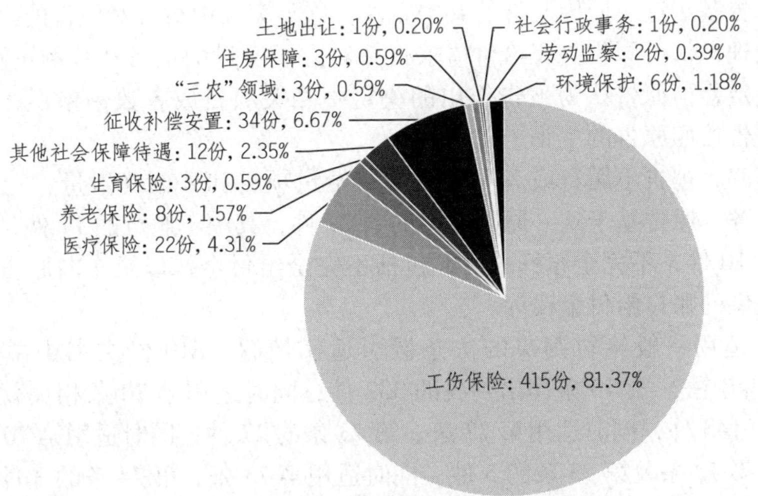

图 3　510 份一般给付判决文书在各行政管理领域的分布情况

2. 原告诉请被告履行给付义务的原因。审判实践中，原告在何种情况下可以诉请被告履行给付义务，或者针对原告的何种诉求可以适用一般给付判决，在这一问题上，510 份文书呈现的具体情况如下：

第一，被告不受理原告提出的给付申请。行政给付一般属于应申请的行为，因此，被告不受理意味着相对人的程序权利得不到认可，更不可能得到行政给付实体权益。① 基于这一原因起诉的共有 21 件，不受理的原因包括，认为原告提交的申请材料不齐全或者未提交原件、社会保障类案件中用人单位未缴纳社会保险费或欠费、无相关职权等。

第二，被告认为原告的申请不符合给付条件。行政给付的对象往往是有选择性的，给付行为作出之前，行政主体一般首先对相对人是否属于给付对象范围进行必要的甄别和确认。原告基于这一原因起诉的共 264 件，被告认为不符合给付条件的原因包括社会保障类案件中用人单位未缴纳社会保险费或欠费、参加社保时手续不齐全、原告请求给付的项目不属于社保支付范围、存在第三方责任的情况下原告应当向第三方主张或者先向第三方主张后再向被告申请“补差”、已从第三方获得足额赔偿、原告与其他给付请求权人之间未就相关事项达成一致、据以确定给付内容的财产存在权属争议、已支付给第三人、已委托第三方代为给付、无实施细则等。其中 23 件系对给付项目和数额进行审核认为不符合给付条件而拒绝给付，其余 240 件仅审核给付条件后即作出拒绝支付的决定，未涉及项目数额。

第三，原告认为被告作出的给付决定或者审核表中给付项目或数额错

① 柳砚涛：《行政给付研究》，山东人民出版社 2006 年版，第 270 页。

误。原告基于这一原因起诉的共198件，这类案件中被告对原告的给付申请予以受理，认可原告具有给付请求权并对应予给付的项目和数额进行审核、作出决定，但原告认为被告作出的决定中相关项目或者数额错误，遂诉请判令被告按照原告的主张予以给付。

第四，被告不履行或者不完全履行给付项目和数额（数量）已明确的给付义务。原告基于这一原因起诉的共27件，其中不履行的17件，不完全履行的10件，不完全履行的情形包括不完全给付金钱以及未向原告提出申请时提供的账户给付金钱等。

3. 适用一般给付判决的法条援引适用情况。510份文书中单独适用《行政诉讼法》第73条作出判决的332件；同时适用第70条相关款项及第73条的143件；同时适用第72条、第73条的27件；同时适用第70条相关款项、第72条及第73条的5件；同时适用第73条、第74条的3件。以上统计显示，司法实践中，一般给付判决与撤销判决、履行判决、确认违法判决均存在共同适用的情况。

4. 判决主文对给付项目及数额的明确情况。510份文书中，在判决主文部分载明给付项目和数额（数量）的279件，占54.70%；载明给付项目，同时要求按照某一标准或规定确定数额（数量）的13件，占2.55%；仅载明给付项目不涉及数额的80件，占15.69%；给付项目及数额均未载明的138件，占27.06%。在全部510份文书中，判决主文中对给付期限未予明确的仅有3件（见表1）。

表1　一般给付判决不同主文表述情况的典型列举

判决主文涉及的内容	判决主文的具体表述
项目和数额	被告×市社会保险管理中心应于本判决生效后30日内向原告俞某支付一次性伤残补助金54000元和一次性医疗补助金45000元，合计99000元
	责令被告×市人民政府于本判决生效之日起30日内给付原告王某2017年8月26日至2018年2月26日的房屋租金补贴9339.84元，并按照中国人民银行同期贷款基准利率给付原告王秀花利息，自2017年8月26日起计算至该款项付清之日止
项目和规定/标准	被告×区民政局应从2016年第三季度起按原优抚待遇标准给付原告魏某生活补助费
	被告×市社会医疗保险管理局在本判决生效后15日内，履行给付原告刘某一次性伤残补助金的法定职责（一次性伤残补助金金额按照国家规定标准计算）

续上表

判决主文涉及的内容	判决主文的具体表述
项目	责令被告×县工伤保险中心在本判决生效后30日内，核定原告杨某享受的一次性伤残补助金和一次性医疗补助金，并向原告杨某支付
	被告×区医疗保险事业管理局在本判决生效之日起30日内按照规定向原告邓某支付一次性伤残补助金
无项目及数额	被告×区社会保险局于本判决生效之日起30日内履行相应的给付义务
	责令被告×市工伤保险服务中心于本判决生效之日起30个工作日内对原告王某履行先行支付的行政职责
	被告×社会保险事业管理局于本判决生效后60日内对原告张某的工伤保险待遇进行重新核定
	被告×县人力资源和社会保障局在本判决生效后5日内履行核定并支付原告姚×工伤保险待遇的义务

（二）现实困惑——一般给付判决与履行判决如何区分适用

上述情况统计可以看出一般给付判决的适用领域广泛，原告起诉的原因也是多种多样，只要对被告履行给付义务不满意，均可能诉至法院，而人民法院适用一般给付判决的前提也因此而并不统一。判决主文的法条援引，除去为增加判决的确定性和法律关系的明确性，在作出一般给付判决的同时，判决撤销之前的拒绝履行给付义务行为，导致出现一般给付判决与撤销判决同时适用加之个别与确认违法判决同时适用的情况外，最明显的还是同时适用一般给付判决与履行判决的非正常现象。且判决主文的内容及明确程度亦存在不能体现一般给付判决特质、与履行判决相混淆的现象。这些问题的症结在于两种判决的适用条件及界限等不能够正确区分界定。

1. 诉请履行给付义务的前提条件及与履责诉讼的前后承接关系不够明确。原告享有公法上给付请求权到何种程度可以提起一般给付诉讼，要求行政机关直接给付金钱等。一般观点认为，原告起诉时必须具有现实确定的公法给付请求权是行政给付诉讼存在的前提,① 或者应以该诉讼可直接行使给付请求权时为限，如依实体法的规定尚须先由行政机关核定或确定其给付请求，则在提起行政给付诉讼之前应先提起课予义务诉讼，请求行政机关作出该核定的行政处分决定。②

---

① 参见熊勇先、李亚琼：《论行政给付诉讼及其构造》，载《海南大学学报（人文社会科学版）》第1期。

② 参见吴庚：《行政法之理论与实用》，中国人民大学出版社2005年版，第411页。

“现实确定”是否意味着起诉前，必须经被告作出行政行为依法确认原告确实享有给付请求权且已确定过给付的项目和金额。即在法院已经核定了原告的资格而行政机关仍不履行给付义务的情况下，公民方能够提请法院适用给付判决。[①] 这虽符合二者考量顺序上的先后性，以及确实存在的排斥关系，[②] 但也同时意味着原告只能针对给付标准，被告是否存在拖延履行、不完全履行、履行不能、拒绝履行等情况诉请被告履行给付义务。那么，实践中对于原告的履行给付义务申请不予受理的，或被告经审查认定认为原告不符合给付条件的，原告如何救济，是否一概只能先行提起履责诉讼确认符合相关条件和资格，而不能直接诉请被告履行给付义务。

“可直接行使”是否意味着在实体法规定有核定或确定程序的前提下，就必须经过该程序才能诉请被告履行给付义务，即只能事先针对第一阶段属于法律行为的许可核定提起履责诉讼，经由行政机关先行处理后，再针对第二阶段的事实给付提起一般给付诉讼。那么，在给付请求权及给付义务内容具体明确的情况下，必须先行进行履责诉讼是否增加当事人的诉累，与行政争议及时有效化解的诉讼目的是否相悖。

2. 一般给付判决的适用范围及与履行判决的适用界限如何确定。通过比较德国、日本、我国台湾地区等行政诉讼制度，一般给付诉讼的标的总体上包括财产性给付及非财产性给付等事实行为，但要求作出具体行政行为一般均予以排除。[③] 目前，《行政诉讼法》第 72 条、第 73 条的规定亦是如此，履行判决适用于请求履行作出行政处理（行政行为）的法定职责；一般给付判决适用于请求履行作出非行政处理（行政行为）以外的财产给付（金钱或财物）、非财产行政给付等事实行为的给付义务。审判实践中，原告诉请被告作出某种行政处理还是行政事实行为比较容易判断和确定，但显然不能直接据此确定判决种类，且对于原告诉请作出行政处理以外的财产给付、非财产行政给付，一律适用一般给付判决或驳回原告诉讼请求，是否过于机械。

有观点认为两者是特殊与一般的关系，只要不属于课以义务判决的，都可以归入一般给付判决，[④] 一般给付判决具有兜底功能。也有观点认为从字面理解，两者的履行内容就不同，以此划清两种判决的界限即可，法定职责以外的约定职责和后续义务不属于履行判决的适用范围。因“法定职责”的“法”与“依法负有给付义务”的“法”均范围广泛，学者纷纷主

① 江必新：《新行政诉讼法专题讲座》，中国法制出版社 2015 年版，第 276 页。

② 参见熊勇先：《行政给付诉讼研究》，武汉大学 2010 年博士学位论文。

③ 杨东升：《给付诉讼类型研究》，苏州大学 2018 年博士学位论文。

④ 江必新：《新行政诉讼法专题讲座》，中国法制出版社 2015 年版，第 277 页。

张用“行政义务”取代“法定职责”，① 故仅以法定职责、约定职责和后续义务划分两种判决的适用界限并不具有科学性和可操作性。而所谓两者之间是一般与特殊的关系，实则过于抽象。从前述统计的适用现状看，这些标准尚不足以区分两种判决的适用范围和界限。

3. 一般给付判决的适用条件及与履行判决的转化关系不够明确。一般认为，一般给付判决的适用条件需要给付义务明确，否则无法作出一般给付判决。那么，给付义务明确的标准如何把握，是否意味着基于司法权与行政权的界限，如果被告作出实际给付之前尚有优先判断或者裁量的余地，就没有达到给付义务明确的程度，法院不能直接适用一般给付判决确定。又或者是只要原告请求给付的内容具有明确的法律规范依据和计算标准，人民法院就可以据此作出一般给付判决直接予以确定。那么，在被告未予核定、人民法院经过审理发现案件事实和法律适用比较复杂无法计算和确定给付义务的情况下，如何判决，是否可以作出“答复判决”，即判决主文不对具体的给付项目和数额予以确定，概括表述为履行……给付义务；或者直接转化为履行判决，判令被告依法作出核准判断的行政行为。

二、一般给付判决适用的规范依据——基于现有规定和功能定位

（一）现有法律及司法解释规定——现实来源

根据《行政诉讼法》第 73 条及《适用解释》第 92 条规定，一般给付判决的规范构造包括：

1. 适用条件：“查明”被告依法负有给付义务，原告申请其履行的理由成立，给付义务客观存在。根据《行政诉讼法》第 73 条的表述，“查明”应理解成一般给付诉讼案件本身的事实查明内容，而非提起一般给付诉讼的前提条件，即并非必须在已经确定享有给付请求权的情况下方可提起一般给付诉讼。一般来说，对原告主张给付义务损害其权益不应当提出严格的要求，只要给付请求权并非明显地不存在或不可能属于原告，就应当承认其诉权存在。法院对行政给付诉讼的审理就应当以当事人是否具有特定的公法上的给付请求权为核心。②

而“依法”可以是法律、法规、规章、其他规范性文件等实体法的规定，也可以是政策，因为政策也会对行政行为的作出给予指引和标准，当然也可以是依照法律法规所认可的名义等，如行政协议产生的给付义务、行政承诺产生的奖励补助义务、先行行为导致的履行返还义务等。

---

① 熊勇先：《行政给付诉讼研究》，法律出版社 2016 年版，第 116 页。

② 章志远：《给付行政与行政诉讼法的新发展——以行政给付诉讼为例》，载《法商研究》2008 年第 4 期。

2. 适用条件：被告拒绝或拖延履行。根据《适用解释》第93条规定，起诉前先向行政机关提出申请及所请求履行的给付义务属于行政机关权限范围，是起诉的两个前置条件。向行政机关提出申请后，行政机关可能拒绝履行，也可能拖延履行。

拒绝履行包括了行政机关明确的意思表示；是一种积极的不作为，与《适用解释》第91条履行判决中的“拒绝履行”应是相同的含义。拒绝履行行为一般表现为行政机关对行政相对人申请事项作出不予受理、不予给付决定或否定性答复，是一种明示的拒绝行为。拖延履行，包括不予答复行为，即行政机关对于行政相对人的给付请求完全置之不理，没有任何肯定或否定的意思表示和行为，当然也包括一般意义上的无正当理由拖延履行，即在合理或通常办理时间内行政机关未履行任何给付义务，或是进入给付程序但未实际进行给付，从而使相对人的申请在法律上一直处于不确定的状态中。

3. 裁判内容：判决被告在一定期限内履行相应的给付义务。《适用解释》第92条在《行政诉讼法》第73条的基础上增加了“一定期限内”和“相应的”两个限定因素。前者要求在裁判中写明履行的期限，后者则是要求判决被告履行原告申请的内容明确的给付义务。两个限定因素的存在，使得一般给付判决具有可执行性、可操作性，行政机关拒绝履行的情况下，依据《行政诉讼法》第96条及《适用解释》第152第2款的规定，可以申请人民法院强制执行，同时也说明概括性的判决被告履行给付义务不符合一般给付判决裁判内容明确化的要求。但两个限定因素的满足，需要给付义务的内容、给付义务的履行方式、履行期限已经明确，使得行政机关的裁量空间已经缩减甚至缩减为零，法院具备代替行政机关行使行政权的条件和可能。

（二）一般给付判决的功能定位——理论阐释

1. 实质性解决行政争议——与行政诉讼法立法目的相契合。解决行政争议是行政诉讼需要直面的核心问题，也因此成为行政诉讼的基本功能和直接功能。实质解决行政争议意味着：第一，司法审查的内容不能偏离或完全不顾及原告的诉讼请求，要围绕原告的诉讼请求审查被诉行政行为的合法性并作出裁判结果；第二，在可能的情况下，尽量降低诉讼程序运作成本，减轻当事人诉累。一般给付判决以审查原告的诉讼请求为中心，从结果意义上看，是对原告诉讼请求的认可、支持和满足。[①] 原告的诉讼意愿得到尊重，才可能从根本上解决行政争议。因此，对于诉请履行行政行为

---

① 章剑生主编：《行政诉讼判决研究》，浙江大学出版社2010年版，第301页。

以外的财产和非财产行政给付等事实行为，应考虑尽可能作出一般给付判决，对于可以直接诉请履行给付义务的，不强制要求必须先行进行履责诉讼。

2. 实体性裁判功能——与履行判决的程序性裁判功能相区别。依据判决是否具有彻底性，是否明确义务的具体内容，可以划分为实体性裁判和程序性裁判。① 金钱与财产或非财产行政给付内容的确定与行为处分或处理的作出不同，后者会更多涉及行政机关的自由裁量权、专业技术认定权及对事实调查的首次判断权，因此，与程序性裁判捆绑的履行判决更多体现监督行政的行政诉讼功能。《行政诉讼法》第77条关于变更判决的规定体现了法院对于金钱及财产行政给付可以进行相对高强度的审查，故作为实体性裁判的一般给付判决其本质特征即直接为被告设定具体的给付义务。

3. 实际上补位功能——弥补撤销判决、履行判决在权利救济功能上的不足。一般给付诉讼相较于撤销诉讼与课以义务诉讼，具有补充之功能，故人民所请求之给付若以行政处分应否撤销为据，或须先作成行政处分者，自无许提起一般给付诉讼请求。② 若原告给付请求权的行使需要先否定行政处理（行政行为）效力，应先行提起撤销诉讼，但提起撤销诉讼的同时不影响一并提起一般给付诉讼；如果原告与行政机关的争议必须先提起履行法定职责之诉，就不能直接提起一般给付诉讼。一般给付判决的创设弥补了撤销判决、履行判决无法回应的公法上的给付请求权，实现对被侵害合法权益的周延救济。

三、一般给付判决适用的规制进路探索——以与履行判决的区分适用为视角

（一）诉请履行法律规范规定的给付义务

1. 给付请求权具体明确是基本前提。当法律法规等规范中规定了国家或行政机关有向满足一定条件的行政相对人作出给付行为的职责或义务时，就创设了公民的给付请求权。因此，要成为可以向法院直接请求救济的具体权利，需要由立法赋予其明确的依据。如果法律规范直接确认即直接规定公民有向行政机关请求给付的权利，如在《宪法》第45条精神和规范的指引下，我国《社会保险法》《老年人权益保障法》《城市居民最低生活保障条例》《工伤保险条例》的相关条款分别对某类人员在符合相应条件情况下享有的给付请求权予以直接规定，就属于给付请求权具体明确。如果法律规范间接确认即规定内容不与公民的权利一一对应，仅能推导出公民的

---

① 参见黄锴：《行政诉讼给付判决的构造与功能》，载《法学研究》2020年第1期。

② 熊勇先：《行政给付诉讼研究》，法律出版社2016年版，第45页。

给付请求权，例如《残疾人保障法》第 4 条仅规定国家对于残疾人负有扶助义务，就不属于给付请求权具体明确，这种情况下是不足以直接诉请履行给付义务的，而是否可以提起履责诉讼，还要根据实体法的规定看诉请事项是否属于被告的职责权限范围（见表 2）。

表 2　法律规范中不同明确程度给付请求权列举

<table>
<tr><td rowspan="5">明确规定给付请求权</td><td>《社会保险法》</td><td>第 2 条　国家建立基本养老保险、基本医疗保险、工伤保险、失业保险、生育保险等社会保险制度，保障公民在年老、疾病、工伤、失业、生育等情况下依法从国家和社会获得物质帮助的权利</td></tr>
<tr><td>《老年人权益保障法》</td><td>第 3 条第 2 款　老年人有从国家和社会获得物质帮助的权利，有享受社会服务和社会优待的权利，有参与社会发展和共享发展成果的权利</td></tr>
<tr><td>《城市居民最低生活保障条例》</td><td>第 2 条第 1 款　持有非农业户口的城市居民，凡共同生活的家庭成员人均收入低于当地城市居民最低生活保障标准的，均有从当地人民政府获得基本生活物质帮助的权利</td></tr>
<tr><td rowspan="2">《工伤保险条例》</td><td>第 30 条第 1 款　职工因工作遭受事故伤害或者患职业病进行治疗，享受工伤医疗待遇</td></tr>
<tr><td>第 39 条第 1 款　职工因工死亡，其近亲属按照下列规定从工伤保险基金领取丧葬补助金、供养亲属抚恤金和一次性工亡补助金</td></tr>
<tr><td>间接规定给付请求权</td><td>《残疾人保障法》</td><td>第 4 条　国家采取辅助方法和扶持措施，对残疾人给予特别扶助，减轻或者消除残疾影响和外界障碍，保障残疾人权利的实现</td></tr>
</table>

2. 规定有“核定”程序并非只能先行提起履责诉讼。如果给付请求权规定具体明确的话，行政机关不履行给付义务，就生成了基础给付法律关系，是否可以直接诉请履行给付义务，并非以实体法上有没有规定行政机关的核准程序作为判断标准，即使规定了“核定”程序，还是要看具体如何规定的，如果实体法规定必须先经行政机关核定其给付请求权的（特别是核定过程中包括大量的行政调查程序），则提起一般给付诉讼之前，必须先提起履责诉讼，诉请行政机关作出该必经的调查核定行为，如果行政机关作出不予受理或认定不符合给付条件的认定行为，相对人可以直接提起一般给付诉讼；如果实体法仅仅规定有核定程序，那么要看是否具有“核定”的裁量权限，如果无裁量权限且“核定”非必经程序，则不一定要先行提起履责诉讼。如在社会救助给付领域中，一般来讲，法律法规对获得物质帮助等给付义务的条件都有非常明确的规定，申请给付就不是必须以

行政机关的审查、核准、评定等为前提条件。可见，并非每一事实行为都有先行的法律行为的存在，是否属于双阶行为，仍须个案判断。①

因此，诉请被告履行法律规范规定的给付义务，需要公法上的给付请求权具体明确且不存在必须或必要履行的核准程序即可，即使向行政机关提出给付申请后，因不予受理、拒绝给付等原因并未核定给付项目和数额，都可以提起一般给付诉讼（见图4）。

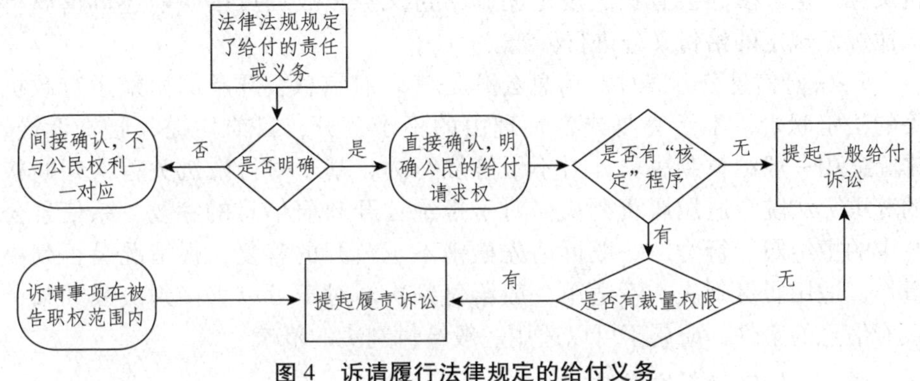

图4 诉请履行法律规定的给付义务

（二）诉请履行几类典型的法律法规认可的给付义务

1. 行政协议。从行政合同的缔结到履行，双方当事人都可以就发生的争执提起该一般给付之诉。② 不依法履行、未按照约定履行行政协议约定的义务，均可直接诉请履行，除非法定或约定义务存在“重大明显违法”，否则应判决继续履行。但基于行政协议产生的给付义务，应适用《行政诉讼法》第78条规定的行政协议履行和补偿判决，而非适用第73条一般给付判决，故这里的“给付义务”是基于行政协议之外的其他给付义务。

2. 行政赔偿。行政机关由于自己的行为引起某种损害后果或危险，针对该行为合法与否，行政相对人具有行政补偿、赔偿或结果除去请求权。在诉请判决赔偿之前，除事实行为外，行政行为要经法定程序确认违法，这是起诉赔偿的前提条件。因与诉请履行给付义务案件的起诉条件并不相同，且是否判决赔偿主要针对原告的赔偿请求是否满足法定条件展开，与一般给付判决的适用条件并不能契合，所以目前法院审理此类案件仍主要适用有关行政赔偿的法律和司法解释，而没有适用一般给付判决。

3. 行政承诺及公法上的不当得利、无因管理。因行政机关不积极兑现自己为进行行政管理或实现某种行政目标针对不特定公众设定的物质或精

① 翁岳生主编：《行政诉讼法逐条释义》，我国台湾地区五南图书出版股份有限公司2002年版，第91页。

② 陈清秀：《行政诉讼法》，法律出版社2016年版，第461页。

神奖励等承诺，相对人完成某一行为或达到某一条件后诉请履行给付义务；认为符合公法上不当得利的返还条件诉请履行返还义务，如依法向行政机关申请退还多缴纳的款项；诉请支付没有法律授权或者约定义务，如被委托的情况下，主动代替行政主体行使管理公共事务、执行公务或者协助行政主体及其公务员执行公务的行为[①]遭受的损害或必要费用，如见义勇为、行政协助。这些情况下，虽从给付义务的来源看，属于法律法规认可的给付义务，但大多亦会有相关规定明确给付义务，故均可按照前述诉请履行法律规范规定的给付义务进行诉讼。

4. 政府信息公开案件。信息公开是《政府信息公开条例》赋予行政机关的法定职责，不予答复或各种理由的不予公开，目前均提起履责诉讼，排除适用一般给付判决。针对不予答复行为，基于对行政机关首次判断权的尊重，法院会适用履责判决。对于拒绝公开政府信息的答复，系信息公开中的拒绝履行行为，一般诉请先撤销不予公开的答复，视情况是否判决重作，适用履责判决，不适用一般给付判决。对于可以直接判决公开某个政府信息的案件，应属于可以适用一般给付判决的范畴。

（三）与履行判决的转化

1. 原则上不应存在答复判决。裁判时机成熟意味着，对于一个即将终结的关于诉讼请求的法院决定而言，所有的事实和法律上的前提都已经具备。[②] 如果公民确定享有公法上的给付请求权，且行政主体已经判断确定了给付义务的内容，即使没有判定，人民法院经过审理可以查明与给付内容、给付标准相关的各项事实，而无需行政机关另行确定，此时就可以直接作出判决，责令行政主体作出相应的给付。

如果在违法性和权利侵害得到确认之后，行政机关仍然有作出决定的余地，那么，裁判时机就是不成熟的，或者处于法律上的原因无法被创造。[③] 如果法院还要全面满足诉讼请求，那就违背了权力分配原则。[④] 根据《适用解释》第 91 条规定，履行判决内容依据是否“尚需被告调查”“裁量”，分别作出“答复判决”和“具体判决”。但从第 92 条、第 93 条关于一般给付判决的规定看，只要诉请履行的理由成立，就作“具体判决”，没有“答复判决”。因为答复判决不仅直接影响判决的执行力，使得行政相对

① 沈起、王小川：《行政给付判决的适用范围——以行政诉讼法第七十三条为中心》，载《人民司法》2020 年第 1 期。

② ［德］弗里德赫尔穆·胡芬：《行政诉讼法》，莫光华译，法律出版社 2003 年版，第 444 页。

③ 姜鹏：《不履行法定职责行政案件司法审查强度之检讨》，载《华东政法大学学报》2017 年第 4 期。

④ 沈起、王小川：《行政给付判决的适用范围——以行政诉讼法第七十三条为中心》，载《人民司法》2020 年第 1 期。

人根本不能针对给付内容向法院申请强制执行，也不符合一般给付判决的本质特征，从而改变了内在属性。

2. 必要时转化成履行判决。行政判决原则上不能超出诉讼请求的范围，但基于充分合理的理由可以在一定程度内偏离原告的诉讼请求，其中就包括为了更好地保护相对人合法权益，避免因法律程序的反复而引起的资源浪费。① 一方面，法院可以责令行政机关就事实问题再次补充调查，另一方面法院可以自己调查相关事实并研究法律适用，努力靠近和实现裁判时机成熟。但并非所有的法律规定都能找到具体明确、切实可行的实施规则。如果事实调查过于专业和繁杂，并非审判程序中所能完成，或者在事实已经查明的情况下，尚存在较大的行政裁量或判断空间，法院就无法直接判决确定行政机关的义务，只能责令行政机关遵照法院的裁判指引重新调查处理。此时，虽然原告诉请履行给付义务，但人民法院仍然可以作出履行判决，这里的履行判决依据《行政诉讼法》第 72 条作出，“具体判决”和“答复判决”皆可。

结　语

一般给付判决在应对传统诉讼类型无法满足公法上给付请求权保护需求方面具有重要的补充作用，其应用亦将更加普遍。随着学术界研究的完善和实务中的严谨探索，当前一般给付判决适用存在的模糊与不确定定会逐渐消解，其适用的条件、范围与界限将会逐步清晰，从而充分实现该种判决方式的应用价值。

---

① 参见熊勇先：《行政给付诉讼研究》，武汉大学 2010 年博士学位论文。

信息公开概念条款的实证考察与规则重构

——以 2019 年《政府信息公开条例》实施后 109 份行政裁判文书为样本

陈金涛* 任卫宁** 吉靳力***

引　言

不明确“不公开”情形，“公开”也就无所依存。含糊不清的权利，不是真正的权利。① 司法审查中通常涉及行政机关拒绝公开或者不予答复的行为。如何平衡好信息公开最大化与保护好各方利益之间的关系，是推进信息公开制度的难点与核心，也是司法审查的焦点。

一、问题切入：用作豁免兜底条款的概念条款

2007 年实施的《政府信息公开条例》（以下简称原《条例》）中豁免条款不足，第 2 条概念条款取代第 8 条“三安全一稳定”条款，被广泛适用为豁免的兜底条款。政府信息的内涵与公开的范围成正向关系，政府信息的定义成为了决定政府信息公开范围的前提和基础。② 原《条例》豁免条款粗疏，且概念与外延存在模糊性，是不少政府部门不履行信息公开义务的“挡箭牌”。③

（一）何为豁免条款

信息公开豁免又可称为信息公开例外，是指依据法律规定不应当公开的事项。通常理解，除法定的豁免事项，政府信息一般都应予以公开。关于豁免条款，有广义与狭义之分。狭义的豁免条款，指法定的不予公开理

* 作者单位：北京市第三中级人民法院。

** 作者单位：北京市通州区人民法院。

*** 作者单位：西藏自治区高级人民法院。

① 后向东：《政府信息公开条例（2019）理解与适用》，中国法制出版社 2019 年版，第 274 页。

② 王敬波：《政府信息概念及其界定》，载《中国行政管理》2012 年第 8 期。

③ 申静：《政府信息公开的例外研究》，法律出版社 2016 年版，第 2 页。

由。2019年修订的《政府信息公开条例》（以下简称新《条例》）极大地丰富了豁免条款（见表1）。广义的豁免条款，包括所有实质未能满足知情权的法定理由。对于申请方而言，不予公开、无法提供、不予处理，以及程序性的补正处理（如因申请内容不明确经补正后无正当理由逾期不补正的被视为放弃申请的），实质上其申请公开目的未实现，知情权未被满足。新《条例》通过类型化的答复对此予以规制，将豁免条款拓展至广义范围。

表1　原《条例》和新《条例》中的豁免条款比较

序号	原《条例》	新《条例》
1	国家秘密（第14条）	国家秘密（第14条）
2	—	法律、行政法规禁止公开（第14条）
3	三安全一稳定（第8条）	三安全一稳定（第14条）
4	涉及商业秘密、个人隐私（第14条）	涉及商业秘密、个人隐私等（第15条）
5	—	人事管理、后勤管理、工作规范等内部事务信息（第16条）
6	—	讨论记录、过程稿、磋商信函、请求报告等过程性信息（第16条）
7	—	行政执法案卷（第16条）

（二）为何修例：将第2条回归概念条款的立法意图

概念条款为何不宜用作豁免条款？

一是语言之模糊性增加了无限解读的可能。从第2条①本身看，至少三组概念需要进一步界定与分析：是不是行政机关、是不是行政管理职能、是不是信息，每一个概念都能无限地追问下去。以“行政管理职能”为例，其范围有多宽？是否仅仅限于法定的职能？是否仅限于外部的职能？是否仅限于合法的履行职能过程？存在其他诸如刑事侦查职能转化的如何认定？机构改革前后的职能如何划分？在行政机关机构繁多且变更频仍的情况下，是不是行政管理职能并不是泾渭分明的，常常是行政机关自己也分不清的问题，是不是政府信息也不能当然的一分为二。不能当然地证明何以为是“政府信息”，也就不是当然地推定出何以不是。以概念条款界定判断增加了审查的不确定性，也不具有可操作性。

二是否定性事实难以举证，且易逃避审查。直接否定某项信息不是政府信息，可以简便快捷地排除于《条例》之外，一劳永逸地逃脱了审查，

① 新《条例》第2条规定：“本条例所称政府信息，是指行政机关在履行行政管理职能过程中制作或者获取的，以一定形式记录、保存的信息。”

彻底背离了《条例》的立法目的。

三是“公开为常态，不公开为例外”原则的内在要求。对政府制作的信息应确立默认属政府信息为原则、以不属于政府信息为例外的规则，除非有特殊情况，一般均属政府信息，行政机关可针对是否公开与如何公开上进行评估与裁量。①

在概念难以界定的情形下，转为“持有即有关”的思路，再通过豁免条款排除不适宜公开情形是一个可行、成本低的路径。即行政机关只要持有的信息，都是默认为与其履行职责相关的信息，就是政府信息，属《条例》调整范围。新《条例》实施后，行政机关不宜再以“不属于条例调整范围”“不属于政府信息”等理由作出处理。②

小结：修例后狭义豁免条款拓展至广义范围，旨在将第2条回归概念条款本身。

二、实践考察：从样本类型化分析到根源探究

（一）正视：新《条例》实施一年来的状况——尴尬的兜底条款

经过比对，适用第2条的案件明显减少，过程性信息、内部事务信息、执法案卷信息等被新增的豁免条款所吸纳，豁免公开法治化规范化。但新增的豁免条款中仍存在定义内涵、特征、判定标准模糊问题。在“拿不准”的情况下，沿用老办法解决新问题就成了不二选择。

（二）类型化分析：以概念条款作为豁免之兜底条款的案例

修改后第2条增加了“行政管理”四个字，故以新表述“行政机关在履行行政管理职能过程中制作或者获取的”为关键字，在中国裁判文书网获得初始样本540份，以此为分析起点。经剔除重复、无用、申请行为在新《条例》实施前、未作为答复处理依据以及合并批量样本，获取有效样本109份。根据原因和事由的不同，大致可分为以下七类（见图1）：

① 李洋、刘行：《行政机关信息公开败诉案例判解研究》，中国法制出版社2016年版，第132页。

② 后向东：《论政府信息公开处理决定类型化》，载《行政法学研究》2019年第4期。

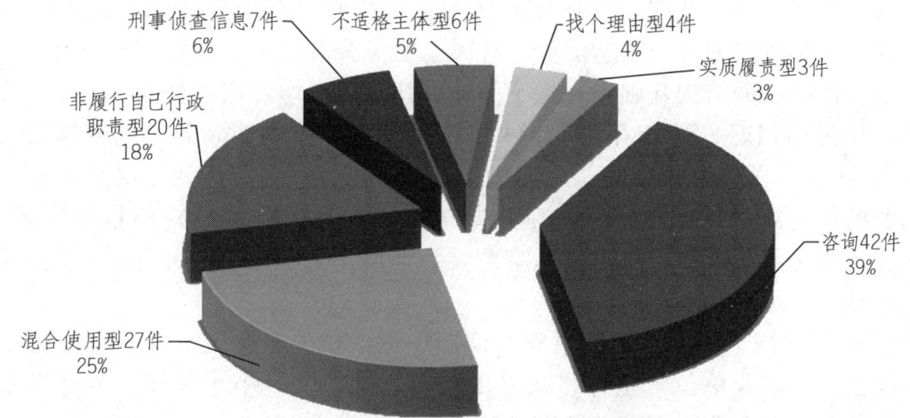

图1 检索案例有效样本分类统计图

1. 咨询。新《条例》没有纳入司法实践中广泛使用的“咨询”概念。那么，新增豁免条款能否涵盖？从实践结果看，答案是否定的。咨询案例占到了42%，认定为咨询事项，继续引用第2条拒绝公开成了常态。实务中将咨询分为五类：一是以疑问句形式申请；二是申请的信息不以一定形式记录保存；三是应通过其他程序获取，不宜由信息公开制度解决；四是申请不明确；五是不符合信息公开制度目的。[①] 第二种、第三种情形可适用新的豁免理由，第四项以程序处理答复解决，第五项可以归入滥用申请权的不予处理类型。

唯第一种，比如询问规章是否有效力、询问维权路径或行政事项办理流程、履责申请进度等，按照狭义的豁免条款，无法照方抓药；按照广义豁免条款，考量所有的实质未能满足知情权的法定理由和处理类型，以信息公开申请的形式提出信访、举报、投诉等诉求这类“借壳的申请”似最为相近。但这个“等”如何理解？内部事务信息和过程性信息条款的两个“等”被解读为“等内等”（前者限人事管理、后勤管理、内部工作流程三种，后者限讨论记录、过程稿、磋商信函、请示报告四种）。基于立法的一致性，此处似应理解为等内等，仅限三种。然而“信访、投诉、举报”三项明显不能涵盖上述的“咨询”情形，在立法草案中咨询亦与此三项并列。

2. 刑事侦查信息。于公安机关而言，以履行刑事执法职能为由排除适用《条例》，比适用任何豁免条款抗辩都有效，举证责任更轻；对法院而言，支持这个理由进而排除出行政诉讼受案范围，可书面裁驳，结案效率更高。

最高人民法院发布的政府信息公开十大案例之“奚明强诉公安部案”主张，刑事司法机关履行侦查犯罪职责时制作的信息，不属于《条例》第2条所规定的政府信息。将刑事执法信息排除出条例之外，是对《条例》的

① 吴嘉懿：《咨询：政府信息公开申请的否定认定》，载《公法研究》2019年第1期。

误读，使其实际上获得了比国家秘密更高的保护地位，成为绝对例外，不符合全面推进政务公开的新形势，背离了警务公开趋势，支解了原《条例》赖以支撑的二分结构基础——除了例外，其他信息均要依法公开。[①] 新《条例》中最为相近的第16条“行政执法案卷信息”并不能涵盖“刑事执法信息”。公安机关将继续适用《公安机关办理政府信息公开行政复议案件若干问题的规定》第3条规定，法院将继续依据前述案例裁判精神指导实践。此类行为仍将继续处于检察机关难监督，法院不监督的真空地带，“误读”仍在继续。

3. 不适格主体型。主要指党委部门、司法机关、立法机关，以及有争议的公共企事业单位等主体，案例中没有立法机关。中小学校、劳动人事争议仲裁委员会等因不具有行政管理的属性而排除。

4. “非履行自己行政职责型”。通过解释“产生过程”，将因公文抄送、备案、审核等原因持有的信息以“非履行自己行政职责”为由不公开。如村账务信息不是农业局履行自己职责的信息；公司收购材料属于国资委履行出资人职责而非社会公共管理职能制作的；拆迁现场见证的信息，不属于区政府履行行政职责过程中的信息（而是属于行政机关执行法院生效裁判）。

5. 套上“的信息”三字的实质要求履责型。申请人不在乎公开或不公开的结果，只追求借申请与答复程序增加与行政机关的对话机会，以提出其他诉求。有人主张此类系对事实行为的申请，应当通过程序答复类型处理。常见的表述为：公开某公安局不查处非法挖矿山理由和事实依据“的信息”，公开对我举报事项调查处理“的信息”、公开耕地被官员倒买倒卖“的信息”、公开包庇纵容牢头狱霸的法律依据“的信息”、公开某某骗我血汗钱的法律依据“的信息”等。

6. 混用或误用型，即虽有新豁免条款仍同时或单独适用第2条的情形。如“原告申请公开的证明材料属过程性信息，根据《条例》第2条、第16条规定，对该部分信息不予公开”。在第39条对以借壳申请进行规制的情况下，仍认定“原告实质是以申请公开政府信息的形式进行信访、投诉、举报等活动，不属于《条例》第2条所规定的政府信息”。

7. 不解释理由“粗暴”适用型。

（三）根源探究

1. 执法惯性。老观念无法因《条例》修订而当然扭转。新《条例》虽很大程度上满足了“照方抓药”的现实需求，但仍无法保证“百病均有方”，对于咨询、刑事侦查信息等仍无所依从的情形，老路重走成本最低。

① 周汉华：《误读与反误读——从公安机关刑事执法信息公开看政府信息公开条例的修改》，载《北方法学》2016年第6期。

2. 建议草案的两次删除。首先，为防止国家秘密与工作秘密两大口袋的无限扩张，2007 年草案主张设立明确的例外条款来“消肿”，其中包括与刑事执法有关的公开后会影响犯罪侦查、公诉、审判与执行刑罚或影响被告人公平受审判权利的信息。[①] 未被采纳。其次，新《条例》征求意见稿第 33 条规定：“申请人以信息公开申请的形式提出咨询要求，进行信访、投诉举报等活动，应当书面告知不予处理。”专家建议增设第 2 款明确“咨询”的定义，防止滥用。[②] 但新《条例》却将“咨询”删除。

3. 司法解释、指导意见尚未同步变更之语境。为补充原《条例》不足，最高人民法院出台了司法解释，各省高级人民法院出台了相应的指导文件。2011 年《最高人民法院关于审理政府信息公开行政案件若干问题的规定》第 12 条第 1 项规定，不属于政府信息的，被告已经履行法定告知或者说明理由义务的，法院应当判决驳回原告诉讼请求。2016 年《北京市高级人民法院关于政府信息公开裁驳类案件研讨会会议纪要》规定，相对人向行政机关提出法律、政策或业务等事项咨询的，不属于《条例》第 2 条的调整范围。

小结：尽管新增了豁免条款，但在以上七种案件类型中，因以上三种原由，概念条款仍被作为兜底条款使用。将第 2 条还原成基本概念条款的立法意图打了折扣。

三、理论考量：拒绝公开适用概念条款的适当性

（一）理论基础：知情权理念下的二元结构

1. 知情权理念下的公开制度。基于知情权的信息公开的核心要求是知情权法治化，其所指向的客体是政府行为的客观记录，是一种过去时，并不针对政府正在进行中或未来的行为。基于知情权的信息公开，法律后果表现为知情权的恢复。[③] 作为具体行政程序环节、作为行政处罚方式、作为公共服务、作为行政管理措施等四类信息公开属于其他的信息公开，其指向的客体是政府行为本身，法律后果不是知情权的恢复，而是行政行为本身被纠正。

信息公开与传统的秩序行政理念不同，不是通过损害或限制公民的权利来实现良好的秩序，而是偏向服务行政、给付行政或授益行政；本质是一种服务，是政府公开服务语境下的事实行为，[④] 对之以传统具体行政行为理论加以界定，会造成制度的二次错位。知情权理念下的公开制度是扩大

---

① 周汉华：《起草〈政府信息公开条例〉（专家意见稿）的基本考虑》，载《法学研究》2002 年第 6 期。

② 王贵松、黄卉：《关于〈政府信息公开条例（修订草案征求意见稿）〉的若干意见》，载 http：//fzzfyjy. cupl. edu. cn/info/1045/7138. htm，最后访问时间：2020 年 5 月 12 日。

③ 后向东：《信息公开法基础理论》，中国法制出版社 2017 年版，第 81 页。

④ 侯丹华：《政府信息公开行政诉讼有关问题研究》，载《行政法学研究》2010 年第 4 期。

人民民主、保证人民当家作主的根本政治制度的必然组成部分，而主要规制具体行政行为的行政诉讼制度是国家司法诉讼制度，二者处于不同的层面。[①] 以第2条作为豁免依据，以行政诉讼受案范围等同于《条例》调整范围，限定了知情权边界，弱化了知情权理念下的公开制度意义。要从秩序行政的思维定式中摆脱出来。[②]

2. 公开原则下的二分结构。“公开为原则，不公开为例外”是各国信息公开实践与立法的共性。知情权可以细化为：公民有权知道政府持有、保存的，与其权力行使有关的一切信息。[③] 在“公开为原则，不公开为例外”的规制下，凡是排除公开某一项政府信息，必须符合法定的情形，这也是新《条例》第5条“合法”原则的要求。二分结构是《条例》赖以支持的基础。换言之，要么公开，要么法定理由不公开，没有第三种情形。

原《条例》没有确立公开为原则不公开为例外，也没有明确二者间的界限，理论上必然存在一个灰色地带——既未主动或依申请公开，又不属于原有豁免条款之中。制度运行中演化为三分结构，且第三结构依托第2条不断扩展。这有信息制度刚刚起步不成熟，实践准备不充分的原因，又有国家治理法治化思维尚未形成的原因。

新《条例》确立“公开为常态，不公开为例外”，旨在规制二元结构的实质松动，防止这一根本原则被实质上架空，将焦点回归到该不该公开、理由是不是合法合理上来，抛弃“是不是行政职责”“是不是行政机关”“是不是政府信息”的审查路线，更具有操作性。略显遗憾的是，新《条例》第2条仍然保留了“履行行政管理职能过程中”的字样，不能从根本上平息是不是政府信息的争论，从而为这一概念条款继续兜底适用埋下了伏笔。

3. 信息公开制度的本质。《条例》的立法目的主要是4个：为了保障公民、法人和其他组织依法获取政府信息，提高政府工作的透明度，建设法治政府，充分发挥政府信息对人民群众生产、生活和经济社会活动的服务作用。探究制度本质，信息公开解决的只是信息公开与否问题；行政机关只负责公开已经“以一定形式记录、保存的信息”，无须创制，也“无须对信息进行评判”。除去政府信息的公开与获取问题，任何强加给信息公开制度的“无法承受之重”，都是对这一制度的“异化”。[④]《美国司法部政府信息公开指南》中告知：“请注意，《信息自由法》并未要求行政机关替您作

---

① 参见林在志、钟奇：《网络时代的格式合同——论拆封合同与点击合同》，载《国际贸易问题》2001年第2期。

② 余凌云：《行政法案例分析和研究方法》，清华大学出版社2019年版，第275页。

③ 章剑生：《知情权及其保障：以政府信息公开条例为例》，载《中国法学》2008年第4期。

④ 李广宇：《信息公开、不作为与权利保护必要》，载《中国法律评论》2016年第4期。

研究、作数据分析、回答您的提问或为了您的申请专门制作一份记录。”[①] 回归知情权理念下的二元结构框架下的信息公开制度本身，才能卸去附加给第2条的不可承受之重。

（二）以概念条款作为口袋条款之危害：

以概念条款作为豁免兜底的实属少见，新西兰、日本、芬兰等少数国家如此适用的前提是对概念条款作了明确排除性规定，可以理解为豁免条款前移至概念条款。概念条款仍有争议而使用的并不多见。

一是动摇了二元理论架构，延续了灰色地带，弱化了“公开为常态，不公开为例外”的地基。基于信息的不对称性，将“履行行政管理职责”的划分认定交由行政机关决定，增加了外部主体识别适用的困难。

二是“口袋”标准不明确，存在各行政机关判断困难和不统一，随意解释不可避免。[②] 对各类不愿公开的信息适用概念条款排除公开，使之成了国家秘密之上的王牌条款，异化了不公开所保护之法益层次性，看不出是绝对豁免，还是相对豁免。

三是群众满意度低，背离了《条例》的立法目的，既不能有效满足知情权，又不利于权力监督，也不利于公民与行政机关实现信息对称进而广泛参与行政。以咨询为例，同样被滥诉所滋扰的法院几乎没有撤销过咨询类答复，很难判定一个收到属“咨询”裁定的申请人，能有多少满意度；《行政诉讼法》所增设的信息公开简易程序审理制度，在以“口袋”理由拒绝公开的案件中，未能实现繁简分流一审终审的目的，上诉、申诉率仍居高不下。

小结：适用第2条规定把握公开，动摇了知情权理念下的二元理论结构，应当予以规制。

四、规则重构：以实际问题为导向规制“例外之例外”

（一）总体原则：以公开为原则，规制概念条款扩大化倾向

新《条例》确立以公开为常态是总体价值取向是行为之目标。豁免条款具体化与答复方式类型化为行政机关“按图索骥”处理申请确立了边界。新《条例》实施后，行政机关不予公开范围原则上应当仅限于明文规定的类型，不在此范围的，必须要依法公开。[③]

行政机关依据豁免条款具体实施行为，司法权对此予以审查，为适用

---

① 后向东：《信息公开的世界经验》，中国法制出版社2016年版，第391页。

② 肖卫兵：《政府信息的概念：基于874件诉讼案例的实证分析》，载《中国法律评论》2016年第4期。

③ 耿宝健、周觅：《新条例制度环境下政府信息公开诉讼的变化探析》，载《中国行政管理》2020年第2期。

豁免规则提供最后一道保障，避免行政权力滥用例外规则。[①]《公民权利与政治权利国际公约》确立了多数国家在处理公开与例外关系时的“国际标准”：一是对信息权的任何限制只能由法律来规定，二是例外规则必须进行精细地界定，三是例外规则必须是出于优先保护包括隐私权在内的公共利益和私人利益目的。即例外规定要避免模糊，严格限定例外范围，避免不当公开以保护应保护的利益。[②] 另，豁免从性质上讲属于许可性而非禁止性规定，换言之，即使在豁免情形内，行政机关亦可公开。

法院审查的对象应当是政府信息公开行为，而非作为行为标的的信息内容。在审查行政机关不予公开行为时，要转变思路从严把握，适当调整简化“是不是—有没有—给不给—怎么给”的“四步审查法”,[③] 将审查重心集中到“有没有与给不给”两个核心争点上来。明确豁免条款的优先地位，行政机关拒绝公开的，必须引用条例中明确的豁免条款，纠正概念与豁免条款的混合使用情形。对能够“照方抓药”却仍适用第 2 条的，要敢于给予否认性评价，以最大限度保护知情权；在查实信息确属条例豁免情形的，为防止循环诉讼，以发送司法建议的形式规制。

（二）法院审查：通过利益衡量寻找新的法定出口

对于不能“照方抓药”的情形，尤其是被草稿所删除的刑事侦查信息与咨询类申请，一个可行的路径就通过区分其具体情形，借鉴各国通行的“损害标准”原则，通过利益衡量在现有豁免条款中寻找答案，以保证二元框架的稳定，确保争议始终在《条例》所预设轨道内，为未来修订探索经验。

1. 损害后果标准。损害标准（harm-test）指如果该信息公开，将可能会对不特定的利益产生损害，则可以或应当予以豁免。[④] 该标准不具体指向诸如内部事务信息、过程性信息等某一类具体信息类型，而是以公开后可能会造成损害后果，经过利益衡量，确认公开是否妥当，相应的法益是否平衡。

新《条例》虽然没有明文确认损害标准衡量原则，但从一些条文中能推导出该原则的存在，如第 14 条规定：“涉及商业秘密、个人隐私等公开会对第三方合法权益造成损害的政府信息，行政机关不得公开。但是，第三方同意公开或者行政机关认为不公开会对公共利益造成重大影响的，予以公开。”司法中公共利益衡量主要标准就是损害结果，综合比较公开可能对个人利益造成的损害结果以及公开所获得的公共利益，按比例原则决断。

---

① 董妍：《政府信息公开例外规则及其司法审查》，经济日报出版社 2015 年版，第 144 页。

② 李广宇：《政府信息公开司法解释读本》，法律出版社 2015 年版，第 240 页。

③ 程琥：《新条例实施后政府信息公开行政诉讼若干问题研讨》，载《行政法学研究》2019 年第 4 期。

④ 王福华：《论民事司法成本分担》，载《中国社会科学》2016 年第 2 期。

最高人民法院政府信息公开十大典型案件中的杨政权诉山东省肥城市房管局案确立了涉及公众知情权与公民隐私权两者发生冲突时的处理规则：应根据比例原则，以享受保障性住房人让渡部分个人信息的方式优先保护较大利益的知情权、监督权，相关政府信息的公开不应也不必以权利人的同意为前提。对于刑事侦查信息，可以依据刑事程序的进展，暂且归口于国家秘密、个人隐私、行政执法案卷信息以及“三安全一稳定”项下，通过损害后果标准衡量后分别处理。

2. 着重审查理由之合理性。合理界定行政裁量的标准，形成行政机关规范拒绝公开之理由（需具体与充分）、法院审查该理由的格局。如《日本信息公开法》第 5 条第 4 项规定，行政机关首长有相当理由认为可能妨碍犯罪预防、镇压或侦查及其他公共安全和秩序维护的信息，不予公开。《美国信息自由法》规定的 9 种例外中，作为为执法目的而编制的记录或信息中“可以合理地预期会干扰执法的程序、可能泄露执法的调查、可以合理预期会危害任何人生命、刑事执法机关根据秘密来源编制的记录等”，可以不公开。该立法思路或可借鉴，以刑事侦查信息不公开为例，法院着重从以下两点出发审查理由：一是公开后会影响执法程序的正常进行，二是公开后会严重影响被执法对象或者第三人的合法权利。

3. 通过司法实践拓展利益衡量。针对原《条例》豁免条款不足情况，最高人民法院通过司法解释与司法案例的形式拓展并解读了合理的豁免条款，以便最大限度地平衡好行政公开的公共利益与不公开间的公共利益。

例如，关于第 16 条第 1 款新增之内部事务信息，最高人民法院通过解释该类信息的“内部性”或“非终极性”特点，经权衡认为不公开更有利于保证行政执法活动正常进行，对不公开的行为予以认可。① 关于第 16 条第 2 款新增之过程性信息，认定过程性信息不是绝对的例外，经利益衡量，如果公开的需要大于不公开的需要，就应当公开。②

因此，即使《条例》已经丰富了豁免条款，法院对特殊情形审查，创造性地解读法规填补立法漏洞，推进制度协调，是形势所在，也是司法权的职责所在。对于咨询类，或可通过具体案例解读为第 39 条“信访、投诉、举报等”中的等外等。

（三）体系建构：构建拒绝公开的替代性救济路径

一是由司法救济为主转化为以行政机关审查为主。《条例》对信息公开救济规定缺乏弹性与空间，一有争执只能诉诸法院或行政复议。而诉诸法院的胜诉案件中，绝大多数都是撤销重做式判决，是否公开及如何公开仍

---

① 最高人民法院（2017）最高法行申 4750 号行政裁定书。

② 最高人民法院政府信息公开十大案例之姚新金、刘天水诉福建省永泰县国土资源局案。

然被交回行政机关决定，循环诉讼、诉上加诉层出不穷，司法救济的有效性受到质疑。从世界范围看，信息公开义务主体自我纠错、自我约束、自上而下的内部救济逐步成为主流。以英国为例，《英国信息自由法》设置繁复程序将大部分争议限定于初始阶段，消化在行政系统内部，这对我国涉信息公开行政诉讼诉源治理是个很好的借鉴。

二是信息公开领域合理划分法院监督与人大监督的界限。对于一些涉及政治性诉求的信息公开如干部财产申报信息，以人大、监委等途径监督更适宜。

三是特殊领域信息公开应当适用特别法。如（2018）最高法行再76号判决书认为，对国有土地上房屋调查结果和分户补偿情况的公布并未附加不予公开的例外情况，即使涉及个人隐私，也要予以公开。因国务院《政府信息公开条例》是对政府信息公开问题的一般规定，而国务院《国有土地上征收与补偿条例》第15条、第29条是对有关房屋征收政府信息公开的特别规定，故对房屋调查情况和分户补偿情况的公开问题，应当适用《国有土地上征收与补偿条例》，而非《政府信息公开条例》。

（四）行政机关：建立健全信息公开答复口径库

我国幅员辽阔，在信息公开实践中，很少有国家是以一个条例适用于全国各级行政机关。信息公开涉及面广，纵向涉及主体层级多，上至中央国家行政机关，下至乡镇政府，都可能是公开主体；横向涉及领域多，涉及方方面面。为避免行政机关在处理信息公开申请上各自为政，造成执法标准和口径不统一导致工作上的被动，需要组织专门力量，对社会公众广泛关注的信息进行详细梳理，特别是一些具有共性的复杂敏感信息公开申请有可能出现豁免答复外的情形，建立统一的答复口径库，为行政机关处理相同和类似的信息公开申请提供规范化的指引，防止出现矛盾和混乱。

结　语

新《条例》力图构造一幅公开与豁免泾渭分明、各级行政机关整齐划一“照方抓药”应对信息公开申请爆炸的图景。通过检视案例，我们发现这一理想格局在现实中不能完全实现。通过考量损害后果或公共利益在现有豁免条款中寻找新的法定出口仍属权宜之计。未来再次修例中，对例外规定予以充实，将咨询、借信息公开外壳提其他履责申请或利益诉求、刑事侦查信息、工作秘密等单列。① 直接删除第2条中“履行行政管理职责过程中”，只保留信息应当以一定的载体保存的定义即可，方可正本清源，彻底为这一概念条款“消肿”。

① 2020年6月起实施的《上海市政府信息公开规定》第39条对咨询情形予以规制。

行政指导性案例效能的检视与完善

——以回应和规制裁判过程为参照

马惠芳* 余亚宇** 毕晓燕***

引　言

司法治理效能如何从个案审理到行为指引，从纠纷解决到规则供给，从司法判断到稳定预期，统一法律适用和规制自由裁量十分关键。它既是司法外在的逻辑自洽，也是司法内生的正当自律。

为统一法律适用，2010年最高人民法院发布《关于案例指导工作的规定》，正式确立指导性案例制度。2020年7月31日，《最高人民法院关于统一法律适用加强类案检索的指导意见（试行）》开始施行，再次重申指导性案例作为“最强类案”的特殊地位和作用。然而，即使如此，指导性案例的实际运用情况仍不理想。我们发现和尝试解决其中的问题，也可举重以明轻地说明其他类案检索结果运用问题。行政指导性案例的运用，既蕴含一般问题，又不乏特殊问题。一方面，我国行政法律解释尚欠精致，基本的行政法律适用问题仍待统一共识。另一方面，在全球存在不确定风险及我国社会转型之中，司法如何在行政法律空白或不详之域，更好保护人民权益，同时评价新型行政活动，直接影响行政改革和行政审判方向。行政指导性案例的效能何以完善，一些既源于指导性案例制度本身，又出自行政法律适用的特殊问题亟待解决。

一、行政指导性案例效能受阻的现状

（一）行政指导性案例应用于裁判文书的现状

截至2020年5月，最高人民法院发布行政指导性案例26件，为考察其

* 作者单位：青海省高级人民法院。
** 作者单位：北京市东城区人民法院。
*** 作者单位：北京市东城区人民法院。

在审判实践中的应用情况，笔者以“×号指导（性）案例”为关键词在“中国裁判文书网”进行搜索，① 得到542份有效裁判文书，以此为样本进行分析。应用情况见表1。

表1　行政指导性案例应用情况　　单位：次

<table>
<tr><th rowspan="3">编号</th><th rowspan="3">案由</th><th rowspan="3">案例功能</th><th colspan="4">当事人应用及法官回应情况</th><th rowspan="3">法官主动应用次数</th><th rowspan="3">总应用次数</th></tr>
<tr><th rowspan="2">当事人应用次数</th><th colspan="2">法官回应次数</th><th rowspan="2">法官不予回应次数</th></tr>
<tr><th>明确</th><th>隐性</th></tr>
<tr><td>5号</td><td>行政处罚</td><td>法律价值重申</td><td>2</td><td>2</td><td>0</td><td>0</td><td>0</td><td>2</td></tr>
<tr><td>6号</td><td>行政处罚</td><td>法律适用解释</td><td>6</td><td>0</td><td>1</td><td>5</td><td>0</td><td>6</td></tr>
<tr><td>21号</td><td>行政征收</td><td>法律适用解释</td><td colspan="6">未被应用</td></tr>
<tr><td>22号</td><td>收回土地使用权批复</td><td>评价案件事实</td><td>22</td><td>2</td><td>0</td><td>20</td><td>1</td><td>23</td></tr>
<tr><td>26号</td><td>政府信息公开</td><td>法律适用解释</td><td>2</td><td>0</td><td>0</td><td>0</td><td>0</td><td>2</td></tr>
<tr><td>38号</td><td>拒绝颁发毕业证、学位证</td><td>法律适用解释</td><td>1</td><td>0</td><td>0</td><td>0</td><td>0</td><td>1</td></tr>
<tr><td>39号</td><td>拒绝授予学位</td><td>评价事实、法律适用解释</td><td>26</td><td>25</td><td>0</td><td>1</td><td>0</td><td>26</td></tr>
<tr><td>40号</td><td>工伤认定</td><td>法律适用解释</td><td>3*</td><td>0</td><td>0</td><td>3</td><td>0</td><td>3</td></tr>
<tr><td>41号</td><td>收回国有土地使用权</td><td>法律适用解释</td><td>11</td><td>7</td><td>0</td><td>4</td><td>0</td><td>11</td></tr>
<tr><td>59号</td><td>消防验收纠纷</td><td>评价案件事实</td><td colspan="6">未被应用</td></tr>
<tr><td>60号</td><td>工商行政处罚</td><td>法律适用解释</td><td>272</td><td>96</td><td>8</td><td>168</td><td>16</td><td>288</td></tr>
<tr><td>69号</td><td>工伤认定</td><td>法律适用解释、司法解释再解释</td><td>16</td><td>5</td><td>3</td><td>8</td><td>1</td><td>17</td></tr>
<tr><td>76号</td><td>不履行行政协议</td><td>评价案件事实</td><td>9</td><td>1</td><td>0</td><td>8</td><td>5</td><td>14</td></tr>
<tr><td>77号</td><td>物价行政处理</td><td>法律适用解释、司法解释再解释</td><td>58</td><td>19</td><td>5</td><td>34</td><td>0</td><td>58</td></tr>
<tr><td>88号</td><td>侵犯客运人力三轮车经营权</td><td>法律适用解释及补充解释</td><td colspan="6">未被应用</td></tr>
<tr><td>89号</td><td>公安行政登记</td><td>法律适用解释、司法解释再解释</td><td colspan="6">未被应用</td></tr>
<tr><td>90号</td><td>交通管理行政处罚</td><td>法律价值重申</td><td colspan="6">未被应用</td></tr>
</table>

① “×”为此26件行政指导性案例编号。

续上表

编号	案由	案例功能	当事人应用及法官回应情况				法官主动应用次数	总应用次数
			当事人应用次数	法官回应次数		法官不予回应次数		
				明确	隐性			
91号	房屋强制拆除行政赔偿	法律适用解释	28	11	0	17	0	28
94号	劳动和社会保障行政确认	法律适用解释	未被应用					
101号	政府信息公开	评价案件事实	65	1	62	2	0	65
113号	商标争议行政纠纷	解释法定权利和法律原则	未被应用					
114号	商标申请驳回	评价案件事实、法规解释	未被应用					
136号	环境公益诉讼	明确裁判规则	未被应用					
137号	行政公益诉讼	统一裁判标准	未被应用					
138号	环境行政处罚	评价案件事实	未被应用					
139号	环境行政处罚	统一法律适用标准	未被应用					

* 含第三人援引1次

1. 行政指导性案例的类型化应用。高应用行政指导性案例（下文统称案例）类型集中，整体发挥的实际作用有限。高应用案例为60号、101号、77号，其中应用60号的案件数量占所有应用案件的53.1%。从类型上看，60和77号分别是对工商行政处罚、物价行政管理等行政法律规范的解释，101号是对实践数量较多的政府信息公开案件事实的归类和评价。

低应用及零应用案例多，与案例实际效用不符。其中，零应用案例占行政指导性案例的46.1%，但不能据此否认其实际效用。如38号、39号（关于高等教育权）、89号（关于姓名权）均在发布时引起广泛社会关注和讨论。

在民事案件中跨领域应用显著，类案标准待重新审视。行政指导性案例在民事案件的应用比例为48.5%。跨领域应用情况集中在60号和76号。60号最为集中，占总应用量的46.5%，涉及“商品成分标示”的事实认定，在食品安全和消费者权益类民事案件中应用较多。76号涉及把握和解释行政协议条款，为相关民事案件的裁判，提供论证思路。

2. 行政指导性案例的应用主体及方式。

（1）当事人应用情况。应用主体中上诉人最多，案例成为当事人裁判公正感的重要参照。案例应用主体中上诉人超半数，其中行政相对人占上诉人的比重为74.4%，行政机关占比为25.6%。

当事人应用案例方式缺乏规范和指引。当事人应用案例以上诉理由为主，其他方式见图1。

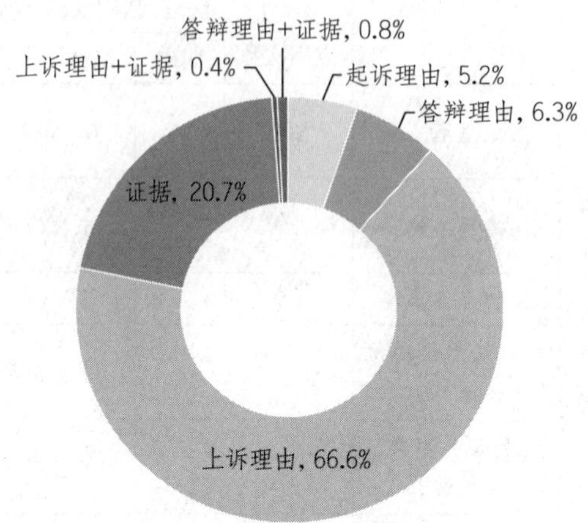

图1 当事人应用指导性案例的方式

（2）法官参照情况。法官参照案例态度消极，与案例效力不匹配。实证发现，法官不予参照案例的理由主要有：否定案例为裁判依据、否定案例与本案相类似或相关联。案例被当事人作为证据时，法官以“不予认可”为由拒绝参照比例较高。

法官主动参照及被动回应率低，缺乏规范和制约。法官主动参照仅占4.2%。同时，法官对当事人应用案例的回应率仅31.7%。其中，法官主动参照可分为明确参照和“隐性参照”。实证显示，法官明确参照以参照裁判要点和参照案情为常见方式。“隐性参照”时，法官虽未明示案例编号，但理由及结果与相关案例的裁判要点相似。（见图2）

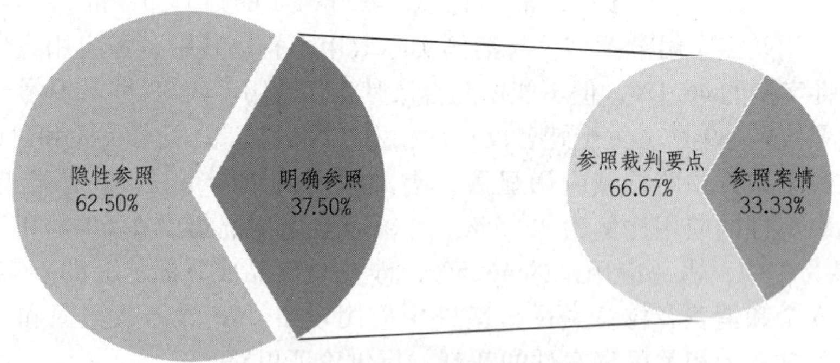

图2 法官明确参照和隐性参照情况

3. 行政指导性案例在诉讼程序层面的应用。二审裁判主动参照及被动回应少，上审级法院主动参照不足。除极个别二审裁判在参照案例后，指出一审判决因未参照而导致适用法律错误外，二审裁判主动参照案例的情况十分少见。此外，案例在审判监督程序中参照率高，占应用案例再审案件的 70.8%，但均系被动参照。

复杂待决案件应用需求强，但法官主动参照弱。案例在普通程序中应用占比高，与简易程序应用的数量比为 270∶1，但法官在普通程序案件中主动参照比仅 1.5%。

（二）行政指导性案例呈现于审判人员认知的现状

为客观反映审判人员对该制度的认知情况，笔者采取电子问卷形式，向全国法院调研，收回问卷 168 份，其中行政审判人员 122 名、其他 46 名。

1. 审判人员对行政指导性案例效能的认知。未形成对案例应然效力的统一认识。调查对象对该制度效力的认识偏差较大，未分清行政指导性案例与有指导作用的行政案例、行政司法解释在效力上的联系和区别。（见图 3）

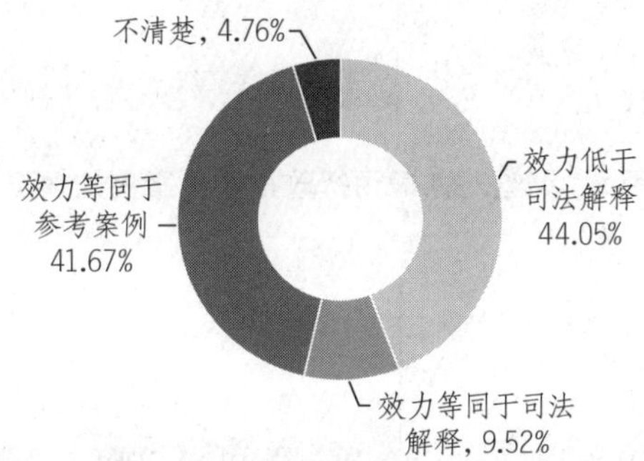

图 3 调查对象对指导性案例应然效力理解的比重

对案例实然效力的认知差异大。调查对象对案例的实际约束力认识不同，其中 49.4%认为我国是成文法，案例不具有约束力。（见图 4）

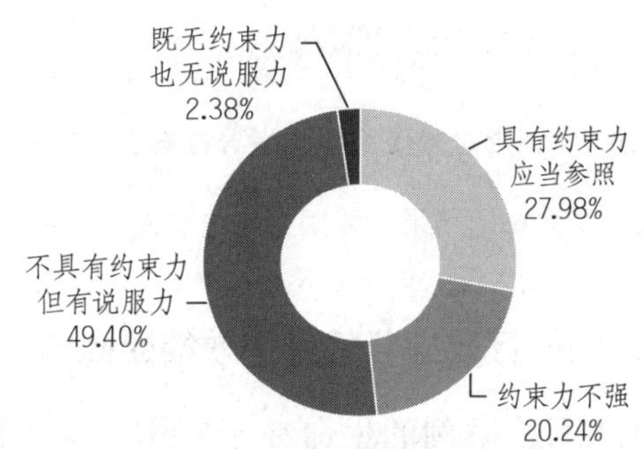

图 4 调查对象对指导性案例实然效力理解的比重

案例指导需求和实际供给差距大。调查对象的高关注度与案例的低参照率对比明显，52.38%的调查对象经常关注，但 67.26%的调查对象表示从未参照过。

2. 审判人员对行政指导性案例的参照现状。参照需求集中于法律规则

空白或模糊、事实认定不明及法律适用分歧时。83.33%的调查对象表示法律适用不确定时会考虑参照。(见图5)

参照案例的思维和方法不统一。问卷显示，审判实践中“参照”方式主要有：与依据司法解释方法类似、对比案情后参照案例的裁判要点、自行归纳案例规则后参照、不知如何参照。其中第二种方式占比最高。(见图6)

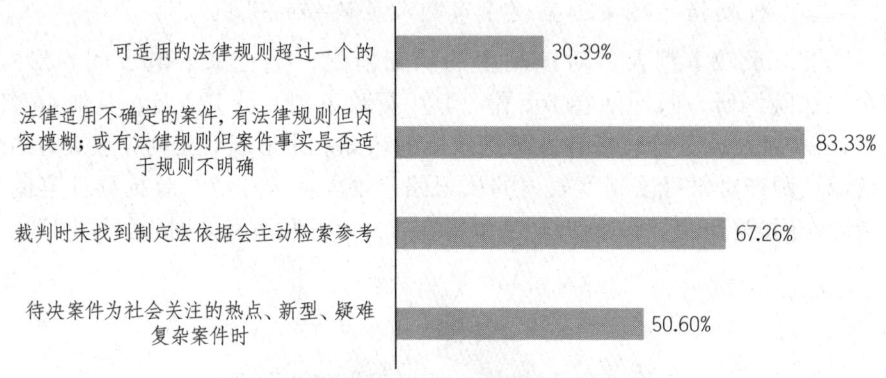

图5　调查对象适用行政指导性案例的情况

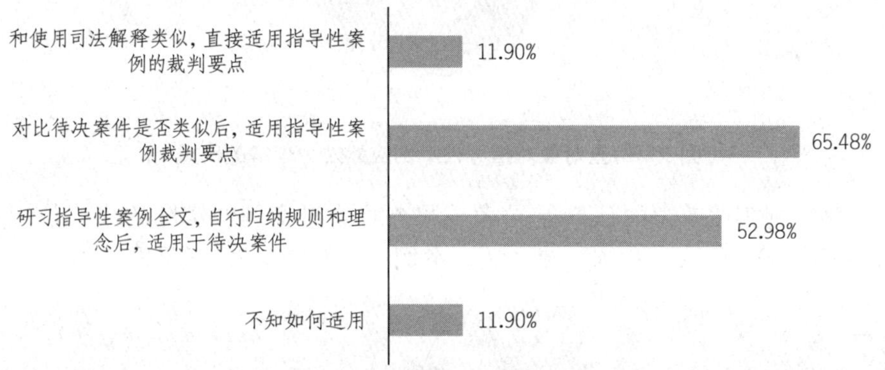

图6　调查对象使用行政指导性案例的方式

*图5、图6反映的是多选题结果，数据为该选项人次占本题所有选择人次的比例

二、基于裁判过程的行政指导性案例效能受阻的原因探析

制度的关键在于实行，案例的生命在于应用。指导性案例效能发挥的关键之处和重要之域，唯有回应和规制司法的裁判过程。因此，笔者从最契合本土裁判过程的演绎三段论开始。

(一) 提供法律解释受阻

1. 案例效力的“法”与“非法”待厘定。法官找法是演绎三段论的大前提，而案例的效力定位，首先决定了法官是否会将其纳入“法”的范畴。在指导性案例制度确立十年间，对其法源地位与效力的讨论热度不减，可将相关观点从应然与实然层面划分。（如表2）

表2　关于指导性案例法源地位及效力的主要观点

效力类型	法源类型	效力属性	代表人物
应然效力	正式法律渊源（规范性法源）	规范拘束力	刘树德、孙跃
	非正式法律渊源（辅助型法源）	制度支撑的说服力	张琪、雷磊
	天然正当法源	司法的拘束性义务	泮伟江、武树臣
实然效力	非法律渊源	事实上的拘束力	学界通说
	非法律渊源	事实上没有拘束力	审判实务界典型观点

效力属性层面，应然与实然并不是非此即彼的关系。前者讨论的是该制度在预设上“应该是什么”，后者讨论的是该制度“实际怎么样”。两者呈现的差异，或许正是借以检视与反思制度效能发挥与否的关键。

法源类型层面，案例的制度基础源自法律规定，派生于国家权力机关正式授权，即最高人民法院有权对“在审判工作中如何具体应用法律、法令的问题，进行解释”①（以下简称具体应用法律解释权）。该规定明确了赋权内容，并未限定行权形式。指导性案例与司法解释，作为最高人民法院供给司法规则的两种形式，② 如将指导性案例纳入以个案裁判行使“具体应用法律解释权”的具体形式，不但没有“违和感”，反而具有“高度盖然性”。但实证显示，审判实务界对该制度的定位十分模糊。

2. 提供行政法律规范解释有限。裁判过程需法官在事实与规范之间往返流盼。③ 一般而言，诉讼的基点是权利是否受到侵害，而在行政诉讼中，还需上溯至另一基点：权利是否存在。由于行政法律规范并不直接规定相对人权利，而是以规定行政主体的职责、义务的方式，间接促使相对人权利的实现。行政裁判经常面临的首要问题，是能否从行政法律规范中解释出权利。④ 这被称为“主观公权利”，即行政诉讼的门槛。指导性案例提供的解释时效更强，更便于类案情境下的理解，更易于拉近规范与事实的距离。反观行政指导性案例目前对提供法律解释的实际贡献，尤其在比照审

① 《全国人民代表大会常务委员会关于加强法律解释工作的决议》第2条。

② 刘树德：《最高人民法院司法规则的供给模式——兼论案例指导制度的完善》，载《清华法学》2015年第4期。

③ ［德］卡尔·恩吉斯：《法律思维导论》，郑永流译，法律出版社2014年版，第72页。

④ 方颉琳：《行政诉讼制度的解释学发展进路——以行政诉权为视角》，中国政法大学出版社2017年版，第49页。

判实践的迫切需求后，差距立显。

3. 与司法解释互动不足。指导性案例制度与司法解释制度，在制度依据、发布主体、法源性质和效力等关键方面，存在诸多联系；尤其是行政指导性案例与司法解释在实践中已呈现承继与互动，更揭示出两者的内在关联（见表3“规则互动举例”条目）。前文已述，可将指导性案例纳入“具体应用法律解释权”的行权形式。作为最高人民法院供给司法规则的两种主要形式，指导性案例与司法解释本可在行权过程、规则供给上呈现更好互促互动，构建双向循环的法律适用规则体系。观察行政指导性案例的实际功能，已有多个案例系对司法解释条款的再解释。可见，指导性案例作为以上规则体系中最为灵活、最易变通、承前启后的要素，尚待更好作为。

表3　指导性案例制度与解释制度比较表

（来自法律、具体文件及《人民法院第五个五年改革纲要（2019-2023）》的归纳）

项目	行政指导性案例	行政法司法解释
制度依据	《人民法院组织法》《全国人民代表大会常务委员会关于加强法律解释工作的决议》《最高人民法院关于案例指导工作的规定》及实施细则	《人民法院组织法》《全国人民代表大会常务委员会关于加强法律解释工作的决议》《最高人民法院关于司法解释工作的规定》
发布主体	最高人民法院	最高人民法院
发布程序	经下级法院推荐，最高人民法院遴选、审核、研究和编纂后，经最高人民法院会通过后发布	经最高人民法院研究、制度，报全国人大常委会备案后发布
法源性质	有争议：正式/非正式/天然正当/非法律渊源	正式法律渊源
效力	有争议：制度约束力/说服力/司法拘束义务/事实拘束力	制度约束力
形式	附裁判要点的指导性案例	解释、规定、批复、决定
未来制度规划	健全案例报送、筛选、发布、评估和应用机制	健全调研、立项、起草、论证、审核、发布、清理和废止机制
冲突解决规划	与新的法律、行政法规或者司法解释相冲突的，为新的指导性案例所取代的，不再具有指导作用	全国人大宪法和法律委员会和有关专门委员会可要求最高人民法院修改、废止被认为与法律有冲突的司法解释
规则互动举例	5号行政指导性案例裁判要点转化为《最高人民法院关于盐业行政处罚法律适用问题的请求的答复》（司法解释）	69号行政指导性案例系对《最高人民法院关于执行〈中华人民共和国行政诉讼法若干问题〉的解释》（已废止）第1条第6项的再解释

（二）回应事实归类和评价不足

将事实进行涵摄推理，是裁判过程的必经步骤。以请求权基础为核心的裁判过程中，对事实的整理和说明是确定小前提的关键。然而，裁判不是简单机械地逻辑推演，蕴含着法官对事实的整理和认知，以及依据法律、理念及方法对事实进行的评价性归类。[①] 对案件事实的认知和整理、评价和判断，往往是基层法官裁判过程的最大负担和困扰。如对行政机关基于自由裁量权作出行政行为的事实认定，既涉及司法权对行政权的限制，又必然包含司法权与行政权的界限。亟须对行政行为的合理性审查标准和尺度进行案例辅助和参考。该制度效能的激发，还缺乏将更多模糊待证事实进行归类和评价这一重要引擎。

（三）嵌入裁判思维单一

一般情况下，法官可以完成三段论的判断。但如待决案件可纳入的裁判规则是复数，法官甚至须在对立中选择，这被称为裁判的“二次推理”[②]思维。这是一个不断试错的过程，既关乎探寻法律整体的结构和功能，更关乎价值选择和效果预判。

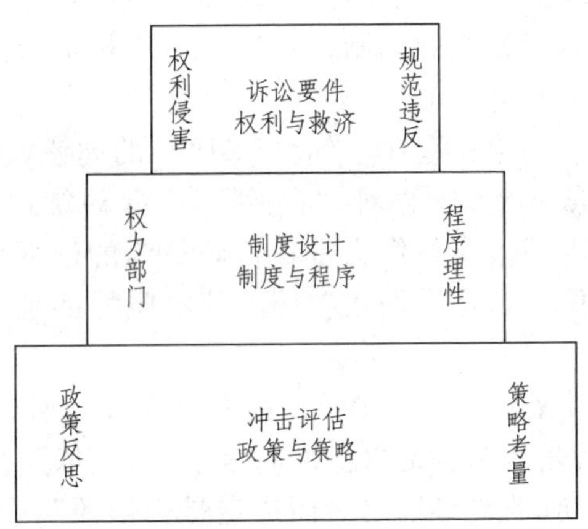

图 7　行政裁判思维三层分析方法

行政裁判思维中，法官最常用的方法一般为以请求权基础和行政行为合法性要件为核心的分析。但这无法解决行政裁判经常面临的法律规范空白，且行政规范经常不稳定等问题。因此，行政裁判思维中特有的“三层次分析法”[③]（见图 7），显得尤为重要。其以请求权基础作为第一层次分析，进一步考量制度与程序、政策与策略这两个逐级递进和拓宽的层级。行

① ［德］卡尔·拉伦茨：《法学方法论》，陈爱娥译，商务印书馆 2003 年版，第 153 页。

② ［英］尼尔·麦考密克：《法律推理与法律理论》，姜峰译，法律出版社 2018 年版，第 123 页。

③ 叶俊荣：《行政法案例分析与研究方法》，我国台湾地区三民书局 1999 年版，第 43 页。

政裁判思维除注重私权救济之外，还需进一步思考案件背后的权力协调和配置、政策反思和效果等因素。如顺应以上思维脉络，又或许打开了行政指导性案例本应蕴含的、溯源型司法治理、影响行政执法实践的效能之门。

（四）供给具体规则不明

规则的纹理和细腻，既是宣告，也为守则。《最高人民法院〈关于案例指导工作的规定〉实施细则》第9条规定："各级人民法院正在审理的案件，在基本案情和法律适用方面，与最高人民法院发布的指导性案例相类似的，应当参照相关指导性案例的裁判要点作出裁判。"该条是案例应用规则的核心条款，笔者以此为逻辑起点分析。

1. "法律适用方面相类似"辨析。关于基本案情类似的判断，理论界已充分讨论，在此不赘述。但如何理解"法律适用方面相似"，亟待阐释。以文义解释，似乎待决案件在"基本案情"和"法律适用"两方面均与案例相类似时，才满足参照条件。但这似乎不好解释部分行政指导性案例的跨领域应用情况。如60号案例在民事案件的跨领域应用，笔者认为系因该案例对"商标成分标示"的认定提供了观点和理由，可用于支持民事案件中的论证。法律发现及解释、事实归类及评价、裁判思维及理念，必牵涉其中。相对基本案情相类似的判断，对法律适用相类似的判断虽居于次要地位，但标准可以更宽松多元。

2. "应当参照"的第三选择。"应当参照"的理解和使用，始终是待解命题。行政裁判视角下至少有两种"参照"：一是规章式参照。法院对行政规章进行合法性审查后，将其作为审查行政行为的依据，作为演绎推论的大前提用于待决案件。二是先例式参照。其本质特征是待决事实与先例事实间的比较。①

基于此，指导性案例的"参照"，首先以文义解释，介于"参考"和"依照"之间。参考是"参验他事他说而考察之"；依照是"以等事物为依据照着进行"。参照应是"参酌之后而决定是否依照"，其本身不意味着全部肯定或否定。② 因此，参照案例与依据司法解释不同，应包含事实与事实的比较。参照体现于裁判过程，参照后法官可以依照，也可以不依照。其次以体系解释，该制度源自最高人民法院"具体应用法律解释权"，各级法院参照时不具有予以审查的权力基础。再次以目的解释，该制度目的包括统一法律适用和规制自由裁量，以参照后依照（将待证事实纳入裁判要点的规则）为原则，以不依照为例外；不依照的，法官须承担论证负担及公开理由。

---

① 冯文生：《审判案例指导中的"参照"问题研究》，载《清华法学》2011年第3期。

② 江必新：《人民法院审理行政案件如何参照行政规章》，载《法学研究》1989年第6期。

三、回归裁判过程的行政指导性案例效能的实现

如何进一步实现案例效能，既是回归，也是完善。

（一）供给行政法律解释

1. 重申案例效力定位。重申效力定位，是实现案例效能的根本和触发点。应进一步重申和明确指导性案例的制度依据。该制度派生于国家权力机关正式授权，属于最高人民法院行使具体应用法律问题解释权的重要形式。

2. 提供实践亟须的法律解释。行政指导性案例应紧密结合实践中迫切且集中的法律解释需要（如行政实体法及诉讼法的兜底条款），对于法律规定抽象且高频使用的具体条款，可发布配套案例。对于法律不周延及漏洞处，应避免"法官造法"。如可对《行政诉讼法》第12条第12项（其他行政诉讼的受案范围），加强释法指导。如对该法第70条第6项（可判决撤销或重作的行政行为的审查标准）"明显不当"的标准，同样有待更多案例解释和指导。

3. 充实更权威更有效的"以案释法"供给模式。为提供更具权威、更好回应审判需求的法律解释，建议改善目前单一的"自下而上"的案例遴选模式。将其充实为"自上而下"（遴选最高人民法院行政庭审理的案件）、"自中而上"（遴选各省高院行政庭审理的案件）等复合模式。

4. 增强与司法解释的循环互动。案例制度与司法解释制度同源，案例应解释司法解释，加深各级法院对司法解释条文的情境化、案例化理解；应补充司法解释，发挥对司法解释条文的填补和明确作用；应推动司法解释生成，对制定司法解释时机不成熟，但实践又亟须指导的，可预先以指导性个案规则"试水"；应服务司法解释退出，对待清理或废止的司法解释，可适时以案例调整相关规则，以更好指导审判。

（二）补充事实认定规则

注重对审判一线中争议较大、不易把握的待证事实加以归类评价。尤其在案件事实不能直接归入明确规范的时候，亟待将事实中的信息一般化，以便纳入规范中的对应条文。案例应更加注重将行政领域新情况新问题，恰当地纳入既有规范体系予以评价。如行政协议的新类型案件，对待决案件中无法纳入相关司法解释列举的"其他"行政协议的，是否及如何将其归入司法审查，案例可进一步补充事实认定规则。

（三）充实行政裁判思维

1. 扩充行政裁判思维。对存在多个规则可供选择或需考量法律外的多个因素时（利益衡量、价值权衡、政策反思等），案例应从利益位阶、价值

引领、效果考量等角度，为一线行政审判提供更好指导和依据。可通过设置案例专门课程及培训、引导法官建立更广视角的行政裁判思维。如，何以平衡个案公正与行政法律规范的制度预设；何以设定司法裁判对行政主体自由裁量的必要规制与合理边界，案例可加以更好阐释；何以将行政裁判对行政主体的“不信任”与“必要尊重”充分结合并付诸实践，案例可加以融贯。

2. 延伸至行政执法实践。当前，为规范行政执法实践中的裁量权行使，行政机关自身也陆续出台了行政处罚等领域的案例指导规则，① 行政指导性案例制度效能的发挥，或可进一步延伸。如尝试对接更前端的行政机关的“第一次适法过程”，加强案例与行政管理实践的规则互动和理念交融。尤其对实践中大量协调化解、未进入诉讼程序的案件，可通过发布指导性案例，示范和间接影响行政执法实践，取得司法溯源治理的特殊效果。

（四）厘定案例运用规则

1. 明确应用前提“相类似”。考虑待决案件在基本案情是否相类似，应通过案情、案由、诉讼请求、争议焦点等识别点来初步判断。而对于法律适用相类似，则应通过案例的裁判要点是否能为待决案件的裁判过程提供法律解释、事实评价及裁判思维等要素来判断。案情类似应作为“相类似”的第一位判断，法律适用相类似则居于次要地位，其判断标准可更加宽松和多元。

2. 合理把握“应当参照”。参照案例与依据司法解释不同，“参照”必须包含要件事实与待决事实的比较。“应当参照”强调过程，而不要求裁判结果。参照后法官可以依照裁判要点，也可以不依照。确定依照的，应将裁判要点中的规则、理念和方法涵摄到待决案件中，以指导法官将待决事实纳入既有规则框架，作出分析判断；不依照的，则须加以强制论证及公开理由。

3. 准确理解“裁判要点”。裁判要点的存在，是贴合本土裁判思维的折中之举。但参照裁判要点，并不意味着可脱离案例的原有事实而孤立理解，应以案例原有案情、判决理由等其他部分，作为准确理解裁判要点的前提和背景。

（五）施以必要约束和制衡

影响裁判过程的因素是复杂、非理性且难控的，这并不妨碍以理性考虑非理性之事。约束和限制是必然选择。

---

① 如《河南省水行政处罚案例指导制度》《湖南省行政执法案例指导办法》等，见胡敏洁：《行政指导性案例的实践困境与路径选择》，载《法学》2012 年第 1 期。

1. 基于释明和强制论证的诉讼制衡。法官主动参照应释明。法官如认为可能在待决案件中参照案例，应为当事人提供陈述意见的机会。法官应将相关案例信息通知当事人，释明该制度依据及理由，并充分听取当事人意见，避免参照过程仅法官一方判断。

当事人应用应明确方式。对当事人主动提交案例的情形，为兼顾当事人诉讼权利和法院审判效率，应明确当事人提交案例的时间节点和方式。法院应通过庭前谈话、开庭审理或庭后收取双方意见等方式，听取当事人对本案是否可参照相关案例的意见。

法官不参照应强制论证。强制论证制度在意大利等大陆法系国家的判例制度中均有设置，如下级法院拒绝使用最高法院判例的裁判规则，须提出妥当且充分的理由。[①] 鉴于我国法官多数倾向简单说理，建议规定对参照案例的裁判文书可简单说理，对不参照的则应详细、专门论证。

2. 基于上级法院的约束和必要规制。加强审级约束和评价。转变案例“事实上没有约束力”的困境，须回归和依靠审级，应明确将案例参照纳入上审级法院审理和监督的范围。应把握是否参照、裁判结果是否正确等关键要素，区分情形予以约束和评价（见图 8）。除注重裁判结果外，上审级法院也应评价过程：上审级法院应予“指对”，就一审法院的参照过程予以肯定；上审级法院应予“指误”，运用引导型言辞，指出一审法院未参照的过程不当。另外，还可加强上级法院对制度落实的督导。各高级人民法院应作为制度落实的督导和推广者，如可开展制度宣讲、案例讲解、规则培训、专项调研等。

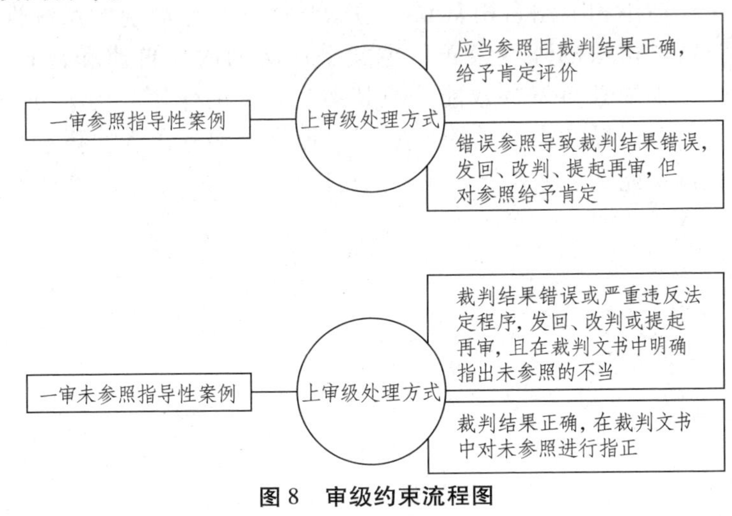

图 8　审级约束流程图

① 薛军：《意大利的判例制度》，载《华东政法大学学报》2009 年第 1 期。

对未参照案件“提格”审理程序。为规制不参照判例案件，日本规定即使日本最高法院变更自身判例，也应采取更为严格的审理程序。[①] 因此，笔者建议对不予参照的待决案件，亦设置“提格”审理、合议庭专门评议、专业法官会议论证、院庭长业务监督及审委会审议决定等更严的审判权运行流程；不参照案件需提交关于基本案情与法律适用“不相类似”的专门审理报告。以督促法官对未参照个案更为谨慎。

下级法院背离案例需备案。因审级约束无法主动产生且限于个案约束（因上诉需当事人提起、再审需经审查提起）。据此，建议省级高级人民法院对背离案例的生效案件予以备案。这既可促使下级法院对背离案件更加审慎，省级高级人民法院也可通过备案，动态掌握案例是否具有待调整和退出等情形。

3. 基于审判权内部运行机制的制衡。案例功能的实现，需纳入合议庭的内部运行机制，如是否参照案例，应为合议庭的评议目的和评议对象，并成为评议结果产生的必经表决事项之一。专业法官会议作为“咨询智库”和实现法律适用统一的载体，应将案例的相似性判断、参照与否等关键问题嵌入其议事范围。应识别未参照案例的待决个案，纳入院庭长监督管理“四类案件”之第三类“与上级法院的类案判决可能发生冲突”的范畴，适时启动监管程序。应依托类案强制检索机制，对合议庭是否参照指导性案例无法形成多数意见的，在向审判委员会提交的审理报告中进行专门说明。

结　语

统一法律适用和限制自由裁量，是始终摆在我们面前的系统性和长期性课题，这既是司法的外在公正，也关乎司法的内在自律和自省。其中，指导性案例虽不能独自发挥效能，但其本应发挥的作用，仍十分关键。期待本文能为行政指导性案例效能的实现，提供更多视角和实操层面的有益参考。从案例功能到治理效能，我们拭目以待。

---

① 于佳佳：《日本判例的先例约束力》，载《华东政法大学学报》2013 年第 3 期。

五、国家赔偿

直接损失赔偿标准的适用困局及反思

——以329件违法强拆行政案件为视角

郑　怡*　熊　霓**

根据《国家赔偿法》的立法精神，我国行政赔偿以赔偿直接损失为原则。① 该原则造成违法强拆行政赔偿中一个现实问题日渐凸显：在违法强拆赔偿数额与合法拆除补偿数额相差无几的情况下，行政机关为完成拆迁任务，不惜先实施违法拆除、事后依法院裁判赔偿。换言之，直接损失赔偿标准侧面鼓励了行政机关实施违法强拆行为。实际上，金钱支出并非也不应是行政机关实施行政管理考虑的唯一标准或首要标准。如果将公平正义等法律价值视作行政机关高效实现行政目的之机会成本，透支这种机会成本将使政府面临诚信缺失等潜在风险，甚至激发更深层次的社会矛盾。理论与实践的矛盾倒逼法官对赔偿标准进行突破，甚至在裁判中出现惩戒性赔偿的痕迹。然而，这种司法应对又导致损失赔偿范围不统一等新问题，引发行政相对人对于个案公正的质疑。

一、违法强拆行政赔偿裁判中损失现实样态微观观察

笔者在中国裁判文书网随机抽取22省市4年来329份违法强拆行政赔偿案件裁判文书（见表1），分析违法强拆行政赔偿损失项目分布样态。发现对违法强拆起诉赔偿的案件主要分为因拆除违章建筑（见表2）和因征收引发的（见表3）的两类情形，又因后者大量混杂了拆违的情形，文书中呈

---

* 作者单位：南昌铁路运输中级法院。

** 作者单位：南昌铁路运输中级法院。

① 《国家赔偿法》第36条第8项规定：对财产权造成其他损害的，按照直接损失给予赔偿。

现的损失赔偿项目具有高度一致性，在此一并观察分析。①

表1　样本文书裁判时间及地域分布

年度/年	地区/件		
	东部	中部	西部
2017	30	12	8
2018	36	18	11
2019	64	44	38
2020	24	37	7
合计	154	111	64

表2　违法强拆行政赔偿案例中损失样态（拆除违章建筑）

案例	原告主张	被告意见	裁判意见		
			一审	二审	审判考量因素
案件1：(2019)琼96行赔终11号	1. 损毁财物 2. 可得利益损失 3. 因违约而产生的赔偿金、违约金 4. 建筑物损失	实施强制拆除的是违法建筑，原告无权获得国家赔偿。	1. 物品损失√ 2. 可得利益损失× 3. 因违约而产生的赔偿金、违约金× 4. 建筑物损失×	维持	1. 可得利益损失、赔偿金和违约金损失不是直接损失 2. 非法建筑不给予赔偿
实例2：(2017)苏01行终459号	1. 财物损失 2. 既得财产性利益	1. 违法建筑物、构筑物× 2. 违法建筑废旧材料×	1. 违法建筑物、构筑物× 2. 违建的废旧建筑材料√ 3. 设备损失可另行主张 4. 误工损失可另行主张 5. 搬家费、职工安置费×	维持	扩建部分建设年代和折旧、建筑材料回收的可能性、建设人工成本占比
案例3：(2019)京0113行赔初103号	1. 大棚租金 2. 违约金 3. 种植韭菜 4. 韭菜预期收益	原告作为承租人，损失应当向出租人主张协商，与政府无关	1. 大棚租金× 2. 违约金× 3. 种植韭菜√ 4. 韭菜预期收益×	无	租金、违约金、预期收益非直接损失

① 实践中个案事实千差万别，行政机关违法程度、相对人过错等均影响行政赔偿范围，本文样本审查以损失赔偿范围在文书中的呈现为考察重点，兼顾考虑赔偿的原因力。同时选取了10个具有代表性的案例详细说明。

续上表

案例	原告主张	被告意见	裁判意见		
			一审	二审	审判考量因素
案例 4：（2019）粤 13 行赔终 1 号	财产损失及利息 1. 建筑物、构筑物、装修、花木 2. 土地使用权权益 3. 财物损失 4. 为弥补损失的借款及利息 5. 土地租金损失 6. 诉讼费用	违法建筑、构筑物等不应赔偿，也不应补偿，其经营损失及利息也不应赔偿	1. 建筑物、构筑物、装修、花木√ 2. 停产停业损失√ 3. 物品损失（无证据×，有证据√） 4. 利息（同期同类借款利率）√ 5. 土地使用权承租权益× 6. 律师费× 7. 土地租金损失×	维持	1. 按直接损失赔偿 2. 原告建设和经营行为应受"信赖利益"保护 3. 维护行政相对人合法权益
案例 5：（2018）桂 1302 行初 76 号	1. 房屋损失 2. 物品损失 3. 宅基地权益	建（构）筑物属违法建（构）筑物，依法不受法律保护	违法建筑物，不属于原告拥有的合法权益，不予赔偿	无	1. 建筑物的合法性 2. 物品损失的证据

表 3　违法强拆行政赔偿案例中损失样态（因征收引发）

案例	原告主张	被告意见	裁判意见		
			一审	二审	审判考量因素
案件 6：（2019）赣 71 行赔终 30 号	1. 房屋损失 2. 装修费 3. 室内财产损失 4. 临时安置费 5. 精神损失 但额度不应按补偿	按赔偿决定书认定的事项赔偿（该决定书内容与同地块征地补偿项目一致）	1. 房屋损失√ 2. 装修损失√ 3. 室内财产损失√ 4. 房屋临时安置费√ 5. 精神损失×	比一审增加 1. 补助和奖励费 2. 搬迁费 3. 设备迁移赔偿	对行政相对人权利保护
实例 7：（2020）皖 13 行赔终 19 号	1. 房屋损失 2. 房屋租金及利息 3. 装潢、附属物及利息 4. 物品损失 5. 诉讼费、律师费 6. 精神损失 7. 上访费用	1. 房屋损失√ 2. 停产停业损失√ 3. 装潢、附属物√ 4. 物品损失√ 5. 诉讼费、律师费× 6. 精神损失× 7. 上访费用×	1. 房屋损失× 2. 半年停产停业损失√利息× 3. 装潢、附属物√利息× 4. 物品损失× 5. 诉讼费、律师费× 6. 精神损失× 7. 上访费用×	比一审增加 1. 征收奖励 2. 停产停业损失（违拆之日至安置之日） 3. 临时安置（过渡费）	二审认为： 1. 被告违法，原告可享受最高奖励政策； 2. 被告认可原告房屋部分为商业，故可依据商业用房确定损失

续上表

案例	原告主张	被告意见	裁判意见		
			一审	二审	审判考量因素
案例 8：(2019) 浙 06 行初 192 号	1. 房屋损失 2. 物品及装修 3. 安置补助、奖励 4. 误工费、交通费 5. 维权费用	原告系非法购置宅基地和自建房，所有损失都不应赔	1. 房屋损失√ 2. 物品及装修√ 3. 安置补助、奖励√ 4. 误工费、交通费× 5. 维权费用×	与一审区别：认为安置补助、奖励不应赔	一审认为安置补助奖励系直接损失；二审认为原告并非安置补助、奖励对象
案例 9：(2019) 豫 01 行赔初 104 号	1. 房屋损失 2. 药品损失 3. 安置费 4. 搬迁费 5. 搬迁及拆迁奖励 6. 过渡费 7. 精神损失 8. 利息	1. 房屋损失√ 2. 物品损失无证据× 3. 安置费× 4. 搬迁费× 5. 搬迁及拆迁奖励× 6. 过渡费× 7. 精神损失× 8. 利息×	1. 房屋损失√ 2. 物品损失√ 3. 安置费（租金）√ 4. 搬迁费× 5. 搬迁及拆迁奖励× 6. 过渡费× 7. 精神损失× 8. 利息×	无	1. 以赔偿形式要求对安置补偿利益的主张，混淆了行政补偿与行政赔偿的界限 2. 支付利息的前提是被告应赔偿，且给付超期
案例 10：(2020) 川 14 行赔终 12 号	1. 房屋损失 2. 房价上涨部分	1. 征收补偿√ 2. 征收奖励因原告违约应返还× 3. 房价上涨部分×	政府主张的补偿数额价值上浮 40%（因违拆导致可重复利用的建筑材料损失，结合房屋成本确定）	维持	强拆行为的目的、手段后果；对违法行为的惩罚；对行政相对人权益保护

（一）诉辩双方主张损失的具体类型

实践中，相对人对违法强拆一并或单独提起赔偿的案件情形多样，每个案件据以裁判的事实也纷繁复杂，根据个案诉辩双方意见（见表 2、3）和诉状（见图 1、2）、答辩中高频出现的“损失”类型，总体发现以下规律：

相对人请求的损失赔偿远超出直接损失标准涵盖的范围。其主张大多不以建筑物本身及用途合法为前提，主张损失包括对建筑物的赔偿、物品损失、经营损失、误工损失、安置补偿项目、精神损失、维权费用、利息等。反之，行政机关普遍认可的损失赔偿十分有限。主要包括合法建筑物损失、有明确证据证实的物品损失以及征收合法建筑物时，补偿决定书或补偿协议中包含的部分项目。

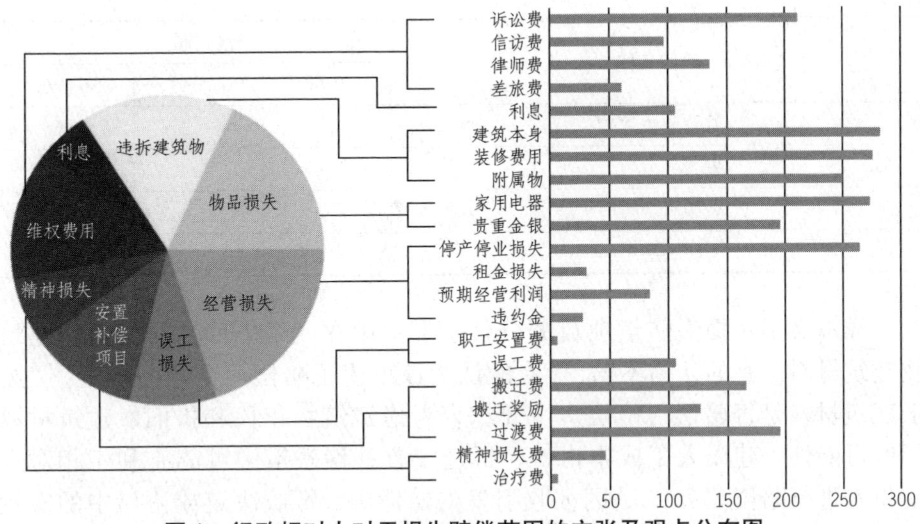

图1　行政相对人对于损失赔偿范围的主张及观点分布图

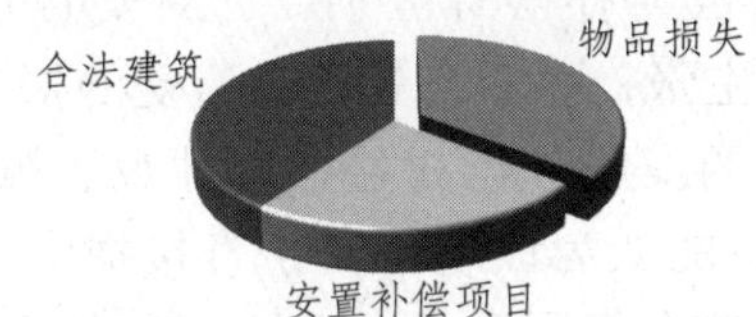

图2　行政机关对于损失赔偿范围的主张及观点

（二）直接损失适用标准的个案矛盾

法官对直接损失标准下的赔偿范围有独立于诉辩双方的观点（见表4）。一是普遍认可属于直接损失的项目。主要包括合法建筑物及其构筑物本身的价值、有证据证实的物品损失；二是普遍认为不属于直接损失项目。主要包括违法建筑物、误工损失、职工安置费、精神损失赔偿、维权费。法院或以“不属于直接损失”，或以“缺乏法律依据”为由驳回相对人诉请。

表4　样本文书中法官对损失赔偿范围的认定

项目名称	裁判倾向		
	认可	有分歧	不认可
合法建筑物（包括装修、附属物等）	√		
各类经营损失		√	
违拆违法建筑物		√	
物品损失	√		
误工损失、职工安置费			√

续上表

项目名称	裁判倾向		
	认可	有分歧	不认可
精神损失赔偿			√
安置补偿项目		√	
维权费用			√
利息		√	

样本文书对损失赔偿项目的分歧主要集中在四个方面：一是违法建筑物建筑材料。有的认为不赔，[①] 有的认为该项应予赔偿。有文书指出："废旧建筑材料是否赔偿、赔偿多少要综合考虑建筑物年代和折旧、建筑材料回收可能性、建设人工成本占比、拆迁安置补偿政策中可能有利于相对人的事实进行赔偿。"[②] 二是因征收引发的赔偿中，征收决定或协议中的安置补偿项目，包括搬迁费、搬迁奖励、拆迁奖励、安置过渡费等补偿、补助及奖励等。有的认为赔偿与补偿有区别，针对安置补偿项目提起的赔偿，实际上是对补偿利益的主张，而非合法权益遭受的损失；[③] 有的认为，直接损失应包括相对人享有的安置补偿权益，这种观点被最高人民法院案例认可。[④] 三是利息损失。有的认为该项不属于直接损失。[⑤] 有的认为利息应当赔偿，但是对于利息标准有不同意见，如适用贷款利率[⑥]或适用存款利率。四是经营损失。实践中原告主张的经营损失类型主要有三类：一类是停产停业损失。因补偿方案中一般包括停产停业损失，在拆除合法房屋时，对停产停业损失普遍认可。[⑦] 但拆除对象为违法房屋时一般不认可。[⑧] 另一类是租金。此处租金指相对人为承租人时所支付的租金，多数观点认为不赔，认为承租人应当向出租人主张民事权利。[⑨] 还有一类是违约金、预期利益。一般不被认为是直接损失。[⑩]

---

① 案例1、5。

② 案例2。

③ 案例9。

④ 案例6、7。(2018) 最高法行再163号案例裁判要旨："直接损失"范围，除包括被拆建筑物重置成本损失外，还应当包括赔偿申请人应享有的农房拆迁安置补偿权益以及对动产造成的直接损失等。

⑤ 案例7、9。

⑥ 案例4。

⑦、案例6、7。

⑧ 案例1。

⑨ 案例3、4。

⑩ 案例1、3。

二、直接损失赔偿标准司法适用的深层困境

（一）赔偿标准与赔偿范围无法相互对应

标准适用的理想状态是通过标准能够得出相对一致的结论。直接损失作为间接损失的对称，是已经取得的财物的损失。[①] 但通过观察发现，诉辩审三方适用现行标准得出的结论千差万别。在违法强拆行政赔偿中，财产利益直接减少的损失很难与法院最终裁判所确定的损失范围相互对应达成逻辑自洽的效果。如在违法拆除合法建筑物的前提下，诉辩审三方普遍认可安置方案中的补助奖励属于直接损失，但实际上补助奖励并非所有被拆迁人所必然享有的权利；多数文书认定相对人的停产停业损失数额相当于补偿安置方案确定的数额不符常理；安置补偿中所认可的停产停业损失与相对人主张的违约金、可得利益损失的界限始终无法分辨明晰。又如多数裁判不认可租金损失属于直接损失。租金有两种，一种是房屋所有人本可出租获得的租金收入，这里的租金其实和停产停业损失并无本质区别，却被有的裁判排除在损失范围外。另一种是承租人租赁被拆房屋的损失，该损失确为财产的直接减少，却普遍不被认可。

（二）行政补偿与行政赔偿关系难以厘清

损害赔偿和损失补偿是从原因行为的性质及认定根据的角度来区别的，但这两项制度出现了相互接近的倾向，特别是损害赔偿的损失补偿化倾向越发明显。[②] 实践中，安置补偿方案在因征收引发的强拆赔偿中均被提及，因为除了那些违法搭建的构筑物外，绝大部分的涉案建筑物均是经审批，或掺杂了部分经审批建设及扩建的情形。有些建筑历史年限较长，安置补偿方案还会给予相对人一定的政策倾斜。安置补偿可以说是法院化解诉辩双方矛盾的突破口，也在损失无证据证明的情况下，为法院确定赔偿数额提供了一个合乎情理且相对能为大众接受的参照依据，甚至在地方补偿政策优厚的情况下更能达到保护相对人合法权益的目的。但这绝不能说，行政补偿能够替代行政赔偿标准的功能，直接演变成判断损失多少的依据。实际上，行政赔偿是相对人认为行政主体及其工作人员行使职权的行为侵犯其合法权益，造成其损害，依法请求赔偿的行政救济形式；行政补偿是指行政主体及其工作人员因其合法、无过错行为造成相对人权益的一定损害或相对人因公共设施或为社会公益而蒙受一定损失时，行政主体主动或

---

① 江必新、胡仕浩、蔡小雪：《国家赔偿法条文释义与专题讲座》，中国法制出版社 2010 年版，第 81 页。

② ［韩］金东熙：《行政法Ⅰ》（第 9 版），赵峰译，中国人民大学出版社 2006 年版，第 369 页。

应申请对相对人所受损失依法给予补偿的行政救济形式。[①] 二者虽同属行政救济，但是从根本上来说是两个不同的制度。

（三）现行标准适用上存在功能缺陷与补足困惑

如何确定行政赔偿标准是一个极为复杂的问题。《国家赔偿法》修订前，学界就普遍认为当时国家赔偿存在“国家赔偿标准，与民事赔偿相比，不足以弥补受害人之损失，赔偿请求人对于赔偿项目及数额之期望值几乎全部高于决定赔偿之项目及数额”的缺陷。[②] 修改后的《国家赔偿法》较之从前有很大进步，但从样本看，我国行政赔偿仍然存在标准较低、赔偿范围过窄等问题。然而，理论界及实践中，希望通过行政赔偿保护相对人合法权益、监督行政机关依法行政的意愿却日趋强烈。这一点在裁判文书中有充分的体现，如有法官认为“确定赔偿数额时要坚持全面赔偿和公平合理的理念，既要对行政机关违法拆除行为给予惩戒，也要确保赔偿请求人的合法权益得到充分保障”。[③] 虽然将安置补偿利益纳入直接损失范围的普遍共识、个别文书对利息损失、租金损失的认可，本身已经是对损失赔偿标准理解的一种创新突破，但从个案中相对人获得最终赔偿财产利益的结果看，可能并不能达到惩戒与保障的双重效果。

三、直接损失赔偿标准适用困局的原因分析

对行政赔偿标准所持有的不同态度很大程度上取决于不同主体的角色定位和价值判断，因此很难在直接损失标准下明确相对统一并为各方主体接受的赔偿范围。

（一）“损失论”：行政相对人寻求最大可能权利救济

基于行政管理弱势一方对权利救济的期盼，相对人主张将包括直接损失、间接损失、可得利益损失、精神损失等在内的全部损失类型完全纳入赔偿范围。对违法强拆赔偿案件中的多数相对人来说，其价值指向十分明显，即要求权益保护背后的金钱补偿或赔偿。这一诉求在宛若“万里长征最后一步”的因征收引发违拆赔偿案件中尤为凸显。反应在赔偿标准上，相对人要求完整、全面的赔偿，不断扩张违法强拆赔偿标准所能涵盖的范围。如在房屋损失确定上，要求涵盖房屋初始价值、自然增值、环境辐射增值、社区价值、机会成本等。其损失主张亦不考虑自身过错与损失因果关系，认为只要行政机关违拆行为具有违法性皆应赔偿损失。在这一视角

---

① 姜明安：《行政法》，北京大学出版社 2017 年版，第 520 页。

② 江必新主编：《〈中华人民共和国国家赔偿法〉条文理解与适用》，人民法院出版社 2010 年版，第 337 页。

③ 参见江西省南昌铁路运输法院（2020）赣 7101 行赔初 49 号行政赔偿判决书。

下，直接损失赔偿标准无法回应行政相对人的诉求。

（二）“结果论”：行政机关在管理目标与个人权益中取舍

行政机关依法行使国家权力、执行国家行政职能，其设立之初在于实现管理目的，其管理目的在一定程度上是为了维护公共利益和公共秩序。也正因此，达成管理目标往往摆在行政机关行为考量的第一顺位，对个体权益的保护则易被忽视。以因征收引发的违拆赔偿为例，我国政府在拆迁中的角色定位一直被学者所诟病。有学者认为政府未能找准其在城市房屋拆迁中应扮演的角色。[①] 从应然的角度说，政府及相关部门实施征收行为，应当遵循决策民主、程序正当、结果公开等原则，在尊重市场经济及价值规律的基础上保障被征收人的合法权益。但实际上，影响政府行为的因素不只考量被征收人的合法权益，还可能包括其他因素，诸如公共利益、行政管理效率、地方政绩和财政状况等。当被征收人的合法权益与这些因素产生冲突时，政府不可避免地需要作出权衡及选择。反映在赔偿标准上，在具体案件的处理上普遍呈现出一种“标准倒推”的不合理现象。政府在解决每一起涉行政赔偿争议前即已预设违法所能支付的成本，在这个成本的“篮子”当中，损失赔偿标准可以弹性变化，当“篮子”富余或不足的时候，甚至可以任意扩大和缩小损失范围。

（三）“效果论”：法院在秩序价值和公正价值中寻求衡平

法官对损失标准之下的损失赔偿范围的确定则更为复杂。博登海默认为，法律是人们所要求的秩序价值与正义价值的综合体，旨在创设一种正义的社会秩序。[②] 通过对样本梳理，笔者发现法官在审理违法强拆行政赔偿案件时，也受到法的秩序价值和正义价值的双向引导。两种审判思维模式的交织（见图3）造成适用现行标准认定损失赔偿范围的困扰。

第一种审判思维模式是受法的秩序价值的指引，法官尊重规则、标准的稳定性，严格依照《国家赔偿法》的规定进行思考并作出裁判。这种模式下，成就行政赔偿责任要满足“侵权的主体必须是行政机关及其工作人员、侵权行为必须是在行使行政职权中发生的行为、致害行为必须是违法的、必须存在法定的损害事实、违法行使职权的行为与损害事实存在法律上的因果关系”的构成要件。[③] 同时，相对人自身过错造成或放大损失成为阻却损失赔偿成立的因素。在构成要件成立和阻却因素不存在时法官将按

---

① 康贞花：《试论城市房屋拆迁中政府职能的错位及其对策》，载《延边大学学报（社会科学版）》2009年第4期。

② ［美］E. 博登海默：《法理学——法律哲学与法律方法》，邓正来、姬敬武译，华夏出版社1987年版，第302页。

③ 蔡小雪：《行政行为的合法性审查》，中国民主法制出版社2020年版，第307~311页。

照直接损失赔偿标准裁判进行赔偿。

第二种审判思维模式是受法的公正价值的引导，法官考虑按照直接损失赔偿标准确定损失赔偿与合法拆除补偿数额相差不大，甚至低于补偿数额存在不公平及不合理性，不利于保护相对人合法权益，遂充分发挥主观能动性作出裁判，扩充直接损失赔偿标准下的损害赔偿范围。一般来说，法官通过向社会解释法律的适用，或运用自由裁量衡平个案纷争等方式，以回应相对人诉求、监督行政机关行为，实现个案公正。

诚然，在一个理想的法律制度中，秩序与正义紧密相连、融洽一致，但由于社会发展、个案特殊性等原因，这两种价值亦会产生冲突。对表 2、表 3 中 10 个案例审判考量因素进行分析，我们可以隐约地感受到“秩序”与“公正”价值在法官个案裁判中发挥的作用。结合样本来看，表格案例 1~3、5、8 更多考虑秩序价值，案例 6、7、9、10 更多倾向于公正价值，案例 4 则两种并重。值得一提的是，在所有的行政赔偿案件中，因征收引发的违拆行政赔偿具有特殊性：补偿结果和赔偿结果的差距激化了矛盾，两种价值冲突碰撞最为激烈。很多案件法官在运用自由裁量权确定损失赔偿范围时实质上回避了对直接损失标准的论述，只谈赔偿范围不谈损失赔偿标准。但也有案件试图厘清适用直接损失赔偿标准和实现个案实质正义间的关系，在这一过程中才产生违法强拆行政赔偿案件中对“直接损失”不断扩大解释的司法现象以及对直接损失赔偿标准本身合理性的质疑。如案例 6、7 将征收补偿权益纳入直接损失范畴，案例 10 对惩戒性赔偿的确认完全超出了直接损失赔偿范围。

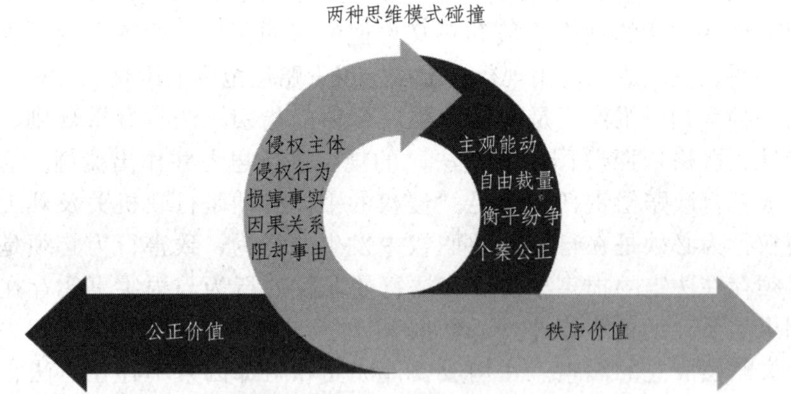

图 3　秩序价值和公正价值在裁判中的双向引导

四、构建新型违法强拆赔偿标准的理性选择

违法强拆行政赔偿司法实践中，诉讼主体基于各自立场对“何种损失

类推能够纳入赔偿范围”有不同的考量，而法院裁判需要一个尺度去衡量及解决个人与个人、个人与群体间的利益冲突。当违法强拆赔偿标准这个衡量尺度不尽合理时，则需要创设新的适当的平衡重新协调及分配利益关系。

（一）征收补偿规则与强拆赔偿规则之间的规范协调

《土地管理法》《国有土地上房屋征收与补偿条例》的损失补偿将涵盖停产停业损失、补助奖励、搬迁、临时安置补偿，远远超出了一般认为的直接损失赔偿标准所能确定的范围。从法学方法论来说，这种差异实际并不符合“举重明轻”的法律逻辑证成。“举重明轻的论辩方式为：‘尚且……当然’；其所为‘重’者，指其法律要件较宽或法律效果较广，而所谓‘轻’者，指其法律要件较严，法律效果较狭。”在德国的 BGHZ6. 290 征收案件中，德国联邦法院认为公权力不法侵害所有权，其效果同于合法征收者，亦应予以补偿请求权，Larenz 教授认为此乃基于举重明轻，即合法征收者尚且应予补偿，在客观违法同于征收的情形，当然更应予补偿。[①] 这种法律逻辑也可以解释为什么最高人民法院在违拆行政赔偿案例中，要将农房拆迁安置补偿权益纳入直接损失范畴对行政相对人予以赔偿。[②] 值得注意的是，想将征收补偿决定和征收补偿协议中的补偿所有项目均作为直接损失进行赔偿实质上是不太现实的，这更像是裁判中一种扩大损失赔偿范围的技术处理。笔者认为，基于保护相对人诉权、节约诉讼资源等因素考量，在普遍认为征收补偿可以在违拆赔偿中一并处理裁判的情况下，应使违拆行政赔偿标准与补偿标准相契合，实现公平。

（二）提升标准强化相对人合法权益保护的域外经验

从功能层面看，《国家赔偿法》明确了国家赔偿的立法宗旨，规定了国家赔偿的保障功能和促进功能。违拆领域新赔偿标准的制定也应符合该宗旨，需要保障相对人合法权益，促进行政机关依法行政。然而，权益保障力度和推动行政机关依法行政的力度，才是设立标准所应考虑的核心问题。从世界范围来看，在行政赔偿标准问题上，主要遵循三种不同的原则：补偿性原则、抚慰性原则、惩罚性原则。补偿性原则下对受害人损失作足额补偿，赔偿数额相当于实际损失；抚慰性原则下对受害人损失作适当补偿，赔偿数额甚至低于实际损失；惩罚性赔偿下，赔偿金额超过受害人的实际

---

① Larenz, Methodenlehre der echtswissenschaft, Methodenlehre der Rechtswissenschaft 1991, 6. Aufl., S. 389. 转引自王泽鉴：《民法学说与判例研究》（第八册），北京大学出版社 2009 年版，第 6 页。

② 案例 7、9。

损失，除弥补受害人实际损失外，还对加害人的违法行为构成惩罚。[①] 国家赔偿标准的适用原则与国家赔偿制度在各国法律体系中的地位紧密关联。如，法国在公法规范规定下确立国家赔偿责任，不适用民法上的赔偿规则，赔偿金额系实际发生的全部损失，采用的是补偿性原则；[②] 英美法系国家传统上不存在公私法的正式划分，由于惩罚性赔偿适用于民事侵权领域，国家赔偿本质上属于侵权赔偿责任的性质，因此承认惩罚性赔偿。[③] 一般认为，我国《国家赔偿法》采取抚慰性原则。我国违法强拆行政赔偿领域，较之征收补偿金额，赔偿项目有限、计算标准较低，其合理性引起理论界和实务届的广泛争议。在此背景下，借鉴域外经验，合理提升赔偿标准已具备现实需求。

（三）构建与国情相适应的新型赔偿标准的私法借鉴

如上文所述，国家赔偿标准适用与国家赔偿制度密切相关。在国家赔偿性质的讨论中，一种观点认为国家侵权损害由公权力行为引起，属公法范畴，区别私法；另一种观点认为无论是公权力或私权利引发的行为，在损害上并无实质区别。我国《国家赔偿法》与民事侵权赔偿分离单独规定，属公法领域，在赔偿标准等问题上与民事赔偿存在区别。但近年来，随着公私法理论的发展，公私法逐渐融合，也有学者以私法理念去思考公法问题。我国民事侵权领域，损失赔偿适用完全补偿原则，对造成他人损害的赔偿范围包括直接损失与间接损失。同时，随着对个人权利保护的日益重视，损失赔偿范围呈现逐渐扩张的现象。如，新颁布的《民法典》确立了知识产权、产品缺陷责任、环境污染三大领域的惩罚性赔偿。[④]《国家赔偿法》直接损失赔偿标准，是考虑“受害人所受到的损失能够得到适当弥补”“国家的经济和财力能够负担的状况”“便于计算、简便易行”[⑤] 等因素确定的，但随着社会经济发展、立法技术成熟、公民维权和平等意识提高，在冲突凸显的违法强拆行政赔偿领域，对直接损失标准进行突破亦已具备现实基础。

五、基于价值均衡理论下的违法强拆行政赔偿标准的路径重构

从立法及司法实践来看，无论是从行政诉讼制度功能出发，还是从私

---

① 丁晓华：《海峡两岸国家赔偿标准之比较研究》，华东政法大学 2014 年博士学位论文。

② 王名扬：《法国行政法》，中国政法大学出版社 1988 年版，第 713 页。

③ 马玮：《惩罚性国家赔偿探究》，苏州大学 2007 年硕士学位论文。

④ 《民法典》第 1185 条、第 1207 条、第 1232 条规定。

⑤ 江必新、梁凤云、梁清：《国家赔偿法理论与实务》，中国社会科学出版社 2010 年版，第 734 页。

法实践需求出发，直接损失赔偿标准已不能满足违法强拆行政赔偿司法实践的真实需求，在现在及今后一段时间内，对违法强拆直接损失赔偿标准进行突破是必然趋势（见图4）。

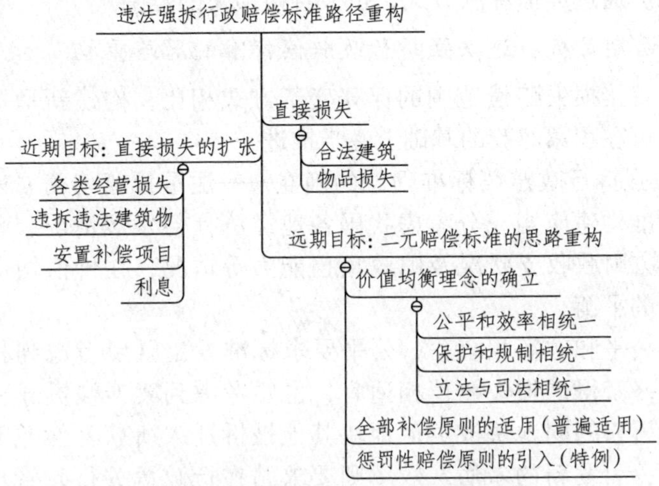

图4 新的违法强拆行政赔偿标准的建构

（一）近期目标：现行标准下对“直接损失”解释扩张

从定义的角度，对直接损失这一词汇的外延作扩张解释，从而将被拆迁人在违法强拆时遭受的更多损失类型纳入到直接损失的范畴，是在不改变现有法律对损失赔偿标准规定的基础上，基于实践需求所作的一种权衡选择。扩张解释虽然可能会在逻辑层次上给人们带来一定困扰，但并未改变现有法律框架，在规则运用中受到反对阻力较小，也更具备现实可能性。实际上，对直接损失作扩张解释的做法在违法强拆行政赔偿司法实践中已经被应用。法院有时也会扩大“直接损失”的计算范围，以达到个案公正。[①] 典型代表是最高人民法院的案例将征收补偿权益纳入直接损失范围，该案的裁判要旨为后续类案审理提供了参照标准并被普遍认可。但我国并非判例法国家，可进一步通过指导性案例的指引作用或以司法解释的方式将扩大直接损失赔偿标准的范围予以明确，增强标准适用的确定性。

直接损失的概念边界是需要考虑的核心问题。结合实践经验，对直接损失概念的扩张，可将有争议的，因违法拆迁造成的被拆迁人的停产停业损失、出租人或承租人的租金损失、直接财产损失导致被拆迁人应支付的违约金、搬迁、迁移、临时租住造成的费用以及上述费用产生的利息明确纳入直接损失范畴。同时在个案中每一项损失的计算方式上，可对相对人

① 章剑生：《现代行政法总论》（第2版），法律出版社2019年版，第303页。

的利益作出一定倾斜。以利息为例，利息的计算时间起止、利息是以存款利率计算还是以贷款利率计算均影响损失范围。其中，如果房屋涉经营的，以贷款利率计算比存款利率计算对被拆迁人有利且符合情理，则可以此利率计算利息。通过类似释法方式，扩大直接损失的范围。

（二）远期目标：违法强拆行政赔偿标准的思路重构

与扩张直接损失赔偿范围的保守变革方式相比，构建新型损失赔偿标准更复杂，可在积累经验的基础上逐步推进。

1. 违法强拆行政赔偿标准理念的确立——注重价值均衡。违法强拆行政赔偿新标准构建应当充分考虑我国各地经济社会发展情况、政府依法行政水平、地方财政收支状况及财政负担能力等情况，在价值均衡理念下注重三对关系的平衡。

首先是公平和效率相统一。公平要求标准设定既要考虑到相对人受侵害程度与最终获得的损失赔偿相适宜，也要考虑到案涉被拆迁人所得赔偿与选择放弃诉权的同地块或类似地块其他被拆迁人所获补偿差额，不宜过高拉大差距，引发新的矛盾。效率则要求站在行政机关行政管理立场，不宜将赔偿标准设定过高致行政管理目的无法顺利实现。

其次是保护和规制相统一。保护要求相对提高补偿标准，维护被拆迁人合法权益。同时，对行政机关违法行政行为起到规制和预防作用，防止出现违法成本反而低于合法成本的情形。规制的另一方面是不能设定过高标准以侧面鼓励非善意行政相对人利用损失标准通过抢建等途径获取非法利益。

最后是立法与司法相统一。违法强拆行政赔偿标准应当通过制定法律予以明确。同时，赋予司法裁判者一定的自由裁量权，从而在被拆迁人行为有过错，因为受侵害行为额外获利或者因请求权竞合已经通过其他方式填平损失等情况下，能够更加公平合理地认定赔偿金额。

2. 违法强拆行政赔偿标准的构想——全部补偿原则的适用。如不改变现有赔偿标准，仅对直接损失概念扩张的变革方式过于保守，从长远看势必不利于保护相对人权利。而现阶段确立惩罚性赔偿标准又过于激进，无法妥善处理好各方利益，时机还不成熟，那么，借鉴域外以及私法领域的经验坚持违法强拆行政赔偿的全部补偿原则相对来说较为合理。全部补偿原则的赔偿标准要求对行政相对人所遭受的损失作出足额弥补。这种原则指导下，就赔偿范围而言，可将被拆迁人在违法强拆过程中所受损失以及所失利益都纳入赔偿标准确定的范围之内，甚至将部分能够确定被拆迁人的可得利益也纳入赔偿标准下的损失赔偿范围，并赋予司法机关一定自由裁量权，尽可能地将遭受侵害的被拆迁人损失弥补至拆迁违法行为发生之前的状态。

3. 违法强拆行政赔偿标准的特例——惩罚性赔偿原则的引入。随着我国综合国力的不断提升，赔偿标准可从全面补偿原则的一元补偿标准向全面为主、惩罚为辅的二元赔偿标准过渡。如此一来，不仅可以遏制主观恶性较大的违法强拆案件的发生，更可实现个案实质正义及赔偿标准的法制统一。

在适用条件上，笔者认为，应在价值均衡理念下审慎适用惩罚性赔偿。其一，确定惩罚性赔偿的附加适用原则。惩罚性赔偿作为全面补偿的补充，应当在行政机关工作人员在拆迁过程中有严重主观过错时才予以适用。如在强制拆迁过程中严重违反程序并造成被拆迁人重大经济损失或人身伤害的情形。其二，赔偿数额应予以限制。要充分发挥惩罚性赔偿的功能，就应对赔偿数额予以设定，不能畸轻或畸重。笔者认为，可以采用一定比例①加最高额限制②相结合的方式，由法官根据违法强拆过程中行政机关的主观过错及造成损害后果程度予以灵活运用。

① 如《消费者权益保护法》中规定在欺诈情形下的按商品价款或接受服务的三倍赔偿。

② 在 1997 年英国 Thompson 案中，认定当被告的行为尤其应该受到谴责的时候，可以施加 25000 英镑的惩罚性赔偿金，同时 50000 英镑是该赔偿金的上限。参见关今华：《精神损害数额的确定与评算》，人民法院出版社 2002 年版，第 163 页。

附一：

全国法院第三十二届学术讨论会获奖名单

一等奖

业主的法律之门：涉业主共有利益行政诉讼规则的思考
——以利益衡量为视角
江西省德兴市人民法院　王志来　祝文锋

行政程序瑕疵司法审查标准的厘清与构建
——基于最高法院80份行政裁定的实证考察
江苏省南京市中级人民法院　王玉刚

理性回归：社会公众视角下诉讼服务的现实考察与效能提升
江苏省盐城经济技术开发区人民法院　刘雅男

专业化审判“指定”与“随机”分案机制的科学构建
——以B市711个专业化审判团队为研究对象
北京市大兴区人民法院　陈　琨

“社会啄木鸟”：司法建议创新社会治理的功能、模型和路径
广东省深圳市中级人民法院　黄振东

从任意到强制：案外人执行异议之诉与确权之诉的合并路径与程序构建
海南省海口市美兰区人民法院　林道勇
北京市通州区人民法院　齐　茜　王　俊

类案判断的“三阶法”：规程·标准·方法
河南省周口市中级人民法院　李士得　贾　清　李新磊

执行标的多个查封下案外人执行异议之诉的重塑
——以许可执行之诉作为既判力扩张之程序补强
北京市大兴区人民法院　程　立　熊诗岚

“案”以类聚：人工智能辅助下类案推送质量的路径优化
——以信息维度提高用户需求为视角
广东省珠海市斗门区人民法院　周　莉　成文武

统一民事公告送达适用方式的路径探索
——以保障受送达人“参加”为核心

青海省高级人民法院　廖海峰
北京市第三中级人民法院　熊　静　王苗苗

善意文明执行理念下失信惩戒分级分类机制的审视与构建
——以S市B区人民法院三年执行数据为样本

上海市宝山区人民法院　徐毓杰　贾　路

预防性环境公益诉讼举证规则的厘清
——以证明简化为内在逻辑

江西省南昌市中级人民法院　李红刚
江西省进贤县人民法院　肖　慧
江西省井冈山市人民法院　谢还英

“四类案件”智能化识别的路径构建
——以技术治理复杂性难题的逻辑与限度为视角

广东省深圳市福田区人民法院　徐　骏　杨濉陌

政府信息公开案件试行有限一审终审制的思辨与创建
——以B市12年政府信息公开案件实证分析为基础

内蒙古自治区高级人民法院　赵卫红
北京市东城区人民法院　马媛婧　李　颖

审判程序与审判组织的“结构性”错位及其矫正
——从制度捆绑到交叉适用

青海省西宁市城东区人民法院　海　琼
湖南省洪江市人民法院　赵维蓉

二等奖

司法责任制背景下“四类案件”监管机制完善研究
——以审判权与审判监督管理权之界分为中心

北京市朝阳区人民法院　陈瑛洁

诉讼请求的释明：要件、实践效果与规范方向
——对《行政诉讼法司法解释》第68条第3款的分析

北京市第一中级人民法院　张婷婷

情势变更原则在行政协议诉讼中的适用现状与规则重构
——以63份生效裁判文书为分析样本

北京市朝阳区人民法院　丁　楠　徐　翔

从文本到实践：互联网民事公益诉讼的理论思辨与程序设计

北京互联网法院　张　雯　李文超　武一帆

司法修辞力：法律修辞于法律语言法律思维之二元互动价值的“求索与解锁”
——以古今司法治理实践中的对偶现象为切入点

北京知识产权法院　张忠涛

四步识别法：《民法典》视域下债务加入与保证的区分适用
——以“威科先行法律信息库”188件裁判文书为分析样本

北京市第二中级人民法院　陈碧玉

民事程序一并审理“商标不当注册”争议之规范化模式构建
——以中国裁判文书网128份文书为分析样本

北京市东城区人民法院　高　翡　张丽颖

规范与疏导：部分请求诉讼的实务困境及裁判路径

北京市第三中级人民法院　高明正　周子俊

环境侵权民事三诉分离模式的困境与突破

北京市第四中级人民法院　梅　宇
北京市门头沟区人民法院　张　哲

黑恶势力涉案财产处置之现状审视与程序构建
——以264件黑恶势力案件为样本

北京市东城区人民法院　石　魏
北京师范大学　商浩文

电子诉讼中证据出示的现状审视与规则创设
——以互联网法院司法实践为样本

北京互联网法院　王红霞　李威娜　熊志钢

类案在司法推理中的规范化运用研究

北京市第二中级人民法院　孙　盈　赵　桐　祝兴栋

前后有别：既判力基准时下形成诉权式撤销权行使路径的反思

河北省涿州市人民法院　高　娟
四川省盐亭县人民法院　罗富云　邓山山

权力平衡视域下特殊被告的收监疑难与破解

河北省高级人民法院　吕　静
四川省绵阳市涪城区人民法院　唐光荣　彭万中

惩罚与保护：家事刑事诉讼的愈疗型司法模式
——以刑事控辩审判模式的反思为视角

河北省高级人民法院　郑亚昕
广东省深圳市宝安区人民法院　张艳红　朱　琳

社会主义核心价值观融入裁判文书的错位与修正

河北省涿州市人民法院　高　娟
湖南省汨罗市人民法院　仇　森

诉源治理体系下网贷纠纷化解机制的探索与构建

河北省高级人民法院　刘　璇
北京市高级人民法院　陈旭云

集体土地上预征补协议效力认定的瓶颈探析与规则建构

——基于237份裁判文书的实证研究

北京市通州区人民法院 张璐 甄硕

山西省晋城市中级人民法院 郑金坤

实质解决行政争议视角下履行判决的“实体性判决”

山西省高级人民法院 刘群

三治合一：法治乡村建设的司法治理路径

——以L镇54村推进法治治理的实证研究为切入点

北京市通州区人民法院 陈立如 孟强

山西省朔州市中级人民法院 孙海荣

保单现金价值强制执行的现状检视与程序构建

——以中国裁判文书网486份执行裁定书为样本

北京市海淀区人民法院 金路 郭丽娜

山西省太原市中级人民法院 赵鹏

法官惩戒委员会审议程序的理性完善

——兼论法官惩戒审议程序司法化改造的可能性

辽宁省沈阳市中级人民法院 冯国超

民法视阙下惩罚性赔偿制度之一体性构建

——以民事侵权制度为基石的多维重构

辽宁省铁岭市中级人民法院 李雪莹

在民事强制执行程序中对“税收优先”排除规则之构建

——以《税收征管法》第45条的“但书”为突破

吉林省四平市中级人民法院 林南南

北京市西城区人民法院 刘伟光

行政复议体制改革背景下“实质性解决”行政争议

——兼论行政复议与行政诉讼的程序衔接

北京市第四中级人民法院 向绪武

黑龙江省佳木斯市中级人民法院 高阳 路敏

人工智能裁判新入口：民事速裁案件的算法

——以请求权基础为理论支点

哈尔滨铁路运输法院 边杨

黑龙江省哈尔滨市道里区人民法院 赵力

“呼应式”司法回应策略选择

——以涉诉舆情的“后真相”特点为视角

黑龙江省哈尔滨市中级人民法院 杨功伟 所行 朝之悦

诉讼请求释明的困境与出路

——以穿透式审判思维为视角

北京市朝阳区人民法院 梁雍薇薇

黑龙江省绥化市中级人民法院 刘昕 王贺

行政机关监督村务公开行为司法审查的困境与出路

——以 514 份行政裁判文书为样本

北京市第四中级人民法院　张　伟

黑龙江省牡丹江市中级人民法院　张鹏坤

黑龙江省抚远市人民法院　宋淑华

紧张与调整：认罪认罚从宽制度运行中程序主导与审判中心的关系及走向

——基于典型案例和工作报告的分析

北京市第一中级人民法院　周维平

黑龙江省哈尔滨市香坊区人民法院　汤丽帅

黑龙江省鹤岗市中级人民法院　王洪波

推定规则在行政强拆案件适格被告司法审查中的适用研究

上海市徐汇区人民法院　纪　昀

超越“个案司法”：基层法院参与社会治理的路径重构

上海市青浦区人民法院　郑　重

独任制普通程序的双重逻辑与范式转向

——基于十地半年改革试点经验的考察

上海市高级人民法院　叶　锋

需求与回应：行政诉讼一并解决民事争议之困境破解

——以房屋权属登记案件为研究视角

上海市第一中级人民法院　刘　月

行政抑或民事：新《行政协议司法解释》背景下 PPP 协议法律性质识别与解纷路径之重述

——以 312 份裁判文书为样本

上海市第二中级人民法院　张　曦　蔺皓然

“放管服”背景下行政冒名登记之诉的司法检视

——以 283 份公司设立登记案件裁判文书为分析样本

上海铁路运输法院　张　羽　金黄海

诉讼请求释明制度的深层逻辑与范式构建

——基于诉讼请求释明隐性化趋势的考察

上海市第二中级人民法院　沈　宸

行政公益诉讼中诉讼请求确定之困境与突破

——以全国 293 起行政公益诉讼案件为分析样本

上海铁路运输法院　崔胜东　孙焕焕

对世行评估指标和审判质效指标的比较研究和方法互鉴

——以 13999 件商事案件解纷效率的量化分析为切入

上海市闵行区人民法院　李　岳　陈　冲　吴玮玲

环境资源刑事附带民事公益诉讼“认罪认罚认赔”模式构建

——以法信网近三年来 240 份裁判文书为分析样本

上海市青浦区人民法院　王贤诚　费雄雄　黄　佳

从案号编制到司法质效的曲径通幽
——论全流程案号信息的优化设置
江苏省连云港市中级人民法院 王秀叶

行政诉讼中“滥用职权”审查标准的适用偏差与矫正
——以《最高人民法院公报》及八省份共32份行政裁判文书为样本
江苏省高邮市人民法院 朱远军

破困探新：对利害关系认定标准的思考
——以保护规范理论本土化为视角
江苏省镇江市润州区人民法院 张传军 方一之

公共理性在热点案件裁判中的嵌入与指引
——从对热点案件审判实践的研究切入
江苏省常州市中级人民法院 肖天存

持多数意见者撰写裁判文书之机理分析与制度建构
江苏省盐城市中级人民法院 周永军

类案可否不同判：事实相似性判断中“类”之确定性考量
江苏省高级人民法院 张 龑
江苏省南京市中级人民法院 程 财

以“绩”增减：动态调整基层法官员额的困境与出路
——基于法院场域SMART原则的调整模式构想
江苏省东台市人民法院 谭 斌 寇建东

行政协议诉讼强制缔约判决研究
——以征收补偿协议纠纷为例
江苏省无锡市中级人民法院 卢文兵 宁尚成

侵权引发的基本医疗行政给付追偿路径探析
——以信息不对称理论为视角
江苏省无锡市中级人民法院 张圣斌 王 倩

知识产权惩罚性赔偿构成要件之却如与补过
——以《民法典》实施土壤之改善为视角
浙江省绍兴市中级人民法院 秦善奎 张万江 陈蓉霞

我国突发公共卫生事件应急中的政府职能及行政法律适用问题研究
——以新冠肺炎疫情防控为视角
浙江省嵊泗县人民法院 范凯凯

从理想回归现实：类案检索机制的真实困境与完善进路
——以法律与技术的交互发展为论证视域
浙江省绍兴市柯桥区人民法院 王 全 王炳江

区块链技术下智能合约式审理模式的构建
——以诉讼之生产关系化为视角
浙江省龙泉市人民法院 林晓鹏 周雷雷

个人信息行政法保护机制的困境审视与路径探索
——基于452份行政判决书的实证分析
安徽省马鞍山市花山区人民法院 李 虹

突发公共卫生事件应急处置措施可诉性考量
——基于疫情防控常态化的视角
安徽省马鞍山市中级人民法院 蔡 超 陈 刚 吴 婷

营商环境行政诉讼指标评价体系的探索与构建
——以A省H市近六年经济和司法统计数据为样本
安徽省合肥市中级人民法院 张 虹 潘 攀 杨 丽

行政诉讼重复起诉的识别标准
——基于对300份“重复起诉”行政裁判文书的分析
安徽省霍山县人民法院 王 蔓

黑恶势力刑事案件中追缴和退赔的失范与规制
——以共同犯罪行为人的责任划分为焦点
安徽省蚌埠市禹会区人民法院 刘少威

省以下法院法官逐级遴选的实践困境与完善路径
安徽省高级人民法院 戴李强 宋前娟

揭开神秘面纱：认罪认罚案件量刑可视化路径研究
安徽省黄山市中级人民法院 吴天石 方卫娟

“微时代”法院青年干警意识形态引导三维思考
福建省德化县人民法院 颜培源 康丁岚
福建省泉州市中级人民法院 徐镇城

裁判文书说理评价机制的反思与重构
——以民商事审判为研究基点
福建省漳州市中级人民法院 郭兰君 蔡小兰 陈宁静

“出庭-出声-出效”：行政机关负责人出庭应诉制度功能实效性研究
——以500份裁判文书和Q市法院行政法官问卷调查为实证分析样本
福建省泉州市丰泽区人民法院 洪志阳
福建省泉州市中级人民法院 黄卿堆

存废之间：调解协议司法确认程序的功能续造
——基于X市法院司法确认程序实证调查分析
福建省厦门市中级人民法院 王 帆

基层法院院长办案之审判职能实现模式优化
福建省连江县人民法院 兰丽群 张炎梅

执行力客观范围扩张视野下夫妻债务认定及清偿
——以分配方案的确定为中心
福建省晋江市人民法院 王燕军
福建省德化县人民法院 陈公照
福建省泉州市中级人民法院 刘琼渝

论存货动态质押统一裁判规则建构
——以 201 件动态质押裁判文书为实证分析样本
福建省福州市鼓楼区人民法院 林 伟 林巧 张一凡

突发公共卫生事件中行政权的扩张与个人信息保护
——以新冠肺炎疫情为例
福建省惠安县人民法院 周 璇 陈子良
福建省泉州市中级人民法院 陈 琳

行政示范诉讼的制度构建
——以实质性解决群体性行政争议为视角
江西省宜春市中级人民法院 鲍 滨 钟 伟

行政决定财产保全的现实考察与完善进路
——以 600 份行政裁定书为分析样本
江西省乐安县人民法院 谢 晖 黄淑娟 李 伟

环境行政公益诉讼证明标准递进式之构建
——以证明评价的诠释循环思维为视角
江西省赣州市中级人民法院 肖建国
江西省会昌县人民法院 李晓霞
江西省景德镇市昌江区人民法院 何晓园

法官认知视角下智能分案机制的要素识别与模型架构
——以五类法院的实践为分析起点
江西省吉安市中级人民法院 王 婷

行政纠纷诉前化解分流的问题与重塑
——以 J 省法院一站式多元解纷和诉讼服务体系建设为背景
江西省高级人民法院 张冰华

直接损失赔偿标准的适用困局及反思
——以 329 件违法强拆行政案件为视角
南昌铁路运输中级法院 郑 怡 熊 霓

刑事证据“技术性客观印证”的合理性与合理限度
——结果视角下区块链存证应用的反思
江西省进贤县人民法院 熊丽萍 肖 慧
江西省景德镇市中级人民法院 董美霞

智能管理下案件电子卷宗运行分析
——以服务于审判运行为视角
江西省万载县人民法院 朱玉琴
江西省宜春市中级人民法院 易 腾

祛魅与重塑：交互性裁判方式生成逻辑思考
——以 AI 与法感的协同为视角
江西省南昌市青云谱区人民法院 赵 兴 舒澜静毅

行政纠纷化解机制

——行政诉讼中规范性文件附带审查的审查意愿问题研究

湖北省孝感市中级人民法院　万　晓

家事审判改革视角下家事审理模式的规范化构建

——以 118 家试点法院改革实践为实证分析

湖北省鄂州市中级人民法院　金燕玲

确认行政协议无效之法律适用研究

——以 596 份裁判文书为样本

湖北省鄂州市中级人民法院　向红芳　杨帅阁

从示范性文书看府院治理逻辑的分歧与弥合

——以 87 份优秀行政裁判文书中答辩意见与判决说理的对比为切入

湖南省湘阴县人民法院　朱　静

智慧法院建设背景下声音真实性的辨认分析

——以电话交谈为视角

湖南省怀化市中级人民法院　陆银清

不动产错误登记赔偿责任性质与形态的司法困境与出路

——基于 217 份行政、民事裁判样本分析

湖南省株洲市中级人民法院　齐志龙

从“无序”到“有序”：类案裁判指引机制的标准化重构

——基于波特价值链模型的分析

湖南省高级人民法院　李家成　鲁一帆

网络拍卖涉税问题的层阶化判断

——一种以关系平衡为核心的执行方法

广东省广州市越秀区人民法院　黄媛媛

博弈中衡平：既有住宅增设电梯工程规划许可利害关系人判定的“保护规范”路径探析

——以 GT 两级法院增设电梯典型案例为分析样本

广州铁路运输第一法院　许　青

面向党政机构改革的行政诉讼被告认定标准

——以“职权要素”为核心的实质解释路径构建

广东省广州市中级人民法院　谢韵静

内设机构改革后基层法院审判业务部门优化管理之探究

——以保障审判权有效运行与管理幅度相匹配为视角

广东省深圳市福田区人民法院　叶振传　陈玲玲　谢婉卿

刑事热点案件回应型说理模式的现代化转型

——以裁判说理与公众意见的共识契合为题

广东省广州市中级人民法院　陈思佳

武汉大学　陈佳琳

网络平台证据协助义务的现状检视与规则建构

——基于社会连带主义的分析

广东省东莞市第三人民法院　吴丹盈

司法建议参与社会治理的困境与优化路径

——以哈贝马斯商谈理论为视角

海南省洋浦经济开发区人民法院　石　磊

海南省司法厅　袁　晶

北京市通州区人民法院　杨文龙

提升监督成效与统一裁判标准集成：二审发改成果的闭环运用与双向规制

——以S市法院为主样本

西南政法大学　邵　海

广东省深圳市罗湖区人民法院　黄源鑫

海南省高级人民法院　余德厚

自贸区法院（法庭）集中管辖机制的检视与再造

——以自贸区司法深度参与自贸区治理为视角

重庆两江新区（自贸区）人民法院　向　毅　田　丽

刑事指导性案例司法治理的实践检视与功能优化

——以最高人民法院发布的22件刑事指导性案例为样本

重庆市第一中级人民法院　黄　晨　欧明艳

司法介入乡村治理：功能反思与边界限定

——以农村集体资产量化改革纠纷典型裁判为视角

重庆市第五中级人民法院　王旺旺

论执行程序中的裁判冲突困境及完善

——以客体、主体、依据三维视角

成都铁路运输中级法院　李　瑶　陈　洲

基于“弱者图像”的被监护人侵权责任重塑

——“同案因子”识别与“人之图像”理论在《民法典》第1188条中的适用

四川省绵阳市中级人民法院　陈　江

四川省梓潼县人民法院　李春波

从无序到有序：见义勇为利益补偿案件审理困境及破局路径

——以利益衡量三阶层理论为分析视角

四川省泸州市中级人民法院　胡浪波

见义勇为确认行政案件之义务界阀锚定

——基于群体心理、系统平衡等多维度分析

四川省广安市中级人民法院　胥洪刚

论放权后“院长发现程序”的规制与完善

四川省绵阳市游仙区人民法院　杨小平　冯　茜　郑金蓉

自由、限制与平衡：抵押不动产上设定居住权之法律规则构建

四川省德阳市中级人民法院　李　勤　杨　轩　黄丹丹

社会信任的撕裂与修复：《民法典》视野下混合共同担保人内部追偿权的讨论

四川天府新区成都片区人民法院　关　佩

四川大学　万雪梅

司法隐性知识交流（共享）激励机制之构建

北京市第一中级人民法院　王　爽
云南省高级人民法院　杜晓蕾

论繁简分流改革背景下司法确认程序的优化路径

——立足于K区法院规制虚假调解的系统实践

云南省昆明市官渡区人民法院　卢　旭　严　华

电子化材料真实性审查规则的构建

——以审查认定的层次化分析为视角

北京互联网法院　孟丹阳　颜　君
云南省高级人民法院　周　峰

公开的界限：构建智慧法院的庭审直播信息保护网

——以中国庭审公开网500个刑事案件庭审直播为样本

北京市第三中级人民法院　毛乃赜　孙森森
西藏自治区高级人民法院　张长弓

鲶鱼效应：以先行判决“加速”繁案处理

——以制度供给满足人民群众高效的司法需求

广东省广州市荔湾区人民法院　辛　野　陈祠平
西藏自治区高级人民法院　倪仲伟

公私场域竞合下法官名誉权救济程序的检视与规制

北京市昌平区人民法院　尹海萍　周　洁
西藏自治区高级人民法院　吉靳力

行政诉讼一般给付判决适用的规制探索

——以与履行判决的区分适用为视角

北京市第三中级人民法院　董　巍　刘　毅
西藏自治区高级人民法院　吕大为

检视与重构：民事二审独任制适用范围研究

北京市第三中级人民法院　方　玉　陈文文
西藏自治区拉萨市中级人民法院　刘一麟

信息公开概念条款的实证考察与规则重构

——以新《政府信息公开条例》实施后109份行政裁判文书为样本

北京市第三中级人民法院　陈金涛
北京市通州区人民法院　任卫宁
西藏自治区高级人民法院　吉靳力

整合与延伸：变动行政协议案件的审判困境与应对

——以439份因政策变化引起协议变动案件的裁判文书为样本

陕西省榆林市榆阳区人民法院　施　政

房屋预查封制度的运行现状与完善路径

——以裁判文书网244份执行实施和425份执行审查裁定书为分析样本

陕西省榆林市中级人民法院　郭　敏　苗　博　郭　瑶

何去何从：政法编法官助理调动困境与出路

——栓心留人和人尽其才之探索

甘肃省高级人民法院 张旦旦 王 皓

北京市顺义区人民法院 孟 思

行政指导性案例效能的检视与完善

——以回应和规制裁判过程为参照

青海省高级人民法院 马惠芳

北京市东城区人民法院 余亚宇 毕晓燕

案外人执行异议之诉审查规则的检视与构建

——以未涉优先权异议房产上权利冲突的司法衡平为视角

青海省西宁市中级人民法院 孙丰虎

广东省深圳市福田区人民法院 刘舒婷

逆行：审判重心下移背景下推动提级管辖适用的改革路径探析

——以222篇文书为分析样本

青海省西宁市中级人民法院 黄存智

福建省莆田市中级人民法院 吴扬城

福建省莆田市城厢区人民法院 黄盈熹

以“内心确信”为核心的证明标准之建构

——民事诉讼“排除合理怀疑”条款的理解与适用

青海省格尔木市人民法院 张志慧

北京市昌平区人民法院 李安国 赵 霏

行政协议案件中行政机关的赔偿范围

——以100件行政协议案件判决书为样本

宁夏回族自治区高级人民法院 邱映晖

北京市第一中级人民法院 刘京勇

认罪认罚职务犯罪案件中被调查人反悔问题的检视与厘清

——以《监察法》实施以来B市615件职务犯罪案件为分析样本

宁夏回族自治区高级人民法院 邱映晖

北京市昌平区人民法院 连 洋

北京市第一中级人民法院 张宏宇

裁判文书中公开审委会意见的现状审视与制度完善

——以322份裁判文书为分析样本

宁夏回族自治区高级人民法院 陈 静

北京市昌平区人民法院 刘 明 杨婷婷

自动驾驶致损的责任认定、举证责任及保险理赔模式构建

——以《民法典》中侵权责任编为视角

宁夏回族自治区高级人民法院 谢亚楠

北京市平谷区人民法院 马文红

人体临床试验中受试者的权益保护问题研究

——以《民法典》第1008条为切入点

新疆维吾尔自治区高级人民法院　恰德克·肯杰别克

北京市丰台区人民法院　卢文婷

“后果主义”裁判模式的实践失范与路径重塑

——以人民法院执行公共政策为视角

北京市昌平区人民法院　梁伟伟　张　焱

新疆生产建设兵团第八师中级人民法院　王德顺

地方性视野下的角色参与：法院派出法庭推进法治乡村建设的路径选择

北京市怀柔区人民法院　陶　杰

新疆生产建设兵团莫索湾垦区人民法院　陈　刚

破茧成蝶：初任法官精英化养成进路研究

——以分阶精细化培养为切入点

新疆生产建设兵团第十二师中级人民法院　舒卫平

广东省深圳市龙华区人民法院　朱嘉蹊

送法下乡：在线诉讼模式全新应用场景规则设计

——基于“VEF”原则逻辑起点的展开

华东政法大学　王锦熙　夏金莲

法之魂：社会主义核心价值观融入裁判文书说理养成之道

中国社会科学院　李俊晔

中国地质大学（北京）经济管理学院　王雅琳

如何对待权利：认罪认罚上诉案件中检察机关同步抗诉之实践考察与问题反思

——以585份二审同步抗诉刑事裁判文书为样本

湖南省法学会　匡佐民　李小平　唐　红

聘用制审判辅助人员管理机制研究

——“以法官为中心”的探索和构建

中国政法大学　王晓艳　原　静

中国人民大学　王琼瑶

三等奖

反思与重构：“软暴力”刑事裁判标准探究

——对中国裁判文书网481份裁判文书的分析研究

北京市第二中级人民法院　王　璇

继续履行合同强制执行的困境与出路

北京市门头沟区人民法院　李雨芊

党政机关合并设立改革下行政诉讼被告制度面临的挑战及应对

北京市第一中级人民法院　李赟乐

实现担保物权特别程序运行的检视与再造

北京市昌平区人民法院　朱晋华　曹成旭

流量经济生产要素执行处置的路径构建

北京市东城区人民法院　郭海宁　姚幸阳

庭审突发攻击事件的内生原因及司法应对

——以心理学“一般情绪-攻击”模型为视角

北京互联网法院　郝　莉　张亚光　任惠颖

行政协议非诉执行司法审查规则的检视与重构

——以中国裁判文书网605份裁定书的实证分析为基础

北京市东城区人民法院　马媛婧　张丽颖　薛莎莎

咨询与监督二分职能语境下的专业法官会议运行逻辑辨析与机制优化

——兼寻院庭长放权与监管的平衡

北京市海淀区人民法院　林　挚

遗产管理非讼程序的理性思辨与程序构建

——以被继承人债务清偿纠纷审执困境为切入

北京市海淀区人民法院　金　路　朱炳豫

学术自治抑或司法自制：学位授予纠纷司法介入的边界及审查规则

天津市河西区人民法院　刘华飞

执行依据主文不明的理性思辨与分层救济

北京市大兴区人民法院　倘钰莹

天津市第二中级人民法院　雷天歌

司法现代化背景下综合业务机构职能优化路径研究

——以构建大审判管理格局为导向

天津市高级人民法院　李阿侠

北京市房山区人民法院　郭艳茹

行政诉讼一并解决民事争议案件立案审查之模式构建

北京市第二中级人民法院　朱彬彬

天津市第二中级人民法院　刘　畅

平衡负面惩戒与正向激励：比例原则下个人信用惩戒机制的体系化构建

——以失信被执行人名单制度为切入点

北京市东城区人民法院　史　锐　吴水兰

天津市河西区人民法院　李　硕

打造知识回路：类案强制检索的制度完善和实践进路

——以T市21家法院的调查数据为样本

天津市河东区人民法院　孙　伟

行政黑名单诉讼审查标准建构

——以101篇裁判文书为例

天津市河西区人民法院　李　璐

审判团队中法官助理激励与约束机制研究
——以行为可观测性、可测量性为切入
天津市滨海新区人民法院 侯华北 薛丰林 杨学秋

结构如何影响司法实践
——基于 M 市法院行业调解的实践考察
河北省高级人民法院 张贵军
广东省珠海市斗门区人民法院 陈晓辉

《民法典》新规施行后如何以司法角度助益医患纠纷化解
——基于医疗损害责任纠纷案件的大数据分析
河北省沧州市中级人民法院 毛 颖

如何接近司法：小额诉讼程序的福利司法定位之思考
河北省涿州市人民法院 高 娟
广东省深圳市罗湖区人民法院 兰榕燕

劳动争议中类型化电子数据证据认证的检视与完善
河北省张家口市万全区人民法院 张炜伟
北京市门头沟区人民法院 王安妮

在显性与隐性之间：法律学说在裁判适用的探析
——以刑事审判实践为视角
河北省高级人民法院 王福贵
湖南省怀化市中级人民法院 李 静

行政处罚主观过错之司法审查研究
——以 184 篇行政判决书为分析样本
北京市海淀区人民法院 周 洋
山西省朔州市中级人民法院 雷宇飞

审视与构建：法院特邀人民调解效能的实证分析
北京市通州区人民法院 晋 怡 张苏豫
山西省长治市中级人民法院 高 鹏

习近平总书记关于司法改革的论述研究
——以价值目标、制度改革与司法实践统一为路径
内蒙古自治区鄂尔多斯市东胜区人民法院 边远霞
北京市海淀区人民法院 张钢成 林 挚

论居住权在我国的制度构建
辽宁省大连市西岗区人民法院 刘 莹

“三固定”与“两排除”：民事庭前会议的价值功能廓定及实践进阶
——以集中审理主义在我国的发展为导向
吉林省高级人民法院 王 婧
北京市西城区人民法院 刘伟光

信与罚：当事人不实陈述信用惩戒机制构建
黑龙江省大庆市中级人民法院 李艳艳 周 洋

进路重组：确定财产处置参考价方式风险的审视与应对

黑龙江省哈尔滨市中级人民法院　李学斌　王学梅　孙大宏

被执行人动产物权请求权执行的理性思辨和制度构建

北京市大兴区人民法院　张守国　李思锦

黑龙江省佳木斯市中级人民法院　霍红光

前阶段行政行为司法审查图景建构

——以二十例典型案例为研究蓝本

北京市房山区人民法院　安　然

黑龙江省齐齐哈尔市中级人民法院　孙嘉宇

黑龙江省伊春市中级人民法院　王振雷

“以房抵债”执行异议之诉的裁判标准

——现行规则下的要件化分析

黑龙江省高级人民法院　周天乙

民事诉讼简转普适用机制的审视与再造

黑龙江省哈尔滨市道里区人民法院　冯　妍

行政协议履行程序与确认行政协议效力之诉的程序重叠与解决路径

——以房屋征收补偿协议为视角

上海市第二中级人民法院　王全泽

黑龙江省牡丹江市中级人民法院　张鹏坤

多重理念下行政非诉执行和解的适用构建

——以中国裁判文书网 1042 份裁定书为样本分析

上海市宝山区人民法院　范鹤祥

检视与续造：“套路贷”的犯罪化认定标准及裁判规范探究

上海市闵行区人民法院　赵宇翔

证券类行政犯财产罚“行刑衔接”的检视与修正

——基于新《证券法》修订罚款上限的实证分析

上海市闵行区人民法院　张　鑫

行政协议可撤销认定之反思与重构

——以 131 份撤销行政协议诉讼裁判为分析对象

上海铁路运输法院　陈　红

专门法院的现状反思与制度重塑

——以专业化审判改革和国际法治话语权为目标的建设

上海市第一中级人民法院　成　阳

《民法典》遗产管理制度之配套程序设计

——以继承人全部放弃继承的债务清偿案件为视角

上海市徐汇区人民法院　王朝莹　谢　颖

民事诉讼延期开庭管控的逻辑优化与实现路径

——以 S 市基层法院部分延期开庭案件为样本

上海市浦东新区人民法院　余　韬　李　朋

无处分权人签订征迁补偿协议的效力

——《民法典》合同效力条款带来的冲击

浙江省高级人民法院　朱秀华

浙江省温州市中级人民法院　郑　宇

国家治理能力现代化视域下司法建议制度再构建

——从1472份一审民事判决书提及的司法建议展开

安徽省枞阳县人民法院　周正春

强拆行政赔偿案件中法官自由裁量权的规制

——以《行政诉讼法司法解释》第四十七条的适用为视角

安徽省宿松县人民法院　董应国

环境行政公益诉讼确认违法判决的实践偏失与规则调适

——以试点期间典型案例为实证分析

安徽省铜陵市铜官区人民法院　汪荪浩

行政诉讼举证责任一般分配规则构建

——规范说视角下“谁主张谁举证”之溯源性解读与续造

安徽省蚌埠市禹会区人民法院　李　庆　王　静

标准化办案：要素式审判功能展望及准入进路探索

——以优化民商事审判诉讼程序为视角

安徽省安庆市迎江区人民法院　郑小青

湖北省武汉市中级人民法院　张　武

审判能力现代化视角下七人合议庭之陪审员实质参审进路探析

——以“交往行为理论”为指导

安徽省蚌埠市禹会区人民法院　李　庆　王　静

成本与收益的驱动：滥用民事管辖权异议行为规制的路径探析

——以269件管辖权异议上诉案件为样本

安徽省黄山市中级人民法院　刘　阳

安徽省黄山市徽州区人民检察院　方曼菲

数据治理视角下智慧法院建设方向与路径完善

福建省厦门市思明区人民法院　赵国军

论税务裁量司法审查强度的类型化

——基于对97个税务诉讼判决的实证分析

福建省泉州市中级人民法院　杨凌珊

精准处置：涉黑案件中涉案财产规范化审理方法

——以“平台+机制+证据裁判规则”现代综合审理模式为题

福建省宁德市中级人民法院　曾　鸣

监察留置措施“四次分流”模型的构建

——基于“由人到案—由证到供—智慧管理”的逻辑进路

福建省泉州市中级人民法院　孙玉纯　蔡凌轩

刚柔并济：行政诉讼法官释明义务边界的实证分析

——基于2014年—2019年最高人民法院345件再审案件的案例考察

福建省安溪县人民法院　郑培春　彭诗平

福建省泉州市中级人民法院　张恩华

诉前调解成本分析

福建省厦门市湖里区人民法院　肖安定

合同诈骗类案件中合同效力的司法认定

福建省泉州市中级人民法院　余卓立

《民法典》时代债权人撤销权法律后果的规范适用

福建省石狮市人民法院　苏丽蓉　吴志生

福建省泉州市中级人民法院　刘琼渝

从“全有全无”到“或多或少”：国家侵权精神抚慰金认定的路径改良

——以《民法典》人格权及动态系统论理念创新为参照

江西省万年县人民法院　黄正光

成熟原则在我国司法实践中的适用与规范

——基于不履行法定职责行政案件的展开

江西省南昌县人民法院　胡建华　程　婷

隐名股东执行异议之诉“穿透式审判”的路径构建

——以股权代持的系统化判别为视角

江西省吉安市青原区人民法院　罗兰瑛　胡正民

有限扩张：需求导向下指导性案例跨类适用的可视化边界

——以司法说理的市场供需结构平衡为视角

江西省吉安市吉州区人民法院　胡延昭　郑　辉

“发改再”案件质量绩效管理的可视化升级

——以江西法院的实践探索为观察样本

江西省吉水县人民法院　周秋云

江西省吉安市中级人民法院　彭　璇

法院服务外包的困境与出路

——基于控制权视角

江西省赣州市中级人民法院　郭　敏　何丹曦　廖仪倩

突发公共卫生事件中司法的“脆弱性”与“抗逆力”

——以我国法院在新冠肺炎疫情中司法应急管理为样本

江西省抚州市中级人民法院　饶辉华

职业经历视角下优秀法官成长规律探析

——以全国审判业务专家为例

江西省赣州市中级人民法院　郭　敏　刘　菲

论行政公益诉讼“不依法履行职责”的司法判定

——以法检认定分歧为观察视角

江西省吉安县人民法院　曾佐宸　赖建根　李翔兰

行政审判中保护规范理论适用路径之完善

——以举报人原告资格判断之适用实践切入

山东省威海市中级人民法院　宫凡舒

寻求规范化：检察建议在民事诉讼中的检视与应对

山东省平原县人民法院　穆春燕　刘英君

限缩解释在行政审判中的具体运用

山东法官培训学院　钱　昕　马玮玮

司法改革“去行政化”背景下审判庭与审判团队共存模式探析

——兼论庭长职权边界与效能发挥

山东省威海市中级人民法院　郭林涛

民间借贷纠纷法律关系穿透式审判

——对《民法典》第667条的穿透式理解与适用

河南省开封市中级人民法院　谷昌豪　高新峰

检视与厘定：黑恶势力保护伞案件的认定边界探究

——以H省119个保护伞人员为研究样本

河南省高级人民法院　郭景峰　李　楠

中基层法院抖音政务号运营现状检视与转型路径选择

——以司法领域意识形态新媒体舆论引导方式变革为视角

河南省焦作市中级人民法院　王　波

河南省焦作市解放区人民法院　陈　娟

我国案例指导制度的“内卷化”困境与因应

——基于“一元多层级”案例体系的分析

河南省周口市中级人民法院　马军杰　李士得

湖南省长沙市天心区人民法院　蔡远程

瓶颈与突破：行政法中惩罚性赔偿之制度构建与适用

——以违法征拆赔偿为切入点

河南省濮阳市中级人民法院　张鸿斌　贯向阳　王雪贝

行政机关拒不履行责令重作判决的双轨化破解

——以民行判决执行比较为视角

河南省安阳市中级人民法院　苏　斐

从失效到实效：繁简分流背景下民事诉讼庭前会议的构建

——以“精准分流”为视角

湖北省武汉市江汉区人民法院　涂冉竹

检视与完善：基层法院审理行政诉讼案件中行政机关负责人出庭应诉制度的现实困境和优化路径

——以L县法院2015年—2019年行政诉讼案件为研究样本

湖北省来凤县人民法院　程　璟

取“法”乎“上”：核心价值观融入民事裁判的实现路径

——以323份民事判决书为样本分析

湖北省十堰市中级人民法院　张　剑

特定种类裁判文书公开与不公开的理性抉择

——从《裁判文书上网规定》第4条说开去

湖南省资兴市人民法院　邓美丹

员额法官动态递补制度隐性功能的揭示及其实现路径

——兼评《省级以下人民法院法官员额动态调整指导意见（试行）》第14条

湖南省资兴市人民法院　蒋钰菊

湖南省高级人民法院　曾利民

卷宗电子化对证据规则的冲击与回应

——一种相对独立审判方式的构建

广东省佛山市高明区人民法院　刘　艳

掣制与突围：民事诉讼“释明”的偏差与方法思考

——以后果主义反思为中心

广东省佛山市高明区人民法院　刘　艳

个案如何推动中国法治：法院识别与启动机制构建

——以扎根理论提炼“复合治理”演化机制

广东省珠海市香洲区人民法院　蒙秋仲

否定之否定：举证时限制度变迁反思

——基于时间调控与规则重述的考察

广东省东莞市第二人民法院　谭　立

何以评价现代化：审判体系和审判能力评价指标体系的模型画像

广东省深圳市中级人民法院　李桂红

广东省深圳市南山区人民法院　龙海燕

基于社会行动理论的预防性行政诉讼构建

——以行政黑名单制度为视角

广州互联网法院　林北征

中国政法大学　王一然

权力夹缝中“新生”：人民法院监察部门参与法官惩戒制度运行机理研究

——从三则相关联的民事、刑事、监察案例切入

广州海事法院　陈铭强

行政行为“隐性”利害关系人司法救济路径探析

——以行政处罚第三人为视角

广州铁路运输中级法院　邓　军

涉土地权属争议纠纷的行民交叉乱象及出路

——以物权变动要件的行民区分为突破口

广东省广州市天河区人民法院　叶汉杰

从局部到整体：标准化、信息化支撑下司法效能提升的进阶路径

——以S市法院近三年深化繁简分流综合配套改革为例

广东省深圳市中级人民法院　胡志光　翟　墨

行政诉讼中“明显不当”审查标准的理解与适用

——以120个典型行政案例为研究样本

广西壮族自治区南宁市西乡塘区人民法院　梁红灿

不动产登记错误行民交叉损害赔偿问题的解决路径

——以183例行政案例与176例民事案例为分析样本

广西壮族自治区宜州市人民法院　蓝艳逢　黄　浩

破茧化蝶：法官逐级遴选制度的困境及出路

——以2017年来19份法官逐级遴选公告为切入点

广西壮族自治区来宾市中级人民法院　张　立　成　靖

实践与补白：行政协议非诉执行审查问题研究

——关于《行政协议司法解释》24条的类型化及实证分析

广西壮族自治区防城港市中级人民法院　韦武斌　田　海

三十年回顾与展望：行政复议双被告制度的实践检视与进路

广西壮族自治区南宁市中级人民法院　李　慧　郜资源

回应型法视野下基层法院参与诉源治理的角色研究

——以农村土地纠纷的化解为切入点

北京市延庆区人民法院　石　菲

北海海事法院　韦雨忱

行政诉讼法官“释明”的失范与规制

——以举证责任分配为视角

广西壮族自治区全州县人民法院　张龙军

不穿法袍的法官：法官助理制度再思考

——以两个职能目标为基点

海南省三亚市城郊人民法院　尹治湘

“吹哨人”权责定位和制度体系构建

——以重大突发公共卫生事件的社会治理为切入点

海南省海口市琼山区人民法院　陈宝军

北京市通州区人民法院　何杨彪

中共北京市委政法委员会　王启亮

继承与变革：执行工作纵向一体化的长效化进路

——基于全国38家法院改革实践的考察

广东省惠州市中级人民法院　吴芝仪

海南省洋浦经济开发区人民法院　林露晴

海南省高级人民法院　陈欣欣

对行政协议非诉执行争议实质化解路径的反思与重构

——以《行政协议若干问题规定》第24条为切入点

海南省陵水黎族自治县人民法院　李　玉

北京市通州区人民法院　张建财　郭伟娜

规范与回应：程序正义视野中的一审民事裁判文书格式规制

海南省海口市中级人民法院　尚宏涛

山东德州市中级人民法院　司晓博　宋珊珊

从人工到智能：案件开庭排期方式优化研究

海南省海口市龙华区人民法院　吴青良

北京市通州区人民法院　张　培　王　俊

检视与完善：在线诉讼中区块链证据的适用困境与破局路径

重庆市渝中区人民法院　刘星辰

黑社会性质组织犯罪涉案财物处置困境及路径探索

——基于331份涉黑刑事判决书的实证分析

重庆市渝中区人民法院　周宇波　宋亚君

平行正义：虚假婚姻登记的回归和救济

——以行政与民事诉讼竞合为视角

重庆市第一中级人民法院　何　华　王美阳

思考与展望：多层次案例教学在法官培训中的运用

重庆市第一中级人民法院　汪　利　周　丽　曹慧晶

员额制改革语境下法官延迟退休的中国图景

重庆市第一中级人民法院　张　艳　彭　鹏　王　坤

第三方电子存证的运用与真实性审查判断

——以1595篇知识产权侵权诉讼判决书为样本

重庆两江新区（自贸区）人民法院　曹玉婷

从130场庭审看基层人民法院刑事案件巡回审判的优化思路

重庆市江北区人民法院　刘　懿　乔宇飞

七十年中国司法治理功能的历史变迁与路径完善

——以1950-2019年最高人民法院工作报告为样本

重庆市永川区人民法院　史金旺

重庆市高级人民法院　唐　诗

构建国有土地使用权出让合同司法救济模式

——以《关于审理行政协议案件若干问题的规定》为视角

四川省高级人民法院　刘晴雯

新冠肺炎疫情期间“共享用工”的法律风险与预防对策

四川省成都高新技术产业开发区人民法院　钟剑鸣　徐　佳

基于组织行为学的审视与超越：从办案业绩考核到员额法官职业素能评价

——以对C市G区法院近三年员额法官业绩评价体系更迭的观察为线索

四川省成都高新技术产业开发区人民法院　肖　宏　李清鑫

公平责任一般条款限定适用论

——以《民法典》第1186条为分析对象

成都铁路运输中级法院　何定洁　陈　娟

破局之路：审判责任追究前置程序的检视与重构

——以内设监察部门“嵌入式”监督为视角

北京市朝阳区人民法院　陈　洁　陈静竺

西藏自治区高级人民法院　唐丽萍

内设机构改革后基层法院综合业务部门职能定位的厘清

——以审判管理职能的主导为视角

北京市朝阳区人民法院　蔡传磊

西藏自治区高级人民法院　罗布顿珠

失信被执行人权利救济的现状检视与制度完善

——以B市C区法院司法实践为视角

北京市昌平区人民法院　杜潇潇　王　涛

西藏自治区高级人民法院　卓　玛

微法院，大服务

——用户体验视角下现代化诉讼服务体系的整合与构建

陕西省西安市灞桥区人民法院　陈学义　韩萌萌

别让考核指挥棒“指偏了”：论省以下地方法院执法办案考核机制之革弊立新

陕西省榆林市中级人民法院　苗　博　郭　瑶　郭　敏

我国企业融资中对赌协议法律效力的类型化分析

陕西省西安市未央区人民法院　黄　颖

新兴权利司法裁判方法的检视与规范

——基于民事法益保护的视角

北京市朝阳区人民法院　肖华林

陕西省高级人民法院　程　喆

电子合同意思表示穿透式审查

——以“去中心化”视角探究EDI缔约行为

广州互联网法院　戴瑜霞

陕西省高级人民法院　郑亚非

广州互联网法院　刘梦薇

“区块链+”智慧法院社会进阶与场景应用

兰州铁路运输中级法院　赵晓平

难点探究：从法益保护角度解析黑恶势力犯罪案件中的“寻衅滋事罪”

——兼论黑恶势力犯罪集团首要分子在具体犯罪中罪责的承担

青海省西宁市城中区人民法院　朱晓柳

从无序到有序：商业惯例“双阶审查”司法适用规则的建构与完善

——以《民法典》第10条的适用为切入点

青海省高级人民法院　孙启英

北京市东城区人民法院　刘蔚雯　闫永廉

如何拆环：公司连环诉讼效率化审理
——一种非主流的多数人诉讼形态的展开
青海省玉树藏族自治州中级人民法院　王子文
广东省深圳市龙岗区人民法院　曾　纯　马　龙

行政诉讼司法建议尾文撰写规范与改良研究
——以行政机关反馈义务证成为基础
青海省高级人民法院　胡云竹
北京市通州区人民法院　邱春阳　陈幽燕

行民协调与规则统一："非法期货交易"合同纠纷探讨
——基于14个交易平台300件合同纠纷的实证分析
宁夏回族自治区高级人民法院　杨　莹
福建省厦门市海沧区人民法院　陈基周　林　烨

破茧重生：民事小额诉讼程序的困境与突破
——以北京市基层法院2017-2019年民事案件数据为样本
宁夏回族自治区银川市中级人民法院　马建菲
北京市昌平区人民法院　张　华　索　焱

效率与公正之间，在线诉讼的反思与路径选择
——以成本效益理论为视角
新疆维吾尔自治区乌鲁木齐市头屯河区人民法院　祖哈丽努尔·祖龙
北京知识产权法院　李春锦

经济领域民刑交叉案件审理顺序处理规则研究
——以344件民刑交叉经济案件为研究样本
北京市门头沟区人民法院　何　琴
新疆生产建设兵团第八师中级人民法院　管仁石

公告送达制度适用的检视与优化
——以B市法院120篇裁判文书为分析样本
北京市怀柔区人民法院　郝　明　许　英
新疆生产建设兵团第八师中级人民法院　赵春华

"民告军"行政案件管辖权问题研究
中国人民解放军郑州军事法院　刘宗帅　曾　毅　王翌丞

从冲突到契合：公告送达适用于简易程序的价值思辨与机制完善
中央财经大学　郑　莉
中国政法大学　宋如超

人民法院在诉源治理中的角色定位之反思与重塑
——基于"司法为民"的辩证解释
湖南省法学会　尹玲容

破解明希豪森困境：基层法院固定合议庭设置的可证立性分析
——以扩大独任制审理改革为契机
中国政法大学　彭　姣
中国政法大学　曹巧峤

公平原则视域下行政赔偿补偿化现象的反思与矫正

——以近三年842份违法征拆行政赔偿判决书为研究样本

湖南省法学会　易文华

流变与优化：《民法典》视阈下抵押物转让规则的现状检视与适用路径探析

——以《民法典》第406条的解读为中心

武汉大学　陈佳琳

论人民陪审员参审模式的改革重构进路

最高人民法院　何　然

北京航空航天大学　陈　琳

论党的领导在人民法院审判管理中的实现路径

——以法院党组研究决定司法政策机制为中心

最高人民法院　胡继先

北京航空航天大学　宁晓栩

从四个路径提升法官的现代化审判能力

——以法官心证客观化为评价视角

北京师范大学　罗兆英

院庭长“不愿监管”的现象解读与改革路径

——以“四类案件”监管为视角

湖南省法学会　王新龙

裁判文书“目的性不公开”现象的反思与规制

湖南省法学会　邓美丹　李　剑

民事案件普通程序独任制的现状探析及制度构建

——以B市法院的试行实践为蓝本

中国政法大学　王　婷

对外经济贸易大学　张燕玲

编制内法官助理培养机制困境与出路探寻

——以审判能力要素为核心的进阶式培养

湖南省法学会　刘天宝

织网：探寻暴力讨债问题的法律规制路径

——以黑恶势力“软暴力”犯罪为视角

华东政法大学　赖珊珊　杨璐嘉

由审执分离迈向审执融贯：裁判可执行性的“自创生系统论法学”诠释

广州大学　余煜刚　杨佩霞

审判团队中人员分类管理量化运行的路径与方法

——基于“人力资源系数”审判管理工作法的研究视角

中国政法大学　原　静

重庆大学　施佳芮

中国社会科学院大学　李　强

优秀奖

穿行于经验和规则之间："行政惯例"司法审查标准之构建

——以中国裁判文书网 75 份行政判决书为样本

北京市延庆区人民法院　王　芹

法在必行：情势变更原则的具体化构建

——规范审判权行使视角下《民法典》第 533 条的准确适用

北京市第一中级人民法院　徐　冰

行刑衔接视角下行政认定的司法审查规则建构

北京市第二中级人民法院　何　朕　龙　立

检视与重构：行政诉讼举报投诉人原告资格认定标准探究

北京市高级人民法院　谭晓晴

北京市门头沟区人民法院　陈　杰

电子诉讼中司法礼仪的实证考察与进路探索

——以互联网法院 100 例庭审视频为研究样本

北京互联网法院　姜　颖　李文超　李昕豫

违约致人格权受损精神损害赔偿司法适用研究

——以《民法典》第 996 条为中心

北京市大兴区人民法院　刘　璨

环保类行政公益诉讼履行判决的实践检视与规则优化

——以"裁判时机成熟标准"为主线

北京市海淀区人民法院　黄　越

土地房屋行政赔偿诉讼中赔偿时点的认定

——以抚慰性原则向规制性原则转变为视角

北京市第四中级人民法院　李世邦

探索发育：行政争议协调化解机制的优化路径

——从 7 省市协调化解中心建设实践切入

北京市丰台区人民法院　祖　鹏　陈名利

案外人撤销仲裁裁决之诉的正当性基础与程序构建

——以案外人利益之保护为视角

北京市大兴区人民法院　吉卓烨

北京市高级人民法院　宋　川

从零散到统合：确认之诉中诉的利益的适用困境与出路

北京市门头沟区人民法院　刘立群　胡宇航

用标尺校准方位："诉源治理"评价现状审视与体系构建

——以法院在"诉源治理"中的职责为视角

北京市朝阳区人民法院　陈静竺　陈　洁

纠纷解决与规则之治：行政非诉执行和解机制的完善

——以S、Z、H三地行政争议和解机制为样本

北京市第四中级人民法院　刘津宁　于玮宁

经批准行政行为中复议被申请人与行政诉讼被告认定的衔接问题研究

北京市通州区人民法院　徐　晶　魏文风　李春雨

民事补充责任诉讼形态研究

——以瑕疵股东补充责任类案中类似必要共同诉讼之构建为视角

北京市大兴区人民法院　麻　莉

天津市第一中级人民法院　李　杨

新时期人民法庭参与乡村治理的路径探寻

——以T市J区人民法院为分析样本

天津市蓟州区人民法院　井维颜

行政协议调解机制构建

天津市河西区人民法院　胡晓雯

第三法域社会本位属性的司法实践

——以反垄断行政公益诉讼为切入点

天津市滨海新区人民法院　庞　昊

国有土地上房屋征收背景下未登记建筑权利救济的反思与重构

天津市第一中级人民法院　张淑萍

从“打财断血”到“再社会化”：违法所得追缴与退赔的司法回应

天津市第一中级人民法院　张振亚

《民法典》中有追索权保理的行权规则及责任承担

天津市高级人民法院　李阿侠

社会主义核心价值观融入司法审判路径研究

——以裁判文书说理为切入点

天津市河西区人民法院　李公惜　崔成元

如何防止过度记忆：个人信息被遗忘权的理性思辨和裁判标准

——以《民法典》第1036条的解释论为视角

天津市河西区人民法院　李　硕　孔　倩

《民法典》视阙下公司关联交易实质公允性认定的裁判进路

——以全国238件关联交易损害责任纠纷案件为样本

天津市第一中级人民法院　王　珊　李　杨

“行刑交叉”视角下行政犯违法性判定思路的审思与完善

——基于复合法益为核心的“两步限缩法

天津市第一中级人民法院　张　璇　聂晓昕

网络谣言扰乱公共秩序行政处罚案件的要件认定

天津市河北区人民法院　脱攀峰

天津市第二中级人民法院　于进克

移动微法院证据交换规则的检视与完善

——从突破我国传统证据交换适用瓶颈的角度出发

山西省临汾市中级人民法院　李坤鹏

北京市丰台区人民法院　舒　翔　谭泽泓

互联网案件案由适用的现状检视与调整路径

——以领域法学理念构建类型化案件体系

山西省高级人民法院　葛郅博

北京互联网法院　李文超

北京市康达律师事务所　张　广

情、理、法冲突下“五层次审判思维模型”理论建构与裁判应用

山西省阳泉市中级人民法院　郝学敏

破局：司法场域理论下环境公益诉讼制度的检视和重构

山西省晋中市中级人民法院　张晓峰　赵晓婕

论应急状态下的行政征用补偿制度

山西省大宁县人民法院　王振江

山西晋闻律师事务所　辛果青

惩罚性诉讼成本负担机制对提升法院多元解纷能力的研究

——基于对B市T区法院调解工作的调研

北京市通州区人民法院　李亚欣

山西省长治市潞州区人民法院　朱　显

民事判决书中事实查明部分的撰写方法研究

——基于对300份文书样本的实证考察

北京市门头沟区人民法院　商允超　韩梅

山西省晋中市中级人民法院　张晓峰

论预约情形下中断磋商的责任承担

——以《民法典》第495条为中心展开

北京市朝阳区人民法院　杨　兵　韩　迪

山西省大同市平城区人民法院　李　超

论行政诉讼原告的确定标准

内蒙古自治区高级人民法院　张　硕

监察体制改革背景下坚持以审判为中心的困境与出路

内蒙古自治区高级人民法院　王庆华

超标的财产保全的现实困境与法律规制

——以中国裁判文书网237份裁判文书为样本

内蒙古自治区包头市昆都仑区人民法院　王永燕

北京市东城区人民法院　成　竹

从粗放到精细：“法官”为中心的产品思维优化类案检索平台

——以民事案件检索“用户体验”为视角

北京市东城区人民法院　杨　闻　刘　娅

内蒙古自治区通辽市中级人民法院　徐　健

行政诉讼中司法鉴定程序启动困境研析

——以民事证据规定中鉴定程序启动为视角探寻解决之路径

吉林铁路运输法院　崔思文

阶段论视域下民事线上庭审规则的反思与再造

黑龙江省农垦中级法院　刘星海　侯　洵

黑龙江省九三人民法院　张　爽

执行转破产程序中破产财产的范围划定标准和分配规则构建

——以智猪博弈理论为切入点

北京市大兴区人民法院　吉卓烨

黑龙江省高级人民法院　姜欣禹

黑龙江省佳木斯市中级人民法院　马成龙

“行为主义”视域下认罪认罚案件的司法运行

——基于抗诉类案样本的分析

山东省德州经济技术开发区人民法院　刘　凯

山东省德州市中级人民法院　苑　伟

黑龙江省哈尔滨市香坊区人民法院　汤丽帅

行政二审适用独任制审理的理性思辨与路径选择

黑龙江省牡丹江市中级人民法院　许春娟

检视与建构：区块链1．0时代非法定数字货币风险与司法监管路径探析

黑龙江省高级人民法院　李　嘉

《民法典》视域下违法无效合同的识别进路探析

——基于160份裁判文书的实证研究

黑龙江省高级人民法院　李维东　董　翠

检视与构造：民事在线诉讼规则探究

上海市黄浦区人民法院　古国妍

黑龙江省绥化市中级人民法院　赵淑丽

卯榫契合：新时代审判管理模式的转型思考

——以本土化形塑与现代化演进为视角

广东省潮州市中级人民法院　张源宇

黑龙江省高级人民法院　郑丽萍

黑龙江省绥化市中级人民法院　刘　昕

程序前置：督促程序与诉讼程序转化的现状审视与路径选择

黑龙江省牡丹江市中级人民法院　马　玥

黑龙江省东宁市人民法院　刘建军

牡丹江市师范学院　翟海英

行政非诉执行中裁执分离模式的证成与完善

——基于对传统行政控权理论的反思

广东省广州市越秀区人民法院　许楚云

黑龙江省大庆市中级人民法院　李艳艳

黑龙江省伊春市中级人民法院　王振雷

后果考量在司法裁判中的规范适用
——以 130 份合议庭评议记录为研究样本
江苏省泰州市中级人民法院　李　霖

《民法典》下商品房买卖预约合同违约责任的赔偿范围与裁判路径
——基于近五年 1000 件案件的实证分析
江苏省扬州市中级人民法院　陈建志

知识管理视角下类案同判的智能化进路
——以类案知识管理体系的构建为中心
江苏省连云港市赣榆区人民法院　吴　玲　殷　蔚

民事诉讼中众所周知事实的限缩认定
——以异地防疫管控事实的认知为例
江苏省无锡市滨湖区人民法院　范　莉　彭云翔

行政公益诉讼“确认违法+”判决模式之实践检视及路径完善
江苏省常州经济开发区人民法院　王　驰　李丹丹

行政非诉执行案件的认知误区与裁判选择
——以行政强制法第五十条在责令恢复海域原状中的运用为视角
南京海事法院　李　彬　吴　霞

超审限案件的司法回应与监督机制研究
——以 1420 篇上网裁判文书为分析样本
江苏省南京市中级人民法院　丁　丽　李　喆

司法公正的“第三种样态”：“行为公正”的提出与实现路径
江苏省高级人民法院　孙　辙　张　龑

致力于权责匹配与制衡：法官责任豁免制度的“司法逻辑”建构
江苏省无锡市中级人民法院　李奇才　蒋　璟　周　华

非诉行政执行案件司法审查权的不当运用及司法规制
——以司法对行政裁量权的审查限度为基点
江苏省淮安市中级人民法院　马玉宝　李纪森　庞海涛

迈向法治新境界：人民法院审判能力现代化评价指标体系刍议
——基于模糊层次分析法（FAHP）的实证研究
浙江省嘉兴市南湖区人民法院　陈叶君

流量法律属性与损害赔偿的裁判规制探析
——兼论《民法典》第 127 条的理解与适用
浙江省绍兴市上虞区人民法院　谢晓锋

疫情防控期间民事案件书面审理之扩大适用探讨
——以民事一审案件适用书面审理方式为视角
浙江省宁波市鄞州区人民法院　徐力英

谨防司法的“塔西佗陷阱”
——“元治理”视域下人民法院防范化解舆情风险新路径
浙江省绍兴市中级人民法院　王　江

反思与重构："家庭日常生活需要"认定标准探析

——以《民法典》第1064条具体适用为出发点

安徽省宣城市宣州区人民法院　包羽菲

政府信息公开语境下"过程性信息"的司法认定与应然选择

——基于271份裁判文书的实证分析

安徽省蚌埠市禹会区人民法院　秦　涛

司法建议制度的实证分析与路径探寻

——以15家法院130份司法建议为分析样本

安徽省芜湖市鸠江区人民法院　管静宇

行政诉讼撤销与变更判决中"明显不当"之认定

安徽省合肥市庐阳区人民法院　杜学民

线上庭审的实践逻辑及其完善进路

——以"过程性"司法治理为视角

安徽省淮南市中级人民法院　王洪用

行政协议纠纷中行政机关行民并轨救济规则的分析与构建

——以《行政协议司法解释》第24条为视点

安徽省池州市中级人民法院　陈雪姣

论夫妻共同（个人）债务与夫妻约定财产制、夫妻间赠与之间的逻辑关系

——以《民法典》第1065条的适用为视角

安徽省高级人民法院　王惠玲

基于OKR的基层法院法官助理绩效考核机制优化

——以完善职责清单和履职指引为视角

安徽省望江县人民法院　黄　锋　陈　辉

检视与修正：行政规范性文件一并审查制度在法院审判中的实证研究

——以279份裁判文书为样本

安徽省蚌埠市禹会区人民法院　张星晨

安徽省繁昌县人民法院　沙娟娟

径向渐变：行政公益诉讼制度的范围延展与效果增益

——以野生动物保护领域为样板

安徽省涡阳县人民法院　张泽宇

上海市徐汇区人民检察院　倪文琦

挑战与回应：非诉执行"裁执分离"适用范围的检视与完善

——基于深化审执分离改革经验的思考

安徽省马鞍山市中级人民法院　蔡　超　陈　刚

安徽省含山县人民法院　张林森

会议纪要可诉性的理性思辨与审查路径

——基于119份裁判文书的实证分析

安徽省芜湖市中级人民法院　王旭东　宋喜萍

安徽省芜湖经济技术开发区人民法院　张　慧

核定征收实施条件司法审查的困境与克服
——以《税收征管法》第35条第6项为视角的实践展开
江西省武宁县人民法院 刘 宏

大数据报告作为行政行为定案依据的审视
——从行政逻辑到司法逻辑的转变
江西省吉安市吉州区人民法院 赖丽蔚

行政行为过错与判决选择的思考
——以233份征收拆迁类案件为样本分析
南昌铁路运输中级法院 熊娇娇

《民法典》视野下个人信息保护的路径分析
——以个人信息保护新机制的续造为视角展开
江西省弋阳县人民法院 汤丽红 刘从明

社会主义核心价值观与治疗性司法的融合
——以家事案件庭审职权主义话语模式反思为视角
江西省南昌高新技术产业开发区人民法院 钟 瑛 孟李玲

认罪认罚从宽机制下检察院抗诉权的滥用与规制
——以150份抗诉案件裁判文书为样本
江西省宜春市中级人民法院 李雅芳 刘晓慧

冒名诉讼的识别与规制
——兼论既判力的厘定
江西省南昌市中级人民法院 陈 芳 王革生

刑事案件“隐性错误”的监管盲区及五维防控
——基于100件二审维持原判案件的实证分析
江西省高级人民法院 汤媛媛 杨云欣

刑民融贯视阈下责令退赔的稳定运行路径
——以整体性解释方法展开
江西省上饶市中级人民法院 赵凌云
江西省永修县人民法院 胡成伟
江西省南昌市经济技术开发区法院 李 凌

多元化解行政纠纷视域下构建法院附设型ADR的思路
——基于行政争议审前和解中心的运行实践
山东省淄博市中级人民法院 陈 磊

从“面对面”到“屏对屏”程序正当性之思辨
——以刑事远程视频开庭法的价值冲突为视角
山东省费县人民法院 王 进 霍丹丹

民事诉讼送达地址的法律拟制思考
——以当事人受送达义务的射程设定为视角
山东省无棣县人民法院 付金良 李洪波 陈真真

行政审判视野下政府与社会资本合作协议纠纷审理的困惑与思考

——以BT协议案件的审理为切入点的分析

山东省诸城市人民法院　崔兆在

审判团队绩效考核机制重构

——以全面绩效管理理论为视角

山东省威海市环翠区人民法院　王佳丽

判决确认：和解协议司法审查进路的解构与完善

——基于S省行政争议审前和解机制改革的考察

山东省泰安市泰山区人民法院　王　辉

“行政处罚明显不当”变更判决的实证考察及适用规则探索

——以116起判决变更案件为样本

山东省青岛市市南区人民法院　曲亚男

“传统书证”网上质证规则探究

——以采信规则与质证机制的互动结构为视角

山东省济南市槐荫区人民法院　张　勃

司法公开如何面对家庭：家事裁判文书公开的限度

——以隐私场景理论为指向

山东省威海市中级人民法院　薛淑娴

数据治理：审判体系与审判能力现代转型跃迁之道

——以技术类知识产权数据的一体化司法应用为中心视角

山东省高级人民法院　周蓉蓉

行政诉讼一并解决民事争议审理机制的实践反思与优化进路

——以土地承包经营权确权案件为视角

河南省鲁山县人民法院　王宏伟
河南省平顶山市中级人民法院　桓　旭
河南省鲁山县人民法院　陈玺暄

论个人信息保护救济规则的司法续造

——以《民法典》第1034—1039条具体适用为视角

河南省濮阳市中级人民法院　徐　哲　董会平　张娟娟

公共卫生及其他重大突发事件中行政应急权行使检视与规制

——以新冠疫情防控为切入点

河南省濮阳市中级人民法院　李瑞玲　王利霞　张志启

繁案精审：民事疑难案件争议焦点的归纳机制重构

——以提升基层法官审判能力为研究视角

河南省焦作市马村区人民法院　陈　红　周　荣

环境行政公益诉讼裁判价值虚位的拷问与指引构造

——以2018年以来全国公布的216例裁判文书为样本

河南省舞钢市人民法院　徐合林　尹红国

超龄劳动者工伤认定权益保护问题研究

——一项亟待消弭的宪法性权利法律保护冲突

郑州铁路运输中级法院　吴林轶　张东方

实质性解决行政争议的难点与出路

——以解决行政诉讼原告“隐藏诉求”为进路

郑州铁路运输中级法院　吴林轶　尚　雪

国有土地上房屋征收补偿纠纷的困境与破解之路

——以P市两级法院近5年案件为分析样本

河南省平顶山市中级人民法院　王　辉　桓　旭

突出重围：“强拆”行政案件赔偿问题的困局与破局

——以P市法院五年来2273篇裁判文书为样本

河南省平顶山市中级人民法院　王　辉　颜亚伟

兼顾与衡平：院长发现程序之再设计

——以裁判文书网112篇民事裁判文书为样本

河南省濮阳市中级人民法院　王令宝　杨雷振　郑小茹

检视与完善：法律适用分歧解决机制探究

——以H省X市法院为样本

河南省新乡市中级人民法院　尚志东　马兵务　赵艺婷

行政不作为类诉讼裁判方式的适用困境与路径突破

——以构建类型化诉讼为指引

河南省平顶山市中级人民法院　王　辉　严凤香　曹秋凤

审视与重塑：规范性文件附带审查制度的实践面向

——以302份裁判文书为样本的实证分析

河南省平顶山市中级人民法院　张建鸿　秦蔚鸽　王子璜

鉴往知来：行政诉讼中“隐性拒绝裁判”的滥用及规制

——以5年来7种526份相关行政诉讼一审裁判文书为样本

河南省平顶山市中级人民法院　张学玲　王　峰　谢　超

司法治理能力建设视角下的现代化诉讼服务体系构建

河南省高级人民法院　吴　卿

《民法典》时代公平分担损失规则之完善

——以中国裁判文书网1000份民事判决书为分析样本

湖北省英山县人民法院　陈　丹

湖北省黄冈市中级人民法院　刘小成　裴廷雪

何以裁量正义：基层法院案件质量评查的困境与出路

——以281件“问题案件”评查实践为考察对象

湖北省襄阳市襄城区人民法院　孙晓云

行政案件集中管辖制度的比较分析与模式选择

湖北省宜昌市西陵区人民法院　郭　娟

论民事电子诉讼的强制适用主体
——以利弊衡量后的分类推进为视角
湖南省益阳市赫山区人民法院　孟新军　谭王芳　薛笑梅

认罪认罚指控行为的审判化误区与检察化回归
——基于检察院主导作用的反思性审视
广东省深圳市福田区人民法院　胡许晴

走出孤岛：民事裁判文书证据说理的检视与改造
——基于主体间性理论下的三元互动视角
广东省广州市天河区人民法院　何依然

“承上”才能“启下”：行政协议“迳受强制执行”约定的引入机制构建
——以行政程序的正当性为视角
广东省潮州市中级人民法院　余华芬

矫正与修复：省级法官遴选委员会实质化运行的微观路径
——一种组织结构-功能理论的解读
广东省深圳市中级人民法院　曾令省
广东省深圳市罗湖区人民法院　胡　爱

论互联网法院的审级制度改革
——从互联网法院的功能定位探讨其“一法院两审级”改革思路
广州互联网法院　李　佳

“择一”抑或“共存”：原行政行为与复议机关不作为之诉权处理模式的反思与重构
广东省深圳市盐田区人民法院　吴文芬

涉公司责任类变更追加被执行人执行审查和异议之诉程序衔接的冲突与弥合
——以制度的多元目的考察为视角
广东省深圳市福田区人民法院　刘舒婷

穿透式审判：认知逻辑与裁判构造
——以双系统决策理论为分析视角
广东省广州市越秀区人民法院　谢春晖

职权探知主义视阈下司法确认裁定错误的检视与防范
——以中国裁判文书网95份申请撤销司法确认调解协议裁定为样本
广东省深圳市中级人民法院　成少勇

断裂与统合：我国审判流程标准化再造路径
——以归档结案制度为基本模型
广东省广州市中级人民法院　谢韵静

突发公共卫生事件司法应急机制的构建
——以全周期管理为视角
广州互联网法院　许燕玲　李　朋

裁判执行力重塑的“规范—矫正”论证模式
——基于“前瞻式裁判”与“后顾式执行”的建构
广东省广州市海珠区人民法院　杨佩霞
广州大学　余煜刚

行政诉讼最长起诉期限规定的适用困境及应对

——以冒名登记婚姻案件为切入点

广西壮族自治区崇左市中级人民法院 林 田 郑锦墨 柳成功

自由之上：以强制缔约制度回应合同正义之声

——以《民法典》的强制缔约规定及799份裁判样本为起点

广西壮族自治区高级人民法院 杨 钉

广西壮族自治区南宁市兴宁区人民法院 陈龙江

世行营商环境评估“执行合同”指数下民事庭前会议制度的应用路向

海南省海口市琼山区人民法院 张 芸

重庆市长寿区人民法院 谭卫 蒋文玉

行政重复诉讼的识别与界分

——以诉的“三位阶”评价规律为审查进路

海南省高级人民法院 余德厚

江西省宜春市中级人民法院 管俊兵

江西省宜春市袁州区人民法院 陈国平

基层法院民事案件扩大独任制适用的边界厘定与配套机制

海南省海口市中级人民法院 刘思其

广东省深圳前海合作区人民法院 孔才池

重庆市渝中区人民法院 徐 真

从“偏离轨道”到“精准定位”金融案例指导制度的运行现状检视及路径完善

——基于98件有效应用案例的实证分析

海南省高级人民法院 朱望锋

上海金融法院 练彬彬

西南政法大学 邵 海

失范与断裂：法官不当反馈现象及规制研究

——来自法社会学微观与宏观视角的双重审视

北京市顺义区人民法院 宋万忠

海南省高级人民法院 余德厚

西南政法大学 邵 海

国家治理现代化视角下知识产权惩罚性赔偿的路径选择

——以制度可能性边界为尺度

重庆两江新区（自贸区）人民法院 曹 柯 段胜宝

环境行政公益诉讼中“行政机关是否履行法定职责”的司法审查

——第137号指导性案例裁判要旨司法适用规则的构建

重庆市第一中级人民法院 张 力 黄 琦

案源治理考察

——以C市J区法院为样本的分析

重庆市九龙坡区人民法院 钟明亮

重庆市荣昌区人民法院 陈 莉

行政附带民事诉讼审理规则的应然逻辑与实然构造

——以裁判文书网177件涉《行政诉讼法》第61条案件为样本

四川省岳池县人民法院　陈芸莹

四川省广安市中级人民法院　马　露

重庆科技学院　刘　帅

行走在理想与现实之间：国家赔偿精神损害证明方式的实务考察与路径选择

中共深圳市纪律检查委员会　石　珍

四川省荣县人民法院　胡馨月

四川省自贡市中级人民法院　杨　阳

接近正义：司法嵌入市域社会治理的范式与实践

——基于SWOT分析模型下司法治理的完善路径

贵州省安顺市中级人民法院　蒋　浩　马　伟

完善行政强制执行制度之探讨

——以驳回诉讼请求案件执行问题为视角

贵州省遵义市中级人民法院　张萍萍　唐永群

回归人格自主：受试者知情同意权侵权保护的矫正与充实

——兼论《民法典》第1008条的适用

北京市第一中级人民法院　黄慧婧

贵州省高级人民法院　龙明卿

论《民法典》规范在行政协议效力审查中的适用

贵州省高级人民法院　黄　瑶　叶署铭

从纠纷的实质化解谈行政复议与行政诉讼的制度衔接与改造

——以贵州省为研究样本

贵州省高级人民法院　王　霞　朱仕芬

贵州省司法厅　王　琴

贵州省高级人民法院　肖　瑶

惩罚性赔偿在知识产权案件中的适用问题探析

贵州省高级人民法院　秦　娟

构建协作理想型审判辅助团队的思考

——以法官助理的定位为视角

云南省寻甸回族彝族自治县人民法院　保加蕊

德法兼治：《民法典》“习惯入法”的适用制度探析

云南省大理白族自治州中级人民法院　童晓宁

资深法官从“列席”走向“正席”：审判委员会委员递补机制研究

——以审判委员会组织样态为视角

北京市顺义区人民法院　谢刚炬　王丽媛

云南省高级人民法院　吴思璇

控制论视角下一审商事审判节点管理进路探析

北京市东城区人民法院　傅　雯　杨　娜

云南省高级人民法院　张熙娴

司法体制改革夹缝中的副庭长该何去何从
——完善审判监督管理机制的一种微观考量

广东省肇庆市中级人民法院 杨 燕 黄国涛
西藏自治区高级人民法院 杨志龙

劳动争议小额诉讼的探索与完善
——以 B 市法院劳动争议审判实践为视角

北京市顺义区人民法院 李秀文
西藏自治区日喀则市中级人民法院 郭楠楠
北京市顺义区人民法院 郭姗姗

治未病：群体性劳动争议预警防范机制构建
——从诉源治理的第一层部署展开

北京市海淀区人民法院 李 正 董洪辰
西藏自治区高级人民法院 吉靳力

民事一审和解协议效力实证分析
——基于实体法和程序法双重视角

北京市朝阳区人民法院 杨 兵 韩 迪
西藏自治区高级人民法院 卓 玛

困境反思与路径完善：穿透式审判思维在司法实践中的运用研究

北京市朝阳区人民法院 陈 曦 程立武
西藏自治区拉萨市中级人民法院 刘一麟

统一法律适用语境下我国案例指导制度的运行困境与路径选择
——基于指导性案例援引的实证考察及规则构建

北京市第三中级人民法院 田 璐 郭欣欣
西藏自治区高级人民法院 宗 嘎

类案强制检索的限缩适用路径研究

陕西省西安市临潼区人民法院 马 荣
陕西省西安市莲湖区人民法院 李 习

《民法典》施行背景下不动产登记民行冲突解决制度的构建
——基于行政诉讼个案视角

陕西省西安市中级人民法院 崔立新 李大勇 姜海燕

论体育侵权案中自甘风险规则的竞合适用
——以《民法典》第 1176 条的增设为视角

陕西省西安市临潼区人民法院 王明星

“决议行为”视角下业主自治决定的效力规则构建
——以《民法典》第 134 条及第 280 条适用为基础

北京市朝阳区人民法院 丁 楠
陕西省高级人民法院 闫 涛

个人信息处理中“同意”的有效性认定

——以《民法典》第1035条为视角

青海省湟源县人民法院　祁晓斐

北京互联网法院　郑成凤　任昱坤

论法院三类人员跨类别有限交流

——以专业能力与综合能力差别化培养为视角

青海省格尔木市人民法院　张志慧

北京市第一中级人民法院　夏明玥　任　静

规范性文件附带审查中“依据”认定的实证考察与可视化路径设计

——以126份终审裁判为样本

宁夏回族自治区高级人民法院　王宝忠

福建省厦门市海沧区人民法院　陈淑芳

审视与规制：承揽合同任意解除权实证研究

——基于G省12个中级法院2017-2019年388份民事判决书的样本分析

宁夏回族自治区高级人民法院　马　月

广东省广州市花都区人民法院　刘俊武

通过法律职业资格考试的聘用制书记员管理机制研究

宁夏回族自治区高级人民法院　马　荣

北京市平谷区人民法院　刘东遥

从“案结了事”到“案结事了”：行政诉讼中一并解决民事争议的现实困境与路径突围

——以中国裁判文书网281份行政裁判文书为样本

宁夏回族自治区高级人民法院　朱丽梅

北京市平谷区人民法院　张　军　张琳琳

我国司法确认案件管辖规则的再审视

——以“二重获得合意理论”为视角

宁夏回族自治区高级人民法院　谢亚楠

北京市昌平区人民法院　赵　霏　李安国

我国个人破产制度中“债务人重生”理念的限度

——以相对、有限、附条件的破产免债为中心

新疆维吾尔自治区玛纳斯县人民法院　熊中文

福建省清流县人民法院　黄水根

共赢的艺术：论家事调解方式之困境与突破

——以心理学为分析视角

新疆维吾尔自治区奎屯市人民法院　胡凤琴

北京市西城区人民法院　牟路平

以实质公正为依归：重构注册商标连续三年停止使用撤销复审行政诉讼模式

——以2019年商标撤销复审行政诉讼案件数据为样本

新疆维吾尔自治区巩留县人民法院　古丽布斯坦·阿不都热西提

北京知识产权法院　杜文婷

重庆市第一中级人民法院　何　华

行政滥用职权司法审查的检视与规范

——以中国裁判文书网中61篇行政判决书为样本

北京市怀柔区人民法院 杨 静

新疆生产建设兵团第八师中级人民法院 杨新宝

舆论风险语境下法官判断力的法理思辨与路径探析

北京市高级人民法院 赵 岩

北京市昌平区人民法院 郭海丽

新疆维吾尔自治区石河子市人民法院 薛战赢

案外人执行异议权的滥用与规制

——以B市法院8422份裁判文书为分析样本

北京市怀柔区人民法院 李晓霞 李文玉

新疆生产建设兵团第八师中级人民法院 杨书钢

检视与进路：规范性文件附带审查制度的改革路径

——基于功能重塑和延伸的研究视域

北京市第一中级人民法院 祝飞宇

北京市顺义区人民法院 朱进博文

新疆生产建设兵团分院 吉 雄

社会组织提起行政公益诉讼的理性思辨与制度构建

——以野生动物保护为切入点

北京市昌平区人民法院 杨 杰 刘洋洋

新疆生产建设兵团第八师中级人民法院 胡少丽

检视与构建：案外人执行异议之诉审查标准探析

——以离婚协议能否排除金钱债权执行为切入点

北京市昌平区人民法院 佘 森 张 焱

新疆生产建设兵团第八师中级人民法院 陶世栋

军事行政纠纷多元化解体系构建路径研究

中国人民解放军军事法院 海 娃

法官惩戒措施的泛行政化隐忧及其司法化改造

——以政务处分与司法惩戒的能动衔接为视角

湖南省法学会 何伦波

融合与发展：政法机关公共法律服务职能论要

——以审判机关和检察机关为中心视角

华东政法大学 郑 锋 姚 洁 杨璐嘉

困境与出路：“双轨制”法官助理制度构建

中国政法大学 钟秋玲

公共法律服务：破产预重整制度优化进路

华东政法大学 王丽菊

被告无过错型死亡索赔案件中“人道主义”潜规则运用的反思与规范

——基于78个司法案例的实证研究

湖南省法学会 王 杰

村居解纷机制的现实困境与司法应对

——从乡土社会解纷“三角结构”及其转型看

广东省湛江市法学会　洪泉寿

论法官职业伦理的规范化建设

——以法官不当司法行为的视角

西北政法大学　高　娟

行政诉讼引入保护规范理论判断“利害关系”的反思与修正

——以“三阶层七步法”为优化路径

南京大学　李　晴

上海市闵行区法学会　李　震

法律适用分歧的解决机制

——以过程控制为视角

湖南省法学会　旷　敏

湖南省法学会　谭云鹏

论法官助理的有限赋权

——审判团队优化视野下法官助理职业定位再探究

湖南省法学会　李志东　李小龙

被告无过错型死亡索赔案件中“人道主义”运用的分析和规范

湖南省法学会　李姝婷　张亚玲

在经度与纬度之间：行政协议司法审查中合法性和合意性双重标准的博弈与衡平

——兼议《行政协议司法解释》第27条理解与适用

湖南省法学会　钟玺波　鲁一帆

高空抛物损害的民、行、刑界分与衔接

——以“整体法学”理论的引入为中心

湖南省法学会　童飞霜　余　勤

冲突与对立：对精准化量刑建议的理性审视

湖南省法学会　周凯军　谭　姣

技法融合：区块链技术在民事强制执行程序中的应用研究

——以被执行人财产查控为视角

中央民族大学　孟凯锋　韩乔亚

“提级审查+传唤出庭+府院衔接”多维重构规范性文件司法审查模式

——基于规范性文件制定机关“缺位”的实证分析

北京大学　姚富国

中国中信集团　张微林

人民法院审判体系现代化实践进路

——专业化核心要义下专业审判团队建构与革新

北京师范大学　孙　盈

中国政法大学　何　朕　龙　立

论新时代民事诉讼公共法律服务功能

华东政法大学　廖惠敏　叶鑫欣　杨璐嘉

附二：

全国法院第三十二届学术讨论会“组织工作先进奖”名单

（一）高级人民法院

广东省高级人民法院
北京市高级人民法院
江西省高级人民法院
上海市高级人民法院
江苏省高级人民法院
河南省高级人民法院
福建省高级人民法院
安徽省高级人民法院
湖南省高级人民法院
重庆市高级人民法院

（二）中级人民法院

福建省泉州市中级人民法院
河南省平顶山市中级人民法院
广东省深圳市中级人民法院
重庆市第一中级人民法院
北京市第二中级人民法院
上海市第一中级人民法院
上海市第二中级人民法院
山东省威海市中级人民法院
河南省濮阳市中级人民法院
江苏省南京市中级人民法院
江苏省无锡市中级人民法院

江西省赣州市中级人民法院
广西壮族自治区南宁市中级人民法院
河南省周口市中级人民法院
湖北省鄂州市中级人民法院
北京市第一中级人民法院
成都铁路运输中级法院
湖北省十堰市中级人民法院
新疆生产建设兵团第八师中级人民法院

（三）基层人民法院

北京市大兴区人民法院
上海铁路运输法院
广东省深圳市福田区人民法院
安徽省蚌埠市禹会区人民法院
北京互联网法院
广州互联网法院
上海市闵行区人民法院
北京市东城区人民法院
上海市宝山区人民法院
天津市河西区人民法院
北京市朝阳区人民法院
广东省东莞市第三人民法院
上海市青浦区人民法院
重庆两江新区（自贸区）人民法院
江苏省盐城经济技术开发区人民法院
江西省德兴市人民法院
广东省珠海市斗门区人民法院
上海市徐汇区人民法院
江苏省高邮市人民法院
北京市门头沟区人民法院
四川省成都高新技术产业开发区人民法院
北京市海淀区人民法院
湖北省武汉市江岸区人民法院